〔清〕董　誥等編

全唐文

九

中華書局

欽定全唐文卷七百九十四

孫樵一

樵字可之韓昌黎門人大中中進士

大明宮賦

孫樵薾貢士名旅見大明宮前庭仰眙俯駭陰意靈怪暮歸魂動中宵而寤寤彼大明宮神前有云且曰太宗皇帝繚瀛啟居廓穹起壓圜然而劃隆然而赫孰窬孰隙永求帝宅帝詔吾司其宮與日月終翼聖護艱十有六君蕩妖斬氛孰知吾勣吾當廬陵錫武廟祏撤主吾則協二毗輔

左右提護羲甲憤徒起帝小周吾則械二黥雛俾卽其誅胡猘飽膞踣肌齘骨驚血濺閼仰吷白日二聖各轍大麓北挐吾則激鬐孽悖節俾濟逆殺翼兩傑憤烈俾卽斮滅薊梟妖狂突集五堂縱豖怒吞大駕驚奔吾則勵陰刀剸其翼俾不得逃明殛三革蝕黑孰匪吾力吾見若正聲在懸諍舌在軒轂鞬延諫刳襟沃善賞必正名怒必正刑當獄撤腥當稼吞螟吾則入瀆華濁入圃肉角旬澤暮溥㪷轂視土吾見若奸聲在堂諛舌在旁室聽怫諷正斥邪寵嘉賞失節怒罰失殺奪農而徭厚征而彫吾則反耀而彗反澤而沴蕩坤而拆裂乾而石然吾留帝宮中二百年昔亦日月今亦日月往孰爲設今孰爲缺籍民其彫有野而蒿籍甲其虛有壘而墟西垣何縮疋馬不牧北垣何燬孤壘城粒言未及闘樵迎斬其舌且曰余聞宰獲其哲得是赫烈老魅跡結爾會何伐宰獲其慝得是昏蝕魅怪橫慼爾會何力今者日白風清忠簡盈庭闔南侯霈闔北侯賚刓帝城闠闤何賴窮邊帑廪加封何賴疲農禁甲飽獰尚何用天下兵神會何知孰愧往時神不能對退而笑曰孫樵誰歟乎歟古乎歟今乎吁

露臺遺基賦 并序

武皇郊天明年作望仙臺於城之南農事方殷而興土工且有縻於縣官也樵東過驪山得露臺遺基遂作賦以諷之

驪橫秦原東走盤連其土如積其高逾尺隱於修岡屹若環堂徘徊山下問於牧者對曰惟昔漢文爲天下君守以恭默民無怨慝天下大同帝駕而東經營相視茲山之址乃因其崇以興土功茲臺之基軫於帝思既命其吏校之經費乃下詔曰朕以涼德君於萬國唯日兢兢如蹈春冰

高祖惠宗肇啟我邦墉作此宮室庶幾無逸逮夫朕躬孰敢加隆殄糜府財以經此臺周爲靈臺成乎子來文王以昇以致休徵此臺以平周德惟馨章華雖高楚民亦勞靈王宣驕諸侯不朝民既攜貳王遂以死豈朕不懲斯役實興鳩材集工以害三農斯豈文王靈臺之不日哉宣詔有司亟令罷之此遺基之所以存者乎卒歌而去之且曰彼通天兮鞅埃墟之巍巍此靈臺兮蔽秋草之離離已而已而世無此兮吾孰知其是非

出蜀賦

辛酉之直年兮引敗軍而言旋濟潼梓之重江出大劍之複關駭天險之重阻兮峙連岡而外坤譎石詭崖汩汩其城屬兮屹紆鬱于雲昏嵌岊岊而查牙兮上攢羅布而戛天中呀拆以隙斜兮途詰屈而隘穿以去以來奔蹄疾足兮鼠出入乎穴間蹇余馬之不息屈峽山之偪側劃崇巒而急來水涵空而混碧途迫高而緣深不尺直而又曲跬危步之促促慄若跣而蹈棘朝天雙峙以虧蔽中慘慄而陰翳倏下馳而上迴若出地而天闢龍堂呀呀而上啟怪若虎踞而欲噬泉歊沸而中泐靈窸窣乎像設眄山川而懷古得籌筆於途說指前峯之孤秀傳卧龍之餘烈嘗杖師而北去抗霸國而此決曾尺疆之不闢徒齎志而灰滅越百牢而南指憩石門之委邃六陰崖而戶闢屹巍巍以嵦嵦外攢怪石之參差兮勢嶪嶻而山排狀若鬱雲之始騰又似乎潮波之卻顛中窅窱以寥豁敞曭朗而洞達攉嵓泉之瀯瀯鏘環珮於闤闠躡危石而後通忽決漭而無窮包溪懷壑而爲深兮繚巒岡而四崇蘿薜羃歷於嵓穴兮雲木森其青蔥鬱桂椒與木蘭兮芬淑郁而駭風不可以久留兮車軋軋而又東陟雞幘之險墟下七折之峻阪

褒斜紆其隘束兮左窮溪兮右重巘綿飛棧而屬危梁兮續畏途而呀斷下臨千仞之驚流兮波澒洞而雷抃當元冬之隆烈觸密雲之飛噴鏘迴飈而揚九垠天地紛其漫漫路縈積以迷沒馬蕭蕭而不進心悖悖而程不敢逸兮徒憭慄而興歎出大散之奧區若脫足於囚拘涉汧渭之沄沄歷岐雍之通途田原鬱以澶漫兮彌千里而爲都背槐里而趨咸陽兮索嬴劉之舊墟承明冀闕緬以夷漫兮得隱嶙之頹隅獨五陵之尚完兀高平而草蕪抵長都之岌岌排閶闔而西入何天衢之廣闢仰白日之赫赫轂弱

弓而滿鉛鏃兮鄣澤宮而睨的夫何疏貢之缺條兮忽有司之吾斥曾不得而上達兮居悒悒而不適闕庭藹其多士兮皆云亟夫賢索不自分其能否兮瞰朱門之投蹟蔑一人之我先若捧水而投石念初心之來斯豈窮愁而徒疑忽徊徊以惶惶蹇東西而獨悲因默默以心計兮思展轉而自非胡不知進之與道謀兮徒盛氣而憤時不知求已以爲慮兮而患人之不知九衢廣其茫茫兮混埃壒而紅飛漂世波而上下兮旁窮走而相追不亦勞乎於是謝唯唯之面朋而焚逐逐之躁機餒不飽謀凍不燠謀兮環

晦墻而闔扉邀仁義與之爲友乎追五經而爲師徜徉文章之林圃兮與百氏而驅馳不穀吾不恥穀亦吾不辭彼主張爲公者豈終吾遺哉

迎春奏

黑帝歷窮帝命青帝嗣其公皇帝備牲牢鼓鐘迎饗于郊東賤臣樵寓疏太常上奏曰天有四時陛下實行之是天乘陛下政令明昏而爲燠寒也青帝何功而饗乎寬空春之日陛下廩以時出帛以時邺則蘗芽弩拔勾萌畢達矣夏之日陛下農事無所奪山麓無所伐則草木壯茁國無夭札矣秋之日陛下獄無曲決畋無圍殺則霜露不失節萬物固結矣冬之日陛下地氣不掘洩室屋不徹發則豐隆不敢擊越百蟄塞穴矣聖人之時日南無驕陽啟蟄無繁霜斗北無伏陰火西無滯霖淫昏之世反膏而波反冰而花雹傷螟嚙旱赤雨血是陛下政令出乎修明則寒暑運行政令出乎淫昏則災祥屢臻其可忽乎臣又聞陛下與人爲春得華慘作和起枿生華喜滿其家沃穆歡咳如煖景時開樹邑煙光覺葱蘢芳蒼陛下與人爲秋得愁刮人颸風日冷白慄慄蕭索覺庭槐枯落陛下與人爲夏得

變絺成襦嘘爐作爐駒驅轍結雜遝噎楔門如三伏熱陛下與人爲冬得舉皆不見日凍薄人骨間間慼慼燈青火白無蹄轍跡顧陛下左右皆春天下病悴者衆也陛下肘腋皆熱中國病凍者衆也豈陛下用心有頗焉陛下苟能平其心雖澤不周惠不均天下無恨言不然天將視陛下心而燠寒也

復佛寺奏

賤臣樵上言臣以爲殘蠹於民者羣髡最大且十口之家男力而耕女力而織雖秉樂歲其衣食僅自給也棟宇僅

自完也若羣髠者所飽必稻粱所衣必錦縠居則邃宇出
則肥馬是則中戶不十不足以活一髠武皇帝元年籍天
下羣髠者凡十七萬夫以十家給一髠是編戶一百七十
萬困於羣髠矣武皇帝一旦髮天下羣髠悉歸平民是時
一百七十萬家之心咸知生地陛下自卽位以來詔營廢
寺以復羣髠自元年正月洎今年五月斤斧之聲不絕天
下而工未以訖鬬陛下卽復之不休臣恐數年之間天下
十七萬髠如故矣臣以爲武皇帝卽不能除羣髠陛下尚
宜勉思而去之以甦疲氓況將與於已廢乎請以開元之

事言之開元之間大駕還自東封從以千官之衆六軍之
事三日畱於陳畱民猶有餘力今陛下卽能東封道次給
一食則民力殫矣何開元之民力有餘而陛下之民力不
足耶開元之間率戶出兵籍而爲伍春夏縱之家以力耕
稼秋冬聚之將以戒武事如此則兵未始廢於農農未嘗
奪於兵故開元之民力有餘也今天下常兵不下百萬皆
衣食於平民歲度其費率中戶五僅能活一兵如此則編
戶不五百萬不足以給之故陛下之民力不足也今陛下
以力不足之民而欲重困於羣髠將何以踵開元太平事

耶貞觀以還開元戶口最爲殷繁不能逾九百萬卽今有
問於戶部其能如開元乎借如陛下以五百萬給天下之
兵今又欲以一百七十萬給於羣髠是六百七十萬無羨
賦矣卽令戶口不下於開元其餘止二百萬而國家萬故
畢出其間陛下孰與其足也則是鹽鐵不可除而榷筦加
算矣天下之民得不重困乎日者陛下嘗欲營國東門諫
議大夫入爭於前一言未及終陛下非徒輟其工而又賜
帛以優之今所復寺宇豈特國門之急乎叢徒嘯工豈特
國民之役乎寧諫議大夫不以言而陛下不以聽耶陛下

卽不能復廢之臣願陛下已復之髠止而勿復加已營之
寺止而勿復修庶幾天下之民尚可活也今天下最不可
去者兵也臣尚爲陛下日夜思去兵之術究開元太平事
冀異日爲陛下言之況去無用之髠耶臣樵昧死以言

與李諫議行方書

樵嘗爲日蝕書以爲國家設諫官期換君心之非不以一
啼其言而怠於諫卽繼以死非其職耶執事居其官亦嘗
有意於此乎開元之間豈特諫官而後言耶苟立天子廷
者皆得開口奮舌爭於上前故自貞觀以還開元之政最

爲修明及林甫舞智以固權張詐以尊上於是束羣僚之口縛諫官之舌且以法中敢言者由是林甫之惡熾而勿復聞祿山之逆祕而勿復知天寶之政由此而荒矣今者下無林甫遏諫之權上有開元虛己之勞如此則敘立朝廷者皆得道上是非不顧時忌矧執事官曰諫議哉執事卒不能言避其官而逃其祿可也他官秩優而位崇者豈少耶今年三月上嘗欲營治國門執事尚諫罷之今詔營廢寺以復羣髡三年之間斧斤之聲不絕度其經費豈特國門之廣乎稽其所務豈特國門之急乎何執事在國門

則知諫在復廢寺則緘默勇其細而怯其大豈諫議大夫職耶樵以爲大蠹生民者不過羣髡武皇帝發憤除之冀以活疲甿今天下之民喘未及息國家復欲興既除之髡以重困之將何以致民之蕃富乎樵不知時態竊所憤勇故作奏書一通以明羣髡大蠹之由生民重困之源無路上聞輒以寓獻執事倘以樵書不爲狂試入爲上言其畧

與高錫望書

文章如面史才最難到司馬子長之地千載獨聞得揚子雲唐朝以文索士二百年間作者數十輩獨高韓吏部吏部修順宗實錄尚不能當孟堅其能與子長子雲相上下乎足下乃小史尚宜世嗣史法矧足下才力雄獨意語橫闊嘗序義復岡及樂武事其說要害在樵宜一二百言者足下能數十字輒盡情狀及意窮事際反若有千百言在筆下足下齒髮未及壯其所得如此則不知子長子雲當足下年齒時文章果何如也然足下所傳史法與樵所聞者異耶古史有直事俚言者有文飾者乃特紀前人一時語以爲實錄非謂俚言奇健能爲史筆精魄故其立言序事及出沒得失皆字字典要何嘗以俚言汩其間哉今世

俚言文章謂得史法因牽韓吏部曰如此如此樵不知韓吏部以此欺後學耶韓吏部亦未知史法耶又史家紀職官山川地理禮樂衣服亦宜直書一時制度使後人知某時如此某時如彼不當以禿屑淺俗別取前代名品以就簡絕又史家條序人物宜存警訓不當徒以官大寵濃講文張字故大惡大善雖賤必紀尸位浪職雖貴必黜至如司馬遷序周緤班孟堅傳蔡義尚可用耶爲史官者明不顧刑辟幽不愧神怪若梗避於其間其書可燒也古者國君不得視史今朝廷以宰相監修大丈夫當一時寵遇皆

欲齊政房杜蹟俗太平孰能受惡於不隱乎古者七十子不與筆削今朝廷以史館叢文士儒家擅一時胸臆皆欲各任憎愛手出白黑孰能專門立言乎樵未知唐史誠何如也樵雖承史法於師又嘗熟司馬遷揚子雲書然才韻枯梗文過乎質嘗序廬江何易于首末千言貴文則喪質近質則太禿刮垢磨痕卒不能到史獨謂足下才力天出最與史近故以樵所受於師者致足下

寓汴觀察判官書

大梁居東諸侯兵最爲雄軍候乘權肆豪奴視州縣官州

縣官卽慄縮自下美言立聞觀察使往往得上下考卽欲認官爲治必爲軍候所傾折大者至奪觀察使小者至爲軍人所繫辱州縣官格手失職不敢與抗由是軍候得侵繩平民鞫訊受辭往往獄至數百不以時省以故平民益畏軍候至不知有觀察使矧州縣官耶國家設州縣官以治平民豈以屬之軍乎今京兆二十四縣半爲東西軍所奪然亦不過籍占編氓冀蔽墾田其辭獄曲直尚歸京兆今汴軍所侵州縣者反愈東西軍士大夫叢居未嘗不病東西軍侵州縣事及自提兵符則不知有以規畫之矧天子之貴耶執事三從事盧公其所以佐盧公使炳炳不磨於世者襄陽南渡之民皆能道之今居汴有日而曾無所聞豈屑屑未暇耶執事宜亟以前之所陳辦之盧公稍稍奪左右軍候權且使繫獄者不得治于軍門凡當隸州縣者悉索歸之使軍自軍州縣自州縣無相奪也今執事官曰判官察州縣事正執事職幸無忽

與賈希逸書

主數足下㝡者樵耳足下聲憤足下售於時何晚及目足下五通五十篇則足下困於上亦宜矣物之精華天地所

秘惜故蒙金以沙錮玉以璞珊瑚之叢必藏重溟夜光之珠必頷驪龍抉而不知已積而不知止不窮則禍天地讐也文章亦然所取者廉其得必多所取者深其身必窮六經作孔子削迹不粒矣孟子述子思坎軻齊魯矣馬遷以史記禍班固以西漢禍揚雄以法言太元窮元結以浯溪碣窮陳拾遺以感遇窮王勃以宣尼廟碑窮玉川子以月蝕詩窮杜甫李白王江寧皆相望於窮者也天地其無意乎今足下立言必奇摭意必深抉精剔華期到聖人以此賈於時釣榮邀富猶欲疾其驅而方其輪若曰爵祿不動

於心窮達與時上下成一家書自期不朽則非樵之所敢知也嗚呼孤進患心不苦及其苦知者何人古人抱玉而泣樵捧足下文能不濡睫懼足下自得也淺且疑其道不固因歸五通不得無言

與王霖秀才書

太原君足下雷賦逾六千言推之大易參之元象其旨甚微其辭甚奇如觀駭濤于重溟徙知褫魄眙目莫得畔岸誠謂足下怪於文方舉降旗將大誇朋從間且疑子雲復生無何足下繼以翼旨及雜題十七篇則與雷賦相淵數

百里足下未到其壼則非樵所敢與知既入其域設不如意亦宜上下銖兩不當如此懸隔不知足下以此見嘗耶抑以背時戾衆且欲餔粕啜醨以苟其合耶何自待則淺而徇人反深鸞鳳之音必傾聽雷霆之聲必駭心龍章虎皮是何等物日月五星是何等象儲思必深摛詞必高道人之所不道到人之所不到趨怪走奇中病歸正以之明道則顯而微以之揚名則久而傳前輩作者正如是譬玉川子月蝕詩楊司城華山賦韓吏部進學解馮常侍清河壁記莫不拔地倚天句句欲活讀之如赤手捕長蛇不施控騎生馬急不得暇莫可捉搦又似遠人入太興城茫然自失詎比十家縣足未及東郭目已極西郭耶樵嘗得爲文眞訣於來無擇來無擇得之於皇甫持正皇甫持正得之於韓吏部退之然樵未始與人言及文章且懼得罪於時今足下有意於此而自疑尚多其可無言乎樵再拜

與友人論文書

嘗與足下評古今文章似好惡不相濶者然不有所竟顧樵何所得哉古今所謂文者辭必高然後爲奇意必深然後爲工煥然如日月之經天也炳然如虎豹之異犬羊也

是故以之明道則顯而微以之揚名則久而傳今天下以文進取者歲叢試於有司不下八百輩人人矜執自大所得故其習於易者則斥艱澀之辭攻於難者則鄙平淡之言至有破句讀以爲工摘俚句以爲奇秦漢已降古人所稱工而奇者莫如揚馬然吾觀其書乃與今之作者異耳豈二子所工不及今之人乎此樵所以惑也當元和長慶之間達官以文馳名者接武於朝皆開設戶牖主張後進以磨定文章故天下之文薰然歸正洎李御史甘以樂進後士飄然南遷由是達官皆闔關齚舌不敢上下後進宜

其爲文者得以盛任其意無所取質此誠可悲也足下才力雄健意語鏗耀至於發論尚往往爲時俗所拘豈所謂以黃金注者昏邪顧頑樸無所知曉然嘗得爲文之道于來公無擇來公無擇得之皇甫公持正皇甫持正得之韓先生退之其於聞者如前所述豈樵所能聽說乎

自序

樵家本關東代襲簪纓藏書五千卷常以探討幼而工文得之眞訣提筆入貢士列于時以文學見稱大中九年叨登上第從軍邠國忝歷華資久居蘭省廣明元年狂寇犯

闕駕避岐隴詔赴行在遷職方郎中朝廷以省方蜀國文物攸與品藻朝倫旌其才行詔曰行在三絕右散騎常侍李潼有曾閔之行職方郎中孫樵有揚馬之文前進士司空圖有巢由之風可載靑史以彰有唐中興之盛樵遂檢所著文及碑碣書檄傳記銘誌得二百餘篇叢其可觀者三十五篇編成十卷藏諸篋笥以貽子孫是歲中和四年也朝散大夫尚書職方郎中上柱國賜緋魚袋孫樵

序西南夷

道齊之東偏泛鉅海不知其幾千里其島夷之大者曰新羅由蜀而南逾昆明涉不毛馳七八千里其羣蠻之雄者曰南詔是皆鳥獸之民鴂舌言語難辨皮服獷悍難化其素風也唐宅有天下二國之民率以儒教爲先彬彬然與諸夏肖矣其新羅大姓至有觀藝上國科舉射策與國子偕鳴者載籍之傳蔑然前聞夫其生窮海之中託瘴野之外徒知便弓馬校戰獵而已烏識所謂文儒者哉今抉獸心而知禮節褫左衽而同衣服非皇風遠洽耶嘗聞化之所被雖草木頑石飛走異彙咸知懷德于是乎有殊能詭形之效祉者二國之爲其瑞與夫瑞之出不孤將必有類

者則度索之隅不懷之倫其向風仰流歸吾化哉世之言唐瑞者徒曰肉角格六穗稼天酒注庭苑巢神禽樵則曰二國文學也

序陳生舉進士

夫物不得以時而發其發必熾風行溪谷飂飂習習即不得遂作必飃忽源泉混混然隄防陂畜波抉壅缺亦不可遏其於人也亦然穎川陳君學積乎勤藝高乎專喪家途歘志用不通鬱然而居者有年矣果爲連帥賓禮貢之天子齎咨喑嗚輒以窮盡今年稍始克偕計吏黽勉上道久

憤湮鬱一旦決發若風波之得宣洩吁可當耶名光耀乎天庭聲飛馳乎海𣿰其在此行矣然君子學道以循祿端已以售道不肯枉尺以蘄尋直況突梯滑稽以苟得與君其勉之樵弱弓蓬矢難以妄彀徒善君之引滿強勁指期命中於行不能無述

興元新路記

入扶風東皋門十舉步折而南平行二十里下念濟坂下折而西十里渡渭又十里至郿郿多美田不爲中貴人所并則籍東西軍居民百一繫縣自郿南平行二十五里至

臨溪驛驛抱谷口夾道居民皆籍東西軍出臨溪驛百步南登黃蜂嶺平行不能百步又登潗潗嶺盤折而上甚峻而下潗潗嶺嶺稍平二嶺之閒凡行十里自臨溪有支路直絕澗並山復絕澗虵行積上十里合於大路下黃蜂嶺復有支路並澗出潗潗嶺下行亂石中五六里與澗西支路合由大路十里橋無定河河東南來觸西山下豗號怒北去河中多白石磊磊如斛又十里至松嶺驛逆旅三戶馬始食芻自松嶺平行又三里逾二橋登八里陜甚峻下陜行十里平如九衢又高低行五里至連雲驛自連雲驛西平行二十里上五里嶺路極盤折凡行六七里及嶺上泥深滅踝路旁樹往往如挂塵纓纚而長從風紛然訊於薪者曰此泥榆也豈此嶺常泥而樹有此名乎凡泥行十里稍稍下去又平行十里則山谷四拓原隰平曠水淺草細可耕稼有居民似樊川間景氣又五里至平川驛自平川西並澗高下行十里復度嶺上下嶺凡五里復平不能一里復高低有閣路行七八里扼路爲關北爲臨洮關爲河池自黃蜂嶺洎河池關中間百餘里皆故汾陽王私田嘗用息馬多至萬蹄今爲飛龍租入地耳入關行十里

皆閣路並澗閣絕有大橋蜿蜿如虹絕澗西南去橋盡路如九衢夾道植樹步步一株凡行六七里至白雲驛自白雲驛西並澗皆閣道行十里巖上有石刻橫爲一行曰鄭淮造凡三字不知何等人也又一十三里至芝田驛皆閣道卒高下多碎石自芝田至仙岑雖閣路皆平行往往澗旁谷中有桑柘民多叢居雞犬相聞水益清山益奇氣候甚和自仙岑南行十三里路左有崖壁然而高出其下殷其有聲如風怒薄冰里人謂之鳴崖豈石常鳴耶抑俟人而鳴耶又行十五里至二十四孔閣閣上巖甚奇有石刻

其刻云褒中興閣主簿王禺漢中郡道閣縣椽馬甫漢中郡北部都郵迴通都匠中郎將王胡典知二縣匠衛績敎蒲池石佐張梓等百二十人匠張羌敎褒中石佐泉疆等百四十人閣道敎習常民學川石等三人凡七十字其側則曰太康元年正月二十九日按其刻乃晉武平吳時蓋晉由此路耳又行十五里至青松驛自仙岑而南路旁人烟相望澗旁地益平曠往往墾田至一二百畝桑柘愈多至青松卽平田五六百畝谷中號爲夷地居民尤多自青松西行一二里夾路多松竹稍稍深入不復有平田行五

六里上小雪嶺極峻折嶺東多泥土踈而黑嶺西尤峻十里百折上下嶺凡十八里四望多叢竹又高低行十里至山輝驛居民甚少行旅無庇自山輝西高低行二十里上長松嶺極峻羊腸而上十里及嶺上復羊腸而下十五里及嶺下又高下行十里至迴雪驛自迴雪驛南行三里上平樂坂極峻盤折上下凡十五里至福溪又高下行十里至黃崖崖南極峻折上下黃崖六七里至盤雲驛西行復並澗行二十里卽背絕小嶺上下凡五六里稍平又行十里至雙溪驛自雙溪南平行四里至天苞嶺羊腸而上凡十五里極峻折往往閣路至嶺上南望興元烟靄中也下嶺尤峻絕凡三十里至文川驛自文川南行三十五里至靈泉驛自靈泉平行十五里至長柳店夾道居民又行十五里至興元西平行三十里至褒城縣與斜谷舊路合矣

孫樵曰古人尚謀新仍曰何必改作利不十法不變豈謀新亦未易耶滎陽公爲漢中以褒斜舊路修阻上疏開文川道以易之觀其上勞及將下勞及卒其勤至矣其始立心誠無異於古人將濟民於艱難也然朝廷有竊竊之議道路有喞喞之歎豈滎陽公始望耶況謀肇乎賈昭事倡

乎李併役卒督工者不增品秩於天子則加班列于滎陽公滎陽公無毫利以自與而怨咎獨歸豈古所謂爲民上者難耶

梓潼移江記

涪繚於郪迫城如蟠淫潦漲秋狂瀾陸高突隄嚙涯包城蕩墟歲殺州民以爲官憂滎陽公始至則思所以洗民患頗聞前觀察使欲鑿江東壖地別爲新江使東北注流五里復滙而東卽隄墟舊江使水道與地相遠以薄江怒遂命武吏發卒三千跡其前謀役興三月功不可就有謁於

滎陽公曰公開新江將扶民憂然江勢不可決訛言不可絕公將何以終之滎陽公曰吾欲厚其直以勸其卒可乎對曰飢卒賴厚直民惜其田以覬得不可滎陽公曰吾欲戮其將以動其卒可乎對曰代之將者必苦吾卒卒苦叛不可滎陽公曰奈何對曰夫民可與樂終難與圖始故自興役以來彼其民曰夏王鞭促萬靈以導百川今果能攺夏王跡耶非徒無功抑有後災羣疑牽綿民心蕩搖前時觀察使欲鑿新江中輟議而罷豈病此耶公卽能先堤民言新江可度日而決也滎陽公曰諾明日滎陽公視政加

猛決獄加斷又明日杖殺左右有所貳事鞭官吏有所阻政者遂下令曰開新江非我家事將脫鄭民於魚腹耳民敢橫議者死民以滎陽公嘗爲京兆旣憚其猛及是民心大慄羣舌如斬未幾而新江告成滎陽公歡出臨視班賞罷卒已而歎曰民言不堤新江其不決耶新江長步一千五百濶十分其長之二深十分其濶之一盤堤旣隆舊江遂墟凡得田五百畝其年七月水果大至雖踰防稽陸不能病民其績宜何如哉滎陽公旣以上聞有司劾其不先白詔奪俸錢一月之半樵嘗爲褒城驛記恨所在長吏不肯出毫力以利民及觀滎陽公以開新江受譴豈立事者亦未易耶是歲開成五年也

龍多山記

梓潼南鄙越五百里其中有山崛起中天卽山之趾得逕蜿蜒舉武三十北出其巔氣象鮮姸孕成陰烟砣石巉巉別爲東巖槎牙重複爭先角逐若絕若裂若缺若穴突者虎怒企者猿踞橫者木仆挺者碑植又有似乎飛簷連軒欂櫨交攢敧撐兀柱懸棟危礎殊狀詭類愕不得視下有畝平砥若戶庭攄乳側脉膏停泓石俯對絕壑杪臨蘭薄

仙臺標異叢石負起屹與山別猿鳥蹟絕腹實而空路由其中齗齶相望攀緣下上闖然而出曜見白日始時永嘉飛真蓋羅元蹤斯存石刻傳聞丹成而仙駕鶴騰天一去邃廓千載寂寞澄泉傳靈別鑿鏡明風間景清寂寥無聲嘉木美竹岡巒交植風來怒黑雷動崖谷嵓獸山禽捷翔呀驚曉吟暝啼聽之悽悽迴環下矚萬類在目因山帶川青縈碧聯莽蒼際雲杳杳不分月上於天日薄於泉魄朗輪昏出入目前其或宿霧朝雲糊空縛山漠漠漫漫莫知其端陽曜始浴徹天昏紅輪高而赤洪流散射濃透薄釋

錦裂綺拆。千狀萬態。倏然收霽。樵起來而遊。泊車而休。登降信宿。聞見習熟。始曰山乎。曾未始有得乎。無處夸世釣名者。汚此巖扃乎。且欲聞于潁陽之徒乎。

蕭相國眞讚

咫尺天威。首出時傑。英眄橫溢。神鋒秀發。秋空健骨。霜夜皎月。劍淬愈利。玉燒不熱。錦浦宸遊。傅巖寤說。馭物惟誠。在公抗節。再安宗祏。蕩掃氛孽。黃道回日。翠華歸闕。粃穅魏丙。扃袂稷契。仰止丹青。永保徽烈。

文貞公笏銘 并序

大中六年。詔出文貞公笏。歸其孫丞相謩。孫樵請銘其笏曰。靈豸薦角。比干獻骨。合以憤烈。在公爲笏。怒虎可唾。笏不可挫。太華可裂。笏不可折。柱天不仄。指日不蝕。標儀條聽。起梗開直。噫諫舌切切。上磨帝缺。不逆不怫。笏則公笏。繁拱在列。諍舌不發。膠榮顧祿。下偷上慢。非公之節。孰爲公笏。

潼關甲銘

潼戶呀東。翼廉敞南。有元甲數十札焉。委於前楹。漶塵飄風。綴斷革刓。樵過而誚之。且曰此國之關也。是小欲過冠偷。大欲扼諸侯。今者關禁弛而不譏。守甲存而不完。將欲抑天下心而割天子憂哉。關吏笑而進曰。借如潼之甲可以燭日。潼之旗可以絳天。戰鞞晝驚。警柝夜鳴。吾曹將擺堅荷鎩。投死地之不暇。又安得與客合繻而東。合繻而西哉。今上君臨萬國。號令所加。風清日明。理爲大和。如此則關之禁何爲而申。嚴關之甲何爲而繕。堅元宗四十二年。關中之兵。其屯如雲。孽胡西來。吡而關之。守甲其不完耶。古之善守天下者。展禮以防之。闡樂以和之。明刑以齊之。修政以固之。則其守在四海之外。何以關爲。而況完其甲

乎。是天下愈安。而其禁愈弛。天下愈平。而其甲愈敝耳。樵將去之。且銘其甲云。潼關之甲完。吾孰與安。潼關之甲敝。吾孰與濟。甲乎甲乎。理與爾謀。亂與爾謀。無俾工爾修。

孫樵 二

逐痁鬼文

孫子病痁其友踵門請曰始則慄縮𢶏懷有若仆子於嚴冰者終則憤胸爍肌有若寘子於烈爐者子知動作皆鬼耶余試爲子逐之以文樵應之曰余病誠鬼也然樵居平亦有不自了事者抑有鬼乎樵嘗思委質以事君則有若刳心而死者立於旁曰當如此諫樵嘗思不入於危難則有若結纓而死者立於旁曰當如此忠樵嘗欲不固其窮

則有若拜拒饋粟者立於旁曰當如此廉樵嘗欲苟違其期則有若擁梁汨死者立於旁曰當如此信樵嘗欲與人美言則有若教予許談而顧人耳者樵嘗欲與人市交則有若教予違熱而去勢者樵嘗欲趨權豪以冀得則有若牽予裾而躓予足者樵嘗欲忍汗赧以自媒則有若縛予舌而膠予口者予之不得專也如此以故學勤而吾道愈窮業修而知已日消是殘吾生於痁鬼也子弁爲吾逐之吾聞有陳萬年者射利乘機迎顏作怡愉愉便便阿意奉懽死而有靈是爲諂鬼此鬼依人使人蒙福人見輒喜擺去不得復有公孫宏者刻己沽名飾情釣聲內苞禍心外示舒宏死而有知是爲矯鬼此鬼憑人使人有聞上信於君下喜於民復有司馬安者攘義盜仁縛舌交脣柔聲婉顏狐媚當權死而有知是爲巧鬼此鬼依人辭枯即榮長劒華纓高步天庭復有和長輿者鉅萬藏家貫腐鏹（一作仄）磨鱗差蟎縮陣陣腥溢死而有知是爲錢鬼此鬼憑人使人氣豪意適交歡販祿買曲成直此四鬼者苟與吾遊吾必快所求是資吾生於他鬼也子弁爲吾招之其友不對退而歌曰窮吾知其所羞達吾知其所求此不當逐而彼

不當遊君乎君乎誠有激於中乎吁

寓居對

長安寓居闔戶諷書悴如凍灰癯如槁柴志枯氣索怳怳不樂一旦有曾識面者排戶入室咤駭唧唧且曰憊耶餓耶何自殘耶則對曰樵天付窮骨宜安守拙無何提筆入貢士列抉文倒魄讀書爛舌十試澤宮十黜有司知己日懈朋徒分離矧遠來關東橐裝銷空一入長安十年屢窮長日猛赤餓腸火迫滿眼花黑晡西方食暮雪嚴洌入夜斷骨穴衾敗褐到曉方活古人取文其責蓋輕一篇跳出

至死馳名。今人取文章章貴奇。一句戾意。全卷鮮知。言念每歲徂春背暑。洗剔精魂。澄拓襟慮。曉窻夜燭。上下雕斲。摭言必高。儲思必深。字字磨校。以牢知音。況榮辱撓其外。得失戕其內。機穽在乎足。鋒刃在乎背。吾非檻豕籠雛。其能窮而反訣乎。客退。遂書几作歌曰。肥於貌。孰與肥其道。求於人。孰與求其身。處乎出乎。孰爲得而孰爲失乎。

乞巧對

孟秋暮天。當庭布筵。有瓜於盤。有菓於盆。拜而言。若祈於神者。從而問之。對曰。七夕祈巧祀也。若有求乎。樵應之曰。

吾守吾拙。以全吾節。巧如可求。適爲吾羞。彼巧在言。便便翻翻。出口簧然。媚於人間。革白成黑。盡直殘德。譽跖爲聖。譖回爲賊。離間君親。潰亂家國。彼巧在文。摘奇搴新。轄字束句。稽程合度。磨韻調聲。決濁流清。雕枝鏤英。花鬭窠明。至有破經碎史。稽古倒置。大類於俳。觀者啟齒。下醨沈謝。上殘騷雅。取媚於時。古風不歸。彼巧在官。鬻譽假善。齚舌鉗口。媚竈賂權。忍恥受侮。愧畏如鼠。望塵掃門。指期九遷。君納於邇。贊唱菲菲。翫世偷安。敗俗橐官。彼巧在工。猥詭不窮。墮古笑朴。雕鎪錯落。憑雲亘天。蘙霍延綿。窮侈殫麗。越禮踰制。繡文錦幅。雲綃霧縠。若出鬼力。大蠹婦織。遂使俗尚浮華。名溺於奢。彫家蠹國。未騁胸臆。盡於化源。戕此民力。由此觀之。巧何足云。吾寶吾拙。雖與事濶。優游經史。卧雲嘯月。九衢喧喧。夾路朱門。曉鼓一發。車馳馬奔。予方高枕偃然就寢。腹坦（一作揺）鼻息。夢到鄉國。槐花撲庭。鳴蜩噪晴。懷軸囊刺。門門買聲。予方屏居。詠歌吾廬。對松敲石。莫知其餘。上天付性。吾豈無命。何求於巧。以撓吾靜。吾方欲上叫帝閽。以窒巧門。使天下人。各歸其根。無慮無思。其樂怡怡。耕食織衣。如上古時。巧乎巧乎。將何所施焉。

孫氏西齋錄

孫樵謂陸長源唐春秋。乃編年雜錄。因掇其體。切峭獨可以示懲勸者。擲其叢冗尨屑。不足以警訓者。自爲十八通。書號孫氏西齋錄。起高祖之初。洎武皇之終。首廟號以表元首。日月以表事。尚功力。正刑名。登崇善良。蕩戮凶回。有所鯁避。則微文示譏。無所顧慄。則直書志慝。所謂高祖殺太子建成者何。黜功循愛。譏失教也。李勣立皇后武氏者何。忘諫贊慝。懲廢命也。起王后已廢之魂。上配天皇者何。登嫌黜冢。不可謂順。予懼後世疑於禘祼也。絛天后擅政之年下繫中宗者何紫色閏位不可謂正予懼後世肇以稱臨也崔察賊殺中書令裴炎者何詭謏梯亂肇殺機也張守珪以安祿山叛者何貸刑怫赦稔禍階也稱天下殺者何罪暴天下示衆與殺也稱天子殺者何死非其罪示衆不與殺也臣或不書卒者何不以直終去卒以示貶也君或不書葬者何不以正終去葬以示譏也懼怠去瑞示戒志沴尚德必書賤尸位則黜貴皆所以敺邪合正俾滙大義操實置例以示懲勸嗚呼宰相升沈人於數十年間史官出沒人於千百歲後是史官與宰相分挈死生權也

爲史官者不能扶忠骨於枯壙黜諂魄於下泉磨毫贖札叢闒飽帙豈國家任史官意耶樵既序其畧授其友高錫望傳之矣

武皇遺劒錄

武皇帝得利劒於希夷之間提攜六年而四用之宜其庶績暉如哉往者北戎猖狂渝盟盜疆大出虜門戍卒屢奔武皇赫然奮雷霆之威驅貔武之師靖胡塵於塞垣復帝子於虜庭非武皇一用其劒耶賊鎮阻兵邀爵山東劫衆以濟其奸肇險以扞其誅王師萃之屢戰無功兵劒將稽賊勢益張并醜乘之遂萌梟心乃劫吾兵乃固吾城反書既聞卒愕京師輿人謠曰上宜亟以節假之且赦其辜俾守北門以伐虜謀不然并且東連潞兵北合戎師分卒以趨太行卷甲以下河東國家其能甘心於潞寇耶武皇曾不逗撓於其衷亟發武符按言誅之羽檄朝馳夕擒并頑非武皇再用其劒耶并部既平潞守益堅王師告勞國用告虛內外咨嗟訛言沸騰飛言上聞上爲不聞誅路之心益牢責戰之詔日嚴卒能克大憝於山東梟渠魁於國門非武皇帝三用其劒乎浮屠之流其來緜緜根盤蔓滋日

熾而昌蠹於民心蠧於民生力屈財殫民恬不知武皇始議除之女泣於閨男號於途廷臣辯之于朝褻臣爭之於旁羣疑膠牢萬口一辭武皇曾不持疑卒詔有司驅羣髡而髮之毀其居而田之其徒既微其教僅存民瘼其瘳國用其加風雨以時災沴不生非武皇四用其劒耶今者嗣皇帝纂武皇之耿光傳武皇之遺劒宜乎銛其鍔不使其挫寶其刃不使其泥而又硎之以義淬之以智匣之以禮苞之以仁持之以信與天下終始天下幸甚

書何易于

何易于嘗爲益昌令縣距刺史治所四十里城嘉陵江南刺史崔朴嘗乘春自上游多從賓客歌酒泛舟東下直出益昌旁至則索民挽舟易于即腰笏引舟上下刺史驚問狀易于曰方春百姓不耕即蠶隙不可奪易于爲屬令當其無事可以充役刺史與賓客跳出舟偕騎還去益昌民多即山樹茶利私自入會鹽鐵官奏重榷筦詔下所在不得爲百姓匿易于視詔曰益昌不征茶百姓尚不可活矧厚其賦以毒民乎命吏剗去吏爭曰天子詔所在不得爲百姓匿今剗去罪愈重吏止死明府公免竄海裔耶易于

曰吾寧愛一身以毒一邑民乎亦不使罪蔓爾曹即自縱火焚之觀察使聞其狀以易于挺身爲民卒不加劾邑民死喪子弱業破不能具葬者易于輒出俸錢使吏爲辦百姓入常賦有垂白僂杖者易于必召坐食問政得失庭有競民易于皆親自與語爲指白枉直罪小者勸大者杖悉立遣之不以付吏治益昌三年獄無繫民民不知役改綿州羅江令其治視益昌是時故相國裴公刺史綿州獨能嘉易于治嘗從觀其政導從不過三人其全易于廉約如此會昌五年樵道出益昌民有能言何易于治狀者且曰天子設上下考以勉吏而易于考止中上何哉樵曰易于督賦如何曰止請常（一作貸）期不欲緊繩百姓使賤出粟帛督役如何曰度支費不足遂出俸錢冀優貧民饋給往來權勢如何曰傳符外一無所與擒盜如何曰無盜樵曰余居長安歲聞給事中校考則曰某人爲某縣得上下考某人由上下考得某官問其政則曰某人能督賦先期而畢某人能督役省度支費某人當道能得往來達官爲好言某人能擒若干盜反若干盜縣令得上下考者如此邑民不對笑去樵以爲當世在上位者皆知求才爲切至於緩

急補吏則曰吾患無以共治膺命舉賢則曰吾患無以塞詔及其有之知者何人哉繼而言之使何易于不有得於生必有得於死者有史官在

書田將軍邊事

背臨邛南馳越二百里得嚴道郡實與沈黎越嶲俱爲邊城逼於羣蠻田在賓將軍刺嚴道三年能條悉南蠻事爲樵言曰巴蜀西逼於戎南逼於蠻宜其有以制之者當廣德建中之間西戎兩飲馬於岷江其衆如蟻前鋒魁健皆擐五屬之甲持倍尋之戟徐呼按步且戰且進蜀兵遇鬭

如植橫堵羅戈如林發矢如蝱皆折刃呑鏃不能斃一戎而況陷其陣乎然其戎兵踐吾地日深而疲死者日衆卽自度不能畱亦輒引去故蜀人爲之語曰西戎尚可南蠻殘我自南康公鑿青谿道以和羣蠻俾由蜀而貢又擇羣蠻子弟聚於錦城使習書算業就輒去復以他繼如此垂五十年不絕其來則其學於蜀者不啻千百故其國人皆能習知巴蜀土風山川要害文皇帝三年南蠻果大入成都門其三門四日而旋其所剽掠自成都以南越嶲以北八百里之間民畜爲空加以敗卒貧民持兵羣聚因緣劫

殺官不能禁由是西蜀十六州至今爲病自是以來羣蠻常有屠蜀之心居則息畜聚粟動則練兵講武而又俾其習于蜀者伺連帥之間隙察兵賦之虛實或聞蜀之細民苦於重征且將啟之以幸非常吾不知羣蠻此舉大劒以南爲國家所有乎且每歲發卒以戍南者皆成都頑民飽稻飫豕十九如瓠雖知鉦鼓之數不習山川之險吾嘗伺其來朔風正嚴緩步坦途日次一舍固已呀然汗矣而況歷重阻即巖程束甲而趨挾戰而鬬耶加以爲將者刻薄以自入餽運者縱吏而鼠竊縣官當給帛則以楛而易良

當賑粟則以沙而參粒如此則邊卒將怨望之不暇又安能殊死而力戰乎此巴蜀所以爲憂也樵曰誠如將軍言苟爲國家計者孰若詔嚴道沈黎越嶲三城太守俾度其要害按其壁壘得自募卒以守之且兵籍於郡則易爲役卒出於邊則習其險而又各於其部繕治美地分卒爲屯春夏則耕蠶以資衣食秋冬則嚴壁以俟寇虜連帥即能督之歲遣廉白吏視其卒之有無劾其守之不法者以聞如此則縣官無餽運之費奸吏無因緣之盜兵足食給卒無胥怨於將軍何如田將軍曰如此何患言卒遂書

書褒城驛壁

褒城驛號天下第一及得寓目視其沼則淺混而茅視其舟則離敗而膠庭除甚蕪堂廡甚殘烏覩其所謂宏麗者訊於驛吏則曰忠穆公嘗牧梁州以褒城控三節度治所龍節虎旗馳驛奔軺以去以來轂交蹄劘由是崇侈其驛以示雄大蓋當時視他驛爲壯且一歲賓至者不下數百輩苟夕得其庇饑得其飽皆暮至朝去寧有顧惜心耶至如棹舟則必折篙破舷碎鷁而後止漁釣則必枯泉汩泥盡魚而後止至有飼馬於軒宿隼於堂凡所以汙敗室廬

靡毀器用。官小者其下雖氣猛可制。官大者其下益暴橫。難禁。由是日益破碎。不與曩類。某曹八九輩。雖以供饋之隙。一二力治之。其能補數十百人殘暴乎。語未既。有老甿笑於旁。且曰。舉今州縣皆驛也。吾聞開元中。天下富蓄。號為理平。踵千里者不裹糧。長子孫者不知兵。今者天下無金革之聲。而戶口日益破。疆埸無侵削之虞。而墾田日益寡。生民日益困。財力日益竭。其故何哉。凡與天子共治天下者。刺史縣令而已。以其耳目接於民。而政令速於行也。今朝廷命官。既已輕任刺史縣令。而又促數於更易。且刺

史縣令。遠者三歲一更。近者一二歲再更。故州縣之政。苟有不利於民。可以出意革去。其甚者在刺史。曰明日我即去。何用如此。在縣令亦曰。明日我將去。何用如此。當愁醉醲。當飢飽鮮。囊帛櫝金。笑與秩終。嗚呼。州縣真驛耶。矧更代之隙。黠吏因緣。恣為奸欺。以賣州縣者乎。如此而欲望生民不困。財力不竭。戶口不破。墾田不寡。難哉。予既揖退老甿。條其言。書於褒城驛屋壁。

讀開元雜報

樵曩於襄漢間得數十幅書。繫日條事。不立首末。其略曰。某日皇帝親耕籍田。行九推禮。某日百僚行大射禮於安福樓南。某日安北諸蕃君長請扈從封禪。某日皇帝自東還。賞賜有差。某日宣政門宰相與百僚廷爭十刻罷。如此凡數十百條。樵當時未知何等書。徒以為朝廷近所行事。有自長安來者。出其書示之。則曰。吾居長安中。新天子嗣國。及窮虜自潰。則見行南郊禮。安有籍田事乎。況九推非天子禮耶。又嘗入太學。見叢甓負土而起。若堂皇者。就視得石刻。乃射堂舊址。則射禮廢已久矣。國家安能行大射禮耶。自關以東。水不敗田。則旱敗苗。百姓入常賦不足。至

有賣子為豪家役者。吾嘗背華走洛。遇西戍還兵千人。縣給一食。力屈不支。國家安能東封。從官禁兵。安所仰給耶。北虜驚嚙邊甿。勢不可控。宰相馳出責戰。尚未報功。況西關復警於西戎。安有扈從事耶。武皇帝以御史竊議宰相事。望嶺南走者四人。至今卿士齰舌相戒。況宰相陳奏於仗乎。安有廷奏爭事耶。語未及終。有知書者自外來。曰。此皆開元政事。蓋當時條布於外者。樵後得開元錄驗之。條條可復云。然尚以為前朝所行。不當盡為墜典。及來長安。日見條報朝廷事者。徒曰今日除某官。明日授某官。今日

幸於某明日畋於某誠不翅數十幅書樵恨生不爲太平男子及覩開元中事如奮臂出其間因取其書帛而漫志其末凡補鈌文者十三正訛文者十一是歲大中五年也

罵僮志

孫樵既黜于有司怱怳乎若病酲之未醒茫洋若癡人之瞑行據牀隱几懣然不寐二僮以樵尚甘於眠偶語戶間且曰吾聞他舉進士者有門吏諸生爲之前焉有親戚知舊爲之地焉走健僕囊大軸肥馬四馳門門求知所至之家入去如歸閽者迎屈引主人出取卷開讀喜懽入骨自

某至某如到一戶口口附和不敢指破親朋扳聯聲光爛然其於名達進取如掇今主遠來關東居長安中進無所歸居無所依忿割口食以就卷軸冒暑觸雪攜出籍謁所至之門當關迎嚬俯眉與語受卷而去望一字到主人目且不可得矧其開口以延乎時或不棄而遇主人推心於公是者當開緘引讀苟合心曲又曰彼何人耶彼何自耶況所爲幽拙大與時濶凡爲世人婉顏巧唇望風趨塵以售其身則必淡面鈍口戇揖癡步眛於知幾買嫌於時凡爲讀書東獵西漁粗知首尾則爲有餘則必燈前月下寒朝暑夜磨礲反覆期入聖域徒苦其神孰裨其身凡爲文章拈新摘芳鼓勢求知取媚一時則必擺落尖新期到古人上規時政下達民病句句淡澁讀不可入徒垂於衆孰適於用凡爲造謁去冷附熱大求其力小求其得則必權門掃迹寂寞是適所至之處雀羅在戶人皆嫌去愈恭好慕凡爲結交搜羅傑豪相醉以酒相飫以庖則必屑去温燠膠牢淡泊時或叢處凍冷徹曙晨起散去潔腹出戶迫暮如故學獵古今不爲衆譽文近于奇不爲人知九試澤宮九黜有司十年輦下與窮爲期一歲之間幾日晨炊饑

不飽藜寒無襲衣此皆自掇何怨於時浪死無成孰與歸耕言始及是樵閧起喜二僮遽匿呼諭不得遂敲几而歌曰彼以其勢我專吾勤彼以其力我勤吾學學之不修骨肉如仇學之苟修四海何讐噫吾之所貴僮之所薄吾之所惡僮之所樂僮何知吾豈獨無時

復名堰籍

會昌元年漢波逾堤陸走漂民襄陽以潴於是天子曰戶部侍郎盧某前爲廣州治稱廉平家無餘儲府有羨財耕夫無所徭舶賈無所征耋稚海隅賴之而安其以襄陽之

殘民屬治之盧公既來襄陽始用李從事允之畫能成新堤卽問可以爲治狀對曰天子以襄陽饑甿寄活於公宜有以休養之者襄陽之屬城爲唐州唐州之支邑爲泌陽泌之東有二流走出斷堤嚙道而西派於二流南別爲溝壞高岸頹水不得行昔名信臣嘗爲南陽能爲民障水泉廣漑灌世賴其利俗用蕃富嘗披地圖北盡南陽故地豈古所謂名堰者耶代邈時移功不加修堤谿於流浸滅爲波自泌陽以南平陵以西居民甚逋墾田甚彫公則能復信臣舊規眞民十世利者盧公立名管田部將出卒與轂

卒以聽命李從事卽爲條分程度指畫經畧且使卽其故堤以鯁二渠鑿其枯溝析爲南流水門既陳百瀆脈分蔓蔓于原支支於屯數百里間野無隙田旱無枯苗名堰既成秋田大登八州之民咸忘其飢范陽盧庠能道李從事佐盧公事且曰盧公自南海至襄陽再以李從事叅畫軍事凡其所居鏗耀有聞及爲潞州聲光削然發戍卒甲與而譁盧公駭咤謂他從事曰使李從事從我寧及此耶是時李從事陷於讒言獲譴當奪權自盧公黜蕃洛陽如此則李從事前佐盧公宜何如哉李從事去襄陽五年名堰之利益大於民歲增良田頃至四萬樵惜李從事之跡不爲人知作復名堰箴

刻武侯碑陰

赤帝子火熾四百年天厭其熱洎獻燼矣武侯獨憤激不顧收死灰於蜀欲噓而再燃之艱乎爲力哉是以國稱用武岐雍間地不尺濶抑非智不周天意炳炳然也夫以武侯之賢寧靡籌其不可耶蓋激備隆中以天下託不欲曲肱安轂終兒女子手將馳驅死備志耶由是嚴武侯之所爲殆庶幾矣然跨西南一隅與吳魏抗國提卒數萬綽綽

乎去蕃無我枝者是亦善爲兵矣史壽以爲短於應變眞抑武侯哉俾武侯不早入蜀地曹之君臣將奔走固圉之不暇鍾鄧寧能越嚴縣兵決勝指取耶是井絡之野與武侯存亡俱矣天殲武侯其不愛劉愈明白矣其姜維何力焉曩蟠南陽時人不與仲毅伍洎受社稷寄擅刑賞柄曾心不愧畏人不疑黷何意氣明信之卓卓也武侯死殆五百載迄今梁漢之民歌道遺烈廟而祭者如在其愛於民如此而久也獨謂武侯之治比於燕奭彼屠齊城合諸侯在下矣

舜城碑

帝承天休纂堯之勳啟宮於蒲守不以城帝守以城孰守不城阻湖爲池限華爲門波非不狂巖非不崇守不以仁社爲周遷將蒙監扶理土朔方萬里扞胡貽謀子孫始訖其功阿房已墟帝豈不城城在民和自華洎夷罔不順同屹爲國垣以藩有虞其堅如金其厚如坤蕩蕩巍巍牢不可屠四罪雖頑莫敢來攻一家熙熙相視而安帝配商均不私以城帝死蒼梧授之夏家太甲不修帝城乃頹唯此帝城哲王獨知求之民心乃見其基帝城雖隳築之不難

無寧無荒帝城復高不識不知相傳峻隅其版雖崇其築雖堅非帝之心孰爲帝城

唐故倉部郎中康公墓誌銘 幷序

唐尚書倉部郎中姓康氏以咸通十三年月日薨於鄭州官舍其年月日前左拾遺陳晝寓書孫樵曰與子俱受恩康公門今兆還有期其孤徵誌於子子其無讓樵哭之慟已而揮涕敘平生公諱某字某會稽人曾祖諱某贈某官祖諱某贈某官父諱某贈某官公幼嗜書及冠能屬辭九攻四六文章援毫立成清媚新峭學者無能如自宣城來長安三舉進士登上第是歲會昌元年也其年冬得博學宏詞授秘書省正字明年臨桂元公以觀風支使來辟換試秘書郎五年調再授秘書省校書郎大中二年復調授京兆府參軍其年冬爲進士試官峭獨不顧雖權勢莫能撓其與選者不逾年繼躡昇第故中書侍郎高公璩尚書倉部郎中楊嵓太常博士杜敏求今春官貳卿崔公殷夢尚書屯田郎中崔亞前左拾遺陳晝及樵十輩皆出其等列也明年授大理評事兼監察御史戶部巡官明年改鹽鐵巡官天付介直不能諂言故丞相河東公休使鹽鐵轉

運公或請計事將入門裴公謂謁者曰必康君也裴公始以直知終以直廢明年去鹽鐵詔授大理司直或有所讞宰相莫能迴其筆明年授試大理司議郎兼侍御史度支巡官明年改授檢校戶部員外郎兼侍御史轉運推官明年換判官今華州刺史李公訥拜鹽鐵轉運使將莅事且名羣吏曰二十年以前推官判官誰爲廉平可以助吾治者羣吏皆以公塞問李公曰吾得之矣公由是不去職咸通元年改檢校禮部郎中兼侍御史充轉運判官李公始以廉平知終以章奏加厚常稱于班行間曰康公宜掌帝

制或與宰相言必慰薦之明年詔授海州刺史廉而不刻明而不抉案牘符檄公一以口授之羣胥輩徒搦管捉紙字字書出蓄縮汗慄何暇爲奸犯耶以故老吏猾胥畏之如神明秩罷退居淮陰咸通八年詔拜大理少卿明年遷尚書倉部郎中充西川宣諭制置鹽鐵法使兼西川供軍使賜紫金魚袋公馳驛至西川不浹旬而鹽無二價蜀吡至今賴之會西川節度使劉公以疾薨戍兵日至軍儲不給糗無常價而度支有定估遂乘傳詣闕且請與度支計事無何詔以竇滂代公公遂守倉部郎中會竇滂逗遛不

以時之任朝廷欲以警之其年十一月遂貶公爲澧州刺史明年移鄭州長史朝廷或有繁難之任議莫不以公爲言宰相且將用之嗚呼天殲正人誠疲民之不幸非公之不幸也公娶長樂馮氏故給事中累贈太尉諱審第三女也公十二男八女長曰齊鄉貢進士次曰顏鄉貢進士次曰言明經及第次曰某云某長女適鹽州防禦判官試大理評事高遲七女未笄夫人自京師攜其孤奔喪於管城其年九月三日以公之喪權窆于孟州河陰縣某鄉里銘曰

會稽之英斗牛之靈弁鍾德門公實挺生月中搴桂日下馳名芸閣清秩宰盆美聲出牧東海貳卿棘寺鵷行望郎錦川星使騏驥蹀足蛟龍得水富貴可期煙霄漸邇謫非其罪天道寧論不復雙闕遽歸九原圃田發紼河陰封樹勒石載銘庶幾終古

祭高諫議文

咸通十一年十一月五日友人孫樵謹遣家僮犀角鴈兒具時羞之奠敬祭于故友滁州刺史贈諫議大夫高公叶卜之靈嗚呼與君定交不謝古人爲分日牢爲道日親二

十五年彼我一身人謂我愚君謂我賢人欲我後君欲我先我爲一善君喜見顏我爲一失君愠形言意我尚華布衣禦寒意我苟進蓑笠當軒我蟠濁泥君躡青雲不以升沈塹隔其間誨我如兄煦我如春我何敢忘銘骨書紳君之文章可動鬼神君之器業可活生民我之賴君如倚華山庶寡我過期大我門君牧滁吡我從邠軍方恨綿邈凶訃遽聞東嚮慟哭痛貫心肝三日麻衣朝晡忘餐百身莫贖何禆往魂嗚呼痛哉杵臼死義比干死仁君殞賊手爲怨難論嗚呼痛哉君殯喬谷我歸咸秦試發舊篋君書盈

干辭旨重重。墨色如新。苟非相諫。即是慰安。塡臆悲來。淚如迸泉。嗚呼痛哉。天喪吾友。吾何望焉。誰拯湮溺。孰開頑昏。嗚呼痛哉。世人結交。違寒集溫。如我不易。如君固難。嗚呼痛哉。敬姜晝哭。嵇紹幸存。轄車其東。歸骨洛川。遠備膠饌。告辭柩前。嗚呼哀哉。尚饗。

祭梓潼帝君文

大中十八年七月九日。鄉貢進士孫樵。再拜獻辭張君靈座之前。樵實頑民。不知鬼神。凡過祠廟。不笑即唾。今於張君。信有靈云。會昌五年。夜躋此山。涷雨如泣。滑不可陟。滿

眼漆黑。索途不得。跛馬慍僕。前仆後踣。樵因有言。非燭莫前。須臾有光。來馬足間。北望空山。火起廟壖。焰焰逾丈。飛芒射天。瞑色斜透。峻途如晝。樵謂廟奴。苦寒爇薪。取溫曉及山巔。鎖澀廟門。餘燼莫覩。孰知其然。大中四年。冒暑還秦。午及山足。猛雨如霔。樵復有言。神誠能神。反雨爲晴。暴火乃靈。斯言纔闋。迴風大發。始自馬前。怒號滿山。劈雲飄雨。使四山去。茲山巍巍。輕塵如飛。訖四十里。雨不沾衣。顧樵當時。嘉神不欺。與神心期。神其自知。今過祠宇。其敢默去。觴酒豆脯。捧拜庭下。神其歆此。

欽定全唐文卷七百九十六

皮日休一

日休字襲美。一字逸少。居鹿門山。自號間氣布衣。咸通八年登進士。授著作佐郎。遷太常博士。乾符中爲毘陵副使。黃巢之亂。陷賊中。僞署學士。使爲讖文。疑其譏已。遂害之。

謹按宋尹師魯作皮子良墓誌云曾祖日休避廣明之難徙籍會稽依錢氏官太常博士贈禮部尚書與該聞錄文獻通考諸書所載不同

霍山賦 幷序

臣日休以文爲命士。所至州縣山川。未嘗不求其風謠。以

頌以文。幸上發輶軒。使得採以聞。六年。至壽之騈邑曰霍山。山故岳也。邑贅於阯。至之二日。離邑一舍。望乎嶽將頌之文也。及見之。則目乎戇。手乎釋。心乎聳。神乎瞀。始欲狂其文寫其狀。如丹青之不差也。頌其風文其謠。如金石之永播也。既而其精怯然搏敵。躁然械囚。紛然棼絲。悅然隳空。浩然涉溟。幽然久痗。則知才智之劣。如髦而加疾。將杖而奔者。於戲。霍山之靈哉。霍山之靈哉。將闕於神而愚之邪。抑有所達而托之邪。其辰既決。其精忽渝。怯然而勝。躁然而適。紛然而靜。悅然而安。浩然而濟。幽然而愈。如壯而

能決將陣而敵者於是狂其文寫其狀其詞曰

太始之氣有清有濁結濁爲山峻清爲岳其山厥臣其岳惟君惟南之鎭曰霍爲尊岳之大與地角壯與天勍勢荊豫華嵩青沂兗岱如埡而秀如塊而銳岳之高千仞萬仞蒼蒼菸菸日月相避其光望之數百里外爲天棟梁岳之尊端然御極聳然正位靜然而聽凝然而視其體當中如君之毅其屬者如駢其拇如枝其指若卑其儀若肅其位岳之氣其秀如春其清若秋其翠如雲雲不能麗其色如烟烟不能鮮若雨收氣爽丹青滿天岳之靈其神不眹其

報如響若雨用淫岳能霽之若歲用旱岳能澤之岳之德生之育之煦之和之開藹染卉萋萋迷迷藻繪數百里岳之形有雲驁驁其勃如怒有泉烈烈其來如決叱豐隆奔列缺轟然霹靂天地俱裂岳之異狀其勢如危或不可支若不可維或仰而呀有如吮空或俯而拔有如攫地其曉而東有如冠日其暮而西有如孕月有水而脉有石而骨有洞而腹有堮而節或銳而厲或斷而截或迴而馳或低而拆其經之怪之祥之詭之千種萬類緊不可得而詳記因神狂不能自主殆而寐夢一人絳衣朱冕怪貌魁形曰余祝融之相也夫霍山余君之故治也爾賦之誠形矣勝矣怪矣典矣然義有不備帝俾余蒞夫古有五岳霍居其一所以五岳相遍者唐虞之帝五載一巡狩一載而徧上以覲侯下以存民侯有治者陟不治者黜民有冤者平窮者濟洎唐虞以降皆燔柴於霍我帝用饗其禮至周旦策而命我與諸岳星列中國自漢之後乃易我號而歸於衡故祝融遷都命余守霍今聖天子越唐邁虞而廢巡罷狩余之封內有可陟可黜可平可濟者是聖天子無由知之爾能以文請於執事之達者易衡之號以歸於我請天子

復唐虞陟黜之義故爾之將賦余閉遏爾懷而不爾文帝曰有衡既遠有狩必勞惟霍之邇斯號可復賦者能言胡不俾傳帝俾命爾錫爾文爾無忘也臣曰惟請神貺既覺而書嗚呼異哉

憂賦 并序

草茅臣日休見南蠻不賓天下徵發民力將弊乃爲賦以見其志詞曰

上有太古粵有民族顓若混命愚如視肉當斯時也雖三王之道不能化五帝之澤不能沐追乎混沌欻起覗視驕

分其形也有精有神其心也有僞有真既殉其質又秀其純有智有機有義有仁有怨有懟有悲有辛居人靈府者總屬於神神之生也攝爽孕精胎意嬰情不迹不眹無臭無聲不居於悉不侵於嬰先物而動先人而行不注而溢不絲而縈神之居也塡胸塞臆冥冥默默靜如寐魘將語不得其遇如噎其飲如食其輕者勝其重者殛神之行也其居幽幽其行悠悠來不可抑去不可留其情如剸其緒如抽其剛爲憤其弱爲羞其子爲恨其孫爲愁入人之心也如毒如螫如虔如劉不綸而漁不兵而蒐其堅也龍泉

不能劃其痛也萆荔不能瘳入人之懷也倘倘佯佯隱隱遑遑牢然不勝悒若有凶威能制佚力可摧剛乖人之性反天之常不衰而慼不役而怭不觸而醉不馳而狂是知食鯈魚者不能已樹萱草者不可忘倘懷如嘆喟者其人立傷入人之神也昧人之精爍人之英癡然而作如病宿醒雖有王澄之色必俛樂廣之神不淸入人之眥也欻從內熱鬱而上結不勞膏沐自淸其髮有久而釋者則其人也冠緌簪雪入人之眉也於悒摧頹思不自裁動如葭灰飛上眉來蹙然無力自落金盃有積而未已者雙眉之翠

如一月不開入人之目也端坐日晏凝然忘倦注睫直視外象不過雖有斧藻之繡毛嬙驪姬到於前昏如有事入人之耳也希希夷夷俯而不思殷然滿耳其身如尸雖師曠之善聽苟入之也迅雷烈風亦不聞之入人之齒也噤其齒牙淡其含咀悲嗟既已哆如餓虎雖有膾炙餺饎堆其前糲不可茹入人四枝也如縶如維如勞如疲其力如柳弱不可支苟甚者消骨枯髓奪色削肌其人也立不勝衣噫嘻嗚呼憂之甚也如斯向其入之也臣皆有之然猶未憂何實爲師既憂其身須憂其時苟肉食者謀失而藿

食者殃罹可不憂歟可不憂歟夫於政而疲於祿而尸王道不宣皇綱不維元惡作矣大盜乘之是臣憂也后妃之際陰教規矩夏德塗山周贊文母牝雞無晨中饋有主苟奇袞而不黜乃神器之可取宮掖紊亂姦邪麕聚文信爲相而私后董偃作庸而尚主其甚也漢成母以國循姓周宣后將權授父是臣憂也儲后之選實賢與良少海增潤重離益光輔導不至乃爲猖狂歎戾園之思子嗟臨江之憫王斯變是卽惡乃易彰其甚者愍懷死而晉亂房陵易而隋凶是臣憂也封宗王嫡所以貴親茅土足以繼其後

印綬足以飾其身至乃割域中之土宇半天下之黎民王猶未足亂以遄臻其甚者篡則王倫孫秀殺則清河萬人是臣憂也輔之而王在忠與良致叔父於折木取太公於釣璜寵之極也其化爲權權之極也其化爲强其甚者曹操以兵而上殿高澄抑帝而勸觴是臣憂也內豎之臣乃寵而綏豎刁亂齊之曰伊戾禍宋之時西漢則中令扇迹東京則鄭卿構基舉手天轉切齒國危其甚者陳蕃以賢而陷矣何進用忠而僇之是臣憂也賈誼愛時仕止於國傅桓譚非讖官止於郡丞是臣憂也將在於軍君命不復

知魏絳之法行見條侯之令肅郭開受諫李牧就誅范睢一言武安被僇是臣憂也王臣蹇蹇言須逆耳治亂終書善惡必紀趙盾終屈於董狐崔杼竟書於太史至有陳象極言以族滅李雲上書而身死是臣憂也懸官待賄命相取資崔烈作司徒之日曹嵩爲太尉之時未搜巖穴莫訪茅茨秦繆既誅於五羖桓魋將退於仲尼是臣憂也法令如網隨而補之肺石之上落人涕洟公孫鞅恢令之法嚴延年掃墓之期是臣憂也命將興師夸力四夷既侵嶺徼又定邊陲以無用之沙漠竭有限之民資是以先王謂之荒服後嗣謂之羈縻豈可使親帥武旅躬擇戰陣故漢高有白登之辱隋煬有鴈門之圍是臣憂也出警入蹕以示嚴肅非有事於名山卽展義於羣牧故昭王遊漢水以無歸宣帝幸中山而不復是臣憂也功作非宜奪民農時我簠不粢我黍阻飢傾宮既作阿房又施人既怨矣鬼其泣之是臣憂也頭會箕斂關征市賦民之胥怨無所赴愬人厭進修家爲積聚卜式出於富人宏羊拔於賈豎是臣憂也外戚之貴上公是列西漢則王根爲五山東京則郭況製金穴國步將移天澤未歇不師殷鑒尚遵覆轍是臣憂

也人樂既沒淫聲是起宋都已昳行人貪賄如斯陳國一時雄玉樹後庭花至死是臣憂也先之而昌後之而亾先之者堯興唐舜興虞後之者癸喪夏辛喪商故王之憂國者而日旰不食士之憂位者而載贄出疆鶉居鷇食者何汲汲孔席墨突者何遑遑故臣之憂也盡此而已矣願陛下憂之治可致樂康道可躋羲皇則天下幸甚

河橋賦 幷序

咸通癸巳歲日休遊河橋觀橋之利不檝而濟美其事著河橋賦其辭曰

西荒之外有崑崙山帝都之下豐隆在焉其表無際其高破天河漢極北昭回相連分其坎德遂有河源其出綿綿其流涓涓如帶是也濫觴信然始礱石以作注終裂地以成川迫乎放勛之世重華之年其水懷山其波浸天鼇怒則蹴翻五嶽鯨激則掉破百川迅湲欻而似曝湧湍潰而若煎漬地軸以摧矣爛天輪而缺然草木則尾閭之外日月則沃焦之巔人民死而為介倮蟲化而為蠙有桑不績有麻不田此則乘墉望萬里之淵且夫天地之前有河生焉則盤石之神不能導而使歸海朴父之力不能疏而使

為川豈非元命未降抑自上元大聖未出大功未宣天之作矣抑有由焉於是堯之心惻然惘然咨其四岳舉爾所賢天之元命不自於鯀鯀雖作矣其功不全果殛於山其罪昭然天之元命降而自禹禹既作矣其功如天於是禹之心憂然勞然股既無胈過不入門以已為下以物為先既乘橇以即檋又隨山而濬川導自積石至於龍門裂岸砉以風響斬斬巖而晝昏破靈怪窟斷天地根分其注使不可瀆修其流使不可吞然後千巖萬壑雷吼電奔抉逆流而並瀉入渤海以猶渾天下安流昏墊無憂禹功既大

舜禪克修其功也與天優優其績也與河悠悠兆庶其安九河如箭濁不可鑒嶮不可見渦若驚風浪如狂電若此帝媯之世則其流也如絲如綫在昔典午之世也其君實良其臣孔臧念濟者之太勞乃致功而去航子產之濟也不足比充國之奏也胡可方於是督斤斧於梓匠下材幹於豫章造其舟也乃絙乃杠乃輿乃梁功既奪於利涉力可侔於巨防如禦黿鼉者以妖為德聚魚鼈者以怪為祥觀其步高於空履險於深其形也若劒倚天外其狀也若龍橫水心其高也若大虹之貫天風吹不動其壯也若巨

鼇之壓海浪泛不沈曙色霍開濟者相排如川失水一物時來蹄響如雨車音若雷有賢有俊有隸有臺有貧有窶有貨有財噫前王之道深有旨哉在水則河橋曉濟在陸則四關盡開水之與陸一貫而來所以大同其軌廣納其林豈梁之防乎抑聞三代之橋也不斤不斧不徒不杠以道為水以賢為梁濟民者民不病溺濟世者世不頹綱開之也通仁流義閉之也關淫限荒夏之梁也曰湯殷之梁也曰昌周之梁也曰旦漢之梁也曰光自漢之季國竊主折為水者以洚以强及隋之世為梁者唐故能濟民於萬

方。同軌於八荒。是知河橋之義也。可以獻於天王。

桃花賦 幷序

余嘗慕宋廣平之爲相。貞姿勁質。剛態毅狀。疑其鐵腸石心。不解吐婉媚辭。然睹其文而有梅花賦。清便富豔。得南朝徐庾體。殊不類其爲人也。後蘇相公味道得而稱之。廣平之名遂振。嗚呼。夫廣平之才。未爲是賦。則蘇公果暇知其人哉。將廣平困於窮。厄於躓。然强爲是文邪。日休於文尚矣。狀花卉。體風物。非有所諷。輒抑而不發。因感廣平之所作。復爲桃花賦。其辭曰。

伊祁氏之作春也。有豔外之豔。華中之華。衆木不得融爲桃花。厥花伊何。其美實多。僮隸衆芳。緣飾陽和。開破嫩蕚。壓低柔柯。其色則不淡不深。若素練輕蒨。玉顏半酡。若夫美景妍時。春含曉滋。密如不幹。繁若無枝。妦妦婉婉。夭夭怡怡。或俛者若想。或闇者如癡。或向者若步。或倚者如疲。或溫黁而可薰。或婑媠而莫持。或幽柔而旁午。或撦冶而倒披。或翹矣如望。或凝然若思。或奕僷而作態。或窈窕而騁姿。日將明兮似喜。天將慘兮若悲。近榆錢兮妝翠靨。映楊柳兮顰愁眉。輕紅拖裳。動則裊香。宛若鄭袖。初見吳王。夜景皎潔。闃然秀發。又若常娥。欲奔明月。蝶散蜂寂。當闌脉脉。又若妲己。未聞裂帛。或開故楚。豔豔春曙。又若息嬀。含情不語。或臨金塘。或交綺井。又若西子。浣紗見影。玉露厭浥。妖紅墜濕。又若驪姬。將譖而泣。或在水濱。或臨江浦。又若神女。見鄭交甫。或臨廣筵。或當高會。又若韓娥。將歌斂態。微動輕風。婆娑暖紅。又若飛燕。舞於掌中。半露斜吹。或動或止。又若文姬。將賦而思。丰茸旖旎。互交遞倚。又若麗華。侍宴初醉。狂風猛雨。一陣紅去。又若褒姒。初隨戎虜。滿地春色。階前砌側。又若戚姬。死於鞠域。花品之中。此花

最異。以衆爲繁。以多見鄙。自是物情。非關春意。若氏族之斥素流。品秩之卑寒士。他目則目。他耳則耳。或以眤而稱珍。或以疎而見貴。或有實而華乖。或有花而實悴。其花可以暢君之心目。其實可以充君之口腹。匪乎茲花。他則碌碌。我將修花品。以此花爲第一。懼俗情之横議。我曰不然。爲之則已。我目吾目。我耳吾耳。妍蚩決於心。取捨斷於志。豈於草木之品。獨然信爲國兮如此。

陵母頌

孔父稱惟小人與女子爲難養也。夫女子之忠貞義烈。或

聞於一時。小人之奸詐暴亂。不忘於一息。使千百女子如小人奸詐暴亂者有矣。使千百小人如女子忠貞義烈者未之有也。則安國侯之母也。不以項強而劉弱。俾子事項。不以子背君別事而有忿色。對暴君而抗大節。捨其生而蹈死地。嗚呼。春秋書解揚致晉君之命。漢史稱周苛拒項籍之爵。方諸陵母。誠未爲忠。何者。男子少服教。壯行忠貞義烈。雖死不辱。鼎鑊在前而不懼。鑕斧被體而無怨。乃男子之常事也。至夫女子。少隱帷薄。壯執箕箒。豈嘗熟於忠貞義烈哉。是女子之有是者。由百物之有瑞者矣。豈易爲哉。豈易爲哉。

白門表

三年秋。徐卒無狀。叛兵逐其帥。不再日。剽公私財析盡。異時卒有不平者。至是皆門抗之。監戎者以聞。上赫然大怒。命大將職正其罪。卒有首叛者。前後累劫其將曰銀刀。至是命皆僇之。無赦。將至。先令徐裨將曰。銀刀族無老幼強者斬之。弱者幽之。及徐之枝邑派聚。捕銀刀族且盡。或僇而梟者。或拳而送者。不浹日。其族無餘。或有詐弱懼僇。皆論幽於牢。迨六七百人。且俟大將命。業兵之居無何。上愍

徐卒盡死。中或有不干其謀者偕僇。降內貴人於徐。詔曰。銀刀族。詔至未死者。貰之。六七百人分屬數郡。未至屬所。途亡爲盜。四年夏。盜推其率。鼓而徐入。火里舍。將縣令。誅制使。係虜民。輜而掠貨。徐守閉中城。竟不命偏將禦之。盜得志。徐去。四年秋。進士皮日休之白門。道逢徐民之耄者。泣曰。翁世富於徐。子孫嗣其業。祈二百年。前日以徐卒亂。翁之資已竭劫於兵矣。獨存者居第而已。爲殘燼。翁以爲天子命將盡殺之。且銀刀族無三千人耳。遇聖天子在上。四境無征伐。重糧其屬。厚衣其身。有餔兒啜孫至死手不執干戈。體不被鎧甲者。上於徐卒厚矣。今乃忘上恩。叛主帥。逐天子命將。殘天子兆民。如此逆之甚也。上又活其半。今反盜而寇徐。前日翁之亡。獨賄與產耳。今子孫爲賊隸。妻女爲賊室。餘骸殘齒。溘然無取。嗚呼。皇天仁於數百人。反不仁於一郡。豈得言者過耶。且兵者。聖王不能免其征。仁帝不能無其伐。是以逆者必殺。順者必生。所以示天下不私也。往年數萬之卒。逐天子命將。自樹其便者。國家以不忍盡殺。因聽之。皆賊而不貢。兵而不從。死而輒代。名爲列藩。實一州之主也。故春秋譏世卿得專公祿者。以春秋

小國尚貶而不空況今聖天子在上百執事稱職萬方雀息以無虞四夷駿奔而入貢哉前日徐卒幸活而爲盜於民特苦國家無辱或不盡僇而赦之則自樹其便者日休曰翁其力之賢者耶吾知夫今之食其食者未必有翁之是心也幸以文貢而未得入上言列固不合陳便宜事因採翁之說爲表庶天子召直言極諫者得以遺之

移元徵君書

徵君足下行奇操峻捨明天子賢宰相退隱於陵陽睋見青山傲視白雲得喪不可搖其心榮辱不能動其志桎拳

冠冕泥滓祿位甚善甚善苟與足下同道者必汲汲自退名惟恐聞行惟恐顯老死爲山谷人矣或名欲遺千載利欲及當今者聞足下之道可以不進其說耶日休聞古之聖賢無不欲有意於民也苟或退者是時弊不可正主惛不可曉進則禍退則安斯或隱矣有是者世不可知其名俗不能得其教尚懼來世聖人責乎無意於民故也此謂之道隱其次者行不端於己名不聞於人欲乎仕則懼禍欲乎退則思進必爲怪行以動俗詖言以矯物上則邀天子再三之命下則取諸侯殷勤之禮甚有百世之風次有當時之譽此之謂名隱其次者行有過僻志有深傲飾身不由乎禮樂行已不在乎是非入其室者惟清風昇其牖者惟明月木石然麋鹿然期夫道家之用以全彼生此之謂性隱然而道隱者賢人也名隱者小人也性隱者野人也有夫堯舜救世湯禹拯亂之心者視道隱之人由夫樵蘇之民耳況名與性哉今天下雖無事河湟有黠虜之患嶺徼有逋蠻之虞主上焦心灼思晏詢夜謀宰相戰慄於巖廊百執事奔走於朝右然尚未復貞觀開元之大治有致君於唐虞躋民於仁壽者其人則鮮其求則勤元纁之聘屢降於山林少微之星但明於霄漢此眞足下之所高

視也嗚呼斯時也山林之間宜倒衣以接禮重趼以應命赴明天子千年之運成大丈夫萬世之業勳銘於鐘鼎德著於竹帛可不盛哉夫主上知足下之道久矣加以郡守薦之宰相譽之雖錫命屢頒而高風轉固接物日簡入山益深且足下將爲道隱乎則道隱者世不可知其名俗不能得其尚足下之名尚矣丹青於世矣豈謂道隱哉將爲名隱乎則名隱者以怪行動俗以詖言矯物足下之道伸之而伊夔屈之而夷齊豈謂名隱哉將爲性隱乎則性隱

者飾身不由乎禮樂行已不在乎是非足下頃薦名於有司客位於侯伯豈所謂性隱乎然三隱者足下皆出其表復何爲而高臥哉如終臥陵陽而不起是廢乎古人之道者也仲尼曰素隱行怪後世有述焉吾弗爲之也君子遵道而行半途而廢吾弗能已矣君子依乎中庸遯世不見知而不悔夫前二者聖人之所不爲足下之學楊墨乎申韓乎何其悖於道也如遯世不見知而不悔則舜不爲高蹈也舜不爲眞隱也足下其亦有意乎如納僕之言翻然而起醒然而用朝庭必處足下於大諫次用足下於宰輔

其在大諫也以直氣吹日月之翳以正道立天地之根先黜陟於朝廷次按察於侯國其在宰輔也外以道寧四夷內以法提百揆俾天地反妖爲瑞使陰陽易沴爲穰然後以元菟樂浪爲持節之州崑崙崦嵫作駐蹕之地又不知房杜姚宋何人也果行是道磬南山之竹不足以書足下之功窮百谷之波不足以注足下之善以足下之風可以知僕之志以僕之道可以發足下之文故不遠千里授書於御者用以吐僕臆中之奇貯也僕之取舍自有方寸異時無望於足下發函之後但起無疑不宣日休再拜

請韓文公配饗太學書

於戲聖人之道不過乎求用用於生前則一時可知也用於死後則百世可知也故孔子之封賞自漢至隋其爵不過乎公侯至於吾唐乃策王號七十子之爵命自漢至隋或卿大夫至於吾唐乃封公侯曾參之孝道動天地感鬼神自漢至隋不過乎諸子至於吾唐乃旌入十哲噫天地久否忽泰則平日月久昏忽開則明雷霆久息忽震則驚雲霧久欝忽廓則清仲尼之道否於周秦而昏於漢魏息於晉宋而欝於陳隋遇於吾唐萬世之幘一朝而釋倘死

者可作其志可知也今有人身行聖人之道口吐聖人之言行如顏閔文若游夏死不得配食於夫子之側愚又不知尊先聖之道也夫孟子荀卿翼傳孔道以至於文中子文中子之末降及貞觀開元其傳者醨其繼者淺或引刑名以爲文或援縱橫以爲理或作詞賦以爲雅文中之道曠百世而得室授者惟昌黎文公焉公之文蹴楊墨於不毛之地蹂釋老於無人之境故得孔道巍然而自正夫今之文人千百世之作釋其卷觀其詞無不裨造化補時政緊公之力也公之文曰僕自度若世無孔子僕不當在弟

子之列設使公生孔子之世公未必不在四科焉國家以二十二賢者代用其書垂於國胄並配享於孔聖廟堂其爲典禮也大矣美矣苟以代用其書不能以釋聖人之辭箋聖人之義哉况有身行其道口傳其文吾唐以來一人而已死反不得在二十二賢之列則未聞乎典禮爲備伏請命有司定其配享之位則自茲以後天下以文化未必不由夫是也

請孟子爲學科書

臣聞聖人之道不過乎經經之降者不過乎史史之降者

不過乎子子不異乎道者孟子也捨是子者必戾乎經史又率於子者則聖人之盜也夫孟子之文粲若經傳天惜其道不燼於秦自漢氏得其書常置博士以專其學故其文繼乎六藝光乎百氏眞聖人之微旨也若然者何其道奕奕於前而其書沒沒於後得非道拘乎正文極乎奧有好邪者憚正而不舉嗜淺者鄙奧而無稱耶蓋仲尼愛文王嗜昌歜以取味後之人將愛仲尼者其嗜在孟子矣嗚呼古之士以湯武爲逆取者其不讀孟子乎以楊墨爲達智者其不讀孟子乎由是觀之孟子之功利於人亦不輕矣今有司除茂才明經外其次有熟莊周列子書者亦登於科其誘善也雖深而懸科也未正夫莊列之文荒唐之文也讀之可以爲方外之士習之可以爲鴻荒之民安有能汲汲以救時補教爲志哉伏請命有司去莊列之書以孟子爲主有能精通其義者其科選視明經苟若是也不謝漢之博士矣旣遂之如儒道不行聖化無補則可刑其言者

移成均博士書

夫居位而愧道者上則荒其業下則偷其言業而可荒文

弊也言而可偷訓薄也故聖人懼是寖移其化上自天子下至子男必立庠以化之設序以教之猶歉然不足士有業高訓深必詘禮以延之越爵以貴之俾庠聲序音玲瓏以珩珮鏘訇於金石此聖人之至治也今國家立成均之業其禮盛於周其品廣於漢其詘禮越爵又甚於前世而未免乎愧道者何哉夫聖人之爲文也爲經約乎史贊易近乎象詩書止乎刪禮樂止乎定春秋止乎修然六籍儀刑乎千萬世百王更命迭號莫不由是大也其幽幽於鬼神其妙妙於元造後之人苟不能行決句釋者猶萬物但

被元造之化者耶故萬物但化而已不知元造之源也六藝於人又何異於是故詩得毛公書得伏生易得楊何禮得二戴周官得鄭康成摫其微言釽其大義幽者明於日月奧者廓於天地然則今之講習之功與決釋之功不啻半矣其文得不弊乎其訓得不薄乎嗚呼西域氏之教其徒日以講習決釋其法爲事視吾之太學又足爲西域氏之羞矣足下出文闈生學世業精前古言高當今洸洸乎洋洋乎爲諸生之蓍龜作後來之緐蘤得不思居其位者不愧其道處於職者不墮其業乎否則市大易負乘之譏

招詩人伐檀之刺矣奚不日誠其屬月勵其徒年持六籍日決百氏俾諸生於盛典也洞知大曉猶駕車者必知康莊操舟者必知河海既若是矣執其業者精者進而墮者退公者得而私者失非惟大發於儒風抑亦不苟於祿位足下之道被於太學也其利可知矣果行是說則太華之石峨峨於成均之門者吾不頌於他人矣足下聽之無忽日休再拜

法言後序

法言孝至之篇曰周公以來未有漢公之懿者說者以爲楊子遜僞新之美又以爲稱其居攝之前云嗚呼日月豈卒能遜莽乎未若無阿衡之稱也噫既有其文不能無其論吾得之矣在美新之文乎則雄之道於茲疵也

松陵集序

詩有六藝其一曰比比者定物之情狀也則必謂之才才之備者於聖爲六藝於賢爲聲詩噫春秋之後頌聲亾寢降及漢氏詩道洊作然二雅之風委而不興矣在詩有三言四言五言六言七言之作三言者曰振振鷺鷺于飛是也五言者曰誰謂雀無角何以穿我屋是也六言者我姑

酌彼金罍是也七言者交交黃鳥止於桑是也九言者曰泂酌彼行潦挹彼注茲是也蓋古詩率以四言爲本而漢氏方以五言七言爲之也其句亦出於周詩五言者李陵曰攜手上河梁是也七言者漢武曰日月星辰和四時是也爾後盛於建安以降江左君臣得其浮豔然詩之六藝微矣逮及吾唐開元之世易其體爲律焉始切於儷偶拘於聲勢詩云覯閔既多受侮不少其對也工矣堯典曰聲依永律和聲其爲律也甚矣由漢及唐詩之道盡矣吾又不知千祀之後詩之道止於斯而已卽後有變而作者不

得以知之夫才之備者猶天地之氣乎氣者止乎一也分而爲四時其爲春則煦枯發枿如棄如濩百物融洽酣人肌骨其爲夏則赫曦朝升天地如窖草焦木暍若燎毛髮其爲秋則涼飇高瞥若露天骨景爽夕清神不蔽形其爲冬則霜陣一淒萬物皆瘁雲沮日慘若憚天責夫如是豈拘於一哉亦變之而已人之有才者不變則已苟變之豈異於是乎故才之用也廣之爲滄溟細之爲溝竇高之爲山嶽碎之爲瓦礫美之爲西子惡之爲敦洽壯之爲武賁弱之爲處女大則八荒之外不可窮小則一毫之末不可

見苟其才如是復能善用之則庖丁之牛扁之輪郢之斤不足謂神解也噫古之士窮達必形於歌詠苟欲見乎志非文不能宣也於是爲其詞詞之作固不能獨善必須人以成之昔周公爲詩以遺成王吉甫作誦以贈申伯詩之酬贈其來尚矣後每爲詩必多闕二字爲闕一字咸通七年今兵部令狐員外在淮南今中書舍人闕二字公守毘陵日休皆以詞獲幸忝蒙以所製命之和各闕二字軸亦有名其守者十年大司諫清河公出牧於吳日休爲郡從事居一月有進士陸龜蒙字魯望者以其業見造凡數編其才之變眞天地之氣也近代稱溫飛卿李義山爲之最俾生參之未知其孰爲之後先也

添漁具詩序

天隨子爲漁具詩十五首以遺余凡有獻以來術之與器莫不盡於是也噫古之人或有溺於漁者行其術而不能言用其器而不能狀此與澤沮之獻者又何異哉如吟魯望之詩想其致則江風海雨櫼櫼生齒牙間眞世外漁者之才也余昔之漁所在洞上則爲庵以守之居峴下則占磯以待之江漢間時候率多雨唯以簦笠自庇每伺魚必

多俯簦笠不能庇其上由是織蓬以障之上抱而下仰字之曰背蓬今觀魯望之十五篇未有是作因次而詠之用以補其遺者漁家生具獲足於吾屬之文也

文藪序

咸通丙戌中日休射策不上第退歸州來別墅編次其文復將貢於有司登篋叢萃繁如藪澤因名其書曰文藪焉比見元次山納文編於有司侍郎楊公浚見文編歎曰上第汚元子耳斯文也不敢希楊公之歎希當時作者一知耳賦者古詩之流也傷前王太佚作憂賦慮民道難濟作

河橋賦。念下情不達。作霍山賦。憫寒士道壅。作桃花賦。離騷者文之菁英者。傷於宏奧。今也不顯離騷。作九諷。文貴窮理。理貴原情。作十原。大樂既亾。至音不嗣。作補周禮九夏歌。兩漢庸儒。賤我左氏。作春秋決疑。其餘碑銘讚頌論議書序。皆上剸遠非。下補近失。非空言也。較其道。可在古人之後矣。古風詩編之文末。俾視之粗俊於口也。亦由食魚遇鯖。持肉偶腝。皮子世錄著之於後。亦太史公自序之意也。凡二百篇。爲十卷。覽者無誚矣。

續酒具詩序

予暇日曾作酒具詩三十首。有引。曰。咸通中。皮襲美著酒中十詠。其自序云。夫聖人之誡酒禍也深矣。在書爲沉湎。在詩爲童羖。在禮爲豢豕。在史爲狂藥。余飲至酣。徒以爲融肌柔神。消沮迷喪。頽然無思。以天地大順爲隄封。傲然不恃。以洪荒至化爲爵賞。抑無懷氏之民乎。葛天氏之臣乎。噫。天之不全余也多矣。獨以麴蘖全之。於是徵其具。悉爲之詠。以繼東皐子酒譜之後。而有酒星酒泉酒篘酒牀酒壚酒樓酒旗酒樽酒城酒鄉之詠。以示吳中陸魯望。魯望和之。且曰。昔人之於酒。有注爲池而飲之者。有象爲龍而吐之者。覩盜甕閒而臥。將實舟中而浮者。徐景山有酒鎗。嵇叔夜有酒杯。皆傳於世。故復添六詠。予覽之。慨然歎曰。予亦嗜酒而好詩者也。昔退之有言送王含曰。少時讀醉鄉記。私怪隱居者無所累於其世。而猶有是言。豈誠旨於味耶。及讀阮籍陶潛詩。然後知彼雖偃蹇不欲與世接。然猶未能平其心。或爲事物是非相感發。於是有託而逃焉者也。雖然。尚未有盡者。中古之時。未知麴蘖。杜康肇造。爰作酒醴。可名酒后。近世以來。人徒酣酗。李白一斗。爲詩百篇。自名酒仙。酈食其辨士也。初見沛公。稱高陽酒徒。杜

根賢者也。逃難宜城。爲酒家傭保。鄭廣文貧而好飲。蘇司業送酒錢。杜子美無錢賖酒。而詩言酒債。周官有酒正。則掌之者必有其人。以法式授酒材。則醞之者必有其物。翰林詩曰。鸕鷀杓。鸚鵡杯。夫杓者勺也。勺酒而錯之杯中者也。杜工部詩曰。莫笑田家老瓦盆。自從盛酒長兒孫。夫盆者槃也。載酒而寘之座中也。韓奕詩云。顯父餞之。清酒百壺。壺便提挈。故陶令掛之於車上。呂公負之於仗頭。遇輿則傾之。鴟夷之異名者耳。詩云。兕觥其觩。旨酒思柔。觥爲爵罰。而于定國飲至一石不亂。劉伯倫既醉。以五斗解酲。

快飲痛嚼則用之。蓋觚角之出類者耳。注云。觚受二升。觶三升。角四升。散五升。而觥七升。又兕角爲之。形器特異。於是更作酒后酒仙酒徒酒保酒錢酒債酒正酒材酒勺酒盆酒壺酒觥一十二詩。而附益之。庶古今同志。而始終相成之義耶。

欽定全唐文卷七百九十七

皮日休二

襄州孔子廟學記

天地吾知其至廣也。以其無所不覆載。日月吾知其至明也。以其無所不照臨。江海吾知其至大也。以其無所不容納。料廣以寸管。測景以尺圭。航大以一葦。廣不能逃其數。明不能私其質。大不能忘其險。偉哉夫子。後天地而生。知天地之始。先天地而沒。知天地之終。非日非月。光之所及者遠。不江不海。浸之所及者溥。三代禮樂。吾知其損益。百

王憲章。吾知其消息。君臣以位。父子以親。家國以肥。鬼神以享。道未可詮。其有物釋。未可證。其無生。一以貫之。我先師夫子聖人也。帝之聖者曰堯。王之聖者曰禹。師之聖者曰夫子。堯之德有時而息。禹之功有時而窮。夫子之道。久而彌芳。遠而彌光。用之則昌。舍之則亡。昔否於周。今泰於唐。不然何被衮而垂裳。冕旒而王者哉。

通元子棲賓亭記

距彭澤東十里。有仙遼源奧處。號曰富陽。文士李中白隱焉。五年冬別中白。歲且翅再自泥陵之江左。因訪於是至

其門駿不暇緤而目爽神王悦悦然追若入於異境矣想別若外不復游一詞且樂其得也木秀於芝泉甘於飴霽峯倚空如碧毫掃粉障色正鮮溫鳴谿潨潨源內寨籥韡出琉璃液石有怪者驍然闖然若將爲人者禽有異者嘐嘐然若將天馴耶每空齋寥寥寒月方午松竹交韻其正聲雅音笙師之吹竽邠人之鼓籥不能過也况延白雲爲昇堂之侶結清風爲入室之賓其爲趣則生而未覩矣中白所尚皆古以時不合己故隱是境將至老嗚呼世有用君子之道隱者乎有則是境不足留吾中白也昔余與中

白有俱隱湘衡之志中白以時不合己果償本心余以尋求計吏不諧夙念今至是境語及名利則芒刺在背矣夫賓之來也不逾於邑（謂彭澤縣）邑距是十里至是者不爲易矣其延之旦不晡乎晡不夕乎則俟賓之所果不可低庳於是鉅其寢西向百步則築賓亭焉兩其室而一其廈且曰賓將病暑吾則敞其檐賓將病寒吾則奧其牖自竟是功則麤蘁之饋罇罍之費縱倍於前矣其功始於咸通二年秋八月後五年五月中白館余於是且禱其記而名之者累月讓不獲因曰古者有高隱殊逸未被爵命敬之者以其德業號而稱之元德元晏是也夫學高行遠謂之通志深道大謂之元男子通稱謂之子謂請以通元子爲其號請以棲賓爲亭名噫知我者不謂我爲佞友矣五年五月朔日記

破山龍堂記

禮山林川谷邱陵能出雲爲風雨見怪物皆曰神若然者龍亦能爲風雨見怪物則其澤之在民厚矣神而祀之又宜矣常熟澤國也風雨怪物日作於民在有其地者苟祀之至民被其利祀之不至民受其禍汝南周君爲令之初

年夏且旱禜其神於破山之潭上果雨以應君曰受其賜徒禜以報不可也於是命工以土木介其象爲寶宮以蔭之著之於典以潔其祀於是風雨時怪物止水旱不爲厲民經大荒連歲以穰其神之澤乎君之祀乎凡雩者春秋之道皆書之勤民之祀也君爲其祠已乞文其事日休佳君之爲志在民故從之咸通十三年二月十九日襄陽皮日休記

郢州孟亭記

明皇世章句之風大得建安體論者推李翰林杜工部爲

尤介其間能不媿者惟吾鄉之孟先生也先生之作遇景入詠不拘奇抉異令齷齪束人口者涵涵然有干霄之興若公輸氏當巧而不巧者也北齊美蕭慤芙蓉露下落楊柳月中疎先生則有微雲澹河漢疎雨滴梧桐樂府美王融日霽沙嶼明風動甘泉濁先生則有氣蒸雲夢澤波撼岳陽城謝脁之詩句精者有露溼寒塘草月映清淮流先生則有荷風送香氣竹露滴清響此與古人爭勝於纖毫間也他稱是者衆不可悉數嗚乎先生之道復何言耶謂乎貧則天爵於身謂乎死則不朽於文爲士之道亦以至

乎先生襄陽人也日休襄陽人也旣慕其名亦覩其貌蓋仲尼思文王則嗜昌歜七十子思仲尼則師有若吾於先生見之矣說者曰王右丞筆先生貌於郢之亭每有觀型之志四年滎陽鄭公誠刺是州余將抵江南艤舟而詣之果以文見貴則先生之貌縱視矣先是亭之名取先生之諱公曰焉有賢者名爲趨厮走養朝夕言於刺史前耶命易之以先生姓曰休時在宴因曰春秋書紀季公子友仲孫湫字者貴之也故書名曰貶書字曰貴況以賢者名署於亭乎君子是以知公樂善之深也百祀之弊一朝而去則民之弊也去之可知矣見善不書非聖人之志宴豆旣徹立而爲文咸通四年四月三日記

晉文公不合取陽樊論

三代之賞臣下以爵不以地不以器迨夫後世君弱臣強撥去古法能立一功者先伺君地焉能立一勳者先窺君器焉由是於魯有三桓於齊有田常於楚有白公是賞過有僭生焉甚者奪主從來尚矣且姬之列侯守其本封勝其主爵錫之以鈇鉞分之以鐘彝休感其民生殺於國其貴已極矣遇天下無事則行其德化奉其貢職居則待乎

巡狩行則赴於會同遇天下有事則申之以鐘鼓行之以征伐上以定王室下以正諸侯眞侯伯之職業也是常節也苟周天子有賜宜以德讓之豈當更受其地也苟讓不獲聽受之者其爵可也其器可也且天子之地方千里不千里則不足以待諸侯諸侯之地旣侵天子之甸猶削枝者必及乎幹剸肉者必至乎骨何者勢使之然也如晉文旣定襄王於郟鄏王勞之以地陽人不服晉侯圍之乃辱其宗祊苦其人民虐其甥舅嗚乎其亦不仁矣是晉文雖有入天子之功而有凌天子之威也當王之賜宜讓曰臣

重耳以眇眇之德處專征之任遇翟寇肆虐天王少違宗廟臣敢興下圖之師殺兇臣定王室乃臣之常也不足賞也苟天王特念小伐不實諸刑列唐叔之祚獲臣有奉爲賞厚矣苟以畿內之地爲臣之邑是上濫其賜下僭其受也雖天王之薦寵臣其若宗廟之靈百姓之心後世之罪何而晉文會不是讓又請隧焉豈內輕衰周之凌遲外恃諸侯之強盛而爲耶殊不知周王之尚守乎典禮也且王曰昔我先王之有天下也規方萬里焉以爲甸服以供上帝山川百神之祀以備百姓兆民之用且王之所賜田皆

在周甸也王明知在甸內與乎晉者是力不足制晉也如力足制晉肯以規方千里之內地與夫諸侯哉是王之語晉侯以規方千里者譏其受地也文公不悟卒而受之嗚乎文公之霸也有召君之譏請隧之僭不爲甚矣甚者在陽樊也

秦穆謚繆論

聖人務安民不先置不仁以見其仁焉不先用不德以見其德焉苟如是是見危者已墜而欲援觀鬬者將死而方救噫其亦不仁矣以高辛之仁化用一摯摯之不善天下之民輔堯以爲君以唐堯之仁化用一鯀鯀之不績天下之民謀禹以爲功夫如是摯之與鯀是高辛唐堯誠用之也非先置也推其誠而用之人民尚倍之如是況先置者耶當晉獻驪姬之亂後奚齊卓子之死餘重耳在翟夷吾居秦以秦穆之力制翟而安晉其能必矣夫重耳之賢也天下知之又其從者足以相人國如先立之必能誅亂公子去暴大夫翼德於成周宣化於汾晉而穆公反取公子縶之言乃先置夷吾是爲惠公公之入也背內外之賂誅本立之臣烝先父之室故生民興誦死者無報卒身獲於

秦而子殺於晉嗚乎致是也非晉人之罪秦人之罪也夫摯立八年不善而去鯀用三載弗績而誅況晉惠公之在位作宗廟之蠹蠍爲社稷之稂莠一立十五年其爲害也大矣今之學者以秦穆爲繆尚疑其謚得斯文也可以謚繆爲定

漢斬丁公論

忠之爲稱也蓋欲委身以事主不以猜悮貳其心不以辯說貳其心不以疑懼貳其心者也上有過諍於公不揚名於私豈猜悮之足入乎上有忌愈乎進不愈乎退豈辯說

之足入乎上有間。懼乎心。不懼乎事。豈疑懼之足入乎。夫苟祿憸生而仕者。上有過言未息而懼乎誅。諫未再而去乎位。自以得古人三諫不從之義。然幸其生。貪其祿。是猜悞而貳其心也。上有忌。必姦於心機。媢於聲氣。不思已之不聽。而謂上之受謗。不思道有未可。而謂辯之足從。必從辯而去。是辯說貳其心者也。上有間。必佞彼愛。取乎厚也。必詔彼倖。求其捨也。有愛不可佞。倖不可詔。卽苟而已矣。是疑懼貳其心者也。嗚乎。劉項之作也。淮陰不以猜悞而去項乎。淮南不以疑懼而去項乎。曲逆不以辯說而去項

乎。去彼而就彼。果謂忠乎。果謂不忠乎。是利則存。不利則亾者也。則丁公臨敵。捨敵無殺。誠惻隱之仁者。豈有猜悞辯說疑懼者耶。有利則存。不利則亾者耶。與其不忠。則彼三傒者未可免鼎鑊之誅。刀鋸之刑也。是高祖斬之。果不爲當。噫。漢之初立。未爲無人。丁公就刑。未聞有上言而戾者。將固之命也。悲夫。

周昌相趙論

夫剛柔之分。在乎性。得失之機。繫乎用。苟剛暴則勝柔。柔久則勝剛。物之常理也。或用之以剛處柔。以柔處剛。其機必得矣。如以剛處剛。以柔處柔。其機必失矣。周昌之性剛也。呂后之性剛也。漢祖以百歲後以趙王如意爲憂。故輟昌相趙。嗚乎。漢高之意。非遑志於一時。納慮於一諫。而相昌乎。不然。何其用之失也。如以昌之剛。足固趙國。則趙之兵甲。能當漢乎。是不可一也。如以昌之剛。足固趙王。則呂氏之徵王。特一鄙夫之力耳。不可二也。如以昌之節。足以存趙。不過乎死。死則趙王就徵耳。是不可三也。卒使百歲之後。如意冤僇。周昌憤死。惜哉。漢祖未崩前。以周勃統南軍。以昌領北軍。以陳平爲謀主。則呂后之令。產祿之謀。不

能當臨大難而不迴。秉大節而不墜者也。苟使握軍政。執相權。昌必能之。其柰何悞用。

非沈約齊紀論

沈約作齊紀論云。太廟四時之祭。各以生平所嗜饗之。漢明帝夢光烈皇后。明旦車駕至廟。躬拂帷幄。親易粉澤。前史以爲美談。此亦先代之舊典也。日休曰。薦饗之儀。籩豆之數。聖人之制定矣。苟非通如周孔。不相沿襲者。謂時有人乎。無其人。制之。謂乎非也。宜矣。修其書。不正而反贊之。謂乎妄也。又宜矣。夫屈到嗜芰。屈建薦之。爲乎合禮。曾晳

嗜羊棗曾子不食謂乎不忍一隅之國禮文不備宜哉約以方之漢明大孝過矣

正沈約評詩論

周詩曰駟騵彭彭注曰騂馬白腹曰騵議者言上周下殷沈約又云騵者蓋三家之色相勝又示周殷相代也日休曰天之命也必以二德則文王自信矣何爲不受殷禪哉詩曰文王受命作周又曰文王有明德俾其率天下之義師取一隅之凶主南面於殷其能昭昭矣然非人事不可也天時未可也豈不可謂殷之賢人尚衆冀匡紂而易政

也豈能以駟騵之色示乎代殷哉嗚乎禪代之事符於天命必不可以駟騵之色勝之也謂堯之運爲火歟則車服一當從其色則堯不當乘白馬冠黃收衣純衣也故聖人繼運以德受禪以仁如以馬之色示於代殷則吾以聖人用於左道矣或曰若然者奚著曰毛公悞箋沈約過釋

論白居易薦徐凝屈張祜

祜元和中作宮體詩詞曲豔發當時輕薄之流重其才合譟得譽及老大稍闚建安風格誦樂府錄知作者本意講諷怨譎時與六義相左右此爲才之最也祜初得名乃作樂府豔發之詞其不羈之狀往往間見凝之操履不見於史然方干學詩於凝贈之詩曰吟得新詩草裏論戲反其詞謂朴裏老也方干世所謂簡古者且能譏凝則凝之朴略椎魯從可知矣樂天方以實行求才薦凝而抑祜其在當時理其然也令狐楚以祜詩三百篇上之元稹曰雕蟲小技或奬激之恐害風教祜在元白時其譽不甚持重杜牧之刺池州祜且老矣詩益高名益重然牧之少年所爲亦近於祜爲祜恨白理亦有之余嘗謂文章之難在發源之難也元白之心本乎立教乃寓意於樂府雍容宛轉之

詞謂之諷諭謂之閒適既持是取大名時士翕然從之師其詞失其旨凡言之浮靡豔麗者謂之元白體二子規規攘臂解辯而習俗既深牢不可破非二子之心也所以發源者非也可不戒哉

新城三老董公讚 并序

洛陽新城三老董公說高祖爲義帝發喪在漢之取天下也三傑而已矣蕭何苦民力以給兵輸韓信殺民命以騁戰功留侯設詭策以離秦項當其時未聞以仁義說於君者而董公乃諭之以喪義帝至使天下宗漢者爲其喪義

帝也夫高祖以曹參雖有攻城野戰之功不如蕭何也信矣焉至於苦民力殺民命設詭策反不若董公之功也哉如高祖爲天子以公爲師友行其道於時其利可知矣公之道已行於漢而不覩封賞之體又當時史氏無一字以襃者因爲讚以旌之

項氏狂攘賊我懷王天命未的孰存與亾皤皤董公一言漢昌一人弒君天下皆傷一人哭君天下皆喪項由是弱漢由是强扶義而征可至軒黃唱仁而戰可至武湯用於天道折彼雄鋭緊公之道與漢而光

易商君列傳讚 并序

商君者用於孝公制其法而秦給御其謀而魏敗封邑未居轘刑以及嗚乎商君之匡秦雖不必盡是然亦至矣太史貶之過實非以欺公子卬刑公孫虔拒杜摯之說者乎然有一事亦足救斯非也余悲商君忠而受刑因重述其行事以讚曰

商君之於孝公也一二見孝公不悟其說非皇王之道行之難不及其身者乎斯公之罪也在商君有心於是道不亦多乎當商君一二說孝公行之商君必爲阿衡矣嗚乎卒以苛令特用自蒙於僇悲夫

六箴 并序

皮子嘗謂心爲己帝耳目爲輔相四支爲諸侯己帝苟不德則輔相叛諸侯亂古之人失天下喪家國者良由是也帝身且不德能帝天下乎能主家國乎因爲心口耳目手足箴書之於紳安不忘危愼不忘節窮不忘操貴不忘道行古人之事有如符節者其在六箴乎

心箴

大化之精孕之曰人大純之靈形之曰心心由是君身由

是臣中既齟齬外乃紛綸耳厭聞義目惡覩仁手持亂柄足踐禍門舜爲天子舜不得尊其不尊者與心爲臣紂爲天子紂乃得尊其得尊者與心爲君天子之外復有尊者乃舜之心將舜之身天子之外復有卑者乃紂之心將紂之身危乎惕哉臣之諫君輔相不明諸侯不賓君爲穢壤臣爲賊塵未及於斯良可自勤嗚乎吾君無忽茲文

口箴

古銘金人謂無多言忽有所發不可不論既有所論復謂多言中庸之士由茲保身吾謂斯銘未足以珍出爲忠臣

言則及君入爲孝子言則及親非君與親則宜默云謗訕之言出如龠淪一息之波流於無垠猜毀之言出如鈞天鈞天之樂聞於無聞佞媚之言出如絲棼一入於人治亂不分間諜之言出如鷹鸇鷹鸇之迅一舉凌天無嗜於酒酒能亂國無嗜於味味能敗德以道爲飲以文爲食成我之名繫乃勉力

耳箴

聽於無聽默默元性聞於無聞洋洋化源勿恃已善不服人仁勿矜已藝不敬人文勿耽鄭聲其亂乃神勿信美談

其殛乃身聽悞多害聽妄多敗近賢則聰近愚則瞶堯居九重聽在民耳故得大舜授彼神器勿聽他富熒惑乃志勿聞他貴墮壞乃義慎正今非慎明古是捨是何適古樂而已

目箴

媿爾瞭然爲吾所視高覩古人有如鄰里勿分秋毫分於邪里勿視邪祿視於人紀惟書有色豔於西子惟文有華秀於百卉見彼之倨污甚塗炭見彼之賢緜甚葛藟勿顧厲階素吾大志勿視怨府損吾高義入吾明者何人而已

古之忠臣古之孝子上立大業中光信史苟不善是蛀蟓之類

手箴

惟爾之指屈伸由已勿執亂權勿樹賊子勿秉非道勿持非理勿擠孤危勿援姦宄慎握吾操俾直於矢慎杖我心俾平如砥翦惡如草飈姦如粃爲而不矜作而不恃智如公倕勿爲小巧機如偃師勿爲奇伎身高道端毫直國史敬之戒之俟爲天吏

足箴

惟爾蹣跚爲吾所先居必擇地行必依賢勿踐亂階勿履利門勿蹈怨府勿躡禍源鳳凰乃禽不棲凡木騶虞乃獸不踐生物唯爾棲踐保茲無忽

動箴

動生於欲行生於爲欲則不妄爲則不疑吾道未喪於何不之勿生季世有爵必危勿居亂國有祿必尸往無市怨去無取嗔迹無顯露名勿求知聲無取猜譽無致疑坦道如砥履過蒺藜四海如家去劇縶維日慎一日言兹在兹

靜箴

貞貞默默。惟道之域。處不違仁。居無悖德。勿欺孩孺。衣冠失則不慢。皂隸語言成隙。深山雖樂。豺狼爾殛。深林雖安。虺蜴爾螫。居不必野。唯性之寂。止不必廣。惟心之適。勿傲乎名。要乎聘帛。勿矯乎節。取乎祿食。躬雖已安。若敵鋒鏑。味雖以甘。若含冰蘗。成吾高風。惟靜之力。

酒箴并序

皮子性嗜酒。雖行止窮泰。非酒不能適。居襄陽之鹿門山。以山稅之餘。繼日而釀。終年荒醉。自戲曰醉士。居襄陽之洞湖。以舶艫載醇酎一甔。往來湖上。遇興將酌。因自諧曰

醉民。於戲。吾性至荒。而嗜於此。其亦爲聖哲之罪人也。又自戲曰醉士。自諧曰醉民。將天地至廣。不能容醉士醉民哉。又何必廁絲竹之筵。粉黛之坐也。襄陽元侯聞醉士醉民之稱。訂皮子曰。子耽飲之性。於喧靜豈異耶。皮子曰。酒之道。豈止於充口腹樂悲歡而已哉。甚則化上爲淫溺。化下爲酗禍。是以聖人節之以酬酢。諭之以誥訓。然尚有上爲淫溺所化。化爲亡國。下爲酗禍所化。化爲殺身。且不見前世之飲禍耶。路酇舒有五罪。其一嗜酒。爲晉所殺。慶封易內而耽飲。則國朝遷。鄭伯有窟室而耽飲。終奔於駟氏之甲。欒高嗜酒而信內。卒敗於陳鮑氏。衛侯飲於籍圃。卒爲大夫所惡。嗚乎。吾不賢者。性實嗜酒。尚懼爲酇舒之僇。過此吾不爲也。又焉能俾喧爲靜乎。俾靜爲喧乎。不爲靜中淫溺乎。不爲酗禍之波乎。既淫溺酗禍作於心。得不爲慶封乎。鄭伯有乎。欒高乎。衛侯乎。蓋中性不能自節。因箴以自符。箴曰

酒之所樂。樂其全眞。寧能我醉。不醉於人。

食箴并序

皮子少且賤。至於食。自甘粢糲而已。未嘗食於鄉里。食於

親戚。食於州鄙。有鄧邑大夫饗皮子之名。曾未相識。具厚羞以賓之。皮子辭。大夫訂之曰。子自甘粢糲則可矣。於鄉里親戚州鄙何有。皮子曰。一杯之食至鮮矣。苟專其味。必不能自抑。既不能自抑。日須豐其羞。既日須豐其羞。則貧也不能無不足。因是妄求苟欲之心生。窮貪極嗜之名生。且大夫不見前世之味禍乎。故羊斟不及。華元受其謀。黿羹不均。子家肆其禍。熊蹯不熟。殺宰夫而趙盾弒。雙雞易鶩。饋子雅而慶舍死。嗚乎。吾不仁者乎。誠賴其用。所欲不可求。所嗜不可得。方自甘粢糲而已。使我生於鐘鼎之家

膏粱之門日縱異嗜年成奇欲未必不爲御者之犇華元也子家之伐靈公也晉靈之殺宰夫也盧蒲癸之殺慶舍也此猶之禽獸欲爭食而死者矣故食於天子者則死其天下食於諸侯者則死其國食於大夫者則死其邑食於士者則死其家又焉能以鄉里親戚州鄙爲讓乎大夫曰善自惟食之性不能自節亦猶酒之性也復箴以自符箴曰

寧能我食不食於人復食於人是食其身

藍田關銘 幷序

六年皮子副諸侯貢士之薦入京程至藍田關覩山形關勢迴抱於天秀欲染眸危將驚魄噫將造物者心是而加力耶不然者何壯觀若斯之盛也易曰王公設險以守其國信矣哉若爲天下之樞機萬世之閫閾者非茲關而莫守也因陳其規是爲藍田關銘曰

天輔唐業地造唐關千巖作鏁萬嶂爲拴難圖其形莫壯其秀雙扉未開天地如斗軋然晝啓人流如濟似畫秦圖鋪於馬底嶮不可侵惟王之心矧夫茲關獨可規臨

隋鼎銘

隋氏有鼎其器非古以詐爲金以賊爲鑄以虐火煎四海以毒氣蒸九土天假唐力扛之仁地以澤撲虐火以德銷毒氣旣折其足又鬶其耳噫戲聖王無畜茲器

汴河銘

夫垂後以德者當時逸而後時美垂後以功者當時勞而後時利若然者守道之主惟恐德不美後時逸於已民也夸力之主惟恐功不及當時勞於已民也故天下事不逸不足守不勞不可去致其利害生於賢愚之主自古然耶則隋之疏淇汴鑿太行在隋之民不勝其害也在唐之民

不勝其利也今自九河外復有淇汴北通涿郡之漁商南運江都之轉輸其爲利也博哉不勞一夫之荷畚一卒之鑿險而先功巍巍得非天假暴隋成我大利哉尚恐國家有淇汴太行之役因獻纖諫是爲汴河銘

汴河瀰瀰循禹之軌厥有暴隋鑿通淮泗晝泣疲民夜哭溺鬼似赭流川如松貫地龍舟未故江都已弑陳迹空存逝波不止在隋則害在唐則利嗚乎聖王守舊而已

欽定全唐文卷七百九十八

皮日休三

補大戴禮祭法文

祭法曰法施於人則祀之咎繇作帝謨爲士師其道參乎舜禹不曰法施於人乎何祀典之闕哉祭法曰能禦大災則祀之堯舜之世山林蕃鳥獸暴益作虞也山林踈鳥獸鮮人民安不曰能禦大災乎何祀典之闕哉祭法曰以勞定國則祀之昔者周公輔武以寧殷亂佐成而立周業制禮樂立明堂不曰以勞定國乎何祀典之闕哉如以咎繇伯益之功小於舜禹不在祀典則契爲司徒而民成咎繇也冥勤其官而水死伯益也如以聖人制禮自有七廟不合列在祀典則文王以文治武王以武功周公也如皆以功烈列於民者則吾之先師仲尼遺德於百王垂化於萬世孰不若契爲司徒冥勤其官也哉日休懼聖人之文將亂而墜敢參補而附之文曰咎繇能平其法以位終益能立其功以讓禹政周公以文化仲尼以德成非此族也不在祀典

祝瘧癘文

昔夏后氏鑄鼎象物使民知神姦或魑魅之外魍魎之餘匿天命竊帝威罔不見形於鼎上者自夏后氏去鑪爲禍於人間被之者始若處冰檻復若落炎井眩瞀熒惑視之累形聽者重聲骨節殆重如山已傾始或醒時奪人之情喪人之精兀若木偶昏如宿酲噫或飲食不節哀樂失所病於人者上則湯劑次則礦艾愈矣凡在是病者人也又非天也湯劑不可理礦艾不可攻嗚呼癘能禍人是必有知也既有知奚不效神爲聰明正直不加祟於君子焉遂爲文祝而逐之曰癘乎癘乎有事君不盡節事親不盡孝出爲叛臣入爲逆子天未降刑尚或竊生爾宜癘之有專祿恃威僭物行機上弄國權下戲民命天未降刑尚或竊生爾宜癘之有賣交取祿諂交結族一言不善禍發如鏃天未降刑尚或竊生爾宜癘之美曼之色媚於君側巧笑未足已亡於國天未降刑尚或竊生爾宜癘之柔佞之言惑於君前委順未足國步移焉天未降刑尚或竊生爾宜癘之四星之位奉於紫宸蕭墻禍起帝座蒙塵天未降刑尚或竊生爾宜癘之見災幸久聞禍樂成含羞冒貴忍垢貪榮天未降刑尚或竊生爾宜癘之癘乎癘乎爾目不盲

爾耳不聾。如向來之所陳。奚不禍於其躬。仁者必有厄。義者必有窮。見仁義而勿癘。遇姦佞而肆凶。非惟去乎物患。抑亦代乎天功。癘乎癘乎。苟依吾言。若是吾將達爾於帝聽。

鹿門隱書六十篇 并序

醉士隱於鹿門。不醉則遊。不遊則息。息於道。思其所未至。息於文。慙其所未周。故復草隱書焉。嗚呼。古聖王能旌夫山谷民之善者。意在斯乎。

或曰。仲尼修春秋。紀災異。近乎怪。言虎賁之勇。近乎力。行

衰國之政。近乎亂。立祠祭之禮。近乎神。將聖人之道。多歧而難通也。奚有不語之義也。曰。夫山鳴鬼哭。天裂地拆。怪甚也。聖人謂一君之暴。災延天地。故諱耳。然後世之君。猶有窮凶以召災。極暴以示異者矣。夫桀紂之君。握鉤伸鐵。撫梁易柱。手格熊羆。走及虎兕。力甚也。聖人隱而不言。懼尚力以虐物。貪勇而喪生。然後世之君。猶有喜角觝而忘政。愛拔拒而過賢者。寒浞竊室。子頑通母。亂甚也。聖人隱而不言。懼來世之君爲蛇豕。民爲淫蜮。然後世之君。猶有易內以亂國。通室以亂邦者。夏啟畜乘龍。周穆識瑤池神甚也。聖人隱而不言。懼來世之君以幻化致其物。以左道成其樂。然後世之君。猶有黷封禪以求生。恣祠祀以祈欲者。嗚呼。聖人發一言。爲當世師。行一行。爲來世軌。豈容易而傳哉。當仲尼之時。苟語怪力亂神也。吾恐後世之君。怪者不在於妖祥。而在於政教也。力者不在於角觝。而在於侵凌也。亂者不在於衽席。而在於天下也。神者不在於禨鬼。而在於宗廟也。若然。其道也豈多歧哉。

民性多暴。聖人導之以其仁。民性多逆。聖人導之以其義。民性多縱。聖人導之以其禮。民性多愚。聖人導之以其智。

民性多妄。聖人導之以其信。若然者。聖人導之於天下。賢人導之於國。衆人導之於家。後之人反導爲取。反取爲奪。故取天下以仁。得天下而不仁矣。取國以義。得國而不義矣。取名位以禮。得名位而不禮矣。取權勢以智。得權勢而不智矣。取朋友以信。得朋友而不信矣。堯舜導而得也。非取也。得之而仁。殷周取而得也。得而亦仁。吾謂自巨君孟德已後。行仁義禮智信者。皆奪而得也。悲夫。

文學之於人也。譬乎藥。善服有濟。不善服反爲害。

或曰。聖人見一善。必汲汲慕之。夫丹朱商均雖曰不肖。豈

便毒於豺虎哉何其嗣之遠也且善足以保身不足以保天下噫丹朱商均苟非堯舜之子一身且不保況天下哉

毀人者自毀之譽人者自譽之夫毀人者人亦毀之不曰自毀乎譽人者人亦譽之不曰自譽乎

或曰神農牛首蚩仲鳥身信乎哉曰非形也象也夫梟羊猰貐尚猶類人况聖賢也哉

或曰夏禹爲黃熊信乎哉曰非也感也夫簡狄吞鳥卵而生契姜嫄履大跡而產稷是也當禹之母夢熊而生耳不然者禹誠是能吾以聖人爲罔象也

或曰孟子云予何人也舜何人也是聖人皆可修而至乎曰聖人天也非修而至者也夫知道然後能修能修然後能聖且堯爲唐侯二十而以德盛舜爲鰥民二十以孝聞焉在乎修哉后稷之戲必以蓺殖仲尼之戲必以俎豆焉在乎修哉蓋修而至者顏子也孟軻也若聖人者天資也非修而至也

窮山人盡行也大江人盡涉也然而不幸者有遇虎兕之暴蛟龍之患者矣豈以是而止者哉夫途有遇是患而死者繼其踵者惟恐其行之不速也今之士爲名與勢苟刑禍及流竄至是監刀鋸者必名人司流竄者必勢士繼其踵者惟恐其位之不速也嗚呼名與勢然也吾患其內虎兕乎蛟龍乎是天不爲人幸也非人也其或披林逐虎兕入水嬰蛟龍遇其患也是人不爲天幸也非天也若是以取禍則終身所爲心之駔儈焉君子不爲其所不爲小人爲其所不爲

可以威而不威可以殺而不殺難也

潔者不觀其窮觀其富也慎者不觀其危觀其勢也苟當窮能潔當危能慎戒也非眞也

古之官人也以天下爲已累故已憂之今之官人也以已爲天下累故人憂之

今道有赤子將爲牛馬所踐見之者無問賢不肖皆惕惕然皆欲驅牛馬以活之至夫國有弱君室有色婦有謀其國欲其室者惟恨其君與夫不罹其赤子之禍也噫是復何心哉

孟子曰伯夷隘柳下惠不恭伊尹五就湯五就桀皮子採廉於伯夷廉於天下不爲隘矣擇和於下惠和於天下不爲不恭矣取志於伊尹志於天下不爲不大矣

天有造化聖人以教化禪之地有生育聖人以養育禪之四時有信聖人以誠信禪之兩曜有明聖人以文明禪之噫禪於天地者何獨聖人雖禽獸昆蟲雲物亦不能自順其化麟鳳禪於祥瑞也蛟龍禪於潤澤也昆蟲禪於地氣也雲物禪於天候也而況於聖人乎況於鬼神乎故紂大君之組紱食生人之膏血苟不仁而位是不禪於祿食也況能禪於天地乎吾乃知是禽獸昆蟲雲物不竊於天地之覆燾也

舟之有柂猶人之有道也柂不安也舟之行匪柂不進是

不安而安也人之行也猶舟之有柂匪道不行是不行而行也夫秦失柂於項項遺柂於漢是聖人之道不安其所安小人之道安其所不安也

伊尹之道一介不以與人一介不以取諸人吾得志弗爲也與之以道取之以道天下可也況一介哉伊尹之道近乎執吾去執而取廉者也

伯夷不仕非君弗治非民治則進亂則退吾得志弗爲也不仕非君執行其道不治非民執急天下以非君乎湯不當事桀文王不當事紂也以非民乎桀民不赴殷紂士不歸周矣故伯夷之道過乎高吾去高而取介者也

柳下惠何仕非君何使非民與惡人言雖袒裼裸裎於我側爾焉能浼我哉吾得志弗爲也夫蚍蜉豈遇人而有禮哉民之下者亦若是而已柳下惠之道過乎溷吾去溷而取辨者也

於戲黃卷之內聖賢者皆在焉慕而不可及愛而不可必鬱鬱於厲夫至乎是者爲心乎爲身乎心則勞身則憊嗚乎道果不在於自用

古之奢也吾不奢古之儉也吾不儉適管晏之中或可矣

噫古之奢者僭今之奢也濫古之儉也性今之儉也名

學而廢者不若不學而廢者學而廢者恃學而有驕驕必辱不學而廢者愧已而自卑卑則全

勇多於仁謂之暴才多於德謂之妖

小善亂德小才耗道

以有善而不進以有才而不修孔門之徒恥也

古之隱也志在其中今之隱也爵在其中

吏不與姦罔期而姦罔自至賈豎不與不仁期而不仁自至嗚呼吏非被重刑不知姦罔之喪已賈豎非遭極禍不

知不仁之害躬也夫易化而善者齊民也唯吏與賈豎難哉

人之肆其志者其如後患何

聖人能與人道不能與人志

嗚呼才望顯於時者殆哉一君子愛之百小人妬之一愛固不勝於百妬其爲進也難

不以堯舜之心爲君者具君也不以伊尹周公之心爲臣者具臣也

造父善御不能御駑駘公輸善匠不能匠散木吾知夫不

教之民也豈易御而易匠者哉陽貨者仲尼之駑駘也互鄉者仲尼之散木也

或曰子之道有以邁千人子之貌固不足加於衆噫何哉曰亦何異哉伊臯亦人耳孔顏亦人耳

不思而立言不知而定交吾其憚也

知道而不行知賢而不舉甚乎穿窬也夫盜也者不能盡一室如不行道足以喪身不舉賢足以亡國

金貝珠璣非能言而利物者也至夫有國者寶之甚乎賢惜之過乎聖如失道而有亂國且輸人況夫金貝珠璣哉

聖人行道而守法賢人行法而守道衆人侮道而貨法

古之決獄得民情也哀今之決獄得民情也喜哀之者哀其化之不行喜之者喜其賞之必至

周公爲天子下白屋之士今觀於一命之士接白屋之人斯禮遂亡悲夫

幸君之急而見慼紀己之讎而爲直因躬不好者而爲廉因人不樂者以爲正大人不由也

聖人之道猶坦途諸子之道猶斜逕坦途無不之也斜逕亦無不之也然適坦途者有津梁之斜逕者苦荆棘

三王之世民知生而不知化五帝之世民知化而不知德

毁人者失其直譽人者失其實近於鄉愿之人哉

憚勢而交人勢劣而交道息希利而交人利薄而友道退

明君善全臣者不狎哲士善全友者不暱

或曰吾善治苑囿我善治禽獸我善用兵我善聚賦古之所謂賊民今之所謂賊臣

蚜蚄能害稼不能害人奸邪善害人害稼者有時而稔是不害也雖有祝鮀之佞宋朝之美其害人也可勝道哉

或問君子之道何如則可以常行矣曰去四蔽用四正則

可以常行矣曰何以言之見賢不能親聞義不能伏當亂不能正當利不能節此之謂四蔽道不正不言禮不正不行文不正不修人不正不見此之謂四正

鵷鸞不見君子慕焉鷙鴞常見小人捕焉噫君子之出處亦猶夫鵷鸞而已矣

不位而尊者曰道不貨而富者曰文噫吾將謂得時乎尊而驕者不爲矣吾將謂失時乎富而安者吾爲矣

或曰將處乎世如何則可以免乎謗曰去六邪用四尊則可矣曰何以言之曰諫未深而謗君交未至而責友居未

安而罪國家不儉而罪歲道不高而凌貴志不定而羨富此之謂六邪也自尊其道堯舜不得而卑也自尊其親天下不得而詘也自尊其己孩孺不得而娛也自尊其志刀鋸不得而威也此之謂四尊也

愛雖至而不媟讎已危而不擠勢方盛而知足利正中而識已豈小人之能哉

以儉而獲罪猶遠乎奢以退而遇謗尚愈乎進

弓箕之家生子而捨乎弓箕陶旊之家生子而捨乎陶旊噫吾之道猶弓箕陶旊乎

自漢至今民產半入乎公者其唯桑宏羊孔僅乎衛青霍去病乎設遇聖天子吾知桑孔不過乎賈豎衛霍不過乎士伍

古之殺人也怒今之殺人也笑

古之用賢也爲國今之用賢也爲家

古之酗醟也爲酒今之酗醟也爲人

古之置吏也將以逐盜今之置吏也將以爲盜

或曰楊墨有道乎曰意錢格簺皆有道也何啻乎楊墨哉吾知夫今之人嗜楊墨之道者其一夫之族耳

鄙孝議上篇

有天地來言乎孝者大曰舜小曰參舜承順父母之道無不爲也雖俾食於褻器寢於廁竇猶將順之況夫修廩浚井哉然猶避乎大杖也雖嘗以小杖爲順則舜修廩可也浚井可也設死於大杖誰養瞽叟哉參承順父母之道無不至也鋤瓜傷根曾皙杖之幾至於死是以仲尼不以爲孝也何哉有參則皙安無參則皙孤參順鋤瓜之罪設死於杖誰養夫皙哉夫以二孝之不受重責恐夫虧骨節隳肢體有辱於先人也豈有操其刃剸己肉以爲孝哉夫人

之身者父母之遺體也剸己之肉由父母之肉也言一不順色一不怡情尚以爲不孝況剸父母之肉讀故樂正子春喪足不下堂漢景不吮孝文之癰二賢卒成大孝猶傷足不下堂吮癰有難色何者傷己之足傷父母之足也吮父母之癰吮己之癰也傷之者不敬吮之者過嫌是以聖賢不爲也今之愚民謂己肉可以愈父母之病必剸而餉之大者邀縣官之賞小者市鄉黨之譽訛風習習扇成厥俗通儒不以言執政不以禁昔墨氏摩頂至踵斯猶存焉謂之兼愛今之愚民如是其兼愛耶設使虞舜摩骨節食

參鼎肢體樂正子春傷足不愛漢景吮癰無難今之有是者吾猶以爲不可況無是理哉或執事者嚴令以禁之則天下之民保其身皆父母之身也欲民爲不孝也難矣哉

鄙孝議下篇

人之心也仁者孝有餘兇者暴不足故聖人之制禮非所以懲其不足抑亦戒其有餘由是節之以哀感定之以封域制之以斬衰仁者之喪滿其哀也不足於心而不能有餘於禮兇者之喪滿其忌也有餘於心而不能不足於禮此由民之心必有嗜欲必知饑渴自開闢而至於今未能政也魯人有朝祥而暮歌者子路笑之夫子曰由爾責於人終無已夫三年之喪亦已久矣又孔子既合葬於防曰吾聞之古也墓而不墳今某東西南北之人也不可以弗識矣於是封之崇四尺孔子先反門人後雨甚至孔子問焉曰爾來何遲也曰防墓崩孔子不應三（以其三言之自以非禮不聞也）孔子泫然流涕曰吾聞之古不修墓以三年之喪天下之通制也古不修墓聖人之格言也以朝祥而暮歌聖人尚不笑之以經雨而防墓崩聖人尚泣而修之況廬之於其側朝夕而哭哉故合葬於防孔子先反者尚修虞事也今

之愚民既合不掩謂乎不忍也既掩不虞謂乎廬墓也傷者必過毀甚者必越禮上者要天子之旌表次者受諸侯之褒賞自漢魏以降厥風逾甚愚民蚩蚩過毀者謂得儀越禮者謂大孝姦者憑之以避征徭僞者扇之以收名譽所在之州鄙礱石巍然問所從來曰有至孝也廬墓三年孝感至瑞郡守聞於天子天子爲之旌表焉嗚呼夫古之廬墓至畜妻子於宅兆之前其波流弊至今褻慢焉有守正者雖大孝不錄爲非者雖小道必旌則聖人之制後何法焉或曰子貢居於夫子墓側六年乃去非廬墓之自耶

曰子貢之罪大矣口受聖人之言身違聖人之禮噫甚矣夫子曰事師無犯無隱左右就養亡方服勤至死心喪三年又曰師吾哭諸寢是師之喪也心喪止於三年哭泣至於寢室未有倍其年而哭於墓者斯子貢之罪也今執事者見愚民之有是者宜責而不貴鄙而不旌則民必依禮而行矣苟若是則曠教之風息毀制之道塞傳曰辛有適伊川見被髮而祭於野者今之有是被髮而哭於野者幾何不爲戎之於宅兆乎有心於是道者得斯說而存之禁之可也令之可也

內辨

日休自布衣受九江之薦與計偕寓止永崇里居浹旬有來候者曰子幾退於有司幾勣於執事其譽與名煜煜於京師矣致是也者孰自曰偶與計偕者曾未識咸陽城闕所贊者未及卿相之門所趨者未入勢利之地其譽與名反不知其自矣曰聞子受今小司徒河東公知素矣公當時之望溟渤於文場嵩華於朝右子之上第不足憑他門曰公之爲前達接後進今之中古人也愚欲自知其道于之以其文以名臣之威絀賤士之禮其爲知大矣所謂于之以其道知之亦以其道遇其人則宣之於口不遇其人則貯之於心非佞傳媚說者也或者不懌而退居一日又有來者曰喋喋之人謂子賴其知欲一舉於有司信哉曰於戲聖天子之世文教如膏雨儒風如扶搖草茅之士得以達市井之子可以進名場大闢鎔若廣路千百人各負累能時執事各立用譬如日休之才處於場中若放鯤鮞於東溟逐麏麚於五嶽以小入大以微混衆其汨汨沒沒昭然可知矣豈能一舉於有司哉或練窮物態曉盡時機一二十舉於有司倘處之下列行其道也上可以布大知

下可以存祿利而已矣曰若能者謗歟子宜默處梁上第防其萌曰大聖者不過周孔然猶管蔡謗然前叔孫毀於後何由處世而然亦猶登高者必望臨深者必窺矣詩曰讒言罔極交亂四國夫四國且亂況一士哉雖然敢不防其萌嗚呼防而免者人歟防而不免者天歟

題後魏書釋老志

魏收爲後魏書大夸西域氏之教以爲漢獲休屠王金人乃釋氏之漸也秦始皇聚天下兵鑄金人十二於咸陽漢復置之豈可復爲釋氏哉夫仲尼修春秋君有僭王號者

皆削爵爲子況戎狄之道不能少抑其說耶孟子曰能以言拒楊墨者遠矣不能以言抑者收也亦聖徒之罪人矣謂史必直歟則春秋爲賢者諱之爲尊者諱之筆削與奪在手則收之爲是媚於僞齊之君耶不然何不經之如是

九諷系述 并序

在昔屈平既放作離騷經正詭俗而爲九歌辨窮愁而爲九章是後詞人摭而爲之皆所以嗜其麗辭擅其逸藻者也至若宋玉之九辨王褒之九懷劉向之九歎王逸之九思其爲清怨素豔幽抉古秀皆得芝蘭之芬芳鸞鳳之毛

羽也然自屈原以降繼而作者皆相去數百祀足知其文難述其詞罕繼者矣大凡有文人不擇難易皆出於毫端者乃大作者也楊雄之文某軻乎而有廣騷也梁竦之詞班馬乎而有悼騷也又不知王逸奚罪其文不以二家之述爲離騷之兩派也昔者聖賢不偶命必著書以見志況斯文之怨抑歟噫吾之道不爲不明吾之命未爲不偶而見志於斯文者吾懼來世任臣之君因謗而去賢持祿之士以猜而遠德故復嗣數賢之作以九爲數命之曰九諷焉嗚乎百世之下復有修離騷章句者乎則吾之文未過不爲乎廣騷悼騷也

正俗

粵句亶之薄俗兮其風狡而且苦吾欲以直道檃其邪心兮皆遲容而莫顧前誨行兮後止高論仰兮下俯咸謂吾之懁爲愚兮並以吾之愬爲傴羌靈修之乃吾知兮先職我而爲輔奈其臣之狺狺兮乃不知吾之所撫吾欲以明喆之性辨君臣之分兮定文物之數吾欲以正訐之道兮進忠賢而退奸豎吾欲以醇醲之化兮反當今而爲往古吾欲以忖度之志兮定觚圜而反規矩念僿嬖之在位兮

若梟羊之當路內灼怛以如傳兮復何知其所愬乃指天而鬱悠兮將天奪乎國之祐永惄惄以何言兮將求知於吾祖

遇謗

有肪兮墨而謂之不絜有泉兮壅而謂之不決有漼兮黼而謂之不芳有軸兮鍥而謂之不轍聲咺唏以無音兮氣鬱悒而空噎既惄惄以憎懼兮又謾謾而不訣誣彭祖以爲孺兮誦殤子以爲耋夥衆人之難信兮揚夸者之不悅佞爲贅兮何去姦爲龐兮莫剏譖爲鬱兮莫御謗爲玉兮

何切飛既臇而必烹兮木方葽兮必折心巃巃以似車兮思綿綿而如飈手欲動兮似拳足將行兮如纈既不辨於顙跖兮遂一貫於堯桀吾哀生之不逢兮奚至死而㥄㥄念帝座之不矄兮胡交光於卷舌既何路以自辨兮遂沒齒而𤸻刺

見逐

靳尚之言兮美於嬿子蘭之氣兮醲於醍既怒聯以相向兮遂裹足而南征面悒悒以奚色兮心㦓㦓而何情耳方聰兮忽聧目正視兮忽盲日當午兮便昃天方晝兮不明

欲泣兮有血將啼兮失聲望靈修兮似失出國門兮若鷩軔識怨兮欲緩駟知愁兮復鳴既倘佯兮夏水復眷戀兮南荆嗟予夙秉於大訓兮涵漬骨之忠貞既貿者之莫余容兮向重蒼而自盟既惏仁以憑義兮遂瓠信而槻誠將眞宰之不仁兮胡爲役余以此生彼鸗斯之蟊賊兮固不能容乎鴟鶚彼茨萊之叢穢兮固不能讓乎杜蘅已矣乎國無人兮莫我㽕將訴帝於玉京

悲遊

荷爲裯兮芰爲襹荃爲褔兮薜爲褘弭吾棹兮澧之浦駐吾檝兮湘之湄悲莫悲兮新去國怨莫怨兮新相思幽篁蕭兮靜晚清瀞澹兮去遲湘君欲出兮風水急帝子不來兮烟雨微芷既老兮白葯日將暮兮紅蔞朝浮乎鷗鷺夕吽乎鷫雌灩漾漾兮不止瀇悠悠兮何之日出沒兮北渚雲依稀兮九疑既無人以辨余兮又何心而怨咨退不解其恎憏兮進不知其忸怩寒蜩怨而無聲兮古木淒其寡枝嗟吾魄之不返兮千秋萬歲湘中馳

憫邪

慨天道之不明兮何獨生此大佞若猰貐之能冠兮當一

國而持柄見亂臣之反詐兮信其主以不兢轍已覆而又遵兮佹將翻而不整不思心腹之疾兮又玩膏肓之病竟客死於咸陽兮終不作毒王之幸既養虎以遺患兮遂倒釬而授柄將諛臣之肆禍兮豈上天之付命粤吾大以爲不可兮彼以災而爲慶倘靈修之魄有知兮刷吾恥於下瞑

端憂

有一美人兮端憂千唶萬愁兮曾不得以少休腸結多以莫迴兮淚啼劇而不流王孫何處兮碧草極目公子不來

兮清湘滿睟汀邊月色兮曉將曉浦上蘆花兮秋復秋天泬寥以似淬兮峯巉崒以如抽篔簹颯兮雨岸杜若死兮霜洲遺余程兮澧之側整余陌兮湘之幽望女嬃兮秭歸夢懷宋玉兮荆門愁欲向天以號咷兮寸晷不可以少留又不知吾魂之所處兮永寂寞以悠悠

紀祀

山之巔兮水之涘桂爲祠兮蘭爲位執玉桴兮扣雷鼓奠金盧兮滴浮蟻薦瓊芳兮望暮雲獻椒醑兮拜寒水祝肹蠁以怪談兮巫妖冶而魅酔波閃倏兮湘君竹蕭疎兮帝

子日將暮兮河伯秋正深兮山鬼神之化兮何方人之艱兮至此胡不化其邪而爲正兮胡不返其戾而爲義胡不轉其亡而爲興兮胡不易其亂而爲治但血食於下國兮曾不少裨於有位吾將乘青螭而駕白虬兮將謁帝而訴神之累謂天弧發鏃兮天棓行箠神速悔尤兮俾吾竊修而易知

捨慕

粤吾秉志兮潔於瑾瑜芬其德而芳其道兮榮於蘼蕪將興國以見罪兮擬佐王而蒙辜彼羣小之茸茸兮如慕臭之蟞蜉以大鵬爲爵兮以康瓠爲瓴以哀衣爲襟兮以黎邱爲墟以鄭姬爲醜兮以子產爲愚以鮑焦爲貪兮以孔聖爲誣吾將奮鱗於大空兮奚獨慕此江湖吾將發榮於蟠桃兮奚獨守此蒿蔞吾將蕩其魄兮驂風軔與軋車謁帝於冥冥之天兮秉其生殺之樞將飄飄以高逝兮亦何必懷此姦邪之故都

潔死

堯死兮舜滅禹殄兮湯絶似玉兮將沈如金兮永沒行以仁兮止以義生以貞兮死以潔念余曾不足以蹈聖閽兮

亦慕茲而自悅湘浦兮烟深沅江兮風切顧影兮白憐撫躬兮永訣鬼慘兮天愁雨泣兮泉咽竟汩沒以淪淪兮永幽憂而怫鬱湘之山兮未盡湘之流兮不竭千秋兮愁雲萬古兮明月靈均之寃兮孰能銷其氣靈均之愁兮孰能釋其結來者之自鑒兮無致位於牙孽

悼賈 幷序

余嘗讀賈誼新書見其經濟之學大矣哉眞命世王佐之才也自漢氏革嬴高祖得於矢石不暇延儒生及爲天子制鈇度弛處華而夷是時獨有叔孫生能定朝儀其制未

悉唯生草其書欲以制屈諸侯推定正朔調革輿服通流貨幣天不佑漢絳灌輿謗竟枉其道出傳湘沅生自以不得志哀屈平之放逐及渡沅湘沈文以弔之故其辭曰嗚九州而相君兮何必懷此故都噫余釋生之意矣當戰國時屈平不用於荆則有齊趙秦魏矣何不捨荆而相他國乎余謂平雖遭靳尚子蘭之讒不忍捨同姓之邦爲他國之相宜矣然則生之見棄又甚於平當漢時捨乎帝則爲諸侯矣如適諸侯則新書之文抑諸侯而尊天子捨諸侯則胡越矣則新書之文攘胡越而崇中夏也是以其心切

其憤深其詞隱而麗其藻傷而雅余悲生哀平之見棄又生不能自用其道嗚乎聖賢之文與道也求知與用苟不在一時而在百世之後者乎其生之哀平歟余之悲生歟吾之道也廢與用幸未可知但不知百世之後得其文而存之者復何人也咸通癸未中南浮至沅湘復沈文以悼之其辭曰

粵炎緒之嫣綿兮其國度之未彰天錫生以命理兮冀其道之益光偉吳公之知賢兮道其名於文皇既輈啟以名之兮遂位之於上庠慭耋儒之惷愚兮對天問之不臧既羣愚之讓俊兮馳其譽之煌煌嗟大漢之丕緒兮蚪其賢於汗漫上下溷而不分兮議制削於驕王殺傷勢而不制兮斷捽胡其冠攘羗虜坌以侵華兮曾不能以抑強餌其嗜之延延兮實三代之計良念五德之更承兮論隳結而不綱乃秉臆以興說兮數用五而色尚黃又諸侯以開國兮輸其租於咸陽曾不得以撫民兮俾其君兮可忘請紆緺以秉印兮各馳化於所疆上既悅而欲大用兮遭絳灌於東陽道既擯兮何明乃出傅於沅湘倖沅波之瀇泱兮或漾棹以夷猶望靈均之沒所兮顧其心之怊怊臨汨羅

之浩瀁兮想懷沙之幽憂森樛蘿以蓊鬱兮時猏狖以相號霧雨暗乎北渚蝎蠨毒乎芳洲景黯沮以不明兮若夫悼乎離騷香依依兮杜若韻淒淒兮蕙勞山隱隱以掃空兮烟微微而淡秋嗟吾不知所感兮淚懭恨以橫流當抱憤於渺瀰兮曾無足以少休既蒺藜以傷思兮又鵂鶹以動愁嗚呼哀哉世既不平領吾道以爲非兮吾復何依蘋蘭憔悴兮稂莠繁滋麟鳳匿迹兮梟獍騰威哲匠罷斧兮拙者搆之離婁閉目兮瞽者揚眉子都蒙袂兮敦洽騁姿嗚呼哀哉亦先生之尤也眙其世之不可兮何不解而去

位。又垂萬世之名兮取捨在此。冀自謗於童豎兮乃憫然而爲累。蓋伊尹三就五就之心兮。冀其民之可治。奈惽惽以不悟兮。又被之以非議。幸一人之再覺兮。答受釐之奧義。既屛王以墮駕兮。乃寃慟而已矣。訊曰。君不明矣。莫我知。幽都寂兮和涕歸。文懸日月兮俟後聖用之。大故怨兮其何足悲。

反招魂 并序

屈原作大招魂。或曰景差作疑不能明宋玉作招魂。皮子以爲忠放不如守介而死。奚招魂爲。故作反招魂一篇以辨之。詞曰。

承溟涬之命兮。付余才而輔君。君既不得乎志兮。余飄飄而播遷。余將蕩大空而就滅兮。君又招余俾復身。余詣帝以請訣兮。帝俾巫陽以筮云。巫陽語余以不可歸兮。故作詞以招君。乃下招曰。君兮歸來。故都愼不可畱些。其君雄虺兮。其民封狐些。食民之肝鬲以爲其肉兮。摘民之髮膚以爲其衣些。朝刀鋸而暮鼎鑊兮。上曖昧而下墨眉屎疑些。君兮歸來。故都愼不可畱些。余昔爲比干之魂兮干僇而余去些。未聞干貪生以自招兮。余竟潔其所處些。君兮歸來。故都愼不可畱些。余昔爲伍胥之魂兮。胥僇而余逝些。未聞胥貪位以惜生兮。執屬鏤而不滯些。君兮歸來。故都愼不可畱些。余昔爲宏演之魂兮。演自殘而余行些。未聞演惜命以不死兮。俾其義而益明些。君兮歸來。故都愼不可畱些。帝命余以輔君兮。亦以君之忠介。自今以忠而見聞兮。尚盤桓而有待些。將自富貴而入羈旅兮。其志乃悔些。將戀骨肉而惜家族兮。何不自裁些。梟食母而獍食父兮。見貪獸之爲生些。苟殆殘者眉壽兮。實梟獍而同名些。君乎愼勿懷故都之戀。歸來乎。余爲君存千古忠烈之榮名些。

十原 系述

夫原者何也。原其所自始也。窮大聖之始性。根古人之終義。其在十原乎。嗚呼。誰能窮理盡性。通幽洞微。爲吾補三墳之逸篇。修五典之墮策。重爲聖人之一經者哉。否則吾於文。尚有歉然者乎。

原化

或曰。聖人之化。出於三皇。成於五帝。定於孔周。其質也道德仁義。其文也詩書禮樂。此萬代王者未有易是而能理者也。至於東漢。西域之教。始流中夏。其民也舉族生敬盡財施濟子去其父夫亡其妻蚩蚩囂囂慕其風蹈其閫者若百川蕩滉不可止者何哉所謂聖人之化者不曰化民乎今知化者唯西域氏而已矣有言聖人之化者則比戶以爲嗤豈聖人之化不及於西域氏耶何其戾也如是曰天未厭亂不世世生聖人其道則存乎言其教則在乎文有違其言悖其教者卽戾矣古者楊墨塞路孟子辭而闢之廓如也故有周孔必有楊墨要在有孟子而已矣今西域之教岳其基溟其源亂於楊墨也甚矣如是爲士則孰有孟子哉千世之後獨有一昌黎先生露臂瞋視詬之於

千百人內其言雖行其道不勝苟軒裳之士世世有昌黎先生則吾以爲孟子矣譬如天下之民皆桀之民也苟有一堯民處之一堯民之善豈能化天下桀民之惡哉則有心於道者乃堯民矣嗚呼今之士率邪以禦衆握亂以治天下其賢尚爾求不肖者反化之不曰難哉不曰難哉

原寶

或問或者曰物至貴者曰金玉焉人至急者曰粟帛焉夫一民之飢須粟以飽之一民之寒須帛以暖之未聞黃金能療飢白玉能免寒也民不反是貴而貴金玉也何哉曰

金玉者古聖王之所貴也其在舜典則曰修五玉也其在春秋則曰諸侯貢金九牧禹所以鑄鼎象物玉所以飾禮金所以備貢以斯爲貴貴不多乎曰舜取五玉以備禮禹鑄九金以爲鼎由言其禮不爲諸侯乎不爲人民乎苟無粟無帛是無諸侯與人民也則五玉九金豈徒貴哉如舜不修五玉禹不鑄九金三代之祭祀不以玉貨賄不以金矣由是言之金玉者王者之用也苟爲政者下其令曰金玉不藏於民家如有藏者以盜法法之民不藏矣法旣若是民必貴粟帛棄金玉雖欲男不耕而女不織豈可得哉

或曰然

原親

能嗣其親不曰子乎吾觀夫今之世誨其子者必横胤槽骨傷愛毀性以爲教嗚呼孟子所謂古者易子而教誠有旨歟不能教其子者是亡其身者也不能得其親者是捨其族者也古之佞臣愛人之貴過乎其親必捨而事之公子開方是也愛人之權過乎其子必殺而徇之易牙是也自茲以降爲夫強臣者將欲奪人之宗必先殺己子矣王莽殺子宇是也噫教尚不可況其殺歟或曰均是親也均是害也

則周公誅管蔡。石碏殺石厚。叔向僇叔魚。漢文流淮南。可乎。曰。均是親也。賢則能嗣親。凶則能覆族。均是害也。周公不誅。則他人誅之。石碏不殺。則他人殺之。叔向不僇。則他人僇之。漢文不流。則他人流之。己刑則及一人。他刑則及其族。此聖賢所以惜其族也。刑也者。仁在其中矣。

原己

能以心求道者。不曰己乎。能以心爲天子。爲諸侯。爲賢聖者。不曰己乎。是己之重。不獨重於人。抑亦重於道也。嘗試論之。能辱己者。必能辱於人。能輕己者。必能輕於人。能苦己者。必能苦於人。爲孔顏者非他。寶乎己者也。爲盜跖者非他。殘乎己者也。故古之士。有不出戶庭。名重於嵩衡。道廣於溟海者。敬於己而已矣。或曰。所謂敬己者。不曰不能害己者乎。如豎貂自宮。能敬己乎。鮑莊刖足。能敬己乎。曰。均是敬也。均是害也。其媚與直不同也。所謂敬於己者。以道也。害於己者。亦以道也。或曰。聖人汲汲於民。至若堯如腊。舜如腒。其勞至矣。於己安乎。曰。勞者勞於心也。勞一心而安天下。若禹者股無胈。脛無毛。其勞亦至矣。勞者勞於身也。勞一身而安萬世者也。古者有殺身以成仁者。況勞者歟。嗚乎。吾觀於今之世。諂顏媮笑。辱身卑己。汲汲於進如豎貂者幾希。

原弈

問弈之原於或人。或人曰。堯教丹朱。征丹朱作爲。是信固有其道焉。皮子曰。夫弈之爲藝也。彼謀既失。我謀先之。我智既虧。彼智乘之。害也。欲利其內。必先攻外。欲取其遠。必先攻近。詐也。勝之勢。不城池而金湯焉。負之勢。不兵甲而犇北焉。勝不讓負。負不讓勝。爭也。存此免彼。得彼失此。如蘇秦之合從。陳軫之遊說。僞也。若然者。不害則敗。不詐則亡。不爭則失。不僞則亂。是弈之必然也。雖弈秋存。出必用吾言焉。嘗試論之。夫堯之有仁義禮智信性也。如生者必能用手足任耳目者矣。豈區區出纖謀小智以著其術。用爭勝負哉。堯之世。三苗不服。以堯之仁。苗之慢。堯兵而煟之。由羅人殺鶬鶊。廚人烹鯤鮞者矣。堯不忍加兵。而以命舜。舜不忍伐。而敷之文德。然後有苗格焉。以有苗之慢。尚不加兵。豈以害詐之心。爭僞之智。用於戰法。教其子以伐國哉。則弈之始作。必起自戰國。有害詐爭僞之道。當從橫者流之作矣。豈曰堯哉。豈曰堯哉。

原用

堯爲諸侯非求爲天子也摯之民用之舜爲鰥民非求爲天子也堯之民用之或曰摯善亦堯乎曰亦堯而已矣曰摯與堯其民俱捨之則善惡奚分耶曰摯固不仁矣堯固仁矣堯仁如是民尚慕舜況有君惡於摯君道不如堯焉得民用哉故曰聖人不求用而民用之求用而聖人不用之曰若是則孔子奚不用魯曰用之則魯化不用之天下奚化

原謗

天之利下民其仁至矣未有美於味而民不知者便於用而民不由者厚於生而民不求者然而暑雨亦怨之祁寒亦怨之己不善而禍及亦怨之己不儉而貧及亦怨之是民事天其不仁至矣天尚如此況於君乎況於鬼神乎是其怨訾恨讟蓰倍於天矣有帝天下君一國者可不愼歟故堯有不慈之毀舜有不孝之謗殊不知堯慈被天下而不在於子舜孝及萬世乃不在於父嗚乎堯舜大聖也民且謗之後之王天下有不爲堯舜之行者則民扼其吭捽其首辱而逐之折而族之不爲甚矣

原刑

或曰丹朱爲諸侯舜爲天子丹朱有過舜誅之乎商均爲諸侯禹爲天子商均有過禹誅之乎曰不也朱均之爲國必有舜禹之吏翼而治之何容朱均得暴其民也哉苟有過必諭之諭而不可奪其政如誅之者去堯舜之嗣也焉有爲人臣而去其君嗣哉或曰法家嚴而少恩周官有八議漢法有三章徵八議也雖然人可免以三章而親賢必刑何哉曰聖賢在世不能無過以輕重議之耳如以謗刑刑之雖周孔其可免諸

原兵

管子說蚩尤割盧山之金以鑄五兵說者或云蚩尤古天子則炎黃繼命其間無蚩尤之運也案史記云蚩尤與其大夫作亂如此爲庶人之暴者且庶人不當有大夫日休以爲蚩尤乃黃帝之諸侯蓋其爲人暴黃帝征而滅之如此爲庶人一夫之暴不足當天子用兵也又明矣嗚呼昭然之理前賢惛之況大聖之深旨哉

原祭

說者以蚩尤爲五兵每有師祭當祭蚩尤禱厭亂甚矣皮

子直以蚩尤爲黃帝逆亂之臣五兵直作於炎帝固始苟自蚩尤始以其亂逆且不當祀況果不自蚩尤蚩尤不道黃帝滅之又不當以不道充祀軒轅五帝之首能以武定亂以德被後今之師祭宜以軒轅爲主炎帝配之於義爲允

欽定全唐文卷七百九十九

皮日休四

春秋決疑十篇

夫趙盾弒君莒僕弒父春秋顯書其過何則楚公子圍弒其君郟敖子駟弒其君僖公齊人弒其君悼公各以疾赴春秋皆書曰卒評曰人之生也上有天地次有君父君父可弒是無天地也乃生人之大惡有識之宏恥亦由漢書云律毋妻毋之文聖人所不書是也且趙盾反不討賊董狐謂爲弒君莒僕以其寶來奔里革謂其弒父斯二者罪名以彰仲尼承彰而書耳斯三逆者弒君以疾赴仲尼非

可誣也據赴而書者不忍也故不忍也者恥在其中焉懲在其中焉夫春秋弒君三十六其餘之逆亦據赴而書耳

夫趙孟以無辭伐國杞伯以夷禮來朝春秋皆貶之曰人曰子何至其罪大者爲之隱其過小者必以書之曰伐國無辭專君之命也君而可專孰有其國得不貶之乎若罪大者爲之隱推亾也其罪小者必以書固存之也

夫齊荼野幕之弒事起陽生楚靈乾谿之縊禍因常壽而春秋歸罪於陳乞公子比者不其遠乎曰野幕之弒罪歸

陳乞陽生之罪可知矣乾谿之縊罪歸子比常壽之罪可知矣春秋之旨譬酷吏決獄髡鉗之刑尚猶不捨刀鋸之戮何自而逃

夫齊桓救衛不書狄滅晉文召王而云狩於河陽曰狄實滅衛因桓救而獲全斯不滅矣文實召王因王來而稱狩斯不召矣苟桓不能救衛文不能匡王必書狄滅衛晉人召天王於河陽矣故春秋之時滅人國者衆救人國者鮮仲尼旌其卹患也背周者衆朝周者鮮仲尼旌其勤王也

夫哀八年（不書盟恥吳夷）及十三年（盟不書諸侯恥之故不錄也）公再與吳盟

皆不書桓二年公及戎盟於唐則書吳實華族其道夷也以強要盟不曰夷乎戎實夷族其道華也以道好盟不曰華乎故恥而不書懲也以戎而書勸也

夫桓二年書曰宋華督弒其君與夷及其大夫孔父僖十年又書里克弒其君卓及其大夫荀息夫君稱弒也而云及者是君臣無別也弒之者罪臣下也夫孔父以奪室見弒荀息以立言被誅是無辜之怨是以及褒之者何自臣及君也蓋貶華父與里克也俾孔父之死如與夷之死荀息之死如卓子之死及之者貴之也

夫姜氏淫奔子般夭酷魯之醜也諱之可也至如公送晉葬爲齊所止爲邾所敗皆諱之者何也曰周之有葬魯送可也如晉以盟主而臣魯諱之者諱乎以諸侯而事諸侯也諸侯有過則削地有逆則夷宗齊魯一體諱之者諱乎以諸侯而止於諸侯也夫天下有道小國事大國邾小國也而魯諱之者諱乎以大國而敗於小國也

夫定六年鄭滅許以許男歸而哀元年又書許男與楚圍蔡曰鄭實滅許而後或復之當復之時其赴不至於魯故不書耳凡國有來赴者雖小必書宋之六鷁退飛是也無

來赴雖大亦闕晉之滅耿滅魏是也夫楚實滅陳後復封之狄實滅衛後復全之斯亦許之類是也

夫春秋之旨獲君曰止誅臣曰刺殺其大夫執我行人鄭棄其師隕石宋五若斯者卽古史之全文也奚在其筆削乎曰仲尼因魯史而修春秋是明不誣於人也又曰知吾者亦以春秋罪我者亦以春秋其是之謂乎若楊子之草元其數則易其文則元是也

夫宋襄執滕子而誣之以得罪春秋則承赴而書何至魯之君也弒者五逐者二並闕而不書苟如是懲惡勸善何

以爲的亂臣賊子何以知懼曰夫仲尼修春秋而依徵其旨固有俟爾苟無邱明發決其奧廓通其元亦赴來而責實也非可誣也如自書其魯之弑逐者則魯人攘羊仲尼證之也

補泓戰語

宋襄公伐鄭楚伐宋而救鄭與楚會泓戰旣濟未陣司馬子魚請擊之公不以戰卒敗而退公羊氏以爲文王之戰亦不過此日休補其文曰聖人制民患其力不可禁也設法以刑之患刑之不可止也用武以兵之兵之旣出也民

秉之爲格殺執之爲攻殘故聖人施金鼓以節之用羽旄以飾之爲蒐狩以教之自三代以降春秋之時禮樂之征弛掩襲之弊廣竭其力者譬角觝者爭其勝負並驅者競其先後胡爲仁讓哉文王聖人之至也雖以德化未聞不兵而獲者然則伐犬夷征密須敗耆國伐崇侯虎襄公始戰齊而納孝公次及於泓則云不禽二毛不以阻隘夫聖人之愛民也班白不提挈又云一夫不獲其所豈能區區於死地決其勝於人命哉較其戰也文王不爲也噫公羊氏違邱明之旨爲文王之戰亦不過於此罪也

獨行

士有潔其處介其止於世者行以古聖人止以古聖人不顧今之是非不隨衆之毀譽雖必不合於祿利適乎道而已矣要以今是我之非我非今之是彼知於我者聞毀適足譽不知我者聞譽適足毀昧然不顧其是非毀譽者用之嗚呼士之道得不顧其是非毀譽者用之則天下之治不嘗半於淳古矣今之所譽者處以古聖人以今達者聞是則進聞非則退有愛者聞毀而疎之有不合者聞譽而洽之故道不加於世業解異於衆則其人貿貿於祿利蚩

蚩於朝廷望天下之治不嘗於淳古也難矣哉

讀司馬法

古之取天下也以民心今之取天下也以民命唐虞尚仁天下之民從而帝之不曰取天下以民心者乎漢魏尚權驅赤子於利刃之下爭寸土於百戰之內由士爲諸侯由諸侯爲天子非兵不能威非戰不能服不曰取天下以民命者乎由是編之爲術（謂太公六韜也）術愈精而殺人愈多法益切而害物益甚嗚呼其亦不仁矣蚩蚩之類不敢惜死者上懼乎刑次貪乎賞民之於君猶子也何異乎父欲殺其

子先給以威後啗以利哉孟子曰我善爲陳我善爲戰大罪也使後之君於民有是者雖不得士吾以爲猶士也

請行周典

周禮載師之職曰宅不毛者有里布田不耕者出屋粟凡民無職事者出夫家之征日休曰征稅者非以率民而奉君亦將以勵民而成其業也今之宅樹花卉猶恐不奇減征賦惟恐不至苟樹桑者必門嗤戶笑有能以不毛而稅者哉如曰必也居不樹桑雖勢家亦出里布則途無裸丐之民矣今之田貧者不足於耕耨轉而輸於富者富者利

廣占不利廣耕如曰必也田不耕者雖勢家亦出屋粟則途無餓莩之民矣今之民善者少不肖者多苟無世守之業必鬬鷄走狗格鼈擊鞠以取食於游閑太史公曰刺繡文不如倚市門是也如曰必也凡民無職事者出夫家之征則世無游惰之民矣此三者民之最急者也有國有家者可不務乎周公聖人也周典聖人之制也未有依聖制而天下不治者執事者以爲何如

相解

今之相工言人相者必曰某相類龍某相類鳳某相類牛馬某至公侯某至卿相是其相類禽獸則富貴也噫立形於天地分性於萬物其貴者不過人乎人有貞人形而賤貧類禽獸而富貴哉將今之人言其貌類禽獸則喜貞人形則怒言其行類禽獸則怒貞人心則喜夫以鳳爲禽耶鳳則仁義之禽也以騶虞爲獸耶則騶虞仁義之獸也今之人也仁義能符是哉是行又不若於禽獸也宜矣或曰相者有乎哉曰上善出於性大惡亦出於性中庸之人善惡在其化者也上善出於性若文王在母不憂夷吾弱不好弄是也大惡亦出於性若商臣之蜂目豺聲必殺其父

叔魚之虎目豕心以賄死是也中庸之人善惡在其化者若大舜設化而有苗格仲尼垂諭而子路服是也是從善而化者也若齊桓管仲輔之則霸豎貂輔之則亂是從惡而化者也故舜相於堯而天下平禹相於舜而大災弭咎繇相禹斯謂相見者見人知其賢愚見國知其治亂亦相也或曰賢愚者見行事而知也敢問聖人之相人知其有位哉曰堯之於舜任之以天下知其有位也舜之於四凶投之於四裔知其無位也曰苟若是聖人之能相人也是必賢者得其位不肖者不立朝三苗九黎焉得以侯飛廉

惡來焉得以爵曰有是者其君不能相也將其國之是滅豈相人而用哉是則三苗九黎未聞不滅飛廉惡來未聞不誅嗚呼聖人之相人也不差忽微不失累黍言其善必善言其惡必惡言其勝任必勝任今之人不以是術行其區區求子卿唐舉之術居其窮處其困不思以道達不能以德進言其有位必翻然自負坐白屋有公侯之姿食藜羹有卿相之色蓋不能自相其心者或有士居窮處困望一金之助已有沒齒之難有誕妄之人自稱精子卿唐舉之術取其金則易於反掌矣有能以聖賢之道自相其心哉嗚呼舉世從之吾獨哀也其不勝明矣

惑雷刑

彭澤縣鄉曰黃花有農户曰逢氏田甚廣己牛不能備耕嘗僦他牛以兼其力逢氏之猾惡為一鄉之師焉得他牛則晝役夕歸箠耕於烈景笞耨於晦冥未嘗一息容其殆忽一日猝雷發山逢氏震死日休曰逢氏之猾惡天假雷刑絕其命信矣夫生民之基不過乎稼穡之功皆不為是畜之力哉則天之保牛齊民命也宜矣今逢氏苦其力天則震死如燕趙無賴少年椎之以私享烹之以市貨法不可戮刑不可威則天之保牛皆不降於雷刑哉則逢氏之死吾不知是天地也

悲摯獸

匯澤之場農夫持弓矢行其稼穡之側有苕頃為農夫息其傍未久苕花紛然不吹而飛若有物娭視之虎也跳踉哮㘎視其狀若有所獲負不勝其喜之態也農夫謂虎見已將遇食而喜者乃挺矢匿形伺其重娭發貫其腋雷然而踣及視之枕死麏而斃矣意者謂獲其麏將食而娭將娭而害日休曰噫古之士獲一名受一位如已不足於名

位而已豈有喜於富貴娭於權勢哉然反是者獲一名不勝其驕也受一位不勝其傲也驕傲未足於心而刑禍已滅其屬其不勝任與夫獲死麏者幾希悲夫吾以名位為死麏以刑禍為農夫庶乎免於今世矣

誚莊生

莊生免范蠡之子死至矣夫范蠡子復取其金則怒乃言於楚王死之嗚呼夫交者以義合至死不離也以利合者全於利前者鮮矣況利死之後哉則莊生謂畢事而歸金其言信矣至其取金則復言而死之焉有夫歸金之心也

哉。是莊生與范蠡果曰利合也。或曰莊生非利金而渝言，是范蠡之子利金而渝言也。曰夫赦者楚之常法也，范蠡不謂乎赦謂楚之常法，以其兄自合不死，非莊生之力也，故取夫金，是愚豎之纖鄙也，何足責哉。如莊生與范蠡義合，則取金之信，以易乎人命也哉。是果曰利合，兼不全於利前者也。

旌王宇

王莽竊弄漢柄，擅斥帝族。當其時有名臣名士，身被漢祿者，闔朝皆然也。莫不迴忠作佞，變直爲邪，曾不敢一忤莽

色。以平帝得親乎外氏者也，而宇乃以爲謀，事泄受禍。日休旌之曰：若宇之道，眞忠烈之士哉。不以其父得天下爲利，以反道爲慮；不以已將爲天子之子爲貴，以慾咎爲戒。嗚呼，宇之道大不負天地，幽不慚鬼神，貞不愧金石，明不讓日月，於臣子之義備矣。而班氏忘讚，皮子旌之，悲夫。

斥胡建

古者將在軍，君命有所不受，若穰苴之斬莊賈，孫武之僇宮嬪，魏絳之辱楊干是也。如建者爲軍正丞，設御史有奸，在建職當以狀聞，自有天子之刑名。如擅斬者，乃一夫之暴賊上吏者也，以辱國威。國威者，軍刑者也。夫軍正之職，當申明其法於軍師，亦不可擅行誅殺也。正且不可，況又丞哉。嗚呼，漢不以是僇建以正其罪，反以詔命賞之，嘻，妄矣。過直近乎暴物，過訐近乎擅命，有之不戰，在家爲賊子，在國爲亂臣，其建之謂矣。

無項託

符朗著符子，言項託誑誕夫子之意者，以吾道將不勝於黃老。嗚呼，孔子門唯稱少，故仲尼曰：顏氏之子，其殆庶幾乎。又曰：賢哉回也。歎其道與已侃，固不足夫藪之也。如託

之年與回少遠矣，託之智與回又遠矣，豈仲尼不稱之於其時耶。夫四科之外有七十子，七十子外有三千之徒，其人也有一善，仲尼未嘗不稱之，豈於項氏獨掩其賢哉。必不然也。嗚呼，項氏之有無，亦如乎莊周稱盜跖漁父也，墨子之稱墨杘娟嬋也，豈足然哉，豈足然哉。

正尸祭

聖人知生不足其事，事之死；死不足其思，制之生。生象其死，窮其思也；尸象其生，極其敬也。夫禮者足以守，不以加，加則弊；足以加，不以闕，闕則怠；足以闕，不以廢，廢則亂。故

祀享立尸於廟。王則迎。有拜有酳有酢。所以立象生之敬也。今視唐禮。皇帝神降而拜象乎。安尸受福於神象乎。酢尸。嗚呼。唐有天下。化平三百年。其禮典赫然可以蟣漢蠓魏。豈不能守周孔禮制哉。故曰不以加。加則弊。禮無匜盥之文。漢魏以來加之是也。以加不以闕者。周官射人祭祀則贊射牲。王親射也。自漢魏以來。惟以毛血爲薦是也。足以闕不以廢。古者屈到嗜芰。屈建薦之。謂乎非禮。梁氏祀以蔬食是也。嗚呼。讀漢魏及梁書。代無其人。忍使其禮弊怠廢闕相接。至此耶。豈天使之然。俟吾唐之人補其逸典哉。是宗廟祭尸不當廢也已。

題同官縣壁

余行邑過此。偶無令長。遂寄榻縣宇。步履後圃。荒蕪不治。獨有四小柏。鬱然於草莽間。與菅茅並處。良可歎者。後之來者。當有瘦馬長官定能爲四柏主人。幸無忽此語也。中和三年三月望日。日休書。

皮子世錄

皮子之先。蓋鄭公之苗裔。賢大夫子皮之後。在戰國及秦時。無譜牒可考。自漢至唐。其英雄賢俊在位者。往往有焉。前漢時名容者。以善爲容。官至大夫。後漢時名巡者。爲太醫令。三國時無聞焉。晉朝名初者。爲襄陽太守。名京者。爲賢處士。宋朝名熙祖者。與徐廣論議。苻王世名審者。爲堅侍郎。後魏世名豹子者。爲魏名將。子道明。襲爵。弟喜。爲使持節侍中都督秦雍梁益諸軍事大將軍仇池鎮將。假公如故。喜以戰守之功。累加勳爵。後轉散騎常侍安南將軍豫州刺史。卒於天宗爵。喜弟雙仁。冠軍將軍仇池鎮將。北齊時名景和者。以功大官。封王。名延宗者。爲黃門侍郎。隋朝名子信者。爲刺史。至於吾唐。汨汨於民間。無能以文取位。惟從祖翁諱瑕叔。舉進士有名。以剛柔不合時。受蜀聘爲幕府。累官至刺史。從翁諱行修。明經及第。累官至項城令。以盜不發貶州掾。卒。時日休之世以遠祖襄陽太守。子孫因家襄陽之竟陵。世世爲襄陽人。自有唐以來。或農竟陵。或隱鹿門。皆不拘冠冕。以至皮子。嗚呼。聖賢命世。世不賤不足以立志。地不卑不足以立名。是知老子產於厲鄉。仲尼生於闕里。苟使李乾早胎。老子豈降。叔梁早嗣。仲尼不生。賢既家有不足。爲立大功致大化。振大名者。其在斯乎。

讀韓詩外傳

韓詩外傳曰韶用干戚非至樂也舜兼二女非達禮也封黃帝之子十九非法義也往田號泣未盡命也日休曰甚哉韓詩之文悖夫大教夫堯舜之世但務以道化天下天下嘻嘻如一家室其化雖至其制未備豈可罪以越禮哉如以韶用干戚非至樂則顓頊之八風高辛之六籥不可作矣如以舜兼二女非達禮也則堯之世其禮未定不當責也又宜矣以封黃帝之子非法義也則丹朱商君無封邑是庶人也傳曰賢者子孫必有土又曰公侯之子孫必

復其始夫賢者與公侯其子孫尚不廢况有熊氏道冠於五帝化施於千世哉如以往田號泣未盡命也則舜之孝匪天也其誰知之不號泣則吾恐舜之命不及於堯用嗚呼韓氏之書抑百家崇吾道至矣夫是者吾將闕然

題叔孫通傳

古之所謂禮不相襲樂不相沿者何哉非乎彼聖人也此聖人也不相襲者角其功利之深淺爾不相沿者明其文武之優劣爾故三王迭作五帝更制夏殷易置文武遞述其禮文昭昭然若兩曜爭明百川之注瀆者矣然猶周公刊之仲尼正之以周公之才美謂後世無其人乎乃有仲尼仲尼之後迄今望其道如顏閔文如游夏者鮮矣况聖人哉是後之制禮作樂宜取周書孔策爲標準也漢氏受命禮壞文毀時無聖人苟措其儀立其禮不沿襲於聖制者妄也夫國之大祭不過乎郊祀宗廟也漢之既命其郊祀止於五畤之祀者禮不曰兆五帝之郊者乎止於昭靈之園者禮不曰天子七廟者乎而叔孫生不爲之正郊祀立宗廟去秦時之非制議昭靈之非禮汲汲於朝會之儀俾漢天子爲高祖身不得郊見享不及七廟噫生其制物

刊厥式非不標準於聖人乎將以漢新去水火方弭兵械難爲改作乎將不明壇墠之位禘祫之義者乎若然者湯伐桀周伐紂其制可知也嗚呼不明於古制樂通於時變君子不由也其叔孫生之謂矣

題安昌侯傳

安昌侯禹見時變異若上體不安常擇日潔齋露蓍於星宿正衣冠筮得吉卦則獻其占如有不吉禹爲感慟日休讀漢史至是未嘗不爲之動心因書曰夫宰相之節以巳道輔上天地平則致於君夷狄服則致於君風教行則致

於君苟天地有災則歸於己兵戈屢動則歸於己萬物有
妖則歸於己時政有弊則歸於己此眞大宰輔之職也禹
也爲漢名相居師傅之尊處輔弼之位見災異屢發上不
能匡於君下不能稱其職孜孜稱其於筮爲事斯不足以
爲賢相之業也嗚呼當漢帝之重禹禹之有言如師訓門
人未有門人可違師之旨也依違在位竟無所發誠伊周
之罪人也大凡國有災異與禬禳占筮之事自有司存占人
太祝之官爲夫宰相者當提大政之綱振百司之領握天下之
樞而已不空以處斯位也以直論之近乎佞以誠論之近

乎僞僞宰相其名儒之恥耶嗚呼漢之尊禹崇師道也禹
若此者即非崇師道之過矣

文中子碑

天不能言陰騭乎民民不可縱是生聖人聖人之道德與
命符是爲堯舜性與命乖是爲孔顏噫仲尼之化不及於
一國而被於天下不治於一時而霈於萬世非刪詩書定
禮樂贊周易修春秋者乎故孟子疊踵孔聖而贊其道貫
出千世而可繼孟氏者復何人哉文中子王氏諱通字仲
淹生於陳隋之間以亂世不仕退於汾晉序述六經敷爲
中說以行教於門人夫仲尼刪詩書定禮樂贊周易修春
秋先生則有禮論二十五篇續詩三百六十篇元經三十
一篇易贊七十篇孟子之門人有高第弟子公孫丑萬章
焉先生則有薛收李靖魏徵李勣杜如晦房元齡孟子之
門人鬱鬱於亂世先生之門人赫赫於盛時較其道與孔
孟豈徒然哉設先生生於孔聖之世余恐不在游夏之亞
也況七十子歟惜乎德與命乖不及睹吾唐受命而殁苟
唐得而用之貞觀之治不在於房杜褚魏矣後先生二百
五十餘歲生日休嗜先生道業先生文因讀先生後序尚

闕於贊述想先生封隧所在因爲銘曰
大道不明天地淪精俟聖暢教乃出先生百氏黜迹六藝
騰英道符眞宰用失阿衡先生門人爲唐之楨差肩明哲
接武名卿未逾一紀致我太平先生之功莫之與京

咎繇碑

噫諄諄之命必歸於德盛者出不徒然上應運次命代苟
非相者數十祀翼出於一時者其運與命彼失此得彼得
此失咸在乎諄諄之命焉奚在歸乎德也夫帝摯之德不
盛於堯堯而得焉十六族之德不盛於舜舜而得焉至於

咎繇德齊於舜禹道超乎稷啓禹薦於天不命而殁則諄諄之命奚歸乎嗚呼天何爲哉不付咎繇之命者將欲空授天下哉未必獨死咎繇也設咎繇得天下其暮必薦益益得天下其暮之薦必有其人自咎繇之降空授之主其暴民黷天者可忍言也哉太史公曰禹封咎繇之後於英六五年春日休自泗陵之江左道出英六城下因求遺實厥祀存焉乃絓馬於古木再拜於廟庭退而碑之請樅陽小尹刊於壁銘曰

惟天降聖不錫厥命一篇帝讓百王之鏡禹有奚遏薦之

不定啓有令德受之而正已矣何傷明德遺盛

首陽山碑

天必從道道不由天其曰人乎哉大聖應千百年之運仁發於祥義發於瑞上聖帝也次素王也莫不應乎天地亘乎日月動乎鬼神或有守道以介死秉志以窮生確然金石不足爲貞澹然冰玉不足爲潔非其上古聖人不以動其心況當世富貴之士哉斯其自信乎道則天地不可得而應者也嗚呼夷齊之志當以神農虞夏形於言由是觀之豈有意於文武者哉然跡其歸周不從諫而死彼當求西伯也而得武王不曰得仁乎既得其仁而不取其諫則夷齊之死宜矣太史公以其餓死責乎天道嗚呼若夷齊之行可謂道不由天者乎如不得仁而餓死天可責也苟夷齊以殷亂可去而臣於周則周召之列矣奚有首陽之阨乎若夷齊者自信其道天不可得而應者也天尚不可應況於人乎況於鬼神乎

春申君碑

士以知已委用於人報其用者術苟不王要在強其國尊其君也上可以霸略次可以忠烈無王術而有霸略者可以勝人國無霸略而有忠烈者亦足以勝人國春申君之

道復何如哉憂荆不勝以身市奇計不曰忠乎荆太子既去歇孤在秦其俟刑待禍若自屠以當餒虎不曰烈乎然徙都於壽春失鄧塞之固去方城之險捨江漢之利其爲謀已下矣猶死以吳爲宮室以魯爲封疆春申之力哉當斯時也苟任荀卿之儒術廣聖深道用之期月荆可王矣然卒以猜去士以謗免賢於戲儒術之道其奧藏天地其明燭鬼神春申且不悟況李園之陰謀豈易悟哉豈易悟哉

劉棗強碑

歌詩之風蕩來久矣大抵喪於南朝壞於陳叔寶然今之業是者苟不能求古於建安即江左矣苟不能求麗於江左即南朝矣或過爲豔傷麗病者即南朝之罪人也吾唐來有是業者言出天地外思出鬼神表讀之則神馳八極測之則心懷四溟磊磊落落直非世間語者有李太白百歲有是業者彫金篆玉牢奇籠怪百鍛爲字千鍊成句雖不追躅太白亦後來之佳作也有與李賀同時有劉棗強焉先生姓劉氏名言史不詳其鄉里所有歌詩千首其美

麗恢贍自賀外世莫得比王武俊之節制鎮冀也先生造之武俊性雄健頗好詞藝一見先生遂見異敬將署之賓位先生辭免武俊善騎射載先生以貳乘逞其藝如野武俊先騎驚雙鴨起於蒲稗間武俊控弦不再發雙鴨聯斃於地武俊歡甚命先生曰某之伎如是先生之詞如是可謂文武之會矣何不出一言以讚耶先生由是馬上草射鴨歌以示武俊議者以爲禰正平鸚鵡賦之類也武俊益重先生由是奏請官先生詔授棗強縣令先生辭疾不就世重之曰劉棗強亦如范萊蕪之類焉故相國隴西公夷簡之節度漢南也少與先生游且思相見命列將以襄之髹器千事賂武俊以請先生武俊許之先生由是爲漢南相府賓冠隴西公日與之爲筆宴其獻酬之歌詩大播於當時隴西公從事或曰以某下走之才誠不足汚辱重地劉棗強至重必以公賓劉於幕吏之上何抑之如是公曰愚非惜幕間一足地不容劉也然視其狀有不足稱者諸公視其與劉分豈有間然哉反爲之惜其壽爾後不得已問先生所欲爲先生曰司功椽甚閑或可承闕相國由是椽之雖居官曹宴見與從事儀埒後從事又曰劉棗強縱

不容在賓署承乏於掾曹詘矣奚不疏整其秩相國不得已而表奏焉詔下之日先生不恙而卒相國哀之慟曰果然止椽曹然吾愛客葬之有加等墳去襄陽郭五里曰柳子關後先生數十歲日休始以鄙文稱於襄陽襄陽邑人劉永高士也嘗述先生之道業常詠先生之歌詩且歎曰襄之人只知有孟浩然墓不知有先生墓恐百歲之後埋滅而不聞與荊棘凡骨溷吾子之文吾當刊焉日休曰存既摭實錄之何愧嗚呼先生之官卑不稱其德宜加私謚然棗強之號世已美矣故不加焉是爲劉棗強碑銘曰

已夫先生祿不厚矣彼蒼不誠位既過於趙壹兮才又逾於禰衡既當時之有道兮非歿世而無名嗚呼襄陽之西墳高三尺而不樹者其先生之故塋

狄梁公祠碑

嗚呼天后革大命垂二十年天下晏如不讓貞觀之世是遵何道哉非以敬任公乎不然者來俊臣之酷不能誣諸武之猜不能害房齡之諫不能逆闕進士皮日休游江左至彭澤當河東公觀察之四年贊皇公刺史之二年下闕其詞曰

惟唐中否帝室如燬闕一字后持權式人端委書誠牝雞易稱羸豕大樹得蘇崇臺欲墜便藩諸武作我蜴虺泉深兮東宮已矣闕北極綰我神璽媧皇肇命呂君函紀周德方木秦運爲水杜闕與化宮闕致治天將啓唐載誕忠良闕爲道如勃木強乃寫大辯對彼明颸一言苟悖視死如鄉少海既闢少陽既光五公始昌其交玉堂闕

趙女傳

趙氏女山陽之鹽山人其父貿鹽盜出其息不納有司賦官捕得法當死簿已伏就刑有日矣趙氏女求見鹽鐵官泣愬於庭曰某七歲而母亡蒙父私盜官利衣食某身爲生厚矣今父罪根露某當隨坐法若不可官能原乎原之不能請隨坐之法官清河崔璪義之因爲減死論趙氏大泣曰某之身前則父所育今則官所賜願去髮學釋氏以報官德自以女子之言難信因出利刃於懷力截其耳以盟必然崔益義之竟全其父命趙氏侍父刑疾愈因決歸浮屠氏舍日休曰古之救危拯禍必先示信至夫家全國完則隨而乖其盟如趙氏一乳臭女子耳繼死請父命孝也自刑以盟言信也秉孝植性高蹈於世潔乎瑾瑜不足爲其眞芬乎茝蘭不足爲其秀與夫救危拯禍者遠矣今之士見難不立其節見安不償其信者其趙女之刑人乎噫後之修女史者幸無忘耶

何武傳

何武者壽之驍卒也故爲步卒將戍鄰霍岳岳生名薙有負其販者多強暴民民不便必愬於將武之至也責其強暴者盡擒而械之候簿圓將申壽守請殺之強暴之黨懼且死乃誣愬武於壽守且曰不順守命擅生殺於外壽之守嚴悍不可犯苟聞不便於民雖劇寮貴吏皆得辱殺之

至是聞武罪如乳虎遇觸怒螘遭傷其將害也可知乃命勁卒將命拏武至府武已知理可申不柰守嚴悍必當受枉刑乃樂而俟死矣至則守怒而責武以其過武善婿對又肢體魁然乃投石狀枉之事守雅愛是類翻然釋之黜其職一級武曰吾今日不歸地下眞守之賜也請得以命報居未久壽之指邑曰樅陽野寇四起其邑將危武請於守曰此眞某畢命之秋也守壯之復其故職奉命爲貳將領偏師自間道入樅陽不意伏盜發於叢翳間兵盡駭逃武獨鬬死日休曰武之受謗不當其刑況其死乎如非武

心者縱免死其心不能無憤也況感分用命哉嗚呼古之士事上遇謗當職遭辱苟其君免之必以憤報破家亡國者可勝道哉春秋弑其君三十六其中未必不由是而致者也武一卒也獨有是心嗚呼今之士事上當職苟遇謗遭辱無是心者吾又不知武一卒也

欽定全唐文卷八百

陸龜蒙一

龜蒙字魯望蘇州人舉進士一不中從湖州刺史張摶游爲湖蘇二郡佐去居松江甫里自謂江湖散人或號天隨子甫里先生以高士召不至李蔚盧攜素與善及當國召拜左拾遺詔下日卒光化中韋莊表贈右補闕

苔賦并序

江文通嘗著青苔賦盡苔之狀則有之懲勸之道雅未聞也如此則化下風上之旨廢因復爲之以嗣其聲云

天地閉風雨積門逕秋薜苔植離方抱圓累紫疊碧始分封於危亭之下終畧地於荒畦之側侵竹塢而縱步占蘭疇而盈尺麗色何似嘉名孰爲高有瓦松卑有澤葵散巖竇者石髮補空田者垣衣在屋曰昔邪在藥曰陟釐質被綠錢之美香聞艾納之奇或薄或蔍或蘚或落諒含姿而是類斯感物以隨時則有衛霍天姻金張世族侯以恩澤拜館以形勝築壁僭塗椒階緣墄玉牀丹徽之象畫帳蒼梧之翠禿謂爵祿不必仁守英髦可以力服行叶四凶身圖五福一日盈滿中年顚覆斯苔也染嫭好之筭殆晚偏

青封廷尉之門經秋更絲彼失寵以亡家者鮮不慟哭則必林塘倚薄衡泌蕭條茅茨上古机格南朝畫偃則書淫晝聖晡歸則婦餉兒樵溝通壞塹路隔危橋雨霽而魚驚沫聚霜乾則鶴刷翎飄浪求名而蠖屈虛卜命而龜焦窗欹瘦枕樹挂風瓢山無價買隱有詞招斯苦也周内史宿酒壺邊煙狨思起屈大夫擣衣砧上黛點情饒彼遺形而放志者能無獨謠謠曰苦之生兮自若人有哀兮有樂哀者貴兮樂者賤貴者危兮賤者宴噫哀樂兮何時止貴賤循環兮而後已

自憐賦 并序

余抱病三年於衡泌之下醫甚庸而氣益盛藥非良而價倍高每一把臂一下杵未嘗不解衣輟食而後致也其爲窮且否亦已至矣聖人云五福六極之數曰壽曰富曰康寧曰貧曰疾曰憂既貧且疾能無憂乎憂既盈矣能無傷乎人既傷矣能無奪壽乎是不蒙五福偏被六極者也誰其憐之作自憐賦

噫天地兮何德以生予付邃古之道兮惠而行諸聖人耕吾亦耕聖人漁吾亦漁聖人窮或過乎是聖人達曾不依予既不獲築說莘伊委身而理天下又不及箕巢潁許散髮而類鶉居率幽憂之情抱將退伏於林廬謂之積兮緊其疏捜羅以虛謂之枵兮輔其儲涵潰乃潴旁無垠兮上無初退不足兮進有餘先寒束縮後燠數舒首蓬隆以半散肢棘瘠而枯竦中躁兮燔炮之蟹外撓兮冠帶之狙凌兢兮上坂之馬帖捻兮横沙之魚行則左人而右枝卧則夕擁而晨祛冒忌者卽席奮擊責功者越月紆徐瘮寧忘起憤亦懷摅天難致問道竟何如孟子之言得矣盡信不如無書雖武成取其二三策而已又焉知是歟非歟皐陶

瘖師曠瞽予則視瞻而言語卻克跛行父禿予則趨蹡而櫛沐幸固陋而或全豈乖離乎素躅敢諫鼓不陳進善旌不理布衣之説無由自通乎天子丞相府不開平津閣不立布衣之説無由自通乎宰執苟吾君吾相不聞天下之名言則蒼生何由弛械而去縶傳云垂之空言不若存之於事業易曰未繘井羸其缾凶歎水德之莫及哀語材之不試徒抱影以中泣一蝎在木兮柯殤葉瘮寒暑三病兮吾寧禦袁服猛鷙兮捕龍螭吾無力支大舜禹兮張孔姬吾其庶幾託斯文之赴愬冀君子之攸宜苟家聾戶塞之

弗寤老死空山兮已而

春寒賦

宋玉雲夢侍從賦成酒闌君王慘憺顧曰春寒玉少進曰大王之國三分水居其一大王之宮庭女子充溢洪波浮其空幽憂積其中不得不雨不得不風風橫雨斜天地溟濛寒之中人有異於嚴冬其來也低迷其狀也惆悵理雖辨而詞怍色雖莊而意蕩明滅薰鑪留連繡帳相逢置酒則少避酡顏獨自登樓則偏凌遠望臨窗戶邇池塘絲輕畏偪花怯愁當游蜂爲之絶跡好鳥爲之深藏齊紈失色

越絮騰光掩抑兮幽襟更遠連牽兮別緒彌長芳神失職陰御爭強朝耕犢戰暮箔蠶僵民病如此君何勿傷襄王於是下席稱謝撤燕戲省嬪嬙以黃金爲玉壽然後返駕於高唐

田舍賦

江上有田田中有廬屋以菰蔣扉以籧篨笆籬楗微方竇檽踈簷卑欹而立傴僂戶偪側而行趑趄蝸旋頂隆黽拆旁塗夕吹入面朝陽曝膚左有牛樓右有鷄居將行蹬遮未起啼驅宜從野逸反若囚拘天隨子愀然而吁復自諫曰祿以代耕如無祿歟無祿無耕爲工商歟有沮溺之賢以仕易農乎有輪扁之道以仕易工乎有弦高之義以仕易商乎今則不然能無説焉蓋仕不愧祿而揣政咸率人以奉已使農工之泊民棄其守而趨仕農之仕墮於力而希歲工之仕巧於文而幸貴商之仕射其肥而瞢利所以國靡凶荒之備家乏完堅之器人闕有無之備莫不由是加以上多而下寡不勝剝喪之苦轉從盜聚而充殲嗚呼吾丁此時何以逭之將提新書抱野史上干天子之有司如怒鼃之跳梁於風而自謂登乎龍籍不其遠而有牛角

角有田綦綦不值惡歲未嘗孔饑今則陽亢而驕苗渴而萎千穗百粒穫夫涕洟饘於是粥於是信夫鼎銘之我欺彼爲聖人儉者茅茨勞者胼胝顧予懦夫勤陋何疑有鯀在下者舉舜之德毋惟汝諧者授禹之辭不舉不授雖聖胡爲乃繼而爲詩道不可不若天不可不樂謹爾溝塍利我錢鎛聊以卒歲更俟東作

求志賦并序

孔子曰吾志在春秋予以求聖人之志莫尚乎春秋得文通陸先生所纂之書伏而誦之作求志賦

語稱人之所好必舉嗜慾以爲志余之生也百無一厚者惟古學庶幾乎可媢嗚呼師道之不存安能盡識乎疑義樂夫夫子之春秋病三家之若聾得啖趙疏鑿之與損益然後知微旨之可求乃服膺而誦之見聖人之遠猷長風廓其羣翳赤日臨乎大幽又似車堅馬良善御者涉乎康莊高飆巨舟工泛者順其安流如魚之就貫如繭之獲抽伊尹和齊於五鼎箕子區分乎九疇酌大中於萬古偉聖心之獨斷宜乎沮齊侯於夾谷斬正卯於兩觀溝公墓以掩廢逐嚢私城而防僭亂用千載之遺法發一辭而可判

况先生之指歸屹波濤而畔岸雖聽昧而不開亦思之而過半范武子曰君子之於春秋也沒身而已矣吾謂斯言之不誣

微涼賦

楸梧既謝屈原增傷蕙先雁敗柳徇蟬荒日落深宮十四等皆爲麗絕雲愁大澤九百里盡欲飛揚暑退未退宵長未長倚實階以尋冷當綺疏而薦香飄飄拂拂悄悄悵悵省團扇以揺清睨瑤琴而泛雅石穩將臥竹輕欲把沈尹見王筠佳詠不覺書之謝傳感桓伊哀箏無端涕下單栖悟早共賞情多應從遠塞定降明河病樹一枝度日空懷越奏輕帆十幅乘秋好唱湘歌殷浩休談楊宏自舞粉初漬而題媚塵適消而畫古正在安榴館裏寂寞饒潘暫登酸棗臺時淒涼付庾潛生翠被暗著金樓銖銖減癖斛斛量愁草元者逐貧無暇梯附者結客而游暮雨陵邊有魏主常聞之樂夕陽池上有蔡姬曾蕩之舟恨鎖疎煙襟披遠水露桂方濃風篁或倚鄂侯之餘冷猶在江令之宿酲初起道氣全衰離情遍駛許玉斧神超碧落仰接應難成花君怨別青宮追傷未已

四靈賦 以麟鳳四靈王者嘉瑞爲韻

於惟聖人志氣如神百物自化四靈薦臻是以鳥獸浸其惠澤昆蟲懷其深仁福應尤盛休祥日新不然何以靈龜挺出飛龍來賓羽族降而集鳳鳥毛羣格而畜麒麟莫不率彼飛走荷此陶鈞或羣或友是擾是馴夫其時然後動動而斯中叶休明之德邁川岳之貢負圖騰大河之龍銜詔引丹穴之鳳介蟲稱長將開奧以應期肉角爲仁示有武而不用原夫契時也其感不一效靈也其數惟四爲皇極之休徵作太平之盛事然後魚鮪不淰知化而鱗萃禽

猷不狨懷德而麏至非夫天子睿哲黎元厎寧惠化廣被品物流形則何能光有九土克擾四靈美元功而不宰仰洪德而惟馨在郊藪則棲託以自適聞簫韶則率舞而來庭且如義之道昌龍圖有章姒之功成龜書呈祥或騶麒麟或降鳳凰彼皆一者之或出未若四者之來王又若龍鬬鄭洧麟傷魯野鳳有詠何德之衰龜有靈而夢是假興宣父之歎運未遇焉叶夏后之祥道之行也出處則以待時乎隱現而允符王者聖德可大靈物可嘉遊宮沼兮駢駢無懼鳴苑囿兮鏘鏘不譁遼東獻豕又何足數越裳貢雉失其所誇惟明王之理天下也垂衣恭已修禮達義儀形陰陽昭蘇品彙天不愛道則乾符應命地不愛寶則坤珍表瑞然後萬物可得而賓四靈可得而致

秋蟲賦

敗壁秋立昆蟲夜鳴螽者角者旁行卻行一不知其詭狀空太息於繁聲俱需品彙共費生成穴陰階而負固抱枯蘚以圖榮退無力役進不爭名體肖翹而易動音嗚咽而難平深宮淚迸逆旅魂驚香殘漏永月昊樓明謝臨川行樂微吟應侵古調劉越石登陴坐嘯更裊餘清喞嘖懷讒悽嘶往愬縷急如斷紘么欲怒或自奇而不屈或相先而並妬亦有騷客裁錄詞人暫賦已矜牀下之光輝遽笑草間之霜露悲夫病枕潛移愁屏屢顧耿耿宵夢悠悠遠趣朱雲沒後方知直氣無前馮衍歸來始歎高才不遇

杞菊賦 幷序

天隨子宅荒少墻屋多隙地著圖書所前後皆樹以杞菊春苗恣肥日得以採擷之以供左右杯案及夏五月枝葉老硬氣味苦澀旦暮猶責兒童輩拾掇不已人或歎曰千乘之邑非無好事之家日欲擊鮮爲具以飽君者多矣君獨閉關不出率空腸貯古聖賢道德言語何自苦如此生笑曰我幾年來忍饑誦經豈不知屠沽兒有酒食邪退而作杞菊賦以自廣云

惟杞惟菊偕寒互綠或穎或苕煙披雨沐我衣敗綈我飯脫粟羞慚齒牙苟且粱肉蔓延駢羅其生實多爾杞未棘爾菊未莎其如子何其如子何

中酒賦

書編百氏病載千名將有濱於九死諒無敵於餘酲窗間落月枕上殘更意欲問而無問夢將成而不成心悄悄目

瞠瞠愛靜中而人且語愁暱後而難已嗚才遣輔轢適別恩情屈大夫之獨醒應難共語阮校尉之連醉不可同行氣縷支緜神雜色沮前歡已誓於拋擲往事空經乎思慮有戠卓擒伶之伍我願先登有殛狄放杜之君臣能執御聿當拔酒樹平麴封棓仲榼碎堯鍾先刊美椽次削眞龍編虎鬚者寧教畔去持蟹螯者不要相逢欲倚還眠將詞又黙深窮寂寞之境別有淒凉之域黃昏細雨迷途而不到長亭白晝繁花失意而初歸故國背枕求穩牽幃就黑愁應平子分與渴是相如傳得感物逾嗟懷人有惻謝月

鏡共王清去去不乏風流杜蘭香別張碩來來更無消息冠纓不御栝桜空陳徒殲燕燕之髀浸費猩猩之脣牛心表異熊掌稱珍翦雲夢莖採泮宮芹周子之菘向晚庾郎之韭初春加以歐川桂蠹潁谷榆仁雖馳心於萬品且忘味於茲辰莫話三年誰云五斗從齊奴車騎如水任阿甯風姿似柳仙莫得而媒黷何能而有麟毫簾近遮雲母不足驚心琥珀釧將還玉兒未能迴首或乃强迎賓友力答牋書落魄不啻壓伊有餘襜褕猶懶整解散固慵梳下七蔚專諷蝦蟇誠堪竊笑莊周子化爲蝴蝶實是憑虛客曰雖鯖鮓能珍微風可折豈比夫榴花竹葉之味鄙水中山之碧必能醺骨酡顏潛銷暗釋況前覆乃後車之警獨行爲衆人之僻不然吾將受教於聖賢敢忘乎歡伯

書帶草賦

彼碧者草云書帶名先儒既沒後代還生有味非甘莫共三山芝校無香可媚難將九畹蘭爭叨詞林畔種在經苑中榮翠影臨波恐被芙蓉見鄙貞姿傍砌愁爲芍藥相輕發葉抽英因天受性紛稚圭池上之宅拂仲蔚門前之徑不省教施異術安得返魂未嘗輒入明廷何當指佞幾臨

寒日幸到青春莎莁未傳於漁父蒲茸竊詠於詩人霜亦會霑潘令偏知白髭風嘗偏起宋生惟道青蘋栽培只倚於賢鄰搴擷長憂乎稚戲出慙無用舒還有異當琴操發伯牙山水之情值儒編動鑿齒陽秋之思敢曰求友寧忘慕義吳娃檝上空羨苔滋魏主帷中惟通蕙氣或乃蘭榮越徼薰茂周原幽搜莫及興詠徒存此則對仲舉蕭疎之室處子山搖落之園不識深宮豈是曾爲帝女非侵遠道誰言能憶王孫徒愛其斂疎煙披曉露弱可攬結勻能布濩蕭蕭而不計榮枯漠漠而何于好惡金燈照灼尚驚秦

帝之焚粉蝶留連。眞謂羽陵之蠹。爾乃高超籬菊。瑞許階蓂。我則惟覩志士。每聚流螢。豈便離蒿萊於隙地。希杜若於遙汀。倘遇翰林主人之一顧。庶長保於青青。

採葯賦 并序

葯白芷也。香草美人。得以比之君子。定情屬思。聊爲賦云。

日正融兮。春歸飾荒。覩一時之流恨。撫萬古之遺香。問人則不屈不宋。說地則非瀟非湘。搴其榮。煙攜而動色。擢其體。雪挺而騰光。諷畔牢愁。子雲於焉華皓。吟哀時命。曼倩由是摧藏。情思矜年。慵情畏晚。胡繩繫晷。以難駐。揭車載

春而不返。陋君折楊柳。須爲送行。陋君採芙蓉。仍勞贈遠。豈如陰晴互出。稚豔相迎。限回鳳喜。怨貯鴻驚。侍笑者青琴作號。顧謂者碧玉爲名。偷鬟積競。縈盈目斜。波而水怯。鬟疊葉而雲爭。蘭在口以時鬭。嬌如連瑣。蕙牽心而不定。飄若懸旌。契叩難申。融怡自許。石能潛通。以求偶。山亦浮來而命侶。誓不爲巖阿竹。冉冉孤生。誓不爲澗底松。亭亭獨處。於是欺皓本。掩緗蘂。房紅者自破。蔕縹者誰披。望懷沙之浦。詠遺襟之詞。煙分而麝墨猶濕。綺斷而龍刀合知。只言長信長門。年年可恨。未必傾城傾國。箇箇生悲。臨階躑躅以虛徐。當戶薔薇兮綽約。蜂咋葉而先盡。鶯踐枝而易落。未若北堂公子。樹芳草忘憂。南國佳人。佩生香辟惡。露茁煙冶。風條翠譙。不知海傍之期。遠不信人間之命薄。休爲上計掾。空尋寶釵。聊作侍中郎。且乘金絡。別有盧江小吏。蜀郡長卿。或支離而築恨。或調笑以衷情。不同乎棗簪裾而霧悄。秉禮義以霜明。鄭交甫則江邊佩解。萼綠華則席上詩成。彼貽神而致問。皆護節而含貞。埭擢自持。雖陳辭而往。愬遷延却立。終抱恨而難平。淚滴堪穿。腸迴好繫。蟲絲織怨。以成段。象酒蠲愁而判。劑江僕射之孤燈。向

壁不少淒迷。張記室之少婦當壚。應還細麗。景方駘蕩。思已低摧。酒疲於子建。爲使花困於靈均。作媒何庶物之相負。痛妍華而未回。莫與心傷。瑤圃從驚鷤鳺。如防膽怯。空屏宜畫魁堆。剩欲追尋。徒嗟緬邈。梧形連理。而終在扇樣合歡而可學。若遇劉公伯雅。夢亦沉沉。如逢王母少兒。晝還數數。

後蝨賦 并序

余讀玉谿生蝨賦。有就顏避跖之歎。似未知蝨。作後蝨賦以矯之。

衣緇守白髮華守黑不爲物遷是有恒德小人趨時必變顏色棄瘠逐腴乃蝨之賊

椰李花賦

試問花翁得椰李之春叢移來砌下出自山中長霑潤雨迴灑巖風會不得次玉堂而展低豔承畫閣而逞微紅虛在芳菲之數徒于造化之功弱植攲危繁梢鬖積一枝上能萬其膚萼一萼中自參其丹白且桃以天而穠以華芍藥爲贈兮芙蓉可嘉誰爲翦緗綺碎明霞鳳葆葱蘢於水殿霓旌掩苒於雲車靜倚庭楹徐飄葢氣落幽閨怨別之夢寫空谷遺榮之思初侍東陵聖母冶態嫣妍近辭北燭僊人愁容委墜嗟其結莓苔之地抱林麓之姿蝶善舞而相掠鶯能言而見欺香憐墜少蘂戀飄遲當杯者不顧守道者應知請看嵇康高士傳莫信長安輕薄兒

麈尾賦

謝文靖桓宣武王東亭郗北府相與叩易論元驅令駕古散入神明之賾中稽道德之祖理窟未窮詞源漸吐支上人者浮圖其形左擁竹杖右提山銘於焉就席引若潛聽俄而翳缺風行逍遙義立不足稱異才能企及公等盡矚當仁咸云俯拾道林乃攝艾衲而精爽捉犀柄以揮揮天機發而萬目張大壑流而百川入於戲世路攲斜藏訛掩瑕陽矜莊而靜默暗奔競而喧譁貞襟枳棘奥旨泥沙雖然絕代清談客置此聊同王謝家

獬廌賦以觸物知邪自然靈獸爲韻

獬廌出乎唐堯之年神羊至於我后之前雖一物異見實兩時皆然既曰珍祥亦稱絕異是考其迹莫問所至乃審厥生不知其自步元墀以龍擾向彤庭而鶚視夫其紅纖之狀周正之儀摶風比毳素絲類皮人間之所常覩天下之所備知蓋神羊之末事羌難得而稱奇及至一人視朝百辟咸矚張羅杞梓列布瓊玉雖衣冠有貌而槐棘祇肅爲公卿以是匿匪神靈而不觸爾羊來思其儀孔嘉望表知裏揆瑜識瑕於是騰雙眸而舉柱聳特角而觸邪當之者則立成於犴獄見之者則固節於邦家無正不彰無姦不屈常在公而爲言匪從已而犯物百發百中或受命於神祇無黨無偏寧奉辭於綸綍則知爲聖得一以理人得一以靈豈比羵羊下潛空呈怪於季井商羊上舞徒表珍於齊庭日者神直簪筆風潛衣繡順素節以擊揚奉白簡而

彈奏指之者豺狼不避觸之者回邪莫漏彼神羊之信靈
請從古而歸歟

幽居賦并序

陸子居全吳東距長洲故苑一里闤闠不通人事且欲吟
詠情性曰燕居則仲尼有之矣曰卜居則屈原有之矣曰
閒居則潘岳有之矣曰郊居則沈約有之矣既抱幽憂之
疾復爲低下之居乃作幽居賦其序云余少學窮元早持
堅白其生也懸贅附疣其材也戴癭銜瘤居無養拙之資
出有倦遊之歎初張蓬矢嘗逞志於四方末佩椒蘭敢違

仁於一日雖家風未泯而世德將衰門等韋平材兼魏邴
激清芬而鎮俗追雅望於圖形荀勗乃天下表儀裴秀爲
朝端領袖朱輪十乘紫誥千篇炳若星辰粲乎竹帛俯觀
圖牒謬辱孫謀五鼎蕭條賜書零落漆工酒保幾欲沉淪
故栗空桑屢瞻摧折劉超劉毅俱無儋石之儲許邁許詢
但有山林之志思鑿坯而遯聊倚樹而吟師道氣於龜腸
扣兵鈐於魚腹窮年學劍不遇白猿隔日伏痁未擒黃鵠
止則葭牆艾席行則葛屨柴車仲宣方翫於碁枰叔夜還
眠於鍛竈既以草知晦朔木讓榮枯因推墨別爲三復悟
儒分至八何晏之言道德不及王生鄭元之注春秋才同
服氏初陳梗概漸入精微探桓範之智囊掘張憑之理窟
遺其耳目然後謂之聰明差若毫釐焉足言乎大小加以
病惟關蟻力止戲蟬簾帷非翡翠之榮鐘鼓豈爰居所樂
遂求衡泌聊以棲遲建一畝之宮忝稱儒者置十金之產
雅叶中人晏子以囂塵可容曹公以泥水自蔽羅含宋玉
嘗少出於荆蠻蕭相武侯亦潛居於僻巷楊德祖家惟弱
柳殷仲文庭只枯槐馮衍薑辛繁欽苦碧復有稻名半夏
藥號恒春長榆亦降星精修竹乃生雲母潘安館裏嘗聞

柰素瓜甘庾信園中亦話棗酸梨酢竊觀留詠雅尚清風
今古攸同聖賢何遠武仲遊於沛澤伊尹耕於有莘子欲
無言回不願仕神交六位方爲賣卜之人歌動五噫竟作
賃舂之客況有布縚綸幘尚足朝昏羽扇貂裘猶堪寒暑
得以書抽虎僕射用牛觽自理茶租閒被釣褐經稱小品
還下二百籤賦謂名都畧點八十處下問得塈塗之義涂
聽聞愬怒之詩既已逢原遂成摛翰非因授簡初擬遺鞭
不能粉飾大猷且用元黃稗說貽於好事希逢得意而傳
責以壯夫甘受子雲之笑賦云

泰伯勾吳通侯舊里地接虎邱門連鶴市比顏巷兮非陋方賜牆兮猶峙樂令有名敎之樂必以仁行莊生乃道家者流咸從達起彼既得矣予何謝焉欲神遊於浩氣法大隱於遺編曾仲孫衣止七升之布樂武子食無一卒之田賤不容憂貧惟可賀冥心而姑務藏疾卷舌而誰能擊墮爭先敢脫乎牛車自給方營於馬磨噫秦時亡命竟作帝師吁漢末遺臣皆稱王佐吾焉用此僕病未能藝合歡求解憂之力餌陟釐明攻冷之徵悲少歌於趙壹喜長嘯於孫登萬古騷人遠追乎橘浦百金敝事近出於松陵非慕

偷桃還憐嗜芰何慙尺蠖之屈未損丈夫之志投簪隱几聊思夷甫談元搦札彈毫恥效文通奏記夫靜者躁之君名者實之賓進不參於多士退宜追乎逸人頌厥土之三壤託高風於四鄰纔祛燥濕稍遠囂塵以日繫時且復窮於魯史穿池種樹正欲類於齊民室乏崇壇墉非縮板因坎窞以爲洫藉蒙籠而表限孟戒無是非之心阮通能青白之眼龜牀鹿幘訶招隱兮何遲橡飯菁羹笑謀生之太簡是知名安可釣筆不堪耕有白鳳之才乃先爲贅客有雕龍之辯然後爲狂生雄自投而幾死檷流慟而將行外

壁方施孟子虛陳乎仁義中讒既勝韓非徒恃其縱橫況復支離壹鬱厄陋謇吃才甚微而寡文體素羸而多疾陰鏗藥銚披曉幌以皆來徐邈酒鐺擁寒爐而必出自然忘物我混窮通將大宗師理叶與握眞宰情同優游塞馬脫落冥鴻竊慕王睎眷戀於良辰美景深符謝朓留連於明月清風得不分碕岸而飾荒臺輟金錢而營佳樹萆絲兮欲縈千里草帶兮初圍十步頹垣抱碧無非海髮山衣睹座飄香盡是松肪桂蠹加以籬邊種菊堂後生萱覆井之新桐乍引臨窗之舊竹猶存花妨過幬柳礙移門鹿去而

雲遮絕洞樵歸而水遶孤村遇境逍遙就魚鳥之性樂閑襟散誕見羲皇之道尊早濯元泉屢遊庭苑憂廢學而將落懼無文而不遠豹管閒窺羊岐忘返搜束晳之亡缺補陳農之遺逸梁世祖府充名畫或得奇蹤任敬子家聚羣書率多異本何嘗髣髴莫究分毫徒羨玉杯珠柱之號美象格犀簪之態高寧容朴野不稱蓬蒿悵殘編之未構奚雅具之爲勞況乎棲平蕪古木之地壯被褐擁篇之事宜其梓合巾箱籐交餠筥炊秕稗以爲食剖瓠匏而作器荷條而行據梧而睡妖寧勝德休占賈誼承塵醉可全眞但

舞王戎如意其間豁爾此外蕭然姜肱則惟卧一被江革則還留半氊望夫子之門墻仍過數仞顧先生之屨轅不啻雙穿敢驚時而獨行聊內視而返聽豈可泯發元關虛搖譚柄夜將半而誰容月每旦而誰評清言不屈孫劉詎滅於中軍善講無窮支許那輕於小令或抽易軸或扣元端演精微於簡易消澹泊於危難澄如止水嬰若長竿與牛心者赴敵持麈尾者登壇交衡而矛戟初利頓挫而風霜正寒與公雅韻仲祖旁觀始信何才當指地於丞相方知習捷抗彌天之道安彼濩落而無容且蕭條而高寄兼

耳目以咸外曷邱園之足貴幸春物之向榮列天姿而見遠陰者負而陽者勝孰謂兩儀瘠者緩而腴者先奚云一氣真宰難問洪鈞肯留人間未適象表何求縱使陶煙霞而傲睨騎日月以嬉遊秉剛直上攝景冥搜縱橫兮四海飛揚兮十洲讀仙苑之琅書安能解愠傾洛公之金醴幾得消憂不假大招寧馳別國悲故鄉之何在望平原之無極(陸鄉在平原乃遠祖所封之地)歎鐘鼎之沉光向漁樵而騁力庚桑有道猶居畏壘之顛接輿佯狂亦取杻櫨之食徐誇下舍陶愛吾廬上法於陵之畦圃旁分建業之村墟時牽殘碟自把浪疏友乏惠施莫解連環之義鄰無文摯誰知方寸之虛存其道而或通失其居而久旅才將命兮分坎窞性與時兮甘齟齬閒遊廣澤願學弋於蒲且終蹈滄溟更移家於芋嶼夫動以勞吾身靜以休吾神苟能推其用舍自足究乎天人思任誕於窮簷何辭井臼不求容於側徑何患荊榛沉冥者朴素之源毀譽者浮華之轍著名聚雪仍招死草之譏琴號落霞尚被枯桐之說值聖則幽贊成功逢賢則雅音攸發同於德者大亦宜然殷宗命相於巖下周武迎師於渭邊有東山北郭之風纔能養素無左車右侯

之計未足圖全嗟浩歎而長吟畏蘭凋而蕙歇清樽方灩於瑤水寶瑟坐凝於華月歸田少接猶疑斥鷃追飛羽獵相逢可謂無鹽唐突

蠶賦 并序

荀卿子有蠶賦楊泉亦爲之皆言蠶有功於世不斥其禍於民也余激而賦之極言其不可能無意乎詩人碩鼠之刺於是乎在

古民之衣或羽或皮無得無喪其游熙熙藝麻緝纑官初喜窺十奪四五民心乃離逮蠶之生繭厚絲美機杼經緯

龍鸑葩卉官涎忿饞盡取後已嗚呼旣拳而烹蠶實病此伐桑滅蠶民不凍死

石筆架子賦

栝可延年簾能照夜直爲絶代之物以速連城之價爾材雖足重質實無妍徒親翰墨謾費雕鐫到處而人爭閱筆相逢而竟欲投篇若過左太冲猶置門庭之下如逢陸內史先焚章句之前實跗非鄰金匣不敵眞堪諫諍之士雅稱元靈之客謝守邊城雨細題處堪稱陶公嶺畔雲多吟中合惜或若君王有命亜素爭新則以火齊水晶之飾龍

膏象齒之珍窺臨舊牘螘染生春衛夫人閱弄彩毫思量不到班婕妤笑提丹筆眄睞無因若自蕺山如當榷几則叨居談柄之列辱在文房之裏誠非刻畫幾受譏於纖兒終假磨礲幸見容於夫子可以資雪唱可以助風騷莫比巾箱之貴堪齊鐵硯之高吟洞庭之波秋聲敢散賦瑤池之月皓色可逃若有白馬潛心雕龍在口鉤羅不下於三篋裁翦無慙於八斗零陵石化肯後於雙飛元晏書成願齊於不朽

復友生論文書

辱示近年作者論文書二篇使僕是非得失於其間僕性雖極頑冥亦知惴息汗下見詎訶之甚難招怨恚之甚易也況僕少不攻文章止讀古聖人書誦其言思其道而未得者也每涵咀義味獨坐日昃案上有一杯藜羹如五鼎七牢饋於左右加之以撞金石萬羽籥也未嘗干有司對問希品第未嘗歷王公丐貸飾車馬故無用文處江湖間不過美泉石則記之登節槪則傳之觸離會則序之値巾罍則銘之簡散誕放無所諱避又安知文之是歟非歟生過聽德我太甚苟嘿嘿不應非朋友切切偲偲之義也故

扶病把筆一二論之曰我自小讀六經孟軻楊雄之書頗有熟者求文之旨趣規矩無出於此及子史則曰子近經經語古而微史近書書語直而淺所言子近經近何經史近書近何書書則記言之史也史近春秋春秋則記事之史也六籍中獨詩書易象與魯春秋經聖人之手耳禮樂二記雖載聖人之法近出二戴未能通一純實故時有齟齬不安者蓋漢代諸儒爭撰而獻之求購金耳記言記事參錯前後曰經曰史未可定其體也按經解則悉謂之經區而別之則詩易爲經書與春秋實史耳學者不當渾而

言之且經解之篇句名出於戴聖耳王輔嗣因之以易爲經杜元凱因之以春秋爲經孔子曰學詩乎學禮乎易之爲書也原始要終知我以春秋罪我以春秋未嘗稱經稱經非聖人之旨也葢出於周公謚法經緯天地曰文故也有經書必有緯書聖人既作經亦當作緯譬猶織也經而不緯可成幅乎緯者且非聖人之書則經亦後人强名之耳非聖人之旨明矣茍以六籍謂之經習而稱之可也指司馬遷班固之書謂之史何不思之甚乎六籍之內有經有史何必下及子長孟堅然後謂之史乎孔子曰吾猶及

史之闕文也又曰質勝文則野文勝質則史又曰董狐古之良史也此則筆之曲直體之是非聖人悉論而辨之矣豈須班馬而後言史哉以詩易爲經以書春秋爲史足矣無待於外也謂經語古而皆微則易曰履霜堅冰至初筮告再三瀆瀆則不告苦節不可貞之類果純古而微乎謂史語直而淺則春秋書考仲子之宮初獻六羽及齊師戰於乾時我師敗績辛巳有事於太廟仲子遂卒於垂壬午猶繹萬入去籥之類果純直而淺乎經不純微史不純淺又可見也言文之不可立論則曰春秋不當言無使滋蔓

又曰春秋舉軍旅會盟豈非敘事耶引左氏傳譏左氏敘事悉謂之春秋可乎春秋大典也舉凡例而褒貶之非周公之法所及者酌在夫子之心故游夏不能措一詞若區區於敘事則魯國之史官耳孰謂之春秋哉前所謂自小讀六經頗有熟者求文之旨趣規矩不出於此妄矣又一篇曰某文也某辭也文既與辭異是文優而辭劣耳易之翼曰繫辭繫辭曰齊小大者存乎卦辨吉凶者存乎辭故卦有小大辭有險易又曰觀其象辭則思過半矣易之辭非文耶書載帝庸作歌皐陶乃賡載歌又歌五子之歌

皆辭也書之辭非文耶屬辭比事春秋教也春秋之辭非文耶禮有朝聘之辭娶夫人之辭樂有登歌薦之辭禮樂之辭非文耶法言曰往者楊墨塞路孟子辭而闢之廓如也孟軻之辭非文耶太元曰元之辭也沉以窮乎下浮以際乎上揚雄之辭非文耶是知文者辭之總辭者文之用天之將喪斯文也天之未喪斯文也不當稱辭吉人之辭寡躁人之辭多不當稱文文辭一也但所適者有宜耳何異塗云云哉又曰聲病之辭非文也夫聲成文謂之音五音克諧然後中律度故舜典曰詩言志歌永言聲依永律

和聲聲之不和病也去其病則和和則動天地感鬼神反不得謂之文乎猶繪事組繡中有精觕耳太凡辭人之說不敢避牗垣援膚爪而自矜於堂奧心府也要在引學者當知是事以明之而已矣師道不行後生多泥於所習有陷而溺者力能援之可也如或不同請觀過而後罰

小名錄序

天地萬物雜然而生聖人居其中强爲之命稱或以義或以形或因其自然天地取其義者也日月取其形者也鳥獸因其自然者也人既列氏賜族矣得不務佳名而紀之

葢取嬰兒三月目能眗與人喜笑相答因以名分之以入生人之籍貴賤一也故傳曰子生三月之末擇吉日翦髮爲鬌妻以子見於父執子之手咳而名之夫告宰曰某年某日生宰告閭史書爲二其一藏於閭府其一獻於州伯州伯命藏諸州府諸侯世子則名而告之廟爲宗主也天子則告於郊見於天明當繼父承天也二十而冠冠而字之表其成人也所謂名以立身字以表德也申繻曰名有五有信有義有象有假有類以名生爲信（若魯公子有）以德命爲義（若文昌武發）以類命爲象（若孔子首象尼某）取於物爲假（若伯魚名鯉）取於父爲類（若子同與父同生日）不以國不以官不以山川不以隱疾不以畜牲不以器幣周人以諱事神名終將諱之故也三代之時至殷尚質直以生日名之太甲太乙武丁是也周以伯仲次之太伯仲雍叔達季歷是也自周以降隨事而名之至有黑臀黑肱之鄙羊肩狐毛之異負芻之賤禦寇之强杵臼籧篨髡頑狂狡無知無忌不壽不臣皆名不正而言不順也魯叔孫莊叔之敗狄也以虺豹名其子晉穆姜以條之役生太子命之曰仇其弟生又以千畝之戰命之曰成師師服曰異哉君之名子也始兆亂矣漢靈帝

名二子曰史侯董侯既立爲帝矣後皆退之爲諸侯之應也如此吉凶悔吝於是乎皆在古人生而名之長而行之尚存其樸也末世浮僞日生幼雖行於閨門長不達於州里故又有官名小名之別苟不因事而載之則幼之名沒然不聞於後矣彼吉凶悔吝何從而知之今自秦漢以來編而紀之至於神仙玉女之名婦人臧獲之字亦無棄焉及名涉怪奇近於圖讖者亦附於內謂之小名錄夫近者詳遠者略勢使然也其間遺落請俟博聞

笠澤藂書序

藂書者藂脞之書也藂脞猶細碎也細而不遺大可知其所容矣乾符六年春卧於笠澤之濱敗屋數間盎囊書十餘篋伯男兒纔三尺許長礪齒猶未徧教以藥劑象梧子大小外研墨泚筆供紙札而已體中不堪羸耗時亦隱几强坐内壹鬱則外揚爲聲音歌詩賦頌銘記傳叙往往雜發不類不次渾而載之得稱爲藂書自當諼憂之一物非敢露世家耳目故凡所諱其中略無避焉

送豆盧處士謁丞相序

龜蒙讀揚雄所爲書知太元準易法言準論語晩得文中

子王先生中說又知其書與法言相類道之始塞而終通子雲軌範不足當也何者子雲仕於西漢末屬莽賢用事時皆進符命取寵雄獨默默以窮愁著書病不得免人希至其門止一侯巴從之受太元法言而已文中子生於隋代知聖人之道不行歸河汾間修先王之業九年而功就謂之王氏六經門徒弟子有若鉅鹿魏公清河房公京兆杜公代郡李公咸北面稱師受王佐之道隋亡文中子没門人歸於唐盡發文中子所授之道左右其理太宗每歎曰魏徵教我功業如此恨不使封德彝見之逮今十八聖舉其君必曰太宗舉其相必曰房魏上下之心恥不及貞觀則生人受賜足矣豈非文中子之道始塞而終通乎丈人文中子外諸孫也誦文中子之書不絶於口率弟兄耕稼以自給一旦訪龜蒙曰吳中兵荒來人不足犬豕之食安能遂退藏耶吾從子相天下矣吾西而見之龜蒙曰丈人外族之門人實作良輔今復家有丞相必以房魏之道致君中興是内外有德於四海也此行徒東歸乎昔丞相未升甲科時年纔出弱冠龜蒙幸得參遊中以兄事之許與膠固形於詠歌及丞相爲朝鉅儒居侍從之列龜蒙江

湖邊叟病不能起一耒而耕一船而漁有文三十編有書數千幖未嘗干東諸侯故没没然無一人道著名字今丞相方築太平之基架羣材立清廟丈人承間宴語幽仄試丞相意復念以小杜城北秋霖聲高中夜對榻有苦吟生耶因丈人之行叙房魏得王佐之道丞相追貞觀之風小子復言曩日之分離而書之用以爲送

送侯道士還太白山序

侯生嘗舉進士名彤作七言詩甚有態度不見十年自云再貢於有司藝不中度輒得黜䶕齬不與世合去入老子

法中作道士更名雲多居太白山在雍西南梁州之地苦寒霜雪恒積雖夏五六月赫日在上羣峯若焚我獨皓然玉竦巖壁澗壑之木不數百年不能爲林及其堅良又不與他等民秉是氣皆壽而不衰況養生者耶吾今南遊天台既將復而老焉余曰夫物命乎天者人不能有存乎人者天不能奪推其氣則謂之一考其命則有懸絕不類者焉居恒寒之地而不夭者吾不信也居恒燠之地而不壽者吾不信也信其命乎天者人不能有而已矣傳曰仁者壽則恒寒之地不仁者夭而死矣恒燠之地仁者壽而生

矣苟恒寒之地壽其不仁者恒燠之地夭其仁者是寒燠爲不祥之氣又何以佐天地之生植乎哉如此則居寒而壽居燠而夭吾益不信也信其存乎人者天不能奪而已矣或曰仁者壽不仁者亦壽不仁者夭仁者亦夭吾又不知命乎天存乎人果可信乎未也無乃自壽自夭自仁自不仁耶天不能與之又安能奪耶信矣子姑務乎仁無以山寒自欺則吾亦信子之壽矣

送小雞山樵人序

小雞山在震澤西出吳胥門背朝日行四十里得野步市曰光福光福西五里得土山山土多石寡無大林木率生小櫟樸樕皆薪林直吳之纍此爲助焉連延廣袤不一其主爲書畫界疆以相授自冢至麓凡二百弓東北倍高而加半焉余所置多少如此余家大小之口二十月費米十斛飯成理魚蔌韲十斛薪然後已四時賓祭沐浴澣濯疾病湯藥糜粥在外歲入五千束足矣其掌而供事者曰顧及小雞之樵甿也乾符六年春弗雨夏支流將絕八月暴雨而巨艑可賃而行之矣九月朔方置薪二百五十於門召而責之曰吾一夏來撤敗屋拔庭草以炊雨之明日望

爾來矣何數廉而至晚得非藉吾山而爲汝之利耶老而欺如名惡何及笑曰吾年餘八十矣元和中嘗從吏部遊京師人言國家用兵帑金窖粟不足用當時江南之賦已重矣迨今盈六十年賦數倍於前不足之聲聞於天下得非專地者之欺甚乎吾有丈夫子五人諸孫亦有丁壯者自盜興以來百役皆在亡無所容又水旱更害吾稼未卽死不忍見兒孫寒餒之色雖盡售小雞之木不足以濡吾家況一二買名爲偷乎今子一煬竈不給而責吾之深吾將欲移其責於天下之守則吾死不恨矣余歎之曰汝之

言信也。然不當發於余。汝姑歸。與之酒。繼之以歌云。

長其舩兮利其斧。輸予薪兮勿予侮。田予登兮穀予庾。突晨煙兮蓬縷縷。窗有明兮編有古。飽而安兮惟編是伍。時不用兮吾無汝撫。

欽定全唐文卷八百一

陸龜蒙二

記稻鼠

乾符己亥歲。震澤之東曰吳興。自三月不雨。至於七月。當時汙坳沮洳者埃壒塵勃。棹檝支派者入扉屨無所汙。農民轉遠流漸稻本。晝夜如乳赤子。欠欠然救渴不暇。僅得葩坼穗結。十無一二焉。無何羣鼠夜出。嚙而僵之。信宿食殆盡。雖廬守版擊。毆而駭之。不能勝。若官督尸責。不食者有刑。當是而賦索愈急。棘械束榜箠木肌體者無壯老。吾聞之於禮曰。迎貓爲食田鼠也。是禮缺而不行久矣。田鼠知之後歟。物有時而暴歟。政有貪而廢歟。國語曰。吳稻蟹不遺種。豈吳之土。鼠與蟹更伺其事而效其力。殲其民歟。且魏風以碩鼠剌重斂。碩鼠斥其君也。有鼠之名。無鼠之實。詩人猶曰。逝將去汝。適彼樂土。況乎上捃其財。下啗其食。率一民而當二鼠。不流浪轉徙聚而爲盜何哉。春秋蟲蝝生。大有年皆書。是聖人於豐凶不隱之驗也。余學春秋。又覩蒙其災。於是乎記。

記錦裾

侍御史趙郡李君好事之士也因予話上元瓦官寺有陳後主羊車一輪天后武氏羅裙佛幡皆組繡奇妙李君乃出古錦裾一幅示余長四尺下廣上狹下闊六寸上減下三寸半皆周尺如直其前則左有鶴二十勢若飛起率曲折一脛口中銜莩蘤背有一鸜鵒聳肩舒尾數與鶴相等二禽大小不類而隔以花卉均布無餘地界道四向五色間雜道上累細鈿點綴其中微雲瑣結互以相帶有若駮霞殘虹流烟墮霧春草夾徑遠山截空壞牆古苔石泓秋水印丹浸漏粉蝶塗染蹙緬環珮雲隱涯岸濃澹霏拂霧

抑冥密始如不可辨別及諦視之條段斬絕分畫一一有去處非繡非繪縝緻柔美又不可狀也裏用繒綵下製純尚如舊兩旁皆解散蓋拆滅零落僅存此故耳縱非齊梁物亦不下三百年矣昔時之工如此妙耶曳其裾者復何人焉因筆之爲辭繼於錦譜之後俾善詩者賦之

哀茹筆工文

天與之肱力何緜緜耕不能耒漁不能船載筍束毫既勝且便晝夜今古惟毫是鑴爰有茹夫工之良者責其精擇在價高下缺齧乂互尚不能捨旬濡數鋒月禿一把編如鬣拏汝實助也我書奇奇渾元未衰惟汝是賴如何已而有兔千萬拔毛止皮散澀鈍鋩緡觚獄辭圓而不流銛而不歃在握方染亦茹之爲斲輪運斤傳之者誰毫健身殞吾寧不悲

告白蛇文

田廬西北偏有古邱焉高可四望余將升之以眺遠舒鬱農民遮言曰不可是邱有蛇巨如井缶而白忤之能爲祟不利人多矣宜無往余取酒沃其邱告之曰物之生而白者犬雞牛馬而已其餘則老而後白狼狐兔鹿鳥雀燕雉

龜蛇之類是已人老而毛髮皓白耗眊昏倒不能記子孫名字形朽神潰以至於此物老而鱗毫羽甲盡白白而後有靈非一聖賢存乎上德光被於下則不爲之出出必人奉之以獻不敢隱匿惟蛇不在瑞典雖然神而且靈尚矣故漢之興神姥謂之白帝子得非天命志怪者必曰自然多穴老墳窾大木要野甿盤肩傴酒之享作小兒女子寒暑瞢眩淫巫倚之彈絲瞋目歌舞其妖怛駭其惑考鼓用幣僭冒其上歲時奔走畏在人後疾病不治飢寒不辭悉爾輩爲之也古者鑄鼎象物使民知神姦若之姦吾知之

矣況旅吾之地由我進退蟄以時出無越昆蟲之職無雜鬼神之事吾宮居若野處各有分齊固不相害然斬騶通巔爲暇日憑藉之所則不當與人爭也如不用吾言吾當籲天霆斷裂首尾焉吾誠不移無易爾爲

漢三高士贊

前漢一人

王霸仲儒清節是履有息躬耕黃頭歴齒故人令狐奉書遣子從以車徒入耀閭里既往霸卧日昃不起其妻訊之以息愧恥君道世榮抗節不仕子親耒耜固其宜矣我實

信道曷足慚彼霸乃忻然恬澹如水夫高婦賢可謂具美

後漢二人

摯先生恂伯陵之孫學通五經居於渭濱弟子累百馬融服勤以子妻之師而益親融爲大儒恂乃知人和帝之世公卿以聞季直才器宜當輔臣公車就徵禮備元纁守道不至終爲逸民

外黃申屠少負名節義女執仇令欲論殺蟠以同縣陳情上讞廷尉宥之旌彼孝烈博通羣書復善譚說漢德日衰政實務末隱於碭山遂與世絕獻帝卽位徵爲三公邈若不應冥冥一鴻時人賢之重者蔡邕明哲終始嗟乎子龍

怪松圖贊幷序

有道人自天台來示予怪松圖披之甚駭人目根盤於巖穴之内輪囷偪側而上身大數圍而高不四五尺礧硊然蹙縮然幹不暇枝枝不暇葉有若龍攣虎跛壯士囚縛之狀道人曰是何物怪如是耶子能辨之乎予曰草木之生安有怪耶苟肥瘠得於中寒暑均於外不爲物所淩折未有不挺而茂者也況松栢乎今不幸出於巖穴之内脞脆者則壓然之牙伏死其下矣何自奮之能爲是松也雖稚

氣初拆而正性不辱及其壯也力與石鬭乘陽之威怒已之軋拔而將升卒不勝其壓擁勇鬱遏坌憤激訐然後大醜彰於形質天下指之爲怪木吁豈異人乎哉天之賦才之盛者蚤不得用於世則伏而不舒薰蒸沉酣日進其道權濟勢奪卒不勝其阨號呼呶挐發越赴訴然後大奇出於文彩天下指之爲怪民嗚乎木病而後怪不怪不能圖其眞文病而後奇不奇不能駭於俗非始不幸而終幸者耶道人曰然爲我贊之贊曰

松生蔭隘巖獄穴械病乎不怪卒以爲怪擁腫支離神羞

鬼疑道人咨嗟筆傳其奇或恠乎形或奇於辭自爲怪魅是以贊之

硯銘

噫先生隱唐餘甘杞菊老樵漁是器寶實相予爲散人出叢書

馬當山銘

言天下之險者在山曰太行在水曰呂梁合二險而爲一吾又聞乎馬當彼之爲險也屹於大江之旁怪石憑怒跳波發狂日黯風助摧牙折檣血和蛟涎骨橫魚吭幸而脫

死神魂飛揚殊不知堅輪蹄者夷乎太行仗忠信者通乎呂梁便舟檝者行乎馬當合是三險而爲一未敵小人方寸之包藏外若脂韋中如劒鋩蹈藉必死鉤務必傷在古巳極於今益昌敬篆巖石俾民勿忘

兩觀銘

兩觀雉門雖僭天子聖人在朝姦佞誅死姦首擲地姦血如水政不得亂國是以理下及千祀澆風四起內荏外賢舉世稱美赫奕皇都象魏天倚豈無姦邪佩玉蘂蘂聖人弗生兩觀如砥以石鑱辭著乎闕里

書銘

太古之時何嘗有欺遠乎結繩民始相疑畫卦造書聖人之爲圖載文字厥功弗知惟簡惟牘斷竹析木累必充廷負必折軸韋編一絕錯亂名目寖務輕省擣泉剝穀膠綴番番恣其所便蟲篆更隸形模易宣上下今古卷舒蟬聯薰曝蠹齧疵乎不堅又取珉石琢磨雕鐫由簡牘下其存四遷璽印章號般勤識焉其巧益甚其訛益繁盟契質要朝成夕反誥誓制令尾達首言牋檄奏報離方就圓錄注傳記醜讐美憐銘誄碑表虛功妄賢歌詠賦頌多思諂權

在簡牘者埋沒爛壞無遺一編副以梟穀其留最延錯謬顛倒尨蒙弗剛在珉石者固寵納賂唯辭是妍鑱鑿既畢名聲泯然堯舜之道以人爲傳有死必繼流乎億年宜斥詐僞焚燒棄損復以太古結繩之前

陋巷銘

魯國千乘豈無康逵傳載陋巷以顏居之鄙委側僻樞桑覆茨簞瓢屢空其樂怡怡聖人之言終日不違讚易獨入云顏庶幾門直大道堂如翬飛梁肉在御狼貪豕肥陋巷相去不其遠而我實狂狷蓬蒿所宜勤於崇荊賢哉是思

卜肆銘

蜀嚴之託蓍龜也。以忠孝仁義。後來之託蓍龜也。以媮佞險詖美之。使怡愉怛之。使駭畏。小人惟惡是嗜。惟禍是避。惟福是覬。惟譖言是媚。曾不究得失之所自。故幽贊之蓍。前列之龜。乃化為庸妄之器。嗚乎成都。吾不知古為市之地。況君平之卜肆耶。強為之銘。以刻其意。

象耕鳥耘辨

世謂舜之在下也。田於歷山。象為之耕。鳥為之耘。聖德感召也如是。余曰斯異術也。何聖德歟。孔子敘書於舜曰濬哲文明。聖德止於是而足矣。何感召之云云乎。然象耕鳥

耘之說。吾得於農家。請試辨之。吾觀耕者行端而徐。起墢欲深。獸之形魁者無出於象。行必端。履必深。法其端深。故曰象耕。耘者去莠。舉手務疾而畏晚。鳥之啄食。務疾而畏奪。法其疾畏。故曰鳥耘。試禹之績。大成而後薦之於天。其為端且深。非得於象耕乎。去四凶。恐害於政。其為疾且畏。非得於鳥耘乎。不然則雷澤之漁。河濱之陶。無一感召。何也。豈聖德有時而不德耶。孟子曰。堯舜與人同耳。而好事者張以就其怪。怪非聖人之意也。吾病其書之異端。敺之使合於道。人其從我乎。雖不從。吾亦不能變其說。

雜說

先儒曰。瞽瞍憎舜。使塗廩浚井。酖於觴酒。欲從而殺之。舜謀於二女。二女教之以鳥工龍工藥浴注豕而後免矣。夫勢之重。壯夫不能不畏。位之尊。聖人不得不敬。況舜壻於天子。頑嚚嫚戾者獨不畏之。又從而殺之耶。且堯之妻二女。帥九子觀舜之德。舜反受教於女子。其術怪且如此。是不教人以孝道。教人以術免也。固堯使易之。非觀德也。何足以天下付。

邰侯姜女之生子也。始棄之。命之曰棄。宋芮司徒之生女也。始棄之。亦命之曰棄。邰棄為稷官。蒸民賴之。宋棄美而生佐。幾移於宋國。名之同也。奚傷。舜重瞳子。項羽亦重瞳子。形之類也。奚病。擇其道如何耳。

季札以樂卜。趙孟以詩卜。襄仲歸父以言卜。子游子夏以威儀卜。沈尹戌以政卜。孔成子以禮卜。其應也如響。無他圖。在精誠而已。不精誠者不能自卜。況吉凶他人乎。

傳曰。武王罷朝而韈繫絕。顧左右無可使結者。衛褚師呼聲子結韈而登席。漢廷尉為王生結韈。韈之有帶。其來尚

矣今獨亡之嗚乎古之制亡者十九奚蟣帶之足云柳下惠之妻誄其夫門人不能竄一字呂不韋作春秋秦人不敢損一字德與刑如何哉

祀竈解

竈壞煬者請新之既成又請擇吉日以祀告之曰竈在祀典聞之舊矣祭法曰王爲羣姓立七祀其一曰竈達於庶人庶人立一祀或立戶或立竈飲食之事先自火化以來生民賴之祀之可也說者曰其神居人間伺察小過作譴告者又曰竈鬼以時錄人功過上白於天當祀之以祈福

祥此僅出漢武帝時方士之言耳行之惑也苟行君子之道養老而慈幼寒同而飽均喪有哀祭有敬不忘禮而約巳不忘樂以和心室闇不欺屋漏不愧雖歲不一祀竈其誣我乎苟爲小人之道盡反君子之行父子兄弟夫婦人執一爨以自餬口專利以飾詐崇姦而樹非雖一歲百祀竈其私我乎天至高竈至下帝至尊嚴鬼至幽仄果能欺而告之是不忠也聽而受之是不明也下不忠上不明又果何以爲天帝乎

大儒評

世以孟軻氏荀卿子爲大儒觀其書不悖孔子之道非儒而何然李斯嘗學於荀卿入秦干始皇帝幷天下用爲左丞相一旦誘諸生聚而坑之復下禁曰天下敢有藏百家語諸守尉燒之偶語詩書者棄市昔孔子之於弟子也自仲由冉求以下皆言其可使之才及其仁則曰不知也斯聞孔子之道於荀卿位至丞相是行其道得其志者也反焚滅詩書坑殺儒士爲不仁也甚矣不知不仁孰謂況賢知而傳之以道是昧觀德也雖斯具五刑而況得稱大儒乎吾以爲不如孟軻

說鳳尾諾

或問予曰鳳尾諾爲何等物圖耶書耶對曰予之所聞自晉訖於梁陳以來藩邸之書凡封子弟爲王則開府辟僚屬取當時士有學行才藻者中是選其所下書東宮則曰令上書則曰牋諸王下書則曰教上書則曰啓應和文章則曰應令應教下其制一等故也其事行則曰諾猶漢天子肯臣下之奏曰可也鳳尾則所諾牋之文也綷縩然襍褷然纖與繪莫的知既肯其行必有褒異之辭若今之批答案晉元帝爲琅琊王時帝美其才令通習外事常使批

鳳尾諾南齊江夏王鋒高帝第十二子甚憐之年五歲使學鳳尾諾下筆便工帝大悅以玉麒麟賜之餘未見其出鳳尾牋當番薄纔輕其制作想精妙靡麗而非牢固者也殆將五百年必不能保而存之好事者或云讖妄矣且傳云仲尼在魯與陳有問缶羊楛矢者皆知之及修春秋則遠者略近者詳故曰立於定哀而指隱桓之日遠矣蓋聖人作大典不可不慎則前所傳亦妄矣予學聖人之文者求其誠而已矣又安可詐測數百年前事自以爲賢哉君子慎所傳無易

蟹志

蟹水族之微者其爲蟲也有籍見於禮經載於國語揚雄太元經辭晉春秋勸學等篇考於易象爲介類與龜鼈剛其外者皆乾之屬也周公所謂旁行者歟叅於藥錄食疏蔓延乎小說其智則未聞也惟左氏紀其爲災子雲譏其躁以爲郭索後蚓而已蟹始窟於沮洳中秋冬交必大出江東人云稻之登也率執一穗以朝其魁然後從其所之蚤夜甗沸指江而奔漁者緯蕭承其流而障之曰蟹斷斷其江之道焉爾然後扳援越軼遯而去者十六七既入於江則形質寖大於舊自江復趨於海如江之狀漁者又斷而求之其越軼遯去者又加多焉既入於海形質益大海人亦異其稱謂矣嗚乎穗而朝其魁不近於義耶捨沮洳而之江海自微而務著不近於智耶今之學者始得百家小說而不知孟軻荀楊氏之道或知之又不汲汲於聖人之言求大中之要何也百家小說沮洳也孟軻荀楊氏聖人之瀆也六籍者聖人之海也苟不能捨沮洳而求瀆由瀆而至於海是人之智反出水蟲下能不悲夫吾是以志夫蟹

禽暴

冬十月予視穫於甫里旱苗離離年無以揞幽傷盈懷夜不能寐往往聲類暴雨而疾至者一夕凡數四明日訊其甿曰鳧鷖也其曹蔽天而下蓋田所當之禾必竭穗而後去曰得無弋羅者捕而耗之耶對曰江之南不能弋羅常藥而得之糠糲塗杖叢植於陂一中千萬膠而不飛是藥也出於長沙豫章之涯行賈貨錯歲售於射鳥兒盜興已來蒙衝塞江其誰敢商是藥既絕羣鳧恣翔幸不充乎口腹反侵人之稻粱予曰噫失馭之民化而爲盜關梁急征

商不得行使江湖小禽亦肆其暴以害民食古聖人敺害物之民出乎四裔矧害民之物乎俾生靈之衆死乎盜死乎飢吾不知安用馭者爲

蠹化

橘之蠹大如小指首負特角身蹙蹙然類蝤蠐而青翳葉仰嚙如饑蠶之速不相上下人或棖觸之輒奮角而怒氣色桀驁一旦視之凝然弗食弗動明日復往則蛻爲蝴蝶矣力力拘拘其翎未舒襜黑韛蒼分朱間黃腹填而橢緌纖且長如醉方寤羸枝不揚又明日往則倚薄風露攀緣

草樹聳空翅輕瞥然而去或隱蕙隙或留篁端翩旋軒虛颺曳紛拂甚可愛也須臾犯蝥網而膠之引絲環纏牢若桎梏人雖甚憐不可解而縱矣噫秀其外類有文也嘿其中類有德也不朋而游類潔也無嗜而食類廉也向使前不知爲橘之蠹後不見觸蝥之網人謂之鈞天帝居而來今復還矣天下大橘也名位大羽化也封略大蕙篁也苟滅德忘公崇浮飾傲榮其外而枯其內害其本而窒其源得不爲大蝥網而膠之乎觀吾之蠹化者可以惕惕

寒泉子對秦惠王

寒泉子見秦惠王曰客有自趙來以約從連橫事說大王者爲誰惠王曰東周人蘇秦也寒泉子曰書十上王弗聽有之乎曰然其道如何王耶霸耶曰黜其霸以隮王乎曰不然則何上書之煩而用之疎乎惠王曰醯鷄不能混雷霆嬰兒不能抗烏獲者譬與力懸殊故也蘇子誠辨矣安能以三寸舌謀山東諸侯使西面朝秦者乎寡人非不知不破一領甲不折一隻矢之爲利也顧猶捕風耳諸侯不可一非一朝也齊桓晉文之霸也始若膠附終若冰拆豈連鷄俱不能止於栖而已哉寡人塞耳義弗聞也寒泉子

曰不然夫齊荊三晉之人病於兵久矣方城之金十九爲兵一爲鎛銚董澤之蒲十九爲幹一爲箕棬父子兄弟之血前後濺野草齊魂爲燕氛趙骨化魏土悽痛之聲入金石出弦匏聞之者悄戚酸屑泣不自禁一旦有人謂曰朝與秦連橫暮得帖帖安臥秦亦厭戰雖鼓牙頰未能吞諸侯秦休而強吾亦奮而勇矣設有辨口安能反覆乎大王不用秦詔一武士尺鐵斷其頸無令車輪輾關下土使關東諸侯聞其言合從散橫東向以背秦大王出則奪氣入則包羞及其殆也披土地以奉讐國獨不念秦仲之業鄭

難乎春秋祀事何面目見宗廟惠王卒弗用寒泉子耕於鄗趙卽封蘇季子爲武安君六國果拒秦秦閉關十五年

治家子言

武王既伐殷懸紂首有泣於白旗之下者有司責之其人曰吾治家孫也數十年間載易其鎔範矣今又將易之不知其所業故泣吾祖始鑄田器歲東作必大售殷賦重秉耒耜者一墢不敢起吾父易之爲工器屬宮室臺榭侈其售益倍民凋力窮土木中輟吾易之爲兵器會諸侯伐殷師旅戰陣興其售又倍前也今周用鉞斬獨夫四海將奉

文理吾之業必壞吾亡無日矣武王聞之懼於是包干戈勸農事治家子復祖之舊

奔蜂對

晉悼公見奔蜂屬土於墉負桑蟲而寘之若有言者不勝其疑也卽召師曠以詰其事曠對曰奔蜂無子負蟲而祝之祝之不怠故其形隨之而化也公駭其說曠因從而理之曰伊蜂也欲蟲肖已之速是故祝之誠夫誠之感物雖千品萬形之殊未有不從而應之者也誠之不達感之不應雖體質外均而其心化爲他類矣吾願以人事明之在昔堯欲天下之治祝舜以禪之舜恐天下未治祝禹以禪之傳之誠故三姓之天下化爲一家之治也是則堯舜非不能化其子蓋將傳其祝於至公也臣又敢以晉國事直啓王心冀王之速悟日者曲沃桓叔恤民務德有國之人被其祝無幾而化之雖晨風鬱林魚龍趨潭不是過也速乎獻公納士蔿之讒逐羣公子伐驪戎而嬖其女使太子將東山之師尨涼玦離顯以義絕讒言卒行見新城之酷二公子繼踵而奔亡當是時懼獻公之毒不啻虎狼之磨牙也此則父化爲虎狼矣既而使兵伐蒲又加兵於屈視

其子之居不啻寇戎之所聚也此則子化爲寇戎矣文公在外十九年賢士五人之爲輔公蚤夜而祝之故異體化爲一身也及夫齊桓妻以宗女楚成待以諸侯送之於秦卒以得立此則化於他國不能化於父子聞諸獻公未嘗誠而祝之也是知善祝而他類化者奔蜂也不祝而已子離者獻公也君子謂公之智不如蜂蜂猶能蕃其類今君先有晉國宜乎上保宗廟之基下近百代之資擇而可化而化之無俾奔蜂逞術於君王悼公曰小問而大獲孤之幸也孤其念焉乃立其子彪爲太子而使田蘇爲傳

招野龍對

昔豢龍氏求龍之嗜慾幸而中焉得二龍而飮食之龍之於人固異類以其若已之性也故席其宮沼百川四溟之不足游甘其飮食洪流大鯨之不足味施施然擾擾然其愛弗去一旦値野龍奮然而招之曰爾奚爲者茫洋乎天地之間寒而蟄陽而升能無勞乎誠能從吾居而晏安乎野龍矯首而笑之曰若何齷齪乎如是耶賦吾之形冠角而被鱗賦吾之德泉潛而天飛賦吾之靈噓雲而乘風賦吾之職抑驕而澤枯觀乎無極之外息乎大荒之墟窮端

倪而盡變化其樂不至耶今爾苟容於蹄涔之間惟泥沙之是拘惟蛭螾之與徒牽乎嗜好以希飮食之餘是同吾之形異吾之樂者也狎於人啗其利者扼其喉截其肉可以立待吾方哀而援之以手又何誘吾納之陷穽耶爾不免矣野龍行未幾果爲夏后氏之醢

耒耜經 并序

耒耜者古聖人之作也自乃粒以來至於今生民賴之有天下國家者去此無有也飽食安坐曾不求命稱之義非揚子所謂如禽獸者耶余在田野間一日呼耕甿就而數其目恍若登農黃之庭受播種之法淳風泠泠聳豎毛髮然後知聖人之旨趣朴乎其深哉孔子謂吾不如老農信也因書爲耒耜經以備遺忘且無愧於食

經曰耒耜農書之言也民之習通謂之犂冶金而爲之者曰犂鑱曰犂壁斲木而爲之者曰犂底曰壓鑱曰策額曰犂箭曰犂轅曰犂梢曰犂評曰犂建曰犂槃木與金凡十有一事耕之土曰墢墢猶塊也起其墢者鑱也覆其墢者壁也草之生必布於墢不覆之則無以絕其本根故鑱臥而居下壁偃而居上鑱表上利壁形下圓負鑱者曰底底

初實於鑱中工謂之鱉肉底之次曰壓鑱背有二孔係於壓鑱之兩旁鑱之次曰策額言其可以扞其壁也皆貤然相戴自策額達於犂底縱而貫之曰箭前如桯而樛者曰轅後如柄而喬者曰梢轅有越加箭可弛張焉轅之上又有如槽形亦如箭焉刻爲級前高而後卑所以進退曰評進之則箭下入土也淺以其上下類激射故曰箭以其淺深類可否故曰評評之上曲而衡之者曰建建犍也所以柅其轅與評無是則二物躍而出箭不能止橫於轅之前末曰槃言可轉也左右繫以樫乎軛也轅之後末曰梢中

在手所執以耕者也轅取車之胷梢取舟之尾止乎此乎鑱長一尺四寸廣六寸壁廣長皆尺微橢底長四尺廣四寸評底過壓鑱二尺策減壓鑱四寸廣狹與底同箭高三尺評尺有三寸槃增評尺七焉建惟稱絕轅修九尺梢得其半轅至梢中間掩四尺犁之終始丈有二耕而後有爬渠疏之義也散墢去芟者焉爬而後有礰礋焉有磟碡焉自爬至礰礋皆有齒磟碡觚稜而已咸以木爲之堅而重者良江東之田器盡於是耒耜經終焉

書李賀小傳後

玉溪生傳李賀字長吉常時旦日出遊從小奚奴騎駏驉背一古破錦囊遇有所得卽書投囊中暮歸足成其文余爲兒時在溧陽聞白頭書佐言孟東野貞元中以前秀才家貧受溧陽尉溧陽昔爲平陵縣南五里有投金瀨瀨南八里許道東有故平陵城周千餘步基趾坡陁裁高三四尺而草木勢甚盛率多大櫟合數十抱藂篠蒙翳如塢如洞地窪下積水沮洳深處可活魚鱉輩大抵幽邃岑寂氣候古澹可喜除里民樵罩外無入者東野得之忘歸或比日或間日乘驢領小吏經驀投金渚一往至則蔭大櫟隱岊篠坐於積水之傍苦吟到日西而還爾後衮衮去曹務多弛廢令季操卞急不佳東野之爲立白上府請以假尉代東野分其俸以給之東野竟以窮去吾聞淫畋漁者謂之暴天物天物旣不可暴又可抉擿刻削露其情狀乎使自萌卵至於槁死不能隱伏天能不致罰耶長吉夭東野窮玉溪生官不掛朝籍而死正坐是哉正坐是哉

野廟碑

碑者悲也古者懸而窆用木後人書之以表其功德因留之不忍去碑之名由是而得自秦漢以降生而有功德政

事者亦碑之而又易之以石失其稱矣余之碑野廟也非有功德政事可紀直悲夫甿竭其力以奉無名之土木而已矣甌粤間好事鬼山椒水濱多淫祀其廟貌有雄而毅黝而碩者則曰將軍有溫而愿晳而少者則曰某郎有媼而尊嚴者則曰姥有婦而容艷者則曰姑其居處則敞之以庭室峻之以陛級左右老木攢植森拱蔦蘿翳於上梟鴞室其間車馬徒隸叢雜怪狀甿作之甿怖之走畏恐後大者椎牛次者擊豕小不下犬雞魚菽之薦牲酒之奠缺於家可也缺於神不可也一日懈怠禍亦隨作耋孺畜牧

慄慄然疾病死喪旰不曰適丁其時耶而自惑其生悉歸之於神雖然若以古言之則奐以今言之則庶乎神之不足過也何者豈不以生能禦大災捍大患其死也則血食於生人無名之土木不當與禦災捍患者爲比是奐於古也明矣今之雄毅而碩者有之溫愿而少者有之升階級坐堂筵耳弦匏口粱肉載車馬擁徒隸者皆是也解民之懸清民之暍未嘗貯於胸中民之當奉者一日懈怠則發悍吏肆淫刑毆之以就事較神之禍福孰爲輕重哉平居無事指爲賢良一旦有天下之憂當報國之日則恇撓脆

怯顛躓竄踣乞爲囚虜之不暇此乃纓弁言語之土木耳又何責其眞土木耶故曰以今言之則庶乎神之不足過也既而爲詩以亂其末

土木其形竊吾民之酒牲固無以名土木其智竊吾君之祿位宜如何可議祿位頎頎酒牲甚微神之饗也孰云其非視吾之碑知斯文之可悲

管城侯傳

毛元銳字文鋒宣城人缺於東墅而生昴宿一名旄頭遂姓毛氏世居兔園少昊時因少暴農之稼爲鶡鳩氏所擒誅之以爲乾豆其族有竄於江南者居於宣城溧陽山中宗族豪甚元銳之世二代祖聿因秦始皇時遣大將軍蒙恬南征吳楚疑其有三窟之計恃狡而不從使前鋒圍而盡執其族擇其首領酋健者縻縛之獻於麾下大將軍問聿之能曰善編錄簡冊自有文字已來注記略無遺漏大將軍奇之因命爲掾掌管記及凱旋聞於上爲築城而居其族遂以文翰著名其子士載漢時佐太史公修史有勁直之稱天子因覽前代史嘉其述美惡不隱文簡而事備拜左右史以積勞累功封管城侯子孫世修厥職能業其

官累代襲爵不絕皆與名賢碩德如張伯英衞伯玉索幼安鍾元常韋仲將王逸少王子猷並爲執友歷宋齊以來朝廷益以爲重銳之曾大父如椽與王珣爲神契之交大父如華與江文通紀少瑜有綵毫鏤管之惠皆文章之會友也銳爲人穎悟俊利其方也如鑿其圓也如規其得用也稱志則默默而作隨心應手有如風雨之聲者有如鸞鶴迴翔之勢龍蛇奔走之狀者能爲文多記不倦濡染光祖德也起家校書郎直館遷中書令襲爵管城侯聖朝庶政修缺易元光同被詔常侍御案遂與石虛中楮知白爲

相須之友帝以六合晏安志在墳典因詔元銳專典修撰元銳久蒙委用心力以殫至於疲極書札粗疎懼不稱旨遂懇上疏告老上覽之嘉嘆曰所謂達士知止足矣優詔可之曰壯則驅馳老則休息載書方冊有德可觀卿仰止前哲宜加厚禮可工部尚書致仕就國光優賢之道也仍以其子嗣職焉

史臣曰管城毛氏之先蓋昴宿之精取筆頭之名以爲氏以與姬姓毛伯鄭之後毛氏不同族也其子孫則盛於毛伯之後其器用則徧及日月所燭之地也自天子至於庶

士無不重之者朝廷及天下公府曹署隨其大小皆處右職功德顯著宗族蕃昌云

甫里先生傳

甫里先生者不知何許人也人見其耕於甫里故云先生性野逸無羈檢好讀古聖人書探六籍識大義就中樂春秋抉擿微旨見有文中子王仲淹所爲書云三傳作而春秋散深以爲然貞元中韓晉公嘗著春秋通例刻之於石竟以是學爲已任而顛倒漫漶翳塞無一通者殆將百年人不敢指斥疵纇先生恐疑誤後學乃著書摭而辨之先生平居以文章自怡雖幽憂疾痛中落然無旬日生計未嘗暫輟點竄塗抹者紙札相壓投於箱篋中歷年不能淨寫一本或爲好事者取去後於他人家見亦不復謂已作矣少攻歌詩欲與造物者爭柄遇事輒變化不一其體裁始則凌轢波濤穿穴險固囚鎖怪異破碎陣敵卒造平淡而後已好潔几格窗户硯席翦然無塵埃得一書詳熟然後寘於方冊值本即校不以再三爲限朱黃二毫未嘗一日去於手所藏雖少咸精實正定可傳借人書有編簡斷壞者緝之文字繆誤者刊之樂聞人爲學講評通論不倦

有無賴者毀折糅汙或藏去不返先生蹙然自咎先生貧而不言利問之對曰利者商也人既士矣奈何亂四人之業乎且仲尼孟軻氏之所不許先生之居有池數畝有屋三十楹有田畸十萬步有牛不減四十蹄有耕夫百餘指而田汙下暑雨一晝夜則與江通無別已田他田也先生由是苦饑囷倉無升斗蓄積乃躬負畚鍤率耕夫以爲具由是歲波雖狂不能跳吾防溺吾稼也或譏刺之先生曰堯舜黴瘠大禹胝胼彼非聖人耶吾一布衣耳不勤劬何以爲妻子之天乎且與其蚕虱名器雀鼠倉庾者何如哉

先生嗜茶荈。置小園於顧渚山下。歲入茶租十許。簿爲甌犧之費。自爲品第書一篇。繼茶經茶訣之後。南陽張又新嘗爲水說凡七等。其二曰惠山寺石泉。其三曰虎邱寺石井。其六曰吳松江。是三水距先生遠不百里。高僧逸人時致之。以助其好。先生始以喜酒得疾。血敗氣索者二年。而後能起。有客至。亦潔樽置觶。但不復引滿向口耳。性不喜與俗人交。雖詣門不得見也。不置車馬。不務慶弔。內外姻黨。伏臘喪祭。未嘗及時往。或寒暑得中。體佳無事時。則乘小舟。設蓬席。齎一束書。茶竈筆牀釣具櫂船郎而已。所詣

小不會意。徑還不留。雖水禽決起。山鹿駭走之不若也。人謂之江湖散人。先生乃著江湖散人傳而歌詠之。由是渾毀譽不能入。利口者亦不復致意。先生性狷急。遇事發。作輒不含忍。尋復悔之。屢改不能已。先生無大過。亦無出入人事。不傳姓名。世無有得之者。豈涪翁漁父江上丈人之流者乎。

祭梁鴻墓文并序

梁伯鸞墓在吳西門金昌亭下數一里。余過之。作文而弔。以酒爲奠。其辭曰。

先生爲五噫之歌。漢天子聞而病之。南走乎大江之波。客皋氏之宇下。志沉潛而靡他。白吳粲以舉白。夫人之勤亦多。不懷志於將沒。適乎道而無頗。比要離之烈魄。冢雖夷而不磨。嗟余後先生之千祀。聊奉奠而來過。俯灌地而仰語。顧先生之謂何。心褊性誕。客他人之宇下。不得故築垣而自輸。身病妻弱。白吳氏之粲不得。故力耕而自穫。所以法先生之義者。庶五噫之可作。

登高文

金行告窮。日御初九。桐陰雨壓乎泥沙。菊氣風揚乎戶牖。

寒無以衣。病不得酒。茫洋於心。噎嗢在口。稚子拱而進曰。古往滔滔。人生實勞。或暇或逸。以嬉以遨。玆辰甚良。足嘯吾曹。趨山選臺。席餌樽醪。旣可逭乎災眚。亦聊釋乎鬱陶。齊諧之流載此。世所謂夫登高者也。嘗有意乎。予曰吁稚子之知止於是耳。曾不探乎奧旨。吾數畝之間。門常晝關。學無端倪。宛若循環。時孤笑以獨憤。樂正直而非險艱。爲書摭之。與善治頑。有行同而跡類者。尚憤疾乎聲顏。一驥在坂。百駑在閑。傳嘶振秣。侮病擠孱。仲尼登東山而小魯。況肆遠目而務周旋者哉。陽專奧邃。假竊名器。有土有人。

前呵後騎。佞舌咿啞。所向上下。鏜威介私。放蕩侈哆。如此者又欲見耶。崇閎大居。堅粉塗朱。脊會蝸屹。鼻環獸鋪。輪鮮蹄驕。羽翼成徒。繡碧其內。絲篁彼姝。主張何人。庸兒賈夫。如此者又欲見耶。纓弁外飾。悔咎中積。簡棄信行。附比凶德。仁澤乾枯。義路塡塞。權之所憎。始厚終斥。權之所憐。昨罵今惜。反掌背面。天遼海隔。如此者又欲見耶。國金鑄兵。赤子聚盜。煞人無慚。罪人何蹤。造化不象。名稱同暴。以隳牆垣。不塡堂奥。生靈幾何。過半減耗。殘存伶俜。輪輓犒勞。羸豪偏陂。役使顚倒。鄉毆吏笞。不舍童耄。如此者又欲見耶。古所謂登高能賦者。賦物之姿。慘戚在下。吾寧忍欺。爾以災眚可逭。鬱陶可披。我中時病。言開怒隨。我戚物悴。遐瞻邇噫。是使災眚彌熾。鬱陶愈悲。唯爾敎我。百無一宜。我穀未實。我蔬未肥。弗視農圃。吾將曷歸。無重我悔。吾方憒憒。稚子不樂。惴縮而退。

欽定全唐文卷八百二

劉鄴

鄴字漢藩。刑部侍郎三復子。咸通初擢左拾遺。名充翰林學士。賜進士第。累遷戶部侍郎學士承旨。懿宗立。以本官領諸道鹽鐵轉運使。同平章事。判度支。轉中書侍郎兼吏部尚書。僖宗立。再遷左僕射。出爲淮南節度使。徙鳳翔。以疾辭。還拜左僕射。黃巢犯闕被害。

乞贈卹李德裕疏

故崖州司戶參軍李德裕。其父吉甫。元和中以直道明誠高居相位。中外咸理。訏謨有功。德裕以偉望宏才。繼登台衮。險夷不易。勁正無羣。稟周勃重厚之姿。慕楊秉忠貞之節。頃以微累。竄於遐荒。既迫衰殘。竟歸冥寞。其子燁坐貶象州邱山縣尉。去年遇陛下有惟新之命。覃作解之恩。移授郴州郴縣尉。今已歿於貶所。儻德裕猶有親援。可期振揚。微臣固不敢上論。以招浮議。今骨肉將盡。生涯已空。皆傷棨戟之門。遽作荆榛之地。骨肉未歸於塋兆。一男又歿於湘江。特乞聖明。俯垂哀愍。俾還遺骨。兼賜贈官。上宏錄舊之仁。下激徇公之節。

苗紳

紳咸通初官司勳員外郎

韋丹象贊

烱烱韋公，儀形山立。嶽峙爭峻，陂澄莫挹。霜鶴下雲，綵鸞孤集。始帥鍾陵，家饒戶給。梟鯨之後，干戈遽戢。蠢爾蠻陬，輒窺銅柱。交趾失守，天威震怒。嶺隅之東，俾之節度。士飽而歌，民安如故。上嘉元勳，爰用作相。詔旨綢繆，三四陳讓。莫允其祈，猶勞將將。鳳池之畔，麟臺之上。竚見徵還，無勞審象。

韋宙象贊

天秉仁傑，萃爲國楨。岳則降神，公膺炳靈。往在元和，鎮鈐洪井。作民父母，爲國藩屏。興利除害，民若己並。惟昔高門，實鍾餘慶。追逾四紀，猶傳歌詠。長養成就，如初踵頂。奕奕武陽，遺象肅莊。其度金玉，其安鳳凰。永永耿光，慰此一方。

正言上人碑銘

橐籥元化兮風雲是資，倏復像敎兮爰生我師。元化調兮風雲霽，像敎設兮師云逝。誘迷助化，出心有時。既生滅之無礙，其又何悲。刊金刻石，門弟子捨筏忘筌其在此。

獨孤霖

霖咸通中官司勳員外郎，出爲宣州刺史。

撫王紘開府儀同三司守司空制

門下：尚德尊賢，與親親而並建；崇階顯位，表授受以爲庸。斯所以憲章堯心，損益周家，自家刑國，徇公絕私，率是而行，可謂前古。撫王紘生知孝弟，夙稟惠和。發曹植之春華，詞刊枝葉；體河間之秋實，學洞根元。况律度自持，韋絃相顧，不斯須以忘善，不造次以違仁。固可以命於典謨，先其簡策。馭貴式登於極品，承榮允餞於上公。敬而戒之，無忝

我高祖太宗之丕訓。可開府儀同三司守司空，依前百官例給俸料，兼令所司擇日備禮冊命。主者施行。

七月十一日玉晨觀別修功德歎道文

若乃喻指未通，昧三光於黃道；齋心不動，披眾妙於元關。歲計方悟其有餘，物理孰知其天庇。今屬金行御氣，張宿司辰，告朔是先，迎秋方始。女道士某等奉爲皇帝鋪陳法要，啓迪眞筌。伏以雨潤大田，雲垂多稼，書稱舞羽，詩詠戢戈。凡當比屋之封，盡沐薰絃之樂。

九月一日玉晨觀別修功德歎道文

原夫襄城迷往明牧童之可求函谷知來顯至人之所得固以窅冥執有恍惚非無獨見且乖多歧復爽道之遠也庸可量哉今屬鴻雁賓秋皞羊司朔女道士某等奉爲皇帝存誠香火冥懇雲天希用專精默諧禱望伏願災消中夏稔稼穡以盈箱兵息南溟鑄戈鋋而益柱然後五行皆序四維畢張歌我舜風復此周道

書宣州疊嶂樓

郡地四出皆卑卽阜以垣故於樓爲易而賦名必著其當正據扉亦雄盱睹傪由是繚步逾千方目相瞪則壯邦麗

解之勲慊在第一繁絲機羅錯卉障錦春以融獨峯揉雲雙波屹風夏以澄曉黛頻入夕蟾娟來秋以揚雲併半空冰偏一岸冬以明此槪擧爾覶縷不盡也然而月話方狎竹醉始酣則防城健卒籌三而還警緒至越筳走欘彙呼族譟雖黃度展和不能不憮而歎嚮之歴擧四美悉佑而倍之不足贖矣予春至逮秋偶步池北得小亭之直上居然最勝因命植棟闢梁出城屋之脊周方數間小亭如初而中與諸樓相差者自爲一地其上則朗出高際平與空等嚮所謂越譟者不復遊處則其四美不俟說而闢不假到而見非聞非見其然也始聞始見其嚮之未必然也且聞且見而今之所以然也嚮既擧槩今不可黙夫北望條風淸暑之流皆偏擅攸戡莫全厥美或能伸左臂或睇右目或獨全正面揔而有諸則我無許斯又不聞不見而以其然爲然矣郡以溪山著名而蹊小負則疊嶂之命爲宜至於闌干檐道沙子門戸等咸有曲旨成於新致擧之則縷將煩於槩故抑之而中地亦晦而不彰咸通十二年十二月辛亥宣州刺史獨孤霖書

玉晨觀祈雨歎道文

蓋聞天下者君宏道在聖天既不違於有作道當冥助於無爲今屬夏景將臨春陽已亢女道士某等奉爲皇帝虔修法事恭啟至誠庶將憫雨之心冀解憂人之念伏願油雲散布膏澤遠流來觀離畢之祥已覩斯倉之兆覃此餘慶洽於可封

玉晨觀祈雨歎道文

茂多稼者惟雨司甘澤者在天永惟法道之言宜叶憂人之旨今屬旱苗方瘁膏潤不霑女道士某等奉爲皇帝依敎發誠循儀啟願冀由衷懇仰達上元遂使觸石未周遽

闠泛灑隨風而遠俄覩霧霈大田旣詠於豐年庶品咸康於樂業

白帝祠祈雨文

維年月日謹以清酌之奠敢昭薦於公孫帝之靈帝以雄傑之度遇雲雷之屯思翼中夏遂荒南土覽江山之積岨挹威武以鎮衞高築雉堞遂城於茲憑秋方肅殺之名阨硤口崩騰之險邦人敬仰永飾閟宫水旱之災每歲祈禱而斯應福及黎庶今大火巳流商風始至時方旱暵稼穡如燔敢以精誠用祈明哲庶滂沱大霔匪夕而朝酬報之

盛冀塡瑤席

沈光

光吳興人第進士韋岫在閩辟爲從事

李白酒樓記

有唐咸通辛巳歲正月壬午吳興沈光過任城題李白酒樓夫觸強者硯緬而不發乘險者怗懾而不進潰毒者隱忍而不能就其鍼砭搏猛者持疑而不能盡其膽勇而復視其強者弱之險者夷之毒者甘之猛者柔之信乎酒之作於人也如是翰林李公太白聰明才韻至今爲天下唱首業術匡救天必賦之矣致其君如古帝王進其臣如古巢石揮直刃以血其邪者推義轂以輦其正者豈憑酒而作也憑酒而作者強非眞勇太白旣以峭訐矯時之狀不得大用流斥齊魯眼明耳聰恐貽顚踣故狎弄杯觴沈溺麴蘖耳一滛雅目混黑白或酒醒神健視聽銳發振筆著紙乃以聰明移於月露風雲使之娟潔飛動移於草木禽魚使之姸茂騫擲移於邊情閨思使之壯氣激人離情溢目移於幽巖邃谷使之遼歷物外爽人精魄移於車馬弓矢悲憤酣歌使之馳騁决發如睨幽并而失意放懷盡見

窮通焉嗚呼太白觸文之強乘文之險潰文之毒搏文之猛而作狎弄杯觴沈溺麴蘖是眞棄其聰翳其明醒則移於賦咏宜乎醉而生醉而死余徐思之使太白疏其聰决其明移於行事強犯時忌其不得醉而死生也當時骨鯁忠赤遞有其人收其逸才萃於太白至於齊魯結構凌雲者有限獨斯樓也廣不逾數席瓦缺椽蠹雖樵兒牧豎過亦指之曰李白常醉於此矣

崔雄

雄咸通中官刺史

新修龍興觀記

茲觀騫圮。綿歷歲時。垣墉扉戶。傾危潰敗。十無一二。荒榛蔓草。扶疎蔽絕。唯天尊殿略存。雄仰蜀眞宗。佩受元籙有年矣。昨到郡蒞事三日。謁先師廟。朝紫微宫。迴車抵觀。荒涼擁穢。不可以前。乃命鏟荆棘。闢壞門。芟夷蘊崇。披薙蒙塞。景移方就一徑。及昇殿啟伏。禮眞聖。周環步櫚。僅不容足。雖仙像儼羅。其爲鳥鼠攻毀。殘穢不堪具紀。於戲有以見澹泊無爲之敎也。我國家老氏之枝葉。況又元宗皇帝金眞居於殿內。凡曰臣下。得不展敬。乃亟工度木。構新替

壞。率皆完葺。築壇植柏。森列左右。不十旬而功就。於是虹梁鴛瓦。粉繪丹艧。煥乎炳奕。周匝垣宇。眞丹臺碧洞神仙之宅。恍若上清之靈圃也。凡一畚土。一酌水。率皆徹俸薄祿。備功物價。靡敢虧於時直。然後命道侶分掌啟閉。修灑掃。撞鐘擊磬。以時醮眞。而城隅跬步。職郭倚山。下臨巨川。東注溟渤。青山白日。目極烟樹。實一郡之勝概矣。將來好事君子。得不繼其闕歟。

李密思

密思咸通時官巴陵縣令

湘君廟記

洞庭山。蓋神仙洞府之一也。以其洞府之庭。故以是稱。湖名因山。自上古而然矣。昔人有立湘君祠於此山。因復謂之君山。其廟宇爲秦皇燬廢。後亦久無構葺者。是山去郡郭二十里而近。人未嘗敢居其中。按圖經。此山不受穢惡。無猛獸。愚以爲海有圓嶠蓬島之類。人可望而不可至。茲山埡坳。波心雲水四周。人可至而不可居。寧非圓嶠蓬島之亞歟。固爲神靈之所憑依宜矣。舊俗邦人禱禜水旱嘗於此山。且患廟貌靡存。無展敬之所者久矣。密思以咸通

二年。謬宰巴陵。其年六月。因時雨不降。遂潔齋躬禱於山。將涉逆波。觸舟。衆以爲不可渡。乃皆請止。予謂驕陽害稼。慮困吾民。豈可偷安哉。因命速棹去岸。俄而長飈東來。委波順送。帆席半掛。已及山址。於是禱拜既畢。艤棹將歸。則赫日掩光。元雲四集。向者東風爰息。西風又興。舟子皆擁棹鬨笑。倏至邑步。及縣署。則甘澤溥降。一夕而漲陂溢塍。里巷懽呼。相以爲賀。衆尤異者。自卯及申。一往一復。轉風徇意。如用迎送。則知非至神無以動陰陽。非至誠無以感靈應。昭昭顯驗。誠可嘉之。密思由是黙度於心。將建祠宇。

會有阻而逾年未克。及我使君濮陽公之來也。撫此疲氓。一振仁風。俾俗安物泰。於是得以爲請。因蒙敦勉之。遂成茲宇。其堂室圖塑。皆潔而無華。約而且備。不悖於俗。不役於民。襲千古之遺跡。葺一時之墜典。人皆悅矣。神必據之。所期福我黎元。壽我疆土。疫癘災荒。絕於境內。雪霜風雨。咸順其時。永久無疆。願顯莫忘。此非獨紀建廟之徽績。且欲旌神靈之有徵。帶礪山河。唯茲乎不泯。有唐咸通四年癸未五月十八日己卯。朝請郎岳州巴陵縣令李宻思撰。

劉驤

驤咸通時人。

袁州城隍廟記

有天下。有祠祀。有郡邑。有城隍。雖徧天下。尚其神而未有的標名氏者。多因土地以立。惟袁古之城壁。按漢書。高帝六年春。大將軍灌嬰所築。先未有郡。是古宜春縣城。隋開皇十一年。置宜春郡。大業三年。改爲袁州。因山名也。移縣於州東五里。古今得以灌將軍稱祀焉。非賢侯安能移建其廟飾崇其禮乎。夫如是。所以報其固護城池。而福及生人也。俾其甲馬安而士卒和。司局寧而官僚泰。千里之內。樵童牧豎。農夫織婦。識君臣少長之禮。名儒秀士。時時間出。災沴不作。人不夭傷。此乃郡政所致。亦由神之冥化也。大中十二年。潭廣宣洪。士馬紛擾。得以恣其殺戮。膾人心肝。貧富相易。父子不相保。人不聊生。是歲州之小卒蟻聚。欲數四。地與剽劫之心。而機洩。有忠者密告奸宄之事。實伏法。袁之人獲脫虎口之難。莫不由神明之陰惠也。大中十四年。太守魯郡顏公遐福理斯郡。公文章獨步。致身高科。自辭天闕。恭播皇猷。洎今未逾二載。百穀豐。萬彙蘇。而疆理無事。凡有艱阨。未嘗不以心度。更易而訪落之。今則

郡城丕變。風化斯新。公因謁神。退謂人曰。神之所止。不宜湫隘。可以高張棟宇。使拜奠虔其神。樂之位禱報嚴其樽俎之所。公之祇敬神心。如將軍在焉。乃指蹤於都押衙李汾等。授規模於梓匠。取宏壯於曩昔。汾乃目其地勢。採其形勝。徙舊廟之東三十步之外。以咸通二年十月二十四日。搆斯堂宇。環廊廚院。廳廡寢殿。亘雄虹之長梁。結棼撩以相接。丹楹森布。彩櫨疊施。繩墨之工。雅合其度。實明神棲止遷葺之得地也。公理俗政靜。商賈厚其利。願投金帛以新之。軍吏安其職。咸請同力以成之。此皆衆心之所欲

也未周星而斧斤圬墁彩繢告畢蓋公之指委監莅得人矣我公仁澤廣被何止於活涸蘇撫兆民而修創制置之蹟多矣不勞民不費公而千載規制存焉驤奉命輒敢撰列其功而不愧於詞拙所以紀其建立年月而已驤敢獻神言惟神聰明正直我公致力於神神宜饗公之德有唐二百四十五祀壬午夏六月三日記

高駢

駢字千里幽州人南平郡王崇文孫自神策都虞候累拜秦州刺史咸通中擢安南都護遷檢校工部尚書授靜海

軍節度再徙交州僖宗立爲劍南西川節度徙荆南乾符四年進檢校司空封燕國公討王仙芝授鎮海軍節度使諸道兵馬都統江淮鹽鐵轉運等使以功進檢校司徒徙淮南又進檢校太尉同平章事後用妖人呂用之言縱黃巢陷兩京僖宗乃以王鐸崔安代駢兵柄加駢侍中封渤海郡王光啟初李熅僭號受熅僞命三年蔡賊孫儒兵過淮口駢使畢師鐸禦之師鐸與高郵鎮將張神劍鄭漢璋等反攻揚州殺之

請築羅城表

臣聞仗鉞擁旄顯受專征之寄殿邦守土必尊共理之規冀勵節以輸忠須興利而除害伏以臣當道山河雖嶮城壘未寧秦張儀收蜀之時已曾版築隋楊秀守藩之日亦更增修堅牢雖壯於一隅周匝不過於八里自咸通十年以後兩遭蠻寇攻圍數萬戶人塡咽共處池泉皆竭熱氣相蒸其苦可哀斯弊可恤臣前年赴任之日纔過劍門料蠻賊奔逃不敢迴顧先遣走馬入府放出城內戶人莫不歡呼稱見蘇息臣今欲與民防患爲國遠圖廣築羅城以示雄圖將謀永逸豈憚暫勞臣深受國恩實思忠盡儻允

所奏乞宣付宰臣僉議

築羅城成表

西川境邑南詔比鄰頻遭蠻蜒之侵凌益以墻垣之湫隘寇來而士庶投竄只有子城圍合而閭井焚燒更無遺堵且百萬衆類多少人家萃集子城可知危斂井泉既竭溝池亦乾人氣相蒸死生共處官僚暴露老幼飢悽但言牢城未敢出戰貨財而豈能般輦商旅而空懷怨嗟兼是戎兵同行剽劫賊路不能控扼軍營罕習干戈遂使烝黎枉遭塗炭臣初到統押便與經營平夷鎮之隄防焉能跋涉

大渡河之把截誰敢過從然須更議遠圖以防後患嚴設武備廣築羅城雄壯三川保安千載使寇孽遮圍而不徧軍戎偎倚而無疑旋奉詔書令臣恭酌許與版築冀盛藩維遂乃相度地形揣摩物力不思費耗只繫安危趣十縣之人丁抽八州之將校分其地界授以城基運土囊而子來持石杵而雲集大興畚鍤廣修資糧五千堵之周迴川中捍敵百萬人之築起空裏巍峩日居月諸功成事立金湯既設鐵甕如堅控地道之莫能徒云入寇縱雲梯之強立無計登陴白露屋之凌空蹻攀莫及青城山之對峙彤

勢不如擁門之扃鎖堅牢曲角之規模周密壕深莫跨壁峻難攻外邊睥睨之崇高內面欄杆而固護獸頭帖出鴈翅排成覆瓦烟青甃塼苔碧縱蠻再至無計重圍此皆仗陛下之睿謀使微臣之剏制鬼神扶助社稷庇庥臣限以守鎮不獲奔詣闕廷無任踴躍屛營之至謹畫圖差副使中散大夫內謁賜紫金魚袋楊德章節度判官朝議郎檢校尚書兵部郎兼御史中丞賜紫金魚袋裴峴等奉進以聞

請開本州海路表

人韋財利石陷衝津纔登一去之舟便作九泉之計今若稍加疏鑿以導往來貨殖貿遷華戎利涉

請勒迴長武鄜州河東兵士赴劍南奏

奉勅抽發長武鄜州河東等道兵士赴劍南行營者伏以西川新軍舊軍差到已衆況蠻蠢小醜必可枝梧今以道路崎嶇館驛窮困更有軍頓立見流移所謂望一處完全而百處俱破且兵不在衆而在於和其左右神策長武鎮鄜州河東所抽甲馬兵士人數不少況備辦軍食費損尤多又緣三道藩鎮盡扼羌戎邊鄙未寧望不差發如已在

道路並請降勅勒迴

回雲南牒

我大唐聖皇帝德配二儀光齊兩曜仁霑動植聖役神龍煦萬國若青天養兆民同赤子東鄰弱水西届流沙北通陰山南抵銅柱莫不貢琛而納賮航海而梯山請混車書願爲臣妾是知卑微螢燿不敢並於太陽齷齪蹄涔焉能踵於神驥且自九夷八狄七戎六蠻雖居要荒盡尊中國縱外夷驕倨豈中國等倫且以蠓蠛之飛騰不離溝瀆欲追鸞鳳之羽翼擬接熛霄雲南頃者求合六詔倂爲一藩

與開道途。得接邛蜀。賜書習讀。降使交懽。禮待情深。招延意厚。傳周公之禮樂。習孔子之詩書。片言既知大恩。合報復窮兵再犯朗寧。重陷交阯。兩俘邛蜀。一劫黔巫。城池皆爲灰燼。士庶盡爲幽冤。轉恣胸襟。罔知悛革。吞越巂之舊地。圍相如之故城。凌犯不休。貪殘轉甚。昔交阯都護。不閑理兵。朗寧元戎。未解誅寇。受以侵欺。容其殘暴。某比者親征海裔。克復龍編。駕三千之師。勦十萬之寇。南定縣全軍陷沒。如乾鎮匹馬不回。羅和一空。嘉寧俱盡。贊衞段酋遷斬首。騎將麻光亮亡軀。李善龍面縛軍前。張詮生擒陣上。沈白衣殁命之眾。如赤日消冰。殺朱弩佉苴之軍。若紅爐焰雪。諾眉就戮。思縉自裁。董譯龍之悽惶。范昵些些之窘沮。江橋則盡底焚燒。采筏則從頭覆沒。波封瓦解。扶耶大潰。容易誅鋤。若高原之縱燎。等閑撲滅。如順阪之走丸。收復城池。掃殄妖孽。仗睿謀之果斷。資神術而追擒。掩韓信滅趙之功。吞樂毅定齊之策。其於勝負。詔國同知。昨日來鎮西川。移徙汾水。仗節單車。大開城門。放出人物。固無疑阻。直擬誅鋤。前詔王遣張棟成等揚言和好。身纔入境。兵已繼來。侵欺大國。熒惑元戎。戮僕之儀。須依古典。已軍令處置。詔國前後俘獲約十萬人。今獨遣杜驤妻。言是沒落杜驤守職本在安南。城陷驟行。故非沒落。星霜半代。桎梏幾年。李氏偷生。空令返國。杜驤早殁。不得還鄉。今則訓練蕃兵。指揮漢將。鐵衣十萬。甲馬五千。邕交合從。黔蜀齊進。昔時漢相。有七擒七縱之功。今日唐臣。蘊百戰百勝之術。勳名須立。國史永書。且杜驤官銜。李瑤門地。不是親近。但王室疎宗。天枝遠派而已。李氏並詔國木夾。並差人押領進送朝廷。是故牒。

張途

途。咸通三年官欽州司馬。

祁門縣新修閶門溪記

縣西南一十三里。溪名閶門。有山對聳而近。因以名焉。水自疊嶂積石而下。通於鄱陽。合於大江。其濟人利物。不爲不至矣。其奔流激注。巨石硉矹。騰沸洶湧。瀺灂圓折。凡六七十里。舟航勝載。不計輕重。篙工檝師。不計勇弱。其或濟者。若星馳矢逝。脫或蹉跌。必溺灣旋中。俄頃沒跡矣。邑之編籍民五千四百餘戶。其疆境亦不爲小。山多而田少。水清而地沃。山且植茗。高下無遺土。千里之內。業於茶者七八矣由是給衣食供賦役悉恃此祁之茗色黃而香賈客咸議愈於諸方每歲二三月賫銀緡繒素求市將貨他郡者摩肩接迹而至雖然其欲廣市多載不果遂也或乘負或肩荷或小轍而陸也如此縱有多市將泛大川必先以輕舟寡載就其巨艎盖是閶門之險元和初縣令路君常患之聞於太守故光祿大夫范卿因修作斯處其後商旅知不履閶門果竟至籍戶繇是爲之泰其來已五十五載矣元和咸通伏臘相遠閶門始廢之時功未甚至猶利於人且久長慶中縣令王迅曾畧見舊址盖茶務委州縣責

塈邀商賈而已今則潁川陳甘節爲祁門一年而政成孜孜求閶里之患果得閶門溪馬乃速詣目擊險狀吁可畏也必期改險阻爲安流迴激湍爲澄碧乃錄其始製之實聞於太守清和崔公自請以俸錢及茶羨利充市木石之用因名土客商人船戶接助夫使咸適其願無差役之患無箕斂之弊公悅而從之自咸通元年夏六月修至三年春二月畢穴盤石爲柱礎疊巨木爲橫梁其高一丈六尺長四十丈濶二十尺堰之左俯崇山作派爲深渠導溢流迴注於乾溪既高且廣與往製不相侔矣甃石疊木溯流安逝一帶傍去滔滔無滯馴鷗戲魚隨波沈浮不獨賈客巨艘居民業舟往復無阻自春徂秋亦足以勸六鄉之人業於茗者專勤是謀衣食之源不慮不憂夫如是有以見清河公求理誠至苟非良邑長不可以佐理潁川君臨事必專苟非賢太守不可以立事其作用堅固永久與山川齊途寓於郡下嘗遊茲邑頗熟本末因得以記咸通三年秋七月十八日歙州司馬張途述

宇文瓚

瓚咸通四年官中書舍人知制誥

貶蕭倣蘄州刺史勑

朕體至公以御極推至理以臨人舉必任才黜皆由過二者之命吾何敢私中散大夫守左散騎常侍權知禮部貢舉上柱國賜紫金魚袋蕭倣早以藝文薦升華顯清貞不磷介潔無徒居多正直之容動有休嘉之稱近者擢司貢籍期盡精研既忝官常頗興物論經詢大義去留或致其紛拏牓掛先場進退備聞其差互且昧泉魚之察徒懷冰孼之憂豈可上列貂蟬復延騎省俾分郡牧用示朝章勿謂非恩深宜自勵可守蘄州刺史散官勳賜如故仍馳驛

赴任

杜去疾

去疾咸通時人

大唐故過少府墓誌銘 并序

公諱訥字含章澤州高平人也曾祖諱庭大父諱遷先考諱冥公志堅松竹氣稟山河跋闕三字蹤差顏閔之行十年閉戶命果從人以大中十二年明經擢第當守選時潛修拔萃虛窻弄筆研幾自媿於雕蟲子奪在心可否詎由乎甲乙於咸通四年授棣州蒲臺縣尉以博厚御物清白奉

公執友同寮罔不仰止仕優則學前懇尚堅秩滿辭親方希再捷豈期神理何負殲我良人如可贖兮人百其命以咸通六年夏四月廿六日寢疾終於蒲臺縣之官舍闕一字子春秋卅有九夫人清河張氏恨無男嗣幼女三人苫廬不施苴杖虛位噫蓼莪永訣俱切痛天風悲繐帷月照空室煢煢在疚仰訴元穹聲聚秋雲淚滴成血乃議遠日龜以告從卽以其年冬十一月八日奉其裳帷歸窆於青州永固原就先塋禮也銘曰

惜乎勤懃兮罔不精研名宦俱就兮壽胡不延風悲雲黲兮星霣遊川孀妻幼女兮號訴穹天遺命薄葬兮窆節從古勒石徵誌兮依土封埏永顧明盧兮保寧幽宅不遇有害兮於萬斯年

鄭就

就咸通朝歷官司勳司封員外郎

宋州重修五驛記

戊子歲大彭戍卒有在南方者一旦衆譁於營刃殺主將不待朝廷命卷旂而歸旣至所止卽共樹小吏以張大凶天子震怒徵諸侯師以討之常時挾刃爲盜匿菽榛莽者

咸來附離叶拒王師而睢陽最與賊近忽剽攘不徇志必縱火大爇傳置尺椽盡爲餘燼時隴西公以重望鎭諸方徵師悉出其地供億大費不煩朝廷而又戒嚴壘門賊馬首不敢西向我季父貂蟬適守睢陽大軍頓其所資糧餽餉且靡闕一毫明年九月賊平我公念鴈池洎會亭五郵前爲賊孍焰所滌況沿河旁午豈可使厦屋不修乃剟材孱工未數月而畢其創匠輪奐爲客館之甲君子以爲非我隴西公大才不能當劇賊非我季父稱事不能新郵亭宜乎礱石刻文聲其美績就久奉隴西公命牢讓不免其

敘事也質而直微而簡俾後之爲政者識我季父之多能

咸通庚寅年秋七月記

崔彥昭

彥昭字思文清河人第進士歷辟使府咸通中累進戶部侍郎河陽節度使徙河東僖宗立授兵部侍郎諸道鹽鐵轉運使同中書門下平章事拜尚書右僕射太子太傅

請禁占留商人換牒奏

當司應收管江淮諸道州府咸通八年已前兩稅榷酒及昔支米價幷二十文除陌諸色屬省錢准舊例逐年商人

投狀便換自南蠻用兵已來置供軍使當司在諸州府場監錢猶有商人便換齎省司便換文牒至本州府請領皆被諸州稱准供軍使指揮占留以此商人疑惑乃至當司支用不充乞下諸道州府場監院依限送納及給還商人不得託稱占留

林愼思

愼思字虔中長樂人咸通中進士復中宏詞科歷校書郎水部郎中萬年縣令黃巢入長安迫以僞官不屈罵賊死

伸蒙子序

子沽名未售退棲槐里著儒範七篇辭艱理僻不爲時人所知復研精覃思一旦齋沐禱心靈是宵夢有異焉明日名著祝之得蒙䷃之觀䷓曰伸蒙入觀通明之象也因感而有所述焉自號伸蒙子嘗與二三子辨論興亡數陳古今也或引事以明理或摛才以潤辭錄近萬言編成上中下三卷上卷槐里辯三篇象三才敘天地人之事中卷澤國紀三篇象三人敘君臣人之事下卷時喩二篇象二教敘文武之事焉子所學周公仲尼之道所言堯舜禹湯文武之行事也如有用我者吾言其施吾學其行乎昔

揚雄謂後世有揚子雲當知吾太元安知後世不有林虔中者出吾言迂乎哉大唐咸通六年二月四日長樂林愼思虔中自序

續孟子序

孟子書先自其徒記言而著子所以復著者蓋以孟子久行教化言不在其徒盡矣故演作續孟

盧虔瓘

虔瓘宣武軍節度使宏正子登進士第爲括州刺史終秘書監

劉隱眞像贊

至靈之精。大道之淵。其朴靡散。其神則全。嗟夫世人。嗜欲馳役。故使元昭莫留。瞬息惟師。恬泊萬慮。泯泯豈有一物。能奸至眞。伊厥形氣。尚資蛻捨。胡爲神人。土偶爲者。

劉隱眞塑像贊

返一無迹。神之又神。遺此塑像。非先生之眞。不存此身。出有入無。莫與之神。

沈知言

知言。太和咸通間人。

通元秘錄序

夫人立身之本。以道德修術。固益肌體。爲先少年之盛。豈顧後衰。況人稟三才之貴。圓首方足。悉符天地之形。不可以自輕失也。知言丱角之年。棲心於道。昔太和初。於霅苕之上。遇道士馬自然。示余秘訣。兼元通如意丸五解之法。知言顧慚幽陋。罔測元機。時於其間人寰。採補延生。往往得其一二。洎咸通五年春。之淮南。有故友滎陽鄭公示余神丹諸家秘要。皆是濟世治療人間一切諸疾。延駐之門。幷制伏五金八石。點變造化。辟除寒暑。絕粒休糧。或箭鏃入肉。取不去者。不限年月深遠。點摩丹藥。其鏃自出。有造化之神功。在三卷之內。好道後學覽之。必瑩心駭目。其於伏火金石靈丹。備在卷中。知言輒編次之。勒成上中下三卷。號曰通元秘術。以奉好尚君子養生之本。將貽同志。幸勿輕傳耳。

李磎

磎字景望江夏人大中十三年進士累遷吏部郎中拜翰林學士中書舍人黄巢之亂走河陽入拜户部侍郎遷禮部尚書景福二年同中書門下平章事崔昭緯素疾磎諷劉崇魯裂其麻左授太子少傅乾寧初復相罷爲太子少師李茂貞擁兵犯闕殺之都亭驛贈司徒謚曰文

授吏部侍郎徐彦若御史中丞制

勑御史中丞以獨坐爲稱豈特崇貴之而已昔韋仁約是

其官僚耳猶以雕鶚自許不肯狎公卿激揚清風振駭良吏況長其屬者可忽慢哉兵戈以來紀綱廢壞永惟提舉未易其人執政上言云具官徐彦若掌司憲臺甚著聲績而自轉遷稱速憤鬱猶多使之復爲必或愈於前日且其祖在天后朝爲大理有正直詳平之聲于公積慶因成相門而彦若克嗣其家端莊自立踐歷華貫聲聞藹然俾持準繩無以易者是用輟天官之貳再尊任之爾其砥礪厥心無忝所舉可依前件

授王摶兵部員外郎兼侍御史知雜事等制

勑持紀綱以貳於中司書言動以歸于太史二者亦重矣而躁競者徒利于轉遷褊薄者止貪于清近問以職業則杳如物外遂使南臺無典章可采東觀無注記可求壞法曠官莫斯爲甚某官王摶等並以科籍早登朝列而憲署以摶茂族英才嘗雜事於亞相皆言其所蘊蓄未盡施設請復兼柱下進省曹以用之丞相以柷大臣令子日稟訓於名父皆言其所聞見妙得規模請引之朕前委直筆以觀之是用同獎擢無所疑焉爾其屬乃冰霜謹乃毫簡勿循往例以正時風可依前件

授李轂河南府參軍充集賢校理制

勑李轂書府皆以丞相爲大學士蓋理化之本在焉而集賢嘗鄙仙殿之稱時之論者亦以爲尤重今大學士謂爾轂儒學賢相之後以進士擢科今典籍散亡編簡殘缺轂紹儒學之業實進士之名儻能討籌質正請使校讐書焉予嘉而聽之參軍府庭則序官然耳河南京兆大何足論噫苟能副大學士之委諫官御史豈愜汝遷可依前件

授吴敬存左監門衛將軍張景球虢州司馬兼中丞等制

勑吳敬存等各以才能效其忠節或誘諭軍帥捍蜂蟻之師徒或葺都門壯鳳凰之城闕嘉績既著賞典宜及將軍職於禁旅司馬兼於憲丞可謂寵榮足以耀於流輩矣可依前件

授尚汝貞涪州刺史朱塘恩州刺史婺州刺史蔣瓌檢校僕射等制

勑朕思報功臣以郡事念遠人以司牧惟是二者寤寐疚懷具官尚汝貞在先皇帝時扈鑾駕功高建隼旗布政非時見代可爲愍然具官朱塘將兵之林號爲嚴肅勞績聲

著罷免歲深惟涪與恩遠郡之沃饒者也資人以優爾亦資爾以救人且以元武之尊夏官之長各從官敘以寵榮之具官蔣瓌婺人言有政化懇乞增秩端右之命以徇其請各堅爾志無或變渝可依前件

授康君立等諸州刺史制

勑康君立等夫文吏以儒術自進而牧人養物固其所也而論者猶或嘉之而爾等各以軍功達於郡政可謂難矣然武有七德而安人和衆在焉得非皆達其義耶深惟勸能之方遂允爲眞之請可依前件

授朱誕等諸州刺史制

勑朱誕等並干鏌奇鋒崆峒勁氣或忠臣薦達播于文武之間或軍功著明迥出輩流之右升遷委用無所偏頗各竭爾才以稱吾意可依前件

授攝澤潞副使詹承廣檢校尚書充職嶺南東道供軍判官李谷檢校郎中嶺南東道節度判官鄭商郎中賜緋制

勑詹承廣等上黨南越俱名鎭也倅戎餽運皆重職也以承廣等並以才業達於帥臣正位加官各從所請可依前

件

授楊詔嶺南東道節度供軍判官張薦節度判官楊郜支使制

勑楊詔等幕吏之選委之將帥尚矣況元勳大臣而付以嶺表之重者哉詔等或以本官任職或加繡衣白筆之號皆從其請噫以南越之雄富類東閣之招延爾等豈直陟金階躡珠履而已勉贊籌畫無惑盃觴報恩酬知於是乎在可依前件

授虞岫常州別駕溫羅濠州長史制

敕虞岫等。凡別駕長史。務簡俸優。故在京百司。諸侯閭邸。所以勸勤事之吏。砥奉職之勞。今以命爾等。即循例也。可依前件。

授盧蟾富平縣令郭諲武寧縣令李嗣業曲沃縣令馮珙山陰縣令等制

敕盧蟾等。十年兵戈。兆人流散。朕延執政與百執事。問所以聚人之方。皆慎選令長而已。夫畿赤之富平。可謂大邑。而洪之武寧。絳之曲沃。越之山陰。亦皆著名者也。爾蟾等或稱華冑。或曰才人。華冑以禮讓爲本。才人以政術爲宗。

而珙嘗於佛寺有遷明皇眞像避賊火之功。可謂忠敬矣。以爾四人爲縣。庶可聚吾人乎。勉端（缺）能以稱其用。可依前件。

授沈正言南鄭縣令李登趙縣令楊守節永樂縣令等制

敕宣凡薦弟子之能。曰由也果。於從政乎何有。朕懲兵革之後。念疲瘵之人。富而教之。令長爲急。具官沈正言等。或納圖籍於書府。或稱勞績於本官。皆不因依。明自論列。執政詳驗。功狀昭然。皆可謂果矣。夫南鄭亞赤。永樂次畿。及晉之趙城。皆名邑也。俾爾各爲之宰。冀乎有成。嗚呼。無或果於自謀。而殆於從政。可依前件。

授劉廷溫華原縣令邱景元分水縣令制

敕華原甸服之重。分水吳境之清。宰宇（疑）至于屬僚。不可輕往。以廷溫在官有績。罷退稍久。景元候表奏舉其才能。資次命之。（疑缺）各勤于職。可依前件。

授李昌緯岐山縣令王羣白石縣令杜堯曾口縣令等制

敕昌緯等。宣宗皇帝命明法吏刪刑書爲統類十編。盡去

繁詞。而獨著元結縣令箴其閒。是於養人之官。殷勤深切矣。岐山右輔之名邑。固所重也。而璧之白石。巴之曾口。委以養人之任。豈以僻陋而輕哉。以昌緯等勳臣所薦。跡其勤効。咸可寵嘉。用爾大小等衆。俾其並爲令長。噫。風俗雖異。户口雖殊。苟無忽于元箴。則皆可副吾旨矣。可依前件。

授張蕃端陵丞李頊虹縣主簿裴昇新井縣尉等制

敕張蕃等。或園陵攝官。屬籍吉士。宗正以其事跡貢表薦揚。裴昇等各以去任在官勞績。深自論列。情有可依。丞簿

陵邑各從貢序可依前件

授宋郁廣都尉黃去惑臨安縣尉主簿顏温鳳翔文學等制

勑太宗文皇帝論學書骨力喻政化根源朕既達微言則思觀真跡又欲廣書籍之府以正是非存忠烈之家以勵風俗三者皆吾夢想也而宋郁等進獻論列有以副焉丞簿文學用酬其意可依前件

授通議大夫行内侍省張建方起復本官制

勑張建方古之孝子有爲祖母而行服三年者雖有異於

禮經而見稱於史筆繄爾至性過絶常流欲追昔賢信爲高行然自東西漢以後南北朝以來大臣奪情固已多矣蓋以代更文質事有變通若皆徇私懷則誰當王事況爾職業至重委藉方深宜達奉上之規用叶得中之理從我曉諭是合章程可依前件

授吳承贊朝散大夫内侍省内寺伯判内給事制

勑吳承贊早負器能累更職任清貞自立正直不回加以温故知新鈎深知遠雅好六經之旨旁求百氏之言以此爲官何官不理以此爲事何事不行是用稱之清曹委以重務俾其稍展扶摇之翰用彰干鏌之鋒無自晦藏副我精選可依前件

授孫孟宣朝請大夫内侍省内謁者監等制

勑孫孟宣等並廉正操心温茂成器自領職務皆著能名無纖瑕可指於羣倫有嘉績可書於史氏聲譽既洽階秩宜遷噫爾有高才我有高位更宜升進勿自緘藏可依前件

授閤門使李全績中大夫行内侍省内謁者監等制

勑李全績等夫榮參禁署光總内朝贊文武俾不失威儀導君臣令無所壅隔永言斯任諒在得人以全績等行潔心貞神清氣爽加以洞達名法明解典章不以富貴驕人不以才能傲物居然重器迥出常流自領職司並彰殊効是用不移所任加以官榮無忘操持更俟遷擢可依前件

授楊魯潛内侍省内府局令制

勑楊魯潛萬方兵革之時所難者道路九府困乏之日所切者貢輸而魯潛不顧艱危任當使命俾其琛賷得至賞錫粗行嘉爾勤勞合爲遷轉可依前件

授内官劉繼明王思齊驍衛將軍加階制

勑朕每思中興深念庶政至於近密之任允資忠讜之臣凡所擢居莫非精選具官劉繼明等並介潔自持而器能相比各於職掌並著聲名論功考績之時既無差異加寵進階之日豈可偏私勉務殊榮更期超擢可依前件

授内官韓坤範等加恩制

勑榮居近密任總重難君上之恩渥則殊而人臣之敬忌尤切其有端靜無失進退可稱而復以幹能彰於官業名隨位進行與才兼不有異遷何示獎勸宣徽小馬坊使某

絜矩操心溫潤成器剛而不暴柔而不回宣徽含光某本於誠明文以禮樂止而不滯行而不流起復宣徽南院副使某明見事情智通微妙光而不耀晦而不幽皆調金玉之聲並秀松筠之色至於績効實爲著明嗚呼守職奉公爾既盡其節矣崇階厚祿吾豈刓於印哉可依前件

授内官韓龜範加官制

勑龜範代濟功勲志懷忠烈部領琛贐貢奉闕庭踰玉壘之艱越銅梁之險績効斯異爵賞宜加況奉職可謂歲深處衆獨聞位下不有升陟何謂勸能可依前件

授内官董全玥等除諸司副使制

勑董全玥等副貳之重其來尚矣雖古之列國小侯繼好一使猶尊命介以應事機況我大朝命官而中禁分職貴惟密邇務極繁難若不優以崇班何以責其所任以爾等並懷忠亮盛蘊器能名節不變于風霜勤勞仍彰於歲月況今方馳鴻霈合爲升遷示以新恩雅符故事可依前件

授許州節度使王蘊母趙氏進封楚國太夫人制

勑古之爲將言有老母而三戰三北者朕每讀其書而非之夫爲將者皆然則何以同在三之義勵士衆之心而逃

無勇非孝之譏哉苟如斯亦其母之未賢爾忠武軍節度使王蘊方榮色養既孝而忠委以節旄遂稱名將賈勇而力過投石臨陣而義不聞金得非其母趙氏賢以善訓邪豈特築朱序之城寧陳嬰之族而已嘗錫以郡夫人之號今蘊功業益進爵位益隆宜加大國之封以助南陔之慶可依前件

伸理罰俸狀

臣准西臺牒及金部稱奉六月二十七日勑内園院郝景全事奏狀内訟字音與廟諱同奉勑罰臣一季俸者右臣

官位至卑得蒙罰俸屈與不屈不合有以事至分明別關理體若便隱默恐負聖時顧陛下寬其罪戾使得盡言臣前奏狀稱准勅因事告事旁訟他人是咸通十一年十月十三日勅語臣狀中具有准勅字非臣自撰辭句臣謹按禮不諱嫌名又按職制律諸犯廟諱嫌名不坐注云謂若禹與雨疏云謂聲同而字異注疏重復至易分曉伏惟睿文英武明德至仁大聖廣孝皇帝陛下明過帝堯孝踰大舜豈自發制勅而不避諱哉故是審量禮律以爲無妨耳卽引陛下勅文而言不敢擅有移改不謂內園使有此論

奏也臣之罰俸實爲小屈然今者非敢訴此罰俸也實以從來制勅及百官奏表曾有避嫌名例而因臣致罰卽舊章自此有援引勅格者亦須委曲迴避便成訛弊臣今已罰俸不合上聞臣聞趙充國爲將不嫌伐一時事以爲漢家後法魏徵爲相不存形迹以致貞觀太平臣雖未及將相忝爲陛下持憲之臣豈可爲論俸爲嫌而使國家勅命有誤也且順宗廟諱萬國儀刑誠不可同於小事顧陛下留意察納別下明勅使自後章奏遵禮律處分則天下幸甚

敬鬼神議

古人言敬鬼神之禮有禱祠祭祀皆所以立不刊之典而教人孝悌非謂能爲禍福而求益則何以言祈福歟若然者則必知鬼神之所在矣不然則何以知其益耶且書稱帝堯命重黎絕地天通無有降格以言天神不降於地地人不奸於天各有其所自然不擾也左氏傳稱大禹鑄鼎象物使人知神姦莫能逢魑魅魍魎此亦言捍禦辟邪也今據史記列堯先禹後年代甚明若既使重黎能絕地天通則人神已不降格矣夏禹何所加益而鑄鼎耶若禹非

妄作實欲知神姦則是重黎不能絕天地之通矣研斯二說將爲妄則列之經史以爲實則甚相悖今不知鬼神尚在域中耶爲前聖所遏絕而不通也有無之間果未可詳辨以爲果有耶則宣尼固當語神而不拒子路問事也以爲果無耶則丕山黔隧之逢不列於史策阮千里著論亦無復也自此以往或謂之有或謂之無竟無定止有無尚未知而君子敬之豈足求益耶然道固若是矣道斯在豈必徼福而後爲哉若徼福而後爲則是內懷詐僞曲謟之心非不愧乎屋漏也今江東委巷之禮祠夏禹蜀人則祀

先主與武侯祈祝徼福昧亦甚矣且夏之後桀奔南巢蜀之後主面縛於成都苟有神禹先主武侯之靈何不救也豈有未能救其骨肉子孫而愛他人乎推而考之則鬼神未必能專爲利害也設令能害盈福謙饗于克誠亦惟德所動吉凶由人而已豈變化所爲哉易曰小人不見利不勸不威不懲若以鬼神未能福人而無敬是不見利不勸也未能禍人而無懼是不威不懲也可以君子而同于小人乎是故敬而無失匪有他也禁淫祀勵疏怠匪求益也苟有前聖之典籍在則禱祠祈福亦設教論道而已故君子敬順而勿疑

設險議

易稱王公設險以守其國夫爲國之衛恃於山川邱陵郛郭溝池自古而然也左氏傳司馬侯對晉主以九州之險而不以一姓恃險爲殆此欲其夕惕戰慄而進德也說者不知言左氏與大易相反而曰非設險或曰孟子稱地利不如人和夫和不設險以爲周備也何以言之昔周室肇基后稷業隆昌發玉璜佐命而實龜卜七百之祀師逾孟津諸侯不謀而至遂雷响風飈殷墟圮裂乃定鼎郟鄏遷都洛食聿修祖宗之業非棄德也而無險阻以自固遂使晉文作霸召天子於河陽楚莊問鼎之失足以爲鏡矣向使周設秦之險秦法周之德則七百之期可以保强大萬葉之制可以無橈撓也且譬之御者焉闕二十一字今猶任商周之德業述商周之仁義然後阻江漢以險使夷狄賓因岳鎮以險使諸侯順憑關梁以險使近甸安張四維以險使百官衆斷刑罰以險使盜賊止求明察以險使姦僞白險之時用大矣哉斯所以來遠鎮邇戢兵解甲而守終膠固也謹議

改恭太子謚議

魯僖公五年晉殺其太子申生先聖之書惡用讒也是時國中請謚不亦過乎詩曰温温恭人惟德之基亦曰温恭朝夕執事有恪皆極言也是故子服景伯戒其徒曰陷而入於恭閔馬父笑之爲周恭王能庇其昭穆之闕而爲恭楚王能知其過而曰恭先王恭亦不敢自專稱曰自古在昔由是知恭固不易名也今觀申生之事未有得其稱者夫禍機將發子輿之謀狐突之諫明而知之既不肯用至於將死之日復不能以六日之狀自明而曰君安驪姬君

非姬氏居不安食不飽我辭姬必有罪是我傷公之心也乃受賜而死嘻越哉其過也獻公雖闇昧好聽讒非中心知之而猶好之也以晉國之地方千里財用之給士女之衆求聘妃后豈無越於驪姬者哉然而獨任者專寵諸姬莫奪者得非希意釣情機巧甚密以傷君心使然耶如此則必以姬之行爲善以姬之言爲實安而任之漸至作亂史蘇所謂甘受逞而不知至夫事狀明著姦詐漏洩知其不善顯其不實如醉而醒如寐而覺震電憑怒執而戮之必使夬然剛決矣復安有傷心至於不安居飽食哉設令

既戮之復思其儀質而怊悵者則亦念其欺罔忿恨矣謂恐傷心無乃謬歟且申生將使獻公達嘉聲于億載鎮令譽於千古甚于安其居飽其食也失令名于後裔貽讒言於孫謀甚於居不安食不飽也推此大義傷心猶亦不害況於無傷而遽至死耶遂使長惡不懲譖二公子豈曰能庇其昭穆之闕乎沉迷不返人諫而拒豈曰能知過乎親不能庇非執事有恪也過不能知非爲德之基也此乃凝滯不通之論謂之恭者亦已過矣謚法曰壅遏不通曰幽如申生者眞是也稽之典法改謚曰幽太子使夫後代知所以事君父之道必左右輔弼使不陷令名於簡冊之中不獨虛死其身偷安尊者於日夕而已

泗州重修鼓角樓記

烈而悲者角之聲讙而壯者鼓之聲烈與悲似義讙與壯似勇夫軍以義集以勇進故軍城例樓鼓角于正門以嚴暮警夜二物用固均然凡發語雖先鼓及奏而角先鳴者蓋欲勇生於義云泗城據汴淮奔會處汴迅以射淮廣而吞撐勢雄重翕張氣象故其出人物義且勇與鼓角之聲相叶雖商販四衢舷擊柂交而氣不衰雜防禦使劉公郡

人也其義勇智傑拔于萬衆間始爲郡諸將黃巢陷關徐以西討急務在廣兵力按舊屬郡名取泗泗稱未奉詔不服徐師因大至公爲都馬步司轉司衙皆總兵柄捍守連年徐竟解圍而去已而上欲久安徐泗卒以泗屬徐會有新防禦使昧軍機意泗人含憤復激令背徐不屬公執詔爭不得衆因大呼逐防禦使扶公坐公不得已詔亦因命公徐帥太尉鉅鹿王感公於已絕他心曲折惟天子命相得益歡甚于故焉公既挈防禦印登城四面望皆拒戰後火爐餘或石拋所傾方圍急城中又壞屋給薪并是屋廬

少全者乃銳意自鞠鬬場上佐院稍稍營葺且謂鼓角樓者軍門眉首宜特華壯樓及左右鼓棚新者二十七間益揭其柱危其檻以激響日沉宵寒聽吹擊者疑岸浦泉窟龍吟鼉作時時相應和既而郡衆列觀欲咨文人紀績或揖衆而進曰公之功行甚多非止此樓門左右臂出廊及都廂等院凡二百餘間悉公重修又修孔子廟佛祠道宮觀文武吏舍靈山神宇凡數百千間又勸里人益構其居荒毀更新鬱鬱如春發寒槎又增武器庫旗稍千竿鎚百柄甲裝三百劍千環箭六萬羽弓弦角千凡營制悉以家

私財佐用又教屬縣樹桑柳棗榆至二萬本縱脫無名役除律敕外擅立條歸之簡切用是人益附親逋竄自返萬三千戶朝客中貴人往來饔餼餞迎如完盛時防獲淮浙等貢上錢貫數百萬此其大畧公所以能若是者由誠者公具侍下懇爲尊中丞郡太君得拜封爵邑連表乞歸侍其誠切動人如此所以能堅奉明天子以首出其政耶由此言之豈一樓而已乎且公用孝資忠用義發勇其壯烈聲又豈鼓角足配乎安可但記一樓而遺他事乎衆曰然則何如而可進譚者曰吾聞古人以玉況德以器銘功豈玉足況器足銘耶蓋借玉爲喻因器而盡銘他善今儻告文人請借鼓角以況公心而因記樓盡述公之功行可乎咸曰善然健于筆者不能寫是當緩以俟之積月而史官尚書司封郎中李磎自淮楚趨闕驛泗于是郡從事張信與同僚及將吏等磨石濡筆且以衆志白于公請磎爲記磎不敢辭卽所聞實書于石於戲樓以中和五年二月二十八日成以其年九月三十日書

反五等六代論

魏曹元首六代論稱夏殷周與人共治歷世數十秦王獨

制二世而亡亦言周氏陵夷侵弱大抵非秦廢五等之爵置郡縣之官至晉陸士衡著五等論陳八代秦漢興亡之由言五等之制始於黃唐郡縣之治創自秦漢以爲周制萬邦思治羣后圖身及承微積弊王室遂卑猶保名位祚垂後嗣秦棄道任術顚沛之釁實由孤立夫百世非可懸御善制不能無弊侵弱愈於殄祀土崩痛於陵夷欲權其多福取其小禍總二家之旨皆是五等而非郡縣徒苟救於疾顚而未免於陵夷也譬猶醫者苟欲救人之死而不能愈其病苦豈謂知經脉藥石之本決存亡禍福之機乎

且陵夷土崩二患俱免者豈無通論哉但二家不能知耳故皆引五等之長說郡縣之短元首則言五等藩衛引春秋勤王之事以爲證欲使秦人割裂州國分王子弟使土有常君人有定主士衛又謂五等之國爲已土衆皆我人人安我受其利國傷家嬰其病故爲已思治郡縣之長進趨之情銳安人之譽遲是以侵百姓以利已損實事以養名故爲利圖物以爲諸侯享食茅土萬國受世及則南面之君各務其治九服之人知有定主此皆不知之說也夫春秋之時諸侯擅相攘伐苟欲求霸則以正王室爲事故

曰求諸侯莫如勤王外雖詐忠以邀名内實包藏禍心以圖神器此老子所謂將欲弱之必固强之也豈所以爲藩衛哉所謂爲已思治者誠憂其國傷其家病而致治矣且若國不富兵不强則未出於傷病也若富國强兵彊陵弱衆暴寡蠶而爲九并而爲七是豈非古制耶故知雖少其力猶益也比身臂則不同矣夫身手者大小常定也諸侯之土變易者也向使臂指能變而爲大小於身又烏可得而使耶是知五等之制不計於大小强弱皆得擅權獨斷自有卿相恣之則不遜削之則怨陵夷逆節固必有矣且士衛云勢足者反疾土狹者逆遲夫土狹既不免逆豈過正境土者之災耶假令小制七國則反有遲速者之小異耳豈知郡縣之主權弱勢輕跨有千里負阻山嶠奸謀未畢而身已遷代然而强兵練甲足以禦四夷之患人徒租稅足以滿家國之急則未必無土崩之事而秦漢俱敗豈由此耶元首又徵秦之敗於委政趙高誅夷宗族西漢則王氏擅朝排擯宗室後漢則閹豎執衡孤立於上此乃滅君親臣强之殃而非郡縣之失也設有侯伯之國則亦助亂而已焉足賴哉由是觀之五等與郡縣其利害相去遠

矣向使早覺悟廢五等世及之法立郡縣可制之符以矯周枉威靈不假於臣下及刑戮强兵耶疑則必修文武之業設霸王之術設業固則帝位危矣雖各安其國置天子於何地豈可以爲思治哉今郡縣或侵百姓損實事然而升降黜陟在於一人比之侯伯固不爲大患也又且奉京師之法稟宰輔之威雖職官遷轉不一而法已定矣五等者世及相承擅更法令如曾作邱甲晉立六軍鄭鑄刑書如此者實繁天下所以安上之國土非愛事身與子孫也安與不安在於立教化正法令國雖一姓而法已萬變豈

所以爲知有定主哉。由是知曹陸之論。所謂藩衛者。乃簒逆之萌也。思治者。乃禍亂之萌也。定主者。乃不定也。夫如是。則焉有不爲患也。昔漢有吳楚七國之患。元首乃懲之於高祖封建。地過古制。引賈誼之言。欲衆建諸侯而少其力。使海內若身之使臂。臂之使指。則下無背叛之心。上無誅伐之事。士衡亦謂漢大啓侯王。境土踰溢。以七國爲過正之災。若然者。則班固漢書贊言周制千八百國。戴記分天下爲九州二百一十國。則千八百九十國也。公侯百里。伯七十里。子男五十里。其爲褊小已極矣。其卒也强不一

一於骨肉。以懲秦失。去其弊政。用其上策。如此則可歷世長遠。而支派强大矣。豈有周室陵遲嬴氏土崩之釁乎。

廣廢莊論 并序

王坦之作廢莊論一篇。非莊周之書。欲廢之。其旨意固佳矣。而文理未甚工也。且秖言其壞名教。頹風俗。而未能屈其辭。折其辯。是直詬之而已。莊周復生。肯伏之乎。其終篇又同其均彼我之說。斯魯衛也。然則莊生之書。古今皆知其說詭於聖人。而未有能破之者。何哉。則聖人果非。而莊周果是矣。既莊生云非。聖人云是。是何爲不能勝。非哉。余甚憎之。或有曲爲之說。使兩合於六經者。或有稱名實學與元奧不同。欲兩存者。皆妄也。故荀卿曰。天下無二道。聖人無兩心。則異術必宜廢矣。余既悟荀卿言。嘉王生之用心。而憐其未盡。故爲廣之云。

世多以莊子爲元奧。吾獨以爲粗見理而未盡耳。汪洋七萬餘言。然撮其大旨。舉類而證。其得失可見矣。且觀其體虛無。而不知虛無之妙也。研幾於天命。而未及天命之源也。樂言因任。而未知因任之本也。窮極性情。而未盡性情之變也。何以知之。夫虛無用之心也。必憑於有者也。有之

得行也。必存於虛也。是以有無相資。而後功立。獨貴無賤有。固已疎矣。且所謂無者。特未明也。惠子以其言之無用。而應之曰。知無用。始可與言用矣。今夫地非不廣且大也。人之所用容足耳。側足而墊之至黃泉。人尚有用乎。此言假四旁之無用也。以自喻其虛辭則敏矣。然無用之說有三。不可混而同一。有虛無之無用者。有有餘之無用者。有不可用之無用者。虛無之無用者。則老子埏埴鑿户之說。其用在所無也。有餘之無用者。則側足之喻。其用必假於餘也。不可用之無用者。苗之莠。粟之秕也。今莊之壞法亂

倫是秕莠之無用矣而自同於有餘之無用不亦謬乎此所謂體虛無而未知虛無之妙也稱屠牛而善刀牧羊而鞭其後指窮於爲薪皆在生得納養之和壽矣故識滅裂鹵莽者責袵席之上設食之間而不知滅者然而衛靈公石槨之銘修短必有天數矣豈在鞭與不鞭養與不養哉其理自乖舛此所謂研幾於天命乃未及天命之源也夫因任者因羣才可任而任之耳而莊生欲天下而不理曰聞在宥天下不聞理天下也天地固有常矣日月固有明矣星辰固有列矣樹木固有立矣禽獸固有羣矣以爲上

古至德同於無知其德不離同乎無欲是謂素朴而人性得矣自懸仁義禮樂而人好知爭歸於利也斯甚不然夫天地日月樹木禽獸不假理者也人則假理者也人生必有欲有欲之心發於自然欲不能無求求不能無爭爭不能無亂故聖人立仁以和之陳義以禁之而反以爲害之者則今戎狄之相刼殺魚鼈之相啗食孰行仁義禮樂於戎狄魚鼈之間哉含氣之類莫靈於人物有知也有欲也而人反無之何如且果無知也果無欲也則凡是非好惡分別賢不肖宜皆起於人也而稱厲之人夜半生子遽然取火而視之汲汲然恐其似已者言人皆欲好善而惡惡故可放之而自理也夫厲之有是心也豈非聖人之分別驅動使之然乎安可放之耶如曰天機非由於聖人則人固自有知有欲矣仁義禮樂何罪哉此所謂樂言因任而未知因任之本也自生人以來莫不有爭上好勝之心未爲之法則爭歸於義先王知其然也故高爲之法訓而峻爲之行而人競學之亦是爭勝已而爭勝之循道也猶火之燎上也因爲之竈以煬之水之趨下也因鑿之溝以注之是亦燎注之得宜也燎與注者得宜則無焚溺之憂矣

爭與上者循理則無暴亂之禍矣由知其本而順理之也然則無竈焉火固自燎矣無溝焉水固自流矣將壞竈以絕燎毀溝以息注勢必不可也徒使燎與流者失宜耳無賢聖焉人固有所希慕矣不尚賢殫聖法削曾史之行以絕人之好慕果不可絕徒使所慕所好在於非理耳由不知其本而逆施之莊生徒知好高慕上之離其本而不知好慕之心發於天機欲絕聖賢使天下各止其知安其分而無所慕何異於毀溝壞竈以止水火者乎其術一何迂此所謂窮極性情而未盡性情之變也用是以觀彼於虛

無焉天命焉因任焉性情焉譊譊然道之而無一洞明者不知元奥者固如是乎故曰粗見理而未盡者也雖根源老氏而詭聖敗法尤深王生欲廢之宜哉或曰莊子皆寄言爾以名實按之不亦疎乎夫寄言者若大鵬斥鷃肩吾連叔雲將鴻濛漁父盜跖求其理者不可責以事也誠患子以嗜鼠曹商以舐痔違其趨者可謂之忿也如是吾豈不鍊哉若理之所塞趨之所壅則託以寄言而免也至於稱至人得醲氣之守潛行萬物而不空得道者挈天地騎列星外死生而色若孺子者公爲虛誕無足詰焉

蔡襲傳

蔡襲者自言裨將也不詳其氏族源胄至襲居北部振武軍學擊劍沉勇好奇謀功名初無知者嘗任氣與人鬬而斃之時故司空劉沔以右僕射爲振武節度使聞之收襲繫獄將杖殺之經宿而死者復蘇故襲得免死謫役數年沔移鎮河東武宗初匈奴犯邊詔沔河東及諸道兵出征襲聞邊方有事將因之以立功乃逃其所務來叩沔曰往君免襲之死是明公屈法申恩而襲之大幸也今天兵有伐於北虜竊願施犬馬之勞於軍前上得以酬君之恩下乞以自補其惡死生畢矣沔聞而壯義之命廁諸卒官軍至大寧聞匈奴已入振武界時大和公主在蕃多年又聞振武欲奪公主沔恐公主爲振武所得蓋已功籌策未知所出諸將吏莫能謀襲乃請詐爲捕逃者至匈奴營動搖令入河東界沔深然其計遂遣襲往襲至匈奴所揚言云振武鎮守欲殺汝曹河東劉僕射是招撫使若不移必爲振武所害匈奴有得此語者遽歸寧武遂移部曲次于屈越城西已在河東界去官軍猶二百餘里襲歸告沔欲奏恐詔問須生口爲據襲又獲生口十二人馬十五匹主帥

乃具事上聞自後屢有詔令奪公主沔患匈奴衛帳遠欲其近又不能襲遂請以貲糧入蕃招引沔從之襲至蕃中見公主公主流涕告以北蕃破亡疾飢孤危無告襲對曰聖明在上公主何不與單于議同入奏以困急耶公主曰此已曾議單于爲我去必不還事已不諧矣言畢襲請對單于謁者高達于曰單于自離本國復中路不宜與使相見有故但可與蕃相論之襲遂見蕃相相曰吾病飢竄亡唐不我卹今日唐使來幸得無可懷襲對曰爲不知單于消息捕得匈奴十二人詰問方知在唐界外數月河東劉

僕射令以貲糧一十槖馳寄公主單于宰相兼遣詔命如能南下則所匱竭易相助也今部落甚遠安知旱歉如此蕃相曰人不能曉公法昨者飢莩不得已有所犯于今日汝必以此故來誘殺我遂推襲出帳令步卒以弓弩圍繞曰不露情必當射殺襲曰國家實命招卹如信即往疑盍走諸蕃後悔亦無及矣今虐我何益蕃相曰我若徒走諸蕃亦何悔襲曰單于大蕃與唐爲親有舅甥之恩輔車之勢破亡祇宜歸唐反入諸小蕃若爲小蕃所蔑安得不悔蕃相乃曰我今歸唐但恐汝主誤我汝若眞招徠當爲我

重誓約襲曰凡作誓者急則萬端襲之爲誓異于是遂引手蕃相前請斷左手腕以爲誓顏色不動辭令甚壯蕃相不許曰且爲我劈心出血後自飲之亦足爲信襲乃于心上出血置器中而誓曰我若誤汝入唐境而攜貳心天必殛誅烹醢分劈言畢飲盡器中血匈奴乃信遂移帳至雲州北塞谷山東與官軍相距六十里後又詐稱弋獵侵掠振武不利引歸襲在虜庭多日恐不得歸乃誑單于相云更于雲朔州爲蕃國取貲糧因遂得歸具告沔以誘得匈奴近塞兼匈奴新刼振武還兵勞瘁又以唐家招徠不設備若奪公主必宜乘時疾往沔許諾命將校石雄王峯等與襲皆至單于帳合圍大破之襲突入帳中挾公主于馬上出十數步恐官軍不知誤傷乃呼曰此乃公主也石雄聞以步卒三十人奪之歸公主至河東悉數其事于劉沔又嘗書襲名于尺素中許以上聞又言于監軍呂義忠曰無蔡襲吾不生還矣其知如此公主旣歸京師沔加司空石雄授天德軍防禦使唯襲非大君所知主帥不爲奏公主亦竟不能爲言功業籌策遂晦而不顯而河東絶滅匈奴至今邊塵宴清者本襲運籌之力也會昌二年劉稹據

上黨反楊弁於大原乘間拒命見獲四年上黨平今上大中四年南山黨羌反自會昌二年及今征伐襲並有勳績其功皆錄在河東簿書惟破匈奴爲首功而爲人所掩耳至今部曲將校無不稱其智勇李磎曰甚矣功名之見沉也一至於是然古人嘗稱位可排而名不可奪矣由蔡襲以言之其可奪耶其不可耶始余于京洛閒聞說者多稱劉石有破虜之功及至太原聞蔡襲方知爲舉代之惑也悲夫功業卓然尚可掩抑況才藝耶余念其勤而無益故詳疋其事爲傳云

欽定全唐文卷八百四

劉允章

允章字蘊中贈禮部尚書迺曾孫舉進士累官翰林學士承旨禮部侍郎咸通中出爲鄂州觀察使檢校工部尚書東都留守黃巢犯洛陽汙僞命廢於家

直諫書

救國賤臣前翰林院學士劉允章謹冒死上諫皇帝陛下臣聞太直者必孤太清者必死昔晁錯勸削諸侯之地以業不幸之誅商鞅除不執之臣而受無辜之戮今并臣三

人矣守忠懷信口不宣心則刎頸刳腸向闕廷而死者并臣是也救國策從千里而來欲以肝腦上汚天庭欲以死屍下救黎庶臣死之後不見聖代清平故留賤臣以諫明主今短書一封不入長策伏業不收所以仰天搥胷放聲大哭殺身則易諫主則難以易死之臣勸難諫之主伏見陛下初登九五頒下諸州開直諫門言者無罪四方雷震百里奔馳至闕廷者願陛下致昇平之業矣陛下既不用其策不捨其過或鞭撻市朝囚禁園苑深埋溝壑者不知其數乞食道路者不記其名夫輸忠獻策之臣匍匐闕廷者豈敢欺陛下乎大臣愛位而不敢言小臣畏死而不敢諫忘生請死之罪往往冒死天庭者知陛下覺悟也伏聞樞密之事要在纖人以宰臣爲度外之官以御史爲不速之任寃者不得伸君子所以深藏小人所以深亂自古帝王以御史爲耳目以宰相爲股肱股肱廢則不能用耳目蔽則不能視今陛下廢股肱蔽耳目塞諫諍罪忠良欲令四海不言萬方鉗口可不畏也臣恐千秋萬歲說陛下不聖笑陛下不明臣所以急也當今天下求進之臣智者不肯自言不肖愚者不肯自言不賢故使賢愚混雜善惡同

羣眞智眞愚何所分別取之則善惡進捨之則賢愚退何不使至愚在野至賢入仕今天下食祿之家凡有八入臣請爲陛下數之節度使奏改一入也用錢買官二入也諸色功優三入也從武入文四入也虛銜入仕五入也改僞爲眞六入也媚道求進七入也無功受賞八入也國有九破陛下知之乎終年聚兵一破也蠻夷熾興二破也權豪奢僭三破也大將不朝四破也廣造佛寺五破也賂賄公行六破也長吏殘暴七破也賦役不等八破也食祿人多輸稅人少九破也臣聞自古帝王終日勤農猶恐其飢終

日勤桑猶恐其寒此輩不農不桑坐食天下欲使天下之人盡爲將士矣舉國之人盡爲僧尼矣舉國之人盡爲刼賊矣欲使誰人蠶桑乎今天下蒼生凡有八苦陛下知之乎官吏苛刻一苦也私債徵奪二苦也賦稅繁多三苦也所由乞斂四苦也替逃人差科五苦也寃不得理屈不得伸六苦也凍無衣飢無食七苦也病不得醫死不得葬八苦也仍有五去勢力侵奪一去也奸吏隱欺二去也破丁作兵三去也降人爲客四去也避役出家五去也人有五去而無一歸有八苦而無一樂國有九破而無一成官有

八入而無一出凡有三十餘條上古以來未之有也天下百姓哀號于道路逃竄于山澤夫妻不相活父子不相救百姓有寃訴于州縣州縣不理訴于宰相宰相不理訴于陛下陛下不理何以歸哉伏見蠻寇欺侵神道誑惑我國家作亡命之渠魁爲逋逃之窟穴徵兵五年今日誅之何見之晚也臣聞郤以疑未終銷兵于當時本無養兵日爲亂臣張本也今不除其亂本而除其亂苗士卒蕩盡于中原玉帛多亡于道路嶺外仍令節度四面討除蒼生嗷嗷何負陛下令行此討罰以爲上策臣恐今年除一承嗣明年又生一承嗣天下征戰未有了期則禍難起于腹心蜂蠆生于手足陛下左右無人敢言但知潤色美詞悅情暢志而已豈知千里零落萬里凋殘者哉今國家狼戾如此天下知之陛下獨不知之天下不敢言臣獨言之萬死一生臣死一介之命救萬人之命臣今雖死猶勝于生臣獻策千條未蒙一問羈孤貧病流落風塵眷戀朝廷而不能去儻陛下覽臣愚見知臣愚忠則理亂斯須存亡瞬息太平之日昭然目前必也陛下不以萬國爲心不以百姓爲本臣當幸歸滄海葬江魚之腹不忍見國難危臣之願畢

矣臣懇擗不勝痛切感懼之至

王景風

景風咸通中官吏部侍郎後謫守漳浦

前魏太尉鄧公祠堂讚并序

公諱艾字士年南陽人也仕魏爲征西將軍平闕又加太尉僕每覽魏志及公列傳未嘗不撫卷沉吟移日惆悵公生不逢湯武之運徒懷伊呂之才功成見誅深可憤然晉武踐祚欽公高名追錄前勳修紀後祀我太宗之征薛舉于安定也爰整武將親董六師公特以神兵宿寐斯見介

冑森爽請先啟行太宗爲之動容將士於焉感奮同心協力除翦凶殘單牙彗張冠蓋星飛烈風拔木迅雷破山果得金鼓來陳一戰而勝帝念於靈遂立祠邠山封建壇宇春秋莫享號曰明公其居也岧嶤一峯嵯峩數仞南臨太谷則吐納風煙北帶長涇則川原四望蕭條草木如聞錯錯之聲香靄雲烟似對堂堂之氣雄容壯觀凜然如生士庶薦福昭然必驗大哉公也自非道貫乾坤精通宇宙者其孰能之此關内河東副元帥司徒兼中書令汾陽郡王總戎出鎮翰國於茲仰公休風躬親致祭且嘆公抱恨刊

石竪碑垂名志傳示德華夷豈惟一代之臣獨稱魏將抑亦千載之下更作唐神景風不才敢爲讚曰

邠山亭亭兮川谷靈草木錯錯兮介冑聲壇宇肅肅兮感人情吁嗟太尉兮盍再生

崔琪

琪咸通朝官明州刺史

心鏡大師碑

釋氏之宗也得了悟眞機則曠劫不礙自釋迦去世至曹溪已降指心傳心祖系綿續不分萬派不墜本枝故得之者則迥超覺路坐越三界大師之道契萬派之一流也大師諱藏奐俗姓朱氏蘇州華亭人也母方娠及誕常聞異香則知兜率降祥來從百億劫幼懷貞慤長契元奧松風水月未足比其清華仙露明珠詎能方其朗潤故以智通無累神測未形超六塵而迥出隻千古而無對爲兒時常墮井有神人接持而出丱歲出家師事道曠禪師弱冠詣中嶽受具戒母念其遠思之輒泣因一目不視及歸省母即日而明母喪哀毀廬墓徵瑞備顯由是名稱翕然歸敬者衆因欲薙茅誅木與禦燥濕遠感財施充積堂廡乃崇

院側有湖湖有妖神漁人禱之必豐其獲罾罿交騖腥羶四起大師詣其祠而戒之鱗介遂絶後挈瓶屨以歷湖山靈境異迹遊覽將畢復詣五洩山遇靈默大師一言辯折旨契符會噫顯晦之道日月之所照也聖教其能脫諸故會昌大中衰而復盛惟大師居之瑩不能惑所謂焚之不爇溺之不濡者也洎周洛再構長壽寺敕度大師居焉時内典焚燬梵筴煨燼手緝散落實爲大藏故南海節度楊公典姑蘇日請大師歸于故林以建精舍大中十二年分寧宰任景求舍宅爲禪院迎大師居之剡寇裘甫率徒二

千執兵書入大師冥心宴坐神色無撓盜衆皆悸懾叩禮逡巡而退寇平郡中奏請改禪院爲栖心寺以旌大師之德凡一動止禪者畢集環堂擁塌堵立雲會大師學識泉湧指鑒岐分詰難排疑之衆攻堅索隱之士皆立褰苦霧坐泮堅冰一言入神永破沉惑以咸通七年秋八月三日現疾告終享年七十七僧臘五十七先是命香水剃髮謂弟子曰吾七日在矣及期而滅門人童弟號擗泣血乃窆於天童巖弟子培墳藝樹三載不開忽一日異香凝空遠近郁烈弟子相謂曰昔奉大師遺囑令三載之後當焚我

身今三載矣異香其啓我心乎乃定厥議揭龕發墖再覩靈相儼若平生以其年八月三日禮法荼毗於天童巖下祥風瑞雲竟日隱現獲舍利數千顆紅翠交輝白光上貫十三年弟子戒休賫舍利述行狀詣闕請謚奉勅褒諡曰心鏡墖曰壽相嗚呼菩薩之變通也出顯入幽示現無極其可究乎大師自童孺距耆耋陳言措行皆貽感應復以證前生行業知示滅之日時苟非位躋十地根超十品孰能造於是乎在長壽寺時謂衆僧曰昔四明天童山僧曇粹乃吾之前生有墳墖存焉相去遼遠人有疑者及追驗事實皆如其言景求將迓大師也人或難之對曰治宅之始有異僧令大其門二十年之後當有聖者居之比大師至止二十一年矣初大師將離姑蘇爲徒衆留擁乃以樓拂與之曰吾弗在此矣爾何疑焉及大師潛行衆方諭其深意又令寺之西北隅可爲五百墩以鎮之衆曰力何可及大師曰不然作一墩種柏五株卽五柏墩也凡微言奧旨皆此類也至若闡元關諭生死宏數至賾不可備論咸通十五年琪祇命四明郡戒休以其跡徵余之文遂直書其事以旌厥德銘曰

空王設諭煩惱無涯唯大師心照盡塵沙大師降靈吳之華亭方娠載誕厥聞惟馨童黨墮井神扶以寧母思目眇歸省而明漁人禱神其獲豐盈一戒祠宇施罛莫嬰像教中虧貝葉斯隳手集三乘遺文可披識羊祜環知仲尼命正色兵威寄詞譚柄我來作牧空企音塵琢茲貞石庶乎不泯

楊知新

知新咸通中鄉貢進士

福田寺三門記

夫立有爲之績卽無爲也始於毫髮旋彙成大因從性起入法空海蕩蕩而稱焉莫曰搆梵利貯像生敬巍巍如星中月發輝晦悋且教西騰出鎭中國自姬姓垂代迄今聖朝頗變星紀經歷戡滌瑕緇更彌取鍛清流甚者黜奉禁儀如農夫之望歲曁乎我上踐極鴻颺西化天下熾焉且福田寺者梁天監年中之建號比雖暫墜前蹤今進後迹有洛山離塵禪大師之門人性常早傳禪印致遠深旨目覩暈殼數異浮榮斗藪塵機得獲三昧寒灰毳縷不味馨羞善引三車昏徒盡悟發叛臺榭似箭從弦悟卽色而空達有作而無作於茲寺造長廊三十餘間又建彌勒院未經重序朱軒素壁周迴奪目布邑沸騰爻稚咸訴闔寺僧徒與檀越話議殿廊既成三門未立誰能爲哉若弗斯人荏苒甲子同辭啓白師納來心頃刻之間千里早應車騎爭至繒紈上服異器名珍將投起阜遂俾市材礎擇良工驟其績可分二秋工人告畢峩峩然且門闢三道梵典彰然刼終如來以禦邪祲今飾殊常卽師之新意簷綴珠網龍雁拱之聯飛瓦作翠鴛接清風之迅翼丹楹刻桷藻暈間扉地甃瑠璃四垂金鐸挂風箏而動韻稟律呂與天籟之齊音鳴鏗琤鏦響振非非之想且德化遐分狀秋天之朗人思仰睟豈異大鑒之化行夙夜纘揚聲走寰瀛之外遂邑之信士追乎前績宵想歲更寒暑遷迭若弗繕錄湮沒其由今盡庀畧使深於代厥有徒衆僧之佳號及一境檀郍師今咸列姓氏於虹梁之上知新學劣辭荒確乎不拔利之不利俟時而進有命爲文迺持筆書之將刻於石咸通壬午之三年九月十有一日記

魚孟威

孟威咸通中官桂陽刺史

桂州重修靈渠記

靈渠乃海陽山水一派也謂之灕水焉舊說秦命史祿吞越嶠而首鑿之漢命馬援征徵側而繼疏之所用導三江貫五嶺濟師徒引饋運推俎豆以化猿飲演墳典以移鴃舌蕃禺貢盪堯化也則所繫實大矣年代寖遠隄防盡壞江流且潰渠道遂淺潺潺然不絕如帶以至舳艫經過皆同奡盪雖篙工檝師駢臂束立瞪眙而已何能爲焉雖仰索挽肩排以圖寸進或王命急宣軍儲速赴必徵十數戶乃能濟一艘因使樵蘇不暇採農圃不暇耰靡間晝夜畢

遺羅捕鮮不顧天胥怨冒險遁去矣是則古因斯渠以安蠻夷今因斯渠翻勞華夏識者莫不痛之洎乎實歷初給事中李公渤廉車至此備知宿弊重爲疏引仍增舊跡以利行舟遂鏵其隄以扼旁流斗其門以級直注且使泝沿不復稽澁李公眞謂親規養民也然當時主役吏不能協公心尚或雜束篠爲偃閘散木爲門不歷多年又聞湮圮于今亦三紀餘爲桂人復苦巳恨終無可柰何矣況近歲來蠻寇猶梗王師未罷或宣諭旁午晦暝不輟或屯戍交還星火爲期役夫牽制之勞行者稽留之困又積倍于李

公前時轉使桂人膚革羸腊手足胼胝且逃且死無所訴怨殆十七八矣咸通九年余自黔南移鎭于此艤棹嶺首備觀其事試詢左右曰向時何不疏鑿版築而使艱阻如是耶則末校劉君素前曰遠事固不可指明近事又非不知修渠必去民病然其柰逼來屢以迎送輶軒供億師頓名募補卒犒賚征夫帑藏且殫閭井亦蠹故無以興疏鑿版築也余固爲父慈于子孰有子病而爲家貧不求醫救于是知長吏所當子民也今民塗炭若是又何緣帑藏且殫而無暇救之須是約公費積刀布召丁壯導壅塞以平民病也因召君素若能主張乎君素唯之遂領其事凡用五萬三千餘工費錢五百三十餘萬固不敢侵征賦必竭其府庫也不敢役窮人必傷其和氣也皆招求羨財標求善價以傭願者自九年興工至十年告畢其鏵隄悉用巨石堆積延至四十里切禁其雜束篠也其斗門悉用堅木排豎至十八里切禁其間散材也濬決磧礫控引汪洋防阨既定渠遂洶湧雖百斛大舸一夫可涉繇是科徭頓息來往無滯不使復有胥怨者噫草木無情也榮落限于春秋然猶春則華秋則實以利於人焉而人稱萬物之靈擅

百歲之壽安可不利於人哉況余無大勳業而竊據寵祿宜孜孜力補尸素豈令草木反鄙于余哉於是聞害必削見益必樹蓋爲此耳時上聞其興役遠降詔書猥賜嘉奬然人臣受國恩惡則罪耳爲善乃常事亦猶子孝親詎可誇乎況余審其所爲未必無愧矣又何敢當詔書之美也今所自記重修非爲名也且要敍民之艱苦實由斯渠冀後之居者不闕其修行者不毁其修長利民而已矣時咸通十一年四月十五日謹記

蔣凝

凝字仲山咸通中進士

壞宅得書賦以壁中得之傳諸子孫爲韻

孔氏之居中藏古書當霸魯壞隳之日見亡秦焚滅之餘卜數仭爲繚垣時之潛矣定四科于竹簡世以傳諸當其漢偃兵戈魯修宮掖將窮下國之侈遂去前賢之籍并吞一畝方取地以崇居摧折兩楹遂得書于暗壁悲夫其宅也人亡道窮削跡于中瓦毀而阼階鈌裂塵飛而環堵空濛鯉也必趨之庭將爲輦路仲由未入之室欲創離宮其書也藏書廢久坑儒之後蟲侵而鳥跡微虧土蝕而韋編

欲朽虞夏不刊之典出彼圬墁殷周將喪之文存于培塿于是升彼堂矣棄諸簡焉信遺址兮必取寧古文兮何傳將卜樓臺剗榛蕪而屹若俄聞金石扣寂寞以鏗然王乃凝思潛聽追蹤輟作存其宅兮不壞知其書兮可學悔隳古而榮今庶立禮而成樂門庭猶在存聖者之規模蟲篆難詳是古人之質樸倚伏相推于焉有之不廣其居則斯文永墜不聞其樂則往跡全隳信乎君子所居亦廢與而有數聖人大道當用舍而隨時今皇家修典墳崇闔闕開儒館以待士設文教以濟國千秋萬歲知此道之無窮四

海九州信將來之有得

望思臺賦

路入湖邑臺名望思幾里而雲瞻累土千春而草沒餘基仙掌一峰遠指江充之事黃河九曲旁吞武帝之悲昔者漢祚方隆皇綱失理因巫蠱之事作有讒邪之禍起宮中既得其桐人臣下皆疑于太子龍樓獲謗方儲副以難明鳳闕無恩遂出奔而至死保傅徒爾園陵在哉千秋感悟萬乘傷摧齊誅子糾以無道晉殺申生而可哀于是憑大野築高臺目極心存知繼體之何在天長地久庶招魂之

一來緬彼沉寃登茲極望英靈無髣髴精魂邱隴有蕭條情狀見舜井以杳嗟念嬴博而惻愴烟昏日慘全非望月之中鶴唳鸞驚不在通天之上嵽嵲崢嶸何裨死生非唯曷覩向九重而含恨何世能平雖然事出妖訛姦生結搆滅天性害人情抑亦傷國體敗家聲臨百尺以凝眸終天宜北闕之聽君命奚東宮之有私屬子臧在側斯人比鄭叔何如商洛非遥此事亦芝翁不救往昔于今陵高谷深遊鹿而征人舉首悲君而逋客傷心曰子曰臣可念茲而誠勵爲君爲父宜到此以沉吟且王者爲域中之大太子

爲天下之本何周公之不法而秦相之可損吾欲碑戾園望苑使有國有家鑒此臺而不遠

張象

象咸通時人

唐故朝議郎守徐州功曹參軍上柱國劉公墓誌銘

公諱仕倩字元同彭城人也祖諱光奇開府知內侍省事父諱英閏特進太夫人楊氏妻張氏先終公有二女長適田氏次適張氏二男曰壽郎先逝次曰齊宴年十二公氣

含清韻獨異貞姿業廣藝深事皆天假孤標狀高松之拔眾林朗質若秋蟾之懸碧落溫若克已節儉修身順協於家忠貞于國公寶歷二年六月五日奏授出身累參選序數授令丞後任徐州功曹參軍公紀綱一郡掾理六聯清貧而吏靡忍欺單步而人懷其惠操心政理美譽溢彰枳棘非鸞鳳之所栖百里豈大賢之所任公性親元奧志慕雲霞朝披黃老之書暮覽南華之要諠囂每厭蟬蛻歸元身既離於俗塵名定著于紫府公咸通七年十二月一日終于輔興里春秋八十矣八年正月二十五日葬于長安縣龍首鄉祁村嗚呼寒暑忽侵纏綿數載鍼藥無瘳百齡斯泯嗟夫盛衰生死實可痛哉乃爲銘曰

波瀾不息逝水潺潺浩浩悲風摧枝何遽千年永訣一往無還

孔緯

緯字化文禮部尚書戣孫第進士累遷戶部侍郎擢御史中丞三遷吏部侍郎改太常卿從僖宗幸蜀以刑部尚書判戶部改太子少保帝次陳倉詔拜御史大夫時羣臣避盜緯獨奔赴行在進拜兵部侍郎同中書門下平章事從

駕還昭宗立進司空兼國子祭酒加司徒封魯國公進兼太保出爲荊南節度使再貶均州刺史召爲吏部尚書以司空門下侍郎復輔政卒贈太尉

請助修孔子廟奏

文宣王祠廟經兵火焚毀有司釋奠無所請內外文臣各於本官料錢上每一緡抽十文助修國學

闞圖

圖荊州人

巨靈擘太華賦 以神力所作開山導河爲韻

太華崔嵬伊巨靈兮其壯哉挺高掌以遐舉劈孤峯而洞開功侔造化勢越風雷劃千仭之巖巒屹從地裂決九河之波浪杳自天來昔者混茫是生磅礴惟神無睽配天有作念彼流之未通顧兹山之可卻將以闢迢遞正嶄鑿愜心而再定川原應手而别開林壑靈意將伸雄稜益振蓄怒贔屭注情嶙峋謂釣鼇不足以駭人鞭石不足以騁神指揮而疊嶂知改盼睞而三峯可新然後攘臂效能端身任力捫蒼靄以天半折翠微于月側若百神將萃而潛助二儀欲判而未息嵐光兩向猶連松柏之聲黛影中開已

斷雲霞之色豈不以罔形幽黙拓跡巍峩致用而扶持天地程功而變化山河分積翠於空中千年軋漢啟通津于指下萬里騰波豁丹崖於天阻呀峭壁而相距勢且異於兩傷力自宏于一舉截仙子幽棲之洞壯王者建都之所蓋以神開壽域靈固人寰廓峻極于倐忽標削成而險難越大禹之理水小愚公之移山竹箭波中路竟深于遵達蓮花峯外跡終寄于躋攀是知事冠杳冥理歸元奧石有時而分裂水有時而疏導信乎宰物者之使然非人情之所到

陳谿

谿咸通時人

彭州新置唐昌縣建德草市歇馬亭鎮并天王院等記

聖上以南夷不庭邊塵坌起俟旦授執政意俾擇要郡以良能而牧之遂命御史中丞渤海吳公行曾持節出刺雅安公松筠植心金石勵志雅安實邊之衝東入嶮隘應援由此公至止一顧屹如巨防當危疑之秋瞬息無事郡人以考秩將滿預懷去思接武陳誠願借綏撫丞相隴西公

以公功業昭著飛章上聞請充節度參謀兼諸軍行營副都知兵馬使東路行營都知兵馬使仍兼知黎州及巡邊制置公遂于大渡河剏置一橋亘五百尺自干戈未寧士馬旁午饋運往復商旅經過曾無覆溺之憂永絶滯留之患至今行者見必歸恩異跡奇謀繁難具紀由是復昇于犍爲雅之南千里縣道烽堡相躅早夕軍食跂俟於犍爲公智出事先機生料外風波助意舟檝如飛是得闔境無虞諸軍飫飽實公之功也復由是天子以彭門名都而償其重勲公軔車之日即究風俗民之憂苦已明其重輕事

之興廢已熟其利病從便革弊幽顯愜心郡內既肅施及支邑以唐昌縣中界接導江郫城東西綿遠不啻兩舍雖有村落僻在荒塘昔置郵亭廢毀將久遂使行役者野食而泉飲貿易者星往而獨歸斂勤公行投告無所深溝兩漲古陌橋摧跬步難踰艱苦寧述况輸役責限徵斂有程而欲罪其稽逋者乎公惻然凝想卽日計成遂陳于連帥于其心而置草市因其鄉名便以建德爲號自此四來者旋踵而迓近中望者舉目而知歸老幼攜挈倏忽而至萬家歡笑共事修營不旬日而告就今則百貨咸集蠢類莫

遺旗亭旅舍翼張鱗次榆楊相接桑麻漸繁如此牧人可謂移風易俗矣昔武侯以蜀胜脆故令鄰邑朔日而市意在習其筋力而俟之征徭又每及上春以蠶爲名因定日而有知所往公亦約之以期而候之其日商旅輦貨至者數萬珍織之玩悉有受用之具畢陳想人之心豈待詢問而知其懽悅也復以路由諸部疊跡輪蹄徘徊一息無稅駕之所遂以俸錢建長亭崇軒邃室外廐內廚帷簿精新器物充足則往來者非止晝食而卜夜可矣人既繁會俗已豐饒又置一鎭抽武士三十人而禦之亦立解署早暮巡警盜將竄跡人遂高眠不戚晨雞無聞夜犬皆云康泰不可比儔又茲地會昌之前有佛寺數所因廢而未興鄉閭求福無處禮敬像設之儀莫識鐘磬之聲不聞僻野深郊轉爲聾俗復置靈巖報恩院修北方天王及侍從奇工妙飾相好無雙高墉環舍門廡揭立又度僧主持行道無有虛日斯人也非只豐足而永逃夭枉之患得不絕其盛跡而垂於無窮者哉且人之憂樂俗之凋斂豈繫之時而實俟于哲人上才也噫公之爲政以已之欲而思人欲以已之惡而思人惡是連牧三郡而皆勲績絕倫若非秉心

端莊求理無替則奚能動遠邇瞻聽而俟者乎且昔之此民往復百里飢不得續食寒不得易衣今之出戶而所闕皆足市之功其可量乎昔之此民村防遥遠蕭索人稀盜賊纖路行者恐畏今之出戶歌笑自若醉飽羣歸鎭之功其可量乎昔之此民首罪無所求福奚門今之出戶有依歸之僧覩莊嚴之像院之功其可量乎昔之行者戴星乘軺亭午未憩館轂何投飢旅寧濟今之朱門大啓來往如歸之馬疲人頓忘其倦館舍之功其可量乎公掇一意而庶類皆安推深誠而萬人咸福是知元造之旨不獨幸蜀

之三郡卽應重委大柄爲國之元臣使天下皆幸也谿早歲謬以文字爲公之知偶因薄遊獲覩盛制輿人頌美異口同詞直敘見聞敢愧蕪淺咸通十年五月十五日記

石倖

倖官和州防禦行官

訴刺史崔雍狀

刺史崔雍稱賊龐勛初刼烏江縣雍令步奏官二人探知雍猶不信二人並被枷扭續差人探見賊已去州十里賊尋逼州城崔雍與賊頭吳約于鼓角樓上飲酒許與賊州

又認軍事判官李蕘爲親弟表狀驅使官張立爲男只乞二人幷身其餘將士一任處置便令押衙李詞等各脫下衣甲防虞官健束手被斬者八百餘人行官石瓊脫衣甲稍遲便被崔雍遣賊處斬其崔雍所有料錢幷家口累差人押送往采石今在潤州豈有將一千人兵士之命贖拔已之一身不惟辜其神明亦生負聖主兼科配軍州官吏修葺城池妄稱出料錢修城者

范攄

攄自號五雲溪人

雲谿友議序

近代何自然續笑林劉夢得撰嘉話錄或偶爲編次論者稱美余少遊秦吳楚宋有名山水者無不弛駕躊躇遂興長往之跡每逢寒素之士作清苦之吟或樽酒和酬稍蠲於遠思矣諺云街談巷議倏有裨於王化野老之言聖人採擇孔子聚萬國風謠以成其春秋也江海不卻細流故能爲之大攄昔藉衆多因所聞記雖未近於邱墳豈可昭于雅量或以篇翰嘲謔率爾成文亦非盡取華麗因事錄焉是曰雲谿友議倘論交會友庶希于一述乎

馮元德

元德咸通時鄉貢進士

後魏洛州刺史侍中兼太師昌黎馮王新廟碑

王諱熙字晉國冀州長樂人也伯祖諱跋建國北燕傳位于昭成皇帝諱宏卽王之烈祖也魏太武帝滅北燕徙其家屬于代王以帝者子孫遂交婚于魏室魏文成帝納王妹爲后卽文明太后是也王尚博陵長公主以敦愼博愛歷事三朝累拜冠軍將軍侍中中書監太傅太師之任進爵昌黎王及魏孝文帝卽位前後取王三女其二爲后一

爲昭儀文明太后臨朝王以師傅之重寵極禁壼內不自安求外任爲洛州刺史侍中太師如故洛陽經永嘉大亂之後宮寺毁廢王爲政仁恕而酷信釋教凡出俸禄於諸州鎭建佛圖精舍合七十二處今之廟地舊建北邙寺乃其一也今佛圖基址尚存其寺碑文中書侍郎賈元壽所製孝文每登寺讀碑嘉歎不已後徵歸代遇疾而薨屬遷居洛京遽詔有司爲辦喪事公主先薨命開其墓倂二柩俱向伊洛皇太子赴代迎予將葬贈假黃鉞侍中督十州諸軍事大司馬太尉冀州刺史加黃屋左纛備九錫前後

羽葆鼓吹有司謚曰武孝文爲撰誌銘縗服親臨墓所以前魏書備載其事但不言封樹之處及廟立之由廟與墓當不相遠也其廟豈州人思王之德衆所建乎不然寺沙門所置也至今爲洛北之望祀年代寖遠雖牲牢日享而室壁陊隤大中六年六月洛之豪族孟州長史焦宗美特捨家財大新廢宇兵衛儼列廟貌益崇愚别墅寄溫谷川東走十里直王之廟每見遠近里社坎鼓啾管以趨之及問王之名位爵邑皆失其傳乃乘暇謁拜碑版堙滅莫識何從退尋家諜考于魏史是知卽愚之十二代祖也伏念甘棠勿翦邵德實思若非績化深洽民心卽何能五百年之後而血祀不絶乎恐盛烈沉懿無復彰明不敢多文遂勒石重紀

崔鵬

鵬咸通時人。謹案此記從姑蘇志採出文內載築墖在咸通戊子是歲戊子爲咸通九年新唐書文藝傳崔元翰名鵬以字行德宗時知制誥年已七十餘咸通戊子上距德宗貞元末凡六十餘年當别是一人

吳縣鄧尉山光福講寺舍利墖記

式觀元始眇覿元風夏巢冬穴之時茹毛飲血之世一寒一暑一陰一陽其道雖分萬彙猶塞逮乎伏羲氏之王天

下也始畫八卦造書契由是文籍生焉然後歷堯舜至周孔由是釋像興焉及乎東被大漢九加崇飾按牟子云佛生天竺假形王家卽其生也又云拂衣雙樹脱屣金沙卽其滅也然雖示生滅之相詎加恍惚之道何異經巨海者終年不見其涯測虞淵者畢世不知其底吾以此觀之佛理不可盡也若夫舍利者卽金人之遺骨堅剛不壞變化自然西天敬之立爲墖廟昔育王見而不信吳王修以效虔迤邐南移年代頗久大哉寂滅之理豈一會男子以探其好焉余素不畱心畧爲敘事故經云若能起墖供養皆

獲福田此乃聖教所談事豈虛繆固知爲善者天報以福爲非者天報以殃雖則元妙難求而實精專可驗光福寺者即梁九眞太守顧氏之家山也士有惡嫌塵網種植善根遂捨林泉建茲佛剎立寺之始其由此焉斯地之銀闕移來洪波駕出碧岫孤聳青天下臨（闕二字）洞庭勢控吳苑上正斗牛之宿旁連太伯之墟何必鼇負蓬萊蛇蟠崑閬歇樵翁於片石臥禪子於幽林草樹麗而攢花杉蘿深而蔽日長松古柏緣情無塵世之機遠岫平湖舉目入畫屏之色其僧侶相謂曰此之靈境爰有上方可以建立亭臺

而莊嚴廟墖既而不日不月其功就焉斯墖也梁大同之中建矣唐會昌之末毀焉興廢之由是其一也然則基址雖在而乃烟蘿以荒於時咸通年困敦歲天子明睿四方清平野人入朝賢士出世而我吳郡（闕四字）鸞鳳異態龍武殊姿嘯傲誰同孤高自得塵埃難染白璧之光霜雪徒侵碧松之色嚴陵卧日國乏賢良鄭均閑時位齊卿相魚腸之劍利斷鯨鯢龍頷之珠光浮日月燒金屑玉閒邀蓬島之仙釣月歌風隱笑武陵之客公不惟優游儒籍然亦探奧釋門故儒則素王間生於釋乃金人謫下則知人情難及智用全殊每登山而躊躕因驚墖之荒毀是斯墖之將興也一則合天中后聖德遐被慈心溥施行是日之堯風徵當時之漢夢於是三寶起跡十方歸心布金祇園圖像花界今者又塵清域外鏡朗天衢金柯開鼇背之花寶位乾銀河之浪玉潢丹甑坐分瑞應之符樵子漁翁眠唱太平之曲爾乃遇公道窮生滅心達苦空信塵劫之迷途悟法門之了性追我家之舊迹再葺連華護我佛之眞身重修寶墖然後增基表剎薙草開林剪荊棘而雲平列松杉而洞出時維三月節屬九春鶯吟風而千般草垂巖而萬

種建金棺而心動羅寶蓋而雲陰緇徒共瞻士俗咸悅芙蓉座上飄三界之異香薝蔔園中潤諸天之法雨是時也祥雲結彩氛氳於行道之壇慧日澄華照耀于然燈之位公乃覩相生善至誠感神遂發善心爰命工者於是依憑氣象結構規模初標覆簣之蹤漸著凌雲之勢亦有飛閣周繞迴廊接連石工呈奇巧之才梓匠設雕鏤之妙壯觀而龍蹲虎踞巍峩而仙掌蓮峯繡柱矻而星攢雕梁艴而虹指掩映而初蜃吐崚層而欲鵬飛不逾一年局就工畢斯狀也險體千仞高標七層疑凌霄上又若神助上穿星

漢下壓雲根豈劍閣之能齊比爐峯而尚峻鶴歸天而一駐雲收霽而半開發郢客之詩情壯吳宮之地勢金輪縹緲亞日月以高明雁像參差拂虹蜺而若動偉哉墖之美也其功杳莫繼焉至若游人訪景淑女尋春入幽徑而攀蘿步晴崖而拾翠巢鳥暎葉嵐烟惹衣苔鋪石而霜斑花暎峯而綺合高瞻闤闠千家之臺榭龜文迴瞰林巒四面之波濤練色至乃金飈屆節銀露催寒何用悲秋正堪憑檻天朗而雲霞弄錦風高而松篠張琴蒹葭之浦上漁歌蒲蓼之汀邊雁影疊浪裁古人之素羣山鬬少婦之眉開

謝客之愁襟抒休公之佳詠松間疎磬伴高鳥而飛來湖上輕烟暎孤帆而掠去斯墖也非公不能建矣斯景也非公不能敘焉時有勾當僧道居文贊崇建寺皆以高空皎月深谷奇松掛衣錫而雲開卧烟霞而鶴瘦真宗真理金言積於情田無垢無塵玉蓮生於淨土且小人識比求劍材非利錐焚香雖效其不迴壁角常慚於未達辛苦十載每思蚊夢之由摶躍九衢頗有龍門之志曾勞閉户何啻仲舒之三年誰念無家更甚相如之四壁惟公不揖貿孱詞陋命作斯文操觚長吟永日忘輟何以著公休美大播芳風詞曰

皇堂之世運變千秋產公之字闕一當代風流荆聶之氣金張之儔但樂風月不干王侯英明少年卓犖公子傲貴忘榮時人鶚視洞字闕二黃春風不起金谷花開玉堂攜妓南山積石東海揚波紀公之德未足爲多

高壖

壖咸通時布衣

龍華寺窣堵波塔銘 并序

天性本聰敏執心謙沖推善讓人曾不自伐事鄉曲乃鄉
曲欽承理家道而家道篤睦者厥有周文王毛公苗裔國
汭國崇之昆季也仁孝並舉義讓克修雖古高柴田眞難
可將比焉祖立職轅門妙閑弓矢正直在己匡救邦家吾
君賞其勳勞延及後嗣父敬承先祀相紹無差上令下從

罔墜基緒書曰功加於時德垂後裔斯之謂歟暇日昆季
議曰阿翁遺意保厥孫謀衣食粗充心思上報既而上下
協睦同望勝因乃名匠選石施功琢削磨礱既就崇窣堵
波是日功終立於營所其地則北視橫山南鄰畢陌東西
逾遠故號洪川意望將此勝因資及七代先靈并亡兄姊
妹等願神識不昧得覩眞容彌勒佛前親承聖旨現存孫
息眷屬等福樂無窮壽等青山福同滄海願法界衆生普
霑此福乃爲銘曰
天雖高兮尺寸可知地雖厚兮里數可期海水深兮毛滴
記之大地廣兮微塵無遺烏兎交兮四時有盡立窣堵兮
福布無涯

裴鉶

鉶咸通中爲靜海軍節度高駢掌書記加侍御史內供奉
後官成都節度副使加御史大夫

天威徑新鑿海派碑

巨浸無涯接天茫茫狂飈捲蹙駭浪屹起若流堆而走雪
岫瞬息萬里皚皚然縱天英之神威亦不能抑遏其勢長
鯨憂其蹭蹬巨鰲困其擺闔水族之偉者尚不得安況橫

越之舳艫焉能利涉耶即摧檣裂帆覆溺而不可拯有之
乎今天威徑者自東漢馬伏波欲剪二徵將圖交趾煎熬
饋運間瀾滄溟乃鑿石穿山遠避海路及施功用死役者
不啻萬輩竟不遂其志多爲霆震山之巨石自巔而咽之
伏波無術不能禁乃甘其息自唐皇有三都護其舊跡俱
沒欲繼其事遂命壘燎沃醯力殫物耗踵前功而不就又
各殞數千夫積骸於逕之畔邇者無有敢議其事者自僕
射渤海公剪蕩蠻夷跨踰滄漲削平交趾克復郡城錯磨
鋌殳駐軍卒伍然運粟走食尚阻洪濤名術徵謀未閱長

策渤海公曰我再有丹徼重闢皇風聚兵安人須便於事遂命攝長吏林諷湖南軍都將余存古等部領本將兵士幷水手等一千餘人往天威徑而疏鑿之渤海公諭之曰天道助順神力扶直今鑿海派用拯生靈苟不徇私何難之有前時都護乃犒師不至持法不堅博約營私人須怠惰今我則不然只要濟其王事耳諷等遂唯而去自咸通九年四月五日起手操持鍬鍤豐備資糧銳斧剛鏨刋山琢石是石堅而頑盤而厚併手揭折棄力鐫槌逾月之間似欲開濟但中間兩處值巨石嶃嶃焉繚亘數丈勁硬如

鐵勢不可減鑿下刃卷斧施柄折役者相顧氣沮手柔莫能施其巧矣至五月二十六日當晝忽狂雲興怒風作窺林若暝視掌如瞽俄有轟雷爍電自勵石之所大震數百里役者皆股慄膽動掩聰蔽視移時而四境方闢眾奔驗視其艱難之石倏而碎矣或有磊磊者落落者約人而不能舉俱爲雷之擾擊擲於兩峯耳又其西堅確之石至六月十一日後大震如初霆雷之赫怒迅烈復愈於東之所震者眾復驗之是日以磨派若有所失旁之盤陁者亦碎裂數十丈又其西復值巨石亦不可措手工人息攻皆仰恃穹昊意有所待復興雲雷又大震巨石乃䃺裂有泉迸出味如甘醴此乃乾坤拯助造化扶持迴換艱難一瞬夷坦皆渤海公心無私契精貫上元使列缺之與豐隆矜神功而誇妙用風雲接助增益勳庸感應如斯古無儔匹遂使決洩一派接引兩湖中間合流無纖阻窒經過卒校梯溟漲而不艱危趨運倉儲棹舟航而無覆沒凡涉交趾履險之處昔如履冰宋洞沙之鋒鋩耕其淪漣女漚灣之石頭湧其沸騰大蒙神之山腳蹴其洶涌舟人所歷毛髮自寒今則安流坦途不復經斯險矣於戲渤海公之功績與

鑿汴渠開桂嶺可等肩而濟其寰區耳諷與存古勤潔奉公精專辦事指麾之外更能審曲面勢伐山徵林結構高亭創修別館泉驅來而走碧橋架險以橫虹神室雷祠道堂僧署無不克備皆能顯宏至其年九月十五日畢工諷存古等堅請刻石紀次以示曠代渤海公從之因命於掌記直書其事鉶謬當秉筆不敢退讓銘曰

天地汗漫人力微茫渡危走食冒險駕航脫免者稀傾沈是當我公振策勵山鑿石功施艱難霆助震激洩海成派泛舟不窒渤海坦夷得餉我師天道開泰神威秉持

陳庶

庶揚州人工畫花鳥

聞韶賦 以宣父在齊三月忘味爲韻

韶則盡美聽何可忘況至德之斯過聆奇音之孔揚天縱多能信以嘉乎擊拊神資博學知具美於典章用而不匱樂亦無荒若充乎四門之術不離乎數仞之牆驗則足徵用之可貴聖者妙而合道志者仰而自慰悅五音而肆直孰謂其華致六府之和平自忘於味省風而八風叶暢觀德而九德昭宣季子慙遊於魯地穆公徒饗於鈞天曷若

覩率舞聆薰絃變態固已周流自然可以深骨髓而期富壽豈徒資視聽而娛聖賢至若清磬虛徐朱絃疎越鼗鼓以之迭奏笙鏞於焉間發以感陰陽於宇宙耀光明於日月自表虞德之不衰豈効文王之既歿是知武也未善護也有慙均化歸於二八讓德明乎再三所以其道不窮厥見斯在驗率舞於百獸想同和於四海如其樂正非關自衞而來儻俟風移有異從周而改愔愔不極杳杳作迷俄將復矣抑又揚兮夢周公而不見想聖德而思齊聞斯行諸厥不踰矩感心駭耳視何其靚悠然而往三歎如在夫寥天倏爾而旋萬籟已吟於九土詎忘味於三月諒永懷於千古幸賦韶樂之遺音美哉尼父

蠡山廟狀

范大夫廟在龍陽縣之赤山山接沅江縣東有湖古名赤山春夏水遠之一云天寶六載巡使蕭子寶改山與神同名今民庶憚其靈罔敢呼者廟後倚高山前臨湖水山卽峯巒疊疊觀如隊羊水卽淼漠雲夢章華之洞澤其廟古與禪林臺同爲一院乃有長松巨竹豫章雜樹烟霞鬱茂旁有渚名南浦居人列牆而住徑帆往來無不湊者向南

二里餘有巨石數十遍臨湖水大者狀如宮室如舟航繫於灣島名曰石碑石畔有潭秋冬不乾號橫潭池夏日洪濤洶湧魚龍之所會沿崖有路通行上有垂藤古木鳥獸所居崖岸數里遠望如霞西望隔湖平田數百畝中有古城俗呼瀣湧城林木森聳每春水泛溢嵐翠湖光氣烝祠宇按郡記云卽楚附庸君城也廟北去太湖五里餘有上壠連山脚而截湖如堤防上有一柱冬居壠上春夏迴在水中名繫馬柱廟無碑記相傳神以光宅二年臨北境時見乘石牛巡山擇地至第三崿曰覆盆崿上有豫章盤根

數丈垂枝下埽其地神於此置廟或云貞觀以來曾蒙國祭禪林臺有殿宇佛事悉皆開元中建立咸通十一年二月前使塞中丞施金帛建廟院

韋昭度

昭度字正紀京兆人咸通八年登第乾符中累遷中書舍人從僖宗幸蜀拜戸部侍郎中和二年以本官同平章事兼吏部尚書授司空遷太保兼侍中昭宗立守中書令封岐國公王建攻陳敬瑄於成都詔拜行營招撫使還爲東都留守景福二年以司徒門下侍郎復爲平章事進太傅

後爲王行瑜所害贈太尉

元中觀瑞石賀表

伏以雈蒲嘯聚車馬省方天災流行國家代有陛下下成湯罪己之詔徵王者有征之師顧彼兇妖卽當殄滅淸平既彰於嘉兆幽贊爰覩於秘文赤雀銜書睨豈同於天上元龜負卦慶難比於平災況因宗室齋醮之辰仍有祥光跳躑之瑞其爲感現可謂丁寧

又賀瑞石表

伏自翠華南指黃道西分山行則六鳳翔軒水渡則雙龍負檝劍飛峭壁芝秀行宮祥文泛木於湘川麗日文輝於蜀國蓋由聖神所祐謙抑不居遂令感動元穹發揮厚土青羊故里精思盤石之臣白馬新蹤默啟靈軓之篆仙家秘窟景祚延洪周旋六字之中契合千年之運魏代之始營宮廟玉璽效祥舜朝之流眄庭除金車迴出方於貽疑難繼斯文

請復李克用官爵表

賞功罰否前聖之令猷含垢匿瑕百王之垂訓是以雷解而羲文象德網開而湯化歸仁用彼懷柔式存彝範上自

軒農之代下臻文武之朝罔不允洽寬宏以流霈澤況國家當德祖守成之日憲宗致理之時車軌一同桑麻萬里燭龍外野悉在梯航火鼠窮郊咸歸正朔然猶王承宗擁兵鎭冀詔范希朝討之仍歲無功卒行赦宥而又朱滔以幽州之衆結田悅李納王武俊之強遣馬燧等征之不克旋又寬之以累聖之典謨睿哲大朝之紀律文明非不欲厲彼風驅快其電掃然且考春秋之義稽楚鄭之文或退而許平或服而更捨存於舊史載彼新書李克用代漠強宗陰山貴允呼吸而風雲作氣指揮而草木成形仰天指

心誓獻秩嘗之首伏殄殿血屢親都護之營所謂勇多上人自匪窮來歸我及陛下聖考懿宗皇帝之朝彭門失守親驅銳卒首建殊功而先帝即位之初渚宮大擾復提義旅克靜妖氛其後封豕長蛇薦食上國繼以子朝之亂皆因重耳之盟保大朝之宗祧垂中興於簡冊蓋聖主之御天下也有勲可書有績可載宥過不忘於十代念功豈止於一時天高聽卑請事斯語且四海之內創痏猶殷九貢之邦綱條未理昨者遽起邠岐之衆尋已退還又徵燕薊之師倏聞內變出於饟饋失職資屝絕供致此投戈是乖

借箸蓋下計之未熟非聖謀之不臧儻宸斷重新天機間出錄茲誠款散彼師徒虛其舊念之懷待以如初之禮臣等所議實在於斯抑又聞往者漢將趙充國欲因邊境衰弱出兵擊之是時魏相上書盡陳利害且曰恃國家之大矜人物之衆欲見威於敵者謂之驕兵兵驕者滅非但人事乃天道也又曰臣不知此兵何名者也兵出無名事乃不成漢宣納之竟罷其伐伏惟皇帝陛下鑒往古用師之難採列聖遷善之美恩加區宇信及豚魚則臣等不勝懇願況今汴魏猶難幽定方困縱遣之調發豈能集事虛行

號令徒名寇讐將以勸人非惟辱國且黷戛斯舉勤王之衆推效命之誠未能虜騎獨攻所望漢兵同力令茲數鎮奔命不遑難致濟師恐又生事諭其漸當暑熱非利戎旃悉力須霑遣還蕃部重榮陳五郡之卒益謹關防王珙振兩河之雄更嚴旗鼓然後獎其上表哀以自陳錄彼前勞責之後効徵神爵之往典還日逐之故封諭其已斥王恭不使更疑晉帝凡百臣子實切乃誠其克用在身官爵並請却還仍依前編入屬籍

韋蟾

蟾字隱珪下杜人大中中進士徐商辟掌書記咸通十四年官御史中丞終上書左丞

請禁托故請假奏

應諸州刺史除授正衙辭謝后託故陳牒請假實爲容易自今後如實有故爲衆所知者三日外不在陳牒之限應內外除官入京合便謝如有犯條章頗乖禮敬自今已後望准故事如未朝謝須俟於都亭驛如違臺司勘當申奏

郎肅

肅咸通中官大理司直盧龍節度衙前兵馬使

甘泉普濟禪寺靈塔記

故甘泉禪院大師諱曉方蘇州常熟縣人師事五泄山靈默大師慈悲以濟物勇猛以化人横身塞河決之波舉手正山岡之勢碎裂魔網高張法雲得岸抛舟不師文字上天燒尾别創風雷方岳公侯連城守宰偃風渴道靡不皈依百草滋甘露之芽三獸極淺源之渡皇哉巍乎則置院之碑詳矣咸通十一年三月十日遷神於此山報齡七十七僧夏五十八門人法順等肇建靈龕於院西南百步盤龍山首焉咸通十二年歲次辛卯閏八月盧龍節度衙前

兵馬使前朝議郎試大理司直中山郎肅記

柏虔冉

虔冉咸通時官撫州兵曹參軍

新創千金陂記

撫州刺史渤海李公一日無事理舟汝水泝流而上顧視原野而歎曰焉有沃壤如此而不富於民耶有田戶鄒稜跪而拜曰稜臨川之小民老於農者請以利害計於使君願申其說公曰然因得盡搜故事得華陂舊基焉稜曰華陂始於上元在大歷中有若顏魯公亦建土塍陂尋亦廢塞在貞元中有若戴公置冷泉陂其跡尋荒在太和中有若杜公修置不成咸通五年七年有若皇甫公有若鍾離公相承八十餘年皆儀圖其地卒不能就公曰不然吾試爲汝成之於是究其源度其地鳩其工諭其民民咸樂之九年八月鑿冷泉故基自文昌橋直抵南洲鋪上口凡九百七十餘丈接汝江皆沙礫排窒微有其趾於是畚鍤既備併其工而開鑿乃浚其洫乃高其壖土與江口平盡出其沙與積壤縈束盤委望之若帶焉過報恩寺趨文昌橋下透隴畝而分其溝塍綺錯鱗差二十餘派陂偃五所以

節水勢公又於其上横截汝江置千金陂南北百二十五丈斬木爲樁疊薪爲澤間以巨石而絡之江水小長陂則蹙其水丈餘而入於冷泉之新渠奔流貫激通舟楫之利利於窮民走文昌橋北沿流三十餘里灌注原田新舊共百有餘頃自茲田無荒者民悉力而開耕爾後又不可勝紀其頃畝矣先是荒廢陂水不入仰天雨積潦而溉之苗旱暵不雨苗則盡槁是臨汝長寧長樂三鄉之民固無望秋成而輸王之稅不減他戶窮民焦號無所控訴至有鬻妻傭女其苦甚矣嗚呼不有天意將大拯於撫民則公曷

莅於臨汝耶曷成於千金陂耶民咸聚而謡曰公倅景城民蘇南陂南皮斗門厥績今存在昔河流西走燕魏民困隄防日憂理水舟楫壅遏爲獘仍歲公作斗門分水之勢亦不役民荷公之制又曰公作千金撫民惠深陂水沈沈樂乎人心我田不荒我苗如林憂公之去誰其嗣音十年夏新陂成公名郡從事及賓客載酒張樂觀陂以落之由是軍民無少長緊公之德賴公之惠因錄其績聞於廉使請詣闕借留引寇恂故事而聲聞朝廷爲上郡之政首迨十一年夏公秩將滿懼公之去惜公美績恐汩於後錄事

參軍衛宗卿臨川令陸愆都押衙李莊都虞候吳敎賓子糾候讓勾覆王贊洎州縣胥吏等羣進衆拜於庭曰公之利臨川其績彰彰厥功懋哉而千金之創特異於古雖汝南何敞開銅陽以利物郃侯斷洪流以溉田無以過也不刋於石則撫人何所仰其德哉衆有議曰軍倅柏虔冉早踐文場善屬詞筆宜勒其事虔冉才非博古學昧通經而繆爲賓吏纂我公之懿德豈能備乎辭不獲免因操筆覼縷事志於貞石愧無文飾咸通十一年歲在庚寅六月壬午朔廿八日己酉記

王武陵

武陵字晦伯咸通時官倉部員外郎

宿惠山寺詩序

戊辰秋八月吳郡朱遐景自秦還吳南次無錫命予及故人竇丹列會於惠山之精舍是時山林始秋高興在目凉風白雲起予坐隅逍遥於松檜之下偃息於盤谷之上仰視雲嶺俯瞰寒影夕陽西歸皓月東出羣動皆息視身如空元言妙論以極窮奥丹列有遁世之志遐景有塵外之心予亦樂天知命怡怡契合視富貴如浮雲一歌一詠以

紓情性夫良辰嘉會古人所惜序述不作是闕文也山水之下景物秀茂賦詩導意以紀方外之遊

吳畦

畦山陰人第進士官諫議大夫以諫討河東出爲潤州刺史

唐贈左散騎常侍汝南韓公神道碑

長河北控太行東隅粤有奥壤厥爲全魏其中土宜耕俗最淳孝子忠臣義夫節婦觸類可觀比屋可封地勢自然物理斯在是以代有將軍稱義兵控北敵之咽喉扼南燕

之襟帶歲月鞏固朝野賴之至於命帥臨戎非賢則德或失其統馭則禍必起於蕭牆昔盧江公承襲一方子孫三世逮及衰季始墮弓裘四人切弱（一作溺）苦之音六郡當舉羸之患乃晉三軍之衆千萬同心（闕五字）英雄應選（闕五字）僉命我公雄仁蘊長者之譽德負不孤之聞語其力則五丁比肩較其藝則三傑齊價秉磊落大度挺昂藏偉才河山之精貔貅之勇表率魏邦懸懇魏人天道照臨宸衷慰悅軺使纔至軍務克諧金貂之峻秩負來烏府之崇資不踰期月爰登魏博節度至三台之重公感歎彌殷遙駐（一作馳）

罔極之誠驟冀追崇之寵天子乃嘉其大孝錫以珥貂用副孝思式賁幽壤公既獲拜嘉命念哀榮無常若不卽以刋之貞石無以闡將門之業無以傳曠古之名因授以賓徒俾詳其事繫吳畦序焉公諱國昌世係汝南人也其先與周同姓姬氏其後苗裔事晉得姓於韓故曰韓武子武子世本云萬生賕伯賕伯生伯簡伯簡生子輿子輿生獻後四十世有韓厥從封爲韓氏厥孫於景公三年屠岸賈將作亂誅靈公之賊趙盾趙盾亡死矣欲誅其子趙朔韓厥止之告賈賈不聽厥告趙朔朔曰子必不能絕其事賈誅趙厥稱疾不出卒全其孤春秋書之至於秦晉會盟楚漢襲服紳有勳烈犖然功庸迄於我唐不絕流派公累代魏將剖分符節曾祖魏博節度押衙祖朝魏博節度押衙兼臨清鎮遏都知兵馬使檢校國子祭酒兼侍御史烈考魏博節度押衙充都知兵馬使檢校國子祭酒兼御史中丞公之爲人也天假樹忠神符抗節好謀而斷知幾而明約言有常敏行無玷以孝弟成其性以文武全其才少卽承祖宗之餘芳長最好孫吳術讀黃石書指力爭爲末燼笑氣吞爲細事嘗慕攝衣決勝坐籌出奇軍中少年靡不

取則時值王室爲難邊疆舉烽公乃拔自偏裨擢於列籓尋擊賊有功乃行賞酬庸論功載筆是時洋溢懋績充塞宇宙心服軍旅名垂竹帛藩翰可期芳訊繼臨密詔垂下公倜儻成癖優游素深時雖料敵摧堅不廢吟風嘯月執堅守冑銳氣難奪自思今若終天力絕不顧骨骸後時顧乞陪臣不越吾土遂脫輻謝病掛冠養高搢紳有聞物論稱平尋以牽復舊位脫履王畿監止於方鎮懋績崇榮其孰能宗歟公始及裨副載分劇職入奉訓齊之令出揚整肅之權推公而直若引繩行己而平若止水言不好弄服

不好華。卷舒自得於時宜。喜怒不形於顏色。崇善觸邪。柯葉不遺。紫髯最冠於羣公。青眼靡遺於衆卒。藹若聞望。誼然令圖。公非獨王事有作。復乃閨門立程。稜稜而廷訓惟嚴。察察而鄉義尤峻。先教之以仁義。後導之以詩書。諭雍容禮讓之節。示惻隱慈愛之心。馳騁田獵。雜服詭辭。趨若仇讐。屏如蝎螫。肆我武勇。平成以賴。適方一箭發而號猿猱。三尺舉而吼龍虎。矛盾山立。旌旗血融。言其壯則扛鼎拔山。顧其勇則馮河。逐日。七十城而應敵下。四十萬而乘時坑。此乃用武之克捷。行師無不利者。若以瞻雲望氣。一

否一臧。辨成敗之機宜。鑒吉凶之休咎。則武非文而不備。文非武而不揚。實共濟而相恤。無殊塗而別蹤。矧子纔立名業。（闕一字）仗弓劍者也。子之身甘爲不肖孜孜以未墜之緒力（闕一字）於命子者。其庶幾乎。議者乃赧赧絕詞。唯唯而退。令（闕九字）僕射果自（闕四字）德（闕）公昔之（闕一字）習非偶然哉。武宗涖祚初年。逆賊拒命。天討薦加。常從廬江公以勦叛。廬江公異公英勇。以前衝統衆弦道係將累。曰。公度其軍勢。相以人心。雖機上之可期。若在彀中耳。謂廬江公曰。魏師以久不振旅。時無恒心。今乃越境而出。若非肅齊。則衝敗莫制。若悅豫其情。則前驅不睡。公請審其向背。妙以機謀。督餽餉之心。敦戰伐之道。在爪牙者。郄駢羅於後。如市人者。皆跨列於前。自然表裏相應。寬猛得中。此勇之大勢也。（一作故可係時時必偃其干戈翹下闕）廬江乃俞良策。卒成大功。鎮山東壯武之聲。擅日下勤王之効。莫不由此。言無謬歟。公雖初心不求朝拜。藩府所獎。符竹爲先。遂遷攝貝州刺史兼本管劾奏御史中丞。公既解戎韜。俄從郡政。三尺之綱條不紊。四知之敬慎惟敷。瘡痍既起於沈滯。勞逸復均於痾瘵。雖黃霸行欵龔遂立誠。求之北方。孰以優劣。公忽不自懌。

曰。久從軍中。心無逸（闕一字）冒馬勞金瘡之績。竊蹈忠履信之名。稼穡少知。艱危歷試。不冒榮於好爵。不伐（闕二字）殊勞。避授鉞於他邦。止建侯於我土。今齒髮云邁。桑榆足悲。胡可尚存碌碌勞勞。不知閒居適志。遂乃命納軾旗。終賁林野。文言曰。知進退存亡而不失其正者。其惟聖人乎。以大中六年七月十二日。寢疾薨於魏州元城縣德教里之私第。享年六十有六。以大中八年二月二十五日。殯於當州莘縣修善鄉依仁里。至咸通二年六月二十六日。贈左散騎常侍。夫人清河張氏。同時月日贈清河郡太君有子三

人長曰君雄魏博節度觀察處置等使檢校尚書右僕射兼御史大夫仲曰靖魏博節度押衙兼部從檢校太子賓客兼侍御史季曰楚魏博節度押衙兼刀斧將檢校太子賓客兼監察御史噫公以德符陰隲慶延子孫世居封贈之尊蔭極人臣之貴建碑道左顯褒冥途畦序說爲銘銘曰

堂堂聖朝烈烈文明仁以配德德以延英社稷康人將帥惟精欽我魏疆爲河爲方厥賦以上厥土惟良異物既產賢臣復彰擾以六韜峻以五常弧矢不斡忠孝爲先少齒

得志勵節勤王扼腕不斷瀝胆可嘗虬龍屈盤鵬鶚翱翔平寇討高伐叛名揚運籌悉帳決勝沙場功業有勳朝廷議勳加以羽纛陟以親軍賜以好爵固以藩身得路我士保祀我禋貔貅舊統畏敬無垠符竹嘗剖惠愛猶存訓子文行果極名臣罔極知報帝命爰臻錫以峻職飾以王綸褒榮令嫡激勵愚嚚褒崇既尊典禮斯陳昭彼懿德勒自貞珉

欽定全唐文卷八百六

蔡詞立

詞立咸通十三年官虔州孔目

虔州孔目院食堂記

京百司至於天下郡府有曹署者則有公廚亦非惟食爲謀所以因食而集評議公事者也繇是凡在厥位得不遵禮法舉職司事有疑獄有寃化未洽弊未去有善未彰有惡未除皆得以議之然後可以聞於太守矣冀乎小庇生靈以酬寸祿豈可食飽而退羣居偶語而已況虔居江嶺

地扼咽喉有兵車之繁賦役之重苟一物爲害則萬姓何辜一綱不提則七邑何守同舍諸公得無屬意焉小子承乏每慙尸素志求短拙憂心忘餐或有公事之稽留獄訟之寃滯六曹之臧否百姓之慘舒農桑之失時鄉閭之蠹弊聞見所未及才智所未臻希會饌以言之共裨風化院食堂舊基圮陋咸通七年夏前太守隴西公遇時之豐伺農之隙因革廨署爰立茲堂環之高樓翼之虛檻有風月之景花木之陰無燥濕之虞墊陷之慮聚於此者得無愧焉處廣廈宜念巢居露寢者食兼味宜念糊口飦塵者夏

清涼宜念曝日而耕者。冬溫燠宜念卒歲無衣者。苟用心如是則日食萬錢無以爲愧。豈惟公膳哉。自剏建之後。於今七年。未有紀述。深以爲缺。小子伏役之暇。好讀書爲文。雖顧不才。聊用直錄。咸通十三年五月三日記。

侯圭

圭。僖宗時人。

割鴻溝賦（以割土開城去存深跡爲韻）

龍爭虎鬬兮。萬象交奔。鏃盡兵窮兮。白日猶昏。潛豹畧而久困。割鴻溝而兩存。臨屹屹之重關。平分海嶽。指遙遙之

一水。畫斷乾坤。秦之末世也。鹿走中原。人殃下土。天垂不定之氣。代作分爭之主。皆欲呵叱羣雄。鞭笞萬宇。或功侔擘嶽。埽氛祲以將清。或力並觸山。缺穹昊而未補。爭馳羽檄。欲定雲雷。共假長山之隔閡。請如橫漢以昭回。劈六合以中裂。割八紘而半開。於是對戰雄稜。俱停執馭。盟高岸以斜指。約中流而內據。霜戈雪刃。擁雲陣以東歸。火幟虹旗。扶日輪而西去。險隘瓜剖。沉深帶橫。兩曜而寧休暈蝕。重霄而未落欃槍。晉魏周韓。出地表而共宗函谷。燕齊楚越。徹天涯而盡屬彭城。池塹彌堅。人烟漸隔。瘡痍詎息。於餘畧兵甲。俄循於舊跡。孤軍外鎖。截南北於千城。萬馬重來。併華夷於一擲。由是霾陰再合。霆霹交侵。强者功淺。弱者機深。空欲限溝洫之迢遞。閉關河之阻尋。分地理而不分天理。割波心而不割人心。及夫垓下之劍不還。江上之師莫過。始知鳳閣之難處。徒想鴻溝之獨割。至今京索之原。古津空闊。

東山觀音院記

廣明初。梓州浮圖祠大小共十二。慧義居其北。兜率當其南。牛頭據其西。正觀距其東。上臨絶壁。下瞰長江。青靄屬

天。纖塵莫及。巉巖險峭。孤標勢盛。諸寺讓焉。自儀鳳元年置。本號清居。尋改眞觀。凡一百六十七年。會昌中例從毀廢。大中時。內大德僧知元與工部李侍郎同議興復功業未就。屬蠻獠猖狂。將犯西蜀。有三藏僧洪照召諸寺僧智海等於舊基置降魔壇。號曰無能。節度使尚書獨孤公因給牒。置院利人。信施洊至。飛木輓石。鳩徒募工。樹立新規。因循舊跡。制未周歲而及半。創觀音像堂三間。南邊佛舍五間。山頭大閣三層七間。房廊廚庫門廡十五間。皆盡雕飾之妙。宏壯之麗。瞻仰崇峻。依歸者萬計。舊傳塼塔十三

層歲久傾欹忽遇風雷遲明卻正時以龍神扶掖之異今餘其址又有石龕四五兼鬼子母下臨方泉里巷以高禖之饗祈禱者衆頗有靈異故李公溪石前身之說詩碑尚在洪照姓鄭氏虢州盧氏人幼詣清凉金闕寺鏡公處出家竹林寺用公處具戒壯歲就興善寺則公處受灌頂五部大法明五天梵字太和七年遊蜀初住綿州大安寺洎返初服再從剃落因隸緜州開元寺置上方轉輪經藏十年秋川主尚書韋公請居慧義般舟院因得重新正觀焉常以眞言袪邪逐祟呪水治病救人不可勝數咸通十三

年夏六月委化於般舟舊座壽七十八臘五十五建方墳於東山梓州諸寺山院陳迹慧義則有庾開府王子安李北海趙甤處士碑牛頭則有閭邱博士均嚴員外碑南禪院應天院則有李員外商隱淨光徹大碑圓梵寺兜率寺則有崔相國楊相國記靈泉院法社龕則有王校書魯記皆雄詞健筆抉異挑奇相繼馳名於諸夏矣惟正觀舊無紀述照公門人從文清標正直勤苦修持承襲巖栖宗依明教亦得其三密心印秉閒錄精宇之興廢先師之行業剸縣崖五尺請書圭辭不獲命書曰舊眞觀寺今觀音院元始其意照成其志文終其事辛丑歲正月二十七日丙子刻

崔瑄

瑄咸通朝諫議大夫

論令狐滈及第疏

伏見新及第進士令狐滈是河中節度使檢校司空同中書門下平章事令狐綯男舊名壽改名滈竊聞頃年暫曾罷舉自父當重位而權在一門求請者詭黨風趨妄動者邪朋雲集每歲春闈登第在朝清列除官事望雖出於綯

取捨悉由於滈喧然如市傍若無人威振寰中勢傾天下及綯去年罷相出鎮其日令狐滈於禮部納卷伏以舉人文卷皆須十月已前送納豈可父身尚居樞務男私挾其解名干撓主司侮弄文法若宰相子弟總合應舉即不合繼絕數年如宰相子弟不合應舉即何預有文解公然輕易隱蔽聖聰將陛下朝廷爲綯滈家事伏恐奸欺得路孤直杜門非惟取笑士流抑亦大傷風教伏請下御史臺子細推勘納卷及取解月日聞奏臣職當諫署分合上聞

潘稠

稱僖宗朝亳州刺史昭宗乾寧四年加金紫光祿大夫檢校工部尚書

請移眞源縣就太清宮奏

自大寇犯闕之後羣兇誅殄已來大小寇逆前後一十八度欲犯太清宮或迷失道途或龍神示見終挫兇計宮城晏然所庇護居人不知其數請移眞源縣就宮安置

張魏賓

魏賓咸通時鄉進士

唐故太原郡王處士墓誌銘并序

太皡爰興木德啟姬周之運靈王少海緱嶺表登仙之慶故王之命氏始乎太子晉晉生龜襲封於太原今爲郡人也廿四代祖褒仕晉爲大將軍以孝敬動天粲今國史流祚萬世忠貞顯隆軒冕官常有國皆有不復備列於斯誌君諱仲建字彥初即將軍之遠派也曾祖潾追皇考坤咸以博識著稱委簪纓有羈縻之患故遁俗不仕府君乃坤之次子矣幼而廉愼長而剛毅偉其貌而孝於家睦乎宗而潔諸已訥言敏行金穴山藏用捨無遺鶺鴒一致誠明諒直清簡洽聞涵類銳於鋒鋩極逍遙於大道武齊樂伯劒敵莊周縱雄辨而嶰谷潛暄摛麗藻而綺霞爭秀志高氣遠觀象紫微當豹隱之餘芳應處士之嘉號非公而孰能與於此哉識者以爲懷寶不耀至信自彰探老氏之希夷固全眞於物外者也方欲鍊形羽化潄液丹霄存神於罔象之中抱一於杳冥之內將宣平生之大節豈料尋師未遂步水俄侵賈生之鵩鳥遽延排寢之搏膺斯及嗚呼春秋六十以疾不間終於河梁之別業公娶清河張氏乃班孟之名家胎訓之清譽蘋蘩繼代中饋祖禰之母儀耳故能有子一人焉曰知教實令嗣也自齠季丱歲所好所

慕已脫落常態及成童伯仲以孝經授見末章有裂骨之痛親屬以爲曾閔之疋俾專就養克扶竭力之仁捧藥問安式展因心之孝銜酸茹恨泣血穹蒼擗地捫心幾將滅性於廬次悲夫繼夫人安氏淑順閨闈亦盡敬姜之禮知教乃抑情斂涕罄彼稱家克己勵精冀終大事以其年歲在乙酉十月己酉朔廿二日庚午至孝由是坐踊無時徒跣備先王之制列儀旐自三城護府君之神座歸葬於河陽縣豐平鄉趙村之北原附大塋啓先夫人之舊窆合祔於斯禮也尚念鍾岳圯毀江瀛摧頹歷數有期堙滅無紀

請編是誄於泉壙魏賓嘗游館穀竊覿徽音直筆其辭用
旌孝子之慕焉乃作銘云
王氏盛業姬周奕世降及仙才浮邱以濟元偉孝弟仕晉
文帝義烈汪洋忠貞昭晰以至於　公克揚嘉裔猗與府君
以大其先嗟嗟夫人柔順其賢孝子號天哀親棄捐感靈
陶鶴相彼何阡峯巒纍巋氣魄聯綿尹默之悲凉奚及陛
機之雅賦依然檜柏秋月春松暮烟庶山川之不易標誌
誄於他年

張雲

雲字景之一字瑞卿咸通朝官起居郎歷興元少尹

論令狐滈不宜為左拾遺疏

臣伏見今月十五日敕除長安縣尉集賢校理令狐滈充
左拾遺者滈頃籍父威不修子道干權黷貨有口皆知據
其輿論之所咨嗟宜於霜憲之所破碎豈可令捧近日月
飛翔雲天此則有罪而反榮是乃無辜而可警也伏惟陛
下以獻文繼代孝德承祧臨天下以至明示天下以至信
有善必勸有惡必懲分別昭彰使人不惑也今滈為諫官
是惡人得位善人必疑矣陛下何以執信行令使萬方從
化乎滈麻衣如雪干弄末光穿緣穴鼠之墉以欺其父出
入吞舟之網不畏於人至於朝廷命官公然請託不封殿
最無取賢愚但擁富貲即為高第遂使堯官三載黜陟有
繫於金錢孔教四科取舍或由於聲色且令狐綯進用李
琢首亂南方贓罪流聞遠近昭著使天下兵戈徵斂未有
已時而南安舉城化為凝血矣陛下每臨朝聽政語及南
安事或至掩泣未嘗離心上欲收復土疆次欲誡勵臣下
琢頃以典郡贓穢廷臣曾有論封令狐綯比竟用之由滈
有納賄故也李琢之罪既正刑書則舉以致戎者是誰之

故此乃目前可驗天下皆知臣豈苟緣愛憎妄有論列滈
為人子陷父為惡豈堪鳴玉曳組為陛下諫臣乎陛下必
欲推寧僭之恩以寵於滈豈不念南方赤子流離死亡豈
不念州郡徵斂生人受弊豈不念蔡襲酷沒豈不念國計
空虛凡此數條盡滈之由也臣頃事先朝任太常博士以
滈專恣威福勢傾朝廷大中十三年五月二十三日已進
密疏直啓九重先帝且務苞含微臣亦蒙全宥幸得要領
獲事聖朝臣今若顧惜微軀寢而不奏是臣不以事先帝
之心事陛下也生則罪重死有餘辜但獲上聞聖聰一悟

睿旨雖當鼎鑊亦所甘心伏望改授滈一官以息羣議

復論令狐滈疏

臣一昨以令狐滈叨議聖朝脫身疎網因緣僭祿抗奏上論伏自疏奏以來二十餘日未奉明詔異議喧然臣孤立自持當此大位忽異恐事生不測先及臣身則一去帝城千里吞恨將來拜疏何略聞知臣今再上聞者但以勢不可默也滈之取錢豈令臣見臣只以貪僭之譽布在人間惟受傳聞卽有論列先朝獻疏已具指陳還緣此子竊父威權爲過不少而外人言論上聞於天所以先帝不加責

於微臣以言之無罪不然令狐滈外倚家門之權內連鄭顥之寵臣尋粉碎於先朝矣今日豈得全生更爲陛下明言乎令狐綯爲先帝權柄大臣獨擅恩澤職當調護國本訏謨皇家陛下序屬天宗躬爲長子先帝親觀齒讓目覩温文大中十年十月八日勅右諫議大夫豆盧籍刑部郎中李鄴並以本官充夔王已下侍讀此令狐綯交連帝戚位冠鼎臣端坐中書作何行李陛下受天照命羣臣定策宮禁之事則臣不知但欲冊夔王便可知綯臣節況濫舉李琢致其毒流生人使先帝貽厥之謀不及陛下好生之德未免憂勤綯只合辭榮乞骸席藁請罰何顏更令不孝之子濫求官榮事體既乖人情實憤李琢本無吏道惟有貪名滈既身挫人言琢官實由賄得綯拔自羣小分符交州琢果大肆兇殘處置杜存誠父子取怨溪洞闔境亂離其坐罪貶官綯猶專爲掩覆依前要用更與壽州蕭倣駮議既行李琢罪狀轉驗琢不自澄省指斥王廷按獄司窮重重貶削分務未久又除宋州直至綯罷相權琢始廢居東格無私宰物當如是乎若令狐綯以琢一時敏辨以有公才用琢如或不知在綯未爲有過豈李琢前僭未塞後

惡乃張知是罪人橫身庇護則綯之舉吏自與心違滈之取錢何須眼見衆口紛紜號爲白衣宰相朝廷設進士之科本求才彥鎮其浮濫屬自宰臣陛下御極之初大臣儀刑百辟豈爲綯言出鎮滈便策名放榜宣麻相去二十三日綯既公然進狀請試春官滈則元在京都不經舉進明言拔解傍若無人滈爲宰臣之子不患無位且合簡身愼行以成父業有何急切如此攫拏使天下孤寒人人怨歎謂之無解及第實則有耳未聞不懼人言一至於此臣若悉書滈過方罄南山之竹恐未盡也臣家惟有童稚更無

兄弟自傷側足單居但思引領獲罪令狐綯身榮上相位冠通侯十年桃李之陰兩葉公台之貴煦能生物怒可移山臣子豈無常人之情有何苦切頻將單脆微蔑之身與强家立怨立敵自取傾危也直以曾將滈事上聞先朝滈出網羅偶逋清憲更欲玷黷皇化參侍玉墀人懷怨心而敢指斥是欲以大中威福復行之於舜日也獨臣將經是事豈得逡巡止可碎身權豪之門不可負陛下設官分職況綯有粃政亦何阻直言以其前章猶未明切聞滈黨欲謀害臣恐不及繼言便至貶降臣又思令狐綯負先帝之

事陛下不知悞我聖明由臣恇怯今再得指陳滈事啓達聰明臣於妻子官業已無愛惜矣用舍之宜一俟聖裁

周鈐

鈐懿宗時以詩賦著名累舉進士不第

南郊享壽星賦

玉露初降金風正秋有壽星之發彩出離方而若浮太史於是奏時令贊天休謂三光之丕顯蓋萬乘之勤修天子乃命有司灌鬱鬯登靈壇以蕆事敬南極而延望當其氣凝霧寢烟消霞曠循大象之昭回見孤光之寥亮月來歲往常居赤帝之前目擊心祈空仰碧霄之上所欲精誠斯感肸蠁潛交矚神靈兮心馳箕斗奠椒漿兮酌滿陶匏事異乞言殊養老於東序祭惟合禮同祀月於西郊時也陰陽正位晝夜平分思薦祉於人壽遂大享乎天文則知秩天宗用郊祀斯祭也象在角亢壇當戊巳月皎皎而清漢波流夜蕭蕭而白榆風起齋心既潔蘋蘩之薦巳申壽域先開龜鶴之年可俟祀事既道之南恍惚兮光臨俎豆依稀兮氣動烟嵐由是見星躔之不爽知君德之相參彼牛女迢遞以增思參商隱見而差失處圓靈兮徒分炳煥於

敬授兮未爲貞吉曷若我冠衆星而稱老當三秋而迥出既有補於乾坤詎廢書於時日是宜執犧象展鷄彝召馮相而司歷命祝史以陳辭如此則所謂一人有慶而兆民賴之

歐陽玭

玭咸通十年進士

野人獻日賦 以和悅日光情意君字爲韻

昔宋有野人負日之暄兮獻君不知天下流光以所見爲未見不信人間委照以所聞爲未聞當其愛景稍融農民

乍悅謂國內無有謂山前自別恐若木之光遽失扈扶桑之影將滅於是耒耜潛棄耘鉏暫輟指天路而貢誠適君門兮效節紅輪在上無欺皎爾之心赤羽相隨可驗昭然之說乃曰臣生於隴之畔長於隴之旁朝播其穀暮植其桑絲不得上體粟不得充腸以藿爲食以蓑爲裳體凍乎雪骨寒乎霜因取適於中野遂潛舒於太陽煦不厭暄不忘而恐率土之尊未識民間之樂一氓之賤敢私天外之光所以貢其所知陳其所覩願日之彩致於君之館願日之輝及於君之宇南畝而曾無寸澤猶悅於身東方而幸

有餘明敢忘於主主乃憫其甚樸嘉其至誠一則警於驕逸一則念及黎氓安知萬室豪家更有追歡之意六宮長夜仍多縱樂之情嗟夫人各有生生而有異爾豈不以種植爲業逋租爲事上或逼於狼政下或臨於虎吏汲汲爲心營營爲意遂使朝光不辨誰知勞者之情暖景爲祥忍奪生民之利乃知貴之逸者有之何稼穡而能知賤之至者不一則陽和而豈失彼徒見其夕入而因忘其曉出三尺之童子猶嗤何以日而獻日（不見和字官韻）

張喬

喬池州人咸通中進士黃巢之亂隱九華山

對燕弓矢舞判

燕師國子以弓矢舞樂師巡列將撻之曰眡瞭詔瞽師來臯

燕訓恭儉樂協詠歌君子以之侑食先王所以布政師彼國子舞於公庭始合於文執羽籥而在列終奏以武覩弓矢之斯張進退疾徐取六律以成節屈伸俯仰宜八風以克諧始協伯夔之教自得周官之典眡瞭詔瞽旣訴者之有詞樂師巡列何朴作之妄罰於此觀禮宜其緩刑

沈畋

畋懿宗朝官知制誥

贈同昌公主衛國公主制

門下死生有命雖著於格言天橫難明豈由於定數每念肅雍之德載經悲愴之懷疏土易名用申彝典故同昌公主生知孝敬天錫聰明桃李凝華芝蘭蘊秀克奉公宮之訓寧煩女史之箴洎結慶秦樓傳芳魯館蘋蘩潔淨環珮鏗鏘不矜帝子之尊盡執家人之禮謂乎積善享彼修齡驚電逝以霜摧致珠沉而玉折粉田蕪沒金牓淒涼荒沁

水之林園寢平陽之簫鼓哀情靡極縟禮宜加啓衛國之山河擇周公之謚號式崇徽教用慰營魂可贈衛國公主兼賜謚曰文懿仍令所司擇日冊命主者施行

邵朗

朗懿宗時人

兜率寺記

蓋聞三皇之時人本敦朴各守性命保其沖和全厥天年化窮則已降及唐虞之代嗜慾猶淳家給人足不相侵伐君君臣臣各理其職而已海內平一刑措罔施足而馳者

安於山鱗而潛者樂於水羽而飛者保於林胎夭不傷耆耋得死苟無禍害之釁奚假振拔之門哉殷周已還戰國萌動弦弧挾矢鍊甲鑄兵乃有强凌弱衆暴寡由是爭鬭之患生殺伐之禍興矣雖老氏垂清淨之化仲尼用禮樂之教莫能救也而苦海波湧愛河風騰害源弗祛心垢彌悖重圍匝於三界毒焰延於四生乘時蕩滌建設航筏汲引沉溺者惟佛世尊於是標六度之寶訓轉無上之法輪作迷途之指南為黑夜之明炬處濁世者何能濟哉但為三惑牽纏六趣淪陷頓而悟者萬無一焉粵有我東晉左散騎常侍輔國大將軍太傅胡安定公得之矣公諱鳳字世鸞才推國英德標人瑞出蕃入輔興事建功焯乎圖書煥在南史其激俗尤異立跡惟能者可得而言之於戲胡公辭榮不讓於二疏知足式於元老壓代冰之貴攀定水之宗悟萬法皆空歎浮生若幻以晉義熙二年正月捨所居為和安寺焉尊像端嚴墖廟宏麗由淛而左香剎之盛莫之偕也夫人九江郡太守呂公凱之女也柔明淑嬿姻族推高配德宜家義諧琴瑟發無上願捨不住貲亦於是日同捨西庄置五福寺焉殿宇嚴整高卑得宜迭經廢興

更名靈曜寺其五福舊額則移於縣郭之東山立寺焉和安門接三衢途通百越法衆雲集供具日臻長夏講筵無時暫輟燈然積代之明福贊無疆之休故得族茂千枝化霑來葉後嗣蕃衍不可勝言或以廉秀登科或以勳勞筮仕剖符列郡遵問絹之清風鳴絃化人效馴雉之素履其在空門持律行者二人二十三代孫聖壽寺僧令宣和安寺僧清瑗並童丱出家弱冠受具以為百億三昧無非度門調伏身心梵行精密調伏心為定慧調伏身為律儀護持第一如優波離受佛付囑比大迦葉行標法侶玉潔緇

林宗孫樓遁雲壑者凡數十門皆琴書自娛泉石爲玩與夫俛首下位者不亦高乎二律公洎枝孫輩凡若千人聚而歎曰我二十三代祖太傅公捨宅置寺綿歷歲時當武宗皇帝御宇之五年以釋教陵遲緇徒冗雜非一蕩滌無清化源初下明詔沙汰僧尼尋降勅旨毀廢寺宇則和安靈曜並隨而廢焉舊用碑銘一皆碎棄千載之後莫詳其由安可不紀於堅珉揚其往烈洎宣宗皇帝卽統祚六年以三教並行殊途一致有裨大化幽贊王猷重降德音再許置寺國朝大理卿溫公彰莅郡之日特表奏論恩賜禪

月之額有上首大德正白修大乘業得無畏輪行化未周喜捨鱗積營構堂殿不月而成爾後尋復寺名其士庶助成功德者名秩姓字者別有標錄此不更書今所敘述但彰厥初立寺之由焉朗謝秩鄞江寓居蘭渚寺幸不以匪才見託書事牢讓數四堅請如初釋未揮毫但慚荒拙銘曰

美胡公山嶽降靈爰挺人英出鎭蕃屏入輔王廷德彌馨兮其一美胡公爵貴祿優知雄守柔能捨難捨居成寶樓名不朽兮其二美胡公桃夭貴實有堅其室同捐別墅圓明佛日爰聚尼衆棲禪靖謐置靈曜兮其三美胡公盛德顯融令始馨終美宅名圖讚爲梵宮億萬子孫福壽永隆祚不窮兮其四

李伉

伉咸通朝官吏部郎中

對舉方正者判

京兆尹舉方正所舉者槃辟雅拜有司以詭衆虛矯奏請左遷

四方取則西夏爲樞九流待問東臺是急若舉不失德實

人所具瞻而肅穆清規崇嚴丹陛登清光於霄漢不違顏於咫尺則當進退禮容孰聞槃辟雅拜既無觀於叔氏亦何取於鄒人有司上聞攸資伏念儻使廣成不遠應無北面之尊綺季或存未屈南山之老試可乃已誰不謂然

五龍堂記

在天莫如龍龍之德佐天地養萬物百穀賴以生四海所共尊者也社祭土稷祈穀國之重典也既立壇以享其神矣則龍之靈翔風灑雨澤枯槁滋稼穡可不嚴奠酹之所哉余受命牧明人四月庚止六月大旱俾吏具香酒敬祈

於五龍之神。有蜥蜴狀者。躍入杯中飲酒。復出緣器上。顧叓久之。跳躑而去。吏未返。雨已大注。由是生植茂遂。閭邑豐衍。思所以崇祀事答神休者。迺建宇爽塏。依方塑像。以時薦饗。謂之五龍祠堂云。時咸通六年季秋之末也。

欽定全唐文卷八百七

司空圖一

圖字表聖。河中虞鄉人。咸通十年進士。乾寧中累遷戶部侍郎。乞還山。昭宗在華陰。徵拜兵部侍郎。不赴。朱全忠篡國。召為禮部尚書。不起。聞哀帝弒。不食卒。年七十二。

題山賦

繭吾髮以羣嬉兮。乃恣狎於林壑。窘世路之榛榛兮。匪茲焉而何託。仰基矩之惟舊兮。豈孱眇之彼度。刱靳紆而還農兮。亦靡勞於濬鑿。壯神工之騁奇兮。樹一峯而中擢。巉

巃鼻而噓空兮。湧佛螺而旁絡。阜交蹠於艮隅兮。俯川塍而黼錯。躋遺堞以仰眩兮。洶瀑巔而雹薄。朕卉木以駢昌兮。藹葩屏而廚幄。滋彩綷以紛翔兮。玩韶鮮而戲濯。覩羣物之遂性兮。澹吾躬而斯樂。笑殊道以狥強兮。喜夸鵬而踢鷃。雖穴處而志揚兮。邈軒肆於宏廓。借家國之未忘兮。鄙榮伸而陋約。鏡貞明而自昜兮。行與息而靡怍。

春愁賦

芳灩灩兮翠絲絲。泥晨霞兮泊晚煙。鬱情條以凝睇。裊愁緒以傷年。羣企胥悅。幽棲自憐。勝事而何人忘返。賞心而

與我相捐。當其玉律驚春。香風拂曙。晴陽小苑之道。紺靄青門之樹。繡轂相追。金羈並騖。攜豔冶以爭出。指狹邪而共趣。貪壯歲之娛遊。惜繁華之易度。豈知低摧上國。寂寞良辰。林幽鶯轉。院古苔新。暗想歌鐘之會。出隨車馬之塵。落日歸臥。懸琴歎頻。孤枕役故園之夢。一宵驚白首之人。江楓暮兮江水淥。蕩羈魂兮勞遠目。倚蘭棹兮雨霏霏。歷蘋洲兮衣馥馥。千古兮此時。此地愍輸忠而見逐。邊鴻下兮邊草生。擁玉帳兮滯龍城。折柳厭河梁之贈。落梅傳戍笛之聲。萬里兮此時。此日歎積雪之徒征。莫不慘澹傷神。

迴環縈慮。念郢闕以迴首。憶帝鄉之歸路。雖陽和之暗攻。自眇默而誰訴。於是情馳天末。黛斂閨中。徘徊暖榭。徙靡芳叢。燕泥滴滴而簷壞。蛛網迷迷而帳空。嬾笙罷興。挑錦停功。怨韶光之虛擲。與長夜而還同。若斯者固紛藹多狀。浩然莫窮。彼人情之貿遷。繁植物之榮悴。何深衷之委鬱。謝圓煦於天地。縈心夜焚。凝魄朝醉。同垢衣之莫澣。豈萱枝之可慰。願照暘於春臺。雪胷襟之滯義。

共命鳥賦 并序

西方之鳥。有名共命者。連腹異首。而愛憎同一。伺其寐。得毒卉乃餌之。既而藥作。果皆斃。吾痛其愚。因爲之賦。且以自警。賦曰。

彼翼而飛。罔惛其類。彼蟲而螫。罔害於己。惟斯鳥者。宜稟乎義。首尾雖殊。腹背匪異。均休共患。寧忿寧己。致彼無猜。銜堇以餌。厥謀雖良。厥禍孰避。梟鴟競笑。鳳凰愕眙。躬雖俱斃。我則忘類。人固有之。是尤可畏。或競或否。情狀靡窮。我同而異。鉤牽其外。膠黐其中。癰囊已潰。赤舌靡縫。緩如闕二字迅如駭濤。附強迎意。掩醜自容。忘其不校。寢以頑凶。若茲黨類。彼實孔多。一勝一負。終嬰禍羅。乘危逞怨。積世

不磨。孰救其殆。藥以至和。怪雖厲鳥。勿伐庭柯。爾不此病。國如之何。

情賦 并序

愚嘗賦春情數百言。狀其愚媚。自謂撫衆騷之遺恨。遺亂而失。今獨憶其間三十五字。存於濯纓之東楹云。

暖融溶兮傍曲塘。扶蘭心兮牽藕腸。雨絲絲兮羃暗芳。阻佳期兮日難忘。情煙緜兮悄自傷。

上譙公書

再拜。愚伏以布衣犯將相之威者。近皆笑率指愚爲狂。是

輕薄子不能以愜然之量待今賢傑也相公得不念之耶某迹拘世累而業久於山援古勘今思有所發者葢竊惟近朝據重位而勇蹈功名之利恥天下有遺才直吾相國也又敢求吾相之心所以未忍棄生民之望者固非濡濡於富貴豈不以時持大柄事或阻心且後弛張俾無遺恨於不朽耶愚以是竊抃有以企天下之福矣雖在於至愚猶有輕慮誠以相公既當有得賢之盛將九有惜夫自持既嘗獨決機權將九以事不足問則黨附之賢或興而專美之道可隘耳請陳其說夫用人固得矣亦在知失之不

足葢爲明則僞者懲而實者勸且無傷於愛士處事也固濟矣又知謀之不必自我出爲知則聽日廣而神不勞且無傷於好謀是道也葢賢哲用之而不竭相公得之而不疑坦懷至公自無愧古然後文尚制科之選武先西北之虞（前年已上書蜀相）抑簡誕以捐空峻規程而括實則病應適時之宜盡矣此皆相公夙自踐於沉實而小子雖吃悸不能面發願激揚於片時耳非爲挾利之資也抑自古鈞奇而售跡者既多以分蹇動無所合且實必俟臨機方見其萬一非敢率易併瀆尊威干犯之誅則不復自同輕薄子以爲疑懼俟命再拜

與臺丞書

中丞閣下某昔者嘗從其友於郡邑之鄙其鄰叟有善蓺卉木者或從之鬻於都下未嘗不亟售而返人謂之曰里市所貨皆資生之所闕尚有提之汲汲而不克售者今叟晨往暮歸未嘗少滯其所鬻何哉叟曰鬻植之道雖本於天時亦且診於人情耳葢視其人夸其居侈則所翫者必欲朝炫其葩夕味其實矣彼或以勁正自處所植必慕賢良吾皆揣之各衒其所欲焉有曝滯之患哉今閣下前爲

小宗伯實振惟公之舉庶不孤吾道矣況憲府僚屬繫本朝之輕重是尤宜於慎擇也會昌中杜牧之爲補闕陪賀客於孔氏之門獨斂板而前言御史丞風威在取人之得失乃薦邢羣焉今有邢貢者乃羣之猶子雅志貞獨且以名節自任其所任其所爲亦足觀其所志愚以是輒有里叟之說葢待吾憲丞不薄矣且自古推心苟不望報於其人則未有不堅於著効者愚所任不私而已苟謂言者之輕而捨諸亦非敢以爲恥又有王駕者勳休之後於詩頗工於道頗固但其所知方在顯清之地不敢越境以輸其

珍耳所與論詩一首亦輙緘獻其他當俟閤下操人柄救時艱而后敢以志英豪之事業者達於執事庶不驅之譬敵也再拜

貽王進士書

辱示製述甚非所宜敢不以所說陳於左右哉楚宋交怨而使在其間宋人有得玉於其境者遇楚使適至誇示之楚人謀沮其玉請先譽於宋國既獻宋果怒曰玉產於吾土而價張於吾仇是欺我也不果售今吾守道固窮且竊文學之譽是邪競沽虛者之所仇嫉者吾子之才固奇矣

乃以所質寘於吾懷是玉者未適於市而噪者已盈於門矣必曰不投知於司空氏必曰不受知於司空氏則雖吾子之奇必足速得志於時矣舍是無他術也所睨益腆不敢發柙幸詳其意勿冒時之所忌

與李生論詩書

文之難而詩尤難古今之喻多矣愚以爲辨於味而後可以言詩也江嶺之南凡足資於適口者若醯非不酸也止於酸而已若鹺非不鹹也止於鹹而已中華之人所以充飢而遽輟者知其鹹酸之外醇美者有所乏耳彼江嶺之人習之而不辨也宜哉詩貫六義則諷諭抑揚渟蓄淵雅皆在其中矣然直致所得以格自奇前輩諸集亦不專工於此矧其下者耶王右丞韋蘇州澄澹精緻格在其中豈妨於道學哉賈閬仙誠有警句然視其全篇意思殊餒大抵附於蹇澁方可致才亦爲體之不備也矧其下者哉噫近而不浮遠而不盡然後可以言韻外之致耳愚竊嘗自負既久而愈覺缺然然得於早春則有草嫩侵沙長冰輕著雨銷又人家寒食月花影午時天（上句云隔谷見雞犬山苗接楚田）又雨微吟足思花落夢無憀又夜短猿悲減風和鵲喜靈得

於山中則有坡暖冬生筍松凉夏健人又川明虹照雨樹密鳥衝人得於江南則有日帶潮聲晚煙和楚色秋（一作戍鼓和潮暗船燈照島幽本集同）又曲塘春盡雨方響夜深船得於塞上則有馬色經寒慘鵰聲帶晚饑得於喪亂則有驊騮思故第鸚鵡失佳人又鯨鯢人海涸魑魅棘林幽得於道官則有碁聲花院閉幡影石壇高得於夏景則有地凉清鶴夢林靜肅僧儀得於佛寺則有松日明金像苔龕響木魚又解吟僧亦俗愛舞鶴終卑得於郊園則有暖景雞聲美微風蝶影繁又遠陂春早滲猶有水禽飛（上句云綠樹連村暗黃花入麥稀）得

於樂府則有晚粧留拜月春睡更生香得於寂寥則有孤
螢出荒池落葉穿破屋得於愜適則有客來當意愜花發
遇歌成雖庶幾不濱於淺涸亦未廢作者之譏訶也七言
云逃難人多分隙地放生鹿大出寒林又得劍乍如添健
僕亡書久似憶良朋又孤嶼池痕春漲滿小欄花韻午晴
初又五更惆悵回孤枕猶自殘燈照落花（上句云故國春歸未有涯小樓
欄檻別人家）又殷勤元旦日歆午又明年（上句云甲子今重數生涯只自憐）皆
不拘於一概也蓋絕句之作本於詣極此外千變萬狀不
知所以神而自神也豈容易哉足下之詩時輩固有難色

儻復以全美爲上即知味外之旨矣勉旃司空表聖再拜

與王駕評詩書

足下末伎之工雖蒙譽於賢哲未足自信必俟推於其類
而后神躍而色揚今之贄藝者反是若即醫而靳其病也
惟恐彼之善察藥之我攻耳以是率人以謾莫能自振痛
哉且工之尤者莫若工於文章其能不死於詩者比他伎
尤寡豈可容易較量哉國初主上好文雅風流特盛沈宋
始興之後傑出於江寧宏肆於李杜極矣左丞蘇州趣味
澄夐若清風之出岫大歷十數公抑又其次焉力勍而氣
孱乃都市豪估耳劉公夢得楊公巨源亦各有勝會閬仙
東野劉得仁輩時得佳致亦足滌煩厥後所聞逾褊淺矣
然河汾蟠鬱之氣宜繼有人今王生者寓居其間浸漬益
久五言所得長於思與境偕乃詩家之所尚者則前所謂
必推於其類豈止神躍色揚哉經亂索居得其所錄尚累
百篇其勤亦至矣吾適又自編一鳴集且云撐霆裂月劼
作者之肝脾亦當吾言之無怍也（一本有道之不疑四字）

與惠生書

足下某贄於天地之間三十三年矣及覽古之賢豪事跡

慨企不暇則又環顧塵蔑自知不足爲天下之贄也噫豈
非才不足而自強耶雖然丈夫志業引之猶恐自蹶誠不
敢以此爲憚故文之外往探治亂之本俟知我者縱其狂
愚以成萬一之效壯心未決俯仰人郡今遇先生俾僕得
以盡論願修討源然後次第及於濟時之機也唐虞之風
三代非不敝也賴聖人先其極而變之不滯耳秦漢而下
時風益澆視之而不知其弊矯之而不知其變文質莫辨
法制失中侮儒必止沈儒必削則士大夫雖有自負雅道
者既不足以振之而又激時之怨耳漢魏之際其弊益極

徵馬融胡廣之流故李膺質而峻誠何晏桓範之俗則王衍簡而清矯之而不和滯之而不顧始以類聚相扇終以浮黨見嫉而至家國皆瘁而不寤也悲夫故愚以爲今欲應時之病卽莫若尚通不必叛道而攻利也隘則驅之以仇已樹政之基莫若尚法不必任察而嗜刑也弛則怠之以陷人舍此二者伊周不能爲當今之治苟在位者有悶于愚必先存質以究實鎭浮而勸用使天下知有所競而不自窘以罪時焉噫有必不能辨之於言者有之矣未有無其心無其言可以垂名於不朽者且一家之治我是而

未必皆行也一國之政我公而未必皆行也就其間量可爲而爲之當有以及於物不可爲而不爲亦足以見其心必曰俟時而後濟其仁蓋無心之論夫百人並迫於水火可皆救之斯爲幸矣不可皆救則將竭力救其一二耶亦將高拱以視之耶幸先生以質於時賢審其有心然後可爲編次第之說再拜

復陳君後書

吾旣以疑經爲後述矣今年夏陳君果復致累百言且援穀梁之說欲以質吾吾熟視其書率意而答之足下復所云云非不知也且夫謂之求則固當偕受其譏矣雖然舅姑之疾且餒苟力不能制其悍婦則必羸其聲哀求於一飯豈忍誚之乎吾本朝之臣耳豈敢誨其苞茅不貢之漸耶千載之下必有知言者不多譚

與極浦書

戴容州云詩家之景如藍田日暖良玉生煙可望而不可置於眉睫之前也象外之象景外之景豈容易可談哉然題紀之作目擊可圖體勢自別不可廢也愚近作虞鄉縣樓及柏梯二篇誠非平生所得者然官路好禽聲軒車駐

晚程卽虞鄉入境可見也又南樓山最秀北路邑偏清假令作者復生亦當以著題見許其柏梯之作大抵亦然浦公試爲我一過縣城少留寺閣足知其不怍也豈徒雪月之間哉佇歸山後看花滿眼淚迴首漢公卿人意共春風上二句楊庶子哀多如更闊下至於塞廣雪無窮之句可得而評也鄭雜事不罪章指亦望呈達知非子狂筆

答孫郃書

孫君足下所貺累幅皆厚責於我是足下勤於吾道必欲起而振之也何以克當雖然始於退者皆曰吾之必誠也

今愚獨以爲不誠自訟亦誠在其中矣幸足下詳其旨古之山林者必能簡於情累而後可久今吾少也忿然不能自勝於胷中及不誠而退者然亦窮而不搖尋而不進者蓋審已熟雖進亦不足於救時耳彼一飯之施或請濟於其鄰雖童子不可以空器紿之也矧當艱否之運吾君吾相方以爵秩來天下之賢達將與之共拯其可沽虛而自集耶且自古賢達用舍之際當俟至公物情而後天意可見雖宰執大臣之推心亦不能察天下拒我之意也況足下一布衣其可獨私於我哉書曰龜從蓍從則人亦不違

天矣足下所示勤勤於此而取舍之間果致失墜是非有物亦欲沮之耶始吾自視固缺薄今又益疑其不可妄進且持危之術制變之機非觚懦之所克辦也愚雖不佞亦爲士夫獨任其恥者久矣其可老而冒之耶韓吏部激李桂州之不行責陽道州無勇雖致二賢適自困亦何救於大患哉其所爲者或奮而不顧匹夫匹婦亦可爲之孟子所謂非不能也足下粹於通義耳其間亦未盡於僕者勿多譚再拜

題柳柳州集後序

金之精麤攷其聲皆可辨也豈清於磬而渾於鐘哉然則作者爲文爲詩才格亦可見豈當善於彼而不善於此耶愚觀文人之爲詩詩人之爲文始皆繫其所尚既專則搜研愈至故能衒其工於不朽亦猶力巨而鬬者所持之器各異而皆能濟勝以爲勍敵也愚嘗覽韓吏部歌詩累百首其驅駕氣勢若撇雷抉電奔騰於天地之間物狀奇變不得不鼓舞而狥其呼吸也其次皇甫祠部文集所作亦爲遒逸非無意於深密蓋或未遑耳今於華下方得柳詩味其深搜之致亦深遠矣俾其窮而克壽抗精極思則固

非瑣瑣者輕可擬議其優劣又嘗覩杜子美祭太尉房公文李太白佛寺碑贊宏拔清厲乃其歌詩也張曲江五言沈鬱亦其文筆也豈相傷哉噫彼之學者褊淺片詞隻句不能自辨已側目相詆訾矣痛哉因題柳集之末庶俾後之詮評者罔惑偏說以蓋其全工

中條王官谷序

知非子雅嗜奇以爲文墨之伎不足曝其名也蓋欲揣機窮變角功利於古豪及遭亂竄伏又故無有憂天下而訪於我者曷以自見平生之志哉因捃拾詩筆殘缺無幾乃

以中條別業一鳴以目其前集庶警子孫耳其述先大夫所著家牒照乘傳及補亡舅（名權四歲能諷誦其舅水輪陳君賦十六著劉氏洞史二十卷）贊祖彭城公中興事並愚自撰密史皆別編次云有唐光啟三年泗水司空氏中條王官谷濯纓亭記

送草書僧歸越

傖荒之俗九惡伎於文墨者華民流寓而至則遽發其橐焚棄札牘之累以快既自容矣又仇沮繼至者若不勝其怨噫是華舌夷心而又甚之者矣洎天下將亂則雖吾里其風亦變果傖荒之流民亦多矣倘或未化亦其益孤不

能自振荀聞志於吾伎則必躍而游之矧踵門而勤請者耶謽光僧生於東越雖幼落於佛而學無不至故逸跡道勁之外亦恣爲謌詩以導江湖沉鬱之氣是佛首而儒其業者也雖孟荀復生豈拒之哉今繫名內殿且爲歸榮足以光於遠矣永嘉西岑康樂勝遊之最是行也爲我以論詩一篇題於絕壁

書屏記

人之格狀或峻其心必勁心之勁則視其筆跡亦足見其人矣歷代入書品者八十一人賢傑多在其間不可誣也國初歐虞之後繼有名公元和長慶間先大夫初以詩師友兵部盧公載從事於商於因題紀唱和乃以書受知於裴公休辟倅鍾陵及徵拜侍御史退居中條時李忻州戎亦以草隸著稱爲計吏在滿因輟所寶徐公浩眞跡一屏以爲貺凡四十二幅八體皆備所題多文選五言詩其朔風動秋草邊馬有歸心十數字或草或隸尤爲精絕或綴小簡於其下記云怒猊抉石渴驥奔泉可以視碧落矣先公清旦披玩殆廢寢食常屬誡云正長詩英吏部筆力逸氣相資奇功無跡儒家之寶莫踰此屏也但二者皆美神

物所窺必當奪璧於中流飛鋋於烈火也殆非子孫之所可存耳庚子歲遇亂自虞邑居負之置於王城別業丙辰春正月陝軍復入則前後所藏及佛道圖記共七千四百卷與是屏皆爲灰燼痛哉今旅寓華下於進士姚顗所居獲覽書品及徐公評論因感憤追述貽信後學且冀精於賞覽者必將繼有詮次光化二年八月三日泗水司空圖銜涕撰錄謹記

休休亭記

休休也美也既休而且美在焉司空氏王官谷休休亭本

濯纓也濯纓爲陝軍所焚愚竄避踰紀天復癸亥歲蒲稔人安既歸葺於壞垣之中構不盈丈然遽更其名者非以爲奇蓋量其材一宜休也揣其分二宜休也且耄而聵三宜休也而又少而惰長而率老而迂是三者皆非救時之用又宜休也尚慮多難不能自信既而晝寢遇二僧其名皆上方刻石者也其一曰闡頑謂吾曰吾嘗爲汝之師也汝昔矯於道銳而不固爲利欲之所拘幸悟而悔將復從我於是谿耳且汝雖退亦嘗爲匪人之所嫉宜以耐辱自警庶保其終始與靖節醉吟第其品級於千載之下復何

求哉因爲耐辱居士歌題於亭之東北楹自開成丁巳歲七月距今以是歲是月作是誡亦樂天作傳之年六十七矣休休乎且又殁而可以自任者不增愧負於國家矣復何求哉天復癸亥秋七月二十七日耐辱居士司空圖記

山居記

中條蹴蒲津東顧距虞鄉纔百里亦猶人之秀發必見於眉宇之間故五峯頎然爲其冠珥是谿蔚然涵其濃英之氣左右函洛乃滌煩清賞之境會昌中詔毁佛宫因爲我有谷之名本以王官廢壘在其側今司空氏易之爲禎陵谿亦曰禎貽云愚以家世儲善之祐集於厥躬乃像刻大悲跂新構於西北隅其亭曰證因證因之右其亭曰擬綸志其所著也擬綸之左其亭曰修史勗其所職也西南之亭曰濯纓濯纓之窻旦鳴皆有所警堂曰三詔之堂室曰九籥之室皜其壁以模玉川於其間備列國朝至行清節文學英特之士庶存聳激耳其上方之亭曰覽昭懸瀑之亭曰瑩心皆歸於釋氏以栖其徒愚雖不佞猶幸處於鄉里不侵不侮處於山林物無夭伐亦足少庇子孫且詎知他日復覩晬容訪陳迹者非今茲誓願之證哉久於斯石

庶幾不昧有唐光啟三年丁未歲記

紀恩門王公凝遺事

上四年春以大河南王公治狀宜陟詔假禮部尚書按察宣歙池三郡既卽治未涉時吏化民悦晝亡可爲冬十月賊始自同安分濟入屠至德（州在池）公遣將孟琢疾以兵助守池州州亦有備賊少却會其黨繼至言扣壁實欲轉襲南陵公揣之如其計命樊儔進扼青陽路儔固自彭門分公察其健決而易敵誡之邀險無得輕進儔固去會諜者言寇少將遁氣欲生沮之麾兵不顧既而越險賊遽至軍

遂委而逸。間二日馳歸。以敗告。公數其違命。立斬以徇諸將。在南陵聞之者皆股慄。以死綴賊。故青弋江得恣爲備。青弋在江東南陵也。人心不搖矣。公前命寧國兵遮截之。生得其踏白數十騎。乃並山引退。四月。凶渠復大入。而都紀王涓亦自采石赴援。公宴勞加禮。且諭之曰。盜匿情詐。吾盡得之矣。今席勝而驕。謂吾城不勞而可綴。則攘臂而來。前無絲髮之礙矣。若知吾堅壁待之。其勢自吸。將軍第按甲稔威以伺其隙。愼勿與之驟戰也。涓意銳。自州城日趨四舍。至南陵。未會食而戰。遽死之。明日。中貴人自領敗

卒尚四五千。傷痛之聲。與塵埃相雜而至。江南雅自怯。獨幸北軍以爲固。及聞涓敗。相顧失色。賴公前策涓不足恃。拒守益嚴。又城中水乏。而泉自躍出。人心益牢。竟免攻圍之患。既踰月。中貴人阻撓無去意。卒橫不能禁。公以書讓之曰。吏之捕蝗者。既不克勝。而且俯食於民。是率暴以濟災也。今將軍纂天下精兵。挫於狂寇。而又恣之。俾民不得治其生業。何以稱主上所以待將軍之意哉。中貴人詞詘。趨發其親吏入里舍。毆奪民馬。公秉門望之。麾左右立提置杖殺。軍慴貽不敢留。自後日夕撫循。常若寇復至者。其儲畜繕完之利。到今賴爲。噫。公始以傑德峻望。爲時聳服。而夐特恢濟之心。人莫能見。雖不能致其道以和平天下。然捍境蔽鄰。不涸得賦。亦足濟庸而塞根耳。愚嘗襲跡門下。受知特異。敢次見聞。以開史氏之聽。

太原王公同州修堰記

洛自西北趣大河。蓋同源於積石。伏而乃發。離而復合耳。故其流皆渾而悍。暴而難制。然左輔土田賴之爲膏。壞堰雖勞不可廢也。而又振泥加厚。水勢益抑。去故治之。治之勤日倍也。大中末。州南堰壞。久不能復。比歲旱蝗。闕饑尤

困。咸通五年。太原王公自中書舍人出牧是邦。思所以利人者。無易於此。乃省公用。節私費。儆徒賦役。躬親率勵。得健吏於班。授以成規。亦既集事。而中作雨甚。川壑會流。雷風蹴南而鼓之。益肆狂噬。雖有力者堅百仞之阜。亘爲其防。亦不能禦。勢明矣。必俟至誠克敷。旁資感效耳。公晨往河壖。跪陳牢醴。既而陰雲潰散。功倍人悅。翌日堰乃成。水折而東。皆若導而徙。令邑里交賀。合樂以迓之。流聞京師。中外以爲國慶。時國家兵役屢興。漕輓已絕。故自淮汴至於河潼之交。百貨皆刳。人無所仰。視之者雖已鼎食。亦若

銜餒而返。農饑卒怠。何以振其威力哉。關中不涸之轍。必本是堰。公果成之。以明大計。雖旋亦決敗。而功緒足遺後人矣。七年秋。愚自滿獲展贄見之禮。出次近垌。備得其事。因著於篇。以彰勤濟之志云。

澤州靈泉院記

嚴飾祠宇。非欲侈於自奉也。蓋不崇不侈。無以聳動群品。俾堅嚮善之心耳。況帝夢可徵。華緣已熟。山川神祇。罔不薦款。故自京邑以及遐裔。勝槩相望。皆奠厥居。中條發於蒲趨於艮。傑出而為太行。則天壇不得不冠蓋華嵩。爭勍

日觀也。其北川壑會流。盤鬱粹。自高平西顧。以至靈泉。極矣。泉之為靈。非惟利物。亦當滋潤所及。不育毒螫也。其院東向顯豁。亘為大川。端門洞闢。正與旭日相迓。豈梵書所謂震旦者。此其證哉。且有為無為。於我不礙。弛之則若涸其中。用之則必滂其外。皆克固其源。乃能動而必濟也。今禪宿洪密長老。俗姓劉氏。本儒家子。早詣石霜。契其大旨。煩而不撓。簡而必周。初自清涼歷覽。至是山。乃創林栖之所。遇太尉李公駐軍高平。首資葺構。遠近道俗。莫不歸嚮。今蒲芮隴西左揆常因題紀。亦備贊揚。則密公之道益光矣。凡製經樓齋堂共一百餘間。又塑羅漢潔刻之相。以漸化服。而後日集方丈。敷演上乘。自江漢北渡。以至魏晉之交。其俗堅悍難誘。今則悉為佛人矣。且善教童孺者。雖指摘其書。而必以言反覆曉諭。當自釋然。若典教積於前。笞捶駭於側。彼將竄匿之不暇。詎肯說而從命哉。律刑書也。經誥誓也。禪乃誘勸之宗。先馴其性。而後入人者耳。故其道至隱。其功至博。不可廢也。常念畜役之外。以逮傭隸。雖豢養至豐。莫不苦於受制。殊不知羈鞅之勞。或能避免。而方寸之內。不形不聲。牙蘖牢萌。詑其力者。愈不能爭。以此

淪陷死生之域。綿劫不能自脫。其苦何如哉。噫。苟非三世之尊。東山幹海。六祖親授。捩其鉗釱。長老繼作。磨昏抉聵。則彼爨膏鑊而勇於自浴者。雖糜爛其身。猶未悔也。今乃聚其徒。侈其居。永為一檀施之會。且俾其福慧皆殖。然則密公之積焉可抑沒哉。耐辱居士病且死。不忍其門人慧依慧海之勤請也。直紀所行。惟以漏畧為愧云。天祐二年歲次乙丑七月望日記。

欽定全唐文卷八百八

司空圖二

華夷圖記

辨於微而能制之者。勢也。審乎要而能備之者。險也。勢所以決用奇之智。險所以濟經久之謀。雖英豪復生。亦毋以易此論也。愚中外家世究天人之際。而不肖者更闕文自喜。不能屈已以救時。他日雖苟行。亦不可屈已。失之機矣。苟危極而變。當寄之後生者耳。煨燼所燹。尚存賈僕射耽方域之志。披圖校驗。成敗可知。以是懇懇未能默已。千載

之下。必有知吾言不昧者。司空氏寮鶴亭記。

移雨神

夏滿不雨。民前後走神所。剗羊豕而跪乞者凡三。而後得請。民大喜。且將報祀。愚獨以爲惑。何者。天以神乳育百苗穀。必時既豐。然後民相率以勞神之勤。於是而祀焉。今始悋其施。以愁疲民。是神怠天之職也。必希民之求而遂應。是神玩天之權也。既應而俾民輸怨於天。歸惠於已。是神攘天之德也。推怨何以爲義。利腥羶之饋。何以爲仁。怠天下之事。何以爲敬。蔑是數者。何以爲神。假曰非吾所得顓。然知民之情。而不時請於上。是亦徒偶於位。此愚所以惑也。噫。天不可終謾。民不可久侮。竊爲神危之。柰何。

障車文

自古事冠人倫。世綿鳳紀。庭列鼎鐘。家傳踐履。江左雄張。山東闊視。王則七世侍中。楊則四人太尉。雖榮開國承家。未若因官命氏。兒郎偉我使主。炳靈標秀。應瑞生賢。虹騰照廡。鵬運摩天。雕彩沍甘。綴齒牙而含咀。顛龍倒鳳。榮肺腑而盤旋。千般事豈勞借筯。萬里程可在著鞭。不學呂望竿頭。釣他將相。不作李膺船子。詐道神仙。夫人班瀍濬發。

金縷延長。令儀淑德。玉秀蘭芳。軒冕則不饒沂水。官婚則別是晉陽。兩家好合。千載輝光。兒郎偉且子細思量。內外端相。事事相親。頭頭相當。某甲郎不誇才韻。小娘子何暇調粧。甚福德也。甚康強也。二女則牙牙學語。五男則鴈鴈成行。自然繡畫。總解文章。叔手子已爲卿相。敲門來盡是丞郎。榮連九族更千箱。見卻你兒女婚嫁。特地顯慶高堂。兒郎偉重重遂願。一一誇張。且看拋賞。必不尋常。簾下度開繡闥。帷中踴上牙床。珍織煥爛。龍麝馨香。金銀器撒來雨點。綺羅堆高並坊牆。音樂嘈囋。燈燭熒煌。滿盤羅餡大

榼酒漿兒卽偉總擔將歸去教你喜氣揚揚更扣頭神佛擁護門戶吉昌要夫人娘子賢和會事安存取个國家可畏忠良

觀音懺文

伏以聖感至誠祥符吉夢久期瞻仰輒用莊嚴上以報罔極之恩下以遂平生之願亦冀仁滋庶類福必旁臻且自叨竊一名曉夕三省慮增隱匿有負深知以此歸心誠無愧色必也行欺暗室業墮分陰飾僞沽名伏機稔惡於家則崎嶇自奉忍骨月之饑寒於國則苟且求容啄生靈之

膏血是乃神惟必照鬼得而誅敢將有覺之身曲累無私之照至若見持變分將觸禍機或不幸以逢尤或求金而受毀卽常希擁佑必保孤危況積疹初平殊恩有自置齋生日用表成功所期刦蓋微塵不竭依投之懇慶流未裔共成香火之緣粗寫丹誠仰迴元鑒

十會齋文

夫萬殊苦惱神慈普救於幽冥十會區分王道同歸於平等當觳觫求哀之地是噞喁就涸之時闢夷路於前程過勝波於沸鼎欲使天人共感存沒均休乃此日設齋之意也況屬豐穰方登仁壽宜屬大衆共締良因無緣則三道寶階如登劍樹有願則十方淨域便越塵區今則妙供巳陳散花乍雨維摩赴會捧瑞露以同沾羅漢飛空曳危峯而亦至齋衆某等或轅門上列或金穴豪家將雛則驥子超羣命侶則龐眉狎至軒車競路士女傾城法鼓雷硠震泉扃而動鑰天香馥烈擁日氣以盤空於是跪捧寶鑪連枝玉軸冀將功德奉事莊嚴伏願諸王及五道六曹眞官永作尊神益匡善道使幽冥共仰靈蠢知歸繒繒不讓於樂輸齋潔復申於衆懇諸曹並受羣品旁沾伏覩過去尊

靈見存家眷皆憑護念免怖沉淪恃王心而若恃私心觀地府而如觀天府必致淸凉山上逢異鳥而先告吉祥黑暗空間遇神光而別迴照燈雖營魂遊岱去住無常而苦海登舟究樂共濟生生隨願免在殊鄉處處安居便同極樂凡聞誦梵遽脫羈愁用顯含靈咸蘇密網

爲東都敬愛寺講律僧惠確化募雕刻律疏

竊以化化無窮遞成遷染孜孜不倦方導沉淪啓秘藏而演毗尼熏戒香以消煩惱風波未息橫智鷁而難超繩墨可遵制心猿而有漸豈容穿鑿但致紛拏雖設諭於三乘

同歸覺路。蓋防微於羣品。共稟成規。况洒六塵。攝持萬行。寧俟空林宴坐。方爲解脫之門。令必大地周遊。皆詣清涼之境。蓋能仁之警策也。今者以日光舊疏。龍象宏持。京寺盛筵。天人信受。迷後學競扇異端。自洛城罔遇時交。乃楚印本漸虞散失。欲更雕鏤。惠確無愧專精。頗嘗講授。遠欽信士。誓給良緣。所希龜鏡益昭。津梁靡絕。再定不刊之典。永資善誘之方。必期字字鐫銘。種慧良而不竭。生生親眷。遇勝會而同聞。敢欺福報之微。願允標題之請。謹疏。

迎修十會齋文

非才非聖。過泰過榮。一舉高第。兩朝美官。遭亂離而脫禍。歸鄉里而獲安。門户粗成。簪纓免絕。四十八年已往。未省歸心。百千萬刦常來。豈迷善道。今終可保。止絕何傷。災疾所縈。古今常理。但雖勤懺悔。未去羶腥。大宜均罪於鼓刀。小合誤傷於失手。况蚊虻之類。屢有傷殘。僕乘之勞。盱加箠楚。或存或沒。若重若輕。並願各遂逍遙。永袪寃結。目前眷屬。世世相逢。身後林泉。生生自適。仰慈悲之宏誓。成幽顯之勝因。蠢動有情。沾濡共泰。

靈臺三官堂文

蓋聞元合秉粹。眞極設官。貫日星而洞六幽。攝品彙而尊三府。雷鞭電扶。未窮搜遏之威。鬼伏神藏。盡在指撝之列。容光必照。暗室難欺。人倫知教義之宗。天吏振綱條之目。密宏善貸。普濟羣生。固宜上報君親。下援戚屬。橐千金而喜捨。盡鑄尊儀。傾百寶以裝成。別崇秘殿。共伸虔懇。永締良緣。使人面狗心。不殘賢而害善。銅頭鐵額。自折角而摧牙。免陷危機。皆逢懿網。况此觀地連名嶽。境勝元都。在歷覽而可知。乃衆星之所集。一池菡萏。時時而雪裏生香。五夜沉寥。往往而峯前仙樂。聞於肸蠁。雅合歸依。今則自屬

時艱。多嗟力罄。壞簷不葺。朽壁難枋。蒙塵而廟貌全隳。蘚駁而天衣半褫。莫能起敬。但速退殃。將希保佑之功。合發修崇之誓。倘使丹青克煥。結搆重新。必憑香火之因。永拔沉淪之苦。幽明洞感。罪疢咸袪。家遊不死之鄉。國慶無疆之祚。烹妖斮魅。免助虐於三蟲。控鶴羈龍。笑摧枯於一鹿。別置金天之社。長爲玉帝之神。凡願列名。庶同不朽。

詩賦贊

知道非詩。詩未爲奇。研昏練爽。戛魄凄肌。神而不知。知而難狀。揮之八垠。卷之萬象。河渾沇淸。放恣縱橫。濤怒霆蹴。

掀鼇倒鯨。鑱空擢壁。琤冰擲戟。鼓煦呵春。霞溶露濤。鄰女有嬉。補袖而舞。色絲屢空。續以麻絇。鼠革丁丁。焮之則穴。蟻聚汲汲。積而成垤。上有日星。下有風雅。歷誌一作誌自是。非吾心也。

三賢贊并序

隋大業間。房公李公魏公同師文中子。嘗謂其徒曰。元齡也志而密。靖也惠而斷。徵也直而遂。俾其遭時致力。必濟謨膺。厥後果然。宜有贊激云。

三賢志同。夙尚儒風。以值公忠。出遇太宗。諷議從容。謀蹶羣雄。君勞臣惕。荒夷阻闢。百千年社稷。

觀音贊證因亭并序

萬仞巉山之險。爭竦禍梯。一坑浮世之塵。長遮覺路。騁雲漢而貪味。臨鼎鑊以求哀。當種善緣。方希慈極。某早堅信受。頻致感通。夢則可徵。足見未萌之誠。行而必禀。冀無入晨之虞。用建虔誠。永貽來裔。贊云

惟仁之尤。誓於昭幽。將政而阻。將軋而遊。忤者以寵。呻者以謳。岳抃實寔。證因斯休。

李翰林寫真贊

水渾而冰。其中莫瑩。氣澄而幽。萬象一鏡。躍然翔然。傲睨浮雲。仰公之格。稱公之文。

今相國地藏贊并序

南陽公夫人彭城郡君憂紀既祥。追奉皇考吏部公繡地藏菩薩一軀。瞿慕戚容。力成至願。圖於夫人爲内兄。得請而贊云

三界同倫。六幽莫際。聖有佛緣。極之無滯。相不可覩。理不可窮。人有虔懇。感之則通。孝實女師。工惟婦德。成茲妙絶。申報罔極。

香巖長老贊

言不可無也。然爲師之說者。豈佐競而主勝乎。且儒之書曰。率性之謂道。老之書曰。各歸其根。而禪首之東。親抉人視聽。至而又至者。道與本俱忘哉。且忘則塵滓孰從而滯耶。或者假言而爲諭。以妄釣眞。彼或泥於境而滯其機。是人魚莫能自辨矣。大師之旨。吾久得之。學者既難遽息。必以其言爲狂藥。誰之咎乎。彼巧則病。彼愚則競。覺之愈妄。矯之非正。不雲而雷。龍何施哉。不鼓而舞。人何爲哉。匪豫孰道。匪羈孰釋。一塵不飄。見大師力。

兵部恩門王貞公贊

發粹而文藴和而秀德無不尊名無不壽內專外濟氣厚神全貞公在此千載聳然

相國老君贊

道尊教主帝系仙源牢籠天壤施掌羲軒施於孝孫克隆聖祚分祐攸宜忠賢是保

秦坑銘

秦術戾儒厥民斯酷秦儒既坑厥祀隨覆天復儒讐儒絕而家秦坑儒邪儒坑秦邪

仙巖銘

巖之巔森戟鑱天中宅靈仙巖之瀑風幹洞壑地涌山鑿越之裔甌之隅人逸而腴某其師某其牧寺圮而復

辯楚刑

楚謂獻璞者欺我乃連刖之酷哉曰彼獨鑒之不勝耳然其嗜寶之心皆達於下予故連刖之無怨玉亦卒受於楚國嗟乎國之嗜賢宜急於楚之嗜寶也必嗜心則上心達於天下則負材求進者雖黜於見疑亦未爲怨必有釋其疑者則其卒用於世也可幾矣不猶愈於易其知而嫉其進者耶嗟乎刑與辱上之所以肆於下也楚無嗜寶之心下豈受刑上無嗜賢之實士豈受辱必待誠而絕愧哉

說鷙

鷙雖同類有巧拙之目里人搆其寝始就而拙者遽巢其間巧者既至必搏而逐之俾之他室雖童稚亦以爲恨里人不能決其去留者盍辯之不早辯耳噫彼之所工豈能自固其室已或爲拙者所逐沮人尚惜之然則賢不肖之取舍其利害於天下何如耳治亂之兆孰易於此乃繫於所擇先後耳可不惜哉可不戒哉

說魚

蒲之東七十里山秀而瘠故其水迅激不能蓄鬐介之族著於方志焉王城谷司空氏曰禎貽谿其岩瀑九爲峭東愚嘗派著於庭欲資涵泳之翫或致於他所亦不更夕輒暴去前年捧詔西上復移疾華下則鄰之佛者遽至言石竇泉隙魚皆充牣愚熟念竟不能究其說而佛者謂吾久於是溪雖才嗇而命弛然撫其愛育之心足以達其物類蓋斯魚之産是欲信吾心於方將耳而愚尚以爲愧也且以爲羇涉歲而後魚集於故山泉彼能達吾之心宅幽而

遠害是有物致之且感愚之妄進姑欲全吾道而退保安
耳敢不自警也哉

成均諷

臣聞元胎凝象標器府以飛芒曜魄諧神閱環天而肆會
瑶山激響流妙靡於蹌鸞嶰谷搜奇寫玲瓏於嬉鳳叶六
氣則生植必茂文八音則錦繡相宣既象物而省風迺昭
功而示德周旋盡美黈益隨時清廟嚴禋肅和鳴而佾響
紫壇般薦受繁祉以貽休備緝化之元機契窮神之妙用
故以感動天䀙紀綱人倫蕩迅羽而落丹霄帖驚波以澄

紺海誘歸昌於瓊樹一變標祥導舞佾於瑶堦三苗罷祲
揄揚盛業粉飾元猷足使鶴列呈妍騁飛容而合緒龍蹲
喪味超浩歎以違齊而大樸久雕迷風益扇浮音薄思雅
曲沉英要平靡漫之娛競嫺㛹娟之奏金華翠羽逾備飾
於充庭去鴈吹蓬已無資於易俗紛葩莫辯流僻萌生司
成廢齒胄之文端委昧防民之制雉門災起誰懲燕女之
荒鳳德日衰無救關雎之亂頹波競爽詭趣繁興咿注狂
會於四夷叛衍侷和於六器瓊樓月榭爭漂亡國之音柳
翠花紅似惹迷魂之態況乃高臺騁望團扇傷秋少年狹

路之期落日哀蟬之感行人贈恨折楊柳以徘徊隴水分
流度關山而幽咽芳樹裊相思之意卷衣追舊寵之懽烏
啼則興詠於遲遲子夜則如憐於脉脉漢殿之雲娥一去
柘館銷魂淮王之仙馭不歸小山留唱鵾鷄轁曉碣石申
壯士之悲寶鍔雄鳴獨祿訴分夭之憤鴛鴦締思蛺蝶纓
情襄陽之濃豔驚神鄴下之無愁忘返江天浩麗沓春思
於龍舟綺閣驕頻嬿仙姿於玉樹莫不旁羅綴賞分被謳
謡芳情盡寄於絃心巧變逾新於濮上悟晉臣之竊視其
乃衰乎徵單子之格言將焉用也復有南鄰宴衎北里追

隨繡軸爭奔蘭堂洞敞鬬輕盈而入玩逞夷冶以乘春名
編協律之籍妙軼總章之觀元雲起唱絳樹分行法嬰之
暫賞人間淨婉之曾誇掌上翠娥低斂傒畫扇而初疑鳳
翼旋披躡染香而不印綠蘿山畔徒有傳名金谷樓中猶
應掩嫮輕埃漸弭泛空碧之橫雲曳緒黎收失凌波之迴
雪既而麟麐罷饗龍鑾傾夕簇紅豔於金擎灩蘭英於琥
珀瑶釵遞約粉鏡齊匀炫華藻之新裝捧重霄之寶器凄
鏘縹緲輕颸漸拂於花叢鴛鵠和鳴上客潛驚於煙隥雕
筵讓促玉笋橫飛墮珥酡顏牽裾屢舞牋霏彩筆遞申燕

婉之情月曉蓮塘更亂雞人之唱必使傾懽買笑悵歸路於太行失意沉情憐霜鋒於使客且秦圖啓霸先輸嬋媛之工楚劍宣鍔寧謝優倡之拙龜山遠蔽迷津則元類吹毛魚藻陳規式宴則唯思在鎬繁華託好淪誤忘歸盛德何觀雅風洞喪愉心炫目俱謀越禮之譏異軫分流彌會相滛之旨猶是史遷銜涕憤沉湎於衰周荀勗披丹顧儀形於治古迺曰陛下含微握契映調露之微蹤馭道斯元演咸池之積潤雙龍肅駕爰欽九辯之神八鳳迎祥再襲五英之薦非煙毓媚應玉燭以登諴皓質依仁樂神扃而

暢律雖循機之思必無謝於繼韶而制俗之規猶未先於放鄭夫南薰北鄙禍福相滛感物窮微興亡是繫繁聲罷奏建武之貞範斯存妖玩無容太初之芳塵可挹得不翹襟酌訓經慮防奢揖璇璣養命之符受帝女昭華之琯探靈測化但累黍而無差思古妍幽將一夔而可任懸衡睿旨合契乾心追六代之英華汰百王之蕩滌豈容蘇夔席勢膠獨見以邀能高肇憑豪抑羣儒而徇己變唯尚質貴在揚清動以敷愉綽之仁義非簡節繁文之制不用於明庭非崇嚴煦育之姿不傳於委巷使牛刀學制必箋武邑

之猷鷺羽將持敢懼宛邱之刺然後返歌鷺於海嶠維舞驥於璜臺魚龍息曼衍之陳鞮譯沮兜離之獻掖庭絃吹先罷賞於材人司隸糾纚次申嚴於權右儻蓮舟帝子獨貽招隱之詩綺殿台臣別奏登封之頌酒唯洽禮遽無縱於流連樂則緣情但取優於名教俾春濃上苑空凝桃李之情月滿西園寂寞芙蓉之豔式敷圍範交暢人情澄積樂於一時靡清風於四表豈復平西長史薦淑麗以希恩司律中郎恣哇咬而被寵則必三雍八佾休僭濫於豪門春誦夏絃服祇庸於冑子自然調元演慶開瑞歷而貫氛

氳駕俗遺華撫鴻鈞而明揖讓臣業慙待扣恩謝識微鹿鳴傳錦里之謠象舞闕青衿之致孤桐韜響唯均雨露之濡泗石含清未冠雲韶之節編蓬反素誓擊壤以亡機汗簡潛心警奪朱而發憤實願希風正始擬制旋宮緬推傷化之源克裕閑邪之範訪徽猷於顯慶酌茂實於開元坐鎮澆訛式清緇蠹是用撤書竦志慕高允之貞規企日裁成繼翁卿之讜議春臺自煦舞希金奏之和下曲難投猶阻鈞天之薦諭錦屏而託諷徒欲輸忠仰魏闕以兢魂翻同濫竊

議華夷

議天下之大勢者滯而拘古必曰固於德剛而簡謀必曰弭於威是皆不足扼阽危之機也必濟德於謀濟謀於險庶幾可以壽宗社之數矣前古迂儒瞶耳援據滋惑不能中今之急病而近朝有心於經制者杜司徒之治道李安邑之地志元中書之安邊不謂不馳騁於古今成敗之數也唯賈僕射耽并包華夷綿絡山川披圖摘要繁而不瘠可謂勤而至精者矣雖然量力救時當置遠荒於度外國史事有追惜而不可形於紀述者或關防戰而不守或控

制議而不行或食廩棄而不保利害之効可見於斯愚是以玩而不厭也雖失之已久得不慮哉

將儒

儒以將道肥其內也武以將威肅其外也未有內自瘠而外能勤者焉嗟乎古之用儒其所寄誠重矣儒之將道必欲張其治也獨將之不足侈其道故分已之任以寄於人亦猶資衆力以夷大路綽綽然其甚闕也如有用於時者天下不幾於治哉嗟乎後之爲儒其力寖羸矣簡固以自持窘默而多一知所以任之於已不知所以任之於人而責之故雖用於時道亦削然不喻將儒之權耳且古之言兵必本之仁義反是則一決之勇未足爲武一智之謀足以奪其機矧兼吾道以制於未萌哉嗟乎道之不可振也久矣儒失其柄武玩其威吾道益孤勢果易凌於物削之又削以至於庸妄於武可也必將反是請先將儒

天用

材軼而鷙捷者不待賦而後食蓋濟已之納得以自任也龍雖善致風雲然必有所禀而後能施其澤吾知其不能自神矣苟專其用而汲汲於濟物亦將救禍之不給雖川

后岳靈孰敢撓其所守哉嗚呼時乎時乎蓋賢哲之所宜禀唯用天之用然後功雖約而濟物博

釋怨

殉華公子與誇世豪舉綺紈相遇意氣相許貞茂松心賞徵琴緒驥騄齊驅鸞鷖並翥誓風雨而不迷期始終之可保既而睚眦有違寒暄遂移雙情已忤久約方虧遽讒蠅翼交妬娥眉將揺牙而構禍寧棄跡以懷悲於是振俗先生聞而諭曰夫性温澆漓道方廉恥勢軋則仇名浮則忌仁以利揺情由色醉釁積攜貳其來有自謂金石而中渝

惟鷃狸之可愧願窒隟以雕譚庶追歡而寵詛借如標奇炫世角立爭英雄架橫天之譽高峻冠古之名昧褰華而喪實紛飾智以相傾而木以秀摧鐸由貝敗主能則驕伐勝必殆豈溢美而是競忘撝謙而自愛至乃重侯盛族六貴豪門贊據榮路虹申要津光鑠天地勢驅風雲指顧而傾義迴馭噓歙而窮律驚春而盈爽交分盛衰飜復惜喜室之方開競駭機之潛觸將挾炭以爭奔悼傾舟之已覆况若越溪往麗楚硤神仙擬纖弄冶挑上聲裹嫕娟利臉波豔彎娥月殘姤芳紅之笑白嘆翹翠之嬉蘭而物九則妖美極則麗二國嬀亡六宗姬替或滯愛以罹刑亦寵迷而速繫必昌色以崇仇是危家而速戾則有邪龜畢萃環貨兼儲庭羅輦璧室甎量珠吏方譏於賄死客有論於錢愚而侈必貽殃聚惟延寇鑠金遽探毀玉猶鬭輕璽利以焚身斯據圖而殞首嗟四者之是嬰詢五交之可疚且夫電波悠悠人生若浮一瞬朝暮百年今古雖復角勢圖王鯨吞武步蓋世稜威排山逞怒壯氣俄摧雄謀倏阻淚空掩於牛山椎已登於驪阜天遂妍蚩如此同期芝華莫咀松子誰追鐘鳴漏盡樂往哀隨花宮綺閣之觀蕭條夷漫清哇豔舞之姬月墮雲飛潛衰暗鑠億恨千悲是以至人達觀物我俱遺混休戚忘健羨孰壽孰夭孰榮孰賤大笑幾何虛舟無怨豈蹄涔之不生類蝸角之徒戰用招三覺之端期塞兩家之難時也二子魂慙色褫跼聽玉音袪蒙爽曙雪涕濡襟明坦夷於末路扶蔕芥於情心願伸縷款永佩良箴

題東漢傳後

儒衣而武弁也人望而畏之是威其德也必有操戈待之者矣君子救時雖切亦必相時度力以致其用不可則靜而鎮之以道訓服苟厲鋒氣果於擊搏道不能化力不能制是將濟時重困故元禮之徒終致鉤黨之禍至於張儉又不能引決區區之身雖殘壞天下何裨於吾道哉陳太邱之容衆郭有道之誘人其意未嘗沮物而彼亦不厚其毒利害可見矣且猛摯不革其暴麟不足以為仁也惡鳥不息其鳴鳳不足以為瑞也况彼二三子甘逞於權豪呶呶以至大亂惟據正而能屈已者庶可與權

欽定全唐文卷八百九

司空圖三

疑經

經曰天王使來求金又曰求車豈天王之使私有求於魯耶不然傳聞之誤耳若諸侯之使來求金則謂求可矣若致天子之命徵於諸侯其可謂之求耶且率土之人與其貨殖皆一人之所有父之材守於其子則用否莫不恭命其可謂之求乎春秋之旨尊君卑臣豈聖人爲魯不爲周耶書云天王狩於河陽尚爲晉侯諱名天子豈可不爲周

諱其過哉縱天子制用失節多取於諸侯而欲垂誡即書於周史可矣若書於諸侯之史是恡吝其貨而侮王命也王祭亦不供矣必非聖人之文也必若王人責其稽命曷不書曰天王使某責貢金儻以取金爲不文曷不曰天王使某來徵貢金亦譏在其中矣以是愚疑仲尼書天王使來求金是使私自求而懲之也不然求與責文或相近傳寫之誤焉不爾何子夏之徒不能措一言哉捨此而譏訶皆小小者耳

疑經後述

愚爲詩爲文一也所務得諸已而已未嘗撫拾前賢之謬誤然爲儒證道又不可皆無也嘗得柳子厚封建論以爲三王樹置蓋勢使之然又有是萇宏之辨意其多於救時今夏縣穀郤自淮南緘所著新文而至愚雅以孫文不尚辭待之頗易及見其卜年論又聳然加敬鍾陵秀士陳用拙出其宗人嶽所作春秋折衷論數十篇贍博精緻足以下視兩漢迂儒矣因激剛腸有詆經之說亦疑經文誤耳蓋亟於時病言或不得其中亦欲鼓陳君之銳氣當有以復於我耳時光化中興二年

絕麟集述

駕在石門年秋八月愚自關畿竄浙上所著詶詩累年首題於屋壁且入前集壬戌春復自檀山至此目敗痁作火土二曜叶力攻凌可知矣冒沒已多幸無大愧固非賚恨而有作也尚慮道魁釋酋見之慊然於我者蓋自此集雜言實病於負氣亦猶小星將墜則芒焰驟作且有聲曳其後而可駭者撐霆裂月挾之而共肆其憤固不能自戢耳今之云云況恃白首無復顧藉然後知賢英能容出肺肝以示千載亦當不免斯累豈遽咄咄耶知非子述

壽星集述

國史司馬先生辭歸朝中贈詩號爲白雲集余
天祐乙丑歲八月五日過僧閣云昨夜嘉祥西
閣望老人星見爲時明十四日朝叅其日大河
南府奏老人星見因以壽星目羣公之作云云
自昔貞期不爽逸軌難留堯天大而必容豈獨追往漢道
亨而必至終亦超然未足濟時且資激俗宜經商略乃稱
搜揚若某者孤立多虞衰年謝病因耕巖而自給非欲販
山知在木而無堪便當爲社莫敢張皇邱壑擬議巢由且

自詔求賢多因肆眚蓋乘運泰莫顧才難今上喆御臨元
勳振服英衷贊翹勤之旨幽人荷旌賁之恩雖云倒追亦
謂優禮但巳伸拜闕況畢懸車冀修知難之規免冒嚨榮
之誚昔江表則賦詩而褒孔令漢廷則出餞而寵疏翁特
振孤芳實標勝事今也龍門迥望鶴蓋交馳落日琴尊前
朝圖畫想家山之醉石認客處之漁舟白首歸心黃花緣
路來時不下漂零海上之鷗去兮自憐放曠人間之世斯
乃僅能忘怨庶可息機敢慕高風猥煩衆作詩家此會誰
邀清夜之遊仙裝不回別有白雲之集徒攀逸唱益愧餕

才

擢英集述

名利之機古今相軋混惟一致宏則兩忘或高視于掞天
或雄張于擊水捨麟作鳳孰降等夷捐璧握珠自能輝映
遇則以身行道窮則見志于言各擅英靈寧甘頓挫自昭
明妙選振起斯文榮雖著于方將恨皆纏于既往當西施
之戢鏡不賞蛾眉豈伯樂之停車空收駿骨乃使盛時才
子翻銜泣玉之冤異代沈魂秖擲凌雲之譽九原誰詫千
載徒懸思格前規用伸來者至若金犀照灼紈綺追攀裕

之則管樂通期峻之則彭韓絕倒人人驥路雲臺之此日
豪華處處鸞叢仙館則當時寥落各銘鍾鼎競煥緹油恥
發譽于雕蟲肯爭英于墨客世上之九霄梯級縱阻爭先
機中之五色烟霞無妨倍價知音嘿巳作者誰九思慰窮
津用徵逸藻想其黎黃洞奏錦繡畢陳涵經天緯地之源
冐襟萬象驕晤月吟風之態蒿華一毫固當觸興牢籠忘
情蔕芥況牙絃入契郢握稱珍欣傳賞奏之徵免茹投光
之嘆固巳翹心不朽撫掌浮雲操奇而角富驪泉炫采而
誇勍魚域夫著言紀事在演致于全篇賦象緣情或標工

于偶句。雖豹文必備。方成隱霧之姿。而翠羽已零。猶稱凌波之玩。誠欲兼搜于筆海。亦當間掇于蘭叢。人不陋今。才惟振滯。韻笙簧于騷雅。資粉澤于風流。事竊推公。蓋止交游之內。僭將罪我。益知褒採之難。題以擢英。庶能聳聽。有唐儀曹外吏司空圖。

注愍征賦述

夫垂象著文。炳靈叶爽。擅流宗于筆海。則時仰龜龍。駭拔藻于天庭。則國資雲雨。至若金鼇角勢。錦宇爭姸。兼吞漢魏之雄。迴跨風騷之域。宏材獨振。何代無奇。愍征則會昌

中進士盧獻卿著。明所作華冑間生。冠五百年。高視靈璣。在握。照十二乘非珍。駇縱掔以濤驚。竦驅嶮而電軼。懇超言象。特映古今。而妬阻揚娥。妖輕笑鳳。惜歲華之易晚。嗟桂魄之愆期。舊國蟬催。縈盈別怨。芳時鴈度。浩蕩羈愁。想去郢以抽毫。悵征秦而寓旨。鏘洋在聽。梗槩可陳。覩其才情之旖旎也。有若霞陣疊鮮。金縷晴天。鴛塘匣碧。天容曙拆。濃豔思芳。瓊樓詫粧。煙霏晚媚。鮫綃拂翠。其雅調之清越也。有若縹緲鸞鴻。翩翩娟空。瑤簧凄戾。羽磬玲瓏。幽人嘯月。雜佩敲風。其道逸之壯麗也。則若雲鵬迴舉。勢陷天宇。鰲抃滄溟。蓬瀛倒舞。百戰交鋒。雄稜一鼓。其寓詞之哀怨也。復若血凝蜀魄。猿斷巫峯。咽水驚夜。寃鬱霧空。日魂慘淡。鬼哭荒叢。其變態之無窮也。則若月弔邊秋。旅恨悠悠。湘南地古。清輝處處。花映秦人。玉洞扃春。澄流練直。淼然自極。斯蓋緣情紛狀。觸興冥搜。迴景物之盛衰。制人臣之哀樂。窮微盡美。闕古排今。自體變江南。氣凌鄴下。莫分工拙。詎可仰揚。競耘寂以搜奇。則恩榮飛動。徒彝庸而綴學。則格滯沈埋。唯彼邀能。是稱入巧。泛鋪輕綺。弄縱闕雅律之未裁。八音叶暢。類非煙之不染。五色相鮮。闕絕于長

華。淮芳鎮醕于千古。況愚通家著分。總角忘年。衆中則韻仰神仙。席上則價饒鸚鵡。破琴傷逝。無復知音。夢筆摛样。頻驚借彩。佇談交之可作。嘆寶鍔之徒懸。猶幸斯文。備存遺跡。闕符增感。涕下何從。昔兩漢辨騷。方聞注釋。三都待引。即扣賢豪。寄測妙以騰褒。屬當仁于命世。豈伊孤陋。合遽討論。將研旨遠之機。已盡汲深之力。附修名而不朽。量璵慧以多慙。粗析指歸。難酬顧遇。銜微明于合璧。敢議爭英。洞節奏于璇宮。竊期攀欝。

注愍征賦後述

武宣之間籍甚地者雖無如梁韓數公以雅實自任而能振拔後進然士大夫宴遊之倦猶或時道文學以佽助執事者而盧君尚以攙擯致憤於累千百言亦猶虎之餌毒蛟之飲鏃其作也雖震邱林鼓溟漲不能決其咆怒之氣且科爵之設是多得於彼而少喪於此傷其虛而歎其實彼或充然自喜而又以拱默相持曾不知日月沒於晷刻之間蠅翔而螢腐耳然則著明幸於弃默而能以懸征爭勍於千載之下吾知彼之作者有嘔血不能逮之者矣其所得何如於彼哉且上至聖哲下至豪特之士得於文學

者多矣豈以一靈運之狂而可沮辱天下之奇偉哉況面牆而悖謬者何翅於此耶愚前述雖已恣道其遒壯悽豔矣而終不能掩其方外之致以是擲筆狂叫寄之他生又嘗著濯纓引以雪詞人之憤其旨亦屬於盧君且凡稟精爽之氣是或有智謀超出羣輩一旦憤抑肆其筆舌亦猶武人逞怒於鋒刃也俾其無所控告驅於讐敵必貽國家之患矣然則據權而蔽善者得不常以此危慮哉

連珠

蓋聞變可揣機明難辨勢金石之懸已叩孰謂識微風雲之候未形罕知能制是以連兵百萬雖稱蓋代之雄聞道三千誰悟入神之義

蓋聞中和所賦植性自馴孰爲之而曰鳳孰爲之而曰麟翔必以時肯爭名而作怪動惟中矩寧受嗾以噬人

蓋聞濟世者材存神者道各繫遭逢之運並著抑揚之效是以英豪未生虛傾市駿之金文雅已衰徒有游仙之棹苟慙白首而待聘不若滄洲而寄傲

蓋聞達識難窺神明有睽或推之而猶拒或仰之而必進是以釣川釣國入兆則亨從虎從龍乘時自振

蓋聞忠可制權則誠能洞感謀推體正則生濟奇功是以輔星連耀於將星則妖星自殞天陣克和於人陣則厚陣皆空

蓋聞識資匡慾智必寵愚苟貪榮而入險雖結黨而自孤是以川上不歸皆顧羨魚之網林間已碎難追彈雀之珠

蓋聞愧於心者或毀人而掩謗足於己者必獎善而推公是以炫飾求容不悅端居之操優游待聘乃宏交讓之風

蓋聞霽日纔昇於拂曙則蟻穴自開澄川或激於驚波則龍舟莫進何則明於誠而物皆競勸制于彼而我難示信

是以至誠未著見非感而不通横俗無猜知有孚而必順蓋聞紳河礪岳之盟雖酬戮力翼子貽孫之祚本自推心是以陰德常施忘報而或能濟患危機潛患希時而無救禍淫蓋聞角立爭雄必中乾而自殆乘權逞怨或遁丧而無歸將射颷而發弩是忿風而焚衣所以傲吏格言先忘情於物我能仁妙旨當遺滯於是非

文中子碑

道制治之大器也儒守其器者耳故聖哲之生受任於天

不可斷之以就其時仲尼不用於戰國致其道於孟荀而傳焉得於漢成四百之祚五胡繼亂極於周齊天其或者生文中子以致聖人之用得衆賢而廓之以俟我唐亦天命也故房衛數公皆為其徒恢文武之道以濟貞觀治平之盛今三百年矣宜其碑聖恢之柄授必有施臣底之績濟亦厥時子惟善守賦而不私克輔於我貞觀休明之期

解縣新城碑　奉勅撰

夫披圖著象即亘長垣裂壤奠居必局峻閥雖四鄰之可恃在百雉之難窺然而事有弛張得時而後顯功無巨細得人而後施今見之于解城矣我皇帝之御宇也累聖勤求登賢致乂鑿乾締構允歸睿作之功壽國陶融必有挺生之佐式扶昌運對越上元皇帝體睿哲之機延統和之祚高視無外旁羅不遺洪水安瀾格茲穹壤明廷委瑞分映古今肅清廟之威靈竭大臣之忠力雖鍾災會益振英圖係在知人念玆活國内則皋夔叶贊外則方名專征克著廟謨且貞師律其有兼膺注意宜屬宏材正柱石于洪基感風雲於冥數蓋祥發神授佑我昌期斯人見之于蒲

帥司徒王公矣西爽炳靈中條會秀致用則牢籠三傑圖功則擬議一匡受寄股肱僉諧夢卜遇帝車出狩天邑纏兵鄧禹則封拜關中方之未重寇恂則撫綏河内比此寧艱輟外師之稔謀導鄰藩之叶舉于是使星遠降詔命始通瞻日月而惟新覺山河之自固人祇洞感軍旅益雄但既逼寇仇且當津要車徒還至竟赴齊盟戎夏駿驅共匡京室慮風迴于原燎竭日費于雲屯輯睦允諧克瞻棟闕持廣廈鼎鎮厚坤始以一城之危抗移國之盜竟以數郡之力壯勤王之師勲復舊都慶延殊渥威矣哉傳曰德刑

具舉武之經也。農戰交修。政之本也。總是數者。方爲全美。此府自大歷貞元之隆。郭公渾公繼臨。雖博厚粹和。本朝實賴。而儉德異政。舊史闕然。公洞識古今。兼資文武。宏以濟物。而恕必探情。明以照奸。而殺惟制亂。人皆知恥。道不拾遺。視禮法之率由。信恩威之並濟。猶以爲備則無患。志在格言。安則懷生。命于善教。是資蔽惡。有待必攻。晉人之固護。河南。齊將之經營汾北。雖謀非善守。難嬰戰角之長。而利有必爭。宜保馬頭之險。由是公之初涖鎮也。即以此地北綿汾晉。西遍界秦。造隴而雖貫復關。壓境而匪憑高

壘。時當無事。則雞犬混幷運屬。有戎則豺狼密邇。浮罌或渡。縈帶是虞。遂刱新規。驟成堅壘。挾洪荒而作固。屹斷岸以高臨。事等振喉。勢同搤首。豈比平原伐隴。自標威冠之名。斛律侵周。別建定夷之號。及城陷馮翊。西面益孤。烽舉隰州。北軍方至。遷延未測。偵諜相搖。日有風傳。士無人色。賴我關防夾峙。津戍旁通。杜兩岸之金湯。堅眾心之鐵石。共增聲勢。得以枝梧。既納款于帥臣。仍撫安其新附。交獲利濟。並致成功。不然。所恃長川。亦當奪險矣。而又以解因沃饒之潤。置搉貨之司。官帑委輸。商徒繁會。雲連里閈。山峙貲財。絃歌詎稱于武城。錦繡慙誇于襄邑。貫天錢而下積。已應星文。認寶氣而旁瞻。非惟劍氣。所患者。素無城守。難固人心。微有警于烟氛。遽深藏于林麓。孰懲誨盜。克讓周防。振古所遺。非公莫集。既總兩河之務。値多事之秋。檢吏通商。機能制用。矯時阜俗。儉以率先。凡立科條。皆能刻勵。五使雖優于兼俸。一毫不潤于私家。用給工徒。遂興板築。精擇主將。得張郁。時官聚軍讐市。搖物估。欲因賦役。亦以賑饑。夫事貴研深。所以見于未兆。人難慮始。所以樂于視成。初公密計地宜。且稽農隙。裁其經緯。授以規繩。吏既

克勤。期不慭素。自中和二年冬十月。奏請興役。至明年夏六月。凡計工五十萬。城高三丈。周繞九里一百六十步。隍剏濬洫。堞冠層樓。外刱犒軍之營。內修禦敵之具。觀其地縈壯址。雲鬱平川。擁形勢而增嚴。屛要衝而莫犯。歸師遠跡。忘自意于窺覦。匝境罷扃。亦寧虞于奔竄。其他緝飾。悉叶機宜。公旋陟上台。懇辭劇務。咸欣庇賴。益著詠謳。遂乞飛章。願刊殊績。以圖同厤。樂土見託。蕪詞搉鹽使韋雍檢律在公。巡官王慤琢磨効用。與植將及商人等聯狀同詣所居。懇懇至于垂涕。竊惟自古恢揚盛業。激贊宏圖。朝則

帶礪傳盟家則盤盂著誓必資麟筆共振鯨鐘雖代積崢嶸而聲稜悠久滄溟鼇抃日觀可危片石螭銜雲臺永峙將貽終古實在斯文雅非振藻之工敢狥披丹之款榷鹽使崔贊溫恭奉上感勵知催勸使王能遵妙簡宸衷喜成王事並以磨礱已久結構仍崇靡知踢地之誠遽有聞天之請名微墨客短才本謝于徽能事僭詞臣牢讓豈申於恭命且禁暴曰治濟眾曰仁以此視其為誠足以知其為政眾惟同仰暴莫可凌彼或敝捍邊荒繕修保障猶誇溢美顯示將來況數仞聳威近函陜右一方增氣旁帶關河

儲國用于無虞息人勞于永逸寵傳褒詔喜動鄰封方屬沈緜難辭紀述與崇墉而並揭豈深谷之我遷式備昭功靡慚撫實銘云

蒲乃國樞僉惟天作挾魏控秦佩河冠嶽蒲昇是雄勳賢是託孰膺帝俞克振王畧上詰倚注元臣激揚于霄作鎮跨海為梁令無不肅謀無不臧擢彼新壘屹然巨防川廣可踰山高可轢曷以善閑必資全策城隍增嚴晨驚夕惕利害斯覩天懸壤隔解實近鹽貨則兼贏車喧咽軋戶侈連甍財雄擅嚮鼎食提衡三河競湊六輔皆傾內貫通莊外無固圉易戒致戎書警納侮或駭一呼難施九拒雖有棟檮誰庇風雨傳褒命曰詩美維翰長空嶽聳厚地雲蟠俸能兼濟眾得懷安聖衷乃眷茂跡宜刊兆叶人謀機先神授虞於不虞守其必守峻亦不夷堅亦不朽唯此殊功翊之克久

復安南碑

臣聞天示武而太白不滅地育材而雄金自生高臨鑠彗孛之妖並用蕃干戈之銳雖域中治定元功載洽于人祇而閫外抗稜睿畧必當于弔伐是以荆蠻作戾周稱克捷

之謀越貊稽誅漢用討平之策馳雷霆而飾怒義在勝殘命貔虎以濯征吾非樂戰皇上之御宇也知幾作聖抱道凝神蕩千古而獨駕雄圖掩八紘而宏開壽域撫百年之昌運數屬延洪欽下武之耿光德膺丕顯心貽元極道契衢罇金椎震有截之威玉鏡洞無私之照蒸雲涵潤決天閫以滂流擊壤登歌嬉春臺而自樂故得氤氳叶慶動植駢休丹蕖則寶露凝芳瑤闕則霏煙泛彩方欲停旒高視仰至道於華胥輯瑞標慶著成功于日觀綿寓隸必封之俗窮荒輸稟朔之心鳳樂方陳翱企競先于率舞鯨潭不

讓潢汙自絕于朝宗逖矣荒陬蠢茲夷孽拒昆池而塹境縈瘴海以疏鄰嵩穴前瞻地勢乃遙分八角孱陵却阻星躔則下燭五溪兢蠆毒于蜂宗扇梟音于鳥俗頊亦瞻雲薦祉幕重譯以朝周削衽移珍諷三章而頌漢金印示殊藩之寵銀簪增服冕之榮方毓德以羈縻竟憑驕而背誕窺華飾僭吠喧槃瓠之鄉負險挺妖疊結沈黎之黨琅川大擾洞界橫侵妖徒之勇氣干霄都護之窮兵竄谷千艘蹙浪蘭津之戍火宵明萬里驚塵梅嶺之人烟晝斷攀旄何暇猶申扣馬之忠曳踵誰觀莫救跕鳶之沴既而城夷

交阯累陷功門飛馹駟以闖天決神機而起劍腐儒橫議請罷守于珠崖賢相拔奇命啟行于黑水於是鑿門受律仗鉞忘家寢衷輟旰食之憂壯士德橫行之志豈獨英籌獨運猶洽平越之膚妙略遐宣乃逮伏波之號聲光載路勢激疾雷下五嶺而震金鉦沿三江而飛鐵軸中權令峻按虎節以風生上將策奇指龍編而天落賊將朱道古等傾巢奔命負固偷安塞合浦以連奇亘同勞而結祲雕題誓眾猶疑黑穴之神鑿齒窮兇豈直青邱之暴尚以哲王濟治先德後刑大聖兢懷好生惡殺韜戈制勝舞舜戚于兩階弭節昭宣縱湯仁之一面諭其歸首需以鴻私姑停虩獸之機顯誓輸龍之信守迷崇亂更宣蚊蚋之羣觸禍乘危猶幕蛛蝥之網元戎然後抑揚英武嘯咤風雲援旗而激憤衝星狗國而抽誠駕日幾神洞妙熊韜豹略之權舞電威稜越騎燕犀之象于是營開鬱石陣壓糜泠前軍則浴鐵爭登後拒則跳刀鼓勇宣聲駭宇怯鼇柱之傾維壞氣橫堤晦鴻雲之寢耀我旅力振兇徒大崩動必冰摧疾如彗掃驚濤沓鼓喧豗而獸檻爭奔烈焰掀天埃鬱而虹梁忽斷駭修鱗之決網軋累卵于排山七擒攄必勝之

能九變逞無前之銳伏尸百萬未窮追北之師廓地三千豈獨安南之境始者以朝廷專征重寄騁績遐方慮切均勞謀當易帥軍符未契猶懷稔寇之慝詔命將臨俄有麾城之捷遽收宸渙仍降優恩重委緝綏更恢經略傷夷盡復爰申借寇之誠旅拒頻梟寧止登嘉之獻朱鳶再緝彩雉還嬰宣聖澤以懷柔道和風而煦育誅榛薙梗肆望樂郊撲魅驅狸潛銷沴氣農商並勸食力兼儲軍雄而蹀駿嘶風劍穢而蟠蛟吼匪兇渠假息屢驚喪膽之魂王旅騰裝更俟指期之舉投機扼險委勁待時幸席卷之可乘永

清丹徼匪鞭長之可及馬用石田昔下瀨徂征寧踰象坂渡瀘掩紀纔息蛉川豈同指授長馳披攘右平沃騰瀾于爝火蕩危葉于衝飈利盡海隅聲稜蜀表中規克運振日捷于丹冥吉語旋聞慶山呼于綺殿匪徒封離授首三十六之種落迎降槃木歸仁六百萬之賨夷向化威懷益著典秩遼加茂績英姿別賁畫麟之寵帶河礪嶽重申白馬之盟自將禮冠于朝倫豈特榮高于策府盛矣哉且四夷華夏千古勞師折衝實在于謀謨委寄惟艱于授受昔之命將繼得其人莫如材爲時生祥資世烈感狼星而兆壯

煥驪穴以騰英玉帳金壇神授六韜之訣珊戈寶鼎門傳八命之基故能業嗣良方名高異俗撫士樂同于鳧藻伐謀動契于龜蓍麾下從容每投壺而講禮帳中談笑亦披卷以研精必當躍馬橫矛恨征南之不武詞宗學海輕鎮北之無文式是全能允膺注意故得劾吞敵國勢峙長城廟算遐敷家聲克裕三川底定粲青史于元和九郡肅齊著洪勳于盛際（元和中杜公黃裳舉僕射崇文平蜀今相國夏侯公用安南公駢遂復交阯故地）恭惟燕翼之謀自契君臣之美幽陰雪憤竦七廟之靈誅雰霧廓清彰一人之聖武中外禔福飛沈載揚韋帶諸生

鋌鎔賤質早負徼能之志曾無騁力之期有慚于霄衙明廷欲希橫草非所以煥揚休烈未始抽毫竊抃神功猶增懦氣鹿鳴登薦小臣無補于頌歌龍德飛榮大國必資于雲雨昔牢夷勳定漢紀崇勳林邑克平隋刊盛績將欲耀聲明之遠暢詫轍跡以無窮輕叨詞林仰騰茂實庶雕豐麗德卓穹厚而長存瑩儉圖功示威靈之無外載惟荒𡟰遂揭穹碑銘曰

珠躔映運鼎業鑿乾麟銜瑞紀鳳舞昌年層瀾浩注景祚遐延光凝寶篋慶藹祥編上喆繼文皇圖增煥得一踐羲

登三轢漢懿網牢籠大鑪貞觀宗社還資巖明接旦雲腴洞潤月窟皆傾鈞山就日截海來庭琛羅翠羽貢委香瓌旁魄萬有駿奔百靈乃睠荒夷獨迷元造虺毒潛萌狼心益鶩祲激焦煙塵埋瘴嶠敷命講材式資窮討衲服將授暢轂斯臻肅拜清廟時維寶臣熊旗日浴貝冑星暉機懸玉弩彗迸金鱗申命長驅指麾横厲嶸嶸鷹瞵稜稜虎視疊懿崁山連師禺畣視險必夷屠堅若脆元戈增耀赤幘憑兇鋒攢睥睨火迸艨艟天聲下震神將沈雄高牙爰指厚陣皆空吒咤虹攄騰凌電掃動若摧枯勢踰穿縞血浪

噴溟顱山亘島沴卷一隅霞披四表我武旣張我威載揚克剪違命乃恢舊疆上帝寵錫元戎休光允玆壯烈有耀羣芳遺孽偷魂數將盡滅魚窮爨鼎蟻懼搜穴用警殊倫斯爲還轍勒頌海垠式昭天伐

故太子太師致仕盧公神道碑

公諱渥字子章范陽人盧氏出于齊齊之始祖以姬周克享于仁乃佐文武定天下弛刑之後其裔孫又能以大義匡奉且救諸侯之患宜其百代昌盛矣及拓跋陷幽冀之域士人之整飭官姻不失其舊者推于周黨所爲甲門高

齊恩通公爲黄門遠公八世祖曾祖某官祖某官皆以德義顯本朝先公諱某兼以儒術吏治歷仕終某州刺史娶清河夫人生公公植德秉仁而識致遠大濟之強學發爲文章故未就鄉舉則時輩後生皆以爲傑出雖文場迂滯然時者亦歷指要顯不敢徒以負地待之會府方重首薦公爲主試者所強舉子未効其業於主師則踵門投贄者已數百輩時宣宗銳意文治白衣稍出流類亦往往上門故公中選甲科籍則待制名臣亦以得人爲賀皆爲儒風隆替當係于公累辟諸侯府亦以公去就爲輕重御史丞將選僚屬遞相告約纔及升班之限臺命已行太夫人在洛乞以散秩就養拜國子博士分務殆十年公議所迫遷侍御史專領東臺之務徵起居轉司封員外知雜事正色讜言舉劾不撓遷司勳郎中時宰所忌出倅宣武軍以緩之未更歲入爲某曹郎遷拜萬年令大京兆每引見必優禮言則規稟諸曹請事若奉嚴師其政可知也誥命極選所以内訓百辟外訓四方元和中若韓李二文公裴晉公令狐相國元白李淮南聯處内外之制任征伐約束佽助大朝其後取人多以時望望勝則人以地優用輕則才

以勢軋兼而不怍乃屬于公拜某官知制誥每涉委廉則堂列聳眙宰相詳議大政亦俟入直乃行前後六年編錄盈笥實一時之典則也丁内憂哀毁逾禮士大夫莫不感傷免喪拜陝虢觀察使兼御史中丞前泣是邦或出禁侶恇畏内臣護軍劉重美黨類豪侈傲視廉使槖奸贖貨得以自專及公至鎭待之有制重美雖漸斂束故態未勦公舉其壞政之甚者面數以挫其鋒氣卒俛首受敎權不外奪敎人自蘇息矣遇江嶺宿兵邊戍乏食滑州軍奮臂標迴開折天侶及驟至墻下吏士縮慄皆請閉關拒守公曰

彼凍餒所迫未聞肆毒害因而撫之冀其返善若首唱其
惡彼畏彰聞則懷疑蜂潰矣廷議力未能制且當遏其所
歸奈何反開門具饟勞名主將親諭之果遽感悟而東遠
出境人無罹其患噫古所謂仁勇難哉其他惠愛廉平猶
可徵諸故老初公報政當陛且懸文柄之命權倖所沮事
未克行及此傳聞中外推敬故宰職得伸其所志冬十月
拜禮部侍郎羣輩之躁聚勢門欲以浮論籠駕主司者迎
自咎其牙角泊入貢署纔引明經則美稱已譁于外議遏
大駕南幸乃中輟人至今惜之明年春自都潛出二月至

中條舍于幕吏司空圖被疾浹旬方至洛由漢陰詣蜀舟
行迂滯尚以後至授國子祭酒公論逾鬱拜御史丞兼左
丞東拔端良風威益振駕迴未幾又徙步扈從于寶雞至
褒中岐蜀阻兵食俱困主相深念計無所施乃拜公戶部
尚書領興元留事知節度使事焚剽之後百姓逃竄公躬
自招撫且徵賦食山甿相勉貢輸軍聲大振時議以為蕭
何大勳實非公不濟上每斂容優異許以入輔者數矣公
堅讓乞退至京尚以檢校司空太常卿疇庸遷尚書右僕
射自古澄汰稍厲多礙于時苟訾失實則受制羣黨驅之

仇敵反為國病矣公謂軌律在已足以正人未嘗惑愛憎
之言遽出升黜而尤者自去明恕以彰又古所謂得大臣
之體者乎仁哉累授保傅尋以檢校司徒致仕從堅請也
大駕移幸公自華至洛天祐二年九月十日寢疾薨于長
壽佛宇享年八十六嗣王輟朝贈某官謚曰某噫古之碩
賢或享高位上壽蓋尸其柄者時顯至公以警于昭幽俾
為善者不悔耳公孝于家勤于國宜于人既于是而報應
又如此果使後之追企者唯恐不逮以邀福於神明然則
善人之化于人雖沒世而彌彰矣且家邦將盛必有所繫

蓋感致之效當究其源耳初公既屬文太夫人知其友愛
諸弟且命相敦誘故諸弟子亦能相師稟就其所業及公
中第即又孜孜指導進取果歲繼捷皆籍於顯地祿養之
榮孝敬之美一時罕及也推是而言則詩所謂施于兄弟
至于家邦公宜與聖人之徒亘百代而合契美哉公介弟
尚書公紹尤檢尅亦能率其子弟俾幼無違者仲弟治考
功郎中季弟沈右補闕從事洛都留守府蓋雅族積祐有
以保持公以其年十月某日附葬于緱氏某鄉某里禮也
夫人姑臧君李氏柔順明淑叶公慈卹內外孤嫠賴之獲

濟先公而終孤刑部侍郎膺實惟冢嗣敏材慎行而囂競不能入弟賡左補闕整整唯謹目爲令人有以見綿祚無窮也自昔負大名擁大望苟無其實必若負重而趨雖非有力者擠之亦當自蹶矣宣懿之際士類方競其間與公別著親友之分者崩崩當世止有數賢皆退可華天下之澆風進可效荷天下之大任歿則金石之綴史氏之筆端豈容易而品級哉千載之下必得其人蓋知始無愧耳今年秋八月愚詔追洛拜公牀下明日繼謁蒙手授以詩且有釋氏多言宿分深之句瞪視不言若屬意於紀述默至

感悟誓竭菲才況業履謨庸三紀備熟雖有文酋之工亦莫能詳悉然則刋爾信實門人焉得爲讓銘曰

姜佐宗姬仁移于誼馳及厥裔亦恢四履紉絕扶微益延世祀戰國橫潰獨整士風漢氏之東植顯大宗黃門魁偉州黨所宗逮我太師敎義足維出入允宜萬方廷萃珍貺疊委待公爲瑞秉文慎擇列曹驟歷乃訓百辟國事洞疑王旅阻饑惟公是咨冠裳奕奕禮義是則公庸乃陟或道之亨孰喜孰戚華崇之趾吾老如此克躋壽祉皆極報德照彼日星摩地載扃鑱石張銘濟我淑貞勗爾後生

欽定全唐文卷八百十

司空圖 四

太尉瑯琊王公河中生祠碑

臣伏念天人之慶靜則統和於天化動則保定於中興莫不肇擁元符已濟昭登之德旁徵幽契亦伸叶佐之能內著彌綸外宣風績克延休命共贊昌期雖復地輔登皇星樞延聖八極柱斷鼇之表百靈趨駕象之塵信謂元方猶勤致乂至若錫戈祚土賜履專征止圖九合之威亦賴五臣之佐況頊者運屬履危時當戡難寓縣尚搖於坱軋蜺

蚊方駭於沸騰欲拯橫流是資傑出漢庭劍履名臣之禮秩皆優烟閣丹青上將之風稜如在我國家之御歷也厚恢周德寬富殷人蕩千古而獨駕雄圖掩八紘而同開壽域宏材構廈常扶不拔之基獷俗傾風盡仰昇平之化皇帝明融睿作剛體乾行深研不測之機廣被無私之照常經多難時亦濯征掃氛沴於靈旗碎缾罳於天斧文思緯俗廓貞觀之英圖神武定基符開元之大業克諧注意本在知臣叶風力以陳謨駕昆彭而騁績克綏中外保奉宗祧大順二年月日首議陟明累宣恩詔以命河中節度使

王重盈加檢校太傅兼中書令河汾蓄寶閥閱資祥代濟賢豪業傳詩禮自標奇瑋難藏豹蔚之姿本俟遭逢果振螭蟠之舉式膺妙簡允著宏規不有褒崇孰明奬勸且自古英達致用風範相殊政則以理爲先化則以人爲本雖或議叅草昧名列循良集東觀之羣儒皆令贊像推南山之汗簡盡使書勲尚有間然孰當全美道之必合聖亦罕言大易所謂窮神不言而速哲人所以垂訓不令而從蓋率以身先用如響應公幼推至性動必有方色養不違友于兼備在閨庭而惟謹處鄉里而無尤衛公靖幼實師儒

寧妨勇烈英公勣貴能事長果保宗良是乃化已行于人子也且移孝資忠自家移國信風行而草偃若傳命于置郵故亂離以前委寄郎重効彰理劇誠著讓夷課實最於西河榮遂臨于分陜車未及境冦已陷城僵仆如邱烟埃翳日公乃唱大順振義聲招葺逋逃撫循瘡痏誅榛薙梗漸闢樂郊撲魅驅貍潛消沴氣檄馳東夏饋賑西師四海搖心盡攝鯨吞之勢重關失險獨當豕突之衝壯我金湯剖其牙角實挫滔天之暴非徒捍境之勤大冦既逃鄰封共慶遽求罷任本切歸寧堅避成功益彰傑操是乃化已行於人臣也且邮刑育物往哲至論於兵法之中亦叶道家之理雖戰同九地或於危地爭先術用八方乃以生門爲上勿輕士類方保衆心盛衰之由寬猛可驗雄名震敵忌唯在於殺降隆德傳家慶本延於慎獄公明爲照意在勝殘深防巧詆之文每用惟疑之典或有狂妄自掛網羅罪皆止于一身恩必加於百口神明洞感福佑宜鍾是乃化已行於宰守也夫約已裕人招懷必信推誠體國嫌釁自平公實寬宏且無猜沮每示坦夷之道不行讒佞之言延納羇孤優容僚吏位雖益重謙則惟光泛愛皆周親仁

每見賓賢備禮耆英盡綴於詞林將畧求材劍戟自森於武庫況路當衝要時犒師徒使車旁午於軍中將迎益至羽檄交馳於境上談笑忘疲志切匡扶義惟尊戴每承詔命若覲天顏亦常因拜飛章大集戎旅誓堅金石同報寵光保九重高枕之無憂絕五夜甘泉之有警內則須宣朝旨外則鎮撫人心竟用綏和到今緊賴是乃化已行於藩閫也且將圖豐逸必正本源侈與驕期莫能勝弊儉唯德固乃不移風苟曰聚人必先濟物公幼負四方之志家無一擲之資意氣所傾英豪共感今則欲均公用不樹私恩

動有常規賞無濫費上勤時貢下贍軍須月未及於授衣士已忻於挾纊農商競勸役不奪時關市薄征肆無滯貨利每推於近鹽惠豈計於傷威靡尚虛名多仍舊制雖風亭月觀不增遊翫之華而城雉軍營足壯藩方之氣均能勤勇儉足養廉誡滿持全居豐處約是乃化已行於閭里也率是五者施于一方薰爲和氣屢致嘉祥故得疵癘不生豐登相繼自竄渡河之獸如驅避境之蝗禮讓俱興人有恥格征徭漸省俗賴懽康貨殖殷繁井閭塡咽街無促步巷有安歌壯千葉之威稜冠三河之富盛關防旦啟譙

候鳴雞徒侶宵行罕聞吠犬此蓋罔存小察唯總大綱用宏寬簡之規克贊雍熙之運景福元年正月上自將佐下逮緇黃五郡聯屬四封耆艾共忻宏庇請建生祠牢讓累陳至誠難沮五月日都押衙錄事參軍又詣讓軍使特進恩猷請奏別立碑紀上亦俯從人願有命微臣伏以祀典闕文朝恩特允雖或徵於近史亦宜本於衆情丞相仁傑之撫疲羸僕射元振之安夷夏皆留盛躅孰繼美談豈不若峻峙在前人皆仰望洪流非遠日可窺臨所以別創祠堂嚴陳像設者蓋皆蒙美利弁荷豐功願申報德之誠別

置表虔之所且公抗衡右族著籍本州顯沂水之華宗煥晉陽之貴冑盤聯日下輝映關東前修則家牒流芳後嗣則卿材森列公先君勳華早振政績頻彰已結義於鄉閭仍種恩於部伍永言積慶實異他門況元昆頃鎮河潼遠推表則仲弟鎮臨此地惠愛斯人季弟植性謙沖宣勞宿衞次子今陝州相國能傳善教大濟仁聲長子瓘故蒞平陽季子瑤今爲慈牧弁遵誥誡皆稟廉明諸子等庭列鐘彝笥傳組綬靡忘承家之訓方滋視履之祥而公又領蒲之初也深自竄伏過於推奉越人燻穴蓋虐求賢晉國乞

盟始聞定難既抗言而誓衆方攬涕以登車里巷相懽風雲動色宸衷夙注寵詔遽臨致闔境之允洽固本朝之是衞況家豐光烈治陟殊尤流寓安得不歸士庶安得不感且自漢儀重整周室甫寧三畿則橫被陝匽九鼎則深盤王氣山河益壯日月猶新心膂連營蓄雷霆於北落股肱重鎭寄柱石於東門允副分憂合膺異渥宜其恢宏棟宇贍奉威容上顯聖慈下諧人欲極當時之盛美標抗古之殊榮美矣哉臣跡本寓居心非昧利久懷贊激竊聽謳謠奉眷獎於絲綸素慙鴻筆圖嘉庸於簡冊先琢貞珉方備

編修敢辭紀述銘云
貞符奉我誕命維唐跨轢三古牢籠萬方雲蒸日煦賁華
琛航基仁德厚祚德逾昌數有屯夷時嬰否隔海岳搖蕩
人祇憤激軒傒垂衣舜勤舞戚皆安寵利宜衈社稷殷憂
將變興運有開涵濡動植揮斥雲雷地岌重正天旋更恢
疇庸乃睠共致康哉寶鼎傳銘雄圖作固儀形九牧光昭
百度威濟家聲功寧國步蒲人熙熙是禱是祠孰歌且舞
童頑厖眉何以祝之祝公之福險夷不渝保是寵祿何以
祝之祝公之壽左山右河惟公克守何以祝之祝公讌喜

公樂之人如酒斯旨何以祝之祝公之安公安可久附眾
惟寬公之報國人亦報公提嬰撫稚必敬必忠人之報公
神亦報之拂災禦暴不流不移通衢共仰華構崇之峩冠
傑表煦物溫容蔚然喜氣靡若和風樹之可愛蒲之所賴
帝慈允屬天鑒不昧條峯顏顏城在碑在

故鹽州防禦使王縱追述碑

夫爽貫五行粲星芒而騰列靈標萬彙挺人傑以降祥式
贊鴻鈞乃符元感恒運絪縕之化潛融橐籥之和然而拂
日貞松必生於喬嶽環天重器亦鑄于洪鑪水積厚而脫
鵬門愈高而容駟克蕃令緒固在華宗況自緱嶺上征姬
邦委馭代爲著姓人不乏賢或濟美于參墟或炳靈于沂
水祥分鐵印系總璇源西晉殊勳則榮連邸第北朝雅望
則地顯官婚貽謀各著于承家致用皆先其佐命朱輪華
冕豈獨推恩甲令門風實先種德是資奕葉誰與提衡公
諱縱字希聖太原祁人也曾祖某譽合貴遊跡追高矩冥
鴻不失天爵逾優祖勗皇任潭州端氏縣令價重儒林行
熱士範早推仁于宰字已屬望于公台父載皇任檢校秘
書少監贈少卿早振宏猷雅多奇節自激封侯之志欲垂

濟代之名位鬱于時慶延其後宜鍾秀氣歷佐昌期公幼
挺英姿夙彰傑操鎔金入用百汰唯精建木標奇千尋自
植稟說禮敦詩之教蘊經文緯武之材欲紹家聲遂參戎
右研精玉帳演秘金韜陰符必勝之機制于掌握敵國相
吞之策決在毫釐氣蓋三河聲高六郡長慶初以力戰拜
監察御史名藩振跡初加馭貴之榮憲府揚威更帖承華
之秩太和九年授河中馬步都知兵馬使別選材官教成
騎陣自茲出討所向無前開成宰相鄭公肅允屬鎮臨九
稱鑒略仰賢有素授任不疑擢奏馬步都虞候總中權之

劇務示列國之上卿喜動旌旗威生里巷得人之盛他鎮罕儔會昌二年武宗以回紇累葉憑驕緣邊扇酷久定掃平之計尤難將領之權既而蒲帥石公雄授命濯征總戎出塞公爲都知兵馬使捐家誓報蓄鋭別營虜陣猶堅軍鋒稍壯未振鼓行之勢空稽廟算之籌公內決一奇中分千騎出徒間道擊若疾雷已繼捷書方麾大旆豈俟排山之力乃成破竹之資火烈風驅震天駭地血滂大漠則須洞傾河顱積高山則亘連絕塞單于傾種貴主還都克宣宗社之靈頓雪人祇之憤腥羶盡滌氛祲皆消萬里長城

允膺朝寄九重高枕永殄國難粃糠麟閣之雄孰爲上將贊頌龍庭之績彼獨何人上乃遣中貴人劉英侔賁詔慰勞自殿中侍御史超拜兼御史中丞太尉李公久秉大權素無濫賞倘非公論莫致驟遷又拜晉州司馬上黨興祅復提王旅太原祟亂兼領郡符授沁州刺史外訓驍雄內蘇疲瘵殊庸既顯善政亦聞擢邢州刺史充本州團練使山東叛命積年人爲難理公揣情設教俗乃驟移禮讓既行閭里相勉旋當謝疾莫遂乞骸路未伸雀羅無愠志詎忘于憂魯言恐及于平吳久之拜右龍武將軍仍知事

環翼宸居僉諧宿德剗煩苛于積弊罷浮墮于竄名心膂所資貔貅自肅雖居中而持重每急病而讓夷宣宗皇帝以河隴陷戎祖宗遺憤將謀恢復翹注忠賢又屬鹽州守臣政失人和釁連羌部雅重專城之選仍當錯節之難公簡在宸衷對於便殿伏波強記備述山川充國勇行請圖方略仍授鹽州防禦使檢校常侍凋殘之後輯睦維艱虜交未固于解仇漢爵已頒于款塞兵農競勸夷夏肅齊既而間使行邊飛章言狀上乃臨軒歎激累詔褒揚獨授中規希其重任繕魯州之堅壘食力兼儲資隴右之威聲墟

郊漸闢和薰獷俗惠洽悍婺已彰拓境之勤即議疏封之賞方延渥澤別立雄藩而運鬱時來福虧冥報連中峯而嶽裂襲右將以星沈邑慘朝端悼深宸極雖荊州罷市衡紀屢遷而蜀郡奉祠謳謠未息古之遺愛無以加焉咸通三年三月三日薨享年六十八理命具存憂邊是切益勵罄極之誠如傳鏤鼎之勳某月遷窆于某處附先塋禮也地啟佳城儀陳詔葬舞鶴既占于形勢謀龜乃兆于公侯封樹增嚴音容如在皆知世祀之必昌矣初大理府君娶于隴西李氏追贈隴西郡太君簪組聯華蘋蘩頌美公實

爲嫡嗣。娶某郡石氏。今封祁國太夫人。四德兼崇。六媚推敬。早貽芳于閨範。宜應禱于河靈。保是鍾祥。成其鼎貴。五子。長曰重章。少稱豪爽。深究韜鈐。從擊匈奴。著勞盟府。歷諸衞將軍。終威州刺史。次曰重簡。今任華州防禦使檢校兵馬尚書。朗拔逸羣。惠和得衆。左憑致捷。宏畧居多。次曰重盈。今任陝虢觀察使檢校左僕射。沉幾中濟。雅量外夷。撫寧西河。鎭靜東道。次曰重榮。今任河中節度使平章事。明澄海鏡。響震霜鐘。體先覺以通奇。應旁求而聘績。錙銖王佐。表映人宗。自北府初援副車。卽持戎律。外師謀入。危城勢摧。四鄰閉境以相觀。一柱中天而獨立。首排羣議。決策勤王。賑贍諸郡。指揮突將。破連營以通西路。質季弟而撫北軍。同華旣平。關防盡闢。繼納歸明之衆。遽成克復之功。羈制奸豪。保安封守。而又處勞期逸。推俸僦徒。環築解城。峻增關壘。舉無遺策。動必中機。巨極底寧。議勳殊等。次曰重益。勇而知義。和以秉謙。履險不疑。輸忠必竭。以任子拜左千牛衞將軍。初先公之捐館也。淸塵未遠。儉節彌彰。産薄一廛。家徒四壁。太夫人保和安遺。演訓擇鄰。俾蹈前修。皆能聳搆。且及親之貴。自古罕兼。老萊則空耀彩衣。多慚紱冕。潘岳則唯稱壽酒。固乏鼎彝。豈同大國進封。高堂拜慶。劉加二驥。荀併八龍。相印師壇。共觀晝錦。金相玉映。各炫晨葩。猶陳斷織之規。寧軫倚門之念。一女。早適溫氏。致克和于鄉族。亦秉敎于母儀。而又慈訓諸孫。蔚爲令器。亦升寵秩。森列庭闈。方傳帶礪之盟。實冠古今之盛。夫力攘大患。顯致陰功。則必降祐上元。紹熙來裔。永夷堅敵。累洽仁風。果培樹善之基。益遵勝殘之報。司徒相公以豐功繼志。異政傳芳。褒崇致感于漏泉。紀述欲先於表道。謀刋懿烈。辱命蕪詞。合伸起敬之誠。敢避非才之誚。竊以祥運流裔。文武爭驅。家牒雖分。靈根共貫。至公崇上宰。績贊中興。彼江右之蟬聯。昔慙丕運。我晉陽之龜組。今煥咸時。綿祚層瀾。盍雕豐砥。銘曰。

維德有融。維賢克嗣。禮法貽譽。勳華命瑞。雜躡芳塵。紛綸寶氣。武烈披顯。儒風橫被。績茂佐秦。名高輔魏。繼祖無忝。圖嶽罔墜。天臨我唐。瑞降文昌。驅崦逸發。駕浪雄張。虹據耀采。雷震飛鋩。英標激俗。峻節凌霜。研奇制變。料敵摧強。量吞巨壑。威攝窮荒。申命寶臣。允玆薄伐。壯志逾勵。沉謀獨決。日逐偷魂。天驕浴血。魚寶竄鼎。蟻懼搜穴。轒轀下碎

攙搶上決利盡長驅聲稜有截我武惟揚我伐用張俾侯
寵錫謁帝休光和如金石著在旂常內司環衞外峻巨防
通班石室進秩銀璫臨機必斷視物如傷兩地輯綏五原
惠愛禦侮材難開疆計大日駐麾戈雲横出塞白虜迎降
青羌自潰戒守益嚴資儲永賴轉軸摧旆揚旍委旆禎融
積慶祚表垂仁綿休自遠啓映維新恭恭令嗣濟濟良臣
名藩重寄暢轂文茵門交華戟地鼓洪鈞推忠致主履孝
榮親潤接靈長勝資磅礴此兆松阡昔圖烟閣漢詺騰褒
夏卿薦渥林蔚逾繁源深不涸刋爾將來緬懷可作克濟

寵珍永延懿鑠

華帥許國公德政碑

臣嘗跪讀貞觀政要伏覩太宗文皇帝即位之初每以爲
將致治平必先仁義在德賢而作乂乃錫祚而永延古治
足徵格言可鑒豈不以化訓則易服威肅則難齊者哉然
政教初張德刑具舉文衰則削將弊也其風必佻武瀆則
危將亂也其政必暴始于厚俗方克濟和視今足以知昔
矣聖唐照臨萬方韜軼三代固資天力實廓帝圖神靈蓄
不測之威正朔被無垠之族皇帝中興昌運丕顯耿光洞
德澤于六幽雲蒸其潤仰徽明于八表日煥其文內輔外
藩而允諧上祇下肅而迺勸太平之祉可固矣乾寧元年
上御便殿遂出鎮國監軍使董重彥所奏前後將吏軍人
百姓僧道等懇請爲其帥置生祠紀德政表章俾揚陟狀
宜允衆情宰臣亦僉謂近鎮大臣諒能推心及物第因牢
讓久蓋嘉庸宜徵摭實之詞用著不嚴之治翼日遂下詔
前戶部侍郎司空圖條次所上刋示無窮謹按華州節度
使太尉潁川郡王許昌人也汝潁標奇勳華襲煥偉登壇
而挺佐壯柱國以連榮間氣迴鍾英材卓振鎭爲岑鼎用

作雄鎧志不急于封侯誓惟堅于效節累陳秘策俄領偏
師潔身而遽出險中振跡而旋歸行在詳觀機變乃控河
潼既申匡復之謀實顯肅清之效師徒自輯都邑晏然大
駕旋迴宸衷迺眷撫綏益至疲瘵漸蘇初王之至任所也
公署僅存人煙殆絕晝靜而狐狸傲視風驚而雞犬蔑聞
王寢與匪寧吏士相勉山祇應禱膏澤以時稍實倉箱漸
知禮義纔逾朞月日復流移兒童沿路而不驚草木罹霜
而亦潤關譏無阻旅次皆安汙萊盡闢寰宇兼培其新附
土衆亦競課農桑凡資生聚莫不蕃息加墾公私田若干

頃畜牧藝植。亦皆稱足。但三縣兵荒之後。雖賴招懷。數都
節制之師。必伸威畧。匪招懷何以附衆。匪威畧何以安人。
動則經戎。靜則濟理。僉和自化。別爲君子之營。伏順無前。
亦有諸侯之劍。其始王之入守京室也。商州程景思乘虛
掩襲。欲恣攻淩。公馳自青門。戰于赤水。其蔡軍臨陣翦滅
驅俘。而王並解甲縱之。明年春。宗權復遣賊將圍逼陝郊。
虢州刺史張存背陝迎降。旋又持疑。搆隙遂密表請狀。部
伍據關捍敵。曾未浹旬。遽聞失守。蔡將張琢席卷深入。兵
近五千。王所統見軍不逾六百。率先士卒。盡殪凶渠。不崇

朝而復收州城。自此藩方改觀矣。又交鋒之暇。恤物尤勤。
遺櫝棄骴。皆令護養。扶羸挈幼。免復驚奔。斯乃稔其庶富。
及天師北征。招討使以緊仰請行。指撝務重。瀝懇固讓。拜
章累陳。竟慮上軫主憂。久稽朝旨。臨危不憚。赴救遠征。及
向道阻艱。物情沮撓。猶嬰孤寨。常保萬全。前後獨當八十
五陣。擒戮五千餘衆。幷收奪堡塞七所。而我軍未嘗敗衄。
王初欲事行。旁無取濟。至於糧仗。皆自賫持。及猜沮班師。
險夷著節。所經千里。不犯一毫。竟能亘抵爲梁。棨旗振旅。
俾感撫循之德。悉平憤激之心。又屬楊復泰。楊守亮之佐

在興元。密叶狂謀。顯逆狀。既連商畧。逾逼封畿。王知岳拒
命不悛。迎鋒立潰。朝廷乃詢故實。益委制臨。巖險悉平。農
商庶悅。及邠岐合勢。梁漢須隙。殘寇纔奔。兇威尚熾。乃命
都將選精銳兵五百。趍商州南鄙。俾其捍禦。授以機權。奮
少擊多。排山壓卵。魁渠折首。支黨束身。凡梟擒之外。其所
歸降並家屬尚數萬衆。實資神算。大振國威。爵賞既行。中
外同慶。遂冊太尉。本郡王。食邑若干戶。王嘗謂滿能招損。
貴必期驕。斡宰造之權。無容入巧。弭間離之隙。莫若推誠。
誠在未能。形于崇讓。故自加相印太保及今封拜。凡瀝懇

數次。上言無不至。人以爲煩。朝旨莫迴。絲綸累降。鄰藩方
睦。勉諭萬端。至于恭命之時。猶切履冰之懼。噫。爲臣爲子
安家固侯交修。乃能爾訓。推其錫類。足以及人。體忠貞則
其道適同。且非黨。憂社稷則其心不隱。意亦何尤。內絕私
嫌。外周泛愛。此又持政之難也。致政僕射。雖著義方。罕於
嚴訓。王恭勤備至。浣濯必親。臨敵惟恐貽憂。居常未曾掛
慮。怡顏侍膳。踊影修牆。此又力行之難也。識以濟才。學而
敏政。退公齋處。開卷忘疲。雅好咨詢。尤敦名教。每用通儒
之術。時開講禮之筵。此又聳勸之難也。洞達物情。深涵雅

度。邪諛必照。狷直皆容。心秤自平。毫端靡忒。幕中取士。必以精修。麾下選材。亦兼敦說。舉無遺策。用卽成功。此又鑒局之難也。勝殘之本。往哲所先。聽訟之明。片言立辨。王自治軍莅政。纔及壯年。照忒揣情。必研精慮。司法吏乞常陳具獄縲囚等三數輩。已甘抵刑。王察其深寃。果驗眞款。所司考校。奏陟殊尤。不示威強。惟修輯睦。匪歆漢疑之好。入無聲妓之娛。惠不費于公財。利不腴于私室。以是訓服。可行蠻貊。又常滋種德。非止恤刑。危者不擠。窮者必拯。昭報果符于冥感。嘉祥屢表于有年。亦奉眞宗。庶能柔物。慮苟

希致福。必將強斂于人。唯申孝思。自致精舍。有詔褒慰。仍賜陟屺爲名。而又捌製都門。崇嚴嶽廟。儆徒繕壘。賦食修營。皆役不奪農。悅能集事。凡築新城若干尺。增構營舍若干間架。又添主客軍額若干人。至乃上勤時貢。下濟朝班。每于均節之中。須用方圓之術。英規茂績。輝爍古今。昔周人之錫彤弓。漢氏之刑白馬。用昭信誓。實賴匡扶。故命歷之延。更逾于定鼎。山河之誓。共慶于貽孫。煦作春臺。恢爲壽域。其間偶罹災數。暫翳妖氛。方搖發殺之機。已屈爭衡之力。糾踐土兵車之會。敢瀆齊盟。稽防風玉帛之期。終嬰

大戮。況我國家仁敷行葦。澤及漏泉。協宣睿作之規。茂對昭升之烈。運符幽贊。賢爲時生。金石俱諧。旂常並煥。其或疇茲戡定。別紀修良。既允屬于當仁。宜更標于刻石。今據都押衙錄事參軍等狀。具言乞置生祠。已令罷請。其制碑事。王雖遵恩詔。唯飾詞累命賓僚。致書申諭。且道由屈己。久則惟艱。舉不避仇。非徒禦怨。言而必察。孰敢隱情。研深本在于防微。慮禍莫先于輕敵。靡忘愼恪。方保初終。以此持危。自鍾全祉。旁徵明哲。載考聲猷。久副宏慈。果膺異獎。臣僑居郡境。備聽人謠。雖乏潤色之功。夙慕陽秋之旨。今

則虔承綸煥。俾振寵光。將致不刊。敢濱溢美。抑太華捧天之跡。力可扶危。縈渭川潮海之瀾。人知注意。竊惟尊戴。克盡褒揚。庶用永孚。斯爲炯戒。銘曰。

天視唐德。丕祐一人。克文惟叡。克武惟神。乃戡乃乂。自我憂勤。興運巳固。萬國益親。有君有臣。內祇外肅。載庸碩勳。以輔以牧。惟此戎藩。控臨近服。惟此韓王。華人之福。既忠既孝。上行下効。靡剛靡柔。惟王之教。王之士伍。化王仁勇。鼓之而抃。賞之如恐。王之農夫。化王勤瘁。乃積而輸。乃糧而峙。王之吏屬。化王明恕。察而不煩。嚴而不暴。王之賓朋

化王德義惟窮是恤惟善是富王之親鄰化王服儉人有羸財官惡横斂王之僑寓化王悦古蚤夜孜孜里如鄒魯匪勵匪率孰濟厥庸匪誠匪藎孰表厥衷華鄣惟鄭郭氏舊鄉始終敬慎千古汾陽誰克繼之兢兢韓王明宜祥發興國無疆碑于道周于王何有銘于王心而后可久儒臣奉詔俾圖不朽永保休光在王克守

蒲帥燕國太夫人石氏墓誌銘

嘗覽淑德之傳多矣其有存所以保千鍾之養歿所以固九族之安始著宜家終由訓子遂致忠資報國叶宗社以

貽休憂不貽親指山河而獻壽永惟作範必在擇鄰今見之于太傅相公王公矣夫人姓石氏其先樂陵人也積德濬源疏封命氏勳華相煥名教所宗礎著義方騰褒魯史慶稱醇謹作表漢廷武則西晉元功文則東都勝會門資天爵代有人豪曾祖士端信洽州邦聲高河朔雖抱不侯之憤已呈展驥之姿紫蓋干霄青萍溢匣早膺曳裾之選實惟拯物之仁父獻直岑鼎傳銘珊戈錫祚拔聊城而聘辨倒趙幟以標奇上畧攻心敵自窮于術内雄藩踠足位實冠于軍中娶某氏夫人生禀閑華動循禮法父兄加敬閨閫肅然字必待于勝笄聘已徵于鳴鳳來歸于我鹽州常侍公累更劇郡兼總貞師臨危無暇于憂家抗志唯聞于辭第夫人恭勤自始輔佐必伸柔以濟剛儉能周給表齊眉之敬我在得忠成克己之名公非無助及哀當晝哭室乃磬懸萬里爰歸諸孤未立共誓食貧之旨惟懷均養之慈有令子五人長曰重章皇威州刺史志殄國仇威清塞表仲子重簡皇華州節度使贈司空化高列岳功顯本朝季子重盈今任河中節度使嶽立一方波澄萬里潛施和煦則闔境皆蘇洞感神明而亂根自翦振家聲以光前

烈奬京室以定中興益著恩威方膺倚注次子重榮皇河中節度使贈太師允集大勳以光前烈次子重益居常唯謹履險不疑並禀敎母師嚴申子道克濟高門之慶亦符外族之禎及巨寇長驅横流孰拯太傅相公首臨分陝太師旋鎮河中司空亦作牧華州共勤王事皆遵勉勵大濟艱難由是中使褒崇册封祁國太夫人特彰禮秩之優累降珍華之錫而陝華與蒲各持龍節遞陟鴒原每屬歲時競先迎養宗姻列侍士庶聳觀三鎮旌旗出導潘園之樂一門鼎鉉入調殷飪之滋福履既豐善基彌固而諸孫顯

達者。威州僕射之子某司空院某宏材入用。逸氣超羣。太傅相公長子故晉州刺史璀洞究韜鈐。兼明吏理。次子令任陜州節度使珙。庭挺爲端表。隱若長城。又次子檢校僕射瑤。禮備趨庭。謙光待士。太師院三子。皆葆和自晦。樂善相成。共宏襲構之規。不忘折笄之誡。蕃衍盈盛。古今罕儔。豈同曹氏紀行。惟觀宰邑。穎州列會。徒仰聚星。慈仁之報宜哉。溫凊之榮極矣。光啓丙午歲八月二日。薨于興敎里第。年八十有二。期頤克享。飲膳稍違。方當棄養之辰。猶切防危之慮。風雲變色。里巷纏悲。詔自行朝。進封燕國太夫

人。初太傅相公遠奔喪次。俄逼衆情。金華從權。苴麻終制。運頻遷于星籥。用方叶于蓍龜。孝思罔極。號奉先違。以龍紀元年十月遷祔于河東縣某里瑯琊公之塋。禮也。同盟致享。備物充庭。蔣欽之帷帳重新。傅氏之威儀特盛。眠牛勝地。兆克繼于公侯。弔鶴殊祥。事更傳于簡冊。所以光昭懿範。表識元扃。猥屬短才。不容牢讓。仰閨儀之作則。盡揭貞標。愧墨客之摛詞。徒列幽碣。銘曰。

飛星降彩。德水流璜。發于二姓。兆彼百祥。貴游標譽。賢媛流芳。同蠲嚴祀。備養高堂。歃傾秦晉。好睦潘楊。充閭必顯昭社宜昌。四德具修。六宗皆慶。纂組雖工。紛華靡竟。嬙室栖貧。眞空喻性。辛謝撤柔。班慚韜映。勗以輸忠。資其積慶。御府移珍。天錫人命。五家邑里。五子封疆。通衢賜第。異姓稱王。三牲上膳。萬石奉觴。庭羅鼎綬。室累銀璜。追軒咽軌。駐日迴光。兒童意氣。旌旆飛揚。榮冠一時。報臻五福。達惟體順。歸寧改卜。拱樹高低。連岡起伏。孝子終禮。行人望哭。哀樂周環。短修同躅。永閟珈珮。空彰明淑。雖谷變而陵遷兮。信惟蘭而與菊。

故宣州觀察使檢校禮部王公行狀

曾祖翃皇任御史大夫贈戶部尚書謚忠惠公

祖重皇任河東縣令贈潞州都督

父衆仲皇任衡州刺史贈司空

公諱凝。字成庶。太原人。禮法冠昏。著于雅族。國朝忠惠公克振農烈。而河東衡州。皆德優位下。宜其集祉于當世也。公幼孤。英發有神檢。整襟受業。瑞氣鬱然。羣輩莫敢輕狎。相公鄭公肅。實公舅也。一見聳異。命子約爲師友。孝愛識度。宜其大成。年十五舉孝廉上第。其爲文根六經。必先勸試著都邑六岡銘。益振時譽。魏相國扶主貢籍。選中甲科。

崔公操首辟雝府周相國墀鎮東蜀裴公休廉問宣城操幣者交于門視其所知知其立矣崔公龜從入相拜鄠縣尉校理集賢孔公溫業鎮宣州辟爲上介韋公有翼初爲御史丞盛選僚屬公首狀拜監察會鄂州鹽鐵使贓狀上聞有力者持爲滯獄公馳傳卽訊涉旬辨決轉殿中侍御史崔魏公出撫淮甸奏爲節度判官始以省秩命服似助準的著之美譚崔太保愼由浙西又拜徵左史而大誇得人之盛遷禮部員外宣宗朝嘗待制獨被顧問正色讜言不附權威及內署進擬竟爲所擠歷兵部考功員外前史

稱第一流必爲第一官唯公資望人謂無愧轉司封郎中相國蕭公寘判版籍請公分佐其務俄拜長安令政無私撓奸猾革心鄭公處誨總憲綱公以考功郎中知雜事不示峻厲僚吏自肅相國夏侯公用爲中書舍人旋以同列或非清議遂移疾乞免拜同州防禦使兼御史中丞賜金紫勵精爲治表率列城吏民守闕乞留遮道宰相言狀上降璽書褒允竟謝疾葺居華下中外之議謂公不司文柄爲朝廷闕政竟拜禮部侍郎韋澄邁在內廷懸入相之勢其弟保殷干進自謂殊等不疑黨附者又方據權亦多請託攘臂傲視人爲寒心公顯言拒絕及榜出沸騰以爲近朝難事噫仁人之勇其可力奪哉久之時宰竟用抗己內不能平遂至商於之命尚書御史大夫以塞羣議商病屬邑頗瀆於都主吏驟更破產而不給南鄙山阻屬役尤難公俾相資贍得以均濟又治賦羨銀例皆推估以優俸公命卽賫月市驛駟橫擾既絕謠訟溢境明年加檢校常侍廉問湖外理潭如商罔不慰悅先是內外使臣自江陵理棹則緣境數州皆弊挽舟之役公舉奏條約結官緡以僦水工自是行役不淹人遂安逸又支郡牧守選用素輕小

大之獄不能專斷繫驗往復動涉歲時公命擢法以降得自裁決苟或滯寃方許詣府陳理奸絕宿稔政賴滌煩此皆勤卹之尤者也上初卽位講求名德徵拜兵部侍郎至京未幾以本官判鹽鐵峻望所服科條自振征輓之入歲中兼倍然賦財制用不可以私干當路者多不便遂以秘書監分務生徒有言于洛下者公神意無忤且曰吾豈受其任而怠其事者耶幸非得罪于君耳何憾既更歲持權者以公論所歸遂將復用遂以大河南綴之內圜吏槖奸傲法人不聊生公捕伏辜都下震肅初汴州黑風之變帑

藏一空。今滑臺中令。雖持軍有術。力且不振。時公方領鹺務。因詔旨遂使便宜。以漕米二萬石立賑懸給。及中令復大柄。推功上前。且行陟勸之典。乃加檢校禮部尚書按察宣歙池三郡。公卽治未朞。人知化矣。既而賊黨濟自九江。且將入屠至德。公命偏將樊儔扼險以候。繼儔違命輕進。遂斬之以徇。令既必行。人亦自固。淮南環其境皆爲盜。有公命強弩據采石。陳旆以爲聲援。次將馬頻又以舟師乘夜鼓譟立解和州之圍。明年兇渠復大入。而都將王涓亦自永陽赴敵。公宴勞加禮。且諭曰。盜匿詐情。吾盡得之。緩

則抵虛以自張。急則始降而脫死。無他謀也。今席勝益驕。謂吾城不勞而可綴。奮臂而可東。前無絚髮之礙。若知吾堅壁待之。其勢自刎。將軍第按甲稔威。以伺其隙。愼無與之驟戰也。涓意銳。自州日趨四舍至南陵。未會食而陣。遂死之。明日。中貴人復斂敗卒尚四五千人。傷痛之聲與塵埃相雜而至。江南雅自怯。獨幸北軍以爲援。乃聞涓敗。相顧失色。賴公前策。涓不足恃。拒守益嚴。又城下水乏。而泉自躍出。人心不搖。竟免攻圍之患。其後日夕撫循。常若盜復至者。先是有星直寢廷而墜。術者謂保境之勞。足以暴

列于上。因遂請告災變可攘。公曰。東南國用所資。宣爲其屛。吾遽規脫禍。則一方尚何賴哉。誓與此城相存亡矣。勿復爲言。竟寢疾。猶日請監軍使親授規謀。以虞侵軼。其儲蓄繕完之利。到今賴焉。乾符五年八月七日。薨于位。享年五十八。上震悼輟朝。發使臨弔。贈吏部尚書。惟公博厚深宏。端潔明懿。極天人之儀品。不陷于浮。挺文學之宗師。不炫其價。儉惟國寶。身革時風。訓閨門以孝慈。育生靈以仁惠。固已彰彰于四海。奚俟贊揚而後顯哉。或曰。近古所謂清賢。止于乘德秉彝。高拱以服物。蓋謂徵其材則浼其譽。

今王公聲望。足以貽于信史。而狀之所述。先必功實損益之效。豈相補哉。愚曰。君子踐修以溉其本耳。其外力或可濟。豈知之而不爲。公以是志其大者。非汲汲于致用也。斯可益乎。圖忝跡門下。義服終始。既命撰德。唯以漏略爲愧。易名有典。敢俟至公。

上考功

竊以修名校德。非無可久之規。稽實圖芳。亦在飾終之典。恭惟故府尚書王公。標延雅道。藻耀儒林。業裕匡時。仁周濟物。洛下則神仙元禮。威振邊陲。江南則談笑謝公。勳高

冊府必宏聲價未逸風華中外具瞻淺深莫際方啟鈞川之兆俄纏罷市之悲懿實不彰清塵遽遠褒揚未盡增一字而何慚聳勸可神登九原而如在共仰推公之志敢忘報効之心克振彝章必光僉議謹狀

容成侯傳

容成侯金炯者本蜀郡嚴道人附山而居同族中多見搜採其先因秦時調發詣尚方輸作世苦之乃誡子孫易其服色必以清厲自進後徙居上洛會郡中盧生范生皆傳修煉之術委質相資因砥磨以致用上聞而器之名見嘉

其鑒局且謂毫髮無隱屢顧之歷試臺閣號爲明達挾奸邪以事上者見之膽慄輒自披露至於婦人女子媚惑之態亦不能掩也其察察如此是雖造物無私圓方不礙然疵陋者終惡忌積毀於上以爲背面不相副炯亦自病於狹中不能以塵垢混其跡也竟被擯斥後亟有月蝕之變時宮中漏下數刻上臨軒念其規益復急名俾其道所以然者扣之響應不疲上異焉命以容成侯奉朝請而宗人派別於廣陵者炫飾求售陷爲輕薄于權戚中或嫵然自喜則狎玩不厭至或被以組繡蓋便其俯仰取容雖穿鼻服役亦無恥耳既稍進炯又鄙其爲人迺復以讒廢歸老於家

太史公曰炯之遠祖當軒轅時以化服于祝融氏得薦於上能強記天象地形草木蟲介萬殊之狀皆視諸掌握蓋其術亦規摹於洪範耳物怪遇之莫不揣息自廢後益親幸上晨興必先至則與冠冕者偕進號爲壽光先生不名也子孫雖下衰然流寓太原者始尚元亦以精鍊見重觀炯雖任用兢兢惟恐失墜不善晦匿果爲邪醜所嫉幾不能免噫大雅君子既明且哲以保其身難矣哉

段章傳

段章者不知何許人咸通十年吾中第在京章以自傭爲馭者亦無異於他傭也夏歸蒲久之力不足以賙給乃謝去廣明庚子歲冬十二月寇犯京愚居崇義里九日自里豪楊瓊所轉匿常平廩下將出羣盜繼至有擁戈拒門者熟視良久乃就持吾手曰某段章也係虜而來未能自脫然顧懷優養之仁今乃相遇天也某所主張將軍喜下士且幸偕往通他不且仆籍於洊輾中矣愚誓不以辱章惘然泣下導至通衢卽別去愚因此得自開遠門宵遁至咸

陽橋復榜者韓鈞濟之乃抵鄠縣贊曰

時方治平士君子足以相濟而禍亂之作必斯役者乃能脫事患古人所以安不易危耳且章之服役吾待以常備耳及瀕于死竟賴其義而獲免安知他日吾屬報及其所奉果致不愧于爾曹耶乃志于篇期以自警云

竇烈婦傳

河南竇氏朝邑令畢某之妻也四年秋同民叛其帥李瑭瑭走蒲令挈其孥竄望仙里既夕盜作乃仇家也捽令壞其首志必死之令妻蔽捍泣且拜益急乃持其袂重傷猶

不置令竊視竟得逃匿而免里人列狀於府賚之酒帛醫亦馳乘而至幾死者數矣逾月方克偕全愚寓居渭濱得備聞於里中梁生生言操史牘者苟當和平紀王庭琛瑞之美誠幸矣然傑異之操化導宗族里閭俾男必爲貞夫女必爲烈婦是有國有家皆賴之豈徒炫於視聽哉愚以爲知言乃著其事贊曰

蓄于金之資雖止憂患尚有不安其息哉況蹈危觸難何以相保哉且婦人女子扣盎足以駭之而白刃之下獨不顧死以免其夫是果能一於所從而不悔者也豈化漸之有所自耶吾知爲臣爲妾者必繼有其人免貽史氏之愧矣

欽定全唐文卷八百十一

袁皓

皓宜春人咸通進士僖宗幸蜀擢倉部員外郎龍紀中遷集賢殿圖書使自稱碧池處士

吳相客記

孫室季壞其相更相語曰不日不月吾其晉臣乎有客前而語曰相君不聞物之化者耶蛇化爲龍龍之孫見蛇而笑之謂吾祖之世龍焉殊不知蟒之腥尚存乎大澤之畔家化爲國國之孫見家必笑之謂吾祖之世國焉殊不知耕稼之具未朽於歷山之下蓋由知龍而不知蛇知國而不知家噫堯舜聖人也丹均而不能嗣而況吳以干戈而得耶相君喻而泣

書師曠廟文

吟篁怨桐天其聲乎鏘石鏗金天其文乎擊革鳴絲天其暢乎匏土之韻天其和乎天有至音寄斯八物先生不生斯音鬱鬱先生既生斯音在律嗚呼先生之耳時可求也先生之心不可得也天全樂乎先生之無神乎愚固狂而不可摅先生之有神乎愚堅誠而乞其圖先生之耳有神乎化爲天下之耳先生之心有神乎化爲天下之心者可以舒於今然後家家知舜琴

齊處士言

齊祖受宋禪大宴卿士顧謂丞相曰予不肖幸有天下非百執事羽翼小子共拯宋人之溺也然予不敢易時而侮器使不十逾載致黃金與土同價朝臣稱賀內外諠懽快喜相聲日走天下齊封父聞而慶曰宋人生矣而告鄉處士處士聞而泣曰捨虎逢狼改時而亡吾爲宋人幸未死果塗炭於齊矣新主之言豈成聖人之道耶君王知黃金貴於土不知百姓視土貴於黃金吾聞古者土地之封在於民阜而國殷土有林木民時而取土有鹹滷民時而煮土有禾黍民時盈庾金玉在山桑麻在原聖人不禁無私無官死者有土生者有田聖人樂而百姓同百姓憂而聖人然（句）絕秦傳亂國之疾百姓之苦莫痊漢壞既廣百姓饒矣土地之利百姓莫得而窺之金玉在山鹹滷在田取塊土者犯禁而死生無土而可以田殁無土而及乎泉生則稅蠹而郡饕邑剋而吏齧吾視宋人之萍久矣未見宋人有寸土者君王苟欲致民於生地不若薄民之賦貽民之

利知百姓貴士於黃金。則其民受福於齊矣。封父敬而謝曰。吾將聞執政可乎。處士曰。否。是欲急挈吾於禍矣。惟父勿施。吾將往。

來鵠

鵠豫章人。咸通舉進士不第。

聖政紀頌

穆宗皇帝臨大朝。與羣臣言奏政事。羣臣退而宰臣奏曰。陛下問及乎政事。此三皇五帝之所徽美也。陛下不問及史臣。此三皇五帝之所弭已也。徽美者將有乎聞也。弭已

者將有乎亡也。以聞之而又亡之。則陛下徒有宵衣旰食之名。規天條地之績。與羣臣言後。若飈然拂冠過耳。湮時銷日。無得用於後。譬如十夫樹楊。一夫拔之。無得以成其大也。政事羣臣得陛下日問之。是十夫樹楊也。史官執筆爲陛下日遠之。是一夫拔楊也。使後之人訝聖朝空晨虛夕。閒殿曠廷。無君臣咨謀洋溢之言。乏社稷安危強讜之說。是不亦遠史臣。致不載其事。如拔去其楊。將弭已之謂乎。臣伏念貞觀永徽之代。百官之有耳目。但聽視天子而已。故言事者安論紓詞。無疑權慮勢。史官執筆於階之下。天子側旒於殿之上。奏者發誠於廷之中。是以正衙一開。則臣誠前而啟之。帝旒近而鎮之。史筆隨而錄之。由是君臣謀國圖政之事。俞譏都要之言。託業發神。豐編照物。偕籍於堯典。差光於天陽。至今見太宗文德若三皇五帝之所徽美也。自永徽之後。宰執不正。窺伺是忌。針棘前後。阻越對敭。狼噬虎餐。持膏銜肉。蓋以言多爲己患。不致君內荏失中。畏使人聽。乃奏史官與百僚俱退。然後宰臣請事。由是君有問而宰臣知之。史官不得與於聞。君有舉而宰臣謀之。史官不得記其事。次第周行。檢錄制誥。與冗吏同

工而已。臣嘗涕泣以嘆。豈有以一己之細。一性之忌。於黍晷圭景之間。苟嗜急須。迴天遮上。使聖緒神績。有嘉猷善諷。罔得聞於千萬年。枉有謂明朝空晨虛夕。閒殿曠廷。無君臣咨謀洋溢之言。乏社稷安危強讜之說。若今暨而承之。則不惟臣有障聰蔽睿之刺。抑陛下雖有三皇五帝之所徽美。而若遠史臣。則三皇五帝之所弭已也。抑又有一夫拔楊之謂歟。臣請史官執筆。當羣臣奏事。隨日撰錄。號爲聖政紀。臣立朝荷祿幸甚。穆宗皇帝動扆領旒。憮然歎曰。吁。朕罔敢紛名厥後。乃罔知厥後。然聖人存簡策者亦

非以粉名也蓋存乎大國之典鴻祖之業我國有典我祖有業業在於典典在於史過厥史不書是尸余於祖涸業於典也朕纘承聖緒恭惟恪思將念厥政未嘗不離安饜酣馳荒騖遠是以每與宰臣言如簇天下一巡省每見宰臣退而展天下盡闓知豈圖臣蓄猾謀公無同事欲弄尾舌先衞巖穴隔斥史臣占佞明后致懿搜嘉訪不存堯典之書善諷名猷莫出清廟之什史臣負我不舉其官宰輔盡忠厥聞有此由是詔史職執史筆立於庭之下錄君臣臚句之必行載剛毅進退之敢議題其篇目曰聖政紀也

至上之卽位三年有鄉校小臣來鵠居山澤閒常私心重惜史臣以其史臣者是當國之鏡千億代之眉目也因窺穆宗實錄得解憤釋嫉於立史官爲聖政紀者追而頌出其事以鑒今之廷列故拜獻其頌曰

三皇不書五帝不紀有聖有神風銷日已何敎何師生來死止無典無法頑肩孱比三皇實作五帝實洽成天造地不昏不圯言得非撫文德聖齒表表如見者莫若乎史是知樸繩休結正簡斯若君誥臣箴觚編毫絡前書後經規善鑒惡國之大章如何寢畧嗚呼貞觀多叶永徽多俞廷日發論殿日發謨牙孽不作鳥鼠其除論出不益謨行不紓檻然史臣蛇然史裾瞠瞠而視透透而婁翹筆當面決防納汚不梏爾智不席我愚執言直注史文直敷故得粲粲朝典落落廷謇聖牘既多堯風不淺須編坦軸君出臣顒若儼見旒若俯見冕無閒殿曠廷無尸安素晏三皇不亡五帝不羸太宗得之史焉斯展暨乎後相圖身天子專問我獨以言史不得近邱明見嫌倚相在擯秉筆如今隨班不進班退史歸惘然疇依奏問莫覩嘉謨固稀取彼誥命祿爲國肥烱哉時皇言必及章德室五帝道奧三皇如

何翊臣饞肉嗜盎觜距磨快楅衡物長控截僚位占護陽光垣私藩已遠史瘦唐俾德音嘉訪黙縮暗亡咽典噤法蓋聖寵昌曷以致此史文不張後必非笑將來否臧謂乎殿空扆逸朝憎廷荒不知姦蔽文失汪洋有貞觀業有永徽綱亦匿匪見亦寢匪彰賴有後臣知言不佞伊尹直心太甲須聖事既可書史何不命乃具前欺大陳不敬曰遂史之喻請以物並且十夫樹楊一夫欲競栽既未牢摒豈能盛帝業以栽逐史似摒穆宗憮然若疚若醫何昔臣斯隱我祖正不傳親問不寫密諍孰示來朝以光神政由是

天呼震岌徵奔名急史提筆來叱廷而入端耳抗目不撝不捲辮豸側頭螭蚪擺溼握管絕怡當殿而立君也盡問臣也倒誠磊磊其事鏜鏜其聲大何不顯細何不明語未絕緒史已錄成錄成謂何書政紀名伊紀清芬可昭典墳古師官鳥昔聖官雲方之我后錄里書分錄有君法書有君文君法君文在聖政紀云殿無間時廷無曠日雲諏波訪倦編刓筆君劬臣勞上討下述惟勤惟明在聖政紀出至德何比至教焉如孰窺孰測外夷內儲謂君有道乎臣有謨歟有道有謨在聖政紀書一體列秩同力翼戴祈福

去祆絕防無礙國章可披唐文可愛善咨不偷嘉論不蓋不偷不蓋在聖政紀載諒夫總斯不朽可懸魏闕愚得是言非訕非伐實謂鑒臣渾沌開君日月妖物雰死天文光發惟我之有頌兮奚斯躍而董狐蹷

隋對女樂論

隋儒林有說高祖謂羣臣曰自古天子有女樂否楊素以下莫知所出遂言無之房暉遠進曰臣聞窈窕淑女鐘鼓樂之此卽王者房中之樂著於雅頌不得言無隋文悅噫而史不刊者朝與職俱無人也夫秦齊晉皆有女樂由余去孔子行錫魏絳之謂也漢祖唐山夫人能楚聲又舊云祭天用女樂魏武有盧女能鼓琴特異於諸妓則女樂秦齊晉漢魏俱有之而楊素以下皆不能言者豈以所問是古天子耶若是則有太昊使素女鼓五十絃瑟悲哀帝禁不止後之帝王遂能有之羣臣不能以是言但賢暉遠之說暉遠引詩臆對終爲博古通知殊不明恣率一時之言頗昧二南之旨且詩曰參差荇菜左右芼之窈窕淑女鐘鼓樂之說者謂后妃有關雎之德乃能供荇菜備庶物以事宗廟盛德者宜有鐘鼓之樂也故琴瑟在庭荇菜羞之

上下樂作以盛其禮耳謂以樂樂淑女非謂淑女執其樂也淑女謂后妃也安有后妃執樂也荇菜謂在宗廟用也安有謂王者房中樂耶是皆乖謬之甚暉遠瞽詩而終對欺朝而罔君蓋由隋日無人浪言至是女樂之對猶可君道之闕若何上下相蒙履霜於此悲夫

儒義說

天下之命修文士曰儒士其言書曰儒書是謬久矣夫儒者可器之士號也何者以其不達於事濡滯焉且以詩書之法未嘗言以周易春秋之文未嘗載斯明矣惟論語言

當爲君子儒毋爲小人儒禮記儒行篇如是非仲尼之言也夫聖人言君臣父子夫婦兄弟朋友賓主之法而已矣是儒者無定不約其事而制之何必曰儒苟若是則曰儒曰佛曰道何怪耶夫士之出也進道德行禮樂以治其身心能語言明仁義則曰儒士不善而爲武夫夫控弦荷戈賤隷之徒也苟修其文而不知武烏得爲君子孔子曰有文事者必有武備有武備者必有文事夫文所以導乎忠孝若武所以戢乎畔逆二事之用以求於是而已某是知古今之人惑或未精故也輒建斯議以爲世式

相孟子說

孟子之愛人也細緣其言而不精以爲習而有利則心唯恐不利至於傷人則曰術不可不愼也嗚呼術焉得愼愼則情背也心則可愼愼則唯術之惡而不利其傷也爲仁人之心由術使之可動則咎繇之術治黥劓也而咎繇豈利人之刑周公之術治縗絰也而周公豈利人之喪以爲愛人者必有其備故也術善可以化其心歟則師之術所以導善也潘崇因師以殺楚子醫之術可以治生也晉人因醫以酖衛侯是師醫之所術豈不愼歟然而亦何嘗心之善歟果以利能固小人心而唯禁其術則函不衞無敵之體是亦利其敵也巫不祝非病之人是亦果利其病也豈矢匠之心而已矣旣以不爲利而動心則矢匠人之利亦不欲殺函人之利亦不欲死已有心矣然良其工不得不有時而利其殺與死也以弧矢所以威天下則征不義而後可殺也棺槨所以封中野降殺有禮而後死可利也嗚呼爲臣而倍叛爲臣而倍葬其家人之心畏其情背也故術烏可使民愼古人濟其備所以教天下之愛也故尊生送死愛道盡此而孟子之愛也細爲誅矢匠之意歟聖

人所以使匠人也愛盡其道何如

仲由不得配祀說

語曰民生於三視之如一父生之師敎之君食之惟其所在則致死焉孔氏之徒回聖也賜辯也商賢也子我才也曾閔孝也及諸子言志夫子皆信而從之惟由敎而勵之以成也故夫子訓由而功倍始衣戎服則攝齊始衞以劍則衞以仁爲蒲宰勞民以簞食壺漿孔子恐私以食饋民是明君之無惠使子貢止之其於敎亦至矣由也誠宜栝死焉以俟乎致保身以全乎用何取臨於衞門非名忽之

死而至盡聖人之心嘆曰自吾有由惡言不入於耳嘗圍於陳蔡胡以不如衛之於夫子耶且諸侯有相滅亡者桓公不能救則恥之夫諸侯有塹壘以遏寇有甲兵以禦侮而小白猶能爲辭其恥而終爲霸主以救之矧夫子纍然若喪家之狗無塹壘無甲兵脫轍爲宋衛所暴匡季陵劫則由也不得施其後浪死於蟠臺何齊桓能救異侯之恥而由反不能終綏夫子之窮使夫子以由在則曰惡言不聞於耳今日沒豈惡言不日聞乎又奚用白羽若月赤羽若日之多爲哉祭法曰捍大患則祀之素王道窮患非大

乎由不終捍豈爲祀乎賜曰商汝何無罪今由也而汝亦何無罪宜貶其祀以觀來者

鍼子雲時說

或曰揚子雲不思堯舜成康之世而自論以不遭蘇張范蔡之時豈儒者之爲耶曰雄誠得素臣之事矣夫居四海之安處九層之高上鑒沖漢下瞰苑囿既其靜息則必思事云亭追軒穆者矣列多士之朝齒無用之秩才畧不用名表莫聞既其靜息則必思征虜功效雍邱者矣斯皆君臣居位之高下而所思則治亂亦不同蓋位之極者思沖漢而欲無爲也位之下者思功伐而欲有爲也無爲誠君之體有爲誠臣之事如孔子曰大道之行也與三代之英某未之逮也而有志焉揚雄則自論以不遭蘇張范蔡之時噫孔子眞素王揚雄眞素臣哉孔子思三代之英是猶處尊位而道極事云亭追軒穆者也雄之論不遭蘇張范蔡之時是猶居散秩而才閒思征虜功效雍邱者也素王誠得王體素臣誠得臣事然臣事何事也曰子貢使吳越孟軻闢楊墨皆事也今不知雄思蘇張范蔡之時者其欲自爲蘇張范蔡之人耶其欲折以正道使弭兵攢文歸吾

域耶苟自爲蘇張范蔡之人則叛矣又何臣事哉

儉不至說

繭腐帛而火焚者人聞之必遞相驚曰家之何處燒衣耶委餘食而棄地者人見之必遞相駭曰家之何處棄食耶燒衣易驚棄食易駭以其衣可貴而食可厚不忍焚之棄之也然而不知家有無用之人廄有無力之馬無用之人服其衣與其焚也何遠無力之馬食其粟與其棄也何異以是焚之以是棄之未嘗少有驚駭者公孫宏爲漢相蓋布被是驚家之焚衣也而不能驚漢武國恃奢服晏子爲

齊相。豚肩不掩豆。是駭家之棄食也。而不能駭景公之廄
馬千駟

貓虎說

農民將有事於原野。其老曰。遵故實以全其秋。庶可望矣。
乃具所嗜爲獸之羞。祝而迎曰。鼠者吾其貓乎。豕者吾其
虎乎。其幼感曰。迎貓可也。迎虎可乎。豕盜於田。逐之而去。
虎來無豕。餒將若何。抑又聞虎者。不可與之全物。恐其決
之之怒也。不可與之生物。恐其殺之之怒也。如得其豕生
而且全。其怒滋甚。射之獲之。猶畏其來。況迎之耶。噫吾亡

無日矣。或有決於鄉先生。先生听然而笑曰。爲鼠迎貓。爲
豕迎虎。皆爲害乎食也。然而貪吏奪之。又迎何物焉。由是
知其不免。乃撤所嗜。不復議貓虎。

讀鬼谷子

聖人神疲力盡以行道。開禮展樂以告人。欲天下不忘乎
溫良忠慤敬讓之心也。後之明王。又增以設學校。立廟祀。
籩豆時修。衣冕屢製。其天下之書。則牆表整整。林軸麗麗。
斯可謂教道之備者也。如是猶有不率其勤。不由乎道者。
所以聖人憂其竄墮。乃曰三年不爲禮。禮必壞。三年不爲
樂。樂必崩。何訓之示之之至。而訓之示之之難也。鬼谷子
者。鬼谷先生之書也。六國時所作。其教人容動色理氣意
之間。以詭紿激訐恍固呼哩離合揣測反覆憸滑之術。悉
備於章旨。余讀之。知六國之時。得術是書者。惟秦儀而已。
亦盜祿入國之秘經。然自六經已降。至於澌醨之後。其中
有數篇者。乃今之粉皃乳子。亦可與秦儀齒也。至如捭闔
飛箝。實時之常態。是知澌醨之後。不讀谷之書者。其行事
皆得自然符契也。嗚呼。聖人之道。設禮樂詩書之多。學校
廟祀之盛。孜孜矻矻。則何易壞易崩。入人之心難耶。鬼谷

之書三卷而已。代不家有。則何自然符合奧妙。契人心之
易耶。使天下用聖人之道。學溫良忠慤敬讓之心。得如自
然符契鬼谷之書者。則吾見聖人無恨矣。抑余瞑目放已。
陶陶入太古風。是不可得也。昔倉頡文字。鬼爲之哭。不知
鬼谷作是書。鬼何爲耶。吾今不覺毛磔膽寒者。是疑今之
復有鬼谷新書而壞之者。則吾不知其備。

胡曾

曾邵陽人。咸通中舉進士不第。嘗爲漢南從事。

賀高相公除荊南啟

伏以相公承家業峻開國勳高術妙六奇圖精八陣生民皎日聖主迅雷才成破趙之功旋告下齊之捷故得威宣破竹力號拔山弛張七德之中舒卷五車之內東周士庶咸居沸鼎之中西蜀蒸民悉在春臺之上蓋由人事豈屬天時昔漢得韓信而興楚失陳平遂滅今者江騰海沸山動岳搖荆門告累卵之危淮楚陳剖胎之難赤眉卷地黃巾滔天公侯無匡合之才藩鎮乏縱擒之術若不預咨賢哲早托英雄則無異魚游宋池燕巢衛幕崑岡火發玉石俱焚歷陽水來智愚同陷雖思嘗膽何補噬臍且擘斷華

山宜假巨靈之力決平洪水須憑大禹之才是以上自一人下同百辟僉云非相公不能定荆楚非相公不能絡貨泉既無異於肩堯遂有成於命說伏計卽離犀浦遽赴龍山銷唐堯旰食之憂解黎庶倒懸之急某家在湖外卽出關中遂假道於荆關獲起居於梅鼎仰將軍之大樹敢議營巢窺丞相之巨川唯希在藻伏惟照鑒

劍門寄上路相公啟

某啟某蓽戶庸人荷衣賤子道慚墨妙業愧筆精傚枚叟之文章雖憐七歲感潘生之歲月已歎二毛失路腸迴迷邦足刖蟻棲培塿蛙伏潢洿自笑柴愚誰憐參魯尚思逐鹿未分羣羊將趨渙汗之程詎學邯鄲之步但以才非迥出性乏孤標雖勤測管之窺終類正牆之視有心吐鳳無夢懷蛟不痊曹操之頭虛刺蘇秦之股誠宜世棄敢望時來方嗟碌碌之生忽忝戔戔之幸朽株委地永甘夫子之捐枯骨凝塵豈料昭王之市徧身德澤滿目恩輝寧止負嵩仍兼戴華既蒙蜀顧敢望秦留卽遂面走鹿頭背馳鵝首如昇青昊似入元都不知劍閣之艱豈覺刀州之遠伏惟相公神資重器天縱偉才邦國金城朝廷玉燭文高廣

月詞峻謝山纔見紫髯便居黃閣陶鈞百辟啟沃一人議平輿皓之時雖云推局報破秦堅之日不廢圍碁故能早執化權久司政柄今則暫辭龍闕來鎮龜城將軍之細柳雖新丞相之鹽梅仍舊不煩壯士自伏雄圖揚塵而氛祲晨銷按節而妖星夜落劉馬原野昔爲累卵之鄉杜宇山河今作覆盆之地曾實慚孤陋叨沐招延鄭驛將窮燕臺漸近那能倚馬妄竊攀龍仰天上之程途已覩台躔指人間之歧路尚感客星披霧非遙拜塵在卽無任云云

謝賜錢啟

曾啟曾業謝懸頭道非刺股未能入洛安可下遼空懷逐鹿之心莫遇斬蛇之世囚拘翰墨困阨塵泥虛費宣毫枉銷蜀縹不救鋤蘭之禍詎禳伐樹之災自歎龍鍾誰知牛鐸又以山東藩鎮江表節廉悉用豎儒皆除迂吏胸襟齷齪情志荒唐入則粉黛繞身出則歌鐘盈耳但自誅求白璧安能分減黃金雖設朱門何殊亡國徒開玉帳無異荒墟遂使甯戚無扣角之歌鄒陽乏曳裾之地伏惟相公英風獨振偉量孤標推葛亮之秤心負姜維之斗膽內安宗廟外却蠻夷魚水賢良壎箎骨肉桃李滿於衢路金帛徧

於風塵六合之中一人而已是以昨者不度庸陋輒有干祈方虞按劍之勃然敢望夢刀之莞爾俄須清俸遽恤白衣朝乏半千夕盈五萬豈期庸蹇忽忝遭逢不是孟嘗詎聽馮諼之鋏若非趙勝那知毛遂之錐遇既重於西河知亦深於北海感恩泣處未成泉客之珠撫己哭時空抱荊山之玉限以程途陳謝未由感激生成不任死所

代高駢回雲南牒

牒前件木夾萬里離南一朝至北開緘捧讀辭藻煥然與飾過多欣慰何極實以昨同邊鎮纔到藩籬且按此朝之舊儀未委彼國之新制不知鶴拓惟認苴咩尚呼南詔之佳名豈見大朝之美號要從微耗且是所宜伏承驃信王化風行君德雲被雕題屈膝鴃舌折腰弁服來庭毳裘入貢蓋以深明豹畧精究龍韜波伏西天草偃南土者然侵軼我華夏無乃不可乎將謂我皇帝有所負於彼邦邊臣有所負於彼國慮彼直我曲獲罪於天是陳木夾申懷用貯榮報及披迴示已見事根止於囚繫使人放歸彼國始乎小怨終此深讎吞噬我朗寧虔劉我交阯取我越巂犯我益州若報東門乃及再四夫物居中者尊也處外者卑

也是以衆星拱之北辰百谷趨之東海天地尚不能違而況於人我國家居天之心宅地之腹四方八表莫不輻輳亦由北辰之於東海也誠知土地山河歸於有德雖云有德亦須相時苟無其時安可妄動明公博識多聞豈不見仲尼乎仲尼之聖踰堯舜顏子之賢過夔龍六合茫茫無立錐之地者蓋無其時也適使孔子生於秦末乘胡亥之亂用顏回閔損爲宰相子路冉有領將軍子貢宰我充行人子夏言偃典書檄雖六合鼎沸可期月而定也當此之時劉項只可都頭韓彭不過部將耳聖人雖有帝天下之

德而無帝天下之時終不妄動及子路欲使門人爲臣以爲欺天乎及自嘆曰鳳鳥不至河不出圖吾已矣夫止於負手曳杖逍遥倚門告終而已王莽不識天時苻堅不知歷數妄恃強富爭帝乾坤莽以百萬統師來襲後漢光武以五千之旅破於昆陽堅以六十萬精兵寇於東晉謝元以八千之卒敗於壽春豈不爲欺天罔地所致者也國富兵強何足恃之周王仗箠於岐山漢祖脫褐於泗水我高祖起自隴州蓋明公只知其一未知其二見其形未知其兆也今與明公陳之望審參焉昔周公承公劉之德遇殷

紂之暴刳剔孕婦塗炭生靈剖賢人之心斷朝涉之脛三分天下而二歸周文王率諸侯而朝之至武王觀兵孟津八百諸侯不期而會尚曰彼有人焉未可圖也退歸修德觀乎聖人去就豈容易哉及微子去比干剖箕子奴民不聊生皇天厭之國人棄之武王方援旗誓衆一舉而滅紂者蓋天奪殷而與周也我皇帝宵衣旰食肩堯踵舜父事三老兄友百僚推赤心於比干腹中懸白日於微子頭上諸侯合德百姓歡心天下有人聖如周王家有姬旦尸生呂望者乎漢祖承帝堯之德遇秦皇無道併吞六國恃宇宙一家焚燒詩書坑滅賢哲築長城於紫塞造阿房於皇州鬼母哭蛇人臣指鹿民不聊生皇天厭之國人棄之是以陳勝一呼天下響應漢祖西入五星都聚者蓋天奪秦而與漢也我皇帝方崇詩書任賢哲卑宮室恤黔黎野無謌鳳之人朝有問牛之傑天下有人英如漢祖家有韓信尸生張良者乎我高祖承元元之德遇隋煬荒淫徭役不均征斂無度竭民生之財產爲巡幸之資糧虎噬羣賢豺蒸庶毋浮沈遼海疏鑿汴河今年東征明年西伐民不聊生皇天厭之國人棄之是以我高祖應天順地奄有四海

者蓋天奪隋而興唐也我皇帝方澹泊聲色杜絕巡遊夢卜宰輔倚注藩屏思成垂拱惡習干戈皇天方贊國人乃歡天下有人雄如唐祖家有敬德尸生元齡者乎僕雖自絳紗素軌黃石既探師律亦識兵機奉詔鎮壓三巴撫安百姓思敦禮樂恥用干戈每傷虞芮之爭田念姬周之讓路苟不獲已即須訓戎且蜀地潤數千里郡列五十城戶口之多士卒之衆可以揮汗成雨吐氣成雲蓋緣從前元戎皆是儒者有昧見機而作但守昇平之元規雖分常憂不教民戰是以彼國得以深入無備故也僕示之以三令

教之以八陣鼓聲而進鉦動而退甘與之共苦與之均義等塤箎情猶瓜葛悅禮樂而敦詩書務耕桑而聚穀帛使家藏甲冑戶貯干戈賞罰並行公私共貫既識三畧便可七擒不惟喝倒不周亦可劈開太華況彼國自長慶以來搔擾益部殺人之父孤人之子掠人之妻鰥人之夫焚人之廬舍使人暴露爇人之桑麻使人寒凍蜀人怨恨痛入骨髓僕乘其眾怒之勢示其暴怨之門況抱雞搏貍不繇人教乳犬敵虎自是物情既仗宗廟之威靈兼統華夏之精銳若乘流縱棹下坂推車豈勞心哉僕官是宰衡位當

侯伯披堅執銳雖則未曾濟河焚舟平生所貯彼國將帥之強弱邦國之盈虛坐可酌量何煩詢諏且六合之外舟車不至聖人不言彼國在聖人不言之鄉舟車不及之地縱主上英哲人臣俊乂亦猶燭龍銜耀只可照於一方春雷振聲不能過於百里天與不取談何容易夫天有五賊見之者昌彼國縱曉六韜未嫻五賊而欲泥封函谷水灌晉陽何其謬哉五賊者夏桀張羅殷湯祝網是以仁而賊不仁也殷紂剖生人周文葬枯骨是以德而賊不德也齊國厚徵薄貸魯國厚貸薄徵是以恩而賊不恩也項羽殺義帝高祖舉哀是以義而賊不義也陳後主驕奢隋文帝恭儉是以道而賊不道也能行五賊兼曉六韜方可奪人山河傾人社稷我朝未有五失彼國徒自陸梁以此推之興亡可鑒何勞遠離庭戶始識安危久習韜鈐方明勝負而妄要姑息不務通和回示荒唐一何乖戾罔念孔顏之知命翻效莽堅之覆車交阯喪亡可知人事新都失律足見天時若望降尊便希抗禮但百谷不趨東海眾星不拱北辰則不可議也苟未如是則不可改圖昔管仲入周不受上卿之禮蘇武在北無虧中國之儀事有前規固難更

易況小不事大春秋所誅若彼直我曲恐掐天殃既彼傲我謙何患神怒見已訓齊士卒調集糗糧或玉露垂槐金風動柳建鼓數里命車指南涉嶲弔民渡瀘會獵繼齊魯之夾谷紹秦趙之澠池便是行人豈遺佳策皇帝聖旨已具前緘奉聞臣下不復多談恐乖忠告謹牒

欽定全唐文卷八百十二

劉崇望

崇望字希徒河南人邢國公政會七世孫咸通十五年登第累遷司勳吏部二員外郎僖宗時擢翰林學士遷户部侍郎承旨轉兵部昭宗即位進中書侍郎同中書門下平章事大順初爲門下侍郎加尚書左僕射代時溥爲武寧軍節度使溥拒命還爲太常卿王行瑜入誅執政貶昭州司馬行瑜誅召爲吏部尚書從兵部光化二年卒贈司空

授翰林學士鄭延昌守本官兼中書舍人制

勅以爾影纓著稱夢筆爲文富以美才披其禁闥典由中之詔成布下之言方謂得人雅當入侍蓋聞羊祜謀議是草皆焚周仁重厚其言不泄親近之地慎密爲先爾既不能何爽居外西省亦吾教誥之地戒之可矣可依前件

授中書舍人崔凝右補闕沈文偉並守本官充翰林學士制

勅具官崔凝等凡帝王有應制侍從之人蓋思其朝夕匡益也下詔先視質疑如流兹所以潤色出言交修發號大漢氏設玉堂内署開金馬外門得人甚多斯道大振顧是恥末敢忘師虞職思其流以備左右俄聞家遺清風人懷恭德能濟其美者伊凝有之三代絲綸一門冠蓋不墜其業者伊文偉有之而皆以墨妙詞芬策名試第謙無矜物敏以適時周旋鳴玉之儀頡頏攀雲之路訪於執事亦進厥良真我雍容之列所宜者也敬承密命允叶同時可依前件

授鄭紹業工部尚書制

勅具官鄭紹業族掩五侯家多萬石盈數大名之後高門陰德之餘兹實生賢聿來佐國而勵精士節炳煥人文韻

宇宏深智度恢廓比博能於武庫方俊德於神鋒終始令圖出入大任丹墀絳闕自風體而宏多起草掌綸由天才之足用洎揚我休命出守荆門頗聞理聲急於徵請入則思邦家之久計出則擁旄節之上游良佇忠貞乃期康濟爰從分務曠已歷時如聞舒不疚之懷安無怨之地雖有簞瓢之樂寧無憔悴之容能用善人我實所慕是命進爾於冬官八座乃庶績彝倫之所由焉祇若朕言克邁乃訓

授前峽州刺史李授光禄少卿制

勅近出天屬富有吏能進士以來恪勵無替覽宗正列狀

念夷陵當宁公舉何多獎用宜及仍聞罷退曠有歲時誠曰任能亦既振滯光祿古官也而比朝於今兼掌九重是命爾司少其事勉幹吉蠲之職無忽禋祀之官可依前件

授陵州謝曈兼御史中丞前舒州司馬倪徽端州刺史制

敕某官謝曈等欽惟漢宣帝以英主御無事之朝尚思良二千石以之共理伊予冲昧適丁艱難每以一麾假人既重且慎每聞謝曈以勇誅暴而去害以義利物而移風儻顧得之於一年宜用試之於千里聞爾倪徽久從進宦皆著任能委以方州冀爲良牧吁含哺鼓腹是安人之謀畱犢懸魚乃潔已之操惟一二之事皆古之賢刺史所行以爲爾資庶洽予意有以憲丞寵官攝之任貂璫遷刺史之班予於疲黎無所愛惜吁往哉可依前件

授王搏檢校殿中侍御史充義成軍節度推官制

敕王搏名以文舉祥以履光敬以交人善爲知已鐵鉞開幕台鉉奉藩方虛婉婉之籌乃顧翾翾之乘能不輟我周衮之任樂爾漢相之徒建禮部郎官惠文御史敬思寵數勉罄嘉猷可依前件

授張道蔚朔方節度供軍判官隴州防禦推官李融宏文館校書郎充職等制

敕張道蔚等糧餉其軍防虞所理況自邊徼必資強能是命擢以校文寵茲佐畧宜思績効無忝從戎可依前件

高銳奏從事陳璩等三人授官制

敕高銳等既以勤心定賓主之分宜須嘉命爲官屬之榮同參執法之司勉副知人之地期將盡力共贊成功可依前件

加外藩佐僚郎等將制

敕具官某等或游徼罷居壇欝彈冠之望或指揮効用周旋免胄之行幹以奉公恭而事上允當選舊亦既賞勞禁旅親營實佐將軍之令雄藩武帳宜增列校之威各命寵遷勉成茂績驟升郎佐無忝官勞可依前件

授侯韞贊善大夫李仁誨棣州長史蘇汾坊州長史制

敕某官某等或以忠勤彰於侯正或以奏獻著彼勞能況侯韞李仁誨親奉某宮始陪輦路不有遷命將何勸人可依前件

授楊鎰西水縣令張廷濟永清縣令盧軺新鄭縣令孫球下邳縣令等制

勑昔魏郡十五城獨繁陽有異政漢史書之以其爲縣之才未易得也今我擇官憂人之際一朝以難得之才待鎰等四子其何如哉將責試功亦宜申命爲政如御不可改轍而行爲政如農惟在勤思其事無或窮人使爲盜也書稱以庸本朝旌賞遽以印綬光命之球蓋延餘師溥之所舉乃爲之酧當務其實可依前件

授楊宏範鄗縣令制

勑楊宏範能以下位伸於上聞諒屬驅馳不避繁劇鄗大邑也有民人焉勉揚仁風無辱公舉可依前件

授薛瑺新鄭縣令賈希弼汧源縣令李牢麟遊縣令等制

勑薛瑺等我聞焦贛之伺奸邪虞詡之推盤錯皆屏盜之迹爲治縣之先盜既不興縣是用保今其時也勉思齊之其於政之善惡人之理亂賞罰甚明足以自擇瑺得銀章無忘兢惕

授楊彥奉國縣主簿尚殷美萬歲縣主簿制

勑楊彥等主簿之官大要在其勾稽一同百里不亦難乎無言小官而忘幹事黜陟勸沮勉自爲謀可依前件

授掖庭局丞賜緋張嗣復内局令判内僕局丞制

勑具官張嗣復性推端慎才任公方居爲勵已之能動有逸羣之度爰當職局備覩通明諒此精修諧於擢用是命伸其寵獎延以上司俟典幹之繼聞顧優崇之何遠敬思勉勵跂乃騰翔可依前件

授孫可讓内僕局丞制

勑孫可讓才質相高謙和特立秉端正恭敬之禮備起居

左右之勤入用甚優前途更遠實諧獎進俾列官司勉副寵榮無忘夙夜可依前件

授奚官局丞上柱國西門廷暉掖廷局丞制

勑廷暉出入禁門周旋實地恭敬之心無失公忠之節愈明必有才能可當委用勉荷特遷之命宜思與進之途可依前件

授儒林郎内府局丞賜緋魚袋楊復隨給事郎行内侍省奚官局令制

勑具官楊復隨貢於周敏濟以器能居廣衆而和光列禁

司而幹務播於公議實曰上流諒檢操之不渝顧津途而莫測允承嘉命勉副寵遷無違恪恭以就光大可依前件

中書舍人苗深母瑯琊郡太君王氏封瑯琊郡太夫人祠部郎中知制誥張文蔚母扶風郡太夫人蘇氏封馮翊郡太夫人等制

勅具官苗深等母瑯琊郡太夫人王氏等本於仁原於禮保於和處於順故圖史素學風法不衰立我彥臣率由貞訓而識者服儒之道不使忿言加已以羞其親深與文蔚有之矣乃子弟謹身之行履危懼辱之思以承其志渙等

有之矣且皆賦祿於朝相戒以養俾榮報德當貴疏封慶集而家教行吾國古之孝理不在茲乎可依前件

石門扈駕功臣六都指揮使檢校司空孫德威母博陵崔氏封博陵縣太君制

勅具官某母崔氏夫為人者能以忠勇之謨勞於國我旅之權既重上公之秩乃高而母氏之封寵章未稱則於王化有所不宏方屬推恩是以用典以光孝養且厚勳臣可依前件

劉處靜

處靜居天台山自號天台耕人會昌中與葉藏質應夷節為林泉友

洞元靈寶三師記序

道之體也至靜而無為道之用也通生而赴感始乎無始先乎無先起於妙無而生妙有至眞之教由茲而立焉我元始天尊啟重元歷五太握元化運眞精總括妙門以為法印付於大道君道君纘統以光大之敷暢以宣布之凡十二印包舉幽賾窮達元妙以授於老君老君奉而行之上極三清旁周無外綿亘億載開導未聞帝帝為師方方

立教幽明巨細靡不宗焉自是奕葉紹承師師授度上自元始下逮茲辰故受道尊奉其為度師乎度師之師曰籍師籍者嗣也嗣籍眞乘離凡契道籍師之師曰經師經者由也由師開悟拾凡登仙三師之重媲於祖宗祖宗能傳之而不能使兆致道父母能生之而不能使兆昇仙奉師之道無以過矣儒家在三之義莫能及焉欽惟三君煥有明德追仰尊稟瞻慕無階粵自上賓未列圖紀雖貞猷茂範刊勒於名山而後學門人難披於眞奧敢條實錄昭示將來輒陳小序仍為頌述道弟吳興陸甚夷已敘道元先

生休烈。但繼裁短讚。以紀德風。庶刧歷有終。而清規不泯。

有唐龍集庚辰中元日甲辰序。

元墟墓誌銘

余源承大漢。派衍東甌。家於縉郡之遂昌鄉居樓得里。住溫恭世奉儒宗。不求聞達。心存畎畝。性好林泉。知數知斗。讀易問禮。將期升粟。以養甘脆。因澤畔持竿。有傷於吞餌。林間設網。乃誤於罝羅。况才匪經邦。術無清世。知艱而退。自保逍遙。乃滌去紛挐。歸心淡泊。宅身雲岫。遊神窅冥。經諷五千。籙遵三洞。陟天台而躡華頂。望滄海而睇神州。眺

暘谷而對扶桑。吸雲霞而吞紫氣。因還故里。息爾仙都。探安期之舊蹤。封軒皇之故跡。鍊金溪畔。足以濯纓。縉雲山中。九宜養志。因斯考室。宕漾養真。性甚疎慵。修習不至。樂天知命。一任自然。年踰從心。安得長久。不敢比歌於梁木。輒思記過於明夷。升騰何期。歸土有日。預築元墟。將爲永室。時唐咸通十四年歲在癸巳六月甲午二十八日辛酉寅時遭疾。卒於前齋。當日歸封元墟。春秋七十有三。其銘曰。

虛皇降氣。大化凝真。自合長久。胡乃沉淪。修習不至。存思不勤。三魂高邁。七魄下湮。此必然之期。有始有卒。生無益人。死何勞神。預備塼木。以掩形質。臭莫薰天。屍無露日。人皆好生。誰不惡死。賢愚悉然。高卑盡爾。日月長焉。陰陽定矣。物有興亡。余今休止。隱真東皐。卓元孤墳。高峯映漢。聳木干雲。烟霞杳靄。猿鶴繽紛。處川移而谷變。乃自作於斯文。

高濆

呂用之罪狀疏

濆。駢之從子。官左驍騎大將軍。

呂用之誑惑尊德。塗炭生靈。奸僞之名。遠近諠沸。內則以

神仙之事。苟媚一時。外則行節制之權。取怨百姓。大將則畏死不說。從事則尸祿求容。荏苒數年。寖成大蠹。則兇邪以露。羽翼將成。若不誅之。恐高氏勳庸。一旦爲此所累。

鄭仁表

仁表字休範。宰相肅孫。登第後從杜審權趙騭爲華州河中掌書記。加殿中侍御史內供奉。與劉鄴有隙。鄴爲相。貶死嶺外。

左拾遺魯國孔府君墓誌銘并序

咸通十五年三月。侍講學士右僕射太常孔公以疾辭內署職。其元子左拾遺養疾亦病。逾二旬。太常公疾少間。拾遺疾亦間。又旬日。太常公薨。拾遺哭無時。後七十六日亦終。嗚乎。求諸古未聞也。仁表與拾遺同歲爲東府鄉薦。策第不中等。再罷去。明年偕宴於東堂。宴之日。博陵崔公蕘出紫微直觀風甘棠。下表爲支使。校芸閣書。拾遺始及第。乞假拜慶。新進士得意歸去。多不伏拘束。假限往往闕試不悉集。責曹久未畢。公事故地遠。迨二千里。例不給告。時僕射太常公節制天平軍。以是勤不得請。拾遺曰。人之多言。必以我爲宴安。訖春不宴。年少乘喜氣。赤春頭。竟不對狎客。持一杯酒。人以爲難。闕試日。都堂中揖別同年。徑出青門外。經所爲從事州。入院判案。十日東去府。適罷。賢諸侯爭走羔雁。馳弓旌。竟不能致。徵爲渭南尉。直宏文館。久之。會大學士出將。竟不就。僕射太常公罷鎮居洛中。拾遺伏安定省。不嘗言仕宦。旋以萬年尉復怗文職。無西笑意。僕射徵拜司戎貳卿。拾遺由侍行。乃赴職。越一月。令許昌太傅相國襄陽公爲河中。奏署觀察判官。假監察御史。故事。赤尉從相府。得朱紱。公昆仲間有未至者。求裹行官。不

改服色。人人美譚之。俄轉節度判官。從知之道。皎然明白。和而不柔。守而能通。內盡匡補。而外若不知。相君待之異禮。俄拜左拾遺內供奉。嗚乎。止於是。何也。春秋始卅三矣。惜哉。公至性自生知。雖欲全其禮傳於後。開強忍抑。不能俯就。始得疾。不言於人。因晡哭若絕。左右始知有病。句甚矣。句臥堊室中。不復進饘餌。疾益亟。方肯歸常所居舍。悉召骨肉。迨僕使。唯言僕射公葬時事。指揮制度。必以古禮戒誨。約束委曲備悉。左右皆泣。公曰。吾平生無纖小不是事。天報我甚厚。使亟得歸侍地下。爾盍賀而返以泣耶。吾自遂性。不能無傷生。全大孝。送終設祀。宜益儉削。無以金鉛纖華爲殉。無以不時之服爲殮。吾幼苦學。尤嗜左氏傳。所習本多自讎理。宜置吾左右。友人鄭休範多知我所執守。相視若親弟兄。我亦常以所爲悉道之。請以誌我。彼不能文。必盡其實言。竟撫弟妹若將千百里爲別者。視妻子若將一兩夕不面者。而怡然其容。如有失而復得。已而終。嗚乎。其善歸侍乎。公謝世之月餘日前。與二季處暗室中。忽援毫書廿八字於室內東衰之上。若隱語而加韻焉。曰許下無言奪少年。震而不雨月當弦。風濤渭逆艅艎沒。從

此無舟濟大川初玉季載考其義莫究指歸旣痛絶手足若洗然而悟曰許無言是午字今歲在午也震不雨是辰字其哀瘵至甚移歸院就醫是辰日及奄然之日驗於官歷是上弦日又應月當弦之讖也吁似有所潛受於冥昧間何懸知之若是也憶於洛陽里第始相與定交公曰何以契我余曰死患難先祿位託孤寄命同休共慼此義交也見善相勉也見利相遠也言之而必行守之而必固一旦離此則攻而絶之使處世爲匪人歿身無怨言斯益友也余將與吾子契之自是過必相攻善必相激相成如恐

失相畏若臨敵雖朝夕共行止人不以爲朋比亦君子之能賢善誘也嗚呼公之文之學之精明道行如雷聲日光無耳目者則不知也公之訃始聞人人如有亡碩生鉅賢心死氣脫道之不行也天何心焉公諱紓字持卿魯司寇四十代孫繼繼承承世濟不墜間生傑出磊落相望曾祖岑父皇任秘書省著作佐郎贈司空祖戣皇任禮部尚書致仕贈司徒父温裕皇任檢校右僕射兼太常卿充翰林侍講學士冊贈司空皇妣河東薛氏族大而顯先司空廿八年卽世公娶京兆韋氏山東清甲家也有二子男曰鐵婢始十歲甚肖似憶與公約生子命名必如兄弟愚之子曰後魯他日鐵婢當以還魯字之易云積善之家必有餘慶善之教必闡於道儒釋釋固無嗣皇家公家道儒之餘慶也公又賢而無祿其後益大以昌女少於男銘曰

嗟嗟夫君嗟嗟夫君孔聖遺允顏回後身高高者天幽幽者神幽幽不見高高不聞不見不聞又何足以云云

裴樞

樞字紀聖絳州聞喜人咸通十二年進士再遷藍田尉直宏文館從僖宗入蜀擢殿中侍御史龍紀初進給事中改

京兆尹出爲歙州刺史遷右散騎常侍以戶部侍郎同中書門下平章事罷爲工部尚書出爲清海節度再知政事累進右僕射諸道鹽鐵轉運使哀帝時忤朱全忠意罷政事拜右僕射貶登州刺史又貶隴州司戶參軍至滑州全忠遣人殺之白馬驛投尸於河年六十五

建石室以藏神主議

禮之必立宗子者蓋爲收是族人東嚮之主亦由是也若祔於遠廟無乃中有一間等上不倫西位常虛則太祖永厭於昭穆異廟別祭則祫享何主乎合食永闕比於姜嫄

則推祥禖而無事於禮夫親親故尊祖尊祖故敬宗敬宗故收族收族故宗廟嚴宗廟嚴故重社稷由是言之太祖之上復有追尊之祖則親親尊祖之義無乃乖乎太廟之外輕制別祭之廟則宗廟無乃不嚴社稷無乃不重乎且漢丞相韋元成請瘞於園晉徵士虞喜請瘞於廟兩階之間喜又引左氏說古者先王日祭於祖考月祀於曾高時享及二祧歲祫及壇墠終禘及郊宗石室是爲郊宗之上復有石室之祖斯最近矣但當時議所處石室未有準的喜請於夾室中愚以爲石室可據所以處之之道未安何

者夾室謂居太祖之下毀主非是安太祖之上藏主也未有卑處正位尊在旁居考理卽心恐非允叶今若建石室於園寢遷神主以永安採漢晉之舊章依禘祫之一祭修古禮之殘缺爲國朝之典故庶乎春秋變之正禮動之中者焉

許棠

棠字文化咸通末進士

唐故浙江道五部兵馬大元帥平南節度使銀青光祿大夫檢校尚書令戴公墓誌銘并序

府君諱昭字德輝姓戴氏其先杜陵人也裔出周卿佚之後業勳承家軒冕繼嗣祖諱非字名章志秉松筠迹疎名利高尚之德聰明之資父諱宏字仲廣學宗儒術德越前修惟府君罄誠節以奉公負温和而治衆婚隴西鄭氏備集閨儀包含淑德府君爰自咸通元年逢黨裘甫叛自富陽竊持朱旆都督王式遣團練押衙雲公思益統領銳師誅夷蜂蠆趨於槃水陟彼高岡府君以奮節雄之括於私第故帑藏之資發倉廩之糧獻以奇謀饋以營壘而元兇投戈羣黨請命雲公感府君以精才懋畧德誼加人遂爲

上陳請甄前功然承寵渥旅列轅門後時草寇周了髻剽刦武義浸聚羣凶王郢悖亂狼山深乘巨艦當其征戍獲息妖氛況又頃歲黃巢之衆鼓譟驚天雲旗蔽野巨魁既攻鄰郡輕騎復剽茲邦宣歙觀察使崔珏知府君負三畧之材蘊六韜之術遂遣簡練精旅防虞浣溪纔展征車俄奔困獸粤奉察兼八政累承寵錫一同擢以班榮制於鎮轄而元勛益著妙畧潛施後有順節者團練押衙文堂久逭刑章一朝面縛雖從惠化尚叶姦回去載中春搆逆於府垣之下脅從於營壁之間遽率凶狂欲趨陶嶺而躍臨

境感於畏威竊危忘軀遂由間道府君親持矢石赴隴泉大呼而山樾掃清匪日而妖禽薄滅洎於秋八月台嶺劉文之暴奔趨鏡水之濆府君挺南面之戈矛輔雄藩之籌畧始張貔虎之旆已懾萑蒲之羣頤勛業之無儔實古今之可冠遂鎮概水統以雄師境內莫不澄清汰除姦蠹者也凡挺節驍雄之士咸鉠望其趾焉自歷踐崇列詔榮故邦當忻孝養之隆深限幽明之阻嗚乎享年五十有八中和二年八月二十日寢疾終於陶朱鄉里之私第以其年十二月十六日葬於當縣靈泉鄉温泉里斗泉之源也有

子四人長曰惠材益懋華志用踰倫弱冠征戎羣心企踵次曰堂去載劉文蟻聚亦跳戰於鏡濱恩渥荐臨轄於玆嶺嘗飲水以厲已無遺蘗以留後慷慨爲時操持自遠婚於平陽霍氏次曰忠曰闕皆素業前傳清規是守時方幼歲器用踰倫有女三人長適高陽左氏肅雍婦道敬戒閨儀次方問名於盧氏次郎閨室未違淑德咸備其餘親親勳統不復一一繫紀也今則卜此重岡松蘿擁藹伏慮年代寢遠陵谷改更命於斯文刊於貞石以紀誌之銘曰

太華磅礴將積陰陽七政無息百齡有常英雄峻節令譽彌芳挺身報國奮劍安邦鑾臨寵渥以起輝光元勛特立妙畧九彰豈期微疾俄歸墓鄉闔營悽慘里巷悲傷卜兆靈野高仗泉鄉素月皎皎寒松蒼蒼一窆元户永祚遐昌

馮贄

贄金城人

雲仙雜記序

纂類之書多矣其間所載世人用於文字者亦不下數十輩則今未免爲陳言也予事科舉三十年茂然無效天祐元年退歸故里築選書室以居取九世所蓄典籍經史子

集二十萬八千一百二十卷六千九百餘帙撮其膏髓別爲一書其門目未暇派別也成於四年之秋由急於應文房之用乃不能詳又數歲復得終篇者四部英華筆頭飛文壇戈戟應題錄皆傳記集異之說若見於尋常之書者此必畧之庶兵火煨燼之後或者不至束手豈小補歟同志者幸爲珍秘之天復元年十二月馮贄序

樂彥楨

彥禎魏州人少爲本州軍尉歷博州刺史遷澶州魏博節度韓簡死以檢校工部尚書領留後進節度使中和四年

累加尚書左僕射同中書門下平章事。僖宗自蜀還。加開府儀同三司。再拜司徒。子從訓之亂。爲亂軍所殺。

致太原汴州兩鎮書

光啓三年正月五日。魏博節度使開府儀同三司檢校司空同中書門下平章事樂彥禎謹齋戒三日。致書於二鎮足下。蓋聞天生蒸民而樹之君。以司牧百姓。主握二柄。禮樂征伐之所興。勍寇奸雄之所懼。是以大君有牽臨之典。羣后承專制之權。內守憲章。外憑教命。其或大盜移國。黎民墜塗。身居戎閫之榮。手綰兵符之重。傍觀喪亂。坐俟

危亡。既虧社稷之謀。又失子孫之計。此亦義夫之所慷慨。烈士之所咄嗟。敢以狂愚。伏陳英悟。伏以我國家啓運開國。承家創基。三百春秋。億兆臣妾。自羣凶蟻聚。中寓土分。乘輿奔走於道途。宗廟荒凉於草莽。今者監國雖立。朝綱已頹。皇祚莫知其所安。蒼生莫知其所訴。天子之威。不能加四海。諸侯之力。不能保一方。弱者危而强者吞。雄則飛而雌則伏。竟亦身殞名滅。國家破離。咸有其繇。取鑒非遠。大約以諸藩捨本就末。忘義背盟。謀不相從。言不相信。國是以聞。敵繇此興。與其俱亡。曷若共霸。論桓文之事。則人未敢先爲魯衛之邦。則誰爲不可。是以研詳典故。揆度事機。輒敢指陳庶裨權畧。今者秦宗權起於纖纇。漸恣狂鋒。南苞荆襄。北跨河雒。屠城拔邑。暴物害人。使父子不得相全。夫妻不得相保。血肉塗地。荆榛蔽天。不織而衣人之衣。不耕而食人之食。凶酷之甚。古今所無。竊據要津。下視諸鎮。而又河東軍擁旄重地。受國深恩。稔宴安以未移。縱貪婪而不息。奄有上黨。又吞覃懷。張皇威聲。凌脅蕃屏。皆蓄併吞之志。盡懷僭大之謀。非謂未萌。已觀成釁。况孟津之衆。尋驗保姦。汝水之戎。果明濟惡。仍且海內皆困。河南盡

殲。切料凶狂。倍生窺覦。若不早爲之計。必慮悔不可追。非宜坐以俟危。拱而受制。或一隅失所。則諸鎮可虞。唇既亡而齒必寒。皮不存而毛安附。而從事始。先度禍胎。將去本根。要傾巢窟。况大河之內。常山之陽。東極海隅。北亘蕃部。輿壞如砥。列城似林。億萬衆之甲兵。百千羣之鐵馬。建牙樹屏。仗鉞分麾。周封者盡是賢侯。漢拜者莫非名將。彼唱此和。連衡合從。豈能西不如太原。南不如蔡賊。非惟可恥。誠亦堪悲。蓋繇久屬昇平。素無交結。慮爲姦人鬭諜。或置鄰道猜嫌。思我同心。共爲永計。今請常山太尉幽州司空

荆州司空滄州留守常侍各命至親兒姪或弟兄二人擇地築壇卜日赴會嚴修齋戒虔告神祇歃血誓詞藏之盟府然後以茲五鎮共爲一家有事則同謀有征則同舉扶持王室掃蕩賊臣收陷失之土疆開朝貢之道路其爲大義莫尚於斯謹請當道李山甫判官奉書陳請呼天告盟指日爲誓虔聽明命以行壯圖社稷幸甚生靈幸甚

鄭昌嗣

昌嗣乾符時人

建尊勝幢記并讚

昭然大唐明聖文物之代符堯舜垂衣之治者蓋我后以天下爲一家西涉流沙南盡北户東有東海北過大夏人跡所至無不臣者行禹湯罪已之道荷聲明之大業不拓土不開疆烽燧弭徹干戈載戢海外有截中夏晏然無繁賦無勞人慰弱省刑鰥寡孤獨各得其所生物遂其性者蓋（闕二字）敷布德被遐邇所及也然後顯佛禮崇釋門無賢無愚咸知虔信遂使水不爲沴旱不爲災歲不至大祲寇不嘗小起我之帝德也我之佛力也時之感致也斯邑也有邑人劉初昇等敬善彌堅雖匹夫不可奪志私願首舉響應其言中無難色者是向道不廻矣遂立佛頂尊勝陁羅尼經幢并座高叁拾尺幢之建也力非富工非抑饋給者不以疲爲辭負販者不以利爲慽大哉神通有是化也力既就矣功既成矣永願淨除妄想超越一切聲聞緣覺觀如來不可思議就精進及心慧智離陰界入解脫識相求漸淨非頓之門受安樂具足之福曉四禪逾九地得无生之妙法決大乘之深教祿壽霑霈精進不怠冀贍部之苦共登羅之因聊紀歲時用彰不朽讚曰

有漢興教有唐彌遵厥典昭彰化萬代人惡不染著善證

果因蠢蠢羣生同霑影塵（其一）解脫煩惱有陁羅尼咸生淨土受大慈悲桑田可變陵谷可移惟茲立石鎮古巍巍

周繇

繇字爲憲池州人咸通十三年進士調建德令辟襄陽徐商幕府檢校御史中丞

夢舞鍾馗賦（以德至前王始觀神跡爲韻）

皇躬抱疾佳夢通神見幡綽兮上言丹陛引鍾馗兮來舞華茵寢酣方悅於宸扆不知爲異覺後全銷於美疢始訝非眞開元中撫念齊民憂勤大國萬機親決於宸斷微痾

遂沾於聖德金丹術士殊乖九轉之功桐簶醫師又寡十全之力爰感神物來康哲王於時漏滴長樂鐘敲建章扃禁闥兮閉羽衞虛寢殿兮閴嬪嬙虎魄枕欹象榻透熒熒之影鰕鬚簾捲魚燈搖閃閃之光聖魂惝怳以方寐怪狀朦朧而遠至硉矹標衆巘顴特異奮長髯於闊臆斜領全開搔短髮於圓顱危冠欲墜顧視纔定趨蹌忽前不待乎調鳳管揆鸞弦曳藍衫而颯纚揮竹簡以蹁蹮頓趾而虎跳幽谷昂頭而龍躍深淵或呀口而揚音或蹲身而節拍震雕栱以將落躍瑤堦而欲拆萬靈沮氣以慞惶一鬼傍

隨而奮躑烟雲忽起難留舞罷之姿雨雹交馳旋失去來之跡睿想纔悟清宵已闌祛沉痾而頓愈痊御體以猶寒對眞妃言瘧寐之祥六宮皆賀詔道子寫婆娑之狀百辟咸觀彼號伊祁亦名鬱壘儺祆於凝冱之末驅厲於發生之始豈如呈妙舞兮薦夢明君康寧兮福履

欽定全唐文卷八百十三

陸希聲

希聲蘇州吳人商州刺史鄭愚表爲屬召爲右拾遺擢累歙州刺史昭宗時入爲給事中拜户部侍郎同中書門下平章事以太子少師罷卒贈尚書左僕射諡曰文

唐太子校書李觀文集序

貞元中天子以文化天下天下翕然興於文文之尤高者李元賓觀韓退之愈始元賓舉進士其文稱居退之之右及元賓死退之之文日益高今之言文章元賓反出退之

之下論者以元賓早世其文未極退之窮老不休故能卒擅其名予以爲不然要之所得不同不可以相上下者文以理爲本而辭質在所尚元賓尚於辭故辭勝其理退之尚於質故理勝其辭退之雖窮老不休終不能爲元賓之辭假使元賓後退之之死亦不能及退之之質此所以不相見也夫文興於唐虞而隆於周漢自明帝後文體寖弱以至於魏晉宋齊梁隋嫣然華媚無復筋骨唐興猶襲隋故態至天后朝陳伯玉始復古制當世高之雖博雅典實猶未能全去諧靡至退之乃大革流弊落落有老成之風

而元賓則不古不今。卓然自作一體。激揚發越。若絲竹中有金石聲。每篇得意處。如健馬在御。蹀蹀不能止。其所長如此。得不謂之雄文哉。自廣明喪亂。天下文集畧盡。予得元賓文於漢上。惜其恐復磨滅。因條次爲三編。論其意以冠於首。大順元年十月日。給事中陸希聲序。

道德眞經傳序

大道隱。世教衰。天下方大亂。當是時。天必生聖人。聖人憂斯民之不底於治。而扶衰救亂之術作。周之末世其幾矣。於是仲尼闡三代之文。以扶其衰。老氏據三皇之質。以救

其亂。其揆一也。蓋仲尼之術興於文。文以治情。老氏之術本於質。質以復性。性情之極。聖人所不能異。文質之變。萬世所不能一也。易曰。顯諸仁。以文爲教之謂也。文之爲教其事彰。故坦然明白。坦然明白。則雅言者詳矣。易曰。藏諸用。以質爲教之謂也。質之爲教。其理微。故深不可識。深不可識。則妄作者眾矣。夫惟老氏之術。道以爲體。名以爲用。無爲無不爲。而格於皇極者也。楊朱宗老氏之體。失於不及。以至於貴身賤物。莊周述老氏之用。失於太過。故務欲絕聖棄智。申韓失老氏之名。而弊於苛繳刻急。王何失老氏之道。而流於虛無放誕。此六子者。皆老氏之罪人也。而世因謂老氏之指。其歸不合於仲尼。故訾其名則曰搥提仁義。絕滅禮樂。病其道則曰獨任清虛。何以爲治。於戲。世之迷其來遠矣。是使老氏受誣於千載。道德不行於當世良有以也。且老氏本原天地之始。歷陳古今之變。先明道德。次說仁義。下陳禮樂之失。刑政之煩。語其馴致而然耳。其秉要執本。在乎情性之極。故其道始於身心刑於家國。以施於天下。如此其備也。而惑者尚多云云。豈不謂厚誣哉。昔伏羲氏畫八卦。象萬物。窮性命之理。順道德之和。老

氏亦先天地。本陰陽。推性命之極。原道德之奧。此與伏羲同其原也。文王觀大易九六之動。貴剛尚變。而要之以中。老氏亦察大易七八之正。致柔守靜。而統之以大。此與文王通其宗也。孔子祖述堯舜。憲章文武。導斯民以仁義之教。老氏亦擬議伏羲。彌綸黃帝。冒天下以道德之化。此與孔子合其權也。此三君子者。聖人之極也。老氏皆變而通之。反而合之。研至變之機。探至精之賾。斯可謂至神者矣。而王弼以爲聖人以道合體。老氏未能體道。故阮籍謂之上賢亞聖之人。蓋同於輔嗣。豈以老氏經世之迹。未足充

其所言耶斯不然也於戲聖人之在世也有有迹有無迹故道之不行也或危身歷聘以天下爲其憂或藏名飛遯示世故不能累有迹無迹殊途同歸斯實道義之門非徒相反而已然則仲尼之所以出老氏之所以處老氏之所以默仲尼之所以語蓋屈伸隱顯之極也二子安能識之哉司馬遷統序衆家以道德爲首可謂知本末矣班固作古今人表乃詘老氏於第三品雖其名可詘而道可貶乎哉於戲老氏之術見棄於當代久矣斯數子者之由也且仲尼親見老氏歎其道曰猶龍乎從之問禮誠無間然著

在記傳後世不能通其意是以異端之說紛然蓋述之者不窮其源故非之者不盡其致噫斯傳之不作則老氏之指或幾乎息矣今故極其致顯其微使昭昭然與羣聖人意相合有能體其道用其名執古以御今致治如反掌耳自言老氏術者獨太史公近之爲治少得其道惟漢文耳其他皮傳詭說皆不足取吳郡陸希聲序

北戸錄序

詩人之作本於風俗大抵以物類比興達乎情性之源自非觀化察時周知民俗之事博聞多見曲盡萬物之理者則安足以蘊爲六義之奥流爲絃歌之美哉由是言之則古之學者固不厭博博而且信君子難之東平段君公路鄒平公之孫也自未能把筆愛以指畫地如文字及六七歲受學果能強力不罷其學尤長仄僻人所不能知者籍乎羣籍之中仡仡然有餘力間者以事南遊五嶺間常采其民風土俗飲食衣製歌謡哀樂有異於中夏者錄而志之至於草木果蔬蟲魚羽毛之類有瑰形詭狀者亦莫不畢載非徒止於所聞見而已又能連類引證與奇書異說相參驗眞所謂博而且信者矣噫近日著小說者多矣大

率皆鬼神變怪荒唐誕妄之事不然則滑稽詼諧以爲笑樂之資離此二者或強言故事則皆詆訾前賢使悠悠者以爲口實此近世之通病也如君所言皆無有是其著於錄者悉可考驗此蓋博物之一助豈徒爲譚端而已乎君以予往從事嶺南備數其實請予序以爲證予嘗觀圖於書府君狀貌一似鄒平公而又能以文學世其家於乎鄒平公爲有後矣因爲之序而不辭右拾遺內供奉陸希聲撰

周易傳序

予乾符初任右拾遺歲莫端居夢在大河之陽曠野數百里有三人偃臥東首長各數十丈有告者曰上伏羲中文王下孔子也三聖皆無言意中甚愕寤而震悸伏而思之河與天通圖之自出三聖銜列乾之象也天道無言示人以象天將以易道畀予乎由是考覈少小以來所集諸家注說貫以自得之理著易傳十篇傳上經爲第一下經爲第二所以列彖象之微辭測卦爻之奧義第三篇演文言之純粹以顯聖人之賾第四篇伸繫辭之微意以彰易道之神第五篇原作易之始述列卦之序第六篇釋說卦之

義辨反對之相資第七篇窮畫卦象之由生蓍奇耦之極第八篇明權輿律呂之末制作禮樂之原第九通天下之理第十成天下之務別撰作易圖一卷指說一卷釋變一卷微旨一卷又以易經文字古今謬誤又撰證一卷

君陽遁叟山居記

遁叟以斯世方亂遺榮於朝築室陽羨之南而遁跡焉地當君山之陽東谿之上古謂之湖㳇渚遁叟既以名自命又名其山曰頤山谿曰蒙谿將以頤養蒙昧也在易頤之象䷚艮爲山山下有震震爲雷爲龍頤山之下東走震澤震雷魚龍之所萃毓有頤象焉蒙之象䷃亦艮爲山山下有坎坎爲水爲險頤山之下泉流於險而達於大谿有蒙象焉一旦遁叟觴谿山之神於庭酹而飲頤山曰吾之所以命夫山之爲頤者曷予以養也子其養雲雨以潤物養霧露以生物養風霆以長物養雪霜以肅物養巨材以充棟宇養小材以爲蒸薪養茅菅以爲茨籍養竹箭以爲器用養百果以充口腹養百藥以蠲札瘥養昆蟲使咸樂其生養鳥獸使各遂其性噫無或養妖雲悖雨以傷良稼養苦霧淫露以澤惡植養疾風迅霆以摧槁朽養慘霜虐雪

以殺根荄養擁腫之樸不爲幹材養鈎棘之蘖不中樵爨養蔓延之藟以困條柯養蟠梗之根以固膏土養弗食之實以蕃庶生養雜毒之藥以中函氣養蟒虺蜂蠆以護巢窟養豺狼梟獍以害羣類維山有神子其飲之無虧爾名而竅爾實又酹而飲蒙谿曰吾所以命夫谿之爲蒙者曷子以決也子其決於夷壤以發其源決於塞埴以通其流決於畎畝以施其潤決於涸澤以溥其惠決於廣陂使介鱗蕃育決於巨浸使蚪龍變化噫無或決於險阻以資其悍激決於林藪以縱其墊溺決於舃鹵以嗇其施決於池

龔以專其利。決於畎竇使龜蟹爲災。決於沮洳使蠹黽得志。維谿有神子其飲之。無喪爾名。而浮爾實。於是酌而自飲之。吾之所以命是山也。必將有所養也。命是谿也。亦將有所決也。吾將養吾志於道而不希於世。養吾行於德而不眩於俗。養吾浩然之氣以合自然之英。養吾誠明之意以入清明之瀆。又將決吾心於仁義使不違。決吾志於中正使不過。決吾身於天命使不憂。決吾迹於遯世使無悶。如此而已。遂與山谿揖讓。竭吾歡而罷。弁且歌曰。山乎谿乎。吾之心乎。醒乎醉乎。吾與汝參乎。

仰山通智大師塔銘

自文宗朝。有大潙山大圓禪師居士養道。以曹溪心地直指示學人。使入元理。天下雲從霧集。常數千人。然承其宗旨者。三人而已。一曰仰山。二曰大安。三曰香嚴。希聲頃因從事嶺南。遇仰山大師於洪州石亭觀音院。洗心求道。言下契悟元旨。大師嘗論門人。以希聲爲稱首。及大師自石亭入東平。會希聲府罷。冒暑躡屩。禮辭於巖下。違師僅三十年。師歸圓寂。今者門人光味專自東山來。請予以文銘和尚塔。予頃在襄州。有香嚴門人請予爲香嚴碑。已論三人同體異用之意。其辭曰。仰山龍從於江西。大安雨聚於閩越。香嚴霰靈於南陽。皆尋流得源。同出異名之謂也。達道者皆以爲確論。按西域祕記。自達摩入中國。當有七葉草除其首是也。仰山韶州人。俗姓葉氏。仰承六祖。是爲七葉。然曹溪心地。撥去文字。不使染着。而大師卽以曹溪元旨印於大教。莫不元符。卽曹溪所云湛然常寂。妙用恒沙。圓明變化。不可揆測。此所謂一體異用者。予以香嚴碑內已曾論三師之旨。故不得重言。以俟知者。今畧解釋以爲塔銘。大師法名慧寂。居仰山日。法道大行。故今多以仰山

爲號。享年七十七。僧臘五十四。從國師忠和尚得元機境智。以曹溪心地用之千變萬化。欲以直截指示學人。無能及者。而學者往往失旨。揚眉動目。敲木指境。遞相效斅。近於戲笑。非師之過也。然師得曹溪元旨。傳付學人。雖與經教符同。了然自顯。一道合離。變化所謂龍從者也。大師元和二年六月二十一日生。中和三年二月十三日入滅。大順二年三月十日。勅號通智大師妙光之塔云爾。乾寧二年三月一日。力病撰銘曰。

六用如如。合於太虛。四大無主。當歸享土。以家爲塔。終古

永樂千載之後。靈光照灼。

紇干濬

濬。乾符時人。

贈太尉韓允忠神道碑

天高地厚。覆載之道成。君聖臣賢。教化之功普。帝唐以文德走殊俗。以武經齊諸夏。訏謨(下闕)張之全才。兼將相之重位。藝通神化。氣肅風雷。建曠代之勳庸。爲一時之標表者。則魏帥丞相韓公其爲人(下闕)萬食采於韓。因以定氏。在春秋時。有韓厥事晉獻公。能全趙氏之孤。不忝上卿之位。左

氏書之。在嬴秦時。有韓仰爲太傅。(下闕)一朝信生頳當封弓高侯。在東漢時。有韓稜爲尚書令。清名直節。獨立不黨。在東晉時。有韓康伯。幼(闕一字)聰悟。早遇殷浩。見知長負(下闕)皇室(下闕)無人。是知源深則派長。根大則枝茂。蟬聯冠冕。世享厥位。曾王父朝。皇魏博臨清鎮都知兵馬使。(闕一字)度奇表嶷然(闕一字)殊不器之(下闕)雲(下闕)夫檢校太子賓客使持節相州諸軍事守相州刺史充本州防禦使御史中丞。且習鈐經。通知政術。桓石虔名能斷(闕一字)許仲(闕一字)力可(闕一字)犇。尋(闕一字)軍(下闕)相州府(下闕)以公追孝。贈工部尚(闕三字)祖妣張氏。追封清河郡太君。皇考(闕一字)銀青光祿大夫檢校國子祭酒使持節(闕一字)州(闕一字)軍事守(闕一字)州刺史(闕四字)防禦使。(下闕)質勁百鍊。(下闕)克肖門風。飛一箭以下城。彀虛弓而墜鳥。洞曉邊事。不後郭公。又好讀兵書。寧慙奉世。初從將幕。遂拜魚符。須六條以(闕一字)城。駕(闕一字)而(闕四字)行足以軌物。(闕一字)厲足以範人。位不(下闕)公貴累贈(下闕)部尚書。妣吳氏。追封涼國太夫人。公則貝州府君之元子也。才惟命世。生實爲時。天縱多能。人推懿範。孔子聖者。似(闕一字)能(下闕)公學窮三豖箭(下闕)以自強。蓄鋒鋩而不(下闕)終軍童子。便請長纓。李牧

少年。樂從絕塞。始辭外傳。遽列和門。竭力奉公。所至必理。蔣琬占夢之日。已定封公。謝安未仕之辰。終期作相。承(闕三字)邦(闕一字)之餘祉(闕一字)文明之(闕一字)代(下闕)德(下闕)壯圖(下闕)乎武幕位崇。連營任顯。入軍旅必以謀畧。資其長行鄉黨。必以教義諭其幼。諸葛亮有管仲之器。趙眞卿多白起之風。立於尉庭。不雜流輩。(闕三字)行太尉范(闕一字)公愛公堂堂之(下闕)聞謂公曰。(下闕)韓與何本同族氏。我欲投忘年之分。申一姓之驩可乎。公再拜牢讓。不從其意。謙之至也。(闕三字)武宗四年。潞帥死。其子稹(闕二字)一方積(闕三字)長(闕六字)天子赫(下闕)

廟堂陳帷幄亟下詔書大徵師旅不日而戈鋋四合浹旬而貔武爭先歲序俄周堡障未下蓋以前據壺關之固後倚太行之險王師下闕士庶闕一字夷於鋒下闕防密壘鴟鳶雜金鼓之聲雲物慘山川之色徒拗其怒且無所施乃召耆將計事皆曰衆寡不敵利病相懸公獨忿勇出羣請借前籌下闕作虐西境下闕照大闕二字有下闕方地居屏捍當閫外之寄分天子之憂苟或不能整一旅之師問滔天之罪是倒持而授柄焉可恣其暴也遂請楚公上表闕一字師躬行天伐楚公持重下闕公又曰雖下闕衆兵家所慎而杖順討逆神

道必從況豕不觸邪與羊無別較然之理又何疑哉楚公雖聽機謀尚懷猶豫闕二字御史中丞李公闕一字乘闕三字銜命宣下闕西嚮下闕恩始議伐叛顧謂公曰前日之言若合符契非公智識精遠孰能懸解天意乎由是練日選闕三字出纛下闕公素甫廣順下闕陣孫虛傳宏之氣冠三軍公孫瓚聲聞步奮身於行伍之衆泣誓於義勇之徒且曰帝命不可稽隣寇不可玩闕三字慮事令下闕戈闕一字山立闕二字雲屯闕一字霧忽下闕壘先驚公不顧危亡親承矢石介胄蟣蝨手足胼胝趙充淑名動寰區共推烈士張文遠身先士卒果立殊功闕一字威無闕二字之闕一字戰陳忘闕二字之闕三字朝渡一闕二字壘於闕二字夕起長風闕一字浪下闕將席下闕山頹或倒戟自殘或輿屍請命然後化狼顧鴟張之輩爲鳳儀麟趾之祥蕩穢滌瑕冰消燼滅捷書西上褒詔東來下闕公上報明主次下闕旋獲下闕壯志鳴呼楚國公用公籌畧卒建大功天子酬勞就加外相御史中丞李公復因楚公之下闕寵光亦拜台闕一字惟公止換憲秩稍遷下闕有下闕突從薪之歎而我無矜功利已之心坦然胸襟益見夷曠公挹江海之偉量挺倜儻之奇姿文次奮智敵萬闕一字顧彥闕一字名齊下闕下

闕二字問望藉藉動人視聽下闕廬江公紀綱失守時令上在東宮爲晉王即宣詔遥領魏博節度使授公銀青光祿大夫檢校闕一字常下闕節度觀察留闕三字慰諭下闕道路公瞻天頓首瀝懇堅讓紫泥重降莫得而辭踰月拜檢校工部尚書魏州大都督府長史充魏闕一字節度觀察闕二字等闕五字復拜闕三字內使以旋下闕雷動五營義武六郡疲民稚舞艾歌相與賀曰邵父杜母復出於今日則人人皆得爲赤子矣公寵踐將壇榮分朝下闕丕變教令載新近下闕皇風普扇惠澤遐敷熙熙怡怡不嚴而理迨朞月報政特加尚書右

僕射餘如故。師長南宮。儀刑會府。酬庸旌德。賞典有光。闕四字檢校司空下闕諱臨軒遣使。與司空之命。同賜渥澤。薦加恩榮。特異比於羣后。孰可擬倫。今上即位。勅覃恩中外。下闕維舊土朕闕一字居下闕契君臣之分。加同中書門下平章事。檢校司空如故。公位尊鼎鼐。寄重方隅。周勃社稷之臣。漢朝禮厚。桓楷棟梁之闕一字蜀國名高。感孚人心。闕五字使闕三字鳥闕二字修下闕保其安。賦有常期。官無橫役。而又立鄉校以勸學。敦儒術而奬善。完器甲以彰有備。訓卒伍以示有嚴。解闕一字迎賓。分甘饗士。茂綏懷之下闕泰下闕之是非不出

於闕一字心之喜慍。不形於色。肅恭之貌。若待嚴師。信厚之誠。不欺猜室。刳復地隆。千乘日食萬錢。而素儉之規。無所增益。雖下闕常閱詩書。吉甫之不墜文武。太叔之美秀。子產之博物。石奮之謹厚。充國之雄敏。皆不學而成。得自生性。亦猶張瑟於庭。風至而韻自下闕納萬機。下闕乾符元年十一月廿二日。遘疾薨於鎮。享年六十一。傾都罷市。闔境興哀。孫文度之喪。神仙赴弔。王子敬之歿。人琴俱亡。皇帝下闕郎中曹鄴太子下闕議大夫李景莊庫部員外郎陳鞠備鼓吹。升輅車。由宣政正衙及公之靈座。冊贈司徒。謚曰闕一字明

年以我僕射下闕因心之孝感應下闕公前娶夫人劉氏。追封彭城郡太君。文伯之妻。君子爲知禮。孟軻之母。良史述其賢。淑行無微。華年早世。後娶夫人靳氏。封清河郡君。闕一字先公而歿。下闕有子下闕軍守左金吾衛大將軍員外置同正員檢校尚書右僕射兼魏州大都督府長史御史大夫上柱國賜紫金魚袋。天上麒麟。人間鸞鳳。闕三字孝闕一字純深下闕列於貳車。推誠而六郡闕二字修己而萬人有賴。及朝廷聞公薨謝。星使遽臨。慰於苫凷之前。勉以金革之事。遂授僕射。起復魏闕一字節度闕一字察留後檢下闕之權。恩洽宸

襟。使來天闕。碧幢照耀。紅旆逶迤。禮莫重於奪情。榮莫大於緒嗣。僕射叩闕三字泣血陳乞。敢忘移孝之下闕僕射去經捧詔。易闕一字從政。恭臨舊地。敬奉先勳。紹遺愛於師壇。襲垂闕一字於揆路。禮闕一字可以肅物。清儉可以律人。無綺紈矜闕一字之心闕一字鉦鼓下闕河永傳帶礪。次子託前魏州都督府文學。幼子諫。親事將闕一字早奉義方。夙承家誨。粤以明年二月廿五日。卜兆於魏州莘縣修善鄉平原闕先塋之側。啟下闕公懿行崇勳。爲世軌範。苟闕一字紀述。何慰孝思。遂命門吏紇干濬刻石爲碑。以示來裔。濬伏念昔者延陵

季氏仲尼署其表曰。嗚呼有吳季子之墓。則知碑者古史之流（下闕）銘合屬曳裾之吏。濬叨蒙原顧。獲忝初筵。胡伯始之前修。無慚許訓。郭有道之遺烈。徒感蔡邕。寧愧蕪詞。敢書貞礎。銘曰。

元聖乘運。英賢膺期。生為邦傑。出作帝師。赫赫韓子。徽猷早振。得姓於周。筮仕於晉。既開土宇。亦佩侯印。（闕一字）漢承（闕一字）淮陰封信。洪源茂緒。派遠（下闕）克紹祖宗。量寬溟漲。威定山東。爰自壯年。誓志從戎。鈐經政術。靡有不通。凌雲直幹。襲物清風。紫髯短下。黑（闕一字）琱弓。（闕二字）挺衆（闕四字）貍穴

（下闕）若刃自戕。若火自燎。太行天井。恃險設輿。逆浪晝翻。旄頭夜耀。天子問罪。楚公奉詔。公實為副。順行天討。（下闕）羣校（闕二字）齊驅飈馳。雷掃（下闕）執銳披堅。屠城擒將。所向無全。探雛撲卵。流血成川。妖孽既平。功成凱旋。勳高名顯。時望赫然。鸞鶴騰（闕一字）蛟龍攀（闕二字）天萬里。一日可上。齋壇使節。（下闕）位重廊廟。任尊師長。化洽令行。人歌惠養。天垂將星。公實稟之。神有兵符。公實受之。元凶巨猾。公實定之。帝（闕一字）王（闕一字）公實佐之。（闕一字）家許國。濟難匡時。（下闕）晉侯言命。兩楹夢奠。夫子殆病。皇天匪信。倚伏無定。梁壞舟藏。孰為龜鏡。史氏書歿。禮官考行。終始哀榮。（下闕）松楸已列。體魄宜安。西眺崇山。崇山言言。南臨大河。大河渾渾。山河永固。基業長存。

公乘億

億字壽仙。咸通末進士。

復河湟賦

（上闕）左衽之心。庶無虞於魏闕。足以談元想。播洪休。使恩波之不絕。令瑞色以長浮。帳下美人。醉舞胡筵之夜。天邊戍客。行歌隴月之秋。況在秦則秦之無策。在漢則漢之莫克。

恨旄頭而夜夜長懸。怨羽檄而年年不息。爰及我后。混成區域。自然與三代同風。百王作式。若臣者。則何足以論功而贊德。

魏州故禪大德獎公塔碑

蓋聞妙諦惟元。不可以一理測。真筌至奧。不可以諸相求。隨萬物而泯色空。而不生不滅。超三界而越塵垢。故無去無來。此乃不思議者。其惟西方釋迦牟尼佛之謂乎。伏自教傳西域。化被中原。漢明推入夢之祥。梁武顯施身之願。語其大也。外不見須彌之廣。言其小也。內不知芥子之微

斯乃梵璽哀然代代相付肇自摩訶迦葉迄於師子尊者統爲二十三代而後達摩多羅降於漢土至能秀分之爲七而後苞拔葉附派別脉分其眞宗不泯不滅者則我大覺大師固有系焉和尚姓孔字存奨家本鄒魯即闕里之裔孫也乃祖乃父因官隸於薊門歷祀既深籍同編人和尚以無量刦中修菩薩行及茲降世豈同凡倫當衣采之妙齡蓄披緇之大志未踰七歲即悟三乘啟白所親懇求剃落遂於薊三河縣盤山甘泉院依止禪大德曉方乃親承杖屨就侍缾盂啟顧全身惟思半偈大中五年伏遇盧

龍軍節度使張公奏置壇場和尚是時戒相方具而後大中九年再遇侍中張公重起戒壇於涿郡衆請和尚以六踰星紀三統講筵宣金石之微言示玉毫之眞相三千大千之世界靡不瞻依十一十二之因緣竟無凝滯禪大德元公者即臨濟之大師也和尚一申禮謁得奉指歸傳黃蘗之眞筌授白雲之祕訣所爲醍醐味爽乍灌頂以皆醒薝蔔花香纔經手而分馥一旦旋辭舊剎願歷諸方西自京華南經水國至於攀蘿冒險蹈石眠雲經吳會興廢之都盡梁武莊嚴之地無不追窮聖迹探討朝宗後過鍾陵

伏遇仰山大師方開法宇大啟禪扃赴地主之邀迎會天人之供施面陳奥義衆莫能分和尚立以剖之如刀解物仰山目眙擊指稱歎再三遽聞臨濟大師已受滿相蔣公之請纔凝省侍飛錫而遽及中條尋獲參隨置杯而將渡白馬當道先太尉中令何公專發使人迎請臨濟大師和尚翼從一行不信宿而至於府下而乃止於觀音寺江西禪院而得簪裾繼踵道俗連肩曾未期年是至遷化斯蓋和尚服勤道至展敬情深無乖靈堵之儀克盡荼毗之禮云乾符二年有幽州節度押兩蕃副使檢校祕書兼御史

中丞賜紫金魚袋董廓及幽州臨壇律大德沙門僧惟信并涿州石經寺監寺律大德宏嶼等咸欲指陳盤領祈請北歸和尚欲徇羣情將之薊部晨詣衙庭啟述行邁先時中丞韓公之叔曰贊中遽聞告云撫掌大敬迺曰南北兩地有何異也魏人何薄燕人何厚如來之敬豈如是耶和尚辭不獲已許立精舍韓公之叔常侍及諸檀信鳩集財貨卜得勝槩在於南軷門外通衢之左成是院也有如化成松栢將杞梓俱來文石與碔砆洊至重廊複道竹翠松青四户八窗風輕月朗和尚樂茲幽致用化羣迷開解脫

門演無量法能使天花散地水月澄空常與四衆天人皆臻法要六州士庶盡結勝因豈謂一念俱尸奄從物化斯乃文德元年七月十二日也享齡五十九僧臘四十一有親信弟子藏暉行簡一以主喪一以傳法大德奉先師之遺命於龍紀元年八月二十二日於本院焚我真身用觀法相闔城禪律繼踵爭來四達簪裾連肩悉至於是幡花蔽日螺唄喧天火纔發而雲自愁薪不加而風助勢三日三夜號禮如斯於香爐之中得舍利一千餘粒諸寺大德各各作禮請分供養焉於戲雪毦如故其儀宛然捧一履

以徒悲仰雙林而莫見遂建墖於府南貴鄉縣薰風里附於先師之墖志也億到職之初曾獲瞻禮法主大德藏暉不以億才業膚淺具聞於我公相請撰斯文億秉筆惕然得盡蕪鄙銘曰

傳如來教厥惟大雄百千刦外方丈室中慈悲是念色相皆空端然不動豈染塵蒙矯跡三界安心四禪身雖是假道本無邊璞内有玉火中生蓮傳法何處隨其有緣越絶支遁匡廬遠公高情遠致跡異心同既離邪縛肯處凡籠松軒竹徑空悲夜風我性不動我心就然果得舍利粒粒珠圓幡花豔閃螺唄交連唱偈作禮聲徹梵天寶刹新建招提舊蹤蓮芳不見蒸鏁誰逢響亮朝磬清泠夜鐘歷千萬祀傳我禪宗

唐太師南陽王羅公神道碑

上闕公父下闕刺史下闕山一字都知兵闕二字兼御史大夫烈考諱珍魏博節度押衙親事廂虞候公少立奇節倜儻不羣交結時豪輕死重義雖雞鳴狗盜靡間於交遊馬圉牛醫不忘於禮敬自此鄉閭畏愛遐邇來投伏自何中令時以公正直致於肘腋洎韓太尉日以公謹愿委之心腹雖處

上不驕臨下不暴凡平昔交契未嘗暫忘有郤氏分財之仁有氾毓字孤之義屢移星琯一致如斯嗚呼乾符三年六月十一日遘疾薨於寬仁坊之私第享齡六十九遂使白日藏耀重雲結陰里巷停舂行路增歎當年十一月二十四日遷宅兆於貴鄉縣迎濟鄉蔡林禮也蒙恩賜工部尚書

齊光乂

光乂乾符初官集賢院學士

陳公神廟碑

在昔隋氏喪君齊人乏主代厄淪胥我大將運匡救之謀
先州里之義存乎蔽捍用伺昭蘇初志未躋良圖奄墜災
生福始遺恨如何公諱果仁字世威誕受丕祉其昌來裔
有嬀之後人莫與京洪惟發靈乃降時傑鼎角匿犀之異
雄深魁武之姿貫藝造奇無所不至立能事於艱虞之際
建殊蹤於混亂之秋韞義生風鼓動流俗全吳之地幸賴
以安招定鄰邦輯寧徒旅江湖嚮應懷赴如歸沈法興率
衆而來假我鼻息初規景附末肆傾夷因何匪仁暴戾斯
甚自遺覆敗竟取淪亡至於敘官遊歷系業事咸不朽跡

著無方名與日月輪迴功隨載籍舒卷已詳於宣法師所
製寺碑若乃生志未盡餘勇仍存息氣沴於疵癘降精靈
於巫覡物靜裁異時無夭昏人到於今罔不懷德每以公
之諱日爰伸仲夏之中展祀建齋所在充遍雖掃地以祭
且貴慤誠而廟宇未崇寧昭節敬邑老慶州都督府永清
府左果毅都尉上柱國賜緋魚袋張智景與福業寺長老
義先等聚族而謀發言同人不召而萃邑中之衆實慰我
心疇其經營委以財物始則運思而斷之丁丁終於用成
而新廟奕奕座盈神氣侍列鬼雄威深沈以肅然狀煜爚

而疑動有以底明祇之位有以昭介祉之儀及夫沐蘭湯
奠椒醑揚枹拊鼓緩節安歌華彩服與瓊芳會陳巫與楚
舞求非曲禱祀必正辭無紛若之言致馨香之信由是上
感宸心旁追祀典降中使被懷濡聖澤覃溥天光照爛豈
秦祠漢享之類可得同乎浹逮下之祈演無疆之助或飲
食有訟或契文不明凡百無良深衷莫辨微見誠請立彰
其效負者乃凶竟貽潛慝攘諍掩息望境自清比夏積愆
陽秋淫霪雨捨我穡事妨於農收至於三至於四時其賢
守李公行穆民勤卹之意傍偟匪寧率領官屬長史李公

昌岠司馬邱公從心晉陵縣令岑公況武進縣令何公據
等果至虔誠景刻俱應澤及千里無所不周使君涵道德
之尊豐惠和之厚艱難之辰晏然無事豈不以忠信於物
而昭明於神乎本宰何公學以入政優于子人深撫育之
恩流清白之稱咸思善貺冀荅宏慈神之聽之庶同景福
今餘寇未寧尚煩翦滅神而助順靈其運乎昔者聖王之
制禮能禦大災能捍大患以勞定國以死勤人則所必祀
而明德報功大將生爲司徒足以主世地歿爲貴神足以
鎮邪惡閭閈綏祐存亡以之斯所以榮尊故鄉廟食舊國

宜矣勒懿迹篆豐珉延光表美寧可闕歟光乂策名清時亞位書府宦遊日久遲暮言歸竊井邑之譽忝文章之目曾無君子斯焉取斯以爲傳芳金石不可妄也郡司錄裴公導翰林之寶辭推典麗請以頌記其銘此君爲之

裴導

導乾符初官常州司錄

陳公神廟碑銘

烈烈司徒爲王爪士勇冠諸軍義先州里三綱祇飭百行推美所謂伊人南國之紀天厭火德運歸黃祚肇闢乾闢

未康國步鯨鯢振海猰貐交路偃草江干惟夫子故矛鋋挺擊萬里長城旌旄血灑劍鍔風生夸者貨首同焉盜明雄心不竭終古英靈依然甲第尚想陳跡庭變金地祠開瑤席曰雨曰霽推誠邦伯

楊師立

師立僖宗朝爲東川節度使初隷神策軍累遷檢校司空同中書門下平章事陳敬瑄欲以楊仁厚代諷帝召之師立怒移檄言敬瑄十罪遣兵攻綿州帝下詔討之戰敗爲其下鄭君雄所殺

數陳敬瑄十罪檄

伏聞庖丁解牛鑒骨節於形外伏波聚米察山谷於目前若匪通人奚臻妙理師立材非馬援智乏庖丁見率土之啣冤爲大朝之雪恥令國家以黃巢肆逆寓縣罹災鑾輿播越而未安宗廟淩夷而失守凡在臣子孰不痛傷而西川節度使陳敬瑄因守藩維坐觀成敗伏自大駕駐蹕縱令羣盜害人不能行政理以安時但欲示軍功而駭衆只要威權在已冀令朝野歸心惡既貫盈人皆憤惋聊書十罪用去一凶實望此時共垂詳悉且功高者祿重德厚者

位尊敬瑄本自凡庸素無智略事因際會位極人臣乃至稚女孩童皆霑寵祿閨房阜隸並受渥恩使功勳者切齒而不言勞舊者扼腕而懷恨其罪一也獻可替否必在忠言指佞觸邪須憑直士張侍御正朝廷綱紀暗被誅夷孟拾遺疏奸惡是非遂遭陷害或隕命於滄江之下或亡軀於幽室之間想其殭死之孤魂必得申冤於上帝自此中外結憤愚智吞聲其罪二也妄議公主擅許和親挫大國之威風長南夷之僥倖蓋緣陳敬瑄受賂遂令海內興譏其罪三也恭顯兄弟總非勳校皆食厚祿並陟崇階盡陳

敬瑄罔顧刑章黷亂朝憲外姻內族冒貴貪榮其罪四也全無懼謗豈識廉隅但興苟且之心惟恣淫佚之行昇徐賡爲公座因令奪安鄴之妻致光庭登科甲只爲聘敬瑄之女聞之者寧無慙恥見之者皆有歎嗟其罪五也鄭相公運籌於岐隴率衆於邠涇橫控梁洋遂安劍蜀敬瑄深懷嫉妬互起讒言其罪六也王蘊賤隸之徒姚坤凶狀未具皆被殺戮可鑒幽寃賞罰之權自敬瑄出其罪七也恣行威福紊亂規繩除移不自於天書擢用只憑於使牒元隨諸校偏受官榮扈從六軍曾無優渥其罪八也搜羅富

户借彼資財抑奪鹽商取其金帛三倍折納稅米兩川綰斷度支妄指贍軍多將潤屋其罪九也東西二蜀節制狥意誣君云討韓秀昇峽路迴戈請擊高仁厚當川歇馬不甘下視可驗平欺如此用心自爲得計其罪十也且爲臣之義有一於此未或不亡況皆具之何以能久師立今則感人神之怨怒奮貔虎以平除已點驍銳精兵及八州壇寨共五萬人騎舉義長驅問罪西府志在扶持天子誅滅亂臣止欲生致敬瑄面奏聖上請行國典以正朝綱應檄諸道公侯諸州牧伯共期嫉惡同爲除奸或義士忠臣或川府將校但能梟敬瑄首級送師立軍前即便卷甲弢弓歸朝謝罪皇天后土實聞此言凡在人臣幸鑒忠懇

蘇鶚

鶚字德祥京兆武功人光啟二年進士

杜陽雜編序

予髫年好學長而忘倦嘗覽王嘉拾遺記郭子橫洞冥記及諸家怪異錄謂之虛誕而復訪問博文強記之士或潛夫輩頗得國朝故實始知天地之內無所不有或限諸夷貊隔於年代洎貢藝闕下十不中所司掄選屢接朝事同

人語事必三復其言然後題於簡冊藏諸篋笥暇日閱所紀之事逾數百紙中僅繁鄙者並棄而弗錄精實者編成上中下三卷自代宗廣德元年癸卯訖懿宗咸通癸巳合一百一十載蓋耳目相接庶可傳焉知我者謂稍以補東觀緹油之遺闕也今武功縣有杜陽城杜陽水予武功人故以爲名覬厠於談藪之下者時乾符三年秋八月編次焉

樂朋龜

朋龜字兆吉滑臺人第進士中和元年官翰林學士承旨知制誥後以太子少保致仕

蕭遘判度支制

門下經費之權雖繫乎理本燮調之任尤重於國鈞誠不欲叅而委之蓋所以伏其能者吾之注意用表推恩况方軫阽危尚屯兵甲說邦籍於魏相佇竭宏規付軍食於酇侯必施良術爰從成命俾洽輿詞特進行中書侍郎兼戶

部尚書同中書門下平章事監修國史上柱國蕭遘業嗣代天材承構廈懿績繼傳於王府嘉猷允絡於廟堂衆謂國華雅得葦平之稱時推人瑞諒齊管樂之名洎辭中殊科辟隨重地班行履歷刀尺精英由右史以踐南宮自中戎而昇內署久傳密命繫組繡於筆端旋總憲臺定準繩於朝右爾後方調國賦俄屬時難盡心於造次之時首奔行在秉節於蒼黃之際足驗歲寒潔身之道既彰許國之誠可監俾其援力乃爾疇庸遂契風雨尋當鼎鉉可謂佐時之道知無不爲奉上之功久而彌著於今者將平逆寇須郵王師方懸飛輓之勞日俟誅夷之計非爾洞達不足以絕奸欺非爾精靈不足以希饒羨所宜究其利病計彼盈虛使兵實賦均家給人足自然凋傷漸復饋餉不虧既無艱食之虞並表和羹之用惟期罷竭方見沃心勉副具瞻式彰殊渥可兼判度支餘並如故

王鐸宏文館大學士等制

門下韋弦並佩則情性和文武兼修則事功濟况巖廊重德柱石賢臣方當彌寇之時正委運籌之畧各覃恩渥用獎勳勞開府儀同三司守門下侍郎兼司徒同中書門下

平章事上柱國晉國公食邑三千戶王鐸太極儲精華池禀潤文能師古業擅經邦光輔數朝偃仰三事挺許國忘家之節蘊經天緯地之林金紫光祿大夫守中書侍郎兼禮部尚書同中書門下平章事上柱國裴徹玉海澄瀾金莖擢秀泉渟襟抱岳立標儀道則有常材惟不器松竹見後凋之操輪轅彰致遠之功銀青光祿大夫守尚書工部侍郎同中書門下平章事上柱國蕭遘維岳降神昴星應瑞琳瑯瑩茂雲日孤高業著代天(闕一字)惟周物俾望而汪洋自遠清規而俊拔難偕並智比蓍龜祥同麟鳳備彰器

業遍踐清華。雲霄次第。以登臨臺閣。從容而履歷。或鬱爲國老。或宛定臺臣。人無間言。朕所注意。自妖兇搆逆。巡幸西來。皆能間道以潛奔。竟致臨軒而再會。益堅臣節。仍磬廟謨。杜征南注傳彰閑。謝安石圍碁決勝。每聞盡瘁。尤切圖功。更宜講貫安危。錯磨理本。用蕭曹之秘畧。繼房杜之高蹤。佇見中興。實資良術。再踐大貂之位。三居文館之權。首鎮元台。備兼衆務。或官當喉舌。職重陽秋。或位正中樞。榮兼秘殿。大儀峻秩。馭貴崇階。式示優恩。更申獎勵。早清巨孽。俾振皇綱。使雲龍魚水之歡。永光於竹帛。王鐸可司

徒兼侍中充太清宮使宏文館大學士兼延資庫使。散官勳封如故。徹可特進門下侍郎兼兵部侍郎同中書門下平章事監修國史。勳封如故。遘可光祿大夫行中書侍郎兼禮部尚書同中書門下平章事充集賢殿大學士。勳封如故。主者施行。

王鐸中書令諸道行營都統權知義成軍節度使制

門下。廟堂之上。教化之源。康濟萬方。彌綸百揆。可謂朕目時之蓍龜。不宜斯須蹔違顧盼。其或繼陳章表。備瀝精誠。以大憝未平。每痛心而疾首。以中都未復。嘗瀝膽以披肝。志在總戎。期於弭亂。永言許國。眞是藎臣。遂命更陟韓壇。重辭槐鼎。統六師而雷動。屯萬旅以風馳。併集寵命。以堅茂績。開府儀同三司守司徒兼太子太保同中書門下平章事充太清宮使宏文館大學士兼延資庫使上柱國晉國公食邑三千戶王鐸。名高嵩華。量等滄溟。情田洞開。心地無滯。造次靡忘於忠孝。幾微不捨其規繩。靜彼波瀾。莫分喜慍。泊乎昇甲乙。綴鵷鸞。履歷清華。從容道德。咸推器業。必爲王佐之才。盡伏機權。乃是公台之望。爾來盤錯。果

副重難。筮短龜長。開物成務。同叔敖之爲楚相。比孔光之輔漢朝。出於一時。膺是三命。其爲寵重。夐無等倫。朕以克荷丕圖。內慚涼德。致其郊廟。陷於狼狽。若墜溝隍。如懷水火。未嘗一飯之飽。一夕之安。宥過責躬。臨深履薄。遂致元穹下監。元老請行。面陳腎腸。忠貫天地。振朝廷之武力。挫妖孽之殘魂。惟其疾風。方知勁草。况津臨白馬。地壓洪河。擁東夏之銳師。視中原之沴氣。必期破竹。自可覆巢。昔元凱之著殊勳。謝安之膺上賞。功銘鼎彝。指誓山河。遐想芳塵。必符壯志。爾宜奪其租賦。瞻彼甲兵。使退無玩寇之虞。

進有老成之誠訓齊勇士克彼都城屠梟獍之軀以爲京觀戮鯨鯢之首用獻宗社嗚呼寰海流離生人塗炭眷言緊賴實洞神明是用榮分和嶠之車光佩蕭何之印勉思注意勿怠厥功可司徒兼中書令充諸道行營都統兼指揮兵馬收復京城及租庸等使判延資庫事權知義成軍節度管內觀察處置等使餘如故仍令所司擇日備禮冊命軍罷後却赴中書主者施行

賜陳敬瑄太尉鐵券文

維中和三年歲次癸卯十月甲午朔十六日己酉皇帝賜

功臣劍南西川節度副大使管內觀察處置統押近界諸蠻及西山八國雲南安撫制置指揮諸道兵馬供軍等使開府儀同三司太尉兼中書令成都尹上柱國潁川郡食邑三千戶食實封四百戶陳敬瑄鐵券曰烹巨鼇者鼎大於滄海斬長鯨者劍倚於青天既立異勳克膺殊寵李晟免其十死子儀成其九功鏤以金鏞賜其鐵契後來繼者豈在他人歲寒知松柏之心國難見忠貞之節五山鎮地一柱擎天氣壓乾坤量含宇宙自居環衛出擁旌幢論清政而冰鏡無光吐赤誠而朝霞失色手持玉節身鎮錦城扶乾綱而萬國安心紐坤維而百蠻遙指三川欽化一境歸仁朕以稅駕褒斜省方邛蜀匍匐而來迎鳳輦馳驅而速建龍宮百辟來朝萬方入貢夏禹塗山之會未盛於斯漢高沛國之歡無以過此戮阡能疾如剪草除秀昇易若焚巢不讓武侯之勳無愧文翁之化海東獻款雲南披誠九穀豐登三農茂盛濟贍軍國拯救朝廷內竭家財外罄公帑千官感惠一國推功今則巨猾奔逃神州克復將歸上國即別成都致朕身安由卿忠蓋前封公爵後賜郡王詢於眾情未愜羣望今賜卿鐵券赦其十死望泰山而立

誓指黃河以爲盟山無盡時河無竭日君君臣臣父父子子永遠貴昌並皆如此

西川青羊宮碑銘

原夫八十一天比太上之半壽六百萬歲當元始之初年道渺邈以難窮體希夷而莫究在無象無形之內居太初太易之前龍漢之劫再成鳳紀之文未立藏萌芽於浩素隱根幹於龐鴻二神鼎員以俱來鑿開造化三氣氤氳而互進樸散胚渾元黃流而未凝清濁分而乍結日月星辰之內化出靈宮川源山嶽之中變成洞府則知道爲萬氣

之祖德爲百物之宗以二儀兩曜爲子孫以五行四象爲枝葉當其洪肇先啟紫極後成仰其高而彌高考其上而無上八公皓首當時之未有乾坤九老白眉厥後而初生天地探至眞之理臻大道之元列仙之境界延洪上士之齒齡逾遠以六千春爲兩月尚歎浮生以七萬歲爲二年仍嗟短景智者見之謂之智仁者見之謂之仁和光而眾曜皆慚挫銳而攢鋒盡碎元珠匪顯眞璞無瑕學而知之者爲中生而知之者爲上三君五老覩兆人如醯鷄七聖九皇視百姓爲芻狗煦千古而冰釋成眾善而泉流至明

若蒙蒙閶而萬物俱照大巧若拙拙中而萬事皆成爲於不爲用於無用黜口爽於五味杜耳聰於八音忘象忘言易脫一時之屣無關無楗難開眾妙之門九萬靈仙聚集於一毛之孔三千儒術荒蕪於獨角之端故知道儒二門經綸一揆立清淨爲理體虛無爲師以上天爲大車之輪以列宿爲大車之輻駕之以乾馬之馬輓之以坤牛之牛搬運無爲之功覆載自然之道光而不曜養正於蒙昧之中簡而能廉修眞於仄陋之內不可得而疎矣離之而匪遐不可得而親焉用之而逾遠不可退而讓不可進而求

被褐懷玉之人美之又美罔象求珠之士斯焉取斯移世界而入壺中呑維摩方丈之室縮地形而藏術內掩悉達王舍之城有道之根修作立天之址無名之樸標爲鎮化之元三千威儀恭謹於文風之教五百戒行肅清於釋氏之門張天爲弓調之以陰陽寒暑直道如矢激之以春夏秋冬一夫用之而無餘兆人用之而不竭日窟月窟隱身而曾作穴居南溟北溟遁跡而聊游水府桃源蓬島從古有而今存槐市杏壇見朝榮而暮落仙圖秘籙五千載而三傳聖道靈長百萬年而一代容易而學之者似紐石以

爲繩侮慢而求之者如鑽冰而待火絕巧棄利顯微闡幽坎離震兌之宮宮內而咸居羽客東西南北之斗斗中而皆住眞仙身駕德車輪轉於混茫之外手持壽柄指揮於開闢之前寂爾無營澹然自得化其不化則萬化而皆成生其不生則羣生而盡遂虛懷待物曠意承時藏泰山於秋毫之中秋毫仍大納崑崙於黍米之內黍米猶寬大象無形五岳空空而立也大信不約四時默默而行焉眞宗之教皆成不宰之功益著太上金闕元元天皇大帝則我巨唐之高祖按國語曰自周平王七載洎於秦至開元聖

文神武皇帝即三十六代之聖孫赫赫日茁布蔭於普天之下明明國葉垂芳於率土之濱當其幽原既闢九氣陶蒸而未巳元化大闡六虛流轉而匆休設不二之教門稽眞一之宗本浩風吹海三迴之重作飛塵劫火銷山五度之劫爲平地先逍遥於青運青運既周後汩沒於赤明赤明復畢九十九萬億歲貯在彈丸五千五百重天藏於卵殼殷高宗御極之際周文王演易之初神光流入於瓊胎瑞彩結成於金骨不坼不副誕彌於八十餘齡降瑞降祥過期於二萬餘晝足蹈不滅之理手握長生之文包乾裹

坤把日捉月額列參午項荷圓穹耳開三門鼻立雙柱白血紫腦蒼肝青脾項引三十五光齒含四十八貝七色青蓮而隨步千年白鹿以呈休桑田變而雙檜不彫江河枯而九井不竭苦縣賴鄉之里靈跡長存陳國渦泉之濱神蹤不泯七百弟子指扶桑爲故林九五帝君開日宮爲舊館詳其元始稽彼厥初俯窺溟涬之前下視渾淪之後隨機設教作九古之楷模應變無方爲百王之軌範若乃歲起攝提肇開氣象一十三聖之踐祚萬八千年之應圖我太上聖祖應運降跡與天皇爲師上清下濁之初開相離未遠六合八紘之乍坼相去未遥正方圓上下之形定洪荒朴畧之狀川新融而水仍晦山始結而石未堅種天上之白榆初生歷歷植月中之丹桂乍出依依配四海於四神付五行於五帝是時乾象猶低坤形仍薄立極定位數化建功我太上聖祖屑跡下降與地皇爲師分配剛柔制定寒暑地增博厚天益高明聖力難窮神功靡測萬木甲坼萬草勾萌羽族毛羣區別於兌離之位介蟲鱗類支分於坎震之宮四溟之水皆空未生魚鼈五岳之形俱靜未吐雲霞巳逾清海之年又離清海之歲二聖既理四表生

光我太上聖祖博施濟衆與人皇爲師三百六十之川初分血脈萬一千五百之筞乍配偶奇三壬三乙之神離胎於水木六丙六辛之將出孕於火風一百五十六代四萬五千餘年始稱通元天師再號金闕帝君三名盤古先生洎乎庖羲氏之王天下也我太上聖祖以道宏濟降跡爲師仰觀圓蓋之文俯察方輿之理教之以畫八卦指之以分三才助之以造書契之文制之以代結繩之政典墳自我而出經籍自我而生以佃以漁蓋取明離之象一索再索用乎出震之功鳳凰呈瑞於帝庭龍馬負圖於河洛享

國一萬八千歲矣洎乎連山氏之王天下也我太上聖祖救時屈已下爲帝師付之以五運分之以四時助之以正萬機明之以辨百穀變飲血茹毛之化移蕢桴土鼓之音毀穴焚巢上棟下宇範金合土燔黍擘豚製耒耜以濟兆人作陶冶以利萬物天雨粟以呈瑞地芸稼而彰稔農食嘉穀山出器車洎乎有熊氏之王天下也我太上聖祖隱身於崆峒之中放心於杳冥之外帝乃親降輦路禮展師資能摳衣以趨隅遂屈膝而問道當是時也榆罔凌虐蚩尤作亂化魚龍爲兵士以助王師變雲霧爲神祇潛扶軍

陣能弭兵於涿鹿致偃戈於阪泉東游青邱之鄉北到洪隄之境受丹經於王屋登蒼冥於鼎湖屈軼既生蓂莢復出若非大道孰可致斯洎乎金天氏之王天下也承姬水之源襲熊山之籙告天類帝纘緒守文我太上聖祖乘九龍之輦降以爲師號太極先生說莊敬之典教之以順時迎氣昭配神明禋於六宗秩於羣望乾乾翼翼得禮之宜羽族呈休命之以鳥官爲理分布九扈以統八司景合璧以表靈鳳銜圖而示貺悉由至道彰此帝模逮至高陽氏之王天下也我太上聖祖教之以解紛塞兌治國安民滌蕩九黎陟明八凱有龍野紫髯之兇醜有蛇身赤髮之巨魁力拔不周首觸山碎天低西北致日月之西行地亞東南使江海而東注追呼六甲役御百靈訓之以微言之經教之以大順之道乘元虬之迅駕或適幽陵御素螭以遐游或臻蟠木觀吾仙柰萬年而一度開花觀我靈爪四劫而一迴結實及乎高辛氏之王天下也我太上聖祖敷道布化下濟爲師譚黃庭之妙言隱日遁月稱綠圖之嘉號遷邑移城制九州之名作六英之樂封勾芒以佐蒼帝勅蓐收以翼白方示岱嶽而印金泥照寰區而開玉鏡飲大

活之井游不夜之鄉燔青鸞之膏充下仙之次饌擘黃騏之脯爲上客之珍羞逮至陶唐氏之王天下也我太上聖祖暫垂至理下降爲師講元德之經道已匡於元化應丹靈之瑞名蓂列於丹邱和煦清風不作鳴條之響雍熙黃髮時聞擊壤之聲庖廚之肉脯自生蔵餚失味山谷之醴泉潛湧麴蘖無功達四聰以闢四門立五事而敷五教披鹿裘以食糲饌端拱於土階掛鶴氅而飲流霞凝思於瑤圃有虞氏之王天下也我太上聖祖譚無爲之理講離合之經三苗克悛四罪咸服百揆時序五典愼徽懷明神之

珠賜昭華之玉眉與髮等表踐祚之嘉祥壽與天齊彰延齡之景福甄一十六相用二十五臣致百辟以協和如魚在水感兆人之歸湊如蟻慕膻化靈氣爲天書何勞筆力結卿雲爲寶殿不假人工夏后氏之王天下也我太上聖祖克匡王道爰作帝師譚德戒之經行爲國之法櫛沐風雨刊槎山林成九年理水之功爲四載勤王之業卑宮陋室盡力於溝洫之時襤服縷衣飾身於黻冕之禮導馬頰而奔流竹箭鑿龍門而迅激桃花救兆庶而皆免爲魚濟陸土而永非成海胸羅玉斗掛天文之在躬手展瑤圖懸

國命之由己故知大道者三教之冠冕上德者百聖之宗元成湯氏之王天下也我太上聖祖權離左極下爲王師說長生之經體自然之道去三面之網開一目之羅獸遠逝而莫縈禽高翔而不罥引萬方而罪己數六事以責躬話之以八素七眞講之以六虛十訣千歲桃花之蜜味掩朱漿九垓薤葉之蔬滋霑紅露乘三光而電轉駕六氣以烟騰窺海瀆如涓涔視嵩衡如蔄粟餐風飮露跨空躡虛以十洲爲少游之宮以六極爲暫別之館驅徭中士役試上仙素髮一莖懸起萬斤之石綠鬚數尺變成百丈之龍得之者七祖超昇失之者一身迷悞必在堅修愼習棄苦忘辛可以陶冶二儀埏埴九土青羊肆者按本紀則太上元元大帝第二降生之所自殷道否閉周德凌夷陸海沸騰百川振動山鳴谷吼雨嘯風號歷藏史以同塵棄柱下而隱跡東離魏闕西度函關乘青牛宛轉之車駕白鳳逍遥之輦徐甲執御從仙帝以爰來尹喜占風知道君之必至暫別而三千甲子曾作赤童相逢而八百年齡永依黃老潛傳妙訣暗付微言重爲千日之期再結一時之會暫朝元始却上天中之天永奉宗師重歸象外之象開寒靈

之丹殿登眾寶之瓊臺坐紫金之牀凭碧琳之机太清仙伯仗星光錦文之旗太極仙翁執月華命神之節皆拜手稽首以心觀心於是勅青帝之青童化羊於蜀國乘紫雲於紫府降瑞於王宮將停不嗄之聲須及來斯之乳俄聞喜至頓止嬰啼爰初從赤子之聲却變白頭之士頃刻而身餘十尺須臾而面放五光頭戴七曜玲瓏之冠肩垂九色離羅之帔衛士逾億從仙成羣感十方之眾眞徧滿寥廓應八表之瑞氣充塞虛空香散九微之烟花飛六出之雪將離蜀土欲化胡風遠適流沙長移獷俗及身毒罽賓

之國敎頭陀阿柱之王恣剛強愎戾之心起烹焚壍刹之
意巨錡然湯以沸地我則入之如涼泉積薪烈火以連天
我則坐之如紺霧挾白挺者覩如蓬草持赤刃者視若鉛
刀四天之兵眾俱來聲喧霆霹萬里之神威共護力轉山
河八十一種之獷戎皆歸清化二千餘國之獷猂永革昏
風俗既變矣道既成矣分身作佛濟如來千劫之功降跡
爲師救王者萬機之務至若銅渾測運玉歷推禎天七五
而一三及九九乃滿地八六而二四到十乃盈變通陽九之
災窮研百六之數雖宓羲軒昊之代無以免斯高辛唐虞

之朝不能避此粵以廣明元祀歲在上章月當大蜡巨猾
開釁於天邑渠魁倣擾於國步兵纏九野羣臣咸議於省
方蛇起陸風四岳齊迎於巡狩長鯨呀口閶欲澧吐鎬之
聲封豕橫牙衝列刃攢鏃之隊牛蛇未搏食吾黎庶之膏
象蟻未除穴我樓臺之地塵蒙華蓋盜梗天衢九龍齊駕
於雲輿玉輪西轉萬乘同迴於坤軸金闕南歸涉水則波
神捧舟登陸則地祇扈蹕太元城內化出行宮濯錦江邊
權安正殿執玉帛者數盈萬國列鵷鷺者位滿千官雖林
之郡來朝爇山解纜鶴拓之城入貢象駕來王當戎夷率

服之辰誠文軌混同之日苗人未格方資益贊之謀扈氏
延誅正賴允師之力熊韜豹韜之將俯立軍功龍角羊角
之山可追聖瑞二十八化猶乘白鶴而來一百六災必跨
蒼虬而救潛扶宗社幽贊子孫赤光照灼於庭臺太平顯
兆紫氣晶瑩於梅篠元吉尢彰稽彼變通明茲感應尋其
靈跡果獲寶瓶上有古篆文曰太上平中和災於是驗其
六字表此百祥擊之卽聲類鳴璆觀之則狀如宏璧歷周
秦魏漢之代玉篆仍新經晉宋梁隋之朝銀鉤不故藏諸
韞匵祕其緘縢克盛皇猷顯標青史歲代綿邈疆井變移

舊址苔封古壇蕪沒仙鄉故里半落俗家眞境餘風惟殘
瓦礫枯松夜月稀聞元鶴之聲暮草秋烟空聽莎雞之響
當時雲洞多隱狐狸昔日芝田盡生禾黍遐追靈跡顯驗
休禎皇帝特下明詔創造靈宮恩賜內外行用庫錢二百
萬爰徵班匠乃速厥功於是木神選林九層重構地祇獻
土百堵俱興水伯進泉以爲池山靈走石而作礎巍峩雲
闕乍似化成岌嶪霞堂初疑涌出簷張羽翼棟壓虹蜺粉
壁霜凝丹楹火亘窗籠倒景戶闢長霄塑像新成儀形乍
降神情欲語似講五千之文意貌將行遠化十方之士金

爐芬馥寶繖回旋乍覩出檻之羊猶疑虓乳初觀如鍊之馬尚慮嘶風庭翦蓬茅重生瑤草園除萱權再吐瓊花岡阜崔嵬樓臺顯敞齊東溟圓嶠之殿抗西極化人之宮輦劍閣之靈威盡歸行在簇峨嵋之秀氣半入都城烟粘碧壇風引清磬故得五老下降四眞俱來晝地而成其江湖撮土而作其山嶽坐致風雨可以倒洛傾河立起雲烟可以反晝作夜化草木以成軍旅變士馬以成叢林如斯出師豈惟百勝如斯伐叛何啻七擒是以天災流行盡彼盈虛之理歷數倚伏稟其否泰之宜左慈呼名於神兵鞭笞

羣盜許遜指揮於力士翦蕩狂妖所以陰隲兆人彌綸萬里祁瞞丹水累陳馘告之功牧野昆陽累獻遺俘之捷戈甲耀乎八水營壘塞乎四郊陣勢雲橫軍聲雷動血灑空而驟雨赤沙漲野而飄雲黃困獸摧牙長蛇畏尾效鄭人之宵潰觀楚幕以晝空德均而義士致身氣直而王師難老度日而長鳴金鼓曾不告勞終年而不解鐵衣未嘗言苦既而鳳城光復龍德昭明枉矢當弦穿月之功奚用長竿在手撞天之勢何爲遂至修鯢脫泉狂兕入匣師道運末斷領於赤心之徒祿山數窮劈腹於蒼頭之輩況逆巢干紀悖氣凌空鳴螻蟈七百餘齡聚豺狼數十萬衆傷殘九土凌犯二京蓋因祝天網以緩誅布仁風而寬戮遂偷生之五載併除惡於一時蚩尤之塚既成堅埋鐵頷長狄之喉已斷永戢雕戈立此神功實資道力我太上金闕元元天皇大帝爲天地父母作帝王宗師歷教三皇皆萬八千歲候乎四氣交會五運合同國位永付於子孫聖祚上齊於日月克紹萬八千之歲矣我高祖神堯皇帝應天受命歷數在躬以鄉觀鄉去仙鄉之無遠上德不德增帝德以彌高轂九尺之班符封山印海追八景之仙輅輾霧盤

雲負扆垂旒當陽闡化我太宗文武皇帝握乾闢坤修文偃武大禮無體百禮而盡執根元大音希聲一聲而振動金鼓天錫勇智縶虎豹如束芻神助皇威跧蛟螭如結蚓還眞返素游藝依仁以無繩爲繩縛六雄與五霸以不器爲器籠四海與九州然後爭於不爭則戰爭而永息欲於不欲則嗜欲而長消方士聚臻眞公來格安期之棗異狀大若匏瓜園客之繭殊形磊如盆盎垂衣一百五十代享國一萬八千年伏惟聖神聰睿仁哲明孝皇帝陛下克紹丕圖統茲大業心懸壽鏡身享福庭帝道中興國根深固

永保神器長正皇綱虎牙將軍領八千之勇士龍頭元帥提百萬之精兵永以鎮定區中永以削平天下巨鼇斃而形軀塞海長鯨戮而鬐鬣插天或炙或焚盡千山之木以烹以飪竭五湖之泉紫焰腥羶青萍膏血祆日墮落孛星隕墜蒼旻開豁黑氣消亡獻巨逆之三顱告行朝之九廟耀武威於英代立京觀於神州歲越大椿年逾巨浸天眷北顧備法駕以返堯庭帝澤東流乘仙輿而懷魏闕集羣牧以頒瑞朝諸侯於明堂撫逸搜沈興滅繼絕八龍雲篆降禹稷之天書二武聖文炳商周之帝德中階平而國泰

至德正而時雍成寶祚之神功由太上之聖力端拱垂衣恭己正南面而已矣劍南西川節度使太尉兼中書令潁川郡王陳敬瑄夏日高懸吐赫曦之可畏德星永聚實祥瑞以明標遥闢龜城遠迎龍駕獻璿璣以酌大化如轉碧天移蓬萊以作行宫似離滄海郭琪扇搖於行伍阡能播動於山林韓秀昇聚蚊爲雷陽師古積螢鬬日生擒者有同縛鼠誅戮者無異刲羊舞百獸於庭前堪標玉牒役五丁於麾下可碎鐵山雖文翁武侯之才蕭猷王濬之策未可與儔昔韋南康鎮成都二十餘載郭汾陽爲輔弼二紀在朝比其勲庸量其惠化則請留九閏之儲一裘之歲未爲多矣耀陳氏劍南之政掩裴度淮西之功具載典彝永光勲績行在都指揮使左神策軍中尉十軍軍容田令孜崑岡玉柱獨力扶天大華金蓮張心捧日佐聖而出爲國而生有逾千越萬之才有聞一知十之智曖然和氣助青帝發生之仁卓爾高情仰素王垂訓之道觀帝符而五賊皆見握人鏡而萬象難逃聽可聽其無聲明可察其未眹弼時立德開國承家賞罰無私九土之諸侯懷惠恩威普度十軍之將帥歸心克己推誠虚心奉道古原層構敬之

而無異丹臺舊貫規繩仰之而如昇白日禮無上之帝主事威儀之法王神獸八千衡犀象如螻蟻天丁三億轉海嶽如萍蓬周尚父之成功身居第一漢酇侯之著績才獨無雙鏤鼎銘鐘紀勲頌德左僕射平章事蕭遘器業絕倫神秀貫古筆海壓淮湖之浪學山淩衡霍之峯天植國楨文滋相業一匡皇化八秉洪鈞函丈之閒布奇兵之億萬跬步之内安率土之蒸黎黃鶴頻鳴雖名公之可控青牛不喘或邴吉以難知吏部尚書平章事韋昭度宗廟重器社稷令臣當昴位以星懸鎮台階而山立蘊珪璋特達之

德植松筠貞固之心窮訓典以立心正風正雅調鹽梅以味道肥國肥家仲父上公空就九三之位大臨檮戭虛垂二八之名兵部尚書平章事裴澈澤馬表瑞天驥呈祥雄節貫時清風滌俗銀漢橫空而高朗玉繩垂象之英華學川則四瀆波瀾書林則五松烟雨正氣凛於朝野直道貫於羊腸自轂職瀛洲登庸昭代重持傅說之舟檝再秉皐陶之鈞衡皆磨智刃而裁莽腰盡淬文鋒而剗卓腹內飛龍使楊復恭甲門華冑鼎族令名三教精通九流澄澈體物則左張却立緣情則鮑謝推先論昆仲而八龍掀髻談

經史而五鹿折角秉樞衡於累代貫名氏於百家稟吳季札之仙姿抱孔文子之敏惠青山蘊玉發聳岫以光輝綠水懷珠起一川之晶彩內樞密使開府儀同三司苗允禮四瀆比位五星炳靈清揜玉壺義輕金諾智圓若月長垂助日之光辯注如川每湊爲王之海秉氣正直執心溫恭王佐宏才帝臣重器當軸而身迴地紀持樞而手正天文宿稟道門素欽直敎信言不美常行質奏之詞法語可尊每契和平之理內樞密使驃騎大將軍李順融三傑挺生千山發秀元禮龍門之峻慶及令孫少君鶴駕之高福茲

靈葉掌萬機之密務濟一國之黎人公清而水鏡含虛正直而朱繩讓美博學則邱墳著績操觚則錦繡成文實腹守眞棄百慮於襟懷之外虛心待物納八荒於方寸之間監軍使驃騎大將軍兼三川制置都監劉景宣旲宿呈祥卿雲布彩風骨俊邁才量宏深淮南王之瓊林鵷鸞不遠河上公之蘭友跨鶴非遙贊護克勤勳庸永著左街威儀明道大師尹嗣元大仙靈苗高族茂葉太上元元之上足文始眞君之哲孫七歲悟道十三逢師紫玉之骨將成終游閬苑黃書之文已究即上朱陵道士李無爲國源清派

天葉芳陰眞訣千里窮研咸達仙經萬卷諷覽無遺皆同在師門結爲道友三天鳳璽化靈烝以成書一粒龍丹駐童顏而度劫星冠月帔上禮於元皇虹旆雲輿前朝於大帝金蠶五斛暗吐仙絲瓊節一雙遙迎眞侶自昔忠臣明主咸理國以昇天應歷運以救時蘇生靈而畢績少昊顓頊皆上紫微之宮君奭太公俱乘碧霞之輦其宮室牖戶臺榭池塘似雲霧之結成如丹青之寫出七十二之福地三十六之洞天神仙之窟宅相連以青城爲戶牖眞境之風烟不雜以嶓冢爲壇臺可以濟渡四迷開宏七部仙衣

非製而自有豈假紉針仙車不駕而自行曾無轍跡九重天上白玉爲京千雉城中黃金作殿披袞服而身掛日月戴冕旒而坐鎮乾坤天綱正而四氣和國步安而三元序手執長生之柄制定白駒心藏要道之根控乘赤鯉況乎代變時遷綿歷於三千餘歲建邦立國崢嶸於四萬餘年門巷新成人烟漸熾當時閬闠髣髴如存今日宮庭精新九盛七色鳳輦駕幸仍頻九班龍輿巡禮彌敬太虛天館常開不夜之門天極福堂永對長春之景氣連碧落光掩赤城臣職忝禁林身叨詞客涉儒海而素淺渡文河而不

深董仲舒五彩之蛟稀來筆下楊子雲三清之鶡少到毫端愧無黃絹之才難紀紫烟之瑞詞曰

洪源肇開浩劫無際恍惚大道希夷象帝太初既隱太始來繼元黃在縠清濁未蜺天地之前億千萬歲山比我久如電之逝海比我大如絲之細與釋比較空門永閉與儒並功章甫無勢昭德塞違解紛挫銳設教隨機應變無滯三皇益明五帝增睿率土皆泰羣生咸濟樓觀發軔函關掛轄罽賓闡化身毒布惠無狀之狀無聲之聲去莫可送來莫可迎強字之字強名之名太虛之上黃金爲城杳冥之外白玉作京煥赫六極牢籠八紘萬國同酌百蠻咸傾莫得而竭莫得而盈淺而行者長居利貞深而行者永致太平凛凛烈氣化作天丁鬱鬱勁草變爲神兵火刃電耀霜劍虹明莧戮封豕瓜剖長鯨地古風變俗阜時清年代綿邈歲月崢嶸新宮是建永觀厥成赫赫高祖明明聖孫開鑿造化剞劂胚渾把捉日月包裹乾坤鸞蹌鳳跱虎步龍蹲鳥卵之中可納穹旻黍粒之內能藏崑崙塵波澄澈智浪淵淪迷羅自解瑩鏡難昏萬象俱盡惟道獨存三教爭長惟道獨尊心藏五賊國靜九門逢逢諫鼓汎汎衢鐏

五方入貢八表爭奔車徒川騖租賦雲屯巍巍玉皇煥赫金籙靈宮八海水府四瀆堯湯寶位舜禹天祿巨寇臯殄神州克復去名千神來臻百福天轉碧輪地旋黃轂獻玉十珽貢金九牧寒暑運行禎祥倚伏害蛟襲刃狂兕殪鏃軒鏡在握殷繩當木瓊臺九層銀甕五斛手指青牛身騎白鹿洞啟括蒼天開王屋皇根國葉帝宗天族明堂端拱元臣啟沃四海萬方無思不服九虬夭矯雙鳳迴旋鶴駕清漢鸞驂紫烟累行盈百積功滿千丹瓊樓高上接九天碧玉壇峻下降八仙犬吠蓬島龍耕芝田地有謙道東走

衆川人居上德南御羣賢大活之井長生之泉延洪聖祚萬八千年鶴迴不緇烏非染黑然於自然得於自得何以發蒙內辨其惑何以開悟中修其式如車指南似星拱北隱見無常變化不測大象難包二儀益塞大智難展六合陋仄長生之柄永壽之域朝服刀圭暮生羽翼廟獻三顧風清萬國靈觀新構羣仙來格瓊宮寶臺玉書金策豐碑嶽立巨龜鼇遏詞惟頌美文匪誕飾鸞鶴翹蹲龍蛇騰擲紫氣氤氲赤光歘䆒七聖握圖九皇執勅梵宇無光儒宮失色端冕明堂垂旒御極運齊三五慶延萬億開闢寰宇咸仰道德永致中興皆從帝力

僖宗皇帝哀冊文

維文德元年歲次戊申十月乙丑朔二十七日辛卯僖宗皇帝將遷於靖陵禮也羽衛既整笳簫畢陳感切羣品哀動人神孝弟嗣皇帝臣國體情重天倫痛深範規鴻烈想像徽音舉觴莫以頓首攬哀冊以寫心詞曰

天贊生聖聖必爲君銀河色變玉清氣分祥圖煥炳瑞景絪緼重瞳舜目八彩堯雲克明克類乃武乃文是超東戶宜繼南薰乃平萬方乃登四海墜典必舉舊章無改威儀穆穆多士藹藹聲冠今王化冥眞宰東漸漲溟西被流沙徒施尉候匪間幽遐書文車軌寵爲一家貫胸雕髻慕我諸華既洽無爲益彰在宥疏網雖設吞舟是漏微火不防燎原孰救四極鼇傾兩曜麟鬭熾熾湯旱湯湯堯水火爍金流陵移山徙咨嗟祈祝監謚圖史莫咎人謀難窮天理漢后三七冥運則然秦都百二巨防虛傳風排月陣彗掩星躔亶去岐山滿游崑嶽于橐于囊爲蝯爲鶴書藏稽穴琴掛洞壑沈吟往事追想前作爰乘天駟爰幸井絡澄澈錦江崢嶸劍閣皇天震怒列藩會盟妖氣一蕩駭浪徐清遂復中夏言歸上京兒童躍舞父老懽迎寢殿未安偶孽

爲害糾率姦人隱藏無賴洋洋漢源熠熠芝蓋爰警爰蹕乃朝乃會僭逆既顛鑾輅言旋魯戈迴日媧石補天方覩萬物方永億年遽云厭代俄乃上僊嗚呼哀哉帝鄉兮莫追天路兮何之龍馭飄兮弓劍在雀臺暮兮歌管悲嗚呼哀哉顧惟幼沖祇紹明聖捧秦氏之誓詞虔霸陵之遺令載深號咽敢云稱咏望松闕兮杳冥撫棣萼兮精誠念烏兎之奔邁仰牛斗之縱橫播芳塵於簡冊託悽恨於銘旌嗚呼哀哉

顧雲

雲字垂象池州人咸通十五年進士授校書郎高駢鎮淮南辟爲從事畢師鐸之亂退居霅川大順中分修德宣懿三朝實錄書成加虞部員外郎乾寧初卒

代高駢上僖宗奏

臣伏奉詔命令臣自省更勿依違者臣仰天訴地血淚交流如劍戟攢心若湯火在己只如黄巢大寇圍逼天長小城四旬有餘竟至敗走臣散徵諸道兵甲盡出家財賞給

而諸道多不發兵財物卽爲己有縱然遣使徵得勅旨不許過淮其時黄巢殘兇纔及二萬經過數千里軍鎭盡若無人只如潼關已東只有一徑其爲險固甚于井陘豈有狂寇奔衝略無阻礙卽百二之地固是虛言神策六軍此時安在陛下倉皇西出內官奔命東來黎庶盡被殺傷衣冠悉遭屠戮今則園陵開毁宗廟荆榛遠近痛傷遐邇嗟怨雖然奸臣未悟陛下猶迷不思宗廟之焚燒不痛園陵之開毁臣之痛也實在於斯此事見之多年不獨知于今日况自萑蒲盜起朝廷徵用至多上至帥臣下及裨將以

臣所料悉可坐擒用此爲謀安能辦事陛下今用王鐸盡主兵權誠知狂寇必殲梟巢卽覆臣讀禮至宣尼射于矍相之圃蓋觀者如堵牆使子路出延射曰潰軍之將亡國之大夫與爲人後者不入于射也嚴誡如斯圖功也豈宜容易陛下安忍委敗軍之將陷一儒臣崔安潛到處貪殘只如西川可爲驗矣委之副貳詎可平戎况天下兵驕在處僭越豈二儒士能戢強兵萬一乖張將何救助願陛下下念黎庶上爲宗祧無使百代有抱恨之臣千古留刮席之恥臣但慮寇生東土劉氏復興卽軹道之災豈獨往日

乞陛下稍留神慮以安宗社今賢才在野憸人滿朝致陛下爲亡國之君此等計將安出伏乞戮賣官鬻爵之輩徵鯁直公正之臣委之重難置之左右剋復宮闕莫尚于斯若此時謗誹忠臣沈埋烈士匡復宗社未見有期臣受國恩深不覺語切無任憂懼之至

代青州掌記謝本府辟啟

某啟今月日衙前虞候某乙賫到簡牒伏蒙名署節度掌書記者伏以記室司存雄藩重務吳中草檄始召陳琳鄴下裁牋方徵阮瑀咸持彩筆以掌軍書况地控全齊封連

巨浸有外夷之琛賮多上貢之賦輿假道既繁飛章亦眾永言斯任宜委高才且某徒效聚螢未嘗吐鳳讀傳而雖云成癖爲文而未見愈風忽辱簡書遽蒙辟名捧函增懼撫己知歸退想轅門已積糜軀之志仰瞻龍節空懷拜賜之誠

投顧端公啟

某啟某聞三吳詞苑不乏家聲兩晉儒林非無祖德洎風流寖薄簪紱漸稀將闡吾宗獨付全德不依華宇更托何門某遠派涓流寒林一葉學由耕石才實鏤冰爰自隨計

遐方觀光上國難沽聲價易掇羈愁出谷風高先摧弱羽登門浪急預返窮鱗伏念一擲魚竿四環星琯華髮灑倚門之淚遠書開隔歲之緘而又曾棄關繻空歸未得已隨律柱捨此何之今則漸逼春期將臨試藝彎弧乏勇睇鵠增憂伏以端公三翁德服儒流言爲詁訓美枯有術肉骨多方儻蒙少借餘波微迴誕說當見長房之竹亦可爲龍則知莊叟之魚終能化羽輕瀆尊聽伏積憂惶延望清塵不勝翹企

代人上路相公啟

某啟某本異仙才又非良器叨因射策偶忝決科始脫麻衣纔沾斗粟方期清慎稍竊寵榮無何不善攝生遽沈痼疾懸虵結夢闘蟻成災針石屢加驚羸無減並相如患渴雖覺有瘳比元晏病風猶稀可療實以彌年伏枕終日閉關嬰幼素多饘餬莫給腸然烈火鬢染繁霜分無榮達之由敢望陶鎔之力家室以幸聯姻戚合候起居伏蒙特軫襟靈深垂顧問咨嗟生業憫惻羇危許以轉銜致諸外府側聆嘉命寂聽好音扶策病軀開張淚目仰希尊旨如釋沈痾拜賜猶賒銜恩欲泣望朱門而尚遠銘丹慊以先深

必也果踐玉書不移金諾資糧有羨藥餌無虞然後訪三世之名醫求千金之顯效獲離枕席再服冠纓維此昇沈實繫恩德困而待問希同喘路之牛誓此酬恩願比棲囊之雀謹專奉啟起居陳謝

投戶部裴德符郎中啟

某啟某聞放龜者無心覓印養雀者微意求環蓋由仁發於誠惠加於物因懷感激遂效禎祥若某者泳沼未期傷弦有日仰恩波而尚遠指雲路而猶賒欲望生成猶希憫惻實以才非辯鵲道異猶龍四海投知希逢厚遇二年求

試未過先場撫螢窗而便欲灰心對鷃花而徒傷淚目加以秦吳路阻烟水程遙甘滑多違問安實闕中宵夢到星漢俄沈萬里書迴槐檀遽改而又偶師題柱竊學棄繻明未達而不還亦捨此而何適伏以曾將薄技叨忝殊私倘蒙尚憫枯鱗猶傷塌翼纔霑末薦便是深恩縱不能生報田文亦當死酬宣子傾心企望懇懇依投圓蓋低臨方輿上載苟違斯語請告神明謹啟

投殿院韋侍御啟

某啟某聞于時妄動君子不為小智大謀兵家所忌進憂

狂狷退恥敗亡詳觀躁靜之機爰契軍戎之事聊因牋簡假喻師徒冀憑殷氏之函用代秦庭之泣某名同膠柱用等鉛刀不思量力而行竊欲爭鋒而進洎焚舟學海決戰名場衷甲不堅心城匪固兩經先榜但潰楚師再犯終場亦班齊騎雄鋒鈌落銳志銷磨執金鼓以無因送降旗而不暇李陵矢盡項籍兵窮歸漢懷慚還吳失計所以重嘘懦氣再奮空拳欲罷不能既蘇復上將欲戒嚴文陣蹂躪議圍贖孟明奔命之辜雪曹沫敗軍之辱而我師甚寡彼敵尚強未暇爭衡空憂失律持疑不進掉鞅難前先懷納款之誠欲有乞師之志伏以侍御身弓落雁心劍剸犀儒囿中軍翰林盟主揮五色筆為諸侯師出奇於文苑之中二南銜璧決勝于粉闈之內七子輿櫬儻蒙益以奇兵濟之餘勇旁麾義櫓遠借雲梯使武庫戈矛皆為我旅文山草木盡作王師苟無必勝之功甘受後期之責塵涴清聽伏積憂惶謹啟

投戶部鄭員外啟

某啟某聞柳文暢之遇王融初因雅韻劉嗣芳之逢沈約實自片辭或兩句可嘉或一篇堪獎則題於團扇寫在郊

居遂使西邸流芳南朝溢美時名愈大紙價愈高今也故事具存清風盡在每因投卷竊賀伊人雖有負於斯文幸遭逢其至鑒若某者學殊半豹藝愧全牛懸無經濟之文空有悲哀之賦投竿魚浦遁跡龍津無一時暫廢討論無一日敢忘索課誠不足揄揚大政感動知音比於雕蟲為文鳥跡成字雖無關至理亦粗有可觀輒敢編錄荒蕪輕塵裁鑒禽中一鶚冀文舉之明知獄底雙龍庶茂先之必識儻或冰壺借潤水鏡分光如其積玉之名示以鑑金之譽一日三復非敢望於休文拂席易衣竊有期於謝混仲

尼墻峻元禮門深非因咫尺之書難寫依投之懇紘哀柱促言切詞繁先甘妄進之嗤後受自媒之責干犯明德伏積兢惴謹啟

投翰林劉學士啟

某啟某聞鄭元之謁馬融不知不去趙壹之干羊陟未遇未休或三年常在於門庭或一日再經其墻仍蓋以此時儒學無出於馬公當世文儒莫先於羊子今所以重桴靈鼓復扣洪鐘者實存於此也某問不知三書惟闕五未能窺豹強欲知龍泊投棄綸竿依憑湘帙從田巴於稷下謁

楊震於關西三篋之書粗知篇目一枚墜簡微識指歸栖遲雖甚於蘇秦辛苦近同於甯越時或嚴霜屈節脫葉辭枝曲突無烟幽窗有雪飛文月殿欲擬謝莊染翰蘭臺思齊宋玉實以鈍踰龐統魯極曾參三犯龍門屢奔鯨浪元珠難得空迷罔象之津大道多歧頻灑亡羊之泣輒塵藻鑒叨獻菲辭竊自朋游或聞推許潘生摛錦巧借丹青謝氏碎金猥加流品亦復願披仙霧頻扣朱門冀遂望塵不期倒屣今則籓羝類窘幕燕同危正當羸角之時未識安巢之計輒披肝胆來訴融明伏以學士辨敵飛龜才雄白鳳鑒同止水公甚平衡潤青藻於詞林薙榛蕪於義路講理則絲繩讓直發言則山嶽慚輕儻假以風雲賜之慰薦奏揚雄於漢殿始郭隗於燕臺願借吹噓豈無裨助至於斬衣畢命顧印酬恩夜盜狐裘曉開魚鑰凡於死所請以身先干犯清嚴無任隕越謹啟

又謝下第後使人存問啟

某啟某聞收燼枝於烈焰必假良知出埋刃於重泉當資至鑒苟非精識孰測神功蓋由六律五音固應難審靈鋒寶鍔或未易知某不善守株妄修通刺爰從前歲秋杪去

年冬初累貢菲詞上干藻鑑實以仙凡阻越流品懸殊天上程遙人間信斷在塵寰而祝望空有精誠向雲路以存思寧通夢想近者以龍門阻浪鶯谷摧枝鱗鬣傷殘羽翰零落懷鄉莊舃正苦越吟去國鍾儀方悲楚奏誰言否極忽有泰來前日某官委訪窮居曲傳芳訊側聆尊旨跪聽玉音竊聞俯降咨嗟深垂憫惻初疑夢覺終謂風傳方當退鷁之時忽得攀龍之便伏以學士優游仙苑泛泳天潢覆錦高眠八花磚而讓寵含香視草五色筆以慚神況鏤鼎思調前籌待運起骸有術肉骨多方儻蒙列在眾賓致

之下舍曉彈長鋏不空效其旅魚夜取珍裘竊欲偕于狗盜下情無任攀望依託感激之至謹啟

投西邊節度使啟

某啟某聞天列將星國分戎律必命英傑以專統臨故入則掌驍衛而主親兵爲王心膂出則驅隼旟而駕熊軾分國土田苟非敵號萬人謀通七德孰副擁旌之選仍當注意之求伏以尚書勇冠山西聲聞隴右九天九地之法夜受於神姝金箱金櫃之書曉傳於靈叟故得拔劍龍吼彎弧雁驚使夷落無喧干戈盡偃邊烽息熖塞柝沈聲爲天

子之長城斷匈奴之右臂加以文通三變學洞九流郭璞神毫每通於夢想羅含彩羽素貯於心誠時或月滿青樓風清畫閣謝元暉之理郡不廢謳吟杜元凱之禦戎何妨講讀而又政惟師古恩切字人利刃一揮亂繩皆理佇見鳳銜仙詔豹製牙旗長驅十乘之驍雄福致一方之黎庶遐瞻寵渥不越秋冬某稷下儒生天涯客子遠攜書劍來拜旌旟識馬援之鬚眉見太初之禮樂頻叨前席屢聽元談憂一夫不濟其生恥一物不得其所義形顏色照發襟靈因敢覼縷血誠輕塵藻鑒必希恩察少賜知憐某射鵠無功亡羊有恨婁敬之衣裘屢敝張儀之頰舌何爲至於草織衡門雪封陋巷蛙鳴竈底魚躍釜中然猶講樹未休書筠不巳潛修此道以俟明時春初將謁朱門卜行上國著言利見龜告叶從徑趨沙漠而來直指旌旗之下盡披肝膈布在牋毫事逼丹誠言多直致志同鄰女止希蘇代之餘光身類鮒魚惟冀莊周之一勺干犯清重無任兢惶謹啟

投刑部趙郎中啟

某啟某聞弱水渺瀰匪風輪而不濟丹邱懸邈微羽駕而

何之苟非元化之功寧造長生之境其有本無靈氣復異仙才徒勤九轉之功未識三清之路佇立於葛洪陂上願附龍鱗徘徊於緱氏山前思隨鶴馭敢傾丹赤盡寄牋毫扣德操之鼓鐘冀聞音響仰劉琨之山海庶覩高深或覬憐憫少加披省某句吳寒族鄒魯庸儒偶數殺青因思拾紫捨獨繭文竿之樂預橫經染翰之游一別楚山四凋秦葉進惟角觸退則羈棲望化羽之期烏頭詎白困龍門之險魚尾將赬近者輒以荒蕪上干裁鑒實慚小道不副至公或自朋游竊聆風旨潘江陸海曲借品流繡段金聲仍

如緣飾今則將臨筆陣漸逼掄材既乏先容惟憂點額紘哀柱促風勁葉危輒寫丹誠仰塵清鑒儻蒙特分餘潤徵假末光朽栟生荑寒灰發焰纔沾慰薦便是光華酬恩豈止於捐軀効德願同於異類迴眸顧卬庶竊比於龜靈四代五公請先兆於雀報

投陸侍御啟

某啟某聞河南器賈本爲能文渭北推袁曾因善賦或以年將弱冠或以才越眾流繇是援自後生寘諸前席高檀洛陽之價雄專倚馬之名故能爲文苑之美譚作儒家之

盛觀若某年將逾誼才不及宏論乏過秦詩殊詠史徒修通刺莫偶深知加以故國三千青霄九萬但抱羈離之苦畧無騫翥之期陶元亮之揮毫只思歸去庾子山之染翰空有悲哀近者不自揣量輒懷狂狷累緘巴唱來叩郢門螢近燭龍敢言芒耀鶵親威鳳方恥羽儀近自朋游竊聆風旨每承譚論常借丹青免貽覆甕之譏叨枉擲金之譽此皆情深誘掖意在維持迒洛下之名華徑容攀附記吳中之氏族常在接聯令申孔李之交許入原嘗之舍且知逢晏子屈則宜伸媒遇蹇修醜而思嫁所以更傾幽抱來訴融襟宋玉雄風必加吹煦謝莊明月終借光輝獲居七士之間便是百生之忝干犯清聽伏積憂惶謹啟

上池州衛郎中啟

某啟某聞哲匠搜林不遺於楩柟至公選士無閒於蒿萊苟求其文行高明豈計其人材仄陋故王褒之臨益部首薦郡人杜密之理太山先推縣吏咸齒公侯之爵秩鬱爲文學之宗師若某者早寓樂郊實爲編籍數間螢牖猶存於去獸江邊一葉漁舟尚繫於還珠岸下頃者不量名分學覬縑緗足履春闈肩隨貢士爭先路狹角力材微伏膺

於孔硯江毫終愧於秦雞遼豕加以中堂千里丹禁九重空吟招隱之詩誰買長門之賦寒同冰子久迷溫燠之途窮類偶人更軫漂流之嘆伏念自隨鄉薦便託門墻每以蕪詞常干藻鑒必謂秉持刀尺流品生徒豈期來暮興歌亂繩思理輒提郡竹俄擲省蘭寧知出刺之邦又是維桑之地伏以郎中舍香望重覆錦才高轂自南宮出臨偏郡池魚官犢既濟於公私綸閣瑣闈已彰於僉矚某近得弟胥狀報竊知曲敦獎勸俯念孱微深嘉窮越之辛勤仍憫鄙生之落魄大垂恩煦下蔭宗親兒童知激勵之風骨肉

感饘餬之賜伏以秦吳阻隔江嶺縈迴不獲奔走階庭拜
陳感激隨車在御空懷軾下之態無翼凌虛更羨旟邊之
隼

上池州庾員外啟

某聞陳太守之獎善先自郡人鄭司農之受知始從鄉佐
欲使恩隆薄俗化起儒門年代雖遷風流常在某者樵蘇
賤品桑梓遺民識昧機先智惟人下陳於器用則魏瓠與
譏列在宮商則齊竽致誚徒以幼知經訓長辨義方偶近
縑緗遂捐耕釣披經閱史無怠於光陰雪牖螢窗每加於

懸刺至於論都敘別歎逝悲秋假烏有以交談擬子虛而
發論偶以書鈎得句聊因起草成篇木海郭江亦常闚慮
宋風謝月素所縈心縱不及於前修時見推於同輩爰自
束書辭楚懷刺游秦求試春官昇名貢士投暗而終多齟
齬秉機而本乏梯媒纔犯龍津旋悲鷁退且桃花浪峻難
前短鬣纖鱗蘋葉風高預返踈翎弱羽雖匡衡遊宦未及
十年而卞氏傷嗟俄經再刖迴翔輦下求索關中橫戈而
未忍先降掉鞅而猶思更戰竊念秦舟已爇敵在不還蜀
柱曾題途窮未返而又戀深陟岵悲重倚門父子棲遲鄉
閭共笑蘇秦羈旅骨肉相疑儻蒙特降文符稍存庥庇纔
聞顧盼便是恩榮使魯鄰知敬孔某楚市不陵韓信謝郎
中端楚公皆曾投謁遂忝眷知近聞有使還家便令附狀
訴言名姓實辱獎憐非敢趦趄妄邀聲援

上翰林劉侍郎啟

某聞皎鏡當懸無疲屢照華鐘在簴不阻頻鏗其有飭貌
前來橫筵直進思投朗鑒願聽洪音孔室高深前達仲由
之慜羊門峻阻難傳趙壹之懷所以再託幾毫用為紹介
某吳門釣者闕里儒徒捨詹何獨繭之綸學楊子雕蟲之

技慕顓孫之干祿效車子之聚螢西過許昌空吟景福東
游鄒魯欲擬靈光時或風入楚臺雪飛梁苑偶然成詠忽
爾盈篇是用歷韓鄭之門庭學楊衡之刺謁刻舟琢木未
擬迂疏鑿枘攻堅難方齟齬以致兩臨文陣俱挫筆鋒東
郭先生將逃濫吹步兵校尉欲泣窮途然亦默聽時謠頗
聞通論以為蔡中郎之未顧則竹葉柯亭張司空之見知
則劍辭圜室以時方濟會物有窮通須因甄藻之時冀別
沈淪之所求諸作者不在他人是以某月日輒貢菲詞上
干英聽以侍郎學士作時儀鳳為國元龜學海波瀾常融

沆瀣情田壟畝曾稔耕耘屬詞則麗藻恒春視草則文星鎮動言能振蟄勢可燃灰儻蒙垂一顧之恩出陸沈之所平生進退決在指縱干犯清嚴無任惶懼企望之至謹啟

上鹽鐵路綱判官啟

某聞積塊爲龍猶能致雨攻堅作鳥亦善因風此皆出自巧心營於敏手被之鱗甲假以毛羽纔離土木之形便達陰陽之理當其入用猶或濟時況某跡忝人曹名殊物類瞻雲望畢粗識晦明指日看箕常知動息實以曾親筐篋強學進趨人非冠玉之儀賦乏披金之譽澗松遲茂隴葉

難芳重趨孟門再困先浪以至萍漂陸海蓬轉九衢犬子生涯惟餘四壁揚雄家產不過十金猶能染翰自強草元無怠克已惟修其直道潛心將候於己知必有英賢寧無濟會自叨將陋唱再黷沖襟螢遇太陽敢言芒耀鮒游滄海方愧眇微豈期俯恻湮沈深垂汲引吐丹青於金石誇姓氏於同心榮耀既多鐫銘倍切今則俯臨文陣方假詞鋒失水多虞傷弦易怯輒披肝肺更訴融明儻蒙少借餘光微均美蔭庶使因風託便不藉於冥鴻假霧成斑無慚於隱豹塵黷清鑒無任攀望延佇憂懼之至謹啟

上右司袁郎中啟

某聞仙翁逞術叱石爲羊方士呈能結巾成兔苟神靈之必至亦變化而何難其有欲改前蹤須憑異行徵諸事跡或可比倫如某者稷下庸儒吳中單緒爰從幼稚竊慕搏鵬思積學以干時欲代耕而求祿俄拋釣舸遂履名場朝無九品之親業有三餘之苦揚子雲之詞賦自愧雕蟲丁敬禮之文章人嗤畫虎邊蓬易斷路槿難芳頻傷肅殺之威未識陽和之力窮棲家遠旅宿衣單望鵠長疏懸鶉屢弊況復吳波瀉綠秦巘堆青懷橘莫從採蘭多阻犬書一

去元律方還蝶夢初迴涼宵已艾恨淚泉湧愁腸火煎數奇而只自傷身語苦而何人傾耳竊想曾披仙霧獲拜仁風煦以溫和借其光彩或終以陸沈興念再惻傷懷願假雲雷偶蘇幽蟄豈可使雞鳴函谷只美馮諼龍躍天衢獨傳文舉儻德同而義合寧古有而今無遐想音徽無任懇迫遙瞻紫氣希傳尹喜之書更詣朱門恐涉張湯之刺謹啟

謝徐學士啟

某啟某聞脩珠暗投路人興忿荊玉三獻明主懷疑非至

珍之有類有瑕亦明鑒之難逢難遇況某樵歌俗韻牛鐸凡聲雖委巷末途時聞中律而曲卑調下難感知音洎儒術中微時文稍變原玉之風流漸遠淵雲之事業攸歸亦嘗悵望危津潺湲阮路斂毫興感掩卷長嗟今也河薦綠圖山張翠檢開張網罟漁獵英髦周渭商巖皆辭釣築抱關負鼎盡挂簪裾必有賢人出扶聖教歷詢時論實屬高才伏惟學士瑶圖呈祥尼邱降瑞名題仙署足躡瀛洲東晳臺前閒披碧簡秦王府裏時閱瑶籤徐觀動息之蹤已積鈞鎔之望某所以攜持陋唱塵玷朱門駭愕未遑軒車

忽至俯留榮誨下獎微才拜啟琅函跪吟華藻笙簧滿耳雕煥盈眸某嘗徧閱縑緗旁徵故實亦聞先達時接後來遠則沈隱侯之獎何伯言纔聞發論近則韓文公之知李長吉始議及門未有曲示恩私顯留翰墨才微往彥遇倍昔時仰戴恩榮已增銘篆謹當卷之軸飾以錦縢置在書囊永爲家寶

代新及第人謝鹽鐵使啟

某學慚辯豹業愧藏螢且乏智囊況無經笥雖冰盤凍筋素所韋懷而長笛短簫亦嘗關慮豈謂攻堅少益雕朽難能劉子駿之醬瓿屢蒙相誚陸士衡之酒甕每沐見嘲內揣龍鍾深甘棄置去年因收敗卒決戰文場奮藻儒林爭銜筆陣方憂殿騎忽擢丙科姓名遽接於英髦骨肉初違於凍餒懷仁空極欲報無由徒銘効死之心未得殺身之地近見某官說竊知侍郎以沈淪軫念汲引開懷欲廣薦衡遂先始隗託使變商爲角化慘成舒備雅奏於文絃偃和光於暖谷遐沾厚惠咸出深仁今也周渭告祥殷巖叶夢前籌待運鏤鼎思調明主繫心蒼生企踵某幸將微眇願託鈞衡願居擁篲之先獲廁掃門之末庶因灰粉少措

毫芒下情無任

唐風集序

大順初皇帝命小宗伯河東裴公掌邦貢次二年遙者來隱者出異人俊士始大集都下於羣進士中得九華山杜荀鶴拔居上第諸生謝恩曰列坐既定公揖生謂曰聖上嫌文教之未張思得如高宗朝拾遺陳公作詩出沒二雅馳驟建安削苦澀僻碎畧淫靡淺切破豔冶之堅陣擒雕巧之酋帥皆摧撞折角崩潰解散掃蕩詞場廓清文祲然後有戴容州劉隨州王江寧率其徒揚鞭按轡相與呵樂

來朝於正道矣以生詩有陳體可以潤國風廣王澤因擢生以塞詔意生勉爲中興詩宗生謝而退次年寧親江表以僕故山偕隱者出平生所著五七言三百篇見簡詠其雅麗清苦激越之句能使貪吏廉邪臣正父慈子孝兄良弟順人倫綱紀備矣其壯語大言則決起逸發可以左攬工部袂右拍翰林肩吞賈喻八九於胷中曾不蔕介或情發乎中則極思冥搜游泳希夷形兀枯木五聲勞於呼吸萬象悉於抉剔信詩家之雄傑者也美哉裴公之知人爲不誣矣於戲旌別淑慝史臣之職也僕幸得爲之敘錄視

其人齒尚壯才力未盡謳吟之興方酣視其繼作得如周頌魯頌者廣之爲唐風集老而益精畱次序（一作別爲之次序）景福元年壬子夏述

題致仕武賓客嵩山舊隱詩序

賓客諱攸緒則天皇后從姪也天授中封安平郡王遷殿中監出爲揚州大督府長史聖歷中棄官隱居嵩山避榮寵也想其始來捫危選勝駕迴裁基鉏走伊波控隱士飲牛之渚螺排緱嶠對仙人駕鶴之峯移紫府之全模寫清都之勝概王桃植砌董杏栽壇帳合蘿高床平石古飛流界練貫幽響於風湍曙景張昇掛清光於露竅時或春花發盡秋雨晴初虛籟調風斜窗印月吞露華兮漱煙液而樂天和吟酒賦兮唱琴歌焉知帝力及龍圖去呂龜鼎還劉中宗皇帝方欲訪道崑巖鳴鑾茨岫遂飛鶴版親授蒲軒扣蓬翟之荒扉遠徵枚乘掃皐夔之右席強走嚴陵莫不黃屋翹襟高霞疊夢由是輕鷗出浦明月離雲纔拜宸墀旋登甲觀以公當棲洞府不喜塵機雖當掛珮垂紳愈若投羅觸罟及飛章上闕雪涕辭天帳祖席於青門轄仙裝於紫陌乃知飛霜匝野冰崖畱不死之蠶烈日焚溟珠

岸有不枯之草故能振清風於戚里飛逸駕於雲逵宜乎與祿產分鑣夷齊結轍比夫吞腥咽腐懷祿偷安者不亦優乎今則八桂森指五芝零落立松崖而晝日不見王孫掃石壁以題詩別招遁客豈無來哲能紹元蹤聊剖短章用旌高烈時睿文英武明德至仁廣孝皇帝御宇十二歲也龍集辛卯律中林鐘十二日丙寅題

在會稽與京邑游好詩序

造化之功東南之勝獨會稽知名前代詞人才子謝公之倫多所吟賞湖山清秀超絕上國羣峯接連萬水都會昇

高而望盡目所窮蒼然黯然兀然濬然先春煦然似畫似翠似水似冰似霜似鏡削玉似劍者霞布似窈窕者霜清似英絕者如是者千狀萬態綿亘數百里間則夫盤龍於泉巢鳳於山蘊玉於石藏珠於淵固必有矣眞駭目喪精之所也其土沃其人文雖逼閩蠻而不失禮節雖枕江海而不甚瘴疫斯焉郡邑一何勝哉將天地之樂萃於此耶至於物土所產風氣所被鳥獸草木之奇妖冶嬋娟之出前聖靈蹤往哲盛事此傳記所詳不假重言也斯但粗述其勝耳僕雖乏才自侍從至此晨夕習業之外游覽所得

吟咏烟月攄散情志自足一時之興也亦足快哉然時或倚檻南臨回首西望相交朋遠誰與同之每思往年於京洛間見時俗之士浮淺之流多誇邑外人家有水木田園莊舍甚爲奇勝可比江山嘗與俱往謂信然今在此乃知前者之悠悠妄誇耳不足聽且夫方壺員嶠桃源洞天自標眞聖之居不與囂塵相接非但討幽隱已也至於人寰所有游觀必當顯敞知名若會稽山水深不可測高不可及如是乃能孕靈怪藏珍寶生雲霞而盡勝概耳豈於十畝之地朝夕之間鑿爲汙池植爲幽藪源流既邇根柢可知深不過藏青蛙密不過棲烏鵲而能出奇爲勝哉今之君子多尙奇好事貴達顯揚幽僻仄陋則言之而實不足徵也不然則是人能與造物爭功矣今序其事貽諸朋好知之者幸棄彼冗瑣而同此游也爲通理矣輒以數篇鄙拙寄贈誠玷視聽貴盡其樂以資笑言

武烈公廟碑記

圓蓋亭亭配乎上者星辰之與日月方輿蕩蕩列于下者山嶽之與江河合生民而是謂三才資品類而均爲萬象至聰曰聖不測者神既分幽顯之殊途乃假神祇而共理

所以在陽則有賢有哲斡運時權處闇則爲鬼爲神主張陰隲其來尙矣可得言乎隋故大將司徒陳公諱杲仁字世威漢太邱長之十七代孫也穎水聚星引蔓於盤根巨蔕長城呑日分榮于玉葉金枝風神高而鶴立松顚器局偉而鰌藏海底鄰家就學邱兒且歎于重生橋柱留名犬子終期于復出賈誼則年逾丱歲翁歸則才本兼人丹闕上書金門應詔雕弓開而鶴裂鴻筆奮而鸞驚玉片桂枝對天顏而失喜繡衣驄馬下雲路以嘶春時屬陳劍飛空隋旗誓野象泣于開皇歲末龍驕于大業年中水調聲愁

柳絮輕籠于夜月迷樓香滿桃花自落于春風鳶書過而急甚飛星駕枕穩而誰驚醉夢以至天關震動帝輦飈揚胡頭盡縮于漳河鬼目盡生于建業繇是長山盜聚大洞兵興欒伯通則狼戾秣林婁世幹則鴟張婺水公以名光八絕道著一貞眉彤高隱于石稜髭尾曾焦于雷火元惡授首金鋧鈿之飛來虜騎解圍鐵連錢之入去虵竄奔穴象怒投林俄成縛虎之功遂降祝鳩之命天門公沈法興初傾款附末恣姦欺烏頭暗寘于酒杯俄歸厚夜青骨雅嘗于廟食迺啟蒸祠祀寢先朝神晉故土像設宏開于武

進威靈密護于全吳至若湘鷰羣飛商羊屢舞雲頭暗瀋禾耳生獰南山垂欲爛之憂東海灩倒流之勢蘭羞一奠桂醑三傾滂沱之澍雨繩垂倐忽之沈陰電掃其霽霖之神速也如此又若鸛巢沈響蟻穴停封離火燒雲薰風爨野土禺之精神愁悴泥龍之鱗甲乾枯巫覡陳辭簫笳合奏筵上未容于徹饌空中已見于醱盆其救旱之靈應也又如此變乾坤之舒慘神效已多却封境之妖氛陰功更大皇唐乾符之二載也突陣將王郢等六十九人以唐山告捷浙水旋師未及賞功潛思怙亂劫庫兵而竊發掠民產以紛披移蟻蛭于狼山倚鷁舟于鼇海鉏耰合勢舉烈火以焚燒樓櫓乘風駕驚濤而出入聚黨僅盈于萬衆連頭遽陷于三州聖主臨軒出神謀而制勝將軍推轂杖金鉞以專征尚書河東裴公讀八千卷儒書學五十家兵法名光簪紱風習英雄有金熨斗之殊恩負玉唾壺之妙唱入則襞香牋而揮彩筆批天子詔書出則提龍劍而臂鵰弧主諸侯法令行開玉帳坐鎮金陵瀝精誠而願與冥通指廟貌而遙期幽贊神能長驅鬼陣高輔靈旗於蒼茫惚慌之間降雲物風濤之助遂使吳戈霜閃待春長狄之喉

越箭星流乃裂蚩尤之骨洎渠魁告斃餘黨乞降聊憑元化以成功遂抗飛章而達聽優詔舞加於爵賞鴻恩別勑其祠庭地控金甌城連鐵甕山分京峴水接蓬瀛冠蓋雲浮西枕向吳之路松蘿帳合南連招隱之亭邃宇摩空雕墻繚野翠瓦疊而琉璃色透彩椽排而玳瑁斑烘窗深則青鎖疏風樓迴則璇題拂漢時或居人輟棹行客停驂倚欄當薄雨晴初寓目向丹楓落後霜馳疋練指茂苑于煙中黛染雙螺認海門於天末堂嚴塑像廊立靈宮凜氣貌以如生奮威靈而若毅雷公電母日閃爍以疑瞋鬼將神

兵口囁嚅而欲語一顧則精魂愕眙載瞻則毛髮寒生所以祭非嚴而自嚴神不在而如在俄屬災流濮上盜掠江東孤城懷欲陷之憂萬姓負倒垂之懼丞相司徒燕國公軍謀出衆儒術超羣有岸上虎之雄名有人中龍之美稱才堪料敵檄可痊風落塞外之雙鵰氣吞沙漠挫筵中之五鹿聲烜議園以詩書禮樂之兼才領征伐牢籠之重寄移從荆渚代撫吳民前茅高舉于中途大敵窮奔于外境仰惟妙算未畢前功將全締構之能更益增修之美先是中開紺殿別坐金人化廟木於祇園變祠宫爲淨土僧普

愿敎傳西國裔紹南宗心花墮葉於空門忍草抽芽於覺路談空說偈則天龍遊阿耨之池燃指爲燈則花雨落菩提之木願以斧斤罷弄丹雘停揮拂琬玉以求刋出牋毫而請染雲也運籌無補磨盾何能鐵錢將當以銅錢徒懷素志下駟用齋於上駟未吐良謀屬詞殊異于當仁承命敢陳于固遜三言獲譽何酬椽吏之恩八字留題更望中郎之筆銘曰

乾儀廣大坤德幽元三光四氣五嶽百川陰陽莫測禍福難詮不有神道誰分化權倬彼陳公挺生隋國忠作臣範孝爲民則力遏鯨波手扶鼇極生立洪勳歿留遺德狂童作梗上將陳師陰兵助順戰卒乘時元兇殞命殘孽輸旗恩頒上爵詔立嚴祠紺獸拏雲飛翬礙日帳卷靈座門開廟室凜凜英氣堂堂偉質鬚磔蝟毛頭蹲虎骨歌鐘雜沓簠簋連延酒有餘醑香無斷煙惟神是享惟禱斯虔安民護境以永終天

欽定全唐文卷八百十六

袁循

循乾符中官司戶參軍

修黃魔神廟記

咸通末歲令翰林舍人蘭陵公自右史竄黔南秋八月二十七日泝三峽次秭歸時蜀水方漲橫濤蔽目公積悸而寢夢神人赤髮碧眸且云險不足懼公異之再寢又夢公詰其所自則曰我黃魔神居紫極宮之隅將祐助明公出於北境公曰吾斥去荒徼危殆未已神能惠我何也以朝

夕期幸與我俱遠遊我不忘矣亟言之神許諾自是抵於黔又還於羅每陟險艱神怳如在洎公還於朝神夢告歸公曰將移廟列塑於宮之傍丁酉歲公從弟兟自澧陽尹亞西蜀路出祠下以橐金致公意謂前制不專請別修敬太守清河公承命感異覩營之心匠既陳層軒以新神樂來斯靈儀蹲蹲按靈寶經南方有大魔其中央曰黃天魔王橫天嚼力謂能力扶昊蒼周覆萬有天其或者以公有宏濟之業將扶危定傾作鎮天步俾黃魔降鑒爲公之兆眹乎噫天爲功必藉於大賢神之靈固輔於有德是必有鴻猷盛績萃於公之心未可知也循以學官謫秭歸奉太守命弗敢讓所記乾符丁酉歲仲春九日司戶參軍袁循記

白鴻儒

鴻儒乾符時人

莫孝肅公詩集序

唐宣宗大中五年龍集辛未設科求賢合天下士對策於大廷臚傳以莫公宣卿爲第一公字仲節廣南封州人也所產之鄉曰文德所居之里曰長樂厥考諱曰讓仁雖不仕亦有隱德蚤年不祿公母梁氏恐公孤立無倚改適繼

父亦莫氏諱及芝乃開建籍也公隨母往幷而爲昆仲者三長曰莫儔次曰莫羣公年最少乃其季也繼父亦樂善好施歲歉則出粟以周鄰里嘗遣二兒習讀公幼在側天性迥異聞言卽悟甫七歲資識豁然手不釋卷過目輒成誦時人目爲神童入郡庠從遊於梁明甫先生梁毋尤嚴於內訓試於有司薦於大廷對揚清問首魁天下初典翰林未服官政後以母老具表陳情乞官外補以便就養上可其奏賜官台州別駕歸省迎母未至官所而尋卒故里

葬之於文德鄉鐔鼓岡。咸通九年，封州刺史李邦昌上其事於朝，欽奉上勅，爲唐正奏狀元莫孝肅公祀以廟食，表其里居曰文德，蠲其賦稅，以充烝嘗之需，永爲常典。公自幼以至登第，所撰詞賦詩歌，皆操筆立成，諷而咏之，如眞金美玉，不落形迹，如化工生物，不事妝點，而生氣宛然如在也。及今公族子姓言動氣象，猶有公之遺風。雖鄉曲五尺童子與夫田野愚夫愚婦，皆重公名，莫不喜談樂道之。凡遊於庠序者，罔不賢其賢；守其宗祀者，莫不親其親。得非狀元公神化之所感也耶？是請也，公之嫡孫莫立之，郡

之庠生也，述公行實以告，且請予爲記，以垂悠久。余無似，叨治公郡，恨弗獲覩公，而徒慕公也，因以爲記云。時有唐乾符五年歲在甲午秋仲望日。

李濬

濬，僖宗時人。

慧山寺家山記

金陵之屬郡毗陵南無錫縣有佛寺曰慧山寺，濬家山也。貞元、元和中，先丞相太尉文肅公心寧邑，養家寓是縣，因肄業於慧山。始年十五六，至丙戌歲擢第，歸寧，爲朱方強畱之。文肅公竊畏常驚，切於旦夕之間。李庶人以反狀聞，嘗名公草不順章檄。公語以君臣父子忠孝誠節，別白自古道理者約千餘言。言既勁勇，庶人畏敬，又逼以狂卒，圍以兵刃，促公下筆，振叱數四，髮皆見怒狀。庶人因令閉之於別所，命許縱成之。是夜，張子良、裴行立共義公忠赤，果相與易圖庶人，兵敗。公以忠節聞於天下。新帥李公元素欲具事表於朝廷，公三讓之，遂退歸慧山寺僧房，猶孜孜勤經史，洎十年，手寫書籍，前後約五百軸。寺山之泉獨稱奇，能發諸茗顏色滋味。公僻居舍飲，雖崇貴，未嘗輒自優

奉。惟輦載慧山泉數千里，不問其費耗。公文學、官業、功德，濬謹纂敘制誥、章表、堂狀，類列其間，不敢輒以文飾。表至敬也，爲上下卷，今藏史閣，我家之盛。嘗二爲相，三爲史官。高祖中書令謚文憲，儀鳳中爲中書令，如意中爲鸞臺左相。先公丞相贈太尉謚文肅，會昌中爲左僕射門下相。儀鳳在相監修國史，會昌在相監修國史。乾符四年，濬自祕書省校書郎爲丞相滎陽公獨狀奏入直史館。會己亥歲春，有事白相府，乞假東出函谷關，數千里，夏五月癸卯過家，出覩舊刻石詩題，別無碑版敘錄，懼年祀寖遠，不得布

聞於人謹以史筆條敘於寺之正殿内時乾符六年夏五月十六日甲辰書

邢筠

筠乾符時人

佛頂尊勝陀羅尼經幢讚

蓋聞佛力無邊教化各異靜而思之同歸一體至如尊勝陀羅尼經者應佛陀波利之願也原夫起自西天流於東土初從梵本後譯唐言是苦海之津梁實人民之舟檝但有迴向無不蒙益爰有清信士陳宗可等並久親善道早

悟佛乘知聚沫之無堅視芭蕉之速朽故孜孜金地稽首高僧披露至誠欲結尊勝寶幢之會僧闕二字隨順轉闕三字合結無上勝因闕二字當是妙乘諸公意無先後遂令藏鎰金地買石他山召募良士精心礱礪未逾數旬琢磨當就雕鐫既罷樹立俄成巍巍也勢聳於青霄闕二字也形闕一字於碧落莫不睹之罪闕三字福生七闕三字角之身三塗息泥犂之苦然後願合會老幼普獲休祥在軍者爵祿咸臻經求者資財驟聚復願人人增壽攸歸鶴闕一字之闕五字形闕二字寒林之三秀如斯功德浩汗無涯以百千舌數不能盡筠之無德謬忝諸生不揆荒虛畧而爲讚讚曰

彼尊勝者起自西天教中之寶法中之先諷之誦之永離蓋纏三塗未受七闕一字休闕一字結會歸披獲福無邊鐫闕三字永保貞堅

韋昌明

昌明嶺南人乾符五年官翰林學士

越井記

南越王趙佗氏昔令龍川時建池於鰲湖之東阻山帶河四面平曠登山景望惟此爲中厥土沃壤草木漸包壄闢定規制北距鰲十里東距五馬峯五里南距河里許相對

即海珠山也鑿井於治之東偏曰越井取春秋時爲南越戰國屬楚爲百粵秦首置南海郡以龍川隸焉則越之封肇於春秋而龍之壤則啟自越王佗也井周圍爲二丈許深五丈雖當亢旱萬人汲之不竭其源出鰲山泉極清冽味甘而香自秦距今八百七十餘年其蹟如新稽史記列傳稱漢既平中國而佗能集揚越以保南藩稱職貢則佗之績良足爲多又秦徙中縣之民於南方三郡使與百越雜處而龍有中縣之民四家昌明祖以陝中人來此已幾

三十五代矣實與越井相終始故記之如此乾符五年十月之吉邑人翰林學士韋昌明記

柳玭

玭天平節度使仲郢子以明經補秘書正字由書判拔萃累轉左補闕擢刑部員外郎出爲嶺南節度副使黃巢陷交廣逃還再遷御史中丞文德元年以吏部侍郎拜御史大夫貶瀘州刺史卒光化初詔復官爵

大唐萬壽寺記

漢長安城本秦離宮也高帝七年長樂宮成自櫟陽徙都

之惠帝視其窄狹乃發長安六百里內男女十四萬六千人及諸侯王列侯從隸二萬人城長安仍賜民爵戶一級長安方三十里內地九百七十三頃八街九陌九市周回六十五里十二城門皆有候蕭望之爲東門候東有三門一宣平門外郭東都門一清明門外郭東平門一霸城門外郭青門霸城門外一里許有萬壽寺焉萬壽寺本梁太尉吳王蕭岑宅隋開皇四年文帝爲沙門曇延立爲延興寺東院莒公蕭琮之堂隋亡捨入寺神龍中中宗爲永泰公主追福改爲永泰寺大中六年請改名僧寺五所化度寺改爲崇福寺永泰寺改爲萬壽寺溫國寺改爲崇聖寺經行寺改爲龍興寺奉恩寺改爲興福寺而寺各異其額也然萬壽一寺宣帝親幸賜額命官造理殿宇廊廡方丈山門共一百九十七間左右院林二所香地二頃六十餘畝石佛一尊娑羅樹六株勑度一百二十僧受牒免差入寺焚修祝延聖壽後淨覺住持能守清規迥出於衆懼寺年久莫識其端請余爲記俾後人有所據云

戒子孫

大凡門第高者一事墜先訓則異他人雖生可以苟爵位

死不可見祖先地下門高則自驕族盛則人窺嫉實藝懿行人未必信纖瑕微累十手爭指矣所以修己不得不至爲學不得不堅夫士君子生於世已無能而望他人用已無善而望他人愛猶農夫鹵莽種之而怨天澤不潤雖欲弗餒可乎余幼聞先公僕射言立己以孝悌爲基恭默爲本畏怯爲務勤儉爲法肥家以忍順保交以簡恭廣記如不及求名如儻來莅官則潔己省事而後可以言家法家法備然後可以言養人直不近禍廉不沾名憂與禍不偕潔與富不並董生有云弔者在門賀者在閭言憂則恐懼

恐懼則福至又曰賀者在門弔者在閭言受福則驕奢驕奢則禍至故世族遠長與命位豐約不假問龜蓍星數在處心行事而已昭國里崔山南琯子孫之盛仕族罕比山南曾祖母長孫夫人年高無齒祖母唐夫人事姑孝每旦櫛縰笄拜階下升堂乳姑長孫不粒食者數年一日病言無以報吾婦冀子孫皆得如婦孝然則崔之門安得不昌大乎東都仁和里裴尚書寬子孫衆盛實爲名閥天后時宰相魏元同選尚書之先爲壻未成婚而魏陷羅織獄家徙嶺表及北還女已踰笄其家議無以爲衣食資願下髮

爲尼有一尼自外至曰女福厚豐必有令匹子孫將遍天下宜北歸家人遂不敢議及荆門則裴齎裝以迎矣今勢利之徒捨信誓如反掌則裴之蕃衍乃天之報施也余舊府高公先君兄弟三人俱居清列非速客不二羹胾夕食齕蔔匏而已皆保重名於世永寧王相國涯居位竇氏女歸請曰玉工貨釵直七十萬錢王曰七十萬錢豈於女惜但釵直若此乃妖物也禍必隨之女不敢復言後釵爲馮球外郎妻首飾涯曰爲郎吏妻首飾有七十萬錢其可久乎馮爲賈相國餗門人賈有奴頗横馮愛賈名奴責之奴泣謝未幾馮晨謁賈賈未出有二青衣齎銀罌出曰公恐君寒奉地黄酒三杯馮悅盡舉之俄病渴且咽因暴卒賈爲嘆息出涕卒不知其由明年王賈皆遘禍噫王以珍玩爲物之妖信知言矣而不知恩權隆赫之妖甚於物耶馮以卑位貪貨不能正其家忠於所事不能保其身不足言矣賈之臧獲害客於墻廡之間而不知欲始終富貴其可得乎舒相國元輿與李繁有隙爲御史鞫譙獄窮致繁罪後舒亦及禍今世人盛言宿業報應曾不思視履考祥事歟夫名門右族莫不由祖考忠孝勤儉以成立之莫不由

子孫頑率奢傲以覆墜之成立之難如升天覆墜之易如燎毛余家本以學識禮法稱於士林比見諸家於吉凶禮制有疑者多取正焉喪亂以來門祚衰落基構之重屬於後生夫行道之人德行文學爲根株正直剛毅爲柯葉有根無葉或可俟時有葉無根膏雨所不能活也至於孝慈友悌忠信篤行乃食之醯醬可一日無哉

家訓

夫門第高者可畏不可恃可畏者立身行己一事有墜先訓則罪大於他人雖生可以苟取名位死何以見祖先於

地下不可恃者門高則自驕族盛則人之所嫉實藝懿行人未必信纖瑕微累十手爭指矣所以承世冑者修己不得不懇爲學不得不堅夫人生世以己無能而望他人用以己無善而望他人愛無狀則曰我不遇時時不急賢亦繇農夫鹵莽種之而怨天澤之不潤雖欲弗餒其可得乎予幼聞先訓講論家法立身以孝悌爲基以恭默爲本以畏怯爲務以勤儉爲法以交結爲末事以棄義爲凶人肥家以忍順保友以簡敬百行備疑身之未周三緘密慮言之或失廣記如不及求名如儻來去恡與驕庶幾減過莅

官則潔己省事而後可以言守法守法而後言養人直不近禍廉不沽名廩祿雖微不可易黎甿之膏血榎楚雖用不可恣褊狹之胸襟憂與福不偕潔與富不並比見家門子孫其先正直當官耿介特立不畏強禦及其衰也唯好犯上更無他能如其先遜順處己和柔保身以遠悔尤及其衰也但有暗劣莫知所宗此際幾微非賢不達夫壞名菑己辱先喪家其失尤大者五宜深志之其一自求安逸靡甘淡泊苟利於己不恤人言其二不知儒術不悅古道懵前經而不恥論當世而解頤身既寡知惡人有學其三勝己者厭之佞己者悅之唯樂戲譚莫思古道聞人之善嫉之聞人之惡揚之浸漬頗僻銷刓德義簪裾徒在廝養何殊其四崇好慢遊躭嗜麴蘖以銜盃爲高致以勤事爲俗流習之易荒覺已難悔其五急於名宦暱近權要一資半級雖或得之衆怒羣猜鮮有存者茲五不韙甚於痤疽痤疽則砭石可瘳五失則巫醫莫及前賢炯誡方册具存近代覆車聞見相接夫中人以下修辭力學者則躁進患失思展其用審命知退者則業荒文蕪一不足採唯上智則研其慮博其聞堅其習精其業用之則行舍之則藏苟異於斯豈爲君子

惠寔

寔乾符六年官比部郎

蠡山廟碑記

越相蠡與大夫種左右勾踐竟成霸業乃謀自全之道輕齎閒行浮海適齊自稱鴟夷子或云平吳之後潛遯之五湖故今之赤山卽洞庭湖之鄙也五湖之說不同愚謂後人所在慕德而祀焉耳廟在六國後置靡究厥始至皇朝天寶六載有勅封表其山亦嘗爲塞胡祠會昌年廢之而

廟亦隨歇有武夷山人陳庶慕止學業誘化村坊捐金帛而刱之以其祈禱無不應也史記曰荆人鬼而越人禨其來尚矣庶因進士賈纁請愚爲記若其地形峭絕山川向背即備於陳庶之狀云

殷盈孫

盈孫贈司空侑孫廣明初爲成都諸曹參軍僖宗在蜀擢太常博士轉祕書少監終大理卿贈吏部尚書

誅襄王煴不宜受賀奏

伏以偽煴違背宗社僭竊乘輿欺天之禍既盈盜國之罪

斯重果至覆敗以就誅夷九重之妖祲既除萬國之生靈共慶宜陳賀禮以顯皇猷然物議之間有所未允臣按禮經公族有罪獄既具有司聞於公曰某之罪在大辟君曰赦之如是者三有司走出致刑君復使謂之曰雖然固當赦之有司曰不及矣君爲之素服不樂三日左傳衛君在晉衛臣元咺立衛君之弟叔武衛君入國叔武爲前驅所殺衛君哭之左氏書焉今偽煴皇族也雖犯殊死之罪宜就屠戮其可以朝羣臣而受賀乎臣以偽煴允係金枝名標玉牒迫脅之際不能守節効死而乃甘心逆謀罪實滔天刑不可赦已爲軍前處置宜即黜爲庶人絕其屬籍其首級仍委所在以庶人禮收葬大捷之慶當以朱玫首級到日稱賀爲得其宜上不軫於宸衷下無傷於物體協禮經之旨袪中外之疑

駁三后祔享太廟議

臣謹按三太后憲宗穆宗之后也二帝已祔太廟三后所以立別廟者不可入太廟故也與帝在位皇后別廟不同今有司悞用王彥威曲臺禮禘別廟太后於太廟乖戾之甚臣竊究事體有五不可曲臺禮云別廟皇后禘祫於太

廟祔於祖姑之下此乃皇后先崩已造神主夫在帝位如昭成肅明元獻昭德之比昭成肅明之崩也睿宗在位元獻之崩也元宗在位昭德之崩也肅宗在位四后於太廟未有本室故創別廟當爲太廟合食之主故禘祫乃奉以入饗其神主但題云某謚皇后明其後太廟有本室即當遷祔帝方在位故皇后暫立別廟耳本是太廟合食之主故禘祫乃升太廟未有位故祔祖姑之下今恭僖貞獻二太后皆穆宗之后恭僖會昌四年造神主合祔穆宗廟室時穆宗廟已祔武宗母宣懿皇后神主故爲恭僖別立廟

其神主直題云皇太后明其終安別廟不入太廟故也貞獻太后大中元年作神主立別廟其神主亦題爲太后並與恭僖義同孝明咸通五年作神主合祔憲宗廟室憲宗廟已祔穆宗之母懿安皇后故孝明亦別立廟是懿宗祖母故題其主爲太皇太后與恭僖貞獻亦同帝在位后先作神主之例今以別廟太后神主禘祭升享太廟一不可也曲臺禮別廟皇后禘祫於太廟儀注云内常侍奉別廟皇后神主入置於廟庭赤黃褥位奏云某謚皇后禘祫祔享太廟然後以神主升今卽須奏云某謚太皇太后且太

廟中皇后神主二十一室今忽以皇太后入列於昭穆二不可也若但云某謚皇后卽與所題都異神何依憑此三不可也古今禮要云舊典周立姜嫄別廟四時祭薦及禘祫於七廟皆祭惟不入太祖廟爲別配魏文思甄后明帝母廟及寢依姜嫄之廟四時及禘皆與諸廟同此舊禮明文得以爲證今以別廟太后禘祫於太廟四不可也所以置別廟太后以孝明不可與懿安並祔憲宗之室今禘享乃處懿安於舅姑之上此五不可也且祫合祭也合猶不入太祖之廟而況於禘乎竊以爲並皆禘於別廟爲宜且恭僖貞獻二廟比在朱陽坊禘祫赴太廟皆須備法駕典禮甚重儀衛至多咸通之時屢遇大饗耳目相接歲代未遙人皆見聞事可詢訪非敢以臆斷也或曰以三廟故禘祫於別廟或可矣而將來有可疑焉謹按睿宗親盡已祧今昭成肅明二后同在夾室如或後代憲宗穆宗親盡而祧三太后神主其得不入夾室乎若遇禘祫則如之何對曰此又大惑也三太后廟若親盡合祧但當閟而不享安得處於夾室禘祫則就別廟行之歷代已來何嘗有別廟神主復入太廟夾室乎禘祫禮之大者無宜錯失

請廢德明等四廟議

臣以德明等四廟功非創業義止追封且於今皇帝年代極遙昭穆甚遠可依晉韋宏屋毀乃已之例因而廢之

修宗廟議

太廟制度歷代參詳皆符典經難議損益謹按舊制十一室二十三間十一架垣墉廣袤之度堂室淺深之規階陛等級之差棟宇崇低之則前古所謂奢不能僭儉不能踰者也今以朝廷帑藏方虛費用稍廣須資變禮將務從宜固不可易前聖之規模狹大朝之制度當憑典實別有參

詳謹按至德二年以太廟方修新作神主於長安殿安置便行饗告之禮如同宗廟之儀以俟廟成方爲遷祔當時議論無所是非今者京城除大內正衙外別無殿宇伏聞先有詔旨且以少府監大廳權充太廟伏緣十一室於五間之中陳設隘狹伏請接續廳之兩頭成一十室薦饗之三太后廟即於監內西南別取屋宇三間且充廟室俟太廟修奉畢日別議遷祔

論郊祀內臣朝服疏

臣昨赴齋宮見中尉樞密內臣皆具朝服臣尋前代及國

朝典令無內官朝服制度伏以皇帝陛下承天御歷聖祚中興祇見宗祧克陳大禮皆稟高祖太宗之成制必循虞夏商周之舊經軒冕服章式遵彝憲若內官要衣朝服令依所守官本品之服事雖無據粗可行之臣忝禮司合具陳奏

馬支

支咸通時自號雲居散人

釋大方廣佛新華嚴經論主李長者事迹

李長者諱通元莫詳所自或有詢其本者但言滄洲人開元二十七年三月望日曳策荷笈至於太原盂縣西四十里同穎鄉村名大賢有高山奴者尚德慕士延納無倦長者徑詣其門山奴諦瞻神儀知非常器遂磬折禮接請歸安居每旦唯食棗十顆柏葉餅子如匕大者一枚自爾不交外人掩室獨處含毫臨紙曾無虛時如是者三稔一旦捨山奴南去五六里至馬氏古佛堂自構土室寓於其側端居宴默於茲十年後復囊挈經書遵道而去二十里餘次韓氏別業即今冠蓋村焉忽逢一虎當途馴伏如有所待長者語之曰吾將著論釋華嚴經可與吾擇一棲止處

言畢虎起長者徐而撫之將所挈之囊挂於虎背任其所止於是虎望神福山原直下三十餘里當一土龕前便自蹲駐長者旋收囊裝置於龕內虎乃屢顧妥尾而去其龕瑩潔圓迴廣袤尋丈自然而有非人力成龕之四旁舊無泉澗長者始來之夕風雷暴作拔去一古松高三百餘尺及旦松根之下化爲一潭深極數尋迴環五十餘步甘逾瑞露色奪琉璃時人號爲長者泉至今澄明未曾增減愆陽之歲祈之必應長者製論之夕心窮元奧口出白光照耀龕中以代燈燭居山之後忽有二女子容華絕世皆可

笄年俱衣大布之衣悉以白巾幪首姓氏居處一無所言常爲長者汲水焚香供給紙筆卯辰之際輒具淨饌甘珍畢備置長者前齋罷徹器莫知所止歷於五祀曾不闕時及其著論將終遂爾絕迹謹按華嚴舊傳東晉三藏佛䭾跋陀羅於江都謝司空寺譯經有二青衣童子忽自庭沼而出承事梵僧爇香添瓶不離左右每欲將夕還潛沼中日日皆然率以爲常事及譯畢寫淨沈默無迹長者感通事符曩昔長者身長七尺二寸廣眉朗目丹脣紫肌長髯美茂修臂圓直髮彩紺色毛端右旋質狀無倫風姿特異

殊妙之相靡不具足首冠樺皮之冠身披麻衣長裾博袖散腰而行亦無韋帶居常跣足不務將迎放曠人天無所拘制忽一日出山訪舊止之里適值野人聚族合樂長者徧語之曰汝等好住吾將欲歸衆乃罷樂驚惶相顧咸皆惻愴必謂長者卻還滄洲揮涕同詞懇請留止長者曰縱在百年會當歸去於是舉衆卻送長者入山至其龕所復語之曰去住常然耳汝等可各還家及衆旋踵之頃嵐霧四起景物不分行路之人咸共駭異翌日長叟結徒登山禮候但見姿容端儼已坐化於龕中矣時當三月二十八日報齡九十六有一巨蛇蟠當龕外張目呀口不可向近衆乃歸誠致祝某等今欲收長者全身將營殯葬乞潛威靈願得就事蛇因攝形不現耆舊潸泣轝荷擇地於大山之陰累石爲墳蓋取堅淨卽神福山逝多蘭若今方山是也初長者隱化之日及成墳之時煙雲凝布巖谷震蕩有二白鶴哀唳當空二鹿相叫連夕其餘飛走悲鳴滿山鄉原之人相率變服追攀孺慕若喪所天每當建齋卽墳上雲起七七如是良足異夫長者平昔之時每年常於三月末間設十方賢聖淨會不以女人造食貴使觸事精誠至

於東核米泔不許輒棄齋畢任用犬彘徧霑如斯之會遵承到今未曾廢絕至大歷九年二月六日有僧廣超於逝多蘭若獲長者所著論二部一是大方廣佛新華嚴經論四十卷一是十二緣生解迷顯智成悲十明論一卷傳寫揚顯徧於幷汾廣超門人道光能繼師志肩負二論同遊燕趙昭示淮泗使後代南北學人悉得參閱論文宗承長者皆超光二僧流布之功耳其爲論也統貫經義標表法身廓性海於無邊歷劫塵而不動分判衆教極彼源流融鎔上乘會此華藏俾迷徑者獲道滯教者忘機可謂毘盧

之指歸華嚴之日月矣若非聖人愍世降生開導昏暝孰能條釋大典指授大心歟長者行止元徵固難遐究虛空不可等度況擬求邊際耶比歲僧元覘特抵方山求長者遺跡初禮石墳次尋龕址龕前有松三株一巳（闕一字）立俱是長者手植長者將化之月一株遂枯至今二株常有靈鶴結巢於頂又於壽陽南界解愁村遇李士源者乃傳論僧之猶子示長者眞容圖瞻禮而迴斯爲滿願矣向之云云蓋在摭實枝葉華藻無所務焉雲居散人馬支纂錄

欽定全唐文卷八百十七

楊光

光中和時人

赤石樓隱難記

混茫既分乾坤成列形下曰器積而爲山洎禹別九州漢通百越此山則維揚東甌之地峩峩傑出發地千尋峭削凌空壁懸四面其乃陰陽偏顧造化有情呀開石門路通極頂天生厚土蔭以森羅地廣百家人勝千眾天下靈蹟此乃標奇自乎開元之末袁晁作叛起於天台攻陷當州

逃亡無數惟此一鄉人户數百餘家而登此樓以逃其難乃有兵戈百眾來繞其山飛矢彎弧豈能侵動既難攻擊莫不相守經旬其恃乃智士而獲良計以米飴豕投於岩下羣盜剖之自相謂曰岩頂積穀尚多我等相守難以待其乏乎遂共奔去而攻他疆其後便乃清平干戈不擾人忘往難無復再遊運轉年移迄今爲古其樓近代居人皆懼有神聖居止及乾符五年趙言奔衝之時不敢登此迴避以至中和二年屢被洞寇侵逼焚劫鄉閭兼遂昌數縣軍馬頻來憑陵老幼惶惶倦於深竄乃有耆父河間郡俞

強。邀伴攀緣。登此樓頂。芟夷繁木。以創草庵。巧立層梯。而通行路。遂召鄉鄰老幼。共此逃形。寢寐安然。狂兵攻守無路侵凌。是年五月。當州中軍屯營州郭。居人投軍衆。仇讐相害。村野遭搜。近遠逃亡。不可勝數。此之一鄉。而有武都郡章承趣。年當少俊。英傑冠時。鄉內欽依。衆皆推讓。掌兵馬司僉差。部領數百衛士。占護家鄉。各藏財臬於藪岩。共置軍部於老竹。外都畏懼。不敢來侵。戶口完全。耕稼無失。於時太守張公朝望崇重。遠降分符。撫恤安邦。便掌康泰。當今四境未安。內憂侵擾。且居岩頂。有百餘家。並是鄉內

英俊。賢明父宿。共棲幽境。何異神仙。余因遊觀。奉命為記。

時唐中和二年壬寅十一月初八日。

王景崇

景崇字孟安。贈司空成德軍節度使紹鼎子。懿宗朝嗣為節度。以平龐勛功進同中書門下平章事檢校太尉兼中書令。封趙國公。乾符五年進封常山王。檢校太傅中和三年卒。年三十七。贈太傅。謚忠穆。

誅蘇祐奏

當道慈谷靈壽兩鎮報。蔚州刺史蘇祐擅驅兵騎。侵突臣管界。及謀逆辭事。尋已處置訖者。蘇佑本自微人。謬承聖獎。自拋離郡邑。竄伏山巖。臣亦愍以困窮。累曾救卹。慮其猖獗。每使慰安。豈期無惡不為。有兇皆納。狐鳴鼠伏。曾不悛心。擐甲弄兵。嘗思怒目。況朝廷道全姑息。思務含宏。加騎省之榮資。除濮陽之望郡。而又拒違明勅。侮易天朝。擅割屬城。背雲中而納款。潛將逆黨。附并部以揚威。昨者初犯中山。尚深疑貳。謂其舉衆將議朝天。或捨逆以自新。或樹功而遷善。殊不知終懷鴆毒。竟務鴟張。劫后臼之倉儲。逼冒零之鎮戍。旋則亂驅虵豕。入臣封疆。陰蓄姦欺。伺臣

勇怯。臣此時未窮來意。詎忍加兵。尋令問以行藏。兼遣倒其戈甲。然終無一字以述端倪。累有元隨。自陳狀跡。云本擬脅臣優給。劫臣材廬。奮戰馬而以利犬羊。招亡命而別謀吞并。臣尚觀釁變。待以膳羞。苟尚可以恩懷。且欲候其赦命。其賊緣已擬發露。自致蒼黃。乃與後來敗卒。合謀便擬據城作梗。臣既優饒稍過。傾覆是虞。固難使四郡軍民。噬臍貽悔。一城生性。束手受誅。其蘇祐一行徒黨。除歿告軍將人數外。今月七日。並已分兵誅戮訖。此皆皇帝陛下雷霆振響。宗社垂靈。將復致於中興。故先除其小醜。況此

賊逋藪澤。招聚兇豪。締結厲階。妥輕數度。包含怨府。不啻十年。其寨即在中山一隅。去大同咫尺。彼兩鎮不能覆巢破卵。蕩葉夷根者。蓋以其兔狡難蹤。獸窮則搏。顧茲疾疢。實謂腹心。苟非天靜寰中。曷使魚遊釜內。今則欃槍一掃。噍類無遺。凡在邊藩。孰不鼓躍。

高彥休

彥休自號參寥子。

闕史序

皇朝濟濟多士。聲名文物之盛。兩漢纔足以扶輪捧轂。而

已區區晉魏周隋已降。何足道哉。故自武德貞觀而後。吮筆爲小說小錄。稗史野史雜錄雜紀者多矣。貞元大歷已前。捃拾無遺事。大中咸通而下。或有可以爲誇尚者資談笑者垂訓誡者。惜乎不書於方冊。輒從而記之。其雅登於太史氏者。不復載錄。愚乾符甲午歲生唐世二十有一。始隨鄉薦於小宗伯。或預聞長者之論。退必草於搞網。歲月滋久。所錄甚繁。辱親朋所知。謂近强記。中和歲齊偷構逆。翠華幸蜀。搏虎未期。鳴鑾在遠。旅泊江表。問安之暇。出所記述。亡逸過半。其間近屏幃者。涉疑誕者。又刪去之。十存三四焉。共五十一篇。分爲上下卷。約以年代爲次。討尋經史之暇。時或一覽。猶至味之有葅醢也。甲辰歲清和月編次。

黃璞

璞字紹山。又字德溫。閩縣人。大順中擢進士第。官校書郎。

林孝子傳

林孝子攢。泉州莆田縣人。初舉進士不第。仕塞垣。後仕不擇祿。爲福唐縣尉。冀遂迎養。未果聞親有疾。奔還其家。行不俟車。食而失哺。及罹難疾。殆至殞絕。漿不濡口。往往三日或五日。自誕鑄鑊。營邱隴及踰葬期。獨廬墓側。飛走助

哀。神祇薦祉。故白烏再集。甘露聯降。泉州申使府。時貞元癸酉歲。李若初廉使茲地。深所嘉嘆。遣從事親往視驗。會天久曠。乾露彩融。釋攢拊膺大哭曰。自盡於其親。人子常道。貞符之降。本非所望。向者所降。其福我耶。其禍我耶。今使車將至。苟非所驗。非餘骸足顧。抑將殃乎州里矣。逡巡愁雲四合。異香中來。觸物氤氳。歘成甘露。煥然五色。皜然甘味。移時不消。千木同色。靈烏素質。翩翩來翔。闔郡共觀。無不從驗。以是悖者知敬。悍者知勵。旣圖其狀。李公錄以

上奏德宗敎勸孝道降制襃異命立雙闕於其墓旌表門閭舉宗皆蠲征徭厚加爵饟迨今號爲闕下林家歐陽詹爲序甘露述備詳其事黃子曰天道不遠感而遂通林生因心之感上達乎天累降祥符坐獲旌表是謂天爵豈下萬鍾之貴遂登名此書以聳孝道云爾

王郎中傳

王棨字輔之福唐人也咸通三年鄭侍郎讜下進士及第試倒載干戈賦天驥呈材詩公詞賦清婉托意奇巧有江南春賦末云今日併爲天下春無江南兮江北又有詔遣

軒轅先生歸舊山賦及馬惜錦障泥詩尤美公風姿雅茂舉措端詳時賢仰風盛稱人瑞成名歸覲廉使杜公宣猷請署團練巡官景慕意深將有瑶席之選公辭以舊與同年陳郎中蕘有要約就陳氏婚好時益以誠信奇之初就府薦馮涯爲試官三箭定天山賦當意爲涯所知欲顯滯遺明設科第以宋言爲解頭公爲第二皆毅夫中丞尹京兆怒涯不取旨擄命收榜拔破名第申省其年等第雖破公道益彰凡曾受品題數年之間及第殆盡前今輿論莫不美馮公之善得其林榮公之獲在其選從事本府乞假入關尋又首捷玉不去身賦春水綠波詩古公去邠論李公騭時擅重名自内翰林出爲江西觀察使辟爲團練判官自使下監察赴調復平判入等授大理司直未幾除太常博士入省爲水部郎中公初上第鄉人李顏累舉進士鬱有聲芳贈公歌詩云蓬瀛上客顏如玉手探月窟如夜燭笑顧姮娥玉兔言謂折一枝情未足時謂顏狀得其美若有前知公十九年内三捷其於盛美蓋七閩未之有也不幸黃巢竊據京闕朝士或殍或戮者不可勝計公既遇離亂不知所之或云歸終於鄉里焉

歐陽行周傳

歐陽詹字行周泉州晉江人弱冠能屬文天縱浩汗貞元年登進士第畢關試薄游太原於樂籍中因有所悅情甚相得及歸乃與之盟曰至都當相迎耳卽灑泣而别仍贈之詩曰驅馬漸覺遠迴頭長路塵高城已不見況復城中人去意既已甘居情諒多辛五原東北晉千里西南秦一屢不出門一車無停輪流萍與繫匏早晚期相親尋除國子四門助敎往樂籍中者思之不已經年得疾且甚乃危粧引髻刃而匣之顧謂女弟曰吾其死矣苟歐陽生使至

可以是爲信又遺之詩曰自從別後減容光半是思郎半恨郎欲識舊時雲髻樣爲奴開取鏤金箱絕筆而逝及詹使至女弟如言徑持歸京具白其事詹啟函閱之又見其詩一慟而卒故孟簡賦詩哭之序曰閩越之英惟歐陽生以能文擢第爰始一命食太學之祿助成均之教有庸績矣我唐貞元己卯歲獻書相府論大事風韻清雅詞旨切直會東方軍興府縣未暇慰薦久之倦遊太原還來帝京卒官靈臺悲夫生於單貧以狥名故心專勤儉不識聲色及茲筮仕未知洞房纖腰之爲蠱惑初抵太原居大將軍

宴席上妓有北方之尤者屢目於生生感悅之留賞累月以爲燕婉之樂盡在是矣既而南轅妓請同行生曰十目所視不可不畏辭焉請待至都而來迎許之乃訣去生竟以連蹇不克如約過期命甲遣乘密往迎妓妓因積望成疾不可爲也先大故之夕翦其雲髻謂侍兒曰所歡應訪我當以髻爲貺甲至得之以乘空歸授髻於生生爲慟怨涉旬而生亦歿則韓退之作何蕃傳所謂歐陽詹者生也河南穆元道訪予嘗歎息其事嗚呼鍾愛於男女索其效死夫亦不蔽也大凡以時斷割不爲麗色所汨豈若是乎古樂府詩有華山畿玉臺新詠有廬江小吏更相死類於此

張爲

爲唐末時人與周朴齊名後入青城山訪道而去

詩人主客圖序

若主人門下處其客者以法度一則也以白居易爲廣大教化主上入室楊乘入室張祜羊士諤元稹升堂盧仝顧況沈亞之及門費冠卿皇甫松殷堯藩施肩吾周元範況元膺徐凝朱可名陳標童翰卿以孟雲卿爲高古奧逸主

上入室韋應物入室李賀杜牧李餘劉猛李涉胡幽正升堂李觀賈馳李宣古曹鄴劉駕孟遲及門陳潤韋楚老以李益爲清奇雅正主上入室蘇郁入室劉畋僧清塞盧休于鵠楊洵美張籍楊巨源楊敬之僧無可姚合升堂方干馬戴任蕃賈島厲元項斯薛壽及門僧良乂潘誠于武陵詹雄衛準僧志定喻鳧朱慶餘以孟郊爲清奇僻苦主上入室陳陶周朴及門劉得仁李溟以鮑溶爲博解宏拔主上入室李羣玉入室司馬退之張爲以武元衡爲瓌奇美麗主上入室劉禹錫入室趙嘏長孫佐輔曹唐升堂盧頻

陳羽許渾張蕭遠及門張陵章孝標雍陶周祚袁不約

鄭畧

畧唐末宰相

大道頌

大哉至道無爲自然不終不始先地先天含光默默永劫綿綿東訓尼父西化金仙百王取則累聖攸傳萬教之主元之又元

孟啟

啟僖宗朝官司勳郎中

本事詩序

詩者情動於中而形於言故怨思悲愁常多感慨抒懷佳作諷刺雅言著於羣書雖盈厨溢閣其間觸事興詠尤所鍾情不有發揮孰明厥義因采爲本事詩凡七題猶四始也情感事感高逸怨憤徵異徵咎嘲戲各以其類聚之亦有獨掇其要不全篇者咸爲小序以引之貽諸好事其有出諸異傳怪録疑非是實者則畧之拙俗鄙俚亦所不取聞見非博事多闕漏訪於通識期復續之時光啟二年十一月大駕在褒中前尚書司勳郎中賜紫金魚袋孟啟序

趙申朒

申朒乾符時官左武衛兵曹參軍

唐故居士天水趙府君墓誌銘 并序

府君姓趙氏裒天水（闕二字）別業易州淶水縣頃因先父遷（闕二字）仕流浪海隅從軍地遠徙居青（闕二字）世迄今凡二百年矣先妣夫人太原王氏生公是季子也府君生居於北海之郡志好雲林山水南北貿貫利有攸往廣涉大川博學古墳與朋友交言行敦美信義彰聞輕金玉立善外著孝行六親府君諱琮字光婚夫人太原王氏有男三人長

曰審巖次曰審裕季曰審文女一人初笄之年適夫陰氏孟男年居弱冠之秋居然老成安詳大雅合國風之堅操修行古人立言温尚可謂父訓有知流嗣千載矣夫人王氏令淑賢（闕一字）居喪泣血在苫塊之内頽哽蘭干骨髓焚消（闕二字）譽聞三從之（闕二字）導著府君遇軍情變亂不以交道仇（闕一字）生涯亦不遺毁爇錢穀湛然上下無虞蔾食安貼乙未歲季夏月五日遇疾青州之私第丁於人世丙申年七月三日命知者卜得吉夕殯於益都縣南五里建德莊雲門山東崖原禮也慮山河更改松筠彫悴遂紀年代

乃爲銘說銘曰
天水之君蘊志難羣孝行雙美立性松筠卓然孤立在世推闕一字生好東臯之利滅亡迴返高墳有子賢行傳代光門女從他氏五德猶存白楊千載滋茂兒孫落日烏啼猿叫荒村都闕一字思遺念臨棺血淚闕一字其一生涯終不改兒女永無依其二闕二字生平事留蹤萬代存其三嗣流孤隴下恩愛向誰論其四

杜希遹

希遹字忘機自號永陽子

大還丹金虎白龍論

夫燒丹鍊藥須烹龍虎之陰陽駐命存形藉養神氣之魂魄龍癡凝虎陰反成陽虎晴晞龍陽化成寶神融馭氣魄反成魂氣泰神和魂合而聖龍虎相凝成液神氣交馭爲眞神水便是華池忘心卽名抱一朝天控鶴須吞眞魄之靈丹出世長生藉養精魂之靈氣此則金丹秘訣神仙妙門能以改換精神變化筋骨收卷形體出入而可有可無變現眞靈來去而能存能沒桑田變易天地虛翻昇騰而紫府玉清遊歷而碧霄金闕此卽神丹憑驗還返功靈世人枉鍊五金調和八石呼鉛作虎喚汞爲龍妄配陰陽錯排水火誇三黃是聖騁五礬爲神道理旣乖聖意全失看經究義尋本窮元亂立規繩遞生法則不從師授强說巳能斟酌藥名圓量火候鑪泥八面壇築三層咒祝神祇祭醮天地總是憑空造作非理修持不覺體敗形枯顏凋鬢白虛勞歲月枉役心神而望還丹萬無成耳余久耽雲水早棄浮華棲止山林精窮物象修神鍊氣反本還元息慮澄眞忘思靜一考覈鉛汞杼軸丹經徹視元洞之金書悟達三清之玉訣然後敢對持龍虎駕馭陰陽配金木以東

西定坎離而南北陶鎔日月鍊成五色之元霜孕育乾坤化出流光之素雪仙方豈謬聖理昭然一覩元微明其妙旨遂著斯序分列兩篇名金虎白龍論用彰鄙識將表同人儻物外君子幸留意焉

大還丹金虎白龍論跋

時光啟二年冬首中旬有七橫峯先生永陽子杜希遹字忘機多事之秋避禍汝郊每抵鄽中秖接大隱南陽公公頗奉道耽元悟眞棲心閑雅若夫發跡揚名俟之知巳夫爲交者有名焉有利焉余與公交非名與利每一接未嘗

不話道永日除元之又元外餘無所云故書先師藥訣相贈切希千萬保惜勿傳下士大凡方外之事豈使常人知之常人知之則自遭譴謫仙師曰欽承者紀名於元錄泄慢者責身爲下鬼又曰殃慶逮於九祖昇沉止於一形今以青山白雲爲誓勿負斯言千萬千萬

鄭濆

濆僖宗朝文章著名累舉不第

吹笛樓賦（以時平故事有吹笛樓爲韻）

路出東門當川原靜處以凝望見欞檻蕭然而起愁問於

垂白荷鉏叟云是明皇吹笛樓龍吟洛水兮韻如在鳳去喬山兮君不留當昔開元之時天下無事鴻恩不間於中土鑾駕常遊於北地姚公宋公之智畧動必諮謀寧王薛之忠貞出皆參侍西則秦京東則洛城八百里之歌鐘斷續五十年之寰海昇平於是駐清蹕御丹楹執簫管而宸衷時悅臨曲欄而睿思俄生莫不湘絃罷彈泗磬休擊楚舞態止齊謳韻絕九天歛霧送芳景於瓊軒萬籟韜音讓嘉名於玉笛既運指而有規乃濡脣而是吹林巒兮髣髴如變寒暑兮須臾可移折楊柳之數聲鴈驚前渚落梅花之一曲鳥散芳枝自從弓劒有遺星霜頻度綺窗蕭索以將毀繡嶺連延而若故竟無六律繼當時紫府之清音空有一條是往日翠華之來路雕簷寂寞兮鏤檻堪依隙駟寧迴兮煙鸞莫追三山迢遞在何處萬姓淒涼無見時宫商之杳眇難尋雲消雨散榱桷之傾敧若此月慘風悲苟非德邁三皇化敷九有龍馭雖逝鴻名不朽則斯樓也寂寞空存安得往來霑襟而稽首

魯洵

洵光啟時官嶺南西道觀察支使

唐台州刺史杜雄墓誌銘

闕斯照乃有大電呈瑞靈嶽降賢上則一千年以誕闕簡冊煥乎古今闕也自漢魏至於闕絕闕茂族先世自東晉過江士族南徙以丹邱闕先君禺自安高尚不求祿仕先君由闕春州刺史公即春州府君第二子也生有奇表闕精元孝資溫凊敬事昆弟至於疎親遠屬闕天下將亂且歎曰窮理講學將非其時豹畧龍闕士之志廉使美其林署爲平昌討伐使州事承制加御史大夫是時歉儉後闕詔兼大司憲恩及師徒惠播閭里闕以功上聞闕光啟三

年加工部尚書是秋又遷刑部闕以正道使知而後改遂刑措不用闕租賦其或稼穡將登有水闕不若神明之政也日者闕公率兵拒之羣寇九闕而不用得非良二千石闕金紫是歲復加右揆大闕兩浙中令以嘉辭厚闕不絕書多竭私闕有地千里有爵三公顯赫闕未嘗驕於色恡於闕於國厚於人薄於已古闕視政以其月十七日薨闕終神氣不亂顧謂闕歸勉主郡事言訖而瞑闕子撫軍若一奉上闕功成名遂善始令終闕碑闕一字州罷市闕見闕一字其得人心也如此先大闕宏闕叕闕二字繼大闕之養闕四

字是日太君闕禮闕一字闓門道光先公一闕一字而闕長曰彥崇闕二字軍節度闕將孝以承家謙以處衆生闕三字之道旦明治亂之機入侍庭闈出佐軍旅次曰彥闕一字彥闕一字彥信彥特彥持彥琪彥擇闕二字前節度推官幼曰彥豐並俊秀聰敏仰稟義方號慕殞絕者數四女四人皆明惠賢淑有曹謝之風長適鎮海軍都指揮右揆吳章次方笄年未良匹次許嫁陳氏卽故閩帥司空公第二子次許嫁錢氏卽今兩浙中令彭城郡王愛子也副使葉公與左都押衙師位右都押衙紹香及諸都將親奉喪事各率家財送往事居知無不至傳曰周人之思召公愛其甘棠況其子乎公恩施廣於一境可謂貽厥孫謀矣以其年十一月廿五日葬於郡之義成鄉貞節里一日親吏傳尚書公命曰子爲實職復典文翰我先君勳績善政當得其實願爲誌石以傳不朽洵受恩有日報賜無階陳讓不獲因灑泣銘曰

五緯降瑞四靈効祥誕生碩臣贊我巨唐奇表岳峙懿行蘭芳耆天柱石浮海舟航士懷恩信民謌樂康鳳書錫命虎符有光軍崇美號義洽故鄉三公爵秩千里憲章化穆

二紀仁被一方威儀棣棣度量汪汪未當分閫俄驚壞梁望碑揮灑罷市淒涼佳城叶吉丹旐啟行厚地永固遺德難忘流慶令嗣闕四字

欽定全唐文卷八百十八

鄭延昌

延昌字光遠咸通末進士遷監察御史擢司勳員外郎翰林學士累進兵部侍郎拜戶部尚書以中書侍郎同中書門下平章事兼刑部尚書以病罷拜尚書左僕射

奉修神主請參詳典禮奏

伏以前年冬再有震驚俄然巡幸主司宗祏迫以蒼黃伏以移蹕鳳翔未敢陳奏今將迴鑾輅皆舉典章清廟再營孝思式備伏請降勅命所司參詳典禮修奉

王瓘

瓘廣明二年官閬州晉安縣主簿

廣黃帝本行記

黃帝以天下既理物用具備乃尋真訪隱問道求仙冀獲長生久視所謂先理代而登仙者也時有甯封子爲陶正有神人過爲其掌火能出入五色煙久則以教封子封子積火自燒隨煙氣上下一旦飛去往流沙食飛魚暫死二百年更生黃帝師其道從封子游於蘭沙使風后負書常伯荷劍旦往洹沙夕歸蒲晉行萬里而一息洹流如沙塵足踐則陷其深不測大風吹沙如霧霧中多神龍魚鼈皆能飛翔有石藍青色堅而甚輕從風靡靡覆於流沙之上一莖百葉千年一花故甯封子遊海詩曰青藍灼爍千載舒百齡暫死食飛魚有務光子身長八尺七寸神仙者也有赤將子輿者不食五穀啗百草花長年有容成公善補導之術守生養氣谷神不死能使白髮復黑齒落復生帝慕其道乃造五城十二樓以俟神人卽訪道遊華山首山東之泰山時致怪物而與神會通接神人於蓬萊迴乃接萬靈於明庭京兆仲山寒門甘泉谷口黃帝於是祭天圜

丘將求至道卽師事九元子以地皇元年正月上寅日齋於首山復周遊以訪其道將見大隗於具茨之山方明爲御昌寓驂乘張若謵朋前導閽滑稽後從至襄城之野七聖皆迷遇牧馬童子問塗焉若知具茨之山乎曰然若知大隗之所存乎曰然黃帝曰異哉小童非獨知具茨之山又知大隗之所存乎請問爲天下小童曰夫爲天下者亦若是而已矣又奚事焉余少而自游於六合之內余適有瞀病有長者敎余曰爾乘日之車而遊於襄城之野今余病少痊余又且復遊於六合之外夫爲天下者亦若此而

已矣又奚事焉帝曰夫爲天下誠非吾子之事雖然請問爲天下小童辭黃帝又問小童曰夫爲天下者亦奚以異乎牧馬哉亦去其害馬而已帝再拜稽首稱天師而退帝曾省天皇眞一之經而不解三一眞氣之要是以周流四方求其釋解乃至圜丘之上其國有不死之樹食其實與葉人皆不死丹巒之泉飲之長生有巨蛇害人帝以雄黃逐之留一時而返帝令三子習服之皆壽三百歲東到青邱見紫府先生登於風山受三皇內文天文大字以劾召萬神役使羣靈南到五芝元澗登元隴蔭建木觀百靈所

登降採若乾之芝飲丹巒之水西見中黃子受九茹之方位北到鴻隄上具茨見大隗君黃蓋童子受神仙芝圖十二卷登稽山陟黃屋開石函發玉笈得金鼎九丹之經復授九轉之訣於元女南至江登熊湘往天台受金液神丹之方聞廣成子有道在空同山見之曰聞吾子達於至道敢問至道之精吾欲取天地之精以佐五穀以養人民吾又欲官陰陽以遂羣生爲之奈何廣成子曰汝欲問者物之質也汝欲官者物之殘也自汝理天下雲氣不待族而雨草木不待黃而落日月之光益以荒矣汝佞人之心翦翦者奚足以語至道哉黃帝退捐天下築特室藉白茅閒居三月復往邀之廣成子南首而臥黃帝順下風膝行而進再拜稽首而問曰聞吾子達於至道敢問治身奈何可以長久廣成子蹶然而起曰善哉問乎來吾語汝至道之精窈窈冥冥至道之極昏昏默默必靜必清無勞汝形無搖汝精乃可長生目無所見耳無所聞心無所知神將守形乃可長生愼汝內閉汝外多知爲敗我爲汝遂於大明之上矣至彼至陽之原也我爲汝入於杳冥之門矣至彼至陰之原也天地有官陰陽有藏愼守汝身物將自壯我

守其一以處其和故我修身千二百歲矣吾形未嘗衰也黃帝再拜稽首曰廣成子之謂天矣廣成子又曰彼其物無窮而人皆以爲終彼其物無測而人皆以爲極得我道者上爲皇而下爲王失吾道者上見光而下爲土今夫百昌皆生於土而反於土故將與汝入無窮之門以遊無極之野我與日月參光與天地爲常當我緡乎遠我昏乎人其盡死而我獨存乎黃帝得道之要復周遊四海車轍馬跡丹井遺書往往而有越元闕見中黃丈人登雲臺入青城天國之都見甯先生受龍蹻之經築壇於山上封甯先

生爲五嶽丈人使嶽神一月再朝嶽神洒六時之泉以代晷漏帝問先生眞一之道先生曰吾得道始仙耳非是三皇天眞之官實不解此眞一之文近皇人爲扶桑君所使領峨嵋山仙官今猶未去可往問之帝乃到峨嵋之山清齋三月得與皇人相見皇人者不知何世人也身長九尺元毛被體長皆尺餘髮纔長數寸其居乃在北山絕巖之下中以蒼玉爲屋黃金爲牀然千和之香侍者皆衆仙玉女座賓三人皆稱太清仙王方見皇人飲以丹華之英漱以玉井之漿黃帝匍匐既至再拜稽首而立請問長生之

道皇人曰子既官四海復欲不死不亦貪乎帝曰萬兆無主則相陵暴今爲制法足以傳後私心好道遠涉四海幸遇道君願垂哀告竊見眞人食精之經徒省其文而弗綜其意挹其辭而不釋其事乞得教誨皇人大驚良久乃答曰汝安得聞見此乃金籙之首篇上天之靈符太上之寶文矣白日昇天飛步虛空身生水火變化無常此天仙之眞惟有龍胎金液九轉之丹守形絕粒辟除萬邪役使鬼神長生久視乃血脈流宣腸化爲筋百災不能傷延期至億千則惟有眞一食五牙之文此二事但使南斗君領錄

參於太常樓篇自非仙人四千年一出約皆不得背科而妄泄也又西王母秘此書於五城之內其外衛備有仙樓十二藏以紫玉之櫃刻以黃金之札封以丹芝光華印以太上中章其無仙籍者不得聞知也子未可聽天音於地耳矣便可去也帝答曰昔已受神丹於元女惟未受五牙食眞之經今運會得見道君既不以授生道是臣相命不得度世耳因叩頭流血唯乞愍濟太清三仙王復愍助之曰此子先世有功德及鳥獸故芳氣之流光於帝位何爲隱其眞牙之經乎可敎而成之也皇人命帝坐而告之曰

汝向所道之經蓋上天之氣歸於一身一身分明了可長存耳夫人有生之最靈也不能自守其神而却衆惡若知之者不求佑於天止於其身則足矣且一身猶一國也胷腹之位猶宮室也四肢之列猶郊境也骨節之分猶百官也神猶君也血猶臣也氣猶民也故知理身則知理國愛其民所以安其國吝其氣所以全其身民散則國亡氣竭則身死亡者不可存死者不可生所以至人消未起之患理未病之疾堅守之於無事之前不追之於既逝之後民難養而易散氣難保而易失審威德所以固其理割嗜慾

所以成其眞然後眞一存焉三一守焉泥丸絳宮丹田三一之宅也子勤守之萬毒不傷漱華池食五牙便爲眞仙矣吾受此經於九天眞王今以相付存之於口名曰朱鳥之丹取之於身名曰眞一勤乎秘哉大有旨曰五穀爲刳命之鑿五牙爲長生之根也帝受道畢東過廬山署九天使者秩次青城丈人比御史主總仙官之籍爲五嶽之監司也帝又封灊山君爲九天司命主生死之錄復以四岳皆有佐命之山而南嶽孤峙無輔乃章祠三天太上道君命霍山爲南嶽儲君灊山爲南嶽之副以貳其政以輔佐之乃寫九州山川百物之形又作五嶽之圖用傳於世帝鍊石於縉雲之山有縉雲之瑞立縉雲之堂丹邱存焉帝藏兵法勝負之圖六甲陰陽之書於苗山帝又合符瑞於釜山奉事太乙元君受易形變化藏於空同之巖帝考推步之術於泰山稽力牧著體診之訣於岐伯雷公講氣候於風后窮律度於容成救殘傷綴金冶之事畢該秘要窮究道眞傳陰符則內合天機外合人事理天下南洎交阯北至幽陵西極流沙東界蟠桃帝曰吾聞在宥天下不聞理於天下我勞天下久矣息駕元圃以反余眞也修封禪

禮畢乃採首山之銅鑄鼎象物鼎成以象太一於雍州其鼎知吉知凶知存知亡能輕能重能息能行不灼而沸不汲而盈自生五味眞神鼎也遂鍊九鼎之丹服之以丹法傳於元子重盟而付之丹經藏於九疑之東委羽之山承以文玉覆以磐石金簡玉字刻其文帝又以靈寶五符眞文金簡書之一通藏於鍾山一通藏宛委之山帝所鑄劍鏡鼎器皆以天文古字題銘其上或有秘讖之詞焉時薰風至神人集成厭代之志廼冠佩劍舄於鼎湖極峻處昆臺之山立館於其下有馬師皇者善醫馬通神明忽有龍下於庭張口閉目師皇視之此龍有病乃引鍼以鍼龍口中以牛乳煎甘草灌之龍病即愈師皇乘龍而去黃帝聞之自擇以戊午日昇天果有黃龍垂胡髯迎帝帝乘龍登天與無爲子及臣僚昇天者七十二人其小臣不得上者攀斷龍髯及墮帝弓小臣抱弓而號因曰烏號弓萬姓仰天而呼因名其地爲皇天原亦名鼎湖其後有臣左徹削木爲黃帝像率諸侯而朝奉之臣僚追慕取几杖立廟而祭之取衣冠置墓而守之於是有喬山之冢黃帝曾游處皆有祠焉五百年後喬山墓崩空室惟劍與赤舄在一旦

亦失去黄帝居代總二百一十年在位一百年昇天爲太乙君又爲軒轅之星備黄龍之體在南宮之中後代享之列爲五帝居中配天蓋黄帝土德中央之位兼總四方也以鎮星爲子上配五老下配五帝黄帝之子昌意居弱水昌意之弟少昊帝妃女節所生也帝之女溺於東海化爲鳥名曰精衞常銜西山木石以堙東海焉少昊名摯字青陽即帝位號金天氏黄帝之子也顓頊高陽氏黄帝之孫也有聖德在位七十八年九十八歲母蜀山氏都商邱濮陽禺強黄帝之允顓頊之子與顓頊俱得道顓頊爲元冥

禺強爲北方水神帝嚳高辛氏黄帝之孫帝生而神靈自言其名都偃師在位七十年年一百五歲帝堯陶唐氏黄帝元孫姓伊祁名放勳與於定陶以唐侯爲帝都於平陽在位九十八年年一百八十八歲帝舜有虞氏姓姚名重華黄帝八代孫都蒲坂年百歲得道登遐於九疑之山夏禹號夏后氏黄帝元孫姓姒名文命殷湯黄帝十七代孫黄帝子孫各得姓於事帝吹律定姓者十二少昊有子姓憂顓頊姓姬堯姓伊祁舜姓姚禹姓姒湯姓子又張鄧軒路黄寇朱酈白薛虔資伊祁申屠黄公托跋黄帝有子各封一國總三十三氏出黄帝之後子孫相承凡一千二百五十年自黄帝己酉歲至今大唐廣明二年辛丑歲計三千四百七十二年矣

辥易簡

易簡僖宗時人官待詔衡州耒陽尉所著琴訣琴說宋史通志通考俱見著錄

琴訣

琴之爲樂可以觀風教可以攝心魂可以辨喜怒可以悅情思可以靜神慮可以壯膽勇可以絕塵俗可以格鬼神

此琴之善者也鼓琴之士志靜氣正則聽者易分心亂神濁則聽者難辨矣常人但見用指輕利取聲溫潤音韻不絕句度流美但賞爲能殊不知志士彈之聲韻皆有所主也夫正直勇毅者聽之則壯氣益增孝行節操者聽之則中情感傷貧乏孤苦者聽之則流涕縱橫便佞浮囂者聽之則斂容莊謹是以動人心感神明者無以加於琴蓋其聲正而不亂足以禁邪止淫也今人多以雜音悅樂爲貴而琴見輕矣夫琴士不易得而知音亦難也易簡嘗慕昔賢悉善鼓琴自九歲學之至十二拊黄鍾雜調三十曲工

三峽流泉南風游弦天弄十七歲彈胡笳兩本鳳游雲烏夜啼懷陵別鶴操仙鶴舞鳳歸杯沈湘怨楚客吟秋風嵇康怨湘妃歎閒弦白雪秋思坐愁游春綠水十八弄後益苦心周游四方聞有解者必往求之凡所彈雜調三百大弄四十善者存志精之否者旋亦廢去今所彈者皆研精歲久並師傳勘譜親授指法猶未敢言妙每以授人聲數句度用指法則毫寸不差如指下妙音亦出人性分不可傳也嘗覽操弄之名凡數百首然自古琴者祇工三兩弄便有不朽之名或自制雜弄或傳習舊聲固不以彈多爲

妙也今人皆不知志惟務多爲故云多則不精精則不多也夫鼓琴之時雖無人須畏懼如對長者則音韻雅正可以感動幽冥攬琴在膝身須卓然乃定神絕慮情意專注指不虛發弦不誤鳴凡打弦輕重相似往來不得不調用指兼以甲肉甲多則聲乾肉多則聲濁甲肉相半清利美暢矣左右手於弦不可太高亦不可低弦不疾不徐手臂調暢暗用其力戒於露見夫琴之甚病有七彈琴之時目覩於他瞻顧左右一也搖身動首二也變色慚怍開口努目三也眼色疾遽喘息粗悍進退無度形神支離四也不解用指音韻雜亂五也調弦不切聽之無眞聲六也調弄節奏或慢或急任已去古七也此皆所甚病病去則可以爲能矣

陳康士

康士字安道僖宗時人有琴調十卷新唐書及通考通志宋史俱見著錄

琴調自敘

余學琴雖因師啟聲後乃自悟徧尋正聲九弄廣陵散二胡笳可謂古風不泯之聲也其餘操曲亦曠絕難繼自元

和長慶以來前輩得名之士多不明於調韻或手達者傷於流俗聲達者患於直置皆止師傳不從心得予因清風秋夜雪月松軒佇思有年方諧雅素故得弦無按指之聲韻有黃冰之實乃創調共百章每調各有短章引韻類詩小序焉

張元晏

元晏字寅節昭宗朝翰林學士

皇第十一男禎封雅王第十二男祥封瓊王制

門下成周之建藩翰也本以宗盟大漢之分茅社也先諸

子弟。推強幹弱枝之義。遵自家型國之文。用能夾輔公朝。尊獎王室。朕上承宗廟。下撫黎元。固安萬邦。惠綏羣品。事必在於師古。理寧繫於狥私。爰舉舊章。式為令典。第十一男禎。忠肅挺秀。清明在躬。孝敬本於生知。端粹資乎神授。蘊題鞭之妙思。慕置醴之前規。第十二男祥。美秀呈姿。溫良毓德。體寬雅以成性。持愿恭而立身。踵為善之懿圖。繼好學之休譽。咸在齠齔。克守義方。必當益茂清徽。俱為令器。是用各分圭瑞。並立封疆。申以渥恩。委之善地。於戲當綺紈之歲。膺茅土之榮。雁序聯芳。犬牙錫壤。爾宜簡以蒞衆。儉而在公。善友應徐。敬師申白。交修魯衛之政。俾成虞芮之風。往惟欽哉。服我丕訓。禎可封雅王。祥可封瓊王。仍令所司擇日。備禮冊命。主者施行。

授龐從武寧平難軍節度使改名師古制

門下。沛澤遺封。硭山奧壤。俗稱雄富。人本質良。古為用武之鄉。今乃優賢之地。況自嬰多難。極迫挻災。蒸黎嘗困於流離。全材久專於綏撫。既觀試可。爰議正名。時舉寵章。用申獎勸。具官龐從。夙懷明畧。早負壯圖。精專能習於豹韜。瓌偉素推其鷙領。襟靈豁達。氣宇剛嚴。居然將領之才。邈

爾深沈之度。差肩頗蘇。接武韓彭。揚閫外之休聲。富幄中之嘉畫。自委之畱事。須我詔條。惠愛行於鄉閭。威望揚於士伍。克成謠詠。遠副憂勤。臨戎既耀於雄稜。撫俗備揚其善政。遄移歲月。足洽寵靈。是宜錫以旌幢。進其官秩。奄有徐夷之一境。爰撫大彭之故都。膺吾眷求。永作藩翰。於戲。敬敷五教。光總十連。踐論道之華資。加御貴之榮級。無忘惕勵。以奉恩光。可某官。仍改名師古。主者施行。

授王敬蕘武寧軍張珂彰義軍節度使制

門下。錫以土田。付之旌鉞。必擇非常之士。載宏不次之恩。況沛澤雄藩。涇川巨鎮。委用咸彰於試可。節制宜膺其正名。爰舉徽章。式分戎閫。具官王敬蕘。夙號將才。早探軍志。襲淮流之積慶。挺山立之雄姿。勇實兼人。智能周物。蘊變通之茂用。懷經濟之遠圖。具官張珂。閥閱名門。韜鈐秘畧。孝友克宣其遺美。忠勤幼聞於令名。劍氣干霄。鳳音合律。撫士則能均甘苦。推誠則可貫神明。頃者須我詔條。各成政化。惠愛亟沾於疲瘵。威聲益布於鄉閭。爰自主畱。彌觀奉上。既播褰帷之美。勉承建節之榮。仍俾疏封。用光列鎮。噫。硭碭壓境。種落連營。握兵符而皆是通侯。揪大旆而具

爲上將。當思報効。以服恩榮。敬蕘可某官。珂可某官。主者施行。

授馮行襲昭信軍節度使制

門下。分節制之任。所以嚴我輸垣。膺廉問之權。所以宣吾風化。矧夫界連梁楚。襟束咸秦。據廣漢之上游。振終南之巖險。昔爲禦侮之地。用固神州。爰升連帥之雄。以酬丕績。言從人欲。乃降朝恩。昭信軍防禦使特進檢校太子太保使持節金州諸軍事守金州刺史御史大夫上柱國長樂縣開國伯食邑七百戶馮行襲。決雲利刃。逐日奇蹤。禰衡

垂一鶚之名。關羽益萬人之敵。御眾布投膠之德。禮賢懷比飯之恭。智畧出羣。忠果成性。造次不違於尊奬。周旋備覩於公勤。自委以頒條命之剖竹。涖事繼懸魚之美。臨人宣建隼之威。疲羸既成其息肩。豪右屢聞於破膽。獻奉無闕。賦租罔愆。況頃者荆襄路途。兵戈驟起。而能遽開間道。俾達上京。盡通江嶺之貢輸。來助朝廷之經費。尋彰績効。今有甄酬。而一境緇黃。數邑耆艾。咸陳章疏。請降節旄。膺吾入保之榮。茂彼登壇之寵。往服休命。毋忘敬恭。可某官。主者施行。

授李思敬宣武軍李繼顏保大軍節度使制

門下。洋源奧區。鄜畤重鎮。近境深聯於甸服。長川古號於塞門。念斯節制之雄。睠乃察廉之寄。必資才傑。用赴選求。乃者雕陰實惟戎事。壁壘具勞於九拒。干戈僅徧於四封。姑務安人。爰從易地。具官李思敬。練達韜鈐。振揚威望。保風雨不渝之操。得寬猛相濟之機。奉上誠專。康時績茂。常蓄持危之志。雅推御眾之能。具官李繼顏。驍勇馳聲。剛柔蘊用。負致君之全畧。逞邁俗之宏規。克秉義方。幼知忠孝。發黃間而破敵。麾白羽以臨戎。並早沐恩榮。俱分憂寄。不

乏循良之稱。亟彰持重之名。繼成襦袴之歌。顯著山河之誓。今則俾之迭處。用叶厥宜。公台不改其華資。終始各思其竭節。於戲。土田共廣。爵秩互榮。當遜志以保家。勉輸誠而佐國。勿恃險以生事。宜恭已而守常。服我寵光。無忘敬慎。思敬可某官。繼顏可某官。主者施行。

授王潮威武軍節度使制

門下。朕言念蒸黎。常勞旰食。其在遐徼。尤所注懷。況閩越之間。島夷斯雜。非威望不足以懾伏。匪仁恕詎可以惠綏。其有善政已成。殊庸未陞。則宜假之鈇鉞。錫以麾幢。俾兼

節制之權式寵察廉之寄具官王湖術深金匱學富玉鈐彎弧傳百戰之名撫劍號萬人之敵才高御衆志本勤王風雲暗合於機謀霜雪不移其節概爲仁由己重士逾山雅負將才猶精吏理自撫寧列郡振舉六條疲氓懷愛戴之心澆俗仰廉潔之德集是休烈溢於聽聞而職貢交修賦輿靡闕尊主之誠可見勝殘之化無踰是用負海建牙踰閫錫社徇彼遠人之懇慰其閩境之情爰壯中權仍遷左揆爾其守茲舊貫服我新恩勿恃貴以驕人無作威以生事更勵奉公之節益堅惠下之規別俟寵靈罔虧績効

可某官主者施行

授李繼徽秦州節度使制

門下邠土雄藩西郊故壘封境克連於甸壤城池近接於昆夷爰膺節制之榮兼奉察廉之寄向非雄傑孰稱選求况仍歲干戈未蘇惸獨鎮靜允先於良將拊循猶藉於通賢得不因彼士心茂茲朝委我有休命人其聽諸具官某生知武畧夙號將才得黃石之沈機總青萍之利用貞心貫日壯氣淩雲蘊豐財和衆之名導抱義戴仁之事自四郊多壘一劍臨戎推誠明以奉君親仗忠信以爲甲胄處衆每覩其自奮遇敵雅號於無前茂著功庸動張節概乃者剖符隴坻建隼吳山頒條早振其休聲守土載揚其善政既委之鈇鉞錫以土疆撫成紀之遐封治秦川之拓地投醪布德減竈傳謀憂國忘家赤心可見飲冰食蘖清操難儔今則再寵綠緎是光黑矟增其好爵廣彼爰田用分宵旰之憂式徇疲羸之請爾其將我惠澤施於一方簡以臨人寬而整衆可推養賢之志用宏輯睦之規無怠覲鄰勉思稼穡奉於公者必舉涉於私者勿爲副此虛懷更圖明効

謝時相啟

某啟某今日伏奉宣名伏蒙聖慈令充職翰林者出自埏鎔成茲忝越循涯積感揣分增榮某洛下諸生隆中散族進取本無其聲援歸休復迫於羇離白首爲郎固乏堂堂之稱青雲無路但甘碌碌之嗤愈迫低徊欲成淪沒相公殊常降德不次施恩拔自迷途寘諸密地蒙虎皮於下駟抑以騰驤綷鶡羽於寒鴟敎之騫翥遂使專詔誥敎令之事爲言語侍從之臣內省孱微益深榮懼謹啟

謝時相啟

某啟某伏奉今日勅授尚書駕部郎中知制誥依前充職者某才殊敏健識異精通既無環潤之姿焉有矜嚴之譽繆因鎔鑄驟陟煙霄掌禁苑之文詞列金門之侍從顧惟鯫淺尋過津涯忽自秋而徂冬每素飧而尸祿愈成覥冐益被顯榮相公曲示洪鈞重磨頑璞降始終之茂德宏特達之深恩再假丹青復撳羽翼遂使移粉署應星之列帖掖垣掌誥之名盡出殊私皆爲華給蚊蚋難勝於山岳螘灰何報於生成謹啟

謝集賢相公啟

某啟某今日伏奉恩旨宣名充職翰林者出鈞鎔之巨力收居楔之小林拔自塵泥驟陞霄漢撫己實知其忝越銜恩載切於屏營某洛下諸生朝中孤宦進取本無其聲援歸休又迫於羇離既碌碌以終時亦俍俍而度日伏蒙相公十九兄殊常降德不次施恩生暖甲於枯荄化豐肌於朽骨出諸陷阱置在門闌綷鵠羽於寒鵾教之騫翥蒙虎皮於下駟抑以騰驤但自捫心何階報德況專詔誥教令之事爲言語侍從之臣內顧孱微益深榮懼惟冀永賁肝膈長託鑪錘但當有命以酬固亦無言可謝謹啟

謝奉常僕射啟

某啟某今日伏奉聖旨令充職翰林者寵鴻恩重螻蟻命微循涯增感激之誠揣已積叨踰之懼伏以某名慚鉅下人異墜中無賦雪之詞華乏論天之才辯頃歲纔萌進取便獲攀投及門人指其登龍託質時推其附鳳因得交朋改觀行止增光遂忝決科俄榮筮仕始優遊於諫省旋履歷於霜臺郎署一棲星霜六變而偶兹多難方困迷津永無振奮之期益勵退藏之志僕射憫其孤拙哀以棲遲忽垂大恩顧及衰緒孜孜保證矻矻維持竟使凡材遽膺劇

職參玉堂之侍從掌金殿之書詞榮非始圖事過初望惟誓永將死節上報生成倍激糜捐冀申萬一

謝奉常僕射啟

某啟某伏奉勑命授尚書駕部員外郎知制誥依前充職者某藝能無取才格俱凡任孤僻以趨時守顓愚而樂道敢於榮顯竊冀遭逢伏蒙僕射不次垂恩踰涯降德雕朽曲施其敏手磨鉛俾耀其銛鋒因得擺脫塵泥昇騰霄漢專玉堂之詔誥追金馬之遊從尋過津涯每慚靦冐孰謂纔踰累月又陟華資南宮秩換其詞司西掖名參於演綍

生成益被。灰粉何酬。感深空集其涕洟。恩重但期於隕越。

謝尚書丞郎給舍啟

某啟。某忽蒙宸奬。擢處內庭。循省荒蕪。倍懷兢懼。某才殊二妙。譽媿三英。趨時既乏於梯媒。退跡倍悲於萍梗。某官常迴恩奬。曲賜吹揚。遂使虛孱。成玆忝越。列侍從於金門之下。掌書詞於禁苑之中。榮非始圖。事過初望。

謝衣段啟

某啟。某伏奉手誨。伏蒙相公十九兄特以某初叨宸奬。賜及衣服段等。捧戴尊念。感激伏深。況鶴紋價重。龜甲樣新。

纖華不讓於齊紈。輕楚能均於魯縞。掩新蒲之秀色。奪寒兔之秋毫。莫稱頑姿。難勝縟旨。倍切肝腸之感。永為裼襲之榮。謹啟。

謝宰相啟

某啟。某文愧靈虵。質慚威鳳。謬因鎔鑄。遂竊顯榮。粉署握蘭。詎有堂堂之稱。禁林視草。全乖藉藉之名。驟忝轉遷。盡由擡舉。伏蒙相公俯迴念錄。過賜褒稱。尊誨下臨。恩言俯被。假金駿為駑駘之飾。賤骨難勝。引朱紘於燋朽之餘。深恩有自。

謝草詞啟

某啟。昨日獲忝轉遷。出於提奬。伏知舍人次當視草。曲賜褒稱。裁成五色之紛綸。啟導九霄之渥澤。過勞江筆。潤色堯言。指頑石為瑤瑾之流。謂駑馬有驊騮之足。揣循驚感。倍切肺肝。

未名試先與奉常啟

某啟。某人惟冗末地匪清華。異前修稽古之勤。乏往彥求己之志。偶塵科級。旋履宦途。甘蒙碌碌之嗤。實愧堂堂之稱。惟思勇退。祇欲自強。孰謂僕射念及孤沈。奬玆顓僻。遇

孔梨之津潤。別借齒牙。因姜被之包容。俯明肝膈。昨晚面承尊旨。曲奉溫言。直欲拔自塵泥。置之霄漢。恩既生於望外。喜載溢於情衷。況憫恤垂仁。念惜兼至。假毛羽而使遂騫翥。迴鞭策而俾學騰驤。盡自生成。益隆邱嶽。但慮藝無所取。材不足稱。仰累埏鎔。或孤擡舉。誓節永依於門館。酬恩莫盡於死生。苟違斯言。是欺皦日。

未名試前與孫相公啟

某啟。某昨日早趨崇屏。面奉宏慈。承許與之恩言。荷提拔之隆旨。循涯自失。沒齒知歸。某孤拙無媒。迂疎寡合。且乏

幹時之具。仍慙悅世之機。一忝班行。八移年歷。未絕遭逢之望。分無騫翥之期。伏以某官光輔丕圖。啟迪昌運。當此艱危之際。克展經綸之才。孰謂庸虛。亟塵褒採。況丹霄侍從。清籞遨遊。畀資枚馬之流。以闡堯湯之化。顧茲孱薄。詎可論思。倍懷感激之心。莫竭効酬之節。但以鉛刀鈍質。不可厠於龍泉。瓦缶凡姿。固難齊於神鼎。雖感恩而載切。實顧已以難勝。

上承旨崔侍郎啟

某啟。某才非敏達。器異閎深。乏百函飛翰之能。虧九紙課

詩之業。植操虛凌於霜雪。干時未脫於塵埃。自忝班行。尋踰涯分。豈謂承旨侍郎念茲單拙。憫及埋沈。密迴吹借之隆私。顯示挈維之重德。今日早面承尊旨。曲奉恩言。必欲拔自泥沙。置之霄漢。擇千里驊騮之足。未棄駑駘。合九成韶濩之音。不遺洺灄。感深泣下。喜過悲來。但虞不稱雕鐫。實慮有孤提拔。循涯揣分。感德慚恩之至。

先與承郎啟

某啟。某伏思借其毛羽。則鍛翮者能飛。鼓以笙簧。則無心者知感。輒陳引喻。仰謝吹噓。某濮上庸音。播間賤品。植操但期於霜雪。趨時未脫於塵埃。徒激攀棲。難希褒勵。近者伏見宮相楊侍郎右司趙員外奉揚尊旨。竊話昌言。伏審侍郎學士俯錄鯫微。獎稱孱薄。指其迂拙。謂以貞修。假鉛紅於蕞陋之資。迴剞劂於離奇之木。感深泣下。喜過悲來。

下元金籙道場青詞

維乾寧二年歲次丙辰十月戊申朔十二日已未。嗣皇帝臣稽首太上聖祖大道金闕元元天皇大帝。伏以強名曰道。迴出氤氳之表。惟天爲大。是生恍惚之中。融和氣以陶蒸。藹眞風而煦育。況黃庭碧落。集列聖之威儀。絳闕丹臺。

聚羣仙之步武。爰起祈恩之路。實開請福之門。敢用眞誠。陳於下會。今雖物無疵癘。年穫豐登。遠人不倦於梯航。絕塞靡虞於烽燧。而鯨鯢作慝。蛇豕爲妖。塗炭黎元。黷亂紀律。宮朝載罹於焚毀。簪裾仍迫於羈離。敢不寤寐思愆。曉夕引咎。於是廣延眞侶。重叩元關。幣帛交陳。香燈備設。伏願堅覆露之德。暢亭毒之恩。使氛祲盡消。萬彙咸泰。復安宗社。大定寰區。及臣眇身。同霑宏造。謹詞。

李浦

浦官右拾遺。

通泉縣靈鷲佛宇記

出梓城百三十里山開而川長城川而爲之縣縣其名曰通泉由縣以出西山峭而壓於泉宇巖而爲之廟廟其名曰靈鷲靈鷲居通泉僧境之絕其初有頭陀僧選而居焉僧有神通力乘白驢與白象同視一眼而五眼具蜀民爲商者行及太原北上五臺山求見大菩薩衆堅莫能致有老人出曰菩薩在蜀爾弗見耶奚遠跡吾山焉就窮所隱指是頭陀即其人還蜀而望拜且深訴其辭爲商者因大布所聞自是頭陀乃徧告邑人以西行邑有烏衆寺僧騎

白驢揖對言別畧無差焉咸請備僧食而餞不移晷而千戸畢至歸無疾而坐終巖上幽隱而來化自顯而化去少動蜀人之耳目塈藏其身巖側百餘年僧宇大廢劃巖發其骨深莫能獲殆今無遺跡窅不可測獨有所刻佛像有感必契前邑長以頭陀勝跡不可泯閉於巖穴中及僧居盡復顧像在巖猶感聲其事後數十年方啟其跡而宇焉僧有惠澄者能經律有道行未能成其宇而卒邑人共致禪僧道嚴續而成之是宇也中出翠微旁開石室古木凝黛疎篁鎖煙於冬夜燠當夏晝寒且屏立前峯席鋪四野望冠羣宇卓然境異異泉石出滴其涓流而通大像之側自一而千汲必數其用泉與像跡始於頭陀於今靈不絕焉浦客是邑日登是山或夕景將過曉色未隆當軒月行半壑雲起披襟獨嘯萬象在目而嚴禪師端居禪室客塵不動教所謂證戒定慧乃自戒以得定自定以入慧也言不戒而在定者妄人耳未定而求慧者妄人耳今嚴定不離戒而慧可求吾信其能嗚呼天下言禪者多矣行禪者寡矣嚴其行禪者乎同居僧法如亦久遊禪林深入禪境心相契而事同其徒行源律自東而禪習焉齒甚少未可

紀其巖室浦以文自處豈識禪者耶徒見待以頭陀之前事未有紀者希頌而刻之得述其靈異之旨并嚴禪之跡同碣於巖下光啟二年丙午九月九日立

莫休符

休符光化二年檢校左散騎常侍守融州刺史兼御史大夫

桂林風土記序

前賢撰述有事必書故有三國志荊楚歲時記湘中記奉天記惟桂林事蹟闕然無聞休符因退居粗錄見聞曰桂

林風土記聊以爲敘

欽定全唐文卷八百十九

邢甚夷

甚夷守濠州文學後爲館驛巡官

唐盧州重建巢湖太姥廟記

太姥神廟於巢湖邊久矣其靈跡所自陰隲之功傳於人間斯不復序無何中和中爲行寇所爐其屋壁竹樹無孑遺焉時以國創中興日不暇給雖人懷敬尚而孰能葺修故靈儀殿庭備位而已合肥數年前嘗爲鄰郡所覬我軍設備營於柘塘陰有所闕亟戰未利士因怠闕咸思迴戈

今太守尚書時九苞未彰隱於將領亭午之際惛然寐酣忽夢覩粧人連掣其袂比及寤已見拔堅葷盡飾歸裝公由是傳刃以過之號令以壯之翌交鋒乃有享獲公記覩粧者卽太姥神向非夢來幾致師潰尋祝曰苟終垂祐當營祠而酬爾後以伐叛摧兇不虛其歲汲汲於追奔逐北豈暇於掇日興功文德初淮南節度留後兼行軍司馬宏農公司空酬公前功奏以知郡有詔宜依龍紀元年秋七月大梁淮南兩道連帥東平王沛國公中令以公能理奏請正授其年十月綸誥至公乃減費聚俸將踐願言故匠

得良工材獲異木不日不月懋功就焉觀乎鴛瓦攙空虹梁用壯妙臻土木美極丹青既竭精誠悉合制度君子咸謂公心匠宏贍信誓端慤無負於神祇焉公之理民也以仁明其統衆也以嚴正遠聲色以律下屏讒佞以清心屯甲士護封疆不黷武旅肆積金穀備支費無潤屋覬覦嘗欣祿已及親每患政未及物其懲惡也雖親戚腹心無所隱其賞善也雖樵漁牧圉無所遺其待士也雖藴禮龍鍾無不延其聽訟也雖衆惑羣疑無不辯加以推忠向國盡力酬知視榮華如浮雲以功業爲己任則不知古之良二

千石相去幾何故得寇輩每來棄甲遁逃農經二稔賡歌有年商貨駿奔鄽易繁塞民之遂性如大駕未遊前且昔在昇平未易致此況今多事不亦難乎哉甚夷宦遊求知蒙待不次既覩盛事其可無言因請刊貞珉紀不朽希數千年後知廬江有賢太守也時龍紀元年己酉十一月十一日己亥記

刁尚能

尚能官太常奉禮郎

唐南康太守汝南公新創撫州南城縣羅城記

撫州屬縣南城則古之聚邑也漢高祖六年會將軍灌嬰襲滅項籍之後割豫章南境分立爲縣以飛猿南豐二源合派又以西崗土貴勢强而肇其址也以其城在洪州府城之南故曰南城其後歷於晉宋雖興亡而則多唯斯邑而不滅至吳太平二年始立臨川郡以隸南城而屬之焉管一十三鄉周迴六百里林奇谷秀則鶴嶺牛山無以加水遶川環則洞庭彭澤不足比人繁土沃桑耕有秋學富文清取舍無悮既狀周道兼貫魯風萬戶魚鱗實謂名邑曁乎咸通初模狂蜑不賓嘯聚而來犯我郊阯國師既衂

斯邑舟車通濟令以轉輸雖則民勞功業未墜及至乾符之歲水旱不常或波蕩林邱或塵揚沼沚蝗螟敗害歲力凋虛教勸不從飢歉斯舉天反其度地亦爲妖火既燎原鯨潛鼓鬣生靈浸敝宸睿是憂非朝典之不施乃俗暴而難整遂使敵震郊野禍作蕭牆縱陳湯網以籠羅或有弄戈而怙亂是以皇都失禦玉輦蒙塵既乖華封之仁爭起有苗之叛近兹品澤乘時寇興皆抛順靜之規各振縱橫之志猶賴寶祚延遠百工得人於是有我常侍武毅孫吳文英廉藺心韜杜庫性蘊班籌乃召我兵共征不謔因得

名重於臨淄將帥威過於屬部諸侯奪劍一呼强梗淪伏緝綏撫甚疆境帖然郡縣如初鄉關法舊欠命文德之臣繼總兵師克復咸京巨盜既平採訪忠讜謂以汝南公道存修巳信在佐君端雅聲彰温亮言顯成紀綱之範爲經濟之箴慶匹豐泰之期清諧中和之樂糾其政化奉以昭蘇旌德業以分憂錫賢能而封秩乃皆寵渥爲南康太守焉時以麾幢未行邊鄙猶擾乃召諸將而謂曰凡征伐巻舒在乎人意戡難輔時在乎人機今以烽燧尚興祲氛未息因觀聖人作易而有豫防雖同鶴以擇林亦慮蠆而有

毒宜得營壘備其梟鴟乃遣行教布令不日萬人公乃指畫規模匀其版築悅而不勞寬而得衆齊心似一樂運如流不越二旬其功告畢周回一十三里闊一丈六尺高二雉露屋一千一百三十間敵樓三十三所東西鑿八門南北二門門則通衢焉於是崇墉截漢昆陽不足以爲堅峭崿凌雲金城不足以爲壯控五嶺封疆之要扞七州寇徼之虞覬覦者不得動其心眦睚者無以運其智可以拒鶴鵝之陳可以拔烏合之徒內則軌轍齊驅堪敷權畧外則民人側目愕以堅勞護吾君租稅之封授黎庶安居之業得此名邑克全大寧爲今辰定難之基是岳牧勳庸之績可謂能高異代善亞先賢象偕魯北以利民憂入晉陽而蘜畝以尚能茂修片善命述宏圖才雖匪於英華事得銘於雄麗刊於燕石以紀殊功時以大順三年龍集辛亥三月四日記

張保和

保和大順時人

新移撫州子城記

八卦成列象在其中聖人則之剛柔險易動靜悠促亦皆

備矣是則金木水火輪移消長乾坤震巽羅列高下揆情僞至於化匠稽微闡極於大成蓋有有無不有矣物物無不物矣至如舉一趨百制邇應遠者有夫先宅焉宅天下者峭雒之强歟宅邦邑者岡阜之勝歟宅閭巷者隆坦之宜歟自穴居至於大壯猶椎輪形於玉輅其必如此按撫之郡庭初際於亥壬綿歷年代實應中太守王公圓以其勢卑於郵里疑悍民而沮長因徙於西陲自爾亦匪厥中觀夫用壯而非剛虛右而擁左總詳其眹則二千石列郡比比有不大遷者是其事矣大中中刺史蔡公京審於三

地思事再革以勞費滋廣意行力止乾符中巨盜起梁宋兵火照天下干戈日用屠殘鋒起畿甸失禦郡邑曠守斯時也豺狼塞路瓦礫遮轍此之官舍棄如焚如荊蒿蒙舂井野一色洎汝南危公奮長劍倡義旅併翦羣惡克莅百城草棘碁布綴賸績斷詔下之日黙究形勝且曰幼少嘗聞前任遺議今也運會萃吾指陳大凡元亨中正會要方乘宜拔乎嵩高麾震揮巽朝辛附癸在控於躍伏苟差毫髮其致懸殊爾乃決意卜築應手經始舍去舊地推移一區而勝秀逸得嚴整鬱備納溪山複疊之勢吐原野蟠連

之色有若龍騫鳳舉花攢綺錯於是左通臺門南正戟扉三扃三廳大寢小寢局署幷帑環迴星列峨東軒以資眺覽峙西閣而備宴見奢儉折中材力攸允廣陌繩分列肆鱗矚繚崇墉備固護之態襟平陸延爽塏之景然後政化以安之禮法以康之仁和以富之遠者來而近者休險陂革而幹蠱用星霜既周閭井以繁年穀登穰士馬精研連帥倚爲右屏天子寵爲良牧百姓歌之聲聞九重璽書慰勉增爵褒命其猶珠貫公少秉奇志年甫壯室遭時建名起家而萬石非偉許國而一心彌厲而後乃今舉積望洽豐德懿範繼以揮綽雖山河之重巖廓之峻恐無自避也君子曰地載萬物賢人應之蓋合其用而享其祉忤其道而戾其勢匪私於富貴匆抑於隆盛也若成王之定鼎郟文之遷繹奉春之建都踵其數而舉其徵者矣保和前紀羅城內懃拙文暇日復聆當世之譚曰事成乎身及乎人力之次也顧惟是續盡表悠久載讓弗克唯而直書巨唐龍集庚戌年在大順律中南呂戊寅日張保和記

唐撫州羅城記

夫開物成務聖人馭世之通規保大定功諸侯因時而善

治醇素既降智慮萌生物乖結繩之約城有重門之警國崇雉堞境藉金湯物理固然其來尚矣且如秉四方之用行五等之道酌損益於未兆裁取舍於永存總括沖機富有大業者則羅城版築久逸暫勞千載一時義斯見矣請言其實國家自貞觀甫平之初文軌均化干羽率服武事鮮備郊壘夷没間者天寶建中之亂或纍起兩河或毒流三輔江漢之外攙搶殆微故支郡屬邑封閉而已洎先帝幼沖之始數丁九六物極屯難長鯨吞噬以横流大厲元黄而噫氣饑饉仍荐兵戈重復暴骸徧野游魂慘天人煙

斷絕羅城莽為邱墟螯毒馮陵松楸斬為干盾天涯地角邈然喪亂之事邱甸要荒紛如征伐之苦臨川古為奧壤號曰名區翳野農桑俯津闤闠北接江湖之脈賈貨騈肩南衝嶺嶠之支豪華接袂既而封豕啓發飢鷙攫碎相視為盜割據而逞連延數載羅列闕二字絲綸捶闕品節既慢汝南危公挺英逸之資運匡濟之略倡起忠義志惟掃平初黃天感嘯聚歡踴衆踰數萬兵棼殄殲勢摩中原刺史李公闕二字先為脅逐始僭劇號大署僞屬其餘孽堡妖壘互相支屬犬牙魚貫肘跗繩約莫不競好兇吻爭踐王師出征比比而北總戎闕一字錢闕三字外壞公爰初誓衆靡盈數隊兄弟親愛翼以從馬勵力一致所向神速誠明激天故恢廓闕二字由是兇邪清辟次第渠雪不五六稔諸惡畢拔殖慕送款飲清歸轍不可勝既公擒縱之外按舉無必推誠以同務剔剗蠹舊叛戍闕一字指揮而化二道馴致勤王之事撈疲薾挽養瘡痍誘還逋逃闕一字復耕種凡據鞍甲蒙矢石引少擊衆環攻鏖戰不繹銳闕一字暖席涉乎七載破崗洞擒酋豪偃戈闕一字析踰二十算四邑以之康定鄰疆自因慄伏中和五年三月下明詔假符竹褒美成節

慰安井閭於戲物不終否天樹司牧亦明矣當拱天關之際孰知其故闕六字之詳所以非其時無以彰其才微其用不能靜其亂偉夫忘身循義大節橫秋氣凌丹霄精貫白日其中正之行闕五字義士子來摧虜剛悍鑠絕虺蜴其武烈也寬以得衆靜而有法導德齊禮敦本今古其文昭也舉善過惡先教後令去不急之務流洪彰之名其政術也四者立而衆美附之條張而百姓服鼎新綱紀草創廨署於時乘輿暴露海內沸闕一字兵不過地靡有定公闕一字檢制之中收今日始未遑接棟惟謹然烽彼皆眩惑於狼心我豈因循於雉堞所謂大君憂寄闕三字在守土赤子依投豈忘城壁苟無捍閉之所有如緩急之事外乃備預五材經營百堵目運心匠規令矩定金甌取勝鐵甕專奇荷鍤蜂攢以闕舉杵雷興而膠固無執撲之勞非奪農之志崇崇帶繞他山之秀色爭來屹屹雲平列岫之祥光俯協歲在丁未律中南呂始事冬十一月訖去奢也周十五里高二仞酌中也倣八門通馳道便事也古人有言大夫出疆以利國家為已任賢者處世能安社稷是盛業矧夫九圍多難之日闕二字失馭之年一呼而豪闕三字再而領綱振不

驕矜以任欲能搏節以茂績衆心成城一德化俗其勤也杜當陽之武庫康叔度之嘉謡漢宣帝每云所欲共理天下者惟守宰而已今天步未康去疚有一於是東顧之勞可罷有十於是太平之作可待異時登天朝翼景命舒之於五侯九伯表之於煙閣麟臺濟時策勛在我昇毅豈惟撫城獨稱不朽豈惟撫民獨居多佑者哉保和謬當殊遇闕一字詳具美奉命紀錄顧慚不文大順元年下闕

楊鉅

鉅宰相收子乾寧初以尚書郎知制誥充翰林學士拜中

書舍人戶部侍郎封晉陽縣男從昭宗東遷爲左散騎常侍卒

授陸扆平章事制

門下昔在太宗時則有房杜持國鈞在元宗時則有姚宋司政柄降於列聖代濟名臣是以股肱元首之間未有不相資以成者也況我荐逢艱運方討叛臣宜搜閒代之賢冀適濟時之用其有懷材已試亮節孔彰俾膺霖雨之求期正彝倫之敍式舉茂典吾無所私翰林學士承旨銀青光祿大夫守尚書左丞知制誥上柱國嘉興縣開國男食邑三百戶陸扆簡節正音溫光瑞玉咸蘊挹降神之韻珪璋挺華國之容包倚相之典墳紹平原之詞藻爰自高才赴召丹地代言絲綸必本於典謨獻納已覩其事業仍歲扈和鑾之狩六年專詔誥之勤謇正自持聞望彌峻況爾伯祖贄昔以才行嘗居禁林當德宗避狄之時實乃祖納忠之日積其偉節升于鼎司書命謨章流在人口是用選自密勿陟之台衡昭于前光期於休命職我人柄貳茲地官既表殊恩且明丕訓於戲奸宄尚熾干革未平生靈流離宗社蓁蕪爾其舉墜典正頹綱進賢良遠姦慝勿依違

而避事無拱默以叨恩庶乎艱難有望康濟往踐乃位敬而戒之可尚書戶部侍郎同中書門下平章事餘如故

授王摶威勝軍節度平章事制

門下朕聞有國家者內則立四輔以貞百度外則建羣臣以寧八區持吾重權惟此二事其有弼諧之道已溢於簡編是期訓撫之規更滿於方岳中外迭處古今所榮扶危匡國致理功臣金紫光祿大夫門下侍郎兼戶部尚書同中書門下平章事監修國史判度支諸道鹽鐵轉運等使上柱國瑯琊郡開國公食邑二千戶王摶長淮允慶維岳

降神抱文行忠信以飾身範珪璧瑞璜而爲器動多偉節言必匪躬自踐歷清華汪洋令望左垣謇諤之稱凜然古風右掖絲綸之功垂作雅誥爾後恤刑著效免賦推能陟於梅霖掌我金穀果罄致君之道無慚出相之門忠謀必成茂績仍舉朕念於越多羅兇狂狡童既平疲俗未泰是思被我寬政播之皇風厚其澆漓滌彼汙染再造其任求才惟艱輟於三台先以十乘不改巖廊之任用資垣翰之光於戲阻於重江負於滄海地號殷厚屬爲剽輕雖兵革乍銷而閭井猶弊撫循之理可不慎諸副吾任賢俟爾報

政可檢校戶部尚書同中書門下平章事散官勳如故充威勝軍節度浙江東道管內觀察處置宣撫等使使持節越州諸軍事守處州刺史

授韓建華州節度使制

門下越自去秋狩于太華萬乘所至兆人是歸而大無不周細無不具其間舉重典振頹綱封畿肅清宮闕斷度罔有廢事其故何哉吾有誠臣社稷之福令馮翊近藩襟帶河渭撫馭不謹煙塵忽驚將竢廓清爰考前績官占敵志吾何疑焉具官某星緯炳靈山河間氣理先正本謀必應機知義安居士皆盡力厚生利用人得保家閭閻則咸仰吏師軍旅則共推良將范宣子先興讓典成安君止用作謀以標式大朝準繩列鎮一受命則表章十上以得請爲期一推心則忠孝兩全以奉公爲本總是全德實吾偉人今者沙澤之陽疆理相接厲階斯構改作是宜俾兼統制之權允竚撫綏之惠爾當視同如華濟猛以寬則吾坦然人俟安一敬服丕命以孚于休

趙凝進封南康王制

門下叩黃鐘者大則大應建殊績者多則多疇匪我之私

惟人所召亦若樹桃李者而獲甘實勤穮蓘者必蓄羨糧安有豐功而無貴仕況我襄峴奧壤荆吳要津資上將之撫寧與庶人之歌詠宜旌善政以馭殊榮豈惟疇庸式俾垂勸具官趙凝訓承馬服術茂龍韜蘊倜儻之宏才負縱橫之遠畧性惟忠厚連營懷敢死之心德尚寬和比屋佩來蘇之化加以戴君義切許國誠殷集列岳之梯航贊大朝之經濟憂時奉法曾不捨於朝昏問俗撫封固尋彰於遠邇使鳳闕罷柝夏水澄源歡康以布於百城政令克齊於五屬是用特申異數用顯休勳封崇既盛於一時寵貴

仍遷於右座爾其彌勤後効益暢前修爲垣翰之準繩遂鄉閭之帖泰永刊鐘釜以奉簡書厥惟丕承勿忝休命

冊淑妃何氏爲皇后文

門下朕博採大易眇觀詩訓觀柔剛感咸之象賦鳴鳩肅雍之德將以視天下之内理敘人倫之大端宜于家邦厚示風化矧九廟在上籩豆是薦三揖在下彝章具陳得不敬乃禕褕稱兹典禮俾承光於軒耀式正位於坤儀淑妃何氏明配圓靈德符厚載珪璋特達鸞鳳萋葳同華必辭脱簪能諫四德克備六宮是推述壼職以彌勤煥彤史而

斯美況惟元子既登儲貳順考古道雅協徽章受貞吉辰藏於盛典咨爾克持婦政以率内和齊莊是儀用諧靜德明章之道允在兹乎

唐御史裏行虞鼎墓誌銘

公虞姓諱鼎字少微本會稽人祕書監兼宏文館學士贈禮部尚書銀青光祿大夫永興郡公謚文懿諱世南八世孫曾祖玫江州刺史祖敏宜春令父汀東魯别駕公性敏好問學月開日益卓然老成登咸通十年進士爲校書郎累遷至御史裏行舉彈無所避謇然有聲於時尋陟饒州刺史視事嚴且明人吏斂手莫敢爲非乾符二年黄巢寇饒州公出禦之戰甚力賊益至勢不能支城遂陷公及劉鄴二馬銜出奔夜宿芝山祠夢神曰一馬之前錦然之田逢禾即止遇旱即遷既覺莫喻其意次日道由餘干政新鄉馬爪石而伏公登山禱曰天其或者欲謀居此乎馬乃起騰至錦田旱禾源與夢適符遂家焉公遭時艱不克居其鄉因見山水清秀洎田宅爲休老計聞人道國事升降消息即喟然長歎不食竟日無事與山翁野老相往返歷歷談桑麻事意泊如也公生會昌元年九月九日卒同光

元年十月十六日春秋八十三即以其年十月十八日葬於安仁崇義鄉善政里饒山之陽夫人王氏父式觀察使女男一人盤孫一人文仲未葬前盤來乞銘曰予嘗有託於夫子也冀出一言爲永遠記況鉅與公同年知公爲最深銘安得而辭耶銘曰

厥存不爽厥施爲何宜爾子孫其類並多

房鄴

鄴字正封臨淄人

少華山佑順侯碑頌

上嗣位九年。以宗室弄兵。皇居失守。大駕東狩。至於華嶽。明年。同華連帥太傅許公罷藩邸兵。復諸子位。正皇儲。立母后。朝廷乂安。中外咸若。又明年。宮闕復。就乘輿反正。封少華佑順侯。崇祀也。始者內兵擴起。右輔騷然。驚蹕難追。宗社不復。扶持關輔。徒爲扃鐍。抗表奉迎。莫迴天睠。公郎馳單騎詣行在所。肉袒徒跣。雪泣上言曰。廟主不行。陵寢不告。蒼黃順動。莫知攸往。況西無正名之伐。東異省方之行。南征無復國之期。北濟乏召君之應。華當闕右。不遠王畿。未虧巡狩之名。免貽出君之恥。可以爲百辟會朝之地。

諸侯輸貢之府。地雖不廣。足以助供億。兵則非衆。足以備扞禦。時也議論確然。宸心不返。宣問往復。至于再三。嘉謨不聽。忠言不納。大事將去。羣心洶然。關內諸侯。惟公獨任。非神啟聖。不能釋明主之疑。非神佑忠。不能壯純臣之節。既而上察公之志。不可奪也。諒公之言。不可復也。由是天迴日轉。龍起雲從。乃睠是邦。因駐清蹕。上復交泰之道。下無疑間之憂。內難既夷。外兵以息。皇嗣之不正者。濱於五紀。今則因公以正之。坤儀之不定者。殆乎百稔。今則因公以定之。君臣以協。父子以親。夫婦以倫。有國之大本也。公一舉而得之。豈筆舌所能論哉。咸以公仗順討逆。神實佑之。佑順之封。非神莫尸。璽書爰來。牲幣以告。是命下客書石誌之。鄴耳目奇功。縑緗具美。授簡執筆。畧無愧辭。姑錄許公貞順之誠。少華保佑之實。以明報神。以勸事君。至於極天鎮地之崇。固國經邦之力。降神生賢之運。仙峯靈掌之奇。嶽有舊封。國有常祀。今之紀述。故不復云。頌曰。

惟華之始。因山以紀。蓮峯東秀。終南西峙。少華居中。不封不紀。歲在景辰。暴兵中起。天子震驚。蒙塵旅次。豈無近藩諸侯莫至。惟我許公。聞風奮臂。一騎迎鑾。六龍迴轡。行朝

有亭。行廟有位。宗戚以歸。兵戎以弭。爰立母后。始正皇嗣。乃君乃臣。乃父乃子。家國大倫。禮無違事。祉既啟侯。封亦明祀。金天之毗。佑順之美。乃刻貞珉。永證惇史。

張蟾

蟾。昭宗時棣州刺史。平盧節度使王敬武卒。其子師範自稱留後。昭宗命崔安潛代之。師範拒命。蟾迎安潛。師範攻之。拔其城。遂見害。

無爲寺記畧

花開寶殿。文粲瑶堦。百堵興而門闥崇。萬楹叠而廊廡對。

寺有名僧五千人。

崔塗

塗字禮山，江南人。光啓四年進士。

渠州冲相寺題名

中原黃賊嫡亂，前進士崔塗避地於渠州。春日獨遊沖相寺，由此登眺，翌日乃歸。

孫瑀

瑀，昭宗時人。

唐故清河郡張氏夫人墓誌銘

噫！夫人姓張氏，其淑愼貞素，稟自生知，退讓儉遜，不從於訓。祇奉晨夕，終始如一。吁！言乎不祿，弃我私室。蘭摧春霧，蓮墜秋風，隟影難迴，逝波不返。男一人，高姐，電影未分，權花已落。女二人，長曰奴哥，穠花未開，嚴霜暗墮；次曰郭兒，丱髮未總，繼我門嗣。夫人年四十有三，以景福元年冬十二月二十日卜兆於府城之南雲門之下，樹邱隴而銘。銘曰：

日月有度兮生死無常，白晝其速兮元夜何長，澠水爲鄰兮雲門是鄉，千年萬祀兮春露秋霜。時景福元年歲次壬子十二月辛未朔二十日庚寅。孫瑀紀。

崔遠

遠，河中節度使璵孫。龍紀元年登第。大順初以員外郎知制誥，充翰林學士，正拜中書舍人。乾寧三年，轉戶部侍郎，博陵縣男，轉兵部，以本官同平章事，遷中書侍郎，兼吏部尚書。天祐初，從昭宗東遷洛陽，罷相，守僕射。二年，柳璨希朱全忠旨，貶白州長史，被殺於白馬驛。

授涇州節度使張璉檢校司徒同平章事制

門下：書云：用命賞于祖，不用命戮于社。然自三代以還，未

有不戮暴亂、不賞功庸而安國家、定社稷者也。近者徵其銳旅，討彼元兇，不越月而捷書繼聞，未逾旬而鎭城連下。易如拉朽，勢若建瓴，諒非昭代之才，孰濟勤王之績。我有楙賞，爾其聽之。某官切玉雄鋒，摩霄健翼，智符靈蔡，節貫寒松。繼乃父之休勳，鎭于巨屛；誓忘家之壯志，控彼邊陲。積粟訓兵，安人阜俗，不忝登壇之寄，彌光出將之門。近者宋文通顯背國恩，堅違君命，將淸叛亂，爰仗忠良，首奉詔書，龔行討伐。選射戟盤矛之將，率控弦帶甲之徒。既已先啓行，復深入其阻，立志無慚於馬革，輕生不讓於鴻毛。矧

聞纔出封疆繼降城鎮旣臨賊境克保隴城振貔武之威聲斷螳螂之怒臂而又不勞經費自備糗糧惟踴躍以用兵不因循而翫寇今則方憑妙畧共殄長鯨雖伐罪弔民已覩訓齊之令而誅妖翦怪合資掃蕩之謀是用俾壯軍威仍加相印以勵始終之効勿辜倚注之恩敬之戒之服我丕訓

授蘇文建邠州節度使制

門下梁漢古封河池名郡有關山之險阻當巴蜀之要衝苟非勳賢不可輕授我今有命允爲當人某官截海雄姿

追風逸步得左馬右人之術洞玉鈐金匱之書加以幼慕功名早懷壯槩攬轡藴澄清之志臨風多慷慨之詞頃在禁宮屢竭忠節四奉指揮之任久彰翊衛之榮洎委節旄俾之鎭撫當巨逆梟夷之後是邠郊凋瘵之秋而爾復茂政能益堅撫字未周星律已播謳謡方深倚注之恩用安黎庶旋屬干戈之患每軫焦勞旣亙有奏陳慮多嫌隙冀寧生聚爰職改更復以未戮奸兇方思勳舊殄寇旣資於上畧總戎宜錫其名邦俾居十乘之榮以長萬夫之氣爾其便提驍果亟赴征行破其城社之妖剗我宗祧之恥然後伏茲龍節莅彼雄藩高居將相之尊永保山河之誓人臣之節丈夫之榮何以加焉爾其自勉

薛昭緯

昭緯贈刑部侍郎存誠曾孫乾寧中爲禮部侍郎知貢舉爲崔允所惡出爲磎州刺史

廢德明四廟議

伏以禮貴從宜過猶不及祀有常典禮當據經謹按德明追尊實爲遐遠徵諸歷代莫有其倫自古典禮該詳無踰周室后稷實始封之祖文王乃建極之君且不聞后稷之

前别議立廟以至二漢則可明徵劉累梁魏則近有蕭曹稽彼簡書並無追號迨于興聖則事非有據蓋以始王於涼遂列爲祖類長沙於後漢之代等楚元於宋高之朝悉無尊祀之名足爲憲章之驗重以顯祖懿祖皆非宗有德而祖有功親盡宜祧禮當毀瘞遷於二廟亦出一時且武德之初議宗廟之事神堯聽之太宗叅之碩學通儒森然在列而不議立皐陶涼武昭之廟蓋知其非所宜立也尊太祖代祖爲帝而以獻祖爲宣簡公懿祖爲懿王卒不加帝號者謂其親盡則毀明矣春秋左氏傳孔子在陳聞魯

廟災曰其桓僖乎已而果然蓋以親盡不毀宜致天災炯然之徵不可忽也據太常禮院狀所引至德二載克復後不作宏農府君廟神主及晉韋宏屋朽乃已之議頗爲明據深協禮經其興聖等四室請依禮院之議

韋昌謀

昌謀官左補闕

靈應廟記

天子以吳郡公爲東川節度命中使錫節旄綿州刺史楊守厚留中使舉兵向東川陰結東川督將竇行實爲應龍劍節度楊守正武宣節度楊守忠以兵助之迫城顧公斬行實縱兵擊守厚走之龍劍武宣二軍往來綿劍間掠人民焚廬舍入靈應行祠翦伐林木飼馬殿庭其軍病死向半公曰順濟王奠吾土久矣今瀆褻斯甚神寧居之故廟距府十舍躬行視祀則離鎮委於吏屬則不虔於是遥祀於北山上陳徙廟之意命司存鳩工度林六月興役十月就功邃宇重門騰廊飛軒大殿東向南僚北吏置位施器簡工揆用皆公智匠觸類長之則知他日佑天子鎮寰宇肅廟朝扶教化正上下辨等衰掄才任之使萬物各得其

所亦如是也

蘇圖元

圖元大順元年鄉貢進士

崔令尹頌德記

内黄爲大邑亶甲之東壖也即爲藩閫咽喉而神散血脈前吞馬頰右控龍崗列王豹變之鄉七雄虎踞之地張賓崔皓曾施神國之謀荀彧田豐亦運制勝之策高旗長轂雨驟雲屯綿歷歲華其來有日矣洎故南陽郡王恣其酷虐縱彼兇狂納奸佞之言忘忠鯁之諫内弃貔貅之士外連烏雜之兵禍及生靈毒流草木致使交鋒洹水決戰斯疆尸滿郊原血流平地曹公之入徐壤靡有孑遺項氏之陟襄郊疑無噍類爰我相國謂左右曰然已息干戈未蘇疲俗活吾赤子須藉良材乃衆舉博陵公玭爲之令尹語於相國曰公甲門茂族禮樂名家涖事惟能應機不滯累曾撫字頗善畜牧若令尹以用於心可上稱尊意當如是說召見怡顏親受化說以其斯道令尹既得其命尋至核封煙燐之蹤燎庶土之尚爍刀劍之跡染閭巷之猶腥蘊室壞摧極目荒毀燕棲春樹人宿燒屯十家之中黥首無

一半矣。國門之內。肯使留二三焉。莫不測問鄉閭。躬詢比屋。傷嗟待之。起念通宵。憧憧往來。孜孜朝夕。而又撫之以惠。成之以能。均訏勸之恩。有推擕之能。末途暮歲。歸俗如流。襁負盈途。接踵而至。然後重修驛署。置門楊之九新再搆旗亭。飾廊房之亦美。相國乃賞其功幹。遷任新鄉。耆老攀車。兒童卧轍。諠譁塞路。行莫能行。遞相讓之。遂再陳請。乃問於相國。相國聞而喜焉。謂左右曰。當來所舉。信不罔乎。有此政聲。宜從請矣。即可恩以遠錫。爵可就加。纔歷周朞。兩授寵秩。初允勸留之請。旋加正直之名。信及蜡蚳。聲

揚相府。政追前哲。名邁古賢。不徇私而立身。不苟媚而取俗。陶淵明之五柳。更益芳聲。宓子賤之一琴。尤光茂績。我令尹潛敷陰隲。顯著誠明。愈四鄉之瘡痍。蘇百里之疲瘵。洋洋德美。嘉譽孔彰。聊書不朽之功。以紀他山之石。縣尉樊公偲。儒囿騰芳。詞林茁秀。心澄皎月。德瑩冰壺。勸彼農桑。出不嫌於乘露。聞其疾苦。歸匪憚於帶星。與令尹盡節奉公。勞神瘁思。席無暫暖。身不求安。固力規畫。不日完輯。此乃聲流衆口。德叶羣情。裨贊之功。可謂大矣。列在貞珉。以述政能。大順元年閏九月十日。鄉貢進士蘇圖元撰。

欽定全唐文卷八百二十

段安節

安節。太常少卿成式子。乾寧中爲國子司業。

樂府雜錄序

爰自國朝。初修郊禮。刊定樂懸。約三代之歌。鐘均九成之律度。莫不韶音盡美。雅奏克諧。上可以籲天降神。下可以移風變俗也。以至桑間舊樂。濮上新聲。金絲慎選於精能。本領皆傳於古老。重翻曲調。全袪淫綺之音。復采優伶。尤盡滑稽之妙。洎從離亂。禮寺隳頹。簨簴既移。警鼓莫辨。梨

園弟子。半已奔亡。樂府歌章。咸皆喪墜。安節以幼少即好音律。故得粗曉宮商。亦以聞見數多。稍能記憶。嘗見教坊記亦未周詳。以耳目所接。編成樂府雜錄一卷。自念淺拙。且直書以俟博聞者之補兹漏焉。

孫郃

郃字希韓。明州奉化人。乾寧中進士。累遷左拾遺。朱溫篡虐。隱遯奉化山。著書但紀甲子。以示不臣之義。

送無作上人遊雲門法華寺序

越中山水。名於天下。山寺雲門法華又名焉。嘗憶北海遊

越越帥日率從事樂妓酒饌訪北海北海不樂因曰某久住此蓋爲雲門法華二寺今日攜酒樂大似方便發遣越帥乃已（此出孫相公譜書譜書是顏魯公作）又見朱訪詩曰長憶雲門寺門前千萬峯郃嘗居越中每吟此詩未遊二寺嘗以爲過上人名僧也又遊名寺前欲遊天台今遊雲門法華二寺乃知靈鵲不之蓬島則在青田有異凡禽遊不擇地別上人怏怏因爲序送之

春秋無賢臣論

春秋列國周之諸侯受周之封分爲五等五等之下臣爲

陪臣陪臣於諸侯君父也諸侯於周王亦君父也陪臣於周義猶大父也夫爲人子之道孝於父者必欲父孝於祖陪臣忠於諸侯者必欲諸侯忠於天子則上下有序康乂四方今春秋陪臣張公室侵王室弱周以強諸侯是弱祖而強父佐諸侯而敵周是佐父而敵祖遺祖之怨成父之逆惡莫大焉言之於臣則非忠語之於子則非孝論之於道則傷義推之於情則辜恩遂使姬周削弱祀號而已桓文雖以爲霸何能正之反有封禪請隧之僭管晏雖有其功何能諫之而有反玷毀孔之惡於時風教大壞海內焚如天不能陰騭下民降大聖以爲木鐸歷國七十餘說而不遇奔走齊魯宋衞之郊反若喪家之狗知不可訓慮後世不知懼乃修春秋明向背其有甚者或夷之或狄之弑君三十六亡國五十二奔走失社稷者不可勝紀書曰帝乃震怒致令海內無一嘉祥但有妖怪謂春秋亂世豈不誠然于時人不堪命何耶無賢臣也予謂此論警衆士大夫多稱之遂聞㲉蝦㲉蝦徵而奇之或謂可刊金石訓乎今後既而喧傳則有難僕曰春秋豈乏賢者子謂之無激之耶鮮之耶柰乎孔門何曰孔門仕者鮮又家臣耳子不

讀聖賢書乎易云屯其膏小貞吉大貞凶春秋之大夫小貞耳盍以大貞取之以王道取五霸猶罪人

卜世論

周成王定鼎於郟鄏卜世三十卜年七百夫帝王括囊宇宙位重優崇天生利民非樂兆民之上故君民者遇夫聖則禪之不遇則以子繼之堯之於舜舜之於禹禹之於子是以周都天地之中欲便四方之會不恃山河務從德化原其意也在乎利民豈異唐虞之道而反卜年卜世耶必也欲永其祚莫先德義貽厥後世天人祐之豈非無窮也

哉何三十七百年世之有。若右其卜而左其德。俾乎厥後恃年世之永久。必輕乎德義。若此之謀。非君子之道也。昔太戊懼哉而盛。帝辛恃瑞而亡。在此不在彼。豈不知之而卜年卜世者乎。

方元英先生傳

先生新安人。字雄飛。章八元即先生外王父也。廣明中和間爲律詩。江之南未有及者。始謁錢塘守姚公合。公視其貌陋。初甚侮之。坐定覽卷。駭目變容而歎之。先生一舉不得志。遂遯於會稽。漁於鑑湖。與鄭仁規李頻陶詳爲三益

友。弟子宏農楊弇。釋子居遠。及卒。弇編其詩。請舍人王贊之爲序。贊序云。張祐升杜甫之堂。方干入錢起之室云。

吳融

融字子華。越州山陰人。龍紀初及進士第。累遷侍御史。坐累去官。名爲左補闕。以禮部郎中爲翰林學士。拜中書舍人。進戶部侍郎。鳳翔劫遷。融不克從。去客閿鄉。俄名還翰林。遷承旨。

古瓦硯賦

勿謂乎柔而無剛。土埏而爲瓦。勿謂乎廢而不用。瓦斷而爲硯。藏器蠖屈。逢時豹變。陶甄已往。含古色之幾年。磨瑩俄新。貯秋光之一片。厥初在冶。成象毀方。效姿論堅。等甓鬬縹。勝瓷人莫我知。是冬穴夏巢之日。形爲才役。乃上棟下宇之時。扶同杞梓。迴避茅茨。若乃臺號姑蘇。殿稱柃栺。樓標十二之聳。閣起三重之麗。莫不瓴甋凝輝。鴛鴦疊勢。縫密如織。行疎若綴。銜來而月影重重。漏出而爐香細細。瓴甋金爵競託。宮甍玉女。胡人爭來睥睨。陵谷難定。松薪忽焉。朝歌有巳秀之麥。咸陽有不滅之煙。是以縱横舊址。散亂荒阡。風飄早落。雨滴仍穿。藏瀰迤之春蕪。耕牛脚下。

照青熒之鬼火。戰骨堆邊。誰能識處。亦莫知年。何斯邂逅。見寵雕鐫。資乎有作。備我沈研。磬在水以羞浮。鐘因霜而謝響。玉滴一墮。松煙四上。山雞誤舞。澄明之石鏡當頭。織女疑來。清淺之銀河在掌。異哉昔之藏歌蓋舞。比日干霄。繁華幾代。零落一朝。委地而合隨塵土。依人而却伍瓊瑤。天祿石渠。和鉛即石。風臺雪苑。落筆爭邀。依依舊物。歷歷前朝。沈家今坐上回看。能無淚下。江中書歸來偶見。得不魂銷。有以見古今推移。牢籠渺漫。成敗皆分。短長一貫。何樹春秋各千年。何花開落惟一旦。星隕地以爲石。盡滅光

鞸雞升天而上仙。別生羽翰。異類猶然。浮生莫算。

沃焦山賦

域中公子問於方外先生曰。蓋聞水之大也。下環乎地。上浮於空。無象無邊。夷猶洪濛。百派千流。皆歸於東。何巨溟之深也。萬古能容。何九州之高也。不淪其中。先生曰。渾沌死。乾坤始。東西傾。川澤委。帝乃慮海旁溢。俾山中峙。復孕以火。用銷其水。此沃焦之爲義。眞帝之元旨者也。請言其狀也。巉乎崒乎。赫曦乎。翕赩乎。陰陽熾炭。天地開鑪。景風鼓吹。赤帝規模。成於妙有。拔彼虛無。處冷能熱。雖燔且濡。

於律則黃鐘。取法在易。則既濟相符。岥峗兮壓海萬里。鴻洞兮烘天一隅。波馮夷。軋天吳。鱗介既難以潛伏。草木安得其芬敷。巨靈不能擘。畏其爛手。愚公不能移。憚其焚軀。靈漲疑竭。大室若枯。爾其水之來也。浩浩爭奔。滔滔不住。蹴嶽堆阜。跳天沃霧。暘谷無地。扶桑失樹。雷奔潮走。雪飛沫聚。吞吐造化。浮沈朝暮。一歸墟之積。積既久而還盈。一尾閭之洩。洩不供而旋注。苟彼不爲煎熬。何物當其委輸。公子曰。夫萬物之是非也。當務所見無矜所傳。不見五嶽各司一邊。蟠地極天。吐雲含烟。玉石產其下。豫章森其巔。高高下下。綿綿聯聯。方面是傳。祀典是先。故無事則備王者之巡遊焉。有事則爲國家之關防焉。彼沃焦者。存耶亡耶。不知夫去中國幾千。其說何邇。其功豈然。先生曰。古不可以今論。遠不可以近識。至於先賢先聖。有功有德。或始火化。或始粒食。或衣裳兆民。或棟宇萬國。其人豈見。其道何極。但日用而不知。固神化之難測。抑又人之爲意。見頻則不怪。聞數則不驚。只如踆烏元兎。迭代虧盈。迅雷烈風。無形有聲。北冰不泮。南雨無晴。方諸向月而水出。陽燧映日而火生。鶴知半夜。雞辨五更。螟蛉化而蜾蠃負。洛鐘鳴

而蜀山傾。譚如詭妄。驗乃彰明。儻非目擊。皆必力爭。如沃焦者。茫茫靄靄。存於物外。屹溟漲以獨立。無邱陵之相帶。何地能勝。惟天粗蓋。堯災是弭。禹功是賴。但以遠而不見。貴以近而不見大。何異乎曾參冠百行之首。出四科而不載。姬旦有再造之功。爲三監之相害。有以見深藏若虛。明道若昧。只如高稱日觀。靈號天孫。魯瞻所重。兗鎮攸尊。能攻善惡。業名精魂。何盜跖壽而幸。何顏回夭而冤。何富慶何貧原。靈獸出。何遭羇縻之困。海鳥來。何獲鐘鼓之喧。觀其倒置。孰爲司存。又如太華隱嶙。上五千仞。碧蓮若錘。高

掌如奮然而設關太東爲城太峻苟一夫可守四塞可鎮終使險易恃而固易憑而令驕易生而荒易徇懼則能安逸則成釁又如嵐浮紫蓋秀擢朱陵北渚下壓南箕上承然而聚鬱蒸限嚴凝鴈不可度人何以登其禍聖賢也則帝舜之遊不返昭王之死無憑其殃忠讜也靈均有葬魚之痛賈誼有占鵩之徵是非不辨正直何稱徒聞金簡玉書以爲晲九向九背而自矜又如幽幷之墟畢昴之位岧嶤之上磊落相次然而藏趙符於上成無恤之不義產燕壁於中假慕容之神器大蛇蜿蜿兩頭何異嘉穀蕤蕤五穫何利旁扶跛扈之黨坐索彤弓之賜胡不懲革而令馴致又如據天地之中央潤河洛之流光岧亭壁立壓疊屛張而能降神表瑞呼歲呈祥控臨諸夏標凖四方若乃陳蕃竇武一時忠良爲國除害其謀乃臧不獲天助翻爲賊狀劉聰劉曜恣意焚傷衣冠草莽宮闕犬羊俯折地軸仰絕乾綱漢陽九以遽畢晉南渡而尋亡曾何固護自倚青蒼月裏開宮但容童子雲中捻管惟引鳳凰吁其拙哉彼五嶽者長未一分短以盈尺論名則大責實何益封公封王用珪用璧邃宇崇館朱殷粉白然識者視之何異沐猴

而冠牽牛負軛者耶其次則有非方非嶽亦怪亦神崑崙則樹珠田芝蓬萊則闕金臺銀周王迷之於轍迹漢帝感之於禮禋荆山美玉獻不遇君隴山鸚鵡語或陷人嶰谷有竹慘舒不均嶧陽有桐清濁難分姑射何靈如冰如雪巫山何感爲雨爲雲怪山何怪飛來至越慶山何慶湧出於秦若然則遠者近者大者小者如沃焦之功實冠於天下何以名耶至於南面巍巍安尊定卑建邦設都來蠻走夷其爲武也有干戚鈇鉞其爲文也有俎豆鐏彝齊紈越絮暖必如斯周禾溫麥飽必以時胎化卵育手捉足馳其奉生也有歌鐘管籥其事死也有棺槨幌帷詒子詒孫固本崇基苟懷襄之不止皆墊溺以何之若然者不惟九土潰而全墮抑亦三光蕩而崩離則堯舜禹湯之道沒不傳矣周孔揚孟之文又安存斯況又上無灌木誘良工之斤鑿下無靈鼇招巨人之鉤索不栖翠羽飾綺被之彩錯不孕明珠供飄車之照灼不滋金鐵起兵交惡不穴鱷鯨吞舟恣虐吉凶莫知威福寧作誰銜肸蠁誰藏冥寞所以貞珉翠爻却絕罔錄桂湯蘭肴何嘗約畧固不復邀物以白犬白雞媚人以靈草靈藥但超世以崔嵬爲普天之銷鑠

於是公子愕然如失，起而謝曰：儵忽之神，能鑿人耳目；俞盧之術，善治人膏肓。向者聞衆人之論，浩然若涉津之無梁；今也聞吾子之論，爠然若披雲霧而覩太陽。恨不能凌風雲，乘混茫，快意極觀，勒銘其旁。噫，有名之祀，所在咸彰。至於山魅射影，水弩爲創，馮夷鼓怒，耕父激揚，皆霑沃酹，不乏馨香。何茲山也，橫絕於萬代，不遇於百王。將無時，如孔子；豈獨行，於務光。近者泰階未平，四郊多壘，貳負尚活，三苗未死，水仙則多陷齊人，米賊則半驅妖鬼，室散機杼，田拋耒耜，郎官困採橡於野，將卒貧鬻薪於市，霧足妖興，

雲多陣起，既走羣望，猶懸帝祉，豈褒崇之漏，彼致災害之如此。方今封有功而爵有德，小不遺而大寧弛，蓋九重之深，執事者未聞於天子。

沃焦山賦 其二　以蕩熱翻空此焉銷鑠爲韻

海之大也，吞乎百川；百川不停也，海將溢焉。伊元化之相制，屹崇山之暗然。不知乎何代凝結，沈潛積熱。廣陂陁，高截嶕。嶢止不死，煙生莫絕。曈曨兮想二氣之爐中，烈沸涌兮疑九州之鼎下爇。當長鯨之鼓跳，此歘爾以潛銷；雖巨鼇之噴躍，亦倏然而盡鑠。滲若一空，呀如四涸。得非火井通其腹，且孰問其穿鑿；當是燭龍蟠其根，又誰覩其照灼。但耗溟渤，自橫寥廓，莫不屹屹崇崇，熇虛爍空。向曙而晴霞助赫，連宵而陰火相烘。如欲以煆鮫室，災龍宮。雨露既難以澤，草木安得而豐。遂使乘槎之人，莫敢沿洄其側；銜石之鳥，無因栖息於中。是知陰陽之變也，本自相形；動靜之用也，歸於相養。苟喬岫之無作，則柔祇而必蕩。若然者，堯之水不止於九年之多，禹之功難均乎四海之廣。彼稱神稱仙者，有十洲之繁；封公封王者，有五嶽之尊。縹緲而雲霓自爍，崢嶸而日月爭翻。徒克覆載，莫補乾坤，曾未如

千仞獨高，衆流皆委。非煎熬之不怠，則墊溺而何弭。所在雖遠，厥功難弛。有能光祀典於吾唐，宜褒崇於此。

戴逵破琴賦

志或可奪，道則難堅。嘉碎琴之志操，見伊人之道全。稟正固以不羣，德無踰也；表行藏而自若，理亦宜然。武陵王好彼正聲，戴安道臻於是藝。王雖欲見其搏拊，戴且無忘於砥礪。苟爲伶者，稽素履以全聽；爰對使乎，抱明誠而立誓。乃曰：鏗爾奇韻，泠然雅音，自得以宣情理性，非爲彼養氣怡心。不同乎鄒忌干齊，將希高位；又異乎鍾儀懷楚，歎寫

幽襟於是發忿請張與言激切脫徇爾志寧彰我節可恥於朱門紫闥俛首趍趄因投其玉軫金𡽱當階迸裂嗟乎宮商條絕道德彌高此終身而不辱彼側席以徒勞異季倫之擊珊瑚自矜驕逸狀亞父之撞玉斗威振英髦得不金石推誠風霜勵志冀禮餘而有守顧陽柯而忽棄豈可荒涼吾道捨行歌自逸者餘芳趨競王門與鏗吹偷安者同位則知微世遺榮居然獨清秉大節以難屈操壯心而不傾匪擅一時之譽終流千載之名伯牙絕絃但證知音之道子猷擲地惟傷同氣之情人貴在秉時忘乎所履爭

附勢以求媚豈韜光而叶美愚嘗慕彼操持嘉其行止恐孤風之不振因賦茲而有以

授王摶中書侍郎同中書門下平章事判戶部制

門下朕聞王茂宏官在治中已恭佐命謝安石身爲相掾常切憂時後果俱秉國鈞克諧人望忠誠懿烈焜燿冊書孰謂我朝鍾茲丕運厥有佳士龍興壯圖植勁草於衷腸繫苞桑於宗社特立當代何慚古人將表至公爰申異渥具官王摶霜高一鶚玉拔孤峯孕和煦於情田自華而實道縱橫於義路無往不通蘊是淑聲居然上品縶駒場裏早颯清塵振鷺行中難究逸翰踐揚三署橫絕一時實名教之丹青乃縉紳之領袖昨者朕失遵王度致降天災疊起蕭墻幽加洊棘而賴能謀於上相說彼中權反正乘輿肅清輦轂疇其中節雖已擢於禁林惜此奇才難久留於誥命豈在凝神軒夢問兆周畋用之不疑命以爰立既調金鉉仍總版圖必務豐財以資經費於戲爾前未達則能有奮於時此後所行不宜苟安於位獻可替否滅私徇公愼保初心勿孤大任

李茂貞封岐王加尚書令制

門下夫天有星辰爲之綱所以保乎乾健地有山嶽爲之鎭所以定乎坤柔故王者托夾輔之臣資股肱之任安危所係動靜是憑其在周也則姬公盡心於經營其在漢也則絳侯竭力於匡贊惟天所相何代無才厥生英賢爲我柱石拯茲艱運樹彼洪勳欲示褒旌爰加殊數具官某三光結粹一氣融精合鸑鳳之正音動諧律呂有麒麟之逸足超出塵埃抱鐵石於寸心棲雪霜於勁節倜儻恢廓深沈溫雅允爲王國之珍實稟人生之秀自岐陽振節隴右成功虬騰周翰之間鶚立漢壇之上弓鳴霹靂劍躍蜿蜒

指揮而川陸可回，叱咤而風雲立變。一居右輔，累復皇都。殊庸已煥於旗常，嘉頌早傳於金石。昨妖興肘腋，釁起宮闈，而能憤激衷腸，密施籌畫，致禁軍之貔武，戮當路之豺狼。安宗社於綴旒，復乘輿如反掌。人祇共慶，華夏同歡。既而仗瑞節以來朝，秉桓圭而展敬。靜與之語，簡而有常；動叶生知，克符中道。披肝露膽，皆本於至誠；言發涕零，必期於盡瘁。感通天地，激動人臣，得不嘉乃奇功，申茲異渥。表爾優崇，南省統率六宗，尊大西郊，封超五等。在常時而難舉，非盛烈而莫當。傑立羣倫，光流萬代。勉行朝獎，敬答天休。可守尚書令兼侍中，仍封岐王，餘官勳並如故。

授孫德昭安南都護充清江軍節度使制

門下：夫捍大患者，必見危致命；立奇功者，乃知幾其神。苟非憤激於衷，義形於色，則安能彰明大節，果斷一時？正垂象以迴天，決浮雲而出日。惟人所至，何代無才。既得忠賢，卓然超異，宜加寵數，用激人倫。具官孫德昭，河右英才，山西勁氣，通白猿之劍術，得元女之兵符。振跡和門，登名勇爵。非義不服，惟忠是圖。克揚羽衛之事功，罔墜先人之職業。朕一昨釁生不測，禍起非常，儲皇因逆黨脅從，大寶爲渠魁搖動，萬乘幽辱，兆民震驚。爾能首唱義師，力扶王室，率貔武於重城之內，戮鯨鯢於兩觀之前，出予榛棘之前，復我當陽之位。今則皇綱反正，天性如初。議臣誠則冠彼羣倫，語將畧則高於一代。是用授之旄鉞，帖以鈞衡。既兼保傅之崇，仍益井田之廣。階升一品，職重六都。誠謂殊榮，未酬忠力。勉圖終始，用保休光。

授王行審鄜州節度使制

門下：古之命將也，推轂以示其優恩，設壇以彰其異禮，蓋付以生殺之柄，授其制臨之權。用爲翰藩，以固疆土。北馳

柳塞，南控金河，欲淨烟塵，必資心膂。既俞公議，爰命誠臣。某官隴右良家，山西茂族，禀風雷之勁氣，挺鵰鶚之雄姿。自名冠伍符，身登勇爵。孔明八陣，列於胸中；呂望六韜，懸於掌內。況早專閫務，甚洽政聲。帝澤皇風，嘗聞其導達；殊方異域，悉致其懷來。耕農不廢於三時，凋瘵盡蘇於一境。夫賞功所以華國，貴不踰時；旌善所以勸人，務將致理。是用委之玉節，寵以牙璋，仍加五等之封，更厚一成之賜。於戲！爰自多難，常思勳臣，期於倚注之間，能濟艱難之運。然則未富土地者，我富之以土地；未貴節旄者，我貴之以節

施苟懷報上之心宜顯爲臣之道勉膺重寄善立奇功山河在前終始無替

授孫儲秦州節度使制

門下武惟靖亂文以守成蓋自昔之通規亦當今之令典況地連隴蜀城控邊陲久息戰爭近經惠養思繼前政用安一方爰屬僉諧得茲人傑某人學富縑緗文輝組繡有經濟安時之術負恢張出世之才加以立性端方操心勁直臨事罔思於擇利當官每切於推公以是淑齊居爲理具將重其選孰與之先昨以邠土奧區逾時闕帥俾專旗

鼓用息烽烟而屬十郡未臨三軍獻狀既聞陳請須議改移今復以成紀巨藩仇池善地將圖靜鎭乃易麾幢不離空土之崇增以列侯之貴仍加食采更重登壇於戲制獷悍者須用其至公撫疲羸者無先於不擾非仗忠誠兼資廉潔則何以副吾乃睠之憂慰彼倒懸之急勉圖終始無忽重難敬之戒之服我休命

授劉崇望東川節度使制

門下武惟靖亂文以守成二者相須百王不易眷彼左蜀實惟奧區分襟帶於銅梁束咽喉於劍閣久纏兵革今靜烟塵當疲瘵息肩之初是循良爲理之日不推舊德何撫新邦式副僉諧爰申寵數具官劉崇望文含大雅道茂中庸藹玉燭以舒和挺金相而稟秀閨門密行每垂範於縉紳朋友推誠自可期於風雨蘊是休稱居爲令人洎踐歷清華敷揚典誥迫於公議委以國鈞而能上宣三光下遂萬物臨事而曾無辭避操心而惟務和平尋於東土多虞徐方擇帥乃兼金鉉付以牙璋爰自罷歸累更寒暑既經多難彌振居聲今以庸蜀休兵梓潼無事俾銜專命往慰蒸黎而中外羣情朝廷所屬皆言重寄可委當仁是用寵

以麾幢授之方面進升揆路仍假台司且彰倚注之深更示統臨之重於戲汝當爲吾輔相吾固熟爾訏謨舉必推公動能克已今欲推公則莫若無黨克已則在乎不貪勉副前言更彰後効無忘敬戒以保厥圖

賀西內嘉蓮表

臣某言臣伏見今月九日中書門下宣示百官西內池中嘉蓮圖其蓮一本兩花者臣聞明聖有作天人合應既彰化本必降祥符卽事而推昭昭可見伏惟陛下儲精要道憂濟羣方致理大同猶懼不至所以恢宏聖教資福生靈

元造感通。嘉瑞屢降。況茲菡萏。儒釋同稱。經文但喻乎淤泥。詩人待歌於彼澤。豈比夫耀銅池。誇玉井。傳芳丹禁。濯影清流。特聳孤莖。以表清淨之源。一致對數雙萼。是明內外之教。齊興天雖不言。假物明意。臣仰披圖牒。遍覽古先。豈無禎祥。莫此昭著。望雲就日。徒深忭躍之誠。舞德歌功。何報恩私之重。無任忭賀慶躍之至。

代王大夫請追賜方干等及第疏

前件人俱無顯遇。皆有奇才。麗句清辭。徧在時人之口。銜冤抱恨。竟爲冥路之塵。但恐憤氣未銷。上沖穹昊。伏乞宣

賜中書門下。追贈進士及第。各贈補闕拾遺。見存明代。惟羅隱一人。亦乞特賜科名。錄升三級。便以特敕顯示恩優。俾使已升冤人。皆沾聖澤。後來學者。更厲文風。

禪月集序

夫詩之作者。善善則詠頌之。惡惡則風刺之。苟不能本此二者。韻雖甚切。猶土木偶不生於氣血。何所尚哉。自風雅之道息。爲五言七言詩者。皆率拘以句度屬對焉。既有所拘。則演情敘事不盡矣。且歌與詩。其道一也。然詩之所拘悉無之。足得於意。取非常語。語非常意。意又盡。則爲善矣。國朝爲能歌詩者不少。獨李太白爲稱首。蓋氣骨高舉。不失頌詠風刺之道。厥後白樂天爲諷諫五十篇。亦一時之奇逸極言。昔張爲作詩圖五層。以白氏爲廣大教化主。不錯矣。至於李長吉以降。皆以刻削峭拔飛動文彩爲第一流。而下筆不在洞房蛾眉神仙詭怪之間。則擲之不顧。邇來相斅學者。靡漫浸淫。困不知變。嗚呼。亦風俗使然。君子萌一心。發一言。亦當有益於事。矧極思屬詞。得不動關於教化。沙門貫休。本江南人。幼得苦空理。落髮於東陽金華山。機神穎秀。止於荊門龍興寺。余謫官南行。因造其室。每

談論未嘗不了於理性。自是而往。日入忘歸。邈然浩然。使我不知放逐之感。此外商榷二雅。酬唱循環。越三日不得往來。恨疏矣。如此者凡朞有半。上人之作。多以理勝。復能創新意。其語往往得景物於混茫之際。然其旨歸必合於道。太白樂天既歿。可嗣其美者。非上人而誰。丙辰歲。余蒙恩詔歸。與上人別。袖出歌詩草本一。曰西岳集。以爲盡矣竊慮將來作者。或未深知。故題於卷之首。時己未歲嘉平月之三日。

上元青詞

維光化四年歲次辛酉正月乙酉朔十五日己亥皇帝臣稽首大聖祖高上大道金闕元元天皇大帝伏以時當獻歲節及上元爰命香火道人煙霞志士按科儀於金闕陳齋醮於道場伏願大鼓眞風潛垂道蔭俾從反正永保無虞四海九州干戈偃戢東臯南畝皆獲豐登冀與兆人同臻介福謹詞

奠陸龜蒙文

大風吹海海波淪漣涵爲子文無隅無邊長松倚雪枯枝半折挺爲子文直上巔絕風下霜晴寒鐘自聲發爲子文

鏗鏘杳清武陵深闃川長晝白間爲子文渺茫岑寂豕突禽狂其來莫當雲沈鳥沒其去倏忽膩若凝脂軟於無骨霏漠漠澹涓涓春融冶秋鮮妍觸即碎潭下月拭不滅玉上煙

覽䛒光上人草書想賀監賦

賀祕監東歸會稽霧隱霞棲派鏡湖水作沼鑿石簣峯爲梯歎非雌雄畏其雄雞東臯子無鄉不醉漆園吏有物皆齊孔子悠哉顧龜印以尋解翟公何爾羅雀門而更題一日豁層軒慢素壁攘袂高下飛文絡繹風雨隨生魚龍互擲濤奔浪走中秋逢犯斗之槎月上雲開半夜見隕天之石狂兕無羣離鴻一隻橫魯陽揮去之戈樹呂布射來之戟援毫既罷悅目忘疲滿堂生金石之寶出世掩鬼神之奇日落簾捲山掩枕攲雲情自遠鶴態難羈但將健筆以爲適豈待閑人之見知邈矣清風茲焉仰止今覩上士之殊蘊可繼伊人之逸軌當時芸閣猶於富貴浮雲此日桑門得不塵埃脫屣

陳敬瑄

敬瑄田令孜兄少賤爲餅師得隸左神策軍令孜爲護軍

中尉敬瑄緣藉擢左金吾衞將軍檢校尚書右僕射西川節度使黃巢亂僖宗西幸敬瑄迎謁綿州進檢校左僕射同中書門下平章事加檢校司徒兼侍中封梁國公再進兼中書令封潁川郡王賜鐵券恕十死巢平進潁川王檢校太師俄令孜得罪敬瑄被流端州不奉命會昭宗立名爲左龍武統軍以宰相韋昭度代領節度敬瑄募軍自守時王建盜據閬利令孜名之敬瑄不納建自請討敬瑄贖罪詔暴敬瑄罪削官爵授建節度使以昭度爲行營招討使討之成都破建囚敬瑄累表請誅不報陰令左右告其

誅反斬之。

元中觀瑞石表

皇帝陛下稽古順天應圖撫運凝懷至道屬相大同是用省方以明罪己深仁旁達於下土至德昇聞於上元符讖永臻禎祥間出降太上匡扶之命靖中和寇孽之災迺示明文爰形古篆足表妖氛卽殄聖壽無疆克知攸復之期便是清寧之日。

青羊宮醮詞

伏以上聖誕膺寶命丕纂鴻樞自出震以來至御乾之後

何嘗不納隍在慮馭朽勞思惠布寰區恩覃動植雖志期清淨而運偶艱難旋屬盜據宮闈毒流士庶震驚宗廟沸蕩山川是用勞天步以禳災幸蜀都而罪己伏賴元祖垂祐靈符降祥垂六字之明文表千年之聖祚今則果潰元惡爰收九重指鳳闕以非遙返鑾旂而有日臣虔奉綸旨精按科儀投玉版以陳詞潔金壇而備醮伏冀羣眞効祉大道垂休蕩邪烝於六天掃妖氛於九有保安社稷永息兵戈卽仰荷大道覆育之恩。

鄭愚

愚番禺人咸通初官監察御史商州刺史桂管觀察使召爲禮部侍郎掌嶺南西道節度使終尚書左僕射

潭州大溈山同慶寺大圓禪師碑銘 幷序

天下之言道術者多矣各用所宗爲是而五常敎化人事不外於性命精神之際史氏以爲道家之言故老莊之類是也其書具存然至於盪情累外生死出於有無之間眞然獨得言象不可以擬議勝妙不可以意況則浮屠氏之言禪者庶幾乎盡也有口無所用其辯巧歷無所用其數愈得者愈失愈是者愈非我則我矣不知我者誰氏知則

知矣不知知者何以無其無不能盡空其空不能了是者無所不是得者無所不得山林不必寂城市不必喧無春夏秋冬四時之行無得失是非去來之蹟非盡無也冥於順也遇所卽而安故不介於時當其處無必故不踼於物其大旨如此其徒雖千百得者無一二近代言之者必有宗宗必有師師必有傳然非聰明瑰宏傑達之器不能得其傳當其傳皆是時之鴻龐偉絕之度也今長沙郡西北有山名大溈蟠林穹谷不知其嵐幾千百重爲熊豹虎兕之封虺蜮蚺蟒之宅雖夷人射獵虞迹樵甿不敢田從也

師始僧號靈祐福州人笠首屩足背閩來游菴於翳薈非食時不出淒淒風雨默坐而已恬然晝夕物不能害非夫外生死忘憂患冥順天和者孰能與於是哉昔孔門殆庶之士以簞瓢樂陋巷夫子猶稱詠之不足言人不堪其憂以其有生之厚也且死生於人得喪之大者也既無得於生必無得於死既無得於得必無得於失故於其間得失是非所不容措委化而已其爲道術天下之能事畢矣皆涉語是非之端辯之益惑無補於學者今不論也師既以茲爲事其徒稍稍從之則與之結搆廬室與之伐去陰黑

以至於千有餘人自爲飲食綱紀而於師言無所是非其有問者隨語而荅不強所不能也數十年言佛者天下以爲稱首武宗毀寺逐僧遂空其所師遽裹首爲民惟恐出蚩蚩之輩有識者益貴重之矣後湖南觀察使故相國裴公休酷好佛事值宣宗釋武宗之禁固請迎而出之乘之以已輿親爲其徒列又議重削其鬚髮師始不欲戲其徒曰爾以鬚髮爲佛耶其徒愈強之不得已又笑而從之復到其所居爲同慶寺而歸之諸徒復來其事如初師皆幻視無所爲意忽一二日笑報其徒示若有疾以大中七年正月九日終於同慶精廬年八十三僧臘五十五即窆於大溈之南阜其徒言將終之日水泉旱竭禽鳥號鳴草樹皆白雖有其事語且不經又非師所得之意故不書師始聞法於江西百丈懷海禪師謚曰大智其傳付宗系僧牒甚明此不復出師亡後十一年其徒有以師之道上聞始詔加謚號及墳塔以厚其終豈達者所爲耶噫人生萬類之最靈者而以精神爲本自童孺至老白首始於飲食漸於功名利養是非嫉妬得失憂喜晝夜纏縛又其念慮未嘗時餉歷息煎熬形器起如寇讐行坐則思想偃臥則魂

夢以耽沈之利欲投老朽之筋骸餐飯既耗齒髮已弊又拔白餌藥以從其事外以夸人內以欺已曾不知息形休影捐慮安神自求須臾之暇以至溘然而盡親交不嘗如行路利養悉委之他人愧負積於神明辱殆流於後嗣淫渝汗漫不能自止斯皆自心而發不可不制以道術道術之妙莫有及此佛經之說益以神性然其歸趣悉臻無有僧事千百不可梗概各言宗教自號矛盾故褐衣髡首未必皆是若予者少抱幽憂之疾長多羇旅之役形影氣力嘗不逮人行年五十已極遲暮既無妻子之戀思近田間

之樂非敢強也恨不能也況洗心於是踰三十載適師之徒有審虔者以師之圖形自大溈來知予學佛求爲讚說覩其圖狀果前所謂鴻龐偉絕之度者也則報之曰師之形實無可贊心或可言心又無體自忘吾說審虔不信益欲贊之云云既與其贊則又曰吾從居大溈者尚多感師之開悟者不一相與伐石欲碑師之道於精盧之前欲其文辭近吾師之側謂予又不得不爲也予笑不應後十來予門益堅其說且思文字之空與碑之妄空妄既等則又何虞咸通六年歲在乙酉草創其事會予有疾明年二月

始迄其銘又因其說以自警觸故立其意不專以褒大溈之事云爾銘曰

湖之南湘之西山大溈深無蹊虎日嘯猿又啼雨槭槭風淒淒高入雲不可梯雖欲去誰與攜彼上人忘其身一晏坐千餘旬去無跡來無親夷積阻構嶙峋棟宇成供養陳我不知徒自勤物之生孰無情識好惡知寵驚眞物藏百慮陳隨婉轉任崢嶸雲糊天月不明金在鑛火收熒我不知天地先無首尾功用全六度備萬行圓常自隨在畔邊要即用長目前非艱難不幽元哀世徒苦馳驅覓作佛何其愚算海沙登迷廬眼喘喘心區區見得失繫榮枯棄知覺求形模近似遠易復難但無事心即安少思慮簡悲歡淨蕩蕩圓團團更無物不勞看聽他語被人謾生必死理之常榮必悴非改張造眾罪欺心王作少福須天堂善惡報正身當自結裹無人將心作惡口說空欺木石嚇盲聾牛阿房鬼五通專覷捕見西東禁定住陽朦朧與作爲事不同最上乘有想基無結淨本無爲人不見自心知動便是莫狐疑其下說沒文詞識此意見吾師

欽定全唐文卷八百二十一

程晏

晏字晏然乾寧中進士

蕭何求繼論

讀漢史者多曰曹參守蕭何之規日醉以酒民歌之曰蕭何爲法顜若畫一曹參代之守而勿失載其清淨民以寧謐其爲漢之二賢相也至矣哉論曰非也譬牛之渴也豎子飲之渟淖之汚牛渴已久得渟淖之汚寧顧清泠之水乎設使豎子牽之於清泠之水則滌乎腸中之泥也牛然

後知渟淖之汚不可終日而飲之百姓罹秦之渴已久矣蕭何曰吾所以爲法律是權天下之草創也吾不止此將致君爲成康之君使民爲成康之民是牽民於清泠水也曹參日荒於酒惠帝訊焉參詷於惠帝曰高帝創之陛下承之蕭何造之臣參遵之陛下垂拱臣等守職惠帝以爲是也民又歌之也嗚呼漢之民以漢之汚愈於秦之渴不知牽於清泠之水滌乎腸中之泥也蕭何之傳曹參也若木工能構材而未果覆而終者必待善覆者成焉何旣構矣謂參爲覆者參守其構而不能覆徒欺君曰陛下不如高帝臣參不如蕭何善守可也何廢作哉若不可以爲廢作卽文帝除肉刑不爲漢主仁聖之最也參不能孜孜其君於成康之政不知已不能覆何之構而荒於酒幸不同羲和之誅貪位畏勝飾情妄言以惑君也孰名爲賢相耶吾病漢史以蕭何爲善求繼以曹參爲堪其後故爲之論

工器解

匠刀者不必自用割匠弓者不必自用射善爲器而已善割者不必善匠刀善射者不必善匠弓善用人之器而已庖丁豈自鍛而後操之耶由基豈自斲而後射之耶然則

匠刀者不嫉庖丁之解匠弓者不嫉由基之中業已之爲器而懼刃之不利弦之不勁也我器旣利旣勁稱彼之用是器得其所又何嫉哉蕭張爲漢之器旣利旣勁矣不嫉漢祖之能刃我而解羽弦我而中羽天下是業已之爲器也反是者所謂已匠刀不欲人之善割已匠弓不欲人之善射然則器安適乎范增之器也旣利旣勁矣鴻門之言不用羽非善割善射者終不能用其器也是器豈嫉人也哉痛哭之失其所也是言也不足爲儒者道用警乎貪民嫉上之臣也

設毛延壽自解語

帝見王嬙美，召毛延壽責之曰：君欺我之甚也。延壽曰：臣以爲宮中美者可以亂人之國，臣欲宮中之美者遷於胡庭，是臣使亂國之物不逞於漢而移於胡也。昔閎夭獻美女於紂而免西伯，齊遺女樂於魯而孔子行，秦遺女樂於戎而間由余，是豈曰選其惡者遺之，美者留之邪？陛下以爲美者，是能亂陛下之德也。臣欲去之，將靜我而亂彼。陛下不以爲美者，是不能亂我之德，安能亂彼謀哉？臣聞太上無亂，其次去亂，其次遷亂。今國家不能無亂，陛下不能

去亂，臣爲陛下遷亂耳，惡可以爲美爲彼得乎？帝不能省。

君子曰：良畫工也，孰誣其貨哉？

齊司寇對

齊境多寇，司寇不理，景公召司寇讓之，反諍公曰：請理君朝廷之寇也。公曰：君廢其職，反責我，欲辭其責也。曰：不然。君不聞鼷鼠之牙乎？食人與百類，雖齧盡而不痛，俗謂之甘口鼠也。魯國之牛聞食其角矣，請以是諷焉。牛之寢齕，有蚊蚋撓其膚毛，必知鼓耳搖尾以揮之；及鼷鼠食之，卽不知痛也。鼠之一牙，豈不甚於蚊蚋千嚼乎？以其口甘，雖

貫心徹骨而不知也，況其角乎？公誠職臣以司寇，請司朝廷之寇，然後司封疆之寇也。朝廷之寇，其鼷鼠乎？食君之角矣，又將貫骨與心也，是患大而君不知也。封疆之寇，蚊蚋乎？但撓君之膚毛耳，君將鼓耳搖尾而揮之，是患小而不知大也。臣所以急其大而不知漫其小而得知也。景公不喻，竟坐司寇以不事。晏子曰：司寇死，田氏爲鼷鼠於齊矣。

祀黃熊評

傳曰：子產聘晉，晉侯有疾，夢熊以爲厲鬼。子產曰：鯀之神

化爲黃熊，鯀爲夏郊，三代祀之。晉爲盟主，未之祀乎？遂使祀之。而杜預又注曰：言周衰，晉爲盟主，得佐天子祀羣神也。曰：異乎吾之說也。若鯀爲夏郊，三代祀之，卽掌周禮者存焉。晉爲盟主，豈天子祀典宜諸侯而僭之邪？是不可祀之者一也。羽山又非晉望，是不可祀之者二也。鯀若爲天下癘，卽有天子太癘司其祀矣，是不可祀之者三也。若爲一國之癘，卽有侯東海者國癘司其祀矣，是不可祀之者四也。況祀爲夏后，鯀有歸祀，又不爲癘，是不可祀之者五也。子產言祟癘之事有二，吾取其一焉，言實沈臺駘之祟

吾取之矣黃熊之癘吾不敢聞晉侯方疾其或荒邪內作偶夢色象之一物謂之黃熊安可執加鯀厲而爲昏越之祀哉

窮達志

君子寧小窮而大達小人寧小達而大窮小者人之役大者人之道也孟子論帝王之道於諸侯諸侯不志我言則去之豈不以小窮而大達歟衞鞅論帝王之道於秦伯秦伯寐於是鞅乃易之以霸强之術而苟容之豈不謂小達而大窮歟君子不患乎無才患乎不知窮達之理也孟子

大達遠盜蹊而遵正路者也衞鞅大窮捨正路而趨盜蹊者也秦不知蹊以問鞅鞅指之趨盜蹊而强去也我知盜之蹊而返然之曷若遵正路而遠盜蹊哉

內夷檄

四夷之民長有重譯而至慕中華之仁義忠信雖身出異域能馳心於華吾不謂之夷矣中國之民長有倔强王化忘棄仁義忠信雖身出於華反竄心於夷吾不謂之華矣竄心於夷非國家之竄爾也自竄心於惡也豈止華其名謂之華夷其名謂之夷邪華其名有夷其心者夷其名有華其心者是知棄仁義忠信於中國者即爲中國之夷矣不待四夷之侵我也有悖命中國專倨不王棄彼仁義忠信則不可與人倫齒豈不爲中國之夷乎四夷內嚮樂我仁義忠信願爲人倫齒者豈不爲四夷之華乎記吾言者夷其名尚不爲夷矣華其名反不如夷其名者也

李綽

綽字肩孟吏部侍郎舒曾孫官膳部郎中

尚書故實序

賓護尚書河東張公三相盛門四朝雅望博物自同於壯

武多聞遠邁於胥臣綽避難圃田寓居佛廟秩有同於錐印跡更甚於酒傭叨遂迎塵每容侍話凡聆徵引必異尋常足廣後生可貽好事遂纂集尤異者兼雜以詼諧十數節作尚書故實云耳

昇仙廟興功記

夫人道陽教重元妙理考虛無之跡合恍惚之言則有闕周靈王太子駕鶴沖天遺廟之所在也綿祀千百與世瞻依而榱棟傾頹塗墍摧剝肅恭奚展焚醮無歸今河陽行軍懷州刺史僕射清河張公即留守太保相君之令弟游

心衆妙秉志出塵省日費之資出星冠之侶鳩工合力易朽爲堅扶曲檻於層巒正飛甍於絶巘睟容可久勝事一新雲路重開庶覩賓天之駕風篁無廢如聞夜月之笙觀主蘇尊師以克就厥功宜刊貞石謂綽執趙昇之敬沐穰苴之仁猥命撰詞不敢堅拒時乾寧四年正月三日記

裴贄

贄宰相坦從子第進士擢累右補闕御史中丞刑部尚書昭宗立拜中書侍郎同中書門下平章事尋兼户部尚書帝幸鳳翔爲大明宮留守進尚書左僕射以司空致仕朱

全忠將篡貶青州司户參軍殺之

請祧順宗奏

竊以昭宗皇帝山陵虞祭畢祔太廟合定祧遷下尚書省集議聞奏者伏以廟朝大禮宜循故實今據大常博士李伺柳莊議狀證引不同只請准近朝例祧順宗一室入祔昭宗神主

盧說

說官汝陽主簿

授李思敬馬殷湖南節度使制

門下十國爲連萬夫是長兼文武之寄居方岳之重握我兵符疇咨人傑而又東神京襟帶扼衡越咽喉疏五時之封疆跨三湘之土壤節制之重柬求惟難允叶僉諧爰膺並命具官李思敬族著山西神交圯上鼎鐘刻伐帶礪誓盟探義府之根源暢和門之方畧雙鞬小戟承家而猿臂推奇叔豹季貍濟美而牛頭入夢具官馬殷夙彰奇節素挺英才究六韜三畧之微得十圍五攻之要誅暴救亂戰必勝而攻必取安人和衆近者説而遠者來旣有勇而知方善勝殘而去殺並懷仁抱義履信資忠載張四維俱崇

七德或貳戎車之政令寛緩不苛或列雄鎮之偏裨動用安重使惇婺懷其惠桀黠畏其威爲我寶臣咸彰嘉績有以難凡告老瀝懇以聞俾諧内舉之誠爰頒試守之命有以元戎殞喪軍俗上陳言其以得士心可使爲帥姑徇人欲爰假武符或曾未半朞或始逾星紀皆聞報効允叶陟明而善守化條克固吾圉綏懷有庶協比其鄰底貢率循於舊章賦事罔愆於彝制不有即眞之命曷明勸賞之文是用授以旌旄錫之鈇鉞或昇其馭貴啟以邑封洎夫端揆之崇並壯方隅之寄各竭誠節以奉明恩撫字蒸黎尊

奬王室。無窮九貢。須布六條。咸思不溢之言。以謹有終之戒。服我謨訓。往惟欽哉。

吳蛻

蛻。會稽人。

鎮東軍監軍使院記

昔晉文公之爲盟主也。崇大諸侯之館。以禮賓客。而前史猶或美之。而況元帥太師中書令彭城王之爲藩翰也。尊天子之命。廣近臣之署。以宣王澤。以壯軍威者哉。初乾寧單閼歲。叛臣芥視生靈。鼠竊位號。屏王臣于湫隘。而毀徹

其官署。以肆暴焉。元帥彭城王以大義爲心。龔行天討。遂平其難。帝命兼而鎮之。尋詔特進左監門衛上將軍汝南周公以監護之實。欲以天子之渥澤。而渙汗於三軍也。連帥有奇勳殊績。忠國利人之大節。皆得以上聞。以是銘盤盂。鏤鍾釜。免虛其授受也。豈不重歟。汝南公駰騎至止。軍情大洽。彭城王慕其溫雅。特加禮焉。且曰。易有大壯之義。詩有斯干之美。今奈何以卑庳之棟宇。而處天子近臣。不營爽塏者乎。乃命軍吏揆日經始之。去子來之民。募宿飽之卒。浹旬而材備。累月而功畢。重門洞開。列楹高峙。奔者走者。不敢仰視。周垣緻密。顯敞豐博。聞者驚駭。見者眙愕。東廂西序。窈窕深邃。前廡後軒。櫛比星連。方塘曲沼。游魚浴鳥。異竹奇花。藍梢粉葩。復有大厦之前。木蘭特異。盤陰袤丈。庇于廣庭。越城之中。稱爲一絕。當前政不軌之際。忽焉彫零。逮彭城王之鎮臨也。綠葉紫苞。載新陽豔。雖田家荆樹。未足多焉。是知忠孝之感通。其揆一也。彭城王嘗因讌遊。形於歌詠。題於屋壁。聲在管絃。其及物之功。皆此類也。越之曩制。府兵十有四旅。屬郡邊戍。皆出其間。前賢莅臨。猶或逗撓。今一府之內。控弦十萬。朱旗絳天。長戈雪野。

揮汗則雨驟。吐氣則雲舒。而汝南公以溫恭沖澹之德。和煦之。以貞正廉平之道。矯厲之。使三軍之士。咸得其歡心。及考秩向滿。連帥惜其去。拜表乞畱。中外美之。於戲。自兵興以來。歲踰二紀。唯彭城王以忠孝之節。罄翊戴之心。連定金陵。再清鏡水。絕孽芽之本。覆祅僞之巢。而復以國家經費爲憂。勤修職貢。航深梯險。道路相望。史不絕書。府無虛月。當朝廷多事之際。天帑充給。實有賴焉。天子以是奬殊庸。超賞典。授雙節。帥兩藩。製衣以頒之。鏤金券以錫之。復加定亂安國功臣。所以昭異數也。汝南公嘗從容謂左

右曰當今海內竭忠誠著實効於國者其吳越之邦乎抑有由也昔武德初巢國公爲佐命功臣逮今二百八十載其裔孫復爲定亂安國功臣豈偶然哉在我朝之創業也有巢國公佐焉其中興也有彭城王輔焉所謂世濟其美代不乏賢仲尼曰積善之家必有餘慶此之謂乎汝南公深識而遠慮博古而該今皆此類也夫如是豈止護强軍宣帝命而已是將入輔宸極致君堯舜外有彭城王之糺率羣后尊奬王室海內欲求不治其可得乎蛻以不才謬塵賓介奉命紀述誠慙陋蕪庶幾勒貞珉永鴻烈用傳於

不朽以繼奚斯之頌云時天復元年歲在辛酉八月庚辰朔二十四日癸卯記

孟昭圖

昭圖僖宗朝左拾遺以論宦寺專政田令孜矯詔謫嘉州司户參軍使人沉之於蟇頤津

請對不召極諫疏

君與臣一體相成安則同寧危則共難昔日西幸不告南司故宰相御史中丞京兆尹悉碎於賊唯兩軍中尉以扈乘輿得全今百官之在者率冒重險出百死者也昨昔黃頭亂火照前殿陛下惟與令孜閉城自守不召宰相不謀羣臣欲入不得求對不許且天下者高祖太宗之天下非北司之天下陛下固九州天子非北司之天子北司豈悉忠於南司廷臣豈無用於勅使文宗時宮中災左右巡使不到皆被顯責安有天子播越而宰相無所豫羣司百官棄若路人巳事誠不足諫而來者冀可追也

王說

說天祐時人

對户絶判

景身死户絶資財將没官出嫁女請除葬外悉收之叔復請分所由不決仰斷

景忝彼齊人生此王土逐什一之利旣富家財服畎畝之勤方編户籍旣而溘先朝露遂卜佳城遠日新封巳供葬備昔時餘業可議官收相彼薄言將分厚產且弟惟同氣女有從人鳳兆于飛旣歸他族鴈行以序自合保家繼絶請從於叔兮論財難專於女也以茲丕蔽庶叶其宜

對三公佩刀入閤判

乙爲三公佩刀入閤門下監門不覺法司論罪

俱至死辭云錯誤請減議論法司執云君上之
前不容有誤議之則可減之則非
宸居宅中元輔就列蘭錡蘱固必表九重之尊槐位辨宮
以崇八命之禮旋觀彼乙從事於斯當竭奉上之誠翻畜
不祥之器未聞擒敵徒有孟勞之寶踐歷（一作既踐）榮班遂得
呂虔之贈況趨於清切佩以周旋誤作匪宜入閤固當伏
罪守之不謹監門自可論辜請從司敗之科以戒事君之
旨徒云議貴須正刑名

郭應圖

應圖天祐三年國子監生

請定國學明經額數狀

伏覩今年六月五日勅文應國學與諸道等明經一例解
送兩人者應圖等早辭耕稼夙慕詩書自抛鄉邑之中便
忝國庠之內棲遲守學轗軻於時未（闕）昇進之期卻抱減
退之患苟或諸道解送監府同條實謂首尾難分本枝無
異伏請聞奏俾遂渥恩

鄭璘

璘字華聖宰相從讜子黃巢之亂依泉州刺史王審邽

授王摶諸道鹽鐵轉運等使制

門下天之四序運造化以成功王者萬機仗輔弼而興理
豈獨安危斯在實以職任是資所以發于三光凝其庶績
則何以迭升崇秩兼陟總臨況夫國用殷煩財力未贍允
佇開張之術盡緊通變之方屬我名臣遂行寵渥扶危匡
國致理功臣光祿大夫守吏部尚書同中書門下平章事
上柱國瑯琊開國公食邑二千户王摶地華簪紱（闕）盛公
台分秀氣於嵩高襲殊祥於淮水秉四科之全德危百行
之貞規夷玉在懸能發希聲之妙良金若礪自標大用之

能夙振嘉名具揚清貫右坡演如綸之職左户貳版籍之
司望實既光夢卜斯得見陳平之知任（闕三字）識元禮之
令稱委持衡朕以運屬多難羣經欲舉便殿每召前席與
言山甫之秉小心見稱風雅陽山之有大體雅重絲綸謌
吉上才冠彼前古今以將圖興復克集事功宜付繁難以
表優異是用踐黃樞之峻級總青簡之刋修特以貨泉資
其良畫於戲蕭何掌輓運之柄在漢爲功名夷吾通輕重
之權致齊垂霸業緊展匡時之道佇成富國之謀勉膺寵
靈服我丕訓可門下侍郎依前兼吏部尚書同中書門下

平章事監修國史充諸道鹽鐵轉運等使功勳如故

授錢鏐潤州節度使制

門下登壇命帥俾宣力於四方暢轂戎車付機權於十乘鎮于列土委兹誠臣所以功著者寄崇勞大者賞厚由是兼膺將領迭擁戎旃爰稽至公遂行殊渥某官凌霜勁節溢亘奇鋒功成不居卑以自牧分山西之秀氣將稟威稜讀圯上之偏書洞知韜畧名齊飛將績茂冠軍自撫藩條緯聞政理法去滋彰之弊人稱勞來之安蔚然風聲遠陳謠詠昨者董昌輒生狂逆顯負恩榮既署官僚復更正朔

自稔貫盈之罪敢憑城社之安謂天網之可逃宜有土之共棄悖慢之狀遠邇咸知鏐于此時獨奮忠節掃欃槍之巨祲清沴氣以無遺爰整干戈竟開城壘捷書上獻殊庸卓然且思勸善之文遂舉疇庸之命是用益其疆土盛彼旌旄增鏡水之名封兼金陵之奧壤合此重寄殷爲大藩風煙載嚴控制甚廣允暢萬夫之望彌張列郡之雄我所報功斯謂格寵爾當勿私彼敎每務謐寧偃戢兵戎拊循彫弊動體安人之本自成樂土之風奬任益崇鎮臨攸重勉承明訓往惟欽哉

授李繼密山南西道節度使制

門下朕以恭已視朝詳理興化對山河之美必念功臣聽鼙鼓之聲每思良帥況其華陽奧壤黑水上游提封遠振於三川列郡豈惟於千里爰授勳畧往膺撫綏斷自朕懷允符僉屬某官深沉曠度果敢知名秉義向公服於吏事披堅執銳振彼軍功奉國勵心以身率下暑不張蓋惠若投醪刺隴坻而師必樂隨鎮洋川而人皆自便卓然威重洽乃風聲今以梁漢之間撫理是切允思安乂諒屬智能既習俗以不遷睠寵章而宜舉況爾伯父鎮於是邦舊愛

尚留承家益美想彼下車之後必聞莅政之方爾其蘇靖蒸黎務勸耕織謐寧封境謹奉詔條致我巨藩成其樂土不改三公之貴用光十乘之權厥惟欽哉勉承嘉命可權知河陽節度使觀察留後特進檢校司徒兼御史大夫上柱國隨郡開國子食五百戶

授安友權安南節度使制

門下朕以伯侯之崇列於藩翰旌鉞之寄屬在忠勞況其俾奉詔條佇乃聲效宜洽念功之典用資撫俗之才具官安友權學奧六韜術探三志得子玉理兵之要有少卿養

士之心。自屬艱難。勉勵誠節。侍衛之勞旣著。星霜之志靡渝。載陟周行。益恭環列。校其勲績。宜舉寵靈。乃睠海隅。地聯越俗。每思封部。尤在撫安。往分瑞節之榮。更益公台之重。爾當奉茲七德。睦彼四鄰。夙夜以勵武功。周旋以修軍政。成于樂土。副我朝恩。勉服訓詞。欽承厥命。

皇帝第八男祕第九男祚第十男祺封王制

門下。昔者明王臨御之理。立德於至道。茂緒于惟親。朕嗣守丕圖。祗若鴻訓。未嘗不稽古以建于邦家。勵精以奉我皇唐之宗祖。況洎漢而還。封冊之重。抑有前典。煥乎彝章

當知子之敢私。亦內舉之良媿。第八男祕粹和包美。謹厚自居。踐禮樂之德文。備詩書之義府。第九男祚生而向善。夙賦好謙。克明教導之風。蔚有端莊之質。第十男祺。後星表潤。甲觀呈祥。妙彰岐嶷之姿。雅得聰明之性。而又並標嘉器。皆稟溫文。慰沃且多。寵數宜舉。爰擇重地。式崇其名於戲。恭乃修持。服諸訓。順俾成磐石之固。允膺典禮之榮勉樹令儀。各欽休命。祕可封景王。祚可封輝王。祺可封祁王。

授李鐬邕州節度使制

門下。漢之上將。或委登壇。古之萬夫。用期觀政。所以典禮素難于方面。僉諧遂舉于寵章。我有勳勞。豈忮恩擢。某官某秉節持重。抱器謙明。旣熟戎韜。兼通軍志。拂青萍之出匣。百鍊無前。整紫燕之追風。千金莫對。感激而雷霆助順訓齊而貔武增雄。爰自先朝。薦逢多難。功烈昭著。金石無渝。且聞宿衛之忠。亦著戴馳之効。每稽功秩。盡瘁十年。爰用陟明。嘉于一志。乃睠邕部。實爲舊藩。接服嶺之要衝。連駱越之奧壤。付茲重寄。翳爾雄才。爾當清以臨人。和而馭衆。善施條教。動慰蒸黎。蘇我疲封。佇成樂土。爰峻保安之

秩。式崇鎮撫之名。往惟欽哉。勿怠丕訓。

王摶

摶字昭逸。擢進士第。累遷蘇州刺史。入爲戶部侍郎。乾寧初。進同中書門下平章事。加檢校尚書右僕射。浙東西宣撫使。錢鏐兼領二浙。留拜門下侍郎同中書門下平章事。加司空。封魯國公。光化三年。罷爲工部侍郎。貶溪州刺史。又貶崖州司戶參軍事。尋賜死藍田驛。

命錢鏐討董昌詔

勑門下。朕惟雷霆霜雪。上天降以成物。明罰飭法。哲王垂

以理人是以陽春不可以獨爲歲功仁恕不可以專爲君德威刑之作其在茲乎朕以渺躬祗膺大寶奉祖宗之丕訓荷天地之洪休八年於茲一日無怠遜於志者既求諸道逆於心者必本於情苟懲戒之不明懼典章之斯廢威勝軍節度使隴西郡王董昌出於行伍屬遇艱難權握兵戎位崇將相器纔盈而自覆鼎必折而遂傾因馮生祠輒有狂謀假陳妖異惑亂邪巫鼓譟危樓僞爲建國不思理代徒生犬吠之音欲就叢祠妄舉狐鳴之兆賴浙西節度使錢鏐忠誠憤激壯節堅高始以逆順之理飛章諭之而

不悟次以攻伐之謀盟約脅之而不迴至於率兵直以摩壘雖復假言幻惑止遏兇邪終爲閉壁偷安不使束身歸罪是其陰詐猶欲張皇魚戲鼎而雖亦可哀蜋拒轍而終爲不率天討有罪魁得而誅其董昌在身官爵並宜削奪仍委爾進兵攻討越州城内士庶且多寧無勇敢之徒喜以功名自許如有梟戮生擒董昌者授三品正員賞錢一萬貫如先有官者超三資酬獎如董昌威制會助妖謀翻然改圖轉禍爲福有所自效者並置不問賞則與之於戲惡殺好生君人令德伐順討逆武夫令猷鳴鼓而攻既非獲已奮戈而起亦宜慎諸勿發勿焚無誤無失罔俾觀聽謂我黷武而勤兵也用告遐邇明正其罪

韓運

運唐末人自稱紫團山叟

靈棊經後序

僕知命之後從宦幽燕值唐祚湮微時歲在辛丑三月中旬契丹大下圍繞燕城原野之中略無虛地盡白壤而已士庶驚駭寮屬惶惑弱子幼婦晨夕不保自是無所控告遂焚香以靈棊經筮得三上二中二下卦辭云土地平安

無有艱難大宜種作利用往還翌日勾院博陵公郎中召飲因議茲事博陵曰某昨日亦得斯兆是時契丹攻圍轉逼有僧同族始以當家因相慰問又虔祝而筮之前卦復顯至五月救兵不致僕與同輩在昌平縣令周居隱懷來縣令吳湘都押衙趙宗古同宿于守備之所憂援兵來緩因言是經遂衆請虔禱而筮之得二上一中見卦體不全合坐愕然貽歎覽其辭曰以事託人日望其意乃至於今方獲嘉喜事須淹留終保其志願曰以其位孤微不能自立吉則終吉但應遲爾至六月危困愈甚僕又請筮之衆

曰休休。若得好卦。猶不敢伏。如更凶惡。轉加愁思。余自心口相謂曰。但自擲之。好即揚。凶則自謀脫命之計。由是擲之。依前得土地平安無有艱難之卦。至七月九日。門徒醫術士郭彤雲來相省慰。僕不在家。與諸子共話靈棊經之事。復懇祝之。擲而成卦。亦得土地平安之卦。僕因啟願。若免斯難。當手書十卷。傳於好事者。是年八月二十四日。大兵解圍。乃知至誠感神。至誠感靈。故敘其事。附於十卷之後云。黨紫圍山叟韓運序。

陽坤

坤天祐中官虔州百勝判官。知勾判南京縣事。檢校户部尚書兼御史大夫。

洞清觀銅鍾款識

當縣洞清觀銅鍾壹口。先平固作孽之時。捋擴入峒。至天復元年。坤統押將士收破。卻復前件鍾。將歸本縣。緣洞清觀頃因亂罹多年荒廢。切見可封里晝錦禪院未有銅鍾。今將轉捨與保弟子官榮顯達。將卒興隆。邑內居人。同霑福利。鴻音遠布。永鎮伽藍。

欽定全唐文卷八百二十二

黃滔一

滔字文江。泉州莆田人。乾寧二年進士。光化中除四門博士。天復元年。受王審知辟。以監察御史裏行充威武軍節度推官。

周以龍興賦（以旋服國中位光鱗族為韻）

周以創三十代。啟八百年。既鳴鳳以授德。復興龍而御乾。奔天下之二分。豈惟雨驟。擎雒中之九鼎。寧止波旋。當其韜仁聖以表威靈。湧禎祥而呈氣色。岐梁爗衒耀之所。岍

隴湛蟠泥之域。幾年貪餌。吞將呂望之鉤。一旦飛天。霹破殷辛之國。觀夫或屈或伸。非假非眞。澤霈六合。恩濡兆民。以息虞芮。作在田之跡。以卻夷齊。為逆物之鱗。掀陸海之波濤。固殊鯨浪。擴九重之宮室。肯類鮫人。則知指縱而或仗爪牙。善戰而靡資血肉。火兵戈而雖假燒尾。鏡古今而未嘗眯目。遂使盟津契會。此時莫愧於雲從。羑里棲遲。昔日何傷於魚服。蟄如此高翔。曷量於蠻貊。而蟲沙附申忠信而鬐鬣張。足以雄飛革命。背冠與王。駕木德於震宮蒼然被彩。應陽精於乾象。赫矣飛光。所謂建皇基立寶位

模日楷月規天矩地非三聖之尤異焉可以神物而取類邈罔象乘鴻濛奔霆逆電驅雷走風非四靈之感通焉可以與周而同功豈徒角樹臣佐穴起域中拏開栗而攫散財滂沲有截壽九齡而豢十亂振奮無窮懿乎後煥放牛前光播轂愈彰聖德於王者益驗神蹤於介族則老聃之道漢祖之顏永宜雌伏

明皇迴駕經馬嵬賦以程及曉蜀芳魂顧跡爲韻

長鯨入鼎兮中原六龍迴轡兮蜀門杳鼇闕而難尋豔質經馬嵬而空念香魂日慘風悲到玉顏之死處花愁露泣

認朱臉之啼痕莫不積恨綿綿傷心悄悄逝川東咽以無駐夜户下扃而莫曉褭雲萬疊斷腸新出於啼猿秦樹千層比翼不如於飛鳥初其漢殿如子燕城若讐驅鐵馬以飛至觸金輿而出遊謀於劍外駐此原頭羽衛參差擁翠華而不發天顏愴恨覺紅袖以難留鴛鷺相驚熊羆漸急千行之珠淚流下四面之霜蹄踐入神山表態忽零落以無歸雨露成波巳沾濡而不及棧閣重處珠旒去程玉壘之雲山暫幸金城之烟景旋清六馬歸秦卻經過於此地九泉隔越幾悽惻於平生釵飄彩鳳之蹤鬢蛻元蟬之跡茫茫而今日黃壤歷歷而當時綺陌雨鈴製曲徒有感於宮商龍腦呈香不可返其魂魄空極宵夢寧逢曉粧輦路見梧桐半死煙空失鸞鳳雙翔鏡殿三春莫問菱花之照耀驪山七夕休瞻榆葉之芬芳大凡有國之尊罕或傾城之遇就言天寶之南面奚指坤維而西顧然則起兵雖自於青娥斯亦聖唐之數

以不貪爲寶賦以不驚他貨士之意哉爲韻

以玉爲寶兮寶之常名以不貪爲寶兮寶其可驚彼空矜其純粹此特稟其清貞潔巳虛中既處一言而落落飛聲

擅價終傾衆寶以鏗鏗宋人獲希代之珍子罕當連城之贄且曰伊我之寶非君莫遺提攜而日月耀手跪拜而邱山屬意殊不知飲冰勵節如冰之色何煩匪石推心剖石之姿足棄如此則別號瓊瑰得之非荆山者哉獨爲奇美種之乃情田而已莫不掃埃垢於嗜慾擴規模於廉恥器之於國雕鏤皆仗劍之流利之於人貿鬻悉投錢之士繇是煥爛羣目鏘洋一時自叶至珍之比永辭凡口之嗤豈可輕重貴賤諏議磷錙衒實矜華爾則以琬琰當也輝今瞚古我則以惇素稱之卒使民知反樸之風俗靡攫金之

過豈唯清白以足謂固亦溫良而大播所以不潤屋而潤身蓋非貨而曰貨則知以非貨而爲寶者少以所貨而爲寶者多少則與珪璋而合美多則與瓦礫而同科故其滌以蕪穢加諸琢磨採於己而不採於彼貴於我而不貴於他縱饒秦氏當時曾欺趙地爭奈楚君昔日薦刖荆和宋人於是辭默而慙顏赬而走斯言既得以佩服吾寶乃分其妍醜誰能持確論秉貞姿問貪夫之信不

景陽井賦 以擴然舊事國艱人悲爲韻

臺城破兮烟草春舊井湛兮苔蘚新自亡跡於天子幾興

懷於路人蓋悲萬乘之尊投身到此豈爲一泓之故舉世驚神叔寶以立作荒君在爲亡國玉樓之絲管宵咽桂岍之兵戈晝逼御天失措且四方之大何從没地無慙顧九仞之深可匿便委鴻業旁擕綠鬢奔入泓澄之内冀逃吞噬之艱殊不知理昧納隍處窮泉而詎得誠乖馭朽攀素綆而胡顏既而出作窮鱗奪歸偏爵一時之覆轍如此千載之遺波儼若陌上澄澈邱中寂寞暗淘人事以冰釋旁寫江天而鏡擴青銅有恨也從零落於秋風碧浪無情寧解流傳於夜壑徒觀其蕪没沙逕葳蕤澤葵漁樵汲引荆棘榮衰雖虛中而可鑒終徹底以堪悲寶鏡休分豈有得銅之日雕筵罷設永無投轄之期固以滌盡繁華銷平曩舊猶驚鼎沸於餘湧更弔山崩於疊甃荒涼四面花朝而不見朱欄滴瀝千尋雨夜而空啼碧溜斯則堙塞終古蕭條永年半竭而珠璫或出陸沉而翠蓋寧旋莫可追尋玉樹之歌聲邈矣最堪惆悵金缾之咽處依然嗟夫穿鑿豈殊淺深非異蓋悲鮒蟄之穴不見龍潛之地所以避匿其中莫比漢高之事

課虛責有賦 以理派空至方明得門爲韻

虛者無形以設有者觸類而呈奚課彼以責此使從幽而入明寂慮澄神世外之筌蹄既歷垂華布藻人間之景象旋盈昔者陸機賦乎文旨推含毫佇思之道得散樸成形之理雖羣言互發則歸於造化之中而一物未萌乃鑠在渺茫之始是宜囊括元牝箕張混元暗造無爲之域潛臻不死之根致彼音塵莫隱於秋毫纖芥令其影響俄通於萬户千門然後扇作波瀾騰爲氣色無論於遠近高下罔計於飛沉動植如鏗至樂非所聞而遽聞若摘元珠非所得而遽得則知文本於道道不可量杳韜存而韞亡道散

於文文不可當乃飛鋒而耀鋩取之者取之逈遠偶之者偶之不常故其越兎影邁烏光向無聲無臭之間陶開品彙於出鬼入神之際定作圓方乃使巧拙應機虧全任器考其始而始則無覩驗其終而終則有自物居恍惚牢籠而俟以眞歸精匿杳冥搜索而期乎實至所謂擺揚恬澹剖判虛空莫其神皃逮彼幽通豈惟率爾邈然散著於山川草木風飛泉湧爭飄於鳥獸昆蟲夫如是則洞啟幽元曾無險隘流音既自於扣寂成象還同於畫卦然後知文苑之菁華亦沖和之一派

送君南浦賦 以越空綠目傷妻是君爲韻

南浦風煙傷心渺然春山歷歷春草緜緜那堪送行客啟離筵一時之萍梗波濤今朝惜別千里之秦吳燕宋何日言旋當其繫馬出船候潮待月低徊而少婦對景愴恨而王孫望闕莫不撫嶰竹以淒楚撥湘絃而激越且當蘋澗把芳酒以留懽莫被薰風吹片帆而便發君不見陌上塵中奔西走東車輪似水馬足如蓬夜泊而猿啼霜樹晨征而月在煙空爭得枝間比翼更同於越鳥只應波上離羣便逐於燕鴻莫不太苦行人偏傷別妾龍媒而嘶出金埒鸞扇而持歸玉篋於時莫展歌嚬全沉笑靨郊天路口愁攀夾渡之柳條採蕨山前忍看解維之桂檝是知無人免別有別皆傷使人落顏貌枯肺腸淚成雨鬢侵霜朝悲五嶺暮怨三湘夢去不到書來豈常況一川之煙景茫茫橫衝楚徼兩岸之風濤渺渺直截炎荒無不銷魂如何舉目齎行而寶劍三尺留下而明珠十斛林駢樛木推誠而敢望合懽洲躍嘉魚取信而當期剖腹及夫樂闋人散龜飛日曛遺鞭卻取解珮還分玉窗之歸步愁舉蘭棹之移聲忍聞須知赤帝之江頭兩心似火莫自蒼梧之岸曲一去

如雲雖佇錦衾而贈我終摛錦字以疇君已而誰不別離別離如此誰不相送相送於是則東門與北梁不足云爾

水殿賦 以翻量去日有水空流爲韻

昔隋煬帝幸江都宮制龍舟而礙日揭水殿以凌空詭狀奇形雖壓洪流之上崇軒峻宇如張丹禁之中當其城苑興闌烟波思起截通魏國之路鑿改禹門之水於是怪設堂殿妙盤基址屏開於萬象之外嶽立於千艘之裏還於玉闕控鼇海以崢嶸稍類雲樓拔蜃江而聳峙皆以綵飾無比雕鐫罕量裝羽毛而搖裔疊瓊璧而熒煌鏡豁四隅

遠近之風光寫入花明八表古今之壯麗攢將天子乃縱巡遊極駕馭登巨艦以龍躍擴深滈而虎踞旌旗劍戟以絡野珠翠歌鐘而觸處三十六宮之雲雨須洞隨來一千餘里之煙塵冥蒙撲去百幅帆立千夫腳奔上搖烏兎下竄蛟鼉天河邂逅以驚殺地軸參差而軋飜蘭棹桂檝之駢闐行辭洛口鴛瓦虹梁之岌嶪坐徹夷門啟閉詎常登臨罔畢雷訇之竹箭衝過輻湊之木蘭貯出柳絲兩岸裊爲朱檻之春水調千聲送下青淮之日既而遄驚鬼瞰遽及神謀鑾輅而飄成覆轍樓船而墮作沉舟寶祚皇風一

傾亡於下國霞窗繡柱大零落於東流嗟夫駕作禍殃樹爲罪咎穿河彰沒地之象泛水示沉泉之醜血化兆庶財殫萬有所以湯武推仁不得不加兵於癸受

狎鷗賦 以釋意與遊還之汀曲爲韻

海童以泛泛浮浮愛於白鷗遂將窮於賞玩乃相狎以遨遊彼鳥何知苟同心而同德斯人足驗諒不忮而不求當其訪物外之高蹤得沙間之逸致雲心瀟洒以薦往鶴貌飄颻而疊至列爲儔侶肯無求友之聲御盡猜嫌皆得忘形之意至若海鏡秋碧天藍霽青磨鬭桂月於浩渺晝出蓬山於杳冥爾乃瞻雪影緬風翎曲得其情此曠蕩而來依別派不言而信彼聯翩而飛下迴汀四目夷猶兩情容與曾無隼擊之患忘到鳩居之所羅列靡慚於交契固類朋遊參差罔愧於弟兄還同雁序斯則別號羽客參爲水仙楊柳之江頭雨夜蒹葭之渡口霜天莫不探此景象窮乎歲年異鷄羣之逈處殊鶯谷之高遷掃塵緒以皆空那虞觸網負身弓而不縮詎肯驚弦則知蟬蜕是非羽翔凡俗豈鷹揚於霄漢之外乃鷺立於煙濤之曲因嗤鴻渚蓋春去以秋來翻笑鵲河竟離長而會促其父既駭於斯奚

令執之纔及入籠之念已興登俎之疑潮滿滄洲游泳空期於水際日生丹壑翱翔遽在於雲湄所謂禍機中藏物情外釋且斯鳥之猶爾豈於人而能隔則包含詭紿之流宜覽之而改易

知白守黑賦 以爲後之則跡無顛墜爲韻

白之能知須守黑於所爲黑之能守則知白而無咎聖人所以立言於彼垂訓於後將令學者得韜光用晦之機不使來人有銜實矜華之醜是宜採厥理扣其辭豈非白也吐耀含輝稟西金而成姿或元黃而可得或蒼赤而可期

知之者必能洞徹萬物昭彰一時故爲禍患之所之黑也光沉影匿浸北水而成色既視之而不見亦曉之而莫得守之者必能混合羣象冥蒙衆惑故爲安寧之所則緜是任懷霜而懷雪不在明言縱如璧以如珪終須默識如此則準繩萬國龜鏡八區俾其擅清名者若昧抱明智者如愚有於不有無於不無亦猶玉之貫虹以韞石而爲妙珠之象月以蚌胎而爲殊論於物而物且能爾驗於人而人焉忽乎是以釣璜於西渭之濱扣角向南山之夕須知刖足以招禍莫若漆身而遁跡君不見斗牛烏兎垂大明而

或隔陰霾麟鳳龜龍作嘉瑞而常居藪澤則知以白藏黑兮道無不全以白離黑兮理其不然若内包乎皎皎當外處乎緜緜故懷希代之珍者被褐負不羈之才者草元然後宏彰典式克免危顛夫如是則垂戒無垠推誠觸類靡令受彩之質或爽處蒙之意吾徒也勉之哉佩帶斯言而勿墜

漢宮人誦洞簫賦賦（以清韻獨新宮娥諷誦爲韻）

王子淵兮誰與倫洞簫賦兮清且新麗藻上聞於天子妍詞遍誦於宮人名價有玆寫札於御牋彤管風流無比吟哦於貝齒朱脣斯賦也述江南之翠竹生彼雲谷甘露朝洒瑞烟晴撲般斤遽取於貞勁夔律乃知其韞蓄既而植物惟一樂工惟獨九重聖主俄聆於玉韻金聲兩掖佳人爭致於瑤編繡軸受授相從彤闈絳宮始喧喧而歷覽旋一一以精通十二瓊樓不唱鸞歌於夜月三千玉貌皆吟鳳藻於春風莫不魯殿慙魂巫山破夢應教墨客以心死解得紅妝之口諷時時桂席驚飄舞雪於羅衣往往蘭臺誤下歌塵於綺棟於時閒趙瑟寢秦箏駐雲雨咽咸英非春而御苑花折當夏而幽闈景清如鶯人人卻以詞鋒而

勵吻雕龍字字爰於禁署而飛聲泉噴香喉雲靡綠鬢豈貫珠之歌同調固如簧之言别韻遂使霞窗觸處不吟紈扇之詩樂府無人更重箜篌之引斯則琴賦與笛賦奚過才子獲才人咏歌體物之能有是屬辭之道如何一千餘字之珠璣不逢漢帝三十六宮之牙齒詎啟秦娥方今天鑒求文詞人畢用有才可應於妃后工賦足流於嬪從洞簫之作兮何代無誰繼當時之吟誦

省試人文化天下賦（以觀彼人文以化天下爲韻）

明彼今古聞諸聖賢易垂言而著在八卦人有文而形於

普天用以成章既驗斯風之肅穆矚之於物乃知厥德之昭宣吾君秉此格言恢乎至理以爲文在天而苟可鑒文在人而誠足視在天則時變從之在人則化成有以故體此以御宇取茲而教人且文也肇自河龜見洛書陳道德故仁義新出無爲而入有象齊父子而一君臣既而上古遐中古邇苟流播之如此乃弛張而若彼始則六十四位演自周王旋則三百五篇刪於孔氏故得有國之君準繩斯文詩書禮樂以表裏干戚俎豆以區分莫不經天緯地髣髴氤氳布彼寰瀛風行而草偃被於億兆玉潔而蘭薰

然後鏗作咸韶散爲風雅調暢動植周通夷夏車書得以合矣貴賤與而同也遂使九州四海皆瞻黼黻於朝端墨客詞人交露鋒鋩於筆下大哉人文之義也煥矣赫矣可名可觀唯聖朝之所擅豈悖德之能干推其時而時或異論其道而道斯完故將垂百王而作範豈惟充萬國以咸懽者也夫如是則肩比三王威銷五霸宏彰馭馬之成政克俾雕龍之擅價彬彬乎哉郁郁乎哉有以見我唐之至化

館娃宮賦 以上驚空壕色施碧草爲韻

吳王歿地兮吳國蕪城故宮莫問兮故事難名門外已飛其玉弩座中纔委其金觥舞榭歌臺朝爲宮而暮爲沼英風霸業古人失而今人驚想夫桂殿中橫蘭房內創丹楹刻桷之殊制釦砌文軒之詭狀如同渤澥徙蓬閬於人間若自瑤池落蘂宮於地上繡柱雲楣飛蛟伏螭基扃鬱律鉤楯參差碧樹之珍禽夏語綠窗之瑞景冬曦吳王乃波伍相輦西施珠翠族來居玉堂而澒洞笙簧擁出登綺席以逶迤觸物窮奢含情愈惑欲移楚峽於雲際擬鑿殷池於檻側花顏縹緲欺樹裏之春光銀焰熒煌卻城頭之曙

色殊不知敵國來攻攢戈耀空虎怒而拏平雉堞雷訇而擊碎簾櫳甲馬萬蹄卷飛塵而滅沒瓊樓百尺爆紅燼之冥濛悉繇脩袖舞殃朱唇唱禍瑤堦而便作泉壤玉礎而旋成蘚石恨留山鳥啼百卉之春紅愁寄壠雲鎖四天之暮碧悲夫往日層構茲辰古壕香逕而同歸寂寂稽山而杳自高高遺堵塵空幾踐羣遊之鹿滄洲月在寧銷怒觸之濤已而西日悤悤東波浩浩松楸而駢作荒隧車馬而輾通長道彼雕牆峻宇之君宜鑒邱墟於茂草

陳皇后因賦復寵賦 以言情暮作國黛朝天爲韻

陳皇后一鏁長門。蕭條渥恩。欲寫退宮之永恨。因求體物之嘉言。蜀郡才高。述遺芳於桃李。漢皇心感。歸舊職於蘋蘩。想夫跡墜城南。寵移天顧。難期獻璽於春晝。不忍解簪於日暮。瓊樓寂寂。空高於明月秋風。瑶草淒淒。莫輾於金輿玉輅。於此蓄憤。夫何釋情。犀浦有多才之著。上林推獨步之名。沽酒而居。每樂當壚之事。量金以至。爰流擲地之聲。於是摛妍辭。藐濃黛。倖錦字。陳綺態。鬱芬馥於茵席。悄丁當於珠佩。鵲巢入搆。翻成別鶴之悲。馬首虛瞻。不識牽牛之會。振動文苑。旋彰國朝。既切採蘼於藻麗。遂牽連理於桃夭。一旦惻聖鑒。錫嘉昭。巳無爲雨之期。空懸夢寐。終自淩雲之製。能致烟霄。莫不傾北闕。駭南國。絲蘿而昨日靡託。珠翠而今朝改色。玉臺有恨。舞鸞之影孤來。金闕無恩。吐鳳之才續得。設使幸望禹若。含情默然。擢髮同論於漢殿。揮毫莫構於巴川。則此日前魚。定作小鱗而赴海。寧令破鏡。卻成圓月以昇天。懿夫揆天之手雖奇。麗水之珍可博。茍非玆賦之讚詠。奚救當時之黜削。方今妃后悉承歡。不是後賢無此作。

秋色賦 以雨作愁成然知與起爲韻

白帝承乾。乾坤悄然。潘岳乃驚素髮。感流年。抽綵筆。疊花牋。驅走羣言。寫抑鬱之懷矣。搜羅萬象。賦蕭條之景焉。於時淒淒漠漠。零露蒙作。杳杳冥冥。勁風吹成。或青山兮薄暮。或綠水兮新晴。昨日金輿。天子自西郊而迎入。此時火旆。祝融指南極以遄征。於是踆烏減赫。顧兔添明。地上落紅渠之態。煙中吟玉笛之聲。華嶽峯高。染蓮花而翠活。湘川樹老。換楓葉以霞生。愈碧吳山。偏清漢水。松栢風高兮歲寒出。梧桐蟬急兮煙翠死。衡陽落日。斜旅雁以飛來。劍閣中宵。逐哀猿而嘯起。遂使隋堤青恨。吳嶺綠愁。廬阜之蟾開石面。錢塘之雪入濤頭。空三楚之暮天。樓中歷歷。滿六朝之故地。草際悠悠。魚美東鱸。獸獰西虎。送鸞扇之藏篋。迎朱絲之織户。海上而輕籠皓月。皎潔成冰。隴頭而惹著陰雲。蒼茫欲雨。斯則寒暑推移。衰榮可知。金生火死。菊換蘭萎。豈惟自退及邇。窮高極卑。上澄鵲漢以清淺。東瑩鼇洲而渺瀰。數聲之元鶴驚時。九臯搖落。一夜之新霜撲處。百卉離披。是時坐客聞之。倅色揣稱。咸言此日之摛藻。更苦曩篇之秋興。

戴安道碎琴賦 以徒候巖響致聚深情爲韻

拔塵俗之能琴。其誰不欽。戴安道之擅名斯異。武陵王之慕義彌深。降使殷勤。將召來以聆雅。越持誠慷慨。爰擊碎以示胸襟。想夫名利莫羈。煙霞爲賞。澗松雖聳於梁棟。野鶴不侵乎羅網。吳山越水。韜物外之清光。蜀軫虞絲。播人間之妙響。杳杳區區。何人戒途。白屋忽驚於嘶馬。朱門欲俟於啼烏。焉有平生。探樂府錚鏦之妙。爰教一旦。則侯門戛擊之徒。於是賁出月窗。毀於蓬戶。擲數尺之鸞鳳。颯一聲之風雨。朱絃併斷。類冰泉裂石以丁零。玉柱交飄。誤隴雁驚弓而飛聚。使者焉知。宣言大非。且異鍛珠之義。寧同

碎斗之譏。陌上迴塵。走清風於玉殿。堂間釋手。章素節於金巖。於時野客相高。時人或陋。梧雕桐斷以寧顧。漆解膠離而莫救。至若池亭夜月之景。巖谷春風之候。遙當野岸。肯思流水之曾彈。靜對庭蕪。待從幽蘭之不奏。向若投綠綺以無意。緬維城而有情。亡一時之高躅。矜六律於新聲。則此日知音。但仰躍魚之弄。碧山煙霧。寧留藏豹之名。則知藝至者不可以簪笏拘。情高者不可以王侯致。終挺特以驚俗。不斯須而辱志。於今人語其風。孰不揖當時之事。

融結爲河嶽賦（以形質中成人事路復爲韻）

象帝以伐出物我。陶開杳冥至精。風散元氣。雨零一濁一清。既定乾坤之體。或融或結。遂爲河嶽之形。豈非斷乎鼇足之時。剖彼雞黃之日。二儀各立以交泰。一氣旁流而洋溢。於是蒼茫不定。奔爲歸谷之墟。積聚無從。疊作干霄之質。則令川陸天下。江山域中。淺深莫極。夷險難窮。剛柔隨之而洶湧。嗜欲繼之而隆崇。翻雪浪與霜濤。下吞方厚。拔重峯兼疊嶂。上列圓空。爾乃產鱗介蟲沙。植羽毛草木。星辰晝夜以明滅。烏兔東西而往復。則有龜負龍擎。文籍其陽九陰六。共觸愚移。傾缺其天樞地軸。如疏樸畧。波萬壑

以派分。似截渟泓。仞千巖而雲矗。旋聞大禹鞭神。巨靈湧身。鑿通浩渺。擘斷嶙峋。然後摠注滄海。爭磨碧旻。舟檝風生。航利名於世世。輪轅雷起。駕禍福於人人。至今若帶與言。如拳設喻。牢籠下土以箭急。控壓中洲而石固。三門九曲。競呈昇沒之源。太華維嵩。交鬭奔衝之路。誰能究厥理。考其情。溝瀆曷爲而散作。邱陵奚補而攢成。致彼至柔。灑回邪而互急。俾其峻極。干道德以全平。吾欲炭鞴陰陽。鑪燃天地。鼓將邐迤之濬谷。寫破連延之積翠。令今日之形象。復當時之寤寐。默默緜緜。然卻歸於無事。

魏侍中諫獵賦

我太宗之啟聖崇基，魏侍中之推誠輔時。恐羽獵以失德，採風騷而屬詞。瞻仰皇情，欲止畋遊之事；激揚丹懇，爰陳諫諍之詩。當其內則雍熙，外無攻討，閒憶擒飛而逐走，靜乃搜林而索草。殺傷有度，雖知不損於仁心；獮狩非時，或慮微妨於帝道。於是傾素節，攄深衷。何以闡禹湯之誠，莫如陳周召之風。願開三面之仁，上行君聖；遂取二南之義，下効臣忠。爾乃揮以絲毫，流於妙墨。文高而簡牘增煥，思苦而烟霞動色。莫不大罄箴規，堅持讜直。輝珠耀玉，面陳

丹陛之前；諷古諭今，袖獻紫宸之側。錯落清唱，錚鏦雅言。敘獲獸爭禽之理，述好生惡殺之源。少補元化，輕裨至尊。字字而請休馳騁，篇篇而乞罷驅奔。非不能繼子雲擲賦而進，非不能續司馬裁書以諭。蓋以詩也中律鏘金，成章爍綺。掬山川氣象於彼，載帝王興衰於此。以之刺上，則上或風從；以之化下，則下皆草靡。所以摛此章句，依於典墳。希一覽而恩覃羽旄，冀再觀而惠及毛羣。庶幾六藝之姸，終資睿鑒；當使三驅之禮，不越明文。然後甲馬休飛，騂弓莫控。俾百獸以率舞，致四夷之入貢。故其旌逸調，賞清辭，錫綵繒而甚衆。

誤筆牛賦 以從其誤著異質眞成爲韻

王獻之繢畫彌精，變通可驚。失手而筆唯誤點，應機而牛則眞成。用是飾非，既擅一時之妙；持功補過，爰垂千載之名。當其團扇羽輕，素繒雲薄。搦金管以如湧，露秋毫而似削。莫不佇思翔鸞，澄神丹鵲。臨風緬想，滿輪之桂月鋪開；對景嘆嗟，一點之松烟飄著。隱映瑕玷，依稀漆濃。既黑白之斯異，顧東西而曷從。南容之玷難磨，空傷往事；曹氏之蠅可學，遂展奇蹤。於是逐手摛成，隨宜演出。斯須亡墮落

之所，頃刻見下來之質。筆爲鋒也，無慙貴劍之年；墨作池馬，豈愧蹊田之日。則知負藝通神，呈功駭人。遽從無而入有，俄背偽以歸眞。況乎鳥文黛暗，駮彩花新。兎翰初停，旁起落毛之想；鼠鬚尚對，遙懷食角之因。足令飲賴牽懷，飯秦動思。坐驚踐葦之處，立驗放桃之地。手捫而執紖罔殊，衣惹而飾繪奚異。經年不去，寧生舐犢之心；終日長閒，豈有駕車之意。所謂取象於斯，稱工在茲。雖恨纖芒而到此，終持妙跡以加其。矧復首尾曲盡，毫釐莫遺。示不用於秋深之日，自無全於縷斷之時。桓温乃拂拭增驚，周旋載顧。

徒見奇於手巧了莫知其筆誤大凡遊藝之人無不卻塵而掃污

省試王者之道如龍首賦（以龍之視聽有符君德爲韻）

王者以御彼萬國居於九重既體天而立制遂如首以猶龍視聽無偏四海自看其波湊聰明罔失兆民咸覩其雲從豈非祖述聖明披陳道德以王者爲天下之大域中之式非澄耳目不可以燭暗通幽非審細微不可以開基建極於是設喻斯異微文特殊以端拱之尊比義取產澤之靈合符則而象之既不雷同於形質區以別矣爰將首冠

於寰區然後嶽嶽高居禺禺克定翼左右而何慙角聳鏡遠近而宛同神瑩雖云黈纊洪纖之狀咸觀縱使垂旒巨細之音畢聽則知播雍熙之化爲昭聖之君遽配騰驤於水物益彰超邁於人羣濬恩波而固類興雨呈瑞氣而非同召雲侔其矯舉之形無幽不鑒嫓彼孤標之貌有象皆分故得迥拔可觀感通自有散皇明而珠耀於頷揚德澤而浪生於口寧同荀爽只擅美於弟兄更異華歆但垂名於朋友所謂表有截播無私乃藹然而同德非蠢爾以呈姿言乎漢祖之顏方能比也念彼伯陽之道未可方之今我后變見乘時飛翔叶理四方盡入於傾聽陸海無遺於俯視夫如是則龍之首兮未可論功而較美

白日上昇賦（以人習道優元空舉步爲韻）

天上神仙人間得焉青囊有術白日昇元能拔跡之如是非稟生之偶然明明而飛出寰區其誰不駭去去而立臻霄漢成道奚先斯人也學至感通質離寒暑揮毫而金簡初載端冕而玉皇有佇綿邈而龜臺鶴浦幾刦勤求參差而羽駕霓裳一朝輕舉當其瑞景融融圓虛碧穹有煙霞兮蓊鬱數處有鸞鳳兮盤旋半空競矚塵眼誰原道風俄

然乘軒后之龍朝辭水上忽爾控王喬之鶴晝入雲中滅沒孤飛飄颻莫駐數聲如觸於瓊珮一片漸高於綵霧何門積學換俗骨以輕輕此日登眞躡瑤池而步步莫不極雲路逗天津峴邱入境閬苑尋春瓊樹之煙花有主蘂珠之宮闕無塵翹首仰攀更接蓬壺之士低眸俯視大驚朝市之人得非龍虎專修陰陽久習早成金鼎之九轉迎嚥玉鑪之一粒則必夙居丹壑冥契浮邱卻歸鼇背之三島遽別羊腸之九州不然者安得從地面昇雲頭當紅塵之午景爲碧落之良遊較美古今列子之乘風固劣論功晝

夜姮娥之奔月非優懿夫曦轡亭亭烏光杲杲爰脫屣於方厚驟致身於蒼昊蓋以研鍊斯至囂煩克掃愚將蹈妙域以扣元關學取上昇之道

御試曲直不相入賦（以題中曲直兩字爲韻）

曲也者厥理惟何直也者其辭可屬一則見回邪之所自一則非平正而不欲故聖人立此格言爲乎懿躅俾有家而有國不與混同令自高而自卑靡相參觸至如木也或表從繩之直或疊來巢之曲雖則含煙帶雨共呈蒼翠於巖間而聳本盤根各稟規模於山足勿言同地而錯雜固

乃殊途而瞻矚所以方能中矩俟良匠之所知勁不爲輪信奇材而可錄莫不分彼邪正鎭於時俗且木之理兮猶不差忒人之道兮切在忠直直也不可以曲從曲也不可以直飾行於己而已有異施於人而人是測由是屈原在楚餔其糟而不爲比干相殷剖其心而可得顧惟忠讜之受性豈與邪諛而同域其不相入也理苟如是俗奚以惑小人曲媚或乘造次以得時君子直誠可仗英明而輔國今我后恢睿哲以御乾澄聖心而立極惡似鉤而在物樂如絃而比德惟曲是斥彰萬乘之準繩惟直是求示百王之楷式微臣之擭詠歌敢不佩之於取則

御試良弓獻問賦（取五聲字次第用各雙聲爲賦格）

文皇帝以精求要義下訪良弓以木心之邪正既別將理道之比方乃同木若有邪奚副準繩之一一理如無茍必資國作之崇崇斯蓋體元立制啟聖乘乾與禹湯而接軫將堯舜以差肩覩於物也必有誠焉言念爲弓尚窮元於脈理豈於有國不注意於英賢否則何以宏丕圖於赫赫垂寶祚於綿綿者哉則知黃帝造舟車之旨其難爲比周武倒干戈之文殊不稱美觀草木而尚此燭幽統寰區而

足彰致理遂使度木掄材之予每自依依獻可替否之臣曾非唯唯今吾皇播聲教以鏘洋濬恩波而浩汗乾坤與之而合德夷夏有之而一貫斯弓不制洞其理以明明斯問克興露其言而粲粲儒有生在江嶺來趨輦轂波濤久慕於化鯤兮（謹按洪邁容齋四筆此賦有五聲後闕入聲一韻）

欽定全唐文卷八百二十三

黄滔 二

與楊狀頭書

謹獻書狀元先輩聖人之道沒必假後賢以援之故天將假後賢以援之必先否其人之數而後克亨其道苟知厥理繇是得而言之且咸通乾符之貢士其有德行文學人地如先輩而在舉場則其舉罕再而先輩在舉場逮二十年何哉是知天否先輩當年之數以亨今日之道假於春官天官之綱首冠羣彥基我中興使天下之人翕然嚮風

奔走慕義以偃干戈豈不然乎今俾天下之人奔走瞻之爲龍門管鑰宗伯之處士也莫不俟我之啟某頃者頻試於小宗伯姓名罔爲人之所聞然多受知于前輩故安州鄭郎中江陵蔣校書謂所業賦偶公道必爲宗師之薦宗伯之求某佩斯言十有五年矣幸蜀之後東蟄閩越洎前年榜伏覩先輩榮登逮王先輩希龍之還敬話先輩之道某熟得而知勉某提攜所業直扣門仞昨某之來也朝及京師暮期刺謁今幸于此遽獲贄投果蒙先輩逾涯越等加之賞錄更許薦拔充宗伯之所求則二賢之言斯驗矣若某則已登選於今日也某草澤單寒無門報德且世之感恩謝知罔不率以殺身爲之辭夫殺身之期是待知己於患難某今感先輩之恩知謹唯銘刻肌骨故獻書於座右以陳露之伏惟始終憐察焉不宣某再拜

與王雄書

蒙示盛文拜納之日焉可無言滔不業文誠可儷偶其辭以贄方寸旣再而思夫儷偶之辭文家之戲也焉可賫其戲於作者乎是若揚優喙干諫舌啼妾態參婦德得不爲罪人乎是乃掃降聲律直寫一二强名曰書幸垂聽覽頃

越之苧工遊蜀之錦肆錦工以之示肆人皆哂越工曰誠紝雪之與梭霞異諸然其經緯之如此文章之若彼咸言其極滔今獲閣下之文雖莫我知亦庶幾於越工之言蜀錦至如典謨之比寧敢輒言若復韓校書兩寓沈先輩永崇高中丞安邑劉補闕已上十篇書指陳時病俗弊敘述飭躬處己講論文學興廢指切知己可否雖常人俗士聞見之亦宜感動況吾曹乎則知綿十舉而未第者抑有由也夫以唐德之盛而文道之衰嘗聆作者論近日場中或尚辭而鮮質多閣下能揭元次山韓退之之風故天所以

否其道。窒其㔟。使若作騷演易。皆出於窮愁也。復何疑焉。今之人皆謂番禺騈寶貨。遊者或務所獲。滔之來也。得閤下之文。爲至寶奇貨。充所獲。豈不厚於它人哉。願閤下脂韡躍鑾薦。計貢闈。高取甲乙。然後使人人知斯之寶貨。異於是也。元次山韓退之之風。復行於今日也。無令鄭濬孫泰李瑞閔廷言陳嶠數公寂寞而已。幸惟志之。不宣。滔再拜。

答陳磻隱論詩書

隔違之久。每思陸凱之風雅。馨香故人。秦樹吳江。梅花一

枝爲之寓。滔無陸君之風雅。有古人之馨香。越山台嶽。去年輒以詩八首爲之贄。昔陸氏茂范君之報。今滔切希敀之瓊瑤。不知何以勝據焉。況四始六義之莫備。匪萌是望。伏蒙希敀錫以長牋。飾以過詞。不勝其驚悸而後踴躍也。敢一一陳之。滔始者匠故交之爲詩。希劉咸通季初貢於小宗伯。試禹拜昌言賦。翼日罷。特持斯賦於先達之門。忽叨見錢之目。原注俗云以詩爲末錢而市物以賦爲持錢而市物是時張喬許彬林希劉皆咸有詩名。而退飛不已。滔既竊其目。尤疹二三子落空拳之所。不敢俟終日。遂更以賦。數年以賓榻之無才盡

勝景之多餘暇。不能忘情於舊。輒薦披榛焉。於以寓誠。敢期希敀之是知乎。錫以長牋飾之過辭。初捧之而驚悸。旋諷之而踴躍。踴躍之會。如見古賢焉。何也。希敀示以先立行。次立言。言行相扶。言爲心師。志之所之以爲詩。斯乃典謨訓誥也。且詩本於國風王澤。將以刺上化下。苟不如是。曷詩人乎。今以世言之者。謂誰是如見古賢焉。況其籠絡乎天地日月。出沒其希夷恍惚。著物象謂之文。動物情謂之聲。文不正則聲不應。何以謂之不正不應。天地籠萬物。物物各有其狀。各有其態。指言之不當則不應。由是聖人

刪詩。取之合於韶武。故能動天地。感鬼神。其次亦猶琴之舞鶴躍魚。歌之遏雲落塵。蓋聲之志也。琴之與歌尚爾。況惟詩乎。且降自晉宋梁陳已來。詩人不可勝紀。莫不盛多猗頓之富。貴疊隋侯之珍。不知百卷之中。數篇之內。聲文之應者幾人乎。大唐前有李杜。後有元白。信若滄溟無際。華嶽於天。然自李飛數賢。多以粉黛爲樂天之罪。殊不謂三百五篇。多乎女子。蓋在所指說如何耳。至如長恨歌云。遂令天下父母心。不重生男重生女。此刺以男女不常。陰陽失倫。其意險而奇。其文平而易。所謂言之者無罪。聞之

者足以自戒哉逮賈浪仙之起諸賢搜九仞之泉唯掬片氷傾五音之府只求孤竹雖爲患多之所少奈何孤峯絕島前古之未有咸通乾符之際斯道隳明鄭衛之聲鼎沸號之曰今體才調歌詩援雅音而聽者懵語正道而對者睡噫王道興衰幸蜀移洛兆於斯矣詩之義大矣哉若滔也誠未足與言而已矣自向叨希畋珠邱金穴口諷心降之言其復家傳輿言身周雄文者乎乃惶惕銘戴之無窮伏惟察而憐之不宣滔再拜

與羅隱郎中書

故表丈遺文盛敘古人之重存歿爰捧諾金感涕之誠實刻肌骨然以郎中十五兄相逢京輦得志金蘭雖備熟於行文恐未周於平昔而滔以内外之戚始終所詳敢以小才爲之前敘誠以麟經下筆諸生不合措辭而馬史抽毫漢代還陳別錄伏惟慈造必踐前言西望禱祈可以鑒料

薛推先輩啟

滔體物非工屬詞無取每欲效顰於越女常思裂撰於靈光今者先輩提江筆以雲飛擲孫金而羽化賢愚塞望遠近騰聲凡是懷刺來人操觚學者莫不競爲市詣爭作鏡窺所以恥不遊門勇於執鞚遂投鄙拙上瀆精奇佇聆架屋之譏莫俟披沙之諭豈料茂聞撫掌翻獲知音林先輩至伏話仁恩超越涯分對彼鸎遷之侶當於鳳集之時遽起蘭言爰開金口大垂激發曲賜吹噓榮邁序都事逾折簡傾身聳聽踢影瞻風如飛氷雪以清心若韻笙簧而到耳感深旋泣喜極増憂未知腹蟹行蹤巢蚊寓跡獲采片言於叔向何酬一字於仲尼雖切朝暾尤如夕惕然而伏念近世以科網英髦牓張取捨雖例從都試實採自衆聞故其負藝而來懷才以至是皆闇投哲匠神拜先鳴苟有

所稱便馳殊譽然後方冲桂月遞躡蓬山如滔今則有此遭逢受此獎錄來從特異出自非常便可釋疑永將去惑雖慙陋質粗抱丹心既得地以戴邱倍推誠而倚玉在面陳而莫盡於筆寫以寧周攀感依投不任榮懼謹詣宅祇候起居陳謝

刑部鄭郎中啟

滔學異生知才非夙構雖叨進取莫俟遭逢郎中模楷詞林梯航名路每慮或遺於片善常憂不採於一言比者伏蒙曲念虛蕪榮流咳唾誨以磨鉛未至刻楮非工冥心於

雪夜花朝空徵六義屬意於國風王澤罔造二南將令罷課緣情迴從體物伏自穰城去騎灞岸歸蹄時邁青陽景融朱火於是凝神扣寂閉跡探幽蓋希副非次之恩知非敢切平生之志業昨者伏遇南宮拜命北闕朝天豈惟上賀於高翔仍喜旁陳其末藝永期指教畢願攀依而以淺近懷慙雕鐫積愧前而復卻決以還疑空眷戀於門牆竟遲迴於書幕今則難逃皎鏡須詣平衡冀分妍醜之姿式定重輕之品伏惟特固朝曒之旨俯憐夕死之心薦賜發言重將辨惑臨風股慄伏紙心忡傾寫依投不任激切試

賦一軸謹詣宅祇候陳獻

第二啟

伏惟郎中樂府至音儒家上瑞既負雄文於卓絕仍搜律韻於精微始者袖入名場騰於人口以謂若生逢孔氏偃商則失於四科出值毛萇周召乃慙於二雅實已當千莫讓而又恥一不能復以餘波濡於體物字字竝凌雲之勢篇篇皆擲地之聲大使前哲懷慙專工積愧滔業非精至藝本雕鐫猥蒙仁恩曲賜借示自旬日已來齋心繕寫沐髮吟哦愈盡頭風沉成心醉且杞國迴船之妙千古所稀而泥金爲寶之奇三篇不偶是何摛華若是飄驚失手於斯則知用兵而管仲三奔射策而孫宏十退豈戰之過蓋時所違此乃今古元機聖賢定數契日月虧盈之理等陰陽昇伏之期用以否其道而泰其身窒於前而通於後遠今一人側席四輔求才則煥爛除書飛入雲山之裏昭彰懿德馳歸省闥之中徒恨傷麟終幾失馬若無往歲焉有茲辰遂使一換寒暄三更揚歷頭居東署首列西曹皆是重難無非清顯既明前事因卜將來佇當潤色絲綸翺翔近密輝飾於典謨訓誥啟陳於堯舜禹湯鎮壓澆風恢張

吾道凡居進取皆切攀祈況處恩知豈任禱祝所歸公望非自私誠賦集謹詣宅起居陳納

南海韋尚書啟

滔伏念高爲碧落詎側管以能窺深作滄溟固持蠡而莫測焉可爰齎瑣智直杖小才敘昴宿之鍾蕭述尼山之降孔既將越禮誠可加刑然則有曠代之遭逢獲千年之際會設若旁扃辨囿內遏言泉不惟上負於良時抑亦下辜於卑志是致齋身搦管沐髮裁辭伏惟尚書象外三山人間七寶體天地方圓之製法陰陽昇伏之機自從見作人

龍翔爲鳥鳳騰輝瑞牒流慶皇家文章則游夏固遷事業則伊皋周召飛揚天上踐履朝端且自古六官所重莫先於吏部逮今貳職所難無出於侍郎而尚書五陟東西兩司銓管矧復品量庶彙選度羣林載萬乘之安危繫四方之休戚晉魏則大難斯地國朝尤不易其人歷數除書少聞再命朝廷不欲止於鴛省便入鳳池須加分閫之尊用飾作霖之盛特以番禺巨壤南越名區外控蠻陬旁通番貨昔者石門酌泉之事合浦還珠之風日月遷綿規程革易以尚書勵辭玉畱錢之節執投香載土之心用將揭二

賢廉潔之波新五嶺崎嶇之俗俾以佩豹韜而直下建龍節以遐征非止鎮臨且申龜鏡昭然足驗儼若可觀然後飛驛騎以徵黃降鵲書而命說恢張帝道陶冶生靈所以知高祖創基太宗纂業更得無疆之祚仍歸有截之風何以言之伏以尚書萬頃包含千尋峭拔膺嶽峻河清之數切飲冰食蘗之誠識洞古今居無喜慍將以鏘履聲而朝紫殿擴心秤而啟洪鈞自然道臻於堯舜羲軒時復於禹湯文武百蠻向化萬國歸心雖在愚蒙亦能辨識而滔器同魏瓠凡若莊樗握無蛇口之珍頷有魚身之點今者遽持幽賤獲覩旌幢兢營方忝於拂塵奬遇旋叨於薦賦且凡開場試士就鋪屬詞從物外之課虛向燈前以應限縱若仲宣闊羣公之筆長卿量陳后之金空有所長或聞未至況滔雖勤篆刻且昧精奇張平子固合陋都陸士衡所宜撫掌寧期尚書親迴嚴重庭賜褒稱變泥沙爲丹臒之姿植菅蒯作芝蘭之秀魯史驟榮於一字晉庭俄採於片言超越尋常震驚流輩況方今武功草偃文教風行計奔歲貢於九州牓擢詞人於都省至如生於草澤來自溝塍或能中甲乙求登殊尤選蓋止於同人延譽先達吹噓未

嘗有聖日名侯大朝重德面開金口首借丹梯以此推言便宜自賀瑤枝玉幹虛扃皓月之中羽駕雲裝寧遜碧霄之外已知蹇步可造遙程藉以宇內跡單天涯親老一旦有茲殊遇得此吉祥買臣何媿於負薪毛義實榮於捧檄感深唯泣喜極翻驚瀝膽隳肝空寓鄭莊之驛糜軀碎首何裨元禮之門攀謝兢惶罔知所措下情無任戰越悚惕屏營之至

謝試官啟代人作

伏念鷺鷄爲鳳有識咸驚投礫參瓊良知足鄙豈可高懸

皎鏡迴揭平衡而乃呈六極之陋容掛一絲之蔑質得不臨風扇面對景忡心然巧冶開爐莫遺鈆鐵精工執斵不問圓方又安可内鑰言樞上辜德宇是敢因依借喻一二披誠某蜩甲薄姿蟻封微狀學雖勤於刻汁藝則愧於鏤冰徒以獻豕辭邊賞花躬魏稅駕而旋同飲鼈操弧而果異麗龜遂至千仞禹門額蒙點鋭兩朝楚國足被刖空竟於豐獄以沉埋誰以蜀桐而激發伏惟博士鳴岐瑞質歌郢至音蔥龍而張柳風垂迴拔而稽松雪峭自提攜江筆鏗鏘孫金投身而傾動龍宮揮手而震驚蟾窟時爭墊角

俗競顰眉今則珠履賓堦玉京羽駕欲高飛於魏闕先下歷於虞庠故得槐市三千杏壇七十依於考擊竊彼飾撓而某卭錦小才路蒲末學既非禰鶚大懼溫犀固當絕望趨隅甘心減刺然則嘗彈流水罔協鍾聰曾躡浮雲莫迴樂顧是亦難參雅調不號逸羣剡其器乏正聲價懸駿骨苟叨明試不偶至公則異時何路以致身他日無門而振跡坐爲棄物立謝明時是乃洞寫血誠仰祈風鑒伏以博士曲垂厚顧猥降隆私將憐其蜯蛤剖胎只自迴旋於皎月蟾蜍奮臂無辭殞碎於高車非敢染黿所希留馬干瀆清嚴下情不任惶惕屏營之至

盧員外澥啟

昨輒以近試賦輕黷門牆韻匪擲金理宜誚石豈期轉禍爲福以寸獲長户部鄭郎中伏話員外仁恩大賜獎錄拜聆嘉耗跪對吉辭感惕兢惶進退失措實以從古干時之道至今取第之由莫不路邈鼇頭程懸驥尾苟非先鳴汲引哲匠發揮縱或自强行將安適伏以員外斷籯積學計斗負才龜鏡詞林梯航陸海是故門駢鄭市俗墊郭巾爭俟裁培互希丹飾而滔牛涔淺狹燕戲微茫豈合攀投徒

爲激切員外燕中市駿稷下館人皆使有歸不言無取猥流厚旨曲降隆私滔是敢引事推言徵文借喻且傑如韓信未歸漢祖以誰知美若西施不入吳宮而孰驗所以鷔劍而凌虛吐耀焦桐而駭耳飛聲然後感動良知遭逢至鑒事雖小異理或大同伏惟稍降尊嚴俯垂惻隱如滔昧爲貢士淺作丈夫方今不右武功大先文教矯辭人於鷰谷鑰宗伯於龍門其有負馬之文華轀顔之德行或栖栖以至或獄獄而來未嘗不坐馳日下之名立貯彀中之望是何謝兹振發而處彼幽沉頻年厠角逐之場衆口蔑殊

尤之譽齊國篝禿荆山眼枯漸覺途窮虛云舌在豈可堅期御李確慕依劉志空切於投林醜難逃於測管伏惟員外魏車委朓軒匣揚光儻憐其刻意探幽焦心體物則雖異於披沙之說然畧幾於架屋之譚許列書銘令參撰杖今者或因薦士敢乞編名所希從數仞牆伴二三子增輝瑣質擅價主人皆由一顧之仁翹竚百金之諾含毫汗下伏紙魂驚非切覬覦所憂誅戮叨越干犯下情無任戰懼屏營之至

侯博士圭啟

滔口諷雄詞心祈藻鑒在他處則早逾一紀來上國則已逮二年常測管以推誠每持蠡而注念豈期御李非敢希顏所以竊贄荒蕪薦塵牆仞聳蟻封於邱岳疏蛙渚於陂湖敢望吹噓佇聆誚責昨日進士林郁忽傳尊旨遽話殊私伏惟博士曲降恩知俯迴獎錄不置蓋甌之地爰興讀蜺之言事邁常倫榮過始望傾身拜命踢影瞻風若聽咸韶如吞甘醴敢便認爲知己蓋將决定胸襟實以當今文教風行詞人輻輳莫不俱陳素業各務所歸而博士負擲地鴻名標挾天逸勢吐揚雄之五藏陋班固之兩京故其接踵望壁駢肩執刺爭爲秤挂互作鏡窺或聞由也升堂賜之入室是則千門改觀萬户飛聲若瑤璧之飾來類金絲而振作所謂功侔造化言繫慘舒作詞林培植之家爲陸海梯航之主必當不私其一顧誤彼衆聞以滔數載辛勤一生疑惑唯傾丹懇翹矚重言冀將卜以妍媸斷其可否今則出於門館發自齒牙事既殊常道方自信析（音倏）同寐覺負若神通呈材之獲般窺鬻馬之蒙樂顧已逢喆匠肯愧他人蜀壁端居管牀兀坐既佩兹謦欬益勵彼顓愚茍無疑於鏤冰則求工於刻楮忭躍兢悚罔知所裁下情

無任感恩激切之至

與蔣先輩啟

滔自違門仞尋違家山拜慈親而聚族生光述宏造而一時泣下蓋以生平事業出自宗師豈惟持異之恩知仍契非常之事分昨者賫持惡賦刺謁清塵本期劉子駿家待以蓋甌之地陸士衡處置於撫掌之閒豈期以寸獲長鸞鶩竊價伏蒙校書先輩驚人賞錄越等褒稱篇篇而喻作金聲一一而讀爲蜺字迥施異禮疊錫嘉言及門則倒屣於仲宣侍座則授經於左氏周旋許與覼縷指揮畢令如

蘿附松更使以膠投漆俾從秋賦首出門牆顯示輩流別加援引且古人之慕元禮纔獲御車學者之師仲舒未曾識面以斯修省莫有比倫永言遭逢得謂卓絕汭國朝之設科待士較文取人往歲主司則斷於獨鑒近時公道則採自衆稱由是重望朝賢有名先達得以主張斯道梯級將來至若有負兼才且非所業或文章而稱詞賦或律韻而譚古風猶自彼唱此傳影隨響答其況專功與善本面說人又若校書先輩鳳藻宸天鴻名傑俗今時賈馬昔日班張猶在場中多士便瞻於咳唾既行天上一言何啻於

興衰當以調啞使鳴吹寒令暖伏自歸寧膝下駐跡江干白日思惟中宵起坐既名爲得路當别議感恩況緣家邇東閩路遙北闕一迴逐計數載違親頃者累繕蕪詞歷投碩匠或蒙開口少値動心以此鼓勇無門自疑不眼令則從大藩之賓榻得當代之主人豁如釋氏之破迷醒若神醫之愈疾一家相賀舉目增輝進取有茲肺肝可察伏以上京迢遞難於獻歲支離須俟新春方議假道進發芸馨酷烈連幄清虛昨陪侍於遊從今綿隔於煙水别無言語併陳於殷浩函中空有夢魂常遠於燕昭臺下

第二啟

滔伏念希逸知名於靈運不作門人左思擅價於士安非爲弟子雖則清風凜若懿範昭然得將爲千古高譚未免是一時闕事翻思到此因敢形言滔貲持淺蕪塵觸門仞遽竊披沙之諭爰蒙折簡之知事實驚時榮將越望而又謂前賢之未至垂厚意以特殊將令别議依投用堅恩德資今日顧憐之旨作它時汲引之由茍開如此之懷豈是偶然之事赫赫昭代鏘鏘衆人榮持喆匠之發揮薦向良時而角逐則何患龍宮之杳杳何憂蟾月之高高足以雪

曩歲之煙沉恢張禰刺壯平生之意氣棄擲終繻如此若不激切擎邱淒涼誓劍豈謂修文學古何名勵節砥躬伏自虔侍清塵仰叨殊遇未嘗一夕不將心禱於神明縱極千言難以筆書於丹赤攀謝感激罔知所容

與楊狀頭贊圖啟

滔驟持末學遽竊殊知伏自豫章數旬湓浦一路扃旅舍而夜唯假寐逐征帆而日但沾衣蓋以虔戴遭逢仰思情旨先輩主中興之文學作來者之蓍龜伏蒙採滔所業異於等倫憫滔所舉困於曩昔大張金口精發瑤函且午火

燒空。一陰司月。面梟石或病乎炎毒。處城池而奈彼鬱蒸。況土風則竹屋玲瓏。烟水則葉舟蕩漾。纔曉而烏光赫透。欲風而魚沫腥飄。雖付於醴酒酕醄。或亡坏混。又屬其羽書重疊。時觸高明。誠知不乏餘波。爭奈罕聞暇日。豈可更抽祕思。別運眞蹤。每摛一幅之霞牋。咸滴千痕之雨汗。雖才高倚馬。曾無起草之詞。而字悉如蠅。幾若生胝之筆。未知單賤。何補生成。賫行而便自金丹。舉步而即昇雲漢。矧復公言私論。要訣神方。一一指蹤。頭頭傳授。將克周於頂踵。俾無失於毫釐。以此推恩。而前古所稀。以此行道。而方今誰比。士林名路。一朝有知己如斯。白日青天。萬世唯子孫爲誓。下情無任感恩泣淚悚謝之至。

代鄭郎中上興道鄭相啟

伏念石甫受知於途中。醆茂申言於堂下。旣情非曩舊。復地隔尊卑。尚能感動至公。遭逢殊禮。而某神資所向。天受其時。獲曠代之因依。得千年之幸會。豈可忝緘丹赤。上負陶鈞。伏惟相公特降恩慈。俯垂惻隱。昔年羽化。曾陪鶯谷之春。今日雲飛。俄隔鳳池之路。信鶴雞之果異。諒牛驥之終懸。徒增倚玉之榮。幾積續貂之媿。況相公負英才而作

礪。持碩望以登庸。始者四海傾心。一人側席。朝闢坐帷。暮見飛霖。扇澆薄爲淳風。激讒邪歸直道。均施鑪冶。高揭權衡。使鉛汞之不參。令錙銖之各等。故得方圓任器。高下隨宜。黜陟無偏。賢愚有序。某早甘退跡。忽喜逢時。遠從學省之前銜。爰踐蘭宮之峻級。已爲塵忝。誠合揣循。竊思頃年九陌秋天。都堂雪夜。常容披霧。每許參瓊。逮夫片玉昇科。兼金列牓。雖登龍羣彥。同戴邱山。而附鳳一心。偏投膠漆。旣以宗盟屬意。仍從知舊留情。重疊依投。綢繆獎錄。遂使慶鍾末路。福逮今辰。旣預門牆。仍從埏埴。宛得御車之便。無煩擁篲之勞。但以某弱羽難高。公絃易斷。始自筮仕。及於登朝。未嘗暫議清途。畧遊華貫。亦人地之所拘限。何窮通之切咨嗟。洎夫郢俗褰帷。稷城建隼。連叨竹使。尤愧棠陰。雖皁蓋紅旌。別過素望。而霜臺粉署。終繫丹心。今則榮竊握蘭。幸當襆被。馮唐歷踐。誠知戴白之年。貢禹棲遲。且有彈冠之地。

代鄭郎中上靜恭盧相啟

伏以天覆地載。縱鬼神之奧。皆臻陰伏陽升。雖鱗介之微必動。道旣如此。人焉忽諸。伏惟相公持重器以爲霖。負英

才而坐幄傳丹青於直道扇鑪冶於至公致一物之無遺使萬方之有賴某顧惟瑣陋獲忝鈞鎔既契之於無私固施之於不報豈宜遽貴感激竊拜門牆但以事出非常恩從特異若不披於丹赤終有負於神明伏惟俯降尊嚴暫垂聽察某才非敏幹性本顓愚自從振跡春闈投身宦路徒綿歲月莫致飛馳卻則窮途前皆散地是亦用之則未爲國士舍之則葢類腐儒因自揣循每加退縮然而竊念古人不遠賢路非遥皇朝自科擢英髦爵昇品秩其或來從草澤生匪簪裾亦常列入清途參爲盛觀所以益持孤

子尤切兢修節勵松筠心傾葵藿常注目於烟霄之上每馳魂於省闥之中遠夫元鬢彫空壯心折盡曾無影響空極瞻攀豈期相公纔揭權衡便垂採擬俾遭逢於聖日令允愜於平生所謂材並得宜物無遺性信造化之功不及豈推遷之令能侔義貫古今恩逾卵翼況相公峻於埏埴切彼弼諧當今士號如林朝稱不乏足得廓其公選擇以良才而某已懷耕釣之心近閒雲林之跡設令漏網未曰遺賢是何特達開懷周旋軫念青山在目方將魚鳥以同歸鴻漸連天忽歷烟霞而曲被從杏壇之舊籍踐蘭署之清資豈是常情諒非小事伏自榮叨幞被幸竊含香未嘗一夕暫安片時不感常若千鈞之在頂每將孤劍以誓誠但以有地受恩無門瀝懇只眄高車而激切空持敝篤以屏營淚則泚瀾心唯恐悚瞻風拜賜對景懷仁涸彼言泉固申陳而未盡託於筆札豈寫載以能周攀謝兢惶罔知所措

代鄭郎中上令狐相啟

某今月四日轉授刑部郎中伏蒙相公仁恩特賜寵誨事從非次言異常倫感激兢惶進退失措伏以某材非可採

藝不足稱出自門牆樹爲梯級纔榮地部復陟秋曹持鷦鷯決起之姿到鸞鷟曾棲之地相公憐其拙滯忽此騫翔疊降恩輝薦畱手筆指令忝幸敘昔經過始者九遷曾假虞邦之道向來一字爰垂魯史之褒義極生成彩逾丹雘拜窺垂露跪捧隆私汗浹背流淚盈眥下未知順風弱力撮土微形獲參一日之高蹤何報千鈞之重意唯謹緘於篋笥常誇向於縉紳爲官路之遭逢作仕流之卓異攀謝懇切不任下情

欽定全唐文卷八百二十四

黃滔三

代陳蠲謝崔侍郎啟

某啟户部鄭郎中伏話鄭隱先輩專傳侍郎尊旨伏蒙於新除永樂侍郎處特賜薦論跪對吉辭拜聆嘉耗感激兢悚罔知所容某詞學疎蕪進取乖拙一叨貢士累黜名場足間之刖處縱横額上之點痕重疊今春伏遇侍郎精求俊彥歷選滯遺某又名礙龍頭跡乖豹變都由薄命翻負至公以此怔忪莫寧惶惑無已在良時而自失於異日以

何歸謂一生而便可甘心歎二紀而徒勞若節豈料侍郎堅垂記録確賜恤傷令後人而副取前心指陋質而説爲遺恨將使蔡經之骨終繫仙家士燮之魂卻還人世蓋施陰德豈止陽功喜極翻驚感深唯泣明年春色致身雖出於他門今日恩光碎首須歸於舊地

西川高相啟

相公嶽降宏才神資偉望象外而藹然妙旨人間而凜若清風當以四三傑於漢庭九八元於堯日聖上以南澄巂水克伏英威西鎮龜城須資妙畧所以未歸台輔且據重難巍峩兩地之勳冠絶一時之盛凡在中外孰不具瞻

與蔣先輩啟

三吴烟水百越山川干戈杳隔於音塵門館久違於趨覲空自明祈日月暗祝神祇相如徵出於上林賈誼召來於宣室不然者隱於商嶺棲向傅巖克俟搜羅直膺夢寐焚香稽首以日繫時滔一滯江鄉六更寒燠都由惡命早失良時迢遞一名進取則大朝有難零丁數口退休則故國無家歸蜀還吴言發涕下

與沈侍御啟

侍御麟鳳瑞姿蓬瀛絶境叔度與陂湖比量仲尼將日月齊明自飛翥九霄梯航陸海鄭門若市季諾如金爲學圃之芝蘭作詞林之杞梓今則提攜陳檄登陟燕臺冠張豸角以巍峩幄折蓮花而照耀假途如此殊拜寧遥凡在人情孰不傾矚

段先輩啟

判官先輩萬頃襟神四科文行比鸞鶴而既沖霄漢喻龜龍而須瑞皇王今者賓幕清風士林重價雖欲留歡於五辟其如積望於九遷伏計即有新榮別膺殊命滔蒙知既

異感德常深辭違遽變於暄寒禱祝敢忘於朝夕

第二啟

昨於道路累附狀伏計迤邐上達滔行役近已到潮州伏以一路經過二年飄泊言則涕下靜而魂銷固非繫情於杯酒笙歌留戀於雲山烟水抛擲進趨之道遲迴温凊之期伏計夙鑒如愚必當知不得已又安可遠舍丹赤莫寓聽聞且聖代近來時風愈正取舍先資於德行較量次及於文章無論於草澤山林不計於簪裾紱冕少有三舉五舉多聞十年廿年而滔自厠跡其中且迷津不暇況乎來

則無終軍意氣動則有楊朱路歧將卜一歸僅闕兩試人事如此光陰幾何先輩特賜恩知殊爲誘誨時或軫念固應動心然亦否極則通彩來自聖他日而若無好命今辰而焉有良知唯當依倚栽培諮詢可否陳琳巇檄寧容久借於外藩夫子牆門虔俟再趨於上國

賀正啟

伏以司雞殷朔建虎堯辰仙人則飲柏延齡詞客則浮椒獻頌伏惟相公膺茲令節納彼嘉祥召伯甘棠蓋地之芳陰更濶亞夫細柳連天之瑞色長新與青陽而同發生揭

鴻鈞而普播物永貞國柄堅律師壇

第二啟

伏以青陽變律乃二儀革故之辰獻歲開正是四氣維新之日伏惟僕射與春符契觸物貞亨迎瑞節於鳳銜榮兼四輔建碧幢於甌越永保千年凡於動植之間長受暄和之賜

趙起居啟

滔今月二十日輒以所業賦一軸陳獻清嚴持腐草之造扶桑鞭款段之觸騏驥所宜唾面敢俟回眸伏以起居爲

八韻之咸韶作九流之溟渤凡言進取須自品題而滔二紀飄零三朝困辱若不仰投門館虔佇發揚則永攜疑玉以沉灑長伴啞鍾而泯默攀託祈禱倍萬等倫

崔右丞啟

滔獻賦命奇食貧計盡難安桂玉須逐萍蓬伏念灞滻行塵周秦去路平言南北猶悄神魂況今攀託門牆依憑奬顧以坑谷蒼黃之態戴邱山岌業之恩得不欲别還留將行復卻丹誠聚血雙淚流珠矧當杏苑烟晴柳溝風暖陌上而羣英得意塵中而衰鬢傷離設令勇若荆軻固亦慟

如阮籍。伏以右丞宏施陰德，濬喆仁心，儻或蕢枯肉骨之未忘，則膠柱刻舟而敢怠。寧言今日，唯惕將來。遲回數仞之牆邊，移時忍去；愴恨九重之城外，舉策何之。感戀屏營，罔知攸處。

第二啟

滔依棲門館，感激生成，頻年忝極薦之書，詞逾一鶚；累牓以未亨之數，愧積遷鶯。莫不惕息肺肝，赧惶顏面。既茲負累，合在棄嫌；而又薦以羈遊，仰干殘翰。雖宏容之不改，且循省以何安。冰炭交懷，芒刺在背。今則已裝行計，即擬出

京，不唯推戴岳之誠，指於皎日；抑且切戀軒之志，泣向清風。攀感屏營，罔知指諭。

與韋舍人啟

滔近者輒持齋戒，虔寓殘毫，瀝南山待旦之誠，告北陸移暄之律。理雖可憫，罪或難逃。伏惟舍人義路無疆，詞源絕岸，設鑄顏之鑪冶，恢薦禰之牋函。今則主文侵入院之期，哲匠走致書之日，儻蒙枉於公道，申以私恩，念滔夙陷義圍，薦臨文陣，化鯤海闊，乘風水以未知；爲鯉年深，逼雲雷而愈懼。特因薦士，敢乞編名，則獲從金籙以上聞，焉有玉皇之不齒。立辭坑谷，繫在生成，攀託禱祠，涕泗沾迸。

工部陸侍郎啟

滔伏念聚蚊響於出震之音，其雖懸越；奔羽族於鳴岐之德，乃不參差。事既同途，理宜瀝懇。伏惟侍郎韞鎌緗之奧學，負詞賦之重名，相如則逸格撥天，孫綽則英聲擲地，播於金石，流入典謨。竊以滔架屋懷慙，披沙莫喻，固自循揣，豈宜贄投。但以水合朝宗，雲須觸石，由是身賫鄙拙，首叩門牆。實爲舉場之中，貢士所業，律詩古調，詞賦歌篇，前則貞元元和之風，耳聞其事；近則咸通乾符之事，目覩其風。

求知己則咸禱於兼功，斷否臧則須歸於本面，然後人方必信，道遠無疑。則滔一生辛勤，數載攀祝，必若題品不出於侍郎金口，薦揚不出於侍郎瑤函，縱能別契亨通，固宜終慙暗昧。矧以迷津未已，泣刖方深。比者先輩陳樵早同硯席，曾將姓字虔爲啟聞，伏知侍郎猥賜獎容，異於倫等。其後薦自同志，嘗聆玉音。而侍郎文學著龜，朝廷領袖，滔不敢以後來舉態，近日時情，僭瀆尊嚴，躬陳一二。今則久摧髻鬣，又近風波，溝隍無必出之門，肝鬲在須傾之地。免叔向則他日莫議，活士變則神術所能。願推恩於留馬埋

蛇庶受賜於蔫枯翼卵下情無任攀託依投激切惕懼之至。

翰林薛舍人啟

滔伏以十一日纔除主文旋瀝情懇罪責則可言於躁切憫傷則宜恕於單危非不三省九思沉吟歲管而以途窮日暮恐懼風波亦猶抱沉痾者悉將虔告於神醫懷至痛者無不上呼於穹碧伏以學士舍人軒銅照膽蜀秤懸心仰惟燭臨當極幽奥且夫禮司取士寒進昇名若無喆匠以斲成未有良時而自致不然者則安得權懸至鑒代有

遺人伏惟學士舍人標表士林梯航陸海凡言進取須自門牆今以文柄有歸至公宏播則精力固同於造化嘉言乃作於蓍龜而滔折角有年交鋒無託羽毛零落鬐鬣摧殘若不自學士舍人推恩極山岳之隆攘臂到溝隍之底則還懸抱甕難出戴盆兼近者面獲起居親承念錄哀滔昔年五隨計吏刖雙足以全空今復三歷貢闈救陸沉而未暇許垂斂手拯上重霄謹以誓向鬼神刻於肌骨中興致化一身免没於風塵下國兒孫百世敢忘於廝隸下情無任攀投懇悃之至。

與裴侍郎啟

滔伏念薦孟明則子桑所能免叔向匪祁奚莫議推言及是瀝懇爲宜上瀆清隆敢希容聽伏惟侍郎中丞頃持文柄大闡至公垂爲聖代之準繩懸作貢闈之日月滔爲後無私之两榜遂乖必字於十年伏蒙侍郎中丞曲賜憫傷直加賞録連歲薦論瑣質傾極重言而以弱植難培么絃易斷且驚負累空費生成既而不罪龍鍾愈隆恩遇昨者面容跪履親俾窺天仍加琢玉之品題更啟如金之然諾便於此日上叅重霄今則已除主文只祈陰德延頸於溝

隍之底瞻恩於邱岳之隆雖龜龍不瑞於匹夫而犬馬合由於本主沾巾墜睫瀝膽披肝不在他門誓於死節下情無任攀託依投懇悃之至。

賀楊侍郎啟

伏以羲爻不兆之文何人復演魯史不衮之言曠古誰稱厥理非遥斯言可喻伏以侍郎榮司文柄宏闡至公歷選滯遺精求文行泉下則大臣有感揭起銷沉揚中則寒族無差酌平先後所以如滔者曾干衡鏡經定否臧若不業指向後人說爲遺恨則宰輔之爲薦舉帝王之作知音而

主且不言。人誰肯信。由是須作侍郎金口。須自侍郎瑤函。今則論啟無私。恩加瑣質。錫生成於此日。迴分付於將來。早從握內以擠排。便是眼前之科第。然後念以漸臨風水。莫如蓬島之音塵。俾拜雲天。親吐蘭言而誨諭。噩心及是。自古所希。莫不拳踢循涯。關干抹泣。質向神鬼。誓於子孫。鸎谷乘春。雖託他門而振羽。糜軀異日。須歸舊地以論恩。瀝肝膽以無窮。寓幾毫而莫戴。下情無任感恩懇悃之至。

薛舍人啟

今月二十八日。張道古參軍仰傳仁恩。伏承舍人學士不

以滔幽沉。榮賜論薦。初疑夢寐。旋認生成。不知所容。兢惶戰悸。伏以舍人學士半千膺數。全碩負才。嘉名冠絕於九流。逸步翱翔於四户。頃者重於知己。避以文闈。隆行望於聖賢。蓄基負於台鼎。竊惟薦士。豈易其人。而滔蹤跡蹉跎。藝能淺薄。敢期宏造。遽及茲辰。金口開時。講貫則處其異等。瑤函發處。推揚則寘彼極言。事出殊常。榮非所望。感深唯泣。喜過翻驚。不知微生。何酬厚遇。中興教化。餘年獲出於溝隍。下國兒孫。累世敢忘於厮隸。

趙員外啟

伏以曦轡流輝。已侵窮臘。禹門飛浪。即到登時。莫不禺多士之精誠。佇有司之新命。竊惟萌朕。已見昇沉。若滔也。折角有年。爭鋒無主。空秉龍鍾之態。仰希傷憫之求。此亦有類守株。其疎若網。伏惟員外學士猥隆恩遇。克異等倫。近者面獲起居。親叨然諾。自歸旅舍。徹坐寒宵。歷將往事以思惟。洞見今辰之通塞。且夫春官取士。寒畯昇名。若無喆匠之斵成。未有良時而自致。不然者。則安得權懸至鑒。代有遺人。伏以滔別無知音。只投門館。儻或員外學士止推言於公薦。不攘臂於私恩。則滔也望絕飛馳。甘爲簸棄。至

若白雲巖谷。青草汀洲。敢辭依舊秉耕。踵前沉釣。然以來時耆舊。別後交親。皆謂中興。雪先朝之困辱。寧期上國。看後輩之飛鳴。必疑有過於措持。無聞於鄉士。既顏面而斯乏。須蠻貊而云行。是以瀝膽披肝。碎身殞首。永將死節。不誓他門。伏惟員外學士義路連天。仁心匪石。敢希援拯。畢賜生成。珠岸盤根。始作不枯之草。金丹入口。能還已逝之魂。祈禱依投。啟喻罔近。下情無任攀託懇悃之至。

潁川陳先生集序

唐設進士科垂三百年。有司之取士也。喻之明鏡。喻之平

衡。未嘗不以至公爲之主。而得喪之際。或失於明鏡。或差於平衡。何哉。俾其負不羈之才。蘊出人之行。歿身末路。抱恨泉臺者多矣。嗚呼。豈天之否其至公之道邪。抑人之自坎其命邪。潁川陳先生。實斯人之謂與。先生諱黯。字希儒。父諱贄。通經及第。娶江夏黃夫人。賢而生先生。無昆弟姊妹。十歲能詩。十三袖詩一通謁清源牧。其首篇詠歌河陽花。向時豆新愈。（瘡之如豆）牧戲之曰。藻才而花貌。胡不咏歌。先生應聲曰。玳瑁應難比。斑犀定不加。天嫌未端正。滿面與裝花。由是聲名大振於州里。十七爲詞賦。作蘇武謁漢武

帝陵廟賦。便爲作者推伏。二十爲文。先生松姿柳態。山屹陂注。語默有程。進退可法。早孤。事太夫人彌孝。熙熙愉愉。承顏侍膳。雖隆雲路之望。終確綵衣之戀。既而及其子蔚。冠太夫人勉之曰。付蔚於潘岳之筵。俟爾於郄詵之桂。方起於鄉薦。求試貢闈。已過不惑之年矣。乃會昌乙丑逮咸通乙酉。其間以寧家兼在疚之日。斷絶往來吳楚之江山。辛勤秦雍之槐蟬。歎嗟知己之許與。同郡（指泉州）王肱蕭樞。同邑林顥。漳浦赫連韜。福州陳蔇陳發詹雄。同時而名價相上下。嗚呼。斯八賢皆以不羈之才。出人之行。懇懇乎進趨。恂恂乎鄉薦。而無所成。豈天之竟否其至公邪。抑人之自坎其命邪。俾有司失其明鏡。差其平衡之如是。結寃氣於名路之中。銜永恨於泉臺之下。豈不甚與。先生之文。詞不尚奇。切於理也。意不偶立。重師古也。其詩篇詞賦檄皆精而切。故於官試尤工。滔即先生之內姪也。自丱趨隅。洎隨計之歲。先生下世後二十年。而忝登甲第。東歸之日。求遺藁。其季子蘧泣曰。兵火也。少得其文三十一首。賦若干首。他處得詩若干首。欲俟增而後述。天復元年（辛酉）滔叨閱相之辟。旋使錢塘。與羅郎中隱遇。隱曰。咸通初與先生定

交於蒲津秋賦之場。賦則五老化爲流星。詩則漢武橫汾。先生之作也。爲試官嚴郎中下都之吟諷。秋場五十人之降仰。今遺藁可叢。願爲之序。既還。不及求增。謹以所得之文賦詩檄。分爲五卷。收淚搦管。爲之前序。將寓正郎爲之後序。正郎負宇內之雄名。用釋泉臺之永恨。時天復二年秋七月十日也。

送外甥翁襲明赴舉序

詩言簡。賦詞飾。不可以敍事。故若之行也。送以序。襲明早舉童子。舊儒因以小松爲之目。襲明默而思松之小者。干

霄之勢則介構廈之用則否推是言之齠而一飛不若冠而十上乃退碩乎業果以詞學擅州里譽洎中興之十年寒進亹亹於科第襲明業東而跡不西惜違親也近吾姊以他人之繼翔念襲明之久蟠悄焉如疚吾得以與内外之親輩流之善者日激其行旋振於府帥州牧遂不得畱於膝下大哉吾唐之設科第也實本於鄉舉里選鄉舉里選莫不以忠孝先之繇是諸侯之歲貢其觶云忠於國孝於家内則閨門和外則鄉黨附今襲明孝於家也閨門和也鄉黨附也而移孝於忠中興之第吾慶有司之得人非

慶襲明得也矧詞學擅譽前輩梗於公道或一倍兩倍孫宏之上今輩利於公道無再獻三獻卞和之泣若其勉諸高堂之違吾知不及荐聞

龍伯國人讚

國人之釣也一釣聯六鼇而存者一鼇而已其猶背蓬萊方丈嬉遊神仙偉夫設六者不餌其如何哉洪濤七其洲渚塵世幾其躁妄則以古以今之君皆秦漢也推是言之斯人也不謂無功於有國故追以讚之曰

磻溪之釣兮釣更殷周龍伯之釣兮釣滅嬴劉腹濬背虛兮一聯月鉤巨骨騈器兮鴻臚疊蓋豈惟一時兮表奇東海抑乃萬祀兮垂祉中洲

一品寫眞讚

夫山嶽之隆莫隆於嵩華江海之大莫大於溟渤故天之生聖賢於百千年也乃禀其奇秀以爲之氣色包其浩蕩以爲之胸襟落落汪汪如龍如鳳然後總兵符於掌握懸相印於腰間煦育羣生扶持邦國大矣哉將如是則命良工持筆之精賁墨之妙寫於儀貌移於縉素不可以不敘不述小從事滔職忝文詞齋戒而獻讚曰

嵩華干天氣貌斯然溟渤紀地胸襟靡異謂如龍也至靈謂如鳳也嘉瑞列素在壁良工善移一時丹雘兩面風姿秋月寫彥回之質岸寶山分叔則之表儀松森峭壁日映咸池聖君急麟閣之繪明朝當詔旨之飛索而觀之

禱說

天有日月民無一旦之薦地有江山歲有四時之禱得非彼之至明烏兎無得而私焉此之至大神龍其或權焉是則尊有天下無不日月其德而億兆之心咸急江山之禱

東齊輔周

列位於朝。無言於君。曰輔歟。抗跡於野。有言於君。非輔歟。麟鳳龜龍。王者之嘉瑞。朝其庭乎。暮其沼乎。武王聖人也。周公聖人也。召公賢人也。天下三分。以其二分。以火殷辛。且致夷齊之扣馬。設使盡天下之三分。姑至殷辛之自火。然若太伯之君吳。則百穀合穎於舜耕。九鼎同波乎禹珪。仲尼之又盡善也。寧獨韶乎。既而異諸。則周之道。首陽之餓。乃諫死。作夷齊輔周。

吳楚二醫

吳人之疾不救。其屬善醫。憫其家。竭其術以治之。楚人之

疾救。其屬善醫。欲其家。逆其術以治之。君子痛二醫之行。若乎治亂。比干知殷之不救而救之。仍藥之以九竅。李斯目秦之救而不救之。卒鴆之二世。嗚呼。殷之亡也。疾之甚矣。秦之亡也。醫之罪也。後之有國有家者。得不愼乎醫。

噫二篇

或謂聾者曰師曠也。瞽者曰離婁也。無不悖其辭之戲。或謂魯儒曰顏閔也。蜀儒曰揚馬也。無不喜其辭之美。是何彼以視聽之亡。而苟能自鑒。此以耳目之貌。而反不自知。噫。

芝蘭草也。松桂木也。喻於君子而榮之。桀紂君也。李斯大臣也。盜跖華冑也。喻於小人而恥之。則知蛇克銜珠而奚蛇。龍苟醢身而匪龍。噫。

文柏述

仲尼之道。顏閔得之爲四科。後人得之爲顏閔。鳥獸得之爲麟鳳。草木得之爲文彩。故廟之堂有文柏焉。頃爲官於國子者。刃一枝器。有司得而竄諸。噫。聖人之道。未嘗不缺也。若天之西北。地之東南。日之昃。月之虧也。故聖人窮於陳蔡宋衛。顏夭麟傷。皆有以也。設使不有陳蔡宋衛之事。

則何以象天地日月之盈虛乎。顏不夭。則何以感子之慟。麟不傷。則何以明子之道。時君缺之也。斯柏也。不爲其官者刃而竄諸。則何以繩後之權者。（謂必權者是取之器也）故天以傾西北而拱列宿。地以缺東南而朝百谷。日以昃而成早暮。月以虧而見盈縮。子以陳蔡宋衛而示損。顏以慟而益彰。麟以憂而示時君。斯柏也。以刃而後永。則知聖人之道。不缺則不全於不朽也。

公孫甲松

公孫甲善畫松。漢武帝時。公卿皆求之。或旬或月或季得

之如至寶武帝暇顧東方朔曰卿得甲之松乎對曰臣未嘗得之色沮帝怪朔徐而進曰臣見公孫甲之善畫松舉國舉朝之人奇之狂然其所棲鶴其形吟風清韻或森踈澗底或蓊鬱庭際而過者罕不惑之目臣痛其假能奪眞故不求之且丹青其筆物至於是枝葉其口人胡以勝臣敢以陳之昔妲己之假奪比干之眞靳尚之假奪屈原之眞宰嚭之假奪伍員之眞是三者皆以至眞之誠卒不能制其假矧不逮者乎武帝悄然改容翼日雪司馬史於既刑臺戾太子於不反

唐城客夢

客有宿唐城之鄙夢一神曰吾幸以神神之道獲司茲土之休戚饗其二仲之馨今值子之有道得以休焉旦北而徂山之曲乃見蒼翠一林其中則楮烟墨宇椒瀝坎地羣烏胙充飛而不舉入謁廟貌乃夢中之見者也或曰不羞不醪不緡胡跡句斯廟也能倒錯倚伏肹蠁生死雖有道與不善一焉客曰果如是乎思其夢頗憤其神神之言乃爇詞以讓其畧曰風雲其力溪壑其心福善禍淫賈茲反覆其神神之道耶前夕薦夢其神蹙容投拜曰微子吾乃不日爲上帝譴矣向者悉吾左右蔽爲不之察也幸子之敎咸得族而倂之矣客逢其里人以廟詢曰近者淫祀而罔應故不祀卭禱而無咎且二仲之馨存焉

巫比

巫比言妖孽之至於人無不誠而懼士言妖孽之至於國無不逆而怒何哉曰巫能前知妖孽之至不能卻明妖孽之由士能前知妖孽之至乃能卻明妖孽之由故異也巫言可禳則設淫祀指虛應故誠於可爲懼於所聞士言可禳則殺妲己活比干故逆於聞怒於不可爲嗚呼設直士世用之如邪巫鰥辭國納之如簧言則有國有家者何遽乎患

欽定全唐文卷八百二十五

黃滔 四

綿上碑

至忠之爲人臣君不之德怨其爲忠乎至孝之爲人子親不之德怨其爲孝乎茍非忠與孝則介推藝若枯株名參悖德又焉可祠儀忌赫於千春哉且重耳得國之初賞功之際鍾鼎鱗次獨推漏澤覺夢覺之覺然而索懇至焚林而推以一時之失爲殁身之怨可乎設終身之失將何加之别使至忠而疑至孝而惡去聲又何如哉則周公宜怨於成王

大舜宜怨於瞽瞍以功急賞則漁父宜腰於伍劍魯連宜磬於齊粟矧推之且養不志祿其甘乎始事君後急賞豈責忠而賈爵乎愚謂介推之意不然以重耳之不德愈知其母之賢既得其與爾俱隱之言從其德則其言晦逃其跡則其言彰其言彰則其母名斯大孝之至也仲尼云立身揚名以顯父母立己之身揚己之名猶冀泝流父母豈母賢之未名而已不名之乎祿親者衆名親者鮮使獲其言若祿其甘是瀆其賢推是以死其君怨取賢其母名斯介推之意也

泉州開元寺佛殿碑記

混沌死而天地生道德銷而仁義作情車業網始脈旋波天謂洛龜河龍文有生而不文無生乃產金聖人於西國鑽智慧火乾煩惱海理不吾吾而一貫生生其姿雷燿於周室其波派瀁於漢代繇是館移鴻臚城崇白馬斯有寺之始也寺制殿象王者之居尊其法也其後金地蓮扃周旋四海烏飛兔走或故或新至如神運之靈莫靈矣亦靡得而巋然則我州開元寺佛殿之與經樓鐘樓一夕飛燼斯革故鼎新之數也初僕射太原公以子房之帷幄布泉

城以叔度之袴襦纘泉民而謂竺乾之道與尼聃鼎宜根乎信而友乎理矧開元受宇五十載之聖容實寺之冠洎帥閩也愈進其誠繕經三千卷皆極越藤之精書工之妙駕以白馬十乘送以府僧迎以郡僧置茲之樓既而闕四字蜀兩不飛識者以爲物之尤罕畜於世敬之至必動乎神是必爲地祇所摟龍宮之索不然者曷與斯故新之數期厥理則明我宜悄然不已仲弟檢校工部尚書爲茲郡之秋也武則拍孫吳之背文則席夏商於前而復龍虎之內以塤以篪大聳孟龍之旨乃劃俸三千緡鳩工度木烟巖

雲谷之杞梓梗柟。投刃以時。趨功以隟。食以月粟。付以心倕。不期年而寶殿湧出。棟隆舊績。梁修新虹。八表四隅。悉半文丈。柱盛鏡礎。方珪叢斗。楣承蟠螭。飛雲翼栱。文榱刻桷。轇轕杈枒。或經緯以开織。或丹臒而纈耀。晶若螭窟。業如鼇背。風夏觸而秋生。僧朝梵而谷應。昇者骨冰。觀者目波。而五間兩廈。昔之制也。自東迦葉佛釋迦牟尼佛。左右眞容。次彌勒佛彌陀佛阿難迦葉菩薩。衛神雖法程有常。而相貌之欲動。東北隅則揭鐘樓。其鐘也新鑄。仍偉舊規。西北隅則揭經樓。雙立嶽峰。兩危蜃雲。東瞰全城。西呑半

郭。霜韻扣而江山四爽。金字駢而講誦千來。是知天地日月。鬼神不欲一存其物。將有待於後人也。設使斯殿也斯樓也。不有之故。其何以新我公之作之爲。其何以布之哉。三署六韜。流通貝多。戈霜劍雪。爲甘露潔。信英智之所措也。既畢召化内之緇錫數邁於千齋而落之。其中慈雲五色。慧日重輪。譚者以爲梵天之宇化於是矣。靈山之會儼於是矣。我公之倅試大理評事宋君曰駢。才推博古。識洞眞如。請立貞珉。垂於不朽。公以小儒不佞。俾刻斯文。僧正臨壇大德僧宣一。桑門之關楗者。曰寺有記亡之矣。垂拱三年。郡儒黃守恭宅桑樹吐白蓮花。捨爲蓮花道場。後三年。昇爲興教寺。復爲龍興寺。逮元宗之流聖儀也。卜勝無以甲茲。遂爲開元寺焉。嘗有紫雲覆寺至地。至今凡草不生其庭。大矣哉。自垂拱之迄開元。四朝而四易號。及。句諒兆水於木。垂雲蘿草。謂桑蓮之與雲草天啟地靈之。如是則開元實寺之冠。斯又冠開元焉。金聖人無爲也。堯舜亦無爲也。誠參錯其道。巍巍聖儀。永與諸佛如來俱。豈不其然。愚是以奮筆於一公之說。乾寧四年丁巳冬十一月日記

大唐福州報恩定光多寶墖碑記

金聖人之教功與德。魯聖人之教忠與孝。以忠孝之祈功德。莫之大也。天復元年辛酉。天子西巡岐汴。交兵京洛。禺禺。我威武軍節度使相府瑯琊王王公。祀天地鬼神以至忠之誠。發大誓願。於開元之寺造墖。建號壽山。仍輔以經藏。乞車駕之還宮也。其三年甲子。以大孝之誠發大誓願。於茲九仙山造墖。建號定光。仍輔以經藏。爲先君司空先秦國太夫人元昆故司空薦祉於幽陰也。大矣哉。赫赫忠誠。懇懇孝思。以國以家。以明以幽。胡天地之不動歟。胡鬼神之不感歟。釋之西天謂之窣堵波。中華謂之墖。墖制以

層增其敬也造之獲無量無邊功德初我公以宏才妙畧之有藩維以仁智神鑒之謀遠大謂閩越之江山奇秀土風深厚而府城坐龍之腹烏石九仙二山聳龍之角屹屹巖巖孱孱顏顏兩排地面雙立空際怪石如墉迴岡如揖東銜滄海以鏡豁西走建溪而帶縈氣色蒙茸風雲蓬勃非仙宮佛寺不可以乘龍之角大龍之腹何烏石二而九仙曠（烏石山有神光天王二寺）豈非代虛其作地祕其期以待我公況古仙鍊骨之所昇眞之跡也一旦之新城月圓（壬戌歲我公卜築其外城號月城）二山之嘉氣雲連森上介掀大旆或旬或朔春於

粉堞之上時行時止卜於煙巒之堀得峻中之平平中之峻凸而不隆凹而不卑樹翳薈以奇姿草芊眠而別翠遂從宏願啟茲壇之基焉壇之科也恐山之偏憂地之入將塹平壤五十尺之深百有餘尺之闊杵土積石而上（上聲）逮二十尺瞥然虹見瑩然穴貯俄以珠寶之獲坐以金錢大不及拳光能奪目於時清風四來海天擴開煙霞蓊蔚於城隅鸞鶴盤旋於林表舉閩之軍傾閩之俗以趨以走以歌以詠既而畚鍤投般倕奮內甃以磚凡四十萬口外溝以木蓋百其巧七層八面玲瓏窗窱欀桷欄楯轇轕杈枒

雲楣翼環珪斗鱗蹙雕鏤丹雘曲盡其妙方七十有七尺高二百尺相輪之四十尺參之也懸輪之鐸一百九十懸層之鐸五十有六角瓦之神五十有六其內也則門門面面續以金像不可勝紀登之者若身在梵天瞻之者覺神離贍部業業然觸圓青而直上野鶴經之而高翔疑掠其腹鱗鱗然壓峭碧而崛起地祇感之而下捧疑殫其力其相輪也我公誓願之日仲氏司徒自清源聞而感鑄而資雖從人力悉類神功謹按妙法蓮花品自地湧塔於佛之前其幢幡瓔珞瑪瑙車渠七盤四懸乘虛耀日乃多寶之

佛發大誓願之感現也繇是以斯壇取如來之嘉號號之曰定光以其感珠之現睟於自地之湧故聯之於多寶本於孝思薦勉故冠之以報恩此其義也夫如是大雄之力出死入生至誠之神感天動地若乃沉沉夜壑浩浩世塵莫不以茲元符承彼慧日超於三千大千之世遊乎二十八天者哉苟不之然則凡彼經文悉爲之虛語耳又焉能垂信於百千年之後哉既而巍巍峩峩金輝鐵牢其東則翼以經藏焉其藏也外搆以扃八角兩層刻楠檀鏤金銅飾朱漆之炳煥仍衛以華堂七間名之轉經焉致其沙門

比邱比比厥跡以爲拜昌趺讀叢談聚聽之湊日繫乎月月繫乎時軒軒闐闐奚景福之不幽資乎又感應天王殿一間兩廈其天王也變毗沙之身於感通之年現神質爲龜城之助絛腰衣裼屣足乘雲雙吐目光兩飛霞彩乃千百億化身之一爲壽山草木之應今塑於此厥感寧亡其西則翼之別殿曰墖殿其墖也我公萌誓願之先因心以制十有三層之妙形匪偉而誠有爲去聲殿斯奇而墖斯處其北則報恩變相堂九間潔琉璃之地等娑婆之世七寶叢樹五色騰光明明見闍提之心一一標如來之說又僧

堂五間上五門下之與茶堂五間直聯曲交冬溫夏涼又華鍾之樓迥起青音下折刀山長明燈之臺圓籠孤光杳煇漆壤其東南之臂復建地藏殿一間兩廈功德堂五間僧堂五間張如別構而制匪異其殿也坐以菩薩之麗若欲飛動其堂也駢錯儀像或金範或幅繢千形百質恐悉諸天之聖侶無間焉公廳四門一廈或備旌鉞之覲止我公或四季之旦三旬之八聚僧設會拜首追祝勤勤恪恪罔所不至舉闔之高卑舉闔之少耋攀之望之無不動心涕聽君子謂豈惟寘薦於先蓋以孝教民也又庫廚五間浴室三間接以井井重以樓焉環周輻輳之行廊凡三十有三間惣費財六萬餘貫如山之疊如洞之濬巑巑隆隆叢爲一宮其大也琢文石以爲軒雕修虹以爲梁其小也取良木於靈山飾嘉壤於飛塵雖掩映乎人間實參差乎象外其經也帙十卷於一函凡五百四十有一函惣五千四十有八卷皆極剡藤之精書工之妙金軸錦帶以爲之飾天祐二年乙丑夏四月朔我公宿誠於州東亰於肆及脇降之辰大陳法會以藏其經緇徒累千士庶越萬若緇若士一而行之正身翔手右捧左授自州之戺起於我公

傳至於藏觀者如堵牆佛聲入霄漢幡花照乎全郭香烟連乎半空雪頂之僧指西土之未有鮐背之叟慶東閩之天降可謂之鴻因妙果者也始者我公之登壇也其一之年偃干戈興禮樂二之年陳耒耜均賦輿三之年疊貢輸祇寵澤萬乘臣其職四鄰視其睦百姓天其政故一川之鏡如靈臺之月如融融怡怡愉愉熙熙乃大讀儒釋之書研古今之理常曰文武之與釋氏蓋同波而異流若儒之五常仁義禮智信仁者含宏也比釋之慈悲爲之近禮者謙讓也比釋之恭敬爲之近智者通識也比釋之聖覺爲

之近信者直誠也比釋之正直爲之近而義者殺也其爲異諸武之七德至如戢兵保大安民和衆之類亦猶川陸之徂秦適洛焉然則皆謂之煩惱吾父國也子民也朝爲社稷之計暮作稼穡之念若俾求智慧火乾煩惱海則非吾之所能若建金地繕金文陳法會一衆僧冀乎不可思議乃吾之所志也於是月陳三齋時或雪峯之僧圍繞千徒臥龍之僧圍繞五百以至萬錢之膳或間嘉蔬五袴之歌或參雲梵慈航僞岸法雨垂空必致菩薩化身羅漢混俗以降也時人謂靈山之會日儼矣又以府之寺至於清

源或存或燼或抽金積俸增而新之而府之開元大中神光纍壇之數與寺俱焉新於大中神光乃規舊制而精燿宏壯則邁前時開元則輔之經藏加之轉輪之盛尊大君也定光多寶報恩於劬勞故以塼塼者專也謂山度之林有蠹朽之日火化之壞無銷鑠之期其本乎土也資乎火也及投諸水火則不歸乎土不壞於水歷千秋而其質堅然乃以專至堅貞之誠寓於是則斯誠也如是得無感乎則彼珠之爲符驗矣且夫珠也或頷乎龍或銜乎蛇或胎乎蚌故水懷而川媚今茲珠也不自乎龍不自乎蛇不自乎蚌匪懷水而媚川而孕厚地之二十尺豈非斯之感歟不然則始從融結而孕之也若以始從融結而孕之則厥初已兆我唐之有我公也厥初已兆我唐之有我公則我公之言烏石之有神光天王九仙代虛其作地祕其期以待我信矣壇之訖功顧小從事滔有禮官甲科之忝明主研許之幸庶哉於聖人立身揚名之道命爲之記用旌厥德於無窮滔不敢牢讓作禮而推之言夫陶天地爲後時銷生死於無联其道不可以眞虛求聲影賾應普願於有爲現感通於至誠其道乃可以精諦至嚴敬致今我公以

精諦嚴敬積功累德以泝流於世斯壇也嶽嶽崇崇兼乎仁孝之鴻名偕天地日月江山之永遂刻於貞石焉其詞曰

金聖人教德與功兮魯聖人教孝與忠兮巍巍賢傑二美鍾兮建茲寶壇惟追崇兮祝天遯邈先延鴻兮報劬薦祉祈幽通兮仙山之秀夷且隆兮曠古爲期俟仁風兮月圓珠現契遭逢兮融結之初兆英雄兮豈徒業業懿班工兮火壞之貞積磨礱兮斧材之取厥匪同兮七層八面相玲瓏兮金鈴寶鐸交丁冬兮影落澄清馴魚龍兮頂觸圓碧

分鴻濛兮纘儀範像疊其中兮齊天極地爲初終兮金文貝字搆重重兮講讀千來觀西東兮靈山盛會日雍雍兮甘露法雨常蒙蘢兮鴻名㝠祉偕無窮兮

靈山塑北方毗沙門天王碑

列藩之業有地有地之職有民有民之道興禮樂敦忠孝以行事然後謀謀者也築城池居其一城既築進道德以居之樹神祇以尸之爲一方之巨防雖永古而無疑我相府瑯琊王王公之有閩越也具列藩之業修有地之職行有民之道自乾寧四年丁巳至天祐二年壬戌凡六年禮

樂興忠孝敦乃謀及城池城池既謀乃尸及神祇於是於開元寺之靈山塑北方毗沙門天王一鋪全部落已鎮於城焉大矣哉所謂闡六韜濬七德建陽功配陰隲夫毗沙門梵音唐言多聞也始自于闐刹利之英奇膺世尊帝釋之錫號居須彌山北住水晶宮殿領藥义衆爲帝釋外臣以護南贍部洲其道入大乘得無生法忍住聞聲證不還果謹稽我公之築城也恢守地養民之本隆暫勞永逸之策其名舉一而生三法陽數也曰大城焉南月城焉北月城焉周圓二十六里四千八百丈基鑿於地十有五尺杵土胎石而上〔上聲〕上高二十尺厚十有七尺外甃以磚凡一千五百萬片上架以屋其屋曰廊其大城之廊也一千八百有十間自廊凸而出之爲敵樓樓之層者二十有三又角立之樓六其二者層復層焉皆欄干鈎聯參差煥赫而廊之若干步一鋪鋪各一鼓而司更焉凡三十有六謂之更鋪其四面之門八其南曰福安門福安之東曰清平門西曰清遠門其北曰安善門安善門之東曰通遠門其東曰通津門通津之北曰濟川門其西曰善化門皆鐵扇銅扃開陽闔陰門之上仍揭以樓三間兩挾兩噏修廊雙面

遠碧門之左右又引而出之爲之亭兩間一廈又匪樓之門九曰暗門焉又水門三其二樹欞飾波卻帆入舟鳴舵柳浦迴環一郭堤諸萬户注之以堰二渡之以橋九鏡瑩虹横交舫走蹄斯大城之制也粤南月城也東貯九仙西盛烏石之二山嘉樹蓄雲茂草藏獸城上之廊一千十有三間〔其中七間謂之徘徊〕敵樓四十有九樓之層者三其門二曰登庸門〔郭璞記南臺江沙合即有宰相而我公膺期今登庸門外橋名沙合橋〕道清門其上之樓其下之廊左右之引亭建暗門八水門二其堰一其橋五及廊之更鋪二十悉與大城類其外之東西復距而出

之謂之橫城其東也城上之廊四十二間五廈(其中二間是兩面之敵樓)其門一斯南月城之制也伊北月城也城上之廊六百四十二間敵樓二十有六樓之層者十其門二曰道泰門嚴勝門其上之樓其下之扉左右之引亭建暗門四水門二其橋一及廊之更鋪十有四復與南月城類又背而出之謂之橫城城上之廊五間一廈其門一斯北月城之制也其東畫長川以爲洫西連乎南(句)盤別浦以爲溝悉通海鰌朝夕盈縮之波底澤鱗介岸泊艓艭北截越王之故山派西湖以爲隍若鼇之負如甌之置軒軒然翼翼然真

謂天設之府神開之地也既而我公一旦膝分席校鱗軍堵耋陳大會以落之而言曰惟閩越之爲藩屏也建汀二疆東其右巖千而壑萬溟海巨流瀕其左濤雷而浪霆信乎江山奇險無以加之矧今新之以城壁城壁之以鐵石古人言得地又言守地又言堅壁豈不以得地而居守地以城城以堅壁信不疑矣然則吾之戴恩忝土勤勤懇懇不以江山奇險之爲奇險不以城壁鐵石之爲鐵石也修道德樹神祇以居之毗沙門之天王自天寶中使于闐者得其眞還僉增宇內之欽旋大夫芮國公荆渚之塑也凡

百城池莫不一之斯舊城之北往規也(舊天王在子城北也)斯新城之制今城也且勝莫勝於開元寺尚莫尚於寺之靈山阜寺之艮控城之乙祖僧六葉雁其下珉石一拳星其上(盧山灣落星石上有佛舍)劍池瀲灔飛山奔揖足以象水精而瑩宮殿掀廟貌以衛城池爰將擇工之精搜塑之妙製乎聖賢儼然化出身被金甲手擎鳳塔地祇下捧天將前擁光灼灼而如將動搖神雄雄而若欲叱咤觀之者皆謂須彌拔宅於是矣于闐分身於是矣而復翼僧堂而右邃膊鐘樓而左突轟錫百萃其夏午蒲鯨六吼其宵加信爲塵間之北方

連營之靈域也訖命小從事滔刊貞石而碑之滔不敢牢讓齋戒三日抽毫而書猗歟天王因果則釋氏猛勇則兵權啟願而願從云戰而戰勝至如揮額汗以爲童子卻修羅之師擎手塔以貯彌陀解天鼓之赴爰皆肹蠁克致感通洎唐有土蕃之黷也豆面以行疹儀金以現人嚙戈以生鼠與彼時之元應蓋大同而小異況邇則咸通季蠻之侵蜀蜀人亟祈褐衣條以乘空目光爥以照地蛇將奔穴黽竟全城夫如是則護南贍部洲豈虛言哉今我公之至誠通日月宏願貫鬼神以曠世之功業託無生之法力豈

昔時之有是而今日之不然哉雖體蒼蒼而無言因乃昭昭而有鑒輒爲之銘其詞曰

受命帝釋封邑須彌金甲儼被藥义雄隨越七金山突修羅師入大乘妙與聲聞差于闐分身皇唐衛國若加善禱咸蒙聖力雁塞烟塵遍城戈戟虜騎猶東鑾車未北現以眞儀亡乎悖德懿彼閩越大哉侯王仗鉞務本築城爲防石取它山壕塹聯岡疊百厥雉累千乎廓卻鐵之觚疲羽之祥奔馬轡並馳車軌方巢鳳於樓蟄龍於隍如嶽斯立如翼斯張不有依憑曷雄扃鐍台畧俄啟神驅遽設鐵甕

卓豎漆瞳曝映捧足神俯持劍將列月殿巍峩靈山巀嶭法逮無生權惟有兵昔之若是今肯忘情閩山永高閩江永清厥宜識之盤石斯城

丈六金身碑

釋氏之稱釋迦牟尼佛千百億化身而古今之世以諸佛菩薩其或鑄成塑成刻成其或壁繪幅繪乎像不可勝紀況多應現感通之自其非之乎我公粵天祐三年丙寅秋七月乙丑鑄金銅像一句丈有六尺之高後二十有三日丁亥繼之鑄菩薩二句丈有三尺高銅爲内肌金爲外膚取法西天鑄成東越巍巍落落毫光法相初我公登壇之三年己未秋一夕雨歇天清風微月明瑶兎無烟銅龍有聲俄夢天之西際耀以照物縹雲罅裂大佛中座嶽嶽以覲止熙熙而啟言曰斷予一臂衛之一方既覺而思現乎形昭像也斷一臂誓誠也衛一方保衆也始嘉其異姑默其事後創其意乃命自賓席之逮將校將校之逮步乘步乘之逮衆庶其有植信根之深者映惠燭之明者許一以金投吾俸中將積於肆俟以銅易而後鳩工鴻鑪卜境擇日鑄斯佛於九仙山定光多寶墖之右古仙徐登上昇之

地其日圓空鏡然江山四爽橐籥之上騰爲烟雲盤旋氤氳五色成文又有羣鳥或若鴻鵠或如鸞鶴交翔而間鳴自寅而及午斯佛也一瀉而成翼日我公禮閱之乃與夢中一類其形儀長短大小無少差其一臂工以之別鑄而會其像大工慮其不就計以一臂別鑄而會之乃暗符夢中我公神之而露其夢於是迎入府之別亭磨瑩雕飾克盡其妙朝夕瞻拜時不之怠冬十有二月丙申會僧千千以幡以幢以鐘以磬引歸於開元寺壽山之墖院獨殿以居之翼二菩薩於左右三十二相足八十種好具螺纍纍以成髻珠隱隱以炷額檀信

及門而膝地。童耋遍城而掌膠。夫如是。豈非千百億化身之一乎。不然者。馬得入乎夢而如乎神成乎形而如乎夢夢不之告。工以之缺者哉。其應現感通。復爲之殊矣。大矣哉。且先天地生之謂道。後天地設之謂象。道者也以無爲爲志之也。授心印於虛空。象者也以有爲爲志之也。疊慧力於報應。論者惑。句以之爲風馬。曾不謂象猶道之轂也。無象。道不行矣。始者摩騰竺法蘭二梵僧不慎其象。東其道且西耳。惜乎不與三皇五帝同世而出。設與三皇五帝同世而出。必能從容樸素。遲回仁義。詐僞末之函蠹也。柰

何天將後之。豈徒然哉。豈不以仁義之生也。曰堯與舜。仁義之亡也。曰癸與受。至於列國之際。强秦之立。癸受之悖亹亹其蹈。天謂仲尼祖述堯舜。憲章文武。終不能獨制之。故東釋迦牟尼於中土。大陳出生入死之理。天堂地法之事。以警戒之。雖人世之風波萬態。逆鱗而幽府之鐵縲。一無苟免。上智聞之。若鏡之磨。中智聞之。若泉之澄。下智聞之。若火之燒。謂之爲有。則河沙芥子之說。虛誕難測。謂之爲無。則應現感通之事。尋常立驗。故能銷嗜慾。更禍福。一貴賤。則爲禪教化之一源。湛然不動。感而遂通者也。而以

金厥地。蓮厥宮。張法橋以度人。無刑網以東俗。世之敬之可也。怠之可也。黷之可也。由是有以委之國君。委之大臣之旨。既而委之。則人非常人。道非常道。我公曠代之生也有神僧讖仗鉞之雄也。應江沙期合仙人讖築城之盛也契菩薩說。初丙午歲我公至清源未在時有僧號涅槃於衆中駭而指之曰金輪王之第三子降人間幸勉之專生殺柄又聞之侯未嘗至宰輔晉時郭璞記曰南臺江沙合即有宰輔相我公之登台席也江沙契焉又梁時王霸怡山上昇山在府城之西五里光啟丁未歲衢之爛柯山道士徐景立因於其仙壇東北隅取土掘得瓷缾七口各可容一升水其中悉有炭上總蓋一青磚刻文字云樹枯不用伐壇壞不須結未滿一千歲自有系孫列後來是三皇潮水蕩禍殃巖逢一乍開未免有銷亡子孫依吾道代代封閩疆其壇東南有皂莢樹古云眞君於此樹

上上昇其後枯矣至咸通庚寅歲復榮茂也又嫣山僧號大安頃坐西禪者乾符中曰府城之到九仙三橋其中乃菩薩行化今之新城及焉 夫通神爲佛。魂交曰夢。神非夢而罕通。夢非神而不感。我公之慶鍾也。其如是矣。其明年正月十有八日乙未。設二十萬人齋。號無遮以落之。是日也。綵雲纈天。甘露粒松。香花之氣撲地。經梵之聲入空。座客有右省常侍隴西李公洵。翰林承旨制誥兵部侍郎昌黎韓公偓。中書舍人瑯琊王公滌。右補闕博陵崔徵君道融。大司農瑯琊王公標。吏部郎中譙國夏侯公淑。司勳員外郎王公拯刑部員外郎宏農楊公承休。宏文館直學士宏農楊公贊

圖宏文館直學士瑯琊王公倜集賢殿校理吳郡歸公傳懿皆以文學之奧比偃商侍從之聲齊褒向甲乙昇第巖廊韞望東浮荆襄南遊吳楚謂安莫安於閩越誠莫誠於我公依劉表起襄漢其地也支轍及館值斯佛之成斯會之設俱得放心猿於菩提樹上歆意馬於清涼山中我公乃顧幕下者滔俾刻貞石以碑之滔以甲科忝第盛府蒙招刊勒之職不敢牢讓謹推於厥旨經云作佛像之功德斗量海以有盡塵碎刼以無窮至若青黛之畫辟支一金之補毗婆戲爲之而以草木思見之而刻旃檀其猶蛻現

其生羽金其報而況今乃儼至誠從靈感銅乎萬萬金乎千千虔鼓鑄於神仙之山卜貞吉於火土之數其積功累德豈可以邊以涯而言之哉或曰梁武帝之隆釋氏今古靡倫奚報應之昧乎對曰梁武帝隆釋氏之教不隆釋氏之旨所以然也夫帝王之道理世也釋氏之教化人也理世之與化人蓋殊路而同歸彼宵旰於萬有故一夫不獲若已隕諸隍中此濟度於觸類故欲凡一有情悉皆成佛梁武帝則不然以民之財之力剎將三百祈功覬德則歸諸己啼億兆而不乳削頂領以言覺所以私所以然也今我公爲邦則忠孝於君親自興兵以來天下以三司之泉皆名直進獨我公以俸錢爲直進三司之運悉如舊馬闕廷大稱其美牧人則父母於生民造塔四其一曰壽山以昭皇帝辛酉歲西巡發誓願以祝熊羆乞車駕之復宮闕其二曰報恩多寶定光追薦於先世其三其四大中神光爲軍旅也爲人民也繕經五藏其二進於上其三附於壽山定光大王意同乎塔月三其齋或千僧或千佛疏乎誠首則君親次則軍旅人民而已後焉況斯佛已之而不已與寶席將校步乘衆庶共成之故其地出明珠海出珊瑚幾於蓮花妙品之繁車渠瑪瑙幡幢瓔珞周乎多寶之湧也開元定塔基掘地丈有五尺之深得寶珠上以金錢又於海中得珊瑚樹凡二百餘株矣夫

其元眖之如彼靈感之若此則斷一臂衡一方斯昭昭矣豈與彼而論哉某是輒奮筆而無愧爲其詞曰

託人佳夢鑄成鴻鑪毫光法相銅肌金膚恍惚現形昭彰合符不有爲也其如是乎唐一其宇越百其區伊閩之設於地之殊西城甌候東塹鼇隅匪德莫處惟仁靡逾懿其櫜籥飛作醍醐焦山草木不得不蘇苦海波瀾不得不枯仙花罔謝慧日寧徂永茲一方盤石其都

莆山靈巖寺碑銘

釋波東流湧爲花宮花宮之構咸宅靈秀靈秀之啟其或神授則知融結之始已有待於金聖人也粤靈巖寺乃莆山之靈秀焉神授焉懿夫嶽立大山堆下數峯面乙臂坤石嵌松瘦昔梁陳間邑儒滎陽鄭生家之生嚴乎一堂架以詩書既而秋一夕風月清朗俄有神人鶴髮麻衣丈餘其狀見於堂曰誠易茲爲佛宇善莫大焉生拜而諾瞬而失旋以堂居僧像佛獻其居爲金仙院即陳永定二年庚申也鶴髮麻衣西天之謂故號金仙山水推其奇鶴髮增其異緇錫日萃院落日峻隋開皇九年昇爲寺焉左漱寒泉右擁疊巘危

樓豁壺公之翠上方視鯖海之波唐景雲二年辛亥寺僧志彥入內背文講四分律睿宗嘉之錫號聰明彥因獲言所居寺之自復有僧無際持妙法蓮華經感石上湧白泉僧歿而泉變清焉遂膺勅額爲靈巖寺太和二年殿中彭城劉公軻幕提泉印聆寺之勝不卸而宿候吏不蔬而午掬泉而漱隨手以涸其石今坎於上方之上其僧復有元悟元準慧全省文靈敞無了悉閒生祇園堅持密行或臨壇表德或降虎示眞厥衆如雲厥施若市洎武宗皇帝乙丑之否邑之東有敬善寺民井而居之乾有玉澗寺民畝

而田之獨茲之奇豪人互以金輸爲幽宅之卜若有之衛竟不克遂敞公了公乃帽首絛腰沉蹤處晦逮宣宗皇帝之復索之於石罅雲根歸之於蕪基燒址山靈之感行殪之慕投金執斷匪招匪勸不越閏而其宇鱗鱗其徒翼翼敞公咸通六年秋八月云滅靡風而大樹折庭靡觸而大殿傾瓦了公八年冬十月坐亡色身不壞今龜陽之號眞身大師者也則知僧以行而神其亦地以靈而感若乃軒軒月殿藹藹松門醍醐雨天瑠璃鏡地慧燭九枝而吐燄慈雲五色以垂陰推於甌越居之甲乙今僕射瑯琊王公

牧民之外雅隆淨土論及靈勝以爲東山神泉之比（神泉寺在府城之東山其泉亦自僧感而湧也）繙經五千卷於茲華創藏而藏（平聲）焉即天祐二年春二月也初侍御史濟南林公藻與其季水部員外郎蘊貞元中谷茲而業文歐陽四門捨泉山而詣焉（四門家晉江泉山在郡城之北其集有與王式書云莆陽讀書即茲寺也）其後皆中殊科御史省試珠還合浦賦有神授之名水部應賢良方正科擅比干之譽（策云臣遠祖比干因諫而死天不厭直生微臣也）歐陽垂四門之號與韓文公齊名得非山水之靈秀乎元和才子章孝標邵楚萇朱可名寄詩以題大中中（宣宗元年丁卯號大中凡十三年）潁川陳蔚江

夏黃楷長沙歐陽碣兼愚慕三賢之懿躅葺齋於東峯十年咸通乾符之際懿宗元年庚辰改咸通凡十四年僖宗元年甲午改乾符豪貴塞龍門之路平人藝士十攻九敗故潁川之以家冤也與二三子率不西邁而遇奮然凡二十四年於舉場幸忝甲第東歸之尋舊址蒼苔四疊嘉樹雙亞今東峯雙龍眼樹即往歲書齋之庭陰也訪舊僧雲扃十扣雪頂一存於是謹祝金儀盍誓邱禱以謝茲山之靈秀刻銘貞石兼補前賢之未述其詞曰

山奇孕神地勝惟靈螢窗既夜鶴髮斯形一畝請宮雙蓮建扃洞深夏寒林茂冬青松竹鏗樂峯巒豁屏畾迷蟾窟

茫眺鰌濵持經僧志湧石泉泠四分律講萬乘君聽勑飛額降寺以靈名不有地祥焉動天庭大士鴻生珠明桂馨良牧聳聞華構藏經浩刦不泯匪茲曷丁敬祝巉巖勒石以銘

欽定全唐文卷八百二十六

黃滔五

龜洋靈感禪院東塢和尚碑

三教之垂萬古也咸以師弟子授獨釋氏之師弟子削姓以名別爲父子之流葉東塢和尚葉真身大師其道皆極不可思議以父子言克盡弓裘之善和尚法號志忠俗姓陳世居仙遊祖諱璠父諱節繼以好尚山水崇佛友僧生和尚自於乳抱鼻逆羶辛九歲詣真身大師爲童子一見之雨如宿契年十五落髮初大師之卜龜洋也雲木之深

藤蘿如織狼虎有穴樵採無逕俄值六眸之巨龜足躡四龜俯仰其首如作禮者三逡巡而失遂駐錫卓庵名其地曰龜洋焉龜洋之泊也盂不及村畬不及菑山産菜號苦葢以之充卯而齋惟大師與和尚俱歲移月更名馳跡漏檀信尋而施漁獵投而事時謂之二菩薩僧其他或來人之稍乖嚴潔則立有蛇虎驚吼之怪及武宗皇帝乙丑之否秉之而條帽潛匿大師允檀信之迎隱於數家和尚棲於巖穴之內不離茲山相伍者麋鹿馴伏者虎狼既而靡耕菑杜施丐還取苦葢之卯至今茲院之逢歉歲一卯之

風不泯宣宗皇帝復寺之始議者以靈巖之奇勝非我菩薩僧不可以宏就由是都人環乞大師以居故和尚獨薦軀洋之址焉松堂揭而覺路喧天金磬敲而道花滿地誠以上昇道士不受籙成佛沙彌不具戒和尚且不之然旋將西游受具足戒於襄州龍興寺大中十二年東還由廬陵輿草庵和尚值草庵曰來自何山曰六眸山曰六通乎曰慧非重瞳和尚蓋行高而言寡是日對答如流既及本山人地愈盛院落則不營而峻供捨則不化而來咸通三年靈巖力圓乃迎大師返於茲八年大師坐亡法身不壞

南北歸敬闃然無時和尚以之頫十三年遂南五步里之山得峯之秀室而禪焉即今南奮也廣明元年弟子智朗惠朗元鑒藏輝景閑宏幹鴻超悉以植性衹園分光慧炬以謂我大師承法馬祖親得心印則和尚馬令以宿曉而晦辭煩即靜不可使六眸靈感之地留形示滅之異葉其葉而不之大乎於是逕乞歸於院將以宏張法輪式救迷津其如感通雖然現沒有數中和二年（是時公尚未登甲科）龍集壬寅三月十日示滅壽年六十有六僧夏二十有五後二旬之一日建窣堵波於東岡焉嗚呼和尚之道不粒而千不宇而禪與虎狼雜居所謂菩薩僧信矣其三月之朔語其衆曰至道之有顯晦師弟之不欲雙立昔大師之去也留形爲之顯今吾之行矣速藏爲之晦故將儀貌若生而菴棺晦朔不逾而啟土從付囑也其上足景閑宏幹以凡紀道名須資詞筆懇賫行實扣愚求文滔早訪蓮扃今悲松墖敢辭抽思用刻貞銘爲之銘曰

六眸獻山二葉開蓮號及菩薩正真自然雲林匿跡狼虎參禪仙花撲地智月懸天示滅之滅顯晦岐焉布金左岡建墖開阡實歸上界豈曰下泉松風栢雨空悲歲年

華嚴寺開山始祖碑銘

師法號行標俗姓方祖榮父安莆之盛族也師生於建中二年辛酉齠齓即頓悟異於諸童九歲投玉澗寺監寺神皎出家將二年嘉其拔萃命之落髮師以梵行未至不敢預大僧數至貞元十七年（時師年二十一）方薙鬢髭翼日遽講所習涅槃經一寺歎服既而辭其師北遊抵京薦福寺受戒品詣章教大師法會章教奇之令首其衆凡十年士君子之造者無不聳慕尋爲功德使推入道場憲宗善之元和十一年（丙申師年三十六）東歸復於玉澗焉法雨隨車慈雲被物

洎武皇帝會昌元年辛酉除佛舍籍，釋子於戶部，師則巾華陽衣縫掖，晦迹樵客，廬於西巖石室，律身守道，如居千衆。及宣皇帝復寺大中元年丁卯，師年六十七刺史瑯琊王公迎以幡花，舍於郡開元寺，俾爲監領。大中六年師年七十二師以環足之煩、擁旅之數，乞歸故山。先時玉澗之北巖，泉石之奇也，卜而居之。縣令中山甄宿與莆之士庶爭沐醍醐，共隆蘭若，烟巒蔽虧，朱碧掩映，前俯平川，後峙奔嶠，地自人勝，名由道高。刺史河東薛公仰其孤風，復馳開元之僧，衛以入郡，日扣華嚴大義，幾忘食寢。洎解印，與之偕至北巖，題之爲華嚴

院，以徹祠部焉。師咸通六年七月五日示滅，壽八十有五，僧夏六十有四。後四十有五日，建窣堵波於西岡。十一年，其徒從紹疏師行實於闕，昇其院爲華嚴寺，有徒三十人，皆肅肅可觀，不忝師門。於戲！師儀梵骯髒，言詞雅直，沖默而明敏，慈恕而剛毅。儒書皆通，三皇五帝之道，言未嘗及，而人知其博古也。經論綜貫，天堂地法之說，舌未嘗舉，而人皆務崇善也。所至清風凜凜，政所謂釋子之高傑者也。弟子道光、道圓、令詢，悉器傳師道。愚冠扣師闕，壯以隨計，乾寧二年忝登甲科，東還薦造金地，歲周三紀，膠掌而拜影堂，腹稾而銘遺美，不可使桑門大士泯而無述焉。故銘曰：

智月不缺，乘虛照物。道花不衰，吐豔無時。洞徹照灼，傑然吾師。稟薦福戒，分章教枝。厥宗得傳，內庭擢之。御香徹印，雲間資期。數有汙隆，道無磷緇。德風徒襲，法舸寧維。山幽跡高，身沒名垂。松檜雖故，竹毫可追。稽首影堂，敬刻斯碑。

福州雪峯山故眞覺大師碑銘

大師法號義存，長慶二年壬寅生於泉州南安縣曾氏。自王父而下，皆友僧親佛，清淨謹志。大師生而鼻逆葷血，乳

抱中或聞鐘磬，或見僧佛，其容必動，以是別鍾愛於膝下。九歲請出家，叶而未即。十二從家君遊莆田玉澗寺，寺有律僧慶元，持行高潔，遽拜之曰：「我師也。」遂畱爲童子焉。十七落髮，淳樸貞古，了與流輩異。暨武宗皇帝乙丑之否，乃束髮於儒冠莱中，而蓬跡來府之芙蓉山。宏照大師見奇之，故止其所。至宣宗皇帝之復其道也，涅而不緇，其身也裒然而出。北遊吳楚梁宋燕秦，受具足戒於幽州寶刹寺。訖，巡名山，扣諸禪宗，突兀飄飄，雲翔鳥遊。爰及武陵，一面德山，止於珍重而出。其徒數百，咸莫之測。德山曰：「斯無偕

也吾得之矣咸通六年師歸於芙蓉之故山其年圓寂大師亦自溈山擁徒至坐於怡山王眞君上昇之地其徒熟熟師已嗣德山纍纍而款關師拒而久之則有行實者始以師同而議曰師之近巍巍乎法門圜遶之所不可造次其地宜若鶖嶺猴江之爲卜府之西二百里有山焉環控四邑峭拔萬仞嶒崒以支圓碧培塿以覛羣青怪石古松棲蟄龜鶴靈湫邃壑隱見龍雷山之半頂之上則先冬而雪盛夏而寒其樹皆別垂藤蘿芊茸而以爲之衣交錯而不呈其形奇姿異景不可殫狀雖瞿童武夷無以加之實閩越之

神秀而古仙之未攸居誠有待於我師也祈以偕行去聲秋七月穿雲躡蘚陟險昇幽將及之師曰眞吾居也其夕山之神果效靈異日巖谷爽朗煙霞飛動雲庵既立月構旋隆繇是柅法輪於無爲樹空門於有地行實乃請名其山曰雪峯以其冬雪夏寒取鶖嶺猴江之義斯則庚寅逮於乙未師以山而道倖山以師而名出天下之釋子不計華夏趨之如赴召乾符中觀察使京兆韋公中和中司空潁川陳公每渴醍醐而不克就飲交使馳懇師爲之入府從人願也其時內官有復命於京語其道其儕之拔俗悟空

者請蛻浮華而來薙僖宗皇帝聞之翰林學士訪於閩人陳延郊得其實奏於是聖錫眞覺大師之號仍以紫袈裟俾延郊授焉大師授之如不授衣之如不衣居累夏辛亥歲朔遽然杖屨其徒啟而不答雲以隨之東浮於丹邱四明明年故府侍中之有無諸闕尅句洗兵於法雨致敬於禪林馥師之道常東望頂手後二年自吳還閩大加禮異今閩王誓衆養民之外雅隆其道凡齋僧構刹以之龜焉爲之增宇設像鑄鐘以嚴其山優施以充其衆時則迎而館之於府之東西甲第每將儼油幢聆法輪未嘗不移時

餘乎一紀勤勤懇懇熊羆之士因之投跡檀那漁獵之逸其或弭心鱗羽戊辰年春三月示疾吾王走醫醫至粒藥以授師曰吾非疾也不可罔子之工卒不之餌其後札偈以遺法子函翰以別王庭夏五月二日鳥獸悲鳴雲水慘悴其夜十有八刻時滅度俗八十有七僧臘五十有九以其月十五日壙其藏焉其壙也其徒僉云以山之奇堂之峻法堂也大師之生也王去聲是其殁也不宜捨諸故坎其中焉若干尺之高若干尺之周皆雕珉石錯火壤磷磷焉業業焉四隅則環宇以麻玲瓏窗寮雲霞時入風雨罔侵其

日奔閩之僧尼士庶僅五千人閩王娣之子降左金吾衛將軍檢校刑部尚書延稟始陳祭是設齋焉大矣哉大師之見世于是罔量其僧耶自始及茲凡四十年東西南北文夏往秋適者不可勝紀而常不滅一千五百徒之環足其趨也馳而愈離辯而愈惑常曰三世諸佛十二分教到此乃徒勞耳其庶幾者若干人其一號師備擁徒於元沙今安國也其二號可休擁徒於越州洞巖其三號智孚擁徒於信州鵝湖其四號慧稜擁徒於泉州招慶其五號神晏今府之鼓山也分燈之道皆膺聖奬錫紫袈裟而元沙級宗

一大師招慶元晤大師鼓山定慧大師之命焉其曹早曰法雖無說名以文垂自少林之建曹溪無不刻碑而紀頌我師其默乎一旦愬其曹句首曰從智如堵而扣愚求文滔老且病刋勒之加多已辭避欽師之道不覺聳然偉夫恭聞釋波之東注也流其象則不流其旨流其旨則不象其形厥初大迦葉之垂二十八葉至於達摩達摩六葉止於曹溪分宗南北德山則南宗五葉大師嗣句其今六葉焉雪峯之分元沙洞巖鵞湖招慶鼓山其道皆離貝葉以祇其七非滔之能言也但美數公葳蕤其葉衆多殷勤之請遂爲之銘而應其求其詞曰

曹溪分派誰繼南宗一言冠絕六葉推雄無物之物非空之空不瑩而明不增而隆縮靡秋毫舒靡鴻濛不有靈鏡曷揚眞風懿彼閩越巍乎一峯洞壑斯異雪霜罕同天之有待師也云鍾名將道協跡與仙崇奔走厥徒百千其叢庶幾幾人莫不元通分燈照耀樹本玲瓏聖君寵疊賢王敬重不生不滅曷始曷終刻貞石於斯文旌厥德於梵宮

司直陳公墓誌銘

姬孔之教與日月以懸天顏閔之馨作芝蘭而出地可不

誄清塵於桂苑揭貞石於松阡敘白楊之別生悲風示黃壤之下藏嘉氣者哉漢太邱長二十三世孫南安縣尉諱眞生處士蕘蕘生大理評事齊忠信篤敬不類今世嘗有白雀巢其庭宇隹蓮產其池塘識者謂其後必大有子九人皆力儒學公其長也諱嶠字延封齠齔好學弱冠能文與高陽許龜圖江夏黃彥修居莆之北巖精舍五年而二子西去復居北平山兩地穴管寧之榻十霜索隨氏之珠然後應詔諸侯求試宗伯而以咸通乾符之際龍門有萬仞之險鶯谷無孤飛之羽才名則溫岐韓銖羅隱皆退黜

不已故公自丁丑之及丙申高價馳而逸步躓旣而大盜移國德公文行之深者安州鄭郎中諴孫拾遺泰嘆而勉之久乃持葦下之屈名適蜀中之貢府致卿士倒屣場席開路清風旣而竊爲權官沾諸將求識而薦之公時已出經試比言之者（闕一字）策帝而亡是舉光啓二年收開三年榮登故相滎陽鄭公禮部上第大哉公爲人謹信居家純孝事繼親彌善廬先君墓泣血有聞其所爲文扣孟軻揚雄户牖凡三百篇有表奏牘頗爲前輩推工且大唐之設網士得之於是者歲幾人焉矧復有避宦者之節若走衝

虛之車焉滎陽公自以得人其春首門人脫麻攝京兆府參軍司空太原公帥閩解榻以禮辟之爲大從事受大理評事兼監察御史今府相繼擁於節旄盍賢其參畫奏大理司直兼殿中方期輟從藩屏入踐諫垣不幸寢疾浹辰不起享齡七十有五光化二年十月二日嗚呼將來失其龜鏡斵者喪其般倕雖登大年終恨朝露三年庚申正月十七日丙午葬於泉州莆田縣崇教里北平故山禮也公兩娶魯國林夫人滎陽潘夫人其子三人仲曰說買石太湖刊文愚與公同邑閩越江山莆陽爲靈秀之最貞元中林端公藻冠東南之科第十年而許員外稷繼翔其後詞人亹亹若陳厚慶陳泛陳黯林顥許溫林速許龜圖黄彥修許超林郁俱以夢筆之詞籯金之學半生隨計没齒銜寃曠乎百年而公追二賢之後七年而徐正字寅捷八年而愚（闕一字）莫不以江山之數耶猗歟昔之負高才不以位而碑者襄陽惟孟先生焉今也累懿德不隆位而碑者以陳夫子始愚沾巾徧草無媿抽毫其辭曰

江山之秀鍾乎人純孝高節幷其身擲茲二美擒爲雄文以之登桂科以之列蓮賓斯爲君子誰曰未仁嗚呼九原

宜樹貞珉

祭陳侍御 嶠

維光化三年歲次庚申正月庚寅朔十五日甲辰將仕郎守國子四門博士黄滔謹以清酌之奠敬祭於侍御陳君延封之靈伏以靈閩之江山莆稱秀絶首武德之科級自貞元之英哲其後繼生碩儒亹亹鴻都交懷荆璞互握隋珠皆指期於拾芥終慟哭於鸞弧洎宣皇之後年則夫子之斯出持曾參之孝行袖孟軻之文帙薦賦諸侯上書聖日射宮而勁挺弦矢藝圃而葳蕤華實難亨者吾道難偶

者至公管仲三奔非戰之過孫宏十上蓋時未通七千里而辛勤上國二十年而惆悵東風人皆一一以興憤我獨孜孜而養蒙既而鳳闕飛塵龜城挂牓儀曹方急於中興權官輒窺其上賞殊不知楊吟誦於犬子景薦延乎商鞅古爲不然吾肯斯傚誰不竒夫子之節誰不高夫子之名冰霜卻汚松栢居貞渭水之釣有守武城之徑寧行逮夫岷峨歲改岐雍煙清天子復含元謁見有司新都省權衡巍巍令聞赫赫嘉聲遂從寰海迴翥蓬瀛振輝光於甲乙開道路於孫平望高而先脫麻衣家遠而須榮鄉土十二

人林君茂躅一百年莆邑大數君侯設醴以前席里巷拜塵而如堵雷車轞轞鶴賀翩翩初命就門見東周之三語前程不日候西漢之七遷旋以孔鏄引滿徐榻解懸白璧黃金而疊矣玳簪珠履以加焉列藩所得者賢才古人所重者知己既將推珍於席上豈獨矜詞於雪裏莊周說劍則韓魏呈鐔郭隗昇臺則樂鄒覲止繡衣曜日驄馬嘶煙飛詔而賓階次第假途而棘寺盤旋莫不漢帷駐策辥石酉棧從容渥澤寵異淹延胡言薤露忽敗椿年嗚呼石火風燭驚波逝川聖賢之不免矣古今之共痛焉滔江鄉則中外親姻帝里則參差硯席于名而後乎一紀論友而仰乎三益蟬搥給念幾同京洛之愁鶯柳看時各署神仙之籍別來輦下歸自甌中塵忝而郄詵桂綠因依而王儉蓮紅斷金益固投漆攸同見行藏於柱史論倚伏於塞翁實期以始者文場之懿德邇來使府之清風伏蒲北省起草南宮更雪當時之寃滯少爲吾黨之隆崇是何天之喪道之窮悤悤大夜默默元穹滔復曉夕以思江山之事林君則以合浦垂名夫子則以申秦得意高步斯振宏規靡異前輩曠世後來遂志俱蟠使下之栢俱擅乙中之二林端公貞

元七年首闈越之科第以珠還合浦賦擅名後十年莆邑許員外棨登自此文學之士繼踵而悉不偶時曠八十七年始鍾於延封其文以申秦續篇擅名後六七年徐正字及第兼滔塵忝林端公同延封榜皆第十二人皆開路於後人皆終使府大判官判官皆栢臺林荆南延封闈中也推是言之豈偶然耳賢哲相望今昔一致嗚呼延封昨日而冰壺仙霧今辰而丹旐翩靈雖死生之理能一終痛傷之懇罔寧況以平生樹德幽宅刊銘無慙郭泰之賢牋毫曷措爰枉趙岐之寄涕淚交零水咽雲愁風悲日暮精靈一閉於泉壤歲月空蒼於壠樹椒壺略備蘭俎聊具申永訣於斯言庶冥感其誠素嗚呼哀哉

祭先外舅文

惟靈伏以彼蒼者穹禍淫福善噫何斯言之或謬歟錢鏗壽而顏淵夭盜跖宥而嵇康刑屈原宽而文考溺冉惡疾而左喪明胡其然哉胡其然哉伏惟明靈柳蕙松峭山嶷鶴孤落落君子行行曾儒始者辭鷗西邁希鵬北徂高高蟾桂赫赫鴻都和贄之學三泣宋盧之佚一呼而以氣直志大數奇道汙大中季之計車奔走咸通際之名路崎嶇於是涕唾聲華毫釐簪笏枕中罷競於名位壺裏别窺於日月東尋玉籙則龍虎差峩南訪金沙則羅浮突屼北固

風清西陵月明蘭舟泊岸金磬飛聲塵埃謝傅之叔姪夢寐茅家之弟兄古觀秋住靈蹤日行松下之齋宮肅肅雲山之醮火熒熒鑪然北癸鼎化西庚羽人傾蓋府帥投誠說浙西周體范居陶象端適衛蓋婚嫁之須了匪貨財之所繫愈高雲鶴之逍遙益笑匏瓜之繫滯何武江都蕭牆禍儲羊腸莫守蝸角旋孤說淮南高蕭條陳蔡之圍聖賢大困惆悵崑崙之火玉石俄俱綿邈吳山蒼茫閩海遽聲沉而響絕薦時移而歲改絡秀愁積孟光泣倍山頭之鶴駕無覩水底之鯉書空待宅相征輪梁園洛濱見徐甲之移主知伯陽之蜺身海山失翠烟樹亡春滔竊惟早歲忝拜清塵蒙以拾青相器投漆相親鑒義之必晉朝名士識陳平爲漢代英臣爰將淑女俾結嘉姻十載不攀於桃李兩誠空貫於松筠愚以感明靈之殊義戴明靈之至仁金重季布枝輕郄詵逡巡東越拖擲西秦實期歸釣嚴灘終棲鄭谷户外山碧樽中酒綠將仰止於樂冰冀參差於衛玉豈意寂寥音信髣髴幽明聖人之齊始卒君子之一枯榮天上之鵲橋宜度人間之鴛被須成閒簾鳥囀迴巒蜩鳴東牀則黯黯愁色南渭則哀哀哭聲嗚呼哀哉平生氣槩昔日忠

貞龜齡易昧駒隙斯驚在物之理豈人之情愚輒疑道家有形全氣全兵解木解考斯事矣或其義也不然者胡埋南祖之蛇罔念北翁之馬嗚呼哀哉列塚開阡重泉九原古之所制今也斯存伏惟明靈魏夫人遺蓮峯而取喻葛仙翁騰竹枝以爲論固以神遊蓬島洞入桃源然則不樹松栢罔詒子孫是用葬喬山之冠劍招湘浦之精魂滕公啟室宋玉申言曰楚山青兮淮波綠劉鷄飛兮隨鵠覆遺蹤脫屣辭彼俗楊柳霜多不堪矚螺江淺兮甌山陰繼昇天兮徐董任風爲輪兮雨爲轡東歸來兮北追尋陳桂席

兮奠椒漿樹馬鬣兮開壽堂千秋萬歲兮舊江鄉魂歸來兮山之陽詞咽淚迸猿悲鳥傷東波送恨西日沉光雪耀霜明而莫覿芝焚蘭爇以空芳孀妻捧奠出女尸喪嗣男而杳杳江嶺鄙子而明明肺腸劍以求心而克許樂以悲告而寧忘顧明靈之冥感鑒蘋藻於壺觴嗚呼哀哉

祭崔補闕　道融

故右補闕博陵崔府君之靈惟靈大唐有進士科無巖穴詔故鵠版之降不易其人元和之起也則有陽諫議城凜凜清風其不起也則盧諫議仝昭昭高道一以權豪之忌

空福道民一以堯舜之世但樂箕潁其後陸君洿以忠勳應召惠君實以忠議赴徵未委起草伏蒲何如人也洎博陵崔君之生也迥禀高奇兼之文學近則繼李飛之蜕隨貢遠則同毛義之志奉親東浮謝公舊州式避戈戟遁於仙巖濬谷克業經綸而以酒美肉羶澤馨川媚五辟三顧懸榻開樽不辭小國之權蓋切高堂之養既而大君之思夢說四輔之急薦雄繫三詔而就門參七人而列職仲舒謁帝必演春秋呂望投竿定為師傅柰何龍蛇起陸烏兎無光莫扶劉氏之宗祧空泣袁安之涕泗甌中越絕養素守蒙賢王之結嘉姻時議之期良輔豈意皇天不祐白日無憑消渴之亟茂陵少微之入瑶桂芝焚蘭爇梁壞山頹雖人生之有定期實士德之為不幸嗚呼閏中三月烟光秀絕脂轄赴闕鯤鳳嘈囋其猶南浦魂斷北梁涕咽而況昨日軒車今朝塗芻唱薤露以出門飛粉旌而戒途五離擇日九泉卜居其在樵蘇其在博沽至於路行尚皆悲吁矧其嶽嶽之曰男子錚錚之號魯儒識通龜策握耀蛇珠數百篇有唐之詩數千字中興之書國風騷雅王佐謀訏沉光之猶銜斗垂翼之未搏扶賁志歿地其痛何如雲物

為之無色剛忍為之不愉滔飲風永嘉傾蓋無諸多君於士元廊廟待我以叔度陂湖交言既異投分斯殊方俟彈冠仰修程於霄漢誰云執紼悲落景於桑榆豈鬼神之害良善而吉凶之昧賢愚顏回先死盜跖後殂世之災眚生之毒痛愴恨風燭淒涼隙駒肴匪豐俎酒匪馨壺歎松蒿而永往託蘋藻以聊舒明靈有感鑒而歆歟已乎已乎戲嚱

祭陳先輩　鼎

維光化四年歲次辛酉正月二十七日祭於東君之靈閩

山秀氣會國清塵天之授受鍾我仁人卓矣生世學而立身衛玠則旁輝其舅曾參則大孝於親始者隨計歸越上書入秦擅價而侯門傾動呈功而鳳藻精新咸通之年九霄也鵠路乾符之際萬仞也龍津旣而甌嶺經兵蜀川迎帝匪無隨駕之懇實切問安之誠肩負樵飯志銷丹桂雖深藏豹之誠難遏化鯤之勢都堂昔日困一千輩之交鋒大國中興作第二人之登第杏園醉後華表歸時往歲井邑兹辰羽儀旋屬姑蘇積釁勾踐興師於是板輿避地草檄從知百越之江光洶湧四明之山翠參差長鯨旣剔逸

足難羈東別朱門南還故里一朝而奄至泣血三載而蔑聞見齒仲由此後千鍾之祿悠哉毛義終身一檄之榮已矣修程不顧盛德逾馨田園草綠户牖山青與虁龍而抗跡追園綺而忘形且期齊鶴算壽陟龜齡是何修短之期莫測吉凶之閫難窺明神罔佑大禍斯丁士林慘怛詞苑伶俜滔始自童年至於壯歲江鄉爲竹馬之友京輦作谷鸎之會三朝被刖棲遲泣荆璞之艱十上遭時次第到瑶蟾之内詎言倏忽遽歎存亡痛人琴之俱絶緬膠漆以空傷嗚呼用新平生德行曩昔文章近則孟浩然雖人間不仕遠則卜子夏乃地下爲郎誠以高科而貞退固從陰隲以舒張逝水東流踆烏西匿昨辰而椒桂獻酬今日而藻蘋滴瀝且彭祖之延永壽亦至銷磨而巨卿之哭故人得無悽惻況乎東西多故南北遥程不得親隨薤露送别松塋旣闕殷勤而執紼空將嗚咽以沾纓謹以依稀蔬果一二精誠願冥符於肹蠁申永訣於幽明

祭林先輩 用謙

維光化三年歲次庚申十一月日敬祭於林君執友之靈惟靈夫渥洼之足以千里之爲程已馳之而俄沮嶰谷之

音以六律之爲府旣參之而忽泯夫不永其終始何痛如之嗚呼林君得以言矣君負相如之詞賦慕郄氏之科名一紀秦城千門禰刺雖衆口大馨其鳳藻人罕如焉而三春累困於鸎喬數何奇也然則女貞而十年必字藥靈而九轉須成果契至公克昇上第旣已東堂得意南國言旋龍珠則動彩於握中鴈字則增輝於天際將冀盛清風於吾道豈期歎逝水於人生屈原之難問者天蔡澤之不知者命螺江烟景方翻丁令之羽毛駒隙光陰俄啟曾參之手足誠壽夭靡移於夙契且鬼神何害於善人禍福吉凶

悠揚曖昧淒涼物理慘怛人情今則壽域斯開貞魂永蟄壠頭水咽山上雲愁鄧攸之繼世無兒語畱身後崔曙之遺孤有女詩在生前雖盛衰之同休亦存亡之至痛滔京闕進退硯席參差幸忝先鳴彌欣繼捷未賀桂枝之入手忽從薤露以傷心脩短有兹吁嗟何極靈輀戒路丹旐飄風遠寓丹誠聊陳薄奠願垂冥感鑒歆於斯嗚呼哀哉

祭右省李常侍 洵

惟靈金石呈姿陂湖禀量伊彼昭代生乎德門膺河清嶽峻之期擅賈虎荀龍之號時稱最怒（賈家三虎偉節最怒）家謂無雙

月中則桂樹連枝日下則鴛行接翼故得隣家醜婦競鑿西子之眉洛下諸生皆掩謝公之鼻爲大廷之領袖定千古之風流既而魏闕飛塵蜀都迎駕雖則急賢於行在而志作賦於閒居畱連雪水之烟波容與松江之歲月其忝珠以川媚蘭於澤馨從吳苑之琴樽叠堯天之雨露金臺蒲省驄馬螭頭誠幾三顧以就門猶作八元而在野其後七昇赴命二妙對敭天駟呈材蛟龍得水入鼇山而侍從登鳳閣以優游名由實生位以德舉天子乃擢王褒爲諫議昇孝若於貂璫前彰潤色之功後養燮調之業旋以欃槍未落岐雍多端忘越嶺之崎嶇慕荆州而倚托東閣之畱連斯重北轅之行邁方營誰料彼穹者天俄奪之魄潼濱一鬼驟苦劉楨般氏兩楹遽鍾夫子山頽梁壞璧碎芝焚雖人世之死生實士林之摧沮今以湖湘梗澀伊洛迢遥北邙之路連天松楸莫附南巷之號至血邱壠權儀烟雲慘澹於原頭猿鳥悲涼於林際滔曩從上國獲戴殊私近慶外藩薦承厚顧每佇十旬之入拜寧期二豎以來攻彭殤雖謂其同休幽顯其如乎永隔靈輀戒路丹旐翻風昨辰而椒桂獻酬今日而蘋蘩滴瀝人生到此天道何言

雙淚空流九泉無曙東波嗚咽西日蒼茫輒寓兹誠謹陳薄奠敢祈冥感髣髴歆斯

祭司勳孫郎中

惟靈趙璧呈姿隋珠禀價爲乎國器生之德門劉家則三鍜揚芳馬氏則五常擅美故得數枝郄桂交茂鴒原一本田荆分輝鷄樹理窟則曲臺得儁寶人則華省垂名由是迥拔蘭宮騰光水鏡臺推二妙日俟七昇不幸岐雍多艱干戈未偃補傾乏石救濁非膠爰攀鴈字於五湖因展驥程於百越誰料皇天不佑彌芥斯縈遽折椿齡俄隨薤露

山頹梁壞芝蓺蘭焚雖脩短之有定期實簪紱之爲至痛今則江湖梗澀京洛迢遥權卜靈岡寓安壽域川上之東波嗚咽雲間之西日慘悽大夢莫迴下泉長暮滔早干輦轂歷踐軒墀旋振羽於邱門獲陪塵於阮巷顔回短命既恨當年温氏冥裝復從今日人生若此天道何言涕淚空流幽明驟隔嗚呼哀哉輀車明發丹旐晨飛輒憑蘋藻以寓誠用薦塗芻於永訣願垂冥感髣髴鑒歆嗚呼哀哉

祭宋員外

故軍倅觀察推官檢校主客員外郎廣平宋君希邈之靈

曰惟靈物有盛則有衰人有生則有死古今不易之數毫髮無差之理然則厥壽苟百壽終則滅厥身苟修身歿名噩是以顔子夭而其言不朽原壤老而於道何求吁嗟希邈譪然清休蘭杜敗而終馥松栢折而終秋德水千尋人材八尺負雲鶴於風裁瀸陂湖於胸臆既而臺築黄金禮先白璧爲席上之至珍運幕中之婉畫洛水波清泉山翠横優游五府輝映雙旌兩地之隆崇物望一方之煦嫗人情繇是入曳珠履出居武城尊俎克彰於令譽絃歌迴振於嘉聲才業大聞君恩薦至爰從棘寺以寵陟旋慶蘭宮之澤被丹鳳飛詔銀魚受賜雖棠陰葢地能資樹德以行春而醴酒疊觴終以持盈而戒意九仙樹碧八座塘深駐清源則一府延頸赴無諸則一郡沾襟嗚呼希邈持何道致人如斯之欽豈非秉仁義忠孝以行己無是非毁譽以萌心者哉柰何晉公二豎漳濱一鬼惡去藥石之內樂入膏肓之裏冉耕惡疾以相攻長卿消渴而不止艾烟百穴藜杖二年禍被三彭之所迫靈非九轉以寧痊嗚呼哀哉石火風燭驚波逝水誠脩短之無改矣柰痛傷之有等焉芝焚桂蓺璧碎珠捐至於行路孰不涕漣愚一揖清塵偏

容瑣質初憐淡以如水後乃投而若漆十年之寒暑無變三盃之金蘭愈密洎夫秦城駐跡儉府叨招竊惟上楊幸忝同僚南貳隼旟雖寄懷而稠疊北依龍節終積戀以迢遥沙岸迎歡津樓送别且言不日之後會誰料終天之永訣人生夢幻夫復何言世路存亡難勝痛咽嗚呼哀哉昨日而牋函寓意今朝而蘋藻興詞駒隙之光陰如此龜臺之學習何斯幽明驟隔音信無期加以道路脩阻弓旌縶維慟哭寢門而莫逮叫號穹碧以奚爲聊馳一奠之椒桂用敘千秋之别離噫嚱噫嚱已而已而

祭錢塘秦國太夫人 代閩王

維天復二年歲次壬戌敬祭於故秦國太夫人之靈夫生帝王則若文母方鍾至聖生人臣則若陶母方降大賢信夫韜昴宿之耀於胸襟擲嵩山之氣爲懷抱豈容易哉伏惟明靈天資婦道神授母儀金石不足喻其貞明芝蘭不足表其芬馥訓逾孟織智邁謝圍顏氏子則提育聖人曹大家則師資諸女旣作閨門之上瑞乃生英傑於皇家立曠代之鴻勳擁兩藩之龍節食則萬錢調膳祿則三世及親見綵衣則衣錦之姿見冰鯉則和羹之味騰輝女史與

詠國風推於古今實無倫比乃由懿德致此大榮嗚呼靈藥難求流光易謝本莫霜松而永壽忽驚風燭以斯零竟成舉世之悲傷空切至誠之號慕審知幸攀令嗣獲忝親隣論交旣契於金蘭抹泣乃同於親屬輒陳薄奠用表悲誠敢冀明靈依稀歆鑒

祭南海南平王 代閩王

故南平王之靈惟靈五羊奥區番禺巨壤漢爲列郡唐作雄藩總百蠻五嶺之殷有出將入相之盛是故地啟嘉數天生大賢濬六韜三畧之才謀韞五袴二天之政術俾其於家受詔衣錦禡牙控二十四州之繁難當二十八宿之美茂光揚千古冠絕一時鍾其明靈其昭昭矣至若恢張霸業揚簸清波臺陟九層塵慚郭隗劍提三尺授自呂虔爰持副貳之雄姿遂領節旄之重寄由是澤施甘露令肅秋霜掀文房武庫以連雲騰逸氣英風而偃草上榻則阮瑀下賢則左車從善則軾閭宣威則斷案故得越伏波之銅柱獻款而來感鄂公之鐵鞭呈祥以見火山改色珠浦生光無煩處默之酌泉大鄙趙佗之累土然後鳴鍾出入調鼎昇聞致交趾之封疆歸石門之教化九還渥澤克居

浴鳳之池雙立節旄遠過跕鳶之水雖士鮪列弟兄三地山簡兼荊湘四州語未同年事推曠世嗚呼是何才德之若彼功業之如此而彼穹者天不壽其齒畢雲龍之契會與龜鶴而等倫矧天子方欲使降皇華恩宣金冊表裏東周之盛旌崇南越之隆胡二豎之亟攻竟三醫之莫救泰山頹壞俄興孔氏之歌漢水淒涼遽罷羊公之市實國家之不幸實藩鎮之不幸某早塵興國旋忝睦鄰雖瓊樹之未親若銅盤之已接方定金蘭之至分豈期幽顯之驟殊況以幸結良姻累交專介幕下崔員外昨馳禮幣嘗詣門

牆愛蒙執手之懽宏敘親仁之旨今則遽悲存歿益歎彭殤故將薦舉征塵躬申薄奠九泉注望於歎逝以難勝五月指期表同盟之必至嗚呼哀哉曩馳羔鴈今遣蘋蘩伊人事之有茲顧痛傷而何極然則荀龍賈虎大馮小馮雖嗟松壠之長歸終慶荆枝而繼茂永言歡好寧忘初終幸明靈之一臨鑒此丹赤嗚呼哀哉

欽定全唐文卷八百二十七

牛叢

叢字表齡宰相僧孺子第進士累官睦州刺史咸通末拜劍南西川節度使僖宗幸蜀授太常卿還授吏部尚書嗣襄王亂客死太原

報坦綽書

十二月二十四日劍南西川節度觀察安撫使守兵部尚書成都尹牛叢致書於雲南詔國坦綽麾下專人遽到示翰忽臨承統押師徒來及近界竊以詔國自爲背叛積有歲年乃祖出於六詔之微非是西夷之長禹會塗山之日不得預萬國之名舜巡方嶽之時不關見五年之幸我大唐德宗皇帝仁沾動植信及豚魚子育兆民君臨四海憫其傾誠向化率屬來王遂總諸蠻令歸君長仍名詔國永順唐儀賜孔子之詩書頒周公之禮樂數年之後藹有華風變腥羶蠻貊之邦爲馨香禮樂之域豈期後嗣罔效忠誠累肆猖狂頻爲妖孽自四五年來侵凌我疆土圍逼我城隍蓋以姑務含容不虞搪突遂令兇醜肆害生靈况乃毗橋喪師沲江敗績於何今日不改前非妄設奸欺詐言

朝覲。輒舉螳螂之臂。大興豺豕之心。仍構狂詞。乃云假道。所要於蜀王殿安下五日即便前去者。且先代帝王之宮也。豈外邦蠻貊以居之。是必天怒鬼誅。殞身喪國。以爾欲其褻瀆。示彼誠懲。況天設華夷。國分大小。小當事大。夷不亂華。豈有興動蠻師甲兵侵臨天子藩屏。必是坦綽數盡之歲。殄滅之秋。不然。何以不恤其民。妄動於衆。一旦天子赫怒。諸侯會兵。長驅渡瀘之師。深入鑄柱之境。必不更七擒七縱。即須翦蔓除根。當此之時。後悔無及。坦綽今既離彼巢穴。犯我封圻。當道已排比戰場。點齪戈甲。雄師十萬。

驍騎五千。即遂鼓行。併令擒戮。所差王保誠四十人送書。並已囚縶。候於軍前。用以釁鼓。今發遣鄭嚨段首遷二人持報書。望詳覽不具。某白。謹案成都文類咸通十四年兵部尚書牛公叢除劍南西川節度使十二月坦綽至雅州差使送書上川主云此時止欲專詣京都懇求朝見論理枉遭讒間隔絕梯航冀與尚書繼好息民朝來暮往今古假道貴府請於蜀王殿安下三五日即前進公覽書驚駭乃復書云云

責南詔蠻書

詔王之祖六詔最小夷也。天子錄其勤。合六詔爲一。俾附庸成都。名之以國。許子弟入太學。使習華風。今乃自絕王命。且蚍雀犬馬。猶能報德。王乃不如蟲鳥乎。比成都以武備未修。故令爾突我疆埸。然毗橋淹江之敗。積胔附城。不四年復來。今吾有十萬衆。捨其半未用。以千人爲軍。十軍爲部。驍將主之。凡部有強弩二百。鐏斧輔之。勁弓二百。越銀刀輔之。長戈二百。掇刀輔之。短矛二百。連鎚輔之。又軍四面。面有鐵騎五百。悉收芻薪米粟牛馬犬豕。清野待爾。吾又能以旁騎畧爾樵采。我日出以一部與爾戰。部別二番。日中而代。日昃一部至。以夜屯。月明則戰。黑則休。夜半而代。凡吾兵五日一殺敵。爾必晝夜戰。不十日憊且死矣。州縣繕甲厲兵。犄角相從。皆蠻之深讎。雖女子能齧斷薄

賊。況强夫烈士哉。爾祖嘗奴事西番。爲爾仇家。今顧臣之。何恩讐之戾耶。蜀王故殿先世之寶宮。非邊夷所宜舍。神怒人憤。坦綽且死。謹案此文從新唐書採出上篇報坦綽書從成都文類採出二篇事同文異今並載存證

孫棨

棨字文威。官中書舍人。

北里誌序

自大中皇帝好儒術。特重科第。故其愛壻鄭詹事再掌春闈。上往往微服長安中。逢舉子。則狎而與之語。時以所聞

質於內庭學士及都尉皆聳然莫知所自故進士自此尤盛曠古無儔然率多膏粱子弟平進歲不及三數人由是僕馬豪華宴游崇侈以同年俊少者爲兩街探花使鼓扇輕浮仍歲滋盛自歲初等第於甲乙春闈開送天官氏設春闈宴然後離居矣近來延至仲夏京中飲妓籍屬教坊凡朝士宴聚須假諸曹署行牒然後能致於他處惟新進士設筵顧吏故便可行牒追其所贈之資則倍於常數諸妓皆居平康里舉子新及第進士三司幕府但未通朝籍未直館殿者咸可就詣如不恡所費則下車水陸備矣其

中諸伎多能談吐頗有知書言話者自公卿以降皆以表德呼之其分別品流衡尺人物應對非次良不可及信可輟叔孫之朝致楊秉之惑比常聞蜀妓薛濤之才辯必謂人過言及覩北里二三子之徒則薛濤遠有慙德矣予頻隨計吏久寓京華時亦偷游其中固非興致每思物極則反疑不能久常欲紀述其事以爲他時談藪顧非暇豫亦竊俟其叨忝耳不謂泥蟠未伸俄逢喪亂鑾輿巡省崤函鯨鯢逋竄山林前志掃地盡矣靜思陳事追念無因而久罹驚危心力減耗向來聞見不復盡記聊以編次爲太平遺事云時中和甲辰無爲子序

陸扆

扆初名允迪字祥文宰相贄族孫光啓二年進士累進翰林學士中書舍人尚書左丞封嘉興縣男徙戶部侍郎同中書門下平章事進中書侍郎歷工兵戶三部尚書封吳郡公爲崔允所譖貶沂王傅分司東都授吏部尚書再貶爲濮州司戶參軍被害白馬驛年五十九

封棣王虔王沂王遂王制

門下我國家奄宅中區光啓祖業析珪胙土唯親與賢故

本根茂而枝葉榮王室尊而藩屏壯肆予眇末叨獲纂承賴至道之元慈鍾列聖之餘慶顧茲允嗣實謂蕃昌爰稽典謨用建邦土第三男祤星辰毓粹岳瀆降靈早彰岐嶷之姿克稟徇齊之度第五男禊龜龍應瑞鵾鶚凌空溫恭自得於天和頴悟實由於神賦第六男禋璆琳挺秀鸑鷟呈祥爰當好弄之年雅號夙成之器第七男禕珠璣耀彩箇簵含貞風神潛茂於端莊質性已彰於惠敏而皆生知孝敬志樂文儒問安靡曠於晨昏稟訓每由於詩禮智有刻舟之妙辯多對日之奇是宜分以白茅錫其朱邸叶犬

牙於漢制。光麟趾於周詩。厭次名邦。境連於齊魯。南康奧壤。上接於荆吳。瑯琊敦儒素之風。遂寧實阜殷之俗。咸稱重地。各服徽章。於戲。器以琢成。道由學顯。勉稟君親之教。敬承友傅之規。勿追平樂之歡。無好任城之勇。懋建厥德。永孚於休。栩可封棣王。禊可封虔王。禋可封沂王。禕可封遂王。仍令所司擇日。備禮冊命。主者施行。

授朱崇節河陽節度使制

門下。朕聞天垂星緯。王者象之以設官。地裂山河。歷代定之以建國。所以咽喉中夏。藩屏皇家。非威望不足以鎮寧。

非仁惠不足以撫養。其有勳勞夙著。宜申胙土之恩。韜畧素精。屢委殿邦之任。二者兼備。斯爲得人。國有彝章。我復何愛。前昭義軍節度使潞慈邢洺等州觀察處置等使特進檢校司空兼潞州大都督府長史御史大夫上柱國沛縣開國子食邑五百户朱崇節。雄畧縱橫。忠誠貫直。夙著總戎之術。常韜靖亂之謀。臨危不屈於壯心。多難益全其大節。去病辭第。誓彰鍾鼎之勳。王翦請田。非爲子孫之計。日者平陽求瘼。馮翊頒條。隰川竟保於孤城。汝海將繩其弊俗。其後孟津分閫。上黨臨戎。智謀潛契於蓍龜。義烈彌堅於金石。擁衆而出。陳兵以行。指揮而神氣激揚。叱咤而寇讐懾息。今則鄉閭顧慕。士卒謳歌。廉金咸佇於寶嬰。竹馬思迎於郭伋。是用再兼五教。重委雙旌。既資董衆之能。仍舉疇庸之典。於戲。功名易守。自伐者必顛。富貴可圖。懷驕者難保。失道則禍生旋踵。守義則福貽後昆。勉爾令圖。服我明訓。可依前檢校司徒充河陽節度使。散官如故。

授周岳嶺南西道節度使制

門下。夫山結川融。皆予之寓縣。蠶衣租食。悉我之黎元。慘舒雖繫於陰陽。覆燾豈殊於遠邇。自頃中原擾擾。遐裔阻

難。或王澤不流。或國章靡及。念茲黔首。系我皇風。聿求養理之仁。兼藉鎮寧之畧。訪於執事。果得能臣。武安軍節度湖南觀察處置使特進檢校右僕射食邑三百户周岳。黄石傳符。豐城得劍。倜儻挺義夫之節。縱横抱名將之才。擐甲執兵。閫外以雄豪見許。絶甘分少。江東以信義相推。嚴武備而不喜戰爭。須吏術而每先恩惠。遂致塵清四鄙。農勸三時。鄉閭阜安。卒乘雄富。是用疇其懿績。仗以英謀。輟乳哺於賦鷗之鄉。壯藩垣於獲象之郡。爾其克膺重寄。更茂嘉猷。必令嶺嶠蠻陬。欽我之風化。無使黄金翠羽。累爾

之清廉。然後馬援威聲。孟嘗介潔。苟能礪操。諒可齊名。仍推百越之封。俾進三槐之秩。恩不虛受。爾其欽哉。可檢校司空充嶺南西道節度使。餘並如故。

授陳珮廣州節度使制

門下。漲海奧區。番禺巨屏。雄藩夷之寶貨。冠吳越之繁華。苟非令人。難著清節。列聖睠念。必求賢良。故宋璟播美於前。李勉垂芳於後。朕初君臨寓縣。方以武定藩維。獨命卿往鎮茲土。而崇龜果以清淨爲理。謳歌日聞。固追詠於夷齊。豈慙名於宋李。代其任者。不亦難乎。爰求勳舊之閒。別

得英奇之士。左軍都指揮使前靜江軍節度使開府儀同三司檢校司徒平章事頴川食邑三千戶實封一百戶陳珮。雄姿岳聳。俊氣鷹揚。家傳忠孝之風。代襲韜鈐之術。愛士卒而更逾吳起。敬君子而不讓張飛。位以功高。名由義振。先皇帝薦臻艱運。再幸侯封。挺身於版蕩之中。竭力於阽危之際。或警巡於西蜀。或侍從於南梁。殄岐陽兵火之災。爾功居最。戡京國宗祧之難。爾効復多。皎潔忠誠。貫黃河而不濁。堅貞壯節。冒烈火而寧焚。雖衛鼎銘勳。韓壇受律。未遑列土。豈答豐功。是命殿彼大都。授其峻秩。乃示優崇之旨。再兼台衮之榮。於戲。吳隱之昔號清廉。英聲未泯。馬伏波嘗推功業。厥跡猶存。苟能視糠粃於翠羽明珠。張紀律於遐陬異俗。吳馬之政。今古寧殊。無使璟勉崇龜。獨誇於前哲也。勉服丕訓。無替令猷。可檢校太保同平章事充嶺南道節度使。餘並如故。

授李籌盧龍軍節度使制

門下。召奭舊邦。燕昭故國。其地廣而要。其俗勁而雄。儻非英偉之才。孰控臨戎之任。詢於執政。爰有良臣。具官李籌。制鍾利器。搆厦宏材。負頗牧之威名。蘊關張之節槩。夙明

軍志。妙揣敵情。訓戎兼務於詩書。養士必加於觴豆。日者咸推友悌。實倅元戎。屢叅必勝之謀。常贊在和之義。洎專庶務。益洽羣情。貔貅仰愛日之恩。疆場賴仁風之固。是用寵其龍節。榮彼鴒原。俾登韓信之壇。仍進王祥之秩。爾其稟我王度。振乃家聲。推信義以睦鄰封。謹法令以威藩落。武有備而不用。士使樂而不驕。四者聿修。七德斯在。服我明訓。厥惟欽哉。可檢校太保幽州大都督府長史盧龍軍節度使。餘並如故。

授周岳湖南節度使制

門下荆渚懷仁陶侃昔嘗再理潁川思義黄霸於是重臨苟徇人情何傷國體而況干戈久試宵旰為憂將蘇塗炭之災俾復旌旄之任詢於執政僉曰嘉謀具官周岳早洞武經兼通政術嘗鎮湘中之地克揚閫外之威執紀律以不踰播謳謠而甚遠拊封彌謹述職惟勤垂竹帛之功名委旌幢之貴寵而遽因疑閒遂致遷移適五嶺之遐荒奪重湘之奥壤乃使軍戎憤悱黎庶怨咨煙塵不絶於累年瘡痍徧傷於一境旋聞軍吏之衆耆老之徒咸詣護戎借留賢帥遭權臣之擁遏致明命之稽延今我朝政惟新庶

事思理雪爾肺腸之憤申予雨露之恩俾殿舊邦用諧衆志爾其速蘇彫瘵無忿仇讐戢矛戟之連營勸農桑於列郡布予惠澤服我徽章茂繼前勲永膺重寄可依前檢校司徒武安軍節度使餘並如故

授張鐇彰義軍節度使制

門下隴陰重地涇上雄藩勵控弦帶甲之徒資護塞和戎之畧爰自動知邊事夙練兵機加以制彼西陲屏於中夏博採輿人之論果聞良帥之才爰降命書式諧衆欲具官張鐇雷霆勁氣鵰鶚奇姿秉孝愛以承家挺忠直而事主玉鈐金匱弟兄咸繼於孫吴雪嶺蕭關蕃虜遠懷於頗牧矧示令委殿於是邦著勲烈於兩朝耀威名於一紀訓兵積粟述職安邊城隍元固於金湯士卒必均於觴豆功垂竹帛政洽謳謡並馳賢將之名仰自元昆之訓豈謂降年不永閲水生悲將繼前修是資同氣設齋壇而錫命馳瑞節以須恩式光十乘之雄不改三槐之秩爾其奉予紀律固乃封疆推誠信以睦鄰竭忠勞而報國自可委安祿位益茂功名於戲爾鐇服我明訓可檢校司徒彰義軍節度使餘並如故

授趙凝檢校太尉開府制

門下王者裂土疆以任材臣下推腹心以報主能任其材則國理能報其主則功高其有鎮撫巨藩訓齊義旅克展忠貞之効每遵紀律之條斷自予懷將頒殊渥具官趙凝倜儻雄材縱横輿畧奮垂天之羽翰聳發地之巖巒頃纂舊封克承先訓嚴武備而不矜戰伐緩軍令而不虐惸嫠鄉閭阜殷卒乘輯睦顧峴首漢陽之地實四會五達之莊扼咸鎬之咽喉導荆吴之貢賦途路無梗舳航若流不有威聲孰能通好朕以姦宄構患都邑縱兵爰避鄭虞出居

巖險而能徑馳專使來達臣誠乃陳底貢之儀備驗輸忠之節況爾先父實余蓋臣前勳尚煥於鼎鍾令嗣克傳於弓冶永言念舊尤在賞新俾升掌武之班益重拊封之寄仍遷峻級式示隆恩爾其保祿位以榮家竭忠勞而許國勉欽明訓無忝厥官可開府儀同三司檢校太尉平章事充忠義軍節度使餘並如故

授石善友鎮武節度使滕存免邕州節度使制

門下朔野雄藩地臨於強虜海濱巨屏境接於諸蠻苟非威畧不足以鎮寧非和惠不足以綏撫其有久專噐務具

著能名雅稱分閫之才宜賜登壇之命具官石善友夙知邊事素練戎韜驊騮騁風無遠不適具官滕存免早習兵機常推忠款豪曹出匣其銳難當而能誓建功名克遵紀律洎膺試用咸務恪恭封疆遠憚其威聲溪洞每懷其信義固可以靜茲絶塞阜彼遐陬使風煙罷警於北陲琛賮遠臻於中土方資重委宜洽優恩俾眞旄鉞之權用壯藩宣之寄或榮遷端揆或寵陟秋官勉竭厥誠貳則有辟善友可檢校右僕射充鎮武節度使兼安北都護存免可檢校刑部尚書嶺南道節度使餘如故

崔允武安軍節度平章事制

門下入居巖朝施明畧以匡時出陟齋壇運沈機而鎮俗苟非材推命代望重當朝則何以宣我武威易其風俗朕志先定僉謀允成持危匡聖致理功臣金紫光祿大夫守禮部尚書兼中書侍郎同中書門下平章事兼集賢殿大學士判戶部事上柱國清河郡開國侯食邑一千戶崔允文星垂耀神岳標奇襲禮樂之清風冠簪纓之貴胄佩觽之際潛韜經濟之才筮仕以來尋積公輔之望洎更華胄益振全圖居論思而獻替盡忠提綱紀而回邪斂跡旋自

繁劇俾司燮調苟利於君無所不至洎寵蒲坂再秉洪鈞時謀明合於蓍龜雅操不踰於風雨作礪之業爲時而生乃睠重湖實維奧壤薦臻多難屢易元戎哀彼征人闕我
皇天間爾嘗隨重幣往曳長裾迄今鄉閭尚播詩詠是用拯彼塗炭宣予惠和假其問喘之仁慰彼來蘇之望仍持相印式寵名臣暫追羊杜之政能未免皐夔之事業往踐厥位爾惟欽哉可檢校禮部尚書同中書門下平章事功臣散官勳如故充義安軍節度湖南管內觀察處置觀察等使使持節潭州諸軍事守潭州刺史

韋承造

承造乾符二年官絳州刺史。

釋武豹門記

往之事不知者多以故老之傳而實之舛生於訛以至大謬至若正氣爲邪氣所偪本非正氣也蓋疑生於莫析以逮於言思耳愚咸通甲午歲孟春月十有七日奉天子詔來牧玆郡之人以武豹門爲祛邪禦魅之所作也其門北向左畫白虎執以蒼頭之手右畫大豕拒以雄武之威門之東壁有刻石焉乃故大光祿李公暨前牧是邦爲文以

解之義與夫郡人之說不貳也又曰圖於寢室悅悅焉疑有所壓愈不知其所由來者矣適有多才能之士胡姓承裕名爲愚釋之曰是州也其宅東西廣正北傾後無乾地南北崄巇林木森聳水自北來山勢崗阜即是入難地而武豹門正當九苦風時俗以武豹爲辟邪按韓王元嘉始創之旨乃以五行所尅勝其災而滅之禍武屬木以木臨亥位故以豕承之寅主東方故畫東垣豹主西方故誌西壁禦禍之風制空之位一其義也今愚所築池北望月臺池南釣絲臺亘及此門中架虹梁正與韓之設色三獸暗合其理也愚故命筆書之庶將釋惑表異爲後君子信與不信耳時乾符二年四月六日絳州刺史韋承造記

李知元

知元懿僖時人。

古㙮記

天下湘山祖師聖化主人無量壽佛入寂幾十霜矣奉遺命以肉身垂化及今浮圖成奉佛出龕入焉聖貌如生毫光時現真世希有事也佛降神天壽之鄉垂像五華之地珠投周室鉢出徑山法諱全真別號宗慧先年雲遊至縣

選勝湘山結茅爲院名曰淨土十力神圓六通智足慈育萬有道濟百靈不擾人天耕畬自給處世說法利益無邊來者如歸視道若咫太和之末沙汰僧尼會昌五年焚毀剎院佛以覺照先事深藏風移益高挺然獨立衣冠殊制名號不倫衣曰無量壽衣冠曰真空法冠髭髮不剃老少不常不念經不禮佛乃自號真空法身周主人又嘗謂修行猶落色空見我所以超凡透色空過真空乃入無量量絕無無量那得非無量主人大中初佛教重興兼苦旱久邑人乃入覆釜迎佛還山雨暘時若物和歲豐民安其生

俗蒸以變蓋居然一極樂國也製教十二部部十二卷命曰遺教經又其徒彙錄湘山百問行世咸通八年二月初八日辰時忽召衆謂無色天請吾設法既而偈畢趺坐而逝遂卜於山之中峯笋布臺下建院迎龕上供踰二七夜放白毫相光十一道光中現十有一佛如是者彌月乾符甲午夏劉相公瞻從驩州召還過湘源以佛與同郡詣院供香見紫雲迴翔其上獨鎌一筒助修浮圖於是淨土院三會長徧募諸方就供所地庀材鳩工經營兩載乃峻厥役官僚信士大集齋供以慶之時則乾符三年歲次景申

二月己酉朔十二日庚申也知元濫縻衆請據事直言刊石增門永播終古

欽定全唐文卷八百二十八

趙觀文

觀文臨桂人乾寧初進士第一官侍講學士

桂州新修堯舜祠祭器碑

皇帝御宇大順壬子季冬十二月故府司空潁川陳公自桂州觀察使膺制命建靜江軍號仍降龍節明年春二月准敕有事於堯舜二祠禮畢顧謂府長史朱頵曰吾軍旅之事則嘗聞之俎豆之事未之學也子嘗知書好古試詳此禮得合於經乎頵惕然而對曰頵塵走下僚安敢輒議

祀典公諭之曰古有緜蕝定大禮者皆草莽之士爾今爲上佐佐於郡政何謙而不言頵辭不獲已而對曰嘗見開元禮有祠古帝王之制今請求知禮者共爲刪定矧帝舜南巡標乎古典惟兹法物豈可不周由是命有司撰三獻官冠衣劍佩三十有九贊引禮生衣幘一十有六籩豆簠簋洗罍爵幡鼓七十有七儀品斯畢具表以聞帝曰俞哉褒稱綸言不載於此今僕射彭（闕）兩兩使可繼巨屏守簡子至言者九同關西不惑者三追念前功若已有之以觀文明廷擢第故里遠歸有陳蕃下榻之知有智伯國士之

遇有會肅指囷之意有平仲脫驂之義授書詰旦猥屬斯文觀文謬以二雅得名實未造軻雄之旨克讓未果是敢直書庶幾正教傳乎不朽作頌曰

大哉堯舜眞風不弭以聖禪聖不子其子舉賢登庸投凶禦魅化匪逆人殪寧慕蟻大功漸著南巡脫屣九疑雨沉蒼梧雲起偉歟元蹤遺於桂水蒼生思之牢醴千祀俎豆禮鈇元侯克備發揮古典騈羅雅器三獻得儀雍容劍履教人爲臣可達深旨翠巘稽天紅輪出地得君皐陶千載意氣中興有常無令伊恥

朱朴

朴襄州襄陽人以三史舉由荆門令進京兆府司錄參軍改著作郎累擢左諫議大夫同中書門下平章事判户部進中書侍郎罷爲祕書監三貶郴州司户卒

遷都議

古王者不常厥居皆觀天地興衰隨時制事關中隋家所都我實因之凡三百歲文物資貨奢侈僭僞皆極焉廣明巨盜陷覆宮闕局署帑藏里閈井肆所存十二比幸石門華陰十二之中又亡八九高祖太宗之制蕩然矣夫襄鄧之西夷漫數百里其東漢輿鳳林爲之關南菊潭環屈而流屬於漢西有上洛重山之險北有白崖聯絡乃形勝之地沃衍之墟若廣浚漕渠運天下之財可使大集自古中興之君去已衰之衰就未王而王今南陽漢光武雖起而未王也臣視山河壯麗處多故都已盛而衰難可興已江南土薄水淺人心虛浮輕巧不可以都河北土厚水深人心強愎狠戾不可以都惟襄鄧實惟中原人心質良去秦咫尺而有上洛爲之限永無夷狄侵軼之虞此建都之極選也

張弧

弧將仕郎試大理評事

素履子序

夫素履子者取周易履卦初九素履往無咎以純素爲本履以履行爲先雖布衣素須履先王之政教故取天地之始乾坤之初聖人設教之規賢哲行道之跡夫禍福之端生於所履是以聖人以德履帝位而不疚光明者也士庶履能辨上下定民志輒修一十四篇號曰素履子以爲箴誡而已

羅袞

袞成都臨邛人舉文學優贍科大順中進士後仕梁終禮部員外郎

請削奪王珙授贈官爵疏

臣伏以罪在亂逆慈后罔赦事關懲勸聖人恒執其或生漏刑辟没有追戮萬代可知百王不易之道也竊見故保義軍節度使贈太師王珙於國不忠於家不孝身爲首跡行桀紂之虐名掛人倫縱豺狼之性頃乘京國患難藉父叔勳勞寵極將相克踰寇賊坐召伯甘棠之樹殘毒郡人

對傅説築版之巖侵侮王室朝臣幕客受戮辱者非少軍吏百姓遭殺害者甚衆朝廷比屬多事每須含垢而上天不容遂振踈網雖假手麾下幸就屠滅然靡伏就法終爲僥倖向使珙能於晚節粗立一善以功補過誰曰不然考其終始無改暴橫以珙之骨千鞭不足快憤嫉之人陛下以在宥垂風祟恕御物存其棺槨爲恩已厚尚汙典冊於理實難今復請追珙所受贈官爵悉皆削奪以正憲律令天下忠臣孝子知陛下昭章淑慝轉相慕効將來儻復有如珙類者亦冀覩没後之誅而革其生前之慮明時裁化莫尚於斯先爲珙所害故給事中王柷以下一十人尋蒙聖造已各贈官其官府寃死士庶伏乞下陝州以勅弔祭存問其家使並日之明無所不足如春之澤深漸泉壤甫刑曰皇帝哀矜庶戮之弗辜言唐堯之德也伏惟陛下與堯同心干瀆宸嚴無任戰越之至

請褒贈劉蕡疏

右臣袞伏以典禮褒崇用廣哲王之道生死抱痛可念直臣之魂伏以陛下再闡皇圖初平内患善無殁而不紀惡無存而不誅事或有遺臣敢不奏竊見故祕書郎責授柳

州司户臣劉蕡當大和年對直言策是時宦官方熾朝政已侵人誰敢言蕡獨能指抑曀雨迴天之勢欲使當門奪官卿爵土之權將令擁篲遂遭退黜實負寃欺其後竟陷侵誣終罹譴逐沉淪絶世六十餘年正士爲之呑聲義夫爲之歎泣當時排先見之説後代蘘蔽聰之謀寖成其風以至前歲東内幽辱西州播遷旒綴竿而未危矢及屋而非亂伏賴陛下德勝妖孽義感勳賢克返塵鑾再安寳位向使蕡策得用蕡才得施則杜漸防萌尋消逆節豈殷憂多難遠及聖躬以此追維誠堪軫悼當氛霧蔽虧之日雖

累朝明聖其奈蕢何及天地廓清之辰則冥寞幽寃必有望於陛下矣特乞宣付中書門下顯加褒贈仍勑天下州府求蕢子孫振拔錄用不獨慰耀九泉之骨庶亦感勵四海之心冒瀆宸嚴臣袞無任戰懼殞越之至

請置官買書疏

臣聞竊謂堯舜所以成其聖哲者稽古之力也故書曰若稽古帝堯又曰若稽古帝舜是則爲國之要在乎順考古道而已古事之效布在羣籍兹歷代所以盛藏書之府不可一日而闕也臣伏念祕閣四部三館圖書亂離已來散

失都盡一爲墜闕二十餘年陛下追蹤往聖勞神故實歲下明詔旁求四海或遣使搜訪或購以官爵亦已久矣然而一編一簡未聞奏御加以時玩武事不急文化若非別降聖謨無因可致臣今伏請陛下出內庫財於都下置官買書不限經史之集列聖實錄古今傳記公私著述凡可取者一皆市之部帙俱全則價有差等至於零落雜小每卷不過百錢率不費千緡可獲萬卷儻或稍優其直則遠近趨利之人必當捨難得之貨載天下之書聚於京師矣不惟充足書林以備宣索今三朝實錄未修無所依約便期因此遂有所得斯又朝廷至切之務也

謝史館裴相公啟

某啟伏以洪鈞播物已在生成朗鑑通幽寧期照燭伏以相公三十五丈熙朝德茂軌世才高發言爲褒貶之經迴顧是寒暄之律自叨洪奬愈切籠驚近又見戶部王侍郎伏知造化工夫不遺纖草丹青潤色偏及偶人輝華而賤質增榮感激而雄辭有淚實以袞家殊弁冕業繼詩書卷懷於盛壯之時浮泛於衰遲之日詞科入仕尋周一紀之星諫署升朝亦改四年之火雖復毛慙腹背角困藩籬何

嘗不砥礪公方琢磨文術竟以長沙地窄難呈宛轉之姿南郡鬼逢每受揶揄之恥俄消剝道顯自明恩霖施而窮澤生流瑞降而枯條更肄得不乘風奮力搦朽申勞依曾相之門牆永隨車豎仰殷宗之左右長奉鼎梅卑情無任日夕兢惶生死銜戴之至

謝監修相公啟

某啟某鄉品慙卑朝班愧近久託運籌之化元無載筆之能今伏奉恩制伏蒙相公特賜奏授前件官充職者寵靈重疊敢幸於時來塵忝過多但驚於望外下情無任戴恩

感激量伎兢惶之至伏以相公道壯龍圖情專鳳策兩掖之內以讜辭爲先三館之中以信史爲急必銓名實乃授清華固以時屬叡文事當修舉列聖之青編再輯盛朝之鴻藻將鋪是宜對季札以歌唐求孟堅而述漢然後可以昭彰一代昺奕千齡如袞之才非此之任誠欲奉身而退瀝懇以辭無傷棫樸之風自適輪轅之用竊念早依門闌昨侍台階聞善誘而遽已捧承沾謬恩而莫遑辭讓主文譎諫顧出納以何裨廣記備言審荒蕪而豈措徒思竭力寧追覥顏唯當稟奉公忠執持愚直分職於仲山之下庶

展其能受經於尼父之前冀成其傳効酬之志灰没爲期卑情無任銜荷惕勵憂懼怔營之至

第二啟

某啟幸以弱才託於宏造遂拾寒鄉之士爰升近署之班雖與道翱翔似無邪行而隨波上下安有直詞是以久列編修常孤事任一家之言莫就空慕馬遷三國之志未聞實慙陳壽深宜免罷稍獲遑寧不謂相公尚貸簡書且敦方冊才授改官之寵仍還帖職之榮乍簪筆於宸軒復和鉛於細閣中書肄入寧同著作之郎相府依棲乃類司徒之掾分誠已過恩亦太隆既辭讓以難諧但憂兢而罔寘縠梁清婉休校力於短長王隱混淆預甘心於譏誚營職爲務投生以酬下情無任感激省循光忝愧懼之至

謝宰相啟

某啟伏以居有熊左右之司每聞沮誦著周穆存亡之闕一字但記戎夫規動止於九天法春秋於百代某雖愚懵知此重難況復皇朝廢置之物便搜才實近日選求之愼必在英華峻等級於螭階盛風流於鳳闕某則寒陋分無希望伏以相公協兆爲師奮庸熙載將行大道上繼於宣尼

誘進單門下同於王儉不以某諫垣空食史閤曠官特興久次之嗟俾授殊遷之命暄臨黍谷方知律呂之聲調境入蓬山孰謂風飈之道阻徒成踴躍莫獲逡巡副燕臺尊隗之心奉孔里鑄顏之化巍巍聖德雖期有舉必書赫赫台光定是無階上報榮懼感激不任下情

謝諸知己啟

某啟伏奉恩制除授前件官者事匪心期恩將敵至榮懼憂惕不任下情伏以某用乏適時言非悟主雖困泥塗之辱敢希朝序之榮伏蒙某官念以吾道依棲斯文宗仰懇

動吹噓之力終諧憐奬之心遂使縣吏塵銜擺脫忽同於蟬蛻諫臣清級超昇遽遂於鸞翔叨忝何多提攜至此竊復念孤單事契愚魯性靈苟非示以修塗安得縻茲好爵獻可替否諒無補於皇明徇義忘身庶粗酬於恩德卑情無任感戴激切之至

第二啟

某啟某操行無奇文章匪贍拾遺左右三年未望於轉遷約史春秋五夜寧通於夢想斯亦孤單雅分頑魯自宜忽踐履於清華諒因依於賢達伏以某官優容下位奬進微

才荀君之日月在躬道存瞻矚王氏之風塵外物榮遂品題故得譽徹中台名聞東觀遽遷彌縫之地仍參著作之庭祇奉寵光若臨泉谷靜循叨竊實自門牆敢不永抱兢銘深虞負累以當官而贖一作瀆忝用舉職以酬知求女媧鍊石之方潛裨碧落就太史藏山之事一作筆試學青編尚覬宗師更傳規矩下情無任攀戴覥汗之至

第三啟

某啟伏以記事之官顯司存於戴禮侍臣之職正號位於隋朝自古不輕方今爲一作尤重豈期幽介遽獲忝塵此乃某官道著訏謨情敦片善偃彼小人之草列諸君子之林遂令補袞掖垣仍叨筆削珥貂仙室更踐清華得不上報鴻恩旁酬重德日月簡編之効敢怠於季一作學終雪霜松柏之心佇彰於歲晚榮懼感奮不任下情

謝江陵借宅啟

某啟伏以袞荒扉夙掩華路今飄雖曳裾果在於朱門而握髮何妨於白屋伏蒙令公奬以來能擇地去俟朝天恐馬援之災氛寧逃漏濕念揚雄之風雨須託帡幪特借華居俾安滯跡況復牀分上下器備圓方障錦飄紅則土皆

被繡幕雲浮翠則木鮮呈材爰忽異於吾廬誤將同於君室遂得彌寬徯后更盡依劉宛如夫子之牆不在隸人之館揣循涯分抃戴恩光家雖喪而狗已如歸關欲度而雞不難學館開碣石晷爲鄒衍之身臺認章華永荷楚王之德下情無任感遇激切之至伏惟俯賜鑒察謹啟

謝江陵津致赴闕啟

袞啟伏蒙令公念以赴闕奔馳臨途窘罄特頒厚賜用備促一作倣裝捧命循涯無任荷戴惶灼之至伏以袞拙艱成性窮約處身寧殊杌祉之郎謬列伏蒲之地昨以西京無

象南國迷方蒼黃於河華之間流落於漢地之外荆州劉表幸獲依棲南郡馬融叨陪訓說爰從殺節以及熙春恩知將日月兼深惠邮與邱陵比峻今則周傾再定禹會重修既憑桓后之功且懼防風之戮輒將行計上黔沖襟伏惟令公韜世量宏濟人心侈組駢繙綖委彼貨泉七百里以趨程茲辰頓贍二十萬之爲贈今代所稀得不泣類皴人慙同劍客歸赤墀而有賴顧元幘以難忘寀劍觸鋒始稱効酬之分抽毫命牘終餘感慨之誠竟乏雄詞徒揚懦氣銘誓激切不任下情伏惟俯賜鑒察

答魏博羅太尉啓

衮啓都衙侯司徒到京伏奉寵誨卑情無任欣躍兢戴之至伏以太尉二十二叔國步縈心藩條繫慮籌算方殷於大者緘封宜畧於小哉況衮再從宗盟至爲卑末庶僚品秩仍是瑣微乃蒙掛在風襟形於賜問奨飾用光其曖昧慰安將勵其辛勤蓬島音書異術靡勞於方士戟山翰墨眞蹤遠覩於羲之捧且不勝喜難自定亦復載窺隆旨深省賤軀豈叔父私恩偏存睦族豈王侯公道廣及懐才蓋以太尉二十二叔學擅鴻儒詞摛麗藻臨戎按節全忘掌武之尊握牘含毫但記爲文之客得不終身永佩拭目頻觀祕之若三皇內文寶之如歷代傳璽言慙善對謝宗哲以何因義貴能酬銘已知而莫極榮荷惶灼不任下情

至襄州寄江陵啓

衮啓伏念昨將蓬藋久寓棠陰德隆於雲夢之山惠浸於瞿塘之水已於荆聶備講恩讐豈向春陵徒陳主客伏以令公雄才不世茂績無倫威揚戎閫之先仁洽士林之表頃以竿麾暴國漂流幸許其棲詹今則羽衛還宮資遣又令其赴闕斯可謂事闕舒慘恩極始終其往也異彈鋏以

求車其去也免吹篪而乞食遂使仲宣遭亂休假日以登樓明遠還都得侵星而赴路力非可報感豈勝言倏爾辭違漸成遐阻出荆門而迴首詎見麾幢渡漢水以盟心惟懷金石以今月十九日發襄州邐迤北去攀涕結戀不任下情謹附狀啓陳伏惟俯賜鑒察

秦論上

亡秦者不在胡亥趙高子嬰亦不在始皇亡秦者李斯也胡亥固亡國器也以秦授之者過也趙高不幸秦狗之瘈左右者不圖則固噬其主矣子嬰立於已亂四十餘日而

亡考其行事不無庸主之材其猶坐四屋之間環火已熾雖有殺火之術欲設何由哉始皇雖不以仁義死之日天下無事民爲擇君但其遺詔不行於斯耳李故有名天下臣主相得六國既平不能於此時推廣使秦修帝王之道固亦失矣及始皇外崩姦臣謀亂又不能於此時制變爲存秦之計卒使趙高得行其謀胡亥極其惡子嬰孤死於蒼黃之地始皇失賢嗣遂暴惡於後世嬴氏之鬼以不食者李斯之故也然則趙高之際爲李斯者義宜柰何奔蒙恬立扶蘇爲國討賊以固其社稷可也當是時蒙恬與扶

蘇將三十萬之師屯上郡蒙恬之威外震匈奴内信秦國三世積功兄弟忠信尊用於世扶蘇長子直諫而出雖然始皇故知之所以無詔封諸子而獨書與扶蘇欲以爲嗣雖天下之人皆知其賢而以爲當立故陳勝吳廣作亂乃詐託公子扶蘇以從民望向使李斯以蒙恬之威舉其兵以扶蘇之望令天下而誅一趙高豈難哉賊臣既誅恬斯乃復相與盡其材輔賢明之主以寬靜天下秦不亡矣不唯不亡且將興斯不務出此耽祿畏害怵惕於傾危之際使秦有殺適立庶淫刑虐法殺君亡國之惡窮天地而不振者李斯之故也悲夫

秦論下

或謂袞曰子言秦亡與存秦之計明矣吾聞國之興亡乃有天命設使李不失其計秦果不亡乎袞曰吾雖不言天其實天之道子雖稱天以問我而未識天之說夫所謂天者平無私也故曰皇天無親唯德是輔君人者有德天則贊而興之無德則革而亡之興亡之命在乎天而所以興亡在乎人也商書曰夏王弗克庸德慢神虐民皇天不保監於萬方啟迪有命眷求一德俾作神主此言桀不能常

有德不敬神明不恤下民天下不安桀之所爲乃廣視萬邦有堪天命者則開而導之以湯有純一之德求使代桀爲天地神祇之主也故曰非天私我有商惟天祐於一德二世無德爲所以亡之道天是以革而亡之使扶蘇果立則固有德爲所以興之道天必贊而興之矣不當奪嬴與劉代夏以商也或曰李斯之失當責其不任職雖曰不忠不智也子加以亡秦之論不亦重乎袞曰吾豈欲加諸斯也蓋聖人之道不得易焉昔鄭公子殺靈公也謀於子家子家權不足以禦亂懼譖而從之春秋以首惡故書曰鄭

公子歸生殺其君夷斯其類也子欲易聖人之道乎哉

二銘 并序

黃帝作巾几之法孔甲有盤盂之誡太公陳鷵鏡之銘所以昭成敗而防遺闕也袞不敢追蹟聖賢輒取枕杖二物而爲之銘亦古之賤士不忘君臣之分也

枕銘

或枕或欹有安有危勿邪其思

杖銘

身之疲杖以扶之國之危賢以圖之

田說

一夫田甲氏乙氏判而農之乙氏糞其田田善收甲氏以爲不善守天地之和風雨之槷而不善收噫造化之功不如糞土乎

倉部柏郎中墓誌銘

近代科學之家有柏氏倉部府君諱宗回字幾聖祖士良忠州司馬父暠毛詩博士贈國子司業君踵父學開元禮咸通中考官第之尚書落之不勝壓屈因罷取家蔭出身選爲州縣官歷數任從軍幕爲判官皆有聞相國文昭公甚重之授著作郎於蜀行朝上即位數年承反正之後將修太廟時見饗九廟十二室而實七代議者以爲天子七廟六經無九廟文又欲以穆宗宣宗爲二廟僖宗爲一廟出敬宗文宗武宗爲別廟文武百官參議不能定或薦君於相國徐君遂擢授太常博士及進議請修奉九廟十四室於是援引經籍研校今古發出九廟九代之議追祔代宗德宗二廟穆宗宣宗通爲一廟以僖宗添爲一室敬宗文武德懿宗爲一廟親不可出其推次代室分齒昭穆爲哲然矣又下百官赴尚書省參詳咸以爲允奏請行之天

子嘉獎敬依其議然其徵據乃尚書正文而不用鄭元之說其法制乃殷周遠事而不取漢魏已下故時人多疑之遂與數家爭論雖未行其議而亟加寵秩始遷虞部員外郎賜緋魚袋歲中轉虞部郎中明年遷倉部郎中加朝散大夫年六十一以光化二年二月二日卒官京師某月日歸葬先人之塋於邠州夫人清河張氏子廷徽開元禮登科廷鸞尚幼君撰王公家廟錄五卷奏議論難宗廟之書萬有餘言銘曰

幾聖之道予實親之幾聖之言予實聞之宗廟之事一何

專奇討摘奧寘。不由於師。乃鄙鄭元。乃悅湯伊。今世之人。安得不疑。賜服熒熒。省行屢征。元凱袞華。雖死不瞑。親見夫子。其勢不行。夫子既沒。庶幾乎明。苟如斯言。遺恨可平。尚或有知。時觀吾銘。

欽定全唐文卷八百二十九

顏蕘

蕘官給事中中書舍人。

顏上人集序

顏公姓薛氏。字茂聖。少工爲五言詩。天賦其才。逈超名輩。蕘同年文人故許州節度使尚書薛公字大拙。以文人不言其名。擅詩名於天下。無所與讓。唯於顏公許待優異。每吟其警句。常曰。吾不喜顏爲僧。嘉有詩僧爲吾枝派。以增薛氏之榮耳。性端靜寡合。而價譽自彰。名公鉅人。爭識其面。余景福間爲尚書郎。故相國陸希聲爲給事中。一日謂余曰。顏公自荆門惠然訪我。興盡而去。無以贈其行。請於知交賦送別。余亦勉爲應命。而莫之披覩也。後數載。余罷自合江。沿泝流而下。至荆之日。方遂疑闕。閱其篇章。睹其儀相。然後知師之盛名不虛得也。向之送別者。自故太傅相國韋政公而下。凡四十三首。余亦別爲一卷。陸相公爲序。余繼忝清華。薦兼史任。宜以師之名字書於文苑傳中。緝編未遑。漏略是懼。今且掇師之序於詩集之前。其五言七字詩凡四百篇。以爲儒釋之光。余與師周旋殆將十稔。

始仰師爲詩家之傑。今與師爲方外之期。契分知心。言之無愧。若師本教之行。自爲其徒所宗。則非愚儒之所敢知也。光化三年孟夏序。

李詷

詷光化時人。

顏上人集序

夫仁明至儉之君。返淳覆邪。懲嗜慾玩好。俾奇侈損隱異貢爕烈。而不能致純玉而不用者。蓋宗廟之彝器。在貞達和順之全德也。故和氏三刖而不死。崑岡縱焚而不夷。俾

受瑞者於今稱其美焉。然則稱其美固亦久矣。而知其美之名者。將在於何焉。夫惟詩書秦人焚之。既燼益活。抑可對於是而又大矣。則今之人稱詩之美者亦久矣。闕一字旨也。將在於何焉。洎乎得其綱組序而明之。則二南隱微之旨行於世。爲百家宗旨者。在乎序也。詷讀左邱明傳素王微旨。則知懲勸之道。教化之本。周孔之標度。盡在於詩矣。顧詩之言。惡可容易而語乎。釋門高德顏公尚爲詩。不入聲相得失哀樂怨歡。直以清寂景搆成數百篇。其音清以和。其氣剛以達。妙出無象。虛涵不爲。冷然若懸。未扣而響。信其功之妙也。不可得而稱矣。信其旨之深也。不可舉而言矣。嗚呼。河漢蕩蕩而東。人見其浮重載矣。不知其所以浮者何也。雅頌郁郁而南。人見其化夷俗矣。不知其所以化者何也。吾師復不拔於彼。植於此。其所以者何也。詷嘗蒐文獵儒。乘邱索穴。睹師之作。異而序之。不足舉師之美。爲後人宗旨也。

陳岳

岳吉州廬陵人。十舉進士不第。江西鍾傳辟爲從事。光化中議以蒲帛徵之。不果。卒。

春秋折衷論序

聖人之道。以春秋而顯。聖人之文。以春秋而高。聖人之文。以春秋而微。聖人之旨。以春秋而奧。入室之徒。既無演釋。故後之學者。多失其實。是致三家之傳。並行於後。俱立學官焉。噫。絕筆之後。歷戰國之艱梗。經暴秦之焚蕩。大漢初興。未暇崇儒術。至武帝方設制策。延天下英雋。有董仲舒應識記而通春秋。仲舒所業。惟公羊傳。仲舒既歿。則有劉向父子。向受業穀梁。歆業左氏。左氏之道。假歆而振。自斯學者愈茂。欲存左氏而廢公穀。則西漢鴻儒向歆。欲存公

穀而廢左氏則邱明與聖人同代是以皆各專一傳夫經者本根也傳者枝葉也本根正則枝葉固正矣本根非則枝葉髙附焉矧公羊穀梁第直釋經義而已無他蔓延茍經義是則傳文亦從而是矣經義非則傳文亦從而非矣左氏釋經義之外復廣記當時之事備文當時之辭與二傳不類或謂邱明受經於仲尼豈其然歟茍親受之經則當横經請問研究深微間不容髮安得時有謬誤致二傳往往出其表邪蓋業左氏者以二傳爲證以斯爲證謂與聖人同時接其聞見可也謂其親受之經則非矣聞不如見見不如受邱明得非見歟公羊穀梁得非聞歟故左氏多長穀梁多短然同異之理十之六七也鄭元何休賈逵服虔范甯杜元凱皆深於春秋者也而不簸穅蕩粃芟稂抒莠掇其精實附於麟經第各釀其短互闘其長是非千種惑亂微旨其獘由各執一家之學學左氏者則訾公穀學公穀者則詆左氏乃有膏肓廢疾墨守之辨設焉謂之膏肓廢疾者則莫不彌畱矣亡一可砭以藥石者也謂之墨守則莫不堅勁矣亡一可攻以利者也

李明啟

明啟龍德時人

柱國牛公新築州城創建公署記

昔秦始皇蠶食諸侯夷滅六國乃命將軍蒙恬開拓泥陽北地以縣陽周是爲寧郡理所三十六郡之一也粤以南屬新平北連安化密邇藩落咫尺塞垣復以襟帶乎神州保障其疆宇故以底寧而命州之名焉自歷代莫不慎選英奇文武兼資之才牧守兹郡今也隴西司空牛公名知業字子英秀稟岳靈氣涵天表先朝一舊奕葉承光申勤劬於昧爽之間竭匡輔於紹開之際博文經武寇河内復可見于漢年尚德代謀平荆州不獨稱於晉世孝弟性符於天爵忠貞道冠於人臣固已敦詩書說禮樂親仁樂善好古慕今虛席待賢輕財重義公之先太師威公佐命元勳宣力王室表儀雄傑駕馭忠良靖難扶傾決勝於百餘戰内變家爲國推功於四十年間凡統制劇郡雄鎮精師鋭旅積勳累業不可具陳蓋已載於青史列傳矣我司空公素稟父風早師家範挺耿介不羣之志有匡扶盡瘁之勞朝廷紀宣孟之勳裕兹垂後初授司空公房州刺史尋之郡所布六條之政治千乘之賦草上之風自偃車後之

雨旋隨。而是州多有淫祠。土風祀以徼福。咸費產殫用。承具酒食。娑抃相聚。奔走若狂。廢彼農功。求於鬼道。公患之。悉命焚之。惟列於祀典者。廟貌如故。自爾方易其妖弊之俗。其編户亦頗多譽公之明鑒遠識矣。故使其愛之如父母。畏之如雷霆。方謳來暮之歌。遽有去思之戀。公以河朔之烟塵未靖。征鎮之金鼓方殷。乃自表上聞。請從軍展効。將選行日。欲赴河壖。於是耆艾皝鮐。率其父子兄弟。詣襄陽本府。請奏舉留公。陳乞往來。遶路旁午。比離郡之日。諸里寓髦雋及官吏僧道耆老至百姓。攀卧擁軾。匍匐相與。

殆千百人。使蕃於前。僅六十里。或呼或立。且止且行。公敦諭慰勉之數四。將暝方散。其士民懷之。留惜有如是矣。於是經皇闕。躬面天顏。聖上俯讚至公。嘉乎丕績。錫之珍玩奇品。不可紀載。爾喻以魚水之道。委諸心膂之師。尋授右羽統軍。躬擐甲冑。身先士卒。莫不名高八校。義冠六師。去歲以寧州前政江司空爲岐涇乘間伺隙。犒軍內寇。烽燿交舉。斥堠馳奔。境鄙虔劉。民斯傚擾。俄而失其守禦。旋至淪胥。此州既爲攻陷。上以疇諮。可康僉諧亮采。乃命公帥本軍分總柄。戍西征收復。至則戎憝專據。兇悍方熾。反爲深壁。欲老我師。公所統禁衛之精驍。皆中堅之良族。丹兕文駟。鶴列魚麗。燧象藝雞。跳軀擲獲。久養勇於投石拔距。自迎前於破竹。拉枯得莒。夔度紡之程。有董父斷布之徇。於是般輪親鼓。摩壘凌牆。拔燕幟於瞬息之間。復齊壁於誰何之際。比及克下。而居人蕩空。遺堵窾墟。巋然在目。公於是自右羽林統軍金紫光祿大夫檢校司空授寧州牧守。視事之日。止水在庭。問俗之辰。露冕按部。布德行慶。授方任能。去奢即儉。自邇柔遠。義以懷之。忠以告之。令以濟之。威以董之。綏之斯來。動之斯和。分條共貫。革故鼎新。事

曷僶俛。理務振提。求之而必究短長。盡瘁而匪懈夙夜。惸嫠覃惠。貧窶復蘇。勵廉隅而不讓還珠。殖生聚而相斅佩犢。循善胥勸。姦宄屏迹。無鞫之元。慷慨而欣戴。二天相郭之人。倚賴而勞門五日。附如羶蟻。漸以相匃。咸連臂而興歌。喜息肩以有所。此州之公署廨宇郵亭。自建州之始迄今。載祀遠矣。本悉在交牆之西。中阜之上。比年以來。飛蓺縱燎。煨燼之末。繼加毀折。至是略盡。殄（闕一字）無遺者矣。心匠神贊。宏規間起。濬發奇制。見惟獨明。於是爰度隙地。薙彼荒榛。畫斯子牆。方必中矩。負艮山之八。次坎水之一。遂

乃備板榦具畚鍤定之方中火亦未見興役於三農之隙賦徒無二事之讟悅以使之寬以濟之恩惠洽而士乃同心力役均而民無倦色量功命日不愆於素浹月之間崇墉俄就疑如斷鼇亘若長雲闉堞矗聯睥睨相屬千櫓重沓楯槊森羅百雉既周九拒可揜平岡迆迤固即之而固護金湯斷樗延緣豈假之於依憑郢漢新子州之南墉建門臺之高觀爲鳴鼙吹角之所鬱然特起以面修衢丹臒赫奕粉素皎晶是謂山有木工則度之次下馬門次中衙戟門大廳小廳內廳寢堂中堂煖堂皆棟梁宏麗柱礎丁

當廊廡四周皆圮重複戶牖簷霤掩映亦不在乎山節藻棁刻桷丹楹矧乃棼楣副密軒檻縈迴窮思於解飛取謀於梓慶鋠槻孕妙歌闕一字呈能曲直從繩袤丈必中美哉煥焉自餘廐庫曹署軍事院州院牙將孔目諸院馬將鞠場教旗講武馳驛之傳舍兵食之儲廩皆新所剏置焉然後疏彼康莊高其閈閎右列鄽闠賈區貿貨於日中平分井居堵闕一字一周環於宇下四民各敬其本百工用肆其業既富既庶矣苟完苟美矣衛文公之治本國孰可比方皇甫嵩之莅并州正應如此今公之創修是州也本無廡下之金悉解槖中之素計是用家財之費盈於巨萬金矣今不復列其緡鏹之數具在別計闕一字詩云樂只君子邦家之基又曰顯允君子宜民宜人子曰善人爲邦可以勝殘去殺矣是知名邦大國無其人則曷能序三才崇五教奉六氣制七情移風易俗阜財解慍與然則君子居之何陋之有斯郡比以厥俗淳質厥民樸略寡桑柘藝之惟麻枲紡絲以資衣裳若夫允濟九功皆可歌乎厚生利用光全七德遂溥洽乎和衆安民加以雨順風調年豐道泰此即我司空憂民及物之所應矣百姓皆曰愷悌君子民之父

母明啟忝中鄙士闕里諸生謬沐獎知退慚菲薄遽承指命使輒搜研詎能敷盛美之形容適足致揶揄之闕一字誚務歸摭實情鄙虛華聊備刊記用垂永久

竇潏

潏官京兆尹出爲宣歙觀察使

池州重建大廳壁記

甿巢巹池之二年潏自平原郡得此郡其始至也無屋宇城壁之事無市井人物之類瓦觡凹亞相鬻雜視一之月檢訪鄉籍二之月完聚瘡痍三四月後病者起亡者歸瓦

者投骼者掩明年春夏熟冬熟其歸者起者有風雨之備而江盜未息天租無寄故郡人有廨宇城壁之請既城壁焉則人得以避寇既廨署焉則物得以營祭鼓角器械廳堂簷廡自濠塹周於四隅其間合建置者一無所闕木端鐵橫分别出入於戲自永泰至乾符戊戌歲是城也以李僕射爲祖自乾符至於中和癸卯歲是城也滈不敢讓勞其基趾始末存韓刺史裴晉公語中鑾輿幸蜀之四年冬是年王師始克宮闕記

沈玢

玢官溧水縣令兼監察御史

續仙傳序

古今神仙舉世知之然飛騰隱化俗稀可覩先賢有言曰人間得仙之人且十不聞其一況史書不載神仙之事故多不傳於世詳其史意以君臣父子理亂忠孝之道激勵終古也若敦尚虛無自然之迹則人無所拘制矣史記言三神山在海中仙人居金銀宮闕不死之藥生其上人有欲近山者則風引船而去終莫能到斯亦激勵拘制之意也大哉神仙之事靈異罕測述云初之修也守一鍊氣拘謹法度孜孜辛勤恐失於纖微及其成也千變萬化混跡人間或藏山林或遊城市其飛昇者多往海上諸山積功已高便爲仙官卑者猶爲仙民何者十洲間動有仙家數十萬耕植芝田課計頃畝如種稻焉是有仙官分理仙民及人間仙凡也其隱化者如蟬蛻留皮換骨保氣固形於巖洞然後飛昇成於眞仙信非虛矣玢生而慕道常愧積習自幼及長遊歷宦途周遊寰宇凡接高尚所說或覽傳記兼復聞見皆銘於心而書於牘又以國史不書事散於野矧當中和兵火之後墳籍猶闕詎有秉筆紀而述作者

處世斯久人漸稀傳惜哉他時寂無遺聲今故編錄其事分爲三卷冀資好事君子學道之人談柄用顯眞仙者哉

朝請郎前行溧水縣令兼監察御史賜緋魚袋沈玢撰

劉詠

詠官澤州錄事參軍

堂陽亭子詩序

堂陽縣者王趙古封淸漳大邑厥貢惟上其民實繁山川超絶於水經物産闐駢於地誌覽高海岸過田光春雪之言會出河魴動張翰秋風之思爲貨泉之藪澤乃煙月之

津梁者焉其東亭也地壓上流名居勝境傍依古堞下瞰丹原羅物象於簷楹簇江山於左右一川風景隨朝暮以長新四面煙花逐炎涼而各異至若春草碧春波清雲乍合雨初晴風颺柳花汀鷺起棹穿荷葉浦魚驚此景也桃源金谷謬得其名又若秋蓼紅秋水綠菡萏香鳧鷗浴陌上人歌隴首詞月中漁唱江南曲此時也青草洞庭比之不足故得蘭臺俊彥蓬島神仙或因税駕之飲競縱臨川之賞乃有扶風員外悉皆留題粉壁著詠雕梁隋珠與趙璧相鮮鳳竹共鸞絲迭奏迴鏘詞律妙盡精華乃文苑之

儀刑實翰林之圭臬詠竊窺宗伯强述荒蕪何異對烏兎而耀螢光見珠璣而銜魚目孰知不可安忍無言輒憑藤角之花少紀蘭臺之事白沙製序徒向慕於古人淥水裁詩竟有虧於先哲遽成一絶以厠羣英者矣天祐初春月日戊寅謹序

張恕

恕韶州始興人官刑部郎中

請放還僞廷貶降官奏

伏以革故從新方恢於聖運赦過宥罪繼洽於君恩故澤布九天無所不及慶流萬國無所不周伏惟皇帝義布幽明化均動植改秦隋之覆轍繼周漢之昌圖上簡帝心蕩蕩方臻於壽域下符民欲熙熙將返於淳風彌寬含垢之情遐廣推恩之道臣伏見去年閏十一月二十九日赦書節文應僞廷貶降官未量移者與復資責授官亦與復資應徒流收管人並放還者又覩今年八月二十五日德音節文應自創業已來降黜者並與放還枯鱗再泳朽木重芳是知宏貸之朝大舉哀矜之典所有僞廷貶降官等雖經量移盡思歸復每望雲天之澤嘗懸省責之心特冀聖

慈更加念恤未敢希復序資品且乞令放還鄉閭所冀表明代之好生遂小人之懷土臣叨司刑典獲奉赦條願迴解網之仁用廣垂衣之化

薛昌序

昌序昭宗時人

重修法門寺墖廟記

夫大聖示其不滅證以無生燃慧炬以燭幽泛慈航而拯溺在三千界開八萬門誘捨愛河勸離苦海香山月殿長侍睟容鷲嶺龍宮時聞半偈與消塵劫令出昏衢接後魏

誌阿育王役使鬼神於閻浮提造八萬四千塔華夏之中有五秦國岐山得其一焉又按神州三寶通錄華夏有塔一十九所岐陽聖跡復載其中朝觀光相夕覩聖燈究異草之西來驗靈跡之所止供盈香積罏馥旃檀面太白而千疊雲屏枕清渭而一條翠帶又文皇遷寢殿而修花塔冀拔羣迷天后闢明堂而俟真身庶康萬彙編於史冊傳以古今粵自有周洎乎大漢至於晉魏爰及齊梁隋文則誓志英修我唐則累朝迴向莫不歸依聖教恭敬真宗募善行於阿育王結慈緣於金龍子嘉徵迭變靈應無窮或

元鶴飛翔不離於紺宇或卿雲摇曳靡捨於金繩分舍利於五十三州增福田於千萬億祀間生芝草頻現雨花真形試火而火不焚因其吳主寶塔居水而水不近彰自蓟門禮懺者沉痼自痊瞻虔者宿殃皆滅金仙入夢白馬戒塗傳經既自於西天演法俄流於東土今則天演稟異帝裔承榮立鴻勳於多難之秋彰盛烈於阽危之際徧數歷代曾無兩人增美儲闈傳芳玉牒將中興於十九葉纂大業於三百年竭力邦家推誠君父身先萬旅屢掃欃槍血戰中原兩收宮闕故得諸侯景仰八表風隨朝萬國而無慙伯禹叶五星而不讓高皇惡殺好生泣辜罪己天復元年施相輪塔心櫟柱方一條天復十二年以舊寺主寶真大師賜紫沙門（中闕）大師遶塔修覆堦舍二十八間至十三年迄契至誠果諧元感迅雷驟起大雨（中闕）吹沙涌出寶堦化成金像移山拔海未足稱奇聖力神功咸驚不測天復十四年（中闕）及塑四十二尊賢聖菩薩及畫西天二十（闕）祖兼題傳法記及諸功德皆彩繪（中闕）内外塑畫功德八龍王天復十九年至二十年葢造護藍牆舍四百餘間及甃塔庭兩廊（中闕）天復十九年二十年四月八日遣功德使特進

守左衛上將軍上柱國隴西縣開國伯食邑七百戶李繼潛僧錄（中闕）首座普勝大師賜紫沙門寡辭宣奉絲言敷傳聖懇兩件施梵夾金剛經一百卷蓋自王奉教精勤躬親繕葺不墜祇園之教普傳貝葉之文塔前俵施十方僧衆受持兼香油蠟燭相繼路歧至天復二十年庚辰至壬午歲修塔上層綠琉璃甎瓦窮工極麗盡妙罄能斧斤不輟於斯須繩墨無虧於分寸法雲廣布佛日高懸不殊兜率天中靡異菩提樹下悟其寶相了彼真空金像巍峩福護於鳳鳴之境神光煜爚照臨於鶉首之郊必使玉歷長新

瑶圖永煥紹高祖太宗之丕搆邁三皇五帝之宏猷王子天孫光承運祚大君聖后罔墜花香修寺主安遠大師賜紫沙門紹恩戒行圓明精持堅確禀先師之遺訓成大國之良因放鶴掌中降龍座下護珠内潔世垢莫侵虔奉宸嚴遐裨勝果希傳永永爰刻磷磷昌序藝愧彩毫詞非黃絹謬承睿旨俾抒斯文殊匪研精難逃荒鄙天佑十九年歲次壬午二月壬子朔二十六日丁丑記

韓偓

偓字致光京兆萬年人第進士佐河中幕府召拜左拾遺

累遷左諫議大夫宰相崔允判度支表以自副入翰林爲學士遷中書舍人從昭宗幸鳳翔遷兵部侍郎進承旨朱全忠惡之貶濮州司馬再貶榮懿尉徙鄧州司馬挈其族南依王審知卒

紅芭蕉賦

瞥見紅蕉魂隨魄消陰火與朱華共映神霞將日腳相燒謝家之麗句難窮多烘繭紙洛浦之下裳頻換剩染鮫綃鶴頂儘侔鷄冠詎擬蘭受露以殊忝楓經霜而莫比赩合德裙間一點願同白玉唾壺鄧夫人額上微殷卻賴水晶如意森森孌孌脈脈亭亭舊玉之瑳來若指彤雲之剪出如屏鶯舌無端妒天桃而未咽猩脣易染嬲浮蟻以難醒在物無雙於情可溺橫波映紅臉之艷含貝發朱脣之色僧虔密炬爍桂棟以難藏潘岳金釭蔽繡幃而不隔大凡人之麗者必動物物之尤者必移人不言而信其速如神所以月彩下蠙珠之水梅酸生鶴嗉之津寧關巧運自合天真有影先知無聲已認體疎而意密跡遠而情近天穿地巧幾人語絕色難逢萬古千秋唯我睠紅英不盡

黃蜀葵賦

色配中央心傾太陽布葉近臨於玉砌移根遠自於銅梁蕚綠華未遇楊羲冠簪駮駿杜蘭香喜逢張碩巾帔飄揚銀漢之星機欲曙金臺之漏箭初長動人妖艷襲鼻生香千里鵠雛濫得名於太液三秋菊蘂虛長價於柴桑向日微困迎風欲翔周昉神疲吮筆而深慙思拙江淹色沮擘牋而所恨才荒蝶翅堪憎蜂鬚可妬幾多之金粉遭竊一點之檀心被污何須逼視漢夫人之鴛寢多羞不待含情晉天子之羊車自駐激電寒瞳跳丸烏兎得不淹留深勞顧慕懊恨張京兆唯將柱葉添眉悵望齊東昏卻把蓮花

襯步騷人易老絶色多愁曷忍在綺窗側畔唯當居繡戶前頭目斷猶駐魂消未收映葉而似擎歌扇偎欄而若墮妝樓感荀粲之殷勤誓無緘著怨謝鯤之强暴未近風流清旦鶯啼黃昏客散鶴頸兮長引猿腸兮屢斷攀條立處林烏應笑於後棲攲枕看時梁燕或聞於長歎已而已而唯有醉眠於叢畔

諫奪制還位疏

貽範處喪未數月遽使視事傷孝子心今中書事一相可辦陛下誠惜貽範才俟變縗而召可也何必使出衮冠廟

堂入泣血柩側毀瘠則廢務勤恪則忘哀此非人情可處也

論宦官不必盡誅

東内之變敕使誰非同惡處之當在正旦今已失其時矣臣見陛下詔書云自劉季述等四家之外其餘一無所問夫人主所重莫大於信既下此詔則守之宜堅若復戮一人則人人懼死矣然後來所去者已爲不少此其所以忷忷不安也陛下不若擇其尤無良者數人明示其罪置之於法然後撫諭其餘曰吾恐爾曹謂吾心有所貯自今無可疑矣乃擇其忠厚者使爲之長其徒有善則獎之有罪則懲之咸自安矣今此曹在公私者以萬數豈可盡誅邪夫帝王之道當以重厚鎮之公正御之至於瑣細機巧此機生則彼機應以終不能成大功所謂理絲而棼之者也況今朝廷之權散在四方苟能先收此權則事無不可爲者矣

御試繳狀

臣才不邁羣器非拔俗待價既殊於積玉窮經有媿於籯金遭遇清時涵濡睿澤衮冠振珮已塵象闕之班舐筆和

鉛更入金門之召擊鉢謝捷纂組非工撫已循涯以榮爲懼

香奩集自序

遐思宮體未敢稱庾信工文卻誚玉臺何必倩徐陵作序粗得捧心之態幸無折齒之慚柳巷青樓未嘗糠粃金閨繡戶始預風流咀五色之靈芝香生九竅咽三危之瑞露春動七情如有責其不經亦望以功掩過

手簡十一帖

昨日奉示及不任悚荷偓以風毒腳氣發動今日亦不任

入謁。彼此抱病。切徒詠思。出得且以面相爲意。幸甚幸甚。謹狀。　八月二日偓狀。　某所聞甚不恒。勿惜示及。

偓今日衰迫情地。且夕難勝。況又孤侄巳下。兼與小男等四處分散。中夜往往驚叫。便達曉號咽。衰邁之年。不自堪忍。計申令聞此寃慟。必賜軫念。不更滯留。亦望眷私委曲見爲仰托。小版計日夕相見。諸郎君學問當進。自此分飛。未知何日復遂相見。言及此。黯然久之。珍重珍重。謹狀。

偓狀。

特惠粉藥。無非濟安。不任佩荷之至。楊氏方寫了。竟未勘

畢。既承切要徐送。何故又忽急徵此方也。本欲來拜謁見取藥方。或慮無暇接客。以俟別日。香粉合複并裹半袜複并元樸楊子方複子。伏奉撫偓熱躁甚曲不成字。此信。

偓狀。

虵藥神效已顯驗。紫微不小悉兒必達中喜。虵垂不濟。入口便拔。特謝謹疏。乞不容易與人。必恐所言詮處。切切托托。不是惡心肚。蓋名方神藥。自古皆禁妄傳。縮水法亦乞不泄。見有人相尤。竟未見。他非試驗不敢發。大道無事。且下訪何太疏徐。所不會悠。十二日偓狀

悶甚。欲暑出人馬若閒。伏願一借。若可允。遂稍早令來。免衝甚熱。苟或有幸他使。亦乞在賜斯處。謹狀。　廿一偓狀。

燈下狀。曲不成字。

旬日前所諮啟。乞一書與建州。爲右司李郎中經過。希稍延接。況承舍人亦與正郎舊知聞。必切於施分。今晚有的人去。若可踐言。速乞封示。幸甚幸甚。偓雖承建州八座眷私。自是旅客。難於托人。伏惟照察。偓狀。　十月十五日

偓狀。

楊學士兄弟來此消梨子。兩日前巳尋得花時。伏望拴拔。

謹狀。　十四日偓狀。

今日若不他出。可以暑借人馬否。先冀到宅。兼別行一兩處。人事脫或有所拘牽。即乞不垂形跡。以俟後期。伏惟照察。謹狀。　六月廿七日早偓狀。

前者三賢采戲。共輸弟羅吾弟主辦。偓偶先擲五隻。深覺踽然。幸有輸右省長行三儇輒欲助成一味。適舍人傳語來使。令謹送上。所以在前狀中不言。今特修此。伏惟照察。謹狀。　念六日偓狀。　乏楮甚。小簡甚欲拜侍。且是怕惱亂。此會不知何時定爲之。

眷私借及女使衣服。不任悚荷。來早令入州人馬。必希踐言。泉州書謹封納書中。亦說皆諮托。必望周而述之。幸甚謹狀。　九日偓狀

憂眷借及米貳碩。不任濟荷。鈍拙無謀。惟撓知與不勝愧赧之至。即冀拜謁。它冀面述。謹狀。　念二日偓狀

林嵩

嵩字降神。長溪人。登乾符二年進士。除祕書省正字。値黃巢之亂。遂東歸。觀察使李晦辟爲團練巡檢官。轉度支使。後除毛詩博士。官至金州刺史。

太姥山記

山舊無寺。乾符間。僧師待始築居於此。乃圖其秀拔三十三峰。遊太姥者東南入自金峰庵。東入自石龍庵。即疊石庵。又山外小徑。自北折而東。亦入自石龍庵。西入自國興寺。寺西有溜北入自玉湖庵。庵之東爲圓潭庵。國興寺東有巖洞。奇石萬狀。曰玉笋芽籤。曰九鯉朝天。曰石樓。樓下有隱泉。曰觀音洞。曰仙童玉女。曰半雲洞。曰一線天。石壁夾一小徑。如委石石罅中。天光漏而入。僅容一人行。長可半里。躡登而上。路中曰牛背石。石下曰萬丈崖。崖上爲望仙橋。橋西曰白龍潭。有龍伏焉。雷轟電掣之時。洞中諍諍如鼓聲。天旱禱雨輒應。潭之西曰曝龍石。峯上曰白雲寺。又上曰摩尼宮。室後有頂天石。石有巨人跡二。可長二尺。此摩霄頂。太姥山巔也。山高風寒。夏月猶挾纊。山木無過四尺者。石皆皺瘃。秋霽望遠。可盡四五百里。雖浙水亦在目中。已下闕　乾符六年記

周朴詩集序

顏子聖聲。與日月而不盡。黔婁貧響。等江河而共存。於戲先貧俱足。亦顏黔之流。而能於詩。惜哉不雍容金馬門。䟦

踖宣尼戶。乾符七年。閩城殞賊。悲夫先生名朴。字見素。生於釣臺。而長於甌閩。與李建州頻方處士干爲詩友。一篇一詠。膾炙人口。鸞鶱屈軼。祥瑞皇家。迂僻而貧。聾瞽不重。高傲縱逸。林觀宇宙。視富貴如浮雲。蔑珪璋如草芥。惟山僧釣叟。相與往還。蓬門蘆戶。不庇風雨。稔不秫歎。不變晏如也。詩人張爲嘗貽先生詩曰。到處只閉戶。逢君便展眉。閩之亷問楊公發。李公誨。中朝重德。羽翼詞人。奇君之詩。召而不往。或曰。達寮憐才。而子避之何也。先生曰。二公憐才。吾固不往。苟或見之。以吾之貧。恐以攝假之牒見縻耳。

亦接輿於陵未能加也松蟠鶴翅泥曳龜尾一邱一壑寬於天地先生爲詩思遲盈月方得一聯一句得必驚人未暇全篇已布人口有僧樓浩高人也與先生善捃拾先生遺文得詩一百首中和二年冬十月攜來訪余且驚且喜余欲先生之文與方千齊集畢遂爲之序小子以詞賦博挂投文非所業但直舉其美文醜作者

張曙

曙吏部侍郎褧子大順中進士官右補闕

擊甌賦有序

宋玉九辯曰悼余生之不時也甲辰竄身巴南避許濆師郡刺史甚歡接春一日登郡東樓下臨巴江餞酒簇樂以相爲娛言間有馬處士未至善擊甌者請即清讌爰騁妙絶處士審音以知聲余審樂以知化斯可以抑揚淫放頓挫匏竹運動節奏出鬼入神太守請余賦之余曰不圖爲樂之至於斯酒酣舐筆乃爲賦云

器之爲質兮白而貞水之爲性兮柔而清水投器而有象器藉水而成聲始因心而度曲俄應手以徵情莫不敲蕭焆爚撇捩縱橫胡不自匏絲而起胡不從金石而生孰謂節奏樂我生平何彼穠矣高樓燕喜叩寂含商窮元咀徵拂綺井以連騫送楓汀之靡迤巖隈有雪彪咻而雕虎揚睛潭上無風捷獵而金虯跋尾目運心語波迴浪旋似欲奮而還駐若將窮而復連得不似鶯沙叫鴈高柳鳴蟬董雙成青瑣鸞飢啄開珠網穆天子紅韁馬解踏破瓊田騁貽衡盱神清調古既嗟歎之不足諒悲哀以爲主誓不向單于臺畔和塞葉胡笳定不入宋玉筵中隨齊竽楚舞疾徐奮袂曲折縈組潺湲下隴底之泉嗚咽上涔陽之櫓鶯隔溪而對語一浦花紅猨梟樹以哀吟千山月午斯皆從

有入無妙動元樞灩颭則水心雲母丁當則杖杪真珠於是發春卉駭靈姝羞殺兮鈿箏金鐸愁聞兮鬼嘯神呼時也曲闋酒闌烟迷霧隔覽故步以躑躅有餘聲而滴瀝臨流而欲去依依轉首而相看脈脈太守曰遘止良辰好樂還淳諷賦已勞於進牘謳歌爲序其芳塵余乃歌曰江風起兮江樓春千里萬里兮愁殺人樓前芳草兮關山道江上孤帆兮楊柳津是何況我兮擊拊眷我兮慇懃回首而漁翁鼓枻凝眸而思婦霑巾夫當筵一曲人生一世何紛糅乎是非顧何慕乎隆替飄纓宜入醉鄉來自識天人之

際。

王損

損唐末宰相

通犀賦 以溫潤而澤厥文自然爲韻

犀有異角。其名通天。外徑挺以孤聳。內清明而自全。匪刻匪雕。既含章而無隱。如追如琢。亦通理於未然。當其遠徼搜備琛賚。得自烏鳶之野。斷以龍泉之刃。瑟兮素理。如線之狀既呈。灼爾清光。似玉之形方潤。豐下銳上。勢圓質峻。儻成象以表奇。必駭雞而取信。明徵以驗。分劃是資。美勝截肪之日。珍逾剖蚌之時。素光的的而中貫。元彩規規而外溢。良玉無瑕。既呈奇而異矣。白圭有玷。將配美兮遠而。故其分堅貞。比金石。光通上下。色潤膏澤。透掌而纖粟必分。窺天而秋毫不隔。況本精粹蓄細縕。依稀象物。皎潔成文。或似雙魚。映綠水而鬐鬣皆見。偶成孤鶴。翔碧霄而羽翮斯分。則知變態不恒。衆美難越。契人情之用矣。豈天意之貽厥。故能貞而不變。明而不昏。粲奇文之炯炯。暢美質之溫溫。則貝有文兮不必爲異。義列卦兮何足而論。究其所然。徵其所自。雖常情難得之貨。蓋造物偶然之意。何異

夫筆誤點而狀蠅。蟲食葉而成字。若然者。則文犀之美。故不足爲瑰異。

李善夷

善夷唐末官尚書

重修伍員廟

伍相公員也。廟在澧江之渚。自爲寇之擾。爲兵火所焚。爲野火所燎。爲風雨所壞。爲江浪所侵。垂二十年。向爲墟矣。雖有鍾山蔣侯之驗。其神亦無所依。止澧守欲重建廟宇。里人曰。不可。員。楚之仇也。鞭我死君。其過也甚。又曰。員孝於父者。其廟廢之。則無以旌其孝。建之。則無以勸其忠。太守不決。一日問余。愚曰。太守不知伍員非不忠於君者。楚平王非員之君也。書曰。普天之下。莫非王土。率土之濱。莫非王臣。楚之君即非天子也。當平王之時。君上乃周景王也。楚子實天子之臣。員即楚之陪臣。吳楚之君。乃五等封以其國迫近蠻夷。地雖廣。不得爲侯伯。而爲子男。故仲尼修春秋。吳越楚雖大而不稱王。止稱吳子越子楚子而已。王乃彼之自僭。則欺天。欺天則安得其下不逆。夫覆載之內。天子爲君上。固不可異二。諸侯賜弓矢。然後征。賜斧鉞

然後殺楚之諸子。觀兵滅國。無代無之。子胥周之臣也。君在上不欺天者忠也。復父仇者孝也。忠孝既備。安得無馨香之祀乎。

責漢水辭

春秋僖公四年。齊桓公合諸侯之師。盟于召陵。責楚之苞茅不入。問昭王南征而不復。楚子使屈完對曰。貢之不入。寡君之罪也。敢不供給。昭王南征之不復。君其問諸水濱。按昭王南征至漢。舟人膠其舟。王遂溺死。夫山林川澤。天子祀之。必有其神。楚人膠其船而禍其君。神不能福神之

罪也。余過漢。見其波濤滉瀁。而責其水辭曰。

漢之廣兮風波四起。雖有風波。不如蹄涔之水。蹄涔之水。不爲下國而傾天子。漢之深兮其陧莫量。不如行潦之汪。行潦之汪。不爲下國而溺天王。漢之美者曰魴。吾雖饑不食其魴。恐汚吾之饑腸。

欽定全唐文卷八百三十

徐寅

寅字昭夢。莆田人。第進士。授秘書省正字。閩中王審知辟佐幕府。

五王宅賦

明皇帝以孝悌爲家。此地宅而宸遊未睠。淒涼而一景空鏁。帳望而諸王已遐。鳳去鸞歸。秋葉落梧桐之樹。年來歲改。春風遺棠棣之華。當其龍虎俱來。蚪螭並轡。觀風而玉輦停駕。選勝而金鑾負地。天師魯匠。新土木以宏規。月殿

雲樓。破荆榛之積翠。既而甲第煌煌。維城道傍。雍然而帝子天子。肅睦而寧王薛王。綵霧彤霞。從仙都之八面。風臺水榭。引蓬島於中央。不類遷都。平分于宅。爲星之渚。同數疑比奕之龍。並跡聖主之千聲。羯鼓洛水風清。岐山之數調胡琴。嵩山月白。瑞氣飄空。蘭深麝濃。連雲之飛閣鏁鳳。象海之清池蟄龍。解愠當風。帝舜之琴雅奏。興歌立德。太康之弟相從。莫不以嘉樹濛煙。崇墉砥日。金聲玉韻。以總綺夏。莩春藜而剪出。紅梁綺棟。眩天地以量功。舞態歌容。掌神仙而比質。一旦袞冕參差。外遐內微。華堂之帳幄蟲

盦深院之鑾櫨燕飛時移而玉笛誰吹清商泯滅事往而金牌尚在御墨依稀徒令攀詠皇恩追思聖德傷晏御以綿延遶周垣而嘆息王侯之地宅雖存未若開元之有國

豐年爲上瑞賦（以年穀豐盈用此爲瑞爲韻）

聖祚開國文皇應天以豐穰之有歲作祥瑞於當年重彼粢盛五稼而誠宜在上方諸圖牒四靈而莫得居先當其衆類呈祥明君建議將垂萬世之範迴出百王之智爲其三農百穀普爲四海之資鸑鷟騶虞空表一人之瑞於是別示休禎羲農教行調風雨則桑田自稔重龜鶴則倉廩

寧盈我貴嘉禾朱草之庭前謾吐我資甘澤慶雲之天際休呈四序和平三時播種蓋將何寶而爲寶不以無用而爲用且夫寒暑相從成霖順風如雲之稼穡千畝擊壤之歌聞四聰斯則家給人足時和歲豐縱鳳不止于高梧之際麟不遊于靈囿之中又豈能損民力虧朕躬至如歷候不常陰陽反是甫田屢失於刈穫庶物不勝其殘毀菜色咸若豆分於此縱然出醴泉而浪湧波翻降甘露而珠英玉蘂然而不濟饑饉何足倚依豈若敬奉天時從其所宜升合穎秀岐之事冠素雀神烏之爲雁畢沾濡麗日之重輪在下如茨委積華芝與玉秀俱卑偉哉以年爲瑞者富於生靈以物爲瑞者詭於耳目欽哉以我后之元德承太宗之景福士有觀大國之光輝敢謳謠於邦國

垂衣裳而天下治賦

大道純素明君御乾垂衣裳而教被率土泯智慮而恩覃普天端袞冕於九重威儀備矣走車書於萬國文軌同焉聖人以象體乾坤育涵臣子握金鏡而破昏黑啟瑶圖而昭福祉溫恭允塞損耳目以無營拖黼垂旒致邦家而自理不出宸居潛飛聖謨虛已而應乎萬有滅私而契彼三

無引日月之長裾遐蘇品彙雍星辰之法服自化寰區於是宸座彤闈凝情恭已播亭毒以無黨表雍熙而有自山龍煥爛映黃屋於長（闕）風雨迴旋仰洪猷而克遂豈不以羲頊齊教皐夔在官德所至兮天高地厚信不忒兮春煦冬寒佩華藻以常閑九章惟麗傾空旻之所覆萬姓皆懽允紹二皇式孚九野尊揚襲以居上敦恊和而在下飄紫宸而楚楚道泰生靈臨丹陛以穟穟塵清華夏赫赫巍巍功高二儀法希微於視聽守元默於箴規自然淳樸將至生成罔虧苟人文之未化勞轍迹以何爲豈若黼黻光中

德及於昆蟲草木彩章影裹澤流於地角天涯士有珪璧常輕光陰是重趨明代以求試望丹霄而翅踵君同軒后爲臣願讚於袞衣才匪相如獻武載歌於垂拱

首陽山懷古賦

首陽山兮非秀非隆因其賢而名高碧空偶巖谷之逋客問夷齊之古風厚殷紂而薄宗周曷稱仁智棄三隅而執一向可謂昏蒙且紂以斮脛求歡剖心取樂空寰瀛不足以充其欲罄竹帛不足以編其惡民驚而萬國崩離天怒而三光舛錯肉爲林也怪山岳之非高酒爲池焉笑江湖

之易涸姬乃畋於渭濱會於盟津右白旄而左黃鉞應乎天而順其人莫不洗塗炭於四海解仇讐於萬民著金縢者乃昆乃仲釣玉璜者持衡秉鈞何不弔紂之不德慶周之有國而乃助於紂以申謙怨於周而不食鴻飛豹隱亡情於濁浪之湄蟬腹龜腸化骨於孤峯之側逋客曰夷齊以讓國無爲求仁立規何歷數之不究曷興亡而不知非不知周之可輔紂之可廢所憂者萬紀千齡所救者非一朝一夕恐後代謂國之可犯謂君之可追強者以之而起亂勇者以之而思逆所以激其時抗其迹往者易而來可

懲義要行而身不惜余乃陟彼高岡遐思耿光嶺上之松筠抱直邱中之黍稷非香未知靈氣何化身魂曷彰爲聖賢則孔子顏子作嘉瑞則麒麟鳳凰縱天柱折而地軸摧斯民不泯任月兎死而日烏銷厥德愈芳於戲鍾其濁則爲佞爲邪稟其清則爲英爲異垂名之士餓林藪飽食之人該天地（疑）是宜徵繪事而寫高山仰止先賢之志

均田賦

嗟阡陌之開兮肆兼并之不仁古制不可以卒復兮迺議田之是均鬱林林之黎元兮資稼穡以爲生既教養之無

法兮宜貧富之不平繄口分而畫野兮允經國之大式必邑地之相參兮限田萊而有極土不遺利兮人無（闕）力派頃田於單陋兮制強宗之侵陵獲資生之大利兮免豪右之倍徵此均田之大畧兮見寫圖之詳悉將損多而益寡兮齊民之歸一相爾疇之紛紛兮畝爲數其秩秩露田之四十兮配桑田之二十定盈縮於還與受兮各分牛以自給強不敢於占奪兮弱猶得以播殖圖雖卷之不盈兮備輿地之所有桀良策於指掌兮念生靈其獨厚懿元魏之文辟兮獨有志於古制也苓用夏以變易兮昭大和之康

乂也。唐有臣曰元稹兮。圖均田於德宗。幸皇覽之見收兮。路逶迤而不通。迄柴周之顯德兮。迺留心於務農。頒稹圖於諸鎮兮。均境內之租庸。雖不能伯仲於魏之君兮。亦拔萃於五季也。視貞元之聚斂兮。誠何足與議也。慨圖遠而名存兮。異索駿之丹青。儻按圖以取則兮。吾固知其有誠。伊李泌之震書兮。與斯圖其表裏。當中和而進獻兮。務本之深意。彼輿地非元圖兮。徒經營乎版籍。豳風之亦有圖兮。欲勤勞夫稼穡。豈若名田之與限兮。猶總總其可行也。實醇儒之良計兮。均井田之一平也。亂曰。均田有圖。稹所

作兮。厥制初行。魏之度兮。桑井既復。孰諗其故兮。索空圖於實效兮。庶幾太平之助兮。

朱虛侯唱田歌賦

國不危無以見英智。智不周何以殄姦詭。當漢室之架亂。有劉章之崛起。於是謳甫田。拍清徵。當其呂氏窺鼎。劉宗履冰。社稷騫崩。邦家替凌。或呂氏必興。劉氏不勝。雖諸將之賈勇。終按劍以未能。鯨躍海以須斬。狐居城而暫驚。旋聞玉殿窮歡。瓊筵命酒。貂璫皆戚里豪貴。冠蓋盡台階賓友。賢愚但委其天命。綱紀定輸於誰手。章欲刮其瑕滌其垢。摧其凶。破其醜。掌握於龍圖鳳歷。已斷言前。縱橫其地軸天樞。猶歸太后。朱虛乃誓遏頹波。平妖剗訛。得則赫功名於日月。失則化虀粉於干戈。在其誠而不在其衆。言於我而不計於他。於時玉斝驟。朱顏酡。直氣仰接。昌言切磋。曾專執耒之功。多能鄙事。粗續貫珠之韻。請唱田歌。歌曰。舜之耕兮稷之植。廓民天而知稼穡。疏其苗而固其蔕。法於家而象於國。又曰。沮之耕兮溺之耘。灌粢盛兮除苾芬。抉蟊賊兮多稼稔。剪榛蕪兮嘉穀分。取厥類兮去非類。諭於臣而象於君。想其傾海未竭。轉喉未闋。衆愉怡而詭譎。

我憤惋而剛烈。怒聲徹天地。託雅調以成聲。熱血煎肺肝。瞬明眸而漬血。且以酒不罰無以肅否臧。令不正無以決存亡。宣酒令而爲軍令。假樂章而行國章。犯令者洿爾宮而鬼爾族。亡酒者肉爾膾而血爾漿。我唱也不在深耕淺種。我志也克在乎帝業皇綱。俄而烹一呂。禁陸梁。侍坐者汗滴膽碎。傍觀者心顫魄狂。呂之強。倏爾而弱。劉之弱。歘爾而強。不日計之。取兵之舉。帝諸劉。虜諸呂。有若乎摧枯拉朽。反似乎平秦破楚。故得告功於聖祖。削平乎子孫。安子孫而總英傑。故能復宗社而正乾坤。向若口不能唱。唱

不能言則國豈定而家豈存者也余欲編田歌於樂府上聞於至尊

口不言錢賦 以息心祕口欲作窮言爲韻

言者三端之本錢者百貨之源反其本以行已失其源而不言如逢貫朽之資我辭遽黜自負不貪之寶吾道常存昔王衍以東晉季年金陵薄俗恨朝野以爭侈競緡錢而縱欲化爲糞土塡巨壑以難盈湧作波瀾灌漏卮而不足豈惟紫閣名臣紅窻美人有私而盡切藏賄無德而何嘗潤身夷甫乃怒於彼而心誓忿於時而氣振所以麈尾高

談肯說五銖之號鶴裘換酒同思四壁之貧泉貨寧懷樞機永祕何曾之食萬休逑和嶠之癖多罷議實階砌下誰云苔點之圓貨殖傳中諱卻金錢之字衆多愛兮積聚奢淫我所愛兮唯財於金在心所惡以言寢可以觀言而見心任銅臭以驚時豈論崔烈任雨飛而滿屋靡說黃尋且夫巨萬奚若仁銷義鑠豈不見一惡而懼百非口非言而心嫉惡金相馬埒休詢王濟之奢爲山積鹿臺莫問殷辛之禍作蓋傷其濁世澆風貪婪莫充無苟得者猶寡終不言而曷同斯時也道德銷盡錢刀削空斯人則與世垂範端身固窮手近青蚨先納雌黃之口內眼觀榆莢預緘枝葉於胷中則知不立殊規寧議衆醜他抵目而余目昬彼鑊金而此金口異哉不談人過不語怪神與斯人而善偶

衡賦 以儀止泰一無淺觀業爲韻

搜聖人之垂象伊茲衡之可觀材徑挺以繩直星連綿而珠攢惟用也毗庶不能以多少隱惟平也輕重不能以詐僞干故得萬人便於歷里物或紛競可以定黍累之圭撮利其分毫可以觀低昂之容止執中以告無或不喜則夫衡之爲物其用甚大四方正而域中平七政齊而天下泰

動而無欲任之故絶私益而無方行之固不害然能思無不踐應倉舒刻舟之深淺問無不知表張重度骨之威儀若乃均其神道形其事業聖人因之以平施邊鄙賴之而不忮豈欲決其差謬明其有無小人取之以作則君子見之而交孚則有王臣謇謇宰職秩秩洞鑒人才神無隱質諒茲衡之攸施故守之而勿失倘陳平之見知宰州縣之如一

寒賦 以色悴顏愁臣同役也爲韻

壬子歲大雪濛濛繁雲鏁空白日光沒樵蹊脈窮地洞沍

而履不得天飈颺而飛不通庭蘭落翠禁樹催紅安處王乃去廣殿即深宮獸炭呼熖狐裘禦風頻謂左右曰寡人今日之寒斯甚曷與下民而同憑虛侯進言曰大王自恐嚴凝罔憂邦國下民將欲凍死大王未有寒色王曰下民之理聞之可得對曰只如負禦三邊彌年不還戍遠燕嶺衣單鴈山鐵甲冰徹金刀血殷風刮衰力砂昏少顏大軍之生死頻決上國之英豪甚鬧今則凍平遼水雪滿蕭關此戰士之寒也王曷知其險艱至若荷鍤田里勞乎農事草荒而耒耜無力地冷而身心將悴賦役斯迫鋤耰何利

凍體斯露疏蔾莫庇東皐孰閔其耕耘北闕但爭其祿位今則元律將結元冬已繼此農者之寒焉王曷知其憂愧復有萬里辭親求名進身韜玉待價燃金食貧賀清平於四塞冒霜霰於三秦北户無席冬衣有鶉幸偶乎勛華爲主同思乎伊呂稱臣今則顛頊成至元冥令臻此儒者之寒焉王曷知其苦辛别有苦寒之者不能殫寫在臣說矣恐王煩也於時陽氣收陰氣浮火井滅朔風愁千山之凍樹頻折八水之凝波不流王乃閔征戰之勞命偃乎兵革念農耕之苦命蠲乎徭役知儒者之寒命選於宗伯

樊噲入鴻門賦

沛中之智兮勇鵬翻舞陽侯兮威曷論冒死而嘗輕白刃匡君而直入鴻門巵酒飛肩豈讓匹夫之饍朱輪畫轂能扶萬乘之尊當其秦鹿無主項王赫怒誇楚將於秋鷹滅沛公於蹇兔天地何小風雲可步海蕩山振龍驚虎懼鳳歷誰傳鴻門晝闢湯池命酒歐劒摇環氣隆準以斯挫血重瞳而欲殷鯢浪鯨波呀呷於斯須之際禽籠獸穽炮燔於咫尺之間洶洶羣心雄雄壯士詣闔闔而飛步怒豺狼而切齒僕視闌守掌窺戎壘萬衡蓋數撮之塵溟海乃一

泓之水身輕白羽蹈烈火以非難手擘朱扉信春冰之可履走雷呼雷金樞洞開麋鹿奔而貔虎至燕雀驚而鷹隼來愚山可徙蘭柱須摧引龍躍於洪波豢人徒爾送鴻翻於碧落弋者何哉下闕

雷發聲賦 以起龍驚蟄天道式空爲韻

化不可識春之倏生神不可測雷之忽鳴表陰陽之大信發天地之希聲俄青律之未分寰區曷變俄洪音之一播品彙須驚豈不以上綰天樞下司地紀陰之變兮將伏陽之開兮欲起撼雲鼓雨殷南山而過北山火轂風輪震百

里而越千里浩浩闐闐神驚鬼顛冥濛而烏兎將墜動蕩而山河欲遷須臾走電赫飛霆聯霹靂俄奔八表謂衝開下土轟軿繼作九州疑裂破青天烈鈌威催豐隆令急晴陽照兮冰凍洗甘澤滂兮衰朽濕幾處脅韶光淑氣振折羣芳數重呼地户坤維驚醒百蟄燭烻洪濛輦掀碧空杳籠麗景翠染東風去年之積冷淒寒皆令變暖昨日之枯株槁木盡使騈紅則知春之榮雷於春而稟德秋之落雷於秋而授職不然者何以動於此以爲準止於彼而作式聲之發也星辰將歷候咸移聲既收焉蠢動與芳菲並息

駕電驅風高凌九重日兮月兮還我化天兮雲兮塗我蹤時時而遠谷陰霾訇崩疊嶂往往而寒湫煙雨吼拔潛龍則知雷發無遺春光自早發聲而歲歲長在光景而人人自老不能火熠逆而霹姦妖攸攸兮天道

人生幾何賦 以歸心主朴福履何容爲韻

葉落辭柯人生幾何六國戰而謾爲流血三神山而杳隔鯨波任誇百斛之明珠豈延遐壽或有一巵之芳酒且共高歌豈不以天地爲爐日星爲紀雖有聖而有智不無生而無死生則浮萍死則流水七十戰爭如虎豹竟到烏江三千賓客若鴛鴻難尋朱履擾擾忽忽晨雞暮鐘命寧保兮霜與露年不禁兮椿與松問青天兮何慘何舒拘人否泰歎白日兮東生西没奪我顔容可惜繁華堪驚倚伏有寒暑兮促君壽有鬼神兮毒君福不覺南隣公子綠鬢改而華髮生北里豪家昨日歌而今日哭夢幻吞侵朝浮夕沉三光有影遣誰繫萬事無根何處尋易服猛獸難降寸心眼看西晉之荆榛猶經白刃身屬北邙之狐兎尚惜黄金亦何荒色嗜音雕牆峻宇君不見息夫人兮悄長默金谷園兮闃無覯香閣之羅紈未脱已别承恩春風之桃李

方開早聞移主邱壠纍纍金章布衣白羊青草只堪恨逐利爭名何太非嘗聞蕭史王喬長生孰見任是秦皇漢武不死何歸吾欲挹元酒於東溟舉嘉肴於西嶽命北帝以指榮枯召南華而講清濁飲大道以醉平生冀陶陶而返朴

鮫人室賦

斯室誰見伊人盡傳浩渺而洪波有象深沉而碧浪無邊異彼鮫人處乎鯨海儲晶蓄素刮銀兎之秋光矗浪凝波刷金烏之晝彩露洗霜融涵虛湛空鑿户牖以非匹飾椒

蘭而不同度木何人範環堵於琉璃地上作嬪誰氏織輕綃于玳瑁窻中鬼瞰終無神功自偶雙闕標百尺岧嶢而貝闕凌前萬户列千門洞達而龍宮在後光攢琥珀千樹花折珊瑚萬枝控巨鯉之真人方能到此泛靈槎之上客莫入於斯電落穹陰雲閑大厦誰爲欺暗之士盡是泣珠之者霏霏瑞彩凝成蝃蝀之梁漠漠飛烟化作鴛鴦之瓦鏡瀉爚淪波澄垢氛瓊窻而鼇頂均岫綺棟而壺中借雲二十四里之漢宮何曾足數三十六般之偓洞未得相聞允矣神化規模天然異質吾欲乾北海而涸南溟探驪龍於此室

京兆府試入國知教賦

天闕區宇人尊帝王國將入於封部教先知於典章不宰成功乃合乾坤之德無私鑒物能齊日月之光多士之操脩六經之楷式將欲明其教必在遊於國溫柔敦厚出風雅之詠歌比事屬詞本春秋之黜陟協彼典教諧斯禮文廣博而樂章具有精微而易象爰分先王所以總斯御物體彼爲君遂使足歷四門親愛之儀已覩身由萬户民從之義皆聞莫不周覽金湯潛量王霸審樂知政以攸類陳詩觀風而相亞是以逢耕讓畔得先人後己之規察鳥安巢驗惡殺好生之化今吾君興帝業赫皇明以謙柔而教蠻貊以樸素而教公卿以節儉而教百姓以農耕而教五兵自然八方走嚮六合飛聲豈俟入乎闤闠方能知彼規程其或跛扈未戢陸梁未向可使拜天闕而俯聽趨帝閽而引望俾其退而補過譬干羽之舞階進以盡忠報聖明之在上士有負書劍出林巒謁九門而教化斯仰瞻百辟而威儀可觀則知不上泰山豈覺寰區之大不浮東海寧知溟渤之寬敢不廣義路懷忠甲開閶闔以聽聲詩賀仁霑而恩洽

澗底松賦

碧澗千仞青松幾年豈天生之有異蓋地勢以居偏挺操彌貞雖厄巖巒之下掄材偏鑒合居樗櫟之前則知植物之近不可用而或用生物之遠其可貢而誰貢伊彼良木何慙其青竹成龍工未我求且伴其高梧宿鳳翠鎖山椒心凌碧霄生風而虎豹唫嘯拂衣而龍蛇動搖安得伴磊磊之石因離離者苗莫三公之夢猶阻豈萬乘之封尚遥何殊孔明之先主未迎空懷良策呂望之文王非獵不到

終朝。今則希匠斤。採溪壑。如拔之於高岸邃谷。可營之於帝宮仙闕。澗底松兮才不才。候般輸之所度。

止戈爲武賦（以和衆安人是爲武德爲韻）

書契天設。文明日新。將究止戈之義。式彰爲武之仁。足還太素。壽我生靈。志肅三軍。欲致理而臻乎至理。論歸八法。見古人而教以今人。昔者楚莊。薄諸晉國。小臣請築乎京觀。厥王乃陳乎道德。謂臨戎制敵。勝不在乎干戈。示子傳孫。事宜歸於翰墨。且武也者。戰而不陣。師惟在和。考其字以因明所自。止其戈而焉用其戈。願劍戟而器於農耕。賢哉若彼。問軍旅而對以俎豆。聖也如何。矧乎伏羲畫卦以窮微。蒼頡造書而允中。能會意以無怠。實臨文而可諷。下破山而加點。理絕乘危。上擬成以無人。誠爲動衆。以五兵爲武者。非武之資。合兩字爲武者。是武之奇。當用究言其不用。有爲詎及於無爲。鳥跡斯驗。人情可窺。亦胄普（疑）而明焉。其儀不昧。秋懸心而愁矣。厥義咸知。是宜遵史籀之文。贊昇平之主。兩階屢舞以稱聖。七德交修而曰武。亦何異威而不猛。宥刑而夏楚寧施。捨之而藏。得象而筌蹄奚覩。今我后洞窮經之旨。知爲君之難。功不宰而八蠻自服。

書同文而萬國咸安。列聖摧凶。我則懷遠而柔邇。前王伐罪。我則去殺而勝殘。故得文物重新。妖氛自弭。盧人之百鍊寧問。呂望之六韜可委。士有偶明試而賦上。獲贊皇風而之是（缺）

御溝水賦（以月苑花隄遥濟東渭爲韻）

陸海之中。昆明以東。御爲溝而有自。溝注水以無窮。縈紫閣之千峰。清辭玉洞。瀉銀河之一派。泠入瑰宮。我西都也地正三秦。天連五緯。不知此水之出。但見斯溝之貴。既非減灞以分滻。又匪疏涇而鑿渭。是何飛下雲霓。泝高走低。潺湲乎元豹岡北。繚繞乎靈龜岸西。豈因水伯穿地。維通來玉甃。必是神龍爲天子。吐灌金隄。上遶蓬瀛。中倂溟渤。涵暮景於瓊殿。倒晴光於絳闕。色入天池。遠不遠。兩岸垂楊。聲喧金屋。眠不眠。六宮明月。迴瀉岧嶤。高連碧霄。朝宗而鳳沼將近。習坎而龍宮不遥。潄今古之雄都。千門水鏡。截東西之大道。幾處虹橋。豈不以決泄年長。泉源地遠。青蕪濯翠兮宵雨霽。紅杏飄英兮春日晚。堪歌聖代。浮通其德澤恩波。莫問當時。流破其秦宮漢苑。香徹天涯。先來帝家。重輪而瑞蘸紅日。五色而光搖彩霞。時時而翡翠隨波。

飛穿禁柳往往而鴛鴦逐浪銜出宮花其或赫日流金輿人望歲咸憂地利以將失願假天波而下濟分紫禁以餘潤作黔黎之大惠則禹濬川也不爲已而爲人農擊壤焉不荷天而荷帝玉堂金殿兮知不知敢進芻蕘於此際

白衣入翰林賦 以玉闕承恩速臣名德爲韻

天寶詞人李謫仙兮誰能論出白屋而謁明主脫布衣而爲侍臣唯誇其麗藻清辭將承寵渥不待乎腰金拖紫便掌絲綸則知人不英無以動乎邦國主不聖無以振乎儒墨二美相契千齡所刻愚聞白之始也宅岷峩鏁羽翼待

風雲伸道德金門玉殿兮掛魂夢乾象坤儀兮羅胷臆雲情鶴態歌劍嶺之秋光月夜煙朝釣錦江之春色俄而入洛遊京懷珠袖璚塵中獨步酒肆陶情烏棲曲兮金石奏蜀道難兮神鬼驚小隱乎林壑大隱乎帝城賀祕監兮薦英秀韓荊州兮誇盛名於是鳳詔搜揚洪名振發長裾似雪兮出主實縫掖如霜兮入禁闕冰姿玉貌別巢許之林巒醉眼慵心豁唐虞之日月走騎飛軒街談巷言青雲得路兮肌骨換白日昇天兮朝市喧縞素麻衣朝雜庶人之伍龍攄虎變夕棠天子之恩彩筆摛文彤庭步玉碧山之傲逸猶在紫禁之繁華乍束往往而紅筵對酒宦者傳觴時時而後殿操麻宮娥捧燭夫如是則才德須憑簪纓自勝起布素之卑位陟蓬瀛之上層白鳳辭高青帝之春華不若金鑾寵異皇王之密旨先承豈不以天假良時神資景福草元之客兮進何晚題柱之人兮望何速曷若我不伎不求脫布衣而食天祿

山暝孤猿吟賦 以吟起殘暉客顏悄惻爲韻

白日光沉青山影深伊萬籟以俱寂有孤猿而忽吟隔樹初傳切切而來當暮景隨風更遠聲聲而飛下煙岑當其

疊嶂凌空微陽送晷擁條之響俄發命侶之音迴起揚清引濁如含莊舄之愁吐怨流哀不爲養由之矢增悵望兮動辛酸建陽小兮凝晚寒踰絕壑兮度鳴湍悲風颯兮零雨殘澗草萋綠谿花隕丹此處則臨岸爰笑攀蘿永嘆幾多之去棹來舟驚迷島嶼無限之離魂別緒飛掛林巒感東西而怨行役三峽山光峭空碧冒懸流而躋絕壁苦露結兮寒烟白望帝冤魂萇宏恨魄此處則抱樹驚曉號風向夕峨嵋高兮劍峯綠愁殺巴人錦江暮兮筇竹秋悲纏楚客山隱隱水渺渺孤猿吟兮何悄悄野駭麋鹿林棲羣

鳥往往於松蘿谷口嘯得煙昏時時向薜荔峯前啼摧月皎斷續相催聲長韻微千林之紅葉雖墜萬嶺之愁雲不飛嘹嘹嗷嗷休未休如迎靜夜歷歷啾啾起又起似送殘暉足令掩耳傍偟吞聲太息何彼韻之增起欲我聽之暫息則知邊城鴈兮高柳蟬未若聽吟猿而慘惻

歌賦 以氏信命事聲辭有傷爲韻

楚襄王以魂夢初驚高堂賦成因命酒以將飲遂聽歌而適情於時白雪音厲陽春調清命宋玉之雄藻賦貫珠之妙聲玉乃避席而起請陳其志曰臣聞樂以象其聲歌以

陳其事樂也者六律不得不正歌也者五音不得不備是宮不亂而爲君商不亂而爲臣徵不亂以爲事角不亂以爲民羽不亂以爲物五音備以爲眞如此則天地同和陰陽代順一謳而王道敦化再唱而民心端信逆氣亡象姦聲匿韻三光普照而不昧萬物以類而相振然後君臣序而父子親五音隆而四瀆濬斯爲治世之音可同休於堯舜至如宮之亂兮君荒商之亂兮臣亡徵之亂兮事失角之亂兮民傷羽之亂兮物匱五音怪而改常如此則寒暑失時邦家自咎唱予而毒慘諸夏和汝則災生九有鬼神不享社稷非久乾坤之紀綱潛紊麟鳳之禎祥莫偶然後孛彗皎而夷狄驕兵革飛而戎車走斯爲亡國之音可同風於桀紂其爲音也不在乎玉管朱絲其爲歌也不在乎燕娥趙姬隔巴濮採聲詩樂府陶匏自本黃鍾之律姑蘇麋鹿誰聽白苧之辭王曰斯賦之盛珠輝玉映可以發昏蒙佐明聖爲前古之楷式作後來之龜鏡非寡人之所知敢不承天之命

毛遂請備行賦 以才高德修明決失人爲韻

上客縱橫毛公不爭旣藏器以待用遂陳辭而請行幾載

和光利刃之深機但祕一朝效勇囊錐之奧義斯明當其久陟朱門長謙末德昆吾韜切玉之鋒丹穴戢凌雲之翼懷才抱器何趙國之足匡日往月來笑平原之未識俄而羽檄交催秦兵四來邂逅而君臣就辱逡巡而家國傾摧平原乃入楚求救招賢共裁列簪纓而議也簡文武以行哉恨同心而同德求其濫者何貴耳而賤目棄我全才於是奮發雄辭敷求大志兮行侶以將闕輒愚夫而敢備當時維縶騰驤之步誰知今日彌縫穎脫之鋒可試然後得繼英豪彌輕爾曹瞻鄢郢以神勵出邯鄲而器高明明特

立之試斯期必克蠢蠢同行之輩應爲徒勞及其見楚國之君說秦兵之孽自旭旦以將論至日中而未決遂乃足玉砌以心動手霜戈而氣折儻一夫之有惜不肯扶危則五步之非遥立當流血故得楚國君臣來言盡力師旅大加於東趙干戈日卻於西秦名遂功成辱殺三千之客解紛排難慙生十九之人則知士也者不可以貧欺馬也者不可以瘦失何待客以無鑒幾遺賢於此日伊毛生也重於九鼎之功非狗盜雞鳴之匹

江令歸金陵賦

陳祚以世六十年毒奢淫而忘險難運去而蠻奴北面時來而江總西還傷心而昨是今非三台祿位觸目而人非物在一片江山初其君但期天闕國無盤石詩成而詠雪嘲風酒惑而迷魂蕩魄昌言直諫朝朝而惟列七人列蠟燒蘭夜夜而長留十客一旦雷卷隋軍驚風坐聞龍顏入井以魚伏鳳閣離居而豆分於是嗟覆轍嘆浮雲拋建業之山河來朝魏闕捧金陵之日月送與隋文斯人以鳥戀南巢萍流遠道還吳而喜遂歸骨入境而鞠爲茂草心感存沒泪横襟抱慘淡而煙迷遠渡杳浦波生蕭條而葉散悲風金檀樹老廢壘蕪城行行復行霜凌夜葉壯心碎屬國窮歸華髮生中臺將黃閣皆空荀池鳳去甲第與朱軒不見謝墅狐鳴茂苑濤聲秦淮月色終史溥之前夢嘆東昏之舊國雖信天命宜慙衮職豈不聞三秦甲馬已過乎泚水之陽二謝韜鈐克殄於壽山之北則知翌輔者在乎外撫四夷中扶萬機建其策而安邊卻敵致其君而端冕垂衣安得三閣天高但縱殷辛之酒萬兵雲集未知蘧瑗之非果令位失家亡君移國徙前恩不及於氏庶晚歲卻還於舊里金陵旺氣索然空唯見碧闕一字涵淥水

隱居以求其志賦 以得志明時賢人野悅爲韻

小人之見兮見以求利大人之隱兮隱以求志索其居而弃世捐俗達其義而伺時藏器莫不濯足溪影掛冠山翠不游徑而得康莊不出户而窮天地上自英君傍惟哲人偕伴鳳而藏羽盡規龍以蟄鱗恭聞舜雷澤而遯跡漢芒碭以潛身板築胥靡熊羆渭濱芝歌商嶺以誰聽瓢掛箕山而曷隣雷澤之志兮志於聖也芒碭之志兮志於天下得之則宅乎寰海求之必通乎嵓野所以賓四門而總百揆揖遜皇王斬白帝而烹楚君巍巍宋社渭濱之志兮國

傅王師胥靡之志兮。匡君佐時。然後神契畋。獵。天開夢思。三十八代之承祧。韜鈐自有。五十六年之救旱霖雨常滋。商嶺之志兮以全眞。箕山之志兮於高節。逃秦輔漢以無失。友帝朋巢而自悅。蓋闡析心以智。光乎聖哲。志也者寂與心通。隱也者。憑乎志成。并於心兮。故可以通造化。貫幽明。成於隱兮。或可君兆庶。爵公卿。志不立兮。吾息則隱。志苟通兮。吾道斯行。君不見西棘乘風。上擊雲霓之路。蟠泥得水。高驤天漢之程。奔塵競路以彌惑。絶跡深扃而有得。惑之者惑於澆濁。得之者得於幽默。虱捫西華以持衡。龍

卧南陽而輔國。珞珞雲林之士。方器嵒廓。攸攸市井之徒。誰懷道德。亦由擇梁棟於闕一字山。索珠璣而在淵。採綠蕙於樊圃。刈嘉禾於甫田。其道要。其理元。嘗聞降蒲輪於草澤。天子求賢。

朱雲請斬馬劒賦 以越寫嘉詞辱君鋒刃爲韻

朱公以紫殿之下。明誠洞寫。仗心劒而上請神劒。非斬馬而不除害馬。則知堂堂者多。諤諤者寡。是何抗萬乘而不失。覺千官而盡啞。昔張禹以軒冕巍峩。爲王者師。攀龍附鳳於炎漢。陰慘陽舒於片詞。不畏神怒。惟專詭隨。中於人兮若酖若蠱。漬於物而如膏如脂。合彈者誰。是簪筆。合評者何人。措辭。雲則早奮忠貞。誓邪曲有刃當斬。對君必辱於時。開九門兮。左日右月。朝百揆兮。鏘金佩玉。鴛鷺方駢。雲龍乍矚。於是演折角之宏辨。趨逆鱗而上觸。乃曰不諫非臣。容姦匪君。臣聞上有厥劒。利無與羣。不爭乎剸鍾切玉。不並乎倚天扶雲。蓋是吹大宛之毛。剸渥洼之骨。君幸須賜。臣非僭越。旣將伸明代之朝命。斷佞臣於大闕。今太傅以抗傲三公。昏懵九重。陷君子於虬龍。化犬進小人。則蛇虺成龍。固請刑於廣肆。血被銛鋒。帝忽色怒。雲乃氣衝。

死爲屍諫。生寧面從。將軍匡闕一字以稽首。天子逡巡而改容。義匪伏蒲。志大而諸侯瑣瑣。芳流折檻。名高而四海喁喁。胡不淬辭爲鋒。礪志爲刃。拂訛濫以將退。麾賢良而與進。何必趨劒闕將求。竟伊人而莫擯。設若寶鍔將授。昌言是嘉。又何以見仲尼之紀綱。誅正卯之姦邪。則王莽之偷宗社。又安得聞耶。

義漿得玉賦 以仁德達天錫奇如已爲韻

義漿殊賤。玉唯至珍。有楊元之立德。果陰隲以酬仁。豈非惻隱天資。不爲恩而自感。明誠日皎。不望報而自臻。所以

悲其遠道長征窮途未達感朔風而千里遐阻爍火景而四郊空闊堪嗟其自北自南每想其再飢再渴一瓢漿水能須岐路之間數仞朱門誰顧風塵之末於是博施無偏壺漿湛然清若元酒甘如醴泉既日日以將日復年年而一年注以何窮問東流於巨海浸而無怠瞻北斗於遼天莫不椒桂飄香雲霞豔色行人欣塞路之美戰士豁鹽梅之感無冬無夏不酌水以酌心暮往朝來非飲漿而飲德寒暑相移精神罔虧人不報而神代報世未知而天已知俄而垂感應降瑰奇被褐懷來五飲之家獲寶盈疇種罷

連城之價驚時寧異瑞須俄同珪錫凝雪彩於三逕貫虹光於四壁則知矯其施者恩絕竊其珍者禍積嗟來致食寧招蒙袂之人再獻爲心謾剖煇山之石且夫濟人渴者尚報非虛薦人善者厥報何如渴之濟兮小恩小惠善之報兮開懷開舒可以慶其邦國高彼門閭克裔於簪纓爵祿豈惟瓊玖璠璵事在何人道歸君子陰其德而德於心陽其報而報於己昭然貽厥於孫謀不並義漿之理

勾踐進西施賦 以紅顏豔色返以昏哉爲韻

惑人之心兮惟巧惟僭破人之國兮以妖以豔當勾踐之密謀進西施而果驗昔者二國相吞陵卑恃尊殊不知卑則自亡而固存尊則爲明而反昏烏喙年年誓吮夫差之肉稽山日日拜聽范蠡之言言曰伍員之賢東吳之德伯嚭之佞東吳之賊德之盛兮越可憂賊之興兮吳可殄臣以夙夜而計機謀偶得欲狂敵國之君須中傾城之色待其聲色內伐君臣外惑自然紂妲已以亡宗晉驪姬而亂國兮苧蘿之山越水之灣恐是神仙之化忽生桃李之顏波淺丹臉鴉深綠鬢顰翠黛兮慘難效浣輕紗兮妖且閑楊柳羞弱芙蓉恥殷可以變柳惠於貞莊之際悅荆王於

魂夢之間臣請進焉王今何以王乃豁若而喜矍然而起曰此蓋神假卿之奇畫天雪越之前恥乃命寶馬騰龍香車碾風迎織女於銀漢聘姮娥於月宮炫耀雲外喧闐洞中妝成而瑞玉凝彩服麗而朝霞翦紅昨宵猶賤今晨不同寧期大國之君流恩下及堪恨鄰家之婦謂妾常窮曉別越溪暮歸吳苑越慮計失吳嫌進晚歌一聲兮君魄醉笑百媚兮君心眷坐令佞口因珠翠以興言立遣謀臣棄洪濤而不返勾踐乃走電驅雷星馳箭催投醪而士卒皆醉嘗膽而胸襟洞開虎噬骨碎山崩卵摧楚腰銜璧化爲

鬼鳳閣龍樓燒作灰於是命屠蘇之酒上姑蘇之臺伊霸業以俄去我英風而聿來嗚呼殺忠賢而受佳麗欲弗敗其難哉

斬蛇劒賦 以仗劒斬蛇全銛水鍔爲韻

磨霜礪雪兮熒煌錯落伊逐鹿之英聖兮有斬蛇之鋒鍔蓋以麾正乾坤劃分善惡楚國之姦雄徒爾烹若窮鱗常山之首尾胡爲斷如朽索斯劒也上應君臨舒陽慘陰有其道則威若身兮靈若心無其道則鉛其刃兮木其鐔惟上德之在火協紅爐之躍金莫不龍活三尺霆飛半尋是

何靈貺之異天啟之始而乃振戎衣授秋水匣辭乎豐沛之邑腰入乎崤函之里日月方瞑雲雷未起有大蟒以橫路礙潛龍之舉趾於是上較天意下量地紀視銛鋒而何斯違斯擊怪物而宛其死矣然後挫七雄削多壘豈惟仗之翦長蛇而戮封豕蓋將提之令諸侯而禪天子得非秦毒之奢變作長蛇漢德之儉化爲神劒奢以儉陷蛇以劒斬道在晦而須顯事有增而必減果聞哭白帝之亡符赤帝之昌雖行大義亦假雄銛莫不龜文龍藻玉鏤金裝世亂將用時清則藏十二年兮加我淬七十陣兮摧爾剛空山吞象之鱗豈鈍蓮鍔大澤銜珠之血不汚星光然後歷興亡繼得喪漢之滅兮魏之受魏之衰兮晉之仗晉火起兮高飛豈混烟煤之狀

過驪山賦 以陵摧國歿永紀窮塵爲韻

六國血於秦秦皇還化塵塵驚而爲楚爲漢路在而今人古人但見愁雲黯慘疊嶂嶙峋時遷而金石非固地改而荆榛旋新愚聞周衰則避債登臺秦暴則焚書建國貴螻蟻於人命法豺狼於帝德兩曜昏翳九圍傾側扶桑幾里我鞭石以期通溟海幾重我驅山而要塞慘慘元穹嗷嗷

七雄三農百穀以休務淬鐵磨金而獻功九州病萬室空韓趙魏以交滅楚燕齊而坐窮家有子兮誰得孝國有臣兮孰効忠九野分將焉作兆民之主諸侯吞盡方行天子之風星隕九霄城長萬里血染草木肉肥蛇豕將欲手挂天刃足挑地紀拙虞舜而短唐堯汚殷辛而長夏癸禍從殃催川搖嶽摧金陵之王氣頓起蓬島之宮娥不來黔首求主蒼昊降災天漢之龍髯倏斷沙邱之鮑臭誰猜魑魅諸夏腥羶九垓於是宅彼岡巒兆斯陵闕猶驅六宮以殉葬豈言蔓草之縈骨嫌示儉於當時更窮奢於既歿融銀

凌雪。疏下地之江河。帖玉懸珠。皎窮泉之日月。嶫嶫層層。不騫不崩。斯高之喉舌。方滑劉項之雲雷。忽輿軹道一朝。亟獻漢家之主。驪山三月。火燒秦帝之陵。今則草接平原。烟蒙翠嶺。想秦史以神蹤。弔秦陵而恨永。華清宮觀。鎖雲霓。作皇唐之勝景。

柳璨

璨字炤之。公綽族孫。顔蕘判史館。引爲直學士。遷左拾遺。擢翰林學士。尋以諫議大夫同中書門下平章事。進中書侍郎。判戶部。封河東縣男。朱全忠加九錫。璨進拜司空。爲

冊禮使。巳爲全忠所惡。除名流崖州。斬之。

移置元元觀奏

前使裴樞充宮使日。權奏請元元觀改爲太清觀。又別奏在京宏道觀爲太清宮。至今未有制置。伏以今年十月九日。陛下親事郊禮。先謁聖祖廟。宏道觀既未修葺。元元觀又在北山。若車馬出城。禮非便穩。今欲只留北邙山老君廟一所。其元元觀請拆入都城。於清化坊內建置太微宮。則車駕行事得禮。

請黜司空圖李敬義奏

近年浮薄相扇。趨競成風。乃有卧邀軒冕。視王爵如土梗者。司空圖李敬義三度除官。養望不至。咸宜屏黜。以勸事君者。

欽定全唐文卷八百三十一

錢珝

珝字瑞文徽之子起之孫唐末官知制誥進中書舍人梁開平初貶撫州司馬卒

冊太原節度使守太師兼中書令晉王制

維年月日皇帝若曰我國家作法於仁達情以禮振典謨而誕告載名器以公行何嘗不重懷多難豐報丕烈矧乃圖先廟社允集王功誠動日星必承天祐王功建而臣節盡天祐至而君命宜昔經武爲師賜履荷宗周之寵今在

邦稱傑剖符受全楚之封英偉自倖古今同典當勳而舉非我有私具官某博厚自持堅剛不惑抱公能察守貴必恭騫然飛行之風增彼懦夫之氣而先臣奇備間代雄材圯上視書太公來受雲中饗士李牧復生出鞏洛以行師轉淮沂而殄寇倬哉茂績與在後昆爾乃開國象賢勤王繼志諒因心而無改敬遺體以有爲英蕩既臨文茵是籍率乎羣后自絶他時控彼諸戎不連右臂日者毆除大盜爰復神州焜燿元功載書盟府以啟紹開之慶是資戡定之勞而伏念先朝薦罹否運朱玫則罪極邊伯李熅則親非子頹肆其樹置之謀黷我纘承之統是以奮飛長檄條列本枝過濟惡之亂流披崇姦之僭黨夷兇有力賀福無違近則王行瑜驕以叛恩顛將敗族爾乃先知塗地每恥同天顧刑憲之可加抗封章而不避潛思歃血憤欲寢皮而逆豎犯關興兵朕方奔車出次始懷愧懼未暇翦除行瑜轉禍終迷干誅罔畏鏊手而不能自斷噬臍而誰復與論爾聞難成憂直躬決策衝冠激怒折箠興言龔行已勵於五申急召寧煩於二節武剛夙駕屈産跳驅存誠而有禮則安舉事而不疑何卜乃聲鐘鼓乃合諸侯畱屯雖在

於郊圻宿飽匪勞於漕輓爾臨渭曲深溝而親拒寇讐我復鎬京高枕而無虞侵軼然後進攻外壘盡復强軍支翦喉春如麻滿野或反袂以來獻俾噍類之不遺元惡出奔勢窮就戮廓清而罷約束尚嚴受降兼讓於使臣擇帥請行於國命一如紀律以報會盟天贊孔昭主憂盡釋始未見若之面今盡見若之心神聽斯言衆圖是賞畫雲臺而莫顯篆樂石而非多師氏建官位惟極致春秋列國晉實大名典重而近古不行勳盛而予衷何愛廣廷備物且授詞臣法座臨軒式光體命今致遣中書舍人薛廷珪冊爾

爲太師兼中書令。仍進封晉王。於戲。獨立王功。忠乃善藏之府。永膺天祐。敬惟能保之軀。則必慶於而家。樂於而土。戒之勿怠。與國無窮。

授裴廷裕左散騎常侍制

敕。具官裴廷裕。國之用材。在乎稱職。況詞臣之任。君命所垂。苟詳慎之有乖。繫事機而實重。既聞輿論。得以移官。以爾學植素深。文鋒甚銳。自居侍從。亦謂勤勞。乃推游刃之功。庶叶匪瑕之道。未能降秩。且復立朝。珥貂猶假於寵光。夾乘仍親於左右。將存大體。以息多言。可依前件。

授祕書少監賜紫盧光啟守中書舍人制

敕。西省設官之重。實代吾言。故修禁之章。漏泄居其首。而稽緩次之。受遐者率用靖默專敏之士。然後爲得。具官盧光啟。勵精不怠。處默有倫。定志而靜專其謀。好古而敏求其要。總是四善。謹於一心。則攻學典文。嘗試之於禁闈矣。能於散地。自安素風不去。乃資公論。復典訓辭。夫入官惟勤。執事惟敬。苟視禁以無犯。則立身而有章。行之克終。利亦焉往。可依前件。

授祠部郎中知制誥賜緋王鉅守中書舍人制

敕。遷不欲速。則人將競遷。而不安其職也。掌誥故事。多用外郎。歲滿而升。乃正郎位。歲又滿。始得其秩。所以持重官次。展張辭業。有毛羽者。不亦樂於翱翔乎。具官王鉅。敏於內而秀於外。其發也爲文章。棲於禁垣。奮以健筆。若夫規格罔有輕浮。試之三年。未嘗亂日。且聞講學。必務本根。今掌誥再遷。一如故事。論諸游官。於爾甚優。兼佩金章。俾光飛步。自茲而往。厥路彌高。敬而行之。何患不到。可依前件。

授考功員外郎賜緋魚王鉅駕部員外郎知制誥制

敕。某官某夫。舉典申命。以進退在位之士。而指其否臧。兼儆百職者。本乎聖人之法言也。法言之不爲浮言而已。知言之士。過實必羞。因使出辭。當能近法。鉅積中有美。欲昧而彰。永惟季父。令名常恐。所承不似。百川學海。進則至焉。吾欲激而成之。是以擢居禁省。往司明誥。罔畔法言。至不漏不踰。茲爲能矣。可依前件。

授前合州刺史顏蕘禮部郎中殿中侍御史李德璘右補闕監察御史鄭渥右補闕等制

敕。具官顏蕘等。昔太師魯公。拘在寇廷。渠魁有危迫之問。

對以諸侯朝覲之禮。奮發直言不屈。端凝守正而歿。理命之戒家廟爲先。賢哉鉅人。可謂忠而知禮矣。今龔行高學茂洪緒有承。因太師之所爲。遂以禮曹郎命爾。用昭遺德且勉令修德。璘合矩中規。擅髦彥之稱。渥端居慎守。積監視之勞。擢爲諫臣。實就近列。使吾聞過。繄爾當官。無或面從。以墜其職。可依前件。

授前起居舍人韋序禮部員外郎前櫟陽縣尉韋溪左拾遺等制

勅具官韋序等。近朝賢相名卿。以貞重簡潔。益大其門者。

序則承之。故華選陟居。昭其嗣也。爾復稟粹揚清。不泠不屈。播在公論。使我思聞其或風法。名家鉅宗稍替。溪則飾身而進。志欲與爲一。羅等疑謨久爲羈滯。仍嘉好學。俾列近班。夫賤奏所司。典章誠重。而昭嗣之選。大不在斯。廷諍之臣。惟直是舉。欲與之志。官以道彰。華選近班。各詳茲訓。可依前件。

授前起居舍人崔居邈庫部員外郎前好畤縣尉充集賢修撰獨孤建（一作遷）守左拾遺等制

勅具官崔居邈等。郎署之選優。諫臣之選重。必用門子。以清朝倫。居邈愿而自求。以守名卿之嗣。建學而不倦。能從長者之言。聞其退居皆已甚久。苟無甄擢。何爲搜揚。可依前件。

授監察御史李漸左補闕前著作佐郎張道右拾遺制

勅具官李漸等。朕常推慼痛之意。闢艱難之途。實務塞違用昭致理。爾等或奕代之盛。風聲有傳。強以自圖。守若不墜。或從學之道。外直固在。中慎無揣。我之情。然後舉職。從諫則聖。吾詎無心於此哉。可依前件。

授司勳郎中兼侍御史知雜事賜緋魚韓偓本官充翰林學士制

勅。執事近臣。上無不可。敬時持（一作）文墨而分禁職者。又加等焉。蓋咨訪之勤。密期宏益。訓詞之暇。必進語言。思引君當道之心。乃多士以寧之本。則授禁職之選。被加等之私。安可徒任筆端。然後爲得。具官韓偓。動人之行。率性自強。慎獨不渝。考祥甚遠。貲以講學。見於文章。惟是求已之多。播於羣譽矣。朕初嗣丕業。擢升諫曹。繼陳言辭。罔不摩切。雖公賞曾光於赤紙。而直誠尚記於皁囊。愈聞勵修。宜列

左右故命爾之誥以詩人孟子之說爲端者茲不有賴於侍從乎可依前件

授右司郎中張元晏翰林學士制

勅文也者性之表也積中爲性發外爲文冠乎妙用之先繫彼化成之大而文之雅奧本具典謨所以教誥萬方昭明百度代我而作求之必公具官張元晏嘗聞薦紳論者多以爾儒行踐修出言之章能顧於是聚問之學斯不爲人乃知發外之文實自積中之性吾越在關輔不遑燕居大盜未屠蒸人且墜謂引過則責躬必至謂伐叛則用武

方勞爾其據體會機翦煩總要而復念害成於垂誡安假寵以自圖勿使詞臣不當朝選可依前件

授劉崇望吏部尚書制

勅朕常考易象否泰之說詩人雨雪之作知君子消長之際繫王者政理之端矧乃大宥已行衆累皆滌非其罪者敬以命之具官劉崇望吉德在躬明誠格物辭倡寡和自合正聲昭兆先知宜居前列朕初繼大統方求國楨侍從之臣論思在爾代言之下宏道良多察其寬裕之姿授以彌諧之任恢張大體師法碩人以掩細過爲所能以觀故事爲所樂頃因讒慝偶惑聽聞害賢曾置於典章尚德敢忘於覺寤顧直書之史冊何損於明還暫免之冠緌且復其所流澤而余心未足經邦而卿位乃虛來整軒裳再提衡鏡山公密啟更廣規模楚客騷辭休勞諷諭勉居會府以率六卿可依前件

授陸扆兵部尚書制

勅周之九法歷代用焉進賢興功以分厥職故夏官之重高位久虛則有嘗秉化權方臨邦教惟人之命我不敢私俾正衣冠用光表著具官陸扆貌先恭肅氣實清明言欲

訥於否臧德有容於醉飽中出而靜可謂達於樂乎外作而文所以深於禮也頃以宏博奉吾論思繼令祖之典謨去邪辭之枝葉洎當大用且屬多虞執政雖新犯顔已急我則有違蹇叔爾詎不如王陵剖竹遂行伏蒲未足還好爵而來惟辨色掩關門而退乃韜光考之中庸有以自得往次六卿之首無輕一等之遷進賢興功必在敦故可依前件

授趙昌翰考功郎中制

勅具官趙昌翰國之舊章繫會府者僅什六七坐曹郎見

墜不舉焉用官爲而善最之法所墜尤重非精材彊力安能舉之昌翰以名家子實自修整爲縣罷去脩然自安公卿有知己之門車馬無致身之跡善養材用蓋聞精彊是以考績處之且欲明試於爾噫擇名曹置名士吾不知設官之始獨爲人乎如或深思必將召寵可依前件

授京畿制置使判官兼中丞賜紫李巨川兵部郎中制（兵部一作工部）

勑具官李巨川夫彊學者始自爲己移於事人君齊美儒鬬先登志士之場優入羣書之域中權之佐前著實高多

務講論直歸翼戴爾所自比我能知之推共奬王室之心慕不以兵車之力文翰之樂迅捷若飛雖觀者已煩而作者甚暇陪臣盡善賢帥盛稱上既策勳下難遺賞且升郎位誠守茲任爲予簡稽苟能修明旋議超陟可權知尚書兵部郎中餘如故（且升郎位句下文苑英華一作如事所知理在庶官勉與墜典常聞好古當念陟明可依前件）

授司封員外郎賜緋崔貽孫守兵部員外郎判户部案制

勑具官崔貽孫冠族以德範遺後昆者剛鯁清素代稱爾家又能樹立本根嗣守風法爲士之道自求必聞故朝鈌美官人思公舉今丞相以版賦之重用爾爲佐理之才更遷右曹往事吾相無謂司貨籍者近乎俗吏而忽於躬親使滋其煩弊也可依前件

授前兵部侍郎薛昭緯御史中丞制

勑國家之設公器也君將揭而與之者必問於朝皆曰可與則徇公况御史中丞持天下所共之法等乎庶尹重有加焉乃詔名卿來承俊選具官薛昭緯吾聞元和遺事嘉爾祖執憲之能軌躅可尋風聲自在美延後嗣克奉貽謀

爾又歷落開懷精明照物好讓不惑寡過自强出典誥而理勝辭豐第甲乙而以文兼行且屬多梗使於列藩與諸侯言繫安危事自肺腸而到社稷激意氣而誘公忠選無虛褎言有清論皆入吾耳盡知乃心宜正衣冠立爲繩準將分厥職惟聽茲言夫太剛太柔不折則廢作之可久必在居中爾當率寮屬以講求振綱條而審固與其就名而生事未若審實以業官勉思勤行無害有益可依前件

授兵部郎中鄭黄庭兼侍御史知雜事制

勑具官鄭黄庭法者治之具也以人就之則得其所理矣

而執法之吏剛失入虐柔失入懦有善執者惟居其中今御史中丞歸昌以贊貳之闕推擇斯難舉爾之書稱善頗至亦聞爾端肅詳慎能理其身移之當官信可陳力夫理之不勝吏實相循處剛與柔期於無失審固在己遵行有章克念居中斯爲善執可依前件

授禮部員外郎集賢院直學士賜紫金魚袋王摶刑部郎中兼御史知雜事制

勑御史中丞光逢以望執憲縉紳間咸覩其初故選薦府僚審而後定以爾學文惟博藏器則深正道甚夷有進不

競其守則峻其用必通斯可正秋曹郎率白簡吏貳綱紀之服執而整墮矣古皇之庭實生屈軼安得今之服冕不若其古者之爲草乎官有舊章爾當明舉可依前件

授宗正卿嗣鄭王遜大理卿李克助宗正卿等制

勑九卿間重而顯者大宗正卿與廷尉實次奉常焉易官而處惟典之章具官遜等皆吾屬之楨幹也而又荷出相戟之門遜繼分郡符必聞其政久歷庶位咸稱有材克助承忠孝之家踐修罔墜多所該練揚於縉紳今載葺京師敬先宗廟資乎集事速以成功而方備法官是宜改秩往趨急務更在厲精伏念旬時獄可知也我有具律遜其盡心可依前件

授前虔王傅賜紫韋師貞光祿卿制

勑具官韋師貞國朝考課之法有三善者升上下籍師貞强仕之歲繼爲字養糾率之官三善之名四書於籍校諸能事不亦多乎歷年且深爲吏斯得慰茲班白宜有陟遷夫辨酒必良視牲不瘠祭祀之事繫爾所司往爲列卿勉戒羣吏可依前件

授前鹽鐵淄青催勘使檢校左散騎常侍王鄯衛

尉卿制

勑具官王鄯等稱職之吏無所陟明則陳力者之志怠矣爾自居官次必公爲先若恥告勞但思責實頃者乘諸軺傳使彼海濱善徵榷酤之名允集鹹鹺之利往不廢命還可程功是用進爾於朝且升卿列宜奉警巡之事如專行役之心克念不渝後寵當至可依前件

授鴻臚少卿賜紫賈渭太僕卿前太常丞吳方太原少尹制

勑具官賈渭等渭比以學文通經之勤而不得志於壯歲

東帶入仕。今至九卿。紱冕既崇。光陰云晩。詔之就列。以慰其心。方吏術甚長。免官仍久。暮齒已踰於月制。下僚尚歎於陸沉。置之不遷。君道何在。往作亞尹。錫之金章。亦有以嘉於老者矣。可依前件。

授棣王府司馬崔就太常少卿賜紫制

勅。暢中發外。以應天地之和。在夫樂而六樂雅。司於奉常。絃工磬師。存者尚習。具官崔就。負足用之學。表之以能文。思有畔之農。施之於善政。失爵之累無機。則然乃非敗名。人亦觀過。一眚之黜。數歲方還。言念常情。得無所鬱。遂以

奉常之亞。命服之朝。欲爾聽六樂之和。以平其氣。茲爲君道。當識予心。馭貴之崇。亦惟其舊。可依前件。

授前左贊德任蕘將作少監制

勅。具官任蕘。丞相進人之請。吾嘗觀其所陳。或舉淹滯。或稱才用。有一於此。未嘗不行。今言爾在公實踰四紀。同塗之吏。達者固多。立事之心。老而不已。俾越下僚之次。以寬暮齒之憂。可依前件。

授戶部巡官祕書省校書郎楊玢武功縣尉充集賢校理制

勅。具官楊玢。士子由科而進。得爲館殿吏者。俯視華資。如拾地芥。然而道不益固。名不益彰。則朝之華資。其可俯視而拾之哉。玢質秀氣實。自立頗強。窺其所爲。誠在於道。固名彰之本也。今既列書殿。仍懷令圖。奚患華資。不能俯拾。可依前件。

授太僕卿賜紫李涪國子祭酒制

勅。右武以來。國子失教。聖域何遠。儒風寖衰。今朕考元龜。備法駕。言旋京師有日矣。姑欲開六學之署。以教諸生。而張吾理道之本。思得通四術者。以莅厥職。具官李涪。以爾

受爵素高。去朝斯久。奉車親重。乃以太僕命之。宗籍宿儒。時謂非稱。擢居雅秩。幸得其人。以爾蘊學之優。當吾選求之要。勉來分職。昭我用才。可依前件。

授左衛上將軍滿存特進檢校司徒仍復長城郡開國公食邑三千戶制

勅。昔孟明視荀林父之爲將也。獲罪於二君。或敗以見囚。或歸而請死。彼秦穆晉景之爲君。卒能宥而復用。朕雖涼德。寧昧於諸侯之霸者哉。具官滿存。頃列將壇。頗懷臣節。且聞禁暴。斯有功能。未嘗驕矜。欲保勳績。而爾之前事。人

亦公言幸無爭畝之盟但逼自焚之勢泊乎連坐得以惟
輕懼罪而不懈於心補過而願陳其力是用徵爲環尹兼
復疏封載加論道之名俾重棄瑕之典庶乎有位知我念
功

授寧遠軍節度使蓋寓左武衛上將軍制

勅環衛之設貴同命卿有以大將軍之名加其秩者賞典彌重具官蓋寓凡天下統帥將佐勤勞每至賞勳鮮當仗鉞吾以克用事君有偉節匡國有大功而寓預謀必忠推誠必順致我藩后光於冊書是以特越舊章授之師律頗

能謙讓復願改張得不表以寵休陟居戎列仍遂再三之請俾圖始卒之心直舉訓辭是爲嘉善

授前左千牛衛大將軍李鎔右驍衛大將軍右千牛將軍江繼美加兼檢校右散騎常侍制

勅具官李鎔等大將軍之設有以總勳翊折衛之屬者有以司禁衛門籍之法者非嚴謹恭愿不可輒居以鎔處交戟之門有勳可庇嚴而能謹蓋稟於家以繼美當衛珠之名有勇可使恭而且愿復秉於心咸以美材俾遷上列兼秩之寵勸善並行

欽定全唐文卷八百三十二

錢珝二

授前左武衛將軍李儔左領軍衛大將軍前右監門衛大將軍江繼美左領軍衛大將軍制

勅具官李儔等王者之居率先警衛將軍之令必勝戒嚴儔與繼美皆以絳服青綬常立於西序矣在列甚謹其勤亦多戎容頗稱於抱林家食且聞其處困故以左右領軍之命並而進之兼罷秩已來爲日斯久咸從遷陟用舉滯淹可

授前威勇軍節度都指揮使楊承襲左千牛衛大將軍制

勅拊琴瑟者其聲不諧尚或改而張之況軍旅大事利害可論姑務變通且期寧謐具官楊承襲素以材力聞於朝廷昔屬興師乃思致勇而時惟黷武未足經邦每念殘人遂能屈已既從休息何必訓齊爾其罷彼戎機來歸環衛職親任重假寵甚多無懷逆命之謀宜奉徵還之召況參宿衛亦在促裝可

授牟崇厚右千牛大將軍等制

勅具官牟崇厚等。罷行部者。入則率執刀之屬。以居其宮。去宿衛者。出則賞賣劍之人。以成其政。中外迭用。典故甚明。崇厚嘗分吾憂。知其理之急。善有聞也。漢蓍能（闕）爾職。戒有備之嚴。勤可稱也。家食皆久。賦祿甚宜。勿墮勿渝。以期無咎。可。

授前驍衛大將軍劉崇文左羽林大將軍知軍事等制

勅具官劉崇文等。漢家總率禁軍。有南軍北軍之號。今羽林領軍之職。蓋近之矣。崇文廷美。常以赳赳之材。對濟濟之列。稱夫環衛。立在西階。今復命之。俾無遺者。勉揚威烈。

勿怠警巡。桂林屬城。頗參戎俗。以若納久當官次。多達物情。分我遠憂。賓其惠政。入居出守。各慎所爲。懸法甚明。賞善斯至。可。

授王知遠左衛將軍制

勅具官王知遠。堯之克明。周有懿德。推恩而舉。其有遺於親戚者乎。如得其才。匪曰私舉。知遠稟訓於父。且勵事君。在官不違。設爵何慊。將軍使爾備宿衛。尚書使爾進秩。官且示兼榮。則宜竭力。報吾推恩之道。無所私於親戚也。可。

授陳班右金吾衛將軍制

勅具官陳班。朕求理未濟。厥心匪寧。實在庶位之間。皆欲必獲其所。況爾克繼勳籍。通知武韜。許國之誠。忘身靡憚。受爵而每期無忝。檢身而唯恐有瑕。雖秉郡符。莫食公廩。退居而處。沈靜可嘉。陟以執金。仍兼端右。俾承閥閱。且耀寵章。可依前件。

授高彥宏右金吾衛將軍制

勅具官高彥宏。朕每視朝。執金吾率其仗衛。陳於陛前。退則與大京兆禁暴詰姦。以清轂下。其職如是。非細任也。以

爾進在周行。常爲環尹。實於巡警。素積勤勞。比授郡符。將觀爲政。屬在節制。有所薦聞。方資宣力之臣。難奪舉材之請。未能出守。遂至罷居。暫解印於外臺。復彈冠於近列。勉思有寵。善戒不虞。可依前件。

授楊約左驍衛將軍并焦敬復左領軍衛將軍制

勅國家之道。文武相須。故帶綬簪冠而處將軍之位者。必求雄俊之材。以對我卿大夫。具官楊約。智則好謀。勇而知禮。臨戎之用。以律甚明。具官焦敬復。莅事多能。理煩益辦。舉其成效。可以在庭。俾就環衛。式昭獎勸。使號令有嚴於

宿衛。威名皆稱於職官。副吾雄俊之求。以濟相須之道。可依前件。

授前左威衛將軍安宏度右監門衛將軍制

勑。具官安宏度等。吾以大柄付丞相。日行於堂上。唯文武之士。參用其才耳。凡覲公舉。亦必可之。今具列爾名來請吾命。將軍佐吏。循次而遷。且稱所能。兼授貴秩。罔有不信。往宜思之。可依前件。

授郭師簡右衛制置使右羽林將軍制

勑。環尹之設。皆得以親宿衛。時警巡。而羽林之名。自天垂

象。有拱宸之貴。擇人匪輕。具官郭師簡。頗負雄材。仍懷勇氣。堅秉事君之禮。深知用武之權。載屬時艱。因思已立。禦寇而隄防甚謹。提兵而號令必行。善復流亡。多謀完葺。率先陳力。誓不去於京師。望幸傾心。志有同於父老。難能之節。臨事始明。方資制撫之勤。遂假陟遷之寵。宜秉激勸。更集功庸。猶懸受賞之期。重在平戎之日。可依前件。

授前千牛衛將軍徐棨右神武將軍兼知軍事等制

勑。具官徐棨等。陳力諸吏。曳長組於西階之下。而參將軍之位者。況假地官之秩。兼騎省之名。仕蓋顯矣。惟棨暨岊皆嘗立朝。自効之勤。所聞甚著。使之遷擢。乃用舊章。道隣有勞於公。亦宜賦祿。郡佐漸優之命。勉進爾途。可。

授右千牛衛將軍李璠等右威衛將軍制

勑。具官李璠等。朕每據法座。命百辟四夷。大和會於朝。能率其屬。建黃麾飛騶之旗。立於陛前者。有衛將軍之盛職也。璠以忠謹之職。周旋於藩邸之中。以久得遷。常爲貳金吾矣。武弁有列。乃命陟居。儔以壯勇之材。率陳扈蹕之力。以功可進。來立於朝。旣曉玉鈐。俾登環衛。尚書之秩。光寵並行。可。

授王存禮左威衛將軍制

勑。具官王存禮等。朕於文武之士。雖用之有殊。而繫之不異。以材濟用者。是所求也。以志立功者。是所嘉也。至於免官去職。寄食屛居。言念艱難。盖多愧歎。執政能舉。我心允同。且以爾等。負濟用之良材。立守身之素志。又復免官寄食。安得置而不圖。各敬所遷。以揚厥職。可。

授王牘太子賓客制

勑。典職之重。本於調護之名。若非端厚自守。練達有聞。焉

可罷而復居當我爲官之選具官王牘始以剛方之氣嘗失志於策名受聘塞垣通籍朝序致强學之力不廢半途恥巧宦之謀罔違公道利多開物優實在邦戒滅裂以能勤知蒲盧之可化頃因將命遂乃去官爰陟崇階俾還舊秩勉來辨色無隳盡忠可依前件

授前沂王傅賜紫殷盈孫可太子右庶子等制

勅具官某等習與性成至哉夏書之訓也故近則相習習則相成國有儲君戒之在習於其附近實屬上僚盈孫學本六經遂達四教出言行事常得指歸是以宫相命之且

欲近吾元良利於所習其爾必疑荷聞前爲博士官竟不就列堅求縣長務供養之資圖樂退居爾能干祿載典而興有所嘉焉可依前件

授左司郎中鄭凝吉京兆少尹前龍州刺史韋貽範右司郎中制

勅具官凝吉承執政之門知循法之道升在郎署不忘公家多稱抱材足以集事今京師尹正之大藩后兼之甚理矣貳茲善政期爾必能舉而任之無忝吾命貽範精明不匱宏博可觀嘗佐鉅賢愈修茂行敏求所至通籍必華遠牧罷民朝皆思用都曹郎總率之職次管轄焉吾今舉典用人孰云匪重來居斯秩無効淺爲官或有聞何求不達可依前件

授前左司員外郎趙均長安縣令制

勅具官某愼行於家能養其親也愼言於朝能保其身也士大夫有是二者列於周行善用恬和且聞淹恤循於常典安可滯遷屬京縣寓理之難度材云急流亡未復賦斂猶虛以爾所愼之多必當克集其事錫茲銀印耀彼綵衣承寵而將慶問安思報而勉圖爲政可依前件

授前右補闕孫偓長水縣令賜緋制

勅具官某士大夫不能理其身而能理於人未之有也爾嘗以文行進取科名列在華資詎非素志一旦身退朝實多之所謂能理其身固可理於人矣加之朱綬用表積中寧無所操施爲善政可依前件

授李繼文隴州防禦使制

勅旁據汧陽橫當隴首地有提封之盛軍多帶甲之雄旣用良材宜膺正秩具官李繼文久從戎旅深達機謀忠信文修德刑並務御衆而推勞必報徇公而約法甚明元帥

上聞。朝章可舉。兼進祝鳩之命。更揚建隼之威。夫牧伯之居。憂寄實重。使功名之允。位在富貴而可圖。已列諸侯。勉爲政事。可依前件。

授潁州刺史充本州防禦使王敬蕘加檢校太子太保制

勅。書云。若網在綱。有條而不紊。故國家化條。施於天下者。牧伯謹而舉之。政不紊矣。具官王敬蕘。始學司馬法。克礪諸侯。勉奮之以果敢之氣。濟之以練達之謀。自握郡符。頗圖成績。闕四字潁水則清。年數且深。理濟彌遠。耕桑滿野。不

奪農時。卒乘在軍。未忘武備。遂得見稱元帥。是當善舉化條。保民之宗。增秩甚貴。吾用漢家之典。爾登循吏之名。更務克終。斯爲守貴。可依前件。

授齊州刺史充武肅軍防禦使朱玭加檢校司空制

勅。歷下名地也。司空貴秩也。處名地而增貴秩者。非夫稱推擇。洽物情。焉得獨受寵章。重宣王化。具官朱玭。當年思立。學武有經。固忠順之根本。以機權爲枝葉。且能刺部。兼務睦鄰。酌寬猛以守常。就變通而處衆。爲善難掩。不伐愈彰。見求福於自謀。信唯人之可召。乃行茂典。用叶公言。可依前件。

授鹽州刺史李太直充本州防禦使制

勅。有土之寄。帶夫一作虜郭者。不其難乎。鞠旅所以謹提防。揚威所以遏淫蕩。試材既可。正秩無疑。具官李太直。昔爾伯氏。嘗居五原。以塤箎相和之勞。致邊境無虞之樂。而天倫有威。戎律可歸。乃自人情。繼臨軍政。勇則匪怒。智必好謀。知金湯不在乎城池。而耳目不專於旗鼓。勤於宣力。別用壯心。去假守之舊名。當諸侯之高位。更圖善最。無恃寵

休。勿使漢家。獨稱魏尚。可依前件。

授李褒刺史等制

勅。李褒等。醫一郡之疾苦。旣藉良能。理四方之滯冤。必資明愼。二者生人之本也。深詔執事。精其選求。以爾褒。曈泊荊。或清識雅裁。爲時雋才。或檢操修身。累居繩準。所至必留其風範。當官克勵於霜標。而承休前理蜀川。頗聞嘉績。是可以分我符竹。光於省闈。號畧巴梁。地淸俗富。刑曹粉署。務劇望高。往副分憂。勉思伏念。褒可虢州刺史。韋曈崔荊並可刑部員外郎。承休可果州刺史。

授傅德昭羅州刺史裴袒維州刺史趙贊崖州刺史等制

勅具官傅德昭等建隼在旟畫熊當軾以物彰貴出守者兼而得之故用武以來惟功是賞厚爲寵報多在勤勞以德昭淬礪雄鋩利若太阿之劍以袒展張勁力强於繁弱之弓以贊馳騁茂駿比於渥洼之馬而皆藏勳有籍秉節無尤既當行賞之倫宜受分憂之命勉爲善政無病遠人可依前件

授劉玉新州刺史劉濳南五州防遏使高州刺史

制

勅具官劉玉等傳曰夫舉無他唯善所在吾閱二帥臣舉知之狀善則可甄而天下諸侯咸當共奬王室有以忠而告我我必信而與之以玉勇望明堂用苞武庫訓士則專於齊一理人必去其煩苛嘗莅南康且留遺愛以濳好謀不惑任智能通仍懷恤隱之心頗慕徇公之節因以牧養必致惠和是以復委詔條兼貲禦遏或進寵移之秩或臨舊理之邦以玉之勇主於任以濳之智立於事則吾南極之地又何憂乎黎庶哉可依前件

授成希戩忠州王進誠嚴州刺史等制

勅具官成希戩等泝峽而上踰嶺而出其人多處險而錯居處險難制錯居難齊非嘗試其才素習其俗未可爲其理也希戩以敏知變而不矜雄勇之材嘗試於忠人皆便之統帥上言乃命眞守師長之秩諸侯所榮進誠自戎入華久處邊徼之地習南方之俗思還其居勳帥舉之刻印而當吾委寄咸被寵光處險錯居各懋爲理可依前件

授保大軍節度掌書記檢校右散騎常侍房仁寶檢校禮部尚書充職制

勅具官房仁寶等國朝作相之重在文皇帝時以偉德景躅布於史策者有吾太尉焉爾仁寶裔孫始以文進不得其志無所成名今用牋奏符檄之才職居藩服秉傳而至善達戎機思賢之心欲招後嗣春官假秩儒者斯榮且激爾曹勉佐元帥可依前件

授朔方軍節度掌書記檢校刑部員外郎兼侍御史李東序檢校司勳郎中兼中丞充職制

勅具官李東序凡諸鎮陪臣至自其幕府者或計事言功或舉職請命未嘗不召之便殿假以寬言且使鋪陳皆見

臧否。爾能用儒術佐吾列藩，敷揚可取，於詳明條貫，必由於忠信嘉善之道。增秩所宜，乘寵而還，永觀爾類，可依前件。

授鳳翔節度掌書記范惟乂左拾遺賜緋充職制

勑：具官范惟乂等，軍興以來，四方之政益煩矣，而負才抱術之士，參於武幄者，吾嘗授之好爵，用表嘉賓，復勉其左右聽從，始終同奬。爾負才甚直，抱術且深，自有忠謀，共贊戎略，故加寵於紱冕之上，報勞於師旅之間。爾其計事出言，必公必信，更圖保大，無或告勞。可依前件。

授竇回鳳翔節度副使崔澄觀察判官韓偓節度掌書記等制

勑：具官竇回等，漢詔子弟理郡國，必擇諸儒有材行者以左右之。故韓安國王尊之徒，皆能守法相導，炯然可觀，而顯位高名，終亦自得。今朕以汧岐奥壤，而輔京師，推擇統臨，重在藩邸，用乃命丞相選賓介於朝，而回以術業克官，丞相先緒，澄以禮義端己，實稟天成，偓致用於文，甚多强力。舉是三美，濟於一方，茍務同心，必聞善政。吾欲保任親戚，表率諸侯，往贊理聲，日當傾聽。爾等亮直勤敬，如在諫省郎署時，則安國王尊之賢，與古相望。遷秩命服，誠未足多。可依前件。

授保大軍節度判官鄭晦朝散大夫檢校工部尚書觀察支使劉源長檢校刑部郎中節度推官張道樞檢校祠部郎中觀察推官韓伎檢校工部員外郎招討推官高頎檢校水部員外郎並充職等制

勑：具官鄭晦等，吾鄜時帥臣，盛有忠力於王室，其所以輔成勳烈者，蓋俎豆之設，召置得人，言善必行，計奇必用，而

爾等克荷代祿，載揚家聲，或端敏有爲，學術自飾，尊奬之志，斯不忘於善言奇計之聞，信有輔成之道。爾故八座諸郎，銀章朱紱，加於幕府，遂被薦聞，更推共濟之誠，兹亦未多之寵。可依前件。

授同州防禦判官崔洎充節度判官長春宮巡官郭璘充掌書記防禦推官王丞雍充節度推官等制

勑：具官崔洎等，朕以左輔雄近，復加節制之權，而帥臣舉彼賓寮，分其授任。且聞洎等各抱美材，見善必遷，存誠甚

直每竭用長之智以匡保大之謀郎署金章吾又何愛噫論兵有畧爲政有經參佐不渝寵光自至可依前件

授前河中府少尹張處休加檢校郎中靜海軍節度副使沈琮檢校員外郎充職裴綽澠池縣令蔣枌臨晉縣令等制

勑具官張處休等夫以忠謀直道佐諸侯之善以乂一方而致其誠節卒歸王室者則陪臣得其職矣於愼獄勸農便百姓之欲而利一邑則令長得其官矣爾等博達吏道善事知己而處休以文學自進枌於勳緒有承閲拔嘉杼

遂可其奏皆用訓汝爾其圖之可依前件

授攝淮南觀察支使田光嗣檢校郎中充職李潛嶺南西道觀察支使長蘆縣令房殷兼侍御史等制

勑具官田光嗣等從事之任卒以策謀文翰往參諸政能則政舉否則政墮故有慘舒繫乎能否安得以一談一笑媚於所從維揚控淮海之會邕南雜夷獠之居各引良材往佐其理而光嗣潛殷之善必有以稱其授聘者咸來被寵無忝爾知可依前件

授揚知權袁州司馬陳錫溫州長史揚澄端州司馬等制

勑具官某等凡臨戎有勇知其能爲將成務有材知其能爲吏然則有勇有材者置之不遷使其興旅食之歎非所以激爲將勸爲吏也各命敘升無忽吾典可依前件

授魏州別駕張景裕等四人正授制

勑具官某等任人其難古有試可之說爾等爲吏嘗試於魏中矣今藩臣信正其秩是必有試可之材皆命與之亦惟常典可依前件

授魏博節度副使守左司馬知府事長沙縣開國子羅紹威檢校司徒進封開國侯制

勑王制之重列爵惟先開國之名徹侯斯貴具官某自河而北地闊兵賦之大實在鄴中而又以雄傑之材統臨有政爾以忠孝全道副貳其權嚴訓所資美譚甚遠不作威而人自畏能處順而事必行理戎每贊於公家秉禮無違於私室更廣疏封之寵以分勸善之章勿忘象賢是爲守貴可依前件

欽定全唐文卷八百三十三

錢珝三

授高爽果州刺史安友晟寧州刺史仍封武威縣開國子加食邑制

勑我思致理不欲滯人復於賦祿之間常有失勞之慮改張之道且就便宜勸善之章必先允當具官高爽周知武經盛著臣節奉勇之力馳騁有成前以新平殄寇之勳移北地頒條之政而茲之牧守且務輯綏元帥請留我所難奪南充善部皆曰可居雖改秉轅將聞叱馭具官安友晟

兄友弟恭共圖富貴披堅執銳惟徇國家當羣兇効逆之秋激受命忘身之氣比膺賞典亦剖郡符且未登車實同解印或致杜門之歎是忘盟府之書乃寄邊城仍加列爵爾其各宣美化如立前功必使忠臣兼攝循吏可依前件

授金州刺史馮行襲檢校太子少保仍封長樂縣開國子加食邑制

勑漢制郡國有政者皆不易其居就增其秩欲使人安於教化且激勵精本自彫刓皆成富庶具官馮行襲始用忠謀勇力披難立功每推求敵之心必能禁暴爲武思齊良將闔合善經而負山面江金實名部燎於兵火毒我編氓爾則保之如家視之如子盡寬井賦恐奪農時耕無惰夫廩有豐食地産修述職之貢市租給備患之師相里所而同欲乃遷興役徒而施勞何怨炳然之績覩而可論保民既重於三公開國仍昭於五等如能知勸當更陟明可依前件

授寧州刺史高爽檢校司徒仍封渤海縣男加食邑制

勑昔慶父去而魯難寧得臣死而晉憂弭事有所近之類

而人有可論之功則用典爲以勸來者具官高爽魁傑之林好通經畧强禦之力善據邊防激將帥之雄心憤邦家之多事聞吾出狩來扞近郊遂驅有律之師進討不然之黨壓卵既潰衝寇始平忠烈可圖勳勞甚盛進階以數開國有章且覩得衆情無不悅於是賞勵之不已保則永休可依前件

授張濬特進守右僕射依前充諸道租庸使制

勑古者建官取諸垂象故左右執法附於文昌以總六卿以提庶政用人之本邦國繫焉進賢既協於嚮公致理詎

宜於虛位具官張濬剛而能斷寬則有容保和而實孕元精索隱而若陳洪範他山攻玉鮮類禹珪九牧貢金自成周鼎先皇帝爰立作相朕小子圖任舊人每親夾輔之才且致勤行之道必將率衆由己化兵爲農載胡越以同舟混車書於外户志所未就我實盡知經營向在於四方親附未遺於百姓雖聚財之任不欲允煩大臣而復國所資安可有稽征賦薦居端右兼陟崇階得名器之所歸在典章而斯重永期宏濟更集前功可依前件

授河東節度副使檢校司空王瓌特進制

勅爲國之政在藩有條贊立武於中權屬好謨於副介具官王瓌河汾之氣當莘爾家欒范之宗亦高他族伯仲繼撫封之盛子孫承錫命之功爾能纘彼勳名主於忠信遠取而寧規勇爵深思而但顧良弓列羣后之上卿處前人之許國尊獎之道造次必論心或益恭諒蕃昌之可保性能召福何富貴之不來朝舉寵章事歸敦勸方布冊勳之澤俾崇馭貴之階善佐永圖以承厚渥可依前件

授沁州刺史張漢瑜等特進封開國男食邑制

勅具官張漢瑜等漢室勳勞始以進奉朝請而好爵之設五等具焉至於任以專城秩參環衛假之有寵典亦匪輕漢瑜以致勇之誠臨戎罔憚且能抱節而後立功則良將之才挺然可見宗裕恥同兒戲學在師貞過庭有聞刺部甚美則愛子之號昭然可知是以詔我代言俾茲申命亦用垂勸期於徇公可依前件

中書侍郎同中書門下平章事陸扆妻渤海郡夫人高氏進封燕國夫人制

勅命婦之寵數有四而國邑居其首主爵郎舉職勅請必有舊章因以勸焉朕何敢愛具官陸扆妻渤海郡夫人高

氏高國族大稱於古者久矣冠冕就列尚想前修閨室有婦令聞令望配君子而相敬承宗事以無違鏘然和鳴信可偕老考祥之應已屬台臣守貴之謨方資内助主爵之請誰云不宜他日中宮受朝則與伯婦俱至佩玉相韻爾家盛哉非獨榮吾相之小君亦以勸天下從夫之道也可依前件

内中齊國夫人扶風高陽郡夫人並封婕妤樂安郡新泰郡廣陵郡太邱郡雲安郡五夫人並加封秦晉楚越燕國夫人制

勅朕既建中宮將聽內理法度方刑於四德等咸宜越於九嬪齊國夫人某氏等柔和有禀閑雅自持椒蘭讓薰環珮爭潔近輦見欲辭之色攬衣懷必辭之心用是謙勤保我恩澤重惟漢制遠采周官與名而大國重開錫號而舊章復振勉修懿範俾稱寵休共承陰教之端永輔長秋之盛可依前件

魏博節度使羅宏信妻越國夫人某氏進封燕國夫人代州刺史傅瑶妻邱氏封吳興縣君等制

勅具官某妻越國夫人某氏等據地圖總兵籍處邦君之

位與夫持使節頒化條當牧守之任者理軍爲政皆執善經而保寵之謨亦多內助女師禀訓夫族稱賢不違柔順之規且習閑和之性或功庸克備風法有承或環珮之音周旋可聽是宜增大名之國開初命之封亦所以榮外臣而勉內助也可依前件

淛西節度使錢鏐妻燕國夫人吳氏進封晉國夫人制

勅齊之辟司徒武力之臣也其妻有禮尚獲錫地於君今師長萬夫提封千里內資淑媛助我勳侯國建大名是惟舊典具官錢鏐妻燕國夫人吳氏肅雍之美箴戒不忘聞雞鳴而致敬事姑諷鵲巢而思齊有德輔成功烈諒屬柔明爰舉寵章載加常等勉承膏澤以耀閨門可依前件

襄州節度使趙匡凝妻豫章郡君羅氏可進封燕國夫人制

勅隨夫之爵考禮有文册勳既集於藩維流澤可榮於閨室具官趙匡凝妻豫章郡羅氏肅雍有美柔順不違爰自和鳴克融懿範旁濟中權之盛實資內助之勞致我良臣表於諸夏眷言淑德疏封未稱於宜家越被舊章用典俾

光於開國勉修婦式無忽人倫可依前件

武昌軍節度使杜洪妻晉國夫人進封秦國夫人制

勅經夫婦之本者莫近於詩故宜爾室家言稱也如鼓瑟琴言和也具官杜洪妻晉國夫人王氏贊洪守土宣力爰致顯爵爾以嘉耦之道遂能居而有之助彼藩條賴茲閨室宜室家而何媿鼓瑟琴以有聞仍命增封用旌柔順因吾肆赦是謂典常可依前件

鳳翔節度使李茂貞妻秦國夫人劉氏進封岐國

夫人制

勑封邑之制當列國者甚貴矣其或舉兹重典進受大名俾增伉儷之光以稱侯王之爵宏之在我宜者則行具官李茂貞妻秦國夫人劉氏能修懿範潛助元勲福雖盛而心益恭封既大而勤不匱内言必正同奬自多贊武幄之忠謀保魚軒之寵數而茂貞宣力守土在岐以是加恩用彰有禮必使事君之節相勉克終則不獨宜爾室家兼明報國可依前件

泰寧軍節度使葛從周母廣平郡太君宋氏進封廣平郡太夫人制

勑某官某母郡太君宋氏古者事親竭力而養樂於負米信有其人今從周秩帶三公貴享千乘實賴嚴明之訓以成忠信之名爾既承顏必盡無違之志吾方敦孝遂加有典之榮可依前件

翰林學士兵部侍郎盧說妻博陵郡君崔氏進封博陵郡夫人制

勑爲人之婦能從其爵以益貴者是必宜其家矣而階品在三等之設有銀印青綬之崇則從爵之名所增益貴具官盧說妻博陵郡君崔氏族大多聞多聞者風法性成不易不易者柔和勉說代我之言必能恪居其職助於内者足以彰焉是謂宜家可當用典展衣之飾不其盛哉可依前件

泰寧軍節度使葛從周妻清河縣君張氏進封清河郡君制

勑具官葛從周妻清河縣君張氏生自良家配吾戎帥頗能佑助克濟功名柔順睦親内則有聞於宗族温恭近禮外言不出於閨房既屬推恩是宜用典進之郡邑俾稱藩侯可依前件

冊贈李茂莊太師文

維年月日某甲子皇帝若曰忠信之於人也並酒醴之有麴蘖也智者厚而愚者薄能者寡而知者衆麴蘖厚而遺味深忠信厚而遺美大存誠所至享福必全生死既分是非乃定咨爾故山南節度使開府儀同三司檢校太傅典侍中興元尹李茂莊懷忠信之實圖闕行其不迷用則不匱得之善始守之克終故金蟬左貂爲爾之冕昭其官也彤弓旅矢爲爾之器昭其錫也而又帶綬係印曰公曰相

位列元帥政在中權馮翊分三輔之豪成紀接右界之險俾爾出號令爾惟有威俾爾施教條爾惟有惠威則鮮犯惠則鮮違吾復以漢中控諸蜀塞糶爾昆弟聯彼封疆易武節以授之實地圖之巨者勸夫忠信是亦庶幾尚其爾當職必修許盟必會更資共奬且勵率無疑使我擇臣心得以示信萬國之川流靡息一朝之山立遽頹嗟復魂以安歸悼降年之非永戎昭所賴天奪良多言念舊臣亦不半在茲以悽惻何必鼓鼙昔人能立武者則太公爲師慰爾之行用示追顯是爲有卒無爲不瞑今遣某官某等持

節冊爾爲太師嗚呼爾其聞吾茲命

冊贈劉崇望司空文

維年月日某甲子皇帝若曰生不能用死而誄之爲上者且愧於心古君子亦云非禮其或嘗居夾輔兼授中權生也無不用之悲歿也有可追之命展茲異數示彼諸孤我念大臣庶幾得禮咨爾故特進兵部尚書劉崇望氣質之稟直枉自分先哲王於是而觀賢不肖於焉乃定所以樹爲吉德彰在令終論若所爲信如斯語始於家事勵以躬行處昆弟之歡恥聞優劣視僕隸之役常務寬容避名無取乎白眉掩過每言乎爛手周愛疏屬偏惠故人位高而惟恐驕矜權至而未嘗擊斷剛亦不茹怨乃用希是以誠存則安族大能保天非有私於若惟若有順於天昔者太史秉書沖人嗣訓時乃之任首冠侍臣罔漏代言以光誕告機平旬歲勉應旁求佐理甚勤念功如在比從蜀道入補夏卿方待嘉謀共熙庶績一旦奪我心膂剋爾膏肓夢兩楹而遽應明徵偃巨室而猶疑假寐永言辨色遂絕履聲且臨將葬之期彌積戚虧之痛自朝受策以法登車往慰逝川俾稱空土今遣使左諫議大夫憲王傅副使倉部

郎中温緒持節冊爾爲司空於戲吾所申命何若於魯侯之誄屬辭於若尚知之哉

冊景王祕文

維年月日皇帝若曰周官八統其一親親漢制皇子爲王使得立社於國固本之大哲后皆然咨爾第八男祕當保抱之間有敏惠之性亦既總角遂能勝衣默識天經潛資日就未嘗玩物可以疏封乃告守龜具聞叶吉來受茲典永爲東藩今遣某官某乙持節冊爾爲景王於戲見不賢而能思賢爾則必賢矣知可逸而能無逸爾則常逸矣是

宜廣洪緒永丕休敬而聽之罔失厥度

冊輝王祚文

維年月日皇帝若曰古君子篤於其親者使天下皆興於仁也故二王五子之封非獨立愛而已咨爾第九男祚克岐之質見善欲遷稟訓道而必開故戲言而不受一隅已達四術可陳乃申胙土之章俾奉成人之禮今遣某官某乙持節冊爾爲輝王於戲爲臣爲子皆在爾躬有器有名敢私國典錫類則非孝不可遠恥則非恭不能無替聿修以光利建白茅金璽昭物具焉爾其夙夜循思用稱休命

冊祁王祺文

維年月日皇帝若曰廟立之重天序可承將茂本枝式遵懸法庸就至公之體諒非各子之心咨爾第十男祺稟性惟和挺材亦秀飭躬罔怠於紈素樂善欲忘於鼓鐘析壤之休自天而啟臨軒之命秉禮則安今遣某官某乙持節冊爾爲祁王於戲保在深宮鮮知正範任之作傅我必擇人苟有如韋孟之諷諭安國之輔導者爾當俯聽其言勤行其教使我自家之訓克彰於萬邦而固爾建社之寵不其大哉

冊雅王禛文

維年月日皇帝若曰周家之嗣分茅土者十五國漢景之代書簡冊者十三王朕以寡昧之資奉神靈之統每顧諸子實惟天休期訓導之將成諒封建而可享咨爾第十一男禛方當稚齒復在深宮有知憂知懼之心見學禮學詩之性自然而稟最樂不渝遂詔有司往申舊典今遣某官某乙持節冊爾爲雅王於戲受冊之命重屬汝躬列聖在天百辟在位在天必聽在位必觀罔怠交修用承多祐

冊瓊王祥文

維年月日皇帝若曰不廢懿親大封同姓吾嘗觀於經籍矣然而歷代賢君正名用典必擇才行使之光昭其可以子弟之私恩冒先王之成憲朕雖不德必慎有爲咨爾第十二男祥於兒戲之間多幼敏之習謂之材也不曰近乎處昆弟之間有推讓之性言其行也不曰類乎是宜疏封且命申誥今遣某官某乙持節冊爾爲瓊王噫作德日休爾則逸作僞日拙爾則勞擇利而行令名斯至

冊淑妃爲皇后文

維乾元五年歲次戊午四月庚子朔二十七日丙寅皇帝

若曰惟王法天惟后象地統理之道相須而成秉陽雖繫於昭垂養物必資於厚載庭大倫而克正與元化而同光上贊君臨旁資婦道遠徵百代咸本六經而禮曠累朝位虛中壼嚴禋怵惕玉盞無所進之人內令寂寥彤管有不書之史興廢之重作配實難咨爾淑妃何氏柔既可觀儉皆中度外言罔入懿則自成處閑房而椒亦蜚聲御衆妾而木能逮下洎邦家多難輔佐克勤每見求衣未嘗安寢先知旰食不視晨羞欲齊京室之賢罔慕長秋之盛勞謙之報降福是宜乃顧皇儲仍因子貴公卿來講龜筮斯從

實上帝之所嘉詎朕心之可抑今遣某官某持節冊爾爲皇后於戲極位正名居尊齊體典一申而百神聽禮一行而萬國歡恐懼可以保其名齊莊可以守其位往司陰教以永天休

欽定全唐文卷八百三十四

錢珝 四

爲宰相賀雨表

臣某等今月某日京兆府奏降雨分寸者伏以頃屬時雨稍愆聖慮憂軫爰舉祀典用禱元功臣聞廣覆無親明德是輔誠之所動天則不高仲春以來驕陽頗熾宵旰勞念生靈具知部樂空懸常羞盡減遽陳牲玉並走山川況便殿坐朝深形憂色不責輔臣之咎恐貽赤子之心橐籥之間神祇咸聽既有聲聞之實寧無昭報之期是以豐隆忽

興蜿蜒遂作固得遠踰關輔匪獨周布郊圻君必動天歲有成於登麥臣雖充位力不足於爲霖空喜滂沱敢言燮理甫田皆潤沴氣全消信可待於豐穰更何求於符瑞臣等無任賀聖欣躍抃舞之至

史館王相公進和詩表

臣某言臣聞在心爲志發言爲詩志通而若啟源流詩作而自合律呂伏惟陛下道惟恭默稟在文思永圖欲漸於無爲睿覽且明於多暇因臨丹壑遂躡金繩喜物象之澄清假詠歌而放曠聲傳天籟韻合霜鐘篇殊黃竹之名辭

掩白雲之美臣等逢時竊位敢並韋平應詔屬詞文非顏謝徒偶昭融之運獲聞雅正之音傾聽不知愧延陵之季子試吹必濫比南郭之先生但思參列輔臣安敢首違聖旨輒同擊壤仰和貫珠誠懷鄭衛之慚但感宮商之說星辰自轉難參旭日之光鼙鼓空鳴莫續春雷之響其奉和御製五言七言詩二首謹錄進上塵黷聖鑒臣無任循省惶越之至

宰相諫罷討伐請不幸奉天表

臣某等言伏以伐叛興戎國之大事有不得已然後行之

而食在兵先兵居謀後餽餉必足經畧無遺得必勝之師臣有可用之勁卒然後更度利害熟討始終以是興戎乃可伐叛昨者陛下以某臣節有虧嘗犯天怒而易其鎮守猶示渥恩遷延未行包藏難測聖慮潛察睿斷勇爲爰命宰臣使奉成算臣等雖承嚴旨敢不深思實乃國用方虛軍糧難濟藩垣調發深恐依違兼量於足食足兵二者皆所未備況去秋寇孽犯順鑾輅出居宗廟震驚士庶流落尚賴皇威所被大憝尋平宮闕復清生靈全活今纔周歲始得稍安至於畿甸之間尚有瘡痍之疾臣等所以累因敷奏具寫便宜且乞明聖更詳事理綏謀周慮全體養威必使盡叶事機而後重行討伐愚誠無感睿志不移旬月之間血誠備瀝事行已定不敢復言昨者仰奉天顏密承聖旨又欲出幸近縣親督戎師仍慮寇盜奔衝且貴城壘堅固特令臣等更共平章祇稟宸嚴敢不傾竭蓋陛下將恐姦宄遠至奔軼遂欲先居高壘免動驚塵備審睿懷切在於此又以爲出臨戎事促詔藩臣督集卒徒以速誅翦言於常理固合所宜然臣披抉腹心陳其數事一則伏思朝廷今日之事與建中之難不同當時猛將如雲謀臣如

雨國贍九年之蓄兵持百勝之權德宗皇帝出幸奉天以爲長策一旦懷光繼叛畧刻難安遽遠宗祧遂奔梁漢陛下視將帥之材與粟帛之積得如當時否天下盡忠之力赴難之心又得如當時否以此度量實恐稍難二則陛下雖處奉天之固不可遽棄京師勿使姦謀馳於間道直趨闕下大縱凶殘陛下隔在孤城衆軍各圖其利謀危救亂欲仗何人三則士庶疑懼之心尚賴宸極安止若使鑾鈴順動禁掖頓空則萬姓之心一時何仰況輕違廟社遽捨生靈自古帝王未嘗至此四則秋序肅殺之氣金在西方

昨者冒此用兵犯陰陽大忌今陛下以一朝之怒忽萬乘之尊遠出皇居又衝王氣忝爲臣子復列宰衡苟不盡言是負聖德五則凡有天象之變所以儆動帝王昨者妖星頗多凌犯陛下深知戒懼且降德音兼有禳祈欲銷災咎而銷災之本全在清靜無爲今則伐叛用兵天心不易又欲當災星謫見之後衝王氣以征行訪於匹夫亦知不可惟此五事敢不具言今則實賴陛下英朗疏通且思守位以陛下語臣二者之意評愚臣五事之言裁在宸衷以安大事去此就彼聖慮自深輒貢直言難逃罪戾臣某等無

任惶越懇激之至

爲集賢崔相公論京兆除授表

臣某言今月某日伏奉密詔具審聖旨欲以某官鄭浦除京兆尹令臣進擬來者出自宸衷敢言違詔事非允當今具奏聞伏以三輔之雄京兆居首王畿之理專制甚難歷代重官當今急務比者任用多是丞郎給舍有才之人或藩方善政之師宣宗皇帝求理之切常輟翰林學士韋澳授以此官今陛下固合且命中書令其公選苟或未稱即可改張鄭某自守疑周行頗聞靜守當官莅職亦極恪勤量材則可以序遷進善則無妨獎勸至於關中戶口本貫京師轂下威權莫先尹正畿甸之內諸鎮甚多都城之間萬戶來會責辦則供須極衆整肅則彈壓且殷鄭浦入仕之初曾爲鹽州軍事判官幸守章程粗成勞績因茲際會遂列朝班物望固輕揚歷未久倘以此官除授必當不叶羣情向者嗣薛王知柔以宗室大臣久兼崇秩事功已著總領方宜以浦代之恐失所稱浦既乏公望又匪異材遽達宸聰必因薦導失舉之誤所繫匪輕臣知柔出藩便憂京兆之任蓋二十四縣無不彫殘況屬今秋又罹兵火鄉

閭刦殺尚且未安軍鎮侵陵比常多事賦輸之際撫輯尤難頃自黃巢犯闕災患相繼京畿百姓傷死固多今所保全皆由自備凡爲兵器無不家藏寇至即設寨依山事已則還鄉力穡可耕可戰自是精兵今近鎮多强不爲無事徵召外藩騎卒朝廷又乏軍糧昨者猖狂兼爲患禍每宜警戒不可遽忘實任京兆之權兼須武畧不惟便於政理亦要防於艱虞臣請便言冀合睿算竊見某官李鋋兩朝宿將久立茂勳頗以威名彰於委寄衆情甚洽公論多推授以尹京必能通濟京畿制置兼以命之有權則可抑豪

强用武則可清奸盜圖安之本全在京都備患之先無加軍旅鋋之才畧得以總臨畿内户人累經賊寇農收之暇訓練不難鄉閭自强侵擾因息無事則各營耕稼有處則便執干戈不假饋糧又非失業既安必集就便不煩況目下京都未能安堵速須制置安得因循非李鋋不可委任事惟重難尋已參詳外度人情内思機便悉宜如此方敢陳論伏乞聖明静賜睿覽以京尹難理任事思當今奸弊之初用非材無望之人何以控制於此若他時不濟何以謀安雖欲用典罪之固亦無救於患且李鋋與臣無素分

鄭浦與臣無宿嫌與奪之間公當而已切於此事尋欲兼候奏聞便屬忽患瘡瘓不離枕席近雖潰穴尚有本根固極虚羸且須將理寢食敢忘於機務敷陳又隔於天顔遂敢直奉牋毫粗達肝膈伏以反正之新調理仍急有犯無隱臣心合罄於此時從善如流聖政宜先於大者甚難甚切不敢不論伏以睿斷精明臣等常切感仰今兹論列實冀允從倘或未察愚衷臣實不敢奉詔干冒宸扆臣某無任惶恐迫切之至

中書省請册皇后表

臣某等言伏聞禮云男正位乎外女正位乎内乃欲承天休正人紀事宗廟奉烝嘗是以詩有關雎冠三百篇之首用以佐天下而正夫婦乃政之所由興也伏以聖唐積仁累德列聖重光莫不師古以訓人宏禮以敦本遂得九垓從化萬國用康曩者彝倫稍僭王道微缺使龍樓曠主巹之位翟衣闕助祭之規則外和而國安内和而家理安得而致也必將有以待之伏惟陛下纘列聖之洪業恢百王之令圖爰建東宮再振墜典凡居寰海莫不忭歡百辟庶臣所懷尚慊蓋以中壼之位未立六宫之政未崇臣忝天

極四星一爲正妃上天垂象不可虚其應伏聞淑妃某氏以坤厚之性母範有融淑懿之姿光乎内理用能誕生哲嗣克當天心竊願陛下思啟大猷仰宏丕訓淑妃某氏特依故事册爲皇后使六宫之内一以遵承所爲王政之所由興而風化天下臣等位叨近密職在絲綸朝廷舊章合有論請上期聖造特賜允從輕冒宸嚴無任恐戰之至

史館王相公請册淑妃何氏爲皇后表

臣某言臣聞乾坤相配所以全覆載之功日月相隨所以明照臨之道惟王建后惟后助王若乾坤相配以成功若

日月相隨而行道古皇有制歷代皆然伏惟皇帝陛下法天作聖引古爲師興邦則啟於聰明爲禮必循於先哲然而中宮久曠陰教罔修伏自累朝遂同廢典四海絶仰觀之表九嬪無所統之尊誰詠國風空垂易象永惟委墜可謂因循漢氏以來舊章不易常先立后始可建儲今元良已視於東朝而柔順未臨於内職既虛正位莫敘大倫臣等每奉清光累陳彝憲竊詳睿旨俯鑒愚衷請問守龜必當告吉掖庭累行詎無白鷺之徵簡策正名宜受金螭之錫是以敢干旒扆進拜封章伏乞申命有司擇定良日俾

行盛禮自叶至公冒黷宸扆臣等無任懇迫惶恐之至

熒惑退舍宰相請復常膳表

臣某等言今月某日伏奉批詔以臣累陳列宿之間熒惑退舍所宜升臨正殿進復常羞而睿聽彌高羣誠莫遂顧台星之有位居公府以不遑伏惟陛下道合秉陽事皆師古稟天明於垂象察時變以側身克示允恭未忘戒懼考乎經籍實契規模雖退就卑宮儉惟降食方期應感合舉典彝然而芒角既收運行已順歷懇亦循於故實拜章敢惑於聰明而元鑒未開丹心如燭鋪陳無序裨贊失圖伏以大配乾坤重承宗廟執禮必遺於小者推誠皆可以貫之則行正道以臨萬邦不在乎不居法座也布王澤而滋庶物不在乎不食重味也而陛下未嘗不行正道於遐邇布王澤於細微苟行之有終宏之不已則天惟輔德心實弭災視棟宇而自安御豆籩而自爽敢祈聖鑒必念斯言伏惟俯徇愚誠特允所奏干冒旒扆臣無任

爲宗正卿請復常膳表

臣某等言今月某日伏奉批詔以臣所請復常膳御正殿未賜允許者臣等恭承詔旨竊仰聖謨以爲前史所垂正言可取則應天動人之事實哲王致理之先然臣伏思陛

下繼體以來推誠必至友愛之道顯教萬方惻隱之心罔遺一物於王師致討司寇用刑率皆毒被蒸人罪興衆怒救殘虐之極弊懲悖亂之元兇而後効順立功報之爵祿勞心焦思痛在瘡痍屢降德音勤行王道得非應天以實而動人以行哉況謫見之後戒懼不遑朝野所知星辰所照則大官進御路寢燕居既舉舊章將踰期月固可以特開睿鑒俯徇羣心理且叶於至公事兼存於大體臣某等謬居宗緒敢貢飾詞盡布腹心復干宸扆無任仰望兢越

屛營之至

代王相公謝加門下侍郎食邑表

臣某言昨蒙恩命授臣某官等者今月日已奉表陳讓跪承批詔未賜允從方就日以傾心若履冰而舉足臣某中謝臣立朝守嗣莫繼前修學古入官敢期高位伏遇尊號皇帝陛下道惟樂育志在紹聞待河清而先靜化源致俗阜而深探理窟當乙夜縱觀之後啟輔臣夢得之休而遽以平衡授茲弱質頗乖庶政莫達大經何施作相之才但累知臣之鑒厭兵而五兵尚在唯恐人殘祈穀而百穀未

升仍憂歲旱尋宜待罪已合避賢陛下慎以退人容於竊位兼迴睿眄遠正台階進當浴鳳之榮更懼維鵜之刺況增封建俾重弼諧臣且自量則為不稱是以陳辭瀝懇冀動天心拜章而方謂可安捧詔而未嘗得請尚希終收渥澤遂寢典彝苟責實而有聞信假寵之非晚徇之公道竊主所圖受爵既多懼君恩之大盛省躬甚拙知官謗之必興負戴聖慈臣某無任感激兢悸之至

代崔相公謝加中書侍郎食邑表

臣某言伏奉今月某日制書授臣中書侍郎仍進封開國子加食邑二百户者寵踰素分憂集微躬臣某中謝臣聞當可舉而後行則彝倫敘見有功而後進則勞臣勸如或行不當舉進不見功是謂謬恩實維虛授臣學非練達質異溫良致身而敢望坐茵措手而寧期補袞嘗塵侍從且昧論思既無酒誥之能莫並食時之敏忽蒙聖造遽委化權佐運行而不應中台論燮理而未周四序何言睿澤曲被微臣纔叨正秩之榮兼進疏封之命戴恩無力臨事知非將投盈篋之書寧用濟川之楫顧迴元鑒俯徇愚衷致公器之無私在國章而克重光昭聖德復戒貪夫仰望皇

私臣某無任懇悃激切兢悸之至

代史館王相公謝加食邑實封表

臣某言伏奉今月某日恩制加臣食邑實封若干者充位代天無名益地祇膺茂寵併集百憂中謝臣聞賞以昭其功典以載其事是為重柄用合大經苟功不足昭事非可載濫承休命實累皇猷臣謬執化權無裨袞職徒見容於君父每受責於神靈頃者陛下薄狩近藩復興否運寬仁屈己神武去邪敢有感於羣謀實無渝於睿斷寰區之內耳目同驚此非臣齷齪之心所能匡贊重圖反國艱若設

都仗戎帥以經營寄輔臣而鎭撫秦人戴聚周廟克成千門既啟於建章萬騎仍隨於司隸宸居復正懸法更高又非常昧之才所能施展荷景貺而寧參天力奉淸光而徒和山呼無補艱難方懷慚懼詎謂聖慈忽被異數仍加賞優而欲舉何功典重而將言何事況乎眞食尤曰寵榮輕行於富庶之秋皆期必稱尚屬於艱難之日焉可非宜伏冀聖慈必收殊渥臣某無任仰望逼切懇悃屏營之至

代中書孫相公謝登庸表

臣偓言伏奉今月某日制命授臣中書侍郎同中書門下

平章事者渥澤自天怔忪無地臣某中謝臣聞佐天子理陰陽撫四夷遂萬物者宰相之職也然而能經國則可以佐天子達化源卽可以理陰陽善柔服可以撫四夷適方圓可以遂萬物今臣才非經國智昧化源不知柔服之謀未達方圓之道使之執政必致曠官伏惟皇帝陛下與天同覆與日合明有言必訪於芻蕘有用必搜於林藪今者初當出狩且欲興戎修至德以弭災動神機以伐叛復亨否運昭告元穹是宜愼擇賢良光輔睿哲臣志雖懋學器異混成但爲章句之徒莫應權衡之任陛下明恩委照聖鑒洞開拔於駮正之司置在仰成之地越諸彝典授以洪鈞空驚行潦之流忽載大川之楫遭逢獨異寢寐終疑願迴非次之榮且降可行之命立朝在野必有其人省己捫心莫知所措臣某無任感恩荷聖兢懼屏營之至

代陸相公謝再入表

臣扆言臣昨蒙恩制除授中書侍郎同中書門下平章事今日面宣聖旨不令更有陳讓者臣聞虞舜成湯之爲君也舉臯陶伊尹之賢處補袞宰衡之任不仁自遠大道甚夷上可致君下可遂物相須之用古策具書猥被寵靈再

當燮理仰成之重內省至難披肝膈之所藏冀封章之可達煩言無取睿睠莫迴親奉淸光復傾丹懇讓不容於稽首進何務以沃心臣誠憂誠感頓首頓首伏惟尊號皇帝陛下濬哲守文高明立極廣好問則裕之美推任賢勿貳之誠思舉直以化人待封比屋念偃兵而屈己欲拜昌言是宜愼擇濟川博求在野並稷契之稱前代若姚宋之贊本朝使竭謨猷以光輔弼臣器殊王佐質謝卿才常念立身但希承嗣未曉必聞之政合居不急之官雖臨事秉心如秤敢欺於輕重而自天率性佩弦亦戒於因循頃者徒

幸遭逢且乖斟酌既塵公餗果驗素飧旋叨就列之榮每荷匿瑕之道今日忽流霈澤又執洪鈞信夢寐之難期詎蓍龜之可卜頃雖當軸竊類代庖是非誠畏於人言去就敢違於君命中台不耀先慙箕斗之光元首自明何效股肱之力銜恩匪稱揣分彌憂詞不盡於抽毫淚空知於承睫負戴聖造辭莫能殫臣某無任感激榮抃屏營之至謹言

代史館王相公謝監修國史鹽鐵使表

臣博言伏奉今月某日制書加授臣門下侍郎監修國史

充諸道轉運鹽鐵等使者進當辨色動乏書思寵光忽降於昭回循揣空知於殞越中謝臣聞可衛社稷謂之大臣有利國家是爲公輔大臣所以能經濟公輔所以竭訏謨倘昧於斯則同備位臣爲儒孤陋守嗣凌遲既無稽古之勤止望易農之仕安敢苟求進達濫冒名聲但任顓愚獲逢濬哲聯叨服冕遠至秉鈞而莫貢昌言多隳庶績復致省方之難皆由失職之愆且合自拘敢期策免陛下克固知臣之鑒每推責己之誠雖罷燮調猶當節制捧彤弓而欲去尚抱憂心指金鉉以復留終迴宸睠輔相之委近代所無不才何補於股肱有感徒深於骨髓伏遇陛下勃興景祚丕變公朝掃蔽日之浮雲納投水之堅石應機之急當宁不違從諫之明轉圜未速仰觀奮發實在斯須聖政惟新璽章咸舉宜求耆碩共致承平今臣曲被睿慈仍加霈澤黃樞正秩青史專修兼司運漕之權俾集牢籠之利屏躬承命俛首退思固合避賢惟憂致寇保其終始賜以安全陛下且許乞骸不令覆餗徇公爲理擇善任人幸非伯石之情敢待召平之說且移盛寵別授通材顧叶澄清仍資庶富而近臣遽降聖旨重臨難陳固讓之辭唯勵恪

居之志雖多言可畏垂難續而有所不聞而內省堪憂補元衮而何能自効臣某無任荷恩榮耀兢戴怔忪之至

錢珝五

代集賢崔相公謝賜官誥表

臣某言伏奉聖慈賜臣某階某官食邑若干户官誥一通者臣某中謝臣伏以周官所建冢宰是先進階陛之名增井賦以數重在彝典合爲渥恩冒寵以來偷安而處不能退讓方懼滿盈詎謂陛下每顧舊章必加優禮雅誥旣垂於綸綍侍臣忽降於宮闈五彩相鮮且成文於潤飾萬鈞比重幾無力以捧持聚族咸觀省躬何稱遭遇莫酬於君

父寶藏空戒於子孫竊視權衡惟思砥礪臣某無任感恩荷聖激切惶越之至

代集賢崔相公謝賜官誥表

臣某言今月某日賜臣某官誥一通者臣某中謝臣敢謂皇慈仍加霈澤固讓而丹誠莫遂退思而元造寧酬今者特降近臣遠臨私室琅函乍啟捧持空耀於微躬寶軸載觀燦爛仍驚於衆目榮光併集舒卷不遑難勝黼黻之文何補燮調之任唯當千慮以荷萬幾見可而進之誅知無不爲之力用裨至理庶奉休期仰戴聖慈臣某無任省己感恩之至

代集賢崔相公謝賜官誥表

臣某言臣先蒙恩命授集賢殿大學士今月某日中使至忽承霈澤降自重霄再披五色之文若戴千鈞之重臣某中謝伏惟尊號皇帝陛下求衣待旦側席視朝方致理於雍熙每仰成於輔相臣自慚竊位唯懼曠官未獲避賢何堪假寵爰驚瑣質更被鴻私提玉鉉於中台已憂公餗總石渠之祕署兼集羣才當文德之大朝實名儒之大任今者遠須雅誥益示皇慈兼命王人且臨私第琅函乍啟光

凝紫府之烟寶軸潛舒潤帶金盤之露空知焜耀無報睿明臣某無任荷聖感恩兢懼之至

代宰相謝示白野鵲表

臣某等言今月某日高品張師道至奉宣聖旨示臣等涇州所進白野鵲者臣聞白爲正色鵲實靈禽在五行而賦稟金精於衆鳥而有殊羽族臣某中謝伏惟尊號皇帝陛下應上天之道必順五行遂萬物之情非徒衆鳥宜獲降祥之類以昭致理之心是以素翼流光丹眸耀衆俄呈瑞質能弄好音應圖牒以自來詎網羅之所得諸侯入獻史

氏明書寧同集樹之烏堪並紀年之雀方開景運實契禎符臣某等謬贊皇猷竊觀神貺無任賀聖歡忭之至

代宰相宣示白鵲白鸜鵒表

臣某等言今月某日高品張徒羽至奉宣聖旨示臣某物者至化無私殊祥畢萃既光史策允叶元符臣某中謝伏以西方主白金氣應秋故靈禽頻見於塞垣元貺實昭於人事遂使載飛之類皆呈受采之姿以物窺天知天感聖犬戎柔服必無犯於西方禾黍豐登將有成於金象假茲毛羽降彼藩隅既來獻於帝居獲同觀於公府何能翼戴

徒荷休明臣等無任舞詠聳抃之至

代宰相謝賜布帛表

臣某言今月某日中使某至奉宣聖旨賜臣布一千疋絹二千疋者臣某誠哀誠感頓首頓首臣災集衰門禍貽諸父執禮既循於經典成喪將服於冠裳何言臣子之情必軫君親之念近效承命飛星忽降於重霄寵數有章束帛載頒於內府哀榮曲被跪受難勝上感聖慈臣無任涕泣惶越之至

嘉會節宰相謝酒食表

右伏以香火至誠祝後天於萬歲弦匏飾喜會率土於三春敢望宸衷恩隆輔弼王人遞降寵錫爰加酒醞繼陳炮燔兼至名茶馥郁嘉果駢羅嘗珍而食指先驚敢忘盈滿竊位而憂心已醉寧待獻酬仰望睿慈臣某等無任兢感懽忭屏營之至

代宰相謝降朱書御札表

臣某言今月某日中使某至奉宣聖旨頒示御札以貶黜張道古事更令申誥中外者聖旨昭垂羣情胥悅臣某中謝臣伏念元和中吏部侍郎韓愈因陳佛骨遂拜封章以

爲前古奉佛帝王年代猶促憲宗以人臣去就乖忤非輕震怒所臨遂竄荒裔憲宗英主韓愈名臣典記可行事無不順今張道古狂瞽所獻斥犯非常凡曰在庭皆知難恕深宏睿哲且欲含容雖匿瑕之道則然於犯上之名斯重臣等請行譴逐陛下尚顧物情宸翰所臨皇言曲被盡賀爲君之盛咸知六德之能捧戴聖慈如親冄袞臣某等無任銘篆兢越榮感之至

代史館王相公謝令樞密使宣諭奸邪表

臣某等言臣嘗讀漢史竊見上官桀桑宏羊皆惡霍光之

忠於王室也欲奪其權遂詐爲燕王上書言光將有非常之變而昭帝知其詭詐欲害賢良顯發怒言保明元輔識者以爲漢昭之聰睿遠過周成臣等每閱其書實感其事以爲後代不復有之今月某日獲延英奏事親奉聖言且以陛下深懼艱屯欲清教化竊亂階於前事窮蠹本於小人既已誅鋤方期屏絕而常有技術賤微之輩班行險躁之徒潛結詭謀輒投邪隙且相援引遂有譖傷間諜滋深根株甚鉅而聖心不動睿鑒有融盡辨讒諛靡容交亂致臣於不疑之地知彼有禍人之心且赫揚於斯必令懲革

覩於左右永杜奸邪臣等且懼且驚載思載感還至公府未知所安樞密使某等又至中書備傳睿旨伏知是李遂劉達等共謀推薦李潔秉政因此大惑天聽君臣之所難聞乾坤之所共棄有李遂之奏肆志巧言而陛下不以爲疑祇以爲怒凡所布諭必盡洪纖某等復宣陛下之言不惟保任臣等兼欲擊斷此輩彰明我心臣等稟命而思激情以泣自有邦國誰無君臣今此讒邪忍施陷穽密構於一夫之口何術可知潛行於萬乘之前何人敢辨雖陛下察之不惑隱之不言有此釁端加於輔相臣之竊慮將至驚狂一旦親奉堯言俾行漢律使罪人斯得餘孽自安復使微臣必無他慮食駃疑者未足爲德喻媒孽者未足爲辭李遂輩擠臣於不測之谿陛下賜臣以援溺之手誣臣以難明之罪陛下諭臣以必信之言彼昭帝之時漢家方盛霍光之辨且有詐書今李遂得於艱苦之朝進傾危之說宸聰之外孰可得聞則臣等塗汙一浸江漢難濯歿爲野土誰爲叫閽不有睿明焉知昭釋感入骨髓誓諸神祇千拜首以何爲一剖心而始足惟當竭誠啟沃戮力鞠躬盡毀家紓難之謀繼圖國忘身之策尚疑丹悃未答皇私荷聖感恩臣等無任抃蹈兢慄涕泣屏營之至

爲西川崔僕射謝卻赴劍南表

臣某言自中使馬承倩送臣卻至所部漢川迴監軍中使孟遊仙等續發北面拜天南旋舊鎮望九門而彌遠顧三蜀而何情如丹之心具列前表庶明臣子之分以期君父之知臣某中謝臣四度興師每冬獻捷願將邊事親達宸聰比恐三軍阻臣行計潛裝密辦亦既經年上都贏糧傍路支費事皆前定誓衆遂行日望京闕天威咫尺豈知時乖運未屬彼外虞徵發之期指蹤又切進退難處彷徨以

還有心未明有口猶閉若撻之恥空思於堯舜戀主之誠倍慙於犬馬臣知從事官王忻傳遞自經驅使積有歲時言行惟一爲臣腹心當今切務具如別狀悉令密啟遠達由衷伏乞聖慈俯迴神鑒仍賜容納許以畢辭天下幸甚天下幸甚其有不載文墨更令附口奏聞皆是刳心所陳豈爲億中之說倘可裨補雖死猶生區區赤實敢希萬一臣以今月某日卻至成都訖整齊戎事即赴行營西藩動靜續冀奏聞衆星微象長拱北辰勺水細流盡朝東海惟臣不及歛恨何言無任感戀屏營之至謹奉表陳謝以聞

代户部孫相公謝授兄太常卿表

臣某言伏奉今月某日勅命授臣親兄太常卿檢校右僕射者霈澤下臨私室相慶臣某誠懽誠荷頓首頓首臣兄某抱公藏器據德有鄰爲善而不欲近名從政而但思利物自臣遽升台輔獲導化源雖向國去私戒臣常切而入門避事遠謗每深出趨垂拱之朝退務掩關之樂陛下禮行舟楫念及塤篪慰其友愛之懷進以優崇之秩伏以九卿之位歷代所尊舜以三禮命伯夷漢以奉常加稷嗣倚古則重得人始光用典之難敢言兄氏方懷慚惕忽荷皇私而階峻銀青寵兼端揆喜溢在原之屬恩加當軸之臣既激弼諧且宏名教股肱作輔莫成鎮撫之功手足相須但有胼胝之誓臣無任愧竦之至

爲宰相謝内宴表

臣某言臣聞古之王道美在詩人爰徵式宴之名則有鹿鳴之什俎豆既列笙簧亦陳羣臣享而受之得使盡其心也能追古道實在哲王臣某中謝伏惟尊號皇帝陛下聖文有作臨照克明昨者以告見祖宗奉兩宮而偕行重典祈禱天地感百神而已報豐年方屬清和更宏慈惠遂當

暇日乃闢廣埸既接輔臣兼延卿士我心則悦洞開咫尺之顔不醉無歸畢降獻酬之禮而又深形睿旨新製樂章但臣等忠則有思拙而無補陛下勉其翼戴播在弦歌竊聽鏗鏘空知慚感爲恩如此何力可勝徒以宮殿飾同疑文符混一舞成奇字更俟太平待季子之請觀笑吳宮之教戰盡如解慍詎異聞韶況凡有嘉遘親令下觴臣細之事指顧不違鴻私曲被於茲辰寵遇頗踰於往列仍蒙賜賚且極纖華伏自侍宴已來還家自省燮理欲酬於元造終乏嘉謨傳聞空徧於遠方彌光聖德君臣共樂史冊可

書臣某等無任銜恩涕感歡榮忭躍之至

爲兩省官謝內宴表

臣某等言臣聞謂傾心於百辟向日雖同觀拱極於衆星在天各遠所以會朝之地每隔丹墀而燕私之嘉忽親黼扆注渥恩而則可求故實以未聞事出常倫感深庶位臣某等伏以考擊鍾鼓鋪陳几席恭惟列聖常命周行且屬宴安仍須物用匪勞規畫始就歡娛今陛下以尚念多難不爲自逸外闕貢輸之數內無饒羨之資蓋以臨昧旦而謁宗祧奠章必具仰昊天而祈稼穡甘澤已頻方當行慶

之時且欲與人同樂昨者昭垂睿聰俯接羣僚忘憂而飲備六清既飽而羞踰百品戒膳夫之失飪詔酒正以如澠賜者鮮闕行之皆徧飾喜則聲從禹律製曲則音自堯聰樂和而鳳鳥應來舞妙而薰風共轉曲形文字全爲生靈承天詔以咸觀兼聞金石泛恩波而已醉不待罇罍柏梁殿唯召詞臣華林園亦非密座共當異寵難並茲辰光東帶而更勵立朝顧綵繒而彌慚勝質則微臣非徒享滋味聽鏗鏘而已霑纓感德稽首拜章臣某等無任荷恩激切榮耀屛營之至謹奉表陳謝以聞

代兵部崔相公謝追贈三代表

臣某言伏奉某月某日制命追贈臣亡曾祖某贈某官亡祖某贈某官亡父某贈某官伏以恩深逝水澤及重泉哀極失圖感惟增懼伏念先臣實逢聖代寵被乘軒之數名傳汗簡之書而隙駟難留隴樹斯拱積感既深於霜露叨榮復忝於陶甄陛下重顧台臣爰加贈典陰陽未序寧施報國之功霈澤遽臨空激承家之志仰惟追命唯自省躬臣某無任荷聖感恩哀榮惟懼屛營之至

代兵部崔相公謝追贈三代表

臣某言伏奉今月某日制書追封臣亡曾祖母亡祖母亡母某國夫人者典常重舉渥澤下流臣某中謝伏以尊號皇帝陛下動法天經用宏王道繼降追榮之命若酬輔政之功竊念微臣謬持魁柄討日月則四時未半調陰陽則六氣未和而聖造曲臨奠章俯及上公端揆已承褒飾之恩大國贈封更荷顯揚之賜康化權而無力顧家牒而有光祇戴睿慈臣某無任哀感激懼屛營之至

爲皇甫懷州讓官表

臣某言伏奉今月一日制書除臣使持節懷州諸軍事守

懷州刺史成命俯臨兢魂自失妨賢不退無德而升恩屢錫而知慙祿彌高而愈懼中謝臣聞國經選士有一善而不（集作無）遺天爵與能從九徵而可試臣薄遊憲府累踐禮闈衣繡無執簡之才起草愧含香之列移官望苑日月其除驂駕梁園涓埃莫效剖符南峴旣恧民謠作鎮西河未寛人隱二（一作三）邦爲政撫熊軾而無功八使迴軒同鶴鳴而有薦遂乃謬霑束帛猥賜褒揚頓掩前瑕更延今寵山陽大郡河内名區桑竹蔭淇水之西井田雜邙山之北將何以潤通京邑化接神州雖勉三載之勤何補一年之借

封畿之要歷選稱難臣也胡顏敢膺斯寄伏乞再求遺玉更網潛珠庶使賢才申共理之心聖主得分憂之地無任叨竊之至謹詣朝堂奉表陳讓以聞臣所讓人別狀封進

爲集賢崔相公讓大學士表

臣某言臣昨奉恩命加臣某官者非常之澤稟命實難今月某日已奉表讓訖伏慮聖慈所注宸旨未迴累足屛躬自逃無地遂敢再傾肝膈仰告睿明臣雖至愚非敢飾讓一則副陛下用臣之公道保陛下知臣之遠圖一則惜朝廷之典章重朝廷之爵秩永惟矜鑒在我聰明伏以顯賞之恩殊勳是稱凡施君命必合國章昨者逆將興妖稱兵搆變災匪同於天作患實過於主憂咎在輔臣理當昭憲但臣久罹强刼莫遑出居走間道以獲歸乃王靈之所被免致陷身之禍得陳拜首之容伏蒙陛下特閔驚危盡寛罪戾收雷不振就日復安尚處弼諧空知慙感至於遽停輦輅近駐郊圻廟貌不遙園陵可望是陛下孝通祖考所以不遠京師也又能庇茅茨祗臨草莽潛施英畧使殄逆徒坐待梟夷風行號令然後決乘輿之反正慰父老之怨思謀夫自多睿志先定自陛下精感社稷所以不移節序

重啟昌期咸資聖斷臣將何力可助元功比者殊渥遽臨莫知所以爲賞之僭懼及淫人春秋正言國家大事聖朝行之則有損微臣受之則無名且臣叨荷休明貴爲宰物兢兢守道尚懼懈尤汲汲經邦未能報効今伐叛之地實非近藩虜馬方飲於渭川戎帳頗施於秦甸農商半收（疑）貢賦鮮通中外未安宵旰多慮凡垂恩澤先布瘡痍次及勳功方爲（闕十字）元和聖武乃顧淮西宰臣裴度總統全師削平宿寇勤勞忠烈史策昭煥獻捷還都書勳行賞持衡之地但加金紫之階詎是憲皇之恩澤不深裴度之勳名

不盛此乃愛重彝憲保持大臣遂令賞薄於功欲使衆稱其美列祖遺法陛下聿修在臣感恩欲增聖德中旨故事常欲兼官雖當敘進之閒亦在歲時稍久錫之有度拜者則安臣又非宜朝將何論眞食之命令典俱存求而論之斯事非細軍儲方困公聚正虛郡國凋殘乃陛下殷憂之本臣僚艱窘是陛下軫卹之秋而宰臣獨以膏腴贍其封邑人情頗惑事理不通承命以來連宵審度粗能祇荷皆欲寵光何敢進犯天顏尚煩俯察誠憂赫怒其可苟安不言則負任使之恩有讓則違獎錫之旨有違無負明主必

容情激辭多憂緣寵過伏乞特迴沛澤且使變調息致寇之危疑合興邦之理道臣某無任死請迫切懇悃之至

第二表

臣某言臣昨蒙聖恩加臣某官實封等瀝誠雖切天鑒未迴今月某日又奉宣命賜臣持危匡國致理功臣者寵光踰溢俯僂驚惶昨已奉表陳讓訖恩出一時事非常典衆方興論內不自容是以伏紙寫心累干睿鑒未蒙俞允匪獨驚危朝省夕思且涕且激臣腐材弱質叨列公台何施尊主之能未立爲臣之節而艱難之後陛下待遇愈優食必分甘言皆動色宏慈厚禮前代所無比及今茲適當反正斷自不疑之旨遽行非次之恩則臣竊驚孤心兼量愚分仰酬萬一且合如何至使堅讓未休蓋亦深知不可上惟聖德恐有失中受詔之難血誠在此陛下以歸復之慶謂臣有參贊之功嘉謀既出於元機勝畧必資於英決恭惟茂實前已備論上聖推不宰之心而具臣乏可書之績則甄賞之命遵行及私唯增鄉校之言兼致匈奴之笑否臧是驗損益可知況臣在中書又殊同列彥若與博執政在臣之先或累歲燮和或踰年鎮撫彌違斯切成效固彰

臣自再忝秉鈞初當變律未調鼎餗徒辱車茵遂罹向闕之兵莫救燎原之火至於今日無補大朝寵獎重恩俯躬非稱伏以眞食之命雖著舊章蓋上將平戎大勳卓立超酬特賞始可勝任行於文臣此事固少況在今日不並往時天下編氓殆無膏血筋力盡疲於戰伐經營多廢於耕桑所在聚兵肆爲厚斂不免者痛侵刻剝可免者患至流亡鄉弊家殘不勝條說寧於此際更可重傷兼計百户之封歲當五百餘萬軍儲常廢國用急須以此校之所濟非少今陛下焦勞睿算臣等涸竭智謀蓋爲朝廷日憂匱乏

曷若迴非宜之恩命救急務於公家聖慮既寬臣心自泰生人不加於怨苦經費自濟於艱危宏陛下爲國之資伸微臣代天之極幸以是竊度實敢固違加臣之名本加疑武將伏自先帝興復之後宰臣特授殊恩且類權宜何光定制況臣執政爲日未多安可輒冒憲章當此多數伏自陛下光承丕構實耀英謀如秦權黃鎬之兇徒及近歲甫誅之大寇載揚我武克致明刑此外凡有兇渠未嘗漏網聖功神畧可謂赫然去年公卿等合彼兆庶之心遂有鴻名之請封章四上伏奏累陳陛下以時未戢兵人多言病

不循令典不顧羣情久執至謙畢奪衆懇作聖有歸於公望上言敢犯於聖明夫元首股肱闕二十二字陛下讓懿號於去年臣則受鉅名於今日闕六字不同一體之榮與之則臣蒙姑息之愛列於事實未合便宜近者國之名器多假諸侯法度久踰改張何暇宰臣謹畏再務率先尚慮驕矜不能儆戒陛下若於朝廷未安之際藩方難制之時忽使輔臣併加殊事則勳侯戎帥越例貪求中書自思無以奏奪空煩聖慮益壞政經是因今日之恩復作他時之患諒非細故得不極言累陳切讓之辭庶獲洞開之鑒上祈聖哲備識愚衷寵渥未收憂心如灼生惟富貴誰無崇盛之誅禍在滿盈臣有顛危之懼方承任使必覬哀矜伏乞聖慈速降明詔允許臣某無任瀝血輸懷祈恩俟命激切惴悸之至謹奉表陳讓以聞

第三表

臣某言臣叨膺殊渥特越常倫一縷千鈞非能比重累棊加卵何足爲危是以繼獻封章面陳肝血宸衷益注寵數不移未允愚私如中狂疾伏以皇帝陛下恢張天覆優遇宰衡流澤而唯恐不深錫爵而唯恐不重欲行君德更邁

古皇茂典畢申睿慈未足內惟感激旁有神明則臣報効之端合識安危之道臣昨者辭讓繼具鋪陳不敢更俟煩文上干聖覽但以陛下大崇儒術多悅羣書經誥之間講論尤切察臣子去就之分考生人禍福之源固以精辯否臧盡詳炯戒今臣之懇激尚敢披陳夫貴而知懼者春秋所書祿不期侈者尚書之訓苟忘斯論何以全身況臣之生年歲當丙子四十强仕血氣方剛求之族類之間初在簪裾之列而臣亨逢廣運夙忝重官爰自前年已居台輔至於今日復列鼎司享於極位之中處在羣寮之上潛憂

弔者已在臣門凡有寵光每宜畏避則官無厚謗天祐微躬上可以永保陛下之恩次可以善守先臣之嗣是非之際物理甚明如或終自昏迷仍貪寵利害盈之罰更在何人太盛之災不到他日今陛下以崇名重器豐祿殊榮併壓臣身必速天咎倘此期未至尚或苟容而焚灼常苦於寸心芒刺日加於四體精神紛擾疾疹交侵便至乞骸何能充位雖臣欲陳綿力粗補萬機更策懦才或康庶政固無門於立效徒抱恨以自尤且臣在同列之間擢用最近等衰之制輕重有宜今臣所蒙制命授集賢殿大學士序

遷彝典寵飾新恩雖有固違謹當祗受其功臣名號官階爵賞實封等深思僭溢必致遭災敢徼飾讓之名願擇常存之福且將勸勵獲佐盛時直露情私寧欺君父伏乞聖慈終賜矜允臣某無任迫切泣請恐悸之至

欽定全唐文卷八百三十六

錢珝六

代史館相公讓官第一表

臣某言伏奉今月十三日制命授臣某階某官仍加食邑一千户今日獲於延英親承聖造瀝懇陳讓未賜允從臣某誠感誠憂頓首頓首臣聞衽席之上讓而坐下人猶犯齒朝廷之位讓而就賤人猶犯貴人情之間讓猶如此況其不讓無犯則難而復台輔至崇鈞軸至重頃年陛下擢臣秉政莫獲固辭已乖戾於當時敢因循於今日伏惟尊

號皇帝陛下於君臣之際今古所希有善必知有過必掩使之夾輔恐不光昭故重器崇名焜耀而常思假寵進言論道周旋而盡鑒推誠上感天心臣非木偶今之讓爵蓋懼生災猶慮天下之人將有所犯敢於翰墨畧布肺肝且陛下示以殊恩增其貴秩當庶事苟同未稱在衆心必以為非旒扆寓臨宗祏權設有兵革未能載戢有法制未盡公行凡此憂虞不遑寤寐以玆受命可謂稱乎聖澤纔流謗言未至縱朝行為臣箝結寰海必自沸騰則上有私於輔佐之間而臣闕啟災咎之本繇是終始揣度進退驚

疑以此拜章實期得請陛下加臣以渥澤不若使臣合物情寵臣以光華不若遣臣免災咎儻人言不息天咎必來焉得自隱自欺不披露懇悃伏惟洞開睿鑒俯徇愚衷且遣粗安更容陳力廣至明之德罷已降之書昭示四方用新聖政臣某無任感激惶懼屏營之至

第二表

臣某言伏奉今月某日批詔具承聖旨臣昨者固辭寵休有異常等然始以謙讓爲說終以災咎自陳未能便動天心上迴睿渥復傾肝血進拜封章直舉其言冀蒙昭允臣

某誠迫誠懼伏惟陛下寬明有制聰哲成文揚憲祖宣祖之風冀元和大中之運故欲治而尚亂欲泰而未安潛測聖懷常縈百慮臣爲宰輔得不周知且自去秋以來國步未復臣每思人事每揣人情內激肺腸有如湯火陛下當食不美當寐不甘欲以攻苦食淡之心抱公滅私之道致陛下之理釋陛下之憂然而再秉機權未能致此者蓋臣去已之事尚有因循防患之謀率多容易若臣去已必決防患必專天下之憂庶幾稍解而祿位輕授之弊近歲愈深上自侯王下至卒伍受爵賞者所承不重荷恩澤者所感不深蓋緣族類之間踰越者衆不重則無以勸其戮力不深則何以激其盡心因之且不稟朝廷不畏法度不稟必亂不畏必危本末之間實出於此今臣貴爲四輔重有萬機階秩就加朝廷常典又何必齷齪謙讓而違君命也但欲審度去就明辯否臧以臣去已決烈之心拒天下越等干求之患使爵賞不濫與恩澤不妄加則承之者必重感之者必深如此自稟朝廷自畏法度有患可弭有難可平此事非所難爲祇在陛下明察儻或信其誠請遂寢新恩則君臣之志氣大同理道之根源必正若陛下不顧其

說在臣亦欲何爲但抱憂惶難居夾輔有渝斯語是謂明欺君道始終聖情深淺祇期遂志不敢匿情再黷冕旒若臨泉谷臣某無任迫切惶恐俟命允許之至

第三表

臣某言臣昨者再獻封章實披肝膽而詔書批諭德澤滋深有志未從有言未納雖屬沍寒之候不勝流汗之憂臣某誠悖誠惕臣聞帝王以國事之重倚於輔相者既觀舉直之誠必責理平之效故責之必信信之必終然則歷覽古今此乃明君遇賢臣之事今陛下明德非臣獨知臣之

非賢人共知耳而待罪之位非次久居陛下知臣之心處臣之地每陛便殿常認聖慈謂臣輸寫甚忠舉措多直每參大政皆聽淺謀有間之言無從而入至如一昨忽搆羣邪奏密而左右不知禍鉅而本根已固雖傾陷盡闕（一作闢）於大事而譖傷先在於微臣陛下知臣素無他腸知彼但肆讒口聰明一寤擊斷不疑否則臣永抱幽寃已當誅殛棄逐奸臣之日忽降渥恩蓋欲使中外之人明知遇臣益厚以玆銜謝詎並尋常則臣自此事君自此執政每圖報効且合何如所以固讓重恩深申血懇昨者所陳章表始末以去己爲言蓋欲以人情所難爲臣願爲之於今日陛下所賜之異寵臣願郤之於此時將使萬邦盡驚致理因玆約束冀漸和平若臣冒寵不辭何術可制天下至大至切不得不然今陛下未察愚衷頻加聖澤與向來知臣之旨昨者保臣之心顯有不同臣將何託前所謂齷齪謙讓臣實不爲伏望陛下以所奏之書靜賜睿覽察其陳讓之懇匪以沽激爲名利於國家不避震怒倘陛下將期復國別欲任賢奪臣迫切之心以示棄絕之旨則當避賢而退不敢更煩聖聰竊揣此言得遂堅請臣某無任拜首瞻天瀝血隕涕懇激徬徨之至

第四表

臣某言今月十八日延英敷奏親獲固讓官榮徒荷皇私未從丹悃今日又開芝檢復閱綸言莫聽鋪陳尚令祗受臣某誠懼誠迫臣聞高下相遠者天地也而天地之氣必通所以四時周旋萬物生育尊卑相懸者君臣也而君臣之道必合所以統理諸華肅齊庶政天地不通則萬物夭君臣不合則庶政乖今臣讓爵推誠極言防患拜章累日答詔三臨聖鑒未迴愚衷無感恥君道之難合懼庶政之特乖內負沉憂若罹昭憲是以泣邀神助往覺魂飛伏念此心匪緣他事推誠爲國防患爲君恭惟睿慈寧忍不察且朝廷之勢不强於藩方輔相之權見侵於將帥隳毀我法制殘虐我生靈臣常結憤於胸中陛下亦興難於南面固欲乘機革弊因事抑强二者之能不假奇術但所行必正所作無私祗於賞罰之間必與物情相順陛下申命宰臣奉之聾瞶皆披頑嚚可化而將帥見侵之患日息則朝廷不强之勢日興罔害政理之大經罔累聖明之全德將使國平時泰不慮不憂陛下若棄此不從是怠於中興之

志矣。臣之痛惜。如割肌膚。心腹腎腸傾寫罄竭。臣血可嘔。臣軀可糜。已決之心則不可奪。臣某叩頭屈膝無任涕流泣血精爽隕越之至。

第五表

臣某言。臣今月某日延英面獲陳讓。後復拜封章。詔諭又臨。懇激未遂。臣某誠兢誠懍頓首頓首。臣聞琴瑟有不調者。尚或改而張之。辨士之言。良史必記。朝廷命官之典。故大於琴瑟之絃。公輔求理之謀。亦重於辨士之說。況所命者宰相崇高之秩。所謀者邦國臨制之機。而臣等堅辭。必

防他患。陛下固奪將救後艱。他患若生。後艱何救。且臣伏思。陸贄以忠信事德宗皇帝。建中初方爲侍從之臣。事繫安危。言皆激切。有不納者。必能力爭。當彼寇難之時。德宗欲加尊號。訪於陸贄。遂獻忠言。以爲大憝猶存。中區多梗。是天意去就之際。人情向背之秋。若使重益美名。必累中興之業。德宗英寤。遂納忠言。當時轉禍之期。實若走丸之速。然則以近臣直道。奪聖主鴻名。有犯之言。莫甚於此。今臣讓官辭爵。與彼輕重不同。而於危難之中。陳匡救之力。愛君爲國。心則無殊。昔者德宗再閱披陳。具明損益。今臣四上直疏。陛下未察愚誠。是何恩澤之深。全蔑是非之理。感泣慚懼。知臣者天。然陛下處多難之時。欲繼德宗之美。彼則深思利害。聽一學士之苦言。今則可見否臧。阻三宰臣之固請。臣是以極疑此事。是皇天誠陛下之心。皇天無親。惟德是輔。今若尚令批諭。抑與寵私。則臣恥陛下不如德宗。臣亦自恥不如陸贄。臣自知其恥。天下得不其然。積恥成憂。積憂生疾。心神錯亂。舉錯顛危。祇於旬時。必當覆餗。便須永棄。不見中興。以是而思。生不如死。臣言至此。臣意可憐。唯在聖明。速賜聽允。臣某無任俯伏嗚咽以身俟

命之至。

第六表

臣某言。同心同德。是爲亂臣。五獻封章。繼陳懇悃。復升便殿。累貢切言。天高而曾不少聞。日近而未嘗俯照。臣某誠憂誠迫頓首頓首。臣聞詩云。受爵不讓。至於已斯亡。仲尼刪詩。此言不去。則古之爲君者。非憎其臣而欲以爵亡之也。蓋勸忠勞。昭典冊。無以加於爵位也。古之爲臣者。非惡其爵而欲讓之也。蓋定是非。畏盈滿。無以加於謙讓也。得受爵之宜。無不存也。失讓爵之宜。無不亡也。古人所謂亡

者彼亦不過其身既而有益於君亡亦可也苟或亡身敗國無益於君致亂階於一時流惡名於千載今臣之不讓是長亂階且陛下觀天下之事理乎觀宰臣之心忠乎若天下已理宰臣不忠陛下迫以爵位致其危亡臣則瞑目而歸何害於國若天下未理宰臣則忠陛下不聽苦言須加重爵臣則碎首而退何利於國臣之不畏其亡但當未理之時不可更長亂階也所謂未理則非聖德有所不能蓋天下承弊日深諸侯不順其理故臣欲以今日之讓制天下承弊之風而正其不順也不革承弊不正不順而望

萬人再安四方無事者是抱薪救火其可撲滅乎言出臣口事痛臣心假使嚴旨復臨臣則終讓而已奚自拜疏卻類叩關臣某無任流涕哽切進退屏營之至

為王相公讓加司空表

臣某言伏奉今月某日恩制特授某官者三公之選八命而居前古以來無人則闕仍開大國兼進崇階言渥恩則深若紫泉顧名器則重侔泰嶽揣分非次恐悖難安臣某誠惶誠恐頓首頓首臣忝列公台忽踰半紀事乖允當識昧便宜何施作相之材但累知臣之道頃因出狩自合乞骸未臨復國之期敢有逃天之意而君能得一日且再中空知陪扈之勞獲覩清夷之慶伏自去歲至於今春每懷失職之憂繼瀝避賢之懇愚衷無感睿鑒莫迴徒邐擬以受譏但因循而竊位何言霈澤又降重霄實慙夢賚之人安稱坐論之地捫心自省沾背不遑雖陛下修道側身發言罪己可卜運興之兆將承天賜之休然則劍戟未銷江關或阻猶煩聖慮且乏嘉謀敢於此時輒荷極寵上祈元造俯信赤心行之則明主有私罷之則微臣無咎推諸至理是以固辭蓋欲保全實非飾詐冀蒙矜鑒特賜允從冒

黷冕旒臣無任兢感戰越之至

為徐相公讓加食邑表

臣某言伏奉今月某日恩制加臣食邑一千戶實封一百戶臣某伏惟尊號皇帝陛下文武應天憂勤厚國旁求翊贊慎擇能賢如臣之才焉可執政徒以其濫承台階擢處鼎司屢改流年多隳燮憲莫獲乞骸之便空懷沾背之羞頃屬陛下尚駐乘輿且臨關輔都人久歎廟貌未嚴顧居守之重難注宸衷而任使聖言親降霈澤遽行拜官仍忝於緇衣備位不離於黃閤寵靈則固兢慄載深蓋以乍違

天顏初達帝里雖南山渭水變王氣以潛新而荒草壞垣動秋風而尚慘連甍何有編户猶稀臣當此時莫知所措實賴祖宗垂祐睿哲申謀兼委近藩旁分庶事免微臣之獲戾濟重務以有成遂致五輅鳴鑾六師被甲陳吉行之盛禮正法座於良辰誕告四方復興景運御日月而無違素志嚮邱園而已動歸心遽謂聖慈忽加元造尚責佐王之効重增開國之封仍容素餐兼賜奠食祇承異數徒冒優恩已虞招損之譏敢竊好謙之美況佳兵未息公聚多虛詎宜特命輔臣更加井賦事非允當言必喧傳伏惟曲

鑒愚誠更迴厚渥冀絕謗論且顯聰明臣某無任荷聖感恩瀝懇待命激切屏營之至

爲中書崔相公讓官第二表

臣某言今月某日伏奉批詔以臣陳讓寵光未賜允許揣分而省躬知懼感恩而鏤骨徒深臣某誠憂誠激頓首頓首伏念臣之事君也輸忠竭力以從政君之使臣也增爵進秩以報勞勞既未申寵至必讓凡於庶事皆在適時當其時不得不行非其時不得不止今臣承命可謂非時且思加獻鴻名是爲常典而去歲之首羣臣數四拜章願增神武之名用稱欽明之德而陛下永惟大體堅奪衆心蓋以反正之初艱難未濟仰惟睿旨非獨謙光欲廣嘉猷深知不可陛下之志既定臣子安敢復言亦以非時罷茲盛典今臣之愚懇竊合聖謨去春方在京師尚聞此事比者猶當巡幸固不可爲內度宸衷必開宏鑒遂敢再披肝膽實期便輟渥恩請候鑾輅歸還干戈弭息卻施綸綍俾合憲章今日皇私則難濫受可行可止事理甚明伏冀睿慈便收霈澤再冒旒扆臣某無任兢悸迫切之至

第三表

臣某言臣昨以寵光踰濫循省兢憂兼懼用典非時有累日新之德再傾肝血實冀允從而天鑒未開愚誠愈迫臣某誠惶誠激頓首頓首伏以陛下濬哲自天憂勤爲國感屯蒙之未泰先昧爽以有臨臣每奉清光備承睿旨無言不盡無理不思決去邪懲惡之謀若反掌轉圜之速況察忠仗信據理任材誣譖者徒欲橫侵傾危者皆令立定茲所謂疏通知遠淵靜有謀闢四門明四目者也臣不知昔之令主何以加於陛下之道乎然睿哲憂勤昭彰如此今宰臣以非時之命有所堅辭蓋欲朝廷行事得宜天下物

情共洽則臣可以制天下非宜之請廣朝廷致理之端用贊中興以新庶政詎獨務爲飾讓而進犯宸嚴且睿哲則何嚮不通憂勤則何思不至既通既至必察必知臣之所陳實欲利國神明所聽毫髮敢欺況有常情亦難自匿臣雖乏出羣之智纔踰强仕之年幸偶文明方圖富貴苟或拜恩可稱荷祿不慙則何必固小節以鳴謙干大君而違命跪承批詔退揣事機讓之則所益必多受之則所損非細仍念王摶崔允以懇激拜章并臣披露之辭畧盡否臧之說雖煩聖覽當察羣心得不遂有改張遽收渥澤斯爲

從善實可經邦且凡受寵休有所退避或名聲不稱或遭遇非才小則恥識者談笑之端大則憂賢人譏責之罪今臣於談笑譏責亦不敢以君恩避之實欲制天下之非宜廣朝廷之致理用光興復永濟艱難仰望聖慈臣某無任寤寐齋禱激切之至

第四表

臣某言伏奉今月某日批詔以臣堅讓寵章未賜允許者憂誠若焚駭汗如雨發於肝膈鑒在神祇臣某誠恐誠迫頓首頓首臣聞以欲從人則可以人從欲鮮濟此蓋左邱明之信史臧文仲之至言陛下多閱正經以資明德固於深旨靡不盡知然而陛下優遇台臣恢張天覆賜爵而唯恐不重流澤而唯恐不深茂典畢申睿慈未足此蓋陛下以無私之欲勸有位之臣使其更竭謀猷以濟難否是陛下之欲也臣匪不知臣所以斯須不寧數固而讓者蓋緣陛下在省方之地有國未歸微臣忝執政之權遇昧未泰謂爲輔弼實抱憂慙刻苦厲精進賢讓寵所期天下之士且不加罪於臣既安其心庶竭其力此臣之欲也陛下之欲不過勉勞臣等三人納善罷之小無所損微臣之欲使

昭示天下之人聽而俞之大有所利利在邦國皎然可知陛下若以欲從臣理無不可若以臣從欲鮮濟不疑雖又新奉聖慈未容陳讓在臣丹赤誓不稟遵其於利害之言辯折將盡實以多爲緣飾亦不敢再黷英明進思之心死請而已臣某無任懇激兢越之至

第五表

臣某言臣事君未盡舉職無聞瀝血懇而難續不聽降皇使而紫泥適至臣某誠惶誠懼頓首頓首臣聞啟乃心沃朕心哲王所以倚輔相而成理道也然則觀便宜陳訏謨

務匡救而申諫諍。不可必奪。可者必行。竭力盡忠。是爲啟沃。苟無啟沃。何用弼諧。伏以陛下自周歲以來。出居未復。南嚮而坐。聖慮日深。思頃來及霤之言。還天下投荒之士。潛心有感。逆耳多容。今大駕方欲還京。宰臣非時進秩。上虧聖政。旁啟貪謀。宇內幸門。因茲大啟。竊念久隳法制。何堪更自破除。倘陛下固行寵光。乃是姑息之旨。信任則疎四海得以酌量。萬事更當奸弊。且臣罔受爵祿。唯惜政經。盡理極辭。未嘗聖鑒。則是陛下棄啟沃而任獨見。絕諫諍而惡正言。自此朝廷卻成壅蔽。凡關得失。凡有是非。徒欲抗論。必無允納。則不知天下之事。自此如何。近歲宰執加恩。不過再陳謙讓。至於今日。莫並前時。朝省夕思。可畏可懼。蓋三年之內。六馬再奔。若使理道昭彰。奸宄凜畏。何由致此。安得不憂。聖聽雖煩。朝綱必振。良圖甚大。至化期明。若以干犯未休。震怒不捨。即臣直視鼎鑊。如對軒裳。蓋有氣經邦。有心事主。死而無悔。言實可悲。唯恐但留名聲。不足弭其憂患。更無多語。祗欲長號。臣某無任披膽瀝肝。請罪之至。

第六表

臣某言。某五奉批詔。尚未允臣所讓官階爵邑者。伏以將相大臣。凡被恩命。有所辭讓。不過再三。安則稟而受之。不安者亦許其讓。今臣已倍再三之數。情固有所不安。聖鑒未開。憂心如醉。臣某誠恐誠迫。頓首頓首。臣聞杜恕魏之名臣也。常以立心行事。若非明達君子。見諒本心。不然則刳心示人。與臣何異。臣雖不佞。常歎其言。知信人難。古昔如是。然杜恕於族類之內。尚興此言。今臣幸以遭逢。重爲宰執。雖論才較智。莫稱陶鈞。而秉直輸忠。敢欺辰象。拜章之請。擇利經邦。況奉天顏。盡披血懇。誓然（疑作言）莫信。死請莫從。則臣刳心於丹扆之前。陛下亦當未察。兢憂慙歎。無地可逃。今辭理已殫。懇激愈甚。蓋臣於不安之事。終無受寵之期。苟或譴怒下臨。臣則伏罪而去。干犯宸嚴。臣某無任隕涕流汗惶越之至。

代史館王相公讓相位第一表

臣某言。臣聞君人之私。在始終。而必遂人臣之分。於進退以自圖。嘗觀古今。莫不如此。臣謬從先訓。本涉儒流。傳之者猶有琴書。教之者令歸忠孝。臣之不佞。頗墜所承。唯於忠孝之心。實畏神明之責。策名游宦。止望周行。偶聖立身。

俄塵大任。材同常士。寵過素期。雖欲遠慕前修。旁採令典。窺其事業。勵此顓蒙。副明主之憂勤。避衆人之指笑。而所務者生靈富壽。每痛彫殘。所制者兵革弭寧。尚聞侵伐。赧然備位。何以事君。不唯久合避賢。固亦尋宜獲罪。偷安四輔。忽已六年。假名器而則崇。執機權而益拙。循省是懼。斯須不遑。然臣於六年之中。未忍爲一朝之計者。蓋以陛下信其愚直。如見肺肝。咨以弼諧。終無疑間。事不幸者。必蒙曲恕。心不欺者。則荷明知。忝異禽魚。感深骨髓。强陳蹇力。用答聖慈。今則曠敗漸多。智謀將竭。不能引退。定至顛危。

況陛下光復京師。已踰周歲。臣之去就。亦謂得宜。竊見嶺南節度使薛王知柔近有封章。懇求替罷。是以臣今日敢於便殿直冒宸嚴。乞免鈞衡。得分節制。亦誠盡寫天聰莫迴。旣集兢憂。彌增激切。伏念臣之心力。則未甚衰。嘗學政經。因參戎事。尚可遠臨海服。具舉化條。每推糾率之勤。兼濟邦家之用。謹廉無犯。攻苦不私。微臣所能。庶幾有效。實非飾詐。輒罔睿明。瀝膽獻書。期於聽允。登壇受命。皆是寵光。遂之則臣必有爲。奪之則臣將不逮。上惟君命。乃獲始終。且使臣又全進退。自昭聖德。未爽舊章。仰望鴻恩。臣某無任迫切悸恐之至。

第二表

臣某言。去冬以持衡力竭。待罪年深。曾披肺肝。乞免機務。兼遇嶺南節度使知柔上書求代。臣遂仰告聖慈。願守遠藩。別立微效。陛下未容休罷。尚委弼諧。旋命貴臣。密宣睿旨。臣之去就。詎合固違。焉敢復拜封章。是以苟安廊廟。又移歲序。何補國家。臣頃者瀝懇之時。陛下亦降許臣之旨。欲俟他日知柔再有陳情。則於此時允臣所請。邇來備位。不敢更言。上荷皇私。且策駑蹇。今知柔又貢章表。辭甚激

切。宗枝將帥。事體可從。亦繫機宜。便合制置。速擇交代。免失一方。倘陛下念知柔陳乞之私。察臣披露之懇。使之仗鉞。委以藩條。必能撫諭島夷。董集征賦。旁資國用。粗慰聖心。躬親則可以便人。廉謹則不令生事。擇利而斷。全在宸衷。當邦家匱乏之時。敢違輸貢。兵革交侵之際。幸保土疆。臣與知柔各獲其所。伏惟尊號皇帝陛下恭默守位。明哲臨人。每務永圖。以揚丕烈。克全君體。尤重大臣。苟非輔相之間。誰能盡窺聖德。臣之遭遇。獨異等倫。臨事出言。未嘗不信。輸忠抱直。無所不知。七年以來。萬機實重。仍逢多難。

唯任至愚若非聖明尋合顛敗由兹感激更竭筋骸近者自量力實不逮今所陳乞未曰退休荷寵出藩臨戎報國誓秉始終之節兼推糾率之心直寫赤誠冀開元鑒今日延英殿已具奏聞未蒙聽允輒陳牋翰更冒宸嚴臣某無任祈恩待命迫切兢悸之至

論內臣朝服狀

皇帝赴齋宮內臣皆服朝服臣檢國朝故事及近代禮令並無內官朝服助祭之文伏惟皇帝陛下承天御歷聖祚中興祇見宗祧克陳大禮皆稟高祖太宗之成制必循虞

夏商周之舊經軒冕服章式遵彝憲禮院先准大禮使牒稱得內侍省牒要知內臣朝服品秩禮院已准禮令報訖今參詳近朝事例若內官及諸衛將軍必須製冠服即各依所兼正官隨資品依令式服本官之服事存傳聽且可俯從然亦不分明著在禮令乞聖慈允臣所奏

再論內臣朝服狀

臣今日已時進狀論內官冠服制度未奉聖旨伏以陛下虔事郊禋式遵彝範凡關典禮必守憲章今陛下行先王之大禮而內臣遂服先王之法服來日朝獻大聖祖臣贊道皇帝行事若侍臣服章有違制度是爲非禮上瀆祖宗臣期不奉勅臣謬當聖代叨備禮官獲正朝儀死且不朽脂膏泥滓是所甘心

舟中錄序

乙丑歲冬十一月余以尚書郎得掌誥命庚申歲夏六月以舍人獲譴佐撫州馳暑道病秋八月自襄陽浮而下舟行無事因解束書視所爲辭藁翦冗碎可存者得五百四十篇丞相表奏百篇區別編聯爲二十卷夫體正而有倫辭約而居要始終明白兹所以爲誥也國朝聲名辭臣

率能由是而作堂閫祕邃不與漢魏爭高下而荒學小子以一日視其冗隙間其可見堂奧而得規摹哉以是代天子言誠不知而作也古者黜幽不過考三載之績余冒居六年見考無績用思黜不亦宜乎所編聯不敢以集稱理諸舟中遂曰舟中錄是年九月錢珝自序於淯陽之南

杜曉

曉字明遠京兆杜陵人昭宗時拜左拾遺召爲翰林學士知制誥梁祖代唐拜中書舍人開平三年轉工部侍郎充承旨四年拜中書侍郎平章事仍判戶部友珪之亂死於

兵。贈右僕射。

匡國節度使馮行襲德政碑

闕九五山川闕三字之闕五字風水闕聖闕一字神武雪五老闕一字星闕二字負鼎之闕懿闕五字耿賈政邁黃韓。闕一字若匡國軍節度陳許汝闕二字州闕食菜闕五字氏雖系出長樂。闕一字家遷闕一字當世緒紛綸闕三字飛闕一字相闕而平闕二字正色以威嚴先郎闕一字應於闕三字媛闕三字猛獸闕十五字石羽林闕江漢氣貫斗牛。騰凌追千里之蹤嘯傲負四方之志。闕十三字翁知功名闕吐闕四字有孫喜者。聚徒數千人。闕二字莫遏將

闕十字大驚怖。無可柰何。公乃白闕于南闕四字軍吏迎謁。公在側擊之闕十五字之盡闕三字兵闕五字臣闕咸泰闕四字崢嶸繚闕三字臨闕十二字難前孝子迎闕一字而闕一字進闕郡以闕十七字列闕二字者闕閑閑歲收租闕十一字倍兵强食闕二十二字才誓闕鼓旗之令南山霧闕二字觀豹闕一字之文西陸闕一字清始見鷹揚之闕洛邑古稱四戰之地。今闕五字粵自艱難。久罹瘡痏。闕二字無闕十字寇儉闕一字去闕者雖大必去便于闕一字者雖闕二字作嘗闕五字政闕一字要闕十五字不闕四字其律闕觀馬先是闕一字猾闕一字張闕三字虐闕十二字萬衆闕叛郡邑常虞其蹂

躪。闕七字密連闕十七字大兵誠其疆闕盡伏其神明。闕四字其情僞闕二十字量罔欺于圭闕二字薪芻闕韓浩屯闕一字之闕一字矧闕一字腴盡在梗概闕四字未闕三字匪遠闕十四字王乃闕二字而闕而闕一字許闕三字獨闕一字若遐僻之地闕一字乃闕三字課民闕十七字之闕夜以闕一字馳闕一字館闕三字宿闕十八字縣界內曾闕母疾病割股奉養闕三字痛顧闕十九字載揚孝治之闕之問俗觀風。阜財述職。焉可得稱闕十七字蘭智闕操絳侯之闕一字處不闕從闕介遂鎮華陽闕秔稻莫闕一字桑闕之容闕一字武下闕上闕二字許名區易枋粵闕一字景闕二字何闕三十二字襟帶闕一

字郊輔車闕之來時不有更張。何期俾乂。闕二字賢闕七字公闕三字節度闕十九字本尋源提綱振領害於闕食者民之命也。不可不以勤其闕一字穡兵者闕三字器也闕二字以闕一字肅其號令闕十九字刑闕二字吾闕一字之矣爾第闕懦者歡悅闕二字穎悟剛斷闕三字者又闕三字素闕二字命闕四字冬聚舊闕二十三字來而復闕艱闕五字之威龔遂去闕二字之患闕二字罔倦蕩析咸歸闕二字民寬闕十二字夜闕十二字恤惟刑闕麻麥之宜治彼闕六字推闕二字隄之闕二字勳功自闕十一字仰稽前闕二字瞰遺蹤闕二字祇闕二字之謀味闕果應於牧人滯穗闕六字寡婦闕一字年內

闕三字四千三百闕十七字奏闕一字連闕六字地而闕咸知闕一字物之方向者公闕三字軍衙闕四字再闕五字規模廳闕三字門闕十二字雄廣厦羣闕六字色路闕類忽有烏鵲羣萃啄食。無闕九字東闕三字孤勤瘁南闕五字吞螟闕十二字卻闕七字縣百闕年闕一字縣麥秀兩歧闕六字覲闕三字長社縣闕二字一莖四穗闕五字不闕十二字之闕一字蹈闕二字仁闕二不足含闕鉤距運籌史闕七字平仗鉞稜威謝闕四字方闕十六字藝軍闕一字講學馬上注書揮闕二字立覲飛闕飯帳下之犀渠闕二字皆感吮癰樓中之闕一字首蛾眉闕四字闈闕四字組闕一字譚董闕五字烟闕二字之闕二字常

闕五字偃草功著分闕高飛將闕洞闕姝幹闕二字章刃闕四字韃入仕勇敵萬闕七字當路闕二字風生桓桓虎闕一字智闕二字强闕送昏掾劍斬頑嚚帝念馮公忠闕三字朝稱闕二字左提右闕七字瑞節望塵肯悅公至若何闕類赤眉闕一字同白額乃芟乃夷。乃梟乃磔外户不闕一字下民闕七字食爲天闕一字鼓闕五字田耒耜接肘闕保豐穰取之盡徹巨害既去纖惡皆除須宣闕二字愼恤刑書闕四字圀圖常虛闕一字傜薄闕一字政叶闕一字盧老闕二字懷闕交映朱扉洞開闕一字優闕三字燕臺惠洽闕一字里闕一字飛九陔闕四字和氣充塞。麥秀兩歧。禽吞闕一字騰闕五字人頌德

薛廷珪一

廷珪河東人中和中舉進士光化中爲中書舍人遷刑部吏部二侍郎拜尚書左丞入梁爲禮部尚書後唐莊宗平河南除太子少師致仕同光三年卒贈右僕射

授李澥右散騎常侍制

勅國家龍朔中有侍極官今之左右常侍也前代崇寵秩比侍中密參帷幄之謀時號清重之選從容獻納允屬名儒今執政言爾具官李澥地實華腴性惟貞介聚學爲己修禮藩身清明照物以忘疲澹泊居貞而有守來司綸誥潤色推工去卧雲山含章見譽增重價誠由於合櫃固深根頗異夫揠苗久漏搜羅幾爲遺逸昇之近署官以封貂宜俟併伸勉從虛佇可守右散騎常侍

授董禹左諫議大夫制

勅朝廷具位之臣得直言天子過失太平之基也矧司我諫議列吾軒墀啟乃心而沃我心盡爾言而攻我過眷求之道時惟艱哉具官董禹疊中詞科優有文藝西漢故事甘泉遺儀聞其討論多所詳悉逮事先帝頗揚直聲徵還周行歷踐臺閣靡所附麗能精典墳公論推其才術鄉校言乎淹恤今擢爾爲諫議大夫置朕左右勉揚厥職往副旁求夫立肺石挹獸樽扶將顛祛未寤在履正直務去將迎爾或推公朕豈憚改書紳銘座服我訓詞佇稱人情勿孤朝獎可左諫議大夫

授膳部郎中知制誥錢珝守中書舍人制

勅具官錢珝孟子不云虞舜聞一善言見一善行若決江河沛然莫之能禦也朕凝神穆清耽味墳史用爾掌綸誥時推得人觀其書詞夐絕塵滓褒貶盡春秋之要旨指歸決訓誥之源流傳聞四方平視三代而秉守甚正韜藏有程介然獨行卓爾清峙閱爾之能事多矣聆爾之嘉猷讜然信乎虞舜之心若江河之不能禦也俾即眞秩斯爲舊章夫參贊樞衡典司綸綍職業彌重扶揺漸崇勉副簡求無孤寵待可中書舍人

授長安縣尉直宏文館楊贊禹左拾遺鄠縣尉鄭谷右拾遺制

勅具官楊贊禹等以贊禹挺生公族雅有令名檢身如履其春冰操心不愧於屋漏而言行無玷文章可觀連中殊

科首冠羣彥捨而不顧去奉良知三年於茲澄澹一致自待之意何其遠歟以谷二雅馳聲甲科得雋亦承遺搆自致亨衢求諸輩流兼慎行止朕方求理道允屬滞淹聞爾贊禹之規爲可以厚風俗而敦教化聞爾谷之詩什往往在人口而伸王澤舉賢勸善允得厥中並命諫垣我爲公選汝於職業勉自激揚可依前件

授翰林學士承旨户部侍郎崔汪尚書右丞學士中書舍人崔涓李磎並户部侍郎知制誥充學士制

勅朕以萬乘之尊託于人上居九重之奥以御區中財成天地之宜外委於良輔夙夜宥密之命内咨於近臣佇沃乃心底乎於理具官崔汪山嶽鎮地望之而秀絶無涯金石在懸扣之而宫商有序門地軒冕甲於當時具官崔涓公台華胄名教偉人稟象緯之英姿得乾坤之秀氣器業事望鎮於周行具官李磎學際天人道隆姬孔參言語侍從之列擅淵雲賈馬之才履正居中格於公論而皆體訓誥以事我拱霄極而致身吾得名臣汝遭昌運君臣胥遇千載一時或秩滿佇遷或職勞可舉往膺並命允屬當仁綱轄貳卿清重無對玉堂温樹近密執階遂爾扶搖副我欽屬可依前件

授起居郎李昌遠監察陸扆並守本官充翰林學士制

勅近侍宸嚴參予密命韜經濟彌綸之望爲言語侍從之臣延眷周行朕將注意詢於卿士僉曰汝諧爰膺並命之求允屬當仁之選起居郎李昌遠魁梧博厚寛裕温良藴是粹和發爲符采監察陸扆珪璋縝密咸頀琤瑽藹然休聲礪乃佳器士林擢秀聞爾則百尺無枝筆陣交鋒聞爾

則一戰而霸皆伸於知己副我旁求濬柱下之清源無忘啟沃紹雲間之華譽勿鼓喧囂慎繼前修罔言温樹吾有美實期爾爲鹽梅吾有巨川佇爾爲舟楫勉思稱職無忝飛升可守本官充翰林學士

授孔緯吏部尚書加食邑等制

勅朕久爲奸倖蔽我聰明其心懵然是非倒置一旦開悟洞決疑迷寰區冀寧邪正茲别明發不寐思予藎臣雖已命官未滿延屬亟加寵澤式示優崇新授具官孔緯直道致君至誠醫國先帝以爾輔弼予沖人業履之勳明備於

前制。唯朕不明不敏。俾爾堙厄於外者有年矣。言念至此。心焉震驚。尚不駿加寵榮。仍復徽數。卽何以示予補過之心也。天官太宰。首冠六卿。往執銓衡。暫煩藻鏡。殊恩縟禮。並復舊章。遜聽履聲。佇還衮職。惟爾元老。體予虛懷。可吏部尚書。仍復持危啟運保乂功臣開府儀同三司上柱國魯國公。食邑四千戶。實封二百戶。

授劉崇望兵部尚書制

敕。台衡舊德。纓冕碩生。朝昏常寘於我心。事業無忘於汝礪。矧朕出潛之日。實操顧命之書。乃眷滋深。公望惟允。宜

膺重任。以副旁求。具官劉崇望。昔以文詞事先帝。爲翰林主人。旋以藥石沃朕心。號中興宰相。歷試宏業。周旋大寮。人無間言。動不過則。頃罷鈞軸。亟移光陰。室既生白。舟惟任觸。浩然正氣。充塞乎天地之間。卓爾神光。瑩徹乎星辰之表。琴樽遂性。名教檢身。家事雍肥。物情重贍。一作崇重靖言素履。頗厚時風。大道之行。斯文未喪。將論舊德。允屬僉諧。爰增光祿之勳。往曳尚書之履。敬佩休寵。克當厥官。無或牢謙。尚欲高卧。可光祿大夫守兵部尚書。

授盧知猷兵部侍郎制

敕。參斷時政。允屬公卿。鎮重周行。式資舊老。而叔世掄選。率尚英華。俾我洪儒碩生。軋軋不進。汲長孺於焉興歎。燭之武是以有詞。思求其人。夕惕若厲。爰有良輔。協吾此心。且言爾前尚書右丞盧知猷。在和武光孝皇帝朝。以文學詞賦擢進士第。登宏詞科。舊相列藩。羔雁交辟。雅有淑問。鬱爲名儒。及我懿考踐阼。歷諫省郎署。官常兼史職。藹然直聲。著在筆削。先皇帝嘗輟自朝右。再委方州。饒陽上洛之人。於今懷爾之德。旋掌誥命。亟服寵榮。逮予沖人。歷事四帝。出入華顯。諳練故實。子雲之筆札有名。周昌之厚重

無黨。鎮吾風俗。緊爾秉持。遂用委以五兵。贊予九法。服我休命。稱茲簡求。往惟欽哉。無墜成績。可兵部侍郎。

授杜致美太常少卿楊拙庫部郎中制

敕。朕以至公掄才。時致用乂。周行進秩。公論爲人。如聞右司郎中杜致美。以吾上台。實爾猶子。深自抑損。不求聞達。隱几端居。不言時事。閉關卻掃。深味道腴。夫何山濤魏舒。校爾優劣。而戶部員外楊拙。始以籍甚之稱。洽於名場。歷聘侯藩。亟踐臺省。彊學務本。履正居中。夫何顏駟揚雄。侔爾專靜。奉常典樂。建禮含香。詢爾清閑。明我搜選。克敬乃

事交修厥官各謂當才無忝並命可依前件

授劉崇龜都官郎中制

敕具官劉崇龜朕聽政之暇耽翫羣書每讀考槃之詩常軫遺逸之慮訪於輿論得爾崇龜聞其常抱業試於有司才優數奇十上不第言行修整文學該通儒雅之聲著於洛下而以爾令弟兼予大鈞鴻飛冥冥不近賢路從軍試吏亦曰彊名荀徇爾私其如公議是用陟居華省寵以郎曹典制六官之重伏奏青蒲之上疇爾夙志予恩不輕凡百未申宜體朕樂善與能之意無患不知也可

授河中節度判官温緒水部郎中制

敕天子省方藩侯述職睦鄰事大允執厥中偃革崇儒行成於内我知之矣彼有人焉具官温緒懿祖考為朝廷大臣偉望威名皆烜赫信史而爾砥節礪行修詞立誠抱終身之憂脫屣科第仗四方之志服勤宦途束帶公朝曳裾侯府刃有餘地人無間言朕以纍結萑蒲兵纏封域藏書之府煨燼罕存爰委藩宣為我採摭而爾能奉綸旨來貢之書欲以先王之格言廣我視聽思列聖人之行事規我怠荒實嘉乃心斯驗夙志爾帥具舉予其懋遷升之文昌授以清署用酬稱職以勸事人凡百寅階無忘慕畫可尚書水部郎中

授徐彦樞禮部員外郎制

敕具官徐彦樞文昌列曹代稱清署宗伯之重時難厥官其在外郎選擢尤重率多虛位以待當才聞爾澹以立身謙而履道情田萬頃瑶林将玉樹森羅文律九成調露以承雲交奏動必由禮人無間言克成德行之規不染脂韋之態介然自立無愧前修是用聽彼羣情懋茲劇選斯文重振資爾之嘉謀時政有疑佇爾之讜論勉臨厥職紹乃家風敬蹈冰泉以成踐履可

禮部員外郎徐彦樞改授户部員外郎制

敕具官徐彦樞吾前以儀曹員外郎南宫劇選求思時彦克副僉諧聞爾先臣在會昌中事武宗皇帝文行修整緯有令名亦由至公膺此愼選得人之盛於今稱之而彦樞趣嚮規為能紹先志俾之繼美亦謂當才而能以爾令兄執吾大柄絜矩彌峻避嫌不居牢讓之心確乎山立今吾又安敢以流薄所尚涴爾操修改司人曹允叶中道亦欲使彦樞展四體以事我秉一心而律人靡不有初爾無忘

於自勵其下皆讓予庶幾乎有聞稽乃檢身慮吾假器自待之旨何其優哉可

授侍御史沈棲遠右司員外郎殿中張元晏都官員外郎制

勅具官沈棲遠等由御史屬爲尚書郎遐擢之重難踐歷之清切所以廣毓材之道也以棲遠淸白嚮正藝實揚名魯人將以爲木鐸太一下傳其洪範石渠鉛槧諫署淹翔動靜有常職業惟允以元晏詞無枝葉道有汙隆履君子之中庸練國朝之故實直方之氣僉論多之文藝之優前

輩高許而皆乘驄衣繡爲我憲臣指佞埋輪恪居官業疇其久次爰俾序遷勉思伏奏之勤無忘率職之重可

授中書舍人獨孤損御史中丞制

勅漢制御史中丞入朝得與尚書令專席而坐示威重於百辟也前代之盛風猷具存國朝用人職業尤重非材優望峻者不中茲選丞相言爾中書舍人獨孤損儒林挺秀卿族騰芳文擅菁英學窮壺奧演之爲事業暢之爲人文立我明廷號爲端士逮予寡昧歷事三朝勞爾班行向踰二紀徊翔兩掖尹正神京直聲載揚休問逾暢自掌我誥命垂爲典謨煥然一家之書擬於三代之際器業事望由茲而益隆蘊勵琢磨所向而可仗朕言念理本係於臺綱詢謀股肱謂爾宜稱今以爾爲御史中丞其爲我峻爾風望正言隳頹（疑）無憚觸邪勉思舉職佇觀爾志以稱我心

授崔義進侍御史趙光裔鄭祁殿中丞李皎監察等制

勅崔義進等吾近以風憲之任委諸名卿中外肅然佇其振舉果於掄選能拔菁英且言澄濬秉彝進退由禮義進之修整也無怠牆岸山立時情諤然光裔之峭直也不黨

英華發外清勁積中祁之蘊蓄也無多謝於前修聞善若驚覆實不止皎之砥礪也頗自强於遠槪皆克荷先訓來爲聞人俾之整肅周行懲艾風教觸邪指佞庶有可觀爾當其才朕俞其請各揚厥職懋對天休可依前件

授牛希逸殿中侍御史李珽監察御史制

勅具官牛希逸等我以憲章法理之任付於歸昌俾嗣復家聲振舉職業逖聽風采佇整頽隳今以爾希逸珽列狀來上且言文行修飭操履端潔可使簪白筆以書法冠豸冠而觸邪俾欺闇之人視爾如秦鏡醜正之士畏爾如堯

羊昇之明庭聳我昌運樂聞爾志允叶人情即俞所陳式旌懋選噫澄清之始糾正爲先爾宜輔助歸昌提振綱紀無或碌碌以謝前修則驗爾修飾端潔之道矣而撲疑隱鱗戢翼負志求伸既得其時佇觀所尚而今而後可不勉之可依前件

授韋韜光祿卿等制

勅具官韋韜等卿寺膠庠僉曰清署序遷慎擇必惟其人以韜儒素承家直方守道源本粹茂材術周通以績詩禮飭躬簪裳著代心惟耿介志在功名以承休養素典墳服

膺螢雪成如麟角雅有鳳毛以承乂鼎甲華宗松筠茂行貞方從政諫諍有聞而皆久脫朝簪能安陋巷列卿曹而象月次國學以橫經我俞丞相之求爾叶輪轅之用敬慎爾事往臨厥官無或素飧以塞虛位可

授太僕卿制

勅具官某書曰昔周穆王命伯冏爲太僕正曰昔在文武聰明齊聖侍御僕從罔匪正人以承弼厥辟且曰僕臣正厥后克正僕臣諛厥后自聖太僕之爲官也重矣朕每讀書允擇其可矧惟前代畢用名臣數馬執綏故實具在爲予禦侮作我前驅審官擇人今以命汝稽諸訓誥得不勉之可守太僕卿

授司農卿制

勅具官某書曰昔我先公五世后稷以服事虞夏夏之衰也棄稷不務先公不窋用失其官至於武王昭前人之光明事神保人莫不欣喜訓誥具在朕安敢失墜而叔世偷薄乃不知稼穡之艱率以三署爲華輕其東用寖以成俗嗟鄭元漢之名儒也韓信漢之上將也尚聞徵拜或至就加來奉嚋庸得不寅畏敬受羲和之職往修后稷之官豐

阜有聞陟勸斯在可

授前將作少監趙鑾等光祿少卿制

勅具官趙鑾等或公卿棣萼或台輔子孫或登史傳之科或著絃歌之政並從閑罷亟涉光陰振滯掄材各當遷陟亞於卿寺須我詔條洎率屬於膠庠一時之茂選也惟勉思砥礪以應簡求大開霄漢之程允屬軒裳之後苟能自奮可往承之可

授孫秉大理少卿李震宗正少卿等制

勅具官孫秉等廷尉卿生人之司命也大宗正我族之本

根也貳卿之任昔難其材與夫丞殿省而立朝著聽於公舉我有人焉以秉等或掌奏大藩或字人劇邑書檄有聞於記室絃歌多暇於琴堂而昌亦號通材丞於六尚言從罷秩久於艱難各使立朝仍覲舉職恤刑庇本勉稱我心可

授李崇鴻臚少卿制

勑李崇等各以材行來服簪裳或字人著績於封畿或嗜學見推於流輩夫卿寺王宮儲宮學省一時茂選爾往莅之飭勵有聞陟勸斯在

授峽州刺史崔昌遐秘書監制

勑令之出牧優賢之任也茍昆弟當塗即不敢膺其選避膏粱而示謙畏者果能行之秉氣焰而茍温足者或自便矣具官崔昌遐昔以令季作鎮衡湘願分使符出守荆楚輟自秘府委之夷陵二天方惠於疲人三入復蘇於旱歲亟陳章表牢執撝謙以爲手足秉鈞固絶饑寒之患簪纓委地宜均休戚之懷且惜分飛懼妨賢路操履如是在志不回凡今之人茲用嘉尚況爾踐揚華顯彬蔚彩章際此修途資之明識又安敢置爾於要劇之地煩爾於撝揖之勞者哉春言三閣實祕九流簡求常在於清賢臨長必先於儒者矧留虛位允屬僉諧更增馭貴之榮不改秩宗之任敬承休寵勉務優閑可正議大夫守秘書監

授考功員外郎鄭璘司勳員外郎盧擇並充史館修撰制

勑具官鄭璘等堯舜禹湯文武之善桀紂幽厲之違非直筆信史後王莫得而詳也我國家列聖行事亦具書於史官將以昭示後昆垂訓不朽紀綱專總於丞相筆削分任於名儒非夫望蘊司南才膺載筆者不當其選而崇望言

爾璘等博聞强識繩直冰清四時之和氣襲人一字之褒貶惟正聞見事典周知故實可以著不刋之書論司過之史爾宜詳於注記紀乎言動之非繼彼春秋明乎得失之跡彰善癉惡無忿疾厥心舉直錯枉無上下其手佇聞稱職當議陟明可

授前京兆府參軍錢珝藍田縣尉充集賢校理鄉貢進士崔昭緯祕書省祕書郎充集賢校理制

勑具官錢珝等儒術可以厚風俗人文可以化天下帝王興創不能異之粤我皇祖肇基丕闡茲道反隋氏之政追

孔門之風鼓篋升筵者餘八千人邦寧本固者垂三百載詒厥沖眇不敢昏迷佐予中興乃眷於是良重集賢藏書之府故用丞相司之得選官屬將愼廢墜以玥禮爲身幹愼得言樞奉典刑之遺無辱趙氏以昭緯名冠來籍道絕下交居德行之科不減顏子方設鉛槧有期丹青爾宜窮四部之多正五體之別無使我集賢殿不及漢興之東觀祕書也勉矣哉可

授前左散騎常侍楊授國子祭酒制

敕具官楊授乃睠膠庠文學所聚聿求臨長必在通儒以

授洛下高才關西冠籍台庭襲慶士族揚芳守欹器之不盈蹈黃裳之元吉策名筮仕垂四十年流落棲遲失驚耆勢所嗟暮齒久困窮途勉當文理之朝莅乃成均之職我惟求舊爾往崇儒載推尚齒之恩仍假納言之任噫隸名之籍今無聞焉邱園之秀爲我屬意敬承休命以振斯文可依前件

授裴迪太僕卿元鎬京兆少尹盧玭國子司業等制

敕具官裴迪等天子擢侯府之彥昇諸周行掄材獎勞斯謂彝制逮於搜索淪滯羽儀膠庠四面取人一時愼選以迪卿材應聘儒席稱珍以鎬慕畫有聞賓榮具美以玭華宗輝譽官路流芳各負所長求伸其志而諸侯之府裨贊是繫驗安劉戴舜之功見難進易退之道太僕禦侮貳尹優賢司成古官歷代清選唯爾三子來服訓詞交修厥官以稱我意可

授右威衛上將軍契苾璋威衛上將軍制

敕具官契苾璋尚齒酬勞固聞於茂典念功求舊式勸於後生朕嘗因坐朝周視百辟有峩冠擔珪華髮承弁鷹揚

鷚立於墀廡之上者一旦便殿詢於宰臣且曰衛將軍璋也夙號良將實著軍功嘗擁節旄兼聞善政自處之環衛委以腹心闢彼汙萊盡作文王之囿化其士卒皆爲君子之營而耆艾服勤班資不稱積薪之歎達我聰聞俾昇上將之尊不假三師之貴吾於爾輩無吝優恩勉服軒裳共致寧謐可

授劉思謙驍衛大將軍李璀金吾將軍等制

敕具官劉思謙等大將軍齊之三公執金吾漢之中尉或分黃麾坐正殿之前或橫佩刀立天子之側親近寵貴莫

之與京以思謙等昔在艱難不渝風雨克保臣節能知武經而瓘祖考勳名功格上下副朕基構克勤班行清修自持儒雅有守朕言念後生遘諸多難朝施勞於旄鉞莫置位於公侯獨爾寂寥未聞熏灼自待之意何其偉歟賞延之典兹用歎鬱屬有虛位先求舊人俾昇喉舌之官以申帶礪之旨爾其服我寵光爲吾心腹侍衛巡警勉於在公佇聞恪居下闕

授王知道寧州刺史王知勳右衛將軍制

勅具官王知道等我有寶臣作鎭邠土伯氏仲氏鼎峙於

列藩乃子乃孫胳合於當代宣彼忠力屏予沖人方將仗之冀靜紛擾開懷以待有請必俞今復上章來陳内舉願以屬郡俾知道分憂推其赤心請知勳入衛言觀爾志式慰我心況聞訓朂甚嚴砥礪甚正既孝以事父必忠以事君忠孝存焉君臣一也良二千石與大將軍榮爾閨門列吾禁旅並兼揆路仍亞台司吾於勳賢斯謂臻極唯爾父子享吾恩榮慎圖始終以保富貴可依前件

授齊遵謀等左龍武將軍制

勅具官齊遵謀等官之設所以毓材勸能也苟不當其選安闕一字以假吾所器而滯爾來者今命爾遵謀命爾瑶冠蟬冕橫佩刀爲左右龍武將軍所以昭勳庸之嗣而用其無瑕者也浩與齊虔久聞罷免各旌勤瘁且振淹滯並升環衛之嚴俱委腹心之寄用明激勸往服恩榮勉務進修以圖光大可

授太子賓客王櫝等諸王傅制

勅具官王櫝等朕聞王者之子在襁褓中置三公以教訓之由古道也我思成人以來遘此多難師訓之義蔑焉闕聞南面稱尊愧於寡昧由是言念諸子用疚厥心因擇正

人爲之傅導今丞相言爾櫝等並老於文學雅有德行明君臣父子之道知禮樂詩書之源可使高步承華入參望苑琢磨羽翼朕有冀焉或授正卿或加峻級宜旌優典往傅童蒙邪蒿鮑魚勿俾登俎胄筵講肄爲惜分陰使其知東平爲善之規喜王褒洞簫之賦承萬代之業固磐石之基斯賴於老成人也可依前件

授郭保嗣德王傅依前通事舍人等制

勅具官郭保嗣等資相法儀宣明號令序鴛鸞之行綴整珩珮之威容蔵事申嚴罔不賴爾予聞舊制常俾兼官用

獎勤勞。以示優假。今保嗣等。其勤至矣。厥官罷焉。宜舉𢑴章。許之序進。矧大勳之後。舊將之家。尚鑒寐以求思。豈淹回之不恤。兼八座以傳子愛子。亞九卿而立我明庭。勉揚休聲。茂對殊寵。可。

欽定全唐文卷八百三十八

薛廷珪二

授盧光啟等遂王友制

勑。君子之風。尚推秀木。陽翟之俗。必誚秦人。古嘗病之。今孰免者。爾光啟洎贊。皆以麗藻雅文。獨行當代。孤標清峙。見譽名臣。丹青翰墨之林。舟楫文章之海。道之將至。論者許焉。屬爾良知。罹其貝錦。惑予觀聽。罷去鈞衡。爾光啟等咸被指名。置其連坐。無辜去國。吞恨投荒。而聞流落五年。窮達一致。書空永歎。問鵩何之。人實有言。用懷愧恧。雷雨作解。日月無私。今也其時。吾將補過。徵還朝列。將復亨衢。階序徽章。因仍舊貫。光啟洎贊。知予意焉。可依

授前河西防禦押蕃落等使馮繼文檢校工部尚書依前充河西防禦招撫等使制

勑。洒眷西梁。爲吾右地。襟帶河曲。屏制蕃使。厥土豐穰。其俗信厚。委之鎮撫。率仗勳勤。不有奇材。孰膺妙簡。具官馮繼文。傳符圯上。擅價山西。敦詩書設預備之謀。修禮樂爲戰爭之器。能知軍志。雅有戎容。明斥候而辨孤虛。恤士伍而愛君子。決戰百勝。彎弧六鈞。動惟鷹揚。靜則山立。乃者

仗其韜畧錫以土疆旌旗啟行虵豕當路旣沮已成之命能安靜勝之謀欽屬久勞名器斯在爰昇喉舌再統貔貅復我舊恩成爾夙志防禦西夏控壓三州爾其敷我憂勤宣我教化無禮必敗好戰則亡戢兵而善撫疲人殷備而自求多福祗予恩寄佩我訓詞報政可觀陟明斯在可。

授鄭璩等諸州刺史制

勅具官某等總六尚於瑶墀分一麾於劍閣時之妙選我有人焉以肱代濟科名業傳儒素弱齡勤苦壯歲邅迴本推讓以待時竟漂零而從宦淩雲之稱徒見譽於公卿棲

棘之悲且未伸於霄漢以璩聯芳鼎族歷試宦途使星屢應於旁求卿月再當其茂簡朕方將左蜀坐委信臣言爾有林可使共理亦聞操刲雅適變通俞其奏章是乃良牧惟茲殿省及爾郡符勉承刈楚之恩各勵業官之志眷言郡政在去煩苛俾我遠人再蘇皇化在璩之此行也得不勉歟可。

授李充等諸州刺史制

勅具官閻爾充公相令子敦書業文有德守行科第好爵公論許爾如拾地芥而孝於事親志在祿養東書投筆甘從下僚縉紳之倫服爾異行逼之名器其心確然且曰親念其兄官未達采蘭負米願悅晨昏而允祁節著勤王功高捍患心如皎日節貫秋霜屢委郡符猶同畫餅忠臣孝子朕不敢忘勸善獎功於是乎在海隅之郡各猗乃心嘉我遠人今得良牧勉於從政豈俟訓詞各敬乃官無忝休命可依

授梁思謙龍州刺史竹文晟成州刺史等制

勅成紀要衝江油奥壤皆爲重地今實優賢擇其守臣必有所謂以爾具官梁思謙等負通變之材蘊縱橫之術見

可而進頗習於武經聞善若驚暗合於儒者或從奏薦或恤滯淹戀我者移其一麾致之近地阻兵者換其五馬惠彼疲人各俾分憂勉思布政清賢繼踵惠化洽聞苟奉成規是爲良牧惠茲惸獨往歌袴襦文晟思謙服我明訓無忘勤恪戒於煩苛黜陟幽明典憲斯在五兵五教仍以假之可。

授朱謙等諸州刺史制

勅朱謙等以謙一心許國四面受敵忠勇旣完心城甚固而陽言從征戍亟効勤勞淹留屢變於瓜時辛苦未歸於

汝上惟鋌言罷百里承乏一麾亦聞政聲可使共理朕每思達聰明目以臨御寰瀛仗予有土之臣爲我求人之瘼樂得良牧惠玆遐方並俞奏章各委頒瑞惟爾謙等欽予訓詞罔難惸嫠罔冒貨賄式遵典憲阜安遠人天聽甚卑慾則有辟可

授翟州刺史張績等加官制

勅鄜之連帥以金紫光祿大夫前翟州刺史張績閫之守臣以銀青光祿大夫前新州刺史虞戀來告我且言績等求瘼分憂居其所部訓戎莅俗政有可觀欲人聳求理之

心請我行陟明之典兹爲急務聞斯行諸邦教夏卿國之崇秩爰詔執事分而授之咨爾二臣膺我並命循名責實得不勉之可

授王宗夔宗韜邛漢二州張無息蜀州刺史等制

勅廣漢上腴臨邛古郡眷求牧守允屬忠勞具官王宗夔等或鶚立轅門或鷹揚玉帳負偃革銷金之術蘊經文緯武之機贊我藎臣鎮於全蜀既練軍志仍通政經干將溢匣而有聲騏驥追風而絕跡今俾爾分吾憂寄養我黔黎爾宜拔薤推心掛魚潔己勿爲重斂戒在虔刑務復憲章無取禍亂允祁奚之內舉撫文翁之舊封敬服訓詞勤恤人隱而無息亦佩專城之印往俞連帥之求無忘酌泉勉務爲政黜陟之典朕不敢私惟爾三臣礪乃一志與我共理期乎有聞敬之戒之自求多福可

幕職趙儒等加官制

勅具官趙儒等或以言罷兼官或以來陳厥責俱懷吏幹思振宦途即俞所陳各徇其請珥貂佐郡咸謂殊恩宜思舊章往佩殊寵可依前件

授温潞湖州防禦判官李壇湖州防禦推官霍銖絳州翼城尉等制

勅具官温潞等以潞常佐元戎有聞東魯會計參畫聲猷藹然以壇宗室菁英詞場秀造撫青雲而抗足丁艱運以隱鱗跡滯江湖價高甲乙方從梗泛言奉弓招贊我勳賢開其淹恤而銖亦以將命頗謂有勞俞其奏章各俾序進星郎侍史洎尉于縣屬者服我恩命各宜勉之可依前件

授澧朗團練副使徐罕檢校郎中賜紫奚承弼鄆曹判官制

勅具官徐罕等通材應聘利刃從軍贊畫允臧吐茹得所

伸於知己達我聽聞今朗陵汝陽方纏兵革式佇和寧之報尤資樽俎之謀星郎柱史洎紫金之命則其（二句疑）俞奏薦各懋寵光勉酬所知共偃兵革無屑於蚤暮也可依前件

授鄜州判官王堅檢校兵部尚書王彥懷翟州長史程佩思州司馬制

勑洒眷雕陰仍歲征討厥土既墝其人用勞誠節是圖貢輸無怠而堅等能奉連帥來爲使臣不有超昇孰旌優異五兵重秩式耀賓階下與夫進典午丞郡之榮者皆拔茅

連茹之謂也可依前件

授于荷雙流縣令制

勑具官某等嗟乎爾荷丞相之子也棲遲府縣汨沒風塵美蔭成蹊孤根委地矧吾戚屬茲用軫懷聊効牛刀式遂雞口顧而下則轅之門吏也自陳去職久困家食俾佐方州各均祿仕而荷峻其階序飾以章服吾不能無私於親親之道也可依前件

湖州烏程縣尉李忠等授官仍量留等制

勑具官某等青社霅溪之守臣各修職貢俾爾來朝實冒險艱所宜酬獎有以兼廷評之命而許留於官有以移掌庾之秩而與夫掾臨海者皆遂爾晝錦之榮也可依前件

授孔競陰平縣令張標湖州錄事參軍王振蓮溪縣令等制

勑孔競等或連帥奏請或郡守薦揚或勞績可稱罷免斯久能自陳列動我聽聞宰邑糾曹皆其任也可依前件

授朱克柔張戎等加階制

勑具官某等外諸臣有政事可以稱家父位尊功大不求聞於時者可謂能處其身而協進趣之道矣而師保元勳

燕居轂下以遺落之才廣朕聞聽亦深得大臣之體裁惟茲二事朕實樂聞爾克柔能以政經葺吾舊許薰人蒞俗遠至邇安而戎前佐大藩休有淑問盤錯斯驗鋒鋩有餘或嘉韜櫝之心或允求伸之志大臣子弟朕豈無私元勳薦揚朕豈不信上公進律少將通班階序徽章旌別優異惟爾克柔與戎宜知朕寵待汴帥全忠與太保鋌之意而勉於從政立朝也可依前件

授劉處宏通議大夫內侍省監充客省副使制

勑內省華資司賓重任宮朝之選歷代攸難我今得人爰

畢茂典具官劉處宏冰霜勵操松桂騰芳弄筆硯以飾躬考詩書而勵行遂爲端士自闕亭衛在公馳幹事之名銜命得使臣之體輩流推許達我聽聞宜示優恩以旌修整況遐方即序重譯來庭尤思周敏之才用副綏懷之旨兼榮內省仍進崇階敬佩寵光往共乃職可依前件

授內官劉益謙加官制

勅具官劉益謙惟爾參我樞近之務副我腹心之求允謂才難克彰試可委任斯重端莊有聞冰清繩直潔己莅事數馬而對問樹不言稽爾秉持稱吾宥密是用升之峻級

寘彼崇班且酬職勞式示優寵宜保優異勉圖始終敬慎不忿必致遠大可依前件

授內官晏希伯加官階制

勅內官晏希伯內外之任必惟其人遷擢之恩允屬試可以爾南圭無玷東箭有筠山明見松雪之姿天靜聳嵩衡之勢詩書內積儒雅外彰聞其恭勤可委事任階秩並進睠矚斯深勉服寵光往勵職業可

授內官張居翰等加官階制

勅具官張居翰等守道立身執中事我造次不違於善行錙銖必本於典章藏器未伸彈冠待進吾今知爾爰用加恩升階序而遷品秩振堙沉而示恩澤唯爾居翰勉於致身往服寵光匪懈夙夜可

授內官馬從朗加官階制

勅設階陛所以示堂奧之嚴正品秩所以明躋陟之漸也率由次第以序忠良苟當其人吾必與進爾從朗止水藏鑒壺冰孕清蹈禮樂以修身耽詩書而養志夜親攙廡拱辰之列宿分華曉近冕旒捧日之卿雲配潤動必中矩行無越思歷試可觀序遷惟允九重華省三品崇階用酬爾勞往馭其貴惟爾從朗服吾寵光立事檢身所宜匪懈可

授學士郤文晏將軍金紫光祿大夫制

勅國家設翰墨之林延髦碩之士以潤色鴻筆發揮王猷妙選內官修辭立誠者以與我言語侍從之臣朝夕遊處膺是簡拔實惟重難而具官文晏常夢綵毫亦吞文石富有事業志於討論孔光之問樹不言石慶之數馬而對濯濯春柳風標迥出於輩流落落長松節槩不移於霜霰自擢居密署言奉詞臣所爲當材且聞稱職縻之好爵貴則號其將軍峻以崇階勳莫重於光祿敬承寵渥往蒞清華

率由此途。以至崇達。惟爾文學。得不勉之。可。

授内官王可方加官階制

勑。出膺使命。入奉宸嚴。惟茲簡求。允屬心膂。爾可方將命而去。成功以還。別利器於盤錯之間。驗絜矩於脂膏之際。試可斯驗。悉吾愛之。俾其序遷。並謂至當。徵還内省。冠以豐貂。惟爾可方。勉圖懿效。可。

授内官馬昌裔加官制

勑。昌裔參我樞機。奉吾指顧。能慎密以植志。端莊而飭躬。動畏四知。潔無貳過。委注斯久。霜雪不渝。職勞可酬。序進惟允。升其階秩。示以優崇。爾往莅之。益敬其事。罔懈砥礪。稱予渥恩。

授内官張禹珪加官制

勑。張禹珪本以端莊飾之儒雅。鵬鶚負橫秋之勢。楩柟擢構廈之材。蘊是器能。在予左右。歷試事任。亟涉光陰。聞其恪勤。宜示優獎。階級秩序。俾之俱遷。服我新恩。保爾懿效。雖覆一簣。古人有言。爾宜知之。勉自勗率。可。

授内官孫昭裔加官制

勑。昭裔干鏌銛鋒。驊騮逸步。文之以禮樂。飾之以詩書。白玉無瑕。朱絃讓直。拱我宸極。粲如華星。慎爾樞機。不對温樹。歷試茲久。其才益彰。移之崇班。加以峻級。且旌優異。用激端修。敬怠不同。崇高可致。惟爾昭裔。知予意焉。可。

楊行密妻朱氏進封燕國夫人制

勑。具官楊行密妻朱氏。作嬪藩翰。宜爾室家。六媚以寧。四德具美。俾我行密。爲吾藎臣。統戎有方。述職無怠。緊爾輔佐。致之輯柔。慶澤所加。序進惟允。全燕列壤。大國疏封。式示寵榮。以旌賢淑。可進封燕國夫人。

朝散郎江西提舉汪逵除禮部員外郎制

勑。具官某。難進易退。賢士之操也。爾某議禮容臺。優有休問。汲汲焉以外服爲請。雖畱行不顧也。將指奏公。亟須召節。則舒遲累月。翔集可觀。是不謂之士操歟。郎闈之選。南宮最清。往其欽承。踐修爾學。可。

贈太尉葛從周神道碑

（闕二字）包犧設教。畫卦（闕八字）弧矢於焉利用（闕二字）二（闕五字）蓋殷周之前。將相共柄。洎秦漢之後。文武殊途。至若綱紀彝倫。範圍庶品。闡揚至理。崇樹鴻猷。則用武之（闕三字）獨濟。若夫撥亂反正。（闕五字）衛（闕二字）勳濟王（闕一字）則（闕七字）諸至於大義至公開物宏務感召和氣庇育羣生其揆一也夫物窮則變否極則通時雖類於循環事闕三字合闕二字雕虎闕八字而闕五字理闕八字方勘定遂生翦起韓彭扶丕闕一字以凌霄翼眞人而御極風雲之會影響無殊闕六字之期闕五字帝應闕十四字豕於大田斷修虵於廣陌則有故昭義軍節度澤潞等州觀察處置等使開府儀同三司檢校太師兼闕三字潞州大都闕二十四字焉公諱從周字通美其先濮州鄄縣秦邱里人也禮也曾祖阮祖遇賢父簡贈兵部尚書惟公世方管晏緒接神仙負山闕二十九字勵越石著鞭之志生知韜略

時合孫吳韋弦淡爾而酌中文武居然而兼備素業唯觀於大略壯圖潛闕三十二字以騰驤鵰鶚在天而闕三字家刑國鵲文兆忠孝之名原始要終血字表公侯之分實爲天縱闕六字自太祖闕二十二字之鋒於是附鳳攀龍策名委質伐蔡之役戰酣太祖皇帝闕三字之變時闕四字公奮闕二十二字谷之隻輪不返而又青兗三寨鯨鯢萬人勦戮無遺輜重皆棄犖約面縛而授首闕一字唐魄闕六字赤闕四字濮闕二十四字齊山僵尸蔽野以功闕一字檢闕二字部尚書時溥復統全師碭山下寨康村接戰全軍闕九字返又轉檢校刑部尚闕二十三字通

上黨蕃戎喪膽闕五字改授懷州刺史屢立殊勳繼膺賞典又假吏部尚闕二字累遷闕三字州刺闕六字使闕二十四字落落領二千騎闕五字馬步二千殺戮殆盡生擒落落奪馬三千又殺蕃闕二字汗闕五字自闕一十一字後尋授節旄假闕五字昭義兩使留務蕃軍周揚五之衆結寨連營去闕十三字俄而闕二十六字而身先幽滄克闕五字乃授宣義軍行軍司馬俄代丁會入潞州俘戮闕四十二字下凡經八日納闕五字加檢校司徒又入井陘攻討并部降李洪範已闕六字兼加徐州闕三字氏闕二十八字致力闕九字中遘沉痾於邊上明年青齊之衆復陷兗州

闕三字戎捐軀濟難太闕四十字加太子太師食邑二千戶闕二字之念勳勞乃睠疾恙爰降優禮闕十七字旌頌之闕五字別墅闕三字山恩異闕七字代未之有也俄而美疹滋深醫和弗療天闕二字遺人之云亡恨狠闕一字之闕一字尚存指爲闕十四字江淹之筆闕十字勒闕四字即以闕四字十月三日歸葬於偃師縣亳邑鄉林南里之別墅賵賻贈含君恩闕十四字尉有子五人闕九字夫檢校闕一字部尚書闕四字將軍同正不仕次曰彥勳金紫光祿大夫檢校兵部尚書前守洪州別駕不闕一字次闕十二字尚書刑部員闕二十字尚書守左驍衛將軍次曰彥浦殿前

受旨銀青光祿大夫檢校太子賓客鷟闕十五字克闕二十四字英飛龍使充西京都監銀青光祿大夫檢校尚書左僕射守左武衛將軍闕二十六字孔循闕十二字司徒左威衛上將軍連榮貴戚。迭照閨門。玉鏡臺前。匪獨推於闕二十七字兼闕十二字禮以竭情臨襄事而銜恤始終部分薰灼一時斯又見天闕一字照答之重杳也。皇帝臨軒軫悼撤闕一字廢朝闕十三字

伊昔皇唐。運終百六。兵革闕十二字其一闕二字我梁受天明命。間生材傑。克靖災眚。武德孔昭。和闕十一字其二闕十四字戰酣馬逸土失銜勒下車策之傷面克敵。其三青兗三寨鯨闕二十六字其四

凡茲大勳。傑出十亂。炳若丹青。著於史傳。闕一字外畏威闕十一字其五闕十二字增闕三字飛蝗越境。猛獸遁去。軍食袀服。盈羨廂庾。其六統衆出師。寬猛相濟。闕六字照闕十六字其七悠悠丹旐。軋軋轜車。萬人之敵。六尺之軀。嘗如石火。去似隙駒。闕四字誰其問諸。其八闕七字秋露如珠。灑君闕二字平生氣豪命世功夫。金瘡猶在。腥肉永枯。其九邙山之隅。闕二字之裔許國壯心。磨天逸勢。威聲闕二字昏衢迢遞。長辭魏闕。永謝明世。其十

冊德王爲皇太子文

維乾寧四年歲次丁巳三月癸卯朔十七日己未。皇帝若曰。夫立愛惟明。建善則固。先王茂躅。有國丕圖。承祧仰鏡於前星。守器式當乎長子。遐瞻載籍。眇覿洪荒。雖步驟隨時。質文異制。逮於傳序。罔不率循。國家高視百王。同符三代。平一區宇。統和人神。垂三百年。歷十八葉。曁朕寡昧。祇荷景靈。屬天步艱難。岱宗牢落。蒸人未乂。舊典爰曠。庶尹卿士。藩輔元僚。思正儲闈。式固鴻業。咨爾長子德王裕。象叶增構。明啟少陽。溫文在躬。睦友成性。博聞强識。無愧於老成。學禮讀書。庶資乎師訓。洒逌輯羣議。爰咨舊章。是用命爾爲皇太子。嘻。毓問承華。重輝望苑。永貞萬國。明照四方。

入則有師。出則有保。無怠三善。往崇四術。務親正人。誠近邪僻。淑慎爾止。峻防所歧。一作攻勉植厥猷。罔墜丕訓。

冊益昌公主文

維乾寧元年歲次甲寅十月庚申朔十四日甲子。皇帝若曰。粵昔漢頒魯國。魏錫常山。蹤鍾愛以分封。亦旌賢而別壤。前王茂典。歷代成規。朕今嗣守。不敢失墜。咨爾第七女蘭芷芳猷。肅雍懿範。坤順之性。體於自然。天倪之資。稟於陰教。不明爾德。孰慰我心。爰稽舊章。俾率彝訓。乃疏湯邑。仍錫粉田。所以示鳲鳩均養之仁。樂螽斯宜爾之慶。夙興

夜寐無忘女史之箴下氣怡聲勉習家人之禮女儀婦道可不愼與

欽定全唐文卷八百三十九

劉岳

岳字昭輔其先遼東襄平人遷洛陽少舉進士事梁歷官侍御史貞明初爲翰林學士累遷户部侍郎後唐莊宗入汴貶均州司馬尋授太子詹事明宗即位歷兵部吏部侍郎忤馮道徙祕書監遷太常卿卒年五十六贈吏部尚書

除官當須告身奏

凡在立朝悉是爲臣之責每蒙進秩咸加報上之忠奉勅命以遷升固當感於降綸言而褒飾或未捧觀將使知罷

陟之繇認訓誥之旨必在各須官告令覩制詞處班列以增光傳子孫而永耀伏請自今凡有除轉登朝官已上在京召至閤門宣賜在外則付本州使賜之

請革虛銜任官疏

伏以有國命官立朝釐務必資詳練以集事功竊見諸色詞科多昇通籍向者先爲列藩從事參佐可稱文經三館職名編修是著方居華秩始在彤庭近或雖有兩任前銜未歷一司公事莫申勞績虛謂滯淹未若委以親人俾之及物粗聞善最無議陟遷免自歎於漂流復有名於選任

伏乞特加搜採廣察單平白身者授以佐僚歷官處之縣令歲月俟當於制限班資擢在於朝行理契毓材事惟責實

崔沂

沂字德潤宰相魏公鉉幼子舉進士歷監察補闕昭宗時累遷諫議大夫入梁爲御史司憲擢禮部尚書貞明中充西京副留守入後唐爲左丞判吏部尚書銓選司謫石州司馬明宗卽位復爲左丞以太子少保致仕卒年七十餘贈太子少傅

請覆勘寇彥卿致死梁觀奏

彥卿位是人臣無專殺之理況天津橋御路之要正對端門當車駕出入之途非街使振怒之所況梁觀不時迴避其過止於鞭笞捽首投軀深乖朝憲請論之以法

安重誨

重誨應州人其先本北部豪長後唐明宗鎮安國以爲中門使及卽位領樞密使遷左領軍衛大將軍兼領山南東道節度使改兵部尚書累加侍中兼中書令徙河中節度使坐與宦者交私明宗令太傅李從璋檛殺之

郭彥夔不許改名疏

伏以凡是人名皆繇父命侍側者稱以榮左右爲後者稱以奉蒸嘗犯廟諱須更同御名亦改降此以外迴避無聞以春秋論之衛侯名惡大夫有齊惡太宗朝有虞世南君不聽臣易名皆所以重人父之命況郭彥夔長在青州霍彥威有時移鎮寧將私敬上瀆聖聰若便允從恐多援引只宜如故工部郎史于鄴奏名是盧文紀私諱儻許更名卽不至尤違其郭彥夔請在本道宜令權稱致雍在告敕內卽須仍舊誠爲至論永作通規

朱守殷

守殷少事後唐莊宗爲奴名會兒及卽位以爲長直軍使稍遷蕃漢馬步都虞候同光二年領振武節度使兼蕃漢馬步軍天成初拜同中書門下平章事授河南尹判六軍諸衛事加侍中移汴州節度使後謀叛明宗討之力屈自盡

上玉璽表

臣修雒陽月波隄至立德坊南古岸得玉璽一面上進伏以皇上陛下明德動天聖靈御宇遂使千年之瑞出於九

地之間。輝煥簡編。光華帝道。臣竊觀異瑞。益表太平

魏逅

逅。後唐天成元年官大理少卿。

申請慎勘囚徒奏

此後伏請指揮天下州縣應所禁囚徒。不許州縣廂縣大小刑獄。委觀察使刺史慎選清强判官一員。於本廳每月二十六日兩衙引問。明置獄狀。細述事端。大則盡理推尋。小則立限決遣。其外縣鎮禁人。三日外具事節申本州府。仍勘問指揮。

盧咸雍

咸雍。後唐天成二年官起居郎。

請禁盜賊疏

賊寇宵行。逼脅村舍。俾供食宿。及當敗露。指引行程。追禁經時。慮妨農作。望須明勑。俾得疎治

錢傳

傳。後唐天成二年官太常丞。

請禁止侵踐壇壝奏

當司專典祠祀。伏以國城西面羣祀。各有壇墠。近年多被民户侵耕畜牧。騰踐。莫知處所。行事之時。旋封土芟草。有乖誠敬。今正芳春。易行止絶者。

李同

同。後唐天成二年官左拾遺。

請逐旬斷囚奏

天下繫囚。請委長吏逐旬親自引問。質其罪狀眞虛。然後論之以法。庶無枉濫

平刑法疏

三尺之法。天下共之。法一動摇。民無所措。是知愛育黎庶。

信及豚魚。既禮樂之中興。在刑罰之必中。陛下初當治亂合肅化條。請處分天下州使繫囚。逐旬咨長吏親自引慮。使知罪眞虛。然後論之以法。則獄無寃滯。政治和平。

李殷夢

殷夢。後唐天成二年官刑部員外郎。

乞高宏超減死奏

伏以挾刃殺人。按律處死。投獄自首。降罪垂文。高宏超既遂復讎。固不逃法。戴天罔愧。視死如歸。歷代以來。事多貸命。長慶二年。有康買得父憲。爲力人張泣乘醉拉憲氣息

將絶。買得年十四。以木鍤擊泚。後三日致死。勅旨。康買得尚在童年。能知子道。雖殺人當死。而爲父可哀。若從沉命之科。恐失度情之義。宜減死處分。又元和六年富平人梁悅殺父之讎。投縣請罪。勅旨。復讎殺人。固有彝典。以其申寃請罪。自詣官門。發於天性。本無求生。寧失不經。特從減死。方今明時有此孝子。其高宏超若使須歸極法。實慮未契鴻慈。

趙明吉

明吉。後唐天成二年官左補闕。

請修天下宮觀奏

竊見天下宮觀。久失崇修。蓋自朱温簒逆以來。例多毀廢。請下諸道。應本朝舊置宮觀近經毀拆者。皆勒增修。以奉祖宗以宏孝治。光陛下中興之業。顯國家大道之源。復我眞宗。冥茲永世。其兩京宮觀有公田。乞免科率。俾充齋糧。以給正名道士。庶懇志於焚修。期上元之福祐。

杜紹光

紹光。後唐天成二年官少府少監。

請置丞簿等官奏

當司掌朝服儀仗祭器服兵戈以來。散失向盡。苟非得人。難爲掌轄。臣准往例。除監一員少監二員外。比有丞主簿五署令。共一十六員。近自僞梁廢省。只委曹吏主張。遂至因循。或多隱漏。乞下中書。於先廢官員內量置丞簿署令。分主當局公事。

李光緯

光緯。後唐天成二年官右拾遺。

請錄功臣後裔奏

自本朝應運以來。陛下登極之後。有赤心事主。戮力勤王。

或代著軍功。身已淪沒者。乞追崇官爵。延賞子孫。庶張閉國之榮。永保承家之慶。兼內外重臣已下班行。聞請許追封。以光孝道。雖九原之幽暗。亦賀明時。庶百辟之忠良。同扶聖代。

鄭銑

銑。後唐天成三年官膳部郎中。

請禁諸吏僭侈奏

諸司諸使職掌人吏。乘騣坐帶銀魚。席帽輕衣肥馬。參雜庭臣。尊卑無別。汚染時風。請下禁止。

王鈅

鈅後唐天成三年官左拾遺

請禁軍門招集無賴疏

伏覩州縣百姓早因危歲小寇連綿舊染成非習性難改逃刑網外作患民間起晝藏夜出之名懷念惡惰農之志惟覩得失但聽災危不慮嚴章當孤美化法緩則潛藏軍旅法急則流散藩方條令難加網羅莫及是非同等曲直相參伏乞顯示軍門無招此輩永去未萌之咎當平不力之民

楊途

途後唐天成四年官左補闕

請修整都城奏

明公舉事須合前規竊見京城之內尚有南州北州縱市井不可改移城池即宜廢毀復見都城舊牆多已摧塌不可使浩穰神京旁通綠野徘徊壁壘俯近皇居無復因循常宜修葺

郭正封

正封後唐天成四年官考功員外郎

請曉諭諸軍放還所掠生口奏

中興平定之初自數十年離亂編民或爲兵士所掠沒爲奴婢者既無特勅釐革無復從良遂令骨肉流離有傷王化

劉昌魯

昌魯字安國相州鄴縣人唐末明經登第釋褐項城主簿累遷尚書郎乾符中出爲高州刺史遷防禦使爲劉龔所殺（謹案九國志劉隱入廣州遣其弟龔攻高州昌魯大敗龔軍龔終爲所呑乃輦帑庫及士卒千餘人歸湖南馬殷殷奏授永順軍節度副使兼行軍司馬天成中卒與五代史所載不同）

致馬殷書

僕昔占籍鄴中受恩唐室莅高三歲過黃巢之亂收合生齒堡于掠山因深爲塹憑高作壘攻苦食淡以勤士卒洎盜賊平定一境獨全高掠之民至今相戴而中原多故嶺南不賓劉隱亂常僭興師律舉蠻貊之衆成呑噬之心僕常訓勵甲兵躬當矢石掃壘一戰劉巖遁走雖仗義者必勝恃力者必亡然而山越之人瘡痍衆矣殘民以騁所不忍爲昔古公去豳竇融歸漢千古之下迭爲推美僕雖顓愚景慕前烈竊惟明公負江湖之固有桓文之業土宇至

廣仁風素厚願以所部歸款於執事謹刺血染翰上達誠悃惟明公圖之

崔協

協字思化清河人舉進士為度支巡官渭南尉直史館入梁累官兵部吏部侍郎後唐同光初改御史中丞天成初遷禮部尚書太常卿拜平章事四年卒贈尚書左僕射謚恭靖

請令國子監學生束脩光學等錢充公使奏

當監舊例初補監生有束脩錢兩貫文及第後光學錢一

貫文切緣當監諸色舉人乃第後近再多不于監司出給光學文抄及不納光學文錢只守選限年滿便赴南曹參選南曹近年選人並不收置監司光學文抄為憑請自後欲准例應諸色舉人及第後並卻於監司出給光學文抄并納光學錢等各有所業次第以備當逐年修葺公使奉敕宜准往例指揮兼自今後凡補監生須令情願住在監中修學則得給牒收補仍據所業次第逐季考試申奏其勘到見管監生一百七十八人仍勒准此指揮如收補年深未聞藝業虛霑補牒不赴試期亦委監司簡點其姓名年月一一分析申奏

孫元

元後唐明宗朝官登州刺史天成四年坐無名科率停任

大唐銅山禪師信行和尚蘭若記

山岳之形雄峻奇勢摩霄沖載萬象吻合雲雨怪狀異彩萬有餘品而不可盡名今斯銅山峩峩石稜巉巉青壁巋岌硉矹乍峭乍平左翼龍驤右盤虎踞是以西拓浮邱若捫天心北截長江如浴滄海足可以壯楚之地勢也（闕十三字）洎大歷十一年冬仲月有大禪師曰信行京兆盩厔人俗

姓王氏早歲出家本雲居寺以戒香持身惠珠內瑩止於此山駐錫雲木石坐逾旬無有知者會樵人入山採薪得遇恭師駭然投刃設禮欣讚磬折（闕一字）貞元十三年春觀察使兼御史中丞博陵崔公行府幕郎官判官李公臻巡户口兼封閉諸山蘭若例當（闕二十字）文牒遍告吏民勿令（闕一字）動至元和中縣令姚公崇信三寶深護法門聞多因公侵漁斫伐林木又給公憑四年天下旱民皆絕粒道路殣斃師乃出山有二居士頂敬禮拜共迎歸山於時四面聞師都歸雲合大會草木生光二居士啟諸公曰和尚高僧

久此宏化。教諭沉迷。開甘露之門。示生死之徑。不旌敘山門。何以答乎禪德。公依法言而共建斯法碣。乃瑩眞礎爰命雕鐫。縱劫還海竭。太樸寖失。斯之不墜。

于嶠

嶠。晉天福中爲虞部郎中知制誥。遷中書舍人。後唐同光中爲翰林學士。天成四年遷祕書少監。以忤趙鳳奪官長流武州百姓。

請令河朔從常調疏

有國有家。既定君臨之位。無偏無黨。方明王者之心。苟少虧於同軌同文。則微損於盡美盡善。竊知河朔令錄。須俟本道薦揚。朝廷就加其命。況今萬國諸侯。猶請行而貢職。豈使一方令長。獨端坐以邀官。未敦革故之風。深缺維新之化。觀茲闕政。敢貢直言。乞宣付中書。委於銓管。此後並從常調。

請蠲減租稅疏

協和萬邦。明主所以安社稷。平章百姓。哲后所以懷黎民。將延七百載之洪基。須安億兆衆之黔首。臣幸遇聖明之代。敢傾愚直之誠。伏以朝廷先有指揮。今年不更通括苗畝。宣從特旨。頒作溥恩。且屬夏秋已來。霜雨頻降。在山川高土。則必有豐年。想藪澤下田。非無水沴。脫或已作潢汙行潦。猶徵青苗地頭。不惟損邦國風化。兼恐傷天地和氣。儻或皇帝陛下念茲狂直。哀彼災祥。特於淹浸之田。别示優隆之澤。重委鄉村父老通括。不令州縣節級下鄉。如或檢驗不虛。卽日蠲減租稅。或有司以軍糧未濟。兵食是虞。卽請卻於山川之田。豐熟之地。或於麻畦稈草。蠶鹽地頭。據其本分價錢。折納諸色斛㪷。所謂公私俱濟。苦樂皆均。捨其短以從其長。將有餘而補不足。臣每因急務。方敢上言。前後所奏十件。有司未行一件。伏乞陛下念臣苦思。察臣盡心。或可施行。不令停滯。

李羲

羲。後唐同光初爲魏王繼岌推官。掌書記。明宗朝授河南少尹。以秦王從榮謀叛事。配石州。

奏乞恭陵園林地畝狀

恭陵所。其山園之內。被民户起舍屋居止。臺觀皆被侵耕。柏城松逕。樵採殆盡。乞下本縣與寺司。重定完本園林地畝。

蘇楷

楷乾寧二年舉進士重試黜落哀宗時依朱氏爲起居郎以舊憾上疏駁昭宗謚號梁祖卽位勒歸田里後唐同光中爲員外郎天成中累歷使幕會執政欲糾其駁謚之失以憂卒

駁昭宗謚號議

帝王御宇由理亂以審汙隆宗祀配天資謚號以定升降故臣下君上皆不得而私也伏以陛下順考古道昭彰至公既當不諱之朝寧阻上言之路伏以昭宗皇帝睿哲居

尊恭儉垂化其於善美孰敢蔽虧然而否運莫興至理猶鬱遂致四方多事萬乘頻遷始則閹豎猖狂受幽辱於東內終則嬪嬙悖亂罹天閼於中闈其於易名宜循考行有司先定尊謚曰聖穆景文孝皇帝廟號昭宗敢言溢美似異直書按後漢和帝安帝順帝緣非功德遂改宗稱以允臣下之請今郊禋有日祫祭惟時將期允愜列聖之心更下詳議新廟之稱庶使叶先朝罪己之德表聖主無私之明

張廷範

廷範官太常卿

昭宗謚號議

昭宗初實彰於聖德後漸滅於休明致季述幽辱於前茂貞刼幸於後雖數拘厄運亦道失始終違陵寢於西京徙兆民於東洛軔輦軫未踰於寒暑行大事俄起於宮闈謹聞執事堅固之謂恭亂而不損之謂靈武而不遂之謂莊在國逢難之謂閔因事有功之謂襄今請改謚曰恭靈莊閔皇帝廟號襄宗

崔憓

憓後唐明宗朝官祕書少監遷右諫議大夫

請禁諸道進鞍轡御衣奏

凡在御前皆爲法物供奉所自出自內司豈假外臣而有營造若無禁止漸謂通規一則乖國朝淳厚之風一則冒典憲防閑之制

請正街坊疏

臣伏見雒都頃當制葺之初荒涼至甚纔通行徑偏是荊榛此際集人開耕便許爲主或農或圃逾三十年近歲居人漸多里巷頗隘須增屋室宜正街坊都邑之制度既成

華夏之觀瞻益壯因循未改汚濁增深竊惟舊制宮苑之側不許停穢惡之物今以菜園相接宗廟祠宇公府民家穢氣薰蒸甚非蠲潔請議條制俾令四方則之

欽定全唐文卷八百四十

呂夢奇

夢奇後唐明宗授幽州節度判官遷右諫議大夫御史中丞

後唐招討使李存進墓碑

原夫古先哲王必有良輔時清則論至道以經邦和陰陽而均造化柱石王室使不顛不危世亂則運沉機而靖巖廊廓烟塵而掃蕪穢藩屏皇家俾可遠可大故有書汗簡勒金石皆紀其功德及於社稷生靈者也公諱存進字光

嗣本姓孫氏樂安人也武子之後歷世守職邊土因以家焉曾祖巖振武節度都押衙銀青光祿大夫檢校右散騎常侍兼御史大夫祖某金紫光祿大夫守勝州刺史檢校刑部尚書兼御史大夫柱國父佺振武節度都押衙左校練使銀青光祿大夫檢校左散騎常侍兼御史大夫上柱國公業紹箕裘力便弓馬入蛟橋而振譽探虎穴以知名氣直如絃心堅比鐵獻祖文皇龍潛朔野豹隱雲中常以壓虜爲心平戎是務以公早精劍術素熟兵機肘腋之間爪牙爲任時或手持雙戟腰屬兩鞬嘗開而紫塞風清戰

龍而金鎗日耀太祖武皇帝嗣承丕構致力中原屬以天步多艱王室如燬枕戈求敵奮劍遄征平大寇而復九重戮叛臣而清三輔以公生知武畧早立戰功委以轄鈐頗著勞績尋補節度押衙左廂衙隊威雄第一闕副兵馬使奏受銀青光祿大夫檢校太子賓客兼監察御史上柱國大順元年遷殿中侍御史景福二年五月太祖武皇帝以公性稟淳和言無矯飾勇能排難忠不病國錫以姓名同之骨肉榮連戚屬光生將門永依磐石之安終賴維城之固尋補充右廂義兒第一院軍使除授銀青光祿大夫檢

校國子祭酒兼御史大夫乾寧二年十月除授檢校左散騎常侍光化二年二月授右廂行營馬步都虞候三年正月兼授鴈門以北都知兵馬使永安軍使兼守禦都指揮使五月權知汾州軍州事兼守禦都指揮使四年四月轉充右廂衙隊都知兵馬使公以屢立戰勳繼承先澤勤王在念報主為心夙夜在公風雨如晦至天復元年四月除授金紫光祿大夫檢校刑部尚書兼御史大夫上柱國二年三月除授檢校兵部尚書十月加授檢校尚書左僕射三年八月轉左廂衙隊都知兵馬使兼左廂行營馬步都

虞候天祐三年三月奉命權知石州軍州事時以慈隰未歸西南為患委之守郡志在安邊公乃和以養兵仁而撫俗輕其徭役勸以耕農悍獒者由是遂生逋竄者以之復業遠來近悅老安少懷五穀有年一方無事百姓以為召父復出杜母再生洎今昭文睿武光孝皇帝初承顧命之年以公舊臣元老委以腹心送往事居慎終如始尋以家讐未雪國患已深四方每切於經營中土尚稽於平定知公材堪出將相可封侯必當多難之秋能立盡忠之節五年正月制授檢校司空使持節石州諸軍事守石州刺史

七年十月轉充右廂步軍都指揮使八年十二月轉授權行營蕃漢馬步都虞候尋以偽梁大舉兇鋒僭據深冀鎮定告倒懸之急并汾興仗順之師主上以公久戰多謀雄名制敵俾之扈從同救阽危十萬兇徒一陣席卷九年正月奉命再知汾州軍州事四月制加光祿大夫檢校司徒十二月授西南面行營招討都指揮使十一年三月收下慈州秋毫不犯百姓復業三農以時尋制授慈州刺史民歌其化如離石焉十二月奉命權知沁州軍州事五月正授諸道行營蕃漢馬步使時以魏人久厭偽庭咸思真主

烽烟相屬星使交馳迎我鑾輿以救塗炭洎主上駐驊在鄴以編部未肅都人乍安每懷親征常令預備將委權畧罕得其人以公夙著廉勤素有威望九月補天雄軍都部署巡檢使行營蕃漢馬步使仍舊公禀命益恭守法益謹嚴以理下儉以約身犯者必誅惡者自息强豪貴勢聞之凛然僞將劉鄩在莘縣日與主上對壘經年時公在都城每設嚴備有日私謂人曰此賊固險不戰必有多謀俾於南門多排弓弩以待之其夜果有劉鄩賊黨忽攻都城之南門弓弩齊發死傷者甚衆遂令單騎潛報主上於東寨

於是王師盡出及丑兩軍相遇於中途五萬兇徒剿戮將盡惟劉鄩逋而獲免夫破大陣主上之神功也守都城公之長算也十四年正月轉左廂步軍都指揮使二月奉命權蕃漢馬步副總管聖上初收楊留鎮以爲將取中原先通古渡防邊固圉非公不辦尋留公在鎮守禦公以岸潤舟遲城孤兵少强敵在近奔衝是虞乃浚彼壕隍增其樓櫓功役未罷果有大寇攻城内備既堅羣盜尋退十五年冬隨駕至胡柳陂大破汴寇迴十六年三月制授單于安北都護御史大夫充振武節度麟勝朔等州觀察處置營田押蕃漢等使時駕在德勝寨上以大寇未平黄河是阻貔貅往復舟檝爲勞一出義師數日方濟公乃埋大木於兩岸貫輕舟於中河建作浮橋以過鋭旅力排巨浪勢截横流扼彼咽喉壯我襟帶遂使六軍萬馬朝出暮還動若疾雷履如平地十七年二月主上賞公之功就加特進檢校太保仍賜御衣鞍馬金銀器物綾羅錦綵等三月授天雄軍馬步都指揮使行營蕃漢馬步使仍舊十九年正月主上以契丹犯境鑾駕親征以公計出萬全謀深九拒留公河外以禦奸兇果僞將段凝領兵攻打德勝寨公乃夜

警晨嚴出關内備三軍戮力萬人一心洎主上凱還寇孽夜遁二月以公之功加特進檢校太傅隴西郡開國男食邑三百戸當年鎮州有不令之臣張文禮弒其主而據其位潛通粱苑密搆契丹背我聖恩恣彼兇德主上以北門猶梗中國未寧慎爲患於腹心志先平其巢穴王師繼發廟算頻施殺戮雖多攻取未下以公閫風料敵嗅土知兵尋付睿謀俾就攻討四月授北面行營都招討使公奉辭伐罪固敵是求乃仗鉞而行鑿門而出戈矛雪瑩甲騎雲飛發殷地之威聲勁踰漳水作連天之殺氣直壓滹川增

其嚴營對彼孤壘料於旬日必下危城無何伏雞搏貍乳
犬噬虎我師未列彼陣先成公乃獨領親軍迎鋒力戰王
師已捷惟公乘勝深入爲流矢所中身終於陣享年六十
八於戲功已垂成命不相待陳安既往長留壯士之名卞
壼不迴永盡忠臣之節扶傾柱折濟險舟沉天子聞之輟
朝百姓聞之罷市夫生受國恩歿於王事大丈夫之終也
同光二年冬十月贈太尉以十一月八日葬於太原縣　闕
夏鄉鄭村東原禮也夫人彭城劉氏聞詩立德約禮成規
夫人渤海金氏素稟全儀生知懿範柔順同符乎坤德賢

和共出於家風有子七人長曰漢韶河東節度押衙都牢
城使兼右廂五院指揮使金紫光祿大夫檢校兵部尚書
兼御史大夫上柱國久讀兵書頗精師律謙恭接下廉謹
立身戰勝而口不言功任重而心益爲懼仁孝既聞於鄉
里忠勤復表於旂常蘊茲全才以固都邑次曰漢威河東
節度押衙安國軍馬步軍副指揮使兼都牢城使銀青光
祿大夫檢校工部尚書兼御史大夫上柱國玉堂演術金
櫃傳符亟揚破敵之功深得將兵之妙次曰漢殷前振武
節度押衙沿河五鎮都知兵馬使銀青光祿大夫檢校左

散騎常侍兼御史大夫素蘊直誠早抱雄節飾身以文武
之道交人以忠信之心次曰漢郇河東節度隨使兵馬使
銀青光祿大夫檢校左散騎常侍兼御史大夫孝敬因心
忠直成性交游不雜言行相符次曰漢筠前振武節度單
于安北都護府司馬器度縱橫識畧孤遠躭書味道處約
持謙樂勝廊廟先人後己次曰祿兒語多穎悟似有神通
適當懷橘之年自立成人之智次曰歡兒神彩疎通骨氣
清秀對日之年未遠摩天之勢已高可謂荀氏八龍賈生
三虎併生於德門者也夢奇舊忝故總管令公幕下十五

餘年常在征行與公同處營寨辱公之知眷見公之行事
諸子弟不以虛薄請染柔毫敢竭荒蕪實敘銘勒庶比夫
燕然立碣峴首豐碑復旌上將之勳再墮行人之淚銘曰
五嶽降靈四瀆騰精雄才英傑爲時而生舟以濟險柱以
扶傾手撥禍亂力致昇平其一婉畫頻施嘉謀屢協德懋九
歌寵深三接續派天潢連芳玉葉出則奉辭入必獻德其二
量深謀遠才高器孤張皇義勇倜儻雄圖臂上繁弱腰間
轆轤聲馳絕塞勢懾羣胡其三經以斯文緯以我武柔亦不
茹剛亦不吐名高若盧力大如虎鐵石一心魚水三主其四

離石作牧西南之戍威以風行惠以雲布直者必舉枉者必措俗戴二天人歌五袴（其五）化行四郡恩被百姓吏守公平獄無冤横氷壺之瑩水鏡之淨善人爲邦室家相慶（其六）得魏爲大守之爲難經巡務重制斷事繁威而不猛嚴而不殘奸邪氣懾豪右心寒（其七）楊留初下渡口是防百樓備險九拒謀長城高如金壕浚如湯摧敵制寇拓土開疆（其八）天子恩深將軍戰苦仗節擁麾分茅列土作鎮單于以扼窮虜晝錦而行不獨前古（其九）九曲連天隔彼寇黨白浪滔騰洪流滉瀁造舟爲梁誰謂河廣謀而後行利有攸往（其十）

趙有不庭干國之紀作孽一方構禍千里烟塵未滅嬰敵之矢力戰酬恩歿而後已（其十一）桓桓上將弼我元后馮坐大樹周居細柳忠不負名勇不期壽天長地久勳庸不朽（其十二）

韓儀

儀字羽光萬元人偓之兄唐末以翰林學士爲御史中丞梁祖即位貶棣州司馬

授朱朴平章事制

門下夢傅巖而得眞相殷道中興獵渭濱而載獻臣周朝致理是知顯諸仁而藏諸用君子但守其沉機懷其實而迷其邦大器曷虛其靈位朕自逢多難渴佇英賢暗禱鬼神明祈日月果得哲輔契於勤求朝散大夫守國子毛詩博士上柱國賜紫金魚袋朱朴學業優深識用精敏久徊翔而不振彌貞吉以自多朕知其才遂召與語理亂立分於言下聞所未聞兵農皆在於彀中得所未得不覺前席爲之改容須委化權用昌衰運是乃振於庠序陟彼鈞衡自我拔奇寧拘品秩於戲時風甚薄國步方艱兵戈未息於近郊經制日隳於故事宮闕焚蕩邑里凋虛外則未殄

元兇內則未凝庶績整我綱紀成我雍熙百度羣倫俟爾康濟勉思敬戒以服寵光可朝議大夫同中書門下平章事

授王摶平章事制

門下朕聞軒轅得力牧而爲五帝先夏禹任皐陶而爲三王祖雖不言而化自契於元功而端拱仰成實資於哲輔況有嘗持大柄久竭訏謨振實亮於巖廊立惠迪之軌躅俾乃舊貫再委平衡斷自朕懷用符僉屬扶危匡國致理功臣新授武勝軍節度浙江東道管內觀察處置兼宣撫

等使金紫光祿大夫檢校尚書右僕射同中書門下平章事使持節越州諸軍事越州刺史上柱國闕三字開國公食邑二千戸王摶道潔秋霜文含春彩動不踰矩立必正方行中乎絕類之貞保大有匪彭之節訥於言而敏於行深恥名浮竭其力而致其身唯將道勝頃歲朕察其才智可委鈞衡拔自貳卿升之四輔果能推誠憂國罄慮匡時啟沃心之嘉猷進苦口之良藥洎汧岐叛渙京國戒嚴罔懼觸鱗屢陳逆耳且摶以明君待我故每敢極言我以忠臣任摶亦常加獎納深知盡瘁永用寘懷自鑾輅省方艱危

扈蹕澄心無撓臨事應機爲時而生信非虛言昨以初清鏡水新蕩稽山愼擇周才以康疲俗是用輟於台鼎俾踐師壇念卿前後奏陳有犯無隱吾雖不敏深諒至忠靜復卿言皆合朕志讜正之事久而彌芳雖浙右之瘡痍誠思惠養顧岐陽之祆逆尤藉機籌且歸班瑞之符卻秉代天之筆爾其內凝庶績外殄元兇勉精醫國之謀報我知臣之德天官重位光祿崇階兼以命之用旌寵數服茲休命可不愼歟可光祿大夫守吏部尚書同中書門下平章事功臣勳封並如故

授韓建昌黎郡王制

門下記曰諸侯有功德於人者加地進律書云德懋懋官功懋懋賞其有功宣於宗社德被於生靈立扶危定顚之勳展安祖建儲之力忠誠貫天地貞節伏鬼神須行不次之恩用報非常之績俾諧僉議爰舉寵章具官某維嶽降神自天生德巨材山立雅量海深行健不以武而以文明處順不以邪而以忠正其動也直其靜也專孫武理兵令惟畫一文翁訓俗教必在三臨大事則偲偲丈夫在平居則謙謙君子生知無對默識絕倫自鎭關防已周星律化

驍雄之士盡說詩書流愷悌之風大行鄉里去秋迎鑾郊次駐蹕州城語時事之艱危言淚俱下奉行朝之供億勤竭無渝而又請謁元龜載營複廟纔當旬浹更事嚴禋椒壁虹梁備聞壯麗禮容備物靡不精周旣而首貢封章議建儲貳復六十年之墜典振三百載之洪規邦本以貞丕基永固實自艮畫成此懿圖去不令之人以清朝列懲左道之輩用肅羣倫謀無不臧動有成憲肇我中興之業因其活國之誠永念殊庸實無與二是乃錫功臣之號封異姓之尊用答元勳勉膺異渥噫嘻當屯室之時雖危無咎

者鮮乘泰亨之際在上不驕者難全卿始終罔怠操執貫輔以德永孚於休

授王鎔常山郡王羅宏信長沙郡王劉仁恭彭城郡王制

門下五嶽承天共振橫霄之力四溟紀地咸施潤下之功所以國之獻臣時之哲輔亦如華嵩衡霍登九命而冠三公海瀆江河韓六瑞而踰五等居牧伯之位秉桓信之圭苟非茂績昭宣殊勳薦洽豈可膺茲寵命用叶僉諧我有三臣實全七德爰舉疇庸之典式符進善之經具官王鎔

風紹弓箕丕承堂構襲重侯之積慶允武允文奉先王之成規克勤克儉剛簡而無傲虐栗直而務溫寬言必有章動不踰矩具官羅宏信將星瑞彩卿月祥光常竭力於公門每推心於王室保大有九三之盛任重而不危守中孚六四之貞致遠而不泥既爲良帥復號吏師具官劉仁恭氣薄雲天義形霜雪祕元符於腹笥機術無儔運黃畧於意筌弛張有度以恬養智用壯處謙三軍敬之若神明百姓仰之如膏雨居然侯度屹若國楨而皆道邁殷賢名齊漢傑洞達總戎之要翦起扶輪精通育物之源龔黃拜手犬牙而理人心以寧屏蔽一隅線長城於瀚海藩垣中夏布橫（一作貳）落於天田疇咨協恭奮庸熙載或輿茲冀土成阜安於大名或宅彼幽都共綏懷於有北駢闐勳緒照灼簡書敷進律之殊恩獎殿邦之美化眞相正三台之位掌武居一品之尊增實封以錫圭田升虛邑而光寶節酬功報德惟恐不多勉竭乃誠各膺休命

授成汭上谷郡王制

門下朕聞賞有功則勞者勸考其績則政事彰能否既分黜陟斯在其有勳已銘於簡冊化復被於謳謠表率公侯

澄清土宇靜夢澤於千里盡闢汙萊曜軫宿於九霄光生芒角行爵繼祿顯忠遂良式副僉諧爰登寵寄具官成汭氣合冬日志烈秋霜蘊雄特之標中能抑畏抱介潔之操外富通明自節制衡巫統臨荊楚承匪人之貪虐屬生聚之流離比衛文之革車兼無三百同魏相之版戸畧不盈千曾未踰時俄成樂國井閭富庶人物殷繁璣組之賦聿修苞茅之貢常入砮丹靡闕箘簵咸臻睦隣而四境風行蕩寇而三峽浪息況蔓聯湖嶺輻輳梯航旣水陸之靡難致賦輸之罔滯積茲功緒實謂忠勞苟無舉善之文是廢

疇庸之典，令則移紫微之尊秩，疏異姓之殊封，位冠三台，爵踰五等，用奬分憂之績，乃申進律之恩。勉力在公，傾心報國，服我休命，無忘恪恭。

授葛從周兗州節度使制

門下：建牧立監，施亭育之深仁；顯忠遂良，表激揚之茂典。其有聲馳軍伍，績著郡符，威令風振於戎行，美化霧流於封部。允契求材之念，宜當分閫之榮，遂舉寵章，俾膺重寄。具官某學洞元符，智苞黃石，抱刻銘燕然之志，蘊刊石勃弄之心。氣薄雲天，義凌霜雪，以和為貴，用壯處謙，御下而

寬猛有經，料敵而錙銖罔失。朕以鄒魯重鎮，兵革連年，慎擇可人，用蘇瘵俗，得於僉論，叶我敷求。昔魏延以勇畧逸羣，自偏裨而登上將；呂蒙以材智拔萃，捨行陣而總戎麾。況乎早踐方州，屢登崇秩，績効已彰於靡盬，奬酬宜示於優恩。仍加水土之尊，式寵旌旄之寄。爾其靜訓驍勇之士，惠鮮惸獨之人，布我憂勤，康其凋瘵，膺茲超擢，無忘恪恭。

授李思讓延州節度使制

門下：夫息亂以靜濟道者權，當底定干戈之時，乃更易節旄之任。寧辭改作，式貴叶宜，不移將相之榮，別奉藩宣之寄。用光勳績，爰舉寵章。具官某氣薄雲天，志堅金石，蘊翦起之雄勇，負寇賈之智謀。誠明可以伏鬼神，義烈可以貫風雨。累代以勳勞報國，徇節忘生；一門以忠孝承家，推心濟物。功銘鐘鼎，誓著山河，每逢多難之秋，必奮安危之用。昨以邠岐動衆，畿甸匪寧，授以統臨，錫之鈇鉞，舉旄効命，投袂連行，備聞靡盬之誠，克抱盡敵之意。朕念兵革繁興，十有八載，蒸黎板蕩，邑里洞虛，為人父母之心，深懃涼德；拯國艱危之運，唯有責躬。爰議罷兵，用安率土。又念昨者邠人不令，潛持兩端，有誤軍機，遂成退守，復臨彼土，自不

懷安。雖欲撫寧，諒難輯睦，是乃換雙旌之雄重，割兩郡之膏腴，成一家千里之封，列三鎮十連之責。勉思勤竭，膺我寵靈。

授李成慶夏州節度使制

門下：夫有大功德於天下者，必垂慶私門；賞延於公室者，必傳家令子。賞延者國，俾嗣者侯，著之格言，是為彝則。祇應丕訓，虔奉成規，徵比事經，式登功緒，必盈僉論，方舉寵章。某官繼美勳門，生知戎畧，識度早聞其善將，風稜尋號於老成。朔漢之氣嚴，天資毅勇；崆峒之人武，神授端莊，以

忠孝爲身經守謙直爲家法諸父每舉宿將知歸徐晃沉詳幼而特立既克紹於門風爰委用於舊士未行眞命且假劇權士心咸感於惠和封部果臻於寧肅既符試可須議與能方當殄寇之時將用正名之典我之異渥實爲訏謨以爾成慶代有殊烈祿山滔天之日文已載於司勳朱泚盜國之時績復書於盟府洎黃巢犯闕先臣進士兄弟宗族攜率征討首謀大計果成元功麟閣丹青鴻鐘紀勒垂之不朽永以無窮今則近輔元渠久未誅翦朕之鬱愼格於皇天爾其思冒高戡禍之勳纘父叔定傾之烈盡驅

銳旅速殄祆巢克副家聲以康國步服我休命所宜若何勉樹功名勿孤注倚

欽定全唐文卷八百四十一

田顏

顏字德臣廬州合肥人唐天佑初爲宣州節度使與梁太祖謀討楊行密事洩爲行密所殺

移吳太祖書

侯王守方以奉天子譬百川不朝於海雖狂奔猛注澶漫遐廣終爲涸土不若順流無窮也況東南之鎭揚爲大壓賤刀布阜積金玉願公上恒賦顏將悉儲峙具單車從行

裴廷裕

廷裕字膺餘昭宗時官翰林學士守尚書司封郎中知制誥遷左散騎常侍梁初貶湖南卒

授孫儲邠州節度使制

門下惟彼邠郇連城咸鎬雜華夏羌渾之俗有公劉后稷之風地控三州境延千里撫茲疲俗允屬名臣某官磊落喬松晶明片玉以雍睦作理家之本用詩書爲干祿之基信厚難窺端莊不倚動皆顧行王遠每恥於妄言志切尊人季路罕聞於宿諾明鏡利劍高謝塵埃止水秋山居爲圭表自拔於侯府選在明庭心惟業官舉不避事廣明中

盜侵關輔兵滿京師恭惟先皇帝遠幸右蜀爾則佐彼上相首誅助桀之人贊我元勳大挫吠堯之黨爾後一麾出牧雙節升壇安人得賢太守之風訓兵盡眞將軍之令龔黃並駕管樂齊肩疊是功庸宜臻顯貴瞻乃巨屏素號名藩爰自前朝必求名帥郭子儀以山河之誓戡定多難白敏中用廊廟之尊經營薄伐近則薦其喪亂方苦流亡將欲戢彼干戈保其生聚朕意念人惟爾所宜靜以撫封儉而植己弔彼凋殘之後宏其惠愛之誠副我殷憂佇爾蘇息大司空貴秩左光祿崇階亦遣進封皆勸爲理苟孤委

任其如法何

授孫偓判戶部制

門下在天成象拱帝座者三台在地稱崇鎮方隅者五岳我有賢輔立乎大朝叶三台照耀之功契五岳匡扶之力既凝庶績宜峻徽章正議大夫守中書侍郎同中書門下平章事上柱國賜紫金魚袋孫偓壁立孤峯渭清一派早以閨門之行聞於鄉里之間張融高文聚爲玉海孫綽麗賦擲作金聲頗喧驚座之詞華遂整沖天之羽翰鵬張上國顏淵首冠於諸科弓招小山穆生道優於置醴厥後簪御史筆講博士書從容累踐於南宮諫諍俄升於左闥蘭香見忌玉冷多猜比騷人湘浦之行繼賈誼長沙之役朕自知直道召歸掖垣每於敷陳必盡肺腑因朱雲折檻之對識張華王佐之才斷自中宸爰立作相彌縫不倦匡益居先操心願革於澆浮進善必先於行賞搜抉沈滯拔用隱淪致我時風自爾而厚張說當元宗之代初啓集賢賓參居德宗之朝別分戶部一則寵九流之墳典一則萃四海之賦輿式仗英規遂兼茲領高建楚子之爵貴升鄭衆之階勉殄寇讎以復朝社可銀青光祿大夫依前中書侍

郎同中書門下平章事充集賢殿大學士兼判戶部事仍封安樂縣開國子食邑五百戶餘如故

東觀奏記序

聖文睿德光武宏孝皇帝自壽邸卽位二年監修國史丞相晉國公杜讓能以宣宗懿宗三朝實錄未修歲月漸遠慮聖績湮墜乃奏上選中朝鴻儒碩學之士十五人分修三聖實錄以吏部侍郎柳玭右補闕裴廷裕左拾遺孫泰駕部員外郎李允太常博士鄭光庭專修宣宗實錄廷裕奉詔之日惕不敢息思摭實無隱以成一朝之書踰歲修

例竟未立國朝故事以左右史修起居注逐季送史館史館別設修撰官起居注外又置日歷至修實錄之日取信於日歷起居注參而成之伏自宣宗皇帝宮車宴駕垂四十載中原大亂日歷與起居注不存一字致儒學之士閣筆未就非曠職官無憑起凡例也廷裕自爲兒時已多記憶謹采宣宗朝耳目聞覩撰成三卷非編年之史未敢聞於縣官且奏記於監國史晉國公藏之於閣以備討論

大唐故内樞密使特進左領軍衛上將軍知内侍省事上柱國濮陽郡開國侯食邑一千户食實封一百户吳公墓誌銘 并序

裴廷裕

昔周文王以聖德受命太伯以至仁讓王錫封於吳因國爲氏公諱承泌字希白郎裔孫也曾祖士倜贈金紫光祿大夫内給事祖德鄘贈特進右領軍上將軍宣宗之朝渥恩特異出則綰兵符而臨巨鎮入則司劇務以閫皇猷懿宗皇帝將奉丕圖公時爲弓箭庫使送往事居之際顯著忠規綴衣壓紐之時皆參密議父全紹贈朝散大夫内侍省内侍公則長子也闕四字王夷甫本天仙中人雅度清標嵇叔夜眞風塵外物趨庭之歲穎悟過人五始窮經元凱闕一字成於傳癖三冬足用慰祖乃號於書淫百氏九流無不該博而又昇高作賦納賈馬之降旗遇景裁詩破曹劉之堅壘韜光未仕藉甚高名學書王右軍妙傳其法受琴甘處士闕一字奪其師韓開府精擇賓僚首行羔雁庾元規之招殷浩謝鎮西之辟袁宏千載論交一時歸美尋以闕二字昇之班行乾符末先皇帝以郇瑕之封鹽權遺利命公以本官充解縣闕一字監催勘副使明如夏日洞察秋毫每辭秈鬲之金常遠劉輿之膩潔白無玷課最有聞搜考勾闕一字盡闕一字黠吏青蚨赤仄充於水衡以功賜緋魚袋充

解縣催勘使尋屬關河失守盜賊驚奔銅駝既臥之九衢金根去狩於三蜀公則以權利錢寄河中府單車往河北傳檄諸道言天子蒙塵之辱責官司奔問之儀召破革車期復上國遂與易定節度使王處存同領甲兵二萬屯東渭橋公奔赴行朝面奏本末先帝感其忠果錫以金章依前充解縣權稅使會蒲帥王榮盡占鹽租請贍軍伍公復歸朝闕後改充南詔禮儀副使中輟不行中和三年充許蔡通和慰諭使下齊之辯素優方期集事吠堯之犬正眾不克前征朝廷罪之奪我金紫先帝幸寶雞之歲搜訪才

能召公充西院承旨。卻復章綬。尋以蜺蚍未辨。鬬蟻方喧。遂辭清切之班。去樂林園之趣。馬相如彈琴之地。揚執戟草元之亭。自有高情。寧拘美爵。帝重違其請。便充西川宣諭使。不到闕者數載。聖上虔承大寶。振起頹綱。歷訪舊臣。以禪至理。尋加內侍伯。判內侍省內給事。綜領省務。領袖廷臣。張華則該博舊章。黃瓊則練達故事。加內侍充學士使。嚴徐論思之地。枚馬視草之司。公以精識通才。光膺是選。絲綸夜出。得以講陳。鴛鷺會同。靡不宴洽。改宣徽北院司守右監門衛將軍濮陽郡開國伯食邑七百户。公酷好

闕一字門。誓不茹羶飲酒宥密之地。非所願也。懇讓者再三。上許不奪素志。方拜恩焉。景福二年改內樞密使加特進左領軍衛上將軍知內侍省事濮陽開國侯食邑一千户。食實封一百户。公素懷遠畧。常切致君。大用之辰。納忠不一。其他柅制萬務。條緝百司。闕一字在簡書。不可備載。乾寧二年春正月二十日。薨於渥水。年四十五。闕稟君命也。冬十月一日。上御札示中書門下。許公昭雪。十一月二十日。葬於京兆府萬年縣滻川鄉北姚村。禮也。長男修闕一字次男修睦。皆南遷未復。小男修禮。葬有日。公之季知象猶子恕已。以書寓門僧。請銘於裴廷裕。時爲天子詞詔之臣。不得辭。乃序而銘曰。

泗磬豐鐘。其聲不羣。鸞翎鳳翼。其闕三字公之苦學。公之好文。果於盛日。匡我明君。一言闕二字百歲闕二字聖道闕二字宏恩曲宣。以是忠骨。藏之下泉。祐我國家。億萬斯年。

朱珍

珍。徐州豐縣雍鳳里人。梁祖起兵。以中涓從。尋署宣武右職。光啓元年署諸軍都指揮使。累立戰功。後與李唐賓不協。手斬之。梁祖怒其專殺。遂誅之。

加忠懿王天下兵馬都元帥勅

勅曰。古之王者。啓邦經野。分職設官。疇建殊庸。懋昭大德。或頒之弓矢。或錫之土田。我有重臣。世膺王爵。雖任一方之帥。未超極品之榮。漢法非劉不王。唐制元帥爲重。實惟大任。寧授匪人。用錫名藩。永扶昌運。咨爾匡聖廣運同德保定功臣上柱國吳越國王錢俶。乾坤間氣。海嶽孕靈。爲民物之綱維。實朝廷之藩翰。承家保國。奕世美堂構之賢。洽亂持危。四方推英豪之主。梯航時登乎丹陛。兵革靡及乎蒼生。才足以爲主而庇民。德足以移風而易俗。肆歸建

極。不替忱誠。有齊桓尊周之心。而忠義或逾乎齊。有晉悼駕鄭之畧。而功名不忝於晉。建之都督。則百辟允諧。使之元戎。則三軍從命。表海受一方之寄。眞王啓萬户之封。匪爾令名。曷兼衆職。爾其不墜善始。永圖令終。承我徽言。毋忝厥位。可特授天下兵馬都元帥。增食邑二千户。實封五百户。賜推誠保德安邦致治忠正功臣。餘如故。

于兢

兢。梁開平二年以吏部侍郎加中書侍郎平章事。

瑯琊忠懿王德政碑

粤自範金合土之制。雲師火紀之名。禹別九州。堯咨四岳。莫不簡求良輔。宏濟兆人。彰克勤克儉之能。垂可久可大之業。嗣太叔寛猛之政。循仲尼富庶之言。既茂勳勞。宜標篆刻。公名審知。姓王氏。瑯琊人也。其胙土命氏。疏源演派。代濟其美。史不絶書。後以太祖就祿光州。因家於是郡焉。曾祖友。贈光祿卿。王父蘊玉。贈祕書少監。父恁。贈光州刺史。繼贈太尉。公即太尉之季子也。初公兄潮。志尚謙恭。譽藹鄉曲。善於和衆。士多歸之。福建節度使陳巖既嚮其名。又以所屬泉州求牧。乃遣禮而請之。及到任。頗著家聲。後巖在軍病甚。不能視事。軍士等懼無統馭。皆願有所依從。泉牧遂以郡委於仲弟審邽。而與公偕赴。至則積惡者屏去。爲善者獲安。因詔授節度使。累加檢校右僕射。於是剗其訛弊。整其章條。三軍無譁。萬姓有奉。乾寧三年。僕射遘疾。且付公以戎旅。仍具表奏。尋加刑部尚書威武軍留後。俄授金紫光祿大夫右僕射本軍節度使。公器局端雅。識理融明。稟崧嶲之眞精。得圯橋之妙畧。及膺帝命。寵陟齊壇。細柳連營。旌旗動色。蒲盧莅政。草樹逢春。一年而足食足兵。再歲而知禮知義。方隅之内。仰止攸同。曩以運屬艱

虞。人罹昏墊。農夫釋耒。工女下機。公既統藩垣。勵精爲理。强者抑而弱者扶。老者安而少者懷。使之以時。齊之以禮。故得汚萊盡闢。雞犬相聞。時和年豐。家給人足。版圖既倍。井賦孔殷。處以由庚。取之盡徹。夫述職之道。底貢爲先。九邱爰序於厥包。五霸是徵於縮酒。雖甸服之近。江漢之中。或遇阻艱。亦絶輸賦。惟公益堅尊奬。愼守規程。松栢後凋。風雲如晦。地征旁午。天庫充盈。共仰勤劬。咸知匡戴。嘗以學校之設。是爲教化之原。乃令誘掖童蒙。興行敬讓。幼已佩於師訓。長皆置於國庠。俊造相望。廉秀特盛。閩川以南。

地雖設險人尚爭雄或因饑饉薦臻或以刻剝爲苦萑苻易聚巢穴難探公感之以恩綏之以德且曰吏實爲虐爾復何辜示以寬仁俾之柔服遂使數十年之氛祲遽致廓清一千里之封疆旋覩昭泰張綱以單車入壘虞詡用絳縷擒姦以古况今彼猶懷愧爰自天寶艱難之後經費日繁聚斂之臣名額茲廣卽山鴆利任土庀材峻設防隄頗聞賙贍洎經烽燧仍患崎嶇三司之職務空存四海之輪蹄鮮至公校其程課命以權衡盡叶舊規猶彰宏業而又奉大雄之教崇上善之因象法重興導師如在虹梁雕栱

重新忉利之宮鈿軸牙籤更演毗尼之象而又盛興寶搶爭捨淨財日麗飛甍霞攢彩檻顏豔疑迴向遠邇歸依用俾羣緣皆同妙果佛齊諸國雖同照臨靡襲冠裳舟車罕通琛賮罔至亦踰滄海來集鴻臚此乃公示以中孚致其內附宛土龍媒寧獨稱於往史條支雀卵諒可繼以前聞自燎熾西秦烟飛東觀魯壁之遺編莫探周陵之墜簡寧存亟命訪尋精於繕寫遠貢劉歆之閣不假陳農之求次第籤題森羅卷軸夫四隣共守蓋當偃革之期七德方修必假禦衝之備是以恢張制度固護基局程功而莫匪子來作事而適當農隙立崇墉之百雉表巨屏於一方巖邑湯池曾何足數折筋紫帶固不可憑未若暫勞致茲永逸兵戈洊起帑庾多虛凡列土疆悉重征稅商旅以之而壅滯工賈以之而殫貧公則盡去煩苛縱其交易關譏鄽市匪絕往來衡麓舟鮫皆除守禦故得塡郊溢郭擊轂摩肩竟敦廉讓之風驟睹樂康之俗閩越之境江海通津帆檣蕩漾以隨波篙檝崩騰而激水途經巨浸山號黃崎怪石驚濤覆舟害物公乃具馨香黍稷薦祀神祇有感必通其應如響祭罷一夕雷震暴雨若有冥助達且則移其堅險

別注平流雖畫鷁爭馳而長鯨弭浪遠近聞而異之優詔獎飾乃以公之德化所及賜名其水爲甘棠港神曰顯靈侯與夫召神人以鞭石驅力士以鑿山不同年而語矣於戲辨眞金於大冶認勁草於疾風不有良臣誰康澤國尋就加平章事檢校右僕射如故腰懸相印手握兵符益壯軍聲彌新殊渥又改光祿大夫檢校司空轉特進檢校司徒然而物議輿詞功厚賞薄以爲爵祿未稱疇庸於是異姓分封仍加井邑轉檢校太保瑯琊王食邑四千户食實封一百户公之仲兄審邽自守泉郡一紀於茲騏馬皆調

疲人盡泰公性惟雍睦氣稟中和韻契塤篪政侔魯衛可謂高明輝映超絶一時者也公以天下兵馬元帥太尉中書令梁王勳格穹昊德服華夷奉大國之歡盟爲列藩之表率令節度都押衙程贇及軍州將吏耆老等久懷化育願紀功庸列狀上聞請議刊勒元帥梁王以公如河誓著匪石情堅累貢表章顯陳保證朝廷冀宏誘勸特示褒揚將建龜趺合徵鴻藻兢謬居清列曾乏雄文頃歳嘗詠皇華往宣宸旨已於視聽親飫徽猷今之執簡濡毫得以研精覃思備陳懿績實無愧詞乃作銘曰

日月麗天舟檝濟川內外克乂股肱惟賢淮水長清鎭嶺方寧慶隨祚遠材爲時生伯氏雄特泉人仰德求瘼斯勤頒條有則冠車被疾付以師律政教翕張士庶寧謐懿彼閩越帥實英傑地列周封心馳魏闕聖澤汪洋元戎啓行有典有則爲龍爲光高懸秦鏡理道自靜比屋懷仁連營稟令航海梯山貢奉循環務其輸季毋憚險艱周征之術公田什一約以有程守而勿失輕徭薄賦謳歌載路高掩龔黃遐追召杜鄉校皆遊童蒙來求雅道靡靡儒風優優惟虺吹毒久依山谷罔恣陸梁竟忻柔服法宮梵宇勝因所主崇構斯精福慶攸聚佛齊諸國綏之以德架浪自東驟山拱北墜簡遺編繕寫精研麟臺矗爾虎觀森然畚鍤其勤雉堞連雲永制爾敵用壯我軍關譏不稅水陸無滯遐邇懷來商旅相繼黃崎之勞神改驚濤役靈祇力保千萬艘劉龑荀龍塤篪雍雍維邦維翰以侯以公元帥梁王虎步龍驤挺彼七德剷平四方公能事大推心斯在風雨無渝歳寒不改殊勳茂績盡瘁宣力國之丹青邦之柱石位冠台鼎任隆兵柄重以徽章寵分異姓優詔銘功萬古英風貞珉是勒垂之無窮

大周相州安陽靈泉寺故寺主大德智（闕一字）師像墖銘（并序）

法師諱朗（闕一字）智俗姓王氏其先周靈王子（闕四字）鄴城生也（闕一字）祖惟禰芬馥旃禪師生（闕一字）神（闕三字）塵濁年七歳投大慈寺主大德起法師（闕三字）誦維經（闕三字）至年十二屬大唐太宗（闕一字）武聖皇帝廣闢度門（闕）蒙（闕四字）弱冠（闕三字）支依本寺曇源律師習毗（闕一字）業業（闕一字）之後又（闕一字）慈潤寺主大德智神論師學（闕二字）雲（闕一字）復進學（闕一字）摩金剛般若并中觀等三經二論（闕二字）源流（闕二字）激揚或研

精默識加以純之（闕一字）一分（闕一字）温於（闕一字）易臭元文方同三絶老莊素問博泛羣（闕一字）持金剛般若及尊勝咒等各二萬遍文梵音轉（闕一字）首出緇（闕一字）春秋六十有八夏踰卅（闕二字）訖於（闕一字）安二年六月五日蛻遷識蓋（闕一字）大（闕一字）云逝孰不悲傷門徒大雲寺僧元果靈泉寺僧元晤元暉等攀慕慈誨思報莫由遂於州西南六十餘里本寺（闕一字）懸壁山之陽起墖供養粤以三年十月廿五日（闕二字）永畢墖内便造以彌勒像一鋪圖形奉侍（闕二字）事（闕三字）以跡宣敬託彫刋乃爲銘曰

子晉之後命氏爲王風流遠派爰宅眞章父功祖德令聞令望降生才子玉質金相而樹來白而花繡黃稻（闕一字）夙被檀（闕一字）早芳經泉折玉戒海浮香迦旃妙教羅革鳴莊嚴壇（闕一字）頂捨筏金剛兮講兮誦無怠無荒積誠（闕三字）心自彊中宗懸解外法通方歌唄特妙唱導尤長以（闕三字）南北宏揚胚胎有裕利樂無（闕一字）鞅（闕一字）早（闕一字）輪脫輻消殿推（闕一字）粤有子尚（闕一字）師剛披山建（闕一字）剖石開堂敬（闕一字）來聖勒廟兮傍身命有（闕一字）供侍無忘安厝既畢銘頌攸彰禪同遵於大道庶共（闕三字）常

大唐故處士張君墓誌銘

君諱興字文起南陽西鄂人也漢太史衡之冑昔靈表西豐畱侯建帷幄之策星移東井常山興締搆之功或師範萬乘照彰圖籍光臨千里煥炳縑緗異動三台識司空之忠烈吟謠兩穗表太守之仁明奕葉簪裾蟬聯珪組規矩重疊代有人焉緬究遺編可畧而言矣曾祖瓘魏冀州信都縣令絃歌不奏美化洽於一同鳴琴詎張仁風清於百里祖虔周太僕寺主簿才能幹濟智畧强明尋見辟除轉授瀛州河間縣令父才隋揚州江都縣丞輔弼風規俗流

清化贊導名教邑致歌謠君系高華等琨珸之良劍箕裘纂組若青邱之祥鸞義烈因心未資於典籍忠良天縱不假於規模崇有道之林宗慕無移之（闕二字）道契虛元性符高尚縱寂寥而賞趣特澹泊而怡神志道研精非由鼎食窮微盡要詎徇輕肥得性琴書吟嘯煙霞之表時談物義進退木鴈之間妙款榮期高符黃綺時遊三徑乍撫一絃以道義而爲尊輕蟬冕而非貴探賾幽隱迴邁莊惠之機致遠鉤深遥鉗黃老之趣想秦晉之有近見潘楊之代親遂婚於辰州辰溪縣令漢陽趙徽之女幽閒婉嫕中饋聿

修。懿淑温和。母儀庭宇。君纂業成勞。遇揚雄之痼疾。淫書作瘵。遭皇甫之沉痾。氣擁膏肓。疾纏腠理。屬華佗而不癒。見扁鵲而無瘳。以貞觀廿二年七月廿二日。卒於私第。春秋六十有二。夫人趙氏。卒於永徽四年。春秋六十。粤以龍朔元年歲次辛酉十月癸亥朔廿三日乙酉。合葬於故鄴城西。禮也。面平原。背漳浦。左帶蕪城。右連林麓。刊茲元石。紀以清徽。勒彼鴻名。光斯泉户。庶使青山爲礪。表盛德而彌芳。碧海成田。闡家聲而不泯。嗚呼哀哉。乃爲銘曰。

規矩重疊。珪璋代映。三台表異。兩歧興詠。人倫楷模。搢紳龜鏡。百代逾芳。千齡彌競。道合幽元。性符林壑。迹齒滄波。名流臺閣。貴不充詘。賤不隕穫。思巧雕龍。光逾刻鶴。有謂升堂。相期入室。帷簿猶空。繁華未實。儵忽不幸。咄嗟已失。一棺猶閉。萬事長畢。茗蘢壟首。巃嵸山足。露銷草翠。風飛樹綠。元門一掩。寒燈無旭。私壤式題。貞芳載燭。

鄭準

準字不欺。乾寧中舉進士。荆南節度使成汭辟爲推官。後爲汭所殺。

爲荆南節度使成汭乞歸本姓表

臣門非冠蓋。家本軍戎。親朋之内。盱睢爲人報怨。昆弟之間。黥染無處求生。背故國以狐疑。望隣封而鼠竄。名非霸越。乘舟難效於陶朱。志切投秦。出境遂稱於張祿。又云成爲本姓。郭乃冒稱。本避犯禁之辜。敢歸司寇。别族受封之典。誠愧諸侯。伏乞聖慈。許歸本姓。

姚洎

洎。梁開平元年以翰林學士權兵部尚書知貢舉。二年以兵部侍郎兼鹵簿使。

請令公卿子弟准赴貢舉奏

近代設詞科。選胄子。蓋所以綱維名教。崇樹邦本者也。曩時進士不下千人。嶺徼海隅。偃風嚮化。近歲觀光之士。人數不多。加以在位臣僚。罕有子弟。就其寡少。復避嫌疑。實恐因循。漸爲廢墜。今在朝公卿親屬將相子孫。有文行可取者。請許所在州府薦送。以廣毓才之義。

李珽

珽字公度。隴西燉煌人。僖宗朝舉進士。累拜左補闕。梁祖即位。爲左諫議大夫。兼宣徽副使。友珪之亂。除右散騎常侍。充侍講學士。内討之日。爲亂兵所傷卒。

對祭侯判

得甲祭侯辭曰强飲食御史糾非息宴之禮不伏

澤宮舊典相圖遺法實備多儀亦彰異數至若一日之澤息物休農四牡既䵴勞勤式宴於是取像貍步設廣庭之禮物載張獸侯量下綱於地武射之義也豈直主皮神則憑焉必侯工祝羞醻醢之嘉薦陳儆戒之順辭或中鵠而升則實爵以獻終乃示其慈惠庶將强其飲食正依經理寧畏簡書爰詢柏署之言未達梓人之職甲之不伏可謂守官

欽定全唐文卷八百四十二

封舜卿

舜卿字贊聖渤海蓨縣人仕梁爲禮部侍郎知貢舉開平三年奉使幽州入爲翰林學士

進越王錢鏐爲吳王竹册文

維天祐三年歲次丙寅九月辛亥朔十五日乙丑皇帝若曰惟后法天以降命式協無私惟臣體國以垂功逎興厥后周裂宗盟之土漢封子弟之邦非劉或論於諸儒同姓亦譏於太史疇庸懋賞是曰能君顧茲渺躬實屬艱運允賴元勲廓清寰宇勤勞夙著憫予怠荒開創萁裘保我丕嗣畢同心協力者無虛日推祕畧宏謀者無間時俾列疏封以昭馭貴況江山右地吳越名區百雉則前朝舊都會稽乃夏后遺址宜旌社土以統藩維各爾定亂安國功臣鎮海鎮東等軍節度使浙江東西等道觀察處置營田招討淮南四面行營安撫兩浙鹽鐵制置發運等使開府儀同三司檢校太師守侍中兼中書令持節都督杭越等州諸軍事守杭越等州刺史上柱國越王食邑一萬户食實封六千户錢鏐大昴流精維嵩孕祉萃東南秀異之氣鍾

文武英畧之姿裒然不羣卓爾斯在自總戎三紀作鎮兩藩崇名輝於廟堂茂績冊於盟府處受脤執膰之寄服貂璫犀首之榮行既超人勲無任己勝殘務理經遠詢謀不恃貴以專刑不務功而驕志深厚廓公侯之度剛明執忠孝之規威加敵國而愈謙化被隣封而垂訓以一當千之銳卒勇且知方育幼養老之編氓恭而好禮負戡亂濟時之術藴天資神授之機設燎延賢築壇禮士詩盈篋笥傳癖横經比飯均羮席上盡雕龍之客投醪散庫營中皆搏虎之人勁節貫於雪霜至誠格於天地頃者浙人蟻市稱亂蚊雷振妖爾則統仗順之師整爭先之旅飊馳勇敢冰泮渠魁書於鼎彝煥若縑素近則淮夷作孽傖儈無君拒抗王師邀截貢賦竊據州邑斷絶梯航先皇上賓之時不展號弓之慕羣后咸秩之禮莫申執幣之儀神人共憤其侵陵華夏爭誅其干犯爾則率義兵以疾討統王師而急征期粉巨盜之骨必摧元兇之顱是用金璽昭德彤弓報功明國法之是彰示王澤之非濫委麟符而出征戴鶖冠而登祭愼爾修之克有終也今遣使臣中散大夫右散騎常侍上柱國賜金紫魚袋王矩副使朝議郎守尚書司勲郎中上柱國賜緋魚袋褒筠持節冊爾爲吳王於戲加王爵之極號授封建之殊名天鑑孔昭則俾子永契魚水盟踐如日則俾爾益繁子孫往盡乃心服我徽命

李翥

翥梁貞明初爲鎮州節度使王鎔判官

對舉似己者判

丙充使舉似己者御史糾按丙稱但成三物唯善能之

父教子忠爲臣不易知人則哲惟帝稱難任官惟良底祿以德莫不進方正之士獻賢能之書詩詠繡裳禮設庭燎衣冠濟濟鳴玉珮而來朝文雅鏘鏘望金門而待詔祁大夫之請老內選其親范文子之讓能豈遺其舊皆舉不失職義不在私晉國建其一官魯史成其一作乎三物士遇知己惟其似之覩星使之來儀長歌棫樸覽霜臺之糾謬反示疑狐裘寧假有辭自然無咎

對毀濯龍泉判

輿人毀濯龍泉或失其利楊氏因形勝興廢業邑人訴勞役不伏事

秦起曲江之汜。漢興濯龍之泉。或因山壅流。或平地出水。皆導達溝瀆。修利隄防。竭役費財。窮侈極麗。今國家罷苑囿燕游之所。爲農桑禾黍之場。浸彼稻粱。實我箱庾。事失業廢。其何可知。楊氏用因其貢。大興其利。非直務盡地利。蓋亦誘人歸本。我疆我理。既叶農夫之慶。載勞載役。徒使邑人有言。

許鼎

鼎。梁貞明六年進士。

唐通和先生祖君墓誌銘

先生諱貫。字子元。范陽人。曾祖濟。蜀州司馬。祖計。掌膳郎。父斌。守植不仕。先生性寬平。家人州里。莫得見其喜怒長短。頗覽書傳。尤工詩句。天才器識。少有倫侶。益修黃老之術。初賀監知章得攝生之妙。近數百年不死。負笈賣藥。如韓康伯。近於台州上升。徧於人聽。元和已亥年。先生遇之。謂先生曰。子寬中而柔外。可語以至道也。僊家品秩。如青紫基級。不可驟冥。必以退節爲首。退節則寡欲。寡欲則神逸。神逸則無爲。無不爲也。反此而求道。猶卻走以追奔也。子其志之。後遇今歲。遇爾於小有也。乃授斷穀丹經。先生盟而受之。吞一粟則十年不饑。門人得之。皆符經訣。於是先生道譽。喧動公卿耳目。求見就謁。凡累十人。丁酉年。鄂侯楊公爲華牧。張公乞丹於先生。先生曰。學道先乎養神。然後吞藥。藥吏也。神君也。君逸於上。吏勞於下。以勞助逸。是謂萬畢。貫將吞丹也。坐忘所思。行忘所之。卻視其身。蕭寥希夷。所以絕穀十年不饑。今張公萬乘柱石。百姓父母。一物失所。必軫於懷。欲無勞神。其可得乎。雖九轉還丹。亦無補也。公曰。其言至矣。已亥年秋九月。先生召門人壻姪曰。二儀者萬有之逆旅。兩曜者百靈之燈燭。欲燈燭之不曉。安逆旅之不去。怪矣。況賀公之期至矣。乃就沐浴。如有所候。粤八日。奄然委化。壽九十有五。先生夫人胡氏蚤死。

無嗣。一女適張審言。無男。一女適黃虔鄉。雖別族姓。皆得鳳毛。伏覽經法。養志邱園。聲華籍甚。則田先生無愧矣。始刻石。子壻與表姪孫謝隲。門弟子閔仲孚等議曰。昔婁妻諡其夫曰康。至今韙之。二三子得不以黔婁爲式乎。我先生聽於無聲。視於無形。不曰通乎。言不訟物之短。心不繫時之非。不曰和乎。謹號通和先生。以彰先生之德也。何如。僉曰俞。遂刻號於石。其年冬十一月十一日。葬於宅東北

隅祔胡夫人墳右世禮也鼎亦先生所教者奉門人壻姪命爲墳表銘曰

北西山南東湖水爲陵山爲洿先生名字終不誣

劉鷹

鷹梁貞明中官衡州長史進所撰地理手鏡十卷

善歌如貫珠賦 以聲氣圓直有如貫珠爲韻

妙爲曲者暢於情樂爲心者和於聲徵至儀之難象因貫珠而强名豈不以符雅正契虛盈聆纂纂之音無遺曲折體纍纍之狀取象圓明方其咀宮商激志氣雖直己而成

善亦導和而爲貴當發德詠功之際侔照乘之聯輝在一唱三歎之時若星祥而聚繕其聲既全其質彌元發皓齒而潛融熠熠隨雅調而暗轉連連間赤水兮虛瑩異滄海兮孤圓動白雪之聲初疑剖蚌度元雲之曲終類投泉是知善臻其極喜可以飾不煩不體乃端乃直赴於節意的爍以交光盛於文想瑩煌而化 一作比 色懿夫歌以心而虛受珠以元而可久表於直而不表於邪貫於心而不貫於手其奏也乃生於自然其闋也復歸於無有掩抑虛徐溫如皦如誠激揚而導志諒璀璨而澄虛所以表和平所以類輝煥陽春爲罔象之得緣水乃驪龍之詭知音者誠審其無象無形而不知音者徒謂其有條有貫且道以物而相符事有類而形殊擇其善者騰光於瞬息去不善者匿曜於斯須吾將激流徵習緜駒精於曲喻於珠庶賞善而不昧比至寶以無渝

王延

延字世美鄭州長豐人梁相李琪薦爲卽墨令馮道作相召拜左補闕累遷刑部尚書以太子少保致仕卒年七十三

請方鎮不判縣務奏

一縣之内所管鄉村而有割屬鎮務者轉爲煩擾益困生民請直屬縣司鎮唯司賊盜

劉鄩

鄩密州安邱縣人中和中事青州節度使王敬武爲小校光化初以破張蟾功表爲登州刺史移刺淄州天復三年從王師範降梁表爲鄜州留後天祐二年授右金吾衛大將軍梁開平元年充諸軍馬步都指揮使檢校司徒累遷佑國同州軍兩使留後尋爲永平軍節度使四年加檢校

太保同平章事末帝卽位授開封尹貞明元年加檢校太尉授滑州節度使領鎭南軍節度使五年遷泰寧軍節度使六年授河東道招討使命討朱友謙尹皓段凝輩素忌鄩言鄩逗遛養寇詔歸洛河南尹張宗奭承密旨逼令飲酖而卒年六十四贈中書令

陳軍中事宜疏

臣受國深恩忝莅閫政敢不枕戈假寐罄節輸忠昨者比欲西取太原斷其歸路然後東收鎭冀解彼連雞止於旬時再清河朔豈期天方稔亂國難未平纔出師徒積旬霖

潦貢糧殫竭軍士札瘥切慮蒼黃乖於統攝乃詢部伍皆欲旋歸凡次舍經行每張犄角又欲絕其餉道且據臨清纔及宋城周陽五奄至騎軍馳突變化如神臣遂領大軍保於莘縣深溝高壘享士訓兵日夜戒嚴伺其進取偵視營壘兵數極多樸煩之人皆能騎射最爲勍敵未可輕謀臣若苟得機宜焉敢坐滋患難臣心體國天鑒具明

周翰

翰梁時人

顏無繇贊

顒允君子德充慶延叔世家聲陋巷生淵同師將聖俱謂能賢千載之下淸風凜然

敬翔

翔字子振同州馮翊人乾符中舉進士不第梁祖以爲館驛巡官開平中授崇政院使遷兵部尚書金鑾殿大學士友珪篡立拜中書侍郎同中書門下平章事唐莊宗入汴自經死

上軍事疏

國家連年遣將出征封疆日削不獨兵驕將怯亦制置未

得其術陛下處深宮之中與之計事者皆左右近習豈能量敵之勝負哉先皇帝時河朔半在親御虎臣驍將猶不得志於敵人今寇馬已至鄆州陛下不留聖念臣所未諭一也臣聞李亞子自墨縗統衆於今二年每攻城臨陣無不親當矢石昨聞攻楊劉率先負薪渡水一鼓登城陛下儒雅守文未嘗如此俾賀瓌輩與之較力而望攘逐寇戎臣所未諭二也陛下所宜詢於黨老別運沉謀不然則憂未艾也臣雖駑怯受國恩深陛下必若乏材乞於邊陲效試

劉守光

守光深州樂壽人幽州節度劉仁恭之子拘父自立僭號大燕爲後唐莊宗所誅

上梁祖狀

臣守光謬叨戎寄向受國恩既有血誠合宜披訴伏自陛下初登寶位纔建皇基四方尚擾於干戈諸道未賓於聲教唯臣不勞兵刃不俟詔書便貢表章率先歸款致令河北一面晏然無虞其後又以河東結搆邠岐朋附淮蜀久稽天討屢軫宸襟臣又密設機謀指揮夏侯敬受已下令

翻賊寨遣向朝廷鑾輿纔至於陝郊兵騎悉歸於行在使兇渠北遁致翠輦東歸獲立微勞稍寬聖慮其於向國粗竭丹誠昨者兄守文遽於明時擅興兵革堅貯吞并之志全無友愛之情誑惑宸聰即言迎侍勾牽戎虜元逞他圖見之行藏臣實所諳悉當於此際備見狡謀必知要當道之土疆爲朝廷之患害累曾申奏莫不丁寧今者既破賊軍足以細驗前事昨於陣上所殺契丹兵馬絶多及寨内收得契丹與往來文字不少今又捉得自來與臣兄謀事人道士褚元嗣學院使鄭緒等皆言兄本計謀極大妄動絶深不唯窺取其一方實亦將圖於大事苟非臣親當戰陣手執干戈大掃群兇生擒戎首則滄州得志蕃衆轉狂合勢連衡爲患非細固不是臣自矜小捷妄有飾詞其褚方嗣等分析文狀謹同封進其褚元嗣文狀多述守文結搆說誘幽州將士及會契丹窺算幽州城池皆是自相魚肉又言如守文得志必謀亂中原以迎侍爲名實欲并吞燕薊又滄州鼓角門東有誓衆碑一所其辭願破梁國卻與唐朝及見幽州歸向朝廷遂拆卻碑樓其碑坑於樓下文字見在又守文所遣男延祚入質不是親兒又守文令

褚元嗣將琉璃水晶金銀等器錦綵與契丹將領約取幽州後別圖富貴其契丹少君遂差使還書願與守文勑令守文乃言得契丹下大夫所贊也

李襲吉

襲吉洛陽人自言左相林甫之後乾符末舉進士遇亂避地河中依節度使李都爲榷鹽判官後去之太原李克用署爲府掾出爲榆次令光啓初署爲掌書記三年遷節度副使拜右諫議大夫天祐三年卒後唐同光二年追贈禮部尚書

爲周晉王貽梁祖書

一別淸德。十有餘年。失意杯盤。爭鋒劍戟。山長水闊。難追二國之歡。鴈逝魚沉。久絕八行之賜。比者僕與公實聯宗姓。原忝恩知。投分深情。將期棲託。論交馬上。薦美朝端。傾嚮仁賢。未省疎闕。豈謂運由奇特。謗起奸邪。毒手尊拳。交相於暮夜。金戈鐵馬。蹂踐於明時。狂藥致其失歡。陳事止於堪笑。今則皆登貴位。盡及中年。蘧公亦要知非。君子何勞用壯。今公貴先列辟。名過古人。合縱連衡。本務家邦之計。拓地守境。要存子孫之基。文王貴奔奏之交。仲尼譚損

益之友。僕顧慙虛薄。舊忝眷私。一言許心。萬死不悔。壯懷忠力。猶勝他人。盟於三光。願赴湯火。公又何必終年立敵。懇意相窺。徇一時之威靈。取四郊之倦弊。今日得其小衆。明日下其危牆。弊師無遺鏃之憂。鄰壤抱剝牀之痛。又慮悠悠之黨。妄瀆聽聞。見僕韜勇枕威。戢兵守境。不量本末。誤致窺覦。且僕自壯歲已前。業經陷敵。以殺戮爲東作。號兼并爲永謀。及其首陟師壇。躬被公衮。天子命我爲羣后。明公許我以下交。所以斂迹愛人。蓄兵務德。收燕薊則還其故將。入蒲坂而不負前言。況五載休兵。三邊校士。鐵騎羣甲。雲屯谷量。馬邑兒童。皆爲銳將。鷲峯宮闕。咸作京坻。問年猶少於仁明。語地幸依於險阻。有何覘覦。便誤英聰。況僕臨戎握兵。粗有操斷。屈伸進退。久貯心期。勝則撫三晉之民。敗則徵五部之衆。長驅席卷。反首提戈。但慮隳突中原。爲公後患。四海羣謗。盡歸仁明。終不能見僕一夫。得僕一馬。銳師倘失。則難整齊。請防後艱。願存前好。矧復陰山部落。是僕懿親。回紇師徒。累從外舍。文靖求始畢之衆。元海徵五部之師。寬言虛詞。猶或得志。今僕散積財而募勇輩。輦寶貨以誘義戎。徵其密親。啗以美利。控弦跨馬。寧

有數乎。但緣荷位天朝。惻心疲瘵。峩峩亭障。未忍起戎。亦望公深識鄙懷。洞迴英鑒。論交釋憾。慮禍革心。不聽浮譚。以傷霸業。夫易惟忌滿。道貴持盈。儻恃勇以喪師。如擊盤而失水。爲蛇刻鶴。幸賜徊翔。僕少負褊心。天與眞氣。間謀詭論。誓不爲之。惟將藥石之譚。願託金蘭之分。倘愚衷未豁。彼抱猶迷。假令罄三朝之威。窮九流之辯。遺迴肝膈。如俟河淸。今者執簡吐誠。願垂保鑒。僕自眷私睽阻。翰墨往來。或有鄙詞。稍侵英聽。亦承嘉論。每賜罵言。叙歡既罷於尋戈。焚謗幸蠲其載筆。窮因尚口。樂貴和心。願袪沈閼之

嫌以復壖莬之好今者卜於曩分不欲因人專遣使乎直詣鈐閤古者兵交兩地使在其間致命受辭幸存前志昔賢貴於投分義士難於屈讐若非仰戀恩私安可輕露肝膈悽悽丹懷炳炳血情臨紙嚮風千萬難述

答李克用咨問

伏以變法不若養人改作何如舊貫韓建蓄財無數首事朱溫王珂變法如麻一朝降賊中山城非不峻蔡上兵非不多前事甚明可以爲戒且霸國無貧主强將無弱兵伏願大王崇德愛人去奢省役設險固境訓兵務農定亂者選武臣制理者選文吏錢穀有司刑法有律誅賞由我則下無威福之弊近密多正則人無譖謗之憂順天時而絶欺詐敬鬼神而禁淫祀則不求富而自富不求安而自安外破元凶内康疲俗名高五霸道冠八元至於率閭閻定閒架增麴蘗檢田疇開國建邦恐未爲切

王緘

緘幽州劉仁恭故吏使鳳翔還李克用留署爲推官歷掌書記從莊宗經略山東承制授檢校司空魏博節度副使胡柳之役歿於亂兵

封白雞山記

夫以玉燭摇光碧落霄懸於合彩金輿厚載丹邱靈毓於祥音斯蓋運契星躔道符天意流淳化於萬類動植咸熙抽勝策於九章華夷景服王澤流於上龢風悅於下故有雲連峭壁譪如畫之煙嵐質異山粱蕭凝霜之毛羽是知鳳鳴汧右千年而山得佳名鶴降遼東萬古而地稱佳號我嗣晉王珠履表異玉節傳榮廓氛祲於中原躋生靈於壽域沈研麟史征南徒釋於三編擒縱龍韜忠武虛譚於八陣劍横大樹戰中小枝睦鄰而將罷東征富俗而民歌棲畝矧乎三清分派九合昇壇刑白馬以會同盟致丹鼠而忘巨猾昔歲金橋之戰勢掩昆陽近年洹水之征威符泚上豈謂重燃興燎惡蔓猶滋豨跳將害於周禾烏合連羣於伏莽於是躬提千乘途邁六辰行方結於魚麗路復經於龍塹睨蒼翠之側於翳薈之中覩靈雉而低翔當神駿之逸足可謂練舒皓色玉潔爭光有同於天上飛來無異於目前化出花冠曒練瑩瑩而珠點雙眸霜翮泰翅閃閃而雪翻兩翅嗣王祝之曰旣瑞世瑞時可勿驚勿畏乃虛之以雕籠擁之以襟袂忘十步一啄之心有帝肩后綸

之意若棲於瓊花枝上皎潔爭分或飲於水晶壺邊精瑩莫認天命此墅也稅燭青畝山封白雞前古之越裳入貢效祉殷朝而今以晉王薦祥永光唐史緘學慙重席世奉初誕背文總愧於色絲辭鄙應還於夢錦山唯紀事用垂縣長佐命忠勳序列銜秩時天祐十載龍集癸酉鴻鴈來賓之月十五日記

賀德倫

德倫河西部落人少爲滑州牙將梁祖領四鎮德倫以本軍從累歷刺史晉後遷平盧節度使魏博楊師厚卒代其

任貞明元年三月魏軍亂執德倫囚之李克用入魏以符印上克用授雲州節度使爲監軍張承業所殺

請兼招討使奏

臣當道兵甲素精貔貅極銳下視并汾之敵平吞鎮定之人特乞委臣招討之權試臣湯火之節苟無顯效任賜明誅

欽定全唐文卷八百四十三

李茂貞

茂貞本姓宋名文通深州博野人唐乾符中黃巢犯闕以功爲神策軍指揮使朱玫之亂以功遷檢校太保同平章事賜姓名僖宗親爲製字曰正臣光啓二年討平李昌符還爲鳳翔節度使加檢校太尉兼侍中隴西郡王大順二年討平楊復恭遂恃勳恣橫乾寧二年稱兵入覲會李克用請討三鎮茂貞懼歸命待罪授東川節度使光化中加尚書令封岐王天復元年矯詔討梁祖梁祖引四鎮之兵屯岐下圍守三年乃求和及梁祖建號與王建志圖興復

竟無成功後唐莊宗平梁上表稱臣詔仍舊官進封秦王同光二年卒年六十九謚忠敬

請再降東川節度使顧彥暉制命表

臣聞鏤鼎書旂必歸於勳德分茅建秩允屬於賢良明朝無濫賞之文聖代絕且侯之論其有功標峴首業著燕然殊恩尋降於虎符睿渥已頒於龍節旋遇蛇蟠劍棧棘植銅梁遮日月之迴光阻山河而倒浪今則初開九折漸涸長鯨宜宣既往之恩合舉已行之命臣熟稽通論方敢上

聞。儻無棄於瞽言。庶有裨於元鑒。臣伏見東川節度使顧彥暉。門傳將畧。代襲軍功。佩董卓之雙韃。撚縣基之一鏃。南金鍊質。經大冶而彌堅。東箭推心。遇繁霜而轉勁。伏自頃歲蚊雷聚響。螗斧稱威。風搖而海嶽將傾。火烘而薰蘭不辨。顧彥暉與亡兄彥朗。提戈鴈塞。奮臂龍沙。同驅韉靮之師。入奉紀綱之僕。青黃杵下。辛勤果建於勳庸。赤白囊中。動靜罔違於禁制。伏以先皇帝鑾輿反正。鳳輦初安。爰置酒以論功。遂圖儀而表德。顧彥暉亡兄彥朗。繇是榮頒劍履。顯誓山河。飾金之象猶新。垂露之文未滅。豈謂夏時

積疹。奉國勞神。三秋而大樹忽彫。半夜而將星潛殞。是致人皆罷市。里爲輟春。淚碑雖沒於蒿萊。畫象但喧於簫鼓。顧彥暉以三軍擁路。百姓排闕。感羊祜之遺心。請馮君之繼踵。伏自暫持紀律。權總貔貅。謝元用才。雖履展而有任。句踐撫士。從觴豆而皆均。伏蒙皇帝陛下俯念羣情。仍憐異政。降旌幢而示寵。宣雨露以酬功。風行而天下皆聞。日照而人間竝見。不謂緜州刺史楊守寬。鴟張要路。蟻聚通津。擅抑芝泥。強留瑞節。召兵戈於武定。阻琛賮於褒梁。大肆虔劉。將營統制。臣與邠州節度使王行瑜。同興義旅。共伐奸謀。一揮而梟鵩離巢。再戰而猿猱失木。既通劍路。尋達刀州。顧彥暉屢捧詔書。曾須旌鉞。非是翦桐之戲。已承裂地之封。濡涵而難滯舊恩。錫賚而願加新節。猶希進秩。用表優賢。臣謬竊臨戎。嘗思舉善。敢覬先茅之賞。庶遵連茹之文。

請加贈鄭畋表

臣聞有勳不廢。前代格言。無美不稱。先王令典。是垂休於國牒。將衍示於孫謀。其有漢閣元勳。岐山茂政。霜露已彫於大樹。蓬蒿將沒於豐碑。歎泉扃而縟禮未加。顧藩翰而

清風盡在。是敢敷陳往事。啓迪前功。庶雅頌而重興。冀徽猷而復舉。臣伏見故鳳翔尹同中書門下平章事鄭畋。瑞應星精。祥開日角。建洪鑪於聖代。成庶類於明時。鳳毛方浴於春池。龍節忽移於右輔。旋以羣鴟聚噪。萬蝟鋒攢。蒼黃而玉輦省方。次第而金門撤鑰。九州相望。初猶豫以從風。百辟無歸。半狐疑而委質。而畋峩冠豎髮。褰袖運籌。羅劍戟於樽前。列貔貅於麾下。乃言曰。封豕肆兇。長鯨噴毒。寘生靈於塗燼。委神器於腥羶。我國家時運雖艱。天厯方遠。豈可以大朝簪紱。當屈節於豺狼。近甸藩籬。欲輸誠於

虺蜥。繇是埋牲誓衆。釁鼓出師。飛羽檄於四方。會諸侯於萬里。擎迴地軸。決驚波而盡入東溟。抽轉天關。驅列宿而咸尊北帝。雷喧鼙鼓。山矗旌旗。五兵纔入犬牙。一陣盡塗龍尾。值大憝建瓴之勢。在元臣反掌之間。不意天柱朝摧。將星夜殞。竹帛徒懸於皎日。衣冠已隔於佳城。臣始舉義師。爰從指顧。稟三令五申之訓。職囊沙減竈之謀。今則謬以微功。叨居重鎮。仰高蹤而如在。念遺烈而未書。伏乞皇帝陛下顯舉舊勳。榮加盛禮。俯盡襃酬之典。遐追鎔範之功。俾四海有聞。致九泉無恨。

與杜讓能書

宰相之職。外撫四夷。內安百姓。陰陽不順。猶資燮理之功。宇宙將傾。須假扶持之力。即萬靈舒慘。四海安危。盡繫朝綱。咸由廟算。既爲重任。方屬元臣。況今國步猶艱。皇居未壯。曩日九衢三市。草擁荒墟。當時萬戶千門。霜凝白骨。大廈傾欹而未已。沉痾綿息以無餘。皆云非賢后無以拯社稷之危。非眞宰無以革寰區之弊。今明公捨築入夢。投竿爲師。踐履中台。制臨外閫。不究興亡之理。罕聞沉斷之機。蓋意有所不平。心有所未悟。輒思上問。願審臧謀。竊見揚守亮擅舉干戈。阻艱西道。將圖割據。吞併東川。居巴賓爲一窟豺狼。在梁漢致十年荊棘。果聞敗衂。尋挫凶狂。既前去而不諧。思卻歸而無地。當道與邠州見爲隔絕綱運。方舉問罪兵師。忽聞朝廷授武定之雙旌。割果閬之兩郡。未審是何名目。酬何功勞。紊大國之紀綱。蠹天子之州縣。非惟取笑於童稚。抑亦包羞於馬牛。自謂奇謀。信爲獨見。伏慮是明公賞凶黨無君之輩。挫忠臣奉國之心。要助姦邪。須摧正直。又聞公切於保位。利在安家。商量不自於中書。剸割全通於內地。雖知深奧。罕測津涯。亦聞駭異羣情。頗是喧騰衆口。

司空頲

頲。貝州青陽人。僖宗時舉進士不第。去爲羅紹威掌書記。後入梁爲太府少卿。尋解官。往依天雄軍節度使賀德倫。張彥之亂。彥脅德倫降于唐。遣頲草奏奉狀太原。莊宗署爲天雄判官。權軍府事。以忤郭崇韜見殺。

爲張彥請復相衛狀

臣累拜封章。上聞天聽。在軍衆無非共切。何朝廷皆以爲閑。半月三軍切切。而戈矛未息。一城生聚。皇皇而控告無

門惟希俯鑒丹衷苟從衆欲須垂聖允斷在不疑如或四向取謀但慮六州俱失言非意外事在目前

李德休

德休字表逸趙郡贊皇人舉進士歷鹽鐵官渭南尉右補闕侍御史天祐初河朔定州節度使王處直辟爲從事後唐莊宗卽位徵爲御史中丞轉兵部吏部侍郎權知左丞以禮部尚書致仕卒年七十四贈太子少保

請詳定本朝法書奏

當司刑部大理寺本朝法書自朱溫僭逆删改事條或重

貨財輕人生命或自徇枉過濫加刑罰今見在三司收貯刑書并是僞廷删改者兼僞廷先下諸道追取本朝法書焚毀或經兵火所遺皆無舊本節目只定州勑庫有本朝法書具在請勑定州節度使速寫副本進納庶刑法並合本朝式令

張文寶

文寶昭宗朝諫議大夫顗子初依河中朱友謙爲從事後唐莊宗卽位擢知制誥歷中書舍人刑部侍郎左散騎常侍知貢舉遷吏部侍郎

請旋蹕疏

巡狩省方唐虞之舊典弔民伐罪湯武之前功陛下親統貔貅盡除梟獍剗盪瑕穢殄息氛埃天威已震於華夷濡澤又沾於幽顯動植蘇泰遐邇歡康所宜旋軫神都凝旒紫禁居中土而表正來萬國以均輸允叶億兆之心共樂雍熙之化

王鎔

鎔其先回鶻部人父景崇世襲鎮州節度使鎔年十歲襲父位昭宗朝賜號敦睦保定久大功臣位至成德軍節度

使守太師中書令封趙王梁祖稱帝奉梁正朔同光中復臣附後唐後爲親軍所殺

薦王師範表

臣聞推亡固存古有明義興滅繼絶書著前文蓋聖王宏延賞之恩哲后開勸能之道故吳君錄舊育淩統之孤兒漢帝追功舉張良之愛子臣伏見故淄青節度使檢校司空同中書門下平章事王敬武將星發彩金匱傳符推心皆務於政經戮力每勤於王室自艱難變運鑾輅省方海嶽一隅不驚刁斗關畿數路嘗走梯航加以淪落衣冠流

亡民庶皆能賑卹盡致昭蘇可謂輔國藎臣佐時良牧而不幸秋蘭敗葉朝露晞光俄成就木之悲不盡登壇之寄其男檢校工部尚書權知留後事師範親爲嫡長才實瓌奇早綰父兵夙知軍志張飛之敵每説無前魏萬之名咸言必大頃以元戎物故外府事殷體人情懷騷動之虞俟朝奏有關河之隔以是連營義旅比屋烝黎追戀社以增哀思召棠而凄懇爰從苫塊抑主兵戎分少拊寒盡同赤子望雲就日傾罄丹誠今則戈戟罷尋光陰已變險夷一致首尾二年雄稜眞是其將門造次不渝於臣節雖皇華

紫誥慰安相繼於道途而舊旆油幢承寵未聞其擬議將何以寬諸衆望塞彼羣情光成季之高勳表臧孫之後嗣伏望皇帝陛下信敷九有仁覆萬方當惟新革故之時思就俗理人之道克全修偃早委節旄俾其户户披雲皆瞻白日人人秉管盡覩青天覃四時不宰之功救五郡倒懸之苦則豈獨自夷及夏咸知煦嫗之恩誠亦在存與亡俱荷生成之施

薦幽州權兵馬留後李全忠表

臣准幽州狀報當道以李全忠權知節度兵馬留後事伏以天步初迴神京乍復凡諸藩鎭咸務謐寧況幽州地控北番界臨東海土俗素稱其雄勇人情須自於綏懷留後李全忠夙習武經頗彰公器軍郡既聞其愛戴轅營必議於叶和苟將付以元戎誠謂雅符衆望臣累令偵探靡不端詳事繫安危理難緘默伏惟皇帝陛下早迴天鑒速注陽光便委兵權俯徇人欲則豈獨邊陬士卒便獲其慰安實亦隣壤生靈免虞其騷動關於久遠合具奏陳

復魏博節度使樂彥禎書

近承新使復覩羽書側聆討國之規實激懦夫之志竊自

運貽百六禍遍寰區羣盜薦興生靈無庇朝章國典誰爲稟命之人黷武窮兵孰是勤王之旅咸以乘虛窺伺覬覦憑陵以掠奪爲功以殺傷爲務皇威所不能制天道所未能誅或徑越大河或竊居方鎭縱狼貪而未已畜虺性以難馴内雖以効順爲名外皆以亂常無懼遂跨州連郡十室九空良繇諸侯各固一方不思同力自致喪牛之悔久虧刑馬之盟近則布露腹心冀完虞虢今明公諭之以長策示之以壯圖結五鎭以齊明俾一家而不畀竊惟高義實邁前修顧魯衛以同歡誠敦夙契在江黄而列會願接

下風況當道處河朔之中最爲脣齒據親舊之分寧異金蘭固當禹侯捧盤無渝匪石然以事關久遠議非一方必決定否臧審其同異待隣藩符會則決别相從

楊洽

洽王鎔辟佐幕

鐵火筯賦（以堅剛挺質用舍因時爲韻）

物亦有用人莫能捐惟茲鐵筯既直且堅挺剛姿以執熱揮勁質以凌煙安國罷悲於灰死莊生坐得於火傳交並璀璨並影聯翩動而必隨殊叔出而季處持則偕至豈彼

後而我先有協不孤之德無媿同心之賢至如元冬方冱寒夜未央獸炭初熱朱火未光必資之以夾輔終俟我而擊揚焚如猋發赫爾威張解嚴凝於寒室播溫暖於高堂奪功緜纊挫氣雪霜夫如是則筯之爲用也至矣如何不臧銳其末而去其利端其本而秉其剛信執箠之莫儔何支策之足重專權有忝故我獨任而無成雙美可嘉故我兩莖以爲用抱素冰潔含光雪新同舟檝之共濟並輔車之相因差池其道勁挺其質止則疊雙用無廢一雖炎赫之難持終歲寒之可必嗟象筯之宜舍始階亂而傾社鄙囊錐之孤挺卒矜名於露穎伊瑣瑣之自恃獨錚錚而在茲佐紅爐而罔忒傾素手而何辭因依獲所用舍隨時儻提握之不棄甘銷鑠以爲期

孔邈

邈文宣王四十一代孫乾寧五年舉進士除校書郎崔遠在中書奏爲萬年尉充集賢校理遷諫議大夫後唐同光中以年老致仕

請許注擬天成元年已前有出身人奏

近見選人或以志在循陔難違色養或以家同懸罄不辨

裂裳致違調選之期遂遇廢沉之例臣愚伏請自天成元年已前有出身分明者悉許注擬況三蜀之内員闕極多俾出自於朝恩免使希於假攝

請錄死事子孫疏

臣聞賞延於世實皇王體國之規立身揚名爲人子承家之道苟推誠於忠孝必懷慶於子孫存歿共瞻君親是望伏自陛下中興大業念舊錄勳賞賜無時渥恩咸徧尚慮有奮身爲國跡殞魂孤姓名不達於乾坤骨肉飢寒於道路不因詔書博訪所在不與申聞伏乞特下外藩如有身

歿王事忠節顯彰軍伍備聞恩澤未及者必令具錄聞奏如有子孫便委所司齒錄使父母有可依之地妻孥免無告之心如祇有孤遺亦便令救卹卽已往者知皇恩不棄將來者罄臣節何疑楚師忘寒空憑念問周文葬骨唯示深仁冀於有道之朝不漏無垠之澤

薛昭文

昭文後唐同光二年官諫議大夫

陳十事疏

臣聞夏德方衰未顯中興之運漢儀重覩果成反正之功

稽其上代帝王前朝基業未有不中罹屯否閒有凶災是資明聖之謨更啓靈長之祚伏惟昭文睿武至德光孝皇帝陛下繼漢大寶纘禹鴻名興牧野之師功如破竹拔朝歌之壘疾若建瓴俄平國家之讎大刷神祇之憤皇威遠振睿德遐敷自陛下應天順人奄有諸夏九州欣戴萬國樂推既混一於車書方大定於區宇藩服靡不入貢夷狄靡不來庭銳旅雄師無敵於當代謀臣勇將有備於中原然而尚有凶悖之徒竊據於屏翰愚迷之輩憑恃於江山雖聞向化歸朝猶敢改元僭號在陛下武功天縱百越不得不臣在陛下文德日新三苗不慮不格夫人乃邦之本兵者國之器要在安其人而固其本訓其兵而利其器國富兵強家給人足臣有管窺十條謹錄奏聞伏乞俯迴聖覽其一曰陛下復居聖唐之運祚雪先帝之讎仇戎狄尚解懷柔藩服豈敢拒命而數處僭僞之地尚未悛心料此凶狂必自覆滅臣請陛下明宣睿算大振天威秣馬耀兵亦不指名何處且爲討逆伐叛之計而狡妄之輩饕餮之徒聞我大國萬旅雲屯六軍雷動如此昏迷之黨不俟赫斯之怒經畧之謀彼必斂袵而朝望風而潰自願納款歸國矣斯必有征無戰之道也其二曰臣伏見隨駕兵士久

經戰戈咸著勤勞皆忠勇以難儔尚貧乏而未濟雖陛下告成郊丘之後大行賞給之恩然而或未優豐尚多覬望非不知國力尚闕天府未充臣又聞自古王皇建基業撫軍戎未有不損玉帛輕財寶以餌於戰陣之士是故先代撥亂之軍以此皆留意也今以諸道上供錢物進納不時遂致朝廷薄於犒散稍爲經度以濟急需近者藩臣供奉慶賀財帛及南郊或有經費羨餘物色等伏請且據帑藏更加頒賚先隨駕兵師宴犒代潞州將健也其三曰臣竊

見河南兵不少亦是先在僞廷備經訓練頗聞精鋭皆堪征伐自陛下平定汴州已來尋曾選揀或聞諸道分劈之時未甚精細或有勇悍者放歸田里或有懦弱者留在軍都當差發征行則逃避諸處以此散失其數實繁請宣示租庸司先管兵帳所司子細磨勘向來所係數額多少兼取近年諸道所申逃背名帳較量比舊額少剩即知元數減耗臣聞夫軍伍者以豐財爲務以重賞爲先其河南道先管兵士伏慮三數處僭號不臣之地以厚利誘之歲月滋深耗蠹必甚請陛下詔勅令在京及諸道常加點捉安

撫兼勤給其衣糧務令得所仍乞嚴勅邊界要害津鎮寅夜鈐轄無令透漏兼先有放歸農畝者亦諸指揮州縣鎮浦點檢姓名嘗知所在或緩急追呼稍有前卻者請罪本處軍吏節級等庶耕耨不隳征伐有備倘陛下納臣所奏則不臣之人知國家訓戎講武繕甲治兵彼之兇徒必懷懾懼則旦夕相率有臣事本朝之計脫使賞給不充撫養不至非惟士卒生劫掠之心抑以步伍有逃遁之患必慮夫多投逆臣之境更資悖慢之性也其四曰臣竊見諸道百姓皆陛下赤子爰自比年以僞廷徭役頻仍租賦繁重餽挽不已疲敝益深既不聊生率多逋竄雖有德音軫恤未聞特降招攜亦請宣取租庸司應河南先在僞廷戶口文帳磨勘從前多少數目兼勘諸道所申近年見管及流亡戶口即知人數增減此則慮僭僞之處多方招誘伏乞特降優詔委所在觀察使刺史官吏已下設法撫綏事件無損於官有益於人者仰二縣條貫申奏仍請下中書量其利便並許施行本分稅租稍令假借諸雜科徭特予減等以表撫俗安民興邦固本之道也其五曰本朝至德年祿山之後復京雒之初兵革之餘生聚彫瘵屢降恩詔撫

恤生靈仍遣使臣詔問閭里今陛下嗣守鴻業光啓雄圖故事前規可得敬而行之伏請每年准舊事出郎官御史忠良廉潔明幹堪充使者令散往諸道採訪賢良撫問疾苦務安兆庶以拯弊氓也其六曰竊以僞廷僭號俄逾一紀連年征剝繁日科徭士不聊生人不堪命生聚塗炭戶口流亡河南之民皆企踵側身日望陛下復我唐之鴻基慰兆民之疾痛今陛下弔民伐罪新有中原所宜減省斧斤未欲增修宮室昔漢文帝將起露臺計百金之費且曰百金中人十室之產吾有先人宮室何事臺爲遂罷天下

聞之。萬古稱漢文之儉德也。臣竊以陛下以慈愛爲心。以孝理爲念。聖德日新。又何讓於漢文矣。伏惟陛下慕唐堯土階之事。善夏禹卑宮之規。停土木之工。止營構之役。斯則區夏欣悅。億兆歌謠。自然平揖唐堯漢文之至化也。其七曰。臣聞漢祖初入咸陽。令蕭何收秦之圖籍。及高祖神堯皇帝平定關中。亦允收隋室羣書。仍聞歲降賜天下搜訪。其後盈溢於石渠東觀。充滿於祕閣蘭臺。以是兩漢之詩書之盛。與三代同風也。自貞觀開元之後。文物煥然。何止同風。可謂超冠於三代也。今陛下嗣周景祚。紹禹靈圖。

睿藻日新。聖文天授。崇文允武。咸五登三。將恢偃戰之規。在廣訪搜之道。伏請降使采訪天下圖書。以示武王偃武虞舜舞干致太平之永遠也。其八曰。臣聞惟王建國。辨方正位。況河雒之名都。帝王之二宅。爲萬國輻湊之地。乃四方表則之邦。若不廣闢康莊。何以壯觀輦轂。自喪亂以來。兵火之後。九衢荒廢。但長荊榛。廣陌蕭條。惟滋蔓草。今陛下富有四海。作宅神都。當六龍游豫之時。是萬方朝聘之日。雒陽大道。所宜法於前規。鼎邑長衢。豈可隳於舊制。其都城六街。請下河南府及左右金吾。仰仍舊依古制分擘廣狹步數。不得縱任居人侵占。俾朝會之地。免有湫隘之弊也。其九曰。臣伏見諸司行事官。或歷任分明。選限尚遠。或出身欠少。入任無門。聞陛下應千年之運。建一統之功。謂聖日照臨。幽顯仄陋。皆辭親裹足。迢遞而來。冀郊禋之時。希求恩澤。今所司磨勘駁放。十分去其九分。訪問駐京日多。客舍窮悴。其現在未出京者。伏乞降宣旨稍賜慰安。或有粗堪任使者。即乞委銓司量才注擬。不堪收擢者。亦聊賜資財。以濟歸路。所以憫職勞而示君德也。其十曰。諸戎牧馬。務履踐京畿。百姓苗稼。請於隙地置牧場。伏惟陛

下察臣愚衷。納臣短見。俾令遐邇知大君撥亂之功。是使黔黎荷聖王無私之德也。

張繼業

繼業。後唐同光時人。

劾張繼孫非親弟疏

弟繼孫本姓郝。有母尚在。父全義養爲假子。令管衙內兵士。自皇帝到京。繼孫私藏兵甲。招置部曲。欲圖不軌。兼私家淫縱。無別無義。臣若不自陳。恐累家族。

張寶

寶後唐莊宗時知制誥

加錢鏐爵勅

皇帝若曰王者惠濟黎元輯寧方夏重名器任股肱忠而能力則禮崇賞不失勞則人勸所以啓周公之土宇裂漢祖之膏腴者錄彼茂勳眞之異數登進賢哲焜燿事功也咨爾天下兵馬都元帥尚父守尚書令吳越國王錢鏐湖海靈源承天峻嶽以英風彰德望以勇氣贊忠貞往因義舉之徒盛推韜略遂著襲封之績高步藩維挺魚鯤鳥鳳之姿擁岸虎水龍之衆居方面任將五十年宣導休聲攘

除兇醜擁堅奮銳鄙許東固圉之謀阜俗頒條廣冀北安居之頌環塹浙江之要雲滋星紀之墟聞禮敦詩位崇元帥前茅後勁名重中原守畫一之規奉在三之節信立靡移於風雨義行曷倦於津塗効珍則那顧險難薦幣則常歸宰府振英謨而端右弼鍾懿號而異列藩可謂職貢不乏梯航時至翼戴天子加之以恭也載念尊獎爰示徽章今遣正議大夫守尚書令吏部侍郎上柱國贊皇縣開國男食邑三百户賜紫金魚袋李德林副使朝議郎守起居郎充史館修撰賜緋魚袋聶璵持節備禮胙土苴茅冊爾爲吳越國王於戲地奄數圻賦過千乘壘守闔閭之境範圍勾踐之封子弟量才敍進多分於棨戟土疆漸海方輸豈限於魚鹽貴盛富强雖古之封建諸侯禮優夾輔不加於此愼厥終始無以位期驕無以欲敗度欽承賜履協於一人汝嘉可檢校太師守中書令

欽定全唐文卷八百四十四

許維岳

維岳後唐同光時人

科舉額數請依長慶咸通事例狀

伏見新定格文三禮三傳每科只放兩人方今三傳一科五十餘人三禮三十餘人三史學究一十人若每年止放兩人及一人逐年又添初舉縱謀修進皆恐滯畱臣伏見長慶咸通年放舉人元無定式又同光元年春牓亦是一十三人請依此例以勸進修

郭崇韜

崇韜字安時代州鴈門人天祐中累擢中門副使加檢校太保守兵部尚書充樞密使梁亡以佐命功代豆盧革行中書事拜侍中領鎮冀州節度使進封趙郡公賜鐵券恕十死莊宗討蜀爲招討使蜀平之後莊宗因讒密詔繼岌檛殺之

上陳情表

臣聞底力辭封者貞臣之至節慢官速戾者有國之常刑其或任重材輕智小謀大縱君恩念舊字闕一貽覆餗之譏儻官業無章何顯陟明之道臣本轅闕小校樗朽凡姿在公雖歷於年深臨事莫聞於日益頃者皇帝陛下雄圖方運陽德初潛爰將整於規繩乃俾司於機務此際臣亦內循短淺累具退陳而陛下天聰不迴國權堅付在一時而難違重命許五年而别選通人邇來雖昧經綸强施勤拙至於戡夷巨孽纘紹鴻基雪三百年社稷深冤立十九葉宗祊大事皆謀從聖慮斷在宸衷兼列較之同心非微臣之獨計況今名昇台輔任處樞衡珥貂冕於朝端統龍旌於閫外恩榮有進功德無稱終憂郎鹿之嫌寧抑懸貆之

刺今則陛下功全報本禮極配天衣冠盡列於朝廷名器自推於碩德況臣才謨素寡齒髮漸衰以有限之精神當無窮之事務必須下傾肝血上告天聰冀勞逸之稍均庶初終之可保伏望陛下念臣不逮察臣懸衷其樞密使比列親班實爲要執卽復本朝規制宜選内官掌臨一則使權職有分一則免心力俱耗輒滋傾瀝非敢闇欺干犯冕旒伏增隕越

第二表

臣以機務實繁智力俱困輒有聞天之請願辭密地之權

豈謂聖旨俄宣。皇情未允。捧對而水湯滿腹。揣修而芒刺盈軀。臣以委質無材。受恩踰等。強展神扶之力。每懷曠敗之憂。自陛下委寄重難。纏綿歲序。臨事而退思補過。竭力而知無不爲。陛下沿河料敵之時。對寨交鋒之日。臣若顧將丹素。堅有讓陳。不唯招避事之譏。抑亦顯不忠之罪。況今元兇已殄。丕搆彌隆。圜丘陳報本之儀。寰海被無私之化。英髦星萃。俊邁雲臻。緬惟不逮之才。豈捨旁求之命。矧乃一身多疾。三處持權。捫心益懼於滿盈。持懷每虞於忝據。伏望陛下特迴睿照。洞悉煩襟。終乞輟此要樞。歸於內列。一則表大國有進賢之道。二則免微臣有竊位之名。干冒宸嚴。無任迫切。

第三表

臣伏念朝廷起軍之際。陛下決於宸斷。撫臣背曰。此去必盪寇讎。可期清泰。事了之後。與卿一鎮。臣仰奉成算。固絕他疑。果賴神謀。尋平僞孽。今乾坤交泰。弓矢載櫜。徽章以正於母儀。嘉禮獲申於元子。須傾血懇。仰瀆宸嚴。但以密近之權。合歸重望。鈞衡之柄。宜屬通材。至於所領節旄。雖是陛下所許。伏緣鎮州在北。狂虜未除。慮有奔衝。須爲控

扼。亦希付於上將。所貴殿彼一隅。伏望陛下道極照臨。仁深覆載。念臣久司繁重。憫臣方在衰羸。退放居閒。俾從導養。臣無任祈天瀝懇之至。

條陳三銓事例奏

臣伏見今年三銓選人幷行事官等內。有冒名入仕。假蔭發身。或卜祝之徒。工商之類。既淄澠之一亂。諒玉石之寧分。蓋以僞朝已來。蠹政斯久。猾吏承寬而得計。非才行貨以自媒。上下相蒙。薰蕕同器。遂使寒素者多遭排斥。廉介者翻至湮沉。不唯顯紊於官箴。抑亦頗傷於治本。近以注擬之後。送省之間。引驗而已有異同。僭濫而果招論訟。將敷至化。須塞倖門。臣欲請別降條流。特行釐革。許其潛相覺察。互有告陳。若眞僞之能分。卽賞刑之必舉。應見注授官員等內。有自無出身入仕。買覓鬼名告勑。及將骨肉文書。指改名姓。或歷任不足。妄稱失墜。抑彼公憑。或假人蔭緒。托形勢論屬。安排參選。所司隨例注官者。如有人陳論勘鞫不虛者。元論事人特議超獎。如未合格人。或無名駮放者。便承僞濫人所授官資。其所犯人下所司簡格處分。如同保人知保內有冒名濫進之謀。亦許陳首。若遞相蓋

藏被別人論告並當駁放其銓司闕頭人吏如被形勢迫脅主張踰濫選人及自己不公亦許陳首並與放罪若被人論告當行朝典兼恐見任官及諸道選人身死多有不肖子孫將出身歷任告勅貨賣與人自今後仰所在身死之處並須申報本州令錄事參軍於告勅上分明書身死月日仰分付子孫兼每年南曹及三銓停滯多及周歲致選人廣作京債經費倍多致其到官必不廉慎此後至春來並須公事了絕若更逗留當加責罰所有懼罪逃移者仰所司具錄名姓申奏請終身勿齒兼牒本貫州縣各令

知悉或有條流未盡處仰所司簡長定格別具條奏

請獎獻書人奏

伏以館司四庫藏書舊日數目至多自廣明年後流散他方宜示獎酬俾申搜訪伏乞委中書門下再行勅命遍下逐道或有人家藏能以經史百家之書進獻數及四百卷已上者請委館司點勘無脫漏於卷軸無重疊於篇題比外寫劄精詳裝飾周備當據部帙聞奏請量等級除官仍仰長吏明懸牓示即鄉校庠塾之業漸闡皇風金石絲竹之音無虧墜典

對割鄆州和梁疏

陛下不櫛沐不解甲十五餘年欲雪國家讎恥今已正尊號始得鄆州尺寸之地不能守而棄之臣恐將士解體將來食盡衆散雖畫河爲境誰爲陛下守之臣嘗細詢康延孝以河南之事度己料彼日夜思之成敗之機決在今歲梁今悉以精兵授段凝決河自固恃此不復爲備凝非將材不足畏降者皆言大梁無兵陛下若留兵守魏固保楊劉自以精兵與鄆州合勢長驅入汴僞主授首則諸將自降矣不然今秋不登軍糧將盡大功何由可成諺曰當道

築室三年不成帝王應運必有天命在陛下勿疑耳

郭廷誨

廷誨崇韜子崇韜被誅廷誨隨父死於蜀

對祭闕頒誥判

所司有禮事不頒誥所由斷徒訴不伏

於糾禮官無辱祀典欽若天地肅恭神人如何有司失其頒誥將季氏之待暗失由也之質明致使燔燎不供難爲會祭爟火無設便乖漢典宗伯或差於三望太常乍闕於六宗職此之由而褻其守天秩有禮罔不克集寘以徒坐

復何疑焉。

對復以冕服判

甲復以冕服，御史糾其違失。

生也有涯，死而必復。苟或不率，克有常憲。故國備典訓，禮陳等威，虞人以具，階崇壯士，以奉職。顯若禱其五祀，則事始東榮，或問以三號，而復行左轂。自適變通之要，夫何過差之有？惟甲何者，以冕而復，同鄶人之失德，刺起素冠；齊魯俗之虧，喪僭彰元。黽既非五等之列，須異九儀之品，何乃不類，祇自塵兮。非大猷是經，而峻簡斯糾，違失之禮，其難捨諸。

康延孝

延孝，塞北部落人。梁開平乾化中，自隊長積勞至部校。後唐同光中，爲捧日軍使，兼南面招討指揮使，檢校司空，守博州刺史。莊宗平汴，以功授檢校太保、鄭州防禦使，賜姓名紹琛。二年，遷保義軍節度使。三年，討蜀，以爲西南行營馬步軍先鋒排陣斬斫等使。蜀平，以西平王朱友謙伏誅，遂謀叛，自稱西川節度三州制置等使。都將何建崇擒斬之。

對莊宗疏

梁朝地不爲狹，兵不爲少。然主既暗懦，趙張擅權，內結宮掖，外納貨賂。段凝智勇俱無，專率斂行伍，以奉權貴。梁主不能專任將帥，嘗以近臣監之，進止可否，動爲所制。近又聞欲數道出兵，令董璋趨太原，霍彥威寇鎮定，王彥章攻鄆州，段凝當陛下，決以十月大舉。臣竊觀梁兵聚則不少，分則不多。願陛下養威蓄力，以待其分，帥精騎五千，自鄆州直抵大梁，擒其僞主，旬月之間，天下定矣。

竇夢徵

夢徵，同州人。舉進士，仕梁，歷校書郎，自拾遺召入翰林充學士。以論錢鏐謫掾東州，復召爲學士。後唐莊宗入汴，貶沂州，量移宿州。天成初，遷中書舍人，復入爲翰林學士、工部侍郎。卒，贈禮部尚書。

祭故君文

嗚呼！四海九州，天迴眷命。一女二夫，人之不幸。當革故以鼎新，若金銷而火盛。必然之理，夫何足競。

蕭頃

頃，字子澄，京兆萬年人。昭宗朝舉進士，累遷吏部員外郎，入梁歷給諫御史中丞禮部侍郎尋以吏部侍郎拜中書門下平章事後唐莊宗入立貶登州司户量移濮州司馬遷太子賓客天成初以禮部尚書太常卿太子少保致仕卒年六十九贈太子少師

議覆中書請祧懿祖奏

歷代故事沿革不同蓋就所宜期於合禮事雖稽古理亦從長七廟之致享斯存萬世之承基靡絶禮分遠近事究否臧懿祖既遠於昭宗創業又非於己力儔諸列聖可議祧遷皇帝陛下道繼百王德符三代撥禍亂於艱難之際

救蒼生於交喪之秋方啓洪圖是崇宗祏爲四方之准的稱萬國之照臨中書所定祧遷於議爲允請下所司施行

覆准馬縞議奏

伏見方冊所載聖概斯存將達蘋藻之誠宜新粢梲之制伏惟陛下以孝敬日躋之德上合穹旻秉恭儉罔怠之規再康寰宇爰臻至化雖抑時思馬縞儒學優深禮法明練所奏果符於睿旨載詳固叶於典經臣等集議其追尊位號及建廟都邑則乞發自宸衷特降制命

王正言

正言鄆州人賀德倫鎮青州表爲推官改觀察判官後唐同光中累擢户部尚書輿唐尹尋遷租庸使守禮部尚書明宗卽位求爲平盧軍行軍司馬卒於任

請停北京宗廟議

伏以宮室之制宗廟爲先陛下卜維居尊開基御宇龍樓鳳輦式當表正之初玉葉金枝悉在股肱之列事當師古神必依人北京先置之宗廟不宜並設竊以每年朝享固有常儀時日既同神何所據嘗聞近例禮有從權如神主已修迎之藏於夾室若廟宇已崇虛之乃爲常制昔齊桓

公之廟二主禮無明文古者師行亦無遷於廟主昔天后之崇鞏雒悉謂非宜漢皇之戀豐滕事無所法而況本廟故事禮院具明且雒邑舊都嵩邱正位當定鼎測圭之地乃居衝處要之方今則皇命承天握圖纂祀九州是務四海爲家豈宜遠宮闕之居建祖宗之廟事虧可久理屈從長北京宗廟請停

豆盧革

革同州人唐末避地中山唐亡爲王處直掌書記轉節度判官後唐莊宗卽位以宰相盧質薦徵拜行臺左丞相同

光初拜平章事。天成初，諫官誣以縱田客殺人，貶辰州刺史，再貶陵州長流百姓。二年，詔逐處刺史監賜自盡。

田園帖

大德欲要一居處，畿甸間舊無田園，鄜州雖有三兩處莊子，緣百姓租佃多年，累有令公大王書請卻給還人戶。蓋不欲侵奪疲民，兼慮無知之輩妄有影庇包役。

任圜

圜，京兆三原人。唐末依李克用，歷代憲二郡刺史。莊宗承制，改潞州觀察判官，累遷工部尚書，兼真定尹、北京副留

守。明年，郭崇韜兼鎮，改行軍司馬，充北面水陸轉運使。同光三年入爲工部尚書。天成初，拜平章事。二年，除太子少保致仕，出居磁州。爲安重誨所害。清泰中，制贈太傅。

請慶賀例貢馬價更以所在土產奏

伏見蕃牧臣僚每正至慶賀，例皆進馬。臣以捧日之心，貴申其忠孝；追風之步，必擇於駟良。備乘奉於帝車，資駟駿於天廄。伏見本朝舊事，雖以進馬爲名，例多貢奉馬價。蓋道途之役，護養稍難，因此羣方，久爲定制。自今後，伏請只許四夷番國進駞馬。其諸道藩府州鎮，請依天復三年已前，許貢綾絹金銀，隨土產折進馬之值。所貴稍便貢輸，不虧誠敬。兼請約舊制，選孳生馬，分置監牧，俾飲齕而自遂，即騋牝之逾繁者。

牛希濟一

希濟蜀後主時累官翰林學士御史中丞國亡入洛後唐明宗拜爲雍州節度副使

本論

周文之先自公劉后稷積德累仁以至於文王天下之心歸焉猶服事於商武王從兆庶之心順歷數之命以取天下既而有疾嗣王幼弱乃命周公旦以輔相成王周公以弟之親叔父之尊公其心而不疑焉攝天子履萬乘車輅

朝諸侯於明堂以施教化召公不悅四國流言伐四國戮管蔡以安社稷然後制禮作樂七年之後成王齒長德懋乃歸其政公亦不離王室乃命伯禽受封於魯思不變四海之望遠乎哉君子卽周防也若是武王獨知周公之才之美兄弟之國天下之人皆不知也向非周公則非成王之天下也天下疑矣然武王之心公乎哉知子之弱而私之知弟之德而讓之且憂後世兄弟相及豈周之盛德爲不及歟曰是知之深也所以能明輔相其子若有疑焉則與之天下希存其子亦難矣周公雖不爲王者然其道則與太王王季文王爲同德矣成康以降名仁者多矣孰可與之爲伍蓋姬周之得天下未幾而武王崩紂之子祿父猶存若委少主無聖人之助則少康之舉嗣夏(左傳作配祀夏)天不其偉歟此周公所以孜孜焉爲而不有夫其聖德過於武王遠矣今後王之嗣君也亦莫不蔽於私愛忘其善惡曰彼長也冢嫡也天下之本也莫之可易也至有不離襁褓之中童嬰之列而卽大位焉亦使强臣而爲之輔其詔制之旨曰周公然也成王然也豈惟政亂國危殆宗廟不血食者有之矣曹馬之君卽其人也自征伐以來受命

創業之主或起自布衣之中亭長之役部尉之列大夫之家卿相之位或歷試諸難或十年軍中足以知歷數在躬時運興廢經始之艱難臣下之忠良人情之巧僞是以出一言舉一事易一法必使合於典誥垂於後世守文之君也生於深宮長養婦人之手慈愛之鍾焉世子之教不行焉身軀則安於玉堂金殿輿服之盛耳目飽於聲色靡曼之樂曷能知君臣父子之道忠信邪佞之屬農桑艱難之本故小人易欺焉況幼稚乎且人君之心爲天下之晦明仁者樂於明而匪仁者便於暗故時之晦也盜竊興焉魑

魅行焉君之晦也賢良死焉邪佞用焉是以小人奸臣唯樂於幼君少主若保姆之能也以提其耳目導其言語教其喜怒行則行止則止易爲之使欲求天下之治可乎況近世之嗣王也始自誕生厥月無問名之禮至於婚冠無金石之樂告廟之儀外莫聞焉春誦夏絃秋詩冬禮上庠齒冑之道或縱不知封爵之命掌言者亦不知其誰師保之道正其身乎左右之人賢與處乎其卽位也降先君之冊冢宰與百執事延頸内面而朝新君焉袞冕端拱元默於殿上雉扇熒煌香煙蓬勃左右紛紛焉莫之知也班列

千百稱慶而退至於積年之中宰執大臣延英入閤稱述聖德舞蹈而已使有言者皆申有司徒空言耳敢及於時乎敢及於執權亂政之人乎設有一言明日之制行矣不復用矣歷觀前代明王賢后未嘗不與名臣賢士厚享宴之禮接見之儀俾其忠信相親亡於畏憚通於商較以正先王之得失以窮聖人之能事故兩漢金馬石渠文章之選以備顧問爲侍從之臣至有大臣武帳之前亦奏謁或排闥於危疑之際以問安否以圖後事太宗文皇帝貞觀之初北門之選舉十六族也皆建功定策有布衣之交非

天下文行之士不預焉既久與遊處非唯知民間之疾苦時之否臧從而更之以熙帝載至於臣下之情性好惡無不悉焉他日之任用莫不適其材矣近世朝廷豈無忠信謇諤之士徒欲致身之危救時之弊指陳千百於上前敷揚其達乎諫章其覽乎若復稍拄聖慮左右天顏得之矣又有以惑之矣其朝退也黄門佞女聲樂駢羅俳優之人調笑相雜擁衛以至於内殿又日幸於兩軍遊於其所其從樂乎斷可知矣故自乾符之亂至於今日莫可救止蓋少主奸臣之所爲也或曰冢嫡之幼善惡未知思欲易之

以卜長世廢嫡立庶聖人所惡未知其可也曰君人者上以安宗廟下以庇蒸人雖長嫡之義其不善易之可矣且仲雍王季之長子讓西伯之聖德斷髮文身以避於吳爲吳太伯蓋成父之志也隱公魯之賢君居位稱攝欲讓其弟後其長矣吾將與之桓公聽羽父之譖以疑其兄致於簒弑又晉厲公之薨也子周有兄而不慧不能辨菽麥羣臣迎公子周以立政是以治三駕而楚不能爭又襄公之亡也君無長子趙盾思欲立長君乃迎公子雍於秦將欲立之穆嬴朝夕抱太子以朝且泣曰先君以此子之賢吾

受子之賜此子不才唯子是怨今君雖終言猶在耳此子何罪而外求君趙孟懼大義於衆人遂背秦好立靈公幼而好虐竟爲所弑國是以亂漢高帝遷都長安也以呂后妬於糟糠其子盈爲太子上以趙王如意似我知盈懦弱卒不能易及惠帝之世幾爲呂媼所滅非平勃之闕不能加誅及擇諸王之賢者迎王於代邸是爲文帝不十年幾致刑措又昌邑之亂霍子孟定廢立之冊立宣帝遂獲中興衛伯玉之於晉武也君臣之交矣知主鬯之不惠必傾世祚嘗撫其牀而嘆曰此座甚可惜也帝心不悟終以正

度爲君果致元海倡四方之亂宗廟焚爇兩京版蕩懷愍二帝俱爲俘執而崩晉祚中絕國分爲十六普天之下皆墜爐炭此惠帝之所爲也是知冢嫡賢而臣擇立者必亡若立嫡爲亂執古之道乎擇善爲治曰亂嫡庶之制乎且天子之孝以安宗廟克荷祖考之業卜世於長久豈以擇善廢不肖爲罪乎至唐虞之君知其子朱均不肖不可付以宗廟之重又懼其流毒於生民乃棄其子而禪於有德若次子之賢遠以配天之業授於他人乎是知君唯其明不必拘伯仲之制易曰明兩作離洊雷震若不明不法此覆國亡家之罪人也何長之爲若君明於上小人比周之黨其能進乎其獲用乎其寘於亂乎主少不明者亂之本也故曰元良者天下之本也莫若先以正之正之者非在廢長擇善而已無使叔孫之禱曰主少國家多難祝我者使我速死無及於亂此憂之深也悲哉

文章論

聖人之德也有其位乃以治化爲文唐虞之際是也聖人之德也無其位乃以述作爲文周孔之教是也纂堯舜之運以宮室車輅鐘鼓玉帛之爲文山龍華蟲粉米藻火之

爲章亦已鄙矣師周孔之道忘仁義教化之本樂霸王權變之術困於編簡章句之內何足大哉況乎澆季之下淫靡之文恣其荒巧之說失於中正之道兩漢以前史氏之學猶在齊梁以降國風雅頌之道委地今國朝文士之作有詩賦策論箴判贊頌碑銘書序文檄表記此十有六者文章之區別也制作不同師模各異然忘於教化之道以妖艷爲勝夫子之文章不可得而見矣古人之道殆以中絕賴韓吏部獨正之於千載之下使聖人之旨復新今古之體分而爲四崇仁義而敦教化者經體之制也假彼問

對。立意自出者。子體之制也。屬詞比事。存於褒貶者。史體之制也。又有釋訓字義。幽遠文意。觀之者久而方達。乃訓誥雅頌之遺風。即皇甫持正樊宗師爲之。謂之難文。今有司程式之下。詩賦判章而已。唯聲病忌諱爲切。比事之中。過於諧謔。學古文者深以爲慙。晦其道者揚袂而行。又屈宋之罪人也。且文者身之飾也。物之華也。宇宙之內。微一物無文。乃頑也。何足以觀。且天以日月星辰爲文。地以江河淮濟爲文。時以風雲草木爲文。衆庶以冠冕服章爲文。君子以言可教於人謂之文。垂是非於千載。殁而不朽者。

唯君子之文而已。且時俗所省者。唯詩賦兩途。即有身不就學。口不知書。而能吟咏之列。是知浮艷之文。焉能臻於理道。今朝廷思堯舜治化之文。莫若退屈宋徐庾之學。以通經之儒。居燮理之任。以楊孟爲侍從之臣。使仁義治亂之道。日習於耳目。所謂觀乎人文。可以化成天下也。

表章論

人君尊嚴。臣下之言。不可達於九重。表章之用。下情可以上達。得不重乎。歷觀往代策文奏議。及國朝元和以前名臣表疏。詞尚簡要。質勝於文。直指是非。坦然明白。致時君易爲省覽。夫聰明睿哲之主。非能一一奧學深文。研窮古訓。且理國理家理身之道。唯忠孝仁義而已。苟不踰是。所指自合於典謨。所行自偕於堯舜。豈在乎屬文比事。況人君以表疏爲急者。竊以爲稀。況覽之茫然。又不親近儒臣。必使旁詢左右。小人之寵用是爲幸。儻或改易文意。以是爲非。逆鱗發怒。畧不爲難。故禮曰。臣事君不援其所不及。蓋不可援引深僻。使夫不喻。且一郡一邑之政。訟者之辭。蔓引數幅。尚或棄之。況萬乘之主。萬幾之大。焉有三復之理。國史以馬周建議。不可以加一字。不可以減一字。得其

簡要。又杜甫嘗雪房琯表。朝廷以爲庾辭。倘端明易曉。必庶幾免於深僻之弊。夫僻事新對。用以相誇。非切於理道者。明儒尚且抒思移時。豈守文之主。可以速達。竊願復師於古。但貫於理。何以幽僻文煩爲能也。

治論

有國家者。未嘗不思治。孜孜焉求才。汲汲焉用人。官無曠位。命不虛日。多不至於治者。何哉。蓋不知重其本也。夫重其本。莫若安人。安人之本。莫先於農桑。上自天子。下至庶人。未有不須衣食以資養其生。此情性之欲一也。故率公

卿以躬耕於千畝非獨致敬於粢盛也率嬪御以親蠶於繭絜非獨致美於黻冕也皆所以先民之教化也下之人必曰王者后妃尚勤於耕桑余何人哉若天下之人皆相率以耕織爲務則穀帛可指期而取穀帛既賤人各足其所欲所欲之大唯衣食而已不饑不寒則時無怨嗟時無怨嗟則和風充塞則焉有不豐不稔之歲既庶且富然後仁義相及王道可行方困饑寒而能致於仁義者雖淳樸之世君子之人幾希矣今天下之人非不耕也非不蠶也率九州之人一人耕而百人食一人蠶而百人衣王者之

征賦在焉諸侯之車服劒器在焉職官之祿廩資焉吏人之求取往焉俾一人耕一人織足上下百人之欲不亦難乎僕嘗客於山東寓於民舍觀其耕也候天時相地宜遠求種稑胼胝手足朝昏引頸以望膏雨借貸以成其饋餉筋力竭盡於磽确汗流汗背忽以霡霂日熾其背無不爇黑又婦人之爲蠶也髮鬌如蓬晨昏憧憧高條長梯蹈險履危稚女嬰兒目不暇顧歲時之成否斯在外矣其五稼登於場圃也未及簸揚蠶之爲繭也擇未盈筐犬吠喧嘵悍吏繞於居烹茗飫食然後乃曰若干官之常也若干歲之逋也我求之何以應執事之欲若不從我他日之役余無庇爾焉民由是懼其督責之急憚其恐脅之言無不强足其欲粟之熟也糲食未飽蠶之績也家不及絲縷殆不旬五日皆已罄矣至有父子拱手屋壁相顧而坐向使不爲盜不爲非不鬻不時之物不犯及時之禁不受役於鄉豪不爲汙詐之計以給其家可乎故孟子曰父母妻子對之饑寒而不爲非未之有也誠哉是言且古者四人各業以成其國士世其詩書農本其耒耜工傳其繩墨商積其貨財今士大夫以先王言行政事自守恥趨時捷急之辯

者固獲用於諸侯矣農人之家恒苦時弊工之屬也亦受其役而不受其直唯賈之利獨便於時若關禁之賦薄市井之不擾我取積其疑物以中之時如不我容捨而之他邦非刼取加諸之力不能爲患農則不然父母存焉桑梓在焉妻子居焉懷土之戀居亦可知使盡室以往曰避煩賦他邦之政亦我邦也欲何以往所以今之世士亦爲商農亦爲商工亦爲商商之利兼四人矣審利要時一中百得易於耕織人人爲之故諸侯庶人亦爭趨之矣且四人之中其一爲農亦已爲鮮矣加之浮食之衆曷可勝紀其

大者而有四焉。自京達於閫嶺。豪右兼并之家。或累思進達其身。或求恃勢以庇鄉里者。多以其子納於黃門。俾爲之侍。且北宮之中。唯有四星。蓋上以備左右灑掃之用。國家自開元天寶以來。中官之盛。不下萬人。出詔旨使於四方。或恃寵錫之命。宣慰勞之恩。千里伺其聲塵。候騎從其所欲。絕情於親愛。抗禮於君父。不蠶不農。愛頑愚之施捨。亦有積蓄寶貨。爭名競利。出入乃權倖之門。指揮愈僕隸之中。闕庸夫者一也。道德之士。反爲謗議。實可顯加甄別。用永其道。此爲弊之深者二也。即有衣紫帶金。形貌魁偉。酒食以招於交遊。僕馬以溢於巷陌。樗博擊毬。以爲之業。自六軍遍於四方。或擊毬一入於門中。天子喜悅。拜爲上將。或都城會府。總統繁多。阿黨小人。撓於王法。其目儒者勢欲吞食。竊比仇讎。曰我武也。文武之事。墜於地。及問其日月風雲。孤虛向背。鐔鍔之所。干戈之別。三和六鈞之制。一沉一浮之財。九地之所宜。五行之制。變攻守之難易。進退之是非。莫我知也。已失其爲武。然用之爲將。欲寄國家之成敗。生人之性命。其可乎。況復喜怒以刑人。視人如草芥。嚴暴以及物。唯物之利。已以至於流亡。以至於敗亂。此

爲弊之深者三也。復有製儒者之冠服。習儒者之威儀。語不知書。百行無取。亦有耳剽心記之學。多背毀於冠蓋之士。其誑不達。我能是也。又道不是者。以勝謗之。敗俗倨傲之儀。咸致遊宦於州里。其官也用刑爲嚴。納賄爲能。狡譎之行爲長。其行也總佞媚之術。輕折朋友。交結邪僻。附近左右。炫酒令之奧。恃博奕之精。諸侯遇之。曰奇才也。能狎宴昵吾與之私焉。車服器用。無所愛焉。或引之於賓佐。委之以紀綱。授之以守令。必盡刻削之能。致聚散之力。亦有薄通文藝。尤飾狂妄。升之於府。政可知也。薦之於朝。時可知也。冠章甫。處同行。望之君子哉。乃小人也。大凡小人之屬。非高名厚祿貴胄之家而無之也。負販之列。行君子斯君子也。軒冕之上。行小人斯小人也。率是小人在位爲法必苛。爲政必僻。肉食之外。耗蠹齊人。此爲弊之深者四也。吁。皆遊惰無業。殘於國。害於農之大者。自餘瑣瑣。亦易驅除耳。然無士不可以爲治世。無民不可以爲國。唯明王擇君子之人。有輔相之才。深治理之道。與之爲政。先簡其事。則闕省其吏。則人易以安。且今吏屬太廣。實櫌於時。古者以十羊九牧。不知所從。今十羊百牧矣。唶食之不足。何從

知事夫事簡吏省然後可以愛惜農人盡歸其時什一之外除其賦斂驅彼浮食遊手之衆使歸田疇即倉廩必實天下之民食斯足矣冠婚喪祭車馬第宅尊卑之制皆歸諸令式豪民富室不得衣文組金玉幃幕不得用繒綵茵褥不得施錦繡自宮中至於王公之家咸遵儉約無使枉費尺帛則天下之民衣斯足矣夫如是化之以道孰有不從或曰斯論也乃耳目之常夫儒者之言猶人之食若今日之食明日以爲常欲不之致而不之食可乎況高祖太宗得天下之初從魏文公之言以王道爲治不三年而化

成立國之基斯爲遠矣今復用其道莫若用賢良遠邪佞重農桑禁遊惰廢不急之務可以丕復祖宗之耿光堯舜豈遠乎哉何獨治爲

刑論

刑罰之用蓋將以革人之心勸之於善所以小罪輕刑以正其失大罪重罰以勵其衆將刑王者爲之不舉以示仁恕之心也棄人必於市明其罪之死也皆欲遷人於善豈圖斷其肌膚殘其支體流其膏血盡其性命以逞於威怒者也三代之後五刑之用劓刵之屬最可以爲恥於衆觀者則知其所犯毀其父母之遺體罔不憯痛於心犯者不能諱其罪亦可以永戒其惡所謂有恥且格及笞杖之法易隱其跡行鄉而無愧苟富貴而或得行者其暴犯者不以爲恥誠哉免而無恥漢文帝感緹縈之一言廢肉刑用笞杖及後笞者多死文皇帝視明堂圖亦輕其罰天下之獄幾亂知刑罰者治之具也不可暫捨然罰無輕重杖無大小皆成之於胥吏之手斷之於出沒之文上之人其知乎夫鞫獄之法始於疑辨之中成於案牘之內吏與之者捨其罪而彰其是其不與者除其善而彰其惡又復刑律

之中或一與一奪隨其取捨以爲出入官必不盡知此爲弊之一也畫灰爲獄誓不願入刻木爲吏誓不願對獄吏之尊聲色之大桎梏之重輕搒掠之多少率由其意孰可與爭此爲弊之二也又或欲其僞而怒其眞惡其輕而思其重或捽其首或批其頰詬辱毆擊無所不至又節其飲食嚴其徽纆外殘其軀内脅其心壯士勇夫且必流涕孤弱之人敢不從命此爲弊之三也或上下其手以取其信或點染富室以求貨賄則衆知其非不能即止此爲弊之四也具獄既久改爲疑讞遠取支證廣擒黨與淹延歲月

以伺赦宥此爲弊之五也捶拷之下易以强抑人之支體須非木石若加其殘忍取其必然誠雖無罪百不能免蓋不勝其楚掠之毒寧甘心於一死狡猾之吏斷成其獄故戮死之後盜自他發衆方知其無辜且桎梏之苦笞捶之嚴輕罪者願重刑而獲出無辜者畏殘害而求死者狡猾之所能爲也卽平人孰敢與吏爲敵公卿尊嚴察視不及臺寺懸遠訴訟無門死者不可再活親戚焉能申冤何以感致和氣平一水旱此爲弊之六也復有衆皆知非難加以法當炎酷之時機其傍而成其疾疫奪其餉而致其饑

餓圜扉嚴邃守者羅列親戚之人胡能知其食與不食渴與不渴但成其困以取其斃此爲弊之七也況外府法司又爲不道或土囊以鎮其腹或濕紙以蒙其面拘錄所至號呼莫聞瞑然而去孰知其由昔東海悞殺貞婦致三年之旱今天下之刑畫常雨血尚未足以泄其冤憤且刑罰者遠於人非近於人犯之者皆自求之也非刑之就於人也皆人就也上自天子下至庶人若爲不道必歸於法故商辛夏桀懸首於白旗此天子之刑也則公卿之下獄黎庶之就戮又何足道哉是知上下皆有分故君子常懷畏懼夫厲聲變色揚眉張目樂刑罰以毒物之性命殆非人類信豺狼之心也故曾子曰如得其情則哀矜而勿喜又于定國每歲決獄先自流涕悲哉仁者之心深知刑獄之本所以衛人非以虐人也今天下之大九州之衆一歲決獄之多少皆由吏議豈能盡平莫若重明桎梏笞杖重輕之制禁計日月之遠近寒暑靜溫其所處饘粥每給其饑渴決罪遍求於刑律察詞必盡於疑辯庶幾少塞其弊當不濫於無辜以成王者之理

褒貶論

仲尼之修春秋也先成其志後誅其意是以晉侯召王書曰天王狩於河陽本其尊獎其謀也許止不嘗藥書曰太子弑其君以爲防微之道卿行稱字得所舉也師行稱人伐有辭也以一字稱褒貶之意爲千載不刊之典亂臣賊子莫不知其善不可奪惡不可掩其懸之日月以爲王化今國家公卿大臣文武將帥之初命也其爲相者禹稷之化也蕭曹之上也燮理陰陽平和九州斯其人也及其被廢之日竊位之小人也亂國之小人也是不可忍也及復之日周公之被謗也召公之相疑也子文之三已也孫叔

數之三相也然後可以爲賢人其爲將者干城之材爲國之屏也式遏寇虐底定王國斯其任也其被罪之日匹夫之勇也非國將之材也覆軍敗國棄戈奔北者矣殆不可用也復用之日荀林父再敗而勝孟明視三敗而後獲以何傷乎百執事之間率如是用捨觀其人或始於善終於惡中復可用後又不可用是非相渾善惡相離皆欲遵之王言以爲之國乃奸謀之深蠹者也後有寒素者與奄人結刑社之盟以取鈞軸之任偶以章疏得罪上雖切齒朋援未移衆知必復其位時爲執筆者乃大美其辭以謀其

身必使朝廷怒而譴之一南行而已果皆中其旨未朞年而舊相復入僅三歲而公亦入相台文非求宦者乃結宦者之深者又機巧之微密者也今之世若蘊曜嫉正之歸國奪其鹽鐵之柄乘休惡景望之文行同居鈞衡之列近師有尚父之號崔之猶子持謀臣之權采納而至中多議定出二相之口趨三鎮之師且曰與晉陽之甲誅君側之惡不逾月而二相被誅九廟以危外之人皆曰武臣之爲亂也我知之矣此皆儒者之爲亂也此意之深罪之明者仲尼皆所宜誅者究朝廷爲亂之本始由君臣同心同德以誅宦官嫉之太甚須至於亂遂至所立必沖幼所命非賢良以階其亂以危社稷之人其知之乎不得以在位者爲賢人負罪者爲非材惜哉賢人之事業夫子之襃貶後之爲史者當訪於長者之譚求之於野人之說斯可以正之矣

賞論

賞勸之典所以顯忠尊賢而待用闕 感人之心使各盡其材以顯於時以爲立身揚名之本故冠冕衣服車輅祭祀之儀皆以品秩爲差君子之人其甘心焉孜孜於善希公

朝之祿賞可以榮於家可以榮於宗廟祖考賞之義也大矣哉今國家懸高科虛重位此文士之賞也計首級視所傷此武士之賞也文不中理宗伯所棄殺傷奔北軍法所誅擇善勸人亦以明矣衰世之中文假他人之手身居書辭之列名陷澆浮之中坐登卿相之位射不穿札生不見敵榮持斧鉞之柄行居將帥之任皆藉累世之基業或由勳伐之餘名竊位尸祿觀者憤歎而已至有文之衰也行爲四海推重不成一名不沾寸祿老死凍餒之地或有獻一書陳一策探治亂之精微盡當時之利病君上不省察

奸邪者深以爲嫌。縱未能顯加明誅。徬徨焉擠之於散冗斥之於外任。不復省問。可勝言哉。武之衰也。弓聲劍氣。立爲勍敵。馳突擊刺於橫陣之前。出入如鬼神。謀取必勝。瘡痍遍於首面。身委卒伍之中。老棄瘦馬之列。或有破一大敵。擒一渠帥。賞不踰外藩之職。賜不越繒帛之微。捷聲已振於萬里。姓名未達於九重。降符節。益封土。翻爲統帥之福。豈不悲哉。文之求也。旣不因於行藝。武之用也。又不因於才力。乃有溫溲溺之器。以媚黃門者。以繫鞋自名。以從公相者。履歷官常。出入藩翰。其餘資財。以致名第。以榮郡

邑者。不可遽數之。況時君幼主。有宴樂玉堂。從禽豐草。發自愉悅之意。聽從左右之言。淫樂之叟。優倡之子。錫以朱紫。升於官秩。下至飛禽犬馬之微物。亦先於封賞。且國家以五岳四瀆爲視公侯之秩。乃崇其禮。尊爵敬神之道也。今厮養禽獸之屬。皆列於官。與士君子比肩於朝。無神怨乎。故志士仁人。甘心草澤。沒身白首。不復思用力以在位者爲深恥。昔仲叔于奚救公孫文子之患。請以繁纓假借也。孔子猶曰。不如多與之邑。將以定永代之制。杜萌漸之謂也。漢明不以館陶子爲郎。寧賜之百萬。曰夫郎出宰百里。上應列宿。不可虛授。信夫爲中興之嗣也。且賞勸不恒。服章紊亂。君子在野。小人在朝。將難以守四海之業。若善人在位。紀綱大定。賞罰必中。百官稱職。天下焉能爲亂

欽定全唐文卷八百四十六

牛希濟二

崔烈論

漢室中葉戎狄侵軼之患邊郡畧無寧歲兵連禍積歷世不已天下以困國用不足榷酤租算之外方許民間竭産助國出金贖罪貨鏹以爲郎以爲經世之術救弊之務逮至桓靈之世天子要之百萬然後用爲三公崔烈常以賄求備位於公輔問其子外以我爲何如對以銅臭之說垂於前史然近之人主無桓靈之僻自咸通之後上自宰輔

以及方鎮下至牧伯縣令皆以賄取故中官以宰相爲時貨宰輔以牧守爲時貨銓注以縣令爲時貨宰相若干萬緡刺史若干千緡令若干百緡皆聲言於市井之人更相借貸以成其求持權居任之日若有所求足其欲信又倍於科矣爭圖之者仍以多爲愈彼以十萬我以二十萬彼以二十萬我以三十萬自宰邑用賄之法爭相上下復結駟連騎而往觀其堆積之所然後命官權倖之門明如交易夫三公宰相坐而論道平治四海調燮陰陽爲造化之主方鎮牧伯天子藩屏以固宗廟社稷之重刺史縣令爲生民教化之首率皆如是不亡何待度其心而聞其謀卽皆販婦之行一錢之出希十錢之入十萬者望二十萬之獲三十萬者圖六十萬之報盡生民髮膚骨髓尚未足以厭其求漢之亡也人主爲之國家之禍也權倖爲之或曰兆其釁者崔氏之子爲不朽之罪人乎武帝開之於前桓靈成之於後以至今日踵而行之而已且烈之世不聞教子以義方不能遺子孫以清白多藏若是倖祿之所獲乎不及於昆弟親戚矣不施於隣里鄉黨矣其賄賂得之乎今日用之以遠不亦是乎且桓靈之世國家旣危喪亂日

臻烈能盡用以榮其身他日之家牒且曰烈爲相矣不如是亦羣盜之所奪乃積之者過非用之者罪也被髮而祭於野者辛有知其必戎作俑者其無後乎仲尼懼其徇葬蓋知防其漸之日也明明天子許而行之何罪之有崔子素無異聞貪榮固利者小人之常也不施於親戚自圖於爵位者亦小人之常也何足加其罪有國家者不以仁義而務財利之道許而行之斯不可矣不許而自行之而不能知之又不可矣是亦覆國家者不亦過乎

時論

或曰治亂者天之常也是以十年一小變三十年一大變至於蟲蝗疫癘水旱兵革皆時之數也若其聖人亦不能免是不然也何者天之於人也至仁而信其資長百穀草木觸類之物皆所以仁於人也故懼物之不生也春以發之物之不成也夏以長之物之不齊也秋以肅之物之不實也冬以堅之物在陽畏其暵也故夜長以雨露潤之在陰畏其終也故伏陽以蓄之人之不知止也故晦明以息之人之不知時也故馳疑時以警之日月星辰雷電風雨霜露之作無不私於人也焉有爲蟲蝗之時以害其禾稼

爲水旱之時以蕩其生物爲疫癘之時以毒其性命爲兵革之時以流其脂膏者上天垂象昭鑑萬物之情始兆高明之象已著未嘗不丁寧先示之於人俾知者通其變而修其德以爲之防知而不修夫何言哉聖人所以觀乎天文以察其變又曰先天而天不違後天而奉天時又曰則天之明斯其旨也故天子有日官諸侯有日御皆所以達變於其君若聞祥而逸福必爲禍見禍而懼祲益爲善物無必定之災桑穀乃中興之道數無可保之福烏雀爲滅亡之運其或有戰爭水旱災沴之世皆生民之所感冒無

時日之限而及之也且民之所爲也繫時君之教化若以忠孝恭儉爲治皆可封也暴亂聲色爲好皆可誅也居時之和爲可誅之教上帝之仁且不能祐膺時之亂爲求治之具神明之力必可以恕或者曰三皇之世不能無戰爭堯湯之君不能無水旱豈聖德有闕歟蓋時使之然也夫戰之大者孰踰於版泉不周之役人謀之可與乎兵力之可支乎卒滅於有德水旱之數豈過於堯湯之代人無饑色國有常歲若今之世一年之水一年之旱豈惟人不粒食國無儲矣焉能感治水之命有疏鑿之功爲桑林之牲

契禱祈之願若時數之必然卽當數足而後已豈復有中救之道是知天時不能違於聖德明矣至於長吏爲一郡一邑之政飛蝗尚不入其境醫門以藥劑之和可以拒時之疾又若時數之一槩寧有擇其地而遺其人哉況宋景一言之善罰星退舍漢之盛德日駁再中其餘感應之跡布在方冊是以知天道甚遠人事至近又易衍履之說曰素履貞吉幽人之貞所履若吉幽人尚且不懼況聖人乎希濟以爲治亂無時惟人君所行求治則治忘理則亂雖復求治積年一日違之禍不旋踵國亦如之皆非拘忌之

冢所能執必矣

荀息論

晉獻公子九人驪姬之譖也太子申生縊於新城重耳奔蒲夷吾奔屈盡逐羣公子唯驪姬之子奚齊及其娣之子卓子畱於宮公疾病召荀息將使立奚齊荀息曰臣竭盡股肱之力加之以忠貞不濟則以死繼之公曰何爲忠貞對曰公家之利知無不爲忠也送往事居耦俱無猜貞也公薨荀息立奚齊里克使人殺之喪次荀息將死之人曰無益也不如立卓子荀息又立之里克曰三怨將作秦晉輔之子將如何荀息曰吾與先君言矣我欲復言然謂人已乎里克殺卓子於朝荀息死之邱明褒之曰詩人有言曰白圭之玷尚可磨也斯言之玷不可爲也以荀息有復言重諾之義夫荀息晉國之大夫爲執政之臣顧命以立其君人能殺之已不能討之是〔闕〕於國再立卓子以偷其安里克之告又不得誅以害其主雖曰復言何歎之有且獻公以荀息爲執政也以荀息爲能賢也而屬之二子令二子無辜而死是荀息之不賢所致其無乃辜先君之托孤之寄乎且已以大夫也不宜從君於昏而立幼稚知

諸子之賢不能立之以利於晉爲國家長世之計乎比周於姬氏之黨乃嬖寵之黨也立二君而不能定其位縱其賊以致亂於其國若亡之黨不可以立乎非已智力之能全也其輕許之乎是輕之言而許之是貪其位而固其權復言以死之子其不死人〔闕〕以誅之於子矣大國之人不能保其身知賊不討不可謂之忠縱其爲虐不可謂之貞事嬖寵幼弱之子遠伯王賢哲之君耦俱無猜其若是乎若羣盜力爭不能計勝而死猶將賢之若不能討賊無謀自殞將何以尚之哉匹夫匹婦死於溝壑者無以異之凡顧命受遺之日擇長輔少之道非伊周之才智且將不濟豈荀息所能也是以憲宗彌留之日內外疑恐奸邪之人畏憲之明復誅其黨有來中書與裴晉公語及大政者公勃然曰當問大臣此非殿中事告者遽退杜黃裳時爲庶子亦以玉佩繫上陽周問太子安否及臨慰勸之曰冢宰大臣前揭喪巾覩天顏哀毀之狀莫不相顧而泣又喜萬國之得主也卽深謀遠慮於防微之道如是之備及後國家以副君之命必有社稷之難遺詔擇立以爲之常蓋不由大臣之謀始也皆左右近密建議奉迎位既及定乃命

百辟以行大禮。始謀之臣。即新君受賜之地。遷之重權。委以大政。南北二軍。歸其肘腋。九城之禁。由其管鑰。若明然公議者。尚可知其諫主及後誅戮。嗣王之英武者。或擇幼沖之可教。其議立之父。輪告不實之狀。循環署其名。民間謂之車轂狀。宦者謂之金輪圖。常有請趙公同署名者。公歔欷流涕。不忍執筆。其子曰。事既行矣。禍不可變。一家三百口。在於今日。大人何疑之有。請筆代署。時宦官畏大臣不從。必與誅戮。當動搖天下。及見其名。莫不喜悅。由是驟命其子以居清列。終致權闕闇豎。傾覆宗社。皆趙公之所

爲也。或曰。趙公之生也。由不如荀息之能盡其生也。生之與死。皆亂國者。何升降之有。二子者。可謂異代而同罪。邱明之褒。不其謬歟。

石碏論

衛莊公寵州吁也。且又縱之。石碏諫曰。臣聞愛子。教以義方。弗納於邪。驕奢淫佚。所自邪也。四者之來。寵祿過也。君若與之。即將定。若猶未也。後將悔。公不聽。州吁竟殺其君而自立。石碏之子厚。與州吁遊。禁之不可。春秋之世。有弒君之子。或朝於王。預諸侯之盟。不復加討。是以厚問定君於石子。曰。王覲爲可。曰。何以得覲。曰。陳桓公方寵於王。若朝陳使請。必可得也。厚從州吁如陳。石碏使告於陳曰。衛國褊小。老夫耄矣。此二人者。實弒寡君。敢即圖之。陳人執州吁於濮。石碏使其宰獳羊肩涖殺石厚於陳。君子曰。石碏純臣也。愛其君而厚與焉。大義滅親。其是之謂乎。父子之道。天性也。君臣之道。人義也。石子諫莊公也。以義方教子厚之爲也。無義方之訓哉。且厚非弒君之謀。爲亂之首。州吁既立。仍從之遊。州吁之爲君也。命石子遊。必將從之。況於厚乎。已爲大臣。國有亂賊而不能討之。忘其君也。父

子相欺。以成殘忍之計。是忘其親也。爲臣不忠。爲父不慈。將使衛國之人。父子相爭屠矣。是以先見之明。知州吁之必能爲亂也。當戮力以誅之。豈止一諫而已哉。知石厚必從惡也。當嚴毅以討之。無使必陷於戮。不能救亂以安其國。不能諫君以全其子。莊公之亡也。州吁之戮也。石厚之死也。皆石子忍闕況其君乎。或曰。周公之誅二叔。聖人之教也。石碏之棄愛子。賢人之事也。若不如是。將何以止於亂乎。夫周公知二叔之心。不利於成王。必危於宗廟。故先除之。以保天子之尊。以安大本。豈若石子弒莊公而後歎

而誅之。日磾怒其子與宮人戲。蓋防淫亂之本。以靜於國。石子成其亂而誅之。必不使從篡之黨而後誅之也。然周公聖人也。日磾賢人也。知其必至於亂。皆不得已而行之。且周公日磾防其亂而先誅之。以靜於國。石子成其亂而誅之。無益於理。反爲相欺之計。殘忍之行。無父子之慈。滅天屬之道。且厚能問其父以定君之計。是知是非理亂之理也。是尊父子之道。無疑父之心也。疑父之心。逆天之道也。今乃欺之。令朝於陳。以行誅討。斯人心之熟忍之矣。不若告其子以理。且曰。州吁爲子弑其父。爲臣弑其君也。天

地所不容者。人之子不可與之爲伍也。是以吾禁子之遊。且吾爲大臣。欲誅弑君之賊。以報其國。不討其賊。是吾有殺君罪也。能使州吁朝陳。且勿往。我將報之。石厚尚能求計於其父。豈必陷父於惡。若然者。可以保其子。全父子君臣之道矣。今石碏以殘忍之性。亂君臣父子之理。以安其身。以求其名。而曰大義滅親。爲罪莫大於亂國。不孝莫大於絕嗣。今石子亂其國而殺其子矣。及後樂羊爲魏將伐中山。中山殺其子而遺之一杯羹。樂羊坐於幕下食之。以盡。乃拔中山。文侯賞其功而疑其心。貪其功忘骨肉之痛。蓋石子之流也。屈突通當隋室之亂。未從王師。太宗使其子召之。通反弓射之。曰。昔與汝爲父子。今與汝爲仇讎。既而捨弓矢於地。再拜號泣。以別隋后。曰。臣智力俱困。非敢負陛下也。然後來歸。此又能全君臣父子之道也。且能殘其子爲仁義之人者。未之有也。爲仁義之人。能殘害其子者。亦未之有也。邱明修千載王化之文。欲開父子相疑之心。親親相滅之理。大非聖人之心乎。

薦士論

朝廷求賢之道。備於往古。以經學文藝之流。凡設十有二

科以待之。郡國每歲貢士。盡應其科。其外諸侯各舉所知以爲裨補聖世。奏章不絕於明廷。爵賞實煩於王命。當承平之時。卿大夫家召備書者。給之紙筆之資。日就中書錄其所命。每昏暮。親朋子弟相與候望。以其昇沉。以備於慶賀。除書小者五六幅。大者十有二三幅。每日斷長補短。以文以武。不啻三十餘人。一歲之內。萬有餘衆。或考秩遷滿。或方伯慰薦。或伐閱功勞。或昇獎舊勳。詔制之辭。必嘉其官業。賞其才藝。褒其行實。敘其勞績。無一日不爲之。未嘗得一賢士與天子共治於四海。未嘗得一賢將與天子鎮

静於二邊非求之不廣薦之不至也豈五百年一賢生世哉夫畫餅不可以充饑誦藥不可以愈疾蓋無其實而有其名使之然也自朝廷及郡國諸侯之所舉皆無其實將如之何嘗試論之自文藝之流假手於人投擲於公卿之門者率不能知其僞公試之地尚復乞貸經學之子考帖之時預有歌括問義之日一席之内對者六七皆誦本疏別無新意更相救助發起義端有司但記其屬求之也以爲之去留卽經學文藝之謬也如是況漢世公卿大夫皆以通經對策名動天下然後登用或居諫諍之列或處燮

理之任朝廷每有水旱災沴彗孛陵犯日月薄蝕必引所通經義證據以爲之救殆與今日之經學者異矣若文學侍從之臣必選於切問近對之才必本於諷諫理辭之要故其文章傳之至今又與今日之辭賦者異矣郡國所送羣衆千萬孟冬之月集於京師麻衣如雪紛然滿於九衢是非相雜固不可知矣諸侯所薦率皆應權倖之旨承交遊之命取其虛名奏署謂之借聽取其謬舉之說謂之橫薦凡四方表函達於中書者必可指期於清貫美秩名邦劇邑諸侯之薦士宰執之命官豈唯平生未交於一言蓋見其姓氏而已豈能摭實哉官達倖門易如秋草能復貴賤之別闕冠裳之重矣朝廷委輔相之權衡覽諸侯之章疏視其文信其人以爲薦公孫宏董仲舒之學也相如枚臯之才也冉季政事之能也孫吳將帥之畧也時君旣不問其實安可不信大臣之言從而與之上下相蒙其何以濟且姬周之世薦賢者多受賞魯史有之矣魏晉之日門生故吏有罪必連坐舉主史有之矣今薦賢之賞久已廢矣連坐之典又不行矣況今之所舉非徒古者知之審取其必達取其必富貴闕如一死生不變之爲誠明也薦其

爲將也覆軍擒帥伐國獲地然後以爲得薦其爲相也富國安人來諸侯之朝成霸王之業然後以爲得今之舉士爲筮仕結綬之漸一命一官而已他日之功過皆莫知也薦人用人之道何以得其賢矣昔孔文舉薦禰正平以爲堪任大臣有臯陶稷契之才漢后委而棄之竟不能知其道之否臧狄仁傑薦張柬之有宰相業武后用之爲相果能克正唐祚有中興之功文舉之薦禰衡也委而棄之仁傑之薦柬之也舉而用之豈繫吾道之廢興豈繫歷數之理亂乎然用之則如此不用之則如彼騏驥伏櫪安能千

里之步龍泉在匣孰知截玉之利悲夫用與不用耳士之於世不可期於一人之知己者苟有知者甘心死節尚且不疑況復昇榮顯之中行心胸之事安人之安而存隨之利人之利而亡有之利天下者以利己之厚者也利百姓者乃利其身之遠者也君子之人豈不利其身哉爲國家得人則理失人則亂古今不易之常理安可不以求士爲急詩曰濟濟多士文王以寧以四海所歸之聖尚假多士之力況中庸之主哉易曰君子不家食吉仲尼以天縱之德猶思賢者與之共食況尋常人哉又曰皎皎白駒在彼

空谷蓋遺賢之歎也又曰束帛戔戔賁於邱園蓋求之於野也賢人君子何代無之哉上之人其求之以道既不廢於朝夕於所薦不公所用非賢將難以至於理當在申明上賞連坐之典以正之奸邪攀援之路漸將息矣一舉之妄後當自獲其辜知有畏矣在位者斯有賢者矣有道之士爭趨之矣

貢士論

禹畫九州列貢輕重舉賢用才咸在其中故周官司馬得俊造之名乃進於天子謂之進士又天子於射宮以擇諸侯所貢之士若善者乃受上賞不善者黜爵其次削地得預於射宮以射諸侯之義而爲諸侯所舉者重所用者大漢法每州若干户歲貢若干人更以籍上聞計州里之大小材之多少謂之計籍人主親試所通經業策問理優深者乃中高第有行著鄉里辟選自古而然漢世得人於斯爲盛國家武德初令天下冬季集貢士於京師天子制策考其功業辭藝謂之進士已廢於行實矣其後以郎官權輕移之於禮部大率以三塲爲試初以詞賦謂之雜文復對所通經義終以時務爲策目雖行此擢第又不由於文

藝矣唯王公子弟器貌奇偉無才無藝者亦冠於多士之首然相士之道備嘗聞之有門閥清貴者有狀骨卿相者有容質秀麗者有才藻可尚者有權勢抑取者有朋友力盛者機權沉密詞辯雄壯臧否由己昇沉在心羣衆必集其門若見公相來交請友識面爲難動必有應遊必有從密處隱會深誠重約朱門甲第之間鬼神不能知者盡知之雖名臣碩德高位重權可以開闔之可以搖動之可以傾覆之有司畏之不敢不與之者言泉疾於波浪舌端利若鋒鋩所排歿九泉所引昇霄漢默默無言衆必謂之長

者。發中心病。時皆目之窕人。秋風八月。鞍馬九衢。神氣揚揚。行者避路。取富貴若咳唾。視州縣如奴僕。亦不獨高於貴冑。亦不賤彼孤介。得其術者。捨耒耜而取公卿。乖其道者。抱文章而成痼疾。朝廷取士之門。於斯爲最。衰世以來。多非其人。明廷無策問之科。有司亡至公之道。登第之人。其辭賦皆取能者之作。以玉易石。羊質虎皮。闕抱憤之人。汩沒塵土。天九重高。不可以叫。加以浮薄之子。遞相唱和。名第之中。以隻數爲上。賤其雙數。以甲乙爲貴。輕彼兩科。題目之間。增其異名。至於傅粉熏香。服飾鞍馬之費。多致

匪人。成於牧宰。取資貨以利輕肥。朋黨比周。交遊酒食。亂其國政。於斯爲盛。竊願明君賢臣。悉力同心。大革其弊。復以經明行修爲急。所謂斥彼浮華。敦其茂實。儒風免墜。不失取士之道。

寒素論

堯舜興於畎畝之中。以仁義而得天下。曾顏非諸侯之祚。以德行而居儒道之首。以曾顏比之於天子。天子喜之。以桀紂比之於匹夫。匹夫怒之。豈在其貴賤之位哉。爲仁義一日則爲君子。不爲仁義一日則爲小人。豈在世載相襲

冠裳相承。吁哉。蒲輪不往諸侯之家。束帛不在闕庭之下。皆巖穴隱逸之人。行仁抱義之子。化之於鄉里。聞之於郡國。達之於朝廷。然後求之。豈在卿大夫之子哉。諸侯鄉飲之禮。敬年尚齒。使少年知禮。老者獲養。修長幼之道也。天子太學。父事三老。兄事五更。教人以孝。教人以悌。興教化之本也。文不以爵祿爲差也。況布素對策。名聞於天下者有之矣。徒走以取公卿者有之矣。鄭康成捨胥吏之役。歸爲儒者。黃叔度牛醫之子。以德行聞。今服冕之家。流品之人。視寒素之子。輕若僕隸。易如草芥。曾不以爲之伍。寒賤

之子。能以道德自尊。文藝自將。見之若敬大臣。避之若逢摯獸。又不自審之所致也。堯舜何人也。猶將比肩其道。流品何人也。余何人也。曾不自敬其身。故且朝爲匹夫。暮爲卿相者有之矣。朝爲諸侯。暮爲餒鬼者有之矣。道之用捨。在於我而已。是玉之美者。不產於廊廟之下。爲瑚璉之器。材之美者。不出於里閈之內。爲棟梁之用。士之美者。非貴冑之子。而登卿相之位。況投竿而爲王者師。挽車而爲王者相。豈白屋之士。可自遺之哉。

銓衡論

王者列官分職以成庶政材不可失官不可曠故銓者以愼擇爲目衡者以公平無私或失於是豈稱其本自周室以司馬宗伯選士漢魏晉宋降及國朝委吏部擇官上自郎吏下至丞簿皆稟之銓注科名入選品秩所蔭勳伐授任四方奏薦加黜伸書易名取姓其爲猥詐不可勝紀以天下之大九州之衆職官將萬餘員令長簿尉官秩至卑理民與下最親朝廷輕之委有司而已今吏部自尚書至郎吏五人抱案者向百餘輩桀黠詭譎必出於是視其官屬如弄嬰兒若啗之以利即左右手之不如皆舐筆署名

且未之暇焉能得其過者掄材爲官久廢其事爲人擇官殆無虛日其稍留心者止於詰其廕緒循其資歷黜其昇遷求其毀犯豈有問其爲政之本爲理之道至若試以章判拘以棘圍鬻文之徒偏得其便乞憐之子畧無愧容大爲笑端不可以取亦有居清官若罷無資財考秩既深然後送堂時宰視之不成芻狗區區風塵殍死者衆胥吏賄賂之交塡咽街巷聒於耳目清貧劇邑必有主者朝列之中以樂爲之某官若干萬錢某邑若干束帛公然大言曾無畏懼憧憧政路指期而取某之官也納賄償債且未之能豈復爲政爲理是以生民致困歲月彫弊逋逃林藪竄伏萑苻小者掠行旅大者破井邑天下九州蜂飛蝟起以至於阽危宗社夫衆庶非樂於遠父母棄妻子而爲盜賊甘心於白刃之下生業既亡饑寒是逼遂陷於此皆爲政之驅也持衡者得不以銓擇爲急

不招士論

史記以衛青爲大將軍門下賓客蘇建常責其不招士青言自魏其武安招至賓客天子常切齒夫選賢任能乃天子之柄豈臣下之所爲哉太史公亦美其愼重子竊未然

之夫諸侯貢士載在禮經一與再不貢有黜爵削地之制則當位者其可嘿嘿乎且魏其武安之厚賓客非有賢智士也皆任俠之徒以力折公侯爲能以權傾州縣爲重如是則天子安得不切齒哉蕭何薦韓信王陵舉張蒼鮑叔舉夷吾子皮任子產如有益於國濟於時豈天子之能罪哉其後武帝詔於青問選士青但欲以富貴金多者皆應命賴賢大夫趙禹知其事召問其故皆聶聶然罔審是非與土偶無別遂悉命其徒於末流中得田仁任安武帝與語大悅皆擢用之若武帝常切齒不當於青之門下選士

也得田仁任安協於上意亦不當罪青之門有人也武既不然而青以爲切齒無乃誣上之言歟抑唯欲聚富金多財者歟抑惜其金帛或招致賢彥有所費耗歟若然則出塞之功無乃幸而成者歟

小功不稅論

小功不稅制於古行於今然古儒今儒終以爲不可何也由不爲辯後所以惑也古人不可者曾子曾子曰小功不稅則是遠兄弟終無服也而可乎說者云以爲依禮小功之喪日月已過不更稅而追服則是遠處之親聞喪恒晚

終無追服言不可也今之不可者韓文公以爲小功之親多而未疏又不比古圖國分境狹今之遠者或數千里之外是愈無追小功者矣亦不可也夫禮始於文武制於周公定於孔子此聖人貫萬行極人情其爲五服之說宜已謹矣彼曾子仁厚純篤之行以禮爲薄而私怪之爾禮所以文制云定者正爲此也恐厚者過焉而止之謂也恐薄者不及焉而限之謂也昔子路有姊之喪可以除之弗除也曰弗忍孔子曰先王制禮行道之人皆弗忍也子路聞之遂除之子路弗忍獲正於聖人而後無惑曾子欲稅小功亦弗忍不幸不獲正於聖人使惑者至於今弗解也韓文公可謂與曾子同志而未思於周公孔子者

封翹

翹舜卿從子。梁貞明中爲翰林學士。後唐天成中爲給事中。

請入閤次對奏

竊見五日轉對。於事太繁。所見或有短長。不當空煩聖覽。請此後秖於入閤者依刑法待制官例次對。

敬天愛民疏

天地之經。陰陽之數。莫不上規帝道。旁體物情。儻國人偶

有其咨嗟。則時令必爲之差忒。如陛下英明御宇。勤儉臨朝。推泣辜罪己之心。行解網納隍之道。無偏無黨。憲章不濫。於雷霆克寬克仁。霈澤嘗均於雨露。致君己及於堯舜。勃興尋竝於禹湯。則合災星退於三移。瑞日呈於五色。焉有自冬徂臘。啓歲經春。陰雲多蔽於長空。滯雨頻霑於連日。豈是未臻聖政。不降靈休。既難喻於元穹。須更增於隆德。伏乞稍畱聖念。明下所司。俾郊壇祠祭之儀。簠簋馨香之料。尤加清潔。倍致敬恭。罪非刲殺。旋令疎放。亡歿卿士。希加賻贈。農桑藉力之時。務蠲大役。禽鳥營巢之際。禁斷網羅。恭祈十雨五風。以卜千秋萬歲。詔付所司。詳酌施行。

請行封建疏

臣聞立愛惟親。教民以睦。實大朝之重事。乃有國之通規。是知維城爲國本之資。磐石作安宗之計。所以興隆鴻業。保定皇家。伏惟陛下天祚丕基。日新聖德。使九功之咸敘。致百度以維貞。墜典皆修。遺文必舉。獨於封建。未覩宣行。既尚抑於龍樓。宜且遵於麟趾。乞命親賢。以資夾輔。

請答謝神祠疏

星辰合度。風雨應時。將修賽謝。請以御前香一合。聖上親

爇一炷。餘者卽令分於所謝答廟中焚之。貴表精至。庶賢聖感通。

康澄

澄後唐明宗朝官大理少卿。

詳斷楊漢賓奏

楊漢賓早列偏裨。曾分茅土。事若先於恕己。理不在於尤人。豈可忘姻婭之舊情。憑官資之威力。遽因毆擊。顯致訟論。自歸有過之門。須舉無偏之道。合該議減。亦舉律文。其漢賓前任黔南節度使。是三品。使關入議。准律減一等。杖

九十。准名例律。官少不盡其罪。餘罪收贖。罪少不盡其官。留官收贖。其楊漢賓所犯罪。杖九十。准律贖銅九斤。准格每斤納錢一百二十文。

陳政事疏

臣聞安危得失治亂興亡。誠不繫於天時。固匪由於地利。童謡非禍福之本。妖祥豈隆替之源。故雊雉昇鼎。桑穀生朝。不能止殷宗之盛。神馬長嘶。玉龜告兆。不能延晉祚之長。是知國家有不足懼者五。深可畏者六。陰陽不調不足懼。三辰失行不足懼。小人訛言不足懼。山摧川涸不足懼。

蟊賊傷稼不足懼。此不足懼者五也。賢人藏匿深可畏。四民遷業深可畏。上下相徇深可畏。羞恥道消深可畏。毀譽亂眞深可畏。直言蔑聞深可畏。此深可畏者六也。伏惟陛下尊臨南國。奄有八紘。蕩三季之澆風。振百王之舊典。設四科而羅俊彥。提五柄以御英雄。所以不軌不物之徒。咸思革面。無禮無義之輩。相率悛心。然而不足懼者。願陛下存而無論。深可畏者。願陛下修而靡忒。加以崇三綱五常之教。敷六府三事之歌。則鴻基與五嶽爭高。盛德共磐石永固。

韓彥惲

彥惲。後唐長興元年官禮部尚書。

祫禘議

伏以三年祫而五年禘。遂古通規。祖有德而宗有功。前王令範。始封爲百代之主。親盡從羣廟之祧。繇是昭穆罔差。尊卑式敘。標諸前典。是謂格言。我國家土德中興。瑶圖再造。既展郊禋之禮。爰崇禘祫之儀。典冊備陳。孝思無極。恭以本朝尊受命之祖。景皇帝爲始封之君。百代不遷。累朝頻議。自貞觀至於天祐。無所改移。聖祖神孫。左昭右穆。洎經兵革。久廢烝嘗。蕪沒宮庭。陸沉園寢。迨中興國祚。重立

宗祊。議出一時。制行七廟。遂致太祖景皇帝在祧廟之數。不列祖宗。伏惟聖明神武文德恭孝皇帝陛下紹復鴻圖。不失舊物。欲尊太祖之位。將行東向之儀。爰命羣臣。畢同集議。伏詳本朝列聖之舊典。明皇定禮之新規。開元十年特立九廟。子孫遵守。歷代無虧。今既行七廟之規。又以祧太祖之室。昔德宗朝行禘祫之禮。顏眞卿立議。請奉獻祖神主居東向之位。景皇帝暫居昭穆之列。考之於貞元。則以爲誤引之說。行之於今日。雅得其變禮之宜。今欲請每

遇禘祫之歲暫奉景皇帝居東向之尊自元皇帝已下敘列昭穆羣寮聚議貴在酌中臣等周行咸非博識循其故事庶叶典章

崔衍

衍後唐長興元年官給事中

乞省請左魚歸郡契合奏

當省給納諸州銅魚勘問本行令史狀稱內庫每州有銅魚八隻一隻大七隻小兩隻右五隻左其右銅魚一隻長留在內留一隻在本州庫逐季申報平安左魚五隻皆鐫

次第字號每新除刺史到郡後卽差人到當省請領左魚當司覆奏內庫次第出給左魚一隻當省責領分付到州集官吏取州庫右魚契合卻差人送左魚納省如別除刺史州司又請次第左右周而復始臣以州司差人請魚往來須有煩費請此後所除刺史在京受命或經過都城者可令自牒當省請左魚齎歸本郡契合然後差人納省所冀稍免煩勞

鄭珏

珏唐宰相綮諸孫光化中舉進士歷官監察御史入梁累遷禮部侍郎貞明中拜中書侍郎同中書門下平章事後唐莊宗入汴貶萊州司戶參軍復召爲太子賓客明宗卽位拜平章事尋以開府儀同三司行尚書左僕射致仕長興初卒贈司空

請追尊先代奏

恭以皇帝陛下特降睿慈俯詢輿議尊歷朝之正典允多士之虔祈廣溥天孝治之風慰萬國仁親之道臣聞自古英主入紹洪基莫不慎固遠圖凝思往事敬宗尊祖追養存誠廣殊號於園陵展異儀於璽紱春秋殷薦霜露永懷

又聞兩漢以諸侯王入繼帝統則必易名上諡廣孝稱皇載於諸王故事孝德皇孝仁皇孝元皇是也伏冀聖慈猥從人願許取皇而薦號兼上諡以尊名改置園陵仍增兵衞

趙都

都鄭中人赴鄉薦時鄭珏知貢舉都納賂於珏遂登第

上唐莊宗疏

無以有威以自大無以足兵以自安無以奇技悅情無以淫聲惑志非社稷之功乞不加於厚賞非股肱之力乞不

近於凝旒審內帑之豐虛削無名之經費左右處卑者乞見之有節伶倫濫吹者乞減於盈廷至於畋遊馳騁之娛蹴踘飛馳之樂伏乞大寶大位戒以奔車

李嚴

嚴幽州人本名讓坤初仕燕爲刺史後唐同光中爲客省使三年奉使於蜀知蜀可伐贊成其謀及伐蜀爲三川招討使蜀平遷泗州防禦使兼客省使如故長興初授西川兵馬都監爲孟知祥所害

笏記

伏自朱溫肆逆運屬昭宗三年痛別於西秦一旦逼遷於東洛誅殘南北焚爇宮闈雖列藩悉是其唐臣無一處不從其僞命由是大唐中興皇帝念高祖太宗之業倏爾纏弛憤朱溫崔允之徒同謀篡弒遂乃神機迴發心鼎獨燃掘滄溟而誓戮鯨鯢芟林莽而決除虎兕十年對壘萬陣交鋒慮久困於生靈而選挑其死士纔過汾水縛王鐵槍於馬前旋及夷門斬朱友貞於樓下劍霜未匣槍雪猶輝段凝統八萬雄師倒戈伏死趙嚴知一人應運引頸待誅遂使賊將寒心謀夫拱手取乾坤只勞於八日救塗炭遂定於四方備振皇威咸遵帝力今則秦庭貢表兩浙稱臣淮南陳附拜之儀迴紇備朝天之禮纔安宇宙便息干戈未盡梟夷方議除翦豈謂大蜀皇帝柔遠懷邇居安慮危嘉我帝祚中興羣妖悉滅特遣蘇張之士來追唐蜀之懽吾皇迴感於蜀皇復禮遠酬於厚禮臣則叨承元造獲奉皇華載馳得面於天顏戰汗不任於局地臣無任感恩荷聖踴躍屏營之至

李琪

琪字台秀河西燉煌人少舉進士天復初應博學宏詞居

第四等累遷殿中侍御史入梁爲戶部侍郎翰林承旨貞明龍德中歷兵禮吏侍郎遷御史中丞累擢尚書左丞中書門下平章事罷爲太子少保後唐同光初授太常卿吏部尚書三年爲國計使明宗卽位爲御史大夫除尚書左僕射天成末明宗自汴遷洛爲東都留司官以太子太傅致仕長興中卒年六十

奉迎車駕還京奏

伏以陛下暫違清廟纔過周星初平作孽之守殷大戮不臣之庭琬今者敗契丹之兇黨破眞定之逆城大振皇威

咸豁睿算臣等久違宸極俱戀聖恩恨不隨歡舞於汴郊拜龍顏於梁苑豈可只於清洛坐俟迴鑾願於次舍之間得展會同之禮庶傾就望咸竭歡呼臣等今乞於偃師東排班迎駕稱賀後先赴雒陽東祇候

請行開成格奏

奉八月二十八日勑以大理寺所奏見管四部法書內有開元格一十卷開成格一十一卷故大理卿楊遘所奏行僞梁格并目錄一十一卷與開成格微有差舛未審祇依楊遘先奏施行爲復別頒聖旨令臣等重加商較刊定奏

聞者今未若廢僞梁之新格行本朝之舊章遵而守之違者抵罪奉九月二十八日勑宜依李琪所奏廢僞梁格施行本朝格式者伏詳勑命未該律式伏以開元朝與開成隔越七帝年代既深法制多異且律有重輕格無二等若將兩朝格文允行復慮重疊差舛況法者天下之大信非一人之法天下人之法也故謂一成不變之制又准格文後勑合破前格若將開元與開成格之行實難檢舉又有大和格五十一卷刑法要錄五十卷格式律令事類四十卷大中刑法格後勑六十卷共一百六十一卷久不檢舉伏請定其與奪奉勑宜令御史臺刑部大理寺同詳定一件格施行者今衆集商量開元格多是條流公事開成格關於刑獄今且請使開成格

陳經國事疏

臣聞王者富有兆民深居九重所重患者百姓凋耗而不知四海困窮而莫救下情不得上達羣臣不敢指言今陛下以水潦之災軍食乏闕焦勞罪己迫切疚懷避正殿以責躬訪多士而求理則何思而不獲何議而不臧止在改而行之足以擇其善者臣聞古人有言曰穀者人之司命

也地者穀之所生也人者君之所理也有其穀則國力備定其地則人食足察其人則徭役均知此三者爲國之急務也軒黃已前不可詳記自堯湮洪水禹作司空於時辨九等之田收什一之稅其時戶口一千三百餘萬定墾地約九百二十萬頃最爲太平之盛及商革夏命重立田制每私田十畝種公田一畝水旱同之亦什一之義也洎乎周室立井田之法大約百里之國提封萬井出車百乘戎馬四百匹畿內兵車萬乘馬四萬匹以田法論之亦什一之制也故當成康之世比堯舜之朝戶口蓋增二十餘萬

非他術也蓋三代以前皆量入以爲出計農以立軍雖逢水旱之災而有凶荒之備降及秦漢重稅工商急關市之征倍舟車之算人戶既以減耗古制猶以兼行椄此時戶口尚有千二百餘萬墾田亦八百萬頃至乎三國並興兩晉之後則農夫少於軍衆戰馬多於耕牛供軍須奪於農糧秣馬必侵於牛草於是天下戶口只有二百四十餘萬洎隋文之代兩漢比隆及煬帝之年又三分去一我唐太宗文皇帝以四夷初定百姓未豐延訪羣臣各陳所見惟魏徵獨勸文皇力行王道由是輕徭薄賦不奪農時進賢

良悅忠直天下粟價斗直兩錢自貞觀至於開元將及一千九百萬戶五千三百萬口墾田一千四百萬頃比之堯舜又極增加是知救人瘼者以重斂爲病源料兵食者以惠農爲軍政仲尼云百姓足君孰與不足臣之此言是魏徵所以勸文皇也伏惟深留宸鑒如以六軍方闕不可輕徭兩稅之餘猶須重斂則但不以折納爲事一切以本色輸官又不以紐配爲名止以正耗加納猶應感悅未至流亡況今東作是時羸牛將駕數州之地千里運糧有比差徭必妨春種今秋若無糧草何以贍軍臣伏思漢文帝時欲人務農乃募人入粟得拜爵及贖罪景帝亦如之後漢安帝時水旱不足三公奏請富人入粟得關內侯及公卿以下散官本朝乾元中亦曾如此今陛下縱不欲入粟授官願明降制旨下諸道合差百姓轉倉之處有能出力運官物到京師五百石以上白身授一初任州縣官有官者依資遷授欠選者便與放選千石以上至萬石不拘文武明示賞酬免令方春農人流散斯亦救民轉倉贍軍之一術也

請更定朔望入閤奏對疏

每月文明殿入閤及百官五日一赴中興殿等事伏准故事每月百官入閤所司排儀仗金吾勘契入後有待制次對官各舉論本司公事左右起居分記言動以付史館編修帝錄此本朝經久之制也昨陛下初膺大寶思致治平遂降綸言特申聖旨百官除常朝外依宰臣每五日一度入內起居所貴得預敷陳俾凝庶績此蓋陛下切於百司各言於時政特令五日一面於天顏雖眷睠以丁寧限朝儀之拘束序班而入拜手而迴縱有公事要言亦且卷行須出百司何由舉職兩史無以記言外則因此廢待制次

對之官內則無以分延英衆人之别以臣愚見竊有所陳欲乞陛下每月一日十五日兩度出御文明殿排入閤之儀諸司依前轉對奏論令司公事其百官就食謂之廊餐則中外既有區分禁庭亦更嚴察如陛下切於羣臣所有敷陳卽乞因宰臣五日一度延英之際班行內有要奏事者臨門狀到便許引入此又於旅進旅退事理不同言路既開别彰聖德如或以山陵日近朔望不坐卽取次日亦合舊規候過陵園還如法制臣叨司邦憲獲典朝儀儻遇事而不言卽奉公而何取乞宣付中書門下商量曾獲經

久者

謝朱梁祖大硯瓦狀

蒙恩賜臣前件硯者伏以記室濡毫於楯鼻刀佩非多史臣染翰於螭頭筒形甚小尚或文章煥發言動必書爲號令之詞非典謨之訓如臣者坐憂才短行怯思遲自叨金馬之近班常愧玉蟾之舊物豈意又須文器周及禁林製作泓渟規模廣滑閉宮苔而色古連沼石以光凝敢不致在坐隅酣茹筆陣餘波浸潤便同五老之壺終日拂磨豈但一丸之墨如承重寶倍感深恩

不應改國號議

殿下宗室勳賢立大功於三世一朝雨泣赴難安定宗社撫事因心不失舊物若别新統制則先朝便是路人煢煢梓宮何所歸往不惟殿下感舊君之義羣臣何安請以本朝言之則睿宗文宗武宗皆以兄弟出繼卽位柩前如儲后之儀可也

請准馬縞奏卽令撰謚冊議

伏以别制四廟徵漢室以定儀崇上尊名詳謚法以取證伏覩歷代以來宗廟成制繼襲無異沿革或殊伏惟陛下

應運開祥體乾覆物纘紹之德咸頌聖於鴻圖孝思之心乃垂光於帝範馬縞所奏禮有按據乞下制令馬縞虔依典冊以述尊名

長蘆崇福禪寺僧堂上梁文

祖令西來尺葦盡包於沙界聖圖南渡巨楹兩創於覺筵自迦葉正法眼之單傳有壁觀婆羅門之故址翩翩隻履去少林未有千年翼翼精廬從滁口纔逾二紀圯於兵燼莽爲礫區栴檀化聚棘之林鯨象失棲禪之地旋更七稔未辦三椽潛庵老師五葉派下中興百尺竿頭進步得皮

得髓面壁正是前身利物利人當機勇施毒手非有遼天之作畧豈能掃地以更新再續天聖之遺規喜遇登師之同里衆緣自合紛艫筏之川流羣役並興環斧斤之雷動要使宗風之峻立首圖雲衲之安居練吉日以鳩工峙閎模而復古於茲大作爐鞴皆令直造根源展鉢鋪單不離日用鍛佛煉祖總在堂中摩尼峯前突見飛翬之在目菩提橋畔會逢立雪之齋腰既新高廣明曠之基當知淨智妙圓之體不立文字痛著鈴槌連牀上跳出栗棘蓬柱杖下敲得麒麟子味永安之記常思細草之高風造雪峯之門必契流香之妙趣聊陳六詠助舉雙梁

東衮衮長江一葦通再續千燈融佛日依然五葉振宗風

南十方禪衆總包含認得老胡眞鼻祖各尋慧可結同參

西飛欄危棟接雲霓重成鷲席搥禪鼓永洗狼煙罷戰鼙

北回龍山繞煙林碧雙手翦除荆棘場空拳擎出瞿曇宅

上參天喬木元無恙非臺鏡照大千機無繞塯高三百丈

下葱嶺路頭連綠野室裏俱承刮膜方板頭誰覓安心者

伏願上梁之後叢林萬指之安樓蘭若千年之不壞人人自心見性箇箇與佛齊肩蘆葉飛花認的的祖師之旨

淮流成帶祝綿綿宗祏之休

梁啓聖匡運同德功臣淮南鎮海鎮東等軍節度使淮南浙江東西等道觀察處置營田招討安撫兼鹽鐵制置發運等使開府儀同三司尚父守尚書令揚杭越等州大都督府長史上柱國吳越王錢公生祠堂碑

維有梁之撫運也皇靈闡乎區外大禮昇於土中元亨利貞飛龍據在天之位聰明神武流烏當受命之符山川出雲河洛開奥蕞魑魍魎懾夏鼎以奸銷檮杌窮奇格舜干而心服於是南踰駱越北暨辰韓東極滄溟西臨黑水莫不來庭捧贄厥角獻琛譯有外邦貢無虛月谷風嘯虎膠庠奏樂職之詩山礦射牛封禪草禮官之議皇帝尚或謙沖至德兢畏萬幾日昃忘勞宵分輟寐弗矜弗伐恒以百姓爲心雖休勿休能使三時不害務敦其實所寶惟農以麟鳳龜龍爲下科用黍稷稻粱爲上瑞君倡臣和草偃風行克勤之心率勵於邦國固本之德浹洽於吏民天下翕然頌聲斯起越五年夏四月上坐便殿顧謂翰林學士守尚書右司郎中知制誥臣李琪曰朕有寶臣國之巨棟加

地進律雖圖伯舅之功嚴像立祠尚慊緇黃之願去歲杭越等州軍府將吏士民耆艾列狀以吳越王錢鏐惠及於物恩結於人願立生祠式光異政今我俞允顯其勲勞汝爲好辭以永嘉聞微臣俯伏奉詔兢兢莫圖懼玷厥庸弗任其職臣伏聞高辛氏得天之道實舉飃鴻伊耆氏象日之明亦詢朱虎況乎戎衣定國華路興邦非哲后無以建不圖非偉人無以康大業灌壇風雨佐聖室之宏規革鼎鹽梅集商王之景命吳芮起鄱陽之衆竇融興隴右之師並翊天飛咸開帝緒其有連衡接武並駕齊驅昭昭然爲

國元勲合符英佐者卽今啓聖匡運同德功臣淮南鎭海鎭東等軍節度使淮南浙江東西等道觀察處置營田招討安撫兼鹽鐵制置發運等使開府儀同三司尚父守尚書令揚杭越等州大都督府長史上柱國食邑二萬户食實封一千七百户吳越王卽其人也公名鏐字具美其先本彭城人也緬維英緒實肇遐源或標舉精神擅表儀於晉魏或元通夢想冠雄勇於齊梁餘烈具存洪源遂廣大王父諱沛累贈尚書左僕射王父諱宙累贈太師烈考諱寬累贈中書令並稟粹地靈騰英岳秀百祿是荷爲積慶之家五世其昌啓莫京之裔誕茲人傑貽厥孫謀公卽中書令之嫡長子也幼而通理有岐嶷之姿長而不羣抱清明之德雷泉英槩金宿精光洪鐘非戛擊之音大玉非磨礲之器鷹瞵八表虎視三江魏帝目爲人雄晉后謂之王佐屹風稜於氣表華嶽五千豁宇量於胸中雲夢八九厥初以永嘉東渡世德繼昌分京公暨日之枝襲慓祖涵雲之派緬惟浙右邑號臨安西連天目之岑東接秦巒之勢雙川噴雪逕石鏡之清光萬岫參寥孕官山之王氣公克膺靈秀載誕儁賢始囊螢於桑蓋之陰終奮劍於漚麻之

地時屬唐朝季末厯數將移戎馬生郊萑鴻滿野公遂相時而動憫物興嗟爲國平兇與民定亂散家財而養士訓父子以爲軍楚卒八千徒矜組練梅鋗十萬浪號熊羆指揮而立致風雲叱咤而坐移山嶽復值江南搔擾溪洞興妖隣兇則極目朱眉巨憝則滿郊白幟小則倪知新朱實之輩據險以蜂屯大則黃巢尚讓之徒掠藩方而虎噬公乃旋分驍銳密運機鈐扶鼠穴以梟夷突豺牙而破軷自此軍威益振號令愈明輔本郡之政經統八都之紀律然而辛勤百戰平定四兇方澄兩浙之波瀾盡掃十州之

氛祲積田穰苴之威望峻郄元帥之雄名故能大建勲庸桀超崇極頃歲浙東觀察使劉宏者萑苻害馬齊兖逋吡脫身羣盜之中潛竊察廉之位妄以金刀自識潛蓄奸謀忽萌吞并之心繼犯青疆之地先焚漁浦次刦九鄉或聚犬衆於七州或恃狐鳴之數萬公躬臨矢石手運戈矛一呼而瓦振長平屢戰而屍塡濉水連擒昆弟悉斬魁渠或跋寨以全坑或單衣而夜逸中和五年公統領兵士遠過重山築壘進軍攻圍日蹙逆首望風逃遁尋於巡管收擒公乃手劍旗亭以謝戎庶其次光啓三年春鎮海軍節度

使周寶以釁生親戚旄節播遷公憤其黜逐帥臣志期翦戮於是大陳卒乘逕赴朱方迎請藩侯敬事如舊而薛朗巢危食盡遂就活擒牲於靈柩之前以雪幽明之憤此際蔡寇孫儒鯨吞豺歠蝟磔洶川楊行密窘甚析骸乞師救命公乃三路餽食兩面助兵克清霧市之妖遂解晉陽之急乾寧三年威勝軍節度使董昌是公匡戴坐擁節旄不遵良佐之箴規遽惑妖人之詭譎而又淫刑虐殺人神不容與羿浞之逆謀僭羅平之僞號公往回百諫竟拒忠言遂奉前朝詔書委其討伐隣克行密見利忘義怙亂朋奸廣嗇豺狼攻圍城壘公仗順討逆奮一當十戮梟獍於近郊破鯨鯢於槜李挫行密而奔仁義走陶雅而竄田頵然後徑赴稽山親平禹穴出軍民於湯炭灑士庶以膏霖騰萬口之歡聲溢千門之喜氣前朝乃就加公掌武之秩錫地之榮分四騎之碧油佩兩藩之金印周旋二紀翦落四兇始得安吳越之封疆泰牛女之耕織若夫天下有急王孫遂立於壇場日中而趨司馬亟須於符節其閒水深則蛟產林大則蠹生提封漸廣於支巡牧守難齊於忠盡其有如霅川李師悅雙溪王壇新定陳詢潊水陳章溫江張

惠縉雲盧佶蘋渚高灃及外都叛將徐綰許再思之輩或軍行末校或草澤逋民發跡戎轅素無顯效蒿艾豈棟梁之器犬彘懷噬主之心悉被淮甸回邪潛爲誘煽負本藩之提挈辜解縛之深恩竊弄干戈自貽覆餗公山苞朽壤海納昏波許雍齒以自新待樊崇以不死俟其惡盈貫滿不得已而用兵纔舉偏師處處摧拉皆是公臨機獨斷決勝萬全威飈震懾於江濤勳格抗崇於山阜固已書於甲令列在世家處台鉉而彌光受彤㢡而不愧矣公宣慈稟性明粹在躬五精妙察於玄躔六部旁該於歷數帝師劉

向懸知白水之符。國士般植預識黃星之瑞。是以高梧傾鳳。大廈占烏。拱牲幣以宗堯。率謳歌而戴舜。先是上在藩邸。公潛輸大義。密奉上交。溯九萬里之靈飈。挺三十年之神契。豈比河西已定。尚興遊帝之談。陔下將平。始拒狂巫之說。不然。則何得印方似斗。言出如綸。適拜前恩。仍加後寵。皇帝踐祚之元年夏五月。定封賞之數。報締搆之勳。命右金吾衛大將軍安崇隱馳傳進封公爲吳越王。秋八月。以克震天威。屢陳戎捷。授公兼淮南節度使。二年。皇帝肅郊禋之禮。灑雨露之恩。奠玉燔柴。所以昭事上帝。疏爵壽

土。於是宏獎諸侯。以公爲守中書令。復命刑部尚書姚洎持節行吳越王冊禮。春三月。以公奉菁茅之貢。遠述職方。陳玉帛之儀。恒先宰旅。進公爲守太保。秋八月。以公解長洲之圍。復震澤之郡。用匡九合。宜總五兵。拜公爲守太尉兼中書令。五年。以公儀表藩垣。經緯文武。當呂望四征之重。居伊尹百揆之先。召公爲守尚書令。朝廷復以公累朝碩量。開國宏勳。有同心同德之功。著十亂八元之業。威畧主列藩盟歃。忠貞爲社稷金湯。昔周文王得渭水之賢。猶尊極品。我國家倚扶天之柱。宜峻殊恩。遂冊拜公爲尚父。

仍加井邑實封。以崇異禮。昔杜元凱之平吳會。止鎮一州。昆陽侯之定淮夷。不階三事。未有光昭大典。卓犖鴻恩。贈軒相襲於道途。簡冊交馳於冕弁。三十二人之畫像。旌顯非多。五十四縣之疏封。迴旋尚小。羅栴設戟。誓嶽盟河。廟之隣哉臣哉。勳名之大矣神矣。公以富强之俗。訓驍勇之兵。戈艦三千。旌門百萬。水犀鮫革。甲光照互父之山。秋鷹魚麗。陣勢駭蚩尤之國。加以竹頭木屑之用。鹽田滬瀆之饒。有益軍須。莫先戎費。愛人若已。決事如神。嚴明有拔薤之功。聽察得分纖之理。除殘去弊。守正申威。畫冠不犯

於四封。列貨羞談於二價。遂使江湖之上。棹有歌聲。斗之間。獄無冤氣。矧又敬崇穹昊。虔奉緇黃。百靈輸戩穀之祥。萬庾洽京坻之稔。用天分地。務穡勸農。保慈儉以律身。變舄鹵而收利。穰穰多稌。人爲萬石之家。膴膴良田。戶有千金之堰。風謠逸豫。禮讓興行。君子謂之樂郊。神人稱其福地。豈可使燕山車騎。空銘慕府之勳。齊國相君。不頌祠堂之美。微臣仰膺睿旨。俯扣庸音。敢書無愧之詞。用紀不磷之績。庶使披文相質。與日月而俱懸。積德累功。共江山而更遠。是旌民愛。式表君恩。謹爲銘曰。

彼穹初圓。補石而正。下土未乾。決河而定。我后刱業。惟公佐命。內贊皇極。外綏戎柄。雄雄偉人。元象降神。山海其度。麟鳳其身。地開茅土。天授經綸。疊封異姓。屢委洪鈞。多藝不矜。好謀而懼。養士分甘。尊賢吐哺。歷數該博。襟靈穎悟。識辨形雲。先知聖祚。昔之未遇。始用英才。凌松渡浙。拂電紫雷。宏昌瓦解。儒窰冰摧。狼精夜隕。虎幄晨開。今也元勳。擁旄三鎮。劍騎山積。戈舩海振。冊以車輅。賜之牖脤。烈烈威風。專征仗順。惟公之明。間世而生。片言折獄。半面知名。吏絕巧詆。人無匿情。政刑一槩。如水之平。善誘黎甿。服勤

耕稼。攜稚就豐。佩牛歸化。再熟粱稻。八蠶桑柘。足食足兵。述方而霸。軍民感惠。易世於茲。哀矜者艾。撫養惸嫠。如母之愛。如父之慈。告於天子。願啓生祠。厥祠既崇。邃宇加飾。彰民之心。表公之德。上帝錫祉。諸侯取則。取之伊何。勿擾勿亟。絲綸有命。琬炎徽文。爰馳上列。式奬鴻勳。浚義才子。安陽令君。永標今古。名播萬春。

欽定全唐文卷八百四十八

李疇

疇。後唐長興元年官宗正丞。

請禁陵封內開掘奏

京畿內列聖園陵。自兵亂後。來人戶多於陵封內開掘燒磚竈。掘斷岡阜。驚動神靈。此後請嚴切禁止。奉陵州縣凡有封內窰竈。並宜修塞。

李崇遇

崇遇。後唐長興元年官尚舍奉御。

請四品以下官准賻贈奏

竊見文武百官一品已上。薨謝者皆有賻贈。自四品已下。無例施行。請特定事例。以表無偏。

王澄

澄。後唐長興二年官大理少卿。

梓材賦 以理材爲器如政之術爲韻

猗嗟掄材者梓。必將有以掄者。動不妄施。材者用之。爲美塗其丹雘之色。契乃斲雕之理。成乎器用。孰不勤止。則知能者執物。其利博哉。達於道。必獲乎象。酌於事。實在乎材。

材罔不奇。戒乎不知。應時可重。匪飾胡爲。須度長而絜大。諒方矩而圓規。役是司者。勉矣厥宜。亦猶德必輔人。材不假器。人失德而奚取。器非材而奚利。材濫則過於梓人。德乖則失乎爾位。其有取非輪桷。性實散樗。以不材而見棄。思入用其焉如。豈比山有之。亦修短惟準。工度也。而削理有餘。既罕節而抱直。成大廈之厥居者哉。夫如是。則工以理材爲難。國以教人爲聖。聖體材而存道。材象道而成政。宏之在人。愼乃出令。藏器俟時。人罔越思。達乎至極。欽哉有司。惟試可矣。以材校之。守而弗失。其德秩秩。以人觀材

以材觀實。非獨陳伊周之宏義。將以明我唐之政術。儻小材之不遺。願雕煥於茲日。

請禁不務農桑奏

陛下御極以來。大稔於此。時無水旱。歲有豐登。所以民去農桑。士思遊情。或機巧以趨利。或宴樂以棄時。且一夫不耕。或受其飢。一婦不織。或受其寒者。而況鄉閭之內。城郭之中。競削錐刀。罔知本末。或鼓舞於村落。或謳歌於市壥。實繁有徒。觸類而長。若非禁止。漸恐滋彰。

孔莊

莊後唐明宗朝官刑部員外郎。

請擇郡守疏

臣聞漢宣帝云。與朕共治天下者。其唯良二千石乎。今國家每擇郡牧。唯賞軍功。慮於治民。未盡其旨。爲人求瘼。責在參佐。則庶幾近理。願留天聦。俾愼揀焉。

趙和

和後唐明宗朝爲西川雲州使。

對縣令不修橋判

長安萬年縣坐去歲霖雨不修城內橋被推按

訴云各有司存不伏科罪

中京帝宅。上洛星橋。宮城俯臨。九重密邇。康莊或斷。一切停留。架海黿鼉。誰看往迹。塡河烏鵲。不見新營。冠蓋相喧。過紅塵而不度。車徒競擁。駐白日而移陰。修搆既在科須。差遣誠歸正典。事合屬於將作。不可責以親人。訴者有詞。請停推劾。

對私僱船渡人判

洛水中橋破絕。往來渡縣令楊忠以爲時屬嚴寒。未可修造。遂私僱船舫於津所渡人。百姓杜

威等連狀舉忠將爲幹濟廉使以忠懦弱不舉職事以邀名欲科不伏

上洛飛湍中橋施搆參差危柱若星影之全開斷絶浮梁似虹光之半起望九衢之車馬未見川流瞻兩岸之風煙更疑波委揚忠宣風帝輦作宰神州以修造之辰當沍寒之節私雇船舫公然來往論惠雖是恤人語事更非濟物且兩畢理道水涸成梁莫不率由舊章抑亦編諸甲令故違憲法自寘刑科廉使以懦弱繩愆正符厥理杜威以幹濟連狀未識其宜

王鬱

鬱後唐明宗朝官大理少卿

請定覆奏決囚奏

准貞觀五年八月二十一日勅極刑雖令卽決仍三覆奏在京五覆奏決前三奏次日兩奏惟犯惡逆者一覆奏著於格令又准建中三年十一月十四日勅應決大辟罪在京者宜令行決之司三覆奏決前兩次決日一奏又謹按斷獄律諸死罪囚不得覆奏報下而決者流二千里卽奏報應決者聽三日乃行刑若限未滿而行刑者徒一年伏以人命至重死不再生近年以來全不覆奏或蒙赦宥已被誅夷伏乞勅下所司應在京有犯極刑者令決前決日各一覆奏聽進止有凶逆犯軍令者亦許臨時一覆奏應諸州府乞別降勅指揮

請令諸司各詳令式奏

伏自廣明辛丑之後天祐甲子已來官壞政荒因循未補此蓋諸司滅喪人吏曹局亡失簿書至令官僚中有不知所掌之事者伏准文明元年四月十四日勅律令格式爲政之本內外官員退食之暇各宜披覽仍以當司令式書

於廳事之壁俯仰觀瞻使免遺忘處尋茲制實繫化源請下內外文武百司如本司闕令式者許就三館抄六典內本司所掌名目各粉壁書寫

呂朋龜

朋龜後唐天成中官太常博士

少帝謚號議

謹按禮經臣不誄君稱天以謚之是以本朝故事命太尉率百僚奉謚冊告天於圜丘迴讀於靈座前並在七月之內謚冊入陵若追尊定謚命太尉讀謚冊於太廟藏冊於

本廟伏以景宗皇帝頃負沈冤歲月深遠園陵已修不祔於廟則景宗皇帝親在七廟之外今聖朝申冤追尊定謚重新帝號須撰禮儀又禮云君不逾年不入宗廟且漢之殤沖質君臣已成晉之惠懷愍俱負艱難皆不列廟食止祀於園寢臣等切詳故實欲請立景宗皇帝廟於園所命使奉冊書寶綬上謚於廟便奉太牢祀之其四時委守令奉薦請下尚書省集三省官詳議施行

段禺

禺後唐明宗朝官太常博士

請定五廟奏

伏以宗廟之制歷代爲難須按禮經旁求故實又緣禮貴隨時損益不定今參詳歷代故事立高曾祖禰四廟更上追遠祖光武皇帝爲始祖百代不遷之廟居東向之廟供爲五廟庶符往例又合禮經

冊秦王儀注議

據開元禮臨軒冊禮命諸王大臣其日受冊者朝服從第鹵簿與百官俱集朝堂就次受冊訖通事舍人引不戴謁朝還第之儀自開元以後冊拜諸王皆正衙命使詣延英進冊皇帝御內殿高品引王入立於位高品宣制讀冊王受冊訖歸院亦無乘輅謁朝之禮臣按五禮精義云古者皆因禘嘗而須爵祿所以示無自專稟之於祖宗也今雖冊命不在烝嘗然拜大官封大邑必至殿廷敬慎之道也今當司欲準開元禮其日秦王服朝服自理所乘輅車備鹵簿與羣臣俱集朝堂就次受冊訖至應天門外奉冊置於載冊之車秦王升輅出謁太廟訖歸理所儀仗鹵簿如來時之儀

劉虔膺

虔膺後唐長興二年官遼州和順縣令

上時務奏

里俗有父母在而析財別居又宗族之間或有不義凌其孤弱者請行止絕

周知微

知微後唐長興二年官刑部郎中

請復議典奏

開元刑法格有後格破前格之載無後勅破前律之文今雖以律定罪以格禁違復有八議之條廢來斯久請准舊

制令居八議之條有犯死罪者令所司准法先奏請行議典

請除落正罪外科決輕贓奏

臣每詳覆案文靜究贓罪條件或有因緣勘鞫滋漫告陳雖廣訟論漸異根本其間有物關獻遺事同情異或果實紙筆之徒或絲履茶藥之類逐色目計錢不及三二百聚都數不過四五千爲案牘之微贓傷朝廷之大體引律二罪俱發以重者論不累輕以加重請非正論事條外定贓之時並許除落

請令州郡抄法書奏

請藩方州郡皆令抄寫法書每遇詳刑須憑條格既無失入自絕銜冤

請明商賈開驗奏

近年關防商賈不憑司門公驗關禁之設國有舊章請諸司舉行之

請禁官曹被刑疏

竊以唐有天下垂三百年聖帝明君寬宏網而御極忠臣賢佐法古道以贊時兩漢已還歷代罕比雖國有中否之數人無厭德之言果致陛下紹開中興纘承大業將欲求光帝載而猶動守典刑伏見州縣官僚被人論訟始行追取未辨是非稱呼不去其官曹枷鎖已拘於道路所以上無恥格下絕恭敬有玷盛明實駭觀聽此後凡有官緒可稱所訟罪名未正伏請祇令監守皆在法司俟曲直稍分卽荷校無憚所貴坐法者知國章有節司刑者表守律無踰

請禁告訐疏

竊覩近勑處有官吏割剝下人許百姓陳告民之愚下罔

認哀衷或据摭纖微或受人驅寫事多憑虛適足爲亂有過者固合當辜誣罔者請議刑憲庶或知止免瀆風化

曹允昇

允昇後唐長興三年官太常丞

請禁府郡以僕使代書判奏

使府郡牧例以隨身僕使爲中門代判通呈等名目極多皆恃勢誅求不勝其弊伏請特行止絕如藩侯郡守不能書札請委本判官代押其職務監臨請差本處衙院官吏庶得漸除踰濫兼使州奏薦判官多非才行或以賄賂求

進。今後奏薦請令本人隨表至京令所司比驗

蔡同文

同文後唐長興三年官國子博士

請增七十二賢酒脯奏

伏見每年春秋二仲月上丁釋奠於文宣王以兗國公顏子配坐以閔子騫等爲十哲排祭奠其七十二賢圖形於四壁面前皆無酒脯自今後乞准本朝舊規文宣王四壁諸英賢畫像面前請各設一豆一爵祠饗

盧華

華後唐長興四年官刑部員外郎

請旌賞外官能理冤獄奏

臣竊以欽恤者聖人之大德畏愼者臣下之小心倘不怠於交修庶自叶於理道伏遇陛下靜符元化動修至仁八紘無幽枉之人四海有昇平之望但以人非誘勸事罕專精將欲仰副憂勤實願再明條制伏見本朝故事凡内外官司有能辨雪冤獄活得人命者特書殊考非時命官多難已來此道漸廢既隳賞典難得公心伏乞明降勑文顯示中外自此不繫正攝官吏能辨雪冤獄全活人命斷割纔訖旋具奏聞考較不虛時與超轉如或滯留不具申奏及虛妄冀希恩澤其所任司長本判官並請重加嚴罰

蕭希甫

希甫宋州人少舉進士爲梁開封尹袁象先掌書記後唐同光初爲駕部郎中遷諫議大夫兼匭函使以希旨誣毅豆盧革拜左散騎常侍後告密事發貶嵐州司戶參軍長興中卒於貶所

請求言選吏以消災沴表

臣聞天地助順神理福謙既物性之則宜何虛心之致誤

伏惟陛下自統臨四海勤恤萬方每崇恭儉之風普布仁慈之德卽合陰陽無爽災沴不生百穀豐盈五兵偃息今乃川瀆決溢水旱愆違必恐是調燮未和祭祀未潔軫吾君宵旰之慮負陛下覆育之恩臣實痛心誰迴愧色伏乞特頒明詔下訪有司詢其消遣之方採彼妖祥之本應是前王古帝往哲先賢或有遺祠但存舊址在祀典者咸加嚴勑稟靈通者盡畧修崇悉遵虔肅之誠無惰精祈之懇然後別宣長吏側聽庶民稍關疾苦之由須罄撫循之策冀其昭感仰贊昇平

請條流縣令刺史得專斷獄奏

四方刑獄動皆上聞不獨有紊於公朝兼且淹延其獄訟伏乞條流縣令凡死罪已下得專之刺史部內有一吏一民犯罪得專之觀察使部內有犯罪五人已下得專之如此則朝廷事簡見萬乘之尊矣

請釋天成以前罪人奏

臣叨蒙擢任官忝諫司所職重難兼知匭院但有關於至理即欲合於無私冀竭丹誠仰裨元造臣伏見自同光元年十月九日先朝收下汴州後至今年四月一日已前兵

革盛興亂離斯極典章幾壞刑政莫施每於紛擾之間甚有殺傷之苦非惟州縣長吏或濫誅夷直至鄉里居民互爲殘戮挾私怨者公行白刃將快忿心怙强力者豈聞丹書惟欣得志掠妻女以轉賣刼財貨以平分如此之流應遍天下伏惟皇帝陛下纂恢帝載光啓鴻圖伏思自陛下臨御以來皇綱漸正有功者盡賞有罪者咸誅閫外將清朝中無事今則匭函已再修整欲具進呈必恐擡出外邊施行已後遠近披訴受狀至多但慮京國諸司囚禁便憂塡委則至上虧皇化有玷國風其文更慮勲貴親賢或關對訟便煩讞議或變刑書若今事有否臧即便政移曲直以臣愚見欲自元年四月二十八日昧爽已前罪無輕重應大辟已下罪一切釋而不問庶得刑清俗泰國富民康咸欽不宰之功永奉維新之化

請禁州府推委刑獄奏

府州官吏不務守官咸思避事每覩微小刑獄皆是聞天不惟有紊朝綱實恐淹延刑獄

請置明律科奏

臣聞禁暴亂者莫先於刑律勸禮義者無切於詩書刑律

明則人不敢爲非禮義行則時自然無事今詩書之教則業必有官刑律之科則世皆莫曉近者大理正宋昇請置律學生徒雖獲上聞未嘗申舉伏乞特須詔旨下付國庠令再設此科許其歲貢仍委諸州各薦送一兩人就京習學候至業成便放出身兼許以卑官卻還本處則率土之內盡會刑書免禍觸於金科莫咸遵於皇化

崔琮

琮後唐長興中官濮州錄事參軍

鳳翔李業河東李栻並加招討使制

門下。邊境未寧。固資於選帥。輪轅適用。必在乎與能。無煩易地之勞。各副長城之委。鳳翔節度使檢校刑部尚書李業。生自將門。久知虜態。悅詩書而不倦。索韜鈐而甚精。河東節度使檢校禮部尚書李拭。早膺儒冠。克擅文場。幼挺瑚璉之姿。尤通冉季之政。並累更重任。必播能名。或居劇塞而練卒討羌。或領北門而尅己訓士。皆勤勞備著。功効居多。朕以右輔之新拓土疆。是資綏緝。大鹵之連控戎落。尤藉隄防。或更戶封之崇。或仍舊貫之美。各膺新命。無替前勞。

請置病囚院疏

諸道獄囚。恐不依法考掠。或不勝致斃。翻以病聞。請置病囚院。兼加醫藥。

路航

航後唐長興四年太常博士。

詳斷張延雍等奏

准格。詐爲制勑。偽行符印。罪當絞。其令史吳知己准格重杖一頓處死。本司官祠部郎中王承弁初不精詳。致彼罔冐。准詐偽律合杖九十。如已去官則減等。今王承弁已別除官。據格放罪。門下令史陳延祐雖不與吳知己同情。有涉屬託。准律杖一百。放。堂後官何康初言屬託不至瑕疵。准律杖罪。呂道昭李玩呂圖事雖關連。別無深罪。准格並合釋放。諫議大夫張延雍補蔭自有格文。催促失於事體。言苛尅之語。雖是見人據引驗之詞。蓋亦虛指。伏候勑處分。

申嚴祀典議

比來小祠已上。公卿皆著祭服行事。近日惟郊廟太微宮具祭服。五郊迎氣日月諸祠並祇常服行事。兼本司執事

人等皆著隨事衣裝。狼籍鞋履。便隨公卿升降於壇壝。按祠部令。中祠已上。應齋郎等升壇行事者。並給潔服。事畢收納。今後中祠已上。公卿請具祭服。執事升壇人並著具緋衣幘子。今臣檢禮閣新儀。太微宮使卯時行事。近年依諸郊廟例。五更初便行事。今後請依舊以卯時

李光憲

光憲後唐明宗朝官太子賓客。以禮部尚書致仕。應順元年卒。

請置郊壇齋屋奏

臣聞國之重事惟祀與戎四時薦享之儀合以敬恭備禮每祭三公具列御史監臨行事羣官皆宿壇廟或屋宇不庇風雨或止泊投寄村園無户牖以防虞無薦席以藉地苟傷棲旅難責精虔禮或不周福將安望乞今量事添置庶保肅恭

請復常參官上任舉人自代例疏

將垂帝範在守於舊章欲叙彝倫合循於典故實大朝之理本蓋有國之常規臣嘗覽列聖實錄伏見建中元年正月五日敕旨應内外常參官後三日舉一人自代者編諸簡冊冀拔賢良是資教化之方以盛簪裾之列爰於近歲稍易舊規臣請明下敕文許行建中故事所冀振纓在位咸懷舉善之心棫樸興歌漸致得賢之美

李愚

愚字子晦自稱趙郡平棘西祖之後初名晏平舉進士又登宏詞科授河南府參軍梁末帝嗣位累擢司勳員外郎入後唐爲翰林學士同光三年魏王繼岌征蜀請爲都統判官蜀平就拜中書舍人改兵部侍郎長興初拜中書侍郎平章事兼吏部尚書閔帝嗣位進位左僕射清泰初加特進太微宮使宏文館大學士後罷相守本官二年卒

唐末帝即位冊書

維應順元年歲次甲午四月庚午朔六日乙亥文武百寮特進守司空兼門下侍郎同中書門下平章事充太微宮使宏文館大學士上柱國始平郡公食邑二千五百户臣馮道等九千五百九十三人上言帝皇興運天地同符河出圖而洛出書雲從龍而風從虎莫不恢張八表覆育兆民立大定之基保無疆之祚人謡再洽天命顯歸須登宸極之尊以奉祖宗之祀伏惟皇帝陛下天資神智神助機權奉莊宗於多難之時從先帝於四征之際凡當決勝無不成功洎正皇綱每嚴師律爲國家之志大守臣子之道全自泣遺弓常悲易月欲期同軌親赴因山而自鄂王承祧奸臣擅命致神祇之乏饗激朝野以歸心使屈者伸令否者泰人情大順天象至明聚東井以呈祥拱北辰而應運由是文武百辟岳牧羣賢至於比屋之倫盡祝當陽之位今則承太后慈旨守先朝遠圖撫四海九州享千齡萬祀臣等不勝大願謹上寶冊稟太后令奉皇帝踐祚臣等誠慶誠忭謹言

請以降誕日爲千春節奏

臣覽國史開元十七年宰臣張說源乾曜奏改朔體元固聖主之能事良辰嘉會亦俗化之大端蓋周人有合宴之儀漢代有賜酺之律所以歌詠皇德啓迪人情至若泛菊高堂遂號重陽之節流杯曲水永爲上巳之游在昔偶行於今不改豈足比君臨四海運應千年畫璿圖而敬授民時秉玉燭而節宣和氣身爲律度德合乾坤仰爲樞電之祥最是寰區之樂願從人欲特創節名封函尋示於允俞自此永編於令式舊章斯在列聖嘗行將有擬倫預慚虗

淺伏惟皇帝陛下動遵典法克叶祖宗方今玉鏡高懸璿樞廣運告成功於朝社正大禮於宮闈是以舞干率服於三苗班瑞雍熙於萬國臣等以獻歲元正之月是猗蘭降聖之辰梅花映雪於上林椒酒迎春於祕殿江邊野老願鑾輅之時巡陌上遊童醉堯樽而獻祝請於是月特舉節名副與人共樂之言致率土交歡之義臣等謹按元宗皇帝以八月五日載誕張說等請以其日爲千秋節臣等不揆庸暗輒體憲章請以來年正月降聖日爲千春節

勸韓建討賊書

僕關東一布衣耳幸讀書爲文每見父子君臣之際有傷教害義恨不得肆之市朝明公居近關重鎮君父幽辱月餘坐視凶逆而忘勤王之舉僕所未諭也僕竊計中朝輔弼雖有志而無權外鎮諸侯雖有權而無志惟明公忠義社稷是依往年車輅播遷號泣奉迎累歲供饋再復廟朝義感人心至今歌詠此時事勢尤異前日明公地處要衝位兼將相自宮闈變故已涉旬時若不號令率先以圖反正遲疑未決一朝山東侯伯唱義連衡鼓行而西明公求欲自安其可得乎此必然之勢也不如馳檄四方諭以逆

順軍聲一振則元凶破膽旬浹之間二豎之首傳於天下計無便於此者

欽定全唐文卷八百四十九

李元龜

元龜後唐清泰元年官刑部郎中。

請令貶降官歸葬疏

開成格。凡貶降官本處春秋以存亡報省。如沒於貶所有骨肉許歸葬。如無骨肉本處便與埋葬。

李盈休

盈休後唐清泰元年官司勳郎中。

禁敘勳越次奏

奉詔各令於律令格式內抄出本司合行公事。本司職典勳官。近日凡初敘勳。便至柱國。臣見本朝承平時至於位至宰輔藩臣。其勳亦從初敘。蓋示人敭歷功用之重也。勳格自武騎尉七品至上柱國正二品。凡十二轉。今後羣官得敘勳。首並請自武騎尉依次敘進。無容僭越。

杜崇龜

崇龜後唐清泰初官翰林待詔右贊善。

請修省以塞天變表

近日星辰變度。苦雨霖霪。是生靈共感之災。致緯象垂芒之異。惟宜修德以答元穹。臣竊以修德遍在君臣。非獨在於君父。自古創業守文之主。未有無災變者。但能修德省躬。則化災爲福。臣見今月三日夜五更初有二星變易。一出軒轅前路。一出室壁之間。凡五星之氣不合五行。一德稍虧。五星變異。臣恐自戰爭已來。或有功臣義士。枉抱幽冤。或有名山大川。失於禋祀。今九月震雷極爲異事。雷者天之號令。八月收聲。今震伏不時。是號令失節之象。陛下繼覃赦宥。虔禮神祇。惟德動天。其災必退。更宜師古以合天心。惡殺好生。資於睿化。

于遘

遘後唐清泰二年官刑部郎中。

請禁妄言投匭疏

臣忝掌刑名。合論法律。臣見比年已來。有前州縣官。或假侵官。不量事體。皆投匭乞官。況大朝取士之門。有舉有選。苟有長才茂器。舉選安敢滯留。國家置匭之意。本爲訴冤。士人乞官。安得造次。又閭里淺識。濫忝官路。妄有求請。不顧格律條章。所司以陛下方開言路。不敢是非。與法是國家大經。誰可析言輕議。此後凡投匭上言乞官亂法者。望

下所縣法司勘驗可否

趙鳳

鳳幽州人仕梁爲博州刺史判官遷鄆州節度判官後唐莊宗取鄆州得鳳以爲扈鑾學士同光二年授禮部侍郎天成四年拜門下侍郎同中書門下平章事尋罷爲安國軍節度使清泰初召還授太子太保二年卒

上兩朝實錄奏

先奉敕旨纂修太祖武皇帝莊宗光聖神閔孝皇帝兩朝實錄進呈者臣學虧富贍功愧裁成職司獲奉於簡書祖述濫承於綸旨國家神符運祚代出忠賢始祖自太宗朝初鎮鍾離爰崇官族帶礪之紛華不絕鼎彝之盛美可尋懿祖昭烈皇帝立功元和翼戴章武東平淮蔡西開河湟憲祖文皇帝既紹家聲愈遵堂構破晁夷而還貴主誅潞孽而定徐方仗鉞分憂振雄名於閫服維城作固濬靈派於天潢太祖武皇帝投袂勤王誓心報主拯三朝之患難邁五霸之英威經綸既叶於上元眷祐乃延於下武莊宗神閔皇帝謀猷特立睿哲遐宣訓卒練兵櫛風沐雨纘崇鳳歷恢三百載之世功平盪梟巢刷四十年之讐恥一登

大寶四換周星其間天地參舒君臣善惡旋自宮闈變動簡牘散亡遂徧訪於見聞庶備詳於本末修撰朝議郎左補闕張昭遠博於記覽早預編排自今六月一日與同職官員等共議纂修獲成紀錄臣叨司筆削比乏史才如甘英妄測於河源禪竈强論於天道殺青斯竟代斲增慙又以三祖追尊有殊受命約之舊史必在正名謹敘懿祖書一卷獻祖書二卷太祖書一十七卷並題目紀年錄先帝自龍飛晉陽君臨天下以日繫月一十九年謹收成實錄三十卷誠多紕繆仰瀆休明顧鉛素以驚心塵冕旒而汗背

請撰兩朝實錄奏

自宣宗朝已來時歷四朝未有實錄年代深遠簡牘散亡更歷歲時轉失根本自中興已來累於諸道購纂四朝日歷報狀百司關報亦恐已曾撰到實錄值亂亡失乞下兩浙湖南巡屬購募四朝野史及除自報狀關報等庶成撰集之功

請纂集典禮奏

當館職備編修理無曠失將美惡而具載庶古今以同風

垂訓將來傳範不朽實有國之重事乃設教之本根伏自寇盜寖興皇唐中否四朝之聖君令命寂寞無聞數世之忠臣楷模湮淪罔紀至於后妃貴主帝子皇孫禮樂廢興制度沿革不偶文明之運難崇祖述之規既遇昇平須謀纂集

論四帝實錄奏

當館奉勅修懿祖獻祖太祖莊宗四帝實錄自今六月初一日起手旋具進呈次伏以凡關纂述務合品題承乾御宇之君行事方云實錄追尊冊號之帝約文只可紀年所

修前件史書今欲自莊宗一朝名爲實錄其太祖已上並目爲紀年

諫皇后拜張全義爲養父疏

臣叨被睿慈獲親密勿在可言之地居掌誥之司其或事異常規禮關草創程式先謀於國輔封章善貢於天聰庶顯公忠免貽錯失今月九日宮傳命令修張全義書題將行父事之儀有玷君臨之道既行文翰難決否臧奉行則罔叶國經違命則恐虧臣節遂修記事取則宰臣貴動合於楷模期永垂爲規範以茲奉職庶顯致君臣聞覆萬物者天載萬物者地非聖主無以體乾道非賢后無以法坤儀百代攸同二儀無改伏惟陛下恢張九五統御元黃外設明庭內崇陰教言動而華夷知仰弛張而幽顯欽承張全義雖位極於王公而名不離於臣妾承陛下曲旨受皇后重儀致紊彝章不防輿論臣又聞纂洪基者眞主行直道者忠臣不可務一時之緘藏失久長之體制得不恭陳手疏罄露血誠庶裨益於神聰免廢弛於王度伏乞皇帝陛下俯容狂瞽動畏簡書時開睿斂之懷允守文明之訓使聖后式全其內則元臣可保於令圖永揚日月之光載

理乾坤之體臣職叨侍從名忝論思儻避事以不言是偷安而冒寵

劉贊

贊魏州人少舉進士累遷户部員外郎後唐天成中歷知制誥中書舍人遷御史中丞刑部侍郎改祕書監兼秦王傅秦王得罪長流嵐州淸泰二年詔歸田里卒年六十餘

乞詔所司重定朝儀奏

往例應諸道節度使及兩班大寮凡對明庭例合通喚近日全廢此義伏乞特詔所司重定向來格品若合通喚准

舊施行中書帖四方館令具事例分析申上據狀稱舊例節度使新除中謝及罷任赴闕朝見合得通喚文班三品以上官武班二品以上官新除中謝及使回朝見亦合得通喚

請申法令疏

臣聞信者使民不惑義者使民知禁非信無以彰明德非義無以顯聖猷此乃三代英風百王令則伏惟陛下恭臨寶位虔紹鴻圖握金鏡而照萬方運璇璣而調四序遐敷至德廣納忠言凡列周行許陳封事雖皆聽覽而尚寡依

行縱所依行亦未遵守自此或有益國利人之術除姦去弊之謀可以擇其所長便爲允制仍乞特頒詔令峻立條章豈惟示信義於域中抑亦振威風於海內既遵法度必致治平矣

王彥鎔

彥鎔後唐司農卿清泰二年爲太僕卿

請令晉絳慈三州供郊廟羊犢奏

國家四時祠祀郊廟羣神當時供應羊犢皆是前一月於度支請錢付行市人買雖得供事終匪度程伏惟舊例祀羊犢晉絳慈三州每年供進純白羯羊一百一十口赤黃特犢子四十頭內一十五頭繭栗二十五頭角握乞下三州每年依例供進本處以省錢收市

馬縞

縞以明經登第又登拔萃科仕梁累官太常少卿後唐同光中遷中書舍人明宗時坐覆獄不當貶綏州司馬復爲太子賓客長興四年遷戶部兵部侍郎清泰初改國子祭酒三年卒年八十贈兵部尚書

諸王納妃公主下降不合於宮殿門行揖讓禮疏

臣聞詩美何穠傳稱築館將就肅雍之德必分內外之規故曰主王姬者自公門出舊禮以几筵告於宗廟以候迎者故於廟之外朝門築館得禮之正也昔漢賈誼上書云古者見君之乘車必下見君之几杖必起入正門必趨又孟子云朝廷不越位而與人言不踰階而相揖孔某過位色勃蘧瑗望闕趨風近亦有僕射與員外郎共列謝官班次蓋以公器不私尊無二上亦得禮之正也臣竊以入公門必趨不踰階相揖著於前史實有舊文則豈可以臣下而於宮殿門庭行賓主揖讓之儀使華夏觀禮之人惑於

非據言動必書之史疑爽彝倫臣雖處典司寧分禮道以其所見恐未合宜伏乞宣付中書門下參酌可否施行

改服制疏

古者禮嫂叔無服文皇創意以弟兄之親不宜無服乃議服小功今令文省服制條爲兄弟之妻大功不知何人議改而眞於令文

追尊不宜兼用帝字議

伏准兩漢舊事以諸侯王宗室入承帝統亦必追尊父祖修樹園陵西漢宣帝東漢光武孝享之道故事俱存自安

帝入嗣遂有皇太后令別崇謚法追曰某皇所謂孝德孝穆之類是也前代惟孫皓自烏程侯繼嗣追父和爲文皇帝事出非常不堪垂訓據禮院狀漢安帝已下若據本紀又不見帝字伏以謚法德象天地曰帝伏緣禮院已曾奏聞難將兩漢故事便述尊名請詔百官集議

請依兩漢故事別立親廟議

伏以宗廟立制今古通規損益所宜徵求可見伏惟陛下俯徇羣願入纘丕基率土推誠遐方向化臣是以竊規舊典敢有上聞伏見漢晉以來以諸侯王宗室承襲帝統除七廟之外皆別追尊親廟漢光武皇帝立先四代於南陽其後自安帝以下亦皆遐考前修追崇先代四時禋祀陳豐潔於豆登多士駿奔認等差於藻棁伏以陛下奄有四海爲天下君雖繼統承祧無忘日愼而敦本崇往尚鬱時思伏乞以兩漢舊事別立宗廟於便路履霜露以陳誠薦馨香而盡敬禮於是在誰曰不然

夏侯坦

坦後唐清泰三年官司門郎中

申明關防奏

去年六月詔京百司舉本司公事當司官屬關令丞及京城諸色人出入過所事久不施行其關牙官守捉權知者伏以關防以備奸詐令式素有規程既奉綸言合申職分關防所過請准令式

張守吉

守吉後唐清泰三年官吏部員外郎

請量減重囚封事

伏覩兩道興兵所宜備慮臣恐京師天下州府所禁囚徒獄户不完凶徒多狡或踰垣破械結黨連羣或聚綠林或

奔逆壘以此爲患事狀非輕臣望所禁重囚除惡逆放火殺人外可恕者量減本罪一等斷遣兼州縣近山澤人烟闊遠處量令州縣置鋪警巡以防聚集

馬勝

勝後唐清泰中官深州司功

上封事疏

夫道貴適時謀須應務不可專遵前古不可苟徇今時必在合宜方能致理臣見賊盜律凡盜竊資財多少及放火燒埸據所燒物數爲錢數裁斷比來法司嘗行此律令若

情敦去殺道在恤刑欲令惡鳥移聲小人革弊致風行草偃須以猛濟寬臣竊見鄉村人有殺牛賭錢嗜酒不事家産者初則恣其凶頑後則利於財物若以嚴刑止絕因茲蟻結蜂屯便成羣盜耳臣以爲但是竊盜不計財物多少及放火刦舍並望且行極法俟餘風稍殄澆俗既移然後用輕刑未爲晚也臣又見諸州置捕賊巡務比來以備警巡近者卻被爲非人詐爲巡司刦盜閭里既難辨認爲惡滋深乞一切去除此務凡盜賊出於百姓其原出於屠牛賭博飲酒不務營生請下諸州府巡屬普令沙汰此色之人嚴刑條法則無盜矣何必別置巡司臣又見州縣鄉村有力户於衙府投名服事如有差役秖配貧户臣請州縣節級立定人數其餘令歸田里卽不困貧民

蕭淵

淵後唐清泰時人

褚氏遺書序

黄巢造變從亂羣盜發人冢墓掘取金寶遇大穴焉方丈餘中環石十有八片形制如槨其葢穴石題曰有齊褚澄所歸啓葢棺骨已蛇蟻所穴環石内向文字曉然盜疑兵

書移置穴外視之棄去先人偶見讀徹囑鄉鄰慎護明年具舟載歸欲送官以廣其傳遭時兵革不息先人亦不幸遺命異物終當化去神書理難久藏其以褚石爲吾槨之石實隱則骸骨全褚石或興吾名亦顯淵募能者調墨治刻百本散之餘遵遺戒先人諱廣字叔常

史在德

在德蜀人後唐末帝朝官太常丞

朝廷任人濫進疏

朝廷任人率多濫進稱武士者不閑計策雖披堅執銳戰

則棄甲窮則背軍稱文士者鮮有藝能多無士行問策謀則杜口作文字則倩人所謂虛設具員枉耗國力逢陛下維新之運是文明革弊之秋臣請應內外所管軍人凡勝衣甲者請宣下本部大將一一考試武藝短長權謀深淺居下位有將才者便拔爲大將居上位無將畧者移之下軍其東班臣寮請內出策題下中書令宰臣面試如下位有大才者便拔居大位處大位無大才者卽移之下寮

張延朗

延朗汴州開封人仕梁爲鄆州糧料使後唐天成中累拜

忠武軍節度使長興元年授三司使特進工部尚書充諸道鹽鐵轉運等使歷泰寧雄武軍節度使末帝卽位遷吏部尚書兼中書侍郎平章事判三司晉祖入立被誅

請節國用表

臣濫承雨露擢處鈞衡兼叨選部之銜仍掌計司之重況中省文章之地洪鑪陶鑄之門臣自揣量何以當處是以繼陳章表疊貢情誠乞請睿恩免貽朝論豈謂御批累降聖旨不移決以此官委臣非器所以强收涕泗勉遏怔忪重思事上之門細料盡忠之路竊以位高則危至寵極則謗生君臣莫保於初終分義難防於毀譽臣若保茲重任忘彼至公徇情而以免是非偷安而以固富貴則內欺心腑外負聖朝何以報君父之大恩望子孫之延慶臣若但行王道惟守國章任人必取當才決事須依正理確違形勢堅塞倖門則可以振舉宏綱彌縫大化助陛下含容之澤彰國家至理之風然而讒邪者必起憾辭憎嫉者寧無謗議或慮至尊未悉羣謗難明不更拔本尋源便俟甘瑕受玷臣心可忍臣恥可銷只恐山林草澤之人稱量聖制冠履軒裳之士輕慢朝廷臣又以國計一司掌其經費利

權二務職在捃收將欲養四海之貧民無過薄賦贍六軍之勁士又藉豐儲利害相隨取與難酌若使鑿山採木竭澤求魚則地官之教化不行國本之傷殘益甚取怨黔首是黷皇風況諸道所徵賦租雖多數額時逢水旱或遇蟲霜其間則有減無添所在又申逃係欠乃至軍儲官俸常汲汲於供須夏稅秋租每懸懸於繼續況今內外倉庫多是罄空遠近生民或聞飢歉伏惟朝廷尚添軍額更益師徒非時之博糴難爲異日之區分轉大竊慮年支有闕國計可憂望陛下節例外之破除放諸項以儉省不添冗食

且止新兵務急去繁以寬經費減奢從儉漸俟豐盈則屈者知恩叛者從化弭兵有日富俗可期臣又聞治民尚清為政務易易則繁苛並去清則偏黨無施若擇其良牧委任正人則禁内蒸黎必獲蘇息官中倉庫亦絕侵欺伏望誠見在之處官無乖撫俗擇將來之涖事更審求賢儻一一得人則農無所苦人人致理則國復何憂但奉公善政者不惜重酬昧理無功者勿須厚俸益彰有道兼絕徇情伏望陛下念臣布露之前言閔臣驚憂於後患察臣愚直杜彼讒邪臣即但副天心不防人口庶幾萬一仰答聖明

趙德鈞

德鈞本名行實幽州人後唐莊宗賜姓名曰紹斌累遷滄州節度使同光三年移鎮幽州明宗即位歸本姓始改名德鈞天成中加侍中授東北面招討使累官至檢校太師兼中書令封北平王晉祖起義晉陽末帝以德鈞為諸道行營都統時范延光領兵於遼州德鈞欲併其軍奏請不從乃遣使契丹求立為帝晉祖入立契丹鏁以入蕃天福二年卒於契丹

奏契丹阿保機薨逝狀

先差將軍陳繼威使契丹部内今使還得狀稱今年七月二十日至渤海界扶餘府契丹族帳在府城東南隅繼威既至求見不通竊問漢兒言契丹主阿保機已得疾其月二十七日阿保機身死八月三日隨阿保機靈柩發離扶餘城十三日至烏州契丹主妻始受卻當府所持書信二十七日至龍州契丹主妻令繼威歸本道仍遣撩括梅老押馬三匹充答信同來繼威見契丹部族商量來年正月葬阿保機於木葉山下兼差近位阿思沒姑餒持信與先入番天使供奉官姚坤同來赴闕告哀兼聞契丹部内取

此月十九日一齊舉哀朝廷及當府前後所差人使繼威來時見處分候到西樓日即並放歸

馬重績

重績字洞微少學數術後唐莊宗鎮太原拜大理司直晉天福初擢太子左贊善大夫遷司天監卒年六十四

請改正漏刻法疏

漏刻之法以中星攷晝夜為一百刻八刻六十分刻之二十為一時時以四刻十分為正此自古所用也今失其傳以午正為時始下侵未四刻十分而為午由是晝夜昏曉

皆失其正請依古改正

上調元新歷疏

歷象王者所以正一氣之元宣萬邦之命而古今所記攷審多差宣明氣朔正而星度不驗崇元五星得而歲差一日以宣明之氣朔合崇元之五星二歷相參然後符合自前世諸歷皆起天正十一月爲歲首用太古甲子爲上元積歲愈多差闊愈甚臣輒合二歷創爲新法以唐天寶十四載乙未爲上元雨水正月中氣爲歲首

范延光

延光字瓌相州臨漳人後唐同光中拜檢校工部尚書明宗即位擢宣徽南院使遷檢校司徒遷樞密使出爲成德軍節度使長興中加同平章事清泰中徙宣武軍節度使加檢校太師兼中書令晉祖入立封臨清王天福二年舉兵反尋敗降改封高平郡王以太子太師致仕爲楊光遠所殺贈太師

請捕盜用重法奏

副使王欽祚報管內頻有盜賊剽劫坊市鄉村差兵巡捕嚴切隄防緣此歲蠶麥不熟游惰之徒結衆爲惡或傷殺擄奪及捕獲處斷又前後法條不一以天成二年勑應山林羣盜害物殘人若捕捉勘結不虛全家處置有偶然劫盜者正身准法知情者同法又以長興四年勑據天成勑只爲界內連結黨惡害物殘人所以誅族此中興之初權行之法若斷獄只坐此條恐違於律令今後結黨連羣爲害者并男十五已上並准元勑處斷其父母兄弟妻女小兒一切不罪有骨肉中與賊同惡者亦同罪如同謀不行或受贓不受贓則准律科斷臣當管賊盜屢發蓋見用法太寬只罪一身又不籍沒家產又不連累家屬得以恣行兇惡今後捕盜權行重條俾其知懼易爲禁止

林弼

弼晉天福二年官太常博士

唐太子少保贈太子少傅朱漢賓謚議

漢賓常恃倜儻不習廉隅遏鄰都姦卒之流言時銷叛亂卻華師親隨之浮議俗致安康開國承家忠貞保義而又散已俸而代逋欠闢荒榛而種麰麳民有袴襦之謠野無萑蒲之患安民禁暴威惠兼行而又知進退存亡之理得善始令終之名亦所爲知幾其神也謚法忠道不撓保節揚名曰貞愛民好學寬裕慈仁曰惠請謚貞惠

何光乂

光乂晉天福二年官汴州浚儀縣主簿

進策

竊見諸處邊郡小縣多是山鄉雖舊有勑正官滿時不許差攝充替無那遠地多越明規攝官既已到來見任豈敢違拒況聞所差攝者大半是本州府使長臨時與旋署虛銜強替見任正授官員其最不可者頗有當年之內或兩度三度替移來者須逆去者須送配從門內率自鄉中悉是權行誠非本分如斯得倖豈肯力官非惟紊公當且害物自今後伏乞特行明勑顯自新朝其邊郡縣官仰節度刺史或有見任因事停罷即許差曾入仕者權令撫綏仍又須候正官到官不可以攝替攝官或經半載或過一年如能志遠脂膏道著清白招添得户口徵督得賦租百里傳聲羣黎咸惠衆狀舉請即仰奏聞特乞大朝便行眞命如此則皇王恩遠赤子幸深免被煩苛漸期蘇息

第二策

竊見諸道選人合格下解不出十月立定三旬此則常程向來舊制卻是或有因解樣所誤式例稍虧字內點畫參差印處高下訛舛便乃駁犯致有艱難其如有七年八年選期千里萬里途路羈窮取士辛苦到京若粟錯不容乃滯塞無計自今後伏乞特行明勑顯布新規其黃衣選人只驗出身文書已有前任者據考牒及解縣歷子轉年得盡合格不許便與判行小小不賜駁犯則天下感明時事易聖主恩寬不使吏徒得行奸計者

杜簉

簉晉天福二年官隴州長史

請開種荒田策

伏見近年百姓頗遇災荒縱納得王租卽不充口食此蓋播種不廣頃畝無餘旣稅外無溢數之苗致民中有不及之弊且國以民爲本民以食爲天苟百姓不足君孰與足伏請曉示天下應有荒田一任百姓開種候及三年外卽檢照所開種頃畝多少量納一半租稅所貴國家富饒上下通濟者

周元休

元休晉天福二年官朝議大夫行殿中侍御史

東嶽冥福禪院新寫藏經碑

述夫元黃判而清濁分三才敘而萬彙育散乎元素簡易之體猶存降（闕一字）中庸澆薄之風益扇雖羣分類聚上智下愚靡不惡其死而愛其生（闕一字）其得而（闕一字）乎喪緬惟盤古爰及當今咸欲致身於常樂之鄉立名於無疆之域而嗜慾窒性好尚由心（闕一字）苦海而（闕一字）迴蹈迷途而繼踵竟致惡而必得愛而必忘浩浩（闕一字）猶百川之（闕一字）一者（闕二字）而言也至於用慈儉（闕三字）體沖虛而爲質駕（闕二字）鸞之侶俯仰八紘餐霞御氣之流逍遙六合或丹邱暫別或羽化俄歸亦不能忘情於生死之源絕跡於（闕一字）夷之境降茲以往何足道哉洎乎西域誕靈曜列星而應瑞漢庭入夢挺金質以呈祥法被寰中言超象外遠究天人之際廣開方便之門現無生爲不死之（闕一字）示有相入無形之域修正眞之（闕三字）網能除（闕三字）之至明闇室皆曉觸類斯長無幽不通元化普洽而不窮虛谷有聲而必應至矣哉總萬法而爲方卽絕跡出塵無如佛者夫其道也大慈廣運宏濟無方闡衆妙（闕二字）元（闕一字）啓導一乘之教覺路難登寂滅虛空眞如綿邈窈冥莫測識智難量是知耆長

空者必假以羽翰濟巨浪者須資於舟檝將欲以言觀法以法觀心窺解脫之門究（闕五字）是者卽莫（闕一字）乎經夫其要也始則演以一音次則偈於四句變拳石爲千峯之秀導勺水爲萬派之源於是貝葉緹紬流行斯廣龍宮寶藏（闕二字）攸繁莫不指示迷方津梁彼岸使（闕二字）珠者必求罔象涉麗水者果獲祥金披文則萬象皆呈得意則一言以蔽能宏是者其唯釋門之達士哉卽今經藏主隱公是其人也公生於鎭州靈壽縣俗姓裴氏法名志隱出家於奉恩寺受戒於光化寺幼無童心長有佛性名山勝境靡不

經遊先止於岨峽山光化寺修行二十餘年剃度三十餘人遠近傾依緇俗瞻仰是院先有主者僧順公本貫定州深澤縣人也俗姓李氏法名智順出家於本州開元寺受業於法華院後因巡禮遂至山門與先院主僧道言相繼住持六十餘載剃度二十餘人修崇院宇功德佛事並已周圓濮陽化召得施主李彥章等特建鐘樓經藏雖斤斧丹青煥乎畢備而經文典誥咸且闕諸遂乃堅請主持假其緣化既從請託遂果成（闕三字）募彼信心資乎敏手堅比移山之志勤用覆簣之功僅越十年始就前願凡寫藏內

經律論及聖賢傳記等共五千四百八十卷并新紙墨咸得精詳永用緘藏是圖悠久今院主僧行（闕一字）供養主僧行感典座（闕一字）行隱並禪林擢秀（闕一字）水澄波護戒珠而如握靈虵傳祖印而非關墮鵲三千世界不染六塵八萬法門皆歸一念身居五濁蓮花生於淤泥（闕一字）燃百燈太陽入於闇室住持眞境炳煥釋（闕一字）況方嶽之中岱宗爲首地臨齊魯境壓淮沂玉几金牀宛留勝迹天門日觀下瞰長空爰屬盛明即期封禪方今千載啓運四境無塵緇徒雖廕於法門野老咸知其帝力府主太師相公勳高社稷（闕一字）列山河下車而比戶咸蘇出令而連營盡肅論兵玉帳謀深起翦之流禮士金臺價重鄒枚之選故得時康俗阜氣淑年和成此莊嚴（闕二字）風教遂釋子歸依之願契如來付囑之言得不備以良因紀之貞石元休功虧力學敏謝生知幸見託於斯文實懷慚於染翰式揚功德迺述銘云

浩浩浮生茫茫曠刼惡積禍胎福生善業覺路難尋愛河易涉瞻彼波瀾（闕二字）舟檝爰有大士百億化身戒珠不纇（闕一字）鏡無塵演茲妙法濟彼蒸民門闢覺路指示迷津妙

旨幽深微言祕奧窅窅靈源茫茫元造孰究眞宗孰探法寶（闕二字）欲探必資經誥猗歟（闕一字）典列聖徽猷（闕一字）音（闕一字）演萬法斯流雕金鏤玉貝葉緹緗將求佛性捨此何求偉哉達士成此至功（闕一字）乎寶藏宛若龍宮生雖有岸法本無（闕一字）天長地久永播眞風

竇温顏

温顏晉天福三年官隰州蒲縣令

請肄武策

兵不可不戰將不可不擇每於月且宜令教習楚莊立功

而心懼。晉文戰勝而色憂。居安慮危。古之道也。此乃鴻圖永固。霸業彌芳。

高居誨

居誨晉天福三年供奉官。與張匡鄴奉使于闐。

于闐記

自靈州過黃河。行三十里。始涉沙入党項界。曰細腰沙神樹沙。至三公沙。宿月支都督帳。自此沙行四百餘里。至黑堡沙。沙尤廣。遂登沙嶺。沙嶺党項牙也。其酋曰捻崖天子。渡白亭河。至涼州。涼州西行五百里。至甘州。甘州回鶻牙

也。其南山百餘里。漢小月支之故地也。有別族號鹿角山沙陀。云朱邪氏之遺族也。自甘州西始涉磧。磧無水。載水以行。甘州人教晉使者作馬蹄木澁。四竅。馬蹄亦作四竅而綴之。駝蹄則包以犛皮乃可行。西北五百里至肅州。渡金河。西百里出天門關。又西百里出玉門關。經吐蕃男子冠中國帽。婦人辮髮戴瑟瑟。云珠之好者。一珠易一良馬。西至瓜州沙州。二州多中國人。聞晉使者來。其刺史曹元深等郊迎。問使者天子起居。瓜州南十里鳴沙山。云冬夏殷殷有聲如雷。云禹貢流沙也。又東南十里三危山。云三苗之所竄也。其西渡都鄉河曰陽關。沙州西曰仲雲族。其牙帳居胡盧磧。云仲雲者。小月支之遺種也。其人勇而好戰。瓜沙之人皆憚之。胡盧磧。漢明帝時征匈奴。屯田於吾盧。蓋其地也。地無水而常寒多雪。每天暖雪消。乃得水。匡鄴等西行入仲雲界。至大屯城。仲雲遣宰相四人都督三十七人候晉使者。匡鄴等以詔書慰諭之。皆東向拜。自仲雲界西始涉鹻磧。無水。掘地得濕沙。置之胸以止渴。又復渡陷河。伐檉置水中乃渡。不然則陷。又西至紺州。紺州于闐所置也。在沙州西南。云去京師九千五百里矣。又行二

日至安軍州。遂至于闐。聖天衣冠如中國。其殿皆東向。曰金冊殿。有樓曰七鳳樓。以蒲萄為酒。又有紫酒青酒。不知其所釀。而味尤美。其食粳沃以蜜。粟沃以酪。其衣布帛。有園圃花木。俗喜鬼神而好佛。聖天居處。嘗以紫衣僧五十人列侍。其年號同慶二十九年。其國東南曰銀州盧州湄州。其南千三百里曰玉州。云漢張騫所窮河源出于闐。而山多玉者此也。

任贊

贊後唐明宗朝以太子左庶子遷工部侍郎。晉天福四年

爲兵部侍郎。

請州縣官先考試貢舉人表

伏以聖代設科，貢闈取士，必自鄉薦，來觀國光，將叶公平，惟求藝行，蓋廣搜羅之理，且非喧競之場。伏見常年舉人等，省門開後，春牓懸時，所習既未精研，有司寧免黜落，或嫉其先達，或恣以厚誣，多集怨於通衢，皆取駭於羣聽，頗虧教本，卻成亂階，宜立新規，以革前弊。自今後諸舉人，不是家在遠方、水陸隔越者，望本令各於本貫選藝精通實察一人考試，如非通瞻，不許妄薦。儻考覈必當，即試官請

厚於甄酬；若薦送稍私，并童子盡歸於竄逐。冀彰睿化，兌黍儒風，庶絶濫進之人，共守推公之道。

崔居儉

居儉，清河人，少舉進士，梁貞明中累官御史中丞。後唐同光中授刑部侍郎，改兵吏二部侍郎、尚書左丞、户部尚書。晉天福四年卒，年七十，贈右僕射。

請停預用員闕奏

今年選人內八十三人無闕注擬，詞訴紛紜，蓋因近勑減選入仕者多，門雖可區分，難抑詞理，請下格式，取四月後合用員闕發遣。中書門下奏：先以銓曹論員闕，遂卻置戶椽一員，諸州一百五十員，格式元送闕簿六百四十餘處，後又許超折資序，又堂帖令纖赤已上，雖擬議許開銓，後除授不合豫請，用四月後員闕，望於移省限內並須了絶，不得更令選人有詞。

鄭雲叟

雲叟本名遨，滑州白馬人，避後唐明宗廟諱，以字行。昭宗朝嘗應進士舉，不第，遂以隱逸終。後唐天成中徵爲左拾遺，晉天福初徵爲右諫議大夫，皆謝不起，賜號逍遥先生。

四年卒，年七十四。

辭徵聘表

臣聞君子有應敵之方，因時俯仰；介士有不移之操，與性逍遥。康堯佐舜者，洽道於君臣；洗渭巢箕者，寄形於天壤。惟聖人之效業，在庶物以由庚。微臣學圃無成，文場不調，項屬兵交四海，怨暴三場，梁室亂離，走蘭成於荒谷；江都淪覆，逋庾衮於天山。而又蔡順少孤，虞邱三失，倉野之女遠國飄零，王祥之男一時彫落，喪家室而有鰥在下，悲身世而無處求生，因投迹元元，委心虛靜，長揖當途之客，羣

居在野之人。幽蘭以備於重襟。灌木用成於虛室。或臨窗嘯傲。或植杖耕耘。樂在其中。老而將至。西山採藥。已有咏歌。北闕彈冠。曾無夢想。安期綸綍下及煙蘿。日月方耀於太清。世冑適躋於高祖。任賢勿貳。位事惟能。衡門不傑之才。繇來有愧。詔局殊常之命。未敢以聞。夫功大者其任尊。職充者其責重。任必安於所據。責不致於非才。方今內服百工。外拜五長。百爾黎獻。一存至公。載惟清朝。奚急百士。誠繇陛下天綱地絡。容無所遺。夏雨春風。恩無不及。青陽振其沉潁。旭旦起乎幽棲。將令匹微。罔不率俾。固宜勇别

環堵。言隨轔(言勇切)車拜丹地之明廷。奉皁囊之清職。東望心踊。其如病何。賦分隱淪。減思聞見。九徵而往。雖有語於莊周。三召不行。獨無求於殷浩。仰祈皇鑒。俯宥愚衷。

姚顗

顗字伯眞。京兆萬年人。少舉進士。梁貞明中累遷中書舍人。入後唐。歷兵吏二部侍郎。尚書左丞。拜中書侍郎同中書門下平章事。晉祖入立。罷爲刑部尚書。遷戶部。天福五年卒。年七十五。贈左僕射。

進實錄表

奉詔。臣等同修先皇帝實錄。進呈。自承天旨。尋戒百官。同申太史之舊章。徧訪茂陵之遺牒。莫不囊螢汗簡。寢筆懷鉛。粗成典冊之大綱。詎副宸旒之重委。臣聞刻木結繩之代。泥金簡玉之朝。傳茂實於無窮。播英聲於不朽。良以絃歌誦美。竹帛書勳。然則序皇猷而有質有文。論帝道而或疎或密。疎則見譏於良史。密則利澤於洪源。故禹穴藏書。作法永垂於千古。橋山刻木。化民何止於百年。恭惟明宗聖德和武欽孝皇帝。務實去華。本仁祖義。鄙漢家之霸道。薄用刑名。遵老氏之元言。克敦慈儉。爰自仗義旂於參野。

總戎鉞於渠門。三紀訓兵。奉列聖而重安鼎祚。八年御宇。育黎元而別創蘿圖。臣歷覽前經。詳觀哲后。無如先聖。居宗室而扶持景運。作維城而屏翰皇家。鷹揚豹變之奇。蠖屈龍伸之智。年纔總角。位已建牙。輔獻祖太祖之經綸。解僖宗昭宗之禍難。東平曹蔡。北靜藩渾。披榛棘而立朝廷。斬豺狼而興社稷。及莊宗失馭。寰海橫流。方哀義帝之喪。堅守唐侯之位。而謳歌遽迫。曆數爰歸。於是革秦皇漢武之澆風。修貞觀開元之仁政。以臣幽淺。何以發揮。自捧絲綸。如挾冰炭。但緣職分難避。擬掄臣即與判館事修撰官

中書舍人張昭遠中書舍人李詳左拾遺吳承範等依約典謨考詳記注按編年之舊體各次第以分功起龍潛受命四十年成鳳冊新書三十卷雖研精覃思備振於網條而事重才輕仍憂於漏畧加以裝褫函莽繕寫生踈旋命直館右拾遺楊昭儉虔切指蹤專司校勘尚虞舛誤未盡周旋將冒犯於進呈實倍增於憂負

請修齋宿屋宇奏

明王御宇哲后垂衣必崇郊薦之儀以表君臨之道伏自陛下興隆寶祚展禮羣神每祈福以爲人必差官而行事

先七日受誓戒於南省后三日各致齋於本司必在精誠以感靈貺臣伏見南郊壝壇之側及諸祠壇並無宿齋之所請下所司量事修建屋宇俾嚴祇事允屬聖朝

請六典分銓奏

近宰臣盧文紀上章請條理選部臣聞事不師古匪說攸聞又曰仍舊貫何必改作此先王之格言也臣案六典吏部三銓尚書侍郎分典吏部其格擇人有三實四才孟冬三旬集人有地里之差若循彼綱條依其格限人無濫進官得實才只自天成四年十月詔罷侍郎分銓只以尚書併領正官又闕多是他曹權差才力或有短少遂致發遣凝滯團集遲留移省既失常規選人隔年披訴臣請卻依六典分銓朝廷列職分司比期釐務置之閒地何表分憂望各委典銓於事爲宜

請禁州郡供億疏

伏以運當昭泰時屬豐成金鑾已議於省方綵仗將離於上國沿路供億固有舊規況聞詔旨丁寧不許分外科率所在藩侯郡守竭力推忠奉迎須備於貢輸徵斂或及於黎庶伏望更加示諭免至煩勞使四海九州遐邇共聞於聖德千乘萬騎經過不擾於疲民俾諸望幸之心以顯來

蘇之義

鄭韜光

韜光字龍府洛京清河人自京兆府參軍累遷諫議大夫給事中梁貞明六年充知匭使入後唐授工禮刑部侍郎天成長興中歷尚書左右丞晉天福初以户部尚書致仕五年卒年八十贈右僕射

請斷罪詳檢格律奏

臣聞春秋傳曰將賞爲之加膳將刑爲之徹樂此明君之

愛人也伏乞下大理刑部兩司凡經定罪之時結正之際徧覽格律簡驗盡舉敕文討尋俾獲罪者甘心受罰者無怨人知法有畫一之義律無再易之門

請禁州使影占人户奏

請縣力及人户多爲州使影占或臺省投名惟貧民客户在縣應役例有不均之歎且多僥倖之流請議禁止

薛融

融汾州平遥人後唐天成初授華州節度判官長興四年入爲右補闕晉天福初拜尚書吏部郎中天福二年自左

諫議大夫轉御史中丞改尚書右丞分司西都六年卒年六十

請停營作疏

臣近覩河南留守高行周狀奏修大内事以大厦既成燕雀尚猶相賀皇居是葺臣子豈不同歡然則時方屬於多虞事宜停於不急臣聞帝堯古之聖君也其所居宮室則茅茨不翦土階三尺漢文帝古之聖主也欲造露臺以費百金之値尋罷其役莫不道光圖籍德冠古今爲千載之美談作百王之懿範況漢文承三代之基業御一統之寰區百姓富饒四方寧謐金帛盈於帑藏粟麥溢於囷倉尚惜其財不從其欲今雒陽宮殿雖有先遭焚毀其所存者猶且彌滿於帝堯之茅茨而又重有修營其所費者豈不倍多於漢文之臺榭伏自陛下一臨華夏再歷寒暄聖猷雖契於上元皇化未覃於遐徼復又鄰城殘寇歷歲逋誅黎民猶困於轉輸將士頗勞於攻討庫藏虛竭支費殷繁此則是陛下宵衣旰食之時非陛下營造宮室之日且百姓是陛下之赤子也陛下是百姓之慈父也子既有疾父寧不憂今天下黎民莫非疲弊天下州縣靡不凋殘加以

率斂頻仍徭役重疊尤宜撫恤俾遂蘇舒勿謂愚而可輕勿謂賤而可棄古人有言民猶水也君猶舟也水所以載舟亦所以覆舟可不畏乎兼自去年正月已來陰陽繼虧星曜失度此則上天垂象使陛下修德節儉之戒也固合修德以應之向使百姓安寧則陛下雖當櫛風沐雨未以爲苦也若或兆民愁苦則陛下雖處瑶臺瓊室豈得爲安乎伏願陛下襲帝堯之舊風繼漢文之餘烈且停工役免費資財使寰海之普寧或修營之未晚則天下幸甚百姓幸甚

安重榮

重榮小字鐵胡，朔州人。後唐長興中爲振武道巡邊指揮使，後歸晉，授成德軍節度，累加至使相。天福六年，舉兵向闕，杜重威斬之。

請討契丹表

臣昨據熟吐渾節度使白承福、赫連公德等各領本族三萬餘帳，自應州地界奔歸王化，續準生吐渾並渾、契苾兩突厥三部落、南北將沙陀、安慶九府等各領部族老小并牛羊車帳甲馬七八路慕化歸奔，俱至五臺及當府地界

已來安泊，累據告勞，具說被契丹殘害，平取生口，率畧羊馬，凌害至甚。又自今年二月後，來須令點檢壯强，置辦人馬衣甲，告報上秋向南行營。諸蕃部等實恐上天不祐，殺敗後隨例不存家族，所以豫先歸順，兼隨府族各量點檢强壯人馬約十萬衆。又準沿河党項及山前山後逸利越利諸族部落等首領並差人各將契丹所授官告職牒旗號來送納，例皆號泣告勞，稱被契丹凌虐，憤惋不已，情願點集甲馬，會合殺戮。續又朔州節度副使趙崇與本城將校殺僞節度使劉山尋，已安撫軍城，乞歸朝廷。臣相次具奏聞，昨奉宣頭及累傳聖旨，令臣凡有往復契丹，更須承奉，當候彼生頭角，不欲自起釁端，貴守初終，不衍信誓。仰認睿旨，深惟匪暇。其如天道人心，至務勝殘去虐，須知機不可失，時不再來。竊以諸蕃不招呼而自至，朔郡不攻伐以自歸，蓋繫人情，盡由天意。更念諸陷蕃節度使等本自勳勞，早居富貴，沒身邊塞，遭酷虐以異常，企足朝廷，冀傾輸而不已。如聞傳檄，盡願倒戈，如臣者雖是愚蒙，粗知可否，不思忌諱，罄寫丹衷，細具敷陳，冀裨萬一。

欽定全唐文卷八百五十一

王權

權字秀山太原人唐末進士歷官右補闕入梁累遷御史中丞後唐莊宗朝授户兵吏三侍郎尚書左丞禮部尚書清泰中改户部尚書晉祖入立轉兵部尚書天福中以太子少傅致仕六年卒年七十八贈左僕射

請下諸州依式貢獻奏

每年正仗天下貢物陳於殿庭屬户部司引進竊以近年以來未甚齊整本二百餘州貢物今止六十餘州伏以任土勤王本朝故事冀申尊奬所謂駿奔伏乞遍下諸州請依貢式陳進正仗之日所貴整齊

請禁貢獻奢侈奏

臣聞戒奢從儉惟經國之遠圖務實去華乃前王之令範伏惟皇帝陛下開基創業應天順人顯宗樸素之風克協聖明之訓臣伏見諸侯奉貢九土勤王羅紈則織麗奇工器皿則雕鏤異狀文之錦繡雜以珠璣雖外表珍華而事近淫巧臣伏請特降勅旨須下列藩自今奉貢其鮮麗匹段等酌其物料所值折進生白重絹可將一匹之鮮麗變

數定之縑緗又進奉銀器及鞍轡等並不在雕鐫金玉其餘衣甲器械並不在飾以銀裝布以金彩如有鉤玦瑕處可將銅鐵代之足以換彼鮮明益其堅利雖所減者輕同積羽而所集者重可如山匪惟淳厚國風抑亦豐資天府

李象

象晉天福六年官尚書刑部員外郎

邂逅致死勿論奏

據刑法統類節文云盜賊未見本贓推勘因而致死者有故者以故殺論無故者減一等又云今後或有故者以故殺論無故者或景跡顯然支證不謬堅恃姦惡不招本情以此致死請減故殺罪三等其或妄被攀引終是平人以此致死請減故殺罪一等臣按上文云有故殺者以故殺論此卽是矣其無者亦坐減罪卽恐未當假如官司或有刑獄未見本情不可全不詰問據言有故者則是曾行拷捶及違令式或蠹枷大棒强相抑壓以此致死者並屬有故無故者則是推勘之司不曾拷掠又不違法律亦不堅有抑壓此則並屬無故不可坐刑假若有犯事人舊患疾病推勘之際卒暴身亡不可亦坐推司減等之罪又據斷

獄律云若依法使杖依數拷決而邂逅致死者勿論邂逅謂不期致死而死且彼言拷決尚許勿論此云無故卻令坐罪事實相背理有未通請今後推勘之時致死者若實無故請依邂逅勿論之義

盧質

質字子徵河南人仕唐爲芮城令天祐三年李克用承制授檢校兵部郎中莊宗之立有翊贊功累擢戶部尚書知制誥充翰林學士承旨同光元年從平梁遷兵部尚書賜論思匡佐功臣天成元年授特進檢校司空同州節度使

明年改賜耀忠匡定保節功臣就加檢校司徒三年入拜兵部尚書四年進封開國公長興二年授檢校太保河陽節度使入爲右僕射應順初遷檢校太傅正拜河南尹改太子少師清泰末復爲右僕射晉祖入立以疾分司洛陽少帝嗣位拜太子太保天福七年卒年七十六贈太子太師諡文忠

祧遷獻祖議

臣等以親盡從祧垂於舊典疑事無質素有明文頃莊宗皇帝再造寰區復隆宗廟追三宗於先遠復四室於本朝式遇祧遷旋成沿革及莊宗升祔以祖從祧蓋非嗣立之君所以先遷其室光武滅新之後始有追尊之儀只此在於南陽元不歸於太廟引事且疎於故實此時須稟於新規將來升祔先廟次合祧遷獻祖既叶隨時之義又符變禮之文

呂琦

琦字輝山幽州安次人天祐中後唐莊宗鎮太原以爲代州軍事判官入爲殿中侍御史明宗朝累遷禮部郎中史館修撰清泰三年以端明殿學士遷御史中丞進禮部侍

郎晉祖入立授祕書監遷刑戶兵三部侍郎爵開國子天福八年卒

請疏通注擬奏

臣竊見四時選人三銓待闕停滯已及於數百棲遲列困於累年南曹繫日申選常有三十二十格式每月送闕不過五員七員竊慮闕員漸稀人數轉多拋耕稼於鄉里忍窮餓於街坊名利之途人所難格朝夕之困事亦可矜若不改張恐未通濟欲請勒定月日南曹注納文解只據見在判成待闕選人取殘闕及逐月新闕量人材優劣據員

闕好弱許超折注擬如此即歲暮至新春已來相次發遣應盡其將來選人即依舊至來年十月下解南曹應期判成銓司准格注擬至次年選畢有正格敕用正規程

梁文矩

文矩字德儀鄆州人梁福王友璋領鄆州辟爲從事入後唐授天平軍節度掌書記天成中累擢兵部尚書晉祖即位改吏部尚書以太子太保致仕天福八年卒年五十九贈太子太傅

請頒示敕令表

臣近聞有敕命夏秋苗稅取天成二年額爲常定雖聖主時行憂軫而黎民未甚聞知伏請再降明敕令粉壁曉告

請許收河南北人口奏

上年平蜀以來軍人將到西川人口甚多骨肉阻隔恐傷和氣請許收認

請詳議任瑤封事奏

臣看詳左拾遺任瑤所進封事切見唐莊宗朝宰臣豆盧革韋說洎歷數朝累行宥典俱遂昭雪頗是分明然則令河令豆盧昇南頓令韋濤因父配流遂停官爵況曾居郎署久在朝行或已被緋袍或已紆紫綬前後十遷歲歷八奉赦書至於常赦不原亦得乘時被寵況豆盧昇等唐少帝之時刑部已得雪牒便可卻復舊官旋屬偽廷卻除宰子既塵墨綬須服荷衣敢望明朝特加殊澤竊以任瑤所進封章請復豆盧昇等官序服色望中書商議

進石光贊封事奏

臣伏奉敕牒令參詳文武百官所進封事內宗正卿石光贊上章云伏見滎陽縣道左萬石君廟本前漢大中大夫石奮之廟德行惠績備列前書乞降封崇俾光宗祖者切

以萬石君播盛德於漢朝立嚴祠於鄭圃爰開聖緒永叶昌期石光贊所上公言備章職分深爲允當望賜施行

進左墀策奏

前汴州陽武縣主簿左墀進策十七條可行者有四其一請於黃河夾岸防秋水暴漲差上户充隄長一年一替委本縣令十日一巡如怯弱處不早處治旋令修補致臨時渝決有害秋苗既失王租俱爲墮事隄長刺史縣令勤停

四廟諡號廟號陵號議

奉敕旨定四廟諡號廟號陵號者伏以四代祖朔州使君

府君自天所祐應時而生肇啓靈源始基鴻業謹案謚法寬容平和曰安臨事屢斷撫俗多方有闕達之能無屈撓之事豈不謂之寬容平和乎又靖者柔德教衆之義也又義者行義不失者也請備神主追尊謚曰孝安皇帝廟號靖祖陵號義陵三代祖右省常侍府君動靜有常夙夜匪懈憂人若已視民如傷謹案謚法一德不懈曰簡富且不驕貴而好禮有典有則無怠無荒豈不謂一德不懈乎又肅者剛德克就之義惠者寬裕不苛者也請備神主追尊謚曰孝簡皇帝廟號肅祖陵號惠陵皇祖振武僕射府君

淳德不雜素風自高得安邊靜塞之機有阜俗濟民之術謹案謚法執事有制曰平積善積德允武允文動不爲身行惟濟物豈不謂執事有制乎又翼者思慮深遠之義又康者安樂撫民者也請備神主追尊謚曰孝平皇帝廟號翼祖陵號康陵皇考洺州太傅府君天資睿德神贊沈機臨戎則有敵必摧撫恤則無民不悅謹案謚法主善行德曰元盡善盡美乃神乃聖功煥龍圖慶流鳳扆豈不謂主善行德乎又憲者博聞多能之義昭者明德有功者也請備神主追尊謚曰孝元皇帝廟號憲祖陵號昭陵

裴垣

垣晉天福初官太常少卿

四廟后妃追尊謚議

奉勅定四廟皇后追尊謚議者伏惟四代祖妣秦氏積行芝蘭含貞閫壼徽猷令聞厥彰內則之賢懿靜柔明緯有禮閑之節諒非餘慶何啓昌期謹案謚法宣慈惠和曰元請追尊謚曰孝安元皇后伏惟三代祖妣安定太君安氏門稱盛族代謂良家修德行而義冠穠天蘊柔明而風昭齊體若非淑惠寧協休徵謹案謚法曰貴賢尚義曰恭請

追尊謚曰孝簡恭皇后惟皇祖妣高平縣太君米氏令惠生知賢才天稟四德早聞於親戚一齊仍著於閨庭淑問嘗彰貞柔自固謹案謚法嚮惠德義曰獻請追尊謚曰孝平獻皇后皇妣南陽郡太夫人何氏族惟華貴德乃寬沖禮諧義聽之文詩協和鳴之詠履大跡而鍾慶祔神龍而克祥固有靈符來宏景祚謹案謚法溫柔聖善曰懿請追尊謚曰孝元懿皇后

鄭受益

受益字謙光唐宰相餘慶曾孫累歷臺閣自尚書郎遷右

諫議大夫晉天福間以病告歸尋起拜京兆少尹八年以贓事賜死

再論張彥澤疏

臣自貢封事已及九日未聞施行實深激憤且臣家在晉昌備知蹤跡彥澤在涇州殺式之後至故雍復害軍將楊洪一如式之屠割此乃是陛下去歲送張式令彥澤屠戮致今春楊洪又遭此苦中外觀者痛入骨髓陛下聞之情詎不傷伏自陛下臨御以來萬方咸歌仁聖一何乖爽大玷皇猷又彥澤在涇州日擅將甲兵討伐蕃部尋皆陷沒

靡有孑遺乃行酷虐之令括爲充壙舊數奪取婦女率掠金帛從順者包羞免禍違阻者飲恨被誅近遠聞王周交代條件上聞凡有濫訛應在其內今陛下畧無所問臣實不平沮王周守法奉公黨彥澤殺人害物臣竊慮此後諸侯効作好事者少繼爲惡事者多蓋陛下喜怒不分賞罰有濫既無黜陟之法是退賢良之心今外議沸騰皆言陛下廣受彥澤進獻許行非法之事況在郡括馬將及萬蹄到闕獻誠止滿百疋臣痛恨此賊者致陛下招此惡名故也是敢繼犯宸嚴再具論列必乞速行法令免致天下沓嗟臣又覩陛下前月十八日特降勅命過五日一度內殿起居許臣僚具所見事實封文奏其間勅語曰恐一物失所以百姓爲心可爲憂民疾痛者矣今臣所論奏彥澤蓋爲涇州一方陛下詔墨未乾自違其旨如水投石不動聖心臣竊慮奸邪潛謀罔惑致其明聖有此二三柰何陛下不與執政之臣商量而聽庸愚之輩掩蔽伏以宰臣馮道以下皆忠貞直性輔弼當仁久居調鼎之權上贊垂裳之理而況晨趨玉陛日面龍顏每於造膝之時必竭沃心之奏伏乞宣示前後所貢二狀令對御座子細詳讀若臣所

論彥澤如事謬妄不愜聖旨卽乞便降朝典令天下知彥澤無罪諫臣妄有陳論兼明陛下無朝令夕改之謗臣職忝諫諍理合抗論不避嚴誅希迴英斷

崔棁

棁字子文深州安平人梁貞明三年舉進士甲科後唐明宗朝累遷都官郎中翰林學士晉祖時以戶部侍郎爲學士承旨遷太常卿改太子賓客分司西京卒年六十八

請貢舉人復謁國子監謁先師奏

臣伏見開元五年勅每年貢舉人見訖宜令引就國子監

謁先聖先師學官爲之開講質疑所司設食其監內得舉人亦准此例其日清資官五品以上并朝集使並往觀禮永爲常式自經多故其禮寖停請舉舊典

請落第舉人得自陳訴奏

臣謬蒙眷渥叨掌文衡實憂庸儒之材不副搜羅之旨敢不揣摩頑鈍絶杜阿私上則顯陛下求賢下則使平人得路但以今年就舉比常歲倍多科目之中宂豪甚衆每駁牓出後則時有宣張不自省循但言屈塞互相朋扇各出言詞或云主司不公或云試官受賂實慮上達聖聰微臣

無以自明晝省夜思臨深履薄今臣欲請令舉人落第之後或不甘心任自投狀披陳卻請所試與疏義對證兼令其日一甲同共較量若獨委試官恐未息詞理倘是實負抑屈則所司固難逭憲章如其妄有陳論則舉人乞痛加懲斷冀此際免虛遭謗議亦將來可遠久施行倘蒙聖造允俞伏乞降勅處分

朝會樂章制度奏

案禮云天子以德爲車以樂爲御大樂與天地同和大禮與天地同節又曰安上治民莫善於禮移風易俗莫善於樂故樂書議舞云夫樂在耳曰聲在目曰容聲應乎耳可以聽知容藏於心難以貌觀故聖人假干戚羽旄以表其容發揚蹈厲以見其意聲容和合大樂備矣又案義鏡問鼓吹十二案合於何所答云周禮鼓人掌六鼓四金漢朝乃有黃門鼓吹崔豹古今注云因張騫使西域得摩訶兜勒一曲李延年增之分爲二十八曲梁置鼓吹清商令二人唐又有棡鼓金鉦大鼓長鳴歌簫笳笛合爲鼓吹十二案大享會則設於懸外此乃是設二舞及鼓吹十二案之由也今議一從令式排列教習文舞郎六十四人分爲八

佾每佾八人左手執籥禮云葦籥伊耆氏之樂也周禮有籥師掌教國子爾雅曰籥如笛三孔而短大者七孔謂之䈲歷代以來文舞所用凡用籥六十有四右手執翟周禮所謂羽舞也書云舞干羽於兩階翟山雉也以雉羽分析連攢而爲之二人執纛前引數於舞人之外舞人冠進賢冠服黃紗中單皁領褾白練襤襠白布大口袴革帶烏皮履白皮襪武舞郎六十四人分爲八佾左手執干干楯今之旁牌所以翳身也其色赤中畫獸形故謂之朱干周禮所謂兵舞取武象用楯六十有四右手執戚斧也上飾以

玉故謂之玉戚二人執旌前引旌似旗而小絳色畫升龍二人執鼗鼓二人執鐸周禮有四金之奏其三曰金鐸以通鼓形如大鈴仰而振之金錞二每錞二人轝之一人奏之周禮四金之奏一曰金錞以和鼓銅鑄爲之其色黑其形圓若榷上大下小高三尺六寸有六分圍二尺四寸上有伏虎之狀旁有耳獸形銜鐶二人執鐃以次之周禮四金之奏二曰金鐃以止鼓如鈴無舌摇柄以鳴之二人掌相在左禮云治亂以相制如小鼓用皮爲表實之以糠撫之以節樂二人掌雅在右禮云訊疾以雅以木爲之狀如

漆筩而弇口大二尺圍長五尺六寸以羖皮鞔之旁有二紐髹畫賓醉而出以器築地明行不失節武舞人服弁平巾幘金支緋絲大袖緋絲布裲襠甲金飾白練襤襠錦騰蛇起梁帶豹文大口布袴烏皮靴工人二十數於舞人之外武弁朱褠革帶烏皮履白練襤襠白皮襪殿庭仍加鼓吹十二案義鏡云帝設氊案以氊爲牀也今請置大牀十二牀容九人振作歌樂其牀爲熊羆貙豹騰倚之狀以承之象百獸率舞之意分置於建鼓之外各三案每案羽葆鼓一大鼓一金錞一歌二人簫二人笳二人十二案樂工百有八人舞郎一百三十有二人取年十五已上弱冠已下容止端正者其歌曲名號樂章詞句中書條奏差官修撰

請立王府師友疏

臣歷觀往代下及近朝既立磐維必擇師友或取其德行彰著或取其學術精通待以優崇俾之規益斯亦前王之急務也伏見陛下頒宣典冊封立親賢盛禮既成普天咸慶諒鴻基之永固豈麟趾以能歌伏願陛下特詔有司遵行舊制慎求端士博訪碩儒命以王官使同遊豫雖聰明

天縱固不俟於切磋而孝敬日躋亦良由於輔導臣謬塵近侍無補盛時輒以芻蕘上塵旒扆

請獎勵刺史縣令疏

昔漢宣帝纘紹皇圖勤恤民隱慎擇循良之吏分居牧守之權其有政合廉平惠敷疲瘵小則降璽書而勞問大則錫侯爵以甄酬欲教化之久行故遷移之不遽伏惟陛下粃糠大漢回復皇唐整百王隳紊之綱削四紀傷夷之弊永言致治實在審官刺史縣令有能撫綏不必循拘考限明加獎激就進階資如有課最漸高始終不易量其器業

摧在朝廷自然有位之人咸思職分無爲而治坐致時雍

請修史疏

臣聞高祖神堯皇帝初定天下起居舍人令狐德棻上言以近代已來多無正史恐十數年後事跡蕪聞因命儒學大臣分撰南北諸史且言異代猶恐棄遺況在本朝豈以湮滅臣嘗聞宣宗纘承大業思致時雍旰食宵衣憂勤庶務十餘年之內可謂治平於時史官雖有注記尋屬多故鑾輅省方未暇刊修皆至淪墜統臨之盛寂寞無聞伏思年代未遥耳目相接豈無野史散在人間伏乞特命購求

十獲五六亦可備編修冀成一代之信書永祚千年之盛觀

金沙王廟記

棁嘗泛覽史編徵得大朝故事昔者肇自天寶延及建中二紀纏兵四郊多壘始之以巨猾乘閒繼之以餘孽挺災猛虎召風長鯨鼓浪翠華避狄去巡濯錦之江博望承祧遠駐鳴沙之地二京失守四海倒懸苟非命世之偉人孰拯橫流之大患時則有若尚父汾陽王誠貫天地謀叶鬼神奮臂一呼投袂而起摧兇黨而稍清趙代總全師而徑覲靈源國步有依皇威乃震自是東征西伐左挾右攘以戡定爲心期以扶持爲己任不然則安得田承嗣畏威而屈膝魚朝恩聞義以息心哲后禮之以不名縣虜懷之而號父者歟若其盛德崇庸嘉謀妙算旣備存於正史固莫贅於斯文先是洛邑之南有佛寺曰廣化究其經始實我公之奏置焉厥後遂以貞珉刻成遺狀寘之廊廡多歷歲時雖越國良金固無銷鑠而殷巖肖像稍闕瞻虔今皇帝嗣位之三載也日新睿德風布皇猷庶績其凝九功維敍百蠻歎附豈辭重譯而來五稼順成何啻三年之積雖元

首之盡善盡美亦股肱之同德同心惟太師侍中魯國公手握機衡身爲柱石紀氏有藩屏之慶召公兼方伯之權杜元凱之立事立言別先懿戚羊叔子之登山臨水不負勝遊覩是儀形仰其勳德遂首合良輔同率俸金選隱地於山阿取瓌材於澗底別營邃宇以代迴廊操繩墨者曲盡規模運斤斧者巧呈剞劂高帷巘巘深乃耽耽分雁掄之煇煌助龍門之秀麗厥構云就遷以處焉望之者凜凜如生遇之者肅肅加敬不獨旌顯前烈亦將激勸後來非賢而孰肯慕賢惟善而乃能嘉善豈比夫過隆中之故宅

但想風猷。經猷次之荒祠。空留讚頌而已哉。既訖事。公命棁抽毫以志之。棁詞非玉海。跡忝琳宮。刻於不朽之文。尤寡當仁之譽。辭之莫獲。退而直書。清泰三年八月九日記。

裴皡

皡字司東。河東人。光化三年進士。歷拾遺補闕。梁初遷翰林學士中書舍人。後唐莊宗時擢禮部侍郎。改太子賓客。以老拜兵部尚書致仕。晉祖時起爲工部尚書。復以老拜右僕射致仕。卒年八十五。贈太子太保。

請刺史經三考許替移奏

方伯郡守之任。與大朝分理疆土。共養黎民。委寄非輕。古今所重。親人之職。莫過於是。伏請咨今後諸州刺史。經三考方可替移。使能理者盡展所能。弊政者自彰其濫。優劣既判。黜陟可行。則州縣免迎新送故之勞。朝廷得惠養除煩之理。太平之道。無易於斯。

張希崇

希崇字德峯。幽州薊縣人。後唐莊宗朝累遷薊漢都提舉使。天成初。契丹命爲平州節度使。後逃歸。授汝州防禦使。遷靈州兩使留後。改邠州節度使。晉祖入立。除靈武。卒年五十二。

郭氏義子與親子爭財判

父在已離。母死不至。止稱假子。孤二十年撫養之恩。儻曰親兒。犯三千條悖逆之罪。頗爲傷害名教。安敢理認田園。其生涯並付親子。所訟人與朋姦者委法官以律定刑。

劉光度

光度晉天福中鄉貢進士。

澶州建柰河將軍堂記

詩云。太山巖巖。惟魯所瞻。標羣嶽之首。隱衆靈之府。靈者

神也。神生於無。神之神陰陽不測而爲神。日月照耀而爲明。無神之神者至道也。道德經云。杳杳冥冥。於中有精。恍恍忽忽。於中有物。此之謂也。天福六年三月十七日。新澶州岳社頭郭肇專智。以金門貢藝。玉署呈才。風雲闕二字於二龍。奮躍素高於雙驥。副社頭郭肇闕一字情涵珠海。鑒澈冰潭。貯茂異以盈懷。抱才實而鑠志。因乘暇豫。同慕勝遊。陟彼闕一字原。共睹橋舸。飲酒酣暢。而相與言。胡不聞賈誼云生闕一字也若浮。生死之也若休。莊周云生之也道行。死之也物化。人闕一字短分定。豈不在乎神明哉。遂乃拱惠修

衆歸心祀享結集岳社化被邑人不期月間總四十戶至天福元年三月十日社衆西自新州東之太（闕一字）遠備牢醴克置羞薦無愧叨僭惟竭至誠但有遺曠庶幾增建竊見宮宇炳煥峯巒迴合（空六字）尊神象列侍者星繁唯柰河（闕一字）元非靈廟是以歷覽林藪履蹈河壖東望則天之壇西臨鬼仙之洞疊嶂重巖倚其後飛雲流水枕其前得此一方實爲殊勝是以擘畫砂礫（闕四字）任便裁基隨宜刱跡召公輸於魯甸招匠石於郢郊截岨崍之花松斷新甫之文柏奇材異石窮神役思以蘊崇碧瓦銅塼盡心畢力以

騈集（闕二字）柬斫爭工不異於雷震剞木飛繩競巧可同於電捷天福三年五月十日建就堂一所三間四下椽迴迴行牆二十四堵門樓一所悉以粉飾藻繪秀麗精華取金碧於十洲運丹青於三島香寮綺井返植蓮荷畫棟瑚梁高橫蝃蝀翠檻朱網亭亭而日麗九天複道重階落落而露凝五色天福五年三月九日迎入將軍夫人眞形兩座厥兒妮子兩人夜叉一對郭肇等命以（闕一字）者告厥成功釃酒焚香虔誠啓仰忻然應變但覺酡顏迴風遶壇實謂神降此則天意人事聖道合符體乎元元不可窮紀光度學輸鍾會才謝邱遲堅讓不從輒敢承請是以凝元扣寂（闕一字）簡（闕一字）毫力課短懷用旌刊飾銘曰

贍彼柰河泉流清清噫彼逝人魂飛冥冥善惡斯作禍福隨情應業受分靡跡厥靈將軍英靈祠堂窣窱一氣散化萬神應兆事有克彰物無不照輔贊天孫（闕一字）室岳峭（空三字）優遊高士放曠清人豫搆陰德思振芳塵物景代謝事蹟相仍成此廟貌永司其津

欽定全唐文卷八百五十二

韓保裔

保裔晉天福時人。

請狴牢加藥餌奏

伏請天下狴牢。特頒惻憫。抱沉痾者。宜加藥餌。無骨肉者。勿使饑寒。庶裨解網之仁。用補泣辜之德。

殷鵬

鵬字大舉。大名人。少舉進士。後唐閔帝鎮魏州。辟爲從事。及卽位。拜右拾遺。歷左補闕考功員外郎。充史館修撰。遷

刑部郎中。晉天福中擢中書舍人。卒。

請加恩敍封疏

竊聞司封格式。內外文武臣僚。纔昇朝籍者。無父母便與追封追贈。父母在。卽未敍未封。以臣所見。誠爲不可。此則輕生者而重死者。棄今人而錄古人。其榮有何。其理安在。又云父母在品秩及格者。卽與封其母。不言其父。便加邑號。兼曰大君。遂令妻則旁若無夫。子則上若無父。豈有父則賤而母則貴。夫則卑而妻則尊。若謂其父未合加恩。安得其母受賜。若謂以子便合從貴。曷得其父不先。伏以父尊母卑。天地之道。尊無二上。國家同體。今母受封。父無爵名。教不順莫大於茲。臣伏乞自今後。文武臣寮父母在其父已有官爵者。卽敍進資品。以及格式。或不任祿仕。卽可授以致仕。或同正官。所貴得以敍封妻室。卽父母俱榮。孝子無不逮之感。閨門交映。聖君覃慶賞之恩。噫。荷陛下孝治之風。受陛下榮親之祿者。靜而屈指。不過數人。陛下得以特議舉行。編爲令式。勸天下之爲善。令域中之望風。自然見前代之闕文。成我朝之盛典。況唐明宗朝長興元年德音內一節。應在朝中外臣寮父母在並與加恩。司封不

行明制。堅執前文。倘布新恩。兼合舊勑。庶使事君事父。嘗遵一體之規。爲子爲臣。不失兩全之義。臣又聞司封令式。內外臣寮官階及五品已上者。卽封妻廕子。固不分於清濁。但祇言其品秩。且諫議大夫給事中中書舍人。並是五品。贊善大夫洗馬中允奉御等。亦是五品。若論朝廷之委任。宰相之擬掄。出入之階資。中外之瞻望。則天壤相懸矣。及其敍封。乃爲一貫。相沿至此。其理甚非。而況北省爲陛下侍從之臣。南宮掌陛下彌綸之務。憲臺執陛下紀綱之司。首冠羣寮。總爲三署。當職尤重。責望非輕。此則清列十

年不遂顯榮之願彼則雜班兩任便承封廕之恩事不均平理宜改革伏乞自今後應諸司官及五品已上者卽依舊制施行應三署清望官及六品已上便與封廕清濁既異秩品宜昇仍下所司議爲恒式

晉故竭誠匡定保乂功臣特進檢校太保右金吾衛上將軍兼御史大夫上柱國長沙郡開國公食邑一千八百户食實封一百户贈太傅羅公墓誌銘并序

夫天地肅物松栢猶或後彫郊藪呈芳芝蘭焉能長秀故

老氏有必摧之歎仲尼興不實之悲衆木低而梁棟傾嚴霜重而祥瑞去物之有矣可得喻焉公諱周敬字尚素其先顓頊之裔也封於羅以國爲氏地連長沙因家焉公卽長沙之後也曾祖讓皇檢校司空累贈太師封南陽王娶宋氏封越國太夫人祖諱宏信皇天雄軍節度使檢校太師兼中書令長沙王累贈守太師累封趙王謚曰莊肅娶趙國夫人呂氏先薨又娶吳國夫人王氏爲時之瑞命世而生倜儻不羣英雄自許有唐之末大盜勃興鎭守一方廓清千里上則忠於社稷下則施及子孫烈考諱紹威皇天雄軍節度使守太師兼中書令鄴王贈守尚書令謚曰貞莊天地鍾秀山河孕靈下筆則泉湧其文橫戈則雷震其武惠惟及物明可照姦曠古已來罕有其比貞莊有子四人長廷規天雄軍節度副大使檢校太傅駙馬都尉少薨贈侍中次周翰義成軍節度使檢校太傅駙馬都尉亦少薨贈侍中次周允前保大軍行軍司馬檢校兵部郎中兼御史大夫柱國賜紫金魚袋早歷通班繼爲上介緯有器業可奉箕裘公卽貞莊公第三子也性稟淳和生知禮樂早失天廕幼奉母儀秦國夫人劉氏卽故兗州節度使

太師公之第三女也肅雍無比柔順有聞示以愛慈加之訓導遂令諸子悉著美名時梁乾化初公之次兄方鎭南燕公時年九歲秦國夫人歸寧於兗州太師之宅遂命侍行至闕下梁闕一字主宣召入內對敭明庭進退有度上甚器重之遂授檢校尚書禮部員外郎仍賜紫金魚袋自此恒在宮禁出入扈從乘輿與皇親無間侍立冕旒多備顧問無非辯對深洽宸衷上尤奇之其年秋七月歸南燕甲戌秋七月公之次兄薨於滑州之公府上聞訃奏乃謂近臣曰羅氏大勳之後宜賞延遂命公權知滑州軍州事檢

校禮部尚書。冬十月。上表乞入覲。十一月。至京師。朝謝畢。翌日有制。授宣義軍節度使檢校尚書右僕射。年方十歲。位冠五侯。甘羅佩印之初。未爲少達。王儉登壇之日。已是老成。十二月。至自京師。乙亥春三月。鄴中搆亂。河上屯兵。況處要衝。屬茲征伐。事無巨細。公必躬親。道路有頌聲。軍民無橈政。丙子春二月。移鎮許田。加檢校尚書左僕射。是歲公年始十二。作事可法。好謀而成。政絶煩苛。人臻富壽。忽下徵黃之詔。俄諧會尸之期。戊寅秋七月。朝於京師。有詔尚主。公拜表數四。辭不獲免。遂授檢校司空守殿中監

駙馬都尉。壬午冬十月。出降普安公主。傅粉何郎。晨趨月殿。吹簫秦女。夜渡星橋。一時之盛事難儔。千古之清風盡在。癸未春三月。除光祿卿。冬十月。唐莊宗收復梁園。中興唐祚。屬當郊祀。無失職司。遂封開國侯。加食邑三百户。至明宗纂紹之初。除右金吾衛大將軍充街使。秋九月。轉左金吾衛大將軍充街使。執金在彤庭之前。佩玉向丹墀之上。仕宦之貴。無出於斯。上以公久居環衛之班。頗著警巡之效。至戊子二月。有制授匡國軍節度使加檢校司徒。仍賜耀忠匡定保節功臣。下車之後。布政惟新。福星爰照。於左馮。暖律又來於沙苑。庚寅夏四月。上以圜丘禮畢。慶澤溥行。就加檢校太保。仍降璽書。其年冬十一月。朝於京師。除左監門衛上將軍。九月。轉左領衛上將軍。辛卯夏六月。轉左武衛上將軍。癸巳五月。除左羽林統軍。甲午春。加特進階。封開國公。食邑二百户。改賜竭誠匡定保乂功臣。丙申九月。唐廢主以汴師北征。命公以所部禁旅巡警夷門。公英斷不回。至仁有勇。當危疑之際。立鎮靜之功。浚郊之民。於今受賜。今皇帝并門鳳舉。洛水龍飛。力願推崇。首來入覲。上嘉其懿效。旌彼殊庸。遂除右金吾上將軍。美哉出

總藩宣。入居嚴衛。外則作疲民之藥石。内則爲天子之爪牙。文武兩班。踐揚將遍。物禁太盛。古之有言。壽年未高。染疾不起。以天福二年七月二十七日。薨於汴州道德坊之私第。享年三十有三。嗚呼。皇天莫問。徒云輔德之言。大夜何長。共有殲良之歎。上聞所奏。惻怛哀慟。輟視朝兩日。厚加賵幣。贈太傅。君臣之義。終始克全。公以己丑歲五月。梁普安公主薨於同州。後再娶東海郡徐氏夫人。卽故東川節度使太師第五女也。蕙質蘭姿。懿德令範。孰念孤鸞之歎。自傷黃鵠之歌。公有姪延（闕一字）見任閑廐副使。卽魏博

闕一字大將軍侍中之子也。樸玉其儀，渾金其器，度評闕二字相貌闕五字人闕三字公亦三子四女，長子延賞，守太子舍人，次延緒，次延宗，皆稟庭訓，悉紹家聲，龍駒鳳雛，得非天性；良金瑞玉，自是國楨。終天懷風樹之悲，踣地有蓼莪之痛。長女適郝氏，次適婁氏，二女方幼，諸子皆晉安公主之出也。公主靜惟閑雅，動有規儀，休聲首冠於皇闕一字淑德克彰於婦道，帝王之女，無以過焉。公性不好弄，幼善屬文，嚴毅而至和，溫恭而難犯，言惟合道，動不違仁。張充一變之年，已功成名遂；闕四字之日，乃善始令終。以丁酉歲冬十月

六日安葬於洛陽縣之原，禮也。孤子延賞等泣告鵬曰：公之履行，爲衆所知；公之勳庸，歷代罕比。若非故舊，孰能縷陳？鵬列親表之間，受顧念尤最，難避狂簡，輒勤貞珉，序不盡言，乃爲銘曰：

積慶之門，挺生奇傑。入覲堯庭，出持漢節。十乘啓行，萬夫觀政。宵旰無憂，袴襦入詠。英華發外，清明在躬。惟忠惟孝，立事立功。滑臺去思，璧田來暮。藹然休光，綽有餘裕。摛繡文翰，傳粉容儀。承顏紫禁，飛步丹墀。門盛七葉，祿逾萬石。外冠時英，內光帝戚。歷事累朝，薦逢多難。動有成功，舉無遺算。秋敗芳蘭，地埋良玉。山雲晚愁，林風夜哭。王孫一去兮不復還，陵園草色兮秋黃春綠。

王繼恭

繼恭，晉天福中威武軍節度福建管內觀察處置等使，加特進、檢校太傅，封臨海郡王。

致執政書

閩國一從興建，久歷年華，見北辰之星位頻移，致東海之風帆多阻。願言遐想，文不逮誠，餘遣邸吏林恩列狀申述

徐台符

台符，晉天福中以監察御史爲尚書膳部員外郎、知制誥。

條陳貢舉試義奏

貢舉之司，條貫之道，有沿有革，或否或臧，蓋趨向之不同，致施行之有異。今欲酌其近例，按彼舊規，參而用之，從其可者。謹條如右：九經元格帖經一百二十帖，對墨義、汎義、口義共六十道，策五道。去年知舉趙上交起請罷帖書、汎義、口義，都對墨義一百五十道。合令請去汎義、口義，都對墨義六十道，其帖書、對策依元格。五經元格帖書八十帖，對墨義五十道。臣今請對墨義十五道，其帖書、對策依元

格明法元格帖律令一十帖。對律令墨義二十道。策試十條。去年罷帖對墨義六十道。策試如舊。臣今請並依元格。學究元格念書對墨義各二十道。策五道。去年罷念書。都對墨義五十道。今請依去年起請。三禮元格對墨義九十道。去年添四十道。臣今請並依元格。三傳元格對墨義一百一十道。去年對四十道。臣今請並依元格。開元禮三史元格各對墨義三百道。策五道。去年加對五十道。臣今請並依元格。進士試雜文詩賦帖經二十帖。對墨義五道。去年依帖經對義。別試雜文二首。臣今請依起請別試雜文。

其帖書對義。請依元格。童子元格念書二十四道。起請添念書都五十道。及三十通者。故臣請依起請。

孔昭序

昭序。晉天福中官太子賓客。累遷工部尚書。

請復北省官常朝不拜疏

伏見本朝儀制。北省官爲近侍之班。遂異常參之禮。所以百寮則曰拜。蓋云謝食。北省官不赴廊飧。食於本署。故常朝不拜。況今耆舊。皆目睹躬行。伏望陛下順考古道。率由舊章。正立朝之常規。遵先王之定制。

李愼儀

愼儀。晉天福中爲翰林學士考功員外郎。轉都官郎中。改中書舍人。

乞修飾祠宇疏

今春已來。稍愆雨澤。陛下念稼穡之重。深宵旰之憂。倍軫聖心。遍走羣望。盈尺則告瑞於元朔。如膏則潤洽於暮春。可卜豐穰。動諸饗應。請天下凡祠宇有益於人者。下本處常令修飾。冀集洪休。

孔崇弼

崇弼。唐宰相緯子。仕後唐。自吏部郎中授給事中。晉天福中遷左散騎常侍。

請禁乾沒公廨什物奏

天下州縣長吏。每到任。造得公廨什物。罷任之時。多事已有。不係案牘。此後請公廨什物。明立文案。不許乾沒。免致擾人。

石光贊

光贊。晉天福中官宗正卿。

請修萬石君廟疏

昔周武王奄有天下過商容之閭必式見比干之墓卽封葢褒賞賢良尊崇忠義伏惟皇帝陛下顯膺天命開創鴻圖解網行仁救時順動樂業不知於帝力悅隨但聽於山呼盛德難名太平可待臣伏見滎陽道左有萬石君廟本前漢大中大夫石奮之廟奮有子四人各二千石祿景帝曰人臣尊寵畢集其門故號萬石君德行懿績備列前書唐大中十三年鄭州司馬石貫稱裔孫刋石廟廷備紀其事伏遇皇帝行幸浚郊經過滎水展義已聞於岐路覃恩宜布於幽明其萬石君廟伏乞俯宏霈澤特降封崇俾光

遠祖之徽猷益茂我朝之盛典

高鴻漸

鴻漸晉天福中官將作少監

請禁喪葬不哀奏

伏覩近年已來士庶之家死喪之苦當殯葬之日被諸色音樂伎藝人等作樂求覓錢物伏乞顯降勅文特行止絕或所在官吏等通容不與覺察請行朝典

李詳

詳晉天福中官中書舍人

諫修德省災疏

臣聞天地之道以易簡示人鬼神之情以禍福爲務王者祥瑞至而不喜災異見而輒驚罔不寅畏上元思答譴告臣聞北京地震日數稍多臣曾覽國書伏見高宗時晉州地震上謂羣臣曰朕政教不明使晉州屢有震動耶侍中張行成對曰天陽也地陰也陽君象陰臣象君宜動轉臣宜安靜今晉州地震彌旬不休將恐女謁使事臣下陰謀且晉州陛下本封今地震焉尤彰其應伏願深思遠慮以杜未萌又開元中秦州地震尋差官宣慰又降使致祭山

川所損之家委隨事制宜奏聞伏惟陛下中興唐祚起自晉陽地數震於帝鄉理合思於天譴臣伏思陛下統臨萬國於今六年猛將如雲銳師如雨出無不捷叛無不擒歲稔時豐人安物阜實慮天意恐陛下忘創業艱難之時有成功矜滿之意欲陛下有始有卒於兢兢業業也今伏望聖慈特委親信兼選勳賢且往北京慰安密令巡察問疾苦於黎庶俾議蠲除備祭祀於山川各加虔禱然後乞陛下鑒前朝得喪之本採歷代聖哲之規近君子而遠小人任賢無貳杜邇言而求讜議擇善而從崇不諱之風罷不

急之務則景公修德熒惑退舍以爲祥太戊小心桑穀生朝而不害自然妖不勝德所謂宏之在人寰瀛永定於無疆遐邇長歸於有道

條奏節度刺史州衙前職員事疏

臣聞除舊布新故順天而設教惟名與器不假人以樹恩所以示寓縣之至公所以仰朝廷之大柄今則旣逢英主未革前蹤是敢聊舉一端輕塵四達酌其損益幸補涓埃伏覩南北兩班內庭諸局或有不文不武非舊非勳論技術則罔有所長語才行則罕聞其異但思月限以冒官常

俾五細以在庭使四方而何則有虛華級仍蔭私門忝榮更及於子孫祿利徒銷於府庫況今方興戎事久困生民因無用之官寮具員無闕計有限之財力帑藏正虛若不去冒空成耗蠹伏望畧加澄汰稍辨幽明則支分或減於殷憂內外庶成於通濟又覩十年已來肆赦頻降諸道職掌一例奬酬藩方不守於規程奏薦罔論其高下僕隸則動逾數百絲綸則皆示特恩所以倉場管鑰之微人曹局簡札之小吏至於伶倫賤類洒掃庸奴初命便假於貴階銀章青綬拜賜遽披於法服牙笏紫袍乃致貴賤不分寵榮濫被雖雷雨作解渥澤恐遺於萬物而衣裳在笥貞規何法於百王此後或有溥恩應諸道職員除主兵將校外其衙前職列伏乞明示條章俾循事體節度州只許奏都押衙都虞候教練使客將孔目官及有朱記大將十人仍取上名文郡則只許薦都押衙都虞候孔目官其諸色人並委本道量轉職次則得之者感恩有異受之者與衆稍殊寰區仰天子之尊藩后知王澤之貴名器之重治亂是資伏惟皇帝陛下俯迴宸覽畧照愚衷勿謂小善不行勿謂舊弊難改失之在漸謀之在初倘或因此留神自可觸

類而長

彈裴譚文

異李朝隱一判破桓敬等五家附會三思狀驗斯在天下聞者莫不寒心刑部尚書從此而得

劉知新

知新晉天福中官考功郎中嘗使契丹

請賜尚書省月糧奏

尚書省京師會府輦轂繁司奏議雖委於官寮行遣亦資於胥史六典之制官吏有俸有糧其尚書省諸司令吏伏

請給賜月糧俾其奉職

麻麟

麟晉天福中官刑部員外郎

請限年除刺史疏

臣聞漢朝除吏苟稱其職不數遷移自先朝開國已來牧守多酬勳舊以寵勞臣竊見晉朝除刺史或數月驟替或一歲即移不惟送故迎新轉成煩擾其次廉能者未暇施政貪濁者轉急誅求以臣愚管望朝廷立定年限觀其考課以議轉遷

陳保極

保極閩人後唐天成中進士累遷禮部倉部員外郎晉天福中桑維翰居相位奏貶衛尉寺丞尋復爲倉部員外郎卒

請置資福道場疏

元冬告謝密雪未零竊慮今夏龍德啓圖鑾旌赴闕擁十萬衆臨九重城讋怖龍神震驚方位致瘥札爲沴風雨失時請在京諸寺觀置迎年消災資福安土地龍神道場

欽定全唐文卷八百五十三

劉昫

昫字耀遠涿州歸義人初爲定州王處直觀察推官後唐莊宗朝累遷庫部郎中明宗即位歷户部侍郎端明殿學士長興中拜中書侍郎兼刑部侍郎同中書門下平章事清泰初加吏部尚書門下侍郎罷知政事守右僕射晉天福初詔爲東都留守遷太子太保兼左僕射封譙國公改太子太傅開運初授司空平章事契丹至以目疾罷守太保卒年六十

文苑表

臣觀前代秉筆論文者多矣莫不憲章謨誥祖述詩騷遠宗毛鄭之訓論近鄙班揚之述作謂采采芣苢獨高比興之源湛湛江楓長擅詠歌之體殊不知世代有文質風俗有淳醨學識有淺深才性有工拙昔仲尼演三代之易刪諸國之詩非求勝於昔賢要取名於今代實以淳樸之時傷質民俗之語不經故飾以文言考之絃誦然後致之不泥遠代作程即知是古非今未爲通論夫執鑒寫形持衡品物非伯樂不能分駑驥之狀非延陵不能别雅鄭之音

若空混吹竽之人即異聞韶之歎近代唯沈隱侯斟酌二南剖陳三變攄雲淵之抑鬱振潘陸之風徽彼律呂和諧宮商輯洽不獨子建總建安之霸客兒擅江左之雄爰及我朝挺生賢儁文皇帝解戎衣而開學校飾賁帛而禮儒生門羅吐鳳之才人擅握蛇之價靡不發言爲論下筆成文足以緯俗經邦豈止雕章縟句韶諧金奏詞炳丹青故貞觀之風同乎三代高宗天后友重詳延天子賦橫汾之詩臣下繼柏梁之奏巍巍濟濟輝爍古今如燕許之潤色正言吳陸之鋪揚鴻業元稹劉蕡之對策王維杜甫之雕

蟲篆非肆業使然自是天機秀絕若珠璣色澤無假淬磨孔翠羽毛自成華彩致之文苑實煥緗圖其間爵位崇高別爲之傳今採孔紹安已下爲文苑三篇覬懷才憔悴之徒千古見知於作者

請宣功臣傳付史館奏

史官奏天成二年九月詔纂修太祖至莊宗實錄及功臣列傳四年十一月修懿祖獻祖太祖紀年實錄二十卷莊宗實錄三十卷呈進其功臣列傳委元修史官張昭遠與史館修撰相次編纂列傳計三十卷今年閏月七日進呈未下所司臣以立功立事須標於竹帛記言記事靡漏於簡編貴資褒貶之文備述艱難之業伏惟陛下大明御宇至道臨人定寰區以武功守宗祧以文德輝耀三古超越百王莫不萬國來庭千官舉職臣叨居鈞軸已愧庸虛曾無筆削之勞謬處監修之任輒茲舉奏冒瀆宸嚴

請令朝臣巡視均田奏

天下州郡於天成二年括定稅率迨今八年近有民於本道及詣闕訴田不均乞簡視

請試新學士權停詩賦并內賜題目奏

臣伏見本院舊例學士入院除中書舍人即不試其餘官資皆須先試麻制答蕃書批答各一道詩賦各一首號曰五題所試並是當日內了便具進呈從前雖有召試之名而無考校之實每值召試新學士日或有援者皆豫出五題暗令宿搆至時但寫淨本便取職名若無援者即臨時特出五題旋令起草縱饒負藝罕能成功去留皆繫於梯媒得失盡由於偏黨此乃抑挫孤寒之道開張巧僞之門積弊相沿澆風未改將裨聖政須立新規況今伏值皇帝陛下德合乾坤明懸日月大興淳化盡革澆風矧惟翰墨

之司。專掌絲綸之命。宜從正直。務絶阿私。自今後凡有本院召試新學士。欲請權停詩賦。只試麻制荅蕃書幷批荅共三道。仍請内賜題目。兼定字數。付本院召試。然後考其臧否。定其取捨。貴從務實。以示均平。庶令孤進者得展勤勞。朋比者不能欺罔。事關穩便。合具彚奏。

請差官紀録時政疏

自明宗朝每見宰臣節度使爲軍民政事有所敷陳。或宸旨宣揚。皆關道理。唯近臣聞聽。外面不知。先朝時詔樞密直學士閤至於奏對時記録。逐季下史館。以備纂修。自今

年四月後。詔李專美記録。今以改官。其記録望别差官。

議册四廟狀

臣等據太常博士段禺議云。夫宗廟之制。歷代爲難。須廣按禮經。旁求故實。通古今之理。爲規式。合天道人情。爲楷模。伏緣禮有隨時損益。各異。遂致議論多别。禮出衆途。今總歷代之宏規。議新朝之定制。謹按尚書舜典曰。正月上日。受終於文祖。此是堯之廟也。猶未載其數。又按郊祀録云。夏立五廟。殷立六廟。周立七廟。漢初立祖宗廟。郡國共計一百六十七所。後漢光武中興後。别立六廟。魏明帝初立親廟四。後重議上。依周法立七廟。晉武帝受禪。初立六廟。後卻立七廟。宋武帝初立六廟。齊朝亦立六廟。隋文帝受命。初立親廟四。至大業元年。煬帝欲遵周法。議立七廟。次便禪命於唐。武德元年六月四日。始立四廟於長安。貞觀九年。命有司詳議廟制。遂立七廟。後至開元十一年後。創立九廟。又按禮記喪服小記曰。王者禘其祖之所自出。以其祖配之。而立四廟。鄭元注云。高祖以下至禰。四世卽親盡也。更立始祖爲不遷之廟。共爲五廟也。又按禮記祭法及王制孔子家語春秋穀梁傳。並云天子七廟。諸侯五

廟。大夫三廟。士二廟。此是降殺以兩之義也。又按尚書咸有一德曰。七世之廟。可以觀德。又按疑義云。天子立七廟或四廟。蓋有其義也。如四廟者。從禰至高祖。已上親盡。故有四廟之禮。又立七廟者。緣自古聖王祖有功。宗有德。更立始祖。卽於四親廟之外。或祖功宗德。不拘定數。所以有五廟六廟或七廟九廟。欲後代子孫觀其功德。故尚書云七世之廟。可以觀德矣。又按周捨論云。自江左以來。晉宋齊梁相承。多立七廟矣。今禺等參詳。唯立七廟四廟。卽並通其理。伏緣宗廟事大。不敢執以一理定之。故簡録七廟

四廟二件之文俱得其宜他所論者並皆勿取請下三省集百官詳議勑旨宜依者臣等今月八日於尚書省集百官詳議伏以將數至化以達萬方克致和平必先宗廟是以孝爲教本所以宏愛敬而厚人倫禮乃民防蓋欲辨尊卑而明法制故禮記王制云天子七廟諸侯五廟大夫三廟疏云周制之七廟者太祖及文王武王之祧與親廟四太祖后稷也殷六廟契及湯與二昭二穆夏則五廟無太祖禹與二昭二穆而已自夏及周少不減五多不過七又云天子七廟皆據周也有其人則七無其人則五若諸侯

廟制雖有其人則不過五此則天子諸侯七五之異名矣至於三代已後魏晉宋齊隋及唐初多立六廟或四廟蓋於建國之始不盈七廟之數也伏惟皇帝陛下大定寰區方興教理既先自家型國固當率土咸賓今欲請立自高祖已下四親廟其始祖一廟未敢輕議伏惟聖裁恐於講德論功有失靈源茂緒稟自中旨共謂得宜臣等幸列明庭獲逢景運顯奉如綸之命共詳立廟之儀雖竭討尋慙非該博有愧上塵聖鑒實慮未協宸衷不免迂疎仍虞漏畧

嫂喪宜依開元禮議

伏以嫂叔服小功五月開元禮會要皆同其令式正文內元無喪服制度只有一本內編在假寧令後不言奉勑編附年月除此一條又檢七八條令式與開元禮相違者所司已行多年固難輕改既當議事須按舊章今若鄙宣父之前經紊周公之往制隳太宗之故事廢開元之禮文而欲取差誤近規行編附新意稱制度且違大典言令式又非正文若便改更恐難經久臣等集議嫂叔服并諸服紀並請依開元禮爲定如要給假卻請下太常依開元禮內

五服制度錄出一本編付令文

趙仁錡

仁錡晉天福中官司天少監

請停諸衛官遙授刺史疏

臣聞自古創業之君開基之主設官分職革故鼎新必有强名用爲公器以誘英彥皆不徒然伏見近年酬賞在京諸指揮使皆遙授刺史得非朝廷以貴其地望優其祿利乎臣以爲大輅起椎輪之始濫觴成方舟之流但恐滋深不可改易非創業制命之所宜也今六軍諸衛品秩皆高

不用酬勳。是成虛議。遂使掌禁軍者。鄙昇朝之貴。貪外任者。無戀闕之心。稍涉官邪。徒費國用。其六軍諸衛官員。伏望委宰臣約前唐故事。依文班品第。加以料錢。自此後非有軍功。不可輕授名器。無假中外迭居。豈惟正於等威。抑亦省於經費。

盧燦

燦。晉天福中官洪洞縣主簿。

慎刑策

伏以刑獄至重。朝廷所難。尚書省分職六司。天下謂之會

府。且諸道決獄。若關人命。即刑部不合不知。欲請州府凡斷大辟罪人。訖。逐季具有無申報刑部。仍具錄案款事節。並本判官馬步都虞候司法參軍法直官馬步司判官名銜申聞。所貴或有案內情曲不圓。刑部可行覆勘。如此則天下遵守法律。不敢輕易刑書。非惟免有銜冤。抑亦勸其立政者。

賈元珪

元珪。晉開運元年官殿中侍御史。

請押班宰相宜列班奏

是非既異。沿革不同。舉之則雖有舊規。考之則全無故實。且夫酌人心而致禮。依神道而設教。此乃經國之大端也。況通事舍人居贊導之職。押樓御史當糾察之司。一則示於紀綱。一則防於謬誤。所以靜觀進退。詳視等威。實非抗禮於庭。所謂各司其局。俾令不拜。雅合其宜。伏以宰相押班。率千官而設拜。起居內殿。統百辟以致詞。儀刑文武之班。表式鵷鷺之列。不得比贊導之職。詎可同糾察之司。統冠羣寮。所宜列拜。臣位居憲府。迹厠同班。言或庶其得中。罪難逃於多上。

盧詹

詹。字夢良。京兆長安人。天祐中為河中從事。後唐莊宗即位。累遷中書舍人。天成中拜禮部侍郎。歷御史中丞兵部侍郎尚書左丞工部尚書。晉天福初轉禮部尚書。分司洛陽。開運初卒。贈太子少保。

請罷論奏復稽課最表

一同分土。五等命官。所以字彼黎民。司其輿賦。至於田租桑稅。夏斂秋徵。或旨限不愆。或簡量增羨。殊非異政。乃是常程。竊見諸州頻奏縣令。多以稅輸辦集。便作功勞。諸道

纔有表章朝廷已行恩命且徵科是縣令之職分不過合望於甄酬若一年兩度轉遷則三載六升階級并加寵渥慮失規程伏乞止絕薦論但稽課最卽銓司黜陟自有等差貴塞倖門以循舊制

請令夷人觀樂疏

歌稱九德彰聖哲於一人國啓四門睦臣賓於萬宇伏惟陛下登臨宸極統御寰區普天之來享來王率土之爲臣爲子所以西戎獻款北狄輸誠五谿之蠻獠皆臻百越之梯航畢至華夷率服聲教遐流竊見外國朝天諸蕃到闕

多於便殿引對中外不知旣聞來自殊鄉宜使觀於盛事此後每有四夷入貢伏乞御於正殿列彼羣臣立天仗於廣廷臨宸軒而端拱庶使邊荒異俗向慕華風亦具禮樂威儀更顯聲明文物

桑簡能

簡能晉開運二年官殿中丞

請盛夏速斷冤獄封事

伏以天地育萬物廣博厚之恩帝王牧黎元行寬大之令是知恤刑緩獄乃爲政之先布德行惠實愛民之本今盛夏之月農事方殷是雷風長養之時乃動植蕃廡之際宜順時令以宏至仁竊以諸道州府郡縣應見禁罪人或有久在囹圄稍滯區分胥吏舞文枝蔓及衆捶楚之下或陷無辜縲絏之中莫能自理苟一人拘繫則數人營財物用旣殫功業亦罷若此之類實繁有徒竊恐官吏因循寖成斯弊伏乞降詔旨令所在刑獄委長吏親自錄問量罪疾速斷遣務絕冤濫勿得淹留庶免虛禁平人妨奪農力冀召和氣以慶明時

劉渙

渙晉開運三年官太常丞

請添置樂工奏

當工全少樂工或正冬朝會郊廟行禮旋差京府衙門首樂官權充雖曾教習未免生疎兼又各業胡部音聲不閑太常樂曲伏乞宣下所司量支請給據見闕樂師添召令在寺習樂勑太常寺見管西京雅樂節級樂工共四十人外受添六十人內三十八人宜抽教坊貼部樂官兼先餘二十二人宜令本寺招召充塡仍令三司定支春冬衣糧月報聞奏其舊管四十人亦量添請

曹國珍

國珍字彥輔。幽州固安人。少舉進士。累遷尚書郎。晉祖卽位。自吏部郎中拜左諫議大夫給事中。少帝嗣立。貶陝州行軍司馬卒。

請修大晉政統奏

請於內外臣僚之中。擇選才畧之士。聚唐六典前後會要禮閣新儀大中統類律令格式等。精詳纂集。別爲一部。商議今古。俾無漏畧。目之爲大晉政統。用作成規。

論竇温顏進策疏

臣聞去華務實。捨短從長。片言不遺。羣材畢錄。切詢古道。究是良圖。將隆講武之規。宜舉訓戎之典。故左氏春秋傳云。禁暴戢兵。保大定功。安民和衆。豐財。此所以昭宣七德。制服萬邦。又云。春蒐夏苗秋獮冬狩。皆於農隙以講武事。此所謂聿修戰法。俾耀軍威。又云。三時務農。一時講武。不教民戰。是謂棄之。所請每月旦教習事。伏乞宣駙馬步軍都指揮使簡練馴閱。甚爲允當。望賜施行。

盧貿

貿。晉開運時人。

祭中岳請遣河南尹行禮奏

臣聞國之大事。在祀與戎。祀則必盡其誠。戎則不加無罪。伏見以時祭嶽瀆。皆是本道觀察使親齋御降祝文祀。所行禮惟中岳頃自故河南尹張全義年德俱高。遂請少尹或上廳賓席攝祭。近歲多差文參府掾。習以爲常。不惟有瀆於神祇。兼慮漸隳於祀典。臣欲請河南尹卻於華州兗州定州孟州觀察使例。請行獻禮。仍令本縣令讀祝文者。

石昂

昂。青州臨淄人。少爲臨淄令。忤監軍楊彥朗。罷去。晉祖時

詔求孝悌之士。擢宗正丞。遷少卿。少帝卽位。晉政日壞。上疏極諫。不聽。稱疾歸。以壽終。

請赦范延光表

臣伏見銅臺逆豎。漳水叛城。始見利而忽起禍心。終負釁而難歸至化。遂使雄師大舉。元惡未除。雖寵極妖興。宜奮雷霆之怒。而勢窮力屈。可哀螻蟻之生。況師老費財。民勞失本。赦過宥罪。素垂範於典經。含垢匿瑕。事頗關於仁恕。伏望陛下施雲天之澤。收霜雪之威。捨獨夫百死之愆。救一鎮萬家之命。俾范延光令移本任。別與小藩。於滄邢兩

州自選一鎮庶令省過俾遂自新率彼百萬之資金犒我千營之將士庶明陛下不將威脅但以德柔施好生惡殺之仁彰捨短從長之道暫行虛刃必致太和所有隨從官員一任將行赴任或是本城兵士屬府職察亦仰依舊主持更無移改普覃恩惠不問罪愆臣自請獨駕單車徑入逆壘布穹昊不言之信闡陽春不報之恩佇見偃武修文再覩唐堯之化放牛歸馬必興姬發之風

欽定全唐文卷八百五十四

李懌

懌京兆人唐末進士入梁累官翰林學士後唐莊宗入立貶懷州司馬入爲衛尉少卿天成初復拜中書舍人充翰林學士轉戶部侍郎右丞充承旨晉天福中自工部尚書轉太常卿歷禮部刑部二尚書分司洛陽開運末卒年七十餘漢乾祐元年贈尚書左僕射

封彭城郡王錢鏐爲越王制

制曰惟天作元后所以保茲黎元惟王親諸侯所以建我

藩屏蓋一人不能獨任故列辟布於四海自昔權輿匪今作佣檢校太師守尚書侍中兼中書令上柱國彭城郡王錢鏐浙江孕靈天目鍾秀武足以安民定亂文足以佐理經邦屬天步之維艱投筆而起憤皇靈之不振枕戈不忘人方效忠天未厭亂漢宏托金刀之讖董昌借越鳥之妖爾獨憂僭偽之爭强共行天討雪朝廷之深憤自造地維屢挫淮氛式遏廣寇俾爾浙郡邑永保金湯之固屬部人民永享衽席之樂爾四國有西歸之望予一人無東顧之憂也昔平王東遷實依晉鄭典午南渡允賴并涼卿之封

地朕在不蔽援番君之故事環勾踐之舊疆建爾眞王允茲東夏於戲節制兩藩車徒萬乘有予奪生死之權驕心易滿有人民社稷之奉侈心易生不存忠義之心曷保功名之盛書曰惟命不于常又曰常厥德保厥位欽哉欽哉勿替朕命可進封越王增食邑一千戶實封一百戶餘如故

徙封越王錢鏐爲吳王勅

勑曰朕嗣登大寶統理萬方有推誠待人之心少撥亂反正之畧京畿叛亂宗廟震驚來周公宅洛之謀定商王遷

殷之業當茲更始式表殊勲檢校太師守尚書侍中兼中書令上柱國越王錢鏐一代偉人三朝元老定衰救亂素存忠義之心濟世經邦夙擅英雄之志鄉兵一起義聲四馳黃鉞初麾江表大定包茅時登乎天府版籍歲貢於有司日月塵昏牛女尋常拱北淮河鼎沸浙江日夜朝東用徙於越之封大畀勾踐之境爾其糾率侯服翼戴中朝選將練兵務農積粟進可參桓文之烈退可守吳越之區寧俾古人專美前史於戲夫差適顚沛之際罔替尊周仲謀方爭攘之時猶知有漢況爾名德殿此大邦必能宏濟艱難一匡天下予一人實有賴焉詩不云乎幹不庭方以佐戎辟爾尚勉旃可徙吳王加食邑二千戶實封二百戶餘如故

封錢鏐爲吳越王玉冊文

皇帝若曰天之視聽在人有人斯得國國之興廢在德有德則易興雖曰歷數有歸亦由人心允協此商所以剗夏周所以克殷也洎者有唐告終王政日紊婦寺亂常於內蠻貊犯順於邊列鎭張膽而相攻大臣悶心而無措惟思家族遑恤朝廷朕起自兵戎歷階節度憂皇天之不弔閔黎庶之倒懸誓衆興師爲民請命東征西怨共徯我后來

蘇簞食壺漿咸若厥角墜地竟以數州之力大翦諸國之鋒歷試諸艱遂叨九錫稽舜禹之禪法隋唐之勅天步未夷人情習亂因商民之思紂嗾桀犬以吠堯職具不供何所不至咨爾啓聖光運同德功臣上柱國吳越王錢鏐山川毓秀二五儲精以不世出之才行大有爲之志納交伯府翼戴中朝淸淮甸之邪氛不得紊我王氣斬羅平之妖鳥不得鳴我王郊洎乎授禪之初首遣宣諭之使頗知天命不效狂謀匪兼二國之封曷奬尊王之義今遣使金紫

光祿大夫尚書上柱國姚垍使副尚書禮部主客員外羅袞持節備禮胙土分茅冊爾爲吳越國王於戲車徒萬乘何戎狄之不可膺節制三方何強梁之不可伏矧百粤夏后駐蹕之地三吳太伯肇封之疆勾踐用之以覇周夫差以之而駕晉方賴率三軍而梃荊楚糾列國以平淮夷允爲東海屏藩永保中原重鎭毋姑息以敗事毋誇大以墮功欽哉欽哉其聽朕命

桑維翰

維翰字國僑洛陽人後唐同光中進士晉祖建號授翰林

學士禮部侍郎知樞密院事改中書侍郎同中書門下平章事天福四年出爲相州節度使歲餘徙鎭泰寧七年徙鎭晉昌少帝嗣位徵拜侍中守中書令封魏國公尋罷爲開封府尹少帝將降契丹諷張彥澤害之

諫賜優伶無度疏

曏者陛下親禦胡寇戰士重傷者賞不過帛數端今優人一談一笑稱旨往往賜束帛萬錢錦袍銀帶彼戰士見之能不觖望士卒解體陛下誰與衛社稷乎

論安重榮請討契丹疏

竊以防未萌之禍亂立不拔之基扃上繫聖謀動符天意非臣淺陋所可窺量然臣逢世休明致位通顯無功報國省己愧心其或事繫安危理干家國苟猶緘默實負君親是以區區之心不能自已近者相次得進奏院狀報吐渾首領白承福已下舉衆内附鎭州節度使安重榮上表請討契丹臣方遥隔朝闕未測端倪思陛下頃在并汾初罹屯難師少糧匱援絶計窮勢若綴旒困同懸磬契丹控弦玉塞躍馬龍城直度陰山徑絶大漠萬里赴難一戰夷兇救陛下累卵之危成陛下覆盂之業皇朝受命於此六年

夷夏通歡亭障無事雖卑詞降節屈萬乘之尊而庇國息民實數世之利今者安重榮表契丹之罪方恃勇以請行白承福畏契丹之彊將假手以報怨恐非遠慮有惑聖聰方今契丹未可與爭者其有七焉契丹自數年來最爲彊盛侵伐鄰國吞滅諸蕃救援河東功成師克山後之名藩大郡盡入封疆中華之精甲利兵悉歸麾北卽今土地廣而人民衆戎器備而戰馬多此未可與爭者一也契丹自克捷之後鋒銳氣雄南軍因敗衄以來心沮膽怯況今秋夏雖稔而帑廩無餘黎庶雖安而貧弊益甚戈甲雖備而

鍛礪未精士馬雖多而訓練未至此未可與爭者二也契丹與國家恩義非輕信誓甚篤雖多求取未至侵凌豈可先發釁端自爲戎首縱使因茲大克則後患仍存其或偶失沉機則追悔何及兵者凶器也戰者危事也苟議輕舉安得萬全此未可與爭者三也王者用兵觀釁而動是以漢宣帝得志於匈奴因單于之爭立唐太宗立功於突厥繇頡利之不道方今契丹正抱雄武之量有戰伐之機部族輯睦蕃國畏伏土地無災孳畜繁庶蕃漢雜用國無釁隙此未可與爭者四也引弓之民遷徙鳥舉行逐水草軍

無饋運居無竈幕住無營柵便苦澁任勞役不畏風霜不顧饑渴皆華人之所不能此未可與爭者五也戎人皆騎士利在坦途中國用徒兵喜於走險趙魏之北燕薊之南千里之間地平如砥步騎之便較然可知國家若與契丹相持則必屯軍邊上少則懼夷狄之衆固須堅壁以自全多則患飛輓之勞則必逐寇而速反我歸而彼至我出而彼迴則禁衛之驍雄疲於奔命鎭定之封境畧無遺民此未可與爭者六也議者以陛下於契丹有所供億謂之耗蠧有所卑遜謂之屈辱微臣所見則曰不然且以漢祖英雄猶輸貨於冒頓神堯武畧尚稱臣於可汗此謂達於權變善於屈伸所損者微所利者大必若因茲交搆遂成釁隙自此則歲歲徵發日日轉輸困天下之生靈空國家之府藏此爲耗蠧不亦甚乎兵戈既起將帥擅權武吏功臣過求姑息邊藩遠郡得以驕矜外剛內柔上凌下僭此爲屈辱又非多乎此未可與爭者七也願陛下思社稷之大計采將相之善謀勿聽樊噲之空言宜納婁敬之逆耳然後訓撫士卒養育黔黎積穀聚人勸農習戰以俟國有九年之積兵有十倍之彊主無內憂民有餘力便可以觀彼

之變待彼之衰用已之長攻彼之短舉無不克動必成功計之上者也惟陛下熟思之臣又以鄴都襟帶山河表裏形勝原田沃衍戶賦殷繁乃河朔之名藩實國家之巨屛卽今主帥赴闕軍府無人臣竊思慢藏誨盜之言恐非勇夫重閉之意願迴深慮免啓姦謀欲希陛下暫整和鑾畧謀巡幸雖櫛風沐雨上勞於聖躬而杜禍防微實資於睿畧省方展義今也其時臣受主恩深憂國情切智小謀大理淺辭繁俯伏惟懼於僭踰裨補或希於萬一謹冒死以聞

盧擢

擢漢天福十二年官右拾遺

請許朝臣封贈父母疏

臣聞詩云哀哀父母生我劬勞又仲由云樹欲靜而風不止子欲孝而親不待皆以昊天所覆永報爲難今陛下信及昆蟲孝理天下漏泉之澤倘尚拘於常制過隙之恨誠何慰於孝思今請應在朝內外文武臣寮亡父亡母並請特與追封既存沒以知榮則寰區而荷德

許敬遷

敬遷漢天福十二年官左衛將軍

請禁斷契丹樣裝服奏

臣伏見天下鞍轡器械並取契丹樣裝飾以爲美好安有中國之人反效戎虜之俗請下明詔毀棄須依漢境舊儀

趙熙

熙字績臣唐宰相齊國公光逢從子起家授秘書省校書郎後唐天成中累遷南省正郎晉天福中授秘書少監遷右諫議大夫十二年漢祖入太原爲晉州亂軍所殺

請令詔書關送史館疏

伏以皇帝陛下應天御宇纘聖承乾咸從睿哲之功克致文明之運始自乾坤蕩定京輦廓清箴規委諫諍之臣輔弼任賢良之士莫不盡編竹帛已播遐陬其有聖德憂勤睿謀沉密至理每叶於神化格言皆契於天時或拱極侍衛之臣或秉政樞機之地或陛下有籌畫之妙或大臣得應對之儀外班既不聞知直史憑何紀錄實慮歲月深久永作遺文自此凡是內中公事及詔書奏對應不到中書者伏乞委內臣一人旋具抄錄月終關送史館庶使簡編畢備言動無遺垂萬古之美談顯一時之盛事

請令文武兩班更互奏對疏

伏自陛下乘乾之後纘聖已來從諫如流求賢不倦遂令五日之內一度對揚百辟之間咸陳管見伏覩武班朝士皆大國賢臣或繼委藩任或盡知民瘼或久諳師旅或深知兵機或將相子孫或貔貅列士或銜命每推於專對或臨戎嘗立於殊功蘊器業而不敢自陳有籌畫而無繇上奏方今烝黎尚困兵革未銷儻一言仰合於天心一事有資於軍志可裨睿算便致小康抱材能者無愧於朝廷懷義勇者何慙於休運伏望令兩班更互奏對

趙瑩

瑩字元輝華州華陰人梁龍德中舉進士爲康延孝從事後唐明宗時晉祖爲保義節度使以瑩爲節度判官及即位累遷門下侍郎同中書門下平章事兼吏部尚書少帝嗣位拜守中書令明年檢校太尉出爲晉昌節度使移鎮華州入爲開封尹開運末復知政事契丹滅晉從少帝北遷卒於幽州

請令呂琦尹拙修唐史奏

所修唐史首尾二十一朝綿歷三百餘載其於筆削斯實

難辦必藉羣才司分事任張昭等五人奉勑同撰內起居郎賈緯丁憂去官竊以刑部侍郎呂琦侍御史尹拙皆富典墳嘗親簡牘勸善懲惡雅符班馬之規廣記備言必稱董南之職上祈聖鑒俾共編修

論修唐史奏

伏以唐室君臨歷年長遠至若王言帝載國史朝經治平之時充溢臺閣自季朝喪亂迨五十年四海沸騰兩都淪覆竹簡漆書之部帙多已散亡石渠金馬之文章遂成殘缺今之書府百無二三臣等虔奉綸言俾令撰述褒貶或從於新意纂修須按於舊書既闕簡編先憂漏落臣今據史館所闕唐書實錄請下勑購求昔咸通中宰臣韋保衡與蔣伸皇甫煥撰武宗宣宗兩朝實錄皆遇國朝多事或值皇輿播越雖聞撰述未見流傳其韋衡裴贄合有子孫見居職任或門生故吏曾託纂修或祕藏於士族之家或韜隱於鉅儒之室聖代方編於舊史耆年有事於故朝聞此諛論諒多快愜況行恩獎以重購求請下三京諸道及中外臣寮凡有將此數朝實錄詣闕進納請量其文武才能不拘資地與除一官如卷帙不足據數進納亦請不次

獎酬以勸來者自會昌至天復垂六十年其初李德裕平上黨著武宗伐叛之書其後康承訓定徐方有武寧本末之傳如此色類記述頗多復有世積典墳家傳史筆或收纂當時除目藏在私居或採摭近代制書以爲文集未逢昌運無以發明今屬搜揚誠爲際會既伸志業佇見旌讐請下中外臣寮及明儒宿學有於此六十年內撰述得傳記及中書銀臺事史館日歷制詔冊書等不限年月多少並許詣闕進納如年月稍多記錄詳備請特行簡拔不限資序臣與張昭等共議所撰唐史衹敘本紀列傳十志本

紀以綱帝業列傳以述功臣十志以書刑政本紀以綱帝業者本紀之法始於春秋以事繫日以日繫月以月繫時以時繫年刑政無遺綱條必舉須憑長歷以編甲子請下司天臺自唐高祖武德元年戊寅至天祐元年爲甲子轉年長歷一道以憑編述諸帝本紀列傳以述功臣者古者衣冠之家書於國籍中正清議以定品流故有家傳族譜族圖江左百家軒裳繼軌山東四姓簪組盈朝隋唐已來勳書王府故士族子弟多自紀世功備載簡編以光祖考今宸恩渙洽屬意譔論卿士大夫咸多世族聞茲汗簡孰

不慰心請下文武兩班及藩侯郡牧各敘累代官婚名諱行業功勳狀一本如有家譜家牒亦仰送官以憑纂敘列傳十志以書刑政者五禮之書代有沿革至開元刊定方始備儀自寶應以來典章漸缺其祇見郊廟冊拜公王攝事相禮之文車輅服章之數勢移權倖禮或僭差故軍容釋奠於儒宮舉朝議誚巷伯邑鑾而法服博士抗論年代既深禮文斯忒請下太常禮院自天寶已後至明宗朝已來五禮儀注朝廷行事或異舊章並據增損節文一一備錄以憑撰述禮志四懸之樂不異前文八佾之容或殊往代隋唐已來樂兼夷夏乃有文舞武舞之制坐部立部之名天寶之初雲韶大備寶應之後音律漸衰郊廟殿廷舊章斯缺自咸秦蕩覆鐘石淪亡龍紀返正之年有司特鑄懸樂旋宮之義空有其文請下太常寺具四懸二舞增損始自何朝及諸廟樂章舞名開元十部用廢本末一一按錄以憑譔述樂志刑名之制代有重輕隋唐以來疏爲律令然累朝雖有制敕相次增益舊條以此格律之文未能畫一後敕不編於實錄諸制多在於法書請下大理寺自著律令已來後敕入格條者及會昌已來所經疑獄一一

關報以憑撰述刑法志律歷五行天文災異中書實錄前代具書自唐季亂離簡編淪落太史所奏並不載於冊書諏見之文時或存於星歷請下司天臺自會昌已來天文變異五行休咎歷法改更據朝代年月一一條錄以憑撰述天文律歷五行等志唐初定官品令三公三師爲第一品尚書令僕射爲第二品兩省御史臺寺監長官六尚書爲第三品自定令已後官品錯舛比諸令文前後同異又有兼攝檢校之例資授冊拜之文軍容或盛於朝儀使務漸侵於省局以此官無定令位以賞功臺府之權隨時輕

重求諸官志前代無聞請下御史臺自定令已後文武兩班品秩或升或降及府名使額寺署廢置官名更改一一具析以憑撰述職官志畫野離彊實均九貢帶河礪嶽爰命諸侯唐初守邊則有都督總管之號開元命將即有節度按察之名故刺史多帶於使銜郡閣更兼於軍額其後四安之地因亂多設於戎夷九牧之中秉寵遂邀於旄鉞故山河易制名類實繁請下兵部職方自開元已來山河地理使名軍額州縣廢置一一條列以憑撰述郡國志漢述藝文隋編經籍蓋以總括典墳之部牢籠流畧之書唐

初以迄開元圖書大備歷朝纂述卷軸彌繁若不統而論之何彰文雅之盛請下祕書省自唐初已來古今典籍經史子集元撰人姓氏四部大數報館以憑撰述經籍志臣名叨輔弼學愧裁成獲奉制書俾專信史伏以有唐纘歷累葉承平文德武功已紛綸於圖牒記言載筆尚闕漏於簡書皇帝陛下永念淪胥深思揖讓周武謁成湯之廟不忘故朝漢皇封王赧之孫蓋悲亡國今則已覃優渥爰勤纂修凡在臣僚孰不知感所懼史才短淺識局荒唐實慮庸虛有孤宸委所陳條例如可施行請下所司庶幾集事

李鏻

鏻唐宗室子舉進士不第常山趙王鎔辟爲從事後唐同光初授宗正卿兼工部侍郎出爲河中節度副使明宗即位召入爲太子賓客歷兵部戶部侍郎工部戶部尚書轉兵部尚書晉天福中守太子少保開運中遷太子太保漢祖即位授守司徒卒年八十八贈太傅

請朝官舉賢疏

朝班自四品已上官各許薦令錄兩人五品六品官許薦簿尉兩人使廉慎能名者同受爵賞貪婪害物者並坐刑

書各舉所知不蔽賢路

龍敏

敏字欲訥幽州永清人少仕州攝參軍後唐同光中累遷兵部侍郎授北京副留守召爲吏部侍郎入晉以本官判戶部遷尚書左丞開運中改工部尚書漢乾祐元年卒年六十三贈右僕射

條陳臺中事宜疏

伏以臺司除御史中丞隨行印及左右巡事監察使并出使印等外其御史臺印一面先准令式即是主簿監臨近

年已來緣無主簿遂至內彈御史權時主持嘗隨本官出入不定伏緣臺中公事不同諸司動繫重難常憂遲滯當奏申堂之際及牒州牒府之時事無輕重並使此印今准令式逐日有御史一員臺直承受制敕公文其御史臺印今欲勒留臺中不令在外選差令史一人帖司一人同知此印凡有諸色文按印發之時指揮諸司各置印歷一道具其事節件數書在歷中卽於直官面前點簡印發其印至夜封閉候交直轉付下次直官共議執行保無差謬者伏以御史臺事總朝綱職司天憲所管人吏色役最多上至朝堂次及班列或在京勾簡公事或外地催勘稽違監守狴牢行遣按牘或隨從出使或祠祭監臨凡有係於臺司皆須藉其人吏俾無闕事以贊國容近年以來人數極少及月限者授官出外爲官滿者追呼未來人吏既到不勉公事便至停滯切以往歲臺中亦闕人吏曾於諸州抽取今欲於諸州使院內量事差取十人據臺中諸司闕人臨時量才填補者一具臺中令史今欲條流凡出官考滿却來歸司者便具到日申堂請以到日繫其選限如有經年不到追領不來卽具申堂便乞除落名姓

欽定全唐文卷八百五十五

常準

準漢乾祐元年官吏部員外郎

請禁攝官銜替奏

臣以國家選擇令佐或從銓注或是敕除立考課以校政能驗貪廉而行黜陟如斯條貫尚有闕遺近者諸道州府多署攝官以代正授既不拘於考績唯掊斂於資財致使户民轉爲蠹耗臣請示諸道州府長吏如令佐正官月限已滿除替未到不限時月切不得以攝官銜替須待正授替官卽令對面交割縣務然後本州使出給解由批書歷子如此則承眞命者守文畏法求攝任者退亦悛心

王周

周魏州人事後唐明宗以戰功拜刺史晉天福中歷貝州涇州節度使遷武勝保義義武成德四鎮杜重威降契丹欲自引決家人迫以出降授武勝軍節度使檢校太師漢祖入立徙鎮武寧加同平章事乾祐元年卒贈中書令

蚋子賦 并序

蚋子之下有蟆子蟆子之下有浮塵子三者異乎皆狀小

而黑世云巴蛇鱗介中微蟲所變耳三伏閒晝飛夜息咂啄人肌膚動爲瘡痏能飛不見其翼能齧不見其口微眇之極雖縝密衣服亦可通透莊生焦螟之說近之也至微之蟲豸詩獨無蚋故作賦以廣之

蟲之至微名之曰蚋信乎蟣之别品復爲蝨之餘裔羣巢蚊之異類結搏牛之深契附諸鬱蒸産彼蕪穢張華之識何以辯其兩翼離婁之明何以見其長喙伺暑絺之漏露啐豐肌而睥睨默然而至暗然而噬人之至靈何闕爾之所衛人之至剛何反爾之所制狀斯咄咄籲於造物何不恣蛇虺之毒必當與之爲避何不張虎豹之口不敢與之爲忽豈其食人之膏血資己之肥腯念膚體之何毁痛瘡痏之難没吾將擷楸葉以爲焚俾爾之銷骨者也

劉鼎

鼎字公度徐州蕭縣人起家爲大理評事歷殿中侍御史起居郎後唐清泰中出爲渾州廉判入爲刑部郎中改吏部郎中兼侍御史知雜事漢乾祐初拜諫議大夫卒年五十五

請依故事薦人自代疏

臣見建中元年正月敕中外文武臣僚授官上任後三日舉一人自代事下中書如除官用人選所薦多者擬議多事以來此道久廢今後乞復施行

張允

允鎭州束鹿人後唐同光中累遷宏文館直學士水部員外郎知制誥清泰初改給事中轉左散騎常侍晉天福五年遷禮部侍郎改御史中丞轉兵部侍郎知制誥充翰林學士承旨漢乾祐初授吏部侍郎卒年六十五

請罷明經科奏

明君側席雖切旁求貢士觀光豈宜濫進竊窺前代未設諸科始以明經俾昇高第自有九經五經之後及三禮三傳已來孝廉之科遂因循而不廢縉紳之士亦緘默而無言以致相承未能改作每歲明經少至五百已上多及一千有餘舉人如是繁多試官豈能精當況此等多不究義唯攻帖書文理既不甚通名第豈可妄與且當年登科者不少相次赴選者甚多州縣之間必無員闕輦轂之下須有稽留怨嗟自此而興謗讟因兹而起但令廣場大啓諸科並有明經者悉包於九經五經之中無出於三禮三傳

之内若無釐革恐未便宜其明經一科伏請停廢

請罷童子科奏

國家懸科待士貴務搜揚責實求才須除訛濫童子每當就試止在念書背經則雖似精詳對卷則不能讀誦及名成貢院身返故鄉但刻日以取官更無心而習業濫蠲徭役虛占官名其童子一科亦請停廢

駁曹國珍請修大晉政統疏

作者之謂聖述者之謂明苟非聖明焉能述作若運因革故則事乃惟新或改正朔而變犧牲或易服色而殊徽號

是以五帝殊時不相沿樂三王易世不相襲禮止於近代率由舊章比及前朝日滋其目多因行事之失改爲立制之初或臣奏條章君行可否皆表其年紀以姓名聚類分門成文作則莫不悉稽前典垂範後昆述自聖賢歷於朝代得金科玉條之號設亂言破律之防守而行之其來尚矣皇帝陛下運齊七政歷契千年爰從創業開基莫不積功累德所宜直筆具載鴻猷若備錄前代之編年目作聖朝之政統此則是名不正也夫名不正則言不順而媚時掠美非其實矣若翦截其詞此則是文不備也夫文不備則啓事端而禮樂刑政於斯亂矣若改舊條而爲新制則未審何門可以刊削何事可以編聯既當革故從新又須廢彼行此則未知國朝能守而不失乎臣等同共參詳未見其可況臣等學慙該古識昧折中當君上順道師古之時無臣下亂名改作之犯則天下幸甚天下幸甚

駁赦論

管子云凡赦者小利而大害久而不勝其禍無赦者小害而大利久而不勝其福又漢紀云吳漢疾篤帝問所欲言對曰唯願陛下無爲赦耳如是者何蓋行赦不以爲恩不

行赦亦不以爲無恩爲罰有罪故也竊觀自古帝王皆以水旱則降德音而宥過開獄牢以放囚冀感天心以救其災者非也假有二人訟一有罪一無罪若有罪者見捨則無罪者銜寃銜寃者彼何疏見捨者此何親乎如此則是致災之道非救災之術也自此小民遇天災則喜皆相勸爲惡曰國家好行赦必赦我以救災如此則是國家教民爲惡也且天道福善禍淫若以捨爲惡之人而便變災爲福則又是天助其惡民也細而災之必不然矣或曰天降之災蓋欲警戒人主節嗜慾務勤儉卹鰥寡正刑罰不濫

捨有罪不僭殺無辜使美化行於天下聖德聞於上則雖有水旱亦不爲沴矣豈以濫捨有罪而反能救其災乎彰其德乎是知赦之不可行也明哉明哉

馬承翰

承翰漢乾祐初官兵部郎中奉使吳越覩其驕僭形於譏誚錢宏俶摭其過奏之責授慶州司户員外置

請禁走馬害人奏

伏見都下衢街馳驟人物殷繁其有步履艱難眼目昏暗老者幼者悉在其間車馬若縱於奔馳生性必見於傷害

況律禁無故走馬傷人殺人素有嚴典臣竊恐功勳之子軍伍之人向來偶昧於憲章此際忽思於馳騁害人者死是殺二人殺人既多亦傷至化臣以爲不若令之在前使民知禁臣乞特降明詔示諭内諸司以下及諸軍巡於街衢坊曲並不得走馬兼乞指揮巡界金吾司所由及軍巡所由常切止約如有故違走馬者不問是何色目人並捉搦申所司請依律科斷若所由不切止約致走馬害人者巡界分所由與所犯人同罪科斷其或自内中急傳宣旨者卽請賜銀牌或牙牌令以手持之俾路人及所由辯認易爲奔避上行其令而下不敢違非惟得罪者無同抑亦所犯者應少

李守貞

守貞河陽人晉天福中累遷宣徽使少帝卽位授滑州節度使兼侍衛馬軍都指揮使改侍衛都虞侯開運元年授兖州節度使加同平章事二年契丹南下以爲北面行營都監還爲侍衛副都指揮使移鎭宋州代高行周爲侍衛親軍都指揮使移鎭鄆州契丹寇邊以爲北面行營都部署軍敗降契丹授司徒依前鄆州節度使從契丹至汴尋歸本鎭漢祖入立授太保封魯國公移鎭河中乾祐二年

以叛誅

上南唐元宗乞師表

臣之先世乃唐遺裔錫侯命將代不絶人茂績殊勳著於簡冊昔日巢寇犯闕僖昭失御宗社板蕩爲人所有臣雖生於梁末幼失怙恃零丁孤苦遭世多難遂能執戈捐身事晉征討攻伐粗立戰功高祖見擢俾典禁衛頗著勞績尋屬顧命出守蒲津洎少主厄運遂没戎虜晉鼎覆餗天下横流疆宇無主臣不勝忿惋痛心疾首欲效愚忠誅鉏

虵豕恢復先業庶安宇內功未及立兇黨俄臨衆寡不敵遂罹危迫臣雖躬當矢石以帥羣下悉力固守冀殄犬羊殞首不顧臣之分也然預防不虞有備不敗古之善教也臣遠聞君王霸有江左雄跨淮甸禁暴弭亂推亡固存有王者之風將繼巨唐有土者非君而誰況臣忝宗盟敢罄誠款苟君王察臣忠勇憐顧本支救患恤鄰遏强拊順爰遣偏將出爲東援則五霸之風不讓桓文之主苟獲全濟實君之惠

高守瓊

守瓊漢乾祐二年官右拾遺

請慎選縣令奏

有國通規無先擢士論選旣當綱紀必陳而縣令字人最親理道若宰大邑難用小才一同皆繫於慘舒百姓咸關於利病實賴勤恪以恤孤惸吏若不臧人當受弊近年銓司注擬藩府薦論只循資歷而行不以年顔爲念且少年宰邑鮮有廉勤不執公方惟貪娛樂以臣愚見凡朝廷選親人之官年未三十請不授縣令少年授任必慮因循

盧振

振漢乾祐二年官右補闕

請開斗門奏

臣伏見汴河兩岸隄堰不牢每年潰決正當農時勞民功役以臣愚管沿汴水有故道陂澤處置立斗門水漲溢時以分其勢即澇歲無漂沫之患旱年獲澆溉之饒庶幾編甿差免勞役

裴巽

巽漢乾祐二年官司封郎中

請置洛陽壇壝齋屋奏

國家郊廟社稷百神祀祭皆在雒陽臣每見差官行事諸神壇壝多無齋宿之所以三公之職衣冠於旅舍田家狼籍凶穢無所不有恐非精誠蠲潔展敬之道也臣請下河南府於京城四郊聊葺屋宇充齋宿神厨之所

樊倫

倫漢乾祐二年官國子司業

禁僧尼剃度奏

游惰之民多歸僧舍朝廷用兵須豐軍食請三五年間止絕僧尼戒壇兼禁私行剃度

梁文贊

文贊漢乾祐二年官戶部員外郎

請罰惰民奏

臣竊見諸道州府力及人戶廣置田園不勤耕稼惟爲無利以事末遊臣慮因循以成漸染請量爲條教以塞源流臣請在官處官吏搜求此色戶民令出代耕錢納官以督農務

李欽明

欽明漢乾祐二年官司勳員外郎

請許陳許蔡三州制造舟船奏

臣伏以百姓轉食餽運舟車之利苦樂相懸臣竊見蔡水嘗有漕運多是括借舟船破溺者棄在水邊不許修葺又不給付以臣愚見乞容陳許蔡三州人戶制造舟船不用括取以備差僱水路可至合流鎮及陳州蔡水未及水匱十數里水小岸狹或時乾淺臣伏請開決汴水取定力禪院西一半并港穿大城向南至斗門可費三五千工自水匱蔡水路纔五六里水勢便於開決陳蔡漕運必倍常年私下往來更豐財貨此之利便實益轉輸

請汰僧人疏

伏見天下戶民大半家貧產薄征賦之外差配尤繁豈宜寒耕熱耨之人供游手惰農之輩臣近以簡苗外縣遍歷鄉村緇侶闕居精舍輝赫每縣不下二十餘處求化齋糧不勝飽飫寺家耕種又免征稅臣竊知淮南不度僧尼不滋醫卜已六十年矣兼不許外求者入境此輩遺畱蠹耗幸我國困民貧古語云一夫不耕一婦不織必有受飢寒者即自聖化之內且約十萬僧尼每人日米一升十萬人日費二十石以日繫月其數可知每人春冬服裝除綾羅

紗縠外一僧歲中須絹五匹綿五十兩十萬僧計絹匹五十萬綿兩五百萬此輩不耕不農皆出於蠶織無裨至化實戮大猷臣以爲聚僧不如聚兵僧富不如民富昔秦皇帝并吞六國虎視天下以兵多民富故也僧何預焉經曰聖人在上國無幸民民之多幸國之不幸臣嘗三復此言爲之扼腕

司徒詡

詡漢乾祐三年官禮部郎中

請採遺書奏

臣聞致理之方。咸資稽古。多聞之道。詎捨羣書。歷代已來。斯文不墜。石渠蓬閣。今則闕於芸編。百氏九流。在廣須於搜訪。唐朝並開三館。皆貯百家。開元之朝。羣書大備。離亂之後。散失頗多。臣請國家開獻書之路。凡天下文儒衣冠舊族。有收得三館亡書。許報館進納。據卷帙多少。少則酬之以縑帛。多則酬之以官資。自然五六年間。庶幾粗備。

盧文紀

文紀字子持。京兆萬年人。少舉進士。事梁爲刑部侍郎集賢殿學士。後唐明宗時爲御史中丞。遷工部尚書。末帝卽位。拜中書侍郎同中書門下平章事。晉祖入立。罷爲吏部尚書。累遷太子少保致仕。周祖入立。卽拜司空。於家。卒年七十六。贈司徒。

請追尊宣憲太后表

臣聞聖列九皇。必稟嚴慈之訓。貴爲萬乘。彌懷顧復之恩。所謂生我劬勞。昊天罔極。故漢昭帝承祧御歷。奉尊謚於雲陽。魏文帝繼體守文。思外家於甄館。則追崇母后。祔享廟庭。愛親之道克隆。敬本之文斯洽。臣等嘗覽國史。見元宗大聖孝明皇帝母昭成皇太后竇氏。作嬪初奉於相王。歷位纔終於藩禱。及至上皇傳國。聖子臨朝。則追尊配享於閟宮。儷極攸先於冢后。臣又見代宗睿文孝武皇帝母章敬太后吳氏。入宮纔侍於忠王。短世難登於命婦。及寶祚爰歸於聖嗣。追尊將祔於陵園。則羣臣歷懇於封函。嚴配請崇於徽號。舊章斯在。闕禮未伸。臣等叨備鼎司。合伸茂典。伏惟聖母魯國太夫人。夢梓興周。望雲佐漢。亶河洲之懿範。契沙麓之休祥。三母俱賢。周武最承於天統。四妃有子。唐侯光啓於帝圖。仰惟當宁之懷。彌軫寒泉之思。伏望配陵祔廟。法地則天。君親實殺於義方。恩禮宜歸於聖善。母以子貴。乃春秋之格言。孝以尊親。固禮經之明義。久虛時薦。慮損皇猷。俾秦官載顯於玉符。魏寢永光於金冊。則華夷大願。臣子遑寧。

臣等謹案謚法。聖善周聞曰宣。施而不私曰宣。博聞多能曰憲。聖善周達曰憲。謹上尊謚曰宣憲皇太后。請依昭成章敬二太后故事。擇日備禮冊命。故事禮合配陵祔廟。臣等再詳儀注。備有典彝。伏恐朝廷且務於便安。司局貴期於辦集。酌於故事。更司簡詳。臣等伏聞先太后舊陵未祔於先朝。則都下難崇於別廟。既追尊謚。合創閟宮。臣等謹案漢故事。園寢不在王畿者。或在

陵所便立寢祠禮文雖異於國朝事理可循於權道臣等商量太后上尊謚後權立祠廟以伸告獻配祔之禮請俟他年

請御書殿最臣寮奏

一人御宇百職交修則四時無水旱之災萬國有樂康之詠頃屬中原多事三紀不寧廉平因此而蔑聞賞罰緣茲而失序所以梟鸞並起駘驥難分有援助者至濫必容守孤貞者雖賢莫進遂使居官僶俛奉職因循唯思避事以偷安罔効輔時而濟物伏惟皇帝陛下削平九有收復八

紘承乾興萬代之基出震應千年之運櫛沐風雨手足胼胝勤勞大集於聖功華夏畢歸於睿略雖遠柔邇伏咸知臨照之鴻恩而旰食宵衣尚念生靈之久困累頒絲綍典訪芻蕘恐天災之流行因皇風之擁隔臣不揆庸短輒冒宸聰臣請告諭內外文武臣寮凡守一官責其舉職公清奉上勤恪爲心每歲秋冬明定考較將相則希回御筆班行則悉委司存外則州牧縣寮具以真虛比較儻聞共推異績便宜特示甄酬如其衆謂曠官固可明行黜責所冀免懷竊位俱効竭誠上則輔佐於大君下則精專於庶務高卑不濫功過無私官既清廉則民無愁歎勸課之方得所則生靈之賦樂輸故可以進賢良退不肖安生聚實倉箱使和氣遠敷德澤廣被顧惟穹昊必降休祥永致太平寓期混一臣叨逢明聖謬列班行既奉德音合申所見

請振飭辭謝朝班告假事例奏

常朝辭謝官常朝則南班橫行與百官齊拜入閤日敷正門外序班亦伏南橫行百官雖不拜候喚伏時辭謝官便展拜儀今伏見每內殿起居日先於文明殿庭序班百官固不設拜只候宰相至便入起居固不傳宣命若有南班

辭謝稍似非儀請自今後其日不許辭皆令次日候有常朝即得辭謝若遇急切公事即准舊例令隔門辭謝或於閤門祗候宣放其文武兩班不更於文明殿序立至於中興殿門外立班祗候宰臣到便依次第入起居又准故事常參官每日趨朝不合無故請假如實疾病不朝參聞不得私行人事新官未謝不合私人事到宰相宅每月請假不得過三日吏部南曹郎中請以鏁院前五日免朝若遇起居入閤參假追朝御樓謝賀行香城外班並合到不到書罰三司河南府職事帶正員官如南曹例

請對便殿疏

臣近蒙召對面奉天旨凡軍國庶事利害可否卿等位居輔弼並合盡言臣等仰承詔諭退自省循時遇休明名叨輔弼才器不能經綸庶務智術不能康濟大猷致陛下宵旰於玉圖憂勤於治道有靦面目待罪巖廊尚沐宸慈猶寬冊免莫不兢心自勵俛首深惟願竭愚鄙之誠少副昭回之鑒臣聞古先哲王樂聞己過道塗立誹謗之木門庭樹告善之旌從諫如流聞議能服祈以卜年長久享祚無窮陛下自纘邦家克敦慈儉守先皇仁政遵列聖彝章人

樂和平政皆畫一天無祲沴之象地無變怪之妖日月無爽於虧盈星緯不差於纏次襞諫紙者無詞可措持皁囊者無過可規凡百庶寮奉職不暇臣伏覽貞觀故事見魏徵馬周之章疏王珪劉洎之奏論或講貫古今或鋪陳政術皆萬代之長策非一介之狂言苟異經謀何名獻納臣等伏計宸算圖度者必以嶺嶠未平島夷猶梗巴梁恃險并絡纏妖鮮卑尚撓於邊陲將帥未施於方略臣等以爲非獨人謀未至亦恐天意使然聲教苟孚廟清何晚臣畧以前事明之何者卽如漢高前代之英主也一劍初奮於彭城五年方誅於項籍洎南平英布北扞匈奴解白登之圍避柏人之難凡十餘年親當矢石乃混車書如太宗文皇帝本朝之聖祖也自起義太原佐命高祖乃定江南之草竊殄隴右之陸梁禦突厥於便橋擒公祏於京口凡十餘年櫛風沐雨命將出師方得華裔向風寰區無撓伏念陛下爰從踐祚纔歷一朞雖乃聖乃神不下於漢高文祖而且耕且戰更詳於人事天時俾武王一舉盪平體句踐十年教戰若治兵之至要御衆之大端攻必取而守有餘戰必勝而卒無怠發號出令保大定功俾軍戎咸憚於機

權部校皆存於信義驅之可以蹈湯火使之可以爲蟲沙此則聖謀懸料於彀中神策已包於術內何假芻蕘小輩草野凡生持蠡妄測於滄溟側管强窺於穹昊不量事體虛費芻言故論語載仲尼治衞必也正名言順事行勿容苟且名言之際聖哲攸艱況在凡常豈宜容易思出其位古人所非臣等謬處台衡奉行制勑但緣事理互有區分軍戎不在於職司錢穀非關於局分苟陳異見卽類侵官況才不濟時識非經遠因五日起居之例於兩班旅見之時畧獲對敭兼承顧問此際衛士周環於階陛庶臣羅列

於殿庭四面聚觀十手所指臣等苟欲伸愚短此時安敢敷陳韓非昔懼於說難孟子亦憂於言責臣竊惟本朝故事肅宗初平寇難再復寰瀛頻經涉於艱難尤勤勞於委任每正衙奏事則泛咨訪於羣臣及便殿詢謀則獨對揚於四輔自上元元年後於長安東置延英殿宰臣如有奏議聖旨或有特宣皆於前一日上聞及對御之時只奉冕旒旁無侍衛獻可替否得曲盡於討論捨短從長故無虞於漏洩君臣之際情理坦然伏望聖慈俯循故事或有事關軍國謀而否臧未果決於聖懷要詢訪於臣輩則請依

延英故事前一日傳宣或臣等有所聽聞切關利害天形文字須面敷敭臣等亦依故事前一日請開延英當君臣奏言之時祇請機要臣寮侍立左右兼乞稍霽嚴顏恕臣荒拙雖乏鷹鸇之効庶盡葵藿之心恭惟陛下睿畧縱橫天機沉邃臣等以愚智而干聖智以凡情而測聖情如螢爝比耀於烏蟾畎澮爭流於江海然而天覆地載君義臣行持祿取容即見議於物論有犯無隱慮不愜於聖懷既顯奉德音俾令奏對合披愚款先瀆宸聰

請禁喪制踰式奏

奉四月十四日勅喪葬之儀本防踰僭若容錦繡難抑奢豪但人情皆重於送終格令當存於通理宜令御史臺除錦繡外并庶人葬更檢詳前後勅格子細一一條件分析奏聞冀合人情永著常令者今臺司再舉令文及故實條件如後凡銘旌三品已上長九尺五品已上長八尺六品已上長七尺諸輀車三品已上許使油幰施襈兩廂畫雲氣男子幰襈旒蘇皆使素婦人使綵又諸官五品已上許使三梁六柱轝車轝上有結絡三品已上帶將相者有鳳臺自諸品官及郡守升朝官者羚羊山華餘平幰諸棺槨

不得雕鏤彩畫施戶牖欄檻棺內不得有金寶珠玉諸喪葬不得備禮者貴得同賤賤不得同貴准元和六年十二月刑部兼京兆尹鄭元狀奏條流文武官及庶人喪葬三品已上明器九十事四神十二時在內不得過二尺五寸餘人物並不得過一尺園宅方五尺下帳高方三尺共置五十舁挽歌三十六人輀車使闒轍車油幰朱絲絡網兩廂畫龍虎幰竿朱末垂旒蘇絹幃襯幕及額帶等其幰竿長二丈六尺帶五重旒蘇十八道並不得使綾羅錦繡泥銀帖金彩畫及結鳥獸香囊等物四使引四披六鐸六翣

輓歌並練布深衣輴車誌石任畫雲氣不得置幰竿額帶等方相車闕載方廂外及魂車除幰網裙簾外皆不得更別加裝飾並使合轍車轝竿長九尺不得安大朱帖金銀立鳥獸旗旛等五品已上明器六十事四神十二時在內園宅方四尺下帳高方二尺共置三十舁減誌石車輴車幰竿減四尺長二丈二尺流蘇減二道使十六道帶減一重使四重披引鐸翣各減二使四挽歌一十六人並無朱絲網絡方相使魌頭車轝竿減一尺使八尺幃額魂車准前九品已上明器四十事四神十二時在內園宅方三尺

共置二十舁減輴車幰竿減三尺使一丈九尺旒蘇減二道使十四道披引鐸翣各減二使二帶減一重使三重挽歌一十六人轝竿減一尺使七尺其幃額魌頭魂車准前明器並使瓦木爲之四神不得過一尺餘人物等不得過七寸並不得用金銀雕鏤帖毛髮裝飾

陳政事疏

臣聞事君盡忠孔子激揚於直道無功受祿周書譏諷於曠官敢因災沴之時輒貢傾輸之懇臣伏見比年以來朝廷多故人事則兵喪禍亂天時則水旱蟲霜若非陛下拯溺救焚移災作福則生靈受弊宗社何依今則區宇甫安人神胥悅但以自夏徂陽及秋霖雨雖勞聖慮過切閔傷蓋屬當否數之辰尤費消禳之力雖民斯鮮福亦天道使然爲君之難實見於此臣聞沉潛剛克高明柔克是君宜執柔以御下臣當剛正以報君則冀上下和平君臣訢合臣思德宗初置學士本不以文翰是供蓋獻納論思朝夕延問至於給諫遺補之職是曰諫官月請諫紙時政有失無不極言望陛下聽政之餘時召學士諫官詢謀政道俾獻讜言明書黜陟之科以責語言之效書云乂時暘若肅

時雨若以洪範言之係於君德臣請嚴禋於宗廟社稷精禱於岳瀆神祇進忠良退不肖除寇盜恤惸嫠愼刑章明舉選任賢勿貳去邪勿疑王道砥平無偏無黨中外除改請守舊規長興四年以前勑命繁碎者請重選擇如新勑不及舊章便請卻依前代如舊章不如新勑便請釐革施行儻不阻於奏陳庶漸臻於理體

欽定全唐文卷八百五十六

蘇德潛

德潛漢乾祐三年官右補闕

禁道士攜妻孥奏

臣聞道以至眞爲本自然爲宗若不離嗜慾之源則安奏虛無之理況兩京道宮是國家崇福之地竊見道場所設齋醮無非蠲潔淨筵蓋表其精虔也訪聞道士皆有妻孥攜在道宮居止不獨傷於教法其實汙於清虛望特行禁止

淳于希顏

希顏漢乾祐三年官左補闕

請禁括田出剩求功奏

竊以久不簡田且仍舊額無妨耕稼雖知有勸於農民復恐不均於衆望三五年中時一通括兼以州縣遭水旱處比有訴論差使封量不宜便有出剩請今後差官能敷元額已不虧官凡出剩求功請不收附所以知朝廷愛民之意照物之仁

李守瓊

守瓊漢乾祐時人官太子率更令

禁沙門著紫奏

沙門著紫比非佛門貴務奢華以邀名利諸處奏薦蓋出顏情以臣愚見不敢便望止絕每歲誕節前據所奏薦便令其身隨薦章詣闕令功德使召兩院僧官考試所業長短以行恩澤庶絕濫舉之門

徐綸

綸漢乾祐時人官司法參軍

龍泉寺禪院記

龍泉院者人天集福之所也耆舊相傳其來寖遠刋刻無寄因究權輿一說云是院之東十數里孤峯之上有黃砂古祠時有一僧莫詳所自於彼祠內諷讀金剛般若經一日有白兎馴擾而來銜所傳經文蹶然而前去因從而追之至於是院之東數十步先有泉時謂之龍泉於彼祠內而僧異之而感悟焉因結茆晏坐誓於其地始建剎焉同靈鷲而通幽類給孤而建號東鄰郭社之末前據金谷之堤既名額以來標稱郭谷而斯久至有唐乾寧初西蜀惠栽精舍稟律沙門諱順懲振錫東遊浮杯遠逝偶及是院

遂欲棲心披荊榛而通過路發薇蕨以事晨飧日往月來以近及遠歸依者如蟻慕唱和者若蟬聯雖云興廢有時亦繫方圓任器添棟宇於仍舊求柱石於他山紺殿故而復新雲房卑而更起曲盡其妙以廣其居漸加少而爲多變其質而增麗凡增修新舊屋宇並正殿等共七十餘間其院東龍泉後面結菴之所三紀已前微認故蹟今則湮沒矣且泉之所有時無能知者失其狀也噴湧而出喻虎眼射人鯨口呴沫通注瀘盈於溝洫奔突若駭於風雷夏寒凝冰冬溫若沸比鏡澄澈同醴甘香不獨飲酌所須可

以塵垢旋滌矣愬公運心匠磨智鋒俾令堰作方塘漲爲澄沼且嘉魚成窟抛玉宛轉以隨人穢觸沉波吐珠淋漓而覆水有斯靈異甚警凡愚自邇及遐惟畏與敬而且植弱柳則扶疎而春媚蒔修篁則蓊蔚以冬青長小松爲喬松接山果爲家果功既崇矣景既備矣一日愬公諭諸門人曰是院也厥初住持所重幽僻止期課誦以盡年齡敢望崇修有若斯壯麗者矣吾聞空寂者正眞之本名言者誘化之宗如來亦假於莊嚴氓俗漸歸於方便得不申請院額增飾教門者焉郡牧隴西公果俞革故之謀俾建卽新之號因飛箋奏歲降敕文額記龍泉禪院矣時唐乾寧元年十月二十五日也

元化長壽禪院記

澤郡之西封有屬邑命之曰沁水縣沁縣之東壤有屬鄉目之曰沁水鄉是鄉也山夾長川不竭朝宗之浪路盤重阻疑遊遁世之方其土多寒其民甚樸虧周孔之文化有唐虞之古風枲紵維修蠶桑蓋寡是川之左有山之形臥虎標奇偃月挺質俗以盤屈之勢指爲車輞之山相踵傳之其來遠矣至後唐天祐十九年沙門詮公俗姓楊氏遁

蹟韜光處晦藏密靈草之本根不耀眞空之妙理自明杖錫挈瓶尋幽採異因憩是山之下遂萌止足之心有近信檀越酒積酒實酒暉李安共滅已有買郭武之山原勸請住持將崇梵刹與三縣巡檢使清河張公觀瞻林麓同翫玆山由是穿密林步纖草考以地志順彼物宜諒塵外之實方葺雲棲之梵刹揭怪石而平溝壑除朽壞以基垣墻剕榛蒴薙以四開鳥獸降伏而漸攝微鑿地脈遠湧寒泉旋撥雲根用通幽徑卒成蘭若以肅住持就以山名權爲院號自是謂之車輞院矣詮公道惟敦實性絕浮華了知

解脫之門勇進菩提之路不求事相寧愧鄙稱一入林巒八經寒燠至長興元年二月二十五日順化建塔於院之右門人義常靡辜法乳克荷師宗化導有方崇修益盛至後漢乾祐三年春攝當縣長內黃扈公一日從容而謂院主義常某慚是精藍闕以美號欲維新而改作免仍舊以多慚舉狀申州希重建額時太守彭城公特允勤請俾光教門以其年三月七日備僧俗禮儀螺貝鼓吹迎請碑額懸掛大會聖凡之侶并本邑寮屬士庶以其日吉辰齋慶訖院主以余祖構是務翰墨爲功爰託紀題以傳悠久矣

盧瓊

瓊漢隱帝時兵部員外郎

請建高祖別廟奏

恭以高祖皇帝驅除戎虜救解倒懸德被生民功高邃古請依西漢祖宗故事於三京陝府許宋等州舊邸立別廟塑像以時禋祀以表遺愛

王易

易周廣順元年以尚書左丞爲禮部尚書

請復尚書省令式奏

尚書省名曰中臺素稱會府列曹令式廢墜多年兩轄紀綱隳紊積歲或因貢一時之淺見破千載之通規遂俾廨宇類乎衡門官位等乎虛器若以權從改易應變弛張又未見國富時康家給民足禮記曰以舊防爲無所用而壞之者必有水敗以舊禮爲無所用而去之者必有亂患伏惟陛下守文繼統宰輔戮力致君立太平之基創無窮之業其尚書省二十四司公事望准令式積漸施行所有唐末艱難已來權立名目請皆停罷卽守官有視事之方爲吏無虛名之役

呂咸休

咸休晉天福三年禮部郎中周廣順元年以給事中爲左散騎常侍

請令閩浙貢物自出腳乘奏

臣見前朝閩浙入貢物色下船之後官差腳乘搬送到京臣悉諳知害民尤甚比來貢奉自是勤王差擾貧民貢之何益以臣管見凡此數處貢物並令自出腳乘不困貧民於理無爽

咸師範

師範周廣順元年官西頭供奉

乞宣賜物業奏

弟師朗先爲亳州蒙城鎮將因懷驚疑遁過淮外臣與東頭供奉官師睿二人時在定州監押兵士及在雍州攻城各拘職任隱帝勅書安撫臣冒死上訴緣祖父墳墓莊田點簡入官至今屬營田戸部歲時骨肉祭拜無所臣叨爲人子孝道難忘遂於生前便虧祀饗（下闕）

劉皞

皞字克明晉相昫之弟後唐明宗朝累遷水部員外郎史館修撰長興末趙鳳鎮邢臺表爲節度判官清泰初入爲起居郎累擢太府卿漢祖入立授宗正卿周初改衛尉卿廣順二年奉使高麗卒於鄆州年六十一

請慎擇牧守疏

藩侯郡牧仗鉞分符繫千里之慘舒行一方之威福自古選任須擢賢明近代統臨爲酬勳績將邦域之生聚展將領之人情識分者附正營私黷貨者嚴刑廣取諸頭剝削多聘爪牙自黃巢已來僞梁之後公署例皆隳壞編戸悉是彫殘或不近邊陲不屯師旅無城郭郡邑非控扼藩垣

試任廉能且權常理逐年屬州錢物每季申省區分支解有餘罄竭供進府庫漸足黎庶稍蘇縱有過愆亦施懲責言雖鄙近望賜施行

高行周

行周字尚質幽州人後唐莊宗滅梁以功領端州刺史同光末出守絳州天成中遷潁州團練使長興初改振武軍節度使歴鎮彰武昭義晉祖時加同平章事爲西京留守鎮天雄徙鎮歸德出帝時加兼侍中漢祖入立加守太傅兼中書令代李守貞爲天平節度使改鄴都留守加守太尉封臨清王乾祐中加守太師進封鄴王周祖入立改封齊王廣順二年卒贈尚書令追封秦王諡武懿

辭讓詔不呼名奏

陛下每降詔書過踰常制耳聞宣讀心不遑安詔書呼名人臣常分乞不踰聖制者

趙延乂

延乂字子英泰州人世明術數仕蜀由蔭爲翰林待詔後唐天成中以舊職兼衛尉少卿清泰天福中爲司天監入漢守舊職周廣順初加檢校司徒二年授太府卿判司天

監事卒年五十八贈光祿卿

嫂喪宜依令式服大功議

臣聞三代之制禮無降減之名五服之容喪有寧戚之義此蓋聖人隨時設教稱情立文沿革不同吉凶相變或服繇恩制或喪以禮加太宗文皇帝引彼至仁推其大義因覽同爨有緦之義遂制嫂叔小功之服列聖尊行已爲故事傳於令式加於大功今馬縞奏論以爲錯謬況縞昔事本朝槩至梁室曾爲博士累歷歲年今始奏陳未爲允當謹按儀禮凡制五服或以名加或以尊制或推恩而有服

或引義而當喪故嫂叔大功良有以也其如叔以嫂之子爲猶子爲猶子之妻叔服大功今嫂是猶子之母安可卻服小功若以名加嫂豈疎於猶子之婦若以尊制嫂豈卑於猶子之妻論恩則有生同骨肉之情引義則有死同宅兆之理若以推而遠之爲是卽令式兼無小功既有稱情制宜之文何止大功九月請依令式永作彝倫

張仁瑑

仁瑑晉天福三年大理正周廣順二年以左庶子爲大理卿

請令瘞埋刑人奏

臣常歷外任見州府刑殺罪人雖有骨肉尋時不容收瘞皆令給喪葬行人載於城外殘害屍髮多至邀求實越彝章頗傷仁化准獄官令諸大辟罪並官給酒食聽親故辭訣宣告犯狀日未後乃刑注云決之經宿所司卽爲埋瘞若有親故亦任收葬又條諸囚死無親戚者官給棺於官地埋瘞置磚銘於壙內立牌於塚上書姓名請依令指揮

論史在德罪議

大理寺所斷卽依律文凡斷罪合取最後勅爲定詳編勅

云官典鞫獄枉濫或經臺授勅勘問不虛元推官典並當誅罰又嘗有忻州法椽郭業故入張仁安一人死罪合當誅罰處分今在德故入八人罪法寺不援後勅准據律文今以郭業比附在德合處極典

賈緯

緯眞定獲鹿人唐末舉進士不第後唐天成中爲石邑令晉天福中入爲監察御史改起居郎史館修撰開運初累遷中書舍人漢乾祐二年授左諫議大夫尋充史館修撰判館事周祖卽位出爲平盧軍行軍司馬廣順二年卒

上唐年補遺錄奏

伏覩國史館唐高祖至代宗已有紀傳德宗至文宗亦存實錄武宗至濟陰廢帝凡六代唯有武宗實錄一卷餘皆缺落臣今採訪遺文及耆舊傳說編成五十五卷目爲唐年補遺錄以備將來史官修述臣聞裴子野之修宋畧爰在梁時姚思廉之纂陳書乃於唐世咸因喪墜是有研尋皇帝陛下與日齊明固天縱聖華山歸馬宗文之道已行虎殿延儒質疑之論斯啓一昨聿宣綸誥精擇史官以李氏又終想唐年遺事雖追名上號其制相沿而創法定儀

於文或異恐謠俗之訛變致信實以湮沉將輯亡書以修墜典臣久居職分深恥闕遺今錄淺聞別陳短序伏冀特迴睿鑒俯念愚衷芸閣蓬山誠莫裨於良直蹄涔掬土願少効於高深請下有司用資取證

拜給事中自訴奏

臣久塵西掖近綴東臺旣居封駮之官兼處編修之職凡關聞見合補聰明苟避事不言是上孤至聖臣聞無偏無黨王道蕩蕩無黨無偏王道平平前書所載言之者誡千古大君恐有毫髮之私也臣覩陛下降赦後普行恩勅武臣之內咸協舊規文吏之中未符通論臣竊見改轉朝官自太子少保尚書丞郎內例超秩次仍峻戶封惟兩省侍從卿監之官及員外郎贊洗等依資昇進者不過數人餘並止於一階或自右入左上下都不畫一臣伏思階勳爵邑至爲重事當以德以勞次第而進雖遇慶澤不可妄加況官者代天理物國家公器雖有親昵無得輕授故曰官不必備惟其人若才稱其官當時當有顯議能不副職官便無宜濫昇以公器而爲普恩以普恩而有差等一厚一薄何踈何親臣不敢封還制書以阻成命乞陛下顯詢故

事爰下有司不次超拜者必徵殊美以第進秩者須守常規望明庭再與僉諧願陛下曲留省察兼有前朝并爲執政見排左授官秩者及在官無累或丁憂已滿未蒙叙遷各許進狀以自申明或顯見於章疏幸特須於制命或期效用不致沉埋則免使得路者自伐自矜結恩私室失意者愈嗟愈歎流怨公朝光陛下聖明之規表陛下均平之德將恢至理以致太和

昭義軍節度使安元信諡議

叨居禮職式考儒經德雖以百行相成諡乃取一善爲定

公經邦緯俗，積行累功，宜立總名，用彰殊號。按謚法：事君盡節曰忠，體和居中曰懿。左傳曰：公家之事，知無不爲，忠也。春秋正義曰：保己精粹，立行純厚，懿也。公抑揚事任，周旋盛明，嘗險阻艱難，秉溫良恭儉。或宣風千里，有負襁之民；或布政百城，致隨軒之雨。道光羣后，功著歷朝。凡士大夫歎開幕之芙蕖久謝，無賢不肖，感成蹊之桃李空存。煥彼緹緗，豐諸碑版，令被實錄，非讓古人。事君既有忠規，爲臣足以御衆，復彰懿行，從政備焉。前代所高，斯謚爲當。請謚曰忠懿。

李元懿

元懿，周廣順二年官北海令。

上六事疏

臣爲北海令時，夏秋苗上每畝麻農具等錢，省司元定錢十六，及劉銖到任，每畝上加四十五，每頃配柴五圍，炭三秤，省條之外，嚴刑立使限徵。臣竊聞諸道亦有如劉銖配處，望令禁止。

臣在任時，奉劉銖文字，放絲三萬兩，配織絹五千匹，管內七縣，大抵如是。及徵收在賦稅之前，督責抑凌，借役戶民，多造店宅碾磑典庫。請朝廷指揮，許人論告，差軍人百姓五工已上，出放物至匹斤，以坐贓論，自然止絕斯弊。

臣在任時，見劉銖擅棄國章，便行決配，凡罪人或刺面填都，或決配沙門島。大凡配流加役，是朝廷格律，今後更請以不道論。

臣見諸處商稅，有越常規，乃至草木蟲魚，無不取稅，更有歲定稅率，卽令兒姪傔從主張，便行枷棒，作事非法，有紊國章。今後請三司差人主持，止絕斯弊。

臣伏見晉朝曾配百姓食鹽錢，每頃配鹽二十斤，納錢五

十五，數足然後許百姓私買煎造。自後鹽鐵使指以贍軍爲名，禁斷鹽法，苗畝所配，不放納錢，稅物重徵，生靈不易。今逢理代，宜有改更，使人口淡食者多，其主糶職員又入沙石硝鹵大半。今後如國家立法糶鹽，乞放卻苗上率配，稍撫蒸民，以安國本。

臣見麴法一條，最未中理，多與州縣民歲定課利，至於酤酢賣糟，爲弊尤甚。臣請州府榷酒戶，鄉村不禁，許令私造，依明宗朝所行，稅戶每畝納麴錢三，則酒酢之流，民得便用。

石公霸

公霸周廣順三年官隴州防禦使

本管縣鎮越訴鳳翔奏

元管三縣五鎮自秦州阻隔廢定戎新關兩鎮唯汧源皆稱直屬本府及官吏批書歷子考較課最賊盜寇攘户民減損又責州司職分何以檢校昨汧陽令李玉上府主簿林蕚下鄉州司不曾指揮本縣亦無申報每有提舉皆稱本府追呼無以指縱何能致理其間户口多有逃亡預虞大比之時恐速小臣之罪伏覩近勅凡有訴訟尚委逐處

區分不得驀越豈可本屬縣鎮每事直詣鳳翔望降新規以滌舊弊

馬裔孫

裔孫字慶先棣州商河人少舉進士爲後唐潞王河中觀察支使清泰初累拜中書侍郎同中書門下平章事晉祖入立罷歸田里周祖卽位就加檢校禮部尚書太子賓客分司洛陽廣順三年卒贈太子少傅

免史在德言事罪詔

左補闕劉濤等奏太常丞史在德所上章疏中書門下駁奏未奉宣諭乞將施行分明黜陟朕嘗覽貞觀故事見太宗之理以貞觀升平之運太宗明聖之君野無遺才朝無闕政盡善盡美無得而名而陝縣丞皇甫德參輒上封章恣行訕謗人臣無禮罪不容誅賴文貞彌縫恕德參之狂瞽徵奏太宗曰陛下思聞得失只可恣其所陳若所言不中亦何損於國家朕每思之誠要言也遂得下情上達德盛業隆太宗之道彌光文貞之節斯著朕惟寡昧獲奉宗祧業業兢兢懼不克荷思欲率循古道採拔時材懷忠抱直之人虛心渴見便佞詭隨之說杜耳惡聞史在德近所貢陳誠無避忌中書以文字紕繆比類僭差改易人名觸

犯廟諱請歸憲法以示戒懲蓋以中書既委參詳合盡事理朕纘承前緒誘勸將來多言數窮惟聖祖之所戒千慮一得冀愚者之可從因覽文貞之言遂寬在德之罪爰令停寢不遣宣行劉濤等官列諫垣宜陳讜議請定短長之理以行黜陟之文昔魏徵則請賞德參今濤等請黜在德事同言異何相遠哉將議允俞恐虧開納方今朝廷粗理俊乂畢臻畱一在德不足爲多去一在德不足爲少苟可懲勸朕何愛焉但緣情在傾輸理難黜責濤等敷奏朕亦

優容宜體含洪勉思竭盡凡百在位悉聽朕言

盧損

損范陽人梁開平初進士貞明中累官至右司員外郎後唐天成初由兵部郎中擢史館修撰轉諫議大夫清泰初爲御史中丞晉天福中遷右散騎常侍轉祕書監授户部尚書致仕周廣順三年卒年八十餘贈太子少傅

酌定不便時宜條件奏

臣等先編聯制敕外有比非故實不便於時條件准天成元年七月及四年十一月敕應中外官除授不許品秩一

例宜賜告身請依舊制合賜外各令自出綾紙又天成元年八月敕除授旨授令錄皆令內殿辭謝臣等以令錄卑微不可內廷展謝請依舊制正衙辭謝又天成三年五月長興二年七月敕許節度使帶使相歲薦五人餘薦三人防禦團練使二人臣惟州縣員缺甚少若容薦舉則每年銓選何以注擬請特行釐革又長興二年八月敕州縣簿尉判司差充軍判官仍同一任自爾以來頗傷物論以爲不當請行止絶依舊令衙前選任

請停春關宴奏

天成二年二月敕每年進士合有聞喜宴春關宴牒用綾紙並官給臣等以舉人既成名第宴席所費屬私況國用未充枉有勞費請依舊制不賜

陳五事疏

臣覩陛下勤儉爲本宵旰是專日新之德繼聲時病之憂漸息事纔達聽言乃必行若有隱於聖明必貽咎於陰責器小而誠難測海日下而但合傾心今欲曉諭中外臣寮戴星登車端門待漏寅初開鑰日出排班中與殿庶事未通乞光降宣不坐冀視朝之制合古事君之禮得中匪懈

之誠感專未明之求外顯

廣列尊卑

臣聞食其時則百骸皆理失其言而駟馬難追利便可行疎闊莫返況開闔之制出入須當且貴賤而不分恃強壯而爭進此後逐日早辰軍人百姓馬羣放牧令兩掖門出帝居皇宅法象大微取則皆自於上元隳度無違於古道標正影端之語萬世不踰從權就便之規一時難守臣見九衢巷陌已是漸微兆庶街坊未止侵占陛下仁恕在念約絶難行且乞五鳳樓南定鼎門北禁止搭棚籬圈籠樹

舍簷取土填街引渠穢路請指揮金吾軍巡止絶橋號天津名實帝道人臣履歷尚合兢趨牛車往來公然縱恣請止絶天津橋中道兩頭下關駕出卽開兩傍之路士庶往來其車牛並浮橋路來往

朝廷所重名器爲先叙禮樂道尊卑明貴賤伏見禁門之內人馬出入極多臣請凡官員除將被袋馬外其餘騎從並令於光政門外下馬

許遷

遷鄆州人初爲本州牙將漢乾祐初爲左屯衛將軍改左監門衛大將軍加檢校司空漢末權知隰州周祖卽位正授隰州刺史罷奉朝請卒

破河東賊奏

河東賊軍侵我今月十一日遣步軍都指揮使孫繼業等領兵三百至州北長壽寺掩殺獲賊砦將程筠軍使冒千王仁原供奉官李演並駞馬等所獲賊將較並斬之不數日賊引軍攻城四面齊進臣與判官李昉都指揮使趙太糧料使王光裔官員職掌百姓守把拒鬬焚賊攻具死者五百餘傷者千餘信宿遁去

欽定全唐文卷八百五十七

張穎

穎太原人駙馬都尉永德之父累爲藩郡列校由內職歷諸衛將軍晉祖時爲壽王重乂莊宅使周廣順初自華州行軍司馬歷郢懷二州刺史遷安州防禦使爲部曲所殺

形鹽賦 以入用調鼎和羹爲韻

形鹽似虎岐峙山立虎則百獸最威鹽乃萬人取給合二美以成體何衆羞之能及厥貢惟錯將蛤蜃以俱來充君之庖與昌歜而齊入麗哉其義可嘉其美可頌會崇宴賞

周公實來殷作和羹傅說登用向若美景初霽奇狀不遥映金盤以皎皦臨象筯而光昭遠則雪山出地近則白虎戲朝瞿瞿其內威而且猛眈眈其目視而不恍立而成形也白黑相對融而司味也鹹酸必調厥味伊何物不可並水火相濟爲君子以成八珍上下協諧具公餗而登五鼎利我者則衆成我者幾何備物象形卽賤不干貴皆可適口豈同而不和至如大君式宴鐏俎充盈形鹽具矣以爲賓榮意者取則國君文足昭德武以弭兵時之所貴物莫能京故天官叙其職春秋美其名必也見遺則陸沉於懷

土如或可用當濟代之和羹儻有裨於家國在吾道之應行。

王殷

殷瀛州人後唐同光末爲華州馬步軍副使天成中移授靈武都指揮使清泰中授祁州刺史晉天福中改憲州刺史少帝嗣位累遷奉國右廂都指揮使漢乾祐末領夔州節度使周太祖即位授天雄軍節度使加同平章事後被誅

辭奪情疏

臣爲末將出處無損益於國家臣本燕人値鄉國離亂少罹偏罰因母鞠養訓導方得成人不忍遽釋苴麻遠離廬墓伏願許臣終母喪紀

劉言

言廬陵人仕楚文昭王馬希範爲辰州刺史恭孝王希萼立權武平留後徐威之亂言遂盡取湖南故地奉表於周除武平節度使同平章事後爲靜江指揮使王逵所殺

收復湖湘表

臣聞域中至大須歸正統之君海内稱尊合奉眞明之主事既緣其道阻機且務於從權關河之信使不通戎鎭之牋章未達實爲睽越罪屬稽留臣前年以馬氏弟兄交相魚肉是希崇之失禦致邊鎬之侵疆當道節度使馬光惠早副羣情方施庶政遽多耽惑將亂紀綱三軍商量乃行廢黜臣謬居上將忽被衆推尋且奉表東吳所冀且安西土不謂湖南節度使邊鎬多行間諜嘗畜陰謀致半年未降於新恩而中使遽來於急詔而又縱横肆意說誘五溪暗行文書廣賚金帛將謀會合欲舉攻狀臣請節度副使王進逵行軍司馬何敬眞别差指揮使周行逢朱全琇張倣等慮其姦計恐致危亡乃舉兵師去平凶寇自十月三日水陸發兵順水至五日收下沅江九日又下益陽十四日克復湖南越池邊鎬見其危迫陸路奔逃見發奇兵掩後追逐料行狼狽必恐收擒臣素昧兵鈐曾無將畧幸處軍中之長叨司閫外之權念臣節以徒堅望堯階而尚覓既復瀟湘之土宇永依日月之照臨幸成破竹之功敢慢傾葵之懇且馳單介徑達皇都謹差節度押牙張崇嗣奉表以聞

收復湖湘狀

當道去年以湖南馬希萼弟兄傷蹇家國陵夷淮南差邊鎬潛入長沙便爲據守扶風一族楚水萬家並押送東吳固無留者當道有兵士二千來衆亦被括將累乞放迴意未允許今春前節度使馬光惠耽荒稍甚僭侈非常三軍商量乃行廢黜臣以位居遣貳衆意推崇辭讓既難藩方無主此際以馬光惠早歸東國累降須宣臣等例奉甄昇未遑迴變方思述職隣道可明不謂湖南頻行間闘彼衆將行討伐當軍須舉兵師冀先定於熊湘復歸明於象闕東吳早以臣權知戎閫未降明恩尋有急徵並令歸國其

邊鎬唯懷詭詐多畜姦謀況五溪八州是武陵管屬邊鎬暗齎金帛密與鈎連計料加兵欲謀攻逼於界首益陽縣下砦聚食屯師自謂士卒精强壕塹牢固當道節度副使王進逵行軍司馬何敬眞指揮使周行逢朱全琇蒲公益等去十月三日部署大齊雲艦波魚龍戰棹等三百餘艘計三萬人並陸路指揮使張倣董從德等押馬步兵士二萬餘人同日進發五日收下沅江縣獲賊都監劉承遇其賊將李師德等五百餘人並束甲歸降至九日到益陽寨賊衆一萬餘人堅守抵扞攻擊自辰至未其砦自潰殺戮八千餘人捉得都指揮使夏昌活擒八百餘人至十一日橋口湘陰數處相次歸降至十三日當軍水陸俱上經長沙城下邊鎬見其兵勢不敢拒張當夜取東路奔逃至十四日進逵敬眞差發五千餘人追襲除鎬先次奔竄外掩殺賊衆五百餘人卽日進逵敬眞入湖南城安撫軍民訖其東吳岳州刺史宋德權尚倚孤壘亦聚强兵探知搬下舟船亦無鬬志十月十八日差指揮使蒲公益押戰船五十隻兵士三千人到岳州城下其宋德權卽時棄城而竄便令蒲公益權主岳州招撫生衆其潭州上江諸郡邑見

差守宰撫安。

馮道

道字可道瀛州景城人天祐中事劉守光爲幽州掾歷晉王從事後唐同光中充翰林學士遷中書舍人戶部侍郎明宗入洛累拜中書侍郎同中書門下平章事封始平郡公末帝嗣位出爲同州節度使拜司空晉滅唐又事晉守司空同中書門下平章事加司徒兼侍中進魯國公少帝朝加太尉進燕國公罷爲匡國節度使徙鎭威勝契丹滅晉又事契丹爲太傅漢祖立又歸漢以太師奉朝請周滅

漢又事周廣順初拜太師中書令顯德元年卒年七十三贈尚書令追封瀛王謚文懿

上唐明宗徽號册

維長興元年歲次庚寅四月甲午朔二十五日戊午金紫光祿大夫守尚書左僕射兼門下侍郎同中書門下平章事充太微宮使宏文館大學士上柱國始平郡開國侯食邑一千五百户食實封一百户臣馮道銀青光祿大夫門下侍郎兼吏部尚書同中書門下平章事監修國史判集賢院事上柱國天水郡開國伯食邑七百户臣趙鳳及文

武百官特進太子少傅上柱國酒泉郡開國侯食邑一千户臣李琪等五千八百九十七人言臣聞天不稱高而體尊地不矜厚而形大厚無不載高無不覆四時行乎內萬物生其間總神祇之靈叶帝王之運日出而星辰自戢龍飛而雷雨皆行元氣和而天下和庶事正而天下正伏惟皇帝陛下天授一德時歷多艱翊太祖以興邦佐先皇而定難拯嗣昭於潞困救德威於燕危遏思遠而全鄴都誅彥章而下梁苑成再造之業由四征之功洎纂鴻圖每敷皇化去內庫而省庖膳出宮人而減伶官輕寶玉之珍卻鷹鷂之貢淳風既洽嘉瑞自臻故登極之前人皆不足改元之後時便有年遐荒旋襲於戎王重譯往來於蠻子東巡而守殷殪北討而王都殲破契丹而燕趙無虞控靈武而瓜沙並復近以饗上元而薦太廟就吉土而配昊天輅已降而雨霑事欲行而月見燔柴禮畢作解恩覃帝命咸均人情普悅非陛下有道有德至聖至明動不疑人靜惟恭己常敦孝禮每納忠言則何以臨御五年澄清四海時久纏於災害民驟見於和平休徵備載於簡編徽號過持於謙讓三年不允衆志皆堅天不以上帝自崇日不以大

明自貴於蒸民有惠於元后同符列聖皆然舊章斯在今以明庭百辟列土諸侯中外同辭再三瀝懇臣等不勝大願謹奉玉寶玉册上號曰聖明神武文德孝恭皇帝伏惟皇帝陛下體堯舜之至道法日月於太虛威於夷狄恩及蟲魚奉國者繼加榮寵違天者咸就誅鋤典禮當告成之後夙夜思即位之初千秋萬歲永混車書

請以聖壽日爲啓聖節表

臣等聞大電繞樞哲后繼犧農之運五星聚井真人啓文景之基昌圖允洽於千年嘉號宜光於載誕不有稱述曷

顯休明伏惟皇帝陛下玉律調元金華啓旦上帝錫九齡之夢道人聞下武之詩德協無爲民知有慶當大雨時行之日乃常星不見之辰將歡寓縣之心竊效華封之祝臣等不勝大願望以六月二十七日爲啓聖節著於甲令告彼萬方使地角天涯望南山而祝壽九州四海仰北極以傾心誠垂致主之功輒敢稱君之美

請上尊號表

先以中外同詞華夷叶慶敬尊往制特上徽名天睠未回王言疊降過持謙柄尚拘羣情將永顯於洪休須再陳於

丹素伏惟皇帝陛下中興纘祀下武應期務華去實還浮返朴有聞善必行之聖有無幽不燭之明以神武戡定四方以文德懷柔八極惟恭與孝繼祖承祧臣等考尋帝載奉揚休烈請上尊號曰聖明文武恭孝皇帝約就望而臆譚堯德敘聲身而首贊禹謨此際陛下以郊禋未展於泰壇帝饗未修於清廟易水之殘妖未殄江陵之闔境未寧堅違丹赤之誠更待和平之日今則乾坤大定書軌混同北暨幽陵南窮冉徼東踰滄海西越流沙率梯航者願布腹心俟干羽者已陶聲教圜丘報本顯陳燔燎之儀宗祏告虔親奉雲韶之薦而況萬邦胥悅百穀順成天垂上瑞之文人樂緜庚之化雞竿作解鳳紀維新野喧擊壤之歌兵入櫜弓之詠人祇訢合日月重光明哉康哉美矣盛矣臣等生逢景運仰纘丕圖是將億兆之心虔貢再三之請冀茂實永光於圖史徽猷式冠於古今上契天心下從人欲凡厥臣庶恭俟允俞

請上尊號表

粵以惟帝奉天惟臣奉主就陽展禮一人虔報本之心揆德宏猷萬國切歸尊之願載揚明號思稱洪休瞻旒冕以

獻言望昊穹而垂允臣等頓首臣聞德所以誕敷四海名所以馳裕萬邦苟黼藻之頌不傳則就望之容何著故質文迭用賓實相符禮有常尊臣子合遵於舊典功無與讓君親當協於至公伏惟皇帝陛下清明在躬純德受命宏要道於天下暢貞風於域中通達無方淵源不測此所謂聖以合道也外宣百度上法三光銅渾昭乾健之規玉燭朗陽舒之景無幽不燭有感皆通此所謂明以燭遠也至如用姬公之典以御十倫敬孔子之祠以興四教觀書乙夜徇鐸孟春遠服殊鄰王道無偏而蕩蕩親平叛壘天綱

不漏而恢恢。廣帳以是銷魂。并土以之脅息。此所謂文以興教。武以宅功也。又若煦嫗萬物。昭蘇九圍。協天載以無聲。恢帝猷而有截。涵如東海。固比南山。此所謂仁以阜成德。以順正者也。皇帝陛下聖廣造化。明均照臨。同文班黼黻之章。常武蓄雷霆之勢。仁兼孝以並率。德與道而相權。總集衆方。光揚茂實。臣等不勝大願。謹上尊號曰聖明文武仁德皇帝。恭惟雍熙之代。開泰之朝。君臣崇相正之規。天地無不交之象。書曰。一人有慶。當皇極之盛隆。詩曰。萬國作孚。在鴻名之遠遠。臣等幸逢景運。獲事朝廷。表端位

而列羣司。各承豐澤。章至尊而舒盛德。敢怠前規。瀝懇傾輸。望恩俞允。

請徽號內加廣道法天四字表

臣等聞乾文上布。嘗居莫大之尊。坤體下凝。克闡無疆之道。以是發生悠久。亭育運行。人識元功。遂配高明之號。世詳陰德。爰標博厚之名。皆彰得一之靈。盡合通三之義。帝王繼統。古今同符。皇風愈至於治平。羣願並虔於將順。伏惟聖明神武文德恭孝皇帝陛下。乾坤正氣。日月並明。千年廣出震之期。萬乘發承祧之日。寬仁大度。映惇史於前王。儉德淳風。契徽猷於太古。而自削平多難。纂紹洪基。視兆庶以如傷。致八紘之丕變。蠻夷率服。稼穡豐登。普天揚溢美之聲。當宁固持謙之旨。夙堅衆志。久抑鴻名。洎展禮祖宗。告虔天地。乃從人而降命。獲奉冊以陳誠。紀述聖謨。但務屬詞之實。申明邦典。方諧得理之宜。郊祀以來。日新其化。四年益理。九土咸寧。惡黨挺妖。伏天威而悉殄。遠藩效順。感帝德以皆來。塞外休兵。域中無事。保深根而固蔕。延地久以天長。臣等輒據羣情。虔徵故事。合增加於徽號。免漏畧於宸猷。伏以道為廣大之宗。天布生成之惠。仰惟

一德。宜總二名。臣等伏請於尊號內加廣道法天四字。庶得彰明典禮。若傾翊戴之心。輝煥簡編。永表雍熙之運。

請依舊置樞密使表

竊以樞密使創自前朝。置諸近侍。其來已久。所便尤多。頃歲樞密使劉處讓偶屬家艱。爰拘喪制。既從罷免。暫議改更。不曾顯降勅文。永停使額。所願各歸職分。豈敢苟避繁難。伏請依舊置樞密使。

請以聖壽日為天和節奏

臣聞惟睿作聖。千年乃契於貞期。大德曰生。萬國咸思於

令節將詮懿號仰慶休辰傾心未出於常名近意有塵於嘉會伏惟皇帝陛下應天順人握圖御寓拯寰瀛於否極俾動植以泰來允符鳴社之祥方顯繞樞之瑞而況斗柄正卯律吹仲春當帝王出震之方是天地同和之月斯辰誕聖衆靈咸歸顧前代而罕同在舊章而宜舉垂諸不朽簡編既溢於徽猷必也正名稱謂須符於景貺伏願以來年二月二十八日爲天和節庶夫觴稱萬壽稍申將順之心節配四時永洽好生之德

請正朝班奏

宰臣朝見辭謝在朝堂橫街之南遠至餘官則悉於崇元門內夫表著之列豈可踰之故古先明王必正其位服此實事因偶爾習以爲常又入閤禮畢之時羣官退於門外定班如初候宣放仗唯翰林學士前任郡守等不隨百辟卽時直出二者禮儕序失其使正之

論安不忘危狀

臣爲河東掌書記時奉使中山過井陘之險懼馬蹶失不敢怠於御轡及至平地謂無足慮遽跌而傷凡蹈危者慮深而獲全居安者患生於所忽此人情之常也

長樂老自敘

余世家宗族本始平長樂二郡歷代之名實具載國史家牒余先自燕亡歸晉事莊宗明宗閔帝清泰帝又事晉高祖皇帝少帝契丹據汴京爲戎二主所制自鎮州與文武臣僚馬步將士歸漢朝事高祖皇帝今上顧以久叨祿位備歷艱危上顯祖宗下光親戚亡曾祖諱湊累贈至太傅亡曾祖母崔氏追封梁國太夫人亡祖諱景累贈至太師亡祖母褚氏追封吳國太夫人亡父諱良建祕書少監致仕累贈至尚書令亡母張氏追封魏國太夫人余階自將

仕郎轉朝議郎朝散大夫朝議大夫銀青光祿大夫金紫光祿大夫特進開府儀同三司職自幽州節度巡官河東節度巡官掌書記再爲翰林學士改授端明殿學士集賢殿大學士太微宮使再爲宏文館大學士又充諸道鹽鐵轉運使南郊大禮使明宗皇帝晉高祖皇帝山陵使再授定國軍節度同州管內觀察處置等使一爲長春宮使又授武勝軍節度使鄧隨均房等州管內觀察處置等使官自攝幽府參軍試大理評事檢校尚書祠部郎中兼侍御史檢校吏部郎中兼御史中丞檢校太尉同中書門下平

章事檢校太師兼侍中又授檢校太師兼中書令正官自行臺中書舍人再爲戶部侍郎轉兵部侍郎中書侍郎再爲門下侍郎刑戶吏尚書右僕射左僕射三爲司空兩在中書一守本官又授司徒兼侍中賜私門十六戟又授太尉兼侍中又授戎太傅又授漢太師爵自開國男至開國公魯國公再封秦國公梁國公燕國公齊國公食邑自三百戶至一萬一千戶食實封自一百戶至一千八百戶勳自柱國至上柱國功臣名自經邦致理功臣至守正崇德保邦致理功臣安時處順守義崇靜功臣崇仁保德寧邦

翊聖功臣先娶故德州戶掾褚諱濆女早亡後娶故景州弓高縣孫明府諱師禮女累封蜀國夫人亡長子平自祕書郎授右拾遺工部度支員外郎次子吉自祕書省校書郎膳部金部職方員外郎屯田郎中第三亡子可自祕書省正字授殿中丞工部戶部員外郎第四子幼亡第五子義自祕書郎改授銀青光祿大夫檢校國子祭酒兼御史中丞充定國軍衙內都指揮使職罷改授朝散大夫右春坊太子司議郎授太常丞第六子正自協律郎改授銀青光祿大夫檢校國子祭酒兼御史中丞充定國軍節度使

職罷改授朝散大夫太僕丞長女適故兵部崔侍郎諱衍子太僕少卿名絢封萬年縣君三女子早亡二孫幼亡唐長興二年勅瀛州景城縣莊來蘇鄉改爲元輔鄉朝漢里改爲孝行里雒南莊貫河南府雒陽縣三川鄉靈臺里奉晉天福五年勅三川鄉改爲上相鄉靈臺里改爲中臺里時守司徒兼侍中又奉八年勅上相鄉改爲太尉鄉中臺里改爲侍中里時守太尉兼侍中靜思本末慶及存亡蓋自國恩盡從家法承訓誨之旨關教化之源在孝於家忠於國口無不道之言門無不義之貨所願者下不欺於地

中不欺於人上不欺於天以三不欺爲素賤如是貴如是長如是老如是事親事君事長臨人之道曠蒙天恕累經難而獲多福曾陷蕃而歸中華非人之謀是天之祐六合之內有幸者百歲之後有歸所無以珠玉含當以時服斂以籧篨葬及擇不食之地而葬焉以不及於古人故祭以特羊戒殺生也當以不害命之物祭無立神道碑以三代墳前不獲立碑故無請謚號以無德故又念自賓佐至王佐及領藩鎮時或有微益於國之事節皆形於公籍所著文章篇詠因多事散失外收拾得者編於家集其間見其

志知之者罪之者未知衆寡矣有莊有宅有羣書有二子可以襲其業於此日五盥日三省尚猶日知其所亡月無忘其所能爲子爲弟爲人臣爲師長爲夫爲父有子有猶子有孫奉身即有餘矣爲時乃不足不足者何不能爲大君致一統定八方誠有愧於歷職歷官何以答乾坤之施時開一卷時飲一盃食味別聲被色老安於當代耶老而自樂何樂如之時乾祐三年朱明月長樂老序云

移文宣王廟記

清泰中道初領鎮之時徧謁廟之際再拜宣聖久立荒祠

後臨街而地位窮前逼城而日光少羊觸藩而來者衆豕負塗而去者多雨信納汙風知逐臭顧以濫爲子弟忝作公侯得富貴而因詩書擁旌旄而輕俎豆何以爲漢相何以見魯人遂申如在之誠别卜維新之所乃移於通衢之北在馮翊縣之西龜筮相從官吏相合不煩隧正不擾里胥不妨農不害物畚鍤者楨幹者斧斤者藻繪者一無闕垣墉棟宇榱桷階序門屏一無闕自山龍已降至絺繡一無闕河目海口堯頭舜項之像亦依然其文也布在四方其教也傳於萬代依其教者順而正違其教者逆而邪德與天地齊明與日月等昔賢云自生民以來未有如夫子者也非此心此口而可稱讚時以拙於爲政昧於立功民未蘇而責躬廟纔成而赴闕别離七縣倏忽十年今又此來固非所望手持龍節顯奉新恩目覩象環虔瞻舊制於滲沮之地有洙泗之風念伯魚之學詩可知家法想祖龍之焚處自墜皇圖今逢下武之時無失上丁之節公卿沕穆侯伯皆忠將戢干戈永安宗社文武之道邦家之基共分宵旰之憂同保車書之運老夫之幸明神所知謹以崇儒移廟之懇紀於公門南之左時開運三年正月十五日

記

欽定全唐文卷八百五十八

楊凝式

凝式字景度華陰人昭宗朝舉進士再遷祕書郎梁開平中累遷考功員外郎後唐同光初歷給事中史館修撰明宗即位拜中書舍人長興中歷右常侍工户二部侍郎清泰初遷兵部侍郎晉天福初以禮部尚書致仕開運中除太子少保分司於洛漢乾祐中歷少傅少師周廣順中以右僕射致仕顯德初改左僕射又改太子太保致仕卒年八十五贈太子太傅

料度齋宮事件奏

諸祠祀之所並無齋宮遣前染院使周重興監造與晉司計會具料度事件以聞其太廟郊社要補葺處仍便撿計

韭花帖

晝寢乍興輖飢正甚忽蒙簡翰猥賜盤飧當一葉報秋之初乃韭花逞味之始助其肥羜實謂珍羞充腹之餘銘肌載切謹修狀陳謝伏惟鑒察謹狀

大唐故天下兵馬都元帥尚父吳越國王謚武肅

神道碑銘并序

聖朝神武文德恭孝皇帝御極之七載歲在執徐三月二十八日天慘東南星昏牛斗惟靈臺之觀祲慮吳鄉之薄祐還九夏之生魄覽萬里之飛奏當青帝之迴時果眞王之歸壽何國不幸而殄瘁於此辰謂天無私乃殲奪於茲晝聖上投袂震駭當宁惻怛雪泣盈於重瞳視朝廢於丹禁以爲鋒摧倚天劍柱折不周山愴宸衷於既往增寵章於未備司禮以之考儀執事其無安位或贈襚以彰悼或易名以昭賁將作監李鍇銜吊祭之命有加於賵賻太常博士段禺等議始終之蹟定謚爲武肅贈既絕於人爵葬

乃錫其王禮睿思聖感星繁波委煌煌焉冠今古而無儔穆穆焉充區宇而何已尚慊爲王稱霸之雄命世誕生之德簡冊雖著金石未刊豈使太邱延陵翻存不朽之跡沂山峴首獨彰可久之文非好辭無以敘元勳非貞珉無以輝億載廢而不舉闕孰甚焉遂詔工部侍郎楊凝式曰爾以儒素簪裾嘗爲我左右侍從謏論之稱人謂爾宜匡合之功爾爲予誌俾披文仰止等高大於崑邱垂裕無窮掩緜長於淮水臣凝式百拜稽首仲宣體弱馬卿思遲寅奉絲言俯伏金巵徬徨憂畏凌兢周章荷明天子旨當大手

筆挾泰山而越滄海猶或云易染柔翰以勒丹碑孰敢無愧僶俛述作採摭幽祕訪小說於稗官徵實錄於史氏謹肅然奉詔斐然抽思蓋聞雷雨方作天機發而龍蛇起象緯騰秀星精降而賢哲生百六草昧之時九三經綸之際海縣則雲蒸霧湧雄傑則虎變鷹揚日月爲之昏霾山河由其分裂或力侔八柱或敵號萬人或水灌晉陽或泥封函谷召兵車之會上落欃槍啓國社之崇旁開分野鬼神叶力河岳同功攝干將而佩烏號瞰扶桑而睇濛汜望高於周召業盛於桓文越前代以成家冠羣后而爲德者吳

越國王蓋其人也王姓錢氏諱鏐字具美杭州安國人其先出自黃帝武德中陪葬功臣潭州大都督巢國九隴之八代孫由軒后而疏宗本枝已茂因彭祖而受姓祚允彌興或仕宦移家烏城成其舊地或精神滿腹晉室重其英聲騰實家牒傳芳肉譜乃江南之大姓固海內之强族大王父沛宣州旌德縣令累贈吏部尚書王父宙累贈太尉烈考寬威勝軍節度推官職方郎中遷禮部尚書賜紫金魚袋累贈開府儀同三司太師皆代有馴行世濟偉人宣慈惠和温良恭儉垂芳餌以釣國偶乏良時積陰德以貽孫遂開洪緒王則太師之長子也五行鍾秀四氣均和白雲起於封中丹霞呈於日側地不愛寶賢惟間生吉夢先來既享鈞天之樂壯心未遂常爲梁甫之吟識者多奇衆皆暗許乃人中之瑞實天下之雄虎踞龍盤江山爲之作氣鷹瞵鳳喙英傑以之成形由是元悟神姝應期靈叟罔久事於筆硯思在屬於櫜鞬遂罷計偕言參戎律鷙鶚鳥雲之勢堪輿風角之術洞若生知宛如神授雖陳相出奇祕風后善孤虛與之同年雅有懃德屬時艱已甚天隙方開値庚子之亂離同戊辰之俶擾入夜則日高三丈當參

則暈結七重見蚩尤之張旗逢王良之策馬人烟斷絶原野有厭肉之謡山嶽沸騰黎庶無息肩之地兵興之苦江東尤深王以出衆之才膺冠軍之號八都倡義張正正之旌旗一呼連衡結堂堂之行陣深明去就多識變通或開君子營或坐將軍樹斬嚴殺厲孰爲貞律之師靖亂平妖獨有勤王之志時彭城漢宏亂常干紀負濬憑嶚刻孫述之僞文采齊巫之狂說晝伏夜動豕突鯨吞爲患滋多尋戈未已王刑牲釁鼓按劍陳師若李廣之飛來效賈復之深入長風破浪得艅艎於水中利刃揕喉取螢孤於城上

士怒未泄賊壘俄平有壯戎容遂光霸業不久仙芝竊發黄巢暴興心恣豺狼牙磨猰㺄盜淮南之郡邑爲世上之瘡痍人苦倒懸力疲奔命王英謀雷發銳氣星馳應高騈之羽書舉臨安之組甲舳艫所至烈火之燎鴻毛旌旆所及太華之壓鳥卵國家方虞多壘克賴藎臣併錄奇功遐頒好爵乃命爲杭州刺史尋移潤州鎭海軍領授節制焉名登王府位列侯藩雨露方濃聖主願觀其畫像鄉閭不改故人皆羨於晝行昔王與董氏爰在初服同興義旅定神交於擾攘陳大節於匡扶酒染血鍉共結忠貞之誓心

明河水長存慷慨之詞對壘握兵夾江爲郡言猶在耳董已渝盟幸乘輿順動之時假圖讖不經之語嬰城自固竊號稔奸王執銳披堅瞋目張膽令如時雨勢若疾雷橫金鼓以指妖巢揮羽扇而蕩强寇眷皆見軾大陵爲之無光首盡奔（闕一字）京觀由是特起時三精上黷萬乘西巡王報國推心誓江立志獻戎捷而自遠問官守以無虧多難識忠臣疾風知勁草昭宗聞名早歎見節彌嘉得竇融於西河旣寧天保倚安國於東界尋輟宵衣遂命兼領越州仍頒鐵契丹青示信帶礪言盟列在世家藏於宗廟慶天門之奇士纔督八州晝雲臺之功臣不過四縣論德則彼或無取較寵則斯實居多自此外繕甲兵内修耕織好賢實轂親仁善鄰張管子之四維樹周書之八枳開拓疆宇延任英豪謀無不臧人思盡力五虵爲輔遂隆霸主之基九武訓戎屢喪敵人之膽廢興由其指顧遠近憚其威聲況俯接閩川遐通楚塞瑯琊則時稱賢帥扶風則世號寵王皆戰艦凌空征旗蔽野據東甌而保大處南海以稱雄莫不欣接犬牙請徵於盟會願爲龍虎以託於輔車而乃楊氏阻兵據廣陵作梗繼渝鄰好屢警邊烽頃常全率車徒

擅侵封部王妙陳三覆宏肆七擒纔揮善戰之師遽見數奔之衆示武經而戡定取戎首以凱旋尋乃五磬請和銅盤受制初聞釋憾還君子之鍾儀無復當鋒見人傑之韓信疆場自謐方畧特高精貫元穹義形霜雪總中權而作翰陳左祖以輸誠許國致君不渝於金石獻琛奉贄罔限於高深固得三鎭節旄千里疆土令僕調鼎之重師保論道之尊生祠列康衢晝戟羅私第備隆徽數仍啓全吳軸軒旁午於道途綸誥葳蕤於藩屏名垂信史功在景鐘近世以來求之未得及梁園興僭皇運中微前在列藩敦睿

衛之兄弟洎當新室修秦晉之婚姻殊禮洊加積功是仰王以爲時有否泰道屬汙隆明且未傷義無或爽乃受其尚父守尚書令之命尋加天下兵馬元帥莊宗皇帝參墟振翼牧野成功應黃星以御宏圖仗白旗而行大戮九江旣導江漢於是朝宗七曜重新天地以之貞觀乃眷星紀時惟國楨定傾之碩畧遐彰葢世之宏勳斯在再造之始大典將融唐堯之光宅未遑周武之下車興會超於徽數簡自聖心遂命有司擇日備禮冊爲吳越國王賜金印玉冊臨軒遣吏部侍郎李德休往行冊命尚父守尚書令天

下兵馬元帥如故大矣哉若是之禮也昔武王問師尚父曰三皇五帝之道存乎師尚父曰在丹書乃齋戒端冕西面道丹書之言武王拜而受之此尚父之事也周禮王者以六轡御天下又李固有言曰北斗爲天之喉舌尚書亦天子之喉舌令也者總是六官納於百揆爲大化之本居會府之宗此尚書令之職也昔太公賜履五侯九伯實得征之又授晉文大輅戎輅之服彤弓玈弓之數命之曰以綏四方糾逖王慝此元帥之謂也成王以周公爲有勳勞於天下封於曲阜地方七百里革車千乘命之以禮樂旌

旂言廣魯於天下此立國之道也高皇漢法無尺土之封故大封同姓又刑白馬爲盟有非漢世而王天下共擊之此重王之義也有一人於此人猶貴之而五事在躬四方拭目名器莫之大也功業莫之高也人臣莫之比也豈不謂非常之人而有非常之事者乎皇帝西京立議北極居尊執大象以臨人宅中州而撫運重熙累洽端拱垂衣恨七聖之迷途未還淳朴樂三王之無事高謝干戈而內注宸襟遐思列土坐明堂而布政稱伯舅以圖勳特下天書遐頒驛騎顯舉不名之典愈宏敬老之文王戴舜彌堅尊

周益至苞茅縮酒恒共於闕宮葵藿向陽不違於黃道屬天禍吳越疾在膏肓未及浣腸之醫遽聞含玉之賜桑田忽變悲夫橫海之鱗霜露俄高已失蟠桃之樹嗚呼哀哉薨於正寢之日享年八十有一理命諸子曰吾遭乾綱隳地之時爲雄豪所推服奮臂起義爲國朝除暴亂屢蒙以功進律賜壤賜圭天寵所臨辭不獲命至於憂愧在位尊奬王室不敢以貴驕人不敢以功自伐爾曹亦見之矣且知足不辱道宗明誡吾謝之後愼勿踵吾之跡惟忠爲令德可以長有富貴諸車服府舍有過制者悉命撤去之無

存王庭之儀當可奉而行也天子聞而歎悼之以長興五年歲次甲午正月壬申朔十一日壬午葬於吳越國杭州都督府安國縣衣錦鄉勳貴里禮也公室豐碑旣遵遠日珠襦玉匣永閉佳城臨水流闕之祥邢山高顯之勢風急雲愁白昏闕整題湊以將歸揭素旗而先遠湮波闕一字暮田橫之薤露淒涼闕一字氣歸天周勃之闕一字簫鳴咽王闕二字紹闕二字叔王侯代歷累朝時更五紀處至崇之位著不賞之功必得其祿必得其壽子孫保之祠廟享之其福德也如此保大定功建邦啓土四海膏腴之地六朝文物之

鄉握貔貅以主諸侯控江山以尊天子昔秦伯斷髮端委以開吳句踐嘗膽辛勤而霸越舉一羽之策兼三國之雄其霸王也又如此洗兵海島振旅江城戈船蔽於長洲戎輅盈於檇李盛氣而風雲迴合援枹而山岳動搖以此摧敵何敵不陷以此守土何土不興其強大也又如此闕四字地利天時章郡積於青銅海陵厭於紅粟決渠降雨鄭國不足語其豐連袵成帷臨淄不足論其衆其富庶也又如此麟趾公子不下百人鳳穴羽儀皆居五等或對昇鼎鉉或俱列土茅比屋未蘇則任棠水薤鄰兵尚熾則鍾會戈

矛所以生在謝庭闕四字遊於豐市但見公侯其允緒也又如此八千子弟昔且散亡五百功臣今稱闕二字成及奮爪牙之力建徽猷腹心之謀故得帳下偏裨皆持瑞節幕中賓客盡陟齋壇其將佐也又如此廣明之後大亂相仍朝廷有失鹿之虞鑾輅見逐螢之窘蜂飛蝟起幸殿室之邱墟霧集飈馳問周鼎之輕重義士猶或失節奸雄俱已搖心王能運機籌不迷風雨偕程昱之捧日兼以梯航類袁安之憂時形於涕泗其忠藎也又如此以寡敵衆背水囊沙說禮樂而敦詩書擊東南而備西北取薛朗如摧朽敗

徐約若建瓴臨變生機圖難於易張子房之帷幄頻覺空虛謝安石之棋枰不爲怱遽其韜畧也又如此愛如父母政若神明雖左右咸見於得人而大小多聞於躬決棄申韓爲末造實黃老爲上科法簡秋荼威收夏日遂使吳中子弟羞論礫鼠之才浙右封陲杜絕成牛之氣其善政也又如此虛心應物屈己臨人船問闕四字齊闕三字郊碣石之宮纔聽商歌即吐麒麟之哺未加楚醴不張瑇瑁之筵其待士也又如此律呂笑談文章草隸縱橫自得冠絕時人雖復觀周樂之知音卻衛軍之大辨顏延之雕繢滿目張

伯英筋肉俱全(闕一字)不罷聽而吞聲面牆而閤筆(闕二字)屢(闕一字)篇迦葉(闕一字)監多存眞跡其才藝也又如此雅洞眞筌居爲外護慕佛乘之妙道割天性之深慈法相太師子妙雲太師女也既脫屣軒裳拂衣羅綺謝有爲而宴坐悟(闕一字)利以出家於是對櫂慈舟雙興(闕一字)殿山陰都講時間出於空門剡縣相(闕一字)飛(闕二字)於貝葉其崇信也又如此浪起海門潮衝羅刹若天綱之彫瘵震地軸以連軒雷公翻然其憑凌犀炬莫窮其怪異王激拔山之志踵立埭之規百萬爲徒晝夜交作塞洪波而爲大陸排巨浸而廣

名區輕塵不飛失(闕一字)胥之憤氣長川罷淡雪精衛之冤心其神(闕一字)也又如此丕變荊榛廓開衢要既冠山而構臺閣又亘野以啓郊郛飛甍上拂於招搖頳壤旁吞於坱圠率由心匠似匪人功歷九土之繁華(闕一字)方巨麗覽八都之詞賦不遠宏規其創業也又如此五十年之生聚一千載之井田德澤仁風家至戶到方安福地遽失藏舟莫不走羣望以無階萎哲人而有慟輿謡輟相悲深子產之亡罷市冰鬚痛極羊公之謝其遺愛也又如此今復起雲麾鎮海鎮東等軍節度使新授守中書令元瓘紀地四瀆麗天(闕二字)應龍得水雕虎生風(闕一字)引可大之年聞詩聞禮荀羨中書之歲且公旦侯知機元悟於寶花好德早承於良冶雅通金匱屢坐寅車振妙算於中堅遏驚飈於四面英華外散和順內凝中嶽稱其降神左氏書其有後皇帝得之巨屛既若長城聞觸地以無容念分閫而何奇難(闕三字)制書墨晉侯之斬繚從魯公之金革疇庸疏爵仍正位於黃樞移孝資忠又增華於膺旆自天降命延賞推恩九霄之寵詔星飛一境之歡聲雷動今復起中吳建武等軍節度使檢校太尉兼中書令元璙久臨(闕一字)部克著嘉

猷雖情厚(闕五字)拘金皐今起復靖海軍節度使檢校太傅元瓚早秉圭符遥分節鉞方藉求瘼難避奪情並奕世勳名同時將相雖元成繼美襲鳳詔以持衡紀隲承家賜雲屛而隔坐未足多也又何加焉其紹續也又如此至於立德立言允文允武宏五霸之畧垂萬世之(闕五字)遂道全經緯英概必舉振古莫儔自列國以來未有如吳越國王者矣夫如是則隘燕然之石未可殫書罄嶰谷之筠不能盡紀臣凝式胸中學淺日下名輕敘事多謝於子長侍詔有慙於徐樂恭承睿旨從事斯文每懷響而必彈庶爲陵而

更顯雖五藏在地終非吐鳳之詞而百代可知請俟獲麟之筆謹爲銘曰

茫茫宇宙悠悠帝先成形在地成象在天有精有粹爲英爲賢復振勳烈出正危顛三辰不軌四郊多壘運否時屯風飛雲起鏌鏌耀耀英豪自喜始學龍韜終惟虎視時乃真王出自軒皇金玉蘊器融結殊祥奮臂有勇其鋒莫當知機應變取亂侮亡八都義衆羣兇膏斧俾爾除殘推我作主失律斯凶止戈爲武是曰壯師信如是兩漢宏興僞董氏憑妖徐約凰鼠薛朗咆虓披攘蕩拂果毅戎昭魚爛

於鼎鳥焚其巢明明天子念動字闕一古命爲諸侯分茅胙土忠作唐臣尊稱仲父有赫斯常無忝宗祖累清多難屢播奇功既開赤社亦賜彤弓吳越全壤齊晉舊風千雲比峻負海稱雄年過八十勢高二伯乃子乃孫羅旃設戟惟天所相不索而獲亮此霸圖光乎史冊一寒一暑如水斯傾適來適去孰肯忘情香銷玉釜露盡金莖還兹厚穸非復長生縿幕晨張塗車永去劍履空存杯盤不御今日豐碑昔時棠樹萬古千秋凝陰洒露

邊蔚

蔚字德昇長安人後唐莊宗伐蜀詔令權領軍府事晉天福中歷開封府少尹少帝嗣位拜左散騎常侍轉工部左右侍郎開運初出爲亳州防禦使入爲戶部侍郎漢初拜御史中丞轉兵部侍郎周祖入立遷太常卿顯德二年卒年七十一

請改樂舞名疏

前朝改祖孝孫所定十二和之名文舞曰治安之舞武舞曰振德之舞今請改治安爲政和之舞振德爲善勝之舞前朝改貞觀中二舞名文舞曰觀象之舞武舞曰講功之

舞今請改觀象爲崇德之舞講功爲象成之舞又議改十二成今改爲順十二順樂曲名祭天神奏禋成請改爲昭順之樂祭地祇奏順成請改爲寧順之樂祭宗廟奏裕成請改爲肅順之樂祭天地宗廟登歌奏肅成今請改爲感順之樂皇帝臨軒奏政成請改爲治順之樂王公出入奏弼成請改爲忠順之樂皇帝食舉奏德成請改爲康順之樂皇帝受朝皇后入宮奏扆成請改爲雍順之樂皇太子軒懸出入奏允成請改爲溫順之樂元日冬至皇帝禮會登歌奏慶成請改爲禮順之樂郊廟俎入奏騂成請改爲

裡順之樂皇帝祭享酌獻讀祝及飲福受胙奏壽成請改爲福順之樂梁武帝改九夏爲十二雅以協陽律陰呂十二管旋宮之義祖孝孫改爲十二和開元中乃益三和前朝去二和改一雅今去雅只用十二順之曲祭孔宣父齊太公廟降神奏師雅請同用禮順之樂三公升殿下階履行同用弼成今請同用忠順之樂享耤田同用寧順之樂

李知損

知損字化機大梁人少爲藩鎮從事入拜左補闕晉天福中累遷右司郎中漢初除左司郎中兼侍御史知雜事周

廣順中拜右諫議大夫責授棣州司馬世宗卽位除名配沙門島卒於海中

請禁錮王昶使人林恩鄭元弼奏

王昶僭踰名器漫瀆朝廷雖天罰之未行在國章而當正所須命詔過示寬恩且匹夫犯法之贓尚猶徵納而遐裔不臣之物豈可放還伏請禁錮來人籍沒綱運

陳鹽法利弊疏

臣以前承御札許進言者直書其闕況臣在諫司不敢避事臣近聞衆議云國家將變鹽法有司卽欲宣行竊以諸道所糶賣鹽令逐處更添一倍委州司量其屋宇均配城內戶人每歲勒兩限俵鹽隨二稅納價言之雖易作之極難此法若行甚非穩便然則歷代變法先取其益國利人前王開基本在於安時恤物設國無所益人不聊生斯乃害時之理昭然變法之功何有今添配鹽貨資困弊者有三作敗亂者有三何則念寰海烝民屬梁朝季運困之以兵革重之以科徭幾經宗社改更刑法變換地經百戰往年之事力都無室告九空到處之鄉村未復止於州城衆戶所在貧乏者多臣頃曾守職藩方莫不詳觀利病且常年城內居戶例於屋稅請鹽比其徵納之時備見艱難之狀以至須勞鞭朴尚有逋懸況所請之數甚微應督之期

猶失若以逐州場院鹽貨於合賣數增倍俵之以稅錢均攤則貧富高低而不等以屋宇紐配則盈虛剩少以難齊於功罕全與物爲病其資困弊者一也逐處州府必委官吏行之官雖强明而吏藏姦倖斯蓋必然之理可得而知儻官乏能名吏多欺詐則力不足者重傷於增配家已給者卻獲其輕均是則率百姓而困國家虐貧窮而由胥吏其資困弊者二也且諸州糶鹽收利省司差官置場所掌

者國家之利權安得假厚濟而輒廢所立者國家之法制豈可洽輕重而濫施使四方之人何以取則聞一朝之令孰不見疑散利權於諸州變鹽法於天下俵給不均而民弊徵催不便而民逃國無利而喪權民積困而失業其作敗亂者一也所在之處多有土鹽或煎而食之或藏而貨之流行既深紊亂非細如無告訐莫得追尋若配俵之權憑於官吏誠嚴之法委自藩方則民漸困以何華國轉虛而何利其作敗亂者二也天下鹽鐵國家大權當重慎於弛張助國家之經費喻河流之不竭同嶽鎮以無傾蓋轉

運所引行之如水禁嚴其固挺之若山豈可緣支用而絕本源爲追切而摧重大權衡一失整頓甚難利害再思辯明極易是則民有害而可救國無利而何圖其作敗亂者三也困弊敗亂顧陛下細而思之審而行之恐不宜以爲常事而不軫聖慮也大凡錢穀之利秖以聚斂爲能至於度支之司唯以濟辦爲效殊不知人心小失所憂之事非常王道大行所悅之方蓋遠臣竊慮有司以配鹽事件敷奏聖聰必云百姓賒得食鹽半年然後納價國家隨其二稅頭段徵得鹽錢場院既免遲延官典更無逋欠民獲其濟國有所資臣請詰之以解前說且百姓窮困十八九焉或市肆經營取錐刀宜利至於日食鹽酪辦卽買之偶或無錢不妨淡食今以半年鹽味配給貧民請歸其家殆非所濟當俵鹽之日已不欣歡及納價之時可量困躓復有稅租甚大舍屋頗多骨肉替零家事牢落官中以户門而須配本人懼條法以難辭剩請官鹽莫之爲用都徵省債無足可償以此通民何州不有以此編户何處不空則是百姓因之逃亡鹽鐵固所虧失省司指本州本使不管流移州司追鄰人保人須令攤配如此則已傷殘而重困未

逋逃而復驅益國濟民其利安在蠹時害政不亦多乎所司或對曰自古理民有利則有害當今贍國不斂則不充諫官秖以憂民爲詞不知經國之務臣請再詰以證斯言夫國家取利之方王者安民之道雖或甚利於國微損於民聖君尚以割股昭腹而爲言本固邦寧而垂誡何況有甚害於物而小益於時者乎必欲糶賣鹽錢須要倍於往日唯宜減落鹽價慎選場官示諭諸州峻整公法凡經半課利但令逐處較量比及周正必期集事如糶賣倍於元數課租濟於朝廷則必授以殊資別委主之重務如或所

賣不及於元數所資不濟於朝廷則必顯示斷懲永更不令任使既鹽價極輕而鹽法甚重則民間不犯而貨易自通州府以公家在心場院以貞幹爲事自然國有其利民無所傷與夫配百姓而失經費之資其利害懸於天壤矣伏惟皇帝陛下每憂勤庶政嘗諮訪羣臣當明君求諫之秋是微列得言之日

請禁宰耕牛戰馬疏

臣近自作補闕擢闕員外守刑法之司非諫諍之任雖越職干議典制固所不容而爲臣事君聞見宜其無隱臣曉於相國寺內忽覩聚衆殺病瘦馬或說奉旨宣賜臣愚昧所見竊有感傷大凡天下耕牛不可宰殺有所犯者罪在無赦國家切有禁防蓋以力耕爲用今之瘦馬抑有前勞是皆久歷戰征備經辛苦以致筋齒疎尨飲齕細微振奮莫能廢損及此當於佛寺被衆軍人以布巾蒙其頭大钁鎚其胸及刲剔之際爲觀者所傷方今時未銷兵軍非厭馬木曜方臨於鄭分鑾輿暫幸於梁園誠能迴賜與之恩亦憫傷之旨矧復京師之內不同營寨之中況軍人米糧無所乏缺病馬肌肉不濟烹炮伏望明勑所司應有病散

令宣賜要者任便餵養顯示不殺之恩念羸牛之力耕猶存令式恤老馬之苦戰願立新規臣謬列清朝無裨聖運苟有所見合具上聞

欽定全唐文卷八百五十九

和凝

凝字成績汶陽須昌人年十九舉進士梁義成軍節度使賀瓌辟置幕府入後唐累遷中書舍人工部侍郎晉初拜端明殿學士兼判度支轉户部侍郎天福五年拜中書侍郎同中書門下平章事少帝嗣位加右僕射開運初罷相轉左僕射漢祖入立拜太子太保封魯國公周顯德初遷太子太傅二年卒年五十八贈侍中

請置醫學奏

當貞觀之朝則廣開醫學及開元之代則親制方書爰在明朝宜遵故事方今暄熇在近疫癘是虞言念軍民宜加軫閔其邊遠戍卒及貧下農人既難息於苦辛宜偶縈於疾患地僻既無藥物家貧難召醫師遂致疾深多罹物故荷戈執耒皆展力於當年問疾賜醫宜覃恩於此日其諸處屯戍兵士令太醫署修合傷寒時氣瘧痢等藥量事給付大軍主掌以給有病士卒之家百姓亦准醫疾令合和藥物救其貧户兼請依本朝州置醫博士令考尋醫方合和藥物以濟部人其御制廣濟廣利等方書亦請翰林醫官重校定頒行天下

請減明法科選限奏

臣竊見明法一科久無人應今應令請減其選限必當漸舉人謹案考課令諸明法試律令十條以識達義理問無疑滯者爲通所貴懸科待士自勸講學之功爲官擇人終免曠遺之咎況當明代宜舉此科

立四廟議

恭以肇啓鴻圖惟新黃屋左宗廟而右社稷率由舊章崇祖禰而辨尊卑載於前史雖文質互變義趣各殊式觀損

益之規咸繫興隆之始伏惟皇帝陛下體元立極本義祖仁開變家成國之基尊奉先思孝之道言爲軌範動合典墳起百代之哲王總一時之盛業據禮官議立四親廟允叶前文

吳越文穆王錢元瓘碑銘

噓唏化北溟而歸南溟者豈藩籬之羽翼行西海而游東海者非池沼之鬐鱗大鵬摶扶文鰩迅疾一息萬里壯哉偉哉所以二華截靈河不無擘者六鼇負仙島亦有釣人豈殊乎傑出一時雄誇千古開桓文之列國襲吳越之眞

王況牽牛婺女之奧區允常壽夢之故地犀渠鶴膝俗尚英豪煮海鎔山人多富庶有九谿六谷之廣通三江四瀆之饒非間世英奇豈能開創丕構非承家賢哲豈能光大勳門尊長累朝綿聯數世今見吳越國矣武肅王以雄傑之姿居喪亂之代拂衣雲壑礪劍烟巖立勤勞於六十年間拓封疆於三千里外名光華夏誓著山河當四境多虞即主盟而稱霸及中原甫定即述職以來廷履行功庸富貴壽考已載於世家矣王爰居長德早己嗣承益昌家國之基復積子孫之慶方繄夾輔忽罹淪亡巨嶽其頹上元

不憖英靈謝世德澤在人爰有嗣王克光前烈陳元方序先君之美胡伯始稱乃父之清乞書無愧之碑願列不刊之史皇帝孝治寰海仁守寶圖終覽奏章備明哀懇恩殊常品寵異羣藩爰詔輔臣俾光先正序曰錢氏之系闕四字按氏族廣類風俗通曰周禮有錢府上士之官其後氏焉晉史有錢鳳宋史有錢樂之陳史有錢導戢前朝有配饗功臣巢公錢九隴近則有翰林學士右丞錢起光前映後皆見信書列派分枝咸爲著姓曾祖宙累贈太尉尊道貴德應運適時韞陸瑁之義風包王常之忠節德星聚處早光陳寔之門仙鶴去時已云孫鍾之貴祖寬累贈太師潔身浴德著信立誠幼則比其雙珠長則方於三虎簪纓劍佩生參臺省之資簠簋鉶登歿享公王之祭考諱鏐天下兵馬都元帥闕四字尚父吳越國王謚武肅七曜祥光五行秀氣躬嘗墮於九日夢曾到於八天項籍喑嗚人皆披靡甘寧謦欬敵已悚惶頃者土德崩離乾綱弛紊當戎馬生郊之後乃龍蛇起陸之時於是金璧延才英賢畢附豆觴撫士勇毅爭歸纔思倚柱之謡尋應懸刀之夢苦身焦思沐雨櫛風戰波浪以拓城隍滅烟塵而靜邊鄙神資福地

民詠樂郊所以翼子貽孫永使尊周輔漢王即武肅之第七子也諱元瓘字文寶杭州安國縣人也龍章鳳姿金相玉振五色露迥推溫潤九天霞别是輝鮮象弭宏開射雲鴻而中鏑金壺墨涌書巖石以成文智自神傳才由天縱馬鄭將闕一字於學校早洞禮經孫吳未演於韜鈐已明兵法薩孤延之沈勇雷藪蚪鬚豆盧績之至誠泉生馬足三時不害六府孔修理民則簡靜居懷恤物則仁慈在念銅斗鐵尺俾列肆以均平魚網兔罝試小民之游情五稼則分岐合穗萬民則棄戟捐矛每行阜蓋之春復繼緇衣之

美王起家爲鹽鐵發運巡官奏授尚書金部郎中賜紫金魚袋尋以偏裨許再思徐綰等狼心素野鼠首無恒忽構狂謀私邀外寇田頵言惟樂禍志欲朋奸遽興烏合之徒將逞雞連之勢及聊加賞犒卽請敘姻親荀家共舉於慈明郄氏果求其逸少遂請行而赴選用繼好以恤人雖駐危郊益宏善道俟銷釁隙尋卻歸寧旣自孝以移忠宜經文而緯武承制改其端揆授以親軍左旋右抽每加訓整先偏後伍益顯機謀尋摧貔虎之師遂展鷹鸇之勢於是領吳郡組練破處郡妖狂牲牢纔禡於軍牙露布已懸其

賊首其後邊烽忽舉鄰寇相侵六奇先視於羸師三鼓俄觀於酣戰纔交鋒鏑大廓氛霾陸征則活擒李濤水鬭則兼誅渦信旣係俘囚而塞路收器甲以齊山邇後欲率鄰藩同修職貢知不從於藥石遂再動於征鼙王躬領舟師壓其闕一字境威生霆霹光奪雪霜熊羆畫布於江心鷁旌飛於天面火鎔鎖斷共仗奇謀箭壓舟平咸推敏智鯨噴駭浪龍吼驚濤擒賊將以尋誅獲戰船而猶在因茲大捷永絕相侵備奏豐功請覃茂賞自此曾無虛歲紹受明恩總青旌元纛之權兼黃閣紫垣之秩匡時濟代福國庇

民事父事君惟忠惟孝尚父武肅王疾生六氣莫應兩楹欲嘗藥以無徵幾絕漿而過毀將茲冥福爰構嚴祠修道宮於割錦之坊創佛寺於布金之地紅樓紺殿豈殊七寶之金玉磬瓊鐘不讓五雲之境尋以恭承治命退國稱藩俯順羣情割哀視事連營受賜比屋知恩給親族以優豐待友于而敦睦拱極之誠益至勤王之節不渝洎大晉開基中原無事續整梯航之禮益傾鐵石之心推戴既堅旌酬亦至封吳越國王授天下兵馬都元帥又授尚書令金印玉冊闕一字敝闕一字襃並復世官可明朝獎九重城內解

寶帶以頒宣十二閑中選名駒而錫賚天福六年闕二字王以弟兄歸任絲竹張筵因抒嘉篇久吟警句別淚已多紅蠟淚離盃須滿綠荷盃詩罷酒闌情傷疾作其後融風忽扇烈焰俄烘駭愕既多虛羸遂甚上池之藥無効聚穴之香不神至八月二十有四日薨於瑤臺之正寢享年五十有五卽以七年二月乙卯朔十九日癸酉備鹵簿葬於國城之南原禮也先皇帝初聞訃奏倍極悲傷久輟視朝厚頒祭禮王娶扶風馬氏故雄武軍節度使同平章事綽之女也賢明無對令淑罕儔翫圖史之華著組紃之妙如賓

合禮逮下符詩方緊內助之功忽動早彫之歎手拳曾字旣叶嘉祥腸遶吳門復彰吉夢先二年薨有子十三人嗣王宏佐粹和正氣嚴重英姿鵷雛著瑞世之文驥子騁晛雲之步無益之事畧不經心非法之言未嘗出口咸推夙習共仰老成服周孔之楷模繼曾顏之士行實興門之良允乃構夏之全材自罹憫凶共傷羸瘵楚棄疾正當拜處早顯神符孫仲謀未是哭時須從衆議尋知國事經稟朝恩行慶賜以合人心省科徭而求民瘼而況郭汾陽之將佐皆是公侯蕭丞相之宗親咸從軍旅同心協力送往事

居市無易肆之謳戶有不扃之咏朝廷喜其嗣襲尋降渥恩便封列土之王用奬克家之子制授宏佐起復鎭軍大將軍左金吾衛上將軍員外置同正員檢校太師兼中書令鎭海鎭東等軍節度浙江東西等道管內觀察處置兼兩浙鹽鐵制置發運營田等使杭州越州大都督上柱國吳越國王食邑一萬戶食實封一千戶仍賜保邦宣化忠正功臣次年又加食邑七千戶食實封三千戶仍賜保邦宣化忠正翊戴功臣長子宏僎溫州靜海軍使先一年卒次曰宏偁東府安撫都指揮使次曰宏侑弓馬諸軍都指

揮使次曰宏傳先立爲吳越世子先一年薨次曰宏倧銜內諸軍副都指揮使檢校司徒次曰宏偡銜內諸軍左都知兵馬使檢校司空次曰宏俶銜內諸軍右都知兵馬使檢校司空次曰宏億銜內諸軍左右馬步都虞候檢校左僕射次曰宏偓宏儀宏仰並檢校禮部尚書瑶山並秀珠樹相輝學禮言詩咸聞博贍彎弧擊劍盡富韜鈐美被同歡田荊永茂次曰宏儒爲國披緇法號元悟捨王公之娛樂就法宇之清幽湯休尚著於文章支遁猶憐於逸駿有女四人三人各有粉田一人早棲禪宇王惠洽三吳威加

百越近則同趙佗士燮遠則方句踐闔廬服太叔之九言師宣尼之四教十朝奬重三紀光華擇吉日以宣恩選名臣而將命癸巳歲命將作監李鍇爲起復使戶部侍郎張文寶吏部郎中張絢爲守中書令使甲午歲命給事中張延兵部員外郎馬義爲冊封吳王使乙未歲命右常侍孔昭序駕部員外郎張璹爲冊封越王使丙申歲命禮部尚書兼太常寺卿李懌戶部郎中姚遐致爲吳越王金印使戊戌歲命禮部尚書兼太常卿程遜兵部員外郎韋稅充吳越國王官告使己亥歲命尚書右丞王延司門郎中張

守素充吳越國王冊禮使庚子歲命刑部尚書李懌膳部郎中薛鈞充天下兵馬元帥官告使辛丑歲命右諫議大夫高延賞兵部郎中李元龜充天下兵馬都元帥并尚書令官告使壬寅歲命太子賓客聶延祚吏部郎中盧損爲尚書令冊禮使議者以王三端迥著五福俱全且夫體物緣情才思逸於盧駱象形會意筆法繼於歐虞補芸閣之舊編著錦樓之新集六角扇羲之讓美五朵雲韋陟慚工褒之者入雲霄挫之者墜泥滓孰不避王之筆端乎勇可扶門力能扛鼎燧象燧牛之智屢有成功添竈減竈之謀

累聞破敵射穿蹲甲彈落翔禽著白袍黑矟之威受菆矢彤弓之錫陸斷犀兕水斬蛟螭孰不避王之劍端乎智周物表言合機先能悅豫以使人善撫循而感物剛柔有節語默中規通白虎之羣書繼碧雞之秀辨孰不避王之舌端乎爰自妙齡至於壯齒聳風姿而岳立蘊氣度以川渟凡有位而必昇至無官而可授天下之馨香已播人間之榮樂實多雖未及鮐背雞膚亦已有霜髯雪鬢豈不曰壽乎鎮千乘之邦食萬鍾之祿明珠大貝輻湊一方霧縠冰紈雲屯百帑龍猛之金闕一字頓小齊奴之錦帳未多採聲妓於娃宮合絲簧於綺閣豈不曰攸好德乎疾疹雖加襟懷不撓如浮雲之易散念急景之難停啓手足而保全傳箕裘而得所豈不曰考終命乎有是衆美夫何恨焉臣素乏口才仍疏腹稿方愧彌綸之績又虧紀述之能仰奉絲綸俾銘貞琬辭讓不獲漏畧茲多雖文過江南不及韓陵之石而恩深浙右必同峴嶺之碑仰副聖慈謹爲銘曰

雲起龍驤化爲侯王鴻騫鳳翥鶚立鷹揚凜然勁氣卓爾雄銛大名之後五世其昌武肅開基奄有吳越恩洽百城名馳雙闕既委招懷復專征伐裂土苴茅秉旄仗鉞尚父

棄代元帥承家傳榮集慶奕葉重葩有典有則去甚去奢威名烜赫事望光華譚藪縱橫詞源浩渺曹植思遲徐儦書少月夕花朝猿巖雁沼筆落綵牋風清緑篠神傳射訣天富兵鈐龜文月角燕頷虬髯威能伏獸名可愈痁撫衆以惠待士持謙事必有恒政皆求理扶弱遏强先人後己但見偃風莫聞狎水阜康烝黎廓清邊鄙量陂素廣德岳彌高禮延耆舊令肅權豪庭趨忠烈府集英髦講論韜畧獎勸勳勞自再稱藩益勤述職虔布詔條動遵楷式每陳貢輸常踰萬億表率方隅匡扶社稷功膺罕對渥澤無倫

禮優伯舅位極人臣鎔金鏤玉龜紐龍綸永言當代莫繼芳塵禁暴戢兵取威定霸方賴控臨忽聞夢謝雲慘長空星沈永夜號慟軍民涕泗華夏初聞訃奏尋輟視朝深嗟旦奭不及松喬倍加贈襚久罷簫韶君臣分至水陸程遙間傑淪亡英賢繼襲擗踊悲摧無所迨及益務撫循加之周給人情既安兵威自戢一方肅靖三世輝榮朝宗事大誓表傾城欲光家世上奏聖明願書貞石用顯聲名金玉令人鼓旗良帥德盛功崇文經武緯述之莫窮言之無愧庶幾乎萬歲千秋人見之而墮淚

趙礪

礪漢乾祐二年爲西京留臺侍御史周顯德初爲知雜侍御史二年以太常博士權知宿州軍州事坐推劾弛慢除名

劾奏太子太保王延太子洗馬張季凝托故曠班狀

臺司奉去年四月勅西京留司官員雖有留臺糾簡故閑多不整齊宜令太子太師盧文紀都更提轄今有自去年五月後至今每稱疾請假最多太子太保王延太子洗馬張季凝舊例朝臣百日假滿落班簿延與季凝每過百日將滿即一度赴拜表行香俱是拜跪不任昨高祖神主祔廟之時留司班列至彭婆鎮奉迎其王延只到五鳳樓前季凝稱有疾不出陳力就列往聖之明規拜表行香留司之常務既疾疢不任於出入筋骸難彊於扶時所宜上稟憲章內思貪冒虔瀝退休之懇用循止足之文雖優宏繫自於朝廷而彈舉敢隳於職業

胡嶠

嶠官郃陽縣令爲宣武軍節度使蕭翰掌書記因隨入契丹翰誅無所依居契丹七載當周廣順三年逃歸

陷北記

自幽州西北入居庸關明日又西北入石門關關路崖狹一夫可以當百此中國控扼契丹之險也又三日至可汗州南望五臺山其一峰最高者東臺也又三日至新武州西北行五十里有雞鳴山云唐太宗北伐聞雞鳴於此因以名山明日入永定關北此唐故關也又四日至歸化州又三日登嶺嶺東西連亘有路北下四顧冥然黃雲白草不可窮極契丹謂嶠曰此辭鄉嶺也可一南望而爲永訣

同行者皆慟哭往往絶而復蘇。又行三四日至黑榆林。時七月。寒如深冬。又明日入斜谷。長五十里。高崖峻谷。仰不見日。而寒尤甚。已出谷得平地。氣稍温。又行二日度湟水。又明日度黑水。又二日至湯城淀。地氣最温。契丹若大寒。則就温於此。其水泉清冷。草軟如茸。可藉以寢。而多異花。記其二種。一曰旱金。大如掌。金色爍人。一曰青囊。如中國金燈。而色類藍可愛。又二日至儀坤州。渡麝香河。自幽州至此無里候。其所向不知爲南北。又二日至赤崖。蕭翰與世宗兀欲相擊。遂及述律后戰於沙河。述律兵敗而北。兀

欲追至獨樹渡。遂囚述律於撲馬山。又行三日。遂至上京。所謂西樓也。西樓有邑屋市肆。交易無錢而用布。有綾錦諸工作。宦者翰林技術教坊角觝秀才僧尼道士等。皆中國人。而并汾幽薊之人尤多。自上京東去四十里。至珍珠寨。始食菜。明日東行。地勢漸高。西望平地。松林鬱然數十里。遂入平川。多草木。始食西瓜。云契丹破回紇得此種。以牛糞覆棚而種。大如中國東瓜而味甘。又行東至褭潭。始有柳。而水草豐美。有息雞草尤美。而本大。馬食不過十本而飽。自褭潭入大山。行十餘日而出。過一大林。長二三里。

皆無蔓。枝葉有芒刺如箭羽。其地皆無草。兀欲時卓帳於此。會部人葬太宗。自此西南行。日六十里。行七日至大山門。兩高山相去一里。而長松豐草。珍禽野卉。有屋室碑石。曰陵所。兀欲入祭。諸部大人惟執祭器者得入。入而門闔。明日開門。曰抛蓋。禮畢。問其禮。皆祕不肯言。嶠所目見。因述律葬太宗等事。與中國所記差異。已而翰得罪被鏁。嶠與部曲東至福州。福州翰所治也。嶠等東行。過一山。名十三山。云此西南去幽州二千里。又東行數日過衛州。有居人三十餘家。蓋契丹初虜中國衛州人。築城而居之。嶠至

福州。而契丹多憐嶠。教其逃歸。嶠因得其諸國種類。近云距契丹國東至於海。有鐵甸。其族野居皮帳。而人剛勇。其地少草木。水鹹濁。色如血。澄之久而後可飲。又東女眞善射。多牛鹿野狗。其人無定居。行以牛負物。遇雨則張革爲屋。常作鹿鳴呼鹿而射之。食其生肉。能釀糜爲酒。醉則縛之而睡。醒而後解。不然則殺人。又東南渤海。又東遼國。皆與契丹畧同。其南海曲有魚鹽之利。又南奚。與契丹畧同。而人好殺戮。又南至於榆關矣。西南至儒州。皆故漢地。西則突厥回紇。西北至嫗厥律。其人長大髦頭。酋長全其髮。

盛以紫囊地苦寒水出大魚契丹仰食又多黑白黄貂鼠皮北方諸國皆仰足其人最勇鄰國不敢侵又其西轄戛又其北單于突厥皆與嫗厥律畧同又北黑車子善作車帳其人知孝義地貧無所産云契丹之先常役回紇後背之走黑車子始學作車帳又北牛蹄突厥人身牛足其地尤寒水曰瓠𤄃河夏秋冰厚二尺春冬冰徹底常燒器消冰乃得飲東北至韈刧子其人髦首披布爲衣不鞍而騎大弓長箭尤善射遇人輒殺而生食其肉契丹等國皆畏之契丹五騎遇一韈刧子皆散走其國三面皆室韋一曰

室韋二曰黄頭室韋三曰獸室韋其地多銅鐵金銀其人工巧銅鐵諸器皆精好善織毛錦地尤寒馬溺至地成冰堆又北狗國人身狗首長毛不衣手搏猛獸語爲犬嗥其妻皆人能漢語生男爲狗女爲人自婚嫁穴居食生而妻女人食云常有中國人至其國其妻憐之使逃歸與其筯十餘隻教其走十餘里遺一筯狗夫追之見其家物則銜而歸則不能追矣其說如此又曰契丹常選百里馬二十匹遣十人齎乾麨北行窮其所見其人自黑車子歷牛蹄國以北行一年經四十三城居人多以木皮爲屋其語言無譯者不知其國地山川部族名號其地氣遇平地則温和山林則寒冽至三十三城得一人能鐵甸語其言頗可解云地名頡利烏于邪堰云自此以北龍蛇猛獸魑魅羣行不可往矣其人乃還此北荒之極也契丹謂嶠曰夷狄之人豈能勝中國然晉所以敗者主暗而臣不忠因具道諸國事曰子歸悉以語漢人努力事其主無爲夷狄所虜吾國非人境也

杜韡

韡周顯德二年官右補闕

大唐推誠翊戴功臣金紫光祿大夫檢校司徒使持節衛州諸軍事衛州刺史兼御史大夫上柱國太原縣開國男食邑三百户郭公屏盜碑銘

臣聞宣宗知民間之事則曰共理者其臣惟良唐太宗爲天下之君且云刺史乃我當自擇是知雖皇王闕一字統馭闕七字子之闕三字於事有美有惡難將一馬同歸或隆或汚實類九闕一字相遠失人則苛政喻於猛虎得士則善吏闕二字良闕一字一可不慎乎可不重乎皇帝纂丕圖臨萬有以授受難乎選以理治急乎才漸行日月之闕一字輾成古道終

扇陰陽之炭。銷盡兵鋒。一日闕一字承闕一字曰衡州士庶列狀以聞。述去盜之由。稱守臣之美。宜乎旌其長。闕一字其闕一字命之列勤闕一字其闕一字光乃勅朝請大夫行右補闕杜國臣杜韡闕一字乃銘之。臣虔奉闕十字式闕三字固闕一字仁者安人。斯其至矣。盜亦有道。其可尚乎。矧乃抱奇闕一字之闕二字昂藏之闕一字奮迅於平陂。綿亘於數闕一字誠大丈夫號闕一字太守闕八字回闕三字竹闕十三字卦。豈同亡闕五字麟經闕一字契奔奉之事闕二字汾陽公其人也。公名進闕一字州闕二字人也。皇帝即位之年。自登而牧。衛維彼商墟闕四字任俠自尚。

剛壯相沿。闕三字而闕一字疾成風。橫綠波而流惡不盡。公至止未幾。闕二字而思且闕二字求中。靜乎內而勸乎外。闕一字身率下。儉於己而便於人。未有澄其沙而水之不清。去其闕一字而木之不茂。先之以力制。次之以德攻。化洽於斯。何盜之有。公集闕一字地闕二字於天府。一度量闕三字謹出納闕一字間審重輕之數。拔規求之闕一字塞闕二字之源闕三字先去其闕一字廩之闕一字乎夫馬寒則毛縮。魚勞則尾赬。物之生也豈有異哉。公能闕五字之附益闕二字羊之闕六字得不謂先去其杼軸之盜乎。闕一字之闕一字邑。闕一字乃有經。闕一字符令則削煩省督責則息費。得不謂先去其簿書之盜乎。闕二字於日中。貨來於天下。宏羊適至。不韋未歸。法前闕二字通同抑有司之侵利。得不謂先去其闤闠之盜乎。公人臨事以自懲。貪吏因時而變態。於是乎卜要衝之所。布闕一字諭之文。既革面以闕二字或洗心而尚晚。俄乃付之逮闕二字以刑章。夏蟲適性。以疑冰。夜蛾舞空而赴火。或巢摧而梟散。或穴闕一字以兔奔雖沿波之時。固討源而是切。且拔茅之後。恐連茹以宏多。迴思顧望之徒闕一字設并容之術闕二字化之勉之。撫之安之。曰爾胡不盜天時地利。以耕鑿超衣食之

源。爾胡不盜毛羣介蟲。以捕獵求山澤之產。或剖石採玉。或披沙汰金。取之不爲貪。得之不爲竊。闕四字梁上偷生草中。始務匿藏。終貽勦絕。明申闕一字甲休拘趙禮之兄。盡滌昨非。不問展禽之弟。於是衆相謂曰。嫉惡如讎。公於國闕一字視民如子。私於我闕一字聞其美言。何闕一字酬於布帛。服其異政。何以答於袴襦。由是闕一字其闕一字知其禁強梁者遷善。返側者銷憂。棄戟捐矛。卻問農耕之早晚。帶牛佩犢。遂勤稼穡之艱難。闕一字所謂靜乎內而勸乎外。儉於己而便於人者也。自然山闕四字清里閈。戴若思之投劍。誰預客

船陶士衡之駐車。不言官柳。室家相慶。上下咸和。爾乃闕七字集醯酸而蛟至肉羶闕三字適桑土而長謡。登春臺而胥闕一字可以闕一字乎孟可以召乎江山下火而爲賁邱園。雲上天而闕一字需酒食。政既成矣。奬闕一字至矣。公神闕五字沉闕十字見風雲之氣洞達闕一字機命闕一字而闕一字藉時而闕一字蛟龍遇水闕四字鵰鶚乘闕四字刺於坊磁又遷於闕一字登衢闕二字之才聲華迭闕四字鍊轉見晶熒。樂至九闕一字益聞清越。闕一字編清史闕一字紀闕五字赴童子闕二字源流闕一字爾闕一字卿賜三公闕二字千載交輝。美矣盛矣。論者曰闕一字之

藏用在乎闕七字猛於闕二字自闕一字熊之後善闕二字民垂畏愛於闕一字門流忠孝於昭代。闕庭稱闕一字風俗自新。闕二字周有亂臣。鬣使衛多君子。皇帝下闕一字書闕九字必闕一字倣側帽之闕三字效墊巾之闕一字其則不遠。見賢思齊。引而伸之。則闕一字知矣。紀太闕一字而有闕二字明府以居多。未若當鈐閣之前。於闕一字門之闕二字之貞玉。傳之子孫。臣幸闕一字近闕一字曾闕四字鏤闕一字而見誚闕二字瓦以非工。謬承聖主之恩。用播賢臣之美。凝神握管。空成蝌斗之書。拭目披文。不稱闕二字之闕一字强抽祕思。謹作銘云。

闕八字連珠有爛。合璧無闕一字固本維何。在民者矣。共理闕二字擇人而已。倬彼郭侯。系我成周。闕三字李事異闕一字劉鄉曲闕三字煙闕一字擊劍引闕二字弓開霹靂。鼓隨畫角。闕一字逐朱輪。誰闕三字自樂行春。始刺於坊。今牧於衛。闕一字海使宜。闕一字川煩碎。方圓並闕一字思愛齊闕五字盜散萑蒲。帝王兮念功。闕二字兮愛賜。他山兮闕三字蓮兮鼎鼐。闕一字之兮二天。勒之兮八字。剖竹兮有光。操觚兮無媿。

欽定全唐文卷八百六十

劉從乂

從乂周顯德二年官節度掌書記試大理司直

大周廣慈禪院記

原夫了無相之因乃歸寂默現有爲之教卽示莊嚴攝闕生浮想於是字闕一無相而詮眞諦以有爲而誘鈍根嗟乎刦闕動地但漲情字闕二負寛而不能堙苦海之波蟻有銜而不能闕以指迷津而字闕一彼岸開惠日而破昏衢未廣度於能仁應機誤闕隨業化緣質字闕二難信之疑立像法

相沿之理不有開士孰匡闕故思遠禪師之經始也禪師本王氏子回中人也道性元通闕調象馬能降㡣字闕一之情體化蒲蘆盡作如來之種微言殆絕景行彌高扣闕無階駕眞乘而長往詳僧傳則於是乎在刱佛宮則可得而言禪闕化南昌教字闕三時洪州廉使侍中彭城公請住香城禪院字闕二二紀有志四方乃振錫浮江字闕一徒登路念三輔五陵之豪族想規天矩地字闕三思字闕一鷲峯遂歸闕松柄未揮歸依者掎裳連袂而來檀施者接足駕肩而至感優曇闕之良緣莫不童子標花神人獻柱兢施布金之地字闕一投累壁之錢闕材朽宅之頹基聳搆正殿中蹲而字闕一起長廊四注以雲舒蟾蠩納闕葩於藻井文楣憐亂畫栱攢羅達法堂以悟空設眞教以陶智闕定布經行之地以豫遊無里閈之囂塵字闕二泉之爽氣聿成佛闕我皇祖在宥之二載也太尉袁公罷侍闕玉節次宗結社潛懷出俗之心靈運居官已熟生天之業拜封闕牓以斯題遂勅賜號廣慈禪院以廣字闕一慈闕等苦節橫霜高名跨世精進而身田自潤住持而眼界常空闕而下蔭欲於寶剎思勒貞珉託敘美於非才庶傳芳於不闕存摭實之辭時

歲在單閼月旅季秋記

蘇禹珪

禹珪字元錫高密人以五經中第辟遼州倅歷青鄆從事轉潞并管記累檢校至戶部郎中漢祖鎭并門奏爲兼判及卽位授中書侍郎平章事兼刑部尚書加右僕射集賢殿大學士少主時轉左僕射入周守司空世宗嗣位封莒國公顯德三年卒年六十二

重修蒙山開化莊嚴閣記

太原故郡大夏名封郊野列於參墟山川開於晉國俗通

馬首坐管羊腸稱號神京實爲樂土皇朝鳳舉三百年之遺跡尚存聖祖龍飛一千載之耿光斯應士馬雄盛井邑駢羅語之八都并爲最也而又俗敦釋教重二乘方便之門人貴善根導五濁昏迷之性金繩寶樹雁塔蜂臺大有莊嚴鉢光像法據傳記開化寺北齊文宣帝天保末年鑿石通蹊依山刻像式揚震德用鎮乾方成招提之勝因俾釋迦之眞相人皆迴向時湊福田齊後主然油萬盆光照宮內仁壽元年隋朝造大閣而庇尊像焉仍改爲淨明寺洎唐高祖在藩邸時至此寺瞻禮回夜夢化佛滿空毫光

數丈登極之後復改爲開化寺後顯慶二年高宗駕至出左右行藏資緡珏玉崇嚴飾之後會昌甲子歲勅廢大閣露尊像雨滴風摧僅六十載化隨消長道有汚隆明矣乾寧二年武皇虎踞并州龍潛晉水遥奉擎天之業克安在鎬之君一境煙靜塵消不修闕二字千里民稐俗阜正樂豐穰或乃治兵閒修講武上西山而指顧羨北禮於慈悲痛望眞身而受霜露迺下令遣紂徒管內講化計口隨年錢收數百千萬緡更有自施信財者不可勝計復造大閣焉時也擇班輸之物已豐多斲徂徠之松材闕一字藏足既當農隙闕一字乃與工闕一字役者荷鍤如雲刻木者運斤震地工無舍夜人不知勞自乙卯至己未首尾五年葢成大閣兼裝佛像厥功三十萬闕一字所聚財盡矣莫不歎簇千楹星攢萬拱棖題䵣黝階闕一字嶙峋甍宇齊平可下觀於罔險闕一字攔偃閣宜上摘於星辰仰之彌高觀之尤麗萬人瞻仰樹福於茲至今五十載矣莫禁二鼠日月般而年代移闕一字從四蛇高閣隳而聖儀毀非國王大臣力其可再修乎遇北平王鎭臨之五年也疆境乂安人民豐足衣錦而彰七德玉帳論兵出籌而蘊六奇金臺禮士[illegible]猎不舉

烽燧皆停暇日遊西山至開化寺焚香見閣宇傾欹佛像崩闕乃言曰縱有僧洒掃供養豈令人喜瞻禮乎遂舍俸錢重修薦之爰求郢匠俾聚杍林功用具充役工畢至是薦大閣五層一百三十間并添換瓦木文彩賁飾及閣內尊像沿寺功德護法善神塗金彩畫大小咸具無不畢備兼創造斗帳四間閣上二十四牕竹網特葢行牆五間并諸殿宇一新其舊及置閣上麻網一十五扇葢將己俸不撓民財況日給於米鹽更時須於賞勞百工無怠衆役惟勤踰時而畢重新鹿苑載耀雞園視高閣於淩雲悉施藻

續變睟顏於淨域別顯相儀字闕一而生玉葉飛梁虹指岧嵽而在金田美哉輪焉煥乎盛矣四人依仰二衆焚修實資奉福之因允叶募緣之果王昕其功畢大會沙門慶讚而雷殷梵音供養而雲龍香𤇆成兹勝槩乃樹貞珉撰記仁祠覥顏主擇禹珪謬塵郗桂獲厠庾蓬隨簪玳以履珠忽承明命則援毫而滌硯須抒謏聞非敢虛詞止書實錄庶貽後代以紀芳猷大晉開運二年七月十三日記

馬去非

去非周顯德五年官義成軍節度掌書記

黎陽大伾山寺准勑不停廢記

大伾山者上摩乾象下壓坤牛左巨浸而右太行誠爲壯觀南夷門而北大魏最擅繁華遐重昔人能擢勝境以兹山之足爲佛足矣以兹山之頂爲佛頂焉寺内有鈌字闕一碑銘載相續日月儼三十二相亦四五百年首蔟連珠肩隈合璧或孤鴻夜至移雁塢而自字闕一方六出朝飛拔雪山而歸此處神功捧護巨靈措手以難開佛力昭彰秦后著鞭而不動傍臨迴漢顯超岸於當時俯瞰危峯類投崖於今日不待龍吟深谷我有法雨而濟陳根何須虎嘯深崖我有惠風而吹昏垢潛施殊福溥及羣生雖日用不知且人何以鄙今皇帝均臨區宇子視黎元慮一夫不耕天下有餒者一婦不織天下有寒者向乃頒行天命條貫僧居有勑額者存無勑額者廢非輕釋氏用誡游民勞哲后以去華使空王之保大兹寺也詢諸耆老唯曰大伾蓋前古之寺名非近年之勑額如斯數列胡免廢停我主公都尉指命僧徒繕錄銘記閱其狀跡頗歷光陰遽爲奏陳卻獲仍舊寺主僧從超住持甚久焚禮甚精初議毀除鬱有

白氎之歎及聞存惜爲刊黃絹之辭去非碑謝洩雞文慚吐鳳旣高僧之固請乃下筆以直書庶紀厥由終無革故時大周顯德五年

田景儒

景儒周顯德時陝州夏縣人

佛頂尊勝陀羅尼經幢序

伏以景儒等生居塵網長在牢籠汩没愛河豈有涯字闕二身是幻假四大以成形悟性空時莫不憑善道如電露似石火而難停若字闕二坊衆字闕一等闕十六字不悟以去逞津梁

無准。景儒等自（闕一字）年前。遂見當院精藍寶地。是皈依作福之田。結（闕一字）善緣。乃爲衆會。名羅漢邑。（闕一字）景儒等遂又不改善果。員誠年五十。敬造尊勝陀羅尼經幢一尊。奉供。（闕二十字）圓就所修上善功德。各各（闕一字）備。早立勝緣。己俟他歲。略述其宗。不可具載。奉爲國皇萬（闕一字）歲。帝祚遐昌。文武官僚。常居祿位。（闕一字）祈（闕一字）坊表。幼永保清貞。過去未亡。俱登清淨之境。一切時（闕一字）沾（闕一字）利。（下闕）

艾穎

穎。周顯德二年官左散騎常侍。

請復入閣起居奏

近制一月兩度入閣。五日一度起居。近年以來入閣多廢。每遇朔望。不面天顏。臣請命後朔望入閣。卽從常禮。如不入閣。卽請朔望日起居。冀面聖顏。以伸誠敬。

張皓

皓。周顯德二年官御廚副使。

藏冰賦（以堅明潔鏡爲韻）

國之造物。時惟用天。履在歲之窮。紀知層冰之腹堅。可以備用。凌人主焉。利耜黍以爲薦。率司寒而是先。於是入坎窖。踰崢嶸。乍逼側以經險。復趦趄而不征。爽氣旁達。凝陰上清。始峩峩而不見。遽沖沖而有聲。是伐是取。登乎上京。候朝風而益壯。對夜月而俱明。崇凌旣啓。陰井方渫。合聲色而轉深。拂霜威而逾潔。不劌不劂。如磋如切。掩下方以涸沍。匪上騰之發泄。方見象於爲寒。且多驚於內熱。顧惟不伎。括結成性。彼蓄物以俟用。亦何異乎藏冰。將有冒於嚴凝。豈見遺於水鏡。

對去師之妻判

甲受業於乙。乃去乙之妻。同門以爲失弟子之

禮。郡欲科罪。甲云行古之道也。所由不能定

學以居士。人斯守業。曾射御之必習。在師資而有敬。甲性匪生知。才殊特達。將祈代耕之祿。式執摳衣之訓。旣而請益不倦。寧止於五經。廣業惟勤。實包乎六藝。庶將貽厥小學。冀亦臻夫大成。判孔氏之四科。登周官之一命。且猶父之禮義。固非經從夫而尊。敬亦宜廣厥妻。雖忘於母訓。惟乙且豫於人師。縱鄰樹以致嫌。匪門生之或譴。何乃窺其家室。專務去彼。遂使老萊之婦。坐失齊眉之歡。買臣之妻。終成反目之恨。況人實有偶。甲則無良。訐以爲直。嘗聞君

子之惡犯而不隱乃眛事師之迹失禮之告誠爲有孚行古之道未知其可

許遜

遜周顯德二年官祕書少監貶蔡州别駕淸泰二年爲右拾遺

請停越局言事疏

臣見上封事者多不關時政得失或以事不合己或有位未及人但欲虛鼓聲名妄邀抽擢全非切當空事游詞數件之中無一可取不惟熒惑聖聽兼屬侮慢朝綱今後請

除兩省官合上封事者其别班除論本司公事外請准太和二年勅輪轉待制給事合司封奏大凡食祿之道本在致君不可獨善一身歸惡萬乘惜暫時之逆耳貽他日之痛心事切三思理實不可其切要言者或居上情躭酒色志好畋遊言動稍乖理須論諍職司其事合在諫官況陛下嗣位已來憂勤庶政鮮有過誤無可陳論朝廷班外之宜職在御史臺如有愆違御史彈糾其餘鞫獄自有法司事若有違他自論奏此外越局言事並望寢停

扈載

載字仲熙北燕人周廣順初舉進士授校書郎直史館再遷監察御史拜水部員外郎知制誥遷翰林學士卒年三十六歲

銀靑光祿大夫中書侍郎同中書門下平章事上柱國晉陽縣開國伯食邑三百户贈侍中景公神道碑銘并序

帝軒轅乘土德之運其臣曰蒼龍祝融能辨方域以制區夏帝嬀氏禪陶唐之基其臣曰伯夷后夔能典禮樂以和人神上古佐命之道闕五字焉三政嗣興圖史寖盛彌綸輔

翊代有其人皆金冊丹書絢繪功業垂其訓聚而爲墳典形其美流而爲歌頌陋篆籀之質略我則潤之以闕五字之淪朽我則鏤之以貞珉銘以紀功碑以誌行千載之下燦然可觀者其惟神道之表乎故中書侍郎平章事景公諱範闕四字皇朝元佐顯德二祀冬十一月薨於淄川郡之私第天子廢視朝軫殲奪之令制贈侍中遣使賻奠飾終之典優而厚詔詞臣闕一字文闕一字炎盛矣闕三字孔悝彝鼎不出廟門杜預豐碑空沉漢水始自矜於名氏誠未顯於家邦與夫輝煌帝恩導揚休烈闕八字者可同日而語也闕四字

綸言直而敘之用丕顯我大君之命臣聞景氏之先出於芊姓從楚王於夢澤差（闕一字）侍臣畫漢（闕一字）於雲臺丹推名將濟美垂（闕六字）生偉人惟周之輔長山之下淄澮爲川地勝氣清惟公故里夫嘉遯絕世高臥於是者足以（闕一字）顥氣而爲（闕七字）生於是者足以（闕三字）而爲世傑故公之先由烈考太僕府君之上曰王父賓大王父閏皆貞晦不仕介享天爵而巢許（闕十四字）仲曰篆公（闕四字）世（闕二字）聿登相位而申甫之祥著矣昔者聖人之教天下也本之以仁義制之以經籍是謂人文是謂人（闕六字）以（闕一字）開物成務者（闕四

字）所于此（闕二字）以公輔之位必由稽古升廊廟之才必以經術顯而公以明經擢第於春官氏則賢哲之（闕六字）爲吏於青陽（闕十一字）掾於高密郡秩滿而（闕一字）授范縣令大鵬之翼鎩北溟以未舒蟄雷之聲殷南山而不起然則（闕七字）于之（闕十五字）通人之才變而順則方圓之量不能局故公之佐縣政也人謂其勤且潔矣典刑書也人謂其（闕八字）邑恪（闕一字）以（闕八字）使（闕一字）政（闕一字）而從之者則人謂其賢且能矣粵若日月之彩得天而大明風雲之期遇屯而勃起（闕十字）磻溪（闕一字）璜（闕七字）我大周聖神恭肅文武孝皇帝建大功

於漢室爲北藩於魏邦初筵既開得賢斯盛於是我公（闕九字）而君臣之（闕九字）龍飛在天躬載曜靈至於霄極之（闕二字）皇建肇建制以公爲秋曹郎進階至朝散大夫而（闕九字）萬（闕十二字）之樞惟聖人執左契臨萬邦經久制大命曰政之機國之大柄總於樞務者可謂重矣而公（闕九字）忠而賢（闕十一字）公爲左司郎中充樞密直學士尋轉諫議大夫充職今皇帝嗣位之始登用舊臣而并人乘我大喪擁衆南寇親征之舉迅若奔雷分命大臣保釐（闕七字）於公仍拜貳卿（闕九字）振帝伐張黃鉞白旄殪羣兇而皆盡參旗河鼓導清蹕以

言旋大祲既已平九服又已定（闕四字）時惟輔臣而公昌言可（闕十一字）聖謨碩望可以鎮流俗爰立之命帝心允孚六府肇修兵賦充大邦之調用（闕五字）公自立不回信而有守（闕十字）哉大運逢時洪鈞在手資忠孝於君父享富貴之崇高而盡瘁之勞因成恙疢封章累上優詔褒稱聽解利權（闕一字）專（闕七字）以列卿歸第懸車故鄉嗟風樹之忽驚訴昊天兮何及見星而往夕露方多泣血以居晨漿屢絕哀與性盡卧疾而終享年五十有二（闕二字）觀夫公之行事則其道也淳而粹充充焉無能稱其言也直而肆謇謇焉無所忌

耿介以自安勁直以自(闕一字)故其仕也(闕一字)一命之卑(闕一字)三(闕六字)無悔吝古人之操何以尚也秉筆者得無愧於詞矣許國夫人李氏嗣子太廟齋郎儼信等(闕三字)靈(闕一字)光(闕二字)烝嘗翼翼賢人(闕九字)子事終之禮佳城閉日長楸篗雲勒銘垂休以示千古其詞曰

長山滄滄淄水湯湯哲人之生逢時會昌哲人之逝魂遊舊鄉(其一)高山兮峩峩逝水兮驚波(闕一字)而(闕一字)死(闕十八字)(其二)山有頹坂水有高岸人何世而弗新善有名兮獨遠猗歟公兮時用丕顯(其三)

薛沖乂

沖乂周世宗朝以左散騎常侍爲工部侍郎

詳覆呂澄贓犯狀

呂澄贓賂事發因鎮將上論乞取之贓又無文簿鎮將徧下鄉村勘問又無人户姓名積數雖多未嘗正格量其情狀難逭刑章

麴勵

勵開封人周顯德元年官侍御史知雜事入宋遷尚書膳部員外郎廣南轉運使

諫濫放囚徒疏

竊見潁州爲天中節放見禁罪人伏以祝萬壽之延洪但要齋心潔懇臨一州之生聚當思共理分憂且見禁罪人或干格法或因刼盜或是爭論各有科條須分曲直若負罪者獲免即銜寃者莫伸此時不有發明諸處便成流例直恐每逢慶節擅放縲徒豈止惠姦深爲長惡望行止絕免紊章程

李潯

潯周顯德時人

吳越故東海徐太夫人墓誌

夫月滿則虧日平則昃盛衰之道古今而同也其有秀而不實者得無痛乎夫人徐氏其先東海人也粵以元元降聖盤條仙樹之端洎唐后啓圖析派天潢之側龍飛鳳翥殷鼎(闕)壇閥閱勳賢無出其右官諱訶任省營田隊夫人媏渤海(闕)吳皓僕射(闕)宣賜褐裳之管轄營田隊務文華擅美器宇宏深夙嫻(闕)悌之規抗見熏之色百行之美實無闕焉悲娶(闕二字)一卒九乎三紀何期隟駟難追游波莫過享年五十有六偶暫攝調(闕三字)於顯德三年歲在丙辰

九月庚寅朔五日甲闕寢疾殞於吳縣令德鄉之私第也闕二字夫人有子六人長曰承嗣効闕衙内直番隊充副將次曰承寵係管田甲將次承鄴管田副將次五兒滿兒淡幼稚未効職員有女三人長曰十八娘聘於金氏次曰十九娘在室未從伉儷次廿娘捨棄俗華以投金地於福田寺慕貞堅守緇門精專戒行子聟一人金氏宏綰新婦二人長曰沈氏次曰曹氏嗚呼封樹告期龜筴叶吉以十月庚申十四日癸酉窆於吳縣胥鄉臺尚書里闔閭城西去祔五十餘里先祖塋之側禮也特恐天地長久陵谷變遷

令嗣號訴願勒貞石以誌於墓瀞忝獲知音得不涕泗揮毫敘錄其實而爲之銘曰

委質荒漢凝神上仙遠遠二界茫茫九泉遠岫烟暝高空月懸聲沉永矣松檟蕭然

杜良

良周顯德時人

唐文皇畫像記

太宗己定天下而高祖已登九五矣太宗於閭閻疾癘干戈勤勞且盡知之於仁義之治與大平極治之功容或有未究焉耳既作文學館延四方英俊講貫紬繹薰陶耳目者莫非帝王之事彼十八登瀛人必曰爲如是事而治爲如是事而亂以太宗之明刻記於心肯圖衰亂乎一意於求治而已仁鑪義鞴道薪德火日往月來就聖神之模其爲宗廟社稷生靈者炳焉與三代無以異矣故太宗之功烈自漢高以降莫之與敵十八人之力也

王朴

朴字文伯東平人漢乾祐中舉進士授校書郎周顯德初累拜左散騎常侍充端明殿學士三年征淮以爲東京副

畱守還拜户部侍郎樞密副使遷樞密使檢校太保四年再征淮兼東京畱守六年卒年四十五贈侍中

奏進欽天歷表

臣聞聖人之作也在乎知天人之變者也人情之動則可以言知之天道之動則當以數知之數之爲用也聖人以之觀天道焉歲月日時由斯而成陰陽寒暑由斯而節四方之政由斯而行夫爲國家者履端立極必體其元布政考績必因其歲禮動樂舉必正其朔三農百工必授其時五刑九伐必順其氣庶務有爲必從其日月六籍宗之爲

大典百王執之爲要道是以聖人受命必治歷數故得五紀有常度庶徵有常應正朔行之於天下也自唐而下凡歷數朝亂日失天垂將百載天之歷數汨陳而已矣今陛下順攷古道寅畏上天咨詢庶官振舉墜典以臣薄游曲藝常涉舊史遂降述作之命俾究迎推之要雖非能者敢不奉詔乃包萬象以爲法齊七政以立元測圭箭以候氣審朓朒以定朔明九道以步月校遲疾以推星攷黃道之斜正辨天勢之升降而交蝕詳焉夫立天之道曰陰與陽陰陽各有數合則化成矣陽之策三十六陰之策二十四

奇偶相命兩陽三陰同得七十二同則陰陽之數合七十二者化成之數也化成則謂之五行之數五行得期之數過者謂之氣盈不及謂之朔虛至於應變分用無所不通所謂包象矣故以七十二爲經法經者常也常用之法也百者數之節也隨法進退不失舊位故謂之通法以通法進經法得七千二百謂之統法自元入經先用此法統歷之諸法也以通法進統法得七十二萬氣朔之下收分必盡謂之全率以通法進全率得七千二百萬謂之大率而元紀生焉元者歲月日時皆甲子月日五星合在子正之

宿當盈縮先後之中所謂七政齊矣古之植圭於陽城者以其近洛故也蓋尚慊其中乃在洛之東偏開元十二年遣使天下候影南距林邑國北距横野軍中得浚儀之岳臺應南北弦居地之中皇家建國定都于梁今樹圭置箭測岳臺晷漏以爲中數晷漏正則日之所至氣之所應得之矣日月皆有盈縮日盈月縮則後中而朔月盈日縮則先中而朔自古朓朒之法率皆平行之數入歷既有前次而又衰稍不論皇極舊術則迂迴而難用降及諸歷則踈遠而多失今以月離朓朒隨歷校定日躔朓朒臨用加減

所得者入歷定日也一日之中分爲九限逐限損益衰稍有倫朓朒之法可謂審矣赤道者天之紘帶也其勢圓而平紀宿度之常數焉黃道者日軌也其半在赤道內半在赤道外去赤道極遠二十四度當與赤道交則其勢斜當去赤道遠則其勢直當斜則日行宜遲當直則日行宜速故二分前後加其度二至前後減其度九道者月軌也其半在黃道內半在黃道外去黃道極遠六度出黃道謂之正交入黃道謂之中交若正交在秋分之宿中交在春分之宿則比黃道益斜若正交在春分之宿中交在秋分之

宿則比黃道反直若正交中交在二至之宿則其勢差斜故較去二至二分遠近以攷斜正乃得加減之數自古雖有九道之說蓋亦知而未詳空有祖述之文全無推步之用今以黃道一周分爲八節一節之中分用九道盡七十二道而復使日月二軌無所隱其斜正之勢焉九道之法可謂明矣星之行也近日而疾遠日而遲去日極遠勢盡而留自古諸歷分段失實隆降無準今日行分尚多次日便留自留而退唯用平行仍以入段行度爲入歷之數皆非本理遂至乖戾今校定逐日行分積逐日行分積以爲

變段于是自疾而漸遲勢盡而留自留而行亦積微而後多別立諸段變歷以推變差俾諸段變差際會相合星之遲疾可得而知之矣自古相傳皆謂去交十五度以下則日月有蝕殊不知日月之相掩與闇虛之所射其理有異焉今以日月經度之大小較去交之遠近以黃道之斜正天勢之升降度仰視旁視之分數則交虧得其實矣乃以一篇步日一篇步月一篇步星案以下脫一篇步發斂五字下云以卦候没滅爲之下篇者言爲步發斂之下篇歐陽史約其文稱謹以步日步月步星步發斂爲四篇是也以卦候没滅爲之下篇都四篇爲歷經一卷歷十一卷草三卷顯德三年七政細行歷一卷臣檢討先代圖籍今古歷書皆無蝕神首尾之文蓋天竺胡僧之妖說也近自司天卜祝小術不能舉其大體遂爲等接之法蓋從假用以求徑捷于是乎交有逆行之數後學者不能詳知便言歷有九道以爲注歷之恒式今並削而去之昔在唐堯欽若昊天陛下親降聖謨攷歷象日月星辰唐堯之道也其歷謹以顯德欽天爲名天道元遠非微臣之所盡知但竭兩端以奉明詔疎畧乖謬甘俟罪戾

詳定雅樂疏

夫樂作于人心成聲于物聲氣既和反感于人心者也所假之物大小有數九者成數也是以黃帝吹九寸之管得黃鐘之聲爲樂之端也半之清聲也倍之緩聲也三分其一以損益之相生之聲也十二變而復黃鐘之總數也乃命之曰十二律旋迭爲均均有七調合八十四調播之於八音著之於歌頌宗周而上率由斯道自秦而下旋宮聲廢洎東漢雖有太子丞鮑鄴興之人亡而政息無嗣續之者漢至隋垂十代凡數百年所存者黃鐘之宮一調而已十二律中惟用七聲其餘五律謂之啞鐘蓋不用故也唐

太宗復古道乃用祖孝孫張文收攷正雅樂而旋宮八十四調復見于時在縣之器方無啞者安史之亂京都爲墟器之與工十不存一所用歌奏漸多紕繆逮乎黃巢之餘工器都盡購募不獲文記亦亡集官詳酌終不知其制度時有太常博士殷盈孫案周官考工記之文鑄鎛鐘十二編鐘二百四十處士蕭承訓校定石磬今之在縣者是也雖有樂器之狀殊無相應之和逮乎朱梁後唐歷晉與漢皆享國不遠未暇及於禮樂以至於十二鎛鐘不問聲律宮商但循環而擊編鐘編磬徒縣而已絲竹匏土僅有七

聲作黃鐘之宮一調亦不和備其餘八十三調於是乎泯絕樂之缺壞無甚於今陛下天縱文武奄宅中區思復三代之風臨視樂縣親自攷聽知其亡失深動上心乃命中書舍人竇儼參詳太常樂事不踰月調品八音粗加和會以臣嘗學律歷宣示古今樂錄令臣討論臣雖不敏敢不奉詔遂以周法以秬黍校定尺度長九寸虛徑三分爲黃鐘之管與見在黃鐘之聲相應以上下相生之法推之得十二律管以爲衆管互吹用聲不便乃作律準十三絃宣聲長九尺張絃各加黃鐘之聲以第八絃六尺設柱爲林

鐘第三絃八尺設柱爲太蔟第十絃五尺三寸四分設柱爲南呂第五絃七尺一寸三分設柱爲姑洗第十二絃四尺七寸五分設柱爲應鐘第七絃六尺三寸三分設柱爲蕤賓第二絃八尺四寸四分設柱爲大呂第九絃五尺六寸三分設柱爲夷則第四絃七尺五寸一分設柱爲夾鐘第十一絃五尺一分設柱爲無射第六絃六尺六寸八分設柱爲中呂第十三絃四尺五寸設柱爲黃鐘之清聲十二律中旋用七聲爲均爲均之主者宮也徵商羽角變宮變徵次焉發其均主之聲歸乎本音之律七聲迭應而不

亂乃成其調均有七調聲有十二均合八十四調歌奏之曲由之出焉伏以旋宮之聲久絕一日而補出臣獨見恐未詳悉望集百官及內外知音者校其得失然後依調制曲八十四調曲有數百見存者九曲而已皆謂之黃鐘之宮今詳其音數內三曲即是黃鐘宮聲其餘六曲錯雜諸調蓋傳習之誤也唐初雖有旋宮之樂至于用曲多與禮文相違既不敢用唐爲則臣又懵學獨力未能備究古今亦望集多聞知禮文者上本古曲下順常道定其義理於何月行何禮合用何調何曲聲數長短幾變幾成議定而

制曲方可久長行用。所補雅樂旋宮八十四調并所定尺所吹黃鐘管所作律準謹同上進

平邊策

唐失道而失吳蜀。晉失道而失幽并。觀所以失之由。知所以平之術。當失之時。君暗政亂。兵驕民困。近者奸於內。遠者叛於外。小不制而至於僭。大不制而至於濫。天下離心。人不用命。吳蜀乘其亂而竊其號。幽并乘其間而據其地。平之之說。在乎反唐晉之失而已。必先進賢退不肖。以清其時。用能去不能。以審其材。恩信號令。以結其心。賞功罰罪。以盡其力。恭儉節用。以豐其財。徭役以時。以阜其民。俟

其倉廩實。器用備。人可用而舉之。彼方之民。知我政化大行。上下同心。力彊財足。人安將和。有必取之勢。則知彼情狀者。願為之間諜。知彼山川者。願為之先導。彼民與此民之心同。是與天意同。與天意同。則無不成之功。攻取之道。從易者始。當今惟吳易圖。東至海。南至江。可撓之地二千里。從少備處先撓之。備東則撓西。備西則撓東。彼必奔走以救其弊。奔走之間。可以知彼之虛實。衆之彊弱。攻虛擊弱。則所向無前矣。勿大舉。但以輕兵撓之。彼人怯弱。知我入其地。必大發以來應。數大發則民困而國竭。一不大發。則我獲其利。彼竭我利。則江北諸州。皆國家之所有也。既得江北。則用彼之民。揚我之兵。江之南亦不難平也。如此則用力少而收功多。得吳則桂廣皆為內臣。岷蜀則飛書而召之。如不至。則四面並進。席捲而蜀平矣。吳蜀平。幽可望風而至。唯并必死之寇。不可以恩信誘。必須以彊兵攻力已竭。氣已喪。不足以為邊患。可為後圖。方今兵力精練。器用具備。羣下知法。諸將用命。一稔之後。可以平邊。臣書生也。不足以講大事。至於不達大體。不合機變。惟陛下寬之。

太清神鑑序

至神無體。妙萬物以為體。至道無方。鼓萬物以為用。故渾淪未判。一氣湛然。太極纔分。三才備位。是以陰陽無私。順萬物之理以生之。天地無為。輔萬物之性以成之。夫人生居天地之中。雖稟五行之英。為萬物之秀者。其形未兆。其體未分。卽夙具其美惡。蘊其吉凶。故其生也。天地豈容巧於其間哉。莫非順其世。循其理。輔其自然而已。故夙積其善。則賦其形美而畀福祿。素積其惡。則流其質凶而處夭

賤此其灼然可知其確然不易也是以古之賢聖察其人則觀其形觀其形則知其性知其性則盡知其心知其心則知其道觀形則善惡分識性則吉凶著且伏羲日角黃帝龍顏舜目重瞳文王四乳斯皆古之瑞相見之間降之聖人也其諸賢愚修短猶之指掌微毫絲末豈得逃乎故相論形神之術自此而興焉其來極多其論至冗許負袁天綱陶隱居李淳風之後不可勝計然皆窮幽探賾得之至妙其或紊亂所說或異或同至使學者不能貫於一致余自穉歲潛心於此考古驗今無不徵效遂特離林屋洞

下山三載徧搜古今考之極元者集成一家之書目之曰太清神鑑以其至大至明形無不鑑至清至瑩象無不分然未足奪天地賦形之機亦可盡人之性情耳謹序

欽定全唐文卷八百六十一

孫忌

忌本名鳳一名晟高密人少爲道士謁後唐莊宗於鎮州授祕書省著作佐郎天成初朱守殷叛忌爲幕客贊成其事朱氏誅匿跡入淮吳人以僞官授之周顯德三年署僞司空奉貢行在以所言失實收下獄誅之

佛窟寺碑

是山也兩峯連峙狀似牛頭昔天紀之初西峯圮裂中有比邱閉目趺坐軀貌偉大形質枯槁時諸沙門皆往禮拜

議曰得非道者入滅定耶於是灌蘇油以滋澤擊椎磬而驚悟豁然開目高視曰汝等何人形狀卑小而披法服沙門曰比邱也又問曰我師迦葉在否對曰入涅槃矣良久起昇虛空

劉崇遠

崇遠仕南唐官大理司直著有金華子新編三卷

金華子新編序

金華子者河南劉生少慕赤松子兄弟能釋羈勒於放牧間讀其書想其人恍若遊於金華之境因自號焉生自童

𫎇歲便解愛人博學暨乎鬢髮焦禿而無所成名凡爲文章畧知宗旨最嗜吟咏而所得亦不出流輩年逾壯室方莅官於畿甸繼宰二邑共換二十餘寒暑唯知趦趄畏慎不能磊落經濟罷秩歸京得畱綴班家貧窶在闕三四年甚窘困稍暇猶綴吟不困倦縱情任興一聯一句亦時有合於清奇顧於食玉燃桂不無撓懷纔緩紆斯須則嘯傲自若或遇盛友良會聞人語話及興亡理亂猶耳聽意悅未嘗不周旋觀察冀或湊會警戒庶幾助於理道者必慷慨反復至於逾晷不息時皇上憂勤大寶宵衣旰食致治之切無愧前代命有司張皇公道掄擇材儁科第取士鬱然反古時有以春闈策問舉子對義見示者覩强國富民之論今古得失之理則愧惕雀息往往汗流何者以坐遇明盛時而抱名稱不聞於世何疾復甚於斯矣因念爲童時侍立長者左右或於冬宵漏永秋階月瑩尊年省睡率皆話舊時經由多至深夜不寐始則承平事實矣爰及亂離於故基跡或歎或泣悽咽僕隸自念髫齔之後甚能記聽今雖稚齒變老耄亡失憶十可一二猶存乎心耳并成人宦遊之後其間耳目諳詳公私變易知聞傳載可繫鉛

槧者漸恐年代寖遠知者已疎更慮積新沉故遺絕堪惜宜編序者卽隨而釋之云爾

新開宴石山記

蓋聞住非聲而去非色無滅無生視不見而聽不聞而（闕一字）有（闕二字）三空俄顯一德爰彰善念必通勤行可學明明宗旨歷歷程途實有路以堪躋（闕二字）門而可入自是心源不透智筏未征達彼岸以何由湊元關而莫追崇遠自親禁掖厚忝渥恩凡覩靈蹤悉虔俗志冀精勤於一善上報答於九重宴石山者在白州博白縣之西鄉與馬門灘伏波公之祠鄰近圖經云昔有神人稱陳越王今有古宮基址見在廉州合浦（闕三字）曾宴於此山故以爲名焉其山也西枕清波南連翠（闕一字）曉則輕雲簇白晝則遠樹攢青石罅泉噴點點而斜飛皓雪（闕二字）花秀葉葉而密綴紅（闕一字）左紆右迴前龜後鶴蔬足菓足松寒竹寒昔曾有人臨水（闕二字）作佛像約高五丈餘未窮其年代者矣（闕一字）有壬向石室一所唐咸通中高祖座（闕一字）統十道兵師禦八蠻疆境經行之際於此（闕一字）塑造佛像今以（闕二字）崇遠因監製邇遂切經營乃命良工闢爲精舍一山迥矗兩室相鄰（闕一字）

字是以黑金鑄釋迦瑞像設於東室又鑄釋迦牟尼佛一座兼別鑄五百阿羅漢闕二字羅漢設於西室其次有石引廊齋堂僧房等在於室外請僧師肇道志惟敏惟忠住持焚修闕一字則飛章聞奏皇澤爰須賜額號於闕二字今爲覺果之禪院闕一字謂覺乃大覺之闕一字果乃勝果之門覺與果齊果因覺集闕三字外天鑒洞臨致去石嵐永爲勝地又別有東峯石山一座中有東西南北四室巉峨若畫礧磈如鑄直疑乎造化剜開又恐是神仙斲出多景多致惟煙惟霞亦以黑金鑄玉皇道君老君天地水三官並塑左空

右元眞人玉童玉女左右龍虎君元中大法師設於室內卓爾威儀森然侍衞請道士廖德崇劉守清盧守和等別建道院住持焚修以乾和十五年丁巳歲八月二十三日起建迄於大寶元年戊午歲十二月二十七日畢功建置道場設齋慶讚詎莫不青蓮金柱如切利以初來錦舌蒼肝似藥珠而乍降繇是命乎緇侶招彼羽人金鑪曉炷以馚馧銀炬宵燃而炫爛用全因果上贊休明闕一字來四海之朝宗盡類衆星而拱極功既畢矣願且周焉可以齊嵩華之堅可以並江河之永靈基勝跡萬古千秋時大漢大寶二年太歲己未九月癸卯朔二十四日丙寅記

師頌

頌大名內黃人少篤學與弟嶺齊名五代末官祕書省著作佐郎

宿伯曾點贊

百行之本敎學以慈曾氏有子其殆庶幾倚門而歌季孫受嗤舞雩詠道聖人稱之

李穀

穀字惟珍潁州汝陰人舉進士連辟華秦二州從事晉天

福中累擢樞密直學士加給事中改三司副使開運二年出爲磁州刺史北面水陸轉運使契丹入汴署給事中漢初拜左散騎常侍遷工部侍郎周廣順初加戶部侍郎拜中書侍郎平章事顯德初加右僕射集賢殿大學士進位司空門下侍郎四年罷相守司空恭帝即位加開府儀同三司進封趙國公入宋建隆元年卒

請以政事封付史官疏

竊以自古王者咸建史官君臣獻替之謀皆須備載家國安危之道得以直書歷代已來其名不一人君言動則起

居注創於累朝輔相經綸則時政記與於前代然後採其事實編作史書蓋緣聞見之間須有來處紀錄之際得以審詳今之左右起居郎卽古之左右史也唐文宗朝命其官執筆立於殿階螭頭之下以紀政事後則明宗朝命端明殿及樞密直學士皆輪修日歷旋送史官以備纂修及近朝此事皆廢史官惟憑百司報狀館司但取兩省制書此外雖有訪聞例非端的伏自先皇帝創開昌運及皇帝陛下纘嗣丕基其聖德武功神謀睿畧而皆萬幾宥密丹禁深嚴非外臣之所知豈庶僚之可訪此後欲望以諮詢

之事裁制之規別命近臣旋具抄錄每當修撰日歷卽令封副史臣庶國事無漏畧之文職業免疎遺之咎

趙遠

遠字上交范陽人避漢祖諱以字行仕後唐歷涇泰二鎭節度判官晉初召爲左司郎中累遷刑部侍郎轉户部侍郎拜御史中丞契丹入汴立明宗幼子許王從益爲帝以遠爲右丞相漢祖卽位授檢校禮部尚書太僕卿遷祕書監周廣順初拜禮部侍郎轉户部改太子詹事顯德初遷賓客二年拜吏部侍郎尋免官入宋建隆二年卒

請超選朝官能活寃獄奏

臣伏覩長興四年五月二十三日勑州縣官在任日有覆推刑獄公事雪得寃獄活人性命者准長興元年二月二十一日南郊赦書節文便許非時參選特與超資注官仍賜章服者宜令諸道州府凡有雪活寃獄州縣官等依元勑點簡給付公憑本官自齎赴刑部投狀委刑部據狀追取本道雪活公案參驗如事理合得元勑便仰給付優牒此蓋道宏激勸務絶罔欺在酬奬以甚優期刑殺而無濫臣詳元勑只言州縣官員所許加恩未該内外職掌臣又詳前後請給優牒人等文案若繫雪寃屈本道尋合奏聞

例過五年十月本人方來論請須卻尋追文案勞擾公方於事難明於理未當伏惟皇帝陛下體堯仁而御寓敷舜德以臨民大闡化條克修刑政旁詢闕典用整宏綱功必賞而罪必誅善者進而能者勸起今後但能雪活寃獄不限在朝職司亦乞量加旌賞應關諸道州縣官員雪活寃獄不虛委逐處長吏抄畧指實案節先具奏聞所付本人憑由官滿到京便於刑部投狀不得隔越年歲方可論訴功勞庶内外以皆同使期程而有守廣亭毒好生之道盡

高低察獄之明者。

李濤

濤字信臣。京兆萬年人。仕梁補河陽令。後唐天成初舉進士甲科。累遷起居舍人。入晉歷中書舍人。漢祖入汴爲翰林學士。拜中書侍郎兼户部尚書平章事。隱帝卽位罷相。周初起爲太子賓客。歷刑部户部二尚書。恭帝卽位。封莒國公。入宋。建隆二年卒。

顔噲贊

顔氏之族。咸爲子弟。亞聖次之。升堂者矣。學無不通。道無不備。昔稱賢達。今列圖史。

顔衎

衎字祖德。兖州曲阜人。梁龍德中擢第。官臨濟令。後唐長興初召拜太常博士。入晉累拜御史中丞。改户部侍郎。周廣順初爲尚書右丞。充端明殿學士。權知開封。罷守兵部侍郎。顯德初以工部尚書致仕。入宋。建隆三年卒。

請定内外官制

纔除御史者。旋授外藩賓佐。復有以私故細事求假外拜。州郡無參謁之儀。出入失風憲之體。漸恐四方得以輕易。百辟無所準繩。請自今藩鎮幕僚。勿得任臺官。雖親王宰相出鎮。亦不得奏充賓佐。非奉制勘事。勿得出京。自餘不令出釐雜務。

劇可久

可久字尚賢。涿州范陽人。仕後唐。累遷著作郎。入晉歷大理卿。周廣順初改太僕卿。分司西京。顯德五年復拜大理卿。入宋。建隆三年卒。

請改定推勘盜賊奏

開成格。應盜賊須得本贓。然後科決。如有推勘因而致死

者。以故殺罪論。臣詳此理未便。且云無持贓待捕之賊。或偷生隱諱。所司又須訊拷。死反償命。實恐惠姦。起今後如因而致死者。如無故。則請減一等。別增患病而死者。從辜限正贓減本罪五等。

請賞罰理刑等官疏

臣曾披法律。深究臧否。州縣令律之中。具存條格。軍鎮案推之吏。未載明文。事若不均。何以示勸。其三京軍巡使諸州府馬步都虞候。有精於推勘。雪活冤濫者。請量事超擢。如按鞫偏私。故入人罪者。亦刑之無赦。

許中孚

中孚周顯德時鄉貢進士。

勅畱啟母少姨廟記

宗周嗣位之二葉也。命授神宗。德符昊穹。寢被武功。復乎淳風。皇聲於是遐通。車書以之混同。異域咸賓。遠邱格白環之贄。嘉祥自兆。阿閣巢丹穴之禽。曷覆燾之洪均。致蒸黎之雍穆。古由今也。不其偉歟。時有縣尹外郎彭城劉公名渙。字廣澤。故丞相譙國公之元子也。鼎鼐名家。公合令族。奇姿碩德。為時所稱。莫不宏其學以開之。高其才以文

之。崇其禮以節之。敦其信以成之。卧錦為郎。立事於文昌宮裏。握簡就列。馳芳於建禮門中。洎以清白不容。權攻所忌。賈誼賢而見謫。屈平忠而自遷。諒州縣之徒勞。實銅墨之非貴。有以見拘驥騄之足。淹社稷之才也。先蒞伊陽。次宰斯邑。未嘗不稽力任以資賦。庾敷德惠以董逋逃。除暴慢以恤惸黎。示好惡以平獄訟。下車而民受其賜。涖事而吏伏其明。三年之政化大行。百里之煩苛盡去。屬我皇帝翼翼萬機。孜孜庶政。為下民之革弊。慮昏厲之作災。用止訛風。乃頒明詔。曰當聰明正直以福及人者。則可以靡息宗禋。或妖回魑魅以禍苟人者。則可以特加翦伐。式絕淫祀。永作恒規。粵是邑皇甫村有古祠者。即啟母少姨之神也。夫勝事芳猷。神通靈應。備於嵩少二室。本廟碑表載之也。斯不復書。又有濟瀆神宇一所。祔焉。誠彩仗之行宮。復雲駕之別館。欒櫨穹崇而特立。丹雘照灼以相鮮。杳逸虹梁。聳若龍驤之狀。徘徊雉堞。高侔矢立之形。風來而蕙帳香生。雨霽而晴軒翠滿。巋然妙績。迴跨神皋。輪焉奐焉。不可得而論也。廟貌嚴肅。明靈暗通。望之者敬。由是與祈之者福。由是集。稻粱黍稷。春秋而遂布時羞。絲竹陶匏。庭砌

而遞陳商角。是得歲時序。風雨順。生植暢。田疇開。人獲囷阜之豐。里有謳謡之韻。以作景福。以助太和。猗歟人之禱既如斯。神之應又如此。於是下以利之事達於上。上以畱之義令於下。班基且廓。魯壤弗加。等靈光之獨存。同甘泉之但闕。獲永薦奠。得壯祠宮。潔以祈恩。馳特牲而可進。固夫層構任迅景以頻移。邑人牛敬賢等欲示後生。宜刊貞石。乃為見託。俾述斯文。中孚學不逮於古人。詞莫窮於前事。徒抽馬卿之思。强濡王粲之豪。豈敢繁言。庶存實錄。時顯德五年歲在戊午七月十二日記。

李澣

澣字日新。仕後唐。歷集賢校理。入晉。累遷中書舍人。契丹入汴。陷塞北。宋建隆三年卒於契丹。

謝周太祖賜詔書

田重霸至。伏蒙聖慈特頒明詔。降日中之文字。慰天外之流離。別述宸慈。俾傳家信。如見骨肉。倍感君親。

陳陰事奏

昨田重霸至。為無與蕭海真詔敕。祇有兄濤家書。不敢將出。方欲遣田重霸卻回。至五月四日。海真差中門使趙佩

傳語臣云。昨據差人齎絹書上南朝皇帝。請發兵來。兼取得姚漢英等奏狀。所貴聽信。其絹文印押了。未封。被趙佩懷內遺失。交下憂怕。不知所為。臣既認實。心遂喚趙佩通事李解里來呈與書詔。當時聞於海真。極喜。引臣竊謝。尋喚重霸於私宅相見。至五月二十六日。又喚重霸於衙內一宿。今月四日。令趙佩將銀十兩。令與重霸。兼傳語與臣云。我心如鐵石。令此人且迴。諸事宿時說與。一一已令口奏。候南朝有文字來。則別差人去。今因奏陳。皆據目前所得。至於機事兵勢權謀。非臣愚為敢陳鄙款。伏乞妙延良弼。周訪嘉謀。斷於宸衷。用叶廟勝。

與兄濤言契丹述律事書

今王驕騃。唯好擊鞠。耽於內寵。固無四方之志。觀其事勢不同已前。親密貴臣。尚懷異志。卽微弱可知。不敢備奏。一則煩文。一則恐涉為身計。大好乘其亂弱之時。計亦易和。若辨得來討。唯速。若且和。亦唯速。將來必不能力為可東也。

王易簡

易簡字國寶。京兆萬年人。梁乾化中進士。歷鄧州節度推

官。入後唐。累遷中書舍人。晉初判宏文館史館事。拜御史中丞。周廣順初遷禮部尚書。改刑部。顯德四年以太子少保致仕。入宋。建隆四年卒。

請頒示文解板樣奏

伏以選門格勑條件。具存藩府官僚。該詳蓋寡。所以凡給文解。莫曉規程。以致選人自詣京都。親求解樣。往來既苦。已堪惘傷。傳寫偶差。更當駁放。伏見禮部貢院逐年先書板榜。高立省門。用示舉人。俾知狀樣。臣欲請選人文解委南曹詳定解樣。兼備錄長定格取解條例。各下諸州。如禮

部貢院板樣書寫立在州縣門每遇選人取解之時各准條件遵行仍依板樣給解

漸治論

臣聞天地之道起於漸夫以天之高畜雷霆之威雨露之惠覆於萬物必從漸而生以地之厚負江海之慈淮濟之潤載於萬物亦從漸而長況人者無天之功乏地之力勞方寸之心豈可急速而治天下也惟我后膺圖履運握鏡臨人蘊勤儉之風秉宏厚之德內無耽翫外絕奢華信任股肱委仗將帥自有仰成之化固多定亂之功今者所以

尚撓聖懷親勞御札者何直以庫藏稍虛士卒微惰使天威之莫震令王化之未敷此則非臣下之無謀豈君上之有過蓋承僞廷之困弊遇數歲之亂離今國家宜靜以圖功不可躁而取失或欲急徵暴斂則百姓愈逃或以峻法嚴刑則三軍益叛莫若制治於未亂求安於未危者也凡止亂危者應上元則以好生惡殺爲心接諸侯則以含垢匿瑕爲念夫如是卽水旱無繇而興干戈何門而動也考諸政教則禮樂咸在刑賞具存任四輔提其綱遣百司舉其目必見梯航常貢士馬日精所謂強其幹而弱其枝深其根而固其蔕於是天地有清和之氣星辰無譴見之災可以薄賦恤萬民足以虛懷馭羣后或思正名於中夏問罪於殊方人皆同心兵必戮力寰區既定帝道自隆躋元首爲睿聖之君列四輔作賢明之相主則社稷無患臣則子孫永安此則顯漸之功見治之驗矣

張鑄

鑄字司化河南洛陽人梁貞明三年舉進士歷殿中侍御史仕後唐累遷考功郎中晉開運二年改祕書監轉右庶子分司西京周廣順初入爲左諫議大夫給事中顯德三

年授檢校禮部尚書入宋建隆四年卒

請災異依故事奏

欽若天道聞諸堯舜之朝敬授人時乃自殷周之代能消災異而致福祥自兵興以來多失本朝故事不拘典法有誤修禳承前日月薄蝕百官皆合守司星象有差九重亦當避殿以明減損式示恭虔信守國經何虧聖德自此或乾象譴見凡關災異請依故實令百官守司陛下御便殿減常膳准令式遵行

請省新户科徭奏

臣聞國家以務農是本。勸課爲先。用廣田疇。乃資倉(闕二字)竊見所在鄉村浮居人户。方思懇闢。正切耕耘。種木未滿於十年。樹穀未臻於三頃。似成産業。微有生涯。便被縣司繫名定作鄉村色役。懼其重斂。畏以嚴刑。遂捨所居。卻思他適。覩茲阻隔。何以舒蘇。既乖撫卹之門。徒有招攜之令。伏乞皇帝陛下明示州府。特降條流。應所在無主空閒荒地。一任百姓開耕。候及五頃已上。三年外卽許縣司量户科徭。如未及五頃已上者。不在搔擾之限。則致荒蓁漸少。賦稅增多。非唯下益蒸黎。實亦上資邦國。

邊歸讜

歸讜字安正。幽州薊人。仕晉。累遷右散騎常侍。漢初歷禮部刑部二侍郎。周廣順初遷兵部户部二侍郎。擢尚書右丞樞密直學士。轉左丞。尋爲御史中丞。入宋。乾德二年卒。

請禁使臣騷擾館驛奏

臣近以宣達絲綸。經過州縣。切見使臣於券料外別要供侍以紊紀綱。亂索人驢。自遞行李。挾命爲勢。淩下作威。或付應稍遲。卽便恣行打棒。既遭屈辱。寧免怨嗟。天聽未聞。無處披訴。伏乞潛令察訪。兼便明降指揮。官吏祇供。亦須精細。使臣取索。嚴示戒懲。庶息煩苛。漸期開泰。

請諸道舉精加考試不得濫送奏

臣切見每年貢舉人數甚衆。動應五舉六舉。多至二千三千。既事業不精。卽人文何取。請勅三京鄴都就道州府長官。合發諸色貢舉人文解者。並須精加考較。事業精研。卽得解送。不得濫有舉送。冀塞濫進之門。開興能之路。

請禁無名文書疏

臣伏見諸處有人拋無名文書。及言風聞訪聞之事。不委根苗。接便追擾。既非責實。多是搆虛。窮理本之有傷。瀆化

源之無益。遂使貪吏狡吏蓄私憾以讐人。讒夫佞夫肩狂言而害物。請明行條制。庶絕罔誣。其受納獄訟。直須顯有披論。具陳名姓。卽據理詳按。無縱舞文。其無名文書及風聞訪聞。並望止絕。不得施行。俾存欽卹之風。不失含宏之體。

欽定全唐文卷八百六十二

邊曾

曾五代時人。

儒林郎試大理評事行幽都府路縣令邊府君敏墓石

維丙戌之歲仲商之月又十六日。嗚呼。我先伯父長官遘疾傾殂於故里。以闕月十四日。攢塗於正寢。欲詢踰月之制。得以送終。繼逢逐鹿之秋。未遑安厝。綿聯歲序。可得而知。粤有朝議郎試大理評事前行鄭州鄭縣令兼侍御史

賜緋魚袋慎奇光祿大夫守刑部尚書行御史中丞上柱國陳留縣開國伯食邑一千五百戶歸讜。即長官之第一闕字姪也。念深同氣。痛切嚴書。因感義於鶺鴒。遂撫心於霜露。特齋餘俸。卜葬先靈。乃謂諸姪孫曰。方今海宇寧謐。三農告隙。俾營遠日之禮。貴就叶龜之吉。若非刊勒。莫紀聲容。其所誌銘。汝當論撰。罔遺其善。弗虛其美。曾仰奉明誨。難愧匪詞。追往質今。對揚實錄。謹敘長官姓邊諱敏。字德成。其先陳留人也。本支百世。代不乏賢。或魚符而列職。或墨綬以聯芳。王父諱行存。順州司馬。神情磊落。間氣深沉。抱瓌偉之奇才。蘊中和之至德。安鍾厥後。實曰俊明。烈考諱承遇。任邱令。孝治承家。溫恭秉性。莅事每勤於夙夜。臨民恒示於愛威。而教彼子孫。備有趨庭之訓。敬其祖禰。必勤薦享之儀。先妣太夫人太原郡王氏。天資益秀。婦道彌芳。含茲淑善之風。終啟繁昌之允。恭惟長官英姿倜儻。偉量恢宏。辭才則賈馬無稱。孝敬乃曾顏讓美。當未登顯仕。恒奉溫凊。見喜色以問安。露憂容而侍疾。身能禮樂。性存典墳。爰從赴聘於招弓。便可分榮於宰宇。擢爲高陽縣令。莅政之後。嘉聞允彰。單父臨民。緯有七絲之詠。中牟作宰。

不無三異之稱。及罷任之初。未及踰載。而除官路縣。復起頌聲。屏宣臥虎之威。驅集巢鳩之美。立言必雅。莫常顯已所長。用意絕私。未可屈人之短。大小之物。罔不躬決。聞望俱高。位祿已重。賦潘岳閒居之詠。起陶潛歸去之思。固罷厥官。卻訪田里。豈謂景福未終。昊天不祐。碧落之孤雲易失。風窗之短熖難停。歷任三十年。享壽五十八。我伯母平昌郡孟氏。亦以不登遐壽。奄逝流光。貞魂諒合於延年。青骨同安於蒿里。有子四人。長曰照。故幽都府永清縣令。松筠定操。金玉溫身。方傳襲慶之榮。俄遘涉洹之夢。次曰隱

前攝鄭州長史仁義兼資溫恭有譽守其祭祀不怠厥初次曰延徽以積慶韞光未趨顯仕而歿幼子商裔運州左都押衙以職居鄉外身列陪臣空深怙恃之思莫奉松楸之禮孫子六人讓能去非光乂霸孫嵐孫天雷並謙沖立志詩禮飭身咸懷踵慶之風大有興宗之譽孫女三人義姐王師小姐或訖有絲蘿或年纔齠齒克著雍容之德允守貞順之規於戲生而無過歿而有後者其爲長(闕二字)幼(闕五字)不歌春杵不鳴歸墟也(闕一字)連車乃鄧梁之(闕一字)贈弔有(闕一字)則金張之緣以庚申年十一月廿四日安神於

任邱縣長邱鄉孝慈里靖隧先墳之次禮也靈輀駕野丹旐懸空爰開烏兆之塋實掩賢英之墓恭承日照嚴旨謹作銘云

博哉貴胄踵慶於門山河其度金玉其身蘊十善道爲百里君立功於國流愛於民豈期遘禍一旦歸魂委宅幽壤處謝音塵爰刊貞琬紀錄其勤日往月來兮良銘此地付子孫兮傳揚兮萬春

高錫

錫五代時人

諫親決庶政疏

四海之廣萬幾之衆雖堯舜不能獨治必擇人而任之今陛下以一身親之天下不謂陛下聰明睿智足以兼百官之任皆言陛下褊迫疑忌舉不信羣臣耳不若選能知人公正者以爲宰相能愛民聽訟者以爲守令能豐財足用者使掌金穀能原情守法者使掌刑獄陛下但垂拱明堂視其功過而賞罰之天下何憂不治何必降君尊而代臣職屈貴位而親賤事無乃失爲政之本乎

侯益

益汾州平遥人唐光化中隸李克用麾下天成中累授費州刺史應順初加西面行營都巡檢使晉初領光州防禦使改河陽三城節度充鄴都行營都虞候移鎮潞州天福四年遷武寧軍節度同平章事五年徙鎮泰州充西面都部署遷河中尹護國軍節度契丹入汴授鳳翔節度漢祖即位加兼侍中乾祐中授開封尹兼中書令封魯國公周廣順初封楚國公改太子太師又改封齊國公顯德元年致仕入宋乾德三年卒

請修唐莊宗祠廟奏

伏自收復汜水關日。以逆賊張從賓於莊宗舊基亭子上與官軍鬬敵。臣以爲莊宗歷數雖謝。精爽猶存。願靜妖氛。特立祠廟。果應虔禱。尋獲鬬防。臣欲排此瓦木往就修營。

乞賜寺名奏

臣頃歲曾爲偏將。往伐叛逆。有願知范延光歸降。兵無血刃。卽於招討使楊光遠中軍寨建一佛刹。自後延光果能歸款。克契發心。光遠尋施錢三百貫文與臣共力營葺。今修成天王院一所。乞賜名額。

竇儀

儀字可象。薊州漁陽人。晉天福中舉進士。漢初召爲左補闕禮部員外郎。周廣順中累遷儀部侍郎。拜端明殿學士。判河南府兼知西京留守事。恭帝卽位。遷兵部侍郎。入宋乾德四年卒。

條陳貢舉事例奏

伏以朝廷設科。比來取藝。州府貢士。祇合薦能。爰因近年。頗隳舊制。其舉子之弊也。多是纔謀習業。便切干名。周儀未詳。赴三禮之舉。公穀不究。應三傳之科。經學則偏試帖由。進士則鮮通經義。取解之處。請張妄說於辛勤。到京之時。奔競惟求於薦託。其舉送之弊也。多是明知荒淺。具委兇頑。新差考試之官。利其情禮之物。雖所取無幾。實啟幸非輕。凡對問題。任從同議。謾鑿通而鑿否。了無去以無畱。惟徇人情。僅同兒戲。致令至時就試。不下三千。每歲登科。罕踰一百。假使無添而漸放。約須畢世而方周。乃知難其舉則至公而有益於人。易其來則小惠而無實於事。有益者知濫進不得。必致精勤。無實者欲多放無能。虛令來往。且明經所業。包在諸科。近聞應者漸多。其研精者益少。又今之童子。比號神童。旣幼穉之年。稟神異之性。語言辨慧。

精采英奇。出於自然。有則可舉。竊聞近日。實異於斯。抑嬉戲之心。教念誦之語。斷其日月。委以師資。限隔而游思不容。仆抶而痛楚多及。孩童之意。本未有知。父母之情。恐或不忍。而復省試之際。歲數難知。或念誦分明。則年貌稍過。或年貌適中。則念誦未精。及有司之去畱。多家人之訴訟。伏況晉朝之日。罷此三科。年代非遙。勑文見在。今宜釐革。別俾進修。臣謬以非才。獲承此任。本重難而爲最。復遺闕以相仍。虔奉勑文。重令條奏。或從長而仍舊。亦因弊以改爲。上副聖情。廣遵公道。除依舊格勑施行外。其明經童子。

請卻依晉天福五年勅停罷任改就別科赴舉其進士請今後省卷限納五卷已上於中須有詩賦論各一卷餘外雜文謌篇並許同納祇不得有神道碑誌文之類其帖經對義並須實考通三已上爲合格將來卻復書試候考試終場其不及第人以文藝優劣定爲五等取文字乖外詞理紕繆最甚者爲第五等殿五舉其次者爲第四等殿三舉以次稍優者爲第三第二第一等並許次年赴舉三禮請今後解試省試第一場禮記第二場周禮第三場儀禮三傳第一場左氏第二場公羊第三場穀梁並終而復始

學究請今後周易尚書併爲一科每經對墨義三十道仍問經考試毛詩依舊爲一科對墨義六十道及第後請並咸爲上選集諸科舉人所對策問或不應問曰詞理乖錯者並當駁落其諸科舉人請第一場十否者殿五舉第二場三場十否者殿三舉其三場內有九否者並殿一舉其進士及諸科所殿舉數並於所試卷子上朱書封送中書門下請行指揮及罪發解試官監官等其監官試官如受取解人情禮財物請今後並准枉法贓論又進士以德行爲基文章爲業苟容欺詐何稱科名近年場中多有詐僞託他人之述作竊自己之聲光用此面欺將爲身計宜加條約以誡輕浮今後如有倩人述作文字應舉者許人告言送本處色役永不得仕進又切覽唐書見穆宗朝禮部侍郎王起奏所試貢舉人試訖申送中書候覆訖下當司然後大字放牓是時從之臣欲請將來考試及第進士先具姓名雜文申送中書奏覆訖下當司與諸科一齊放牓

邊光範

光範字子儀并州陽曲人後唐天成二年起家榆次令召爲殿中丞長興四年改太常丞晉天福中累遷光祿少卿

少帝卽位拜右諫議大夫改給事中開運元年權知鄭州二年入爲樞密直學士拜尚書禮部侍郎知制誥充翰林學士漢初改檢校刑部尚書衛尉卿周廣順初出知陳州遷祕書監召拜御史中丞復爲禮部侍郎世宗卽位改刑部侍郎遷戶部入宋開寶四年卒

請簡都督刺史疏

臣聞太宗有言曰朕居深宮之中視聽不能及遠所委者惟都督刺史則知此官實繫治亂本須得人臣竊見今之刺史或因緣世祿或貢奉家財或徵立軍功或但詢官序

實恐撫民寡術抑貪吏以無方以此牧民而望民安未可得也特乞除此舊訛委其能吏將袪民病永召時和

趙玭

玭澶州人晉天福中補集賢小史累遷秦成階等州觀察判官後以城降周顯德初授鄆州刺史歷汝密澤三州刺史入宋累官左監門衛大將軍太平興國三年卒

唐故北海戚處士墓誌銘

處士諱高字崇景其先北海郡人枝派清遏不可殫言上因官從職遷爲越州諸暨靈泉之里人也曾皇父諱朝皇

父諱霞皇考諱防清崇道德風月怡情皆沒跡雲端世推之上也處士才鋒韞銳仁海凝波不重百辟之榮而嗜寸陰之道見一善而忘百非洞施恩而不念報滔滔爲冠世媒階蕩蕩作後來梁櫓何期覆載興否三清晦明淑人君子胡不萬齡處士芳壽不惑之歲未昇壯室之年有五以中和三年歲次癸卯秋九月甲子朔十九日壬午之辰天降深祟魂沉逝流遂奄終於後流私第嗣子三男二女孟曰崔婆仲曰喞咻皆當齔歲禮義未分扶柩啞嘔孰不傷憫痛哉季子董婆襁負懷抱倚廬之門運業何因終天之苦長女娉受周氏禮未及歸幼女齒未及笄遽遭酷罰夫人清河張氏孀情慘裂涕泗交凝笄纚無光蓬鬢髽首泣青萍之去跡哭綠綺之斷絃夫人遂抑哀整容咸告兒女曰禮難可踰吉擇日月善卜名原以年冬十月甲午朔廿七日庚申將窆於石解皇父之塋右壬首之墳原禮也虞以日居月諸山谷渝變哀告請銘玭宿契金石敢懟璅才掩涕握管而爲銘曰

蕣之華蜉之游石之火水之漚四之質難久留尊道德洞仁義望長林成大器孰知天興禍至醴泉竭德星墜女未

歸男尚稚孀妻旁吟秋水覩遺蹤逗雙淚宿何緣無終始泣告余請銘誌

李昉

昉字明遠深州饒陽人漢乾祐中進士歷集賢殿修撰周顯德二年擢主客員外郎知制誥集賢殿直學士四年加史館修撰遷屯田郎中翰林學士入宋累官中書侍郎平章事至道二年卒

濟州刺史任公屏盜碑

降婁魯之分濟河惟兗州大野既荒西狩獲麟之地崇山

作鎮東溟見日之峯郡國已來土賦稱大舊制非便必惟具新蓋民衆吏少則奸易生治稱任平則時克乂皇朝建濟州於鉅野縣猶魏室分厭次爲樂陵郡耶我太祖聖神恭肅文武孝皇帝發天機張地紀皇建丕祚帝於萬邦不枉政以厚民生不尅法以重民命以爲分是理須是條施之一方而用寧通之四海而不泥者其惟良二千石乎故所選牧守咸用賢能得人者昌於斯爲盛今皇帝嗣守洪業光揚聖謨率勤儉爲天下先惟幾微成天下務所謂皇王綱統之道明矣邦國紀律之務成矣而研覈精鍊日不

暇給以戒弛墮之患所謂視聽聰明之德充矣内外上下之情通矣而啟迪開納國無留事以防壅塞之弊凡軍國機要刑政樞務事無巨細必詳於聽覽凡公侯卿士牧伯長史任無重輕必考其才器是以設爵愈重分職愈精人人自謂我民康家家自謂我土樂粤嗣位元年冬十月詔以前趙州刺史任公檢校太保牧於濟濟新造之郡也麟州之名其廢已久歲月差遠土風寖醨民忘其歸或肆爲梗重以控地既大苞荒用遐山幽藪深亡命攸萃灌莽悉伏戎之地萑蒲爲聚盜之資妖以人興嘯召或成於風雨

法由貪弊羈縻遂至於逋逃良田有盈實害嘉穀惟夫年號豐稔時無札瘥滯穗餘糧棲偃於千畝京倉坻庾阜衍於九年猶或脅遊惰之夫釋耒耜之用鉤鋤弦木竊弄於鄉閭之間矧饑沴之歲乎至乃野無戰血天藏殺機鞏甲琱戈戢鋒鋋於武庫庸租井賦緩征督於鄉胥尚或誘輕生之民聚無賴之族巢梟穴狡竊發於海溟之中矧兵革之際乎民既病而疇思其治醫雖良而藥或未工蓋用有所長才難求備文吏束名教之檢則必曰導之以德盜用侮而益暴法家持剛猛之折則必曰齊之以刑盜用駭而

彌逸自非文武兼資之用英雄斷制之才莅是任而居是邦者厥惟艱哉公天授將才生知理本以戰則勝元機出應變之先以化則孚心術同希微之表抗一旅而戾止撫萬室以瞻言以爲川壅污潢利源派而當宜濬畝田荒蘼蕪樹嘉苗而必極芟夷於是令以先庚申之後甲介馬負先馳之勇陰門提夜出之兵獵叢社以平妖盡誅其類狩平林而得貐悉伏其辜狂童震驚四野竦駭狼心盡革民患皆除乃峻以隄防斂其窖穽決獄盡疎其留滯窮源用滌其瑕疵分命鄉民設其警候伏乙夜以蒐慝扼衝途而

伺奸盜跡之來若罹罝畢申命降寇招其叛徒恩信著用以結其心攝伏羈畱以杜其變盜意之改若愈膏肓非夫術以變通奸由惠照太阿所擊剸洪鐘而不畱玉砮截張應靈機而自發其孰能如此耶甚矣哉除盜之難其來有素中古澆漓之後羣心變詐之興縱燎夷荒或敗蕭蘭之秀尋柯伐蠹因傷杞梓之材唯賢者之用心則是非而無混故公嫉盜之意切而誅盜之令嚴去盜之術行而弭盜之響顯夫盜既去矣民將息矣然後緩之以約束寬之以法令養之以惠愛勸之以禮讓化之無或戾信之無或欺

則龔黄之風彼亦奚尚是以黄髮鮐背之叟農工商賈之類含哺而嬉既舞且詠以爲康莊播頌雖昭盛德之容琬炎裁碑宜耀披文之質郡將官吏唱言僉同乃詣闕上陳願塞羣望帝用嘉許綸言式敷詔左拾遺李昉俾文其事以述濟民之請微臣不才孤奉明旨揣闇祕思懼遺休聲稱實課虛斯謂無愧而太史氏紀功臣之績云公名漢權蜀國人也以武畧事累朝以戰功登貴仕亟握兵要連分使符初牧於丹有排亂折衝之積移治於趙有安邊鎮靜之功所至皆有能名而濟之人獨能宣其事業以示不朽亦可謂賢矣系曰事有該於謠俗傳於耆舊者千載之下尚爲美談矧文以銘而勒之於石乎他日知使君之政者其將質於此故其詞云

道失其要淫刑而暴人心用違良民爲盜令嚴而申政肅而淳人心用依盜爲良民民卽盜也盜亦民也善惡之化實由乎人猗歟使君克善其治始以嚴誅去其奸宄申以約束靜其鄉里里無惰農鄉無狡童曾未逾月澄清四封相彼林矣豈無豺虎暴心不生與麟爲伍循彼陔兮亦有荆棘惡蔓既除與蘭同色使君之賢如山如淵濟民之頌

聲聞於天刻石播美垂千萬年

竇儼

儼字望之晉天福六年進士歷左拾遺仕漢爲史館修撰遷金部郎中改中書舍人周顯德中累拜翰林學士判太常寺入宋終禮部侍郎

上治道事宜疏

伏以歷代至理六綱爲首一曰明禮禮不明則彝倫不敘二曰崇樂樂不崇則二儀不和三曰熙政政不熙則羣務不整四曰正刑刑不正則巨姦不懾五曰勸農農不勸則

資澤不流六曰經武武不經則軍功不盛故禮有紀若人之衣冠樂有章若人之喉舌政有統若人之情性刑有制若人之呼吸農爲本若人之飲食武爲用若人之手足斯六者不可斯須而去身也陛下思服帝猷寤寐獻納亟下方正之詔廓開藝能之路士有一技必得自效學攻百端靡不明至故小臣不揆愚鄙欲有陳導於禮樂刑政之內勸農經武之中相今所宜各具疏列其一曰夫禮者太一之紀品物之崇與天地同其節與陰陽順其道協於分藝行於國家本之以忠孝文之以倫義君臣父子夫婦之制冠婚喪祭射御之容朝聘享宴之宜軍旅田獵之事各有宜稱不相侵越所以講信修睦所以洗心防患上得之尊下得之安定親疏而別同異明是非而彰貴賤執之則致福繆之則招悔憲物成教崇政明本未有不繇於禮者也自五帝之後三王以來有益有損或因或革咸有章憲書於冊書浩浩千編不可遽悉越在唐室典章頗盛程軌畫昭采物酌中古訓垂法百代則有開元禮在紀先後明得失次其沿變志其楷式則有通典在錄一朝之事包五禮之儀義類相從討尋不紊則有會要在此三者聖教經制

國之大綜也爰自梁朝之後仍世多故典臺之官皆差使於公務禮直之吏悉昧昏於檢按至今每有戎祀之事朝會之期多於市壥草議定註前後矛盾卒多紕繆臣竊以保殘守闕因狹就寡乃暗主之事非明君所爲豈可以光陛下超世之宏圖爲大朝千載之盛美也所宜闡崇令猷以立國典綴敘舊書以爲邦紀義在精審理資端要可以範圍五帝楷則萬古彰陛下之聖明禮不虛道者也伏請依唐會要所設門類上自五帝迄於聖朝凡所施爲悉令編次凡關禮樂無有闕漏開元禮通典之書包綜於內名

之曰六周禮俾禮院掌之太常博士如得其人宜久其職年深則兼官在任勿使旁轉如是則助風教而彌隆昇典制於將替隱數前軌聲施無窮者也其二曰夫樂者以德爲本以聲傳御中出所以導志外揚所以審政有天地辰宿有軌數形色有陰陽逆順有離合隱見天數五地數六六五相合故十一月至生黃鍾黃鍾者同律之主五音之元宮也元宮之諧於仲呂母子也傳於林鍾夫婦也迴於大簇父子也聚於南呂子婦也兩陽必爭二陰必乖故抗衡者多異前五相追而後五相隨蕤賓是也一章之中凡

有七閏亥未巳丑酉午寅者七閏之正也日有盈縮之度月有遲速之期故或進於前或退於後陰陽之理也六鍾六間十二節凡二十有四位聲氣之大率也平分爲七直而畧其餘則子寅卯巳未酉戌謂之羽子寅辰午未酉亥謂之宮子丑卯巳未申戌謂之角子卯辰巳未酉戌謂之商此四者靡靡成章峻而清厲鄭衛之音也與夫推歷生律以律命宮九六之偶旋相爲宮三正生天地之美七宗固陰陽之序者於其通人神宜歲功生成範宜之德紀協長大之算則精麤異矣在乎審治亂察盛衰原性情應形兆則殊塗而同歸也三正者一爲天二爲地三爲人七宗者黃鍾爲宮大簇爲商姑洗爲角林鍾爲徵南呂爲羽應鍾爲變宮蕤賓爲變徵角爲木商爲金宮爲土變徵爲日變宮爲月徵爲火羽爲水龍角元龜天豕井侯主乎角平亢河鼓樓聚輿鬼主乎商天根須女庖俎鳥喙主乎宮辰馬陰虛耗頭天都主乎變徵大火兵封天高鳥翼主乎變宮龍尾元室四兵天倡主乎徵天津東壁參伐轅車主乎羽角之數六十有四商之數七十有二宮之數八十有一變徵之數五十有六變宮之數四十有二徵之數五十有

四羽之數四十有八極商之數九十陽之數一百二十有八陰之數一百一十有二五音之數畢矣神無形而有化處乎聲之門故昭之以音合之以算音以定主算以來象觸於耳而激於心然後可言其樂也其音五其聲十二其調六十雅部之樂也其音四其聲八其調二十有四胡部之樂也隋唐以來樂兼夷夏天寶之世雅部大備寶應之後音律漸衰郊廟殿廷舊事失次洎黃巢盪覆京兆鐘磬皆毀龍紀返正之歲有司別創樂懸乘風雖存旋宮何在音範寖失至今闕然豈可以一時偶失之事爲百代無窮

之制何以訓正四方綏和百神軌物垂則示人之極也昔唐虞歷載頌聲方作文武相繼樂教大同陛下布昭聖武彰信天下宗社靈祇聿監明德所宜憲章成式不失舊物原始以要終體本以正末使樂與天地同和禮與天地同節伏請命博通之士上自五帝迄於聖朝凡樂章沿革總次編錄凡三絃之通七絃之琴十三絃之箏二十絃之離二十五絃之瑟三漏之簥六漏之簥七漏之笛八漏之箎十三管之和十七管之笙十九管之巢二十三管之簫皆列譜記對而合之類從聲等雖異必通編於歷代樂錄之

後永為定式名之大周正樂俾樂寺掌之依文教習務在齊肅如是則可以移風俗和上下和順之象著則嘉感之德備則六變至幽深九奏達高明知樂之為大者也其三曰夫政者正也以正率下下思盡誠則上無闕政人能持政非政持人若失人而務政則雖勤而何益故人道敏政政在擇人擇人之先自相而始登庸廊廟則有經啟措置之權入侍帷幄則有將近承弼之任機事攸繇號令攸發平章於百揆維制於四方不可不重也唐末政出中要輕於爰立才處輔相之任便兼公揆之官卿大夫奔競公行禮讓道息未得之日則以致身富貴為馳騖既得之後則以與國休戚為憂虞乃三緘於統要之司獨善於兼濟之職但思解密勿之務守崇重之官逍遙林亭保安宗族於身之謀甚利於國之效如何方今宰臣實罄忠力燮和元化則歲以之豐稔攸敘彝倫則時以之雍靖上無闕政下無異議固能明舉賢才羅濟經畧也伏請令宰臣於南宮三品之中兩省給舍已上有能經營國家寧衛社稷者具名以舉若陛下素諳才業上符定制則輔相公揆之授誠亦得宜陛下嚮不知名或官品未稱則令以本官權知政

事若尚書承郎權知政事則兼散騎常侍之官陛下歲年之間察其為作如能興利除害獻可替否進賢才退不肖則遷其官加其秩官高者則受平章事未高者但循資而轉且令權知如其非才即便守本官罷知政事讓其舉主令廷謝知過亦豁子玉敗軍令尹當責之義也書曰試可乃已又曰歷試諸艱令班行之中有員無職者大半可令量才授任臨事制宜出則以公務效試入則以舊位登敘任事者有賞不任事者當黜黜陟既明天下自正此則為政之道畢矣其四曰刑者五行之鞭策五性之權衡下民

之隄防有國之紀律自古五刑之設期於無刑仲尼曰民有輕辜必求其善以赦其過民有大罪必原其故以輔其化如有死罪期使之生則其善也刑肅俗弊禮謂疵國勝殘去殺傳稱善人昔漢文斷獄四百殆致刑措唐朝貞觀之世歲決死罪二人今陛下恤刑慎獄義權情恕非不至也而天下冒禁麗法者甚衆殊死大辟者頗多蓋縣未塞其源而理其著者也省刑之要厥有二端一者謹吏二者息盜謹吏在乎責長息盜在乎類取吳姬羣笑孫武加戮於隊長此責長之明效也襄民不道班伯得賊於首豪此息盜之良術也夫一縣之政總於令長令長正下吏自肅一州之權統於牧守牧守繆僚屬必濫濫之與肅上使然也近代下民之訟多訟令佐敢訴牧守十中或一訟令佐者皆得理察訟牧守者十無一問縱或詰之而歸罪陪隸者衆矣斧鉞不用刀鋸日弊古人恥之典刑不阿貴賤貴猶當罰賤者自戒如是則官吏畏法刑損其半矣而又除其寇盜使無逸越除盜之術大概有三一者使賊人徒侶自相糾告糾告不虛則以所告賊産之半賞其告者或一人能告十賊亦以十賊半産與之親屬之間此許容隱在

於用權救弊亦可暫更令後有骨肉爲非許令首告然所被告者不可令至極刑傷宗族之情失風教之義只令通指同行徒侶則除惡甚多骨肉所首之人特與疎放如是則同惡自相疑阻爭先於陳告骨肉欲保其親競來於原首此息盜之上策也二者如鄭州新鄭一縣團結鄉社之人名爲義營分立將佐一户爲賊則累其一村一户被刼則罪其一將大舉鼓聲之所壯丁雲集賊徒至多不過一二十數義營所聚動及百人賊人奔逃無有免者見今鄭州封内唯新鄭獨免攻劫頃歲尉氏强民潛往密縣行刼迴入新鄭疆界殺獲苦無漏遺豈止自部之中不留凶慝兼令涉境之寇難出網羅此息盜之中策也三者有賊之後村人報鎮鎮將詣村驗蹤團保限外不能獲賊衆罰鎮戍此息盜之下策也如是則奸盜漸息刑又損其半矣何慮漢文之年貞觀之世不在於今時矣其五曰農者至正之道自然之資爲邦大本當今急務欲國家之康濟在府庫之充盈欲府庫之充盈在田疇之修闢人力可以課致地利可以計生若地利有遺人力不勸欲邦寧本固化洽時雍不可得也今宰牧怠職百姓怠業曠土不墾履畝是

憂但隨宜以耕耘惟天時而是賴苟有水旱其將奈何危殆之機在乎返掌晉朝開運之歲卽其驗歟夫欲富國强兵愛民利物興事任力崇德尊道敷至化恢長御革頹風治豐澤無不繇家給人足而馴至其道也家給人足始於務農務農之原實有三術一曰廣田二曰已債三曰節費廣田則所獲豐羨已債則儲積可保節費則歲計有餘今民不廣田良有以也蓋慮無盡地之稼括爲稅簿則幷竭所收輸不滿要誰不懼也晉漢二代累發德音使民多種廣耕只以舊額供賦旣種之後旋以見苗計租以至倉箱

匱空鄉井愁歎先皇享御之始赦書節文之中亦勸民勤勞不殊前意至今曠隙之地荒萊不開繇於誠信前失民無固志者也夫爲政之先莫若著信商君移木豈禮也哉蓋使人信之則無不治也陛下宜散下明詔使民廣田但輸舊租永不簡案上言宗廟以表至誠令州郡縣法之所刻石示民民必信之而田廣矣田廣則多獲多獲則民足王者藏於天下實一國之富完此廣田之上策也小畝步百周之制也中畝二百四十漢之制也大畝三百六十齊魯之制也今所用者漢之中畝若步以大畝之田輸其中畝之稅或額不敷舊則虛加滿之逮於次年而田自多矣此廣田之中策也前所言已債節費利莫大焉今編戶之甿以債成俗賦稅之外罄不償債收穫纔畢率無囷倉官有科折之弊私有酺醵之緡倍稱速息半價速賣則利貸一斗而償四斗矣欲民不困豈可得哉此外鄉閭之中嘗有酒食之耗諂僧佞佛相扇成風且瑞雪甘雨和風所致非爲一鄉一里委曲而降小民無知競作齋賽一歲之內數數有之是則債利之刼民也將倍於公賦齋賽之蠹民也又等於王租欲民之饒終不可致莫若已債節費歸利

於民起於來年不得通債今歲見償之者但令以本債償之留其利餘爲民不債之備則民食資半矣夫陽秋之候財獨尚祭民祭里社自古而然宜於二社之辰得以祭餘共相飲食其餘祈禱散賽之事嚴禁罷之則民食又資其半矣民食旣足則民力普存民力普存則穡事敦業穡事敦業財用益豐因其利而利之則國富刑清天下知禮節矣其六曰兵者所以成武功遏亂畧行天討順人心混一區宇昭宣文德三五之代不能去兵故軒戰阪泉堯征丹浦西伯戡黎之誥成王踐奄之誓卽其前躅也陛下卜世

之數莫知其紀五德所正溢萬方之率從未占而孚契人心不戒而謀同時利惟淮南李景負固不賓陛下神畧内融大權潛運整軍經武倏往忽來戎路一巡則八州降附靈旗再擧則四塞蕩平歸命者一一皆存來戰者萬萬無免偏師獻捷迫有百數仁瞻交背以請命壽春全城而北遷淮上咽喉古來未有命以衆擊寡以尊伐卑以正破僞以强陵弱鮮不克矣然兵道貴速速則惠民在敵境者免驅掠俘馘之無期處内地者免資糧供億之爲役荆湖兩浙並有舟師聞其水戰之利勝於淮寇皆未肯協心齊力犄角成功者蓋慮吞韓併魏滅虞兼虢唇亡齒寒勢之懼也陛下宜分命使臣諭其成策錫之以丹書鐵契質之以左宗右社其三方協同大擧如秣陵淪陷南服懷柔則元功盛勳當崇賞厚報俾百世傳襲保其江山旌旗服章僚屬官秩咸用舊制朝廷弗詢彼既得信誓之文又蒙寬大之詔必能稟大君之神算藉清廟之靈祥親督蒙衝横江長騖李景必分兵禦拒首尾支離陛下乃躬御六師方軌南進駐驛江北圖惟厥成則濠廬等州可不攻而拔矣

請禁諸鎮酷刑疏

臣伏覩名律例疏云死刑者古先哲王則天垂象本欲生之義期止殺絞斬之坐皆刑之極也又准天成三年閏八月二十三日勅行極法日宜不擧樂減常膳又刑部式決重杖一頓處死以代極法斯皆仁君哀矜不捨之道也竊以蚩尤爲五虐之科尚行鞭朴漢祖約三章之法止有死刑絞者筋骨相連斬者頭項異處大辟之目不出兩端淫刑所興近聞數等蓋緣外地不守通規肆率情性或以長釘貫參人手足或以短刀臠割人肌膚乃至累朝半生半死俾怨聲而上達致和氣以有傷將宏守位之仁在峻惟刑之令欲乞特下明勅嚴加禁斷

陳政事疏

臣伏覩御札應内外臣寮有所見所聞並許上章議論者臣菲才寡識備位曠官仰承綸綍之言聊貢芻蕘之說其一曰伏以設官分職授政任功欲爲政之有倫在命官之無曠今朝廷多士省寺華資無事有員十乃六七止於計月待奉計年待遷其中廉幹之人不無愧恥之意如非歷試何展公才伏請改兩畿諸縣令及外州府五千戶上至縣令爲縣大夫昇爲從五品下畿大夫見府尹亦如令之

儀其諸州府縣大夫見本部長官如賓從之禮郎中員外郎起居補闕拾遺侍御史殿中侍御史監察御史光祿少卿以下四品太常丞以下五品等並得衣朱紫爲之滿日當在朝一任約舊官遷二等自拾遺監察除授迴日即爲起居侍御史中行員外郎若前官不是三署即罷後一年方得求事如此則士大夫足以陳力賢不肖無以僞肩各繫否臧明行黜陟利民益國斯實良規其二曰爲國爲家之方守穀守帛而已二者不出於國而出於民其道在天其利在地得其理者蕃阜增積失其理者耗嗇焦勞民之

顒蒙宜有勸教伏請於齊民要術及四時纂要韋氏月錄之中采其關於田蠶園圃之事集爲一卷下三司彫木版廣印頒下諸州流布民間

貞元泗州大水論

夫水沴所具厥有二理一曰數二曰政天地有五德一曰潤二曰暵三曰生四曰成五曰動五德者陰陽之使也陰陽者水火之本也陰陽有常德故水火有常分奇耦收半盈虛有準謂之通正羨倍過亢極無不至謂之咎徵二者大期率有常數除之主始於淵獻水之行紀於九六凡千有七百二十有八歲爲浩浩之會當是時也陰布固陽澍雨天下百水灌注漲其通川岸不受餘則旁吞原濕科坎平概則漂墊方割雖堯舜在上臯夔佐政亦不能弭其沴也過此以還則係於時政如其后辟狂妄以自率權臣冒昧以下專政不明賢不章則苦雨數至潦水積厚非陰陽之數也貞元壬申之水非數之期乃政之感也德宗之在位也啟導邪政狎暱小人裴延齡專利爲心陰潛引納陸贄有其位棄其言由是明上帝不駿其德乃降常雨害於粢盛百川沸騰壞民廬舍固其宜也王者苟能修五政

崇五禮禮不瀆政不紊則五日一霏微十日一霡霂十五日一滂沱謂之時雨所以正五運之制節占象晷刻無有差爽則神農之世其驗歟

陶穀

穀字秀實邠州新平人本姓唐避晉祖諱改焉起家校書郎累拜中書舍人仕漢爲給事中仕周爲右散騎常侍顯德初授戶部侍郎改翰林學士三年遷兵部侍郎加承旨六年加吏部侍郎入宋累官戶部尚書開寶三年卒

賜華山處士陳摶勑

朕以汝高謝人寰棲心物外養太浩自然之氣應少微處士之星既不屈於王侯遂甘隱於岩壑樂我中和之化慶乎下武之期而能遠涉山涂暫來城闕浹旬延遇宏益居多白雲暫駐於帝鄉好爵難靡於達士昔唐堯之至聖有巢許爲外臣朕雖寡薄庶遵前鑒恐山中所闕已令華州刺史每事供須乍返故山履兹春序緬懷高尚當適所宜故兹撫問想宜知悉

紫芝白兔頌

陛下嗣位之元年歲次甲寅薄伐太原粤六月之師定王

業也虎賁振旅兵渡孟津汜水獻紫芝三莖煜煜分化慈度闕之氣越三載歲在丙辰親征淮夷破十萬之衆宣武功也戎輅旋軫途次商唐穎川獻白兔一頭皎皎効質凝照社之光謹案瑞應圖曰王者恩霈行葦則紫芝秀五行傳曰國君德及昆蟲則白兔馴上宴息之暇有時臨翫覩禎祥而修德善馴擾之遂性紫者昭萬物肇生之數白者叶太素返樸之義芝爲瑞也左盤右屈而自然成形兔之異也或白或蒼亦不常其色豈可使曠代嘉瑞來者無聞今聖君儉德罷露臺至仁祝疎羅重林衡不時之禁則草木茂矣崇宗廟礿祭之禮則禽魚樂矣若然則朱草蓂莢將擢秀於庭除丹鳳麒麟豈空遊於郊藪下臣不佞再拜作頌頌曰

美哉靈草邈矣明視慶上帝之所臨昭王者之嘉瑞考其詳稽其事芝爲草也豈奪朱而効靈兔乃獸焉取守黑而爲異徵其薦瑞之日俱在迴鑾之次酌物情順天意吾君當垂衣而治

請疏理獄訟瘞埋病亡奏

臣任監察御史日留臺西京竊見臺司詳斷者至於夫婦

之間小小爭訟動引支證淹滯積時乃坊市死亡喪葬又須臺司判狀奴婢病亡又須檢驗人吏貪狡因此邀求動經旬時不遂埋瘞是臣目擊常嫉弊訛者

請禁伐桑棗奏

竊以稼穡爲生民之天機杼乃豐財之本是以金根在御王者用三推之儀鞠衣載陳后妃有躬桑之禮則知自天子至於庶人不可斯須忽於農桑也又司馬遷著書曰齊魯之間千畝桑安邑千樹棗其人與千戶侯等伏見近年以來所在百姓皆伐桑爲柴忘終歲之遠圖趨一日之小

利。既所司不禁。乃積習生常。苟桑柘漸稀。則繒帛須闕。三數年內。國用必虧。雖設法課人種桑。且無及也。舊木已伐。新木未成。不知絲綿。欲憑何出。若以下民方困。不可禁之。儻斫伐一空。所在如是。歲或不稔。衣食盡忘。饑凍逼身。須爲羣盜。圖難於易。哲王令猷。作事謀始。有國常務。乞賜睿覽。詢訪輔臣。欲望特下明勅。此後不得以桑棗爲柴。官場亦不許受納。州縣城門。不令放入。及不得囊私置賣。犯者請加重罪。

請郡牧不與卑冗官同班奏

內外臣寮。正衙辭謝。內則諸司小吏。與宰相差肩。外則屬郡末寮。共元戎接武。欲望宰臣使相。依舊押班。其郡牧藩侯。臺省少監長吏等。不得令部內本司卑冗官員。同班辭謝。

請停廢教習舞郎奏

前任太常少卿。伏見本寺見管教坊二舞。本戶州縣尹民。若不盡免差徭。無緣投名鼓舞。況正殿會朝。巳久停廢。其見管人數等。每有淪亡。皆擬塡補。既不曾教習。但虛免差徭。伏乞且議停廢。勅樂工宜令教習舞郎。權且停廢。

龍門重修白樂天影堂記

祭法曰。法施於人則祀之。洛書曰。王者之瑞則圖之。世稱白傅文行。此造化之功。蓋後之學者。若羣鳥之宗鳳凰。百川之朝滄海也。秉筆之士。由斯道而取位卿相者十七人焉。得不謂法施於人耶。王者之瑞耶。饗廟食。畫雲臺。可矣。矧山椒遺像乎。陟彼高岡。慷慨前事。松凋宰樹。蕭瑟古埏之上。伊注逝川。潺湲荒祠之下。歲月未積。棟宇將壞。考其由。中和初。黎民經之而弗勤。詢其制。長興末。秦王修之而弗至。人神元感。屬在興運。今居守佐相太原武公。自許下

之撫三川也。登鄂坂。望太室。且曰。茲邑也。周公測景之地。土圭在焉。吾當正厥躬。臨甸民。以報天子。旣下車。闢汙萊以實倉廩。寬獄市以處豪猾。繇是十一之稅。均三千之條。省服日巡魏闕。過天街。又曰。茲地也。成王定鼎之郊。王氣猶屬。吾當尋舊地。舉墜典。以壯皇居。遂上法象緯。以嚴端門。構鴻梁而跨洛水。繇是知拱辰之位。肅朝天之路。通三載。陟明。我無慚德。廣順三禩。歲在癸丑。暮春之初。予因芟除入洛。獲謁拜上公。趨魏絳之庭。金石在列。入亞夫之戶。棨戟生風。初戢我以升降視之禮也。復接我以酒漿。觀予

志也。始三揖而進。終百拜而退。既予旋軫。相訪政事。對曰。河橋破虜之勳。有京觀在。滹水禦守之略。有金湯在。雖三尺童子。盡能知之。予無可述。因以白公影堂爲說。公曰。我武臣也。惟干戈是執。昧俎豆之事。幸爲我序白氏政績。及修葺之義。俾後之聞者。足以勸爲善而嚮令名。是吾志也。雖百金不悋。矧土木乎。予曰。彼白公。服則儒士也。位則文人也。當官隸事。烈有丈夫志。祇於批逆鱗。刺權幸。塞左道。履平坦。鎮陽拒命也。指中人爲制將。救日月之蝕。則戰士心悅。武相遇盜也。責京尹討賊。犯雷霆之怒。則奸臣股慄。

杭州救旱。因農隙而積湖水。龍門通嶮。出家財而鑿八灘。著策數十篇。盡王佐之術。有文七十卷。導平生之志。向使得其位而且久。行其道而不疑。以憲宗之神武。可繼文皇也。元和之刑政。自同太宗也。必當華夏宅心。上東封之書。蠻夷屈膝。納藁街之貢。豈直擒吳定蜀。平一蔡州而已哉。言粗畢。公聳身長揖而言曰。異乎昔之所聞。若此則白公之才美。實輔相之英者。豈徒丈夫耶。子其行矣。予果得修之。予歸朝未再旬。邸吏捧公書相授。具報訖事。穀乏口術。加之性嬾。蟠桃拂漢。非尺箠可量。直以與公問答疏之如

右別刊貞珉。

義成軍節度使贈太保史匡翰碑銘 并序

上闕輔蜀望帝之洪苗。楚倚相之厥裔。迨於戰國。世爲史官。周崇江漢之祠。已疏王爵。漢重金張之族。遂寵侯封。令望不衰。奇才間出。長江激浪。下嶓冢以方舟。寶劍騰晶。發闕五字積善所宜。於有後。享富貴者累朝。大勳不可以中微。啓茅土者數世。事詳圖牒。功備鼎彝。大王父諱懷清。皇任安慶九府都督。王父諱敬思。皇任安慶九府都督。顯考諱建闕六字兼九府都督。贈太保。公卽太保長子也。分太白之精。

禀峒山之英。笑腐儒之老一經。拜神姝而學五兵。懷鼓篋之心。行有餘力。蘊飛箝之辨。似不能言。天祐中。王室寢闕六字陸之龍蛇競鬭。生郊之戎馬成羣。時闕一字宗已合樂闕一字將圖義舉。定玉帳一匡之略。提金壇百勝之師。戰於兩河。決平多壘。以公人才地望。宜副頒條。起家闕六字代州副使。以勞加銀青光祿大夫。檢校太子賓客。兼監察御史。改遼州副使。兼領九府都督。同光初。莊皇受命。梁祚告終。騏驎鬬於東陵。熒惑入於南斗。負闕六字雖曰一家。横戈而猛士守方。未安四鄙。將寧邊徼。特委警巡。以九府都督充嵐

憲朔等州都遊奕使。解職授天雄軍牢城都指揮使。遷檢校刑部尚書兼御史大夫上柱（闕六字）恩遽降。時議爲輕。遥領首城。仍兼九府。轉檢校戶部尚書潯州刺史。未幾改天雄軍步軍都指揮使刺史如故。明年遷侍衛彰聖馬軍都指揮使。兼九府都督（闕六字）也（闕一八字）大定。萬國來朝。將賓憲於騎軍。已平敵國。牧寇恂於河內。俾惠一方。授檢校司空。懷州刺史。政成。轉控鶴都指揮使。加金紫階。兼和州刺史。駙馬都尉。虎賁三百（闕六字）魏闕九重。謹門闌於清禁。圖田待壘漢殺掄林功臣。旌佐國之石。出牧奉專城之寄。渤

海守布解縲之政。化洽下車。淮陰侯有授鉞之才（闕一字）膺推轂。謀於良帥。屬在舊勳（闕六字）鷹揚之勞。軾前熊伏。寧淹豹變之期。齋壇峻而金鼓嚴。麻案宣而油幢出。漢壘接平陽之第。禹河連沁水之封。控梁苑之西郊。殷乎威望。撫國僑之遺俗。綽有政聲。當四（闕六字）命之爲伯。加食邑通前五百戶。方司外禦。俄迫內艱。居喪嬰疾。於塊苫。有司不避於金革。大君有命。難違蕭土之恩。開國承家。遂奉墨縗之制。授起復冠軍（闕五字）吾衛大將軍。員外置同正員。依前充節度使。列旌旗於衛幕。再勵分憂。泣風雨於梁山。難勝永慕。

海運方遠。峯摧若何。遺封章而不忘戴君。對符印而猶思擇帥。三陽莫辯（闕五字）之鐵。六合至寬。無處問迴生之草。管輅慊與才之歎。仲尼興有命之言。名不遂而功不成。生何足貴。今其終而善其始。歿且奚寃。以天福七年三月十六日寢疾薨於鎮。享年四十（闕五字）人罷市。年光似箭。訝天道於張弓。日遞高舂。輟時情於相杵。有詔贈太保。喪葬之儀。並從加等。越明年太歲在癸卯孟夏四月二十有三日庚午。歸葬於北京太原（闕五字）也。銘旌前導。鹵簿分行。何須陶氏牛眠。方爲吉地。不待滕公馬立。自得佳城。載惟積慶之

家。須及莫京之允。尚曾國大長公主。車服有容。實殷帝之歸妹。穠華（闕五字）之王姬。半枯旋歎於未亡。一慟俄聞於晝哭。風飄寶匣。飜成別鶴之悲。塵暗妝臺。永結孤鸞之恨。嗣子四人。長曰彥容。宮苑使湊州刺史。次曰彥澄彥琪。並西頭供奉官。幼（闕五字）州別駕。以于公之陰騭。門合容車。以鄧氏之舊親。家宜藏策。寵既隆於奕世。榮豈讓於重侯。近朝以來。莫之比也。噫。以公之忠肅恭懿。宜慈惠和。求福罔回。見義有勇。秉（闕五字）達招延無間於後生。不積財而（闕一字）務藏書。不憂家而唯思報國。求諸時彥。我無（闕一字）焉。宜乎享

大年躋極品上擊九萬里直聳一千尋而陽報無徵天賦有限極公侯伯子男（闕六字）生而無成守溫良恭儉讓之言得以謂没而不朽將傳來裔期播徽音合從曾國之裏方盡延陵之美臣才非日地職在（闕二字）仰（闕五字）功聞（闕一字）家（闕一字）之（闕一字）德虔遵睿旨强綴斯文屬詞而徒罄揄揚序事而多慚漏（闕一字）鞠躬抒思再拜銘勳將招岱岳之魂軌效楚詞之意銘曰

（闕五字）惠且貞事明君兮信而誠藏策書於周廟（闕一字）征轂於漢宮年既謝兮時正來河方誓兮山告頹訏陰隲而已矣歎陽報而哀哉（闕八字）帝鄉丹旐悠兮下山陽隔兩鄉之明月陟千里之宏崗龜告吉兮著定臧年惟利兮日其長縈蔓草於原上揭豐碑於路旁闕兆鶴且白兮來翔傳千（闕一字）兮萬代播蘭杜之芬芳

楊昭儉

昭儉字仲寶京兆長安人後唐長興中進士歷殿中侍御史仕晉累遷中書舍人周顯德中爲翰林學士改御史中丞出爲武勝軍節度行軍司馬入宋累官禮部尚書太平興國二年卒

諫有張彥澤疏

天子君臨四海日有萬幾懋建諍臣彌縫其闕今則諍臣雖設言路不通藥石之論不達於聖聰而邪佞之徒取容於左右御史臺紀綱之府彈糾之司銜冤者固當昭雪爲蠹者難免放流陛下臨御以來寬仁太甚徒置兩司殆如虛器遂令節使慢侮朝章屠害幕吏始訴冤於丹闕反執送於本藩苟安跋扈之心莫恤冤抑之苦願回睿斷誅彥澤以謝軍吏

張昭

昭字潛夫本名昭遠避漢祖諱止稱昭仕後唐累遷禮部侍郎入晉歷尚書右丞漢初爲吏部侍郎乾祐二年加檢校禮部尚書周廣順初拜户部尚書顯德元年遷兵部恭帝卽位封舒國公入宋開寶五年卒

進所撰兵法表

臣本書生不嫻武藝空忝穰苴之位慙無郤縠之能遽捧綸言令纂兵法雖彊三宮之説何稱九天之謀伏惟陛下

玉斗纘戎金樓聚學九舜十堯之典不足揣摩三門五將之書無煩接要而猶申旦不寐乙夜縱觀畱連於尺籍伍符探賾於楓天棗地以爲人情貴耳而賤目儒者是古而非今以韓白之智有餘英衛之才不足寧悞滋水釣翁之學今迺椎輪圯橋神叟之言已爲糟粕無足師模於鈐算聊可挹酌於源流爰命下臣撮其樞要臣遐觀前代兵家所著篇部頗多自唐末亂離圖書流落今蘭臺秘府目錄空存其餘討論固難詳悉今秖據臣家所有之書摭其兵要自軍旅制置選練教習安營結陣命將出師詭譎機權形勢利害賞罰告誓攻守巧拙星氣風角陰陽課式等都四十二門離爲十卷管窺蠡測莫知穹渤之高深獸走犬馳且副蒐苗之指使既成卷部須有籤題臣伏見前代奉詔撰論皆目爲制旨今輒準故事題爲制旨兵法臣畱司都下不敢輒去班行謹差私吏齎詣行闕陳進

覆議冊四廟奏

臣前月中預都省集議宗廟事伏見議狀於親廟外請別立始祖一廟近奉中書門下牒再令百官於都省議定聞奏者臣讀十四代史書見二千年故事觀諸家宗廟都無

始祖之稱惟殷周二代以稷契爲太祖禮記曰天子七廟三昭三穆與太祖之廟而七鄭元注云此周制也七者太祖后稷及文王武王與四親廟也又曰殷人六廟契及湯與二昭二穆也夏后氏立五廟不立太廟唯禹與二昭二穆而已據王制鄭元所釋卽殷周以稷契爲太祖夏后氏無太祖亦無追謚之廟自殷周以來時更十代皆於親廟之中以有功者爲太祖無追崇始祖之例共引今古卽恐詞繁事要證明須陳梗概漢以高祖父太上皇執嘉無社稷功不立廟號高帝自爲高祖魏以曹公相漢垂三十年

始封於魏。故爲太祖。晉以宣王輔魏室有功。立爲高祖。以景帝始封於晉。故爲太祖。宋氏先世。官閥卑微。雖追崇帝號。劉裕自爲高祖。南齊高帝之父。位至右將軍。生無封爵。不得爲太祖。高帝自爲太祖。梁武帝父順之。佐祐齊室封侯。位至領軍丹陽尹。雖不受封於梁。亦爲太祖。陳武帝父文讚。生無名位。以武帝功。梁室贈侍中。封義興公。及武帝卽位。亦追爲太祖。周閔帝以父泰相西魏。經營王業。始封於周。故爲太祖。隋文帝父忠。輔周室有大功。始封於隋。故爲太祖。唐祖神堯祖父虎。爲周上柱國。隋代追封唐公。故

爲太祖。唐末梁氏朱氏有帝位。變四廟。朱公先世無名位。雖追冊四廟。不立太祖。朱公自爲太祖。此則前代追冊太祖。不出親廟之成例也。王者祖有功而宗有德。漢魏之制。非有功德不得立爲祖宗。殷周受命。以稷契有大功於唐虞之際。故追尊爲太祖。自秦漢之後。其禮不然。雖祖有功。乃須親廟。今亦粗言往例。以取證明。秦稱造父之後。不以造父爲始祖。漢稱唐堯劉累之後。不以堯累爲始祖。魏稱曹參之後。不以參爲始祖。晉稱趙將司馬卬之後。不以卬爲始祖。宋稱漢楚元王之後。不以元王爲始祖。齊梁皆稱蕭何之後。不以何爲始祖。陳稱太邱長陳寔之後。不以寔爲始祖。元魏稱李陵之後。不以陵爲始祖。後周稱神農之後。不以神農爲始祖。隋稱楊震之後。不以震爲始祖。唐稱皐陶老子之後。不以皐陶老子爲始祖。唯唐高宗皇帝則天武后臨朝。革唐稱周。更立七廟。仍追冊周文王姬昌爲始祖。此蓋當時附麗之徒。不諳故實。武立姬廟。乖越以來。曲臺之人。到今嗤誚。臣遠觀秦漢。下洎周隋。禮樂衣冠聲名文物。未有如唐室之盛也。武德議廟之初。英才間出。溫魏顏虞。通今古。封蕭薛杜。達禮儀。制度憲章。必有師法。夫

追先祖之儀。起於周代。據史記及禮經云。武王纘太王王季文王之緒。一戎衣而有天下。尊爲天子。宗廟享之。周公成文武之德。追王太王王季。祀先公以天子之禮。又曰。郊祀后稷以配天。據此言之。周武雖祀七世。追爲王號者。但四世而已。故自東漢以來。有國之初。多從四廟。從周制也。況殷因夏禮。漢習秦儀。無勞博訪之文。宜約已成之制。請依隋唐有國之初。創立四廟。推四世之中名位高者爲太祖。謹議以聞。

請押班宰相等不隨庶官俱拜奏

文武常參官每日於正衙立班。閤門使宣不坐後。百寮俱拜。舊制唯押班宰相押樓御史通事舍人。各緣提舉贊揚所以不隨庶官俱拜。自唐天成末。議者不悉朝儀。遽違舊典。遂令押班之職。一例折腰。此則深忽禮文。殊乖故實。且宰相居庶寮之首。御史持百職之綱。嚴肅禁庭。糾繩班列。處於拜揖之際。或爽進退之宜。於是凝立靜觀。檢其去就。若令旅拜旅揖。實恐非宜。況事要酌中。恭須近禮。人臣愛主。不在於斯。其通事舍人。職司贊導。比者兩班進退。皆相其儀。今則在文班武班之前。居一品二品之上。端笏齊拜。

禮實未聞。其押班宰相押樓御史通事舍人。並請依天成三年以前禮例施行。無至差忒。

修太祖實錄奏

撰漢書者先爲項傳。編蜀記者首序劉璋。所貴神器之傳授有因。歷數之推遷得序。伏緣漢隱帝君臨在太祖之前。其歷試之績。並在漢隱帝朝內。請先修隱帝實錄。以全太祖之事功。又梁末主之上有郢王友珪篡弑君位。未有記錄。請依宋書劉劭例。書爲元兇友珪。其末主請依古義書爲梁廢帝。其書曰後梁實錄。唐末主之前。應順帝在位四月。出奔亦未編記。請書爲前廢帝。清泰主爲後廢帝。其書並爲實錄。兼請於諸道搜索圖記。

覆減祀祭用犢奏

今月十二日。伏蒙宸慈召對。面奉聖旨。以每年祀祭多用太牢。念其耕稼之勤。更備犧牲之用。比諸豢養。特可愍傷。令臣尋討故事。可以他牲代否。臣仰稟綸言。退尋禮籍。三牲八簋之制。五典六樂之文。著在典彝。迭相沿襲。累經朝代。無所改更。臣聞古者燔黍捭豚。尚多質畧。近則梁武麪牲筍脯。不可宗師。雖好生之德則然。於奉先之議太劣。蓋

禮主於敬。孝本因心。黍稷非馨。鬼神饗德。不必牲牢之巨細。籩豆之方圓。苟血祀長保於宗祧。而牲俎何須於繭栗。但以國之大事。儒者久行。易以他牢。恐未爲便。以臣愚見。其南北郊宗廟社稷朝日夕月等大祠。如皇帝親行事。備用三牲。如有司攝行事。則用少牢以下。雖非舊典。貴減犧牛。

請汴州衙城門權挂一宮門牌額奏

汴州在梁室朱氏稱制之年。有京都之號。及唐莊宗平河南。復廢爲宣武軍。至明宗行幸之時。掌事者因緣修葺衙

城遂挂梁室時宮殿門牌額當時識者或竊非之一昨車駕省方暫居梁苑臣觀衙城內齋閣牌額一如明宗行幸之時無都號而有殿名恐非典據臣竊尋秦漢以來寰海之內鑾輿所至多立宮名近代隋室於揚州立江都宮太原立汾陽宮岐州立仁壽宮唐朝於太原立晉陽宮同州立長春宮岐州立九成宮宮中殿閣皆題署牌額以類皇居臣伏准故事請於汴州衙城門權挂一宮門牌額則其餘齋閣並可以取便爲名庶使天下式瞻稍爲宜稱者

請改定十道圖奏

內銓見行用十道圖除舊雒都並都外有新昇京都及節度防禦團練等名目不一又自明宗已來迴避廟諱所改州縣名多未結入十道圖銓司入官之時格式旋簡元勑施行未曾添入十道圖無所準的請下當司改定

進大周刑統奏

侍御史知雜事張湜等九人奉詔編集刑書悉有條貫兵部尚書張昭等一十人參詳旨要更加損益臣質臣溥據文評議備見精審其所編集者用律爲主辭旨之有難解者釋以疏意義理之有易了者畧其疏文式令之有附近者次之格勑之有廢置者又次之事有不便於今該說未盡者別立新條於本條之下其有文理深古慮人疑惑者別以朱字訓釋至於朝廷之禁令州縣之常科各以類分悉令編附所冀發函展卷綱目無遺究本討源刑政咸在其所編集勒成一部別有目錄凡二十一卷刑名之要盡統於茲目之爲大周刑統欲請頒行天下與疏律令式通行其刑法統類開成格編勑等採掇既盡不在法司行使之限自來有宣命指揮公事及三司臨時條法州縣見今施行不在編集之數應該京百司公事逐司各有見行條件望令本司刪集送中書門下詳議聞奏

奏改樂章疏

昔周公相成王制禮作樂殿庭徧奏六代舞所謂雲門大咸大韶大夏大濩大武也周室既衰王綱不振諸樂多廢惟大韶大武二曲存焉秦漢以來名爲二舞文舞韶也武舞武也漢時改爲文始五行之舞歷代因而不改貞觀作樂之時祖孝孫改隋文舞爲治康之舞武舞爲凱安之舞貞觀中有秦王破陣樂功成慶善樂二舞樂府又用爲二舞是舞有四焉前朝行用年深不可遽廢俟國家偃伯靈

臺卽別召工師更其節奏今改其名具書如左祖孝孫所定二舞名文舞曰治康之舞請改治安之舞武舞曰凱安之舞請改爲振德之舞貞觀中二舞名文舞功成慶善樂前朝名九功舞請改爲觀象之舞秦王破陣樂前朝名爲七德舞請改爲講功之舞其治安振德二舞請依舊郊廟行用以文舞降神武舞送神其觀象講功二舞請依舊宴會行用

請改十二和樂奏

昔周朝奏六代之樂卽今二舞之類是也其賓祭常用別

有九夏之樂卽肆夏皇夏等是也梁武帝善音樂改九夏爲十二雅前朝祖孝孫改雅爲和示不相沿也臣今改和爲成取韶樂九成之義也十二成樂曲名祭天神奏豫和之樂請改爲禋成祭地祇奏順和請改爲順成祭宗廟奏永和請改爲裕成祭天地宗廟登歌奏肅和請改爲肅成皇帝臨軒奏大和請改爲政成王公出入奏舒和請改爲弼成皇帝食舉及飲宴奏休和請改爲德成皇帝受朝皇后入宮奏正和請改爲扆成皇太子軒懸出入奏成和請改爲允成元日冬至皇帝禮會登歌奏昭和請改爲慶成郊廟俎入奏雍和請改爲騂成皇帝祭享酌獻讀祝文及飲福受胙奏壽和請改爲壽成祖孝孫元定十二和曲開元朝又奏三和遂有十五和之名凡制作禮法動依典故梁置十二雅蓋取十二天之成數契八音十二律之變輒益三和有乖稽古又緣祠祭所用不可盡去臣取其一焉祭孔宣父齊太公廟降神奏宣和請爲師雅之樂三公升殿會訖下階履行奏祴和請廢同用弼成享先農耕耤奏豐和請廢同用順成已上四舞十二成雅樂等曲今具錄合用處所及樂章首數一一條例在下

詳定雅樂疏

昔帝鴻氏之制樂也將以範圍天地協和人神候八節之風聲測四時之正氣器之清濁不可以筆授聲之善否不可以口傳故鳧氏鑄金伶倫截竹爲律呂相生之算宮商正和之音乃播之於管絃宣之於鐘石然後覆載之情訢合陰陽之氣和同八風從律而不姦五色成文而不亂空桑孤竹之韻足以禮神雲門大夏之容無虧觀德然月律有旋宮之法備於太師之職經秦滅學雅道陵夷漢初制氏所調惟存鼓舞旋宮十二均更用之法世莫得聞漢元

帝時京房善易別音探求古義以周官均法每月更用五音乃立準調旋相爲宮成六十調又以日法析爲三百六十傳於樂府而編懸復舊律呂無差遭漢中微雅音淪缺京房準法屢有言者事終不成錢袠空記其名沈重但條其說六十律法寂寥不傳梁武帝素精音律自造四通十二律以鼓八音又引古五正二變之音旋相爲宮得八十四調與律準所調音同數異侯景之亂其音又絶隋朝初定雅樂羣黨沮議歷載不成而沛公鄭譯因龜茲琵琶七音以應月律五正二變七調克諧旋相爲宮復爲八十四

調工人萬寶常又減其絲數稍全古淡隋高祖不重雅樂令儒官集議博士何妥駁奏其鄭萬所奏八十四調並廢隋氏郊廟所奏惟黃鐘一均與五郊迎氣雜用蕤賓但七調而已其餘五鐘懸而不作三朝宴樂用縵樂九部迨於革命未能改更唐太宗受命舊工祖孝孫張文收整比鄭譯萬寶常所均七音八十四調方得絲管並施鐘石俱奏七始之音復振四廟之韻皆調自安史亂離咸秦蕩覆崇牙樹羽之器掃地無餘戛擊搏拊之工窮年不嗣郊廟所奏何異南箕波蕩不遷知音始絶臣等竊以音之所起出自人心夔曠不能常泰人亡則音息世亂則樂崩若不深知禮樂之情安能明制作之本陛下心苞萬化學富三雍觀兵耀武之功已光鴻業尊祖禮神之致尤軫皇情乃睠奉常痛淪樂職親閱四懸之器思復九奏之音爰命廷臣重調鐘律樞密使王朴採京房之準法練梁武之通音攷鄭譯寶常之七均校孝孫文收之九變積累黍以審其度聽聲詩以測其情依權衡嘉量之前文得備數和聲之大旨施於鐘虡足洽簫韶臣等今月十九日於太常寺集命大樂令賈峻奏王朴新法黃鍾調七均音律和諧不相凌

越其餘十一管諸調望依新法教習以備禮寺視用其五郊天地宗廟社稷三朝大禮合用十二管諸調並載唐史開元禮近代常行廣順中太常卿邊蔚奉敕定前件祠祭朝會舞名樂曲歌詞寺司合有簿籍伏恐所定與新法曲調聲韻不協請下太常寺檢詳校試如或乖舛請本寺依新法聲調別撰樂章舞曲令歌者誦習永爲一代之法以光六樂之書

陳治道疏

臣聞安不忘危治不忘亂者先儒之丕訓靡不有初鮮克

有終者前經之至戒究觀例辟莫不以驕矜怠惰有虧盛德恭惟太宗貞觀之初元宗開元之際焦勞庶政以致太平及國富兵消年高志逸乃忽守約之道或貽執簡之譏陛下以慈儉化天下以禮法檢臣鄰絀姦邪之黨延正直之論務遵純儉以節浮費信賞必罰至公無私其創業垂統之規如貞觀開元之始願陛下有始有終無荒無怠臣又伏念保邦之道有八審焉願爲陛下陳之夫委任審於材器聽受審於忠邪出令審於煩苛興師審於德力賞罰審於喜怒毀譽審於愛憎議論審於賢愚嬖寵審於奸佞

推是八審以決萬機庶可以臻至治

諫畋獵疏

太祖初鎮太原每年打鹿於北鄙先帝在位暇日射雁於近郊此蓋軍務之餘畋遊自適洎先帝膺圖啓祚嚮明御宇則宜易彼諸侯之事肅乎萬乘之儀而猶因習舊風失其威重馳逐原獸殆無虛日臣愚以爲事有可畏者四焉洛都舊制宮城與禁苑相連人君宴遊不離苑囿御馬來往輦路坦夷不涉荒郊何憂蹶失今則驅馳駿服涉歷榛蕪此後節氣嚴凝徑塗凍滑萬一有銜橛之變陛下縱自輕柰宗廟社稷何所可畏者一也又陛下新有四海宜以德服萬邦今則江嶺未平淮夷尚梗彼初聞陛下革先朝之失政還太古之淳風御物以慈節財以儉有典有則不矜不驕彼必有三苗率服之心七旬來格之意如聞陛下暫遊近甸彼卽以爲復好畋遊所可畏者二也臣又聞作法於涼其弊猶貪作法於貪弊將何如且打鹿射雁之事新敗軌傾輈之轍在常宜取鑒不可因循所可畏者三也臣又聞作事可法貽厥孫謀若以陛下齊聖廣淵之機聰明神光之量奚可以宴遊蒐狩之事少累聖明所謂城中

好廣眉城外加半額爲法之弊靡不由茲所可畏者四也伏望陛下居高慮遠愼始圖終思創業之艱難知守成之不易念老氏馳騁之戒樹文王忠厚之基約三驅之舊章定四時之遊幸始出有節後不敢違謹奏

請妙選東宮師傅疏

臣聞周家創業七百年漢氏延洪四百載非惟天命抑亦人謀臣雖至愚粗聞其要叨居諫列備敢奏陳古者人君卽位之後立嫡以爲儲闈列土而封子弟既尊之以名品復教之以訓詞則驕奢淫逸不萌於心仁知賢明以習其

性良繇擇正人以爲師傅聞善事益其聰明假使中材亦成良器凡人善惡之性多因染習而成將創無窮所宜重甚竊以元良宗子邦國本根或陛下未欲封崇先宜教導所貴識古今之成敗知稼穡之艱難使驕縱不期於心正道嘗聞於耳輒條芻管仰瀆冕旒事具於後一帝王之子生長深宮爰自幼沖便居逸樂目厭雕華之翫耳煩絲竹之音所謂不與驕期而驕自至倘非天生聰惠神授賢明持此驕盈焉能無惑苟不預爲教導何以致之盤維臣竊見先帝時皇弟皇子盡喜俳優聞無稽玩物之言則娛心

悅耳告致理經邦之說則俛目嚬眉入則務飾姬姜出則思參僕馬親賓滿座無非優笑之徒食客盈門罕有賢能之士以此知識以此宗師必若託以維城付之主鬯無難亡之國無不破之家其則非遥可謂殷鑒臣請諸皇子各遵古議置師傅之官如陛下厚之以渥恩課之以訓導令皇子屈身師事每日講說善道一日之中但記一事一歲之內所記漸多每至月終令師傅具錄聞奏或皇子上謁之時陛下更令侍臣面問十中得五爲益良多何必讀書自然博識既達安危之理兼知成敗之繇主鬯維城何往不可臣雖識短事繫遠圖伏乞陛下詢於公卿以爲可否

一臣聞古之人君卽位而冊太子封拜諸王究其所繇蓋有深旨一則欲尊儲闈而作磐石繫我宗枝一則欲分嫡庶而辨親疎各歸名分使庶不亂嫡疎不間親禮秩有常邪慝不作臣竊見近代聖后賢君或有失於此道以此邦家構患釁隙萌生昔隋祖聰明煬帝亦傾於楊勇太宗睿聖魏王終覆於承乾臣每讀古書深悲其事顧於聖代無此厲階其於卜貳封崇在臣不敢輕議臣請諸皇子於恩澤賜與之間婚姻省侍之際依嫡庶而爲禮秩據親疎而

定節文示以等威絕其僥倖保宗之道莫大於斯

一臣聞上聖之才不修崇而合道中人之性隨染習而無常是故告以話言束之名教猶蹈覆車之轍不師銘座之言而況左右全闕正人染習不聞善事欲求賢行其可得乎伏見近代師傅之官所設備員而已未聞調護太子訓導諸王坐食俸錢誠爲尸祿臣請皇子中當爲儲位者雖未封拜先要切磋應在朝官寮師傅之官請每日謁見皇子或講論時政或習熟禮容日增月修有益無損在臣愚識以此爲憂伏乞陛下付公卿詳議以爲可否伏惟皇帝陛下仁

深拜善道在勵精行慈儉而愛生靈正賞罰而激貞濫內外皆無闕政左右盡是賢臣諫者無以措詞多士惟期自勵臣豈合遠陳狂瞽輒犯宸嚴但以恩未報於君親事實關於國本庶裨萬一聊罄再三

請尊師傅講論經義疏

臣聞江海不讓於細流所以成其大山岳不讓其撮土所以成其高王者不倦昌言所以成其聖臣歷覩前代乃至近朝徧閱聖君無不好學故楚靈王軍中決勝不忘倚相之書漢高帝馬上爭衡猶聽陸生之說遂得宸謀益洽宗

社延長伏惟皇帝陛下纘禹丕圖受堯成法春秋鼎盛四聰不惑於咨詢廊廟謀深六藝何妨於講習古者或立儒宮或開文館旁求巖穴之士延納草澤之才雖有前規伏恐未暇況國家設官分職選賢任能有輔弼講其國經有師傅啟其言路可以談天人之際可以陳理亂之繇但能屬耳於典謨何必服膺於卷軸伏望陛下聽政之餘數召近臣討論經義所冀熟三綱五常之要窮九疇八政之源縱無取於儒冠猶冀賢於博奕

請復法官彈劾故事疏

臣聞諫官進言御史持法實人君之耳目正邦國之紀綱自本朝以來尤重其任今之選授莫匪端良然則彈奏之間尚未申於才用使諫諍之道或未罄於箴規俾七人徒歷於清華三院但循於資級考其志業孰測短長臣請依本朝故實許御史以法冠彈事諫官逐月給諫紙政事有所不便並許陳聞所冀履班行者不負於君親有才業者自分於涇渭庶幾舉職免有曠官

請以舊法用人疏

昔唐初劉洎馬周起於徒步太宗擢用爲相其後柳璨朱

朴方居下僚昭宗亦加大用此四士者受知於明主然太宗用之而國興昭宗用之而國亡士之難知如此臣願陛下存舊法而用人當以此四士爲鑒戒

欽定全唐文卷八百六十五

田敏

敏淄州鄒平人梁貞明中登科仕後唐歷國子司業晉天福四年授祭酒檢校工部尚書兼户部侍郎開運初遷兵部侍郎充宏文館學士改檢校右僕射乾祐中拜尚書右丞周顯德初拜太常卿檢校左僕射加司空顯德五年遷工部尚書改太子少保致仕入宋卒

請置郊壇齋屋奏

禮有五經祭在其首國之大事祀亦居先則知祭祀者有

國是遵百王所重是以肅雍清廟禋祀元天立四時則大駕親臨將置齋則仲尼所愼莫不嚴崇宮室潔滌樽罍陳其肅肅之儀報以穰穰之福臣竊見四郊祠祭並無齋室行事官吏旅寓鄉村有瀆至誠恐非清潔伏乞特下有司俾於四郊量起屋宇

進印板書奏

臣等自長興三年較勘雕印九經書籍經注繁多年代殊邈傳寫紕繆漸失根源臣守官膠庠職司較定旁求援據上備雕鐫幸遇聖朝克終盛事播文德於有截傳世教以無窮謹具陳進

祠祭用犢疏

臣奉聖旨爲祠祭用犢事今大僕寺供犢一年四季都用犢二十二頭唐會要武德九年十月九日詔祭祀之意本以爲民窮民祀神有乖正直殺牛不如禴祭明德即是馨香望古推今民神一揆其祭圓丘方澤宗廟已外並可止用少牢用少牢者用特代時和年豐然後克修常禮又按會要天寶六載正月十六日赦文祭祀之典犧牲所備將有達於虔誠蓋不資於廣殺自今後每大祭祀應用騂犢

宜令所司量減其數永爲常式其年起請以舊科每年用犢二百一十二頭今請減一百七十三頭止用三十九頭餘祠饗宜並停用犢至上元二年九月二十一日赦文國之大事郊祀爲先貴其至誠不美多品黍稷雖設猶或非馨牲牢空多未爲能饗圓丘方澤仍依常式宗廟諸祠臨時獻熟用懷明德之馨庶合西鄰之祭其年起請昊天上帝太廟各太牢一餘祭並隨事市供若據天寶六載自二百一十二頭減用三十九頭武德九年每年用犢十頭圓丘方澤一宗廟五據上元二年起請祇昊天上帝太廟又

無方澤則九頭矣。今國家用牛。比開元天寶則不多。比武德上元則過其大半矣。按會要太僕寺有牧監。掌孳課之事。乞今後太僕寺養孳課半其犢。遇祭昊天太廟前三月。養之滌宮。取其蕩滌清潔。餘祭則不養滌宮。若臨時買牛。恐非典故。謹具奏聞。

范質

質字文素。宗城人。後唐進士。晉天福中官監察御史直史館知制誥。漢初加中書舍人戶部侍郎。周廣順初拜平章右僕射監修國史。入宋兼侍中。封魯國公。

奉契丹主表

孫臣某言。今月十七日寅時。相州節度使張彥澤都監富珠哩部領大軍入京。齎到翁皇帝賜太后書示於滹沱河下杜威一行馬步兵士見領蕃漢部騎來幸汴州者。往者唐運告終。中原失馭。數窮否極。天闕地傾。先人有田一成。有衆一旅。兵連禍結。力屈勢孤。翁皇帝救患摧鋒。興利除害。躬擐甲冑。深入寇場。犯露蒙霜。度雁門之險。驅風掣電。行中冀之誅。黃鉞一麾。天下大定。勢凌宇宙。義感神明。功成不居。遂興晉祚。則翁皇帝有大造於石氏也。旋屬天降厥凶。先君即世。臣遵承遺旨。纘紹前基。諒闇之初。荒迷失次。凡有軍國重事。皆委將相大臣。至於擅繼宗祧。既非稟命。輕發文字。輒敢抗尊。自啟釁端。果貽赫怒。禍至神惑。運盡天亡。十萬師徒。皆望風而束手。億兆黎庶。悉延頸以歸心。臣負義包羞。貪生忍恥。自貽顛覆。上累祖宗。偷度晨昏。苟存食息。翁皇帝若惠顧疇昔。稍霽雷霆。未賜靈誅。不絕先祀。則百口荷更生之德。一門銜罔報之恩。雖所願焉。非敢望也。臣與太后并妻馮氏及舉家戚屬見於郊野面縛俟罪次。所有國寶一面。金印三面。今遣長子陝府節度使

延煦。次子曹州節度使延寶管押進納。并奉表請罪陳謝以聞。

進契丹主狀

頃以僞主王從珂於洛京大內自焚之後。其眞傳國寶不知所在。必是當時焚之。先帝受命。旋製此寶。在位臣寮備知其事。臣至今日。敢有隱藏。

劉濤

濤字德潤。徐州彭城人。後唐天成中進士。累遷起居舍人。晉天福中歷度支職方二郎中。漢初爲中書舍人。周廣順

中左遷少府少監分司西京顯德初復改太常少卿拜右諫議大夫四年以知貢舉責授太子右贊善大夫恭帝即位遷右僕射入宋終秘書監

論諸道貢物疏

方鎮之內土俗不同山澤川原租賦各異任土作貢蓋便黎民臣恐天下稅賦上供土產各異恐於調度或未便安請勅諸道州府於所部之內貢賦供輸有未便特許上書論列以協物宜

竇貞固

貞固字體仁同州白水人後唐同光中進士補萬全主簿授河東節度推官晉天福中累擢中書舍人改御史中丞歷刑部門下二侍郎少帝即位拜工部尚書遷禮部刑部尚書漢祖入汴遷吏部尚書拜司空門下侍郎平章事隱帝即位加司徒周祖登極加兼侍中罷相守司徒封沂國公入宋開寶二年卒

請定舉士官賞罰奏

臣伏見先降御札令文武百僚各進封事臣聞舉善爲明知人則哲聖君在位藪澤豈有隱淪昭代用材政理固無紊亂求賢若渴從善如流鄭所以譽子皮魯所以譏文仲爲國之要進賢是先庶遵理治之風宜舉仁人之器臣欲請乞降勅命指揮文武百僚每一司之內共集議商權其一士奏薦述其人有某能改爲某官某職便請朝廷據奏薦任用若能符薦引果爲當才所奏之官即請量加獎賞如乖其舉或涉徇私所奏之官亦請量加殿罰所貴官由德序位以才升三人同行尚聞擇善十目所視必不濫知臣職在論思位參近侍每謝匪躬之節嘗慙濡翼之譏將曠貪叨敢陳狂狷

請國忌宰臣立班奏

國忌日宰臣跪爐焚香僧人表讚孝思述祖先違世之事而文武百辟儼然列坐竊惟禮非天降酌在人情今古通規君親至敬對佛像行香之日實帝王不樂之辰豈有聽烈祖之舊勳悉安所坐聞明君之至德曾不暫興考經雖謂其相承度禮深疑其有失欲請跪爐仍舊餘依常位立班

請貢舉復限三條燭奏

進士考試雜文及與諸科舉人入策歷代已來皆以三條

竭盡爲限長興二年敕令盡試伏以懸科取士有國常規沿革之道雖殊公共之情難失若使就試兩廊之下揮毫短景之中視晷刻而惟畏稽遲演詞藻而難求妍麗未見觀光之美但同款答之由既非師古之規恐失取人之道今於考試之時准舊例以三條燭爲限其進士并諸色舉貢人等有懷藏書策入院者舊例扶出不令就試近年以來雖見懷藏多是容縱今欲振舉弛紊明辨臧否冀在必行庶爲定式

請纂集晉朝實錄疏　竇貞固

臣伏覩上自軒昊下及隋唐歷代帝王享國年月莫不裁成信史載在明文或編修祇自於本朝或追補亦從於來者曾無漏畧咸有排聯蹤迹相尋源流可別五運生成之道於是乎彰明一時褒貶之書因茲而昭著古既若此今乃宜然輒敢上言庶裨有作伏以晉高祖洎少帝兩朝臨御一紀光陰雖金德告衰蓋歸歷數而炎靈復盛固有階緣先皇昔在初潛曾經所事舜有歷試之迹禹陳俾乂之功載尋發漸之由實謂開基之本近見史臣修高祖實錄神功聖德靡不詳明述漢之興由晉而起安可遺落朝代廢缺編修更若日月滋深耳目不接恐成湮沒莫究端由伏惟皇帝陛下德洽守文功宣下武化家爲國備觀王業之源續聖繼明益表帝圖之美舊章畢舉墜典聿修伏乞睿慈勅史官纂集晉朝實錄

進晉朝實錄疏

臣監修國史時奉詔修晉朝實錄伏以皇帝陛下武功定業文德化民河圖雒書將薦聖明之瑞商俗夏諺無輕典誥之資厚言貽誡以宏心彰往考來而在念臣等任叨南董才愧班荀屬辭虧朗暢之功總論寡精微之識秩無文於昭代浪塞闕如收遺韻於傳聞冀開來者奉茲鉛槧賞

以油緗同傾獻狀之心上副成書之命所撰晉高祖實錄三十卷少帝實錄二十卷謹詣東山閤門呈進

郊廟議

按王制天子七廟諸侯五大夫三士一正義曰周之制七廟者太祖及文王武王之祧與親廟四也又曰七廟者據周也有其人則七無其人則五至光武中興及魏晉宋齊隋唐或立六廟或立四廟蓋建國之始未盈其數也禮曰德厚者流光此天子可以事六世之義也今陛下大定寰

區重輿漢祚旁求典禮用正宗祧伏請立高曾祖禰四親廟又自古聖王祖有功宗有德更立始祖在四廟之外不拘定數所以或五廟或七廟今請尊高皇帝光武皇帝爲始祖法文王武王不遷之制用歷代六廟之規庶合典禮

奉迎太廟神主請車駕出城議

陛下方祇見於祖宗展孝思於迎奉酌人情而制禮迎廟主以爲宜臣等未見舊章止依情理以車駕出城爲是其迎奉之儀請下禮儀使酌量草定

尹拙

拙潁州汝陰人梁貞明五年舉三史攝本鎮館驛巡官仕後唐累遷御史大夫檢校虞部郎中晉天福四年入爲右補闕八年遷左司員外郎漢初召爲司馬郎中宏文館直學士周顯德初拜檢校右散騎常侍國子祭酒入宋終祕書監

請令張昭田敏等校勘經典釋文狀

准勅較勘經典釋文三十卷雕造印板伏以陸氏釋文唐初撰集綿歷歲月傳寫失眞非多聞博識之人通幽洞微之士重其商確必致乖訛況今朝廷富有鴻碩如兵部尚書張昭太常卿田敏皆文儒之領袖也或家藏萬卷或手較六經實後學之宗師爲當今之雄尚伏乞察以事繼垂教情非屬私時賜敷敭俾同讎校

聶崇義

崇義河南洛陽人少舉三禮漢乾祐中累官至國子禮記博士周顯德中累遷國子司業太常博士入宋終學官

論禘祫疏

魏明帝以景初三年正月上僊至五年二月祫祭明年又禘自茲後以五年爲禘且魏以武帝爲太祖至明帝始三

帝而已未有毀主而行禘祫其證一也宋文帝元嘉六年祠部定十月三日大祠其太學博士議云按禘祫之禮三年一五年再宋自高祖至文帝裁亦三帝未有毀主而行禘祫其證二也梁武帝用謝廣議三年一禘五年一祫謂之大祭禘祭於夏祫祭於冬且梁武乃受命之君僅追尊四朝而行禘祫則知祭者是追養之道以時移節變孝子感而思親故薦以首時祭以仲月間以禘祫序以昭穆乃禮之經也非關宗廟備與未備其證三也

祔主修廟議

奉勅爲大行皇帝山陵有期。神主祔廟。恐殿室間數少合重添修。今諸廟中相度。若是添修廟殿一間至兩間。並須移動諸神門及角樓宮牆仗舍及堂殿正面檐栿階道。亦須東省牲立班位直至齋宮。漸近迫窄。今重拆廟殿。續更添修。不唯重勞。兼恐未便。竊見廟殿見虛東西二夾室。況未有祧遷之主。欲請不拆廟殿更添間數。即便將夾室重安排六室位次。所有動移神主。若準舊禮。於殿庭權設行廟幕殿。即恐雨水猶多。難於陳設。伏請權於太廟齋宮內奉安神主。至修奉畢日。庶爲宜稱。又按禮記云。廟成則於

中屋刲羊以釁之。夾室則用雞。又大戴禮及通典亦有夾室祭文觀義。乃是備廟之制。況新主祔廟。諸經有遷易之文。攷古沿今。庶合通理。伏請遞遷諸室。奉安大行皇帝神主。以符禮意。

邊玕

玕。華州鄭人。邊蔚子。晉開運二年官祕書省著作郎。入宋終金部郎中。

請五日一錄囚封事

臣聞從諫如流。人君之令範。極言無隱。臣子之常規。蓋欲表大國之任人。致萬邦之無事。前文備載。可舉而行。伏以皇帝陛下德合上元。運膺下武。旰食宵衣而軫念。好生惡殺以推仁。幾措典刑。固無冤枉。然以照臨之內。州郡尤多。若不再具舉明。伏恐漸成奸弊。臣竊見諸道刑獄。前朝曾降勅文。凡是禁繫罪人。五日一度錄問。但以年月稍遠。漸致因循。或長吏事煩。不躬親點檢。或胥徒啟倖。妄要追領。諳明慮有涉於淫刑。即恐傷於和氣。伏乞特降詔勅。自今後諸道并委長吏五日一度。當面同共錄問。所冀處法者無恨。銜冤者獲伸。俾令四海九州。咸歌聖德。五風十雨。永

致昌期。

王贊

贊。澶州觀城人。少爲小吏。累遷本州馬步軍都虞候。周世宗即位。補東頭供奉官。累遷右驍衛將軍三司副使及征關南。以爲客省使。領河北諸州計度使。還復爲三司副使。入宋知揚州溺死。

元英先生詩集序

風雅不主於今之詩。而其流涉賦。今之詩蓋起於漢魏。南齊五代文愈深。詩愈麗。陳隋之際。其君自好之。而浮靡沿

灃流於淫樂故曰音能亡國信哉唐興其音復振陳子昂始以骨氣爲主而寖拘四聲五七字律建中之後其詩彌善錢起爲最杜甫雄鳴於至德大歷閒而詩人或不尚之嗚呼子美之詩可謂無聲無臭者矣吳越故多詩人未有新定方干擅名於杭越流聲於京洛夫干之爲詩鋟肌滌骨冰瑩霞絢嘉肴自將不吮餘雋麗不葩紛苦不棘癯當其得志倏與神會詞若未至意已獨往予爲兒時得生詩數十篇心獨好之生時尚存地遠莫克相見其後生名愈藉爲詩者多能諷之而生歿矣今年遇樂安孫郃於荆早

與生善出示所作元英先生傳且曰與其甥楊弇洎門僧居遠收掇其遺詩得三百七十餘篇析爲十卷欲予爲之序冀偕之不朽先是丹陽有南陽張祐差前於生其詩發言横肆皆吳越之遺逸予嘗較之張祐升杜甫之堂方干入錢起之室矣干之出處行事郃傳實備之不復互出直嘉郃能懷人之遇成人之不泯而又愛我之厚故集詩之之廢興題於干集之首

李超

超長興時人官著作郎

請修祕書監奏

祕書監空有省名而無廨署藏書之府無屋一閒無書一卷非人文化成之道請依六典創修之

欽定全唐文卷八百六十六

楊夔

夔有儁才。爲宣州田頵上客。知頵不足抗吳。著溺賦以戒之。頵不用。竟至於敗。

溺賦

元徵先生。澹慮澄情。樓倚岳陽湖觀洞庭。渺漫兮若與乎天平。遠指君山。一螺黛清。遥覘湘浦。一片雲明。輕楫巨舸。載縱載橫。或楚歌以應櫂。或漁唱以齊征。雖云吳楚之濶。於焉瞬息之程。俄而濃雲輿猛吹作。訇訇兮雷霆。零零兮

雨雹。波勢兮奔騰。波聲兮洴㴔。或若積雪。或若裂壑。樓岌嶪兮地如落。欹檣側帆。倏出歘入。烟馳霧驟。神號鬼泣。忽翼舉。忽蟲蟄。波而解。浪而傾者。亦一瞬而俱及。雨既霽。風亦止。呀呷餘波。振蕩未已。俄有呈其板而流者。碎其篷而飄者。彼緘縢之篋。扃鐍之櫃。委翳波間。罔知所秘。或一竹以脫命。或舉族而咸墜。沿汀遶濱。零落在地。元徵子指而泣曰。其嗜利則孟子所以惡交爭也。其欲遠則仲尼所以悲不達也。孰有輕命若糞。重賄如山。用一縷無繼之力。涉萬仞不測之川。踐險冒危。既蔑履冰之誡。殞身覆族。空銜

沒齒之寃。宏農子聞其言。同其歎。此則以江以湖。沒不可援。今復有非波非濤。溺不可算。窺之則茫然無岸。由古及今。陷者如貫。元徵子矍然。其詞泫然。其悲何陸之爲溺。而不維不持。紛吾緒而亂。余曲爾其辨而析之。乃曰。麴蘖是惑。沉湎無時。混淆先後。顛倒矩規。惟誕是習。莫禮是持。散髮裸體。以遨以嬉。汨親疏兀尊卑。情所至則至。意所爲則爲。可慶者忽其慶。可悲者忘其悲。龍章莫保。鳳德何衰。光逸則獨竇求入。伯有則壑谷忘歸。子反不謀於軍前。敗非天作。正平不拘於席上。禍乃自貽。但驕其氣。益亂其機。隋

兵濟江。玉樹方舞。越人入戶。金罍猶飛。所以爲酒之溺也。至若貝舍其齒。雲聳其鬟。苞藏其戾。矜持其妍。斥巧若拙。移曲成端。爲媚斯極。苟寵益堅。陳靈以衵服戲朝。俾君臣受禍。驪姬以歸胙獻毒。使父子成寃。齊莊以盜室取斃。郤犨以奪儷不全。此所以爲色之溺也。至若伊義莫顧。惟賄是務。以譎以回。不軌不度。溝壑難滿。錐刀必聚。莫興知足之歎。蔑有惡盈之懼。其帑溢。其帛蠹。其貫朽。其粟腐。營營尚恐其力窮。汲汲不思其日暮。復有白版爲侯。黃金作輔。南宮變屠賈之行。西園成闤闠之路。求金求劍。曾無就木

之心。鬻爵鬻官。但欲齊天之富。壬夫死而方覺。雍子戮而未悟。此所以爲貪之溺也。至若專國之柄。操天之軸。任其性情。隨其嗜慾。其喜也沉者浮。其怒也贏者縮。易否爲臧。化直爲曲。雖山重而可迴。雖海深而可覆。其門若市。其帑如谷。背者斥。向者錄。言張其機。笑孕其毒。譽之則銖而爲鈞。訾之則歌而爲哭。屏內外之氣。側天下之目。稽其莽卓。考其產祿。謂兵鈐之在己。將神器之有屬。國璽行竊。弄之手。宮闈開盜。視之目。自謂其投蓋之力可圖。殊不知燎原之火難撲。既衆叛而親離。竟噬臍而醬腹。此所以爲權之

溺也。是四者。匪橫其流。匪駕其舟。有溺者。孰究其由。其毒也必漬於骨髓。其痛也亦甚於戈矛。雖扛鼎之力。觸山之酋。亦不能抒之以出。而況於纖離之儔哉。元微子乃曰。始吾觀涉水而溺。則恍然而內惕。今復聞不波而沉。則瞿然如大敵。且酒不可甘。甘之則沉。吾命酒曰甘波。色不可愛。愛之則溺。吾命色曰愛河。衣所以被體。食所以充腸。苟朝牖而不匱。寒暑而有裝。豈假積粟於廪。儲貨於囊。且藥所以攻百疾。百疾蠲而藥不止者。鮮不及其殃。吾命財曰藥江。士患不達之名。不立之身。苟達苟立。在守其真。何必競升沉之路。爭輕重之鈞。狼子野心。暱之害人。吾命權曰狼津。噫。生於世不溺於四水者。吾謂夫顏閔之倫。

刑議

議曰。刑可以立乎。堯舜不能去。不亦深乎。曰。貳於法而行之。苟違之者。是不由砥終而姦之。則孰若嚴刑而使知畏。姑以一宇言之。立其牆垣。崇其閈閎。猶有穴而入者。而況於不設乎。漢輕其法。穽民於禍矣。之而不是乎。更（疑）嗚呼。致金於路。坐拾者以盜否。

焚舟議

秦伯伐晉。兩用孟明。皆敗績。用之不怠。復伐於晉。晉人不出。遂封殽尸。霸者以武爲功乎。昔楚子敗晉。（闕二字）京觀以昭武功。楚子不從。曰。所以稱武者。以有七德也。我無一焉。其可稱哉。今稽秦師。忽蹇叔之忠諫。納杞子之狂謀。勞師欲以襲國。殽及彭衙之敗。隻輪不返。渡河焚舟。示其致死。晉不與敵。遂霸西戎。亦未爲勝也。況兩敗一勝。與敵乃亡尺全寸。焉足爲功哉。夫餓虎餒狼。一意於吞噬乎。吾見晉之懸門不發者。君子多矣。

復宮闕後上執政書

子雲有言曰琴瑟鄭衛調俾夔因之亦不可以致簫韶故董仲舒云琴瑟不調甚者必改而更張也舜承堯禪當太平至理之後猶且放四凶舉八元八愷而後百揆四門方克調序當今承百王衰弊之末繼萬法隳散之餘皇綱不序事無舊貫閣下掌國之鈞提人之柄將循其舊而就爲治乎將擇其善而漸以化乎將新其轍而革其弊乎某誠不敏竊達利病之源常欲得布露蘊蓄於執政以助敎化則與躅人之喜慍隨聲而是非者固不同其軌矣夫廣引古事以贖左右葢類庸醫不審疾病掊聚衆藥合爲一法

希有或中耳況今下筆者言登庸之善則皋夔蕭曹語字牧之能則龔黃卓魯此亦閣下飫於聽視矣今不敢遠爲徵譬請質而言之閣下將循其舊而就爲治耶且四海生靈火陷窞網舉手搖足如在桎梏其懷革弊剗訛之政如旱苗之待甘雨若循其舊不爲之制信其治不爲之憂蠹不剔則壞及根本毒不抉則疽及骨肉矣以此知循舊之難也閣下將擇其善而化以漸耶且知人之道聖哲猶難故仲尼有以貌以言之失則閣下所爲善者其欲詢於人乎其欲取於言乎取於言言未必信詢於人人未必誠蓋澆競日久偏爲朋黨內則巧詐萬變外則絜矩自任同於已者互推互挽出於已者擠辱如仇訪於人有是有非聽於人有端有曲雖秦鑑之明堯羊之觸未免其撓且惑此以見擇善之難也閣下將欲新其轍而革其弊耶在今日時之訛俗之壞況大兵久役之後救其衰殘未有首於此也前車已覆後車豈可躡而行之固當改轍易塗以取其不傾不壓道路之人亦知此爲至計況廊廟帷幄之畫豈不以是爲急哉然民困已久如涸澤窮鱗噞喁餘喘更沃之沛澤則有蘇活之望若顧而哀之曰吾未能卒致其澤

命貫而挈之俟有水之地則捨而放諸則是魚之反不如噞喁於涸澤矣此以見新轍之難也然則爲政之道固在乎人其人存則其政舉其人亡則其政息今大兵之後生民陷於塗穽九州四海固仰首於吾君吾相以待其脫塗出穽也使吾君爲堯爲舜固在吾相之左扶右翼齊桓公任管仲九合諸侯一匡天下任豎刁易牙則國亂而無主身歿而不殯如此則匡持裨贊繫於臣不繫於君也今閣下莅事以來以爲天下安乎危乎賈誼居漢文升平之代猶言今所安者抱火而厝於積薪之下而寢其上矧今日

生民首未去其壓足未釋其縛乃欲循常之轍以安輯還定猶爲饑仆者譚翊日之膳將何所濟哉夫欲安其民則莫若擇守宰夫欲固其本則莫若去奢侈夫欲官之治則莫若爲官而擇人夫欲弊之革則莫若限田而定賦夫朝廷之立在固本根本根固則兆庶安兆庶安則盜賊息盜賊息則基於太平矣欲安其兆庶莫若擇守宰守宰良則人民安人民安則無逋逸如抱沉痼者偶所親之衞養焉肯捨其親而從疎乎苟不精擇其守愼選其宰信虛聲徇請謁是致禍於民而思其安如挾彈以驅林惡禽之驚也

決防以涸泉怪魚之逝也故漢宣帝詔曰與我共治天下其惟良二千石乎故承平之代號爲得人內外肅穆時風一變如是則守宰之任其可容易乎其可輕受乎今達方郡邑民抱愁痛嗷嗷然如嬰兒之望父母也朝廷命牧守選邑宰以何道而取耶其有忘慈惠之心蘊聚歛之志不思疾痛但恣刻剝役庭寮以從欲飾廚傳以邀名天路高邈叫訴無所居者以遠而吞氣行者以賂而設譽縱使貪過桀跖亦可高枕夷柳如此則流毒於下豈有既乎故曰欲安其民莫若擇守宰也夫世態驕奢競相扇習生民益痛時風益訛昔有諫舜用漆者以其漆不已至於象象不已至於珠玉夫塞其源絕其流猶有浸漬潰防之穴而況決其源疏其流其可罪諸洋溢乎且古者車服僕隸悉繫於位上不得踰制下不得僭上故貞觀開元之初位至丞相其導從不過十數人而已迨林甫秉政內挾邪以固寵外託勢以立威勝已者巧法以誅之異已者倚公以斥之內外畏惡林甫亦自審其曲由是出入嚴其兵衞如見大敵自後執政者嗣其餘風至今不衰下至散班冗職但力可致者前有騶後有殿固莫問於品秩矣至於崇德雅

望亦不能復其本縱心有所惡皆有類聚者贅惑不得固其節矣且月俸既有限餘給既無數以有限之入供無度之費俾其分一職當一位不掊不歛者亦鮮矣車服僕隸之爲費尚且如此矧復後庭曳綺羅飾粉黛者其費如何哉故因賂而仕由賄而達牛驥阜隸汨爲一流居外者恃內之權恣其刻削居內者恃外之遺益其侈靡耗民之生如城之狐蠹民之力如社之鼠枯骸朽皮盡取後已闕下其不痛心乎其不抆泣乎夫四方程式自輦轂出儻闕下剋已以行俾四海知所法則其爲革弊刻訛不啻沃湯於

砌雪也故曰欲固其本莫若去奢侈也自大駕南巡官失其守冀販繒織畚之伍有安劉滅項之才於是爛羊續貂首尾顛倒苟無董正是紊國經元宗平內難有功者多橫行自負姚梁公當國引光武故事請不任功臣以政優其祿秩寘於散地使不干禁忌無韓彭葅醢之戮保子孫爵祿之慶閣下不以是爲慮乎書曰官不必備惟其人國家設庠序之官蓋說禮敦詩之本也苟非其人焉可妄授今貴遊豪冑恥言國庠凡受其官意若獲譴故朝廷職事亦以爲尋常莫知大學爲國之本本顛則枝葉從之矣焉有

文明之代輕易儒學齒其位者曾不知書之顛倒而欲以此發明大義闡揚大道是猶責瞽者以元黃語聾者以律呂舉是一隅則百辟其選豈可不摭其名責其實也故曰欲官之治莫若爲官擇人也今天下黔首不憚征賦而憚力役明勅屢降非不丁寧州縣奉私曾不遵稟既因循未用亦有所未盡焉蓋僑寓州縣者或稱前賢或稱衣冠既是寄住例無徭役且勅有進士及第許免一門差徭其餘雜科止於免一身而已今有僥倖單偶忝微官便住故地既云前曾守官州縣須存事體無厭輩不惟自置莊田抑亦廣占物產百姓懼其徭役悉願與人不計貨物只希影覆富者稱物產典貼永絕差科貧者以富籍擠排助須從役利入私室害及疲民無利潤者轉見沉淪有膏腴者坐取安逸衣冠戶以餘慶所及合守清廉既恃其不差不科便恣其無畏無忌且古畫地之數限人名田一則量其貧富一則均其肥瘠今凡稱衣冠罔計頃畝是奸豪之輩輻輳其門但許借名便曰納貨既託其權勢遂恣其苞囊州縣熟知莫能糾摘且州縣所切莫先科差富貴者既黨護有人貧困者即竄匿無路上逼公使下窘衣資怨嗟之聲

因傷和氣苟權利之路絕請託之幸除即民必泰俗必阜矣何以塞其門杜其隧在定其稅額而已自一品至九品各限其田田有恒即賦有限無路廣占矣既絕其廣占即富者無苟免之徭貧者無非次之役則凋瘵何有夫不蘇時俗何有夫不安故曰欲弊之革莫若隨田而定賦也是四者固爲政之綱也將欲安其人豐其俗實未有先於此道也復有急於是者蓋朝廷之法也夫法者士庶之所以共固不以士則廢庶則用所以一而行之者欲人之鮮過也苟輕者以賂而重曲者以勢而直縱朝廷示於人雖一

子不爲信。而況有勢有賂者。焉肯凜畏哉。今朝廷之法。不及州縣之條。州縣之條。違者必有刑。所以人知懼。朝廷之法。犯者未必罪。所以人莫畏。是以冠屨雜處。首尾倒置。國君之威。不行於世。牧伯之令。反信於時。如此則風俗日巳瀉。國柄日巳陵。不其痛歟。不其惜歟。今爲政者未嘗以此爲痛。蓋各思於私。不計於法。設有其行典者。悉貧而寡援。俾其受罰而興怨。蓄憤而不能訴。鬼神有知。固納其訴。則伏陰愆陽。繁霜苦雨。豈不職於此哉。且石碏殺其子。君子以爲義。叔向戮其弟。仲尼以爲直。今閣下當此大柄。豈有

捨其義與直。而混其名與齷齪者爲偶哉。今法不患不制。而患不行。事不患不立。而患不公。苟以用法必公。不以豪強而曲直。則不出戶可以見四方之承稟。不下席可以知兆庶之休戚矣。代宗朝用楊綰爲相。綰性清儉。時論推之。及爲相。郭汾陽爲河中節度使。憚之。妓樂減半。驗於此。即四方凜畏。當國者操守耳。陳平對漢文云。宰相者上佐天子燮理陰陽。內親附百姓。外鎮撫四夷。使御史大夫各得其職。今陰陽調乎。百姓親乎。四夷柔乎。內外之職各得其任乎。欲陰陽之調也。獄無滯訟。官無濫政。農桑無失時。公府無加賦。則里有歌。巷有頌。和聲達於上。休氣屬於下。陰陽何有於不調哉。欲百姓之親也。不奪其力以營臺榭。不剗其才以具土木。不掠其糧以給犬馬。不賦其財以資交結。聞民之病。如子之病。聞民之餒。如巳之餒。百姓何有於不親哉。欲四夷之柔也。省刑罰。薄賦斂。謹庠序之教。申孝悌之義。鄉里識尚齒之敬。道路知事長之禮。然後固其關防。禁其侵掠。櫜其戈革。示以恩信。四夷何有於不柔哉。欲內外之職得其任也。命各舉所知。隨材引用。不以位微而不錄其言。不以地寒而不取其行。稱文者授以文學之任。

然後考其文之臧否。稱武者授以兵衞之任。然後驗其武之勇怯。稱理者授以親人之任。然後責其理之優劣。稱錢穀者授以度支管榷之任。然後課其錢之盈虛。實者升之。不副者黜之。其升黜皆及其所舉。故人不以黨而進。亦不以獨而退。則內外之職。何有不得其任乎。自元和以降。宰相閉關。不接士夫。遊其門升其室者。非有世故。非有媒薦。固不可偶頃刻之語。周公一沐三握髮。公孫宏開東閤。邴吉不以吐車茵爲過。而乃致理平。故太平之基。非一士之功也。借如大廈崇崇。誠柱石棟梁之力。然捨其欒櫨榱桷。

此爲何室哉今天下有倒懸之急實閣下夜以繼日籌其事坐以待旦思其用忘寢食以待往來捐金帛以給貧困之秋也某家且貧讀書著文之餘以漁獵奉甘滑今閣下居審勿畝沃之地輒以漁獵爲諭焉夫漁於澤徧水而布罟獵於林被野而設罝不徧不被是闕其具也及其獲魚得兔非一日之力今内外百執事亦罝罟之衆目焉焉可一一責其獲又焉得以不獲而不設也然能不縱其躍不漏其走亦足助爲漁獵矣苟或不掩其走不蔽其躍卽捕之無虧其綱紀則後日之漁獵不患於遺矣惟不以詞之

繁試一二垂省幸甚幸甚

題望春亭詩序

夫樓閣亭榭之建其名既殊其制亦異至於瞰江流跨嶺脊延親賓合歌樂晴朝月夕肆坐放懷蓋其致一也然則有以位名之者以氏名之者以景名之者以意名之者取近而言以位名之於洪州滕王閣是也以氏名之於江州庾樓是也以景名之者於鄂州黃鶴樓是也以意名之今見望春亭焉望之名愚知之矣或曰誌其始建之時也其未然乎四時相序春實稱首春德發生德合仁也愛民之務莫先於仁仁以合天天以合仁治道盡矣意望者其在茲乎於是賦五言詩一章八句

湖州錄事參軍新廳記

度材者定曲直於繩較物者決輕重於衡蓋繩無欺衡無私故人所取鏡也今使五邑之吏枉正無所逃千里之情毫釐無所差束其内外必蹈乎規矩戢諸桀黠知攝於刑憲斯郡主簿有繩衡之無私爲得其任矣高陽許鐇以前秋曹椽端於讞獄詔寵之遷陟斯任自兵興十五載事褒宿貢守國之法制稟朝之政令者由闕而東郡亦無幾惟

吳興遵國經體舊章上下謙敬確然不渝然此數萬衆兵之所給固繫於土賦俾其役不重斂不煩吏不苛民不疲萬目自正者全在提其綱乎君制事以義制心以禮節不爲勢易志不爲强奪靜以督其下故其下肅恪以莅其事故其事簡由是衆吏畏而庶務集僅致於訟息而刑置矣廣明中妖巢揭竿以犯帝闕遂俾翠華有西南之狩梁鄭周秦之甲皆闔手無所敵凡五改火鑾駕外駐甲辰年今太守以彭門之師擒巢於萊蕪提其顱薦於成都明年春玉輦還闕遂以功牧於吳興帝念殊庸位不配德詔加防

禦以高其位始開幕延賓增吏拓制度是取督郵之舊署爲防禦使院然後合功廩户三掾之廳移居視印綬墮於此夫簷楹迫則耳目泥居處蕪則思慮昏今茲視於前則淺而露覘於後則湫而陋得無泥與昏乎而又蒙葆雜卉蔭翳堦序列衙者亂其次授事者喪其局交肩駢足褻禮虧敬君乃命梓人擇瓌材敞前楹豁南榮砥中唐嚴層扃設外屏以肅其入也構環廊以莊其位也撤舊增新擁隘咸革列目之物罔不完美覩其顯敞則夏奪其暑居其奧密則冬却其寒地斯清境斯勝足以豁聽視爽精神導中

和之性增沖澹之趣矣君子是以知蘊智者於事敏負才者應用周如水於器方員無所滯如絲於色元黃無不入如是則化圮爲完易卑爲高蓋出於餘力乎況君行已之道及物之利其察也鑑焉臧否無匿其信也潮焉朝夕不忒俗茹其正吏飫其直叔向所謂明察之官忠信之長者於此而見矣斤塗畢役君以夔業於文且謂紀年表事春秋之纂志也茲廳之立既始於我而載祀莫紀無乃取譏於將來乎其爲我書之無虛美無加飾惟實是編足以貽後遂謹而日之請題於東墉以記廳之始

欽定全唐文卷八百六十七

楊夔二

烏程縣修東亭記

故相國趙郡李公諱紳寶歷中廉問會稽日以吳興僧大光有神異之迹爲碑文托郡守敬公建立於卞山法華寺會昌中詔毁佛寺此寺隨廢時縣令李式其碑述相國先人曾宰烏程遂移立於縣之東亭迨今五十載其碑毁折汝南周生以明經賜命重宰烏程覩其廢逸遂求於故老獲舊文比類於折碑所失者數字因重刊於石所闕文字

不敢臆續蓋所以避不敏遵宣聖不知而作之誡也兼其舊傳云東亭之池始相國誕於縣署學弄之歲乳母惰於保持俾相國墜於池人莫之覺食頃如有物翼出於池面家人方得以拯焉衆方懾駭而相國笑語無替於平日人咸異焉初有石數尺勒其事歲月綿遠石失其處故汝南生廣其亭濬其池再刻其碑重敘厥由蓋欲存縣之故事也生中和初宰此邑及朞而代居閒閉關淡薄自得郡帥隴西公潛使人伺其所爲知其安於貧樂於道閱百代而自娱未嘗以關物爲撓由是官有乏必俾承乏而生所至

以靜理聞癸丑夏復詔生宰烏程民吏欣欣再遇寬政閑暇聽訟事簡庭閑君子哉汝南學古入仕有其經矣生家於陽羨數世以經明獲祿後輩從昆弟並一舉而捷凡浙右之士因以觱風國庠聞其名咸亦推先焉夫善爲政者雖欲人安而俗阜必當於事有立於意不忘以羽翼厥道也今儲賦既調風俗既安遁逸有歸俾子有依然後搜遺文刊墜碑此所以見興廢之心也建新亭疏洿池此所以見繼絕之志也於戲當大兵之後民困於繁役克俾其民康其務均俗固毋視於尹長矣今施政之暇人有餘力然

後興起廢墜彰明故事非圖遠經久者孰能爲此哉生既重立大光上人之碑遂命某紀其年月別立於石且以旌新亭之興替有自也

小池記

宏農子始卜居於前溪得地數畝構草堂竹齋植脩篁竹齋之前有地周三十步因命僮執鍤穴爲池焉逗前溪餘派以漲之流或時涸則汲井以滿環池樹菊及諸菓果可以左右俎机者暇則散襟曳筇脩吟自怡或從風徵瀾或因雨暗溢則江湖之思滿目矣宏農子性潔不喜淆雜故一卉一木爽靜在眼前池之上未嘗許片葉寸梗頃刻浮泛以是耕僮頗厭其役客有知者誚其勤懇跬步之地何所裨哉廣不袤丈深不逾雉竭其水不足以澤生物窮其深不足以安龜鼈無蒲藻以滑其魚無波瀾以方其舟孜孜矻矻虛耗僮力言未訖宏農子舉頭而答曰爾以此小而無用乎以其潔而魚鼈不宅乎以其狹而舟檝非便乎吾豈不欲深及於淵以滋波畦圃耶豈不欲周植其蒲以繁育魚蝦耶豈不欲廣導其流以乘風沿泝耶吾恐利於生植其見乎疏決無窮矣聚夫鱗甲則動夫竭澤之魚矣

湊其舟檝則起夫濟涉之爭矣矧夫植其物則有贊莠以盜其澤者叢其藻則有虺蜮以附其伏者利其濟則有重載以掇其溺者嗜水之利也衆矣其害也亦深矣故吾所以獨潔此沼亦以鏡其心也將欲撓之而愈明揚之而不波決之而不流俾吾性終始對此而不渝豈效夫豬其水以豢鱗蓄介爲饞嚵（一作儳）之備亦曰池而已矣

烏程縣修建廨宇記

叔孫昭子聘於晉晉受郕人之愬執昭子寘於箕使吏藩之昭子不以拘爲意止之舍有壞必葺去之如始至故春

秋賢之令有受九重之命毋百里之民凋瘵者繫之以綏訛弊者藉之以移既休於公館覩其隳摧圮漏忍而不治者無乃取譏於君子乎丹陽余公以再命尹於烏程降車之期月察訟決獄之暇周視縣署其門傾其廳欹其牆圮其廡偃頹簷側楹倒移相倚風雨罔庇寒暑是窘公歎曰建之者何人壞之者何心既叨守邑其敢不力自懋以圖嗣修乎然屬天末悔亂兵火猶熾專城而居者其可無備乎故我郡儲甲數萬以戒不虞而軍須軍餼僉賦於縣務繁力匱久莫克舉公乃宵分而寐五鼓而興行忖坐惟不

遑所安近越於時方克僝功於是節冗費之用鳩曠辟之金儆力於農休徵功以厚賞聽斷之餘策杖以巡慰其勞者勗其惰者設茗及飧日自省視由是工操其斧如蟻集羶傭運其材如水赴泒財以儉而蘊故其用給人以悅而使故其功倍不期年而衆宇鼎新矣有若換大門中門修大廳小廳東閣西閣新押司錄事院建人吏祗候房砌縣之外城凡百餘雉瓶宅之周垣近一百堵修衆寮之宅五造廳庫之橋六疏西亭之汙池制公廨之什物有遺罔不增構其尤赫赫者如每歲徵賦主胥類於廳之西廡以其輸賦駢湊逋逸是虞乃編筠接軒權間隔之訖賦則毀去厥費頗夥公乃增廡之一楹構木為欄以限其內外俾永絕妄耗此以見公謀之經久也縣之西北隅舊有帳院蓋鄉吏團集里書之所歲月綿遠崩陊無幾每遇霖潦則束席就燥以避其霑濕亦有時矣加以往來者御奔走泥淖之患舉邑是病無戶而革公於是歷揆其損以籌完葺正傾支摧增新易壞類夫重構復建修廊以達於都門雨有依暑有庇從役者不知其勞矣此以見公情之恤下也公帑摧敗下冗下濕周垣雖設腐不為固易所以剌慢蓄而

誘盜也公乃擇堅以革枯選宏而化陋厚厥墉嚴厥闕此以見公志之防閑也縣之圜扉頹垝莫治彼犯大辟得繫者豺狠野心脫走是勝苟閑闔不謹牆垣不慎是遺肉於虎吻也或有縶墜事由微眚蓋俾其懷過而省非也豈使敵於見善毒於疵枕哉而糞壤狼籍穢不可邇彼罪無輕重俱執於此不其酷歟公乃剗積弊滌宿汙明壞牖圩毀墉席以潔其榻食以茹其餒苟獲戾而入如宴於此以見公之處心愛物也先是縣之秋曹尉蘇許公頲釋褐之官也公始至兼戎曹務遇上巳節郡有角觝之戲郡守出觀

則司戎者職其事。因乘小艇往來。以檢馭不整。郡治之南。溪波浩洋。許公馭檝以涉。而舟覆焉。衆皆駭惋。謂不可援。俄聞空中有言曰。無損蘇公。忽有幹流以出其舟。而許公存焉。彼同溺者。俱不爲水困。俗旌其地爲蘇公潭。大歷中。縣令李晤。則故相國紳之先也。相國誕於縣署。幼弄之歲。墜於縣之東池。逾數刻。忽若有物翼出於池面。相國畧不爲苦。二者皆縣之故事。而圖經不載。公乃檄請於邑人太學博士邱光庭。編緝遺墜。其或善未書能未紀者。罔不畢錄。此以見公興廢而繼絕也。凡此數事。豈前政之未知乎。

抑知而不爲乎。非公勤於理。敏於用。視公猶私。曉夕匪懈。何以及此哉。始公之臨承授政之後。人稔於易。衆務煩猥。綱在而目紊。公迺肅之以整。嚴之以恪。過强字弱。優老恤匱。旌別枉直。屏空奸慝。不逾月而法令如一。勸賞分明。清靜簡當。内外祇肅。鞭朴闋於庭。爭訟息於野。宣尼所謂慢則糾之以猛。猛則濟之以寬。猛寬相濟者。余公得之矣。前是公纔再稔而報代。鄉之老。肆之長。咸賴撫導。數百人列狀。牆立於郡庭。以乞留太守隴西公。以代其任者。特勅之命。不可有滯。然私器其能。頗自憾不偶良吏。以共育尫瘠。

公遂退寓於德清屬邑。駕水軒。釀春醪。治蔬圃。修釣艇。以吟醉自逸。明年冬。爲縣者以譴停其任。杖媒依勢求代用者。檄累於几上。隴西公至而弗視。且曰。烏有民病方急。而擯良醫乎。遂飛簡以召公。洎其至。隴西公提印以授曰。子之前治邑。其及物之澤。被於壄野。未得盡子之術。貽吾中悔。今還舊邑。其爲我撫其疲。遏其酋。俾民獲蘇。無替初心。公三讓而后卽縣。張弦易調。新其戶牖。剔蠹抉弊。刮垢磨瑕。不次不序。咸復舊貫。凡利於民。濟於公。事無巨細。必自我始。丙辰春。公將受代。吏民等以爲受其教庇而忘諸載

祀。俾後之人不得詳其儆落。是食其旨。度其處也。於是列其狀。謁言於宏農楊夔。夔學於春秋。固嘗以紀功書績爲勇。公前任日。崇修先聖之祠。爲文讚功。刻石於縣岸。今復紀此宏烈。蓋欲慰縣人久久之虔思也。況公以民吏之勤請。不可拒絕。兼凡所革易朽製。皆力殆心罄而后克濟。且慮夫什器後之人不同乎慎惜也。恐其傾隳。後之人不同乎繕治也。苟沮衆請。何以鏡將來耶。由是採石鐫勒之費。莫不悉自於清俸。盍以見愼而有立也。嗣厥理者。可不懋乎。乾寧丙辰秋七月記。

歙州重築新城記

天祐丁卯歲月直辛亥。有星自積水流入於輿鬼。知天者曰。輿鬼之宿。是爲鶉首。於辰在未之衝。日丑爲星紀。則牛斗之分也。據玆星祥。秦之鄣郡。漢之丹陽。其有水爲沴乎。厥應當在戊辰之丁巳。明年夏四月辛丑。宣歙睦兩周一甲子。平地水丈餘。四日而後止。新安郡之新城。繼爲暴水所汨。雉堞咸圮。郡帥太尉潯陽公周視其壞。色沮神戚。將捐去而莫修。則功存之可祕也。將徵役以完舊。則民勤之可憚也。迨於兩月。不遑發命。又念强敵未殄。方礪鏃伺間。

豈可惜費重力。慢蓄輕守。以速寇心乎。秋八月。乃頒役於五邑。先降簡於邑令。且誡其程功。無使隱民厄於豪族。擅諸利。俾率怨於下以盃上者。匪德也。邑令承命。躬自閱籍。功之延促。事之繁簡。由寠向豐。罔有弗均。於是五邑之民。不再命而麕至於新城之下。凡板幹畚築之用。皆未令而具。初公巡壘觀設。審頤厥由。且歎其雖新水之異。以害玆城。亦始構之疎。以稔其失也。烏有於泛沙流石之上。而能爲永永之基哉。乃命指揮使劉贇徐璋三城使朱瓌及節級等各畫分而督役。遂諭以城之舊址。浮而斯濫。今當發深一仞。抉去砂石。實以精壤。重加鍊築。然後廣其宿基。增諸石版。必使堅永。侔於鐵壁。役或務棘。棘則民瘵。築或務感。感則民疲。弗棘弗感。緊爾曹寬猛之有中也。無以苛忍相矜。無以遄速爲代。諸侯受教。夙夜胥勗。勉於恪勤。以勵厥躬。故執畚者繩繩。操斧者詵詵。輦壤輸財。蟻列子來。笑語忻忻。爭先有期。自旭及晡。役未嘗懈。遠而望之。則疊巘層巒。屹如天設。迫而視之。則崇岡連阜。掟若神化。迴合叢倚。崖東山抱。建邦則險。此焉是覯。自八月庚子興役。暨十月之壬寅而役罷。工者函斧。築者閣鍤。太尉潯陽公建旆

而巡諸。乃曰。城之完。屋之新。實麗實堅。非諸邑之奉公。焉得民不擾而力齊乎。非諸校之盡節。焉得役不煩而功速乎。所以見二三子之忠勤。以佑吾政也。自公之臨是邦也。法明而兵勁。刑審而罰中。故民樂其化。安其土。及徵庸而屬邑之民。父誨其子。兄教其弟。以公之問俗也。未嘗有猾吏之擾。以公之撫封也。未嘗有外寇之虞。以公之治戎也。葵藿之禁。無敢有觸者。以公之獎善也。鱗介之美。無敢有侵者。故十五餘年。綽綽焉如鱗之潛。遇其廣淵。雍雍焉若禽之獲棲。其蒙翳。絕釣網之慮。無畢弋之患。詩所謂愷悌

君子民之父母見於我公矣今水壞城壘重興畚築苟或進退不副公之用是謂奸慈父之命其爲悖戾神豈爾容哉故民不俟令而爭集不勞促而自課非恩信之昭感何以迨乎此哉於戲事有奇績有異不克稱頌以流於裔秉筆者之過也閿鄉楊夔自勝弁力學以暨於髮落齒墮屬茲喪亂汨在民伍獲承公殊衆之遇每歎其有志無時許將其促鱗弱介遊泳於豐沼無以酬奬之意敢撰重築新城記以獻時歲在降婁周正之月十一日記

倒戈論

予讀周書至武王滅紂倒戈歸馬示天下不復用跡其事感焉以武王之聖有望旦之輔滅獨夫紂旌其功於一時可矣且曰終不復用其未然乎夫上古淳結繩知禁中古朴觕衣懷畏末俗巧嚴法不化故淳散而朴朴散而巧巧之變萬詐生焉則內荏外剛之心詎革於干戚之舞乎周之祚七百誠曰永久然以臣臨君以兵向闕者多矣齊桓南伐楚北伐戎晉文取叔帶於溫定襄王於鄭非二國崇示大順尊奬王室則周之社稷存若綴旒自漢而下有國者罔不以兵力秦以黷武而滅梁以無備而亡我太宗究滅亡之源委房杜以政房杜以天下之大不敢決於胸臆於是敢諫則先王魏論兵則讓英衞深謀宏決來代有準泊林甫郎明皇既安之日隨旨順色以稔君惡乃以羯夷勇暴之卒專我兵柄竟使獸心爲國禍本其爲黷亂國常褻慢武義不亦甚乎且蒐苗獮狩所以講武經閱戎事也故曰預備其不虞有備而無患則武之道豈可一日而忘諸嗚呼班子之善斲不能以鉛刀攻其堅造父之善御不能以朽索制其逸則有國者可以棄兵乎

二賢論

子貢以管夷吾之奢晏平仲之儉質於宣尼宣尼以管仲之奢賢大夫也而難爲上晏平仲賢大夫也而難爲下蓋譏其僭上偪下之失或謂無所輕重予敢繼其末以論先後焉夫齊桓承襄公之失政接無知之亂常久亡於外自莒先入有國之後銳心以求其治及叔牙言夷吾之能脫囚服秉國政有鮑叔之助隰朋之佐遂能九合諸侯以成霸業此逢時之大者也若平仲者立於衰替之朝有田國之彊有欒高之侈時非曩時君非賢君當崔杼之弒也能挺然易其盟陳氏之大也能曉然商其短獨立於讒諂之

伍。自全於紛擾之中。人無間言。時莫與偶。若桓公九合諸侯。不以兵車。信夷吾之力也。使晏子居桓公之世。有鮑隰之助。則其尊周室。霸諸侯。功豈減於管氏乎。以其鏤簋而朱紘。孰若豚肩不掩豆。以其三歸而反坫。孰若一狐裘三十年。殄國之破家之亡者。以奢乎。以儉乎。語曰。奢則不遜。儉則固。與其不遜也寧固。然後知聖人輕重之旨斯在。

創守論

貞觀中。文皇帝聽政之暇。問房魏以創業守文之難易。房對以創業。魏對以守文。蓋房以經綸之始。備極勤劬。所以

見創業之難矣。魏以升平之後。率多懈怠。所以見守文之難也。然則創業之初。雄豪未賓。生民嗷嗷。惟德是歸。所以開基之主。皆乘釁而起。覩覆車之轍。焉肯更循其軌哉。當其雲雷未亨。天地猶蒙。龍虎交馳。煙塵晝昏。故得一士則前席以待問。聞一言則傾耳而聳聽。用人若不及。從諫若轉圜。勇於得而悚於失。冒履鋒鏑。涉歷險危。其取也既勞。其得也亦勤。誠爲創業之難也。及乾坤霧霽。山河有主。四海之內。罔不臣妾。言而必從。如影之附。欲而必至。如響之應。愛之可以升九霄。怒之可以擠九泉。順意者駢肩。逆耳者畏忌。好惡之情。不由其臧否。賞罰之道。匪關於功過。下懾以求命。衆怒而莫諫。此所以爲守文之難也。然則自漢而下有天下者。孰不始則孜孜以親萬機。將俟乎治。及時既平。俗既康。以泰自逸。怠於庶務者多矣。其終而不惰者。則幾希矣。且創業之主。既得之後。猶驟夙志以壞大業。而況求既治之後。卽已安之朝。其能納讜言。任正人。屈已以順衆。抑心以從下者。不亦鮮乎。魏文貞公守文之難。豈初心盈中心昃也。總而論之。療饑者易爲食。其創業乎。醫者難爲藥。其守文乎。

文選樓銘

文選樓者。梁昭明太子選文之地。時逾四代。年將五百。清風懿號。藹然不泯。況廣陵乃隋室故郡。遺事斯存。求之於今。陳跡盡滅。斯猶巍巍。久而益新。其不由以學而立道者。道則不朽。以文而經業者。業則不磨乎。宏農子經於是樓。提筆路絕。且慮夫不文不典者肆而處。乃泣以銘云。

峩峩萬宇。匪歌則舞。美哉此樓。獨以文修。自由名貴。不以華致。雖超千古。靡有顛墜。孰堪其登。必精必誠。孰可以居。必賢必明。無聚優以爲娛。無習伎以稱榮。吾恐其素德懷

辱於寘寘。

公獄辨

搢紳先生牧於東郡。繩屬吏有公於獄者。某適次於座。承間諮其所以爲公之道。先生曰。吾每窺辭牒。意其曲直。指而付之。彼能立具牘。無不了吾意。亦可謂盡其公矣。某居席之末。不敢以非是爲決。因退而辯其公。且傳曰。君所謂否。臣獻其可。君所謂可。臣獻其否。是謂彌縫其不至也。及君可亦可。君否亦否。故平仲罪卬據。踵君之意。叔向譏樂王鮒從君者也。所以智詢於愚。以其或有得也。尺先其寸。

或有長也。皆庸其涓滴。將助其廣大也。況末世纖役。內外荏剛。烏有不盡其辭而能必究其情乎。使居上者得其情。屬踵而詰之。可謂合於理。未足言公也。忽居上者異於見。遠於理。亦隨而鞫之。取叶於意。所謂明於不法。烏可爲公哉。且不師古之言。非不可爲也。爲之不能遠。不由禮之事。非不可行也。行之不能久。故君子盡心法古。動必本禮。將遠而不泥。久而不亂也。若乃告諸獄任意以爲明。其屬徇已以爲公。是使懷倖者有窺進之路。挾邪者有自容之門矣。矧藜棘之內。辛苦備至。何須而不克。而況承執政指其所欲哉。嗚呼。欲人之隨意者。吾見亂其曲直矣。樂人之附已者。吾見汩其善惡矣。而猶伐其治。譽其公。無乃瞽者衒別諸五色乎。

原晉亂說

晉室南遷。制度草剏。永嘉之後。嚚風未除。廷臣中猶以謝鯤輕佻。王澄曠誕。競相祖習。以爲高達。卞壼厲色於朝曰。帝祚流移。社稷傾蕩。職玆浮僞。致此顛敗。猶欲崇慕虛誕汙蠹時風。奏請鞫之。以正頹俗。王導庾亮抑之而止。噫。西晉之亂。百代所悲。移都江左。是塞源端本之日也。猶乃翼

虛駕僞。崇扇佻薄。躡諸敗踪。踵其覆轍。以此剏立朝綱。基構王業。何異登膠船而泛巨浸。操朽索以馭奔駟乎。設使從卞壼之奏。黜屏浮僞。登進豪賢。左右大法。維持紀綱。則晉亦未可量也。其後王敦作逆。蘇峻繼亂。余以爲晉之亂不自敦峻。而稔於導亮。

植蘭說

或植蘭荃。鄙不遑茂。乃法圃師汲穢以溉。而蘭淨荃潔。非類乎衆莽。苗既驟悴。根亦旋腐。噫。貞哉蘭荃歟。遲發舒守其元和。雖瘠而茂也。假雜壤亂其天眞。雖沃而斃也。守貞

介而擇祿者其蘭荃乎樂淫亂而偷位者其雜莽乎受莽之僞爵者孰若龔勝之不仕耶食述之僭祿者孰若管寧之不位耶嗚呼業圃者以穢爲主而後見龔管之正

蓄狸說

敬亭叟家毒於鼠暴穿墉穴爆室無全宇咋齧篚筐帑無完物及賂於捕野者俾求狸之子必銳於家畜數日而獲諸汴歡逾得駿飾茵以棲之給鮮以茹之撫育之厚如字諸子其攫生搏飛舉無不捷鼠懾而殄影暴腥露羶縱橫莫犯矣然其野心常思逸於外罔以子育爲懷一旦息其

紲逾垣越宇倏不知其所逝叟悅且惜涉旬不弭宏農子聞之曰野性匪馴育而靡恩非惟狸然人亦有旃梁武於侯景寵非不深矣劉琨於疋磾情非不至矣既負其誠復返厥噬嗚呼非所蓄而蓄孰有不叛哉

紀梁公對

天后幽中宗之後有不下閭閻移六合之志故徐敬業唐之奇等於揚州起兵以興復唐室然皆不旋踵而敗遂引用酷吏開羅織之門以懾伏內外一日狄梁公獨對天后曰吾自用俊臣思正來朝臣知所懼否梁公曰朝廷小人不達天命或有異議然陛下以木有一實之蠹將翦樹而棄之乎錦有一點之汙將全匹而燔之乎養隼者誠欲其鷙於烏鳶乎鷙於鸞皇乎鷙而無別不如不鷙矣天后默然

善惡鑒

衆曰善未必善觀其善之爲也衆曰惡未必惡觀其惡之由也行詐以自衒取媚於小人其足爲善乎任直以獨立取惡於非類其足爲惡乎故擇善採於譽則多黨者進去惡信於言則道直者退王莽折已以下士而諸父失其權

彼言善者可憑乎京房守正以極諫而嬖倖指爲逆彼愬惡者可聽乎故能鑒其善者必觀於衆之所惡能鑒其惡者必取於衆之所善所以衆謂之悖也非孟子之賢無以旌章子之孝衆謂之智也非國僑之明無以誅史何之詐嗚呼道之大非遇於賢明何常不汨哉

較貪

宏農子遊卞山之陰遇鄉叟巾不完屨不全負薪仰天吁而復號因就訊諸抑有喪而未備乎抑有寃而莫訴乎何聲之哀而情之苦耶叟致薪而泣曰逋助軍之賦男獄於

縣絕糧者三日矣今將省之前日之逋已貨其耕犢矣昨日之逋又質其少女矣今田瘠而貪播之莫稔貨之靡售且以爲助軍之賦豈一一於軍哉今十未有二三及於戎費餘恐爲外用又黠吏貪官盈縮萬變去無所之往無所資非敢懷生奈不死何宏農子聞其言且助其歎退而省於世萬類中最爲民害者莫若虎之暴將賦之以警貪吏庶少救民病是夕夢鷙獸而人言曰爾欲警於貪將以吾爲首雖爾之濫奈辱我之甚乎余曰賊人之畜以自飽腹爾不爲貪哉獸曰不蠶不農何以給生苟不捕野無實吾

嗛吾以其饑而求食之苟或一飽則晏然匿跡不爲謀矣豈爾曹智以役物蠶之畜之畋之漁之以給其茹也桑之育之經之營之以供其用也一物之可求一貨之可圖汲汲爲謀孜孜繫心如壑如溪莫滿莫盈豈與吾獲一飽則晏然熟寢而欲比方哉宏農子驚而寤諦而思若然則人不如獸也遠矣

止妒

梁武平齊盡有其內獲侍兒十餘輩頗娛於目俄爲郗后所察動止皆有隔抑拘其憤恚殆欲成疹左右識其情者進言曰臣嘗讀山海經云以鶬鶊爲膳可以療其事使不忌陛下盍試諸梁武從之郗茹之後妒減殆半帝愈神其事左右復言曰願陛下廣羞諸以遍賜羣臣使不才者無妒於有才挾私者不妒於奉公濁者不妒其清貪者不忌其廉俾其惡去勝忌前皆知革心亦助化之一端也帝深然其言將詔虞人廣捕之會方崇內典誡於血生其議遂寢

欽定全唐文卷八百六十八

沈顏

顏字可鑄。湖州德清人。唐翰林學士傅師之孫。天復初舉進士。授校書郎。屬亂離。奔湖南馬氏。未幾歸吳。爲淮南巡官。累遷禮儀使兵部郎中知制誥翰林學士。順義中卒。

碎碑記

乙巳歲冬十二月。客鍾陵。由章江入欽池。過臨川。時天久愆雨。水泉將涸。風不便行。維舟於岸左。岸左有小渚。小渚之間。垂舟之介揭厲而獲碑。爲介者異而告。發而眎之。字

殘闕。存者十七八。考其文。則故臨川內史顏魯公之文。識者以爲公牧臨川日所沈碑。其文亦多載魯公之德業。輒碎敗而已。會同濟者謂余曰。且魯公沈是碑也。必將德業不稱於後世。故沈之。今子既不能文而補之。寫傳之。亦不可復沈之於滄流。俾後人覩是碑者。抑亦昭魯公之德業也。子亦蔽人之善歟。不然。胡碎之而已。余曰。吁。秦嬴政初併天下。天下大定。海內一統。於是出行郡縣。登諸名山。刻石記功德焉。及其仁政不修。後之人語及秦嬴政者。咸以爲虐君也。堯舜無爲而治。巍巍蕩蕩。俾鑿井耕田者不知帝力。歷於萬紀。厥道愈光。今之人語及堯舜者。咸以爲聖君之至。若峴首之碑。睹者墮淚。斯乃荆之人感羊公之德化。故泣而思之。設使羊公之德化不及於荆人。則是碑也不能感荆人之泣矣。且魯公之德業。史傳載之矣。遺俗傳之矣。夫德業者。病不著於當世。豈病揚於後世乎。苟魯公德業史傳不載。雖全是碑。亦不能揚魯公德業於後世。夫如是。碎之何傷。

化洽亭記

寧國臨縣逕之東南。古勝地也。頃屬兵興以後。盡目蕪焉。

根荄蔽川。嘉樹不長。氛煙塞路。清泉不發。幽埋異沒。誰復相之。是邑汝南長君治民有瘳。任人得逸。乃卜別墅。就而營之。前有淺山。屹然如屏。後有卑嶺。繚然如城。跨池左右足以建亭。邱隴高下。足以勸耕。泓泓盈盈。漣漪是生。蘭蘭青青。疎篁舞庭。斯亭何名。化洽而成。民化洽矣。斯亭乃洽。長君未至。物景頽圮。長君既至。物景明媚。物之懷異有時之否。人之懷異亦莫如是。懿哉長君。雅識不羣。愚不紀之。孰彰後人。時乾寧三年仲夏月十有九日記。

宣州重建小廳記

界江南宣州實爲奥區凡厥貢之盛厥土之饒則古所艮也暨鉅盜起芒碭環弊於四方是邦載罹窘阨雖城隍僅免而外無孑遺矣及兵部裴公慶餘去任竇常侍聿自池牧來臨莅事未幾遽爲秦彥所據姦連隣懟一作慭一旦擁兵渡江引黨趙鍠以代己任是歲南徐劉顥作亂揚州繼喪師律二境流離人不堪命宏農王方作自泗水爰奮義旗詢於同盟則田公司空首决宏謀及維揚克定秦彥就誅宣人有言曰何獨後予徯其來蘇宏農王允憫是誠我公復勵兵進討鍠悉鋭逆戰亟爲崩之及追殲保壘兵食

内空而外不絶商市無改肆鍠知人和在彼乃冒圍宵奔我公追擒之自此江表畧定大順元年建子月孫儒大據維揚又來寇我舉不以義自老厥師復爲我公擒之其衆盡潰宏農王去寧揚土我公嗣總藩條天子嘉公之勳就轉左僕射命觀察於是明年建寧國節度又明年加司空宣城薦屬戎事便廳久缺司署者進言曰盍葺諸公曰民室未完民逃未復於是用文德以來之旣來而安之不朞歲車者闐闠舟者聯聯比屋滯貨盈市溢鄽司署者復進言曰民室完矣民逃復矣公曰倉廩未實田野未闢於是薄其賦而省其徭給其乏而賑其饑不朞歲荷耰秉犁橇蟠於泥如雲之稼穰穰在畦司署者復進言曰倉廩實矣田野闢矣公乃許然後度材相址不儆匠事橫梁虹亘山節峯峙巘巘崇崇觀者改視公喜退顧人曰凡事之治不治無賢愚貴賤顯然知異觀此當其未治人咸慊之及其治也人咸榮之則吾於爲政也豈不榮乎治哉我今欲刋成績宜付所能則沈氏子以文售子其何可辭焉乾寧二年乙卯秋九月八日記

視聽箴

人一其視而不一其明故目有時盲人一其聽而不一其聰故耳有時聾蓋目之盲由物亂其睛耳之聾由聲惑其聰且玉者咸知其玉也石者咸知其石也而碔砆亂焉宫者咸知其宫也商者咸知其商也而鄭衛惑焉夫人者孰欲棄眞而取僞背正而歸邪諒視不詳而聽不審耳俾視不詳而聽不審者豈不以碔砆鄭衛之故乎吁天下之大萬物之衆其亂目惑耳者非特碔砆鄭衛而已則知非聖賢其不惑於視聽者稀矣

妖祥辨

凡所謂祥者必曰麟鳳龜龍醴泉甘露景星朱草所謂妖者必曰天文錯亂草木變性川竭地震冬雷夏霜或者以察王道之廢興國家之治亂則乩考於是而不知君明臣忠百司稱職國之祥也信任讒邪棄逐讜正刑賞不一貨賂公行國之妖也三代以後廢興之兆理亂之故鮮不由此矣若嚮所祥者果祥則周道衰而麟見妖者果妖殷道盛而桑穀生庭不其明與

祭祀不祈說

夫祭典之興所以奉祖宗而表有功也非所以祈明神而

邀福佑也故王者郊天地而立七廟諸侯奉社稷而置五廟士庶人各以其家功施於民則祀之以死勤事則祀之以勞定國則祀之昔列山氏之子曰柱能植百穀夏興也周繼之故祀於稷共工氏爲九域其子曰后土能平九土故祀於社舜勤事而野死鯀障洪水而殛死冥勤其官而水死有虞氏禘黃帝而祖顓頊郊堯而宗舜夏后氏亦禘黃帝而祖顓頊郊鯀而宗禹商人禘舜而祖契郊禹而宗湯周人禘嚳而郊稷祖文王而宗武王故所謂奉祖宗而表有功也非所以祈明神而邀福佑也必以明神可祈福佑可量則三代不易世秦漢不更氏王者無明暗卿士無賢愚能盡其祭祀則享其福祚矣神必私於禱祈悅於肥腯而降其禧祥則王者盡堯舜也侯者盡桓文也水不爲潦也火不爲災也年無壽夭也民無貧富也戰無不勝也守無不固也禍無不殄也疾疹不生也國家無危亡也宗祀無廢絕也是皆祈而不得禱而無應明矣然則經百代而不易其俗傳百王而不革其風者誠有以也夫兩國相持必有其勝也萬邦各治必有其康也祈年者必有其豐也祈病者必有其瘳也祈仕者必有其遷也祈貨者必有

其饒也有一於此咸以神之佑也而不知人事之起匪成即敗匪得即失用之有巧拙智之有先後歲有豐儉運有否泰非神之所置也於是廢業而不爲非竭產而不爲悔姦巫乘之以語禍福竟不能明寤以成俗得非上失其正下效其爲者乎

登華旨

嘗讀李肇國史補云韓文公登華嶽之巔顧視其險絕恐慄度不可下乃發狂慟哭而欲縋遺書爲訣且譏好奇之過也如是沈子曰吁是不諭文公之旨邪夫仲尼之悲麟

悲不在麟也。墨翟之泣絲，泣不在絲也。且阮籍縱車於途，途窮輒哭，豈始慮不至耶？蓋假事諷時，致意於此爾。前賢後賢，道豈相遠？文公憤趣榮貪位者之若陟懸崖，險不能止，俾至身危踣蹶，然後嘆不知稅駕之所，焉可及矣！悲夫！文公之旨微，沈子幾晦乎。

象刑解

舜禹之代，象刑而人不敢犯。言象刑者，以赭以墨染其衣冠，異其服色，凡爲三等。及秦法苛虐，方用肉刑，鋸鑿箠朴，楚毒畢至，而人犯愈多，俗益不治，其故何也？非徒上古醇樸，人易爲化，亦由聖智元遠，深得其理故也。夫法過峻則犯者多，犯者多則刑者衆，刑者衆則民無恥，民無恥則雖曰劓之刖之，笞之扑之，而不爲畏也。何以知其然也？夫九人冠而一人髡，則髡者慕而冠者勝；九人髡而一人冠，則冠者慕而髡者勝。民不知冠之髡之爲勝，但見衆而爲慕矣。今免者多而刑者少，人尚慕其多矣；及刑者多而免者少焉，以少爲勝乎？故曰法過峻則犯者多，犯者多則刑者衆，刑者衆則民無恥，民無恥則雖曰劓之刖之，笞之扑之，而不爲畏也。凡民之心，知悠其所爲，而不知戒其所失，今辱而笞之，不足以爲法也。何者？蓋笞絶則罪釋，痛止則恥滅，恥滅則復爲其非矣，故不足以爲法也。虞舜染其衣冠，異其服色，是罪終身不釋，恥畢世不滅，豈特已以爲恥也，人之見之者，皆以爲恥也，皆以爲戒也。愚故曰非徒上古醇樸，人易其化，亦由聖智元遠，深得其理故也。

時日無吉凶解

古者國家將有事乎戎祀，必先擇時日以定其期，是用備物於有司，習儀於禮寺，俾臻其慮而戒其誠，非所以定吉凶、決勝負也。後之惑者不詳其故，惟考時日，妄生穿鑿，斯風不革，拘忌益深，至使凡庶之家，將欲越一溝隍，拆一蔽，葦必待擇日而後爲之；搆一衡宇，薙一榛蕪，必審方位而後爲之。且凶吉由人，焉繫時日？夫四達之衢，輪蹄未嘗息也；五都之市，貨賄未嘗絶也；萬家之邑，斤斧未嘗斷也；七雄之世，戰伐未嘗已也。其凶也必由於人，其吉也必由於人，故吉人凶其吉，凶人吉其凶，一於人之所爲而已矣。然則惑者不知其在人，有一不知（一作吉）則罪於時日矣。且以不謀之將，不練之士，有能以時日勝者乎？不耕之土，不實之穀，有能以時日穫者乎？以鐵爲金，以石爲玉，有能以時曰齊者乎。是皆不能也。則時日於人何有哉。夫王者之兵以德勝。霸者之兵以義勝。其次以智。其次以勇。故古之名將。未嘗不以此而戰勝也。未嘗不以此而立功者也。

讒國

知佞之讒讒忠。不知佞之讒讒國。故人君弗爲意也。且曰。彼誠佞耶。予不過寵一臣。彼誠忠耶。予不過黜一臣。予受天命有天下。豈少若人乎。奈何咈予心。而不知寵一佞而百佞進。黜一忠而百忠退。矧忠者寡而佞者衆乎。是以宰嚭讒子胥而吳滅。趙高讒李斯而秦亡。無極讒伍奢而楚

昭奔。靳尚讒屈原而楚懷囚。愚故曰知佞之讒讒忠。不知佞之讒讒國。悲夫。

時辯

論者以五帝不迨於三皇。時變也。三代不迨於五帝。時變也。五霸不迨於三代。時變也。或曰。時其在君乎。在臣乎。在民乎。沈子曰。在君不在臣。在臣不在民。在民不在君臣。古若羲若軒。若陶若虞。時在君也。若殷武丁。若周武王。若齊桓公。若晉文公。時在臣也。若夏之桀。殷之辛。周之赧。秦之二世。時在民也。故時在君則爲皇爲帝。時在臣則爲王爲霸。時在民則爲禽爲虜爲禍矣。夫君德日勤。時在於君。君德不申。時在於民。愚故曰在君不在臣。在臣不在民。在民不在君臣。吁。唯明君而能知時之所在乎。

危全諷

全諷字上諫。昭宗時官撫州刺史兼御史大夫。後爲徐溫所虜。

重修撫州公署記

當州昔爲臨川。郡城在此城之北。古堞猶存。寶應中。太守王公圓以不便於民。卜遷於此。然所立郡宅。未叶地形。昃

倚城西。低臨水際。頻更年代。莫議遷移。洎乾符初。寰海沸騰。兵寇焚爇。署無遺堵。靡認餘基。中和乙巳歲。全諷奉詔分符。拜官本郡。傷凌夷之累政。歎榛棘以經時。且召伯臨人。憩息只依於棠樹。而謝公爲郡。餘閑尚築於經臺。得不革故從新。去彼取此。既獲其形勝。又叶此夷隆。凡廨署之中。而公廳在首。此際雖當建立。猶是權宜。每視事之時。或延賓之際。常因目擊。但蓄心期。未辦增修。二十年矣。今則聚力於三農之隙。求材於千仞之林。獲楠梓而皆良。招郢匠而畢集。是用拓開基址。高建棟梁。恢張而雅稱參衙。壯

觀而無餘法則盤勝概而咸歸萬象鎮嚴城而更益三威立事立言必垂名於不朽乃積乃業冀貽美於將來豈爲耳目之娛而勤土木之事者哉

州衙宅堂記

當州刺史宅自唐乾符中因諸道亂離有巨寇黃巢闕柳彥璋等奔突焚燒畧無遺堵爾後封疆俶擾城邑荒涼洎中和五年春三月全諷蒞郡之始製置之初以其宅僻倚西隅而甚欹側乃易其舊址遷此新基高而且平雅當正位於是芟去榛棘草創公署此際多以舊木權宜製之於

今十有四年辛亥就摧朽今則躬親指畫再闕一字基場闕二字重堂傍竪廚庫西廊東院周迴一百餘閒纔涉數旬切扃俱畢雖虹梁闕二字不獲飾焉而鈴閣郡齋闕二字壯觀建闕二字續益稱闕城闕敘其由故記壁

殷文圭

文圭陳州西華人乾寧中及第爲裴樞宣諭判官後依寧國節度使田頵頵死事吳先主掌書記武康元年拜翰林學士

後唐張崇修廬州外羅城記

禹貢別九州之廣揚鼎居先淮夷控七郡之雄廬邦最大眞四塞山河之國乃一方禮樂之鄉地勢壯而金斗高人心剛而風土勁洎皇唐光宅四海奄有八紘窮日月之照臨皆臻仁壽混車書於華夏咸屬文明視赤子以如傷播洪鈞而不比眷惟刺史之任獨曰親人之官凡當出牧是邦必選良二千石矣昔故相歇馬之所今通侯建隼之區太守清河張公乾象降靈人龍命世一劒躍而蛟斷六鈞挽而猿號忠自孝基勇由義立爰從稚齒便奮雄心庚子歲巢寇陷秦關僖宗幸蜀郡王綱弛壞國制搶攘聰烏戴

飛走鹿爭逐救疲民之焚溺資閒代之英雄先吳忠武王虎步江南鷹揚肥上汪汪偉量涵一萬頃之澄波落落洪襟包九百里之夢澤是以多士之歸也如百川赴海羣材之用也若衆腋成裘勤求卓犖之倫肇建罷洪之業下塗民瘼上報國恩以太守張公英俊不羣鄉關素友隸職帳下責效軍前入委腹心出舒羽翼由余之拓十二國多賴宏規耿弇之屠三百城畧方殊績以至潰趙相國鍠七萬之衆先拔句溪破孫司徒儒五倍之師次收淮甸不獨身先百戰抑亦謀贊六奇故得擢自偏裨升於列校亟更職

任累拜專城。天祐三年。承制檢校司徒守常州刺史。而毗陵杭越接境。梁汴連衡。公纔駐熊車。潛施龜畫。早曾修城築塹。杜漸防萌。寒暑未遷。金湯遽設。功用未畢。王澤迭加。以績効轉官檢校太保。授盧州刺史兼本州團練使。天祐四年八月到任。公自臨錦里。卽建羅城。謀雖貯心。言未出口。蓋以先王臥龍之地。謹合繕修。君子變豹之風。詎宜卑陋。況西連襄漢。北接梁徐。秣馬訓兵。靡忘寢食。勸農習戰。誓靜氛埃。今吳太師嗣茅土全封。紹彤旅重寄。旌賢寵善。念舊策勳。雖承制以褒醻。迭進秩於保傅。淮南行軍司內

外都軍使鎮海寧國等軍節度使檢校太尉兼侍中東海徐公首輔大政。力啟霸圖。遜德推功。先人後已。纖粟之勞必錄。錫予之美無偏。公執玉而歸覲王庭。鏘金而入陪相閤。語家國之至計。屬西北以介懷。遂咨稟廟謀。增修戰壘。鋪舒妙見。商較遠圖。且曰居安慮危。聞於聖哲。爲主制客。宜賴城隍。乃知恃陋弗修。莒子蹈危亡之運。一日必葺。叔孫畱忠恕之譏。懿彼肥川。舊有羅郭。自咸通十年。盧諫議出牧此州。值彭門用軍。隣封多警。累拜表章之請。遂興版築之功。綿歲月以滋深。致締建之匪固。漸成崩潰。難禦奔

衝。況今稼穡豐登。煙塵貼息。宜當農隙。潛募子來。嘉言上沃於王心。成算允諧於台畫。繇是量材度費。揆力興工。設窑竈於四郊。燒瓴礫於億萬。蒸沙似鐵。運甓如山。千畚雲飜。萬杵雷動。役五丁而神速。甃百雉以天橫。粉堞既全。湯池是濬。瀦長壕於四面。斢巨浪於長江。其城周回二十六里一百七十步。壕面濶七十丈至六十丈。深八丈。城身用甎砌高三丈。置窑竈五十五所。其甎每口長一尺三寸。濶六寸。建造羅城門十三所。及大弩樓都共四十四所。公旦暮檢轄。躬親指揮。以餼以觴。且酣且飲。致勞勇兼集。公私

允諧。天祐六年十二月終。版築向圓。開鑿始半。汴賊寇彥卿將領馬走徒黨五萬餘人。乘修勵未辦之間。恣倉卒奔衝之計。夜驅羣寇。直渡城隍。搭長梯於女牆。攢霜矛於鵲架。人皆兇懼。公獨晏如。遂開盧江潛橋兩門。親領馬步銳師。當處殺敗逋逃。或麏驚而塗地。或狼狽以投壕。死溺如麻。生擒若市。押背黏韉。遠過獨山。棄甲聯翩高齊峻嶽。諸郡收奪槍甲不少。招降人馬甚多。仍值積雪連天。陰風刮地。寒僵餓殍。僅滿平川。疋馬隻輪。偶漏元惡。天祐十年孟冬月。汴將賀壞與王彥章復驅甲騎四萬直抵羅城西獨

山門排列至瓦步門延亘數里此際堅墉漸備濬洫已周巨堞屹而山橫大弩發而雷吼雖羣偷飈至暴客狂衝萬騎雜連千戈蟻潰但昂頭而歎息咸破膽以逋逃尋屬淮海行軍侍中東海公親統大軍徑追勍寇縱七擒於淮岸破十寨於戎河非楊府之大幕雄軍不足以平欺敵國非肥水之深壕高壘不足以外挫賊鋒致我師競顧北驅彼衆不敢南牧立中流千年柱石壯吳部一面山河昔司馬宣王統晉國車徒覽諸葛武侯渭川營壘而歎曰眞天下之奇士今清河公良可匹矣高燕公頃築西川羅城皆破

上供錢米當其無事尚以爲能清河公今繕理重垣疏導百谷廣通商而貿易咸竭産以經營上下無私方圓有術不蠹府庭之尺素斗粟無妨黎庶之易耨力耕從容蔵事則首尾一年周旋僝工則歌謠五邑永賀覆盂之固免虞拾瀋之譏或聽訟之餘或訓戎之暇憑高送目選勝延賓三重之雉堞延登四望之秋毫必見西風獵獵撒豹騎於平蕪冬日融融竟牛耕於曠野此外水轟蒙衝之艦陸轟霹靂之車十年之儲蓄有餘千弩之金繒足用且獨山秀而峭肥水清而靈宜有異才同正霸業大則仗戎節駕廉車次則剖竹符參蓮幕其間燕趙多奇士豐沛皆故人千載風雲一時會合而公志惟尊主務切經邦摧陣敵若私仇視玉帛無停蓄尚季布之然諾篤仲由之信誠吳漢之不離公門袁安之每念王室凡諸廨宇久歷星霜多至摧頹咸新剙劂荀郎中湘五十五年前常典茲郡建東水閶門虹梁朽而螮蝀沈碧瓦爛而鴛鴦碎公皆表裏修換躬親指南壯軍城而金翠相鮮耀水柵而舟車倍湊并建兩畔挾樓都一十四間換門樓橋柱十三虹公又深惟久要永欲流傳別運十緡散令回貨廣市於楠櫚杞梓遍修於

寺廟橋梁不箕斂於王民盡圓融於私帑所建州內廨舍間架甚繁兼添置梵舍琳宮神祠儒廟及造明教橋一所次造市橋一所次造縣橋一所次造通達橋一所次造西水閶門一所奇妙難名龍身蚴蟉於波間鴈齒參差於川上往來咸濟不勞鄭産之輿揭厲無疑如假傳巖之楫郭內官路造小史橋一所次造赤欄橋一所東正門橋一所崇化門橋一所懷德明橋一所都共造橋一十一所並用楠櫚杞梓鶴柱雕欄畫檻縱橫洪流直道有利於物知無不爲乙亥歲孟夏月畫圖入覲告厥成功相府僉諧王綸

賞重。承制就加都團練觀察處置等使守刺史。餘勳階如舊。至天祐十四年四月二十七日。蒙恩轉授武寧平難軍節度滁宿等州觀察處置等使。依前權淮南行軍副使知廬州都團練觀察處置等使。餘官勳如故。褒勤蓋也。且兵書所尚。地利居先。霸國圖安。人和是最。兼茲二者。不其久乎。一品之秩自才升。萬鍾之祿由勳進。安于固晉陽之險。墨翟拒宋國之圍。楚興燧象之師。齊奮火牛之陣。設奇應變。以逸待勞。何代無人。有備誰患。文圭墨徒摩楯。筆媿如椽。近駕輶車。曾趍戟牖。目擊連雲之巨壘。神驚截海之深壕。聊得直書。無非實錄。雖鏤琬炎。敢期八字之褒。稱易變桑田。幸記千年之城郭。同部轄都頭節級寮吏名銜。並勒碑云耳。天祐十四載歲次丁丑七月戊申朔二十六日癸酉建立。淮南節度掌書記殷文圭文。

欽定全唐文卷八百六十九

劉端

端。吳天祐十三年爲興元軍觀察巡官檢校尚書禮部員外郎兼侍御史。

重修北岳廟碑

上闕明覆載以稱功。浩淼百川。峻嶒五嶽。顯陰陽而自異。呈動靜以爲徵。莫不隱靈祇。彰聖化。欲見而非見。示威而不威。福善禍淫。有今古無差之理。聰明正直。豈鴻纖偏照。闕妙難窮之跡。蘊幽元罕測之基。昭然憮然。哿矣大矣。驅至道而牢籠萬彙。啟範圍而埏埴羣倫。敬之遠之。寒暑不僭於四序。恭也禮也。扎瘥闕一字一適於千門。況闕還當夏氏之興。且特修王母之祠。未盡善也。迨致高禖之祭。胡可比焉。豈若恒岳霞峯。安天疊廟。鎮撫堯分之所。轄寧禹別之方。闕一字氣勻鋪壯闕二字勢巍巍。藏雲龍而均風雨。如生肅肅。將魚水而睦君臣。遠邇垂恩。公私布惠。解濟黔黎之苦。能錫皇闕之憂。魑魅亡魂。奸回縮胆。怖盤拏闕一字黃鉞逃粉碎。闕春秋祇若。興五侯懇薦於蘋蘩。黍稷非馨。唯於饗德備腯。咸有但以依人。伏又河朔名區。海西樂土。雖寡魚鹽之利尤多耕織之資密邇幷燕絕六狄七戎之闕一字交居趙魏招闕境是諸華之則三軍爲百代之規整頓朝綱獨立功臣之貴平除國難孤標取亂之勳况大唐二十餘帝乾坤三百年間社稷龍魚數見闕二字頻生聲振闕萬方之禮樂無雙堯舜芳猷既參差於竊比商周政柄徒虒虒於揚名宇宙昇平煙塵帖泰况宸恩於草木鍾睿澤於惇嫠屬以失味闕二字輕漂舟檝闕玉輅東西豈爲春蒐之故銀鉤南北唯論秋煞之因荏苒九州依稀六國運偶二三之變時遭百六之艱伏以闕歸於神授英通盡出於天生昂

宿光芒契叶賢王之瑞金精照灼潛符霸主之徵執禮宏仁廉刑薄斂偏沐怡顏之貺闕一字遵難犯之威闕彰形影於冰壺不意小瑕留心大節賽桓文之令望超周召之嘉音謀始要終理煩去惑皎潔三秋之月泓澄萬頃之波而又世襲闕五孝從五帝而至如今加以武庫規繩儒門綱紀著述五兵之策研精萬卷之書稼穡偏知但見啟期之樂刑罰獨斷旋除庶女之風惻隱肥家忠貞活國勳闕大展謨謀深行理治每設補天之術恒修縮地之方由是訪沉淪求疾瘼崇佛理重神明廢置伽藍總就增修之命傾

頽廨宇俱當造化之功闕一字嶽廟以天寶闕洎乎舜歷頻移秦正屢改將新舊而分巧拙方彼此而日古今屬以山滎歆傾丹楹朽腐只取於素來基址特興於此際規模遂命押衙充都闕一字修造使檢校工闕畚梮藉磬竭於心匠惟臻至於忠勤百役子來三時農隙選擇甍於異木詮柱石於幽巖杞梓鸞椽瑠璃鴛瓦想楚宮之杜設誇漢殿以虛詞斤斧奇能闕一字偶闕長鬣千千似禀銜枚之命驌騻萬萬疑聞聳轡之聲福壽要津神祇會府閬苑亘瑤林之茂銀扉衡朱檻而開未既十旬其庸一旅勞而不怨告厥

成功實爲陰闕嶝凌空展梯闕二字莫達清波忽泛浮梁棟以旋來黯黮坤元踊一攢之勝槩明明星紀聯百雉之清虛佛土裝嚴猶虧鳳髓蓬瀛景致只欠鼇頭豐省亡機疾闕北討南征蓋闕二字神之助人安俗阜深憑陰德之功而又巨夏多艱中原盡蠢大厲久離於四表太平永在於三州闕絕闕一字圖貽厥孫謀宏宣祖業社稷類金湯之固山河齊日月之榮端員笈微人食魚末客少琢磨於焉學深闕二字於斯文謬歷煙霞媿闕異披砂闕二字拾芥有濡毫而稽顙無香桂以甘心進思盡忠煦育之闕荒蕪冀闕一字寵

命敘虛襟而寧極。修實錄以何窮。但以闕如。誠非作者。雖乖雅頌。輒縱賡歌。闕

國泰密字闕一年豐一人。肅敬八表。欽崇諸神。際會闔境和同。公私唯孝。左右純忠。威降巨猾。力制羣戎。寶裝廟宇。山是屏風。其一

精專建造。巧竭元微。高攢闕繫日光暉。龍拏虛噴。師從兵圍。前壇後苑。左驂右騑。尊卑森森。去就依依。俄輿木鐸。待整璿璣。其二

匡時舟檝。間代公侯。洪橋架海。皓月當秋。恢宏至道。以闕巍巍清廟。岌岌危樓。家財已捧。制置增修。行藏實錄。今古難儔。其三

名超八凱。鑒若三辰。忠貞輔國。禮樂親隣。始終霸道。左右賢臣。一方受煦。萬物逢春。闕奉命文不驚人。徵書盛事。永載貞珉。其四

蕭振

振。吳天祐時人。

修黃陵廟記

歲在單閼。律應蕤賓。太尉中書令楚王重修二妃廟於洞庭岸。所以酬靈感而答前願也。在昔有鰥側陋。將宏試可之功。釐降觀刑。始協嬪于之德。於是化流嬀汭。德洽堯聞。罔矜帝子之尊。盡執家人之禮。洎南巡不返。北渚俱來。莫追龍馭之蹤。空見象耕之所。違天有恨。甘委骨於重泉。同穴無期。分捐軀於積水。芳流舊俗。德被遺黎。煥廟貌於千秋。儷精靈於二聖。魂歸紫府。想從西母之游。迹瘞黃陵。猶錫斯民之福。有祈皆應。無感不通。權水旱於鄉關。運慘舒於生植。吞刀吐火。越巫而但騁蹁躚。桂酒椒樽。楚老而猶通肸蠁。我太尉中書令楚王撫戎多暇。訪古遺蹤。敬神而遠之。非鬼不祭也。以二妃廟基頽毀。棟宇傾摧。荊榛翳薈於軒墀。苔蘚斕斒於像設。靈蹤未泯。寧無步襪之塵。祀事不嚴。亦繫褰帷之政。乃命會工創墨。郢匠運斤。初洞啟於

崇扉。忽鳥翔於峻宇。圬墁雲布。畚鍤星羅。在三農而不妨。雖一日而必葺。蘭椽櫛比。桂柱暈飛。梁間之螮蝀不收。簷際之鴛鴦欲起。黛眉斯斂。若含黃屋之愁。繡臉如生。將下翠筠之淚。始者欲爲經度。盡自內財。仍奏皇明。請崇徽號。奉唐景帝天祐五年六月十有四日勅旨。以黃陵祠封懿節廟。竊以世遙三古。事遠重華。褒揚必在於正人。寵數方加於異代。故可使窮泉發耀。貞魄有歸。非至德何以通神明。非至靈何以感直氣。厥功既就。盛德將書。鐫銘永託於他山。悠久便同於元造。宜求彩筆。以述芳詞。振跡忝前旌。

名徵侯館仰承嚴命俯扣庸音無陸氏之患多有景純之未寤宅年岸上應知杜預之功今日江邊且媿曹娥之作

重修三閭廟記

噫楚懷失道遠君子而近小人靳尚讒言與浮雲而蔽白日子也含冤靡訴抱直無歸叩閽而天且何言去國而人皆不弔徘徊澤畔顦顇江濱吟貝錦以空悲佩崇蘭而自喻雲裝羽駕東皇君忽爾來游斂衽端著鄭詹尹於焉靡說懷忠履潔憂國愛君驚禽而徒欲遠枝棄婦而豈忘迴首離騷詠盡不迴時主之心靈璅長辭竟葬江魚之腹救

溺之蘭橈競逐招魂之角黍爭投寖爲午日之風播作三閭之事式瞻遺廟尚爲崇基綿歲月以斯多顯精靈而未歇然即金鋪零落蘭榱摧頹蝸涎全染於杏梁蟲蠹半穿於桂柱苔生玉座塵壓珠簾蓬蒿漸蔽於軒楹風雨垂侵於像設我太尉中書令楚王道惟濟物德必神通思闡政而感修想忠魂而有感況靈符禱請事著聰明能資上相之兵威克靖二兇之沴氣遂得拜章上請疏爵遥封爰旌感應之功是錫昭靈之號相府乃減淨財於厚祿模大壯於遺祠規圓矩方上棟下宇華榱錦簇將日曜而月輝彩檻帶縈或龍盤而獸走飛檐鳥企瑤砌砥平靈官與鬼將爭趨海若共波神並侍陰風暝起應朝澤國之靈落月春深但哭巴山之鳥前依積水迥壓高邱占形勝於一隅奠馨香於萬古其或征人輟棹歸客憑軒當洞庭木落之初是枉渚波生之後千聲鼓枻猶傳濯足之歌一紙沉書曾弔懷沙之恨風急始知於草勁火炎方辨於玉貞當時之瓦釜雖鳴異代之桐珪忽及況重新廟貌光被綸言固可以大刷幽靈全攄憤氣想直躬而若在披遺像以如生爰終結構之功欲紀經營之跡豈期嚴命猥及下寮振道媿

譚賓名參霸府居唯代舍歸來敢歎於無魚地實長沙日晚誰驚於有鵩從軍稍暇訪古多懷正吟招屈之辭忽捧受辛之旨勒他山之翠琰序有土之殊功風聲永播於無窮追琢便期於不朽何人讀罷起三十里之沉思今日斐然慙二百年之述作直書盛跡用告將來

頓金

金吳順義時人

仰山加封記

中書門下牒先據袁州刺史王安狀申伏以當州名山古

迹南仰靈祠擬巨嶽以齊高聳羣峯而迴出福流一郡威播四方凡有啟祈無不響應頃以本州郭內頻遭災火人戶不安苗稼亢陽泉源涸竭遂虔誠禱祝專詣殿堂乞火燭頓銷人心寧帖及希降於雨暘遂許具狀申聞伏見此廟七郎先朝天祐十一年內封感勝侯禮部尚書九郎封司農少卿既靈異以昭彰宜遷崇於爵秩伏乞特加封贈庶助境疆冀祈雨順風調永保鴻圖帝業伏候指揮者奉勑民爲神主神乃民宗苟有昭彰諒宜封贈袁州仰山廟宅於萬仞奠彼一方秉聰明正直之風納黍稷馨香之薦

無所不應有感則通矧乃本州列其靈祐乞加旌奬以福蒸黎贈禮部尚書感勝侯蕭某宜加贈尚書右僕射仍進封廣惠公贈司農少卿蕭某宜加贈工部尚書仍封昭靈侯其所贈公侯仍下所司準令式製造冠裳等給賜牒至準勑故牒順義五年十一月三日記

陸元浩

元浩吳太和時人

仙居洞永安禪院記

述曰堯舜爲君仁化唯該於域內周孔設教軌儀但備於寰中尚乃千古從風百王稟敬而況釋氏興世妙用難思慈悲遍洽於含生行願廣宏於沙劫智即權實相顯有無運六舟而橫截四流嚴萬德而高超三界於五險空聚示一大事因緣由是多子塔前迦葉授無法之法震涅國內達摩傳非心之心印印相承燈燈不絕咸歸實際運照無窮祖宗之源派既分解脫之法門永闢厥有特稟異氣別包粹靈生法王家爲如來子當後五百歲紹彼元風者則惠從長老其人也師生緣漳水允嗣夾山早獲衣珠游泳而安閑若海已收髻寶卷舒而自在如雲兩入五臺再遊

三楚顧巨廬之名岳實釋道之所依翹心於五老峯前駐跡於大孤山側永安院者唐乾寧中高僧如義卜焉結茆單棲屢更寒燠嘗有龐眉之叟不知何許而來四望巖巒三興嘉歎曰斯之勝地後必聚徒義公省自道孤乃讓隣德甲戌歲遂往執袂付院傳券檢田此則擁錫而來彼則挈瓶而去仙居禪宇自是聿興參學之流遠邇輻湊鄙其舊制易剏新基芟闢荒蕪締建精舍袪彼茆茨之陋儼其鴛瓦之容迴廊掩正殿香廚虛檻枕法堂僧室洞源深處樓臺而屹若仙宮雲霧開時境界而迴殊人世布露不唯

於心匠土木悉自於躬親師又運四無量心行四攝法事以詩禮而接儒俗以衣食而求孤惸來者安之終者葬之其間羈旅書生咸成事業告行之日復遺資糧登祿仕者甚多榮朱紫者不一施食施法爲渚爲洲枯木寒灰外形骸而是幻碧潭秋月指影象以非眞所坐道場別承靈貺託嘉言於物象寄妙旨於筌蹄其違則迅雷疾風其致則渾金璞玉而又體其莊老會彼元眞恢欲投機啐啄相應所謂得語言三昧獲無礙辯才三界寒暄唯一布毳二紀林麓不適人煙泊大吳大和三年歲次辛卯江州資福禪

院闕下尊宿宏持時節度使德化王敬奉釋門興隆遺教仰師法眼思挹眞風既多景慕之心乃切請迎之志遂遣左排衙使江鼎動持書達命師性便泉石不樂城隍抗彼使人未從嘉召以至封函數四俛仰旬餘下風之禮既堅開士之情尋允到日列闤郭緇俗備幡蓋威儀如自雪山迎歸舍衞親王降駕人天共聽復陳香積之筵以慶醍醐之說洪鐘任扣響應隨機王深味元津愈生珍敬由是法輪宏敞眞範高傳契王侯匡護之心賴龍象誕生之德鬱興舊院仍改額爲悟空師雖處鄽闠終思巖穴約與猿鳥相狎畢此浮生指期故廬禹侯迴錫矣弟子恒迷覺路靡究眞空久居曠野稠林杳隔菩提彼岸雖逢善友難求囧象之珠縱遇醫王莫味阿伽陁藥唯當敬奉隨順親近善知識而已幸居幕職每接慈顏不度短林爰述斯記庶使名山勝概永載貞珉而不朽其本院所有山林界至及買置常住新舊田園物業並具土名界段碑陰冀於他時免有侵越時大和四年歲次壬辰八月己酉朔六日庚戌題

歐陽熙

熙吳天祚二年官武昌縣尉

洪州雲蓋山龍壽院光化大師寶錄碑銘

大師俗姓劉氏法諱懷溢本無諸倚郭閩縣人也即巨唐相國彭城劉公瞻之次子也童年慕道不習儒宗時鄙亂之歲厭父攜同詣京師固辭弗往漸登九歲俄自發心棄捐俗務投立磨山普資院杜禪師門下求爲弟子願侍巾瓶禪師立性孤僻抱直嚴難未許升堂不容入室且堅苦節每勵勞形涉歷年華經逾炎冷身齊槁木心類寒灰一自入山久淹出谷十年精（闕一字）午夜志疲師長念及功勲知爲志器於年十九方爲落髮披（闕一字）結束法衣遣求和

合恭承嚴旨高別林泉星夜登途望風取路遙山獨步峻嶺孤征時往日來俄之中嶽會善寺瑠璃壇欣逢法侶勅啟霜壇大扇律風高懸戒月夙緣諧偶曩善冥符不上牛車便探衣寶併三衣而爲一衲棄五事而整一盂松下塚閒行頭陁行雖行是行叅問匪忘遍歷遐方訪尋知識無道場不逢古德有請皆遇宗師其奈不湊元機情源擁塞如渠聚土狀棘當衢須議芟薙終期決抉而乃直抛衡嶽專篋灌溪函杖而誓扣元關摳衣而立融堦雪澧源和尚一觀奇特許厠門牆久而彌芳漸昇堂室況乎居猶學地

道未博通仍於異時侍立左右和尚演於法頌云五蘊山中古佛堂毗盧晝夜放圓光大師纔聆妙說頓入清涼悟卽剎那迷流沙刧一言契合萬慮情亡豁若雲開皎同月朗既除疑滯不慕遊方遄襲傳燈嗣何宗禰卽曹溪六祖付法讓大師讓大師授馬祖馬祖傳百丈百丈分黃蘗黃蘗之林際得林際密旨者惟灌溪焉入灌溪室續熖挑燈者誰卽雲葢大師矣大師然以元天月白覺海波清眞燈未燭於祖堂雷振停開於蟄戶維廣明初之上都值黃戎犯闕僖宗皇帝駕幸三峯暫避狂徒勅選十員禪律經論詩賦文章大德駕前供奉和尚禪宗一位也勅賜福田禪師止三峯再賜大自在禪師爾後狼煙息爇草孽停爭時屬太平寰宇寧靜光宅四海慶洽萬邦特軫睿毫更于歲號爲光化元年實謂山呼海蹈舜日堯雲百辟稱慶於龍廷三寶承歡於帝澤悉銜雨露亟被霑濡和尚特光化大師仍頒命服禪袍改爲椹色簡誥迴錫皇恩旋聞海晏河清遠播民舒物泰鑾駕將迴於萬乘寶位卻復於九重帝績丕昌龜圖鼇負皇帝昇於大內慶叶千靈金雞纔樹於琅玕瑞渥旁流於遐邇遂抽御槧揮當玉扆之前茂發金

言綴向霜牋之上遂改光化爲天復元年當年秋上表乞養疾以歸南別天顏而出北既遙鳳闕堅駐龍沙山二年時有唐鎮南軍節度使中書令南平王鍾公作鎮乘時虔襟扣寂位崇列土心仰元門一禮慈悲三申延請洪鐘預扣難藏衆耳之音幽谷傳聲已播多人之口和尚弗能違命遂許宣揚志出池隍深奇水石府主鍾公捐清俸營白源立山雲（闕一字）爲稱伐材搆院奏額龍壽彰名既畢莊嚴遂陳延請開堂演法垂手度人蟻聚禪徒蜂來道侶於茲三十餘載問法千數萬人於吳大和六年甲午歲杪夏十

一日示疾松堂迨於中秋二十八日夜子時歸眞丈室俗齡八十八僧臘六十七當年冬十月二十字闕一日移龕瘞乎眞塔去院法堂東北隅二十步之外初終覶覼罄樹豐碑事集一時彌流永古上足小師充院主道歸典座小師道環維那僧紹微直歲小師道聰堂中上座僧照照徒衆僧師蕩等並禪河舟楫柰苑芝蘭咸佇分燈續開籌室慮以先師歲華迢遠莫紀芳猷故鏤貞珉命爲斯記熙儒宗後派學苑微林恨罔侍於指南嗟未親於丈室恭承來命合掌虔誠頂想慈悲敢爲銘曰

開士垂儀覺皇眞子洞究元微達乎志理不受毫釐寧容彼此法嗣灌溪燈分林際水上呈糶長安駿驥拽杖京師皈崇明帝師號紫衣傳宗恩賜處世界兮如把虛空若蓮華兮眞不著水故演慈悲强云出世南平鍾公虔迎駐止羣生緣盡化終已矣出沒難拘浮沉自在月隱元天龍潛覺海師示來兮混四生中師歸去兮超三界外勞生戀兮諷自悲傷若蟬蛻兮有何惜愛

汪台符

台符歙州人好學善爲文徐知誥鎭金陵自草間上書陳民間九患及利害十餘條爲宋齊邱所沮貽書誚之齊邱怒使人沉之於江

歙州重建汪王廟記

天不欲蓋地不欲載兩曜不欲燭萬根不欲生玉石一塵賢愚一邱則神人不得不降聖人不得不作我唐不得不興越公不得不起起而不失進退存亡者越公得之矣隋鹿不醒羣雄率起公矯翅一鳴聲著千古提山擲海沃沸顚危掃平反側之源歸我唐虞之際武德四年高祖下制曰汪華往因離亂保據州郡鎭靜一隅以待寧晏識機慕化遠送款誠宜從褒寵授以方牧可使持節歙宣杭睦婺饒等六州諸軍事感天人知已趨玉闕言懷龍劍一沉死而不朽貞觀二十三年也有棠棣之詩無良人之難固得父老請建祠堂在廳之西大歷十年刺史薛邕遷於烏聊東峯元和三年刺史范傳正又遷于南阜即今廟是也中和四年刺史吳公圖克荷冥應復新棟宇迄今司空潯陽公景慕英塵經始靈宮凡三遷三飾物不告勞民惟求舊濟於時死於國功宜敎化則祭之其餘不在祀典狄梁公按察江淮焚淫祠七百所朝野韙之所謂能執干戈以衛

社稷越公欲蓋而彰雖焚不可得矣且湯不乾堯不濕焉
顯聖人之政唐歷十有九帝二百八十年其間時有奴狂
僕醉觸破王化洎僖皇歲庚子盜起曹南逆塵犯蹕我淮
王宏農公大叫義聲千里奔命宣池濠壽舒廬滁和十有
九郡繞我馬箠分我君憂苟無將將之雄莫破錚錚之膽
我司空潯陽公獨庖仁義禮樂餌舒池常潤於歙最多爲
政第一慰本城之人築久長大本豈矜壯麗一時企望六
郡直在乎開物成務遺愛金石者也台符越公之裔潯陽
之吏祖能神主能賢辭或不直作神之羞辱主之命咨我

邦人同歸典實庶可與言文論政矣龍集壬戌十二月十
有一日謹記

欽定全唐文卷八百七十

李宏冀

宏冀南唐嗣主長子初封東平郡公徙王南昌嗣主冀位
宏冀留守東都徙鎮潤州封燕王以討吳越功立爲太子
顯德六年薨初謚宣武改謚文獻

崇聖院銅鐘銘

蓋聞聲叶洪鈞功垂浩刦集善之利惟茲可嘉因發乃誠
是爲良願上所以祝君親富壽將日月以齊休下所以期
官庶與居與山河而共泰由衷之念永永何窮

徐知證

知證徐溫第五子仕吳歷州刺史至節度使入南唐封江
王改封魏王

廬山太一眞人廟記

道之爲用也天得之以清地得之以寧萬物得之以生侯
王得之以爲天下正豈唯鞭龍控鯉之遊出日入月之賞
飧霞飲露之妙長生久視之術而已哉故聖人知淳朴散
而仁義立智惠出而詐僞興或託質塵寰或易名巖谷斡
運元化鼓扇眞風爲俗梯航作世陰隲商山四老秦莫得

而縶維桂嶺八公漢何由而屈折餘芳遺烈代不無之廬山董真君廟者即晉永嘉元年真君種杏之壇上昇之地是也真君諱奉字君異閩中侯官縣人其仁也誘道明而活士獎其義也納屈女而儷胡君其功也醫貧病而散穀帛其德也通元造而垂旱雨則黃亮行狀敷暢名實備綷傳記此故畧焉天寶元年制下俾所管載加葺修以時齋醮及罹兵火唯餘鎡基自是之後鄉黨取便遷建於石塘橋咸通九年江東牧苗公紳自石塘橋移入山口且星紀聯緜殿廡殘毀狸蹤狐迹殆不堪其憂予撫江民之五稔

也爰考圖經得杏壇舊址葦蓮花峯鎮詠真洞榛蕪雖沒林泉可嘉噫歷異代而輿良緣損有餘而奉不足得非徯予哉於是以故隴西郡君李氏粧奩餘物俾復靈蹤不日舊壇盡從新製造大殿三間堂廡門屋共一十六間并塑像銅鐘供養道具等以昇元三年夏六月聞奏勅改爲太一真人殿莫不簷楹鑠日金碧射人鴛瓦觽觽而欲飛虹梁矯矯以疑動雨餘秋檻練拖九派以前驅雲斂寒空黛拂五峯而後殿猿鶴率舞林麓增輝足可以伸精懇於希夷拯香魂於冥寞克昭靈貺永奉殊休予以再任宣城之二載也是時昇元六禩歲在壬寅秋七月有六日應運匡國佐聖功臣寧國軍節度宣州營田觀察處置等使特進檢校太尉兼中書令使持節宣州諸軍事宣州刺史上柱國食邑一萬戶韓王知證記

李從謙

從謙南唐嗣主第九子歷封鄂國公宜春王進吉王出鎮江州及貶制度仍降鄂國公入宋改名從誧累官武勝軍行軍司馬

夏清侯傳

侯姓干氏諱秀字聳之渭人也曾大父仲森碧虛郎大父挺凌雲處士父太清方隱於幽閒輒以卓立卿自名衣綠綬佩玉玦奏聞之就拜銀綠大夫秀始在胚胞已有祖父相生而操持面目凌然僉曰鳳雛而文虎鞹而斑斑秀之謂也不日間昂霄聳壑姿態猗猗遠勝其父久之材堅可用時秦王病暑席温爲下常侍不稱旨有言秀甚忠能碎身爲王得之必如意王亟召使者駕追鋒車旁午於道既至引對王大悅詔柄臣金開剖喻秀以革故鼎新之義然後剖析其林刮削其麁編度令合又教其方直縝密於是

風采德能一變有司奏上殿王宣旨云恨識卿之晚賜姓名爲平瑩封夏清侯實食嶰谷三百戶瑩以賜姓名改字少瑕自此榥殿虛敞玉窗邃深瑩專奉起居往往屛疎妃嬪以身藉瑩向之喘雷汗雨隱不復見如超熱海登廣寒宮王病良愈謂左右瑩每近吾則四體生風神志增爽雖古清卿清郎何以尚茲寵遇益隆優曹侍郎羽果支頭使沈水養足功臣添憑皆出其下瑩暇日沐浴萬珠水醺酣百穗香辟穀安居咏籜兮之詩以自娛感子猷此君之稱嫌牧之大夫之誚回眎作甲者勞於魏武爲冠者小於漢

高白虎殿之虛名童子寺之寡援未嘗不傷其類而長太息也不懈於位前後五年秋歸田園夏直軒闥功日大無何秦王有寒疾不可以風席温再幸兼拜羅大周爲斗圍監蒙厚中爲邊幅將軍同司臥起瑩絕不占踪跡卷而不舒潦倒塵埃中每火雲排空日色如燄則憶昔悲今淚數行下乃上表乞骸骨得請以便就第終王世不用子駉節襲國有罪除其封人以凝秋叟呼之旣不埶風雲但以時見於士庶家亦得人之歡心後世尚循瑩業流落遍於四方惟西北地寒故轍迹所不至云

盧文進

文進字國用范陽人少事劉守光爲騎將降後唐莊宗遷授壽州刺史後奔契丹爲幽州兵馬留後明宗卽位率所部來奔授滑州節度使移鎭鄧州累加同平章事入爲上將軍長興中復出鎭潞州清泰中改安州節度使晉祖入立率所部奔金陵李昪命爲宣州節度使卒於江南

自契丹還上唐明宗表

頃以新州團練使李存矩提衡郡邑掌握恩威虐黎庶則毒甚於豺狼聚賦斂則貪盈於溝壑人不堪命士各離心

臣卽抛父母之邦入朔漠之地幾年鴈塞徒向日以傾心一望家山每銷魂而斷目李少卿之河畔空有怨辭石季倫之樂中莫陳歸引近聞皇帝陛下皇天眷命清明在躬握紀乘乾鼎新革故始知大幸有路朝宗便貯歸心祇伺良會臣十月十日決計殺在城契丹取十一日離州押七八千車乘領十五萬生靈十四日已達幽州

張義方

義方始名元達事南唐先主爲侍御史先主倚以肅正邪慝取前朝王義方名以易之餌丹病瘠卒

請納諫疏

古之任御史者非止平獄訟肅班列也有怙威侮法棄忠賊義樹朋黨蔽聰明者得以糾彈至於人主好遊畋聲色說奢侈佞媚賞非功罰非罪得以爭論使諸侯不敢亂法百司不得盜權則御史爲不失職今文武材行之士固不爲乏而貪墨陵犯傷風教棄仁義者猶未革心臣欲奉陛下德音先舉忠孝潔廉請頒爵賞然後繩糾乖戾以正典刑小則上疏論刑大則對仗彈奏臣每痛國家之敗非獨人君不明蓋官卑者畏罪而不言位尊者持祿而不諫上

下苟且至於淪亡今臣誠不忍忘君親之義有所不盡惟陛下幸赦之

張翊

翊京兆人仕吳爲武騎尉後見知於宋齊邱授府中從事南唐代吳擢虔州觀察判官西昌令

潼關賦

維皇王之建國分中外於上京憑山河以作固闢夷狄而騰聲誠曰咽喉吞八荒而則大是稱巖險控萬國以來平周有掌貨之節禮無關門之征臣防宵扃倚洪波而作鎮重扉擊柝連太華而爲城創中代之新號變函谷之舊名柱史老聃擁仙雲而西邁終軍童子建使節而東行文仲不仁廢六關而興誚王元有說封一丸而永清若用備不虞取諸繫象作邦畿之襟帶杜奸宄之來往長墉矗兮雲屯曾樓赫以霞敞登臨者有知其地雄踰越者無漏於天網亦有孟嘗奔走長宵未曙何白馬之不談學雞鳴而乃去逢尉臣之一失或愚者之千慮至如楚漢爭雄沛公先入旗鼓照耀兵戈翕習南面則三傑齊驅東井則五星俱集實靈命之所應亦人謀而是及王道廓而已清帝業巍

乎乃立窮四塞之艱阻成百王之都邑故知建功定霸期乎此關武侯矜於固險婁敬說乎河山視前烈之軌躅覽陳跡而躊躇旣登高而能賦希駟馬而言還

公乘鎔

鎔相州人先世有錫爵公乘者遂以爲氏事南唐嗣主嘗奉命與伴送使陳植航海修好於契丹

使契丹進元宗蠟書

臣鎔自去年六月離罌油七月至鎮東關遣王朗奉表契丹九月乃有番官奚離畢部牛車百餘乘及鞍馬沿路置

頓十月至東京留三日契丹主遣閣廄使王庭秀稱詔勞問兼述泰寧王燕王九月同行大事兀欲即世母妻併命又遼東以西水潦壞道數百里車馬不通今年方至幽州館於愍忠寺先迎御容入宮言先欲見唐皇帝面乃引見如舊儀問國書中機事臣即述奕世歡好當謀分裂之事契丹主喜問復有事否臣曰軍機別有密書契丹主接至夜聞乃云吾與唐皇帝一如先朝往來因置酒合樂又諭臣曰使人泛巨海而至不自意變起骨肉道路有聞亦憂恐手斟一玉鍾酒先自啜乃以勸臣令飲釂自旦至日餔

始罷自時數遣使宣勞三日一賜食謹遣王朗賷骰號子歸聞奏

江文蔚

文蔚字君章建安人後唐長興中舉進士爲河南府館驛巡官坐秦王重榮事奪官奔吳爲宣州觀察巡官歷比部員外郎知制誥南唐代吳改主客郎中拜中書舍人嗣主襲位累遷御史中丞以請誅馮延巳魏岑貶江州司戶參軍召還爲翰林學士保大十年卒年五十二謚曰簡

劾馮延巳魏岑疏

賞罰者帝王所重賞以進君子不自私恩罰以退小人不自私怒陛下踐阼以來所信重者馮延巳延魯魏岑陳覺四人皆擢自下僚驟升高位未嘗進一賢臣成國家之美陰狡圖權引用羣小陛下初臨大政常夢錫居封駁之職正言讜論首罹譴逐棄忠拒諫此其始也奸臣得計欲擅威權於是有保大二年正月八日勅公卿庶僚不得進見履霜堅冰言者恟恟再降御札方釋羣疑御史張緯論事忤傷權要其貶官勅曰罔思職分傍有奏論御史奏彈尚爲越職況非御史孰敢正言嚴續國之戚里備位大臣不

附奸險尚遭排斥張義方上疏僅免嚴刑自是守正者得罪朋邪者信用上之視聽惟在數人雖日接羣臣終成孤立陛下深思遠慮始信終疑復常夢錫宥密擢蕭儼侍從授張緯赤令羣小疑懼與酷吏司馬正彝同惡相濟迫脅忠臣高越之於盧氏義兼親故受其寄託痛其侵陵訴於君父乃敢蔽陛下聰明枉法竄逐羣凶勢力可以回天在外者握兵居中者當國師克在和而三凶邀利迭爲前卻天生五材國之利器一旦爲小人忿爭妄動之具使精銳者奔北饋運者死亡穀帛戈甲委而資寇取弱鄰邦貽譏

海內同列之中有敢議論則馮魏毀之於中正秉持之於外搆成罪狀死而後已今陳覺延魯雖已伏辜而魏岑猶在本根未殄枝榦復生馮延已善柔其色才業無聞憑恃舊恩遂階任用蔽惑天聰斂怨歸上高審知累朝宿將墳土未乾逐其子孫奪其居第使輿臺竊議將帥狐疑陛下方以孝理天下而延已母封縣太君妻爲國夫人與弟異居捨棄其母作爲威福專任愛憎咫尺天威敢行欺罔以至綱紀大壞刑賞失中風雨由是不時陰陽以之失序傷風敗俗蠹政害人蝕日月之明累乾坤之德天生魏岑道

合延已蛇豕成性專利無厭逋逃歸國鼠奸狐媚讒疾君子交結小人善事延已遂當樞要面欺人主孩視親王侍燕諠譁遠近驚駭進俳優以取容作淫巧以求寵視國用如私財奪君恩爲已惠上下相蒙道路以目征討之柄在岑折簡帑藏取與繫岑一言先帝卑宮勤儉陛下守之勿失而岑營建大第廣役丁夫孽子之居過於內殿亭觀之侈逾於上林前年建州勞還文徽入覲西苑會燕捨爵策勳岑披猖無禮狂悖妄言與延已用意多私行恩不當俾軍士懷恨怒之志受賞無感勵之心將校爭功諠動京邑姦謀詭計誑惑國朝致漳州屠害使者福州違拒朝命百姓肝腦塗地國家帑藏空虛福州之役岑爲東面應援使而自焚營壁縱兵入城使窮寇堅心大軍失勢軍法逗遛畏懦者斬律云主將守城爲賊所攻不固守而棄去及守備不設爲賊掩覆者皆斬昨勅赦諸將蓋以軍威政令各非已出岑與覺延魯更相違戾互肆威權號令並行理在無赦烈祖孝高皇帝櫛風沐雨勤勞二紀成此慶基付之陛下比諸鄰邦我爲強國奈賞罰大柄肆奸宄之謀軍國資儲爲凶狡所散昨天兵敗衂統內震驚將雪宗廟之羞

宜臨奸臣之肉已誅二罪未塞羣情盡去四凶方祛衆怒今民多饑饉政未和平東有伺隙之隣北有霸強之國市里訛言遐邇危懼陛下宜軫慮殷憂誅鉏虺蜮延已不忠不孝在法難原魏岑同罪異誅觀聽疑惑請行典法以謝四方

歐陽廣

廣吉州吉水人南唐保大中上書嗣主言邊鎬必敗事驗召授本縣令

上元宗論邊鎬書

臣近遊潭州。伏見節度使邊鎬。初非將材。偶逢聖代。加之任使。措置乖剌。大失人心。致奉節兵士。乘夜大呼。共焚譙門。會明而遁散。不然。幾致大變。是仁不足惠下也。朗陵近在肘腋。曾不爲虞。乃圖桂林。以取奔走。是智不足謀遠也。與監軍使昌延恭不相協和。動輒疑阻。是義不足和衆也。堂堂幕府。空無才賢。是禮不足得士也。軍中號令。朝出暮更。是信不足使人也。五者無一。長考之前古。未或不敗。請擇帥濟師。以全境土。

汪煥

煥南唐開國時舉進士。後主襲位。擢校書郎。

諫事佛書

昔梁武事佛。刺血寫佛書。捨身爲佛奴。屈膝爲僧禮。散髮俾僧踐。及其終也。餓死於臺城。今陛下事佛。未見刺血踐髮捨身屈膝。臣恐他日猶不得如梁武也。

宋齊邱

齊邱字子嵩。廬陵淦陽人。仕吳。累遷右諫議兵部侍郎。告歸九華山。尋起除中書侍郎。遷右僕射平章事。入南唐。進司徒同平章事。出爲鎮南軍節度使。徙鎮海軍。復歸九華山。賜號九華先生。封青陽公。起拜太傅中書令。封魏國公。賜號國老。奉朝請。出鎮洪州。周侵淮北。起爲太師。領劍南東川節度使。進封楚國公。周顯德五年。嗣主李璟詔放於青陽。自縊死。

諫不朝羣臣疏

臣事先朝。迨三十年。每論議之際。常恐朝廷百官之中。有忠赤苦口之人。壅蔽不得達其意。懇今始即位而不與羣臣相見。是陛下偏專獨任。自聖特賢而已。是以古之帝王。一人不能獨聞。假天下耳以聽。一人不能獨明。假天下目

以視。故無遠邇羣情世態。不必親見躬聞而可得知之。蓋能延接疏越異方之人。未嘗隔絕也。今深居邃處而欲聞民間疾瘼艱苦。是猶惡陰而入乎隧道也。然臣老矣。墓木亦既拱矣。桑榆之景。而可待以旦乎。

投姚洞天書

某學武無成。攻文失志。歲華蹭蹬。身事蹉跎。胷中之萬仞青山壓低。氣宇頭上之一輪紅日。燒盡風雲。加以天步陵遲。皇綱廢絕。四海淵黑。中原血紅。挹飛蒼走黃之辯。有出鬼没神之機。

齊邱子自序

廣平宋齊邱字子嵩性慵讀書不知古今然好屬意於萬物萬物有感於心者必冥而通之所以或得萬物之情或見變化之妙遂著化書以盡其道凡六卷百有十篇上二卷說道與術中二卷說德與仁下二卷說食與儉皆化之旨也蓋道不足化之爲術術不足化之爲德德不足化之爲仁仁不足化之爲食食不足化之爲儉儉二化其物甚卑其名甚微其教甚大其化甚廣可以禆道德奮仁義厚禮樂誠忠信噫不知萬物之化小人也不知小人之化

萬物也又不知小人之化化書也不知化書之化小人也化之道如是時大吳大和庚寅歲序

仰山光涌長老塔銘

夫衆生者晝則共一明夜則共一瞎明不爲之缺暗不爲之分蓋衆生同一智而共一見也佛佛相授祖祖密傳以玆爲法實無法也仰山心偈天下泳之正爲此也然其化導大綱祖教專用傳襲源流謂石亭仰山之宗則涌公嗣其後也公法號光涌豐城縣張氏也誕生之夕神光照庭鄰人以爲珠璧之祥間而伺之生男子也七歲請學儒詩書禮樂若有素習十三請學佛經論禪智悉如生知一旦請遊方求師父母器而從之於時石亭之羶風行四海乃往禮之石亭爲之剃度復就開元寺眞公傳淨名經密旨以十九詣襄州壽山寺戴公受大戒遂攜缾錫遍禮有德有間斷意契無間斷心以有生滅身得無生滅體石亭有似驢之問涌公有非佛之對石亭堂見諸方學人來便問子來作麽學人對曰禮拜和尚來石亭曰還見和尚否對曰見石亭曰見和尚何似驢學人無對石亭將此語每問折到學人未有能對者石亭乃問涌公云子將作麽對曰禮拜和尚來石亭曰還見和尚否對曰見石亭曰見和尚何似驢對曰某甲見和尚亦不似佛石亭曰既不似佛似箇什麽對曰若更有所似與驢何別石亭曰凡聖兩忘情盡體露吾有此語來近二十

年無人決了境子大利根當自保任吾不能盡標子異日可知而自行矣嘗大奇之謂之肉佛可以化人矣石亭歸寂公燃第三指以報法又燃第四指以報親皆不羣之事也仍歸止於仰之棲隱寺紹祖風也洪帥南平鍾王聞其名若禪師家麟鳳無有肩其威德者遂遣使迎止於府下使者至師不起於是州牧邑尹至亦不起已而士民皆來又不起乃共訴之曰師如不起貽郡縣之咎由是不得已而後從之既至復館師於石亭繼美名也是時爲人說法明色空一相人佛同種使士者捨書劍農者棄耒耜工者忘糾纆賈者散金玉萬務失緒官不

能禁師之教化明白也如是天祐十四年秋還如舊隱昇元二年夏順化於禪寢僧臘七十俗齡八十有九門人具梵禮塔於山之西南隅表至德也嗚呼涌公王者固召不就因慈悲而後就之眞天人也將來者多方求知猶有弗獲足見涌公不泯其能蓋力救末法之弊爾入室弟子彥新執古之士也任彼肉耳聆余廣譽不遠千里自袁而來以行狀授余請銘殊不知人不勝名文不勝德然哀其誠愨强而應之其辭曰

佛佛佛乃眞物自迷誤無得失曹溪歿仰山出曹溪髓仰山骨曹溪虛仰山實佛兮涌涌兮佛

欽定全唐文卷八百七十一

陳覺

覺泰州人仕南唐累官樞密使加兵部尚書以矯周世宗命欲殺宰相嚴續謫授國子博士饒州安置遣使誅於路

顯密圓通成佛心要集序

昔如來居出世之尊垂化人之道闡揚大教誘披羣迷開種種之門方便雖陳於萬法入圓圓之海旨趣皆歸於一乘然而顯教密宗該性含相顯之義派分五教總名素怛覽密之部囊括三藏獨號陀羅尼習顯教者且以空有禪律而自違不盡究竟之圓理學密部者但以壇印字聲而爲法未知祕奧之神宗遂使顯教密教矛盾而相攻性宗相宗鑿枘而難入互成非毀謗議之心生焉竟執邊隅圓通之性懵矣向匪至智孰融異端事必有成人能宏道今顯密圓通法師者時推英悟天假辯聰髫齓禮於名師十五歷於學肆參禪訪道博達多聞內精五教之宗外善百家之奧利名不染愛惡非交旣而厭處都城肆志巖壑積累載之勤悴窮大藏之淵源撮樞要而成誦在心剖義理而若指諸掌以謂所聞大小之教不出顯密之兩途皆證

聖之要津。入眞之妙道。覽其文體則異。猶盤盂自列於方圓。歸乎正理則同。若器室咸貫於無有。而學者妄生異議。昧此通方。因是錯綜靈編。纂集心要文成一卷。理盡萬途。會四教總歸於圓宗。收五密咸入於獨部。和乳酪之味。都作醍醐。采雲霞之滋。並爲甘露。誠諸佛之會要。後人之指南。使披覽者似獲如意之珠。所求皆遂。遵依者如食善見之果。無疾不瘳。覺學媿荒虛。辭非華麗。曾因暇日。得造吾師。每親揮麈之談。頗廣窺班之見。屬當傳世。爰託撰文。素慙舒理之能。聊著冠篇之引。

賈彬

彬。南唐昇元六年官祕書省正字。

聖母廟記

有唐中興文軌。未一天子。宵旰惠於烝人。疇茲賢才以理郡。詔瑯琊王公出宰畿甸。訓諭之日。具於綸言。是故圖書但載至止之日。夫溧水者。古之中山也。刋之在石。隸於宣城。瘠而名美。洎我皇出潛駐蹕。編王畿。土厚而俗富。水陸兼濟。鄉黨樂康。比屋可封。非賢不處。瑯琊公自達理隱顯教化之源。上布皇風。下調民事。閭里相賀。諠譁若爭。公每歸衆心。尚崇淫祀。罔根本末俱。食甘腥。亟現以之。須求遠近以之敬信。不有取捨。那分否臧。爰採地圖。稽求故事。乃得縣東南勝槩。獨立不倚。高而不危。顯著靈蹤。藏諸舊史。有若聖母享於是山。公乃曰。古之諸侯。今之令長。諸侯得祀境內。以祈有年。有若世運光啟。昭應協從。其名中山。其神后土。將設廟貌。胡爲不然。不率民財。只憑衆力。紺殿連碧。虹橋跨清。歸百姓之眞心。配神作主。俾中山之靈跡。與國咸休。其餘嚚淫。所完土木之設。並從毀折。無或興妖。有以見公之去邪蔑疑。爲政以德。愷悌君子。其在茲乎。惟神

正直聰明。不可不報之以介福。蟲霜水旱。不可不助之以陰功。無或儼然。以傷輿論。彬偶熟前事。敢書直言。用紀歲時。以示今昔。昇元六年太歲壬寅仲冬十有九日記。

畱從效

從效。泉州永春人。初爲散指揮使。擊敗朱文進之黨。遂自領漳泉二州。畱後。南唐以泉州爲清源軍。授從效節度使。漳泉等州觀察使。未幾加同平章事兼侍中中書令。封鄂國公。進封晉江王。後遣使貢南唐。又入貢於宋。未至卒。年五十七。南唐贈太尉靈州大都督。

上周世宗表

臣聞日月貞明。萬方咸照。帝王英睿。無所不通。竊以閩嶺五州古來一鎮。僻陋雖居於遐服。梯航長奉於上京。尋因王氏末年。建城失守。干戈擾攘。民庶蒼黃。臣此際收聚餘兵。保全兩郡。北連甌越。南接番禺。況屬貢路未通。所以親隣是附。今則伏遇皇帝陛下道侔諸聖。運應千年。布文德於中原。紹武王之丕業。意昨上遵天意。聊議南征。纔以金陵已歸皇化。莫不華夷賓服。文軌混同。然臣嘗覽此書。畧知往昔。竊見孫權鼎分列國。地有三吳。及於季年。臣於大

晉諸道各仍於舊貫。隨方率貢於中朝。惟彼前規。無殊此日。臣生居海嶠。實慕華風。輒傾葵藿之心。恭向照臨之德。仍進獅子通犀帶一條。白龍腦香十斤。

夏謙

謙。南唐昇元時人。

東林寺題名

西上閤門使金紫光祿大夫檢校司徒行右武衛大將軍兼御史大憲上柱國夏謙。叨奉睿旨。封冊雄藩。駐泊旬餘。將更歲序。受王恩而重疊。沐台念以彌深。而又許廁王車。傳遊化境。時昇元二年正月二十八日。故留題記。

景遐

遐。南唐昇元時人。

東林寺題名

武義元年十一月二十七日。朝議郎檢校兵部尚書賜紫金魚袋上黨郡公食邑一千戶景遐。自京城隨侍伯父江上歸郡。獲從家兄桂陽郡公訪茲絕景。時春林鬬芳。晚雨新霽。驪步忘倦。塵心頓清。竟日方還。故紀於此。昇元三年太歲已亥三月二十三日書。

張延嗣

延嗣。南唐昇元時人。

齊王重修敬亭昭威侯廟記

夫神之依人。而聰明正直。人之奉神。必專誠精懇。故立廟貌乎以備致敬。設祭祀乎以祈福應。享致敬而主福應者。其惟昭威侯歟。況乎靈蹤所來。異感斯肇。傳之時俗。文諸碑篆者久矣。而以嵐峯背擁。句水傍奔。松林鏁煙。陰物駭魄。於彼江左。乃爲名祠。會昌歲相國崔公龜從按察當郡。銘當時宵夢。顯茲後明靈。自是禱賽雲臻。牲牢日盛。指胥

無慚於青骨。倚山何愧於桂山。其如屢革光陰。旋傾簷棟。雨痕緣壁。塵暗儀形。未偶飾修。罔資輝煥。延嗣自皇帝御極初。叨承寵渥。共佐藩條。時謁祠庭。細觀圮壞。昇元三載秋。暫朝丹闕。以此上奏宸聰。及拜青宮。得不仰聞英聽。伏維大元帥齊王殿下忠符昌霸。孝奉家邦。克崇開泰之功。聿贊升平之業。遍流恩信。俯念（闕）神儀。顧問廟之隳損者。遂虔對以殿堂板閣。廊廡官署。遽降教令。遣齎白金。委之興修。蓋彼宏壯。一朞星律。方畢工徒。餘更綵繪威容。裝換幃帳。添列鞍馬。漆刷門窗。仍置動用所須。并造內外亭子

廊屋等。皆已周備。噫得一之靈。儼爾如在之敬。肅然。苟昭感無愆。則欽崇靡怠。用俾乎蘋蘩斯薦。庶幾乎福善是徵。苟雍熙之化無窮。保元良之基永固。延嗣幸濡帝澤。安測神功。對堅珉非敘事所能。銜令旨貴紀於茲。在時昇元四載六月二十一日記。

劉津

津。南唐昇元時人。

婺源諸縣都制置新城記

伊古之制。列爵惟五。分土惟三。暨周失九區。秦并百二。漢魏以降。晉宋以來。何其不然也。蓋皇王之道漸抑。強霸之政薦隆。得之者三術並施。成之者七德並用。於是或建邑以撫俗。或設壘以保民。當戎戰之時。委筦権之務。或便以漕運。或利以賦稅。故不束於教。而隨時之義。易簡而治者也。迨於亡隋失德。僞夏僭圖。我唐撥畧亂基。肇載天符。提神劍而掃清蕪穢。垂衣裳而治服華裔。應順天人。車書文軌。三百年之皇衢坦蕩。二十聖之帝業巍峩。須正朔於八荒。列股肱於十郡。永思偃武。常獲承平。豈期王政初微。鯨波遽作。迺諸侯方軌。宗社陸沉。故知天未絕唐。必將有主。

潛棲我土。晦伏齊吳。避強數紀之間。建蹟三分之內。神州興感。悲禾黍之離離。龍躍待時。應圖讖之密密。且大業不可以終否。彝倫不可以久虧。瑞協真人。祥符王氣。由是遠鑾長馭。覃思寬仁。讋世扶顛。獨居多算。況謀遊處。衆莫能窺。大勳顯襲於祈常。備物畢承於錫命。法堯舜之內禪。踵高光之再興。雲龍呈有位之期。道德耀無私之日。庶民悅服。詠維新而再賀。唐正裔夏稱觴。望靈光而咸思禹貢。其有盤桓險遠。偃蹇遐光。文德不歸。武威定取。帝曰。先朝昔爲失馭。故裂其地。今既復矣。可以歸之。且非財何以聚人。

非人何以求霸非霸何以襲皇王之道乃以國之東裔熬
天池以爲鹽國之南偏擅地利以爲茗歲貢數百膳五千
師其諸膠漆之財玉帛之貨山川之利租庸之常不足紀
也太和中以婺源浮梁祁門德興四縣茶貨實多兵甲且
衆甚殷戶口素是奥區其次樂平千越悉出厥利總而筦
榷少助時用於時轄此一方隸彼四邑乃升婺源爲都制
置兵刑課稅屬而理之僕謬以非才叨斯皇澤專茲討幹
任此民戎制置舊有城池近多摧毀則以境鄰東夏歲積
貨泉封畧匪遥備虞宜固恥云恃陋是曰曠官爰選三農

之餘互聚諸縣之衆同其力役完此城壍其西建衙山一
營添新壘三里其北則築平蛟穴接此虵城周環十里羣
來畚鍤半年之間閭閻盡易雉堞皆新啟昇元二門建東
西兩市衆聞悦辦畧不告勞曾無鞭叱之聲蔑有延蹉之
患莫不下屏羣庶上賴燮調幸畢厥功何有其績僕實慚
寡陋又乏討論敢摛鄙直之詞徑記歲月之事唐昇元二
年今上即中興位歲戊戌十月癸丑五日丁巳諸縣都制
置使檢校司空劉津記

吕延禎

延禎南唐昇元時人

復練塘奏狀

當縣有練湖源出潤州高麗長山下注官河一百二十里
當縣丹徒金壇延陵人戶並同潤臣讀石碑得聞湖利訪
諸鄉老咸曰疇昔以湖有爲故立碑於縣門其廢於今將
百年矣當爲湖日湖水放一寸河水漲一尺旱可引灌溉
澇不致奔衝其膏田幾逾萬頃昔環湖而居衣食於魚者
凡數百家有斗門肆所洎前唐末兵亂之後民殘湖廢安
仁議取斗門餘木以修戰備自此近湖人戶耕湖爲田後

來弓量賦稱租籍農商失恃漁樵失業河渠失利租庸失
計民思復湖以禦災奈何無所寘立焉茍欲訪其利病則
讀碑可知觀湖可見臣頻承條制葺陂塘切度其湖爲利
甚博遂爲材役工於古斗門基上以土堰捺及塡補破缺
處初謗議震動謂臣弗良圖且廢湖豐已者不十餘家有
湖無災者四縣之地臣明知利害獨如弗聞自今歲秋後
不雨河道乾枯累放湖水灌注使命商旅舟船往來免役
牛牽當縣及諸縣人戶請水救田臣並掘破湖岸給水如
將久遠須置斗門方得通濟其斗門木植須用槐栟乞給

省場板木起建狀下所司處分

練湖碑銘

不作利物不仁不翦害物不義不仁不義不足爲人先王投凶於四裔盡力於溝洫蓋亦除害興利以厚生民也延禎常思致力於人致身於君會國家乏使命爲丹陽令因舊碑預聞練湖之事噫世所嫉害大利小者其以湖爲田之謂歟使令之人不獲其利而懼其害旱益枯槁澇滋昏墊徒永歎其災而莫測其亂也田無十室之用湖富四縣之利智者有以從長愚者不可慮始利豈可廢害豈可畱

且湖之興廢有似隨國之興廢興於前唐之初廢於前唐之末今我唐開國斯湖豈得廢也具事以聞克諧天心大賚梓林以充門鍵傳命遐邇罔有不悅待事黔庶率皆相慶於是築塞環岸疏鑿斗門民若子來役僕農隙人不勞而物成財不匱而用畢大澤既陂大水既瀦物得其利民除其災波瀾瀰瀰魚龍以依菰蒲莓莓邑人所資步之終日不得其極望之若海莫知其涯雷雨時行源流歸壑穡人之功不督而獲乃植柳以助其防并工以培其闕歲旱靡俟雩河源不患竭丹陽耆舊屬言曰昔之復復其侵今之復復其廢是韋公之平其初而公以成其終也事雖殊時功其一揆而今而後民其有望庶幾免於患矣愚雖不敏聊以爲銘

海大兮波濤溺人湖深兮潤澤生民廢興我恐有數利害孰云奪倫風動菰蒲靡靡浪搖龜魚鱗鱗遠哉韋公兮子將復新赫赫然帝命兮永數萬春

章震

震南唐保大時人

後唐重建巢湖太姥廟記

伏聞巢居飲血之時克全朴素泊鑽火變生之後漸入澆漓既失淳元郎分善惡邇後生於聖哲制彼禮儀方設壇場始嚴祭祀其或旋聞神聖亟顯靈通陰功若被於黎元青骨亦昇於廟食代將襲矣世豈無焉巢湖太姥者姓寗氏則古巢州人也當漢末魏初之日值吳强蜀霸之年國既鼎分雄爭虎踞梟毛墜地鯨寇滔天江淮競起於干戈京洛爭持於劍戟且桑田變海今古共論土地更時神祇自顯唯太姥心將陰契道與冥符遇聖者於華門泄神機於語次其後果見龍王作怒鬼將興嗔使彼巢城陷爲湖

水樓閣皆沉於浩淼。黎民悉沒於洪波。而太姥先知。獨登高巘。生則免茲漂溺。歿乃主此波濤。陰功大及於行人。靈驗尋興於廟宇。塑神姿於寶座。列陪位於香壇。丹臉桃紅。雙眉柳綠。掌神兵於水府。呼風伯於山頭。送黎民未濟之舟。救商賈欲亡之難。南北之征帆蔽日。東西之白浪連雲。求之則必遂。諸心禱之則皆從。人欲無偏無黨。有託有依。案前之酒脯無窮。筵上之犧牲不絕。人皆蒙祐。物盡銜恩。雖聖德遐彰。而殿堂且隘。我府主汝南公雄傑卓爾。英姿凛然。笑馬援眉龐。徒有當年之譽。鄙姜維膽大。空傳昔日

之名。弓開而鴈落雲頭。劍拔而蛟亡水底。植亞夫柳。展韓信營。屯赴赴之師。統多多之旅。上可以克清寰宇。下可以壓定封疆。鎮國西門。爲王右臂。且三年布政。千里行春。褰賈氏之帷。歌廉公之袴。人唯安堵。物荷昭蘇。公以久別龍庭。欲朝鳳闕。先祈廟貌。大整行舟。櫓聲而十里交連。帆影而幾重相亞。太姥乃大垂靈貺。廣借神功。好風輕吹於雲檣。微浪不生於水面。往來利涉。上下無虞。既感威光。得無酬報。我公乃命其郢匠。召被般輸。相以殿堂度之材木。造正殿一間。兩徘徊。兩面行廊九間。中門一間。並兩挾廊。橫屋四間。一徘徊。南臺將軍殿一間。兩徘徊。官廳兩間。一徘徊。廚兩間。東門一間。利市婆堂一間。周回共二十四間。六徘徊。竹木甎瓦并彩畫傢伏等。計用緡錢十萬。工夫五千。不日而成。狀如化出。莫不梁橫蠕蝀。瓦疊鴛鴦。丹楹將畫斗爭妍。刻桷與雕簷鬬耀。時或風清月夜。霧散晴天。疎窗含細浪之聲。曲楹寫餘霞之色。其次壁描鬼將。廊畫神兵。牙樹霜刀。眉分鐵刺。怒發則山傾海湧。喜來則浪靜風調。壯觀靈祠。匡扶征客。必罄叙茲嚴威。何由畫此。亮端震也學乏倫敍。才非煮豆。謬提刀筆。忝佐賢侯。在承命以難辭。

謹斐然而直述。時後唐保大二年龍集甲辰八月十日記。

殷觀

觀。南唐保大時人。

景星觀記

運天成度。陶甄大塊。道之始也。軌躅發鑰。元黃啟宗。道之化也。始化無象。品物流形。形性之和。人氣是化。任蒸輝槖用。育腐彩夷櫂。以僭天折孽傷。允洽靈明。兆偉元道攸覆。維轍是圖。情莫尋枝。理宜歸蔕。袁州萍鄉盧溪景星觀。道畤唐福德星應宮肇也。陰陽會和。天地鼓泰。萬化資始。一

德惟新。星其茂祉。神圖觀若符眞。御宇洎乎九功。失緒六境遺蹤。季葉彫蒙。叔綱墳索。璪無雙爛。影昧層光。剖瓜爭望於秦川。分豆競奔於吴市。鄭羊解語。赤符狂醉於成都。屈馬無言。六甲亂迷於魏闕。星由没也。觀乃廢焉。圃翠飄椿。壇紅落杏。朱頂之瓊衣。住舞桂殿。香疎綠毛之文鼠。將飛莆池。煙冷。迨我后中興皇霸。有國以來。圖史詠風。天人合德。銅渾變九重。坤蓋金柱。鑠八紘。乾隅雀羽書梟。麟蹄拜野。百稔歲穀。羣安壽人。元功聿修。朴風大返。乾象作瑞。坤維出祥。星可浮圭。觀期角陸。甲推丙午。歲保中和。教化

中外。愛育民子。太守陳留邊公鎬。策勳霞綃。書勞翰諜。黃金鞱佩。殊恩酬紫塞之功。白錦裁文。異寵耀碧璘之貴。牧於是州。擧李承戩。牛刀剖位。虎劍臨人。命發宸躬。宰於斯縣。琴堂夜永。鳳樹秋高。景物陶然。政化成矣。兹觀實州西位。郤縣東隅。戩乃初訪遺榛。制豐開址。公則始聞芳躅。匠入神機。謂戩能宏道勤行。知戩有勸農暇日。給俸怡庸。傾資薰鍮精修太守邊公給屬宅庫田六千五百把還資常住得道士歐陽皎。老鐵髭鬚。長金指甲。陽山採蜜。撥聚螢於風巢。陰竈煮砂。臥眞龍於火鼎。笑解筇韡。深壓囹閘。公既欣從。戩聞命矣。於是博質文梓。廣實良甍。緬爾藏規。郢而珍用。勺視丹闕。具迹彤基。瓊房寫春。瑤窗疊日。七井桐碧。三清玉寒。穆天子之八駿遊迴。霞明汗漫。許侍女之一鸞粧罷。月墜崆峒。星乃歸焉。觀嘗復矣。觀卽公之下客。國之微民。徒言指馬。思肝空效剖魚。尋齊銘雖美事。事廣難明。敢肇唐皇昌霸之成。少導君子文明之述。詞曰。

大道無象。萬竅泯邈。赤羽立日。飛駒趁電。入元珠門。始見眞璞。雲臺顯迹。激濬眞風。教紐岡外。宗樞域中。有勤行者。攀虛躡空。偉哉聖王。聿修元德。星分大瑞。照我仁國。敷立

宮祠。用昭不忒。兹址其一。發蒙楚淵。鹿閑桂域。鶴弊芝田。不有此廢。星胡瑞焉。我后在位。誕膺皇霸。明皎日中。照一天下。是星可期。瑞我大化。斯觀復矣。自我賢侯。蓮宮鄙邃。閬闕圖幽。永符天瑞。萬古千秋。

朱恂

恂。南唐保大時人。

仰山廟記

夫胚渾肇分。元黃肇判。其覆之者圓蓋。載之者方輿。有晦明寒燠以成其序。有五星兩曜以麗其上。故曰四時行焉。

又曰萬物生焉矧夫神明之道其來尚矣古者有弗臧不順之事則徧走羣望鄭子產亦謂風雨不時禜於山川至誠神感貽厥百祥抑復善者福之淫者禍之總倚伏之綱紐提慘舒之權衡施之於人猶反掌爾假使以不法之事而請其神又胡異於拾瀋孰能尸之矣所以王表稱靈實知休否阮瞻著論自貫凶危或草木化於山頭或土田化於華地一顧千里輔德依仁簡策所存事撫非泯且古猶今也孰得而論如此則觀者神凝（舊志作癡）聞者髮聳迹者影響以至於斯苟欲窮其理探其源又何異張目於闇室莫

認其隅閧焉黙焉何所視也仰山廣惠公廟漢文之世而立於山之阿神姓蕭氏不知何許人也其季曰七郎亦立像於別殿昔有徐璠自蕪城歸宜春繫舟於彭蠡之岸忽有人附載自稱曰蕭氏居於仰山之陰石橋之右逮及茲鄉告別而去約於石橋應期而至璠因訴以無産思十畝之田以給其家彼乃信舍之間驟發大水漂蕩陵谷出田五頃璠即驚駭他日再往其處潛覘其形覩之乃二龍也方悟其非人也即仰山之神矣且龍者陰陽不測變化無窮非史墨無以詳其由非劉累無以品其性蓋神之所變

豈不聖歟厥後靈驗不可勝記里民歸之如流水恃之如慈母肸蠁垂祉威神愈彰有唐代宗朝廣德末神感夢於太守閻公瑜曰我龍之伯仲也實姓蕭氏其祠在仰山既險且阻我其徙之將近爾郊俾祭禱詰旦視之則盡拔其殿宇置於山下去舊祠僅一舍之地即今新廟是也朝廷以廣惠公贈太保其次曰昭靈侯贈司徒足以旌其神通歆其血食也噫巨靈之擘大華也萬古以爲聖迹而神之拔彼棟宇涌出邱壑豈非聖乎袁之裔夫實有所賴其或癘疫潛起水旱洊臻九扈告災六淫迭作莫不仗二神之

力而祛之詭毆之禱臨於軒廡貫千里封圻而受其賜矣垁圠之內孰不畏仰我皇纂嗣之七稔刺史邊公鎬以廟貌弗嚴榱甍漸損塵侵翠階苔剝虛廊像設雖存簾箔將弊遂興心匠重構雕梁方架重門旋屬解任明年刺史張公承傑下車是歲微旱爰請軍事判官駱延卿虔祝二神更新締建果獲元貺乃稱有年矣因率屬邑各輸其竹木僝工鳩力而修之并命都頭阮洪以蕆其事由是捜林以求俊材出帛以徵魯匠移濕就燥去舊爲新未終其謀而去其職十年六月司徒李公徵古自銓曹郎而牧斯郡求

瘼之始親造其祠命畢厥工用成前美由是召執事者暫之累月而後圓備雖令尹之九旬無以加也平叔猶存作賦休誇於古殿由余若在發言須讓於神功莫不廣檻長廊丹楹刻桷文璫刊外藻井懸空簷高而螮蝀欲飛瓦亂而鴛鴦不散繡栭星拱綵柱雲趨前架層樓旁堆翠巘引清流而繚繞面藍岫以參差豈惟玉女窺窗可以天人下視以茲宏麗固卜延長然後繢飾其像迎於二殿得不仰如在之容思莫大之福懿夫雕䃂之成威神之盛幢幢往來凫趨螽集有以盡其瞻敬矣自然禴祭加籩兩無虛日

則知非二神不能垂其祐非賢侯不能崇其祠望祀之中此實爲最無以繼也遂命載筆傳文以紀其事恂學愧縹囊才非綵筆徒奉受辛之旨實慙狂狷之辭罔愧直書用刻貞珉保大十年龍集壬子冬十二月五日記

丁宏道

宏道南唐保大時人

招隱院新建鐘樓記

且以太上元元虛無闡化文宣聖父儉約興宗雖鼎分枝衍爰歸寂滅我竺乾大覺天地之師啟甘露之教門演眞空之妙行蠢茲化界迷度羣生儼瑞相於離宮壯皇王之境土厥後隋朝嗣主文帝登軒頒示畿城大營香剎時冀陽衢斯國澤聿刱蓮宮縣是矣林王蠲其舍宅越檀信樹爾藍牆額懸招隱之名位壓澄江之上迄於唐代四百年間縱值廢興此不壞矣時有沙門惠明欲隆梵閣迺刱鳴鐘且惠明飲水飡蘗艸奉眞仙道德冠於五乘學力通於三教務茲嚴飾勉力逾年遂感畢方貢木表震旬之良林少昊遺金耀兌宮之美德卽命澄川般匠建爾層樓爰憑桂苑洪爐陶鎔梵響列有焚修院三僧令思及住院緇流

捨財請衆亭亭修竹度歲孤青皎皎雲蟾終年潔白共興蓮社同助化緣復次都勸首徐可樞耿承論徐玢遠邇檀越等早悟塵機俱親妙道尅世上有爲之寶置禪關無壞之因咸賚緡資可題誌銘爾陶鎔既闋斤斧又停韻而扣起天聞（疑）屹屹而從地踊鴛鴦疊翼上覆層簷螮蝀分軀下拏千柱洪鐘一挂警塵夢於千秋翠閣圓成鎮祇園於萬古宏道狎居槐市素乏嘉猷況乎釋道幽遐理覈難究深愧燕涓弱水爭起波瀾實慙腐草微光焉能代燭幸蒙請命不敢拒乎輒序勝因列於箴記銘曰

大覺眞如紺目修眉逾城得道曩劫懷慈化胡化越以法以詞人間天上惟佛爲師剗平香刹隋皇剏樹法鼓恒鳴慈雲式布地踊祥蓮天垂甘露帝祚同昌金園永固爰有緇公狎禪之宗三垂得趣十地門通營之妙閣剏之洪鐘儼茲勝善顯爾殊功院已莊嚴四百餘年額挂招隱位壓澄川焚修釋子繼嗣相傳刋於成事可久存焉保大十一載歲次癸丑仲夏月建立譙國丁宏道撰

欽定全唐文卷八百七十二

薛文美

文美南唐保大時官寧國軍節度推官知錄鎮事朝議郎檢校尚書主客郎中

涇縣小廳記

余自出周行來治斯邑竊觀圖籍亦覩風土歷代屢爲郡復改縣隸豫章馬彌後割龍門鄉爲太平縣沙城鄉爲旌德縣石埭鄉爲石埭縣可知古封疆遠近爾太和中裴明府銲惜其山勢雄峭溪帶奔傾翠鎖居人煙和公舍聞奏

依萬年縣廨宇制置縣署之後池塘迂折半里有餘雖水涸草侵波瀾不見而斜灣曲岸景致宛然別有亭基五所古木修篁交蔭若蓋覩斯遺址甚鬱於懷然則民病未除官方到任不可追往有害於今終伺豐穰以續故事庚戌歲中秋始剏高亭一間兩廈風來入面目達四方危假鼇頭靜同天籟乃命曰齊雲亭小廳者乃縣之古廳也不記年代屢曾增修柱木傾斜風雨不蔽頹毀既甚坐立非安議始重興量功揉斫先有洪水漂出巨材久在溪壖謂其蠹朽試請少府邢公楷監工人往覘得直木數條沿泝而

來如神所惠爰運斤斧遺就公廳複桷端堅棟梁宏壯咸儀百里花奐一方復於廳後葢廊屋三間水閣三間重梁續栱架嶮飛空簷影照波荷香入檻曰來風閣東北隅茅亭一所花卉藜雜果實枝繁翠色長在嵐光不散亦重修飾別是幽奇日烟鎖亭因記小廳乃得總述非衒功積要載歲時大唐保大十一年歲次癸丑七月二十六日寧國軍節度推官知錄鎮事朝議郎檢校尚書主客郎中賜紫金魚袋薛文美記

張洎

洎字師黯改字偕仁滁州全椒人南唐進士累遷中書舍人清輝殿學士入宋歷官參知政事卒年六十四贈刑部尚書

張司業詩集序

司業諱籍字文昌蘇州吳人也（一作和州烏江人）貞元十五年丞相渤海公下及第歷官太祝祕書郎國子博士水部員外郎國子司業公爲古風最善自李杜之後風雅道喪繼其美者惟公一人故白太傅讀公集曰張公何爲者業文三十春尤工樂府詞舉代少其倫又姚祕監嘗贈公詩云妙

絕江南曲淒涼怨女詩古風無手敵新語是人知其爲當時文士推服也如此元和中公及元丞相白樂天孟東野歌詞天下宗匠謂之元和體又長於今體律詩貞元已前作者間出大抵互相祖尚拘於常態迨公一變而章句之妙冠於流品矣自唐末多故洊經離亂公之遺集十不存一予自丙午歲迨至乙丑歲相次緝綴僅得四百餘篇藏諸篋笥餘則更俟博訪以廣其遺闕云耳

任光

光南唐乾德四年進士第一任將仕郎縣尉

唐臨川府崇仁縣地藏普安禪院碑銘

夫真覺了然離諸名相橫大千而非有等虛無以非空譬夫色映琉璃覩之則元黃斯在月涵止水爲之則游泳徒勞自四大相摩六根競熾認賊作子以幻爲真情塵適於峻極愛流深乎浩杳然後因病而須藥以渡而假筏故我竺乾先生唱以無緣之慈不盡有無之法化分萬行教立三乘隨彼性根次第啟迪則造幢造像施力施財皆福報之大端迴向之廣途也地藏普安禪院者邑人右軍牙將充昭武軍客司引客虞候鄧進與弟亮弟達等之所建置

也地居爽塏境占幽奇法宇禪堂洞然虛白金容寶像煥若莊嚴清溪經其前崇林映其後入座而風傳爽籟開軒而雲吐凝嵐蓋禪那宴寂之場大士棲眞之所也初邑中無禪刹或毳侶經遊則投足無地往往止於白衣之家甲子年中有守勳和尚者法門之柱石也振衣而來覩斯盡然謂鄧生曰聞君豪富特達好事然諾老僧欲構一禪齋以待南北乃此方未曾有之勝事也吾子其可爲乎鄧生聞之忻然炷香禮拜曰若和尚能此駐錫則弟子敢不發心遂於縣西南巴水之陰得此福地剏是道場故曰地藏

者因廢額也普安者表新意也自誅茅翦棘從基作構咸諮其規度無有限量一物已上靡不完整凡有緡數百萬焉彼優塡作像須達布金比諸信施可謂至矣土木既畢會勳公從鄱陽法眷造先師亭之請且曰功成不居古人之道也矧往畢吾師之遺懿乎固留不諾而去監院僧惠崇理心淳熟練行精明識中之智慧熒煌塵外之空花零落隨緣利物有感必通勳公既去鄧生眷其德業懇請而來以爲欲闡眞宗處食輪之將柅或難周給雖海會以疇依盍置田園用計悠久鄧生曰然卽捨附郭田三千把入常住俾夫金繩既耀香積彌芬二時既獲於坐豐四衆攸加於景附夫飯一僧圖一像猶獲大利益況斯邑之地前瞻何玉旁卽曹山寺達疎山諸祖道場多由此出或摩尼在握或窮子垂歸使至是者皆洗足而居開盂以食於此津涉自我權輿可謂未嘗有之勝事也蓋有以知鄧氏之善因信無量矣鄧氏之福報信無量矣予比佐是邑屬時和歲豐居多暇日與明府扶風公每遊斯院而崇公以予早因薄伎嘗竊高科繕錄所因以碑見請適苦多病辭之未能秋九月承詔命歸京師卽路有期前請愈確勉書事

實有媿斐然銘曰

至哉空王妙道無方失在揀擇得非思量風寂木定塵銷鏡光本來無物是謂眞常眞常甚夷金言不欺愛見所縛衆生莫知三乘引拔六度針醫不有權變疇將救之良田如金不種何穫巨福如海不勸何作惟彼上人能先斧鑿惟此信士能應彫斵巴水之陰肇興禪室壯若神運巧同化出永茂空林長光佛日巍巍福田與道相畢

李徵古

徵古袁州宜春人南唐昇元末第進士事齊王景達爲宮

官。改樞密副使。後坐宋齊邱黨。削奪官爵。置洪州賜死。

廬江宴集記

江南山水。天下無與爭也。匡廬落星。江南無與爭也。奇峯秀巒。穹嵒邃室。簡素極辭華之贍。不能紀其一二。圖畫盡丹青之妙。何常狀其髣髴。乾貞已酉歲。予旅遊及此。得國朝四門博士庭筠書堂故基。背五乳之峯。帶遷鶯之谷。瀑布在右。分一派以走白。彭蠡在前。凝萬頃以含虛。斯又匡廬閒無與爭也。予方肄業。乃結廬而止。俄而長樂從弟兄洎親友十餘人繼至。明年。予倚金印峯。復營小堂以自居。

遊焉息焉。無復四方之志。當是時。烈祖皇帝猶秉吳政。築大防以壅才俊。張宏綱以罟英賢。近悅遠來。雲附影從。予雖不佞。中於一目。繇是歷祕閣。登郎署。曳裾齊邸。記室在躡領樞近之任。拒此已二十年矣。今春以疾免職。獲自銓曹郎中出典宜春之任。南去。稅駕言歸。駐旌旆於江上。攜賓僚於林下。薙蓁莽以俯仰。濃陰認手植之木。登嶙峋以嘯傲。清音識舊流之泉。谷鳥山鐘。江雲潭月。稱心谿耳。一如曩昔。追懷同志。或在或亡。金章之身。徒皆貴仕。霜華入鬢。已失少年。聖上睿武英文。康濟南服。重湖畧定。曾參帷幄之謀。五嶺未通。方荷折衝之寄。王事靡盬。受命忘家。支頹補廢。繕治舊室。因磨翠琬。聊記斯來。巨唐保大十稔太歲壬子三月十日。銀青光祿大夫檢校司徒使持節袁州諸軍事守袁州刺史兼御史大夫柱國李徵古記

張居詠

居詠仕吳。累官至門下侍郎。入南唐。昇元元年。爲中書侍郎同平章事。表請先主復姓。進左僕射兼門下侍郎。嗣主立。罷爲鎮海軍節度使。卒。賜號順天翼運功臣。特贈守太子太傅上柱國清河郡開國公。謚曰懿。

郊祀議

孔子云。郊祀后稷以配天。宗祀文王於明堂以配上帝。此萬世不易之法也。昔長孫無忌請祀高祖於圜丘以配昊天上帝。祀太宗於明堂以配上帝。義爲得之。今國家嗣興唐祚。追尊孝德。而以堯舜爲肇祀之祖。宜以神堯配天於圜丘。孝德皇帝配上帝於明堂。禮也。其服物制度。古有常儀。願罷一切僞飾。

沈彬

彬字子文。洪州高安人。唐末應進士不第。仕南唐爲祕書

郎尋以吏部郎中致仕年八十餘

方等寺經藏記

古者伏羲氏之王天下也始畫八卦造書契由是文籍生焉而以三墳五典載其前以鳥官雲紀紀其後則周文王於羑里而演易孔宣父於東魯以删詩以明古今國家之所爲顯君臣父子之所作由是吾道逐世而盛斯文得口而行則四夷慕中夏禮教而來聖典緣中土敬信而到始則周昭王知佛生於中國後則漢明帝夢佛見於寢將由緒於今史冊斯在具司馬遷錄古老之語入於正史郭景

純采謠俗之志而以爲書尚勤萬代博古之賢討尋懿行忙六合闕三字餘之學探賾異聞而又周柱史以道德爲經本無爲而自化以清淨而自正體虛無而通元言杳冥中而有精以無欲而觀妙上助皇王之大化文歸純樸於輿人其中華之教有斯史籍備之載矣而後以西方釋氏之教爰到同化人僅二千餘年以諸佛之大說因緣救衆生之漸深苦惱以方便之言譬喻以化度之力慈悲若非調御丈夫出廣長舌相或在給孤園内或於耆闍崛山集大衆則此界他地俱來說大乘則小法邪見頓悟名爲法寳誌於佛言以五百四函總三乘十二分教兼此經文讚誦付諸國王大臣約僧以齋戒精勤化俗無驕奢放逸復以先朝白馬嘗負眞詮梵本既來翻譯相繼求諸聞見異代同歸有土皆行無君不敬於以傳眞偈於神州海島啟金文於朝磬暮香萬方生死之徒動念者報應堪驗六道輪迴之類歸心者超拔無疑感空王之化誘多門使羣生之歸向有路遂大和五年六月則有管内都監長講律大德宏機尊宿律大德延壽與都勸首韋廣安羅環等共爲議焉乃曰塵世大空浮生一夢論古人則傷心墳冢看浮俗則彈指風燈以爲言有四夷難生中國上以天人福盡暫

來作富貴英豪奚知凡世罪多又去入畜生餓鬼驗諸佛而既無誑語修諸善而忍不同心乃召居縣邑之信仁住寺院之上德散請化緣之士遐招書寫之人一境共緣十年告畢喜經論入衆函而俱滿念工匠裝寶藏以共成以金仙居於中心以風鐸鳴諸四角言勝絶則如地湧出觀元妙則自天降來若使共爲護持則牢度大神現寶珠於頭上更以同爲讚歎則信相菩薩鳴金鼓於夢中功德此圓僧俗相賀莫不松門白晝竹牖良宵梵音引讀於金文

燈焰延開於寶帙遂使開禪毳客入探貝葉之元停口輪師來味蓮花之妙是以一句一偈聞之者涕淚堪垂若女若男信受者歡喜皆大狀渴鹿而口臨福海如窮子而手入寶山使剛强者不煩王法而和柔令罪業者不經地獄而解脫噫人生須臾歲月倏忽死生既貪身衒聰明共好心先警悟慳貪作而貧窮是報人我起而嗔恚復生手來而空手俱來身去而空身共去是人眼見舉世心迷預修此日橋梁何止一生福利覩斯勝作善莫大焉彬八十餘生三教在念今幸覩　闕家再造禮教重新先唐允聖於江

南上帝儲休於域內崇君臣忠敬之道修寢廟配享之嚴覩虛空之吉祥雲報清泰之再中瑞以遠到者人自鑾船虜帳以求貨者物乃蚌寶蛟綃化被八方慶流萬福寰區有是士庶幸焉時乃秋掃陣雲波澄鯨海蓮清淨而朝涵玉露松偃蹇而夜喝金風雁有翼以辭寒僧無心而入妙幸於是日聊以述焉時唐保大二年八月十五日記

孟賓于

賓于字國儀連州人晉天福中進士楚文昭王馬希範辟爲零陵從事及恭孝王希萼入金陵賓于歸南唐累遷淦陽令致仕隱玉笥山自號羣玉峯叟復起爲水部員外郎歸老連州年八十七卒

碧雲集序

昔者仲尼删三百篇梁太子選十九首厥後沿朝垂名者不少苦志者彌多入室升堂有其數矣然六藝之旨二南之風後來未甚窮目沈淪者怨刺傷多取事者雅頌一貫亂後江南鄭都官王貞白用情創志不共轍不同塗俱不及矣今覩淦陽宰隴西李中字有中緣情入妙麗則可知出示金編備多奇句秖如乾坤一夕雨草木萬方春此乃

王澤所均春風齊霸姑蘇懷古云歌舞一場夢煙波千古愁因想繁華之日引成興歎之詞書王秀才壁句貧來賣書劍病起憶江湖詩人興歎時政如何聽鄭道士琴秋月空山寂淳風一夜生乃景清虛真風迴返徐司徒池亭句扶疎皆竹樹冷澹似瀟湘心匠所到景致尤疎落花句酷恨西園雨生憎南陌風阻公子歡動旅人感寒江莫泊寄左偃云煙火人家遠汀洲莫雨寒詩人之作客況淒然秋雨句秋聲在梧葉潤氣逼書幃廬山句谷春攢錦繡石潤疊瓊琳比興之言搜羅尤異江行夜泊句半夜風雷過一

天星斗寒恐怖一場虛明徹曉寄劉鈞云間花半落處幽客未來時得故人消息句夢歸殘月曉信到落花時腑腸難述懷想可知訪龍光謙上人云相留看山雪盡日論風騷見請道之相於望寒山之不舍又七言宿廬山白雲峯重道者院句雲開碧落星河近月出滄溟世界秋又海上從事秋日書懷句千里夢隨殘月斷一聲蟬送早秋來又夜泊寄友詩魚龍不動澄江遠煙霧皆收皎月高東林寺遠大師句杉檜已依靈塔老煙霞空鏁影堂深登毗陵青山樓有感句千里吳山青不斷一邊遼海浸無窮訪洞仙

宮不遇邵道者句羽客不知何處去洞前花落立多時憶溪居句杜若菰蒲煙雨歇一溪春色屬何人又六言句半落銅臺月曉亂飄金谷風多客中春思云又聽黃鳥綿蠻目斷家鄉未還春水引將客夢悠悠繞遍關山賦泉句誰當秋霽後獨聽月明中柴司徒亭前假山句螢影夜攢疑燒起茶煙朝出認雲歸衆目所觀他心不到春莫懷故人句池館寂寥三月莫落花重疊蓋莓苔惜春春戀不忍掃感物心情無計開贈王道士云槎流海上波濤闊酒滿壺中天地春論元酒太羹常徒肯愛述神龍眞虎賢者則知

負勤苦值干戈從軍之後受命以來上表中朝乞歸故國以同氣沒世二親在堂秉一宰於淮西獲安家於都邑公之忠孝彰矣賢彥稱之載被朱衣猶思丹桂乃爲言曰且名隨牓上者衆藝逐雲高者稀今之人祇儔方干處士賈島長江何須第一者哉公理淦民飲淦水清白著矣歌詠興焉況今賢爲寶以禮示人必當閫籍將書清庭即蹤愚生於邂逅得遂披承時也素月流天澄江如練對滄州而援筆乏麗藻以當仁以公五七言兼六言二百篇目曰碧雲集癸酉年八月五日序

張紹

紹南唐人

武夷山沖佑宮碑

夫鴻濛未兆凝一氣於幽原混沌無形接萬靈於空洞逮夫二儀開闢六合權輿清濁分流元黃異色乾綱既紐麗乎上者日月星辰坤軸斯維鎮乎下者川瀆山岳橐籥宇宙陶冶陰陽調四氣以運五行育三才而生萬物當其九皇御宇五紀乘時眞璞無瑕元珠絕纇輦鳳驂龍之主鶉居鷇食之人性與道俱心將神會惟清惟靜齊含太上之

眞無慮無營。盡類華胥之俗。洎乎大道既隱。上德浸衰。嗜欲之源開。知覺之路闢。禮樂弛而忠信薄。智慧出而詐僞生。澆俗滔天。元風掃地。是以聖人塵籠下土。芻狗蒸民。千里麒麟。慙同跛鼈。九霄鴻鵠。媿雜壤蟲。指異境以飄纓。望靈區而稅駕。安期東去。高步蓬邱。老氏西遊。遐趨崑頂。周家子晉。乘獨鶴以凌霄。漢室劉安。隨八公而度世。其如十洲三島。四極八荒。七靈既駐於鶱林。五老亦棲於方丈。商徼流精之闕。金母攸居。滄淯暘谷之宮。童君是宅。青田紫葢。玉溜丹霞。三十六洞天。並號神仙之府。七十二福地。俱

爲靈異之鄉。武夷山者。按葛洪傳。卽第十六昇化眞元之洞天也。又陸鴻漸記。昔有神人。自稱武夷君。曰吾爲此境地官。因以名焉。下有仙祠。其來久矣。盤根地表。積翠天中。狀維嶽峻拔之形。聳太華削成之勢。紅巖紫壁。接雲漢以流輝。邃宇幽房。映松蘿而逗影。靈源下發。南施化劍之津。聖蹟傍臨。北望遺弓之野。筠貞嶰谷。木鬱鄧林。芝秀五明。光搖絕頂。草芳十結。香滿迴溪。其間人去瓊樓。骨藏金鑠。望佳城於碧岫。指夏屋於丹厓。王子喬之玉棺。乃從天降。桓司馬之石槨。詎假人營。陵遷無欲墮之虞。刻盡靡不修

之歎。至於秋中好景。物外眞遊。會靈族於山椒。列雕盤於天際。金鳳花紋之屋。高敞雲亭。銀龍彩蔓之旛。輕搖日觀。瓊精泛雪。石髓凝霜。調素瑟之和音。風雲動色。吐清商之妙唱。鸞鶴沈聲。乃神人化理之區。實仙子盤遊之地。曩以皇靈中否。神器屢遷。九野飛塵。四郊多壘。元都紫府。與胡越以同乖。玉樹芝田。將黍禾而並秀。我國家鴻基再造。景命惟新。受河洛之圖書。法唐虞之揖讓。會塗山之玉帛。莫有後期。興牧野之干戈。諒多慚德。聖上運膺下武。聖紹先天。應千載之休期。執萬年之神契。齊乾坤而覆載。配日月

以照臨。庶彙咸亨。萬方胥悅。向以闔荒未乂。蠻徼多虞。爰徵不戰之言。順彼來蘇之望。漢將未踰於五嶺。百越從風。舜干纔舞於兩階。三湘獻款。九州畏伏。八表懷歸。南暨龍編。北踰雁塞。東極扶桑之野。西窮弱水之鄉。架險船深。稽首而請命。馳煙驛霧。歷角而來賓。可謂威震華戎。功格天地。而猶日慎一日。雖休勿休。宵旰忘勞。雍熙在念。峒山駐想。軒皇之問道猶賒。金闕凝情。周穆之省方未遂。乃眷東顧。況屬多艱。永念靈區。鞠爲茂草。特命出內庫中金。宣付建州觀察使王崇文。俾乃舊址。更剏新居。再擬丹邱。重換

絳闕。胥臣十除（疑）雍氏芟除。命王爾以行繩。令解飛而操斧。分月中之仙桂。以作宏材。並海上之神山。將爲巨鎮。虬堂對峙。鷁閣連翹。聳勾曲之石樓。狀天台之玉室。梁橫螮蝀。對齊景以增輝。瓦疊鴛鴦。望晨風而欲邇。霜凝皓壁。霞彩文楹。懸素魄於蕙櫋。植紅葩於藻井。金鋪月照。門闈流熠燿之光。珠箔風搖。軒楹處漪漣之影。壇高砌玉。樹密攢瓊。邃室斯崇。眞容載穆。仙官在列。羽客來庭。樓殿玲瓏。髣髴天中之物。境岡巒掩映。依稀洞裏之山川。爰精集聖之區。別錫會仙之嶺。神功聖力。無得而稱。臣識類夏蟲。學疏喻馬。嵇中散常悲俗骨。魯司寇但愧醯雞。色絲黃絹之文。聲華素乏。玉闕丹臺之事。紀述何能。恭稟宸嚴。勉旌福地。雖六天成燒。與皇極以長存。八極飛塵。將斯文而不墜。須曰。

大始未形。混沌無際。上元開運。乾坤定位。日月麗天。山川鎮地。萬彙猶屯。三才始備。肇有（一作肇開）神化。初生蒸民。上惟立德。下無私親。皇風蕩蕩。黔首淳淳。天下有道。誰非聖人。嗜慾源開。澆漓俗盛。賢者避世。眞人革命。八極神鄉。十洲異境。翠阜丹邱。潛靈宅聖。惟彼武夷。實曰洞天。峯巒黛染。巖岫霞鮮。金房玉室。羽蓋雲軿。因風雨。會有神仙。國步多艱。（一作聖道湮微）皇綱中絕。四海九州。瓜分幅裂。稔禍陬隅。阻兵甌越。寂寞元風。荒涼絳闕。赫赫烈祖。再造丕基。拱揖高讓。神人樂推。明明我后。允協昌基。功崇下武。德茂重熙。睿哲英斷。雄畧神智。拓土開疆。經天緯地。五嶺來庭。三湘請吏。四海震威（一作澄瀾）。羣生懷惠。猶勞宵旰。猶混車書。貪狼俟靜。害馬方除。淹留駿馭。想像鵷居（一作仙居）。心懸空同。夢到華胥。乃眷名山。追惟聖迹。內庫頒金。元侯奉職。三境求規。五靈（一作九靈）取則。跨谷彌岡。張霄架極。珠宮寶殿。璇臺玉堂。鳳翔高甍。龍轉迴廊。錯落金碧。玲瓏璧璫。雲生柱礎。電繞藩牆。七聖斯嚴。三君如在。八景靈輿。九華神蓋。清霄莫匹。明霜匪對。彷彿壺中。依稀物外（一作象外）。衆眞之宇。擬之無倫。會仙之觀。名之維新。高峯爲壑。區谷成垌（一作高岸爲谷巨壑成塵）。皇猷須聲。永絕緇磷。

張泌

泌事南唐。官句容縣尉。

上後主書

我大唐之有天下也。造功自高祖。重熙於太宗。聖子神孫歷載三百丕祚中否烈祖紹興大勳未集肆我大行嗣之德則休明降年不永襲唐祚者非陛下而誰臣聞昔漢文帝承高祖之後天下一家已三十年德教被於物也久矣而又封建子弟委用將相合朱虛東牟之力陳平周勃之謀宋昌之忠諸侯之助由中子而入立可謂正矣及即位戒慎謙讓服勤政事躬行節約思治平舉賢良賑鰥寡除收孥相坐之法去誹謗妖言之令不貴難得之貨不作無益之費其屈己愛人也如此晁錯賈誼賈山馮唐之徒猶上書進諫言必激切至於痛哭流涕者蓋懼靡不有初鮮

克有終也而文帝優容不咈聖德充塞幾至刑措今陛下當數歲大兵之後鄰封襲利之日國用匱竭民力罷勞而野無劉章興居之人朝無絳侯曲逆之佐可謂危矣試使漢文帝之才處今日之勢何止於寒心消志而已也臣惟國家今日之急務一曰舉簡大以行君道二曰略繁小以責臣職三曰明賞罰以彰勸善懲惡四曰慎名器以杜作威擅權五曰詢言行以擇忠良六曰均賦役以恤黎庶七曰納諫諍以容正直八曰究毀譽以遠讒佞九曰節用以行克儉十曰克己以固舊好亦在審先代之治亂考前載之褒貶纖芥之惡必去毫釐之善必爲密取與之機濟寬猛之政進經學之士退掊克之吏察邇言以廣視聽好下問以開閉塞斥無用之物罷不急之務此而不治臣不信矣詩曰敬之敬之天維顯思書曰儆戒無虞罔失法度易曰其亡其亡繫于苞桑言君人者必懼天之明威遵古之令典作事謀始居安慮危也臣觀今日下民期陛下之致治如百穀之仰膏雨願陛下勉強行之無俾文帝專美於漢臣死罪死罪謹言

欽定全唐文卷八百七十三

陳致雍一

致雍莆田人仕閩爲太常卿入南唐以通禮及第除博士遷祕書監致仕

舉故楚武王行冊不合儀事奏

右臣聞君父南面臣子北面七代之所不更凡誥誓之命使者宣行禮未安者故楚國武烈王謚冊命既非在殯之時約禮合行於廟使升詣楹間今之廟制出神主於室內北壁下使若南面統於外神莫敢安其室若北面宣制是失君之位禮云時爲大順次之今既非時合受於庭宣冊付嗣王既君命得申於禮甚順謹具奏聞

駮御史指揮習儀著冕服奏

知班御史高靖奏無祭南北二郊獻官合習儀近日多特其練達不親行事自今以後仍請著冕服習儀兼儀之禮自古無明文牒太常禮院知委者右臣得班司轉告令獻官著冕服習儀竊以古之習士於澤宮以觀其容然後得預祭周禮大宗伯掌大祭祀大禮謂習禮也欲其慎重敬事神祇自漢興叔孫通列綿蕝於野以表厥位習儀之禮其來尚矣若以袞冕徽章接神接神盛服土坋之中私相褻瀆實爲不可伏乞且遵往式以便服習儀仍下尚書省指揮議定

序諸衛府折衝官例奏

准中書刺問諸衛所管有上中下府折衝府都尉何爲上中下府謂十二衛管天下兵在外者有五百七十五府每府以人數分爲上中下等各分隸在十二衛只如左右衛有武成武安等五十府十府有折衝都尉各一員有左右果毅都尉各一員若除官則以其名額通稱曰某衛某府都尉其餘卽可知也

雅樂奏

臣塵忝曲臺之司謬（闕）典禮之政愧其不才敢謂曠職臣見太樂署教習奏其章句播之管絃迨二十餘年每陳設殿庭宮懸之樂只用祭昊天郊禮出入管和均調奏之諒其褻瀆上元塗民耳目謂臣不知矣近見勾當太樂署曹令虔報臣今月十八日入德昌宮與禮部侍郎徐鉉偕來聽樂非殿庭讌樂也陛下臨軒合用逐月均調讌羣臣合用姑洗蕤賓二調歌湛露鹿鳴等章冊后日會讌則合奏

正和之樂以夷則之調餘皆用時月之律且知音審聲此事尤難若撰樂章曲折相中合其聲調盡善盡美且乞喚曹令問臨軒讌會樂作何聲調新譜與周詩雅句同否試奏其樂復歌其歌詩上下抗墜曲折和否

太廟柱壞奏

臣見太廟署申十月二十七日夜元宗室鳴震及晨撿行柱礎破裂四片棟宇如故再撿行與前狀同者臣竊見中夏以來水潦浸溢垣牆倒壞陛下動明發之懷羌覲賢修奉疑此則又以見陛下虔奉祖宗非謂簡慢祭祀今廟室鳴震柱石破裂陛下宜遵恭儉之風克守純固之業將垂鑒誡畏敬神靈

上音律疏

臣聞羽籥干戚所以調八風也金石絲竹所以正五音也古先哲王致人神協和彝倫攸敘者鮮不由之高皇帝再造丕基顯登大寶修三代之禮正八佾之儀未及下章遽命置舞童令樂師導之以節奏教之以升降特備大禮於今二十年矣近者兵戎來侵王師出討言便宜者或以舞童食積年之儲為無用之具請並充用士伍以從討伐此

皆臺隸之言非聖賢之教也禮樂者國之本安可無之而又或衣冠之子或韋布之人荷戈戟以禦戎執鼓旗而捍寇非其能也具其數不過百十人而已加之以教習積年成功一旦棄之後無傳者存之未必減太倉之粟廢之豈益國家之師哉臣竊惜之仲尼曰爾愛其羊我愛其禮蓋亦此也伏惟皇帝陛下酌聖王之盛典特降聰明下闕

劾中書不許旌表吉州孝子瞿處圭等疏

臣竊聞中書商量不許旌表吉州孝子瞿處圭等門閭事伏以上古之時人民淳素故可無為而治三季澆薄無常行或可激勸而成則旌表門閭是其旨也中書舍人張緯不知大體屢興僻論以為鄉閭之民苟避徭役旌表則遞相倣傚止塞則永絕其源此茸吏無識者之所謂非大臣佐天子興教化之良術也且有闕來孝義著聞者絕鮮陛下之德所感相繼有廬墓者三人而不以為人化所滋翻慮其遞相倣傚若相率為賊則實害於時相倣行孝又何傷於政懲惡本欲人懼賞善本欲人勸倘遞相倣傚則是陛下敦勸之有驗也如不倣傚又用旌表何為今朝野之間不義不孝者何嘗不有風俗若此正是陛下急於敦勸

之秋。或小吏出此無稽之言。猶大臣必須懲絕。況居清切之司。當顧問之地。首創斯議。謬莫甚焉。噫。爲人臣子者。上有君。下有親。何思沮人之爲孝。夫王政之基。無先於學。人倫之本。莫大於孝。去年停貢舉。已沮陛下教人之爲學。此時於激勸。又沮陛下教人之行孝。將順其美。一何疎哉。伏惟皇帝陛下至德感於上元。廣愛刑於四海。邪見詭說。必不能上惑聰明。臣雖不才。而所務者大。所思者遠。恐或有一可之言。是以不敢不奏。

定皇太妃居弟喪儀狀

昭愛宮牒。請定皇太妃居弟改匡智喪事。左右准禮。以尊厭絕私親之服。皇太妃弟體君爲尊。不敢服旁親之服。而況私親乎。請臨喪則素服。入宮則否。假內請准式。謹狀。

奏蕃國使朝見儀狀

右伏以九州之外。蕃國來朝。正朔之統。不加賓客之儀。有異周禮有大行人小行人之職。而總其屬。卽今鴻臚四方館之任也。今月十三日。占城國獻馴象使朝對。列方物爲庭實。所司引進。按皇唐六典及開元禮禮閣新儀。合中書侍郎詣殿西取表升奏。置於香案。侍中升殿承旨宣曰。朕其受之。蕃使再拜以退。禮部尚書出奏其國所貢方物。未審付所司。侍中承旨又宣曰。制可。然後引方物付所司。今未見其儀狀。請下禮部指揮。自今以後。以遵常式。臣職忝禮司。合具奏聞。

議廢淫祀狀

准中書省劄檢。諸州城隍神封爲公侯。合行典禮。載詳其事。甚黷彝倫。且城隍之神。實土地之祇。先壽州奏封其祠。甚違典制。皇朝令式。不載前文。且五嶽視三公。四瀆視諸侯。在其地得祀禮。其餘有功於民則祀之。若城隍神無封

侯之禮。實見亂於秩宗。等威嶽瀆。臣竊恐諸道州郡志欲奏請。寖以成俗。淫祀之起。猶茲漸矣。伏惟皇帝陛下纂業以來。今八載。三才允洽。六事孔修。革故鼎新。必循於往制。由中及外。咸仰於聖謨。凡降渥恩。在乎名實。其壽州已行封冊。不敢更請改移。或諸道重有奏論。卽合永行止絕。

奏制冠狀

臣聞士有衣冠不正。朋友之過。何況天子。被衮執圭。儀刑萬國。有不中度者。曷以表於式敬。臣見法服內有通天冠及中單衣。内方心曲領。俱不合制度。通天冠三代不聞其

說秦有之漢因之降及魏晉迄於隋唐元正冬至朝會皆服之降於袞冕一等相承只以黑介幘上附十二蟬如一鶡耳臣又聞禮失求之於野臣今擬奐畫工尋歷代輿服志中且造進呈自餘諸王服遠遊冠相次改制

議御史戴豸冠狀

凡冠者彰別威儀端委形貌或簪白筆或𣰽貂或戴豸以觸邪或竪鶡以表武各因厥職盡有其名修撰高遠所奏甚協舊章其冠先已奏聞製造指揮訖

奏排龍墀班狀

右臣聞名位不同禮亦異數尊卑之秩朝廷有儀其有未正者臣忝禮司豈敢久而緘默累據通事舍人紀德柔等連狀奏論以其序立從前只綴北省供奉班末尋爲知御史高越奏改通事舍人班位即日無序立之地臣竊詳高越當時所奏末云北省無龍墀班是使通事舍人以卑處尊之上甚得不便竊以中書門下兩省近侍之官所以佐天子而規大政從容禁中左右獻替其或入閤分佐龍墀之上以宰相分立押班即今北省侍之制也於中品秩各不相敵者立位亦一一不相屬自殿陛以南分左右省及御史中丞殿中侍御史前後差次爲位通事舍人既是中書門下官屬居贊導之職亦只於北省供奉班末龍尾道下分作兩行爲位其南省既各不相統本以尚書六官爲首自沙池橫街以南爲位伏乞皇帝陛下准所奏遵皇朝舊式每過前殿朝日依此排立仍從班司指揮紀德柔等過沙池以背稍退後分左右爲位所冀尊卑有序禮度無差謹具奏聞

奏皇太弟不合立班狀

右臣伏見每遇朝會皇太弟與文武兩班橫行齊拜未合

朝儀伏以儲后位尊羣僚禮絕奏樂納陛鳴鐃出宮升降之儀明著禮令按開元禮班定後皆師保遵從入拜丹墀退自路門然後兩班齊拜臣職忝禮司合具奏聞

奏金吾班位狀

臣聞禮云行則折旋中規周旋中矩凡百卿士預於朝謁鳴佩就列奏樂入班升降之容不宜遽速每見金吾將軍奏平安之時徑道驟趨且殿庭之儀與軍中之禮不同今請隨班入對揖位立然後寬翔步直上龍墀奏訖折旋而行卻歸本位候退班隨金吾仗出今冊國后排仗日便依

此習儀。

奏舉翰林學士不合常朝預班序并知貢日不攝祭狀

侍御史知班高熇奏云。翰林學士不合常朝預班序。并郊廟攝祭三公行事及請假直具奏聞不具假牒臺省。右伏詳皇唐故實沿革前儀。文官兼翰林學士武官兼禁宮。皆位居內署職近中嚴。外朝拘班。曾不預列。其或正至大仗大饗燕及纂嚴大禮服朝服與諸司郎官知制誥例爲位其或官高者在職事官之上。或假故直具奏聞學士院使

牒御史臺知委郊廟攝祭。准實歷年勅應翰林學士及知貢舉在朝參限內並不差。謹具如前。

奏繖扇制度狀

令檢樂令。繖有四角方者有六角八角者。乘輿中宮紫繖。皇太子亦然。一品以下青。又繖有方者圓者偏者偏者圓不正之貌。不謂無所從來。恐偏字誤書編字。非編雉之爲具。乘輿中宮仗內亦偏扇。王妃亦有偏扇。一品以下無雉編扇。

祖宗配郊位議

臣伏聞禘郊祖宗配食之文。其來有秩。以遠祖而配者。則始封之君是也。若皇唐奉太祖景皇帝冬至配圜丘夏至配方丘。法周人郊后稷之義也。以近祖而配者。受命之君是也。若高祖神堯皇帝孟春配祈穀。法周人祖文王之義也。太宗文皇帝孟夏配雩祀。法周人宗武王之義也。國家憲章三代專配郊丘。得禮之正也。自開元中不用太祖景皇帝配天地。以高祖神堯皇帝配天地。謂高祖受命之君。有天下不因於景皇帝。至永泰元年。太常博士獨孤及議云。太祖景皇帝於柱國之任。翼周弼魏。肇啟皇業。逮封於唐。高祖因之。以有天下之號。天之所命也。亦猶周后稷始

封之祖。若廢配天地。是太祖之廟毀也。二年。禮儀使杜鴻漸與獨孤及議同。自是相承。復依武德貞觀故事。不用開元禮文。我烈祖再造區宇。建七世之廟。奉高祖居昭穆之上。景皇帝不在太祖之位。故以高祖配天地。太宗配雩祀。所以配雩祀者。蓋興復以來。未暇祈穀之祭故也。竊以高皇帝廟號烈祖。功格上元。居百世以不遷。繼中興而垂統。禮合躋升之義。位崇昭配之文。修撰高遠所奏。未協舊章。然則國朝大祀。歲只有三。若上遷太宗文皇帝配皇地祇。

是祖宗皇帝之功有差父子之倫不敘子雖齊聖不先父食周人所以郊祀后稷宗祀文王以后稷爲天地之主文王避祖之位今或依奏以太祖配皇地祇則於禮無謂未若建孟春祇穀一祭以太宗從下佐食然可奉烈祖高皇帝孟夏配雩祀使尊祖之禮得申免齊聖之食有黷考古沿酌庶協執中伏請更下尚書省衆官定議

衛匡適男入學議

樞密院剌問壽州都院官衛匡適男乞入國子監修習奉御批如此之人得否下禮院檢上按樂經國學以教世子

及王子公卿大夫元士之子謂之國學俾有道德者而教焉道德者今之國子博士掌教文武官三品已上及國公子孫從三品已上曾孫爲國子監生者太學博士教文武五品已上及郡縣公子孫從三品曾孫爲太學生者四門博士教文武七品已上及侯伯子男子爲四門學生及庶人子升俊士爲之也國子監太學也四門小學也今太學四門學算學皆國子監領焉四門俊士禮記王制論秀士升之司徒曰選士司徒論選士之秀者而升之於學曰俊士及按周禮司徒地官卿也其屬有鄉大夫知鄉人之賢能德行道藝以實敬之三年大比考與之行鄉飲酒禮升諸司徒司徒以賢能之書貢於王卽今隨貢吏上於尚書擢於禮部乃可入官也其有未登者入四門爲俊士也司徒地官卿今戶部尚書也准長壽年敕諸府貢舉人皆戶部引進其衛匡適男既無品廕卽合應鄉舉拔其秀異或未登禮部試卽入四門學准皇唐令皆尚書省補別載學令條例

大儺議

某日磔雞於宮門及國東南西北城四門每門用雄雞一隻磔懸又於國門西方設牲用少牢告祭太陰神曰維年

月日嗣天子遣太祝臣某昭告於太陰之神元冬已謝青陽馭節惟神屏除凶癘無有後艱謹以清酌敬薦於神尚饗祭畢黃門小童年十二歲十三歲以下一百二十人雜畫衣假熊羆等面執鞭仗火炬等分爲六隊隊師二員執仗鼓四員持鉦用桃皮篳篥笛一部隊師一員黃金四目元衣朱裳揚戈執戟押侲童立於前殿隊師指呼十二神名畢鼓譟入諸宮室遍逐疫從西門出以火授騎士傳炬疾馳投火於西門外水次而還有司設桃梗鬱壘禮畢臣

致雍謹按周禮。方相氏掌蒙熊皮。黃金四目。元衣朱裳。執戈揚盾。帥百隸而時儺。以索室驅疫。儺卻也。卻逐疫癘凶惡。夫陰陽之氣。不卽時退。癘鬼隨而為人作禍。月令。季春命國儺。謂陰氣至不止。害將及人。故儺陰氣。仲秋天子乃儺。陽氣不衰。亦將害人。故儺陽氣。陽君也。臣無儺君之道。故稱天子。此二儺。皆為陰陽氣不退。故國家以禮儺之。季冬命有司大儺。强陰用事。癘鬼隨出害人。故作逐癘之方相。猶倣想也。倣想畏怕之貌也。司馬彪續漢書禮儀志云。先臘一日大儺。謂之逐疫。中黃門年十二以下百二十人

為侲子。赤幘皁裳。方相氏引逐禁中。帝御前殿。黃門侲子唱和呼十二神。鼓譟炬火。逐疫出端門。五營騎士傳火棄洛水中。設桃梗鬱壘。出土牛於丑地。以送寒氣。隋志云。北齊晦季冬日逐疫。禁中鼓譟出。分六道出郭門。今禮皆從而行之。執事十二。執鞭何。鳴鞭所以警恒疫癘使之去也。十二者。從天之大數。謂之侲子何。西京賦云。侲童程林。薛綜註云。侲善也。選其銳捷之善者。故云侲子。用太卜太巫師何。儺者扶陽遣陰。太卜主陰陽之事故也。周禮。男巫掌冬堂贈。無方無算。鄭云。逐疫贈送不祥。巫與神通。言送使

東西遠近。無常節也。月令。季春命國儺。九門磔禳。以畢春氣。磔犬於九門。犬屬金。所以抑金扶水。畢成春功。東門盛德所在。無所禳也。又季冬命有司大儺。旁磔。謂遍十二門也。亦是扶陽抑金助木也。隋志。春季磔牲宮門及四城門。冬季大儺亦如之。其牲每門用羝羊及雄雞一。今禮不用。但磔雞。雞屬酉。為舍磔之。所以助殺陰也。九門是何門。九門謂皋庫雉應路是五也。國門六也。近郊門七也。遠郊門八也。關門九也。磔謂取白犬。磔破其腹。磔猶張也。謂披張其犬於九門也。禳告四方之神。止其災癘。犬屬金。金剋木。

所以抑金扶木。畢成春功。東方三門不磔者。春位不殺。且盛德所在。無所禳也。

禡牙祭議

准樞密院牒。去年遣李金全統軍。太常寺定有禡牙之祭。今遣親王出征。禡牙之祭。儀式如何。右檢歷代遣將出征。漢高祖為王時。設壇拜韓信為大將軍。東出陳倉。收畧秦地。魏遣將軍授鉞。北齊遣將告廟。授將軍鼓旗。帝親付鉞。後周遣將。太祝以羊告所過名山川。明帝遣大司馬賀蘭詳討吐谷渾。帝告太廟付鉞。如北齊禮。隋皇太子親征及

遣大將軍以豭豚鼓皆告太廟及宜於社二十年又遣晉王北伐突厥次兵河上禡祭軒轅皇帝以太牢制幣陳甲兵行三獻禮迨及皇唐之制天子車駕行幸及親征遣有司類宜造禡如開元之禮今檢開元禮無親王出征禡祭之儀沿革歷代皇唐所遵法者以開元禮令式爲定數內李筌太白陰經雖載將軍禡牙實非典故又禮記王制云天子將出征類乎上帝宜乎社造乎禰禡於所征之地謂師祭於其地而祭之本其經義實天子禡祭告於上帝以軒轅皇帝配諸侯無祭天帝之文若行禡祭即合祝文稱

天子告於上帝今閫外之事將軍專行天無二統禡祭但所過山川作統軍元帥祭文

奏郊丘從祀五方帝獻官不合拜議

竊見圜丘方澤大祭五方從祀獻官已下奠獻皆拜況五帝者是昊天之佐爲尊所厭不合兼尊於昊天壇陛雖有降等而拜敬不踰於上在昔先儒亦曾議定伏乞宣下許依開元禮施行

正大姑小姑山神像議

准祠部牒據彭澤鎮申大姑小姑乞改神儀者大孤山釋山云獨山曰蜀蜀孤也今下民訛言穿鑿浮僞作爲淫祠何所尚哉必也正名於義安取且山川之神博施於民有功則祀之其或名山大川能興雲雨水旱雩禜於斯不替其可廢哉彭澤鎮所申改正甚爲允當中所安排神儀部伍典式不載但依常式去婦人位立山神廟貌

乞宣所司製造繡袍櫜鞬議

右臣准開元禮凡遇正至大朝及臨軒冊大臣皇帝袞冕服文武常參官服金吾左右將軍隨仗入奉平安合具戎服被辟邪繡文袍絳帕櫜鞬況百僚具服入音在庭羽衛

咸陳禮容異備獨有金吾將軍只以常服依望入閤班列於禮未安伏乞宣下所司指揮製造繡袍櫜鞬二副逼立大仗日依儀施行伏聽進旨

駮郊祀五人帝不合用匏爵議

右竊見圜丘配帝從祀相承酌獻只用匏爵且五人帝者人鬼之神昊天帝者天神之神先王所以立法示民禮有異數匏太各用文質有倫禮云器用陶匏天地之性也豈以匏爵貢獻人鬼又用之飲福甚相褻瀆深所未安臣今欲止依開元禮施行

臨軒册封楚王不合執鎮圭議

臣今月日早臨軒發册儀注。先朝廷相承。皇帝臨軒衮冕服。皆殿中監進鎮圭。蓋是誤行。曾未沿革。伏以執圭者所以尊事上帝。嚴敬祖宗。若大朝會及臨軒册封公王。惟端拱凝旒而已。臣遍稽往籍。無臨軒執圭之文。其有不可削去者。先王舊典明矣。已指揮所司。准議施行。

定虞祭議

右臣聞古之諸侯。五月而葬。同盟至。故也。七月卒哭。自葬反哭及虞祔成事。禮用七祭。其間相去一十二日始畢。今

檢開元禮引舊儀。自漢以降。王侯同用士禮。踰月而葬。三月而卒哭。祭用三虞。其來久矣。今之諸侯。地非專統。禮無同盟畢數之文。已革前載。今月十三日慶王葬及虞。合用三祭。伏請准皇唐開元禮施行。謹具奏聞。

婚禮壻見外舅姑儀議

准禮部牒議皇子儲君太保見外舅姑腶物。按開元禮壻若不親迎。女氏壻往見主人於內門之外。拜迎。必見之。謂壻姻禮成。敬之道也。內門之外。親統於內也。若外舅外姑既闕。女家因壻婦告廟。以榮得禮也。其上先靈銀器衣段典禮無文。事須具回牒。

喪冠議

禮云。喪冠不緌。練冠亦不緌。去冠之飾。不全吉也。雖練冠亦用練白布為縞冠。乃衛文公大布之冠。今大祥踰月。吉祭之冠。冠武亦用細布。左辟積而厭。辟積類梁之上也。

欽定全唐文卷八百七十四

陳致雍二

博士高遠奏改顏子祝文議

右竊以祝嘏之說已著開元禮中升降兩義不同大祝云敢昭告小祝云昭告諒其損益盡在往典今高博士請改前經未敢爲允既尊其爲師待以不臣豈可抑以祀典援其公爵者或商容呂望逸免也武王式閭維師尚父尚當一時君臣亦不北面爲禮況顏子德冠師門道光亞聖千古景行一人而已開元禮太宗纂之高宗述之元宗定之

垂爲永則豈合改作謹議

再改正顏子兗國公祝文議

右臣先據太常博士高遠奏改文宣王配座顏子兗國公祝文昭告字援小祀例爲致祭高遠意者爲與武王祝稱不等欲不敢御署蓋迓至尊降屈行拜敬之禮殊不知中祀云昭告亦進御署署訖皇帝不拜今既升文宣王爲大祀兗國公卽便是中祀而況顏子德冠孔門徇齊聖智佐食則絕席居前侑酳乃服衮在上既禮容以相稱何貶拂而太懸武成王祝文開元天寶中亦云昭告進署不拜至正元年兵部員外郎李紓奏節文云太公述作止於六韜勲業形於一代豈可擬文宣王之盛哉遂改損昭告字云致祭不進御署今者國朝以其拯民靖亂崇德報功再奉嚴禋重構廟宇光靈顯被聖澤優褒聖典既修舊章宜正臣卻請升武成王祝文仍舊歸昭告字國公則不合更貶祝仍准禮大祝進御署拜中祝御署不拜夫禮者別尊卑名輕重奉常沿酌折衷後亦何必矯飾閒辭蘗穢簡牘穿鑿往事紊亂彝章視茲二途指歸一揆謹具奏聞

定皇太弟服會國太妃喪儀議

皇太弟繼統儲宮不得申其喪紀只服緦麻三月服三日公除按喪服傳曰何以緦也與尊者爲體不敢私其親今據禮經則是子承父之禮主豈宗廟承名器之重不敢申私親之服若服則是廢尊者之祭謂於死於宮中者三月不舉祭是也又云君之所不服子亦不敢服開元禮引喪服比公子爲其母練冠麻衣縓緣既葬而除練冠則白練布爲素冠麻衣縓緣今之白練布爲衣裳縓緣其裳也近代庶俗多用白布襴衫非先王喪紀之法服准令文三日成服朝晡五哭止具成居處飲食哭位則從其心喪至葬

期反服旣葬除服禮也

改正太廟遷祔神主議

臣聞王者之孝莫大乎尊祖有國之儀必先於崇祀採質文之損益正宗廟之祧遷載在前經垂爲重事國家中興土運再造皇猷雖殷薦之禮孔昭而正名之典未舉王艮臣因崇清廟遂上封章臣備位明庭攝官禮寺祇承末議思盡寡聞謹具條奏如後

太祖之廟及不遷之主

禮云天子始受命諸侯始受封爲太祖之廟國初以景皇

帝始封唐公慶延奕葉高祖雖撥亂以定天下其實因唐以爲有國之號故尊景皇帝爲太祖然前代諸儒亦議者非一愚臣竊以謂高祖神堯皇帝頃在隋季民實墜塗而濡足救人乘時啟運天命允集歷數在躬豐功厚德比崇三代洎奸凶僭逆皇祚中微九有之民猶思唐德本枝百世貽厥孫謀故烈祖高皇帝再造丕基光宅大寶昇元初以高祖有克定之業實受命之君尊居太祖之位是爲不易之典酌中考古允得其宜太宗文武皇帝定策濟時戡難立極惠周四海道冠百王烈祖考高皇帝仗義中興應期繼統功逾嗣夏化洽重熙以二聖有大造於人故兩室居不遷之地自餘親親之廟存者四焉

四親及義祖神主合出太廟

夫承祧繼統則降其私親尊祖敬宗則存其大義歷代已降何莫由斯是以先晉元之中興而南頓令與瑯琊恭王不祔太廟於春秋之義國君卽位未逾年而薨者尚不祔太廟又神龍中義宗孝敬皇帝以儲后追尊入祔太廟尋從輿論亦別創嚴祠而況四親位匪君臨地非正統高皇帝旣承太宗之後所謂以義斷恩敘之昭穆未合典故伏

見保大初給事中朱鞏著作郎徐鉉奏引秦漢故事請定宗孝靜皇帝成宗孝平王惠宗孝安王慶宗孝德皇帝宜準例於潛龍故地別創新祠以四時而祭旣協尊祖之義別爲祭禰之宗其太廟昭穆請自昭宗已上未祧遷神主祔並及請遷義祖神主於祠堂就飾廟庭別建嘉號如德明興聖二廟之比者準其年十二月勑文我國家務存孝敬理在不祧羣官但據典經故禮當迭毀予不敢違先皇之命不敢忘義祖之恩是降勑書期同（闕二字）勞於寤寐誠亦未安何者先皇御札尚新言猶在耳儒者已微典實議

論紛紜。苟歲月既徂。德音漸遠。畢朕之世。雖云厥心不回。後代之人。且憂其意可奪。如是則慮先皇之孝敬。豈無時焉。祧義祖之神靈。信有日矣。誰當執咎。予用悔然。欲其求萬世之永安。未若割一朝之罔極。奉於不祧之地。冀絕親盡之言。嚴恭無虧。告享於舊。上匪違於先旨。下何傷於孝心。咨爾宗親。當體朕意。宜委所司於祠堂別建後殿。安置塑像。其前殿奉遷祖主。以居其寢。庭制度祭享之禮。一如舊儀。永為不祧之廟者。所為因時適變。以公滅私。載考聖謀。實符命議。雖義祖之廟。已正於典禮。而四親之主。合同

於漢晉。是為師古。人何間言。其四親廟。臣請依朱鞏等原奏施行。或以潛龍故地稍遠。恐虧嚴敬。只依京都建祀。於禮無愆。其義祖祠建。請准元勅處分。

懿宗已下合祔太廟

伏以懿宗僖宗昭宗三室。地未當遷。禮宜祔廟。請依昭穆。以奉烝嘗。五時享焉。

高祖已下祧廟

伏以高宗至宣宗十四室。雖親盡當毀。而禘祫之祭。合敘昭穆。今請各造神主。居於夾室。

右臣致雍文慚學禮。業昧通經。忝在奉常。恭承議問。須陳管見。敢副宸衷。然而宗廟居尊。祀事為大。必資時彥。共啟詢謀。伏請更於通班。各徵議狀。然後酌臣可否。繫在睿明。謹具奏聞。

請公除預祭議

右臣伏見太廟行禮。百官有緦麻服已上。並不預祭。謹按禮經。諸侯絕旁親之服。不敢廢大宗之祭。謂官未葬者。欲人吉凶不相黷也。魏晉已降。變行權制。緦麻已上。假內謂之喪服。假滿即吉。謂之公除。今既葬公除。廢葬非也。彼公

除者。使人各得其祭。苟私祭不廢。則公除無嫌。請准開元七年正月七日吏部奏。依江左當時知禮者虞譚殷仲堪等議。相承等行之久矣。凡有百執事齋郎室長禮生已來。並擬請申詳前令。行公除助祭之禮。

廟像無婦人配座議

准祠部牒。據禮賓使何延錫狀。為元應王副嘍公各授官封冊。所服冠裳。及女人有塑像同座共享。兼畫僚屬等。乞賜改正移易。庶合典禮者。右檢封祠之制。古來有功於民者則祀之。無續容飾貌之狀。自漢魏以降。所在州郡有神

祠塑像衣冠人物。有夫婦共座配食之者。未知其所由來也。於禮無文。雖云配祔宗廟鬼神孝子感親之所。今元應王遺跡置祠。副嘍公或山川之神。各有受封爵。有受封爵有其廟宇之制。殿堂之上。左右列侍衛臣僕像。人居然如其諸侯外朝正寢之式。春秋祀享。准令文皆州縣供其牢醴之物。長官拜祭。祀以夫婦配食之義不同。今未委准禮移婦人共座居別座。其王各依准衣服令等降飾。以袞冕九章之服。婦人無爵。衣褕狄九章。於禮為中。仍請差工人就禮院畫衣服章數制度施行者。

牒太廟署令釐革請御署齋官不合拜禮議

右檢今月十四日冬享太廟。伏見攝太尉及亞獻官御署祝版到廟。先於殿前拜謁之。參神如家人之禮。竊以夙興行事。祼鬯之後。神靈降止。然後方行拜敬之禮。今未見其所祭而於致齋之內造次撩覿。頗甚褻慢。事須舉明。自今已後。便釐革者。

太廟設甄鉶議

據太廟置令王崧申。凡遇時享。齋郎薦獻。皆是每人兩番或三番。不免紛紜。執事或有差互。獻官寧免淹延。舊例簠簋籩豆鐏罍爵斝並是未明行事之前。烹牲取熟之後。夙設甄鉶和羹與三牲俎。等是祼爵之後。獻薦。今欲以三牲俎及毛血准舊例薦獻外。其脾膋並太羹和羹。所司可商議准菓菹饋等享前一時先設。載量變禮。甚合通規。不惟稍簡於排諧。兼得免彰於喧猱。奉判禮院商量者。

右致雍竊詳郊天以血腥為始。宗廟以祼饋為先。既祼奠然後薦熟。今欲和羹之鉶。與脾膋夙設。求其禮情。不近於義。實為未可。謹議。

邊鎮節度使謚議

夫功成事卒。身歿名垂。平昔茂勳。足以追寵。某人資性忠果。率禦有方。久捍邊城。適安堡聚。復於布化。順惠克孚。惟其勳臣。賴此統牧。天不慭遺。喪我元良。卜窆有期。論行可著。功高威烈。政和安民。按謚法云。有功安民曰烈。

文臣謚議二首

夫君子誕敷厥德。垂名於世。追美重終。謚而有贈。某人詞源濬川。德基崇嶽。出光帝載。式冠朝端。服飾增華。言行有範。爰自紫垣演誥。潤色皇猷。明懿孔彰。博聞是謂。按謚法云。博聞多能曰獻。

夫實以諫華名由謚易旣數前烈可述來芳某人襟抱融明風標秀逸文爲士表信在已先端黙持謙恭仁允惠請按謚法云恭仁鮮言曰靜

國子監官謚議

夫贈謚厚賢克敦君惠平生懿行可得而書某人蘊性純和秉德方直業通儒術學任人師宏益姬風儀型國胄數受之聲不絕典禮之訓有倫請按謚法云典禮不愆曰載

勳臣謚議

夫臣下竭力盡瘁立功於國國安君寧能事畢矣某人器

惟正亮性亦融明首贊宏謀力荷王室而自剖符錫壤名冠列藩茂續洪勳惇史備載易名之典謀謚於公卿曰思慮謀遠謂之翼

高士謚議

夫逸人遺範秀士流芳須示易名用旌高蹈處士某人懷眞蘊道嘉遁雲阿漱石枕流以激濁世人尚高節無以踰焉謀於闕　好曰正白先生謚法云清白守節曰正涅而不緇曰白斯之謂與

東宮官謚議

夫服勤官次最行有彰終身則敬忌不忘請謚而襃崇匪悋某人端明立身公正稽俗踐揚名級暉映士林適自入奉承華毗荷儲季克宣令範廉正有稱謹按謚法云廉直經正曰敬

吏部官謚議

夫啟殯告謚德行有襃追美旌功於焉斯著某人度量宏遠秉直在躬首自贊職銓衡不遺器任精裁人物疎附允中按謚法云附不黨疎不遺是曰平也

諫官謚議

夫生不可奪節死不可奪名身殁名垂旌大厥美某人忠鯁維亮風概愈高端委諫垣民宗威貫極言累進規正宏綱是謂直臣合旌遺烈按謚法云中正無邪曰質

鎮海軍遥授衛州刺史李萬安謚議

伏以李萬安器度不羈雄豪獨處義勇兼著寬猛相須嘗毗荷以親賢率衛兵而整肅累刺臨於列郡治封部以乂寧在昔邊淮之兵連營棄甲惟黄之郡嬰城不拔卻敵之力萬安有功謹按謚法決勝壯敵曰毅

和州刺史馬洪謚議

伏以號以表功謚以表德慎重厥美君子有終故檢校太保威衛將軍前和州刺史馬洪勇於戰鬬鬱有壯聲動必擒凶舉無遺策被堅執銳率居行陣之先畧地攻城每在衆人之上一麾臨郡嘉績有聞今也身歿名垂請誄匪怪引義爲用厥謚彰矣按謚法率義供用曰勇其馬洪請謚曰勇謹議

再定

伏以見謚知行終身有稱用旌將帥之臣可著簡編之美馬洪壯於戰鬬知勇丞聞考狀昭詳克揚前烈平霍邱之

賊縛周令殷於陣前解彭城之圍擒何仁達於馬上數其軍實夥矣前功今也云亡噫然可惜致果殺敵厥謚彰矣其馬洪請謚曰毅謹議

汀州團練使余廷英太尉謚議

伏以廷英承家軒冕肇迹東南少年以應聘諸侯厥名貴仕往歲以開匡啟宇宰府登庸洎叔世替夷奸臣擅命廷英智能料主謂故土不可即宮首率諸侯尊事大國保全多體思寧後昆觀字闕一始終允而彌顯按謚法深慮通遠曰思謹議

再定

伏以廷英粵自東南少登貴仕忠其所奉人曰匪躬垂三十年其勤亦至洎王師恢復建壘克平被天朝之懋恩列卿等之華級只爲神皋承乏侯服分憂爲政理躬有足多者溘然長逝用惻宸衷考行易名敢私典故按謚法名實不爽曰質請以爲謚謹議

刑部尚書嚴紹謚議

按考功送到行狀稽其往迹敬慎有終紹服爵承家時推華胄考祥視履人垂匪躬既名行以弗愆諒定質而可取

按謚法純行不爽曰定名實不爽曰質今請一字謚曰某謹議

改謚

據考功錄到門人華歸仁記其行事蓋惟誄貴之文有司以之弗取復詢輿論無損士風紹服爵登朝檢身立事名行既無愆爽始終須示褒崇按謚法云名實不爽曰質謹議

工部尚書刁紹謚議

據行狀紹前後從公歲華更事匪躬奉上盡瘁勤王爰自

牧守海陵。化數邑里。民情稱理。奏課居多。議名之端。歸美於行。紹向來安。身不競。修己自保。敬慎有聞。始終若一。按謚法小心恭慎曰僖。謹議。

龍衛軍副統軍史公銖謚議

公銖祖世朔方。捍藩顯功。爲唐名將。公銖便弓馬。習戎事。有名父之風。刺郡部。近民情。知良吏之節。性和不損。撫士寬容。考終之名。用以爲謚。按謚法寬容和平曰安。其史公銖請謚曰安。

知饒州刺史林廷浩謚議

伏以廷浩勇而有謀。臨事卻敵。往歲北師眾至。來攻泰州。是時孤城且危。外援不救。廷浩能厲士卒。分地捍禦。鑿展深塹。斷絕飛橋。俟彼布陣。援旗引闘。纔渡中河。半多陷溺。不有奇畧。安能保全。謚法臨事有斷曰勇。

天德軍使程成謚議

程成起自行間。累以戰功。爲時名將。頃在合肥。頻經大敵。旣斬獲數多。賞在上等。因且奮身不顧。負楯先登。陷彼堅陣而破執不撓。謚法恃義不撓曰勇。元宗皇帝收獎前勲。制辭云抗誠不撓。奉主言堅。命秩旣崇。忠義可取。按謚法云恃義不撓曰勇。

劍州刺史高脩謚議

往歲閩人怙亂。賊臣不庭。連結外兵。竊據東境。脩時爲裨將。分守上游。號令精明。訓御嚴整。善治攻具。妙用戈船。下延平（闕一字）夷之軍。破橫海艨艟之眾。越寇畏襲。邊郡謐寧。剋敵服叛。果功多者。舉一爲謚。謹按謚法服叛定功曰威。謹議。

司農卿元凜謚議

伏以凜文爲己華。用能進業。行爲士本。居則撝謙。因歷聘

諸侯。從事楚部。在官凡二十任。莅職僅五十秋。然而物議不諠。祿位無曠。矧遇季主荒怠。遭時艱難。絕居不疑。履危無咎。保全名節。歸休聖朝。據行狀云。去夫二國。不遺惡聲。事夫六君。不流靜譏。按謚法小心恭慎曰僖。去二國。事六君。無惡聲。無流譏。不謂恭慎乎。其謚元凜曰僖。謹議。

小殿直諸指揮廂虞候劉匡範謚議

誕生將門。爰有命聞。寬柔得眾。勤恪在公。幼襲世封。克荷先業。以忠正奉國。以孝悌承家。頃奉朝恩。守牧滁上。民無寃滯。吏絕侵漁。期年有成。風俗大治。又據行狀云。爲皇城

使日值北師來侵京邑騷動匡範忘食輟寢晝警宵巡仍散私財以募兵士屢陳章疏乞預征行念兹勤勞夙夜敢事按謚法勤勞無私曰順謹議

泰州刺史陶敬宣謚議

伏以君子沒世而名有可稱謚以德彰克旌厥美陶敬宣貫襲公餘以文立身華貫繼登允光前烈洎師都亞尹廉正有方東吳牧民勤恤不倦寬裕順理惠和以施謚法慈仁和民曰順其陶敬宣請謚曰順謹議

太尉李金全謚議

夫功成事卒身歿名垂平昔茂勳足以定寵故其資性忠果威畧有成履行端莊聲實無替往以大憝移國僞梁僭圖金全有致討之功復安天步紹宗繼統入扈乘輿式掌兵機克總侯府而又累仗全越出捍邊危種落安寧疆埸肅靜酬勳錫壤皆踐大藩金全知皇運中興能以義諭臣僚聿來慈服謚法慈和徧服謂之順李金全請謚曰順謹議

故歙州刺史太尉楊海謚議

右詳門吏錄到行狀楊海父祖仕郡縣爲吏海始明經調選有聞厥嗣傑作將臣性懷不羈雄豪獨處昔歲中州紛擾羣盜縱橫自言力勝於人分部得衆歸命我朝爰服休恩擢在上將期門清蹕勾陳衛兵統禦得權嚴整有序用海爲新安守到任知物情之所未便補累政之所未修洽隄防築壁壘蠲水害利民居勤績著聞功用可取謹按謚法施勤無私曰順請謚曰順

司空游簡言相公謚議

按公正明在躬亮直秉性出光帝載位冠朝端昔者職處掖垣兼持銓綜士無濁者官盡得人踐文章之臺治紀綱

之要奸吏屏畏貪夫廉隅言必至公門絕私謁日者越人皆誕寇我近畿餘孽盡誅首惡未諭方生釁隙遂詔行人受命而行臨事有斷洎登宰輔允副具瞻股肱其良邦家殄瘁議名請謚敢忘至公謹按謚法廉方公正曰忠臨事有斷曰肅

濠州團練觀察使郭全義謚議

濠州郡團練觀察等使郭全義薨夫謚以行政行因謚立克揚茂烈追美成功全義端委和門明愼師律入司侯府出踐藩垣民政武功雖書甲令易名考行未請省曹今以

敵殯有期。書方仍待。且據郭全義策名已來。夙居戎表。勇能致敵。用以爲褒。按謚法云。好力致勇曰莊。謹議。

前蘄州刺史李實謚議

實委質聖朝。奮身戎表。位兼隆於中尉。才復任於列藩。勤已居方。垂仁訓俗。考行誕敷其往烈。飾終克保於令名。行狀云。以援桴鞠旅爲已任。以爍熠烽舉爲時行。然而戎候自虛。懿誠未誠。謚法曰。武而不遂曰莊。謹議。

奉宣旨改謚

又據狀。實天祐中附翼戎臣。仗劍東渡。委質聖朝。是爲知

危亡之理。慎思慮之謀。以義而來。克安永嗣。謚法云。思慮不爽曰原。謹議。

左街使侯仁遇謚議

侯仁遇立身端謹。前後更歷職任。誠節無替。往歲攻圍福州之日。能厲士決戰。奪其城壘。殺獲甚多。雖功用弗成。而壯勇可激。按謚法。武而不遂曰莊。

寧國軍節度使陳謙謚議

伏以陳謙少年有鄉曲之譽。倜儻義烈。直氣不羣。頃値東甌兵擾。與其伯仲招結猛士。擒賊立功。拔爲上將。習戈船水戰之師。統劍津下瀨之旅。破錢塘軍。威振越人。界壤海垳。兵不敢犯。保邦庇民。謙之功也。近者執圭入覲。再陟帥壇。俾賴式遏之功。永作藩垣之固。天胡不憖。奪我帥臣。歸葬有期。啓殯請謚。用旌前烈。敢忘至公。按謚法。好力致勇曰莊。其陳謙伏請賜謚曰莊。謹議。

欽定全唐文卷八百七十五

陳致雍三

龍衛軍左廂諸指揮都軍頭故歐陽權謚議

右竊以前件人夙處和風時推驍將屢行征伐亟著勲勞爰自淮壖出師滁城卻敵縱鐵騎而從突拔予戟以先登破陣雲騰畏威風靡稽其行狀先皇制命云爾能前率騎兵身先矢石心堅効命勇有可觀豈不謂好力致勇乎謹按謚法好力致勇曰莊其歐陽權伏請賜謚曰莊

光山王延政謚議

光山王延政昔者無諸舊壤閩越分封惟嗣承慶基立爲極洎乎末途弗諶景祚中零因懷順軌之風永感安宗之念加以敬恭事上愼重寡言作牧鄱陽民安其化舉是美者俱爲謚焉謹按謚法敬恭事上曰恭安民法故曰定請以恭定爲謚

蔣彥威謚議

銀青光祿大夫檢校司徒右千牛衛將軍兼御史大夫上柱國蔣彥威卒據狀以雲翼馬軍教授衛兵彥威矯捍過衆騎射絕倫訓練之方申明有律行狀昭載易名可稱謹按謚法云治兵不遷曰簡謹議

左宣威軍使張于謚議

據行狀竊以于昔年參署戎府總掌簡要簡稽士卒規畫軍師幹局理事垂五十年勤亦至矣其爵命有等誄以名謚可加按謚法勤勞無私曰類

駮奏議周進卿謚議

竊以易名賜謚蓋用收奬死亡將帥之勲其或入則常直禁中扈蹕著勤出則斥候境土捍寇致力星霜累歲忠勇盡誠復有爵土可兼名實相稱者則與之周進卿附翼戎

臣策名環衛昔者惟以鞭弭隨事非因鼙鼓立功聖君柔遠之恩不循班例之選擢官亟奉再命歷職僅未四稔若使死之日班位可加不謂生之時功行無取而況卽日專征者百輩立功者無一人如此之流何足襃與自今已後在任未有勲誠立身全無異行者不合定謚

再奉勅旨定周進卿謚

伏以頃者中原作梗郡部多虞進卿隨戎車之徒惠然向化捨鞭弭之役從而策名荷祿驟列清朝衛蹕未施微效以其違去喪亂歸慕聖朝愼思遠圖克保來裔按謚法思

慮不爽曰原謹議

洪府神武軍左右親從兩指揮都虞候故孫漢遇謚議

藉父兄業爲將帥臣禦其翊衛之師宮陛盡肅總彼緹騎之任王府克寧方馳乃能適赴忠訃言其永逝用以易名漢遇立事以勤敬不替按謚法夙夜警事曰敬謹議

孫晟謚議

右伏以孫晟藴經濟之才有慎重之操守之以正固潤之以文辭事先朝居密近之地登右輔稱弼諧之任周歷清

顯藹有聞望洎北寇侵軼邊郡驚騷於修德庇民之時奉執謹乘軺之命聞其情專報主動必應機班彪論中典在漢仲尼由大夫思魯深踐虎狼之國競全臣子之節雖死之日猶生之年爰考易名宣旌盡瘁孫晟精於文學達於政事專以知物多聞闕疑豈不謂博物多見乎爲一介之使奮不奪之節見危致命確乎不拔豈不謂之忠乎危身奉上曰忠其孫晟請謚爲忠

常州防禦使李守義謚議

竊以立謚之法先王所以懲惡勸善也雖士有百行考終之道節一惠爲名守義奮身戎行位以勳立前後功行豈無可書者今復詳守義行狀任日有裨將秦銖稔惡聚徒懷害守義尋則俘擒之云有嚮報之語由神物幽附且守義薰旅訓民不能盡數君惠致來攜叛職爾之由未嘗引咎責躬而妄興妖語孽由自作神不可誣欲以此事歸美於功不曰疎乎按謚法好變動民曰躁改曰躁

鄂州副使前沂州刺史劉敬文謚議

伏以君子重終先王有禮既允啟殯請謚弗違敬文允處和門夙馳戎畧武昌貳君勤勞於茲今也命歿有聞爰加

贈典令善類也不曰宜乎按謚法勤勞無私曰類劉敬文請謚曰類謹議

德勝軍節度使孫漢威相公謚議

竊以一胙淮壖用兵將統無畧或始陣懼敵或望風靡旗或挫而受降或窮而被執以至禍難相繼疆土仍侵而漢威能嚴整禦戎精明出令決勝有料動算無遺戎師屢攻城守不拔保全名節集大功勳捍禦多能易謚堪獎按謚法決壯勝强曰武折衝禦武曰毅謚曰武毅謹議

汀州刺史張延嗣謚議

伏以昔者東甌別部。臨汀舊封。兵革遭罹。閭邑凋失。俗方阜化。民僅息肩。延嗣鎮撫得宜。物土咸若。嗟乎永逝。良用追恩。按謚法。綏和來民曰德。改謚曰戴。

故虔州節度使賈匡浩相公謚議

伏以策勲謚行。名實有倫。善惡必書。褒貶斯在。故龍武統軍使檢校太傅同中書門下平章事河東郡開國侯食邑一千五百戸賈匡浩。頃以程功積事。服勤有年。國朝疏爵之初。人惟求舊。洎剖符錫壤。休顯亦多。廬陵上饒。聲化且著。南康重鎮。番禺連封。五嶺之南。惟王巨屏。有溪洞獷民

昔嘗恃險。竊聚妖兇。匡浩控壓蕃要。務去元惡。致令滋蔓其徒攻剽廬舍。而匡浩受方面重寄。不曰徒然。夫見義而動。所舉必剋。匡浩執心寡斷。何所述哉。按謚法。述義不剋曰丁。賈匡浩曰丁。謹議。

右千牛衛將軍白福進謚議

伏以一昨中州阻兵。民庶遷蕩。福進持其部伍。靡所依歸此不右招。彼何寧族。來思之念。順軌是圖。按謚法。深慮通遠曰思。謹議。

太尉劉崇佑謚議

崇佑襲先公之爵。踐華冑之封。而能稟受兵鈐。精持戎律。居中宿衛。盡瘁勤王。晉陵牧民。同安治郡。未幾滿秩。咸著善聲。行狀云。爲政之日。獄訟無擾。民人乂安。按謚法。勤恤仁隱曰德。豈不謂獄訟無擾乎。又曰。寬衆優足曰德。豈不謂民人乂安乎。其劉崇佑請謚曰德。謹議。

軍使孫彥潛打毬馬墜死謚議

孫彥潛少年以節概不羣。雄豪獨處。習兵家之法。有名父之風。訓士禦戎。人皆稟令。方立功業。是賴將臣。忽傷銜橜之虞。遽痛垂堂之戒。雖捐軀自効。而獻命不忘。謹按謚法述義不克曰丁。

再奉宣旨定孫彥潛謚

孫彥潛較藝武場。馳驅君所。雄勇効力。誰曰不然。昔魯莊公及宋人戰於乘丘。縣賁父御。卜國爲右。馬驚敗績。公欲罪其無勇。二人遂赴敵而死。及圉人浴馬。有流矢在白肉。公曰。非其罪也。遂誄其赴敵之功。以爲謚。今彥潛亡命奔馭。貽譏有司。與其赴敵而死不同。若責其垂堂之訓。又太過也。臣請改以武而不遂曰莊。

江西節度副使馬希蘊謚議

伏以希蘊家甘啓土允胄襲封率事聖朝獲寧來嗣往令藩任連彼（闕一字）華支轉之懷副軍是賴奄忽永逝於焉增傷追遠之期易名可贈行狀云長自綺紈幼居祿位端莊慎密似不能言縱喜慍家人莫得而知之按諡云安心好靖曰夷

海州兵馬監押吳廷英諡議

伏以吳廷英早列內班頗聞幹事洎升監護亦克訓齊對敵而不避鋒鋩失律而莫諧功業遽從淪喪宜勸將來執固誠堅易名宜著按諡法義勇不遷曰果大戴禮曰犯之

以卒而不懼及置義而不遷請諡曰果

右驍衛大將軍致仕故王令莊諡議

伏以王令莊嘗事和門頗探戎略久司羽衛之職晚分符竹之任始末不懈民庶輿謠黃髮彌年優游卒歲稽其往行豈不謂之寬樂令終乎按諡法寬樂令終曰靖請諡曰靖

諫議張易諡議

張易抱耿介之性韞剛直之風宇量獨高識斷明擅詳狀其行昔歲國宗有北門之警而王師不振大臣獻畫多所異同易抗辭而前獨屈羣議寧難之略潛合睿謀祇如面斥奸臣不畏强禦傾邪者見之而屏息黨錮者聞之而銷聲而又集諫議之書極匡救之理啓迪聖覽規贊大猷忠鯁之懷風節恒峻議名之狀一惠爲諡謹按諡法直道不撓曰正

右領軍衛將軍譚漢鐇諡議

伏以漢鐇以其少年鄉曲有譽頃遭世否蘊有成謀載執干戈散招逋叛保乂故土營衛屬城勳伐因彼有稱爵位爰茲而陟按諡法安民立政曰成漢鐇成守之民競於亂

而故土不遷豈不謂安民立政乎請諡曰成謹議

諫議大夫江文蔚諡議

文蔚昔者持憲之日對仗彈事廷劾宰相剛直之性無所顧憚秉心一德中立不回按諡法一德不懈曰簡

太弟少傅李匡明諡議

伏以先王論德行以爲諡稽其往者愼終有稱既啓殯而有期諒美名而可易太弟少傅李匡明襲爵承家匪躬立事爰自紫垣演誥潤色皇猷烏府提綱申明庶獄同安理郡惠政以成林林之中清風久著而又攻基善翰知音審

聲執射而容體有儀飲酒而程度不惑學通周問尤多能矣謹按謚法博聞多能曰獻李匡明請謚曰獻

保義軍節度使鍾承勳謚議

伏以鍾承勳寇鄧名家褚賈洪族連成里之貴開爵邑之封揚歷清途周旋峻秩再處方州之任尋統下瀨之師能保和柔奄至淪謝稽諸往行以議易名謹按謚法和柔居中曰懿謹議

司空嚴續謚議

據考功列到行狀云嗣承慶基有象賢之德中正不倚秉

心罔渝祇如再踐鈞樞兩迎會館富貴絶驕矜之色始終無險詖之心又以道著彌綸功扶翼戴荷先朝之顧命贊登極之法儀百度惟貞四方是則再稽前烈敢忘至公謹按謚法和柔居中曰懿

右千牛衛將軍王再興謚議

伏以再興經踐歲紀序爲將臣昔嘗總翊衛之權居右廣之職戎律既秉謀誠豈無然而偃師中府謝病終老勲伐未著爵位虚崇命數彌加謚名宜賜竊尋其家狀頃自洛京仗義南渡擇主而事思慮不違按謚法通不爽顧曰思謹議

右衛使司空李承祚謚議

伏以啟殯納柩日月有期謚行易名始終斯著具銜李承祚承家將種勲德有稱惇謹爲人忠勤立事洎司武候夙夜警巡奸盗克戢市鄽無撓考狀昭載名實有倫按謚法夙興警事曰敬李承祚請謚曰敬謹議

龍衛軍使司空劉崇禧謚議

夫名實有倫在乎表厲考功無籍莫得而書今據故吏裴洪隱紀其行事有司質以爲謚惟崇禧一胙受推轂之命師次淮陰終於王事服勤死衆總於弗忘是謂夙夜就事

受命不遷曰敬劉崇禧請謚曰敬謹議

太尉王建謚議

故具銜王建卒尚書省考功録到行狀其人頃因寇亂起青徐部入魏梁師乾寧中與其徒葛舟來侵壽壘無陣北爭奔涉溺者萬計建獨得數騎臨水勢蹙於是下馬地鬬劍戟相搏奮有餘勇人莫之勍俄而免冑請執獻命我師爰從委質亟立前勲擒李遇於宣城逐王茂章於淝水攻無錫走越寇建有功也出刺郡吏民無撓疆鄣以寧偃師

多年懸車卒歲黄髮彌壽忠亮惟堅按謚法克敵勤民曰桓

左威衛大將軍瑯琊太尉侍中王府君墓誌銘并序

公諱繼勳字紹元瑯琊臨沂人因家爲泉州晋江人也其先自秦漢至隋唐累世名德冠冕蟬聯不絶國史家牒莫不詳焉故所謂仁人之利本枝百世昭穆無窮若夫離翦佐時寧亂定功於前渾祥輔主濟民垂名於後歸刀示信誓水指期或闢土肇基宏大功業近則我祖有之也別宗

因地始封閩王諱審知族人尊之是爲太祖四世之親因之追賜故桂州陽朔縣令贈司徒諱玉公之高祖也司空贈太師中書令諱傒曾祖也守泉州刺史贈侍中追謚武肅諱審邽皇父也福建管内三司發運副使檢校司徒贈太尉諱延禎皇考也崇國太夫人宋氏妣也公大昴炳靈祥麟叶趾弱齡襲爵寅亮秉躬我顯祖光宅閩區功格東表漢封三越奕世重熙修職貢方不替獻命中間赤符未集作帝自娛維彼哲人振振公族剏復閩隸殘孽棄釁肆光公能刻日指期對天永誓果見克殲猾豎大刷恥讎再造邦家疏爵崇命英蕩華路鸞鈴飛鑣加服九章踐登二事高陽舊里繁盛昔時行部晋安遺愛未泯保大四年諭順祐之理稽筮遷之徵實融適變而動公臆斷有焉帝嘉其誠允答高秩拜侍中加特進賜推忠効節奉聖功臣食邑三千戶戴蟬珥貂入侍帝闈功冠羣后位隆鼎司五年領池都團練觀察處置等使守池州刺史秩滿考成績之狀居奏課之最再命陟庸不替厥位七年崇國太夫人奔問至自傷行役版輿闕奉陟屺增望敬勞永思忽焉哀驚迨將絶息羸病扶杖允莫能興萬石君純行篤孝人皆擬

倫焉卒哭告祔金革從權起復視事共治七載宜民宜人無怨無惡惠政誕洽庶績咸熙朝拜左威衛大將軍屯守期門率厲士校玉顔鑒物温言煦春遇士大夫有禮與小人有恩器度豁然貴而不佚兼以書善楷妙經誥墨迹餘暇手寫好學不倦爲善是稱招禮耆儒宏廣經義通方之訓隆諸子弟堂構斯威由公負荷有此之賢如此之親嗚呼天不慭遺哲人其萎享年四十有五以保大十四年七月十二日薨於京師崇禮坊私第正寢皇上撫几增悼廢朝三日詔鴻臚護葬司儀禮賵賻加等啟殯右衛上將軍

諡曰敬。禮也。以其年八月二十五日。葬江寧縣安德鄉安宜里。往日卜竁於此鄉。先夫人青陵原合祔。禮也。嗚呼。祖庭撤奠。遷柩屬紼。素旐委以曳輴。雲翣翼而蔽驂。笳鼓悲鳴。霜風慘冽。世嗣號而踴絕。虞歌挽以縈紆。嗚呼。既葬皇皇。求而不見。親賓拜以復土。輿仗回而下岡。微陽疎林。歸軒空蓋。公娶清河郡夫人崔氏。舊朝相國允族孫女也。秀發景胄。訓承大家。曹謝賢才。維則是效。裴王宗族。作嬪可偕。不幸先公而亡。繼室滎陽郡夫人鄭氏。往歲名推賢淑。翼贊宮闈。玉度有輝。蘭儀誕茂。作儷於王。公從夫爵。禮也。

長男傳嗣。池州中軍使。顯居右職。是司鼓鞞。秉同律以聽軍聲。陳旌旗以鞠師旅。在昔宣任。今爲具臣。仁孝之行。天誘其衷。端已厲俗。勤節苦學。寡欲無玩。瓌瑋奇才。或以德進。而必待舉。次男曰傳憲。次男曰傳勗。並冠而未仕。就賢親師。進德修業。吾門以大。其在茲乎。有女二人。長有適人爲婦之端。次以少未笄。既喪父天。殆無所怙。箴管右佩。婉惠其儀。致雍昔與嚴助同鄉。入見諸任在列。仰覿亮迹。合紀殊庸。拂琬玉以增悲。愧銘頌之陋畧。辭曰。

惟閩有雄。冠彼百越。皇皇我祖。昭昭丕烈。景胄流芳。維公則哲。襲爵弱齡。守命邦節。伊昔故土。猾豎肆逆。放弒我君。盜據我國。世祚中零。厥心否塞。潛運神謀。入剪凶慝。泉山紆盤。秀山高峙。大荒東流。禹迹攸紀。帶海一隅。膏壤千里。疇昔賞功。作牧於此。崇徽九命。踐登三事。戴珥貂蟬。帝闈入侍。守郡池陽。風化大洽。兩地甘棠。猶詠蔽芾。執親之喪。杖寢在廬。漢文權制。墨縗外除。權從金革。起剖虎符。期門總旅。警衛宸居。學業優備。文武不墜。分袟藏書。永錫來嗣。師禮耆儒。論道說義。階軒柱楹。墨迹猶記。偉哉君子。威儀堂堂。蟬冕照面。玉顏生光。蘂蘭鬱茂。高風隕霜。緬邈不見。

人懷永傷。元堂一閉兮冥寞幽魂。江邊古路兮原頭新墳。青林松栢兮他年子孫。碑存荒草兮傷嗟哲人。

唐故金華大師正和先生劉君碑銘并序

先生諱日新。字繼平。閩侯官人也。顯考諱極。本朝將作少監。端州刺史。妣潁川夫人陳氏。先生初年誦詩讀書。對客答義。佩觿獨立。岐嶷不羣。七歲舉童子擢第。釋褐授京兆府文學。執簡對簿。吏情若縈。振衣彈冠。眞趣自逸。在昔避狄出離。由道涉淮。桑野掛書。卻公府之辟。浮提記柱史之文。出仁義室廬。棲神世表。脫衣冠桎梏。蠲累塵纓。受師於問玫先生壽君卽天柱元同先生閭邱君門人也絕其私覩道門如其宗祔焉先生禀太素五神之教內府孔明稽玉帛大歷之符前修可契器宇外朗襟靈內融雖因文爲世華許誰雕僞縱使迹在人事俗自喧浮爾乃釋滯昇虛句絕元而自牧澄源返照慾勿我生謂五味口爽撤按貶羞一簋歲暮終身晏如亦何必蒭蕤腸消嚥金尸腐者哉保大十一年夏仲月二十三日晨起命易衽席并几杖履遷於正寢凡附身者一一陳之然後秉盥洗漱理髮斷爪勝衣攝袂湛然肅容展繞露壇峻降延閣降屈屢拜如有

禱請卽日終於金陵紫極宮壽七十有六毀級則屈身若恒淹襲而顏色不變翛然蟬蛻宛爾形留皇上撫几移時增悼永傷乃命有司給喪事內臣護喪加禮也儲后親王欽順元祖敬接羽人恒於話言多所師仰中朝元輔舊齒名賢沖素見交軌跡相結天不慭遺人懷永傷空懷鶴弔之風莫問鳧飛之路門人捧持遺舄緬慕彼蒼臨谷難追飛鈞已遠以其年六月十二日歸靈於方山隱晦解脫恍惚其中綿綿常存天地長永銘曰

微妙之教立道爲名精思閒輿勤行軌程猶龍難狀扣寂無聲夫子務進階漸而成愛尚文章襟抱質素清混人事心節堅固五味口爽一簋歲暮食氣者神尸樞不蠹養志養神壽考惟寧明明理命寂寂潛齡元駕一騖飛行不停誰期汗漫我出青冥金陵之鄉方山之陽葛仙澤藪寶華宮旁解節何往歸形斯藏松喬鶴老萬古淒涼

欽定全唐文卷八百七十六

劉仁贍

仁贍字守惠。彭城人。仕南唐。累官武昌節度使。徙清淮軍節度使。鎮壽州。周師入淮。仁贍堅守不下。會病甚。其副使孫羽以城降。世宗命舁至帳前。賜以玉帶御馬。拜檢校太尉兼中書令天平軍節度使。是日卒。年五十八。追封彭城郡王。

袁州廳壁記

南唐保大二年春二月。廉使彭城公新建大廳者。所以延賓旅。服不庭也。載筆之士。得以總敘興復叛亂。始龍蛇之起陸。旋戎馬以爲墟。萬井之桑田垂變。由是羣雄角立。諸化風行。而列郡之俗。猶尚草創。爰屬大統土德中興。漢戀劉宗。實祚重尊於光武。夏思禹力。鴻圖復霸於少康。我烈祖光文肅武孝高皇帝反正宗祧。光宅寰宇。雲龍自契。風虎相符。乃命我公解印黃岡。擁旌袁水。公半千應運。七葉襲勳。鄭武公則父子匡周。乃賦緇衣之什。賈太守則兄弟理洛。爰刊棠棣之詩。方枝幹以猶疎。比源流而未濬。夏日冬日。莫之與並。一酪一酥。俱弗如也。初客省司徒清河公

監臨是郡。乃究尋往制。奏復舊基。召良工而方切運斤。奉急徵而遽迴丹闕。公纔臨理所。歷覽區中。公署則頗極欹衺。巷陌而仍多燥溼。翼日。與通判員外中山郎公議蕆斯事。且曰。馬文淵所過都城皆理。叔孫婼所館一日必葺。豈位居牧守。運叶昌期。而不崇廨署者乎。矧又輿情攸願。帝命曰俞。乃蠲帑廩以市楩楠。翔陶冶以備瓴甓。物無苛費。人不告勞。日居月諸。厥功克就。所建立郡齋使宅堂宇軒廊。東序西廳。州司使院。備武廳毬場。上供庫甲仗庫。鼓角樓宜春館衙堂職掌。三院諸司。總六百餘間。仍添築羅城。開闢濠塹。所役將士。皆均其勞逸。賑其饑寒。氣等指梅。言如挾纊。同孫仲謀之砌壘。咸矜鐵甕之堅。異皇國父之築臺。取謗澤門之皙。終乃圖施丹雘。表進斯庭。飛章陳戮力之功。丹鳳降紫泥之詔。褒崇逈異。賞賜有差。先是茲郡鬻竹木柴炭者。有邴門之稅。公乃復南頓之免。於是豐財足用。士庶易其居。第二載之內。闤闠櫛比。逮於三載。周而貌輯焉。公儉於身而富於人。孝理家而忠奉國。心惟惻隱。德契清寧。故千里之稼穡登豐。四序之雨風調順。昔漢宣帝有言曰。與我共理者。其惟良二千石乎。即我唐得斯人也。

暨先皇晏駕。聖上御圖。慶賜遂行。無有不當。勅陞袁州都團練觀察處置等使。賜明威將軍。食邑三百户。褒政績也。邸之大廳。舊有壁記。以紀方伯除任授代。自干戈俶擾。歲月微失其本末。唯存姓氏。乃命筆吏敘而補焉。故使刊勒復紀於壁。其年五月一日記。

林贊

贊初官沔王長史。後仕南唐。保大十三年守司士參軍。嘗表奏試太常寺奉議郎。

重修后土廟記

夫大道昭然。運天地無疆之福。神功卓立。持陰陽不測之機。足以助化唐堯。流澤區宇。兕屬寶祚中興之日。式當明君嗣業之朝。闢四門而慶洽神人。納萬闕而闕垂顯晦緬循古轍。宜演遺芳。遵其相則物理順闕設其狀則人倫生敬將闕世俗爰建祠庭。非莊嚴而豈顯威嚴。儼塑像而方殊衆像。彦能洎旋叨睿渥。任彼藩垣。既陳如在之儀。躬薦惟馨之奠。遠覩兹廟門廊湫隘。軒墉而已半隳頹。堂殿依稀。四面而渾無遮截。因追曩昔。倍感精誠。竊思闕二字初年竹馬之歲。常遊東都大廟。每乃如歸。殿中之花果香毬。或時將去。座右之彝罇祀器。玩弄爲常。爰自繼忝天波。連分閫寄。今逢聖母。別顯當時。顧其此日之升華。益荷皇家之驅策。合圖葺搆。上報慈闕矧當大國之南隅。乃是元戎之舊鎮。宜加壯麗。以振闕綱。勅恩蘋蘩。常潔於二時。豆俎罔遺於千古。闕三字首每詣虔祈。儻烝嘗之舉。匪嚴則昭感之徽闕降。特俾重新。展換裏外裝修。闕塑聖母眞儀。仍置帳座。別添左右部從。共計三十闕身。并起遮殿行廊及畫壁鬼神隊仗二十餘堵。闕楹高敞。盤瑞起而每壯金湯。儀衛駢羅。闕三字而晴寒毛骨。足以光輝井市。鎮壓闕寬闕而闕三

字下遥天。顯神通而豐壤九土。闕二字聰哲密布禎祥。萬歲千秋。永霸有唐之日月。澄今煥古。常闕汝水之軍民。今則締搆成功。彩繪告畢。已成慶賽。皆獲周圓。式仰奇蹤。宛昌洪範。莫不昭彰遐邇。興洽往來。丹心既肅於威稜。翠炎宜施於鐫勒。庶闕星紀罔墜。輿修固非稱讚。徽猷祇冀直書其事。時太歲乙卯巨唐保大十三年孟秋月。

陳喬

喬字子喬。廬陵玉笥人。南唐先主時累遷中書舍人。嗣主遷南都。留喬輔太子監國。後主襲位。歷門下侍郎兼樞密

使及貶制度改右内史侍郎兼光政院使輔政宋師圍金陵喬欲與後主同殉國而口不忍言遂自縊

新建信州龍虎山張天師廟碑

臣聞有物混成其來尚矣天地得之而覆載日月得之而運行四時得之而變通萬物得之而繁庶卷之則無餘舒之則無垠求於外則勞求於内則獲聖人取法而俯正八紘上士勤行而仰遊十極深矣遠矣恍兮惚兮遡聽妙言强名曰道然則眞風已續大道久曉居一者以嗜欲滑和孰能司契在三者笑神仙可學誰務谷神悠悠多中智之

君寂寂罕持盈之士華胥之國不復神遊無何之鄉空停羽駕天其或者將有俟焉皇帝陛下極大道之頹綱維列仙之絕紐乃眷正一屬之眞人思與神交遂崇廟貌天師道宇所以興盛於今日也天師姓張氏諱道陵字輔漢沛國豐人也若乃六世相韓之盛七葉佐漢之名服冕乘軒重規累構在人間之世雖炳煥以可知而太上之家亦寂寥而何有況前史詳之備矣故斯文畧而不書天師紺髮黛鬚青眸朱口儲精於八十一氣校德於七十二仙雖嗣世勳靡嬰代網粃糠聲利桎梏衣冠被鳳褐而御龍書外

嚴聖服呑玉英而潄金醴内養丹元初杖策以遊吳忽拂衣而向蜀地惟蠶市峯號鶴鳴有異荆臺卽謂忘歸之所諒同朱闕還稱不死之庭巖桂留人因停翠葢山椒考室更寫丹邱時巴蜀初夷神姦未乂菱花縱吐罕照山精棘矢雖陳莫除羣厲遘兹妖孽毒我烝人上元貽西顧之憂下土天北邙之骨天師心存絳闕精徹蒼旻玉輦來過因受驅治之法金墉至止爰膺誥命之文平變怪之猖披致生靈於清靜聲流華夏惠洽幽明若夫宣揚微言指明奥義著爲道帙貽厥學徒斯並祕在靈壇貯於瓊笈丹青妙

揵鼓吹眞科有陋赤松空留八戒翻嗤鴻烈尚雜百家既而鄙方外之猶羈念寰中之未返飄然輕舉倏若遐征三十六天徒見驂鸞之去二十四治不窺化鶴之歸昭灼仙蹤葳蕤來裔竟留仙宇上契昌期皇帝陛下仙李分陰夙承上聖之孕弊幛擢秀實報中興之符高居穆清虔奉宗廟動作興事等雲雷之經綸内平外成見天地之交泰無爲而理有感則通至若盛烈殊休亦可得一二而言也暮爾越徼介於海隅沉閟斥爭曹譚無禮文身相顧崩角同憂初款塞以求哀俄盈庭而請命實與我役薄言徂征徧

師一征擴地千里斯則聖人之弔伐也秦密二郡關河幾千家乃漢臣身縻偶爵馬援方居隴坻竇融亦保河西日飲皇風思沾元化率有卒伍擁乃黎元協力同心聿來胥會斯則聖人之柔服也絕域殊方搜奇蘊異驗青雲之不散仰白日之高懸梯山如覆簣之功航海如容舠之隘不愆其素咸造於庭常滿之杯豈弗索而何獲難得之貨蓋不求而自來斯則聖人之懷遠也澤盈碧露井有黃雲山涌龜蛇之金匣鳴龍虎之劍九苞神鳳窺阿閣以來儀八翼靈禽背羽山而戾止斯則聖人之符瑞也又若陋常鈞

之瑣瑣篤至德之巍巍當大道既隱之時行自昔所無之事宅於望苑命我天倫洪惟至公實冠百辟在昔卯金撫運代邸承祧高視前王良無愧色洎定建儲之計始無必子之言徒自飾情竟成虛語何則五帝官天下三皇家域中有自來矣雖甚盛德莫能行之然猶紀其功者粲若雲編頌其德者溢於玉牒苟以今而況古諒如日而映星重以並見咸播特逾舊制姬周異姓爲後何足道哉炎漢非劉不王既聞命矣踰千越萬絕後光前皇太弟以天縱之姿懋日新之德初開鳳邸東平之善尤彰旋正龍樓北閣之遊殆絕開物成務藏往知來大元帥齊王下士好賢經德秉哲分茅建社荒十二之雄都佐國庇人得五千之深旨副元帥燕王拔乎羣萃體自吾君居無求安不以珥貂自貴坐進此道豈以駟馬爲先咸樹風聲同守社稷中外既理華夷已清然而上心猶或未足思致人於壽域每澄慮於大庭寤寐通仙闈揚元教以爲德如可尚豈隔於古今道之將行必先於崇奉迺詔執事建天師新廟於信州龍虎山是山也夙號洞天由來福地南襟百越北帶三吳台嶺前瞻恍惚赤城之狀廬峯回盼依稀紫霄之形豈猶

羅浮洞中潛通句曲祝融壇上平視長沙彼詞人之炫四朝方士之稱三島欲將擬議猶或荒凉至如璇房瓊室之深嚴金樓玉臺之秘邃蕙圃芝田之芬馥霓裳鶴蓋之蹁躚道士之青牛仙翁之白鹿固已紛綸於秘籙雜沓於靈篇更著丹崖青壁之奇谷隱巖棲之美纖蘿夕動聞天籟之寥寥瀑布晨飛動日華之杲杲孤桐倥偬上出雲霄修竹檀欒下凝烟霧倚樹而多稱君子採藥而更遇王孫宅之者潛契希夷遊之者自祛鄙俗天師頃來江左尚憩茲峯旋指漢川實留遺愛厥後運當典午年在永嘉有美後

毘聿來遵止遂崇眞宇以永靈風亦猶緱嶺之旁子晉之祠盛欹阜亭之下安期之廟聿興仇生膺石室之祈稷邱享太上之祀訴同條而共貫實接武以均芳自是日薄星迴時遷代改雖桑田日變而瑤島長春迄皇運之中微屬旻天之不弔蚩尤作梗暴海內之衣冠回祿爲災延壺中之日月千尋建木俱爲栢殿之灰八景靈壇但有蕪城之草鐘隨鼎折磬逐杯飛荒堵之苔鮮易侵空餘玉碣廢井之梧桐半在不見銀床洎區中之厭兵乃江表之無事永惟仙胄猶固類基雖漸務修崇然終非博厥成乃集靈之

所鍾乎好道之若及此庀徒遂期永逸事當農隙人若子來既遴臺尾之松仍采雉羣之木桂雖有蠹實出小山栢縱後彫竟辭大谷公輸剞劂王爾鈎繩競呈巧以致功乍星羅而霧集回廊四合忽若雲垂祕殿百尋矗如山立芝栭繡桷藻井綺疏上頼壤以騰文下朱霧而動彩飛梁偃蹇疑螮蝀之橫空碧瓦參差狀鸑鷟之羣集凌兢失視坱圠無垠寶座既嚴睟容惟穆朱幡不動有若存神羽服如飄還疑上漢差差仙仗肅肅靈官顧望增輝遊從生敬演茲大教衛我興朝天子萬年與南山而永固本支百世將西伯以齊芳其福祉也既如此其壯麗也又如彼縱高岸之爲谷必靈光之巋然二十二代孫秉一體備清和氣凝元寂鈎深致遠所得者金簡玉書吐故納新其驗者赤筋青骨許掾之靈風未振呂恭之道蔭彌高豈徒三世無慚斯固一言以蔽再光先搆不亦宜乎夫妄啟精廬誕作楚室猶存碑表必播聲詩況簡在帝心成茲妙果以祈蒼生之福以崇元牝之門苟匪頌宣孰傳來者臣才非黃絹腹謝青緗學壯武之討論未窺鐵硯佐元元之述作又乏金壺輒罄謏聞強爲銘曰

天地萬物未生厥初道乃特立爲之權輿惟寂惟寞不盈不虛帝返金闕神傳玉書聖教以宣列仙繼作陟降朱陵優游碧落身雖化去功乃昭灼猗歟眞人用實宏博眞人者何堂堂乎張家藏鵲印代富貂璫區區田竇瑣瑣袁楊我獨高謝於何不臧訪道求眞存元守一九鼎傳芳飛仙得術內養靈符外宏陰隲衆邪奔潰羣生寧謐我功既著我惠既敷上瞻絳府旁睨蓬壺仙蹤去蜀廟貌留吳正一之教今寧遠乎赫赫我唐明明天子親詣崆峒精求赤水尊道貴德任賢尚齒禹好昌言堯稱光被甌閩恃險譚疑

我與戎室家相矛杼柚其空帝思俾乂師乃徂東曾無遺鏃俄已韜弓澤浸殊鄰聲覃絕域條支入朝賨融歸國方賄連延襁負匍匐樂我王道誓依有德義高睦族舉必至公脫略常法從容古風命我棣萼處我桂宮亦建賢戚施於無窮能事畢修聖功益茂思致華戎同躋仁壽躭味道腴表揚仙胄乃聖真祠宇茲名岫庀徒揆日舍舊謀新燕山斬柱嶰谷誅筠不遺文水仍采貞珉隱如山積響若雷震功匪浹旬成由決日儆作陽臺邃爲陰室璀璨珠金熒煌丹漆子午非遠瓊華詎匹峩峩祕殿穆穆晬容眾真列

侍仙裔相從如聆夕唱似喜晨鐘洪惟妙用實亞猶龍元覽前闕恭聞往誥自匪哲王孰云好道我后統天升堂睹貌光揚真科必膺厚（一作豐）報

林仁肇

仁肇建陽人閩臣仁翰弟少事閩爲裨將閩亡入南唐擢淮南屯營應援使進授鎮海軍節度使移鎮武昌開寶時爲後主酖死

龍興寺鐘款識

覩夫善人宏願冶氏畢功簨簴高懸蒲牢迭應無閑始息奪震響於春雷羣動初驚壓雄聲於曉鼓結界之地布金之園設比堅牢同爲壯觀伏願上窮碧落歷淨方而聽必咸歡下徹泥犁遍業趣而聞皆離苦觸類聞此俱脫羽鱗然後軍庶之間城隍之外昃耳俱登於善道正心長叶於妙因宗社興隆皇王福履以至仁肇身宮克固祿位恒延保眷屬之利貞踐歲華而安吉所有信心眾士福利同增仗此良因永爲不朽時唐乾德五年大歲丁卯二月庚申朔二十五日甲申記

周惟簡

惟簡饒州鄱陽人仕南唐爲國子博士集賢殿侍講以虞部侍郎致仕金陵受圍起授給事中副徐鉉使宋國亡入宋累官至水部員外郎卒

新建金剛碑

夫金剛經者乃眾經之源諸法之本爲苦空之風骨爲寂滅之綱（闕一字）者矣蓋如來示密獨在斯文（闕三字）以歸諸無見諸無而捐一有在傳講之遺法者類圖相以現容也月在秋潭智者觀之不足以爲有唐發空谷聖者聞之不得以爲無實堅高前後之所元乃指視隨迎之不及有道禺

上人者（闕二字）神秀語淡行孤夙持慧劍之鋒已斷煩惱之縛早攜缾錫久涉雲泉南（闕二字）水之鄉北歷淮泗之道次於寓泊受（闕一字）斯經（闕一字）歷耳中尋了心下更於研究轉得元微可謂罄寂寞之得聲視恍惚之見物因升應而釋松帚遂啟卷以化聽徒莫不緇侶雲臻白衣霧集如是者周遊五六郡首尾八九年歘舉（闕四字）倚錫於桂嶺遂於此寺序以安焉時遇彭城太傅鎮於是府府主太傅修韓白之謀以衛其國習周孔之教以飾其躬游釋老之門以理其性所以化被四人之內咸與十著之心於是上人開講是經日不唯僧衆而與俗流靡不仰上人（闕一字）眞風俟上人之指授勤拳（闕四字）鴈序而列之敬奉側聽者若（闕一字）而愚之是以日往月來週而復始上人忽一日講餘謂聽從曰道（闕一字）雖（闕一字）剖幽微引喻（闕二字）尚慮後來者不共與於斯說焉欲刊（闕二字）刻諸茲典爲不朽之事化未聞之人不知以爲可乎而且一問未畢衆諾俱旋施者求先咸稱甚善乃化錢以搆此碑者也遂具狀疏申達於府主太傅既覽所陳亦加欣譽因役斧（闕二字）良匠費楩柟之異林預建高亭爲之衛庇惟簡叨請直紀諸不繁書

馮延巳

延巳一名延嗣字正中廣陵人仕南唐累遷中書侍郎同平章事除昭武昭義軍節度使周師入攺太子太傅宋建隆元年卒年五十八謚忠肅

開先禪院碑記

皇上卽位之九年詔以廬山書堂舊基爲寺寺成會昭武軍節度使馮延巳肆覲於京師上賜從容於便殿語及往事顧謂曰廬山書堂已爲寺矣朕在藩時嘗履蹔唯卿在耳朕置此書堂之本意卿亦預知頗記憶否延巳對曰陛下眞誠懸諸日月微臣固陋何敢忘之昔在吳邦唐運中缺陛下齡方志學龍潛鼎司洪惟聖心邈焉高躅（一作趣）咳唾權攻疾瘼經綸慕崆峒之師幾勞軒拜聞富壽之祝亦固堯辭注念煙蘿每懷宴息思尋爽塏之境以備華胥之遊匡廬天下之名山江表之勝槩圖諜具載靈仙咸棲果有潛夫來獻茲地已酬善價遽闢崇基纔俾芟夷未遑畚築旋則中興在運夏物重歸陛下位屬元良務煩監撫寢門雞唱方視燠寒嵩高鳳鳴寧諧好尚逮乎出震嗣服雖欲從之巢許之蹤其可繼耶堯舜不得已而治天下豈虛

言哉方今陛下日照天臨風行草偃勤儉以化焦勞思理求賢草澤盡善於百王推公友于邁德於千古蟲蝗殞於靈雨旱歎轉爲豐年大信旣孚殊方徯后威惟取亂仁實懷柔所以建水僭稱肉袒而詣吏楚邦亂畧俛首而來朝矧彼長沙恃險與固隔絕聲教五紀於茲一旦砥平易於反掌兵不血刃市不易肆拓土宇於數千里復正朔於四十州可大之功冠乎史冊猶且納隍軫慮馭朽兢懷物暢皇猷民知王度洋洋焉蕩蕩焉混一車書豈遠乎哉言未及終上曰是皆然矣抑朕又聞古先哲王握圖御宇惟德

是務與善同歸俯仰抑揚不失其正久於其道而天下化成恒沙如來出世濟俗依空說性性外無空信則修崇悟則解脫始乎正法終乎象教使人趨清淨之域息貪競之心民用以淳理道何遠是則菩提之教與政通焉朕以此寺基是朕當年思欲遯世之地棄之草莽則可惜構之棟宇則無名不若興建伽藍以居禪衆示人至理亦造化之一端也其刱置之規奢儉之度績用之費卿復知耶延巳對曰起置之始適巳上奏逮茲成寺臣亦麤知肇乎稽土工度山木豫章之材間出般輸之藝屢獻運一作揮斤若雨

荷鍤如雲力不勞於中民財不傷於外府歲月未幾厥功巳集駭多寶之湧出疑化城之突然邃殿正門重軒複檻高牆虬轉修廊翼舒香廚旁開僧堂內闢法筵清淨宛是祇陀之園方丈精嚴更類維摩之室撫菩提之地位儼如來之相好功呈敏手則塑像如生妙屬良工則丹青若活而況依林附麓左嵓右壑瀑布懸呂梁之勢凌雲挺闍崛之形溪徹湓江表法流於不斷峯開石鏡同慧日之長明其或寥泬雲收戶庭雨霽鐘鳴谷響猿啼樹深仰止則峻巘連空寫望則長川無際僧閑境寂似出世間信有爲之

勝因實安禪之嘉所足使迷者得于逵之漸達者得不二之門苟非聖人用心其孰能與於此乎上曰卿知其始也旣如彼知其末也又如此文以記事非卿而誰延巳對曰臣才學本空筆硯久廢雖然盛德之事固願詠歌慚匪當仁庶符不朽乃跪而進頌曰

彭蠡之陽匡廬峻峙積純和氣鍾揩天勢峯連奇秀谷藏靈異鶯洞之前勝復爲最懿乎我后河清運契仁聖文明肅恭寅畏堯舜其心巢父其志思憩大庭因開福地帝出乎震龍飛在天梯航合遝符瑞駢闐推公固本舉正求賢

九功既敘七德俄宣貞師一奮建人來庭神兵再發楚邦蕩平威震四海疆開百城日新之盛無得而名恢恢睿謨游刃多餘因思是境昔擬華胥夙心不獲締搆猶虛攺命梵宮俾奉真如榛蕪既闢棟楹崛起雕甍繡栭重欄疊砌後倚崇層（一作崖）前臨無地屈曲延袤高低迤邐炳煥丹青端嚴塑像表上乘法示天人相清衆畫開禪關夜敞十二類生孰不瞻仰聖君旨趣古佛因緣教化之本治平之原其功莫京其福無邊皇圖帝齡永永萬年保大十二年歲次甲寅正月丙子朔十日乙酉馮延巳奉勅撰

潘佑

佑幽州人仕南唐爲祕書省正字後主在東宮開崇文館佑預其選及襲位累遷中書舍人開寶五年貶儀制攺內史舍人上疏極論時政後主怒收佑佑聞命自殺年三十六

上後主疏

三軍可奪帥也匹夫不可奪志也臣乃者繼上表章凡數萬言詞窮理盡忠邪洞分陛下力蔽奸邪曲容諂僞遂使家國愔愔如日將暮古有桀紂孫皓者破國亡家自己而作尚爲千古所笑今陛下取則姦回敗亂國家不及桀紂孫皓遠矣臣終不能與姦臣雜處事亡國之主陛下必以臣爲罪則請賜誅戮以謝中外

爲李後主與南漢後主書

僕與足下叨累世之盟雖疆畿阻濶休戚實同敢奉尺書敬布腹心昨大朝伐楚足下疆吏弗靖遂成釁隙初爲足下危之今敝邑使臣入貢皇帝幸以此宣示曰彼若能幡然攺圖華車之使造廷則百萬之師不復出矣不然將有不得已者僕料大朝之心非貪土地也怒人不賓而已且

古之用武不計强弱小大而必戰者有四父母宗廟之讐一也彼此烏合民無定心二也敵人進不捨我退無守路戰亦亡退亦亡三也彼有敗亡之勢我乘進取之機四也今足下與大朝無是四者而坐受天下之兵決一旦之命安國家利社稷者固如是乎夫强則南面而王弱則玉帛事大屈伸在我何常之有違天不祥好爭危事天方相楚尚未可爭而況今日之事邪地莫險於劍閣而蜀亡矣兵莫强於上黨而李筠失守矣竊意足下國中必有矜智好謀之臣獻尊主强國之策以謂五嶺之險非可遽前堅壁

清野絕其饟道。依山阻水。射以強弩。彼雖百萬之兵。安能成功。不幸而敗。則輕舟浮海。猶足自全。豈能以萬乘之主而屈於人哉。此說士之常談。可言而不可用。異時王師南伐。水陸並舉。百道俱進。豈暇俱絕其饟道。盡保其壁壘。或用吳越舟師。自泉州航海。不數日至足下國都矣。人情恟恟。則舟中皆為敵國。忠義敢死之士。未易可見。雖有巨海。孰與足下俱行乎。近奉大朝諭旨。以為足下無通好之心。必舉上秋之役。即命敝邑速絕連盟。雖善鄰之心。期於永保。而事大之節。焉敢固違。恐煜之不得事足下也。臣子之

情。尚不逾於三諫。煜之極言。於此三矣。是為臣者可以逃。為子者可以泣。為交友者亦惆悵而遂絕矣。

為李後主與南漢後主第二書

煜與足下叨累世之睦。繼祖考之盟。情若弟兄。義同交契。憂戚之患。曷常不同。每思會面。抵掌交議。其所短。各陳其所長。使中心釋然。利害不惑。而相去萬里。斯願莫申。凡於事機。不得款會。屢達誠素。冀明此心。而足下謂書檄一時之儀。近國梗槩之事。外貌而待之。泛濫而觀之。使忠告確論。如水投石。若此則又何必事虛詞而勞往復哉。殊非夙心之所望也。今則復遣人使。罄申鄙懷。又慮行人失辭。不盡深素。是以再寄翰墨。重布腹心。以代會面之談。與抵掌之議也。足下誠聽其言。如交友諫爭之言。視其心。如親戚急難之心。然後三復其言。三思其心。則忠乎不忠。斯可見矣。從乎不從。斯可決矣。昨以大朝南伐。圖復楚疆。交兵已來。遂成釁隙。詳覩事勢。深切憂懷。冀息大朝之兵。求契親仁之願。引領南望。於今累年。昨命使臣入貢大朝。大朝皇帝累以此事宣示曰。彼若以事大之禮而事我。則何苦而伐之。若欲興戎而爭我。則以必取為度矣。見今點閱大衆。

仍以上秋為期。令敝邑以書復敍前意。是用奔走人使。遽貢直言。深料大朝之心。非有唯利之貪。蓋怒人之不賓而已。足下非有得已之事。與不可易之謀。殆一時之忿而已。觀夫古之用武者。不顧大小強弱之殊而必戰者有四。父母宗廟之讎。此必戰也。彼此烏合。民無定心。存亡之幾。以戰為命。此必戰也。敵人有進。必不捨我。求和不得。退守無路。戰亦亡。不戰亦亡。奮不顧命。此必戰也。彼有天亡之兆。我懷進取之機。此必戰也。今足下與大朝。非有父母宗廟之讎也。非同烏合存亡之際也。既殊進退不捨奮不顧命

也又異乘機進取之時也無故而坐受天下之兵將決一旦之命既大朝許以通好又拒而不從有國家利社稷者當若是乎夫稱帝稱皇角立傑出今古之常事也割地以通好玉帛以事人亦古今之常事也盈虛消息取與翕張屈伸萬端在我而已何必膠柱而用壯輕禍而爭雄哉且足下以英明之資撫百越之衆北距五嶺南負重溟藉累世之基有及民之澤衆數十萬表裏山川此足下所以慨然而自負也然違天不祥好戰危事天方相楚尚未可爭若以大朝師武臣力實謂天贊也登太行而伐上黨士無

難色絕劍閣而舉庸蜀役不淹時是知大朝之力難測也萬里之境難保也十戰而九勝亦一敗可憂六奇而五中則一失何補況人自以我國險家自以我兵強蓋揣於此而不揣於彼經其成而未經其敗也何則國莫險於劍閣而庸蜀已亡矣兵莫強於上黨而太行不守矣人之情端坐而思之意滄海可涉也及風濤驟興奔舟失馭與夫坐思之時蓋有殊矣是以智者慮於未萌機者重其先見圖難於其易居存不忘亡故曰計禍不及慮福過之良以福者人之所樂心樂之故其望也過禍者人之所惡心惡之故其思也忽是以福或修於懷望禍多出於不期又或慮有矜功好名之臣獻尊主強國之議者必曰慎無和也五嶺之險山高水深輜重不並行士卒不成列高壘清野而絕其運糧依山阻水而射以強弩使進無所得退無所歸此其一也又或曰彼所長者利在平地今舍其所長就其所短雖有百萬之衆無若我何此其二也其次或曰戰而勝則霸業可成戰而不勝則汎巨舟而浮滄海終不爲人下此大約皆說士孟浪之談謀臣捭闔之策坐而論之也則易行之如意也則難何則今荆湘以南庸蜀之地皆是

便山水習險阻之民不動中國之兵精卒已逾於十萬矣況足下與大朝封疆接畛水陸同途殆雞犬之相聞豈馬牛之不及一旦緣邊悉舉諸道進攻豈可俱絕其運糧盡保其城壁若諸險悉固誠善莫加焉苟尺水橫流則長隄虛設矣其次曰或大朝用吳越之衆自泉州泛海以趨國都則不數日至城下矣當其人心疑惑兵勢動搖岸上舟中皆爲敵國忠臣義士能復幾人懷進退者步步生心顧妻子者滔滔皆是變故難測須臾萬端非惟暫乖始圖實恐有誤壯志又非巨舟之可及滄海之可遊也然此等皆

戰伐之常兵家之預謀雖勝負未知成敗相半苟不得已而爲也固斷在不疑若無大故而思之又深可痛惜且小之事大理固然也遠古之例不能備談本朝當楊氏之建吳也亦入貢莊宗恭自烈祖開基中原多故事大之禮因循未遑以至兵交幾成危殆非不欲憑大江之險恃衆多之力尋悟知難則退遂修出境之盟一介之使纔行萬里之兵頓息惠民和衆於今賴之自足下祖德之開基亦通好中國以闡霸圖顧修祖宗之謀以尋中國之好蕩無益之忿棄不急之爭知存知亡能强能弱屈己以濟億兆談

笑而定國家至德大業無虧也宗廟社稷無損也玉帛朝聘之禮纔出於境而天下之兵已息矣豈不易如反掌固如太山哉何必扼腕盱衡履腸蹀血然後爲勇也故曰德輶如毛鮮克舉之我儀圖之又曰知止不殆可以長久又曰沈潛剛克高明柔克此聖賢之事業何恥而不爲哉況大朝皇帝以命世之英光宅中夏承五運而乃當正統度四方則咸偃下風獫狁太原固不勞於薄伐南藩返旆更屬在於何人又方且遏天下之兵鋒俟貴國之嘉問則大國之義斯亦以善矣足下之忿亦可以息矣若介然不移有利於宗廟社稷可也有利於黎元可也有利於天下可也有利於身可也凡是四者無一利焉何用棄德修怨自生讐敵使赫赫南國將成禍機炎炎奈何其可嚮邇幸而小勝也莫保其後焉不幸而違心則大事去矣復念頃者淮泗交兵疆陲多壘吳越以累世之好遂首爲厲階惟有貴國情分愈親驩盟愈篤在先朝感義情實慨然下走承基理難負德不能自已又馳此緘近負大朝諭旨以爲足下無通好之心必舉上秋之役卽命敝邑速絕連盟雖善鄰之懷期於永保而事大之節焉敢固違恐煜之不得事

足下也是以惻惻之意所不能云區區之誠於是乎在又念臣子之情尚不逾於三諫煜之極言於此三矣是爲臣者可以逃爲子者可以泣爲交友者亦惆悵而遂絕矣

贈别

莊周有言得者時也失者順也安時處順則哀樂不能入也僕佩斯言久矣夫得者如人之有生自一歲至百歲自少得壯自壯得老歲運之來不可卻也此所謂得之者時也失之者亦如一歲至百歲暮則失早今則失昔壯則失少老則失壯行年之去不可留也此所謂失之者順也凡

天下之事皆然也。達者知我無奈物何，物亦無奈我何也。其視天下之事，如奔車之歷蟻蛭也。値之非得也，去之非失也。燕之南，越之北，日月所生，是爲中國。其間含齒戴髮食粟衣帛者，是爲人。剛柔動植，林林而無窮者，是爲物。以聲相命，是爲名。倍物相聚，是爲利。棄首而芸芸，是爲事。事往而記於心，爲喜爲悲爲怨爲恩。其名雖衆，實一心之變也。始則無物，終復何有。而於是強分彼我，彼謂我爲彼，我亦謂彼爲彼。彼自謂爲我，我亦自謂爲我。終不知孰爲彼邪，孰爲我邪。而世方狥欲嗜利，繫心於物，局促若轅下駒。安得如列禦寇、莊周者，焚天下之轅，釋天下之駒，浩浩乎復歸於無物歟。

欽定全唐文卷八百七十七

殷崇義

崇義，文圭子，事南唐嗣主，官至學士，歷樞密使。嗣主遷南都，輔太子留守金陵，進右僕射、同平章事。開寶二年，罷爲潤州節度使，仍同平章事。及貶制度，以司空知左右內史事。入宋，避宣祖廟諱，易姓曰湯。

南唐祈仙觀記

高安祈仙觀者，黃眞君之舊居也。據西安之兑宮，鎭洪都之坤位。前瞻縈嶺，行聞子晉之笙；後倚華林，坐挹浮邱之袂。原滋丹草，率白雉以相從；谷秀蒼筤，競紅鸞而下。蓋境異則龜常見石，物靈則泉或浮金。紺宇相望，軫鶴神居之表；琳房互映，連延陰洞之間。自爲小有之東，宛是童初之學府。眞君紫邱精粹，玉版飛英，宗派流長，叱石遠懷於仙祖；元門天合，結褵因慶於法妻。自振翼毘陵，曳裾海岱，屯期方遘，降身參政事之官；宿命俄通，褒德備尚書之位。若乃窮神不測，示現無方，乘龍初夜之歸，常游萬里；鳴鳳中霄之際，密贊諸方。寶節乘空，大使授元圖之命；玉函應召，上公宣入室之人。悟草鹿以趨火庭，瞻錦帷而佩丹訣陰功潛運。已積德於三千。貞品俄升。遂登名於十二。念雁行之莫接。密契宜酬。相鶺鴒以時歸。人心自注。即於舊里尋建嚴祠。其或牛埜風高。兔輪秋半。仙登接畫。齋莊虔億萬之詞。羽蓋浮空。朝會奉姻親之禮。始乎東晉。垂及皇唐。敘紀遺洲。將陵遷而不改。球存墜石。必久地以恒堅。既而九鼎載移。山岳之驚塵散起。五龍爰作。干戈之積數常存。法棗浮屠。寧獨金剛下淚。教頹象罔。旋悲玉椀飛天。乃觀恬寞之鄉。遽變寂寥之境。垝垣接野。或認鹿場。複屋騫甍久穿雀角。事必符於有待。時特鬱於重興。國家味三五之

道腴。開東南之帝籙。赤符應運。纘承爰立於漢基。金德更王。揖讓乃由於吳禪。西母之白環入貢。不假祈禳。元元之玉像降神。自嚴樽俎。聖上配乾坤而居六合。揭日月以步三階。屈已臨人。動懷慈實。雖凝旒南面。傳夏嗣以承祧。而納麓東郊。舉堯元而作相。每隆大義。追奉故君。緬勝果以興思。察茲宮於已圮。況像嚴十聖。一方之異氣遐連。觀號三皇。百里之慶雲何在。因宸心之有屬。流明詔以亟行。鸞鶴靈遊。共白雲而不返。珠槃遺跡。與烏號而並存。重開大壯之模。俾就僝工之費。營室仰稽於中候。豫章俯擇於宏林。削墨公輸。爰恢崇構。範金段氏。即運洪爐。肖人散璧王之元。繪事發晴霞之色。健栖弗鬱。寫祕殿以翬飛。鏤棄紆徐。儼迴軒而櫛比。中建巖巖之石。九級星壇。外森落落之松。千尋雲路。周阿玉樹。合輝霍以長春。重闥金鋪。泛曈曨而鎮曉。自可包藏靈囿。昭晰華宮。林薦蘋蘩。戶內廣肆筵之所。唱高窈窕。廡間宏按節之儀。固足以十絕靈幅。邀帝君而戾止。九貞逸駕。延夏禹以時遊。寧惟崇大道之津梁。實以感羣生之耳目者也。

韓熙載

熙載字叔言。濰州北海人。後唐同光中擢進士第。奔吳補校書郎。出爲滁和常三州從事。南唐代吳。召爲校書郎。嗣主襲位。累除中書舍人。拜戶部侍郎。後主襲位。改吏部侍郎。拜兵部尚書。坐托疾不朝。謫授太子右庶子。分司南都。復爲兵部尚書。拜中書侍郎。充光政殿學士承旨。開寶二年卒。年六十九。贈右僕射同平章事。諡文靖。

宣州築新城記

粵自結繩初代。爰申弧矢之威。執玉已旋。遽設金湯之險。逮至七雄闢土。二霸尋征。其或盟約未敦。則崇百雉而以

尊王室仇讎尚熾復嚴入襲而用保邦家由是九服畏威諸侯述職式閭懋德仍垂裕於後昆定鼎洪基固重光於奕世及其素靈有國炎政披圖未嘗不廣樹藩防久司方面帶河阻險將制敵以平堅高壘深溝遂取威而定霸邇後五方分鼎六代乘龍咸皆高曠前規重席故範雖復寢扃靜柝已無伺隙之虞然而列郡通都常有盤石之固則知百王遺式歷代所因利用建侯率由斯道者也我唐中興三葉聖歷再周貞觀不違飛沉自若義聲騰於九有靈光施于八埏國步已康而關防益謹用張下武大展雄圖

載習五兵克殲勍敵重營堅壁以制不庭乃詔寧國軍節度使檢校太尉同中書門下平章事都督宣州諸軍事宣州刺史濟南公築此新城者矣公握陰陽之秀氣含川嶽之上靈才爲時生榮不世出心堅鐵石氣激風雲森武庫之戈矛壯私門之營壘負沉舟之勇竟折鋭以摧堅沉背水之機必追奔而逐北義征不譓方圖煙閣之形功濟多堅更鏤昆吾之鼎所以疊縻天爵頻擁隼旟政理洽甸仁風載路牙帳荷絶甘之惠編閭興來暮之謠況寧國重藩宣城粵壤星分牛斗地控荆吳扼天下之咽喉作關東之

襟帶雄加侯甸必須良將之籌謀勢壓江山實假崇垣之壯麗於是特飛鳳詔命展金墉公乃選五稼豐登三農閒隙遂斅心計因著土功是以將校呈規工徒獻藝士皆樂往民以悦來荷長鍤以成雲陳豐畚而翳日因高就遠以日繼時萬堞方成堅同石堡四門始畢儼若玉關爰自壬戌歲二月興役至癸亥年三月畢工所築新城自金光門西北轉至舊城崇德門東北角長五里三百三十三步從崇德門以南轉至金光門東長四里三百三十步新舊城共長一十里一百九十三步新開濠塹亦從金光門遶新

城轉透出大溪長八百九十四丈深三丈有餘造成大樓八所其諸敵樓橋道等不可殫書公前在京口日浚溝池崇壁壘洎移鎮撫復繕城隍凡標準地形督責功力委虵延袤必躬必親日久而休曾無倦意牛酒犒士絲綸賞功士卒塗壍月日相望公又釀醪醴豢犧牲三日一餉軍夫五日一享將校由是萬民負畚咸悦豫以忘勞列校褰裳稟威嚴而盡力其動也山迴地轉勢若奔雷其靜也雨息風恬齊如翦紙數年之役朞月而成觀其千雉豐餘重門超忽飛閣神行而聳漢旋題月照以羅空層簷翼舒雕楹

虬躍高陴矗而山屹方櫳豁以洞開排畫桷以星攢下臨無地走長廊而雲布橫射遥天而又列一帶之寒山自爲天塹環千尋之深洫宛是湯池固可藩屏王宮折衝萬里者也懿乎哉城之爲役也暫勞永逸既不騫而不崩有備無虞信可大而可久銘工勒石以播無窮其詞曰

於赫有命洪惟我唐中興奕葉三聖垂光王猷允塞靈貺孔章賢士在位猛士守方王公設險以守其國重門擊柝以待暴客況此宣城國之闉闍不有金湯何爲控扼烈烈虎臣爰茲鎮收廉問方期仁風載沐寅承廟算允因玉燭

遂度土功乃陳畚鍤經之營之壘堞疏流萬尋淵引千雉雲浮石堡玉關鐵瓮金陡雄加九服麗絕方州飛簷鳳舉畫拱龍攄疊碧鶩兮霧合亘長雲兮翼舒何巨防之可比視方城其蔑如勒勳績於貞石作藩屏於皇居癸亥歲十月五日建

分司南都乞留表

諸佛慈悲常容悔過宣尼聖哲亦許自新臣無橫草之功可補於國有滔天之罪自累其身羸形雖在壯節全消滿船稚子嬰兒盡室行啼坐哭狂風孤燭病身那得長存萬水千山回首不堪永訣

上睿帝行止狀

熙載本貫齊州隱居嵩岳雖叨科第且晦姓名今則慕義來朝假身爲賈既及疆境合貢行藏愚聞釣巨鼇者不投取魚之餌斷長鯨者非用割雞之刀是故有經邦治亂之才可以踐股肱輔弼之位得之則佐時成績救萬姓之焦熬失之則遁世藏名臥一山之蒼翠某妄思幼稚便異諸童竹馬蒿弓固罔親於好弄杏壇槐里寧不倦於修身但厲志以爲文每棲身而學武得麟經於泗水寧怪異圖授

豹略於邳圯方酣勇戰占惟奇骨夢以生松敢期墜印之文上魏擔簦之路於是攖龍頷編虎鬚繕獻捷之師徒築受降之城壘爭雄筆陣決勝詞鋒運陳平之六奇飛魯連之一箭場中勍敵不攻而自立降旗天下鴻儒遥望而盡摧堅壘橫行四海高步出羣姓名遽列於煙霄行止遂離於塵俗且口有舌而手有筆腰有劍而袖有錐時方亂離迹猶飄泛徒以術精韜略氣激雲霓箕口張而陰電揺怒吻發而暑雷動神驅鬼殿天蓋地車闢霹靂於雲中未爲驕捷喝樗蒲於筵上不是口豪蘊機權而自有英雄仗勁

節而豈甘貧賤。但攘袂叱咤。拔劍長嗟。不偶良時。孰能言志。旣逢昭代。合展壯圖。伏聞大吳肇基。聿修文教。聯顯懿於中土。走明恩于外方。萬邦咸貞。四海如砥。燮和天地。巖廊有禹稷皋陶。灑掃煙塵。藩翰有韓彭衞霍。豈獨漢稱三傑。周舉十人。疑王氣於神都。吐祥光於丹闕。急賢共理。佇漢氏之懸科。待旦旁求。類周人之設學。而又鄰邦接畛。敵境連封。一條雞犬相聞。兩岸馬牛相望。彼則待之以力。數年而頗見傾亡。此則禮之以賢。一坐而更無騷動。由是見盛衰之勢。審吉凶之機。得不上順天心。夾量人事。且向陽

背暗。捨短從長。聖賢所圖。古今一致。然而出青山而裹足。渡長淮而棄繻。派遙終赴於天池。星遠須環於帝座。是攜長策。來詣大朝。伏惟司空楚劍倚天。秦松發地。言雄武則平窺絳灌。語兵機則高掩孫吳。經受素王。書傳元女。莫不鞭撻宇宙。驅役風雷。勞愁積而髀肉生。憤氣激而臂鸞起。一怒而豺狼竄攝。再呼而神鬼愁驚。搥鑾鼓而簸朱旗。雷奔電走。掉燕鋋而揮白刃。斗落星飛。命將拉龍。使兵合虎。可以力平鯨海。可以拳擊鼇山。破堅每自於先登。敵無不克。策馬常時於後殿。功乃非矜。國家賴如股肱。邊境用爲保障。勳藏盟府。名鏤景鐘。今則化舉六條。地方千里。示之以寬猛。化之以溫恭。繕甲兵而耀武威。綏戶口而䘏農事。漫灑隨車之雨。洗活嘉田。輕搖逐扇之風。吹消沴氣。可謂仁而有斷。謙而逾光。賢豪向義以歸心。奸宄望風而屏迹。佇見秉旄仗鉞。列土分茅。修我貢以勤王。控臨四海。率諸侯而定霸。彈壓八方。遐邇具瞻。威名洽著。況復設庭燎以待士。開雪宮以禮賢。前席請論其韜鈐。危坐願聞於興廢。古今英傑。孰可比方。某才越通流。已觀至化。及陳上謁。罔棄謏才。是敢輒述行藏。鋪盡毫幅。況聞鳥有鳳。魚有龍。草

有芝。泉有醴。斯皆嘉瑞。出應昌期。某處士倫謬知人理。是以副明君之獎善。恢聖代之樂賢。昔婁敬布衣。上言於漢祖。曹劌草澤。陳謀於魯公。失范增而項氏不興。得呂望而周朝遂霸。使遠人之來格。實至德之克昭。謹具行止如前。伏請准式。順義六年七月。歸（闕一字）　進士韓熙載狀。

眞風觀碑并序

道生一。一氣剖。是爲二儀。二儀分。是爲萬象。故天得以覆。地得以載。日月得以晦明。川岳得以融結。四時迭運。五才以序。於是乎俶有生人。樹之司牧。當茲時也。天下爲公。大

道未隱。故不言而化。無爲而治。逮夫裁道以成德。先仁而後義。禮樂既設。巧僞遂生。聖人猶是著元言。開妙鍵。蓋將拯其弊而反其源也。道也者。其大矣哉。用之私。則可以駕景躡虛。拔一身於塵滓。用之公。則可以還淳反素。驅蒼生於仁壽。噫。天下奉其教。尊其像。宮館相望者。豈徒然哉。我國家墜業復興。澆風漸革。皇上受天明命。纘帝丕基。思致時雍。精求化本。故能序百揆。敦九族。五音克諧。羣望用秩。人和既感。天瑞亦臻。允所謂孝格乎上元。而政符於大道矣。以爲崇清淨之教。則務在於化人。飾元元之祠。則義存

於尊祖。於是乎名山福地。勝境靈蹤。壞室頽垣。荒壇廢址。咸期完葺。式表興隆。廬山之陽。有女眞觀曰崇善。松門薜磴。蘿蔦交陰。層巒浚流。嵐靄相接。怪石古木。峭壁懸崖。怪狀奇姿。望欲騰擲。千尋落水。飛靜練於林端。萬仞危峯。聳寒青於天半。晝夜若風雨。盛夏如素秋。高岡密林。豁達蓊鬱。信洞府之絕境。神仙之勝遊也。而庭廡荒涼。殿堂傾側。醮壇丹井。但有榛蕪。古像儀簷。畧存香火。是觀有女道士楊保宗者。浮虛早悟。清淨自持。卻粒鍊形。幽棲巖谷。勤行之績。達於九重。雲蹕出於碧山。鶴少留於丹禁。乃訴其頹軒未葺。眞侶奚依。欲就良因。實資帝力。上俞其請。賜以金錢。六宮之中。競施服玩。珠珍綵繡。璀錯輝煌。載之旋歸。計逾千萬。於是庀徒度費。卽舊創新。經之營之。厥功遄就。爾其爲狀也。則坱圠低昂。紛敷棨章。間以金碧。飾以銀黃。層櫨次第以鱗集。广宇參差而翼張。鏤盤虬於密石。圖悍獸於飛梁。下窈窕以宏麗。上嵳峩兮煒煌。寶鐸玲瓏。鏗宮韻商。望之者愕眙。聽之者淒涼。何蓬萊與方丈。忽山峙而鸞翔。夫其架飛觀以干霄。豁丹扉而瞰野。迴廊夭矯以岡屬。正殿崔嵬而雲埭。墉垣繚繞。鉤楯連延。聾翠炎以爲壇。範

眞金而作像。道場嚴肅。繪塑精明。聖祖靈官。儼然如在。軒甍互映。丹漆相鮮。層殿初成。但有窺窗之女。還丹纔就。寧無奔月之人。靈草奇花。千名萬品。間以芳樹。洗其密篠。導以清流。濬爲渟沼。扶疎葱蒨。演漾泓澄。年年有異木含春。疑遊閬苑。夜夜而寒泉浸月。似到瑤池。若乃環珮珊珊。笙磬寥寥。陟星壇於月夕。會眞侶於霜朝。唱步虛於縹緲。動霞帔之飄颻。朝禮將終。起彤雲於丹井。靈仙若下。盤皓鶴於煙霄。顒敬幽陰。奇特瓌美。雖鬼功神運。亦無以加。足以增氣象於江山。誇壯麗於宮觀也。卓矣乎。清淨之門既闢。

元元之像又嚴固將扇以眞風惇其孝治皇王能事孰與爲先乃錫號曰眞風賜女眞楊保宗紫衣旌其幹也下臣承詔作爲是詩美其功也

道未形時無有一物形既有矣萬象紛出一動一靜一出一沒運轉無窮到於今日中有大道則之者誰明明我后亦公亦私百官承式品物其宜端拱而坐融融怡怡洪惟我祖實道之主闡教利人與天同溥吾君奉之爲棟爲宇欲化頹風重爲邃古廬山之高兮高莫窮隱映萬壑岧嶢數峰如削如畫凌摩碧空上有懸流之百丈恒噴雪而號

風下瞰長江之九派時吐霧而隱虹白雲兮翠靄密竹兮高松清猨之與幽鳥恣吟嘯乎其中修鍊之徒或釋或老亦有羣儒是論是討簡寂之前崇善爲號女眞居焉研味其道制作之野同乎草樓荒涼古迹寂寞靈游久而未葺抑有其由良緣所屬非聖而疇羣材既集哲匠有程攢櫨簇栱結棟飛甍銀鋪飾戶玉礎承楹傅以朱綠垂之璧瑛殿儼尊相旁羅衆眞如聞大道似演長生修廊環布以曼衍危樓對峙而崢嶸矗如山立赩若霞明望之則煥爛晶熒若經天台兮睹赤城就之則想像威靈若登丹邱兮趣福庭天子聞之而動色於是乎錫眞風以爲名保大五年歲次丁未八月壬午朔二十八日己酉虞部郎中韓熙載記

湯泉院碑

嘗試論之總兩儀二曜八卦五行而播爲四時成乎萬化者惟陰與陽相盪相摩而已矣然則剛柔靡殊奇偶相待故火數二而成七坎爲男而本陰由斯以推則火得其寒水得其熱亦理之常也又意其泉脈通乎暘谷每天輪激轉則太陽煎其下及炎精迅發又積壤鎭於上會其迸泄

泉猶沸然是以方輿之間往往而出此又得之於意表也或曰有湯之處下積流黃厥論紛然未知孰是烏江縣有湯泉古院在縣北七十五里大路之西江流其東滁汎於後龍洞在其前連山注其右蒙林隱藹岡嶺縈迴金地實階纏連遺址天佑甲子年有江都開元寺惠鏡上人者道廣行堅貌淳心古倦捧帙於講肆將持楹而遠遊經此靈泉喟然駐錫且曰受佛付囑行佛慈悲是則祛幻身疾苦之資施衆生安穩之所欲宏利益捨此何之乃有鄉人秦岌秦璘爲檀信之首上人手刻荆棘躬捨瓦礫茅詹始葺

蔽病士之風霜。桂殿徐營。備游人之瞻禮。從甲子距壬戌。住持凡六十載於茲矣。當其間也。龍爭虎鬬。山皆海沸。控洪河之阻。詎免侵凌。越青泥之巔。亦聞塗炭。唯長淮之表。大江之南。萬里封疆。兩朝清謐。人和歲稔。君明臣賢。外戶不關。到於今日。所以上人安住於此。得行其心焉。凡供養來往緇流萬有餘衆。造聖賢形像四十餘身。建三門房廊鐘樓堂殿屋宇大小總六十間。粉壁丹楹。霞明月皎。香廚豐潔。佛事精嚴。法侶從之。如泉赴壑。又勅賜湯院逾七十間。揮鍤運斤。爲土爲水。既宏且壯。不飾不雕。其東西二湯

相去百步。源清流潔。味美香和。澡身而漸失瘡痍。飲腹而都忘熱惱。雖涼泉灑窮子之面。甘露沃餓鬼之心。若論其利濟無窮。曾何足比。故男女緇素。道路纍纍。呻吟而來。笑語而去。前後蠲除疾疹。二萬其徒。允所謂心有所便而施無求報矣。今上嘉其苦節。錫以華鐘。春容在懸。洪纖斯應。聞而悟道。信可度人。上人布褐長齋。自幼及老。護戒無缺。勤心不渝。鄉閭耆年。敬若諸佛。又雅好賓客。謹於接對。遊人旅客。憔悴輕肥。其來如歸。待必平等。門人同學各盡所長。和汝唱予。其徒有九。慧登師進典常住。慧深營供施。承規主功德。承矩承儼省眞。承晦承義應門戶。肘臂相運。不爲胡成。下官左宦歷陽。寓居佛廟。鏡公一日忽然而來。聽談厥由。諷我刊石。敘事之竟。爲辭美之曰。

天地造化。孰云難測。陰陽變通。人或可識。晝夜不定。水火相激。鼎沸雲蒸。無窮無息。教亦有說。斯爲靈湯。探之則熱。赴且無傷。惡疾能愈。微痾可量。或飲或浴。心寧體康。基構已平。源流空在。風雨雪霜。人焉攸賴。蓬蒿埋沒。多歷年載。高僧聿來。崇茲勝槩。若樓若殿。若房若廊。若廩之贍。若廚之香。若來若去。若緇若黃。萬有餘衆。曾棲此堂。甄土導泉。

上棟下宇。捷巘高簷。環旋峻堵。四達纍纍。呻吟傴僂。二萬其徒。沉痾獲愈。鏡也惟仁。心眞貌淳。麻衣粒食。苦思勞身。本願云畢。斯文以陳。永永金石。傳諸後人。

元寂禪師碑

闕三字姿以清淨妙心伏迦葉波迦葉而下以心闕二字二十八傳珠聯印度一花五葉。香散支那。降及曹谿。得法者衆。然則以一念攝於多法。以一塵統於沙界。此念此塵。彼界彼法。二俱不有。空亦非斷。明是法者。於大悲海。運普濟舟。開無相門。演不二法。化有情於一旨。獲當果於上乘。是之

謂大善知識者。元寂禪師其人也。師名隱微。豫章新淦人也。夫其殊生媢澤。玉蘊艮山。畱潤入纏。必歸族姓。故有楊氏之託焉。異人之生。字闕二奇應既字闕三亦表厥靈。故有光明鑒室之祥焉。軒冕爲累身之囹。鼎鐘乃爽口之具。孔翠彬蔚。網罟隨之。鴻鶴清泰。霄漢自得。故有棄俗之誓焉。開無師智。歸不二門。夫爲在家則有師字闕一七歲詣字闕四院道字闕一禪師字闕一弟子二十依洪州字闕一元寺智稱律師受具戒。既還而歎曰。沙門者。達本識心之謂也。且戒惠之學。未足明心。字闕一滅之宗。方爲了義。清山有路。白雲無心。

我之字闕一行。豈復他日。遂徧尋名嶽。歷抵禪林。順義中。卷衣南行。遐趨五嶺。羅山法寶大師。嚴頭眞子。德嶺桂孫。智鏡當臺。共仰不疲之鑑。鴻鐘在簴。咸聆應扣之音。師既解橐雲堂。端襟下榻。玉處石而光華尚隱。虎在山而清嘯難藏。扣我機緣。自知時節。先是羅山有師子在窟出窟之句。海內風傳。一日。法座高登。海徒雲萃。師遽前而禮。峻發問端。羅山道眼素明。俾師嶒崪。抗聲譸詰。衆莫之知。俄於欲諾之間。豁然大悟。自是朝昏隨衆。語默全眞。放曠四儀。盤桓數稔。異日。羅山以師大緣將至。苦諷還鄉。太和中。杖策離羣。擔簦度嶺。漸迴江介。涂次龍泉。邑宰李孟俊。一覩道姿。深加凝注。邑有十善蘭若。經廢時多。願言葺興。强師駐錫。冀揚大法。用福蒸民。師具順隨之心。盡檀那之請。元徒輻湊。淨供山儲。應接隨宜。了無滯礙。有問如何是十善橋云險。過者如何云喪。參乎祖道。一以貫之。問而數窮。答有餘力。達深德妙。斯之謂歟。時先朝端拱萬機。穆清大寶。遠懷道德。思結深因。保大九年。始自龍泉詔歸鳳闕。命住龍光梵刹。賜號覺寂禪師。高闡一音。將逾數歲。改賜奉先禪院。用邇皇居。辛酉歲。將有事於省方。利建邦於洪井。千乘

萬騎。咸從於和鑾。奇士高人。必先於行在。師首預清列。簡自宸衷。既抵新都。復住大寧禪院。誨人無斁。學者有歸。迨於鼎成之期。難豫因山之會。言念三世諸佛。皆入涅槃。吾獨何人。自甘遲莫。其歲十月。見病者相。卧方丈中。是月二十七日。剃髮浴身。升堂别衆。勤宣祖意。勉勗後流。語訖安然。形畱氣盡。俗壽七十六。僧臘五十六。謚元寂禪師。塔名常寂。歲在壬戌二月六日。歸葬於吉州吉水縣仁壽鄉太平里之原。遵遺誡也。今元帥鄭王。備嘗道味。時任保釐。巨捨信財。俾營塔廟。惟師夙宏道願。應生像年。道峻德充。名

符實備。貌孤神王。語淡氣幽。情高而月冷字闕一空。格峭而雲生碧嶠。以慈音而演法。用實智以化人。故得分契王臣。心歸緇素。俄昏慧炬。永絶微言。瞻道貌以長乖。覽清徽而徒在。龍泉廣福十善禪院嗣法弟子契任。行常相續。住持小師自明。自滿七十三人。懼歲時之浸遠。恐陵谷之貿遷。願紀金碑。以旌元纂。其辭曰。

三界茫然兮四生蠢爾。背覺合塵兮死此生彼。有鑠開士兮秉悲應世。端坐實牀兮片言析理。道價旣高兮迴心天子。慈風又扇兮服膺多士。遠近瞻渴兮慕羶以至。白黑合

禮兮得坻皆止。大緣告終兮魔雲忽起。覺日云沉兮法幢遂靡。傳心羅山兮訓徒帝里。韜眞豫章兮歸歟吉水。金骨藏山兮德音無已。寶塔鎭地兮來者斯企。

欽定全唐文卷八百七十八

徐鉉一

鉉字丹臣。會稽人。初事吳爲校書郎。後事南唐累授太子右諭德知制誥。遷中書舍人。後主時除禮部侍郎翰林學士御史大夫吏部尚書。隨後主入宋。歷左散騎常侍。貶靜難行軍司馬。卒年七十六。

頌德賦東宮生日獻

伏惟先王之建國。體皇極而垂制。仰則觀於辰象。俯則察於地義。前星爲帝座之輔。蒼震乃少陽之位。非明德與茂親。不足膺兹主器。故萬邦以貞。而本支百世。是必天錫嘉祉。神輸百祥。山河資其正氣。日月分其融光。膺期運以載

誕。配乾坤而永昌者也。惟我儲后。昭明俊德。黃裳元吉。況潛剛克。鉤深致遠。嘗莫挹其津涯。問安視膳。每或形於顏色。在昔沖讓。高追太伯。乃剖麟符。保釐東宅。受道師傅。稽疑典冊。化自誠心。風行邦國。乃擁千旌。南徐之城。左撫句吳。前對敬亭。京師河潤。盛德日新。其畏如夏。其惠如春。謝傳圍碁。靜一方之沴氣。條侯高臥。息萬里之驚塵。今聞孔昭。元功莫二。人情不可以久鬱。皇統不可以終避。乃畏天

命允茲儲貳鳴玉軑以徐來與春郊而總至龍樓霧廓雖戟風生珍符疊委和氣交迎百度以之而式序多壘以之而載清史書有年衢傳頌聲豈人事之協贊信宗祊之降靈於是元圃凝陰瑤山密雪宣歡之緹幕半下縈汜之層冰乍結爰書慶誕之日始遇嘉平之節麗正晨啟重明夙設調護之客娛侍之臣峩冠煒煜佩玉璘玢咸稽首而再拜獻多福於萬春有宮坊之下吏乃捧觴而進稱曰自古聖賢率由輔導伊尚名與課實故成敗之異效粤若成王史佚周召左右前後惟仁與孝靡過不舉無善不告茲君

臣之一體故風聲之克劭降及後代亦慎厥初賓聘四老復延二疏咸由古道以佑皇儲若乃征和戾園有思臺博望之盛貞觀承乾有元齡魏徵之重或有其禮而無人或有其人而不用何擇禍之忘輕信非賢而罔共英英副君鑒古知今百揆在乎手萬務經其心朝廷之所寄者重蒼生之所望者深既賞輿王之諫亦訪百官之箴故曰生民在勤好問則裕不躬不親人將孰信一游一豫樂有常度節八音以導其和平調五味以適其喜怒情義兼於家國故知無不為愛敬極於君親故惟道是諭儉以足用而施舍不可不行仁以接物而刑罰不可不具冗官宜省而才不可遺疆事漸寧而備不可去居安思危覩災而懼上分一人之憂以成天下之務俾中外之禔福與宗祧而永固伊下臣之不佞蒙國士之殊遇實含和而吐頌豈登高之能賦願降鑒於芻蕘庶效誠於塵霧

木蘭賦并序

頃歲鉉左宦江陵官舍數畝委之而去庭木蘭因移植於宗兄家及鉉徵還席不遑煖又竄於舒庸吾兄感春物之載華擬古詩而見寄吟玩感歎謹賦以和焉雖不足繼體

物之作庶幾申騷客之情爾

伊庭中之奇樹有木蘭之可悅外爛爛以凝紫內英英而積雪芬芳兮謝客之囊旖旎兮仙童之節許蒲葦之竊比聽蘭芽之並列於是辭下土之卑濕歷上京之繁華恥衒價於豪門乃托根於貧家賓幽人之賞豫有好事之稱嗟一旦逐客程遠君門路賒削閨籍與印組豈獨留乎此花噫人屢遐棄花猶得地分兔苑之餘蔭向藩房而吐媚授簡多暇攀條屬思持香草以余比效騷辭而我寄感此生之百憂何斯物之足貴悲夫館客長吟山城夕陰想馨香

之不改歎歡宴之難尋憑歸夢於飛翼寫商歌於素琴歌曰光景兮愁暮別離兮易久眞宰兮無黨貞心兮不改誠知異日重滋田氏之荆但恐相逢共歎桓公之柳

新月賦 庚午歲宿直作

五月五日繁陰乍晴偉彼新月麗於太清映玉繩而絢彩拚銀漢以騰精對鳷鵲西南之影步明光東北之楹歷歷遲漏悠悠我情雖萬古之不易感一年而始生乃有騃女癡男朱顏稚齒欣春物之駘蕩登春臺之靡迤雜佩璀錯輕裾颯纚紛乎拜祝怡然宴喜人歲歲以潛換景年年而

若此昔我當年胡云不然世路多故流光暗遷易壯心於大觀變元髮於華顛顧一毛之無濟愧兩綬之徒然況乎萬象虛明九門奧秘對宣室以方罷閱通宵而不寐憂心似醉既慷慨於君恩急景如馳更悽涼於往事想愬月以長歌遂抽毫而見意

劍池頌 并序

歲次辛酉月躔仲冬王人徐鉉揚旌銅柱之鄉稅駕劍池之廟慨冀靈迹徘徊故墟或曰龍泉太阿安得爲寶出也不爲當世之用佩之不免亡身之災天下固有虛名而無實效者歟愚以爲不然夫聖人之於天下亦物耳所稟受者異故能與造物者並而爲天下王是以聖人之作也天不愛其道地不愛其寶同聲相應同氣相求人謀鬼謀皆爲聖人用無功無迹豈尋常所能識乎然則集陰陽之英萃山澤之精窮爐冶之妙極鋒鋩之利宜其冥合元造弼成聖功者也昔黃帝法月滿而鑄鏡用能照燭怪魅辟除不祥大禹收貢金以鑄鼎使民知神姦以遠不若漢高祖佩斬蛇之劍以撥亂除害奄有天下是三者皆人力之所爲也咸能輔佐興運與時隱現其可誣乎在昔三分叔世

咸有昏德天命將改寰宇混同斯劍知之故靈發於下氣浮於上應帝王之符命矚識者之觀瞻亦猶伊尹負鼎於莘墟仲尼動色於魯相千載一會聖賢所以汲汲也向使晉武能誕若天意克明俊德判忠邪之路絀驕侈之心則賢能盡其才神靈効其用淳耀之烈可續七百之期不爽而皇猷既鬱亂本斯成百姓失望羣龍沮色於是斯劍也委質張雷之鑑一泄其憤遠迹劉石之醜復歸於潛其出也所以示神之不測其去也所以示惟德是依則其爲用也遠矣昔者周過其數秦不及期是知天命之精微可以

人事而延促前哲論之備矣若夫精眞之誠修於內感召之致應乎外自然而然有道存焉不可以智求不可以言達王者得之則三五之功其餘事耳然則天下至寶本非人臣所服變化無方神物之事也忘身狥節忠臣之烈也兩造其極求仁得仁復何怨哉廟在豐城故縣俯瞰池岸壯武侯雷府君之像祀焉去今縣四十里而龍泉太阿之廟別在中路棟宇綿久皆將傾頽邑人朱煇等洽重熙之化感百世之祀奬率同志唯新壽宮千載光靈煥然如在縣令孟賓于尉孫舉皆以文行之懿中賢良之選接武連

事惠此王畿推誠於民薦信於神風雨不愆耕鑿咸若先賢遺蹤其不泯也宜哉是池廣不終畝深才數尺父老云近歲旦暮往往有雲霧蒙覆其中恍惚之理不可測已今中興三葉聖政惟新豈非靈命孔昭元貺將集天命不僭宏之在人使臣司言敢告有位乃爲頌曰

周室既衰仁獸率臻晉祚不融龍劍効珍神化無方天命無親德之不建與運俱淪歸潛厚載以俟眞人惟劍之神惟賢之識湛湛靈沼綿綿廟食瑞氣長在元符靡測垂茲頌聲永永無極

保寧王制

門下昔先王聰明時憲文質載周親親之義莫之或改乃知封建之重宗社攸賴友愛之美風教代宣寅奉舊章敢忘循舉二十弟某稟質沖粹愼德孝恭出言有章好學不倦故我文考慈訓備隆而能踐修嘉猷惠迪前哲卓爾令器時惟老成粤予眇沖肇當纘服輔貽謀之啓後仰垂鑒之在天尚念多艱懼弗克荷是用睦懿親以佑涼德班宗彝以懷萬邦錫爾以山川表爾以車服師長之任申而寵之敦敘之恩於是乎在吁苴茅侯社禮莫縟焉連華棣蕚親莫昵焉履信思順可以無悔尊師重道可以多聞盡愛

敬以奉親顏極惠和以厚宗室勿佻勿墮有初有終服我訓詞永光懿烈可

南昌王制

門下昔西周之分陝服則曰風聲所存南朝之治揚州則曰本根攸寄非親賢碩望不足以表東夏非輔相重位不足以副具瞻天下爲公百王不易肆予敷命匪敢有私長子某敦信厚之風秉孝恭之德允迪前烈率由生知自剖麟符往綏淮甸尊敬師保奉行詔條有所問而不干知爲

善之最樂東楚之俗向風而安時以爲能朕亦自懟夫陟明賞善有國大典苟得其所雖親何嫌是用特就畱臺寵開相府崇貴之數儀制存焉噫爲政無他勤則有繼舉德甚易終之實難無以安佚自居而忘夙夜之戒無以驕貴自負而忽藥石之言治亂善敗則有先聖之遺經憲章文物則有中朝之成式諮訪佩服身先行之敬哉慎哉無忝多訓可

張居詠制

門下昔在先王任賢尚齒出將入相所以任賢也尊師重

傅所以尚齒也況乎擇藩屏之寄膺轉導之求高步承華誕揚師訓克堪其選我有人焉某負貞幹之才稟純厚之德亟更庶尹歷事累朝昇元始基賴其獻納故陟鸞臺之位爰立作相保大踰歲藉其綏懷故委龍節之權受脤于社懋乃嘉績叶於朕心殿邦政成輯瑞來覲方圖位著爰得僉諧而昔自故相已嘗爲保重煩耆德俾傅東朝尊敬之儀典章斯在噫昔者叔孫疏廣善於其職克繼來躅可不慎哉勉著嘉猷以副時望可

撫州節度使馬希崇除舒州節度使制

門下姬周同德曹叔封於王畿炎漢功臣楊僕恥居關外是知藩翰之重所寄必同遠近之差以斯爲寵我有成命爾其敬聽某識度恢宏風猷茂遠象勳蓋世不怙貴以驕人多難薦臻每忘身而濟物知能適變仁足亢宗來庭不俟於七旬保境豈徒於五郡劉總舉全燕之地宏正輸推魏之邦故實攸存懋章何愧是用加之飫賜尊以上公陟負璽之崇資委建身於列鎮虛襟而見前席與談言語有章威儀可則既叶跂予之望且堅戀闕之心藹爾誠明形於表疏愈歎忠勤之操宜更節制之權而永泰全軍舒廬

舊國地望無慙於汝水封疆密邇於王城用諧日近之言尚資河潤之福俾迴新命往受中權於戲大義昭彰朝恩渙汗千里之地可以觀政三軍之帥可以圖功永樹風聲無忘多訓可

太弟太保馮延巳落起復加特進制

門下爵賞之行憲章斯在急於務則適其變終其事則歸於禮將軍重任足以奪孝子之情特進崇班自昔冠諸侯之上申爲懋典允屬公才某官馮延巳儒雅積中機神應物風雲夙契魚水冥符處多士之朝副具瞻之望及移相

府出鎮臨川封境綏懷聲猷茂遠頃集蓼莪之痛俯從金革之權露冕有誠輯瑞來覲疇咨舊德保佑東朝北疏傅之在前允諧擬議類魯公之拜後適就變除俾進崇階庶申優寵於戲將相之重資爾以惟聖儲兩之尊繄爾以成德知人則哲予用弗疑勉揚令圖無忝多訓可落起復冠軍大將軍加特進餘並如故

林仁肇浙西節度使制

門下建侯樹屏有國之攸先崇德報功百王之所共斯為令典予敢忘之鎮海軍節度浙江西道觀察等使留後金

紫光祿大夫檢校太傅濟南縣開國伯食邑七百戶林仁肇稟此星芒鬱為時幹鼓鼙之氣指勍敵而愈高金石之心因時艱而益壯故能灼殊功於南部東多壘於東門元戎所行績用昭著及總留務於浙之西戍師著無犯之威察俗有惟清之化屹爾京口殷然長城予惟汝嘉俾正藩守因爾才略樹之風聲雄師大邦所以屏王室尊官盛典所以懋官成惟惠惟和有嚴有翼使予無東顧之慮者繄其賴焉克堅一心以永百祿可依前檢校太傅兼御史大夫使持節都督潤州刺史充鎮海軍節度使浙江西道管內營田觀察處置等使功臣散官勳封如故

紀國公封鄧王加司空制

門下宗子維城良臣惟聖故有王社之數鼎司之權親親賢賢古之大訓也我有成命時惟至公第七子某識度淹通器質清粹就傅之歲威儀不忒出閤已來聞望所著向由邦政入踐中樞內形將順之規外盡彌綸知業人知親附俗待和平邦家之基斯實攸賴今六騑巡守萬乘啟行方資扈蹕之勤宜有酬庸之典晝南陽而錫壤掌邦土以命官併加馭貴之資益峻具瞻之望於戲義極君父愛敬

之道兼焉任綜文武弛張之政存焉爾其佩服前訓咨詢舊德勿驕勿惰有初有終永樹風聲以保元吉

上太后尊號制

門下膺昊天之眷荷宗社之重何嘗不嚴奉慈訓聿循孝理所以化成天下宏濟多艱親親尊尊教之大者也況沉潛之德丕顯於國風輔佐之勤光昭於王業今遺恩累洽靈鑒在天俾予小子恭踐大寶思宏任姒之烈紹恢三五之基彝章盛典敢忘祇奉宜上大行國主皇后尊號為太后

太子少傅徐運授太子太保制

門下。崇德尚賢。推恩錄舊。茲惟令典。允屬時英。子以邠躬嗣承丕業。威藩之望。羽翼之恩。敢忘寵章。用光師道。某清直稟氣。忠厚爲資。實戚里之所榮。歷累朝而見重。敬慎卽保家之主。恭儉無出位之思。爰自京口。臨藩克貞。師律鸞臺作相。足厚時風。留侯旋務於退身。疏受更聞於稱職。純誠益著。雅望攸高。昨者預奉綴衣。導揚末命。忠貞以濟。典禮無違。顧惟沖人。懼德弗嗣。當此承祧之日。益堅重傅之懷。是用就改崇資。仍加食賦。於戲。班崇一品。秩視三師。苟

非賢臣。孰克臻此。永期納誨。無替令猷。可。

朱業江州節度使制

門下。古者諸侯之賢。入爲卿士。上公之寵。出爲方伯。故中外之任。踐更攸宜。我有勳臣。咸曰名將。藩維宿衛。夾輔沖人。肆予仰成。是用申告。某家傳武畧。天賦純誠。名因勇聞。位以材致。周旋數紀。佐佑累朝。由裨將以統元戎。勳勞滋茂。自百城而登連帥。聲政洽聞。寵益盛而若驚。位益高而愈讓。予纂服之始。駿奔來朝。且堅戀闕之心。因處周廬之任。忠貞彌固。夙夜惟寅。輦下肅清。時乃之力。永言舊德。豈忘予懷。會九江元侯。入奉朝任。中流之寄。非賢不居。是用輟蘭錡之權。付金符之重。往分巨屏。更佇殊庸。噫。簡師旅以壯軍聲。明紀律以宣庶政。可畏可愛。富之教之。是汝所長。無替前效。陟明有典。厥惟欽哉。可。

朱業宣州節度使制

門下。車服之寵。所以報功。藩閫之權。可以觀政。茲爲令典。允屬信臣。某智勇推高。忠貞特立。秉武經以致用。服戎政以居多。誠悃洞然。終始一揆。及分符出守。持節主留。恩信並行。詔車畢舉。肅連營而無犯。視赤子以如傷。所臨之方。

去思仍在。向鍾多難。入衛京師。憂國忘家。令行禁止。羣情自固。戎事以寧。肆予仰成。時乃之力。今疆埸甫靜。烝黎未康。宣城奧區。國家巨屏。方當謀帥。是用策勳。賓果毅以壯先聲。假惠和而蘇疲俗。付爾節鉞。往鎮撫之。惟爾慈儉足以安民。剛正足以行法。必當望風自理。投刃皆虛。宜宏寬大之規。以集中庸之德。勉茲具美。永振嘉猷。可。

泉州節度使留從效檢校太師制

門下。望高於朝。則專師保之任。惠加於物。則進土田之封。所以啟佑沖人。藩屏王室者也。我有寵數。屬於元侯。某山

蘊儲精星芒稟異挺全才而應用激大義以致身而自際會先朝奮揚奇策靜二方之多難越萬里以來庭故得倚作藩宣誓之帶礪而能恩威洽著紀律修明戎政有經理聲日遠黎獻有不欺之頌朝廷無南顧之憂茂績忠規古難其比粵予眇質嗣德弗明賴我友邦越乃賢帥推誠翼戴克荷景靈渙汗之恩唯恐不至是用增以井賦崇為太師美號峻階併伸殊渥噫乞言之禮可以觀德殿邦之寄可以樹勳勉揚令圖永錫蕃祉可。

右揆嚴續除司空兼門下侍郎平章事制

門下天作司牧必生丞弼非君臣同體道則不明非律呂交感功則不濟粵予眇質負荷景重不有時賢豈戡多難藏若先意疇茲舊臣某純粹炳靈惠和成性襲台鼎之慶連肺腑之親歷奉累朝丞更庶尹憂國家之事知無不為經夷險之間中立不倚言必由於忠信行必自於誠明勞而弗矜謙以自牧先朝鑒其誠志任以腹心須當巡守之初俾貳主畱之寄盡規竭慮夜思晝行京輔以寧時乃之力及奉揚末命以佑沖人送往事居禮無違者忠勳茂績人無間然今二后在天萬物思理予方乃眷民亦具瞻是

用命作司空倚為左相兼國史樞機之任進升階食賦之資豈曰寵章是同憂責嗚呼受遺作弼厥惟艱哉爾其崇遠大之謨布簡寬之政詢箴諫之士塞便佞之言滿假自賢則其智益蔽虛懷接物則其猷益光念茲在茲以底於道可。

信王改封江王加中書令制

門下唐堯之聖也既以序九族為先漢祖之隆也亦以守四方在念矧予小子弗堪多艱實賴羣后共康烝民粵有賢侯亦在諸父庸勳表德敢忒愛焉第二十叔某天賦機神生知禮樂肇開朱邸則孝敬之道升聞出建齋壇則威和之風遠振況五嶺之際俗雜地雄吏服其明民安其教煦如冬日隱若長城孤以不明祇奉丕業咨乃庶尹至於友邦師保之規既自家而刑國蓼蕭之澤當由親而及遠是用正左相之位崇三司之儀增賦進封併伸寵數於戲昔我文考並建懿親藩屏所繫社稷是衛燕翼之旨可不勉歟敬佇嘉猷以永蕃祉可。

謝匡策加特進階增食邑制

門下王者均慶推恩無遠弗及矧有舊德居然將臣方申

求舊之懷。豈忝疇庸之典。某素推勇氣。夙負壯圖。立功旗鼓之間。發跡風雲之會。出分符竹。入守關防。翼衛天門。董齊蘭錡。咸著在公之績。可觀適用之林。享此期頤。保茲優逸。臻富壽之福。全終始之名。比之古人。不可多得。孤以眇質。嗣守慶基。方資無改之規。式重後彫之節。俾升階序。仍進戶封。於戲。二品崇資。三朝貴仕。人臣寵祿。何以過斯。勉荷朝恩。永揚令聞。可。

鄭王加元帥江寧尹制

門下。睦親尊賢。王者之盛業也。中台上將。有國之重任也。是必疇咨公議。稽若前經。舉而行之。謂之令典。我有愛弟。時維宗英。論道經邦。勳德滋茂。肆予有命。允叶厥中。某挺命世之才。秉生知之哲。機神穎邁。器宇沖深。自實玉分封。緇衣授職。內蘊清明之德。化宣寅亮之功。持謙下之資。以親附百姓。體勤儉之節。以表率時風。學問該通。每諮詢而自益。忠誠孝悌。常將順以無違。昔者三后叶心。十亂同德。允茲古義。非爾而誰。粵予眇躬。憲迪先訓。獲守大業。汔臻小康。實繄手足之賢。以集股肱之寄。無德不報。雖親何嫌。是用誕舉渥恩。就加名數。夫元帥者。民之司命。中樞者。國

之宗臣。尹京所以表則四方。增封所以藩輔王室。毗倚之重。何以加斯。於戲。義兼國家。權總文武。動靜之際。治亂繫焉。所先者在乎弼諧。所慎者在乎聽受。清如止水。故是非之說不可欺。平如懸衡。故善惡之徵不能惑。有犯無隱。非好異也。不違如愚。非苟合也。惟公是務。惟道是從。所務必老成。所親必端士。服茲多訓。永樹英聲。可。

朱業加中書令宣州節度使制

門下。予嘗顧藩屏之重。思黎獻之康。欲使折衝之威迭行於封略。惠和之化普及於方州。既報政之屢聞。乃改轅而敷寵。咨爾賢帥。聽吾話言。某武毅致身。忠厚成性。踐更事任。昭著勳庸。倚若金湯。誓之帶礪。自持使節。出鎮中流。恢簡易之風。立嚴明之令。仁而有斷。吏不敢欺。故使萬井阜安。連營輯睦。藹爾殿邦之績。叶予進律之文。率是通才。何適不可。予以宣城列鎮。甸服奧區。久闕元戎。未孚王化。藉爾有成之政。副吾共理之懷。右相之崇。宰司所重。申為殊獎。以極朝恩。於戲。有惠於民。有功於國。中台貴位。累鎮劇權。苟非純誠。何以臻此。爾尚守益恭之節。勵匪懈之心。永懋嘉猷。以光時望。

欽定全唐文卷八百七十九

徐鉉 二

左司郎中陳繼善可工部侍郎制

勅國有六職百工與其一焉我朝已來其選尤重矧自尚書郎而擢拜者不其鮮歟某官陳某以幹蠱之木克構之美丞更庶尹遂歷省垣委之以繁雜之務而事益明兼之以權筦之司而利不匱宏羊心計亦莫加焉屬朕出震嗣圖施令布慶二卿之任頗難其人今以繼善爲之爾其可以稱職噫大僚之體存乎簡易興利之要在乎廉平無渝乃誠以撓吾法可

馬在貴加官制

門下盡忠於國者其報深有勞於事者其澤厚方切念功之義仍當均慶之初不有寵章孰先懋典馬某深沉有勇質重寡言少推學劍之能早識擇君之舉自策名旗鼓受任疆埸履險身先有功不伐向分符竹實制要衝化行於富庶之時節著於艱難之際純誠懿績時論多之入總禁營遂成優秩富壽之福無闕敬慎之風愈高予惟汝嘉思有以勸屬此推恩之際俾升掌武之資噫忠勲既明寵祿亦至終始之義古今所高勉揚令猷以享元吉

游簡言左僕射平章事制

門下昔在明王膺圖嗣統雖復格天光表繼文下武猶曰實相以濟又曰克艱厥臣矧惟寡昧疇咨庶尹若乃承弼之重毗倚之隆詢於具瞻敢或經揆游某世濟文雅挺生公器中興之始即爲辭臣重熙在運亟更近署忠爲令德實浮於名藹然直聲允洽時望先皇帝省方展義分命羣司藉爾重臣輔予小子直躬無避正辭不諂翊從行闕克申其勞至於受命交兵之間抗節履危之際蹈義以濟知

無不爲此皆古之所以爲難予之所以爲尚者也間歲出於獨斷命長南宮議者但高其盡公之誠未許其理劇之用遂能正身而令當官不迴厲風霜之威以糾其慢堅夙夜之節以率其勤請託不行紀綱自舉羣議由是咸伏六職以之孔修風雨不渝始終一致實爲國器想見古人而躬親簿領之間遽成勞勩從容廟堂之上未盡謀猷酬庸之典予所多愧是用命作左相陟茲鸞臺進金紫之崇階典圖書之祕府勲爵井賦併示寵名於戲釋細務足以導節宣之和恭大政足以暢彌綸之業繄爾致君之效成我

知臣之明。往維欽哉。無假多訓。可。

李匡明御史大夫等制

勑。御史所職。實爲紀綱。百官之邪。得以歸正。衆目不理。得以舉明。使朝廷凜然。罔懈於位。玆朕之攸賴而和庶政也。向者治刑不暇。官業靡申。遂用省其訊鞫之煩。委以澄清之寄。庶循理本。諒在得人。通議大夫守吏部尚書柱國賜紫金魚袋隴西縣開國子食邑五百戶李匡明。學術優深。德望清重。可副丞相。以鎮時風。中散大夫守右常侍判御史臺事柱國賜紫金魚袋趙丕。自掌憲司。克勤於職。而侍

從之列。朝夕論思。期於弼違。宜在專任。令以庶獄。移從理官。可歸騎省。以備顧問。各踐乃位。允期懋功。匡明可御史大夫。丕可守本官罷判臺事。

宋齊邱知尚書省制

勑。兩掖南宮。樞密之地也。元台上公。股肱之寄也。況親賢在位。中外具瞻。式敘彝倫。爰申明命。夫眞宰之重。大政咸歸。出納王言。固當綜錄。侍中壽王某向兼南省。未叶舊章。宜罷判尚書省。便領中書門下兩省事。太保齊邱雖道在經邦。方資納誨。而事殷會府。兼藉允釐。可知尚書省事。大元帥齊王總納百揆。以貞萬邦。凡曰謨猷。悉關獻替。其三省事並取齊王參決。朕允思恭己。以荷景靈。用一國之才。敢辭則哲。成天下之務。庶叶無爲。方俟以沃心。豈勞多訓。

劉崇俊等起復制

勑。匡時啟運功臣威邊將軍濠州都團練觀察處置等使光祿大夫檢校太傅使持節濠州諸軍事守濠州刺史渦口兩城使兼御史大夫上柱國彭城縣開國子食邑五百戶劉崇俊。濠上觀風。克昭祖服。光祿大夫檢校太保持節常州諸軍事守常州刺史兼御史大夫上柱國劉佑晉陵

守土。允茂政經。而皆夙練軍聲。習知邊要。方深朝寄。遽屬内艱。永言護塞之權。宜舉墨縗之制。俾加寵命。改授階資。勉抑孝心。以從王事。並可起復雲麾將軍。餘如故。

馮延魯江都少尹制

勑。朝議郎行尚書虞部員外郎武騎尉賜緋魚袋馮延魯。頃者尹縣畱都。首變田制。克勤於事。以利於人。自歸朝行。已踰周歲。如聞衆庶。未甚樂成。矧彼浩穰。所宜均一。是用假爾亞尹。往畢舊功。其在條理得中。厚薄無撓。俾乃比屋。咸遂所安。止於刑獄之繁。亦以公平爲用。務令稱職。無忝

加恩可以本官判江都少尹公事。

王彥儔加階制

勅。王者旌董戎之功。重股邦之任。疏寵之命。因事有加。所以勸能而佇效也。佐時衛聖功臣建威將軍康化軍節度池州觀察處置等使起復雲麾將軍檢校太尉兼侍中使持節池州諸軍事池州刺史上柱國太原郡開國侯食邑二千戶王彥儔。作鎮方隅。克揚威信。師謀不撓。庶政有常。肅爾先聲。宣我朝命。向者起於哀制。授以崇階。禮適就於變除。寄方隆於藩屏。俾從增邑。式示推恩。勉揚令圖。無替

丕績。可光祿大夫加食邑一千戶。餘如故。

李匡明舒州刺史制

勅。通議大夫守御史大夫柱國賜紫金魚袋隴西縣開國子食邑五百戶李匡明。向緣時望。命長憲臺。既歷歲時。亦聞敬慎。方佇茂績。以光大猷。遽覩拜章。固辭重位。俾全寵遇。宜輟準繩。尚賴分憂。無忘守節。可檢校司徒兼御史大夫使持節舒州諸軍事守舒州刺史充本州團練使。餘散官賜邑如故。

趙丕御史中丞制

勅。朕以御史未理。庶政靡清。思得良臣。副吾慎選。中散大夫守右散騎常侍柱國賜紫金魚袋天水縣開國子食邑五百戶趙丕。再履憲署。欽若攸司。迭為侍臣。匡予不及。俾授格心之寄。宜膺獨坐之權。夫才識兼通。然後能得大體。公正無黨。然後能肅百司。糾正失中。則紀綱撓。顧避不言。則職業隳。爾其欽哉。無辱朕命。可御史中丞。餘官勳賜爵邑如故。

陳褒衛尉卿制

勅。出身事主。忠之効也。以年致政。古之制也。淳風將振。斯

道復行。朕用嘉焉。宜示優寵。宣徽使某官陳褒。以敬慎之操。俊乂之才。輔予潛九之初。叶我司總之寄。出納惟允。佐佑盡規。勤勞王家。數紀於是。永念耆德。方注虛懷。遽從知退之言。亟有懸車之請。雖面諭難抑。豈舊功可忘。而司衛列卿。秩崇務簡。俾退辭近侍。猶在立朝。勉迴高尚之心。式重君臣之義。可衛尉卿。

杜昌業江州制

勅。十連之帥。百城之長。藩屏王室。其揆一也。隨時省置。何常之有焉。朕祇荷慶基。懋循古訓。迭用舊德。以須詔條。交

修予違。踐更爾位。肆因大慶。式舉朝章。金紫光祿大夫上柱國京兆縣開國子食邑五百戶杜昌業。始以明敏肅恭。服勞近密。出納惟允。固慎無違。先帝用能。委之邦政。明九伐以懲王畧。堅一心以迪大猷。六事允諧。時乃之用。將圖爾効。且盡其才。朕以中流之寄。九江爲重。控五嶺之衝要。鎮百蠻之驛騷。屬予相臣。入總樞務。惟爾公望。克嗣其勳。是用輟夏官之崇。膺外臺之職。尚虛使節。以便理戎。其往慎乃終。遵我成憲。簡易以申令。恩信以卽師。惟惠惟忠。無忝朕命。依前檢校太保兼御史大夫使持節江州諸軍事

江州刺史本州團練觀察使。散官勳如故。

招討妖賊制

朕聞先王之靜人也。四夷咸賓。尚先慎德之誠。一夫不獲。則軫納隍之心。是故導以仁聲。浹之惠澤。猶不可化。遂威有刑。昨者嶺表遺甿。聚爲寇盜。違其上命。犯彼戰鋒。而敢乘我國哀。伺我邊隙。侵迭我封部。誘惑我黔黎。保據谿山。肆爲剽掠。朕以肇膺丕業。先洽德音。矧彼狂徒。皆吾赤子。弗忍盡殺。冀其自新。所以雖命師徒。且令招撫。而宂愚不革。結聚愈忝。暴害吏民。攻圍縣邑。一至於此。其能久乎。國有常刑。吾又何愛。仍聞衆軍致討。累有殺傷。平人無辜。暴骨於野。興言及此。永惻朕心。況常賦及期。三農失業。特申矜恤。更示懷來。處州今年應屬省租稅。並可放免。仍委諸縣長吏。安存編戶。宣示國恩。防護警巡。勿令擾動。妖賊張茂賢首爲刦盜。罪在難容。若能束身歸降。亦與洗滌收錄。如聞命之後。因循未賓。卽令招撫諸軍。分路進討。如所在百姓及徒黨中有能擒斬茂賢者。不計有官無官。並賜三品。賞錢一萬貫。莊一區。并已分產業。並永放苗稅差役。傳之子孫。此恩不改。若能同心計畫。及數內或擒獲得稱王

稱統軍軍使之屬。并次第首級。止於一隊一寨頭領者。卽約此例等降優賞。放免苗稅差役。或能自出身歸投。有田畝者。各令歸業。仍放三年賦租。無田者。委本道錄奏。各與逐便優穩安排。及重加賞賚。如克惡不回。爲諸軍擒獲者。不問人數。卽便處斬。明申威信。汝自擇焉。諸軍將士。有能斬獲茂賢。殺戮反黨。官賞之制。並越常規。予不食言。爾宜自勵。朕永惟止殺。許彼悛心。且妖賊等燒毀倉儲。蹂踐禾稼。聚食則資糧立盡。外取則轂實不收。進則大軍扼其前。退則領兵掎其後。況烏合之衆。本不同心。緩則苟避征租。

急則各圖恩賞。函首來獻。翹足可期。咨爾羣黨等。自保家鄉。共思寧息。與其碎身於鋒刃。孰若樂業於閭里。咨爾將士等。各奮驍雄。早成功績。與其暴師於境上。孰若受賞於轅門。體我深懷。速清邊徼。布告本道。咸使聞知。

魏王宣州大都督制

勅。惟先王體國經野。建邦設都。並立懿親。以藩王室。當畿服之地。則任輔翌之重。有戎昭之績。乃增督護之威。是以王略恢而諸侯和矣。宣城重鎮。陪京之南。制天險之津梁。據三楚之襟帶。境環千里。邑聚萬民。我朝以來。戎寄尤切。

太師魏王受鉞先帝。建牙是邦。宣導皇風。董齊師律。生植茂遂。禮讓興行。時惟懋功。叶此時論。粵朕小子。懼德弗堪。允孚大猷。其在叔父。雖師保之命。已迪茂章。而剌舉之名。未極公望。宜升大府。式壯中權。於戲。立愛之恩。予不敢怠。敬保之義。王其謂何。勉啟乃心。以底於道。可升宣州為大都督府。以魏王為宣州大都督府長史。餘並如故。仍編入冊命宣降。

王崇文劉仁贍張鈞並本州觀察使制

勅。守邊之要。在乎崇垣翰而重威令也。任能之方。在乎因善政而加寵秩也。懋迪斯道。時惟令猷。金紫光祿大夫檢校太傅使持節吉州諸軍事守吉州刺史兼御史大夫上柱國太原縣開國男食邑三百戸王崇文。儒雅飾身。威猛宣用。入奉旅賁之列。出申剌舉之能。光祿大夫檢校太傅使持節袁州諸軍事守袁州刺史兼御史大夫上柱國劉仁贍。沉厚有謀。明斷能理。護塞之略。歷任弗遷。光祿大夫檢校太傅使持節歙州諸軍事守歙州刺史兼御史大夫上柱國清河縣開國子食邑五百戸張鈞。踐履班行。昭著聲問。守土之効。一心靡違。而皆克嗣乃勳。誕揚我武。協比

成績。勤勞王家。朕以眇躬。欽承鴻業。實賴良將。綏爰四方。肆於布慶之辰。而有加等之命。就升使職。並駕兼車。仍崇驟貴之封。增立將軍之號。併申寵寄。尚示克終。無懈乃誠。以底於理。陟明有典。予不敢忘。崇文可光祿大夫依前檢校太傅使持節吉州諸軍事守吉州刺史兼御史大夫充本路都團練觀察處置等使。進封開國子。食邑五百戸。仍賜號威勇將軍。散官勳如故。仁贍可依前檢校太傅使持節袁州諸軍事袁州刺史兼御史大夫充本州都團練觀察處置等使。封彭城縣開國男。食邑三百戸。仍賜號貞威

將軍散官勳如故鈞可依前檢校太傅使持節歙州諸軍事守歙州刺史兼御史大夫充本州都團練觀察處置等使進封開國伯食邑七百戶仍賜號武威將軍散官勳如故

高逸休壽州司馬制

勑朝議郎行袁州司馬賜緋魚袋高逸休立身謹行聞於朝廷負才好謙老於州縣先皇奬異錫以銀章優秩自居十數年矣其子煒秉乃直筆爲吾史臣適當均慶之初先有腰金之命而愛敬之切發於中誠乞循迴授之文庶遂

顯親之義辭旨懇激覽之惻然俾允所陳且成其美仍加寵秩以就懸車噫望族舊人唯爾而已覩本朝之恢復拖紫綬以優游孝子克家耆年致養兹惟盛事足慰爾心可檢校尚書水部員外郎壽州都督府司馬致仕賜紫金魚袋

宣州營田副使兼馬步都指揮使李蕚可節度副使罷軍職制

勑王者官人之旨必褒賢能而均勞逸也列辟垂憲予弗之忘某官李蕚夙負壯圖少爲裨將餘勇可賈有勞不矜泗水剖符邊候寧晏宣城從帥連營輯和而將領之權久煩耆德毗贊之任未極初筵俾援尚齒之文就疏加等之命勉承朝奬無替忠誠可

駕部郎中馮延巳兼起居郎屯田郎中閻居常兼起居舍人制

勑朕凝旒端冕以臨萬邦而左右史臣執簡近侍言動得失注記無回故布政罔不臧承化罔不若惟聖攸賴愼簡難處某官馮延巳君子之儒多聞爲富發之爲直氣播之爲雄文某官閻居常行顧樞機學臻精博得廷臣之體多

長者之言而皆踐彼周行奉予元子或奏記有翩翩之譽或譸畾多亹亹之談藹然清風叶此時望是宜兼領郎署咸躋掖垣於戲君舉必書朕敢忘於恭己無德不報爾勿怠於懋官各振公才副兹多訓可

馮偘可祕書省正字制

勑五品子馮偘蘭臺圖書之府起家而預之自非有才孰克處此以爾早服嚴訓實揚令名勵學檢身如恐不及成爾嘉器富我士林俾授初資以漸清貫無忘詩禮之學以益刊正之勤可

侍御史王仲連可起居舍人監察米崇楷可右補闕制

勅朕嘗思古先哲王所以致理區中垂憲萬祀者葢有史臣以記其過有諫官以弼其違或面諍於庭或舉書於冊故政令所及罔不化成而怠惰之心無自入矣將振斯典必求其人某官王仲連爰藉才能亟參秩序正已而率下盡節而向公某官米崇楷早負時名尋升閨籍佩韋以臨事愼獨以修身而並服豸冠或司綱憲或立朝多按劾之奏或典刑有欽恤之心叶我懋章宜升右掖勉修官業以

副簡求直筆正言無有所諱可

水部員外郎判刑部查文徽可侍御史知雜制

勅秦漢以御史掌四方之記我朝以雜端正百官之邪其名則同所職實重副是愼選其惟通才某官查文徽克負美名早從交辟尋陟郎署升爲王臣法讞之難俾其參決而察情無不當持議無不平俾上絕濫刑下知恥格率是幹用使持憲綱在能振舉霜威肅清朝序爾其直躬而處衆正已以當官糾謬繩愆無或顧避陟明有典可不懋哉可

左常侍張義方可勤政殿學士制

夫珥金貂直騎省以備顧問非不重也而文學之選宜又加焉某是號名儒久登華貫臺閣踐歷聲實相符侍極以來當官無撓朕祗奉先烈勤求大中諮訪闕疑藉爾稽古特加近職以示開懷順美弼違無忘讜直

楚州刺史劉彥貞可本州觀察使制

勅懋官之旨非增秩不足以示寵行邊之任非進號不足以申威施之其人是爲令典某寬厚得衆深沉有謀克荷家聲累膺朝寄百城觀政三郡底寧而長淮上游地雄師

衆刺舉之職未極當官廉問之榰實諧僉議因是敷寵更佇厥成噫千里之長三軍之帥任遇斯重勳庸是圖爾其敬哉無隳乃力可

外祖母追封某國夫人制

勅昔帝欽明義先敦序九族旣睦萬邦以懷矧乃推自葉之恩疏漏泉之澤有光茂典式表孝心外祖母李氏麗德坤儀垂訓內則儲慶漸生民之什顯魂開石窌之田庶予肜躬弗忘祇凜而嗣膺鴻業若涉大川奉長樂以自寧過躍龍而軫念追遠之數宜有加焉是用進啟大邦載崇懿

號。昭示戚里。知予永懷。可。

大理卿判戶部刁紹可工部尚書制

敕。周禮六卿。皆有軍政。漢制尚書奏事禁中。歷代親重也如是。今予有命。亦屬其才。某官刁紹。始以幹能屢恭繁劇。向由卿寺。踐歷省垣。制國用而無違。登生齒而有羨。丕顯成績。是爲才臣。今朕祇嗣丕圖。永懷司會。俾率諸吏。表於南宮。爰陟冬卿。式申慶澤。爾其欽承彝訓。修舉官司。無忘克終。以忝殊渥。可。

兵部侍郎張義方可左常侍制

敕。某珥貂服冕。侍從獻替。騎省之任也。必以儒學大僚。端方名士。入膺茲選。允叶懋章。而爾義方。可謂能矣。踐歷臺省。抑揚聲實。純誠直道。造次靡忘。今予眇躬。嗣守丕訓。弗惠厥德。思聞讜言。乃均慶恩。命爲常侍。從容左右。啟佇嘉猷。爾其念哉。無渝乃節。可。

太常少卿李貽業可宗正卿制

敕。先王睦親九族。必求宗正之賢者。朝行之名臣。爲之表儀。序其昭穆。今我有命。時惟舊章。某官貽業。學以潤身。文以行禮。貞以幹蠱。直以事君。有一於此。是可嘉尚。矧備四

者。非所謂名賢乎。今朕嗣續丕基。敷遵慶澤。是用選於掌樂。爲我司屬。使吾宗室有信厚之風。非貽業而誰。勉修厥官。無忝多訓。可。

水部郎中判刑部蕭儼可祠部郎中賜紫制

敕。某官蕭儼。夫王者之爲政也。任能舉直。理刑懋功。如斯而已矣。今秋官卿佐皆闕。爾儼實專其司。定法察情。克舉攸職。切言直氣。屢聞於朝。靡私厥躬。何其愛朕之深也。方將圖效。適屬均恩。是用就升名曹。仍加命服。俾擢省闥。時予寵章。爾其念哉。無易乃心。無回乃行。決獄以寬簡。當官以公平。一心克終。予慎嘉汝。可。

屯田郎中李景進可工部郎中制

敕。某官李景進。昔漢館陶公主爲子求郎。而不得。何者。非其人也。今汝景進。亦吾外戚。而謹愿儒雅。好學善言。久爲臺閣。頗副時望。故均慶澤。擢轉名曹。彼漢推公。而吾獎善。兩得其道。不亦宜乎。

大府卿張援可司農卿兼大理寺事制

書曰。任官惟人。又曰。惟刑之恤。朕服斯道。因舉而行。某官張援。爲性端方。處衆和雅。貞亮足以幹事。哀矜足以得情。

亟更攸司。弗易時用。因予有慶。期爾盡才。命為大農。俾掌廷尉。於戲。庶獄之慎。不可忘也。單辭而行。不可為也。平反伏念。夜思晝行。尚於措刑。體我求理。敬之哉。

權知江都令李潯正授制

勑。四京令之重也。其選惟一。是必試可以進之。均慶以寵之。蓋欲慎厥官而安其政也。某官李潯。屢為長吏。緯有能名。東夏之理。不易其操。事簡俗便。予甚多之。爰用加恩。俾從真授。勉欽朝獎。無懈乃心。可。

和州司馬潘處常可金部郎中制

勑。先王之制官刑也。過無所隱。其肆大眚也。善靡有遺。無私之義。於是乎在。某早服時望。亟更臺郎。予在東朝。列於賓席。旋貳廷尉。實奉邦刑。偶違伏念之言。遽貽一黜之命。今朕祗嗣丕業。誕敷慶恩。豈以職事之愆。遂忘罇俎之舊。是用召自近郡。陟於南宮。勉承寵光。以永無咎。可。

浙西判官高越可檢校水部郎中賜紫制

勑。王者之建藩輔也。必命重臣以臨之。又擇賢士以佐之。政成當遷。晉而增秩。古之制也。高越以儒學淹雅。見稱於時。頃自南宮。直於東觀。筆削之言方勵。弓旌之禮是求。從事大邦。率多婉畫。有嘉令望。爰屬慶恩。俾假正郎。仍紆紫綬。服我加等之命。無懈盡規之心。

安陸郡公景達檢校司空太府少卿制

勑。夫太上立德。其次親親。能兼之者鮮矣。惟是具美。屬於我朝。某孝友資身。貞幹為質。守樞機而無悔。居富貴而不驕。藹然善聲。成此嘉器。朕肇襲丕業。廣覃慶恩。矧有名臣。近在宗屬。是用假以空上。列於亞卿。仍進崇階。併示優寵。於戲。行為民則。爾其忽忘。愛克厥威。朕不敢尚。服我多訓。永揚令圖。

保定郡公景迪可朝散大夫檢校左僕射賜紫制

勑。朕歷選列辟。見其睦親。名器之難。必當慎簡。信不可私於其屬也。故我疏寵。務先推公。保定郡公景迪。靜惟端方。動必孝敬。佩師友之訓。成信厚之風。宗室之間。聞望尤著。屬我嗣服之始。叶於立慶之恩。爾其率循令猷。惠迪前烈。勿驕勿惰。以永乃成。

右拾遺鄭延樞可清江縣令賜緋制

勑。夫邑令之有聲者。入奉清列。諫官之滿歲者。出宰百里。蓋朝廷憂民立政之意也。某官早歷宦緒。無曠官常。擢參禁垣。克服彝憲。而南楚大邑。長吏尤難。命自周行。往宣朝旨。仍加朱紱。以示殊恩。無易乃心。勉修所職。

浙西判官艾筠可江都少尹制

敕。天下之大。建親分陝以尹之。東夏之重。選能設貳以維之。茲用安民而政舉也。某官艾筠。識量純素。學術通明。奉我東朝。周知其善。輟借侯幕。載揚令名。海隅之康。筠有其力。夫以亞尹之難如彼。而有適用之才若此。俾膺慎選。不亦宜乎。勉勵公方。更施勤績。

閻度可江寧府參軍制

敕。鄉貢明經閻度。士子起家而預清級者。蓋亦有之。自非才地兼茂。則不能光朝命而叶時論矣。以爾名父之子。自强不息。學業履行。實浮於名。屬予出震之初。成我多士之世。俾掾天府。以漸亨衢。無忘益恭。更揚令問。

欽定全唐文卷八百八十

徐鉉　三

舒州司馬李景述可虞部郎中制

敕。王者用士。其要惟公。茍得其才。近親何避。某官李景述。承茂勳之後。秉素士之風。頗有美名。聞於戚里。郡丞之任為久。臺郎之位為宜。俾既慶恩。改授清級。無忘師友之訓。以奉朝廷之儀。

江州判官趙丕可司農卿制

敕。王者之正百官也。黜其有過。其肆大眚也。許以自新。則

邦典行而朝恩浹矣。某官趙丕。謹行以處衆。克勤以在公。臺省踐更。誠心不替。故先皇奬用。寄以準繩。而靡達官常。自罹常憲。朕纘承鴻業。廣布慶恩。以其久列班行。偶因迷謬。特申渥澤。俾授正卿。勉勵乃心。佇揚令望。

江西推官成幼文可主客員外郎制

敕。諸侯之佐。命於朝廷。而治績有勞。奏課稱最者。則當升聞籍。補為省郎。益勸能取士之旨也。某從事大鎮。於茲累年。本以誠明濟之通敏。論不阿諂。政無頗邪。一方允釐。爾實有力。今予寵爾以立朝之位。命爾以司藩之官。爾其敬

哉無忝我陟明之典

洪州判官袁特可浙西判官制

敕袁特朕以關輔之大控制要津出保傅之重鎮之以屏王室擇賓從之賢佐之以齊政經而特尹縣神州理甚簡便運籌盛府言必端詳叶於簡求宜授斯任夫潤之民固與洪無異而爾之操當與初不渝則官業允釐而朝奬無替矣敬服斯訓往勵乃司可

洪州掌書記喬匡舜可浙西掌書記賜紫制

敕喬匡舜朕以師傅之重敬而不違式遂便安俾臨關輔

而軍旅之事不可無佐奏記之任不可非才聞匡舜以高文受知以直道從事歷歲斯久宏益居多故因其賓席之資加以紫綬之貴攺轅東適從吾上公無替初心以忝朝命

知雜御史査文徽可起居郎樞密副使制

敕秉記言之筆以侍左右受司聽之寄以典出納並居二職其可非才某官査文徽儒雅表文忠厚成質早踐華貫時爲名臣以南宮清望之資當憲府雄極之任提綱有序而衆目以理正身自處而周行以清物論與之予用嘉尚居中理極不亦可乎噫爲朕腹心注人耳目執節一懈悔咎隨之爾其愼之無忝吾命可

潤州丹徒令顧彥回可浙西推官制

敕長人之吏親職爲勞觀風之佐坐籌爲異均其所任是曰優恩某官顧彥回以清節士風嘗恭王府以耆年篤行出宰齊民課績尤異自當優寵驅馳州縣非爲所宜俾陟賓階奉我元老優游盛府足以光華

撫州刺史周宏祚可池州刺史制

朕以將復淳風務先理道思得良二千石以安吾民倘副

簡求迭受大郡斯蓋布政懋官之旨也某官周宏祚勳臣之子雅有父風自服佩恩華踐更事任訓齊武力能得士心綏懷邊戎克壯兵略俗阜秩滿序勞當遷朕觀其才可謂良矣青陽名郡控制中流前所任者咸屬重望今以授爾爾其欽哉進爵升階式示兼寵茍勤節弗易池人來蘇考績策勳吾有彝典

吉州判官鮑濤可虔州判官制

敕虔之爲鎮俗雜地廣化不可一時生寇攘萑苻既平閭井思乂可以佐吾良帥而寧吾齊民者亡聞某官鮑濤久

倅列郡。克舉官常。從政以和。理劇無滯。況虔吉鄰郡。聲績素彰。便道之官。率舊爲用。副茲愼選。誰曰不然。爾其敬承。無忝明訓。

給事中閻居常可金紫檢校司空充廬州節度副使制

勅。王者推念舊之心。申優賢之旨。官序出處。從其所安。諒不可滯於一方也。某官閻居常。執心沖粹。爲學精博。修賢人之業。多長者之言。粤予纂承。實重舊德。俾掌駮議。直於瑣闈。而無妄之疾未痊。貞退之請彌切。重違誠願。抑此朝

恩。俾佐藩方。式便頤養。金印紫綬。邦土憲司。併申寵光。以示優渥。世明之典。當俟有瘳。可。

虞部員外郎史館修撰韓熙載可大常博士制

勅。某官韓熙載。朕以因心之感。同軌有期。嚴恭禋祀。仍從此始。求所以節豐儉而振廢闕者。屬於禮官。愼選其人。必在時彥。以熙載學問精贍。辭氣亮直。本以通識濟之。奇文惟名與實。咸副是命。故輟自東觀。列於曲臺。使代稱禮樂之盛。吾實有望於爾。勉之哉。

虞部員外郎史館修撰張緯可句容令制

勅。爲政之要。在乎安民。長人之吏。在乎愼選。故吾用古道。擇尚書郎而命之。某官張緯。學問該通。辭藝精絶。自東朝載筆。石室抽文。朝論藹然。以爲名士。矧又洞識理體。周知物情。是爲通才。何適不可。王畿大邑。既庶而富。藉爾敏惠。爲吾教之。仍假臺郎。以申朝獎。苟聞報政。豈悋加恩。可。

浙西判官高越可水部郎中制

勅。多士之世。副臺郎之選者。前代謂之賢。乃知三署之屬。例無輕授。某官高越。早踐朝序。嘗爲史臣。當官有聲。聚學不倦。頃屬上將出臨大藩。輟參入幕之賓。備觀理劇之用。

府罷赴闕。時名益高。司川之秩。俾從眞授。無忘職業。以荷朝恩。

左監門將軍趙仁澤可寧國軍都虞侯制

勅。南藩之寄。宣城爲最。師勁而衆。地近而雄。故朝命列授。以貳軍事。所以重其威令也。某官趙仁澤。名將之子。頗有父風。在軍積年。武畧精練。出宰大邑。歸預禁營。副予簡求。俾隸宣部。往綏乃績。無替前勞。

左司郎中高弼可元帥府書記制

勅。某官高弼。王者之用師也。必先以文告之命。訓誓之辭。

故戎車之往。記室爲重。而朕前委愛弟。實司邦政。今命汝弼。使典軍書。任才責功。其意斯在。矧弼嘗參西掖。尋履南省。所歷之任。藉藉有聲。今能奮雄辭而塞慎選。陟明之典。予豈忘哉。

左領軍將軍孔昌祚可泗州刺史制

敕。左領軍衛將軍甲仗宮城營造等使孔昌祚。朕以長淮北偏。隔閡戎夏。惟彼泗口。實當要衝。凡爲守臣。罔不慎選。而昌祚以貞幹事。以勤懋德。周廬巡徼之政。宮禁繁劇之司。董齊典理。靡有違者。歷歲且久。秉心不渝。朕觀其才。可

爲邊將。授以符竹。付之臨淮。爾其揚我武威。修乃郡政。登於考功之籍。以塞任能之恩。可。

水部郎中方訥可主客郎中東都留守判官制

敕。某官方訥。朕以分陝之任。非親賢不可。故選用子弟以居守。復以佩觿之齒。唯訓導是務。故慎選名德以從行。而朕在東朝。先皇命爾訥列我賓席。恭慎文雅。挹其風度。將順規諷。揖其忠誠。尋又奉予愛子。益固是道。今所授任。非訥而誰。客曹正郎。留臺幕職。往示兼寵。爾其敬哉。乃心不渝。懋典寧忘。

秘書郎田霖可東都留守巡官制

敕。某官田霖。朕命愛子。表正東夏。管記之任。罇俎之間。唯才與行。乃可是選。而朕在儲貳。則嘗知霖文藝直心。綽有餘裕。累參載筆之任。近登秘籍之司。列於王宮。頗叶時望。故授以留臺之職。副茲託乘之求。爾往敬哉。無忝予命。

前山陽縣尉張師古可秘書省校書郎制

敕。王者之行慶也。獎能振滯。赦過責功。如斯而已矣。某前爲縣佐。以公事罷免。而聞其立身修己。有足多者。故從其滌瑕之命。升諸秘籍之司。往服乃官。勿重而悔。

江州錄事參軍王崇昭可江西觀察衙推制

敕。某官王崇昭。西南大藩。庶政繁會。獄訟之理。欽恤是先。重輕一虧。手足無措。必得朝士。以典掌之。而聞崇昭可當斯任。往莅乃職。無忘益恭。

前舒州錄事參軍沈翱可大理司直制

敕。某蔭藉從仕。以儒術資身。蓬閣曳裾。早揚聲問。侯藩載筆。亦懋勤勞。向事圭符。實司經紀。州縣之職。非其所長。既失儀刑。遂從罷秩。今慶賞斯浹。一眚咸矜。復爾名籍。俾參棘寺。吾不記過。爾其自修。

前舒州刺史李匡明可中書侍郎制

敕。朕以不德。恭承丕基。思聞獻替之言。以自開悟。故於侍從之列。尤用簡求。矧乃職奉詔命。地參公輔。歷代精選。可虛授乎。某以風度爽邁。克嗣遺允。以文章宏雅。累踐清途。先皇器之。任遇尤重。故其冠翰苑。掌天官。長憲臺。肅千里。靖恭於位。績用有成。舒人既康。執璧來覲。宜加疏等之命。擢爲鳳閣侍郎。敬之哉。夫出爲諸侯。非不貴也。入首三品。非無位也。持重足以鎮物。納忠足以報我。匡正不遠。予有望焉。

歙州觀察推官翟延祚可水部員外郎制

敕。某。以外諸侯吏入爲尚書郎者。非推恩酬勞。何以臻此。聞爾宰百里。佐廉車。皆有政能。宜當選任。往祇乃事。無忝予恩。

大理司直唐顥可監察御史制

敕。某。夫御史之列。皆一時之清選。而貴仕所由漸也。聞爾執心有常。從事以直。持刑甚平允。當官有勤勞。故升諸朝廷。俾之察視。爾其懋乃才用。修我紀綱。無傾側糾訐以爲能。依阿顧避以自守。勿貽爾悔。以忝予恩。

禮部員外郎馮延魯可中書舍人勤政殿學士制

敕。侍從無職。總同清要。若乃參書殿之列。備切問之重。使如綸之命。式光人文。無詢之言。不入吾耳。所寄若是。其選可知。某惟望與才。皆副是任。況東畿亞府。有理劇之用。南宮禮典。多伏奏之勤。俾膺簡求。必叶虛佇。夫前言往行。爾所祇服。正辭讜論。予之嘉聞。無從非彝。以忝多訓。

筠州刺史林廷皓責授制

敕。恥過作非。言不顧行。爲臣如此。在法難容。某頃自歸朝。頗推有勇。俾之爲將。所以圖功。及封疆多難之時。車徒四出之際。遂能激揚壯節。措之師旅。付以圭符。而畏懦屢聞。逋逃不暇。震驚城守。詿誤軍謀。當此之時。已宜行法。予以義深罪己。功在止戈。既屈身以弭兵。乃含垢而務德。復移郡寄。仍綰使權。苟奏課之有聞。亦在人而何棄。未終考績。爰援訟辭。猶且累上素章。屢言構陷。泊遣制使。明徵其辭。乃自滁陽罷郡已來。筠州移郡之後。侵漁公帑。積數且多。干犯詔條。爲罪不一。證據明具。詞理並窮。殊不省非。更爲文過。謂競廝養爲恥。以對獄官爲羞。欲益彌彰。侮我何甚。其武勇也既如彼。其誠心也又如此。倘猶宏恕。何以律人。

尚以君臣之間務全終始特從薄貶庶克自新勉荷寬恩無重而悔

封保寧王冊

維保大元年八月丁未朔某日皇帝若曰稽古夷庚祇叶皇極建侯樹屛保乂王家用能乘運會昌歷世重光先哲所以啓後列辟所以時憲者也我思立愛宜有加焉咨爾二十弟某中和萃靈寬裕成德戲必俎豆之禮學無城闕之游聰明仁智仰遵前訓孝友姻睦率由生知昭此玉音應於麟趾朕以不德濵乎丕承文武之功期無獨享契龜

胙土抑爲舊章今使某官某持節冊爾爲保寧王食邑二千戶敬之哉昔我丈考對越上帝敷佑下民克儉於家無縱於逸再造之業與世無窮予以爾有邦膺受繁祉今爾尚迪遺烈保終令圖無從非彝無狎非正耉老是聽訓典是師綏寧乃封以永元吉

蔣莊武帝冊

維年月日皇帝若曰稽古皇極訓民事神詔大號以崇正直之威垂大名以紀昭明之德牲幣有數典禮不愆政是以和神降之福莫不由斯者已若乃以死勤事沒而不朽流光儲祉蔣帝有焉惟帝寘竹靈氣孕毓元造嘉猷雄畧昭映前人在昔潛耀大川躍鱗下邑著艱難之節所以事君彰變化之神所以顯俗惟德是輔感而遂通建福會昌以戡時難豐功厚德以享帝郊史臣執簡於無窮工祝正辭於不絕顧惟寡昧祇嗣龎鴻敢忘人謀以叶靈貺瞻言神岳作鎮皇州興運維新積符丕顯而位極於炎昊名謝於康惠墜典未舉予用慊焉濮陽諸姬實纂服之舊邦尅亂除害乃庇人之盛業合爲緐禮申告祠庭今使使某官持節奉冊追謚曰莊武帝嗚呼丹青懿烈光光如彼簡冊

廟貌昭昭如此永爲民正無忝神主之望焉

追封安王冊

維年月日國主若曰稽古大猷啓迪來裔藩翰之寄重事也不以親屬爲嫌寶玉之分盛典也不以死生易節昔在有魏蒼舒早世降及我唐子雲無祿咸用追啓王社飾於泉扃垂爲憲章肆予遵舉咨爾某稟信厚之德持謙下之資在傅不勤爲善最樂烝烝敬孝之性恂恂友悌之風及苴茅北藩授仕殿省別六尚之名物參九伐之政令行以正直持之公平諸御知方羣校虩勸職修事舉朕甚多之

爵止極於公封位未登於六事流光不待時望慊焉申予有慟之懷加爾飾終之禮冬卿峻秩楚澤全封丕舉茂章永光餘烈今命使某持節冊贈工部尚書封安王嗚呼延吳之懷予用多愧閒平之德人其識諸簡冊無虧丹青不泯昭昭後魄亦克知之

追封豐王冊

維年月日國主若曰名器之重典冊之崇不以親疎爲嫌至公之舉也不以生死易節歸厚之道也先哲彝訓我儀行之咨爾某挺岐嶷之姿稟山河之秀亦既就傅時惟老

成迪祖宗之猷不愆不忘奉詩禮之學惟幾惟勤公室所推藩屏攸寄秀而不實彫此妙齡天性所鍾永悼何已眞王異數護塞雄藩舉爲寵章飾彼幽壤今使使云云嗚呼分以寶玉苴以白茅弗及圖功猶足表德尚爾不昧知予此心

衞王劉仁贍改封越王冊

維年月日國主若曰忠臣之事君也歿且不朽王者之念功也久而弗忘故賢哲應期風烈所及千載之下若旦暮焉矧先朝舊臣藩方賢帥雄名大節震耀區中粤予纂承敢忘褒寵咨爾故某命世英傑奕葉勲庸便蕃寵遇茂著聲實間者輟自離衞鎭於壽春導德申威罔不率俾國步中梗邊烽載驚介然孤城橫制險地威畧所奮以戰則靡亢恩信所加以守則彌固社稷是衞豈惟封疆嗚呼壯圖中奪而英氣動於二國奇表長謝而中規流於百代肆我文考爰極寵章崇爲帝師建以王社大名備物無不及焉咨予小子敬想先正聞鼙之感斯極飾壤之禮未行是用越於彝章再光贈典山陰大國會稽遺墟申畫四封永旌懿烈今遣使某官持節改封越王嗚呼忘身徇國其至如

彼愼終追遠其厚如此永錫繁祉子孫保之

慶王進封陳王贈太尉冊

維年月日國主若曰古稱王者之貴必有先也豈不以在原之助義切於邦家陟岡之恩情均於存歿自非贈飾之寵寧申敦敍之懷稽迪前經式揚盛典咨爾某受天正氣爲國宗英器量川停機神秀出縱橫之智發爲事業儒雅之度播爲文辭自錫壤侯藩詞兵蘭錡行令惟一撫下惟仁周廬不驚宸極甘寢天覆形於鍾愛時望極於維城景命不融儀表長謝壯圖大畧嗟時運之難并遺文餘烈綿

歲序而常存粵予小子祇荷丕緒奉慈訓於長樂頒分器於懿親友于之恩追懷何已是用修嚴縟禮申告九原以王有文雅之稱故改封於陳社以王有重厚之器故建號於上公光昭令猷永垂不朽今命使某云云噫花蕚之游宛成今昔寶玉之數遂隔平生尚想明靈鑒茲永悼

追贈劉一作畱從劾父冊

維年月日國主若曰立身揚名君子所以顯父母也慎終追遠王者所以厚風俗也政之大者其可忘乎咨爾清源軍節度使劉某父贈鄜州都督彥雄行當於躬量韜於世

修誠明而應物積善慶以流光實啟高門誕生賢嗣建節風雲之會致身藩翰之權清寧一方表率羣后歲勤職貢恭守朝經位崇帝師勳在王府向非稟訓有自應期而生則功勳所昭何以及此雖褒贈之典已賁於九原而晉護之名未比於大府俾加縟禮薦洽朝章今遣使云云持節冊贈爾為潞州大都督嗚呼節鉞之貴命屈於生前典冊之崇禮符於不朽既足以光爾之有後亦所以表予之推恩昭昭有靈知我斯意

追封許國太妃冊

維保大三年太歲乙巳七月乙未朔某日皇帝若曰昔在徂后法象天明旁求淑女式敷陰教並建內職以麗外朝故其先德之舉顯魂之命比爰庶尹無不及焉蓋敬終貽後之旨也咨爾故汝南郡君周氏恭儉執中明智資性頃諧法相入奉先朝紘綖之勤夙著於彤史湯沐之寵竟飾於泉扃粵予纂承祇稟茲訓家道既正國風以理仰蹈成式永懷舊人是用釐舉闕遺追崇名數昆吾舊宅太岳全邦申畫四封以光懿德今使某官持冊封許國太妃嗚呼令問不忘彧典無替昭昭復魄聞予此言

徐鉉四

百官奏請行聖尊后冊禮表

文武百官臣某等言伏奉制旨以聖尊后冊禮奉令旨俟百日後上進者仰承嚴命固合遵行但以事有未安理須陳奏中謝伏以歷代已來嗣極之主禮之大者尊奉上宮儻或正儀未行庶事莫敢先舉所以陛下裁膺冊禮卽下制書長樂歸尊已先孝理百司承式將撰吉辰及金輅言旋六宮卽敘惟有典禮已屬稽遲遽覩絲言備聽慈旨在

苴麻之次誠極感傷然吉凶之儀本無妨礙歷稽前代徧考儒臣法度具存事體至大況渙汗之澤普及諸侯簡冊之行便當相次未修大禮交歎羣情伏乞陛下再稟嚴慈俯迴聽允臣等幸列有位庶免曠官冒瀆冕旒無任云云

賀德音表

文武百官某等言伏覩御札崇尚儉約克己庇民節省服用去金玉之飾減放嬪御屏聲色之娛供進珍羞制作奇巧中禁賜與內門資用並從損廢以緩征傜宸翰章明德音流布凡百卿士至於兆人歡呼感動倍百常品中賀臣聞文武之政方策存焉知之非艱行之不易故自三代已降繼體之君有師保之訓以制其情有諫諍之臣以救其失及其行也猶未臻焉豈有發自宸衷出於獨斷乾文昭煥至德宏新聳動四方如此之盛者也伏惟陛下重熙撫運下武膺期翼翼小心乾乾夕惕寅畏所感人神罔弗和仁明所加細大罔弗理然猶勞謙訪道虛己求才日照天臨山藏海納體唐堯之仁以親九族極虞舜之孝以奉上宮率天下之尊以承顏問安居四海之富以扇枕調膳德既充矣化亦孚矣然後卹小民之艱食閔羣吏之急徵息

澤虞之征釋公田之禁崇足用之本近取諸身致九年之儲無求於外斥靡曼之色咸遂物情除珍玩之飾率由舊典去淫巧以急用罷私積以歸公生人之耳目惟新風俗之澆浮立變先皇帝貽翼子之訓垂聖人之資言有所未宣行有所未遠陛下奉揚先志推而行之數年之間盛美斯備向若非陛下之孝心廣達無以見先帝之聖作惟幾巍乎煥乎不可得而名已昔者成湯因歲旱而罪己周成動天威而責躬咸能卽致時雍永錫繁祉豈若陛下春秋方富中外方寧制於幾先行此難事宗社之降靈可見邪

家之流祚何窮率土之濱孰不幸甚則臣向所謂知之非難行之不易陛下既能行之矣臣又聞行之甚易終之實難願陛下慎而守之則登三邁五夫何遠耶臣等幸塵班列無補明德徒慚充位之譏但賀蒼生之福措詞有盡順美難周臣等無任瞻天仰德歡呼躍踴之極云云

謝詔撰元宗實錄表

臣鉉伏奉詔諭以元宗皇帝實錄命臣修撰才微任重恩厚責深拜捧絲綸若臨冰谷中謝臣聞握圖御宇既憲章於在昔創法垂統亦啟佑於後昆然則至德無名元功無

迹惟日用而不竭豈淺局之能量是以良史之才歷代為重以南董之直而無聞於成編如遷固之能而不絕於浮議則知鋪陳王業昭灼皇圖求之當仁豈易輕授伏惟元宗皇帝紹中興之統承累洽之基大孝邁於有虞仁恕逾於漢祖愛人節用得孝文之風重學崇儒有建元之烈東京則光武章明以憂勤立政魏室則太祖陳王以文藻化人綜是全功允昭聖德對越上帝敷佑下民二十年間慎終如始陛下嗣膺寶歷欽若天明以累聖之資輔生知之哲導揚休命啟煥貽謀故得畏軒后之神更延三百配文王之祀永奉明堂必將著以丹青播於金石斯為重任宜在鴻儒如臣者章句末流記問微學遭逢之便塵玷司言豈意天鑒不遺宸慈過聽猥加寵寄及此非才進退莫遑怔忪失次然臣祇事先帝常忝近司沐王澤以滋深欽皇風而永久報大君之厚德誠有愚心廁作者之清塵其如公議戴恩愈極揣分彌驚未識津涯徒知慶躍云云

謝賜莊田表

右臣伏蒙宸慈念及闕乏特降宣旨為置莊田仍且於少府監賜熟米二百石者望外之恩莫知所自撫躬拜命終

懼且驚伏以臣稟性顓愚觸塗疎拙幸緣際會早玷清華祿秩之資既為過量吉凶之備皆沐優恩空費稻粱寧裨海嶽但以家傳清白族有羈孤雖欲居常終慚逼下蓋亦聞於世務非敢竊效古人伏惟陛下明極燭幽仁深廣覆親加寵諭曲軫殊私昔者葛亮薄田不聞君賜孫宏脫粟尚獲時譏如臣非才何以致此辭讓則有辜惘惻祇受則更覺貪饕徒承推食之恩轉積素餐之懼乾坤之施無可上酬螻蟻之軀惟知畢命

昭惠皇后謚議

臣聞廣莫極於坤元則含容光大擬議著焉尊莫隆於皇后則窈窕思賢詠歌發焉是以上德無名而稱謂流於百代至道無象而儀刑表於四方此固天理出於自然聖人所以無避者也矧惟節惠之禮百王盛典述德之議史臣至公誕昭耿光敢揚懿德伏惟大行國后生商遺烈安劉積慶淑質奇相惠問英才光映台華作儷公族紹隆藩閫載輯儲闈世子專寢門之禮孝心不匱大君以家人之慶天覆有加誠由肅雍之德叶此睦婣之盛言內則者以爲美談及運屬飛天尊歸配地嚴恭匪懈稟母儀於上宮慈

惠積中率婦道於天下澣濯是服而六衣有煒環佩中節而九御有倫思脫簪之戒以成憂勤之政躬大練之飾以輔純儉之風陰教既孚王化茂遠方輿告變椒風永閟慟結長樂哀纏紫宸龜筮叶從欑塗將啟旌德之號彤管斯存若乃山河表德而文之以禮金玉其相而守之以恭垂訓以慈進賢以哲至於誦經習詩之敏審音知樂之明超然遠識夐絕終古勤行孝養下自從化故寬裕懷於六宮天資明惠學無不通故遺愛鍾於宸眷載稽具美實光前烈謹案謚法德禮不愆容儀恭美皆曰昭慈哲遠識寬裕遺愛皆曰惠仰惟實錄足表鴻猷謚曰昭惠后謹議

薦處士陳禹狀

右臣伏覩國家裒采羣才搜揚片善有上書言事者猶有可取必加甄錄廣納之意遐邇知恩然臣竊嘗觀之率皆淺近止於采取金寶檢権賦租製作舟車斬伐材木巡察關禁收捕寇攘既利害相參亦虛實畧半食祿者衆成務者稀若乃先王教化之源朝廷刑政之本謂之迂濶竟爾寂寥得人之盛未可致也去夏有布衣陳禹詣獻納院上疏獨與衆異其言曰五常之教不立度量之器不均又曰

江鄉之民存不事之以禮沒不祭之於室斯實有意於教化而不汩於流俗者也臣於是訪其爲人則鄉曲無過延之與語則靜默寡詞倘使行顧其言才副其識則古之循吏何以踰之願陛下以親民之職試其爲理考績之際自有常科臣忝預銓司顧慙則哲謬妄論薦俯伏兢惶謹奏

爲蕭給事與楚王書

世事推移長塗睽隔違離軒砌二十餘年追念生平有靦心目伏承大王英謀奮發妙略宏施長驅伐叛之師克正奪宗之罪奉天朝之正朔慰全楚之謳歌成功上簡於帝

心惠澤遠敷於疲俗風猷所及慶快同深儼早被恩私今通信問欣躍之極倍萬常情

又代蕭給事與楚王書

儼聞君子退人忠臣去國舊君有反服之禮交絕無惡聲之嫌以義始終今古一也某受性無術闇於事機佩師訓以周旋忘時態之險易追惟疇昔受遇先王國士之知何嘗暫忘某復曳裾侯館委質府庭松楸所依兄弟少長大義若此乃心如何而世事推移讒言交構忠信獲罪干戈日尋某雖不才非敢愛死過君以求名則不忍苟生以失

節則不能誠恐蕞爾之身終爲執事之累所以仰冒嚴禁逃還故鄉出魯國以悲歌向西河而下泣子鮮去衛非欲立宗梁鴻適吳本期自質先皇帝恩深善貸義極綏懷采鄉曲之棄妻收荆岑之遺璞遂得服勤州縣歷職朝廷始望初心豈將及此但封疆旣隔玉帛不尋奕世君臣一朝吳越愧三州之父子羨五部之弟兄外覗交朋俯慚章綬每春秋代序霜露交零飛江南之羣鷺嘶代北之朔馬悲興觸緒淚落霑襟自分沒身長懷永嘆而天將厭亂人或與能大王以命世之資克清家難聖上以至仁之舉大濟横流車書旣同冠蓋相望方承大王念紉蘭之逐客哀叢棘之離人煦以恩光感之意氣乘軒食肉有若平時始聽音塵猶疑夢寐且悲且慰五情無主苟非大人之德不以細故介懷則惠好所臻孰能若是某又聞善父母者必推錫類之感善兄弟者必廣常棣之風故能功冠生民道濟天下大王英謀遠畧宏量深仁上國仰其嘉猷全楚被其渥澤如某昔年事分曾無蔕芥之嫌今日支離合在昭蘇之數况東西一體道路無虞倘蒙閔以懸旌全斯大造兄弟子姪並許還朝存者荷二天之恩沒者釋九原之恨則

生死骨肉未可比量瀝膽隳肝寧申萬一某以學古爲家業以感義爲素懷空言虛詞且非說客皇天后土實鑒此心猶覬拭玉張旃或從行人之末捧禽執贄重趨典客之傍丹懇獲申徼願斯畢雖復身塡溝壑猶望魂魄知歸攬筆陳詞悲來横集

復方訥書

鉉以疎拙之性頑滯之資廁於人曹無足比數然以荷先人之業猥踐清貫讀往聖之書頗識通方累朝舊恩漸於肌骨至於行道濟物立身揚名報國士之知成天下之務

竊不自揆頗嘗有心故膺耳目之寄當津要之路侃然受任不以爲憂而才與心違命與運背言出而不能悟主身廢而無足救時三年之中百艱備歷干戈擾於内地烽火照於闕庭奔走道路容身靡所當此時也苟得耕於南畝齊於一民以斯終焉尚爲幸也而副君將聖王道漸亨博採遺賢以濟多難贊諭之任首及非才拜命以來翻自憂媿何者儲后踐納麓之重而處於承顏之地有從諫之善而立於無過之場徒欲持稊米以實太倉秉燭火以助羲御恐不足以副上德之舉塞故人之望也但當正身潔己

徇公滅私使内不媿於本心外不違於所學而已閣下德我太甚期我太深歷陽郡佐白君至京辱貺手札慶譽優渥勗勵殷勤知己之情無以過此然此日副君之垂顧乃昔時閣下前席品題之所致也緘藏佩服何日忘之今兵難少寧烝民未泰頂踵利物斯實其時閣下高卧已久羣望頗鬱宣室之名斯在不遠勉慎興居以副翹企悽悽之意遲用面諭不宣再拜

答左偃處士書

月日東海徐鉉答拜稽首復書處士足下鉉讀聖人之書探作者之意出處語默信非徒然故高卧堯舜之代不爲背時濡足楚漢之際不爲趨利嗟乎天下兵起百年於茲立功名取富貴者有之貞苦節安徒步者何寂寞而無聞也愚常疑廉恥之風於是乎絕而足下負磊落之氣畜清麗之才褐衣韋帶賦詩自釋介然之操其殆庶乎悠悠之人尚未識其所謂惟韓君叔言知之以鉉愛奇好古者也故屢稱足下之行亟誦足下之詩相視欣然以爲今猶古也然鉉才名地望遠謝韓君極慮息心不足當隱君子之厚顧足下德我太甚惠我好音咫尺之書則古人之道在

其中百篇之詩則作者之序冠其首先以溢美之贈益以謙光之詞發緘欣玩不能自已又念昔之隱者消聲物外絕迹時人今足下高蹈如彼自屈若此得非以吾道久否思發憤而振起之爾鉉誠淺劣不足以堪願契素交歲寒然後盛集續當歸納不宣鉉再拜

答林正字書

十二月日復書正字足下辱貺長牋詞高旨遠循環捧讀欲罷不能見顧之深良足愧也吾子以老成之智藴救世之心一言悟主俯拾初筮雖位未充量然升聞特達超然

獨異亦古之所難也推是而往其道可知鉉也不才猥厠先達雖復識不能見之於未兆才不能濟之於已形然而振天下之公議舉天下之公器推轂後進心無適莫庶幾不下於昔賢吾子異日當知爲不妄其古今之變安危之勢忽乎微哉未可一二以言語盡也謹俟暇日當接餘論聊奉還答伏惟鑒悉徐鉉白

御製春雪詩序

臣聞堯尚文思書有永言之目漢崇儒學史稱好道之名所以澤及四海化成天下其後迂濶王道蕩淫淳風正始

之音闕而莫續魏帝浮雲之句不接興詞王融曲水之篇無聞聖作將興古義允屬昌期我皇帝陛下常武功成右文業廣明踰日月不以聖智自居思挨雲天不以才能格物其或南薰有懌東作無憂民思秋稼之娛物茂冬烝之禮思覃在鎬調振横汾天籟發音疇非聳聽乾文垂象寧隔仰瞻信可以暢列聖之謨猷變生人之耳目者也於是歲躔作噩序首青陽元鳥司啓之明晨白獸稱觴之節日有唐中興之一紀皇上御歷之七年地平天成時和歲稔衢樽之味普洽元風擊壤之聲散爲和氣同雲暗野朔雪飛空急勢隨風影亂東郊之仗凝華接曙光浮元會之筵星躔既移雲蹕乃啓太弟以龍樓之盛入奉垂旒齊王以鳳沼之崇來參鑾几霞軒結轍革履齊趨唯陳韶頀之音無取魚龍之戲喜油油之既洽顧奕奕之方呈筆落天波言成帝典七言四韻宣示羣臣乃命太弟太傅建勳翰林學士給事中朱鞏常夢錫翰林學士中書舍人殷崇義游簡言吏部尚書毗陵郡公景運工部尚書上饒郡公景遜左常侍勤政殿學士張義方諫議大夫勤政殿學士潘處常魏岑駕部員外郎知制誥喬舜主客員外郎知制誥徐

鉉膳部員外郎知制誥張緯光祿卿臨汝郡公景邉鴻臚卿文安郡公景遊太府少卿陳留郡公景道左衛將軍樂安郡公宏茂駕部郎中李瞻等或賡元首之歌或和陽春之曲如葵心之向日馭似蟄户之環雷門二十一篇咸從奏御皆所以美豐年之兆申萬物之情非徒載笑載言一咏一吟而已昔者白雲之唱七萃驅馳黄竹之詩萬人凍餒王猷且塞後嗣何觀孰若偃仰大庭優游六藝初筵有秩而六宮不移夜漏未央而百官已事被之樂府授以史官煥乎文章無得而稱也有詔爲序以紀歲月御批云宿來健否酒

醒詩畢可有餘力何妨一爲之序以紀歲月呵呵天慈過聽猥屬微臣徐樂上書徒慙暮入其日內宴臣鉉追後方赴安國作序幸冠首篇狂簡僅成就憂罔措謹上

御製春雪詩後序

昔者漢宮故事著成王負扆之圖魯殿宏規紀黃帝垂衣之象用能昭文昭物雖十世而可知如玉如金更百王而不易況乎天統建寅之首皇猷累洽之辰上瑞方呈宸游載穆拱北極而衆星咸在祝南山而萬壽無踰明皇花萼之樓風流不泯德祖中和之節雅頌常垂實奕世之耿光

爲中朝之盛觀固當騰之竹帛飾以丹青襲六藝以同明與天文而共麗皇太弟重離普照博望凝思敦古道以致君法前經而作事命千秋而指畫名立本以趨馳粲然後素之功焯爾彰施之象煦如就日肅不違顏萬國式瞻若奉衣裳之會羣臣仰止似聞輿馬之音盛德形容於斯大備者也初外朝既罷內宴方陳赴召者上自副君逮於戚里銅壺已晏聖藻爰飛或逡巡而載歌或蹈詠而不作既而有詔出示羣官臣建勳義方鉉等聞命在前援簡先就因承中旨入奉斯筵而兩省衆篇翌日咸集故奉和者二十一首而侍宴者十有四人前序闕遺被令重述謹上

御製雜說序

臣聞軒后之神也畏愛止乎三百唐虞之聖也倦勤及乎耄期文王之明夷也爻象周於六虛宣父之感麟也褒貶流於百代乃知功利之及物者與形器而有限道德之垂憲者將造物而常新是故體仁者必懇懇於立言務遠者必勤勤於宏道然則封泰山告成功七十二家正禮樂刪詩書一人而已大矣哉立教之難也有唐基命長發祥符舊物重甄斯文不墜皇上高明博厚濬哲文思既承累聖

之資仍就甘盤之學鴻才綺縟理絕名言默識泉深事符影響自祇膺眷命欽若重熙廣大孝以厚時風勵惟精而勤庶政宥萬民而罪己體百姓以爲心俗富刑清時安歲稔其或萬幾暇豫禁籞晏居接對侍臣宵分乃罷討論墳典昧旦而興口無擇言手不釋卷嘗從容謂近臣曰卿輩從公之暇莫若爲學爲文爲學爲文莫若討論六籍游先王之道義不成不失爲古儒也今之爲學所宗者小說所尚者刀筆故發言奮藻則在古人之下風以是故也其高識遠量又如此焉昔魏武帝有言老而勤學而所著止於

兵書吳大帝亦云學問自益而無聞述作風化之旨彼其惡歟屬者國步中艱兵鋒始戢惜民力而屈己畏天命而側身靜慮凝神和光戢耀而或深惟邃古遐考萬殊懼時運之難幷鑑謨猷之可久於是屬思天人之際游心今古之間觸緒研幾因文見意縱橫毫翰炳煥縑緗以爲百王之季六樂道喪移風易俗之用蕩而無止慆心堙耳之聲流而不反故演樂記焉堯舜既往魏晉已還授受非公爭奪萌起故論享國延促焉三正不修法弊無救甘心於季世之僞絕意於還淳之理故論古今淳薄焉戰國之後右

武賤儒以狙詐爲智能以經藝爲迂濶此風不革世難未已故論儒術焉父子恭愛之情君臣去就之分則哀申生明荀彧俾死生大義皎然明白推是而往無弗臻皆天地之深心聖賢之密意禮樂之極致敎化之本源六籍之微辭羣疑之互見莫不近如指掌煥若發蒙萬物之動不能逃其形百王之變不能異其趣洋洋乎大人之謨訓也夫天工不能獨運元后不能獨理故有道無時孟子所以咨嗟有君無臣鄭公所以嘆恨庶乎斯民有幸大道將行舉而錯之域中則三五之功何遠乎爾臣又聞將順致美鋪陳耿光布堯言於萬邦稱漢德於殊俗蓋詞臣職也若乃嚮明而理負扆而朝慶賞威刑豫游言動則有太史氏存焉又若雅頌文賦凡三十卷鴻筆麗藻玉振金相則有中書舍人集賢殿學士徐鍇所撰御集序詳矣今立言之作未即宣行理冠皇墳謙稱雜說臣鉉以密侍禁掖首獲觀瞻有詔冠篇勒成三卷而三卷之中文義既廣又分上下焉凡一百篇要道備矣將五千而竝久與二曜以同明昭示孫謀永光冊府謹上

北苑侍宴詩序

臣聞通物情而順時令者帝王之能事感惠澤而發頌聲者臣子之自然況乎上國春歸華林雨霽宸游載穆聖藻先飛雷動風行君唱臣和故可告於太史播在薰絃帝典皇墳莫不由斯者已歲躔己巳月屬仲春主上御龍舟游北苑親王舊相至於近臣竝儼華纓同參曲宴時也風清景淑物茂人和望蔣嶠之嶔崟祝爲聖壽泛潮溝之清淺流作天波絲簧與擊壤齊聲醆斝共君恩竝醉乃命即席分題賦詩睿思雲飄天詞綺縟文明所感蹈詠皆同既擊鉢以爭先亦分題而較勝長景未暮百篇已成自揚大雅

之風豈在道人之職奉詔作序冠於首篇授以集書藏之金匱謹上

文獻太子詩集序

哉天下之動者在乎風通天下之情者存乎言形於風可以言者其惟詩乎粵若書契肇生雅頌乃作達朝廷邦國之際其用不窮更治亂興替之時其流不竭六義浸遠百代可知若夫王公大人居尊履正其行道也無迹其成務也不宰所以可則可象有功有親非夫詠言何以觀德周文陳王業之什名穆糾宗族之篇聖人輯之皇猷備矣子

桓振建安之藻昭明總著作之英體有古今理無用舍夫機神肇於天性感發由於自然被之管絃故音韻不可不和形於蹈厲故章句不可不節取譬小而其指大故禽魚草木無所遺連類近而及物遠故容貌俯仰無所隱怨惻可戒贊美不誣斯實仁者之愛人智士之博物王室光啟人文化成上去删詩綿二千祀其用益廣其制益精絕其流宂結以周密王言帝典炳蔚於縑緗詞人才子充溢於圖牒若乃簡練調暢則高視前古神氣淳薄則存乎其人亦何必於苦調爲高奇以背俗爲雅正者也殿下挺生知之哲有累聖之資道冠三才學兼百氏虞庠齒胄騰聲於就傅之年侯社錫圭底績於爲邦之際隨城封壤人歌名伯之棠浙右控臨時賴京師之潤戎機鞅掌曾不勞神閒館娛游未嘗釋卷深遠莫窺其際喜愠不見於容唯奮藻而摛華則緣情而致意至鍾山樓月登臨牽望闕之懷北固江春眺聽極朝宗之思賞物華而頌王澤覽穡事而勸農功樂清夜而宴嘉賓感邊塵而憫行役沈吟命筆顧盼成章理必造於元微詞必關於教化或寓言而取適終持正於攸歸著於簡篇凡若干首及玉符來覲元圃歸尊臨

飛閣之華池即游雷之講肆斯文間作盛德日新蓋曠代之宗英實一時之師匠以鉉幸塵贊論嘗典絲綸謂可言詩因令視草聽鈞天之奏徒欲動心酌滄海之波唯知滿腹敢抽短翰式繼頌聲謹序

翰林學士江簡公集序

士君子藏器於身應物如響成天下之務者存乎事業通萬物之情者在乎文辭然則日月不知人亡政息瞻之則渺然在義軒之上蹈之則肅然若旦暮之間自非遺文餘教則作者之道或幾乎息矣嗟乎天地長久英靈超忽鄰

中才子與樂事以俱淪江左名臣及元譚而共盡清流可揖勝氣猶生閱蠹簡以淒涼撫絶韋而慷慨斯文未喪何代無人濟陽江公鍾川岳之粹靈體角犀之奇相芳蘭十步本自天資建木千尋非求外奬弱齡聞道夙歲馳名竹箭稱美於東南來充王府天馬擅奇於西北入奉乘黃於時聖歷中興賢才間出公從容冠蓋之際頡頏臺閣之間文高學深識優理勝虛襟接物簡易多通正色當官直方無撓定祖宗之大號功補神明端風憲之直繩氣懾姦宄身可屈而名不辱用卽行而舍卽藏故叢棘三年雅懷自

若承明再入時望彌高人無間然道亦光矣嗚乎運逢上聖年在中身人之云亡空嗟殄瘁死而可作誰與同歸詩所謂胡不萬年傳有云古之遺愛者也昔襄陽孟浩然年五十有二疾發背而亡公豈其後身歟何符合之若此惟公以進士擢第以詞賦馳名事藩邸參管記之司登朝籍專掌綸之任奏議表啟時然後言詩筆歌頌和者彌寡絶文場而遠騖橫學海以孤飛綜南北之清規盡古今之變體優游兩制不亦宜乎然而初無簡編文乃亡逸嗣子翹門生王克珍等或搜諸經笥或傳於人口或焚藁之外或削材之餘彙聚羣分凡得十卷授之執友以命冠篇鉉族近情親官聯迹密每西垣景晏北第風清忘形樽俎之間得意筌蹄之表西江東海俱爲賦鵩之鄕北門右掖竝對受釐之問嗟乎相如旣往空存封禪之書季子云來但有心期之劍寢門流慟已隔生平都門長送遽成今昔追託言於夙契申永悼於斯文援毫悲吒存諸梗槩云耳

蕭庶子詩序

人之所以靈者情也情之所以通者言也其或情之深思之遠鬱積乎中不可以言盡者則發爲詩詩之貴於時久

矣雖復觀風之政闕遒人之職廢文質異體正變殊塗然而精誠中感靡由於外奬英華挺發必自於天成以此觀其人察其俗思過半矣比夫澤宮選士入國知教其最親切者也是以君子尚之蘭陵蕭君江左之英詩苑之精其爲人也樂易其處世也靜默忘形衡泌之下苦節戎馬之間其道日新其名益震諸侯虛左五府交辟今晉王殿下樹藩作相樂善愛才幕府初開君實首冠由典校書至儀曹郎出入兩宮官無虛授優游多士交必正人每良辰美景登高送遠適莫不存於心府勢利不及於笑談含毫授

簡。唱予和汝。其性淡。故畧淫靡之態。其思深。故多清苦之詞。大雅之士。何以過此。鉉與君爲友。幾將二紀。其間聚散窮達。罕或寧居。淡成之懷。終始若一。靜言投分。想見古人。丁巳歲。撫王高讓承華。出分陜服。君以宮省舊德。復踐初筵。撰行之夕。俾予視草。鉉也不佞。無足揚君之美。徒欲申別恨。敘交情。故作斯文。冠於篇首云爾。

欽定全唐文卷八百八十二

徐鉉五

成氏詩集序

詩之旨遠矣。詩之用大矣。先王所以通政教。察風俗。故有采詩之官。陳詩之職。物情上達。王澤下流。及斯道之不行也。猶足以吟咏性情。黼藻其身。非苟而已矣。若夫嘉言麗句。音韻天成。非徒積學所能。蓋有神助者也。羅君章謝康樂江文通邱希範。皆有影響發於夢寐。今上谷成君。亦有之。不然者。何其朝捨鷹犬。夕味風雅。雖世儒積年之勤。曾

不能及其門者耶。逮予之知。已盈數百篇矣。覩其詩如所聞。接其人如其詩。既賞其能。又貴其異。故爲冠篇之作。以示好事者云。戊戌歲正月日序。

送謝仲宣員外使北蕃序

自昔新都盜國。撓我中州。建武開元。越在江左。日月之照。不及河洛之地者。四十年矣。主上方恢遠畧。宏下武。聖作物覩。有開必先。故使僞邦失政。胡馬大入。山泉反覆。羌渾沸騰。五州遺甿。二京故老。引領南望。庶幾撫予。天子聞之。憫然。故命大司馬賈公使以觀變。儀曹郎謝君副焉。儀曹

別予應曰美哉是行蒼生之福在斯舉矣始予及子同省予弟又與子同府交道深矣今子將之絕域無以爲贈請贈以言夫格天地充四方莫先乎禮昔我太宗文皇帝革暴隋一宇內屈已濟物虛心納諫故四夷君長歷代不賓稽顙闕下可謂德矣聲明文物垂三百年絕而復續可謂禮矣苟使踰百千代之有國家者猶當企聳下風奉行不墜況中興之嗣君乎周秦宮闕是本朝二宅貞觀德禮是本朝家法若棄之而不念委之而不修非天子之意也主上躬行於內而使二君順之於外今強胡入貢中原無主

聖人不能違時時至不可失也子其勉之哉思聖意顧人心犬羊百萬以攻戰爲事不可以威武服也酋豪聚首以奸詐爲常不可以智力勝也子其將之以德慎之以禮衣冠餘緒必觀光於使臣一覩漢官威儀必感泣頓服宅心南向苟或不爾是絕蒼生之望也可不慎歟鉉自束髮從宦側聞長者之論盛言爲戰國者必以權道予視商周以降誰非戰國寧有以權道躋太平乎而言以人棄故事與願違今子王府元僚居可言之地遠使上介當可行之時勉之哉故人之願蒼生之望在此而已行矣文昌春風二月征途萬里捨游宴之適就鞍馬之勞征虜亭下南朝送別之場臨滄觀側茂宏思洛之所敘離懷古寧無情乎矧軺車所經觸緒牽思渡長淮則想清流映月之景過睢園則思愁雲零雪之興望鞏洛則傷麥秀之詩指唐晉則感大風之歌綏懷之暇彈琴咏詩以祛鬱陶之慮還軫在邇不復多陳聊敘鄙志爾

送贊善大夫陳翊致仕還鄉詩序

夫進退之機大易稱首止足之誡元文所宗君子動必乘時故言行而事立靜惟體道故身貴而名全然則知之非

艱行之不易去聖既遠引年益稀是以古之明君爰有成式重辭祿之士優懸車之禮賁飾寵秩靡限常均所以崇德尚賢激貪勵俗者也皇風所及我有其人太子洗馬陳君翊江浙炳靈鄉閭獲譽棲遲下位而升聞自高便蕃寵任而祇畏日積時方多難寄切司聰將命無私臨事能斷盤錯必解風雨不渝及少海告符瑤山表慶天下之本既正四郊之壘亦罷於是味遂初之賦決高謝之懷京口之西先有別墅前臨廣陌却枕長江田逾二頃桑都八百載仲若軒懸之地不遠風烟蒲眞人鹿迹之鄉依然川域誅

茆簗室。素欲終焉。其所闕者。飛泉而已。嘗因暇日。策杖尋幽。爰有道人。指示巖溜百步之內。一道縣流。其清可鑑。其味如醴。縈崖漱石。滌慮蠲痾。信山川助其好尚。亦心府資其瑩濯。既而挂冠請命。伏閤陳辭。優詔嘉之。竟允其請。錫金紫之服。升贊善之資。輕舟東浮。盡室而去。副君執手流涕。似宜都之別宏景。羣公供帳祖餞若都門之送二疏。知與不知。莫不稱嘆。殿下調高雅頌。文動星辰。賦詩一章。以寵行邁。掩鄴中之舊制。流樂府之新聲。足以厚君臣之情。敦風化之本。縑緗麗色。邱壑增華。自周行之人。與觀光之

士。靡然投贈。粲爾成章。遠比河梁之篇。近擬白雲之集。夫其貞退之節。樂善之風。實教義之所臻。亦咏歌之盛觀也。鉉名參望苑。迹本騷人。敢言能賦之才。濫奉言詩之賜。敬序麗則。冠於首篇。

送張佖郭貢二先輩序

君子所以章灼當時。焜燿來裔者。必曰進士擢第。畿尉釋褐。斯道也。中朝令法。雖百王不移者也。自聖歷中興。百度漸貞。能興此美者。今始見張郭二生矣。則知九仞之勢。千里之行。凝雲逐日。未可量也。鉉也不佞。生於先賢之後。進在二子之前。此美不兼。可以嘆息。然有事同而時異。請試論之。噫。詞場陻廢。五十年矣。故老之言議殆絕。後生之視聽懵然。今百辟有司。達於郡國吏。徒見趨走公府中一尉耳。焉知其餘哉。而二君子調高才逸。年少氣盛。將以俊造之業自重。責人以既廢之禮。又將以堯舜之道爲用。議政於俗吏之間。如是將與時大乖矣。嗚呼。彼衆我寡。或者難以勝乎。君子之道。無施不可。舒之彌四海。卷之在掌握。日磾見奇於牧馬。陽元知名於水碓。彼二人卽公輔大器也。豈以恥辱爲累哉。愚願二君子反巳正身。開懷戢耀。無望

人以不知。無強人以不能。如斯而已矣。今天子重文好古。諸生懷才待用。所以蒼生未蒙福者。上下之勢殊。中有間耳。大易之義。物不終否。否極必泰。泰之時。在上者其道下降。在下者其道上行。君臣相合。然後事業遠矣。吾以爲斯道之復不遠。吾子其勉之。句曲仙鄉。廣陵勝地。多難將弭。春物將華。琴碁詩酒。足以爲適。贈言之旨。盡於斯焉。

送武進龔明府之官序

古人有言。士君子志意既立。名譽不聞。蓋朋友之過也。嗚呼。予於龔生有之矣。始予居獻納之地。生巳爲赤縣尉。嘗

竊議謂生宜參諫垣憲府之任而未果拔茅之志遽爲賦鵩之行生不旋踵亦左授天長用武之地朝廷置建武軍於其所使爲將者治之習兵與儒其志不通也處長與佐其勢不鈞也軍市之征日困於民王澤之流不被於俗及生之至官聯始舉刪煩革弊丕變舊風踰年告歸舉邑之民相率遮道不聽去乃潛匿佛廟室中耆耋索而獲焉扶之上車擁之而還竟不得已中夜而遁異哉遺愛之風若此考功之吏弗聞丙寅歲予避兵於池陽遇生侍親郡中勉之東下是時甘泉有烽火之急天子下哀痛之詔予

謂生必自致青雲之上以解天下之倒懸而出入三年始爲武進宰噫非朋友之過乎嘗試論之曰才不才在我用不用在時道之所存其人乃貴功名寵祿何足算哉苟澤及於民教被於物則百里之廣千室之富斯可矣與夫揚孟之徒坎坷閭巷垂空言於後世者不猶愈乎行矣龔生苟有良田何憂晩歲贈言之要其過此乎

送劉生序

彭城劉生爲南畿令天官侍郎昌黎公作序以送盛稱歷陽宰楊員外光儒之爲政以勗之鉉與楊君有姻深知其內行君清簡仁愛心無適莫自妻子僕妾及家族吏民接之無親疎之隔求之於形骸之外蓋眞純之氣充而感召之應遠民之好競者皆相與言曰眾若嚚訟必撓吾員外矣嗚呼其古人乎今劉生才俊於楊學優於楊觀其政績等然生猶有耿介不平之氣觀吏部之勗子與予之贈言蓋爲是也子其平心藏用湣然與道合在古人上矣矧西山神仙之宅也旌陽其遠乎僕故倦談生停驂巳久故揚搉以論之九月一十七日中書舍人徐鉉序

和送鄧王二十六弟牧宣城詩序

夫政成調鼎寄重于蕃蓋欲聖主之恩均於遠邇賢人之業浹於中外故所以命丞相鄧王從鎰佩相印被公衮擁雙旌統千騎揚帆江寧之浦弭節敬亭之區若乃割友悌之懷輟股肱之侍所以示天下之至公也夙駕巳嚴前騶將引旣辭復名重賜餞筵所以極大君之恩也敦睦之義於斯有光申詔侍臣述敍賦詩云爾

游衞氏林亭序

建康西北十里所有迎擔湖水木清華魚鳥翔泳昔晉元南渡壺漿交迓於斯今中興建都人烟櫛比於是其間百

畝之地宮率衛君澣沐之所也前有方塘曲沼之勝後有鮮原峻嶺之奇表以虛堂累榭飾以怪石珍木悅目之賞充物其中待賓之具無求於外庶子王君諭德蕭君贊善孫君與上臺僚嘗游焉賢衛君也陶陶孟夏杲杲初日虛幌始闢清風颯然班荆蔭松琴奕詩酒登降靡迆闃臨駘蕩熙熙然不知世與我之爲異矣嗟乎天生萬物貴適其性君子有屈身以利物後已而先人或行道以致時交或効知以濟世用斯有貴乎自適者也朝市邱壑君得中道焉下官道汚智劣無益於事山資弗給歸計未從每尋幽

選勝何遠不届一踐茲境杳然忘歸凡我同遊皆爲智者徵文紀事其有意乎壬子歲夏五月祠部郎中知制誥徐鉉躊躕慨嘆之所作也

宣州涇縣文宣王新廟記

昔夫子祖述堯舜憲章文武扶東周於已絕拯蒼生於既墜其迹屈而道愈大其人亡而教愈遠則生民以來未之有也其在祀典法施於人則祀之矧褒聖之祀其可忽乎然則中人不足以語上下士聞道而大笑故斯教也衰於戰國廢於嬴秦漢魏以降續而復絕夫仲尼日月重昏千祀非聖人孰能廓之故斯教也興於武德盛於貞觀極於開元理自然也兵興以來大化湮替先王禮器傾頽於勝廣之門闕里諸生悽惶於絳灌之下矧厥祠宇其存幾何天之愛民不當墜絕皇統再造六藝始修太歲丙午重熙在運宣城雄鎮帝之叔父在焉故幕府之選殊重尚書郎吳君光輔奉詔佐廉部兼理於涇既涖事乃被儒服謁先師闕荆榛歷垝垣以造於茅茨之間仰瞻俯觀喟然而歎於是奉開元之成制采泮宮之舊章經之營之是卜是度維新祕殿嚴飾睟容入室升堂森然如在籩豆有位賓主

由序表著咸列門衛肅然於是青衿儒服之子有從師觀藝之場齠齒鮐背之徒識養老慈幼之節欣欣然其化之大者歟越明年秋君奏計如京師因得其實嗚呼聖人在上羣賢畢舉使三代之風達於邑里不其偉哉余承君之歡美君之志刊石紀事寘於祠庭後之君子無忘跂及其餘理畝籍察庶獄闢汙萊遏陂塘則有考功之吏在故不書於時太歲丁未冬十月九日尚書主客員外郎知制誥徐鉉記

復三茅禁山記

華陽洞天金陵福地羣仙之所都會景福之所興作故其壇館之盛薦享之殷修奉之嚴樵牧之禁冠於天下其所由來舊矣聖歷中微官失其守望拜之地多所荒蕪若乃眞靈翔集元貺肸蠁興復之迹必假異人天祐丁丑歲貞素先生王君棲霞始來此山恭佩上法徘徊地肺偃息朱陽永懷舊規期在必復先生潛德内映符彩外融名士通人道契冥會凡縞紵之贈貺信之資悉奉山門以成夙志於是由良常洞至雷平山十里而近入於萌隷者盡購贖之芻蕘不得輒至墟墓不得雜處蓺樹蔽野植松爲門川

梁必通榛穢必薙建方壇於雷平之上造高亭於良常之前朝修有致誠之地游居有稅駕之所姜巴古陌秦望舊封肅然清光復如開元天寶之歲矣先是紫陽之右有靈寶院焉眞臺故基鞠爲茂草先生殫罄資用克構殿堂有闕必先無遠弗屆都督武陵康王奉錢百萬梁王造殿一區向道之徒咸助厥事曾未周歲惟新厥宮皆先生之力也昔大隗致襄城之駕庚桑化畏壘之人是知道心惟微其應如響時則有若道士經若虛協規同志是攝是贊斡事以恪感物以誠績用不愆斯實攸賴先生以保大壬子歲夏四月悉書夫屋之數疆畔所經請命於京師申禁於郡縣以授茅山都監鄧君機一能事既畢數日而化期命元應昧者不知夫仙階感召諒非一揆若乃神清氣靈胄籙標映受之於天也心虛氣沖元德充蔚基之於性也昭眞垂教啟煥靈跡行之於勤也故策名紫素飛步黃庭流功儲慶必參相合然則先生之道其殆庶乎雖欻駕不留冥升日遠而高風可述遺範在人進而紀之翰墨之職也鄧君企慕前躅見託直書巳未歲秋八月日記

宣州開元觀重建中三門記

夫清淨元默道之基也宮館壇墠道之階也生知者因基以成構勤行者升階而覩奧故君子德業元挺仁慈積中必廣馴致之方乃形兼愛之迹爲科誡以檢其情性爲象設以致其誠明情性平則和氣來誠明通則靈符集由是登正眞之境入希夷之域曠矣無際薰然太和斯實興化致理之方還淳反樸之本豈與夫延方士尚秘祝求長生以自奉者同年而語哉宣州開元觀遠擬清虛獨標形勝敬峯崇峻鎭其後句谿澄澈經其陽鍾一方淳粹之精結三素氤氳之氣當泰陵之尊道揭聖歷於華題藹爾殊庭

居爲福地。及運纏百六。數偶三災。雖棟宇不移。而制度多闕。靈蹤必復。有待而興。主上嗣位之七年。皇室再造之一紀。今儲后徇臧札之操。讓德承華。體間平之賢。總戎藩服。首台司而握師律。鎮京口而領宣城。其爲政也。質以先正。諮於耇老。義以果斷。仁以發生。民力不偷。闕政咸舉。而斯觀路門久廢。遺址將蕪。非所以敬教尊祖會昌建福者也。乃命執事。卽從經度。民多暇日。府有羨財。勤而不勞。成而勿亟。巨棟山立。層簷翼舒。六扉洞闢。方軌並入。重廊助其迴合。祕殿表其深嚴。十絕之幡。拂文楣而絢彩。九龍之駿。

軋金鋪而振響。瞻之者有淩雲之氣。經之者疑駕鶴之游。信足以勵上士之進修。福蒼生之仁壽。旣而功宣納麓。望集撫軍。大壯之制斯成。重離之位亦正。貞符允塞。盛德宜書。道士孫洞虛。素業淳深。至誠敦慤。發揚眞迹。啟迪嘉猷。永爲不朽之功。願紀它山之石。宮臣執筆。以謹歲時。戊午秋九月庚申記。

紫極宮新建司命眞君殿記

夫金闕琳房。不可階而升也。惟至誠能通之。靈符景福。不可企而望也。惟至行能致之。故君子行道於時。宣力於國。敷惠於民。貽範於家。此人之極致。自天所祐也。又況考集靈之地。崇列眞之宇。薦納約之信。勵勤行之誠。然則希夷眇邈。超言象之表矣。有若故司空相國馮翊懿公。承世功之緒。襲重侯之業。地親於副馬。美繼於緇衣。便蕃臺閣。夷險一心。中立不倚。金石貫其心。唯力是視。風霜盡其節。故四綜會府。再踐中樞。三殿方鎮。一平邦土。愼終如始。沒有遺忠。激楚之樂雖窮。通德之門不改。嗣子太僕少卿俊等。祇奉慈訓。弗敢失墜。以爲公之純誠沖氣。本道家者流。而仁政令典。近浹於三茅之境。高齋甲第。夙鄰乎元元之宮。

故棲神植福。必先於是。爾其冶城峻址。西州舊署。忠貞公之遺隴。郭文舉之故臺。九原可作。盛氣如在。乃相形勢。補廢闕。建司命眞君之殿於宮之艮維。披眞蘊以立程。集國工而考藝。瞻星揆日。不勞而成。崇高壯麗。重深藻繪。煥如也。凝旒端簡。負斧仍几。穆如也。珠旛絳節。紛披乎左右。空歌洞章。蕭寥乎晨暮。眞聖以之而臨御。純嘏以之而蕃錫。賢人有後。孝子奉先。無以加於此矣。鉉始以事分通舊。從子弟之游。終以禁掖具員。陪僚屬之末。及公之啟手足也。復忝國士之許。辱寄託之任。知己之厚。何日而忘。短篇敘事。蓋感遇之萬一也。

楞嚴院新作經堂記

君子才足以治劇。惠足以安民。見危致命。以死勤事。有一於此。然後可以薦信於無方之神。儲慶於必大之門。噫。楞嚴院經堂之作也。其庶幾乎。平陽柴君諱進思。字昌美。故太尉中書令尋陽靖王之孫也。少而爽俊。長而忠愨。尤善騎射。頗曉兵書。靖王愛之。出則典親兵。居則專家政。幹蠱之美。宗族稱之。王甍。始爲公臣。累遷旅帥。鴻圖再造。金革寢威。上以其才能可任。故以爲內宴副使。乘軺建節。將命

四方。盤根錯節。所至皆治。改鄂岳觀察巡官。知永興縣事。縣有山澤之征。榷管之利。歲終考績。倍於前人。遷泰州軍事判官。兼管田鹽監。平蠹政。決庶獄。勞農督課。潔己律人。民不告疲。公有餘利。除勸農使。復監池吉二郡。護武昌軍。千里又安。上流靜謐。會梁人入寇。我武未揚。東畿陷沒。羣情震駭。命君爲行營應援軍使。率舟師數千。鼓行而東。平難濟口。復海陵郡。於是淮泗之地。聲勢始通。乘勝長驅。因迫隋苑。前茅接戰。羣帥後期。振臂奮身。有死無二。雖破竹之勢。敗於垂成。而東道清夷。本由君之一舉也。江都克復。

歸葬京師。天子憫焉。贈左千牛衞將軍。賻贈加等。禮也。嗣子殿前承旨廷遇等。棘心在疚。荼蓼倍兼。以爲苴麻苫凷。飾哀之期有終。烝嘗封樹。追遠之禮有數。復欲圖不朽之績。徼無邊之福。則金仙之教。世之所崇。宗旨在於經文。威容存乎像設。於是擇奇勝之地。補闕遺之事。構經堂六間。塑地藏菩薩像一軀。几席什器之類。華而備。精而固。耽然其質。煥乎其章。深嚴足以遠世喧。虛明足以味元旨。其全節之風也如彼。其集靈之所也如此。然則冥冥之祐。綿綿之慶。豈誣也哉。余頃歲左官海陵。君盡傾蓋之分。感忠臣

之事主。嘉孝子之奉親。刻石紀事。以彰善也。援筆悽愴。無心於文。保大丁巳歲春三月日。東海徐鉉記。

攝山棲霞寺新路記

棲霞寺。山水勝絕。景象環奇。明徵君故宅在焉。江令公舊碑詳矣。高宗大帝刊聖藻於貞石。紆宸翰於璿題。煥乎天光。被此幽谷。先是茲山之距都也五十里而遙。方軌並驅。崇朝可至。及中原構亂。多壘在郊。野無牧馬之童。岐有亡羊之僕。義祖武皇帝潛龍茲邑。訪道來游。始命有司。是作新路。金椎既隱。玉軑言還。桐山之駕不追。回中之道亦廢。

嗚乎聖人遺跡必將不泯微禹之歎夫何遠哉保大辛亥歲時安歲豐政簡民暇粤有寺僧道巖名高白足動思利人百姓莊思悰家擅素風積而能散嗟亭候之不復憫行旅之多艱乃相與翦荆榛疏坎窞闢通衢之夷直棄邪徑之迂迴建高亭於道周跨重橋於川上鑿甘井以救渴立名表以指迷草樹風烟依依四望峯巒臺榭肅肅前瞻由是江乘之塗復識王畿之制矣余職事多暇屢游此山喜直道之攸遵嘉二叟之不懈爲文刻石用紀成功俾後之好事者以時闕通隨壞完葺此碣有泐斯文未湮不亦美

乎其年八月一日兵部員外郎知制誥徐鉉記

常州義興縣重建長橋記

聖人作川梁以濟不通舟車所及纚連碁布若乃形勝傑大名聞天下者亦無幾何陽羨長橋其一也夫英賢之所躔次邑居之所瞻望山川之精粹宅焉里城之神靈憑焉廢而興之圮而葺之豈惟備政足以徼福是橋也徵諸圖牒則後漢邑令袁君創造國朝永泰中令邱君新之其他無聞焉中興之初邑有義夫曰吴濛吴湞率以私帑備加營構人賴其利踰三十載丙辰歲國步中梗百越寇邊邑人敗之燒營而遁飛熖旁及宏梁半摧甲寅歲著作佐郎劉君來爲邑長視其制度知非民力之所能濟乃狀其事白於有司上聞嘉之詔賜錢八十萬君信而好古寬而得衆尉盧蒨鼎甲餘慶俊造策名政是以和事無不舉乃相與敷王澤因民心備物致用程工揆日器利工善材良事時戊辰歲冬而栽明年暮春而畢長五十步廣七步對縣樓而直出跨荆谿而横絶丹雘其飾宛偃蹇而虹舒崇高其勢邈苕亭而山立朱輪方軌駟馬連騎營營市井憧憧往來有衽席之安無揭厲之患昔者乘車濟涉聖人謂之無教橋梁弗修賢相知其不能以今方古勝負分矣夫書云考績傳載稱伐庸庸善善其可廢乎刻之貞珉以示來

者庚午歲春二月十五日記

重修徐孺亭記

至矣哉天之愛民甚矣雖數有治亂而常生聖賢故得其位則功加於時舛其運則教垂於後雖銷聲滅迹全身遠害不德而德普逃名而名揚擁篲築宮禮重於列國式閭表墓道光於無窮舉善而教政之大者也恭維我祖炳靈南國舊宅界乎仙館高臺峙乎澄陂孺亭之稱海内瞻仰

名公良牧代加崇飾千載之下猶旦暮焉頃屬邦君非才敗我王度翦焉層構鞠爲茂草噫百世之祀誰能廢之庚申歲始建王都辛酉歲遂遷清蹕肆覲羣后疇咨先賢餘基未傾偉人將至既而鼎湖在御桐圭錫壤丞相司空鄧王以茂親之重膺分陝之權思老成之典型仰高山之景行不言而信不肅而嚴乃命經營將從締構九成方起百堵未周甲子歲入東國鈞以武昌連帥侍中濟南公代司宮鑰公致用以武從政以文祇奉蕭規率由周禮再賡成

制詳考舊基夷坎窞而就平裨崖岸而增固乃崇堂奧乃加藻繢右嚴鐏坫之序左設庖膳之區前臨康莊旁眺城闕平湖千畝凝碧於其下西山萬疊倒影於其中依然懸榻之場想見致芻之狀與夫洪崖之館絢綵於烟霞滕王之閣騫飛於雉堞南州之物象備矣前哲之光靈萃焉嗟乎君子與一役建一事於時必可頌於後必可觀茲亭之作也都人朋悅過賓矚目紀於方國之史播於樂職之詩鉉也幸承燕翼之謀獲參翰墨之任俾垂不朽敢憚蕪音

喬公亭記

同安城北有雙溪禪院焉皖水經其南求塘出其左前瞻城邑則萬井鱗連却眺平陸則三峯積翠朱橋偃蹇倒影於清流巨木輪囷交蔭於別島其地豐潤故植之者茂遂其氣清粹故宅之者英秀聞諸耆耋喬公之舊居也雖年世屢遷而風流不泯故有方外之士爰構經行之室回廊重宇耽若深嚴水瀨最勝猶鞠茂草甲寅歲前吏部郎中鍾君某字某左官茲郡來游此谿顧瞻徘徊有懷創造審曲面勢經之營之院主僧自新聿應善言允符夙契卽日而栽逾月而畢不奢不陋既幽既閒憑軒俯盼盡濠梁之樂開牖長矚忘漢陰之機川原之景象咸歸卉木之光華

一變每冠蓋萃止壺觴畢陳吟嘯發其和琴棊助其適郡人瞻望飄若神仙署曰喬公之亭志古也噫士君子達則兼濟天下窮則獨善其身未若進退以道小大必理行有餘力與人同樂爲今之懿也是郡也有汝南周公以爲守有潁川鍾君以爲佐故人多暇豫歲比順成旁郡行再雩之禮而我盛選勝之會鄰境興閭戶之嘆而我賦考室之詩播之吒頌其無愧乎余向自禁掖再從放逐故人胥會山水窮游良辰美景賞心樂事有一於此宜其識之立石刊文以示來者於時歲次乙卯保大十三年三月日東海

徐鉉記

欽定全唐文卷八百八十三

徐鉉 六

毗陵郡公南原亭館記

人生而靜性之適也若乃廟堂之貴軒冕之盛君子所以勞心濟物屈已存教功成事遂復歸於靜用能周旋於道常久而不已者也有唐再造俗厚政和人多暇豫物亦茂遂名園勝概隱轔相望至於東田之館西州之墅婁湖張侯之宅東山謝公之游青溪賦詩之曲白楊飲酒之路風流人物高視昔賢京城坤隅爰有别館百畝之地芳華一

新舊相毗陵公習靜之所也其地却據峻嶺俯瞰長江北彌臨滄之觀南接新林之戍足以窮幽極覽忘形放懷於是建高望之亭肆游目之觀睨飛鳥於雲外認歸帆於天末四山隱現而屛列重城邐迤而霞舒紛徒步而右回闢精廬於中嶺倚層崖而築室就積石以爲階土事不文木工不斲虛牖夕映密戶冬燠素屛麈尾棐几藜牀談元之侶此焉游息設射堂於其左湛方塘於其下虛檻顯敞清風爽氣襲其間碕岸縈迴紅藥翠莕藻其涘至於芳草嘉禾修竹茂林紛敷翳蔚不可殫記凡廄庫之室廚廩之區

賓燕所資不戒而具每良辰美景欣然命駕羣從子弟結駟相追角巾藜杖優游笑詠觀之者不知其爲公相也古人有言朝廷之士入而不能出況於輕鐘鼎之貴徇山林之心將相之權不能累其眞肺腑之親不能係其遯道風素範豈不美歟又以鉉無事事之情有善善之志見徵拙筆用勒貞珉是時歲次辛酉冬十月十日記

廬山九天使者廟張靈官記

開元中尊崇至道伸嚴祀典詔置九天使者廟於匡廬之山眞靈咸秩率由科教應門左右圖五百靈官之像焉天祐初江西連帥南平王鍾公遣道士沈太虛設醮於廟太虛醮罷恍然若夢見圖像一人前揖太虛曰我張懷武也常爲軍將有微功及物帝命爲靈官既寤訪懷武之名無能知者歸以語進士沈彬彬後二十年遊醴陵邑令陸生客之方食有軍吏許某後至話及張懷武彬因問之許曰懷武者蔡之裨將某之長吏也頃甲辰歲大饑聞豫章獨稔卽與一他將各率其屬奔焉旣卽路兩軍稍不相見進至武昌釁隙大搆剋日將決戰禁之不可懷武乃攜劍上戍樓去梯謂其徒曰吾與汝今日之行非有他圖直救性命耳奈何不忍小忿而相攻戰哉夫戰必強者傷而弱者亡如是何爲去父母之國而死於道路耶凡兩軍所以致戰者以有懷武故也今我爲汝等死兩軍爲一無搆難矣遂自剄於是士衆皆慟哭乃與和親比及豫章無逃亡者許某但懷其舊恩不知靈官之事沈君好道者也常以此語人鉉始在膠庠預聞斯論辛酉歲扈從南幸獲謁祠宮道士童處明出沈君所述傳求潤色之以刊貞石嗚呼古之君子體至公綜萬殊虛心存誠事至而應道苟行矣何必在己物旣濟焉何必享利故有歸全以爲孝殺身以成仁此兩者同出而異名同謂之元非清貞之氣不能衛其義非靈仙之位不足寧其神昭報動乎上肸蠁應乎下然則天之愛民甚矣咨爾百代高山仰之於是歲次癸酉上元日記

重修筠州祈仙觀記

筠州祈仙觀者東晉黃眞君上升之地因爲道館綿歷代祀互有增修國朝保大中元宗皇帝奉爲吳讓皇再加營構金石具刻此不備書夫言意假象故立朝修之所形器有壞故資繕完之工此觀當荆楚之要津實郵傳之便道

過賓稅駕遊子解裝幢幢往來罕或虛月加葺之後二紀有餘閈閎垣墉頹落且半道士羅自正總攝眞侶啟煥元風以爲道由人宏德以勤維不飾不美人其謂何於是心謀躬行節用畜力授其徒之可任者會其士之好道者月省歲計經之營之卽舊謀新興廢補闕十有餘歲其績大成凡建聖祖殿黃眞君殿各一區峙瑤壇範洪鐘造橫橋於通津植茂樹而蔽野其修舊振壞者層樓重廊二十餘間其取材也時其擇匠也良程之以壯督之以固瓴甋瑌碱尚其密藻繪丹雘尚其麗帑廩不費工庸不勞煥然新宮峙此靈境君子是以知其能也夫神仙之事史臣不論豈不以度越常均非擬議所及故邪仲尼書日食星隕皆畧其微而著其顯慮學者之致惑也又況於希夷恍惚之際乎然而載籍之間微旨可得書云三后在天詩云萬壽無疆斯皆輕舉長生之明效也及周漢而降則事跡彰灼耳目不誣天人交感民信之矣於是通儒洪筆始著於篇至如許君黃君通幽洞冥窮神極妙逮爾姻族與夫家人乘景上躋超然絕俗故墟舊井眞氣裴回至其鄉而思其人仰其道而踐其跡斯觀之盛豈徒然哉鉉頃歲扈從南巡有事於游帷之觀二宮相距兩舍而遙使指有程瞻望弗及逮今一紀無日忘之會羅君狀其功績圖其形勝見託紀述欣然而書開寶七年九月二十四日記（謹按開寶七年爲南唐後主十四年）

筠州清江縣重修三清觀記

元氣既判天地乃位氣之清明靈粹者鍾乎洞天福地名山大川之間眞聖之所庌也景福之所興也然則游居走望乃建道館焉通都大邑往往而在豫章之地實曰奧區帶豫章之通川據西山之雄鎭鬱映磅礴神異所棲高眞十二震曜方夏揚靈軌轍靡迤蟬聯保大庚戌歲詔復高安縣爲筠州析其北鄙爲清江縣而三清觀負新邑之左瞰長江之濱形勝高奇壇宇嚴淨聞諸故老云昔吳許二君嘗游茲地夜覩青氣上屬於天相與嘆曰此非凡地當爲神仙之宅及二君登晨之後邑人追感前言共構茅茨歲時薦獻衆目爲草堂道院函關紫氣事往名存盩厔草樓人非郭是年世彌遠增修益崇開成中始詔賜號三清之觀自時厥後又踰十紀運逢治亂道有汚隆中興已還百度咸復官得其守人盡其能道士吳宗元允迪元風克

堪道任以爲朝禮之域飈欻所臨不飾不美衆將安仰於是月考歲計庀工飭材補廢扶傾無所不至建三清之殿造虛皇之臺設待賓之區敞飭賢之室範華鐘之鏗訇聳層樓之岧亭回廊複道重深奧祕於是飾儀衞備器用肅然必洽煥焉可觀夫其誠至者其禮備其守固者其事舉道不遠矣人焉廋哉宗元又以雲境昭回祥符肸蠁思刻貞石以貽後人不遠千里見訪論譔嘉尚其意故爲直書時甲戌開寶七年十二月十二日記南唐後主十四年

九疊松贊幷序

同安郡南二十里古城南隅有松焉拳曲擁腫勢若九疊交柯聳幹無不蟠屈者其地高迥旁無壅閼莫知其何由如是或曰下有頑石根不得舒氣脈憤興故爲此狀好事者以爲盛觀焉余始聞其名今至其下睹之而眙曰嗟夫草木麗地稟天之和條暢秀茂固常也若乃原隰之宜失陰陽之候違柔脆之姿則離披枯瘁貞勁之質則抑鬱盤錯生理乖矣獨有瓌奇之貌嗚呼失其所乎昔在太古君臣強名賢愚同域洪洪洞洞是謂太和降及後代聖人有作顯仁義建功名扶衰拯敝不得已也於是有愛惡則象生焉其甚者飾行以矯時執方以違俗考槃閭巷聲重王公上德喪矣獨有高世之聲嗚呼荀孟屈賈之徒豈斯松之類邪感物徘徊因爲之贊

吁嗟彼松孰爲而生天枉其性屈折其形人實我貴我非所營噫嘻淳風曷歸大道安行吾欲與汝各全其眞作此好歌以告騷人

高侍郎畫像贊

穆穆清眞不緇不磷文高學富道直誠純昭質已邈斯猷愈新丹青畫像以永光塵棠陰峴首瞻仰霑巾

龍山泉銘

建康城北有雞籠山焉傍帶潮溝卻臨後湖宋元嘉中改爲龍山湖曰元武紀瑞也雷次宗之儒學蕭子良之西邸遺蹤可識爽氣長留東麓有泉至清而甘水旱不增減道人令隱乃搆精廬於其陽酷愛此泉以爲靈液因思前作皆有銘贊而此獨闕常欲補之無何夕次松下恍惚若夢見一人元巾素衣謂隱曰此泉已有銘矣因徵其文即高吟四句吟罷不復見觀其詞意無以加也予聞而異之因篆於石其詞曰

原發石中派分塵外如醴之味與時而在

冊贈武烈帝碑

臣聞昊穹凝命元化不宰司契牧民之重授以聖功益謙輔德之明顯諸神道玉燭景風之瑞所以報憂勤天時地物之妖所以警安逸是以古之聖人覩災而懼因敗而成撥亂反正之勳偃武修文之業延洪光大皆有幽贊者焉故禹奠九州受蒼水繡衣之命武師牧野接五車兩騎之神或假靈於五將三門或取象於長庚北落奇怪恍惚歷代有之然則潔粢豐盛崇名紀號欽若天意丕顯陰功元

元本本政之大者也玆我后所以側身修德允濟時艱武烈帝所以禦災捍患光膺帝服人神合應豈不偉哉惟帝忠孝文武之風信智言行之懿提網按部之績夷凶靜亂才冠生民道高振古登賢能於鄉老論昭穆於本朝若夫之勳論道經邦之猷宮縣錫馬之寵忘身徇國之節警愚顯俗之奇固已炳爓丹青鏗鏘金石用能高標明祀大庇烝民犧牲玉帛數有加於羣望備物典冊禮遂縟於眞王是知妙極無方數均不測告禎符以元后集景命於舊邦豈徒雪霜風雨禳祈雩禜而已我唐之中興也南司天北司地命羲和而治歷法鳲鳩以安民令行而風雨不愆澤廣而禽魚允若無文咸秩墜典由是孔修有開必先百神於焉受職及運鍾下武慶洽重熙二聖相承載光明德五材並用誕告多功御名正而泰階平王澤流而頌聲作人將登於壽域時已洽於淳風數或推移唐堯有懷襄之患天將警戒周成有雷雨之災丙辰歲金革爰興師徒四出師屯細柳火照甘泉蠢玆越人伺隙稱亂焚我郊保軼我封陲宵燹御亭晨圍武進天子爲之旰食東郊於是弗闢於時令儲后以長子帥師以九命作伯風行京口氣懾勾

吳激大義以推心授成謀而警衆右武衛將軍柴克宏見危致命臨難忘生總率禁兵星言赴援人懷國恥如報私仇軍政肅而上下接和人心感而神祇助順若昆陽雷電之震耀淮淝草木之形勝兵勢飇馳醜徒冰泮冥貺彰灼有如此焉當是時也以承平之人鄰貢獻之國爟燧卒至溝隍未嚴首尾方畏衆寡非敵摧堅如拉朽擒寇如拾遺崇朝之間邊鄙克定匪大君之昭感豈人力之獨能雖通幽洞靈實聖哲之所務而問神語怪非典冊之攸先故揚搉而論蓋史臣之職也主上以功成弗處無德不報增封

晉號厥有舊章乃下詔冊贈武烈帝備名數禮也於是正南面之尊窮大壯之勢耽耽新廟奕奕崇堂雉門兩觀之嚴左墄右平之制龍旗鑾輅雲罕軒懸兼三代之盛儀抗五郊之殊禮與夫周人革命止陳元牡之祈晉室主盟但用朱絲之禱報功之典不亦盛乎常州刺史何重貴初領前軍獨當強寇以忠貞爲甲冑以恩信爲金湯首挫賊鋒力全郡壘褰帷之任因以酬庸坐樹之風更成德讓皆足以光昭雅頌垂示來雲後之君子知天命不可以智取大福不可以力勝幸災怙亂鬼得而誅背盟奸好人將誰與

覆車斯在殷鑑匪遙類委土以爲師樹豐碑而紀事下臣奉詔謹沕銘云

元功不宰帝德無爲化機冥運羣動交馳必有神道鑑而董之董之伊何惟帝之職恍惚有象陰陽不測如岳降祥配天輔德保我烝民莫匪爾極偉哉間傑多藝多材名馳八紘位重三槐祀典光啟王封肇開人思名樹俗畏軒臺洪惟我后積仁累慶運啟再造功宣二聖金鏡在握璿璣以正陰陽既和人神交應時災有數孰克違斯靈命自天疇能間之盜兵竊發元兇冥期風雲鼓盪氛厲殲夷蔣侯助順霍山啟道卑聽非遠誠明則到上曰欽哉享茲昭告帝服加尊大名紀號多壘既平連營既寧奕奕新廟崇崇百城民罔疵癘年斯順成庭有備物時殷頌聲禍福何常惟人所擇棄信毀義恃衆與力上帝不錫明神是殛勒石嚴祠敢告萬國

武成王廟碑

下臣伏讀前史窮探政經莫不以兵戰爲危事目干戈爲凶器異達人之格論蓋曲士之常談若乃上考洪荒遐觀擬象九疇垂範何嘗棄從革之功五緯麗天詎可淪長庚

之耀春生夏長非秋無以收成雷動風行非霜不能肅殺先王設教誰敢渝之垂衣裳以正其本爲弧矢以申其用阪泉戡難所以見軒后之神明丹浦庇人所以成帝堯之光宅七旬來格本由舞羽之仁八百同辭始自葬枯之惠故修文廟堂之上者武功之始折衝千里之外者文德之形如仁而忘兵則西夏偃王以之而殞恃力而棄義則夫差嬴政由是而亡乃知文德不修則武功不立武功不試則文德不昭相須而成其揆一也故立其教者謂之聖大其業者謂之賢聖則應天順人西伯受代殷之任賢則開

物成務太師有佐命之功當其偃息朝歌盤桓渭水量㤟
宇宙既處困而能通才冠生民亦俟時而後動雲雷之屯
已搆天人之契冥符歷數有歸君臣相遇投釣而起同車
以還尊爲王者之師我無慙德加之百官之上人絕異言
大矣哉聖哲膺期無德而稱已故能式遏亂畧大拯橫流
把白旄而誓師操黃鉞而助斷解倒懸之困釋比屋之誅
大統既集天保已定然後式盧表墓歸馬放牛申義風於
夷齊授成事於旦奭宏開四履高祀五侯及其德澤將衰
風流已遠猶使紀侯大去不遺九世之讐周室既卑更賴

一匡之業自非道充四表功濟三才孰能丕顯烈光若斯
之盛者也其後聖人既沒眞風漸離戰國如焚羣生殄瘁
先王利器舉爲爭奪之資闕里諸生率用縱橫之說遂使
中都憤歎聿興末學之詞柱史傷嗟始發不祥之論流遁
忘返積習生常則我武䕶之音將墜於地夫至公所以應
羣動上德所以綜萬殊達其旨則左右咸宜迷其本則弛
張兩失自漢參霸道魏濟奸雄藐爾千年荒哉七德國家
參墟發命邑水膺圖羣黎興徯后之辭八表有宅心之地
高祖奉天革政扇牧野之高風太宗屈己師臣躡渭濱之
盛軌施其法則致其報入其國則思其人貞觀年中始於
磻溪立廟元宗祇若先訓奮發神謀平內難於女戎嗣鴻
圖於代邸永言遺範重事嚴禋開元中詔京師及天下州
府並立太公廟著良辰於上戊抗縟禮於虞庠而復歷選
前修式崇配享得其體者參入室升堂之列蹈其跡者儼
摳衣函丈之容穆矣皇風煥乎甲令肅宗來朝走馬初嚴
避敵之師九五飛龍遂荷在天之命澆戈既戮商奄猶驕
方資戡定之勤更舉褒崇之詔禮尊南面位極眞王取其
大告之稱以定易名之典歷代之闕文備矣聖皇之能事

豩哉故得靈鑒孔昭羣臣競勸諸侯供職函夏同文中興
之功配天齊古雖復運逢興替時有安危造周之德既隆
思漢之人常在烈祖沈潛剛克神武有徵靜氛癘於蕭墻
功高庖正掃欃槍於丹徼業茂賓門由是四海樂推三靈
眷命光復舊物洪惟至公大道將行皇猷累洽今上允文
允武克長克君自出震見離發號施令雷行天下豐宜日
中信及豚魚仁霑行葦若夫尚齒尊賢之教宵衣旰食之
勤制禮作樂之文返樸斵雕之質固已紛綸帝籙掩映瑤
編猶復叶比臧謀疇咨庶政以爲五材並用廢一不可天

下雖平忘戰必危是故簡萬乘之人申九伐之令六官聯
事百度惟貞副君以介弟之尊當撫軍之任威而不猛動
必以仁大元帥齊王明德茂親由諸王而宿衛副元帥燕
王敦詩說禮以長子而帥師用能啟迪大中張皇下武其
餘西京名將霧集星羅北府奇兵飈馳電鶩並列雲臺之
像咸開長水之營地利人和思深慮遠域中無事則用之
於進賢興功四方有變則用之於弔民伐罪故出車甌洛
則係以長纓鞠旅衡湘則舉爲内地皆所以拯其塗炭之
患息其沈閑之爭非徒夸大兵威并兼土宇而已至於篁
欽定全唐文　卷八百八十三　徐鉉　十四
竹萑蒲之聚田昭屈景之宗或粗舉先聲或聊分偏校莫
不厥角稽顙請命即刑史不絕書野無遺寇斯乃聲明文
物之外廟堂帷幄之間思未半而功已倍矣加以爲而不
宰讓德於天潔粢豐盛靡違於時事春蘭秋菊遠被於無
文乃顧戎韜式嚴邦政以爲三王四代之事罔不從師前
哲令德之人必將崇祀列聖盛典實啟孫謀乃復舊章爰
作新廟於是宗伯建位梓人授規入端門而右迴旁太學
以西顧瞰康莊而列屏因爽塏而營基他山之石咸移中
伐之材畢萃成之不日自比靈臺揆彼方中寧慙楚室崇

墉屹以特起高門豁其洞開筵有籩豆之區階有賓主之
位干戈在序鐘鼓在庭繹然觀藝之場藹爾致誠之地春
秋二仲時和氣清醴醆交羞牲牷不疾鶡冠礪劍展告虔
薦信之儀玉戚朱干儼象德達神之列中軍元帥出建靈
旗六郡良家來登勇爵旆旌鐃吹桓桓推轂之威金石絲
篁穆穆燕毛之序觀之者亂臣知懼比夫漢尊黃老詎臻
清淨之源秦用刑名徒有深刻之弊中庸之德其在茲乎
嗟夫聖人沒而微言絕王澤竭而頌聲息奚斯路寢諸侯
之事何觀吉甫清風衰世之音孰尚豈若帝圖光赫聖祚
欽定全唐文　卷八百八十三　徐鉉　十五
宏新人知鼓篋之方家識止戈之漸固可著之金石列在
鼎彝微臣學媿常師用慚兼備承明再入固無經國之才
宣室徵還幸對受釐之問將使延州聽樂長聞雅正之聲
圯上受書世出帝王之佐敢揚丕訓敬勒貞珉其銘曰
於惟基命建用皇極實有武備以昭文德弗惠弗迪是糾
是殛天地剛柔惟帝之則是則是效文王武王惟師尚父
時維鷹揚匡正天下綏爰四方微禹之烈於湯有光肅肅
牽牲皇皇表海簡禮從質因民不攺難老曰壽專征爲大
泱泱之風至今猶在大道既隱明王不遭走鹿爭逐赬魚

告勞泯若四履。紛吾六轄。我思古人。心焉忉忉。天或愛民。物無終否。率此叛國。歸於聖帝。自葛初征。至牧乃誓。君子萬年。本支百世。鴻圖再造。二聖重光。亦既大賚。寧惟小康。六事允釐。四維孔張。夢寐卜獵。咨嗟釣璜。虎踞之陽。龍藏之涘。爰作新廟。畢崇明祀。設桓交戟。朱門納陛。嵬峩穹崇。重深奧祕。名光大告。禮重眞玉。侑神祀食。入室升堂。威儀文物。容貌采章。列聖有作。茲焉不忘。膠庠既成。教義既明。三湘即序。百越來庭。馬無南牧。人怨東征。烈烈政典。洋洋頌聲。商郊車騎。灌壇風雨。績用不泯。威神若睹。鏤金石以

表德。薦馨香而受祜。春蘭兮秋菊。無絕兮終古。

袁州宜春縣重造紫微觀碑文

若夫聖人有作。沒而不朽。畏其神而向其臺。思其治而愛其樹。故尊道貴德。元化所以無窮。高山景行。後賢所以不乏。妙門先啟。上士勤行。書契已還。煥乎丹青者可數。邦域之內。表厥宅里者相望。時運與升。人境交得。教之大者。其可忽乎。袁州宜春縣紫微觀者。蓋有晉鄧袁眞人上升之地也。左鍾山之奇峰。右洪陽之仙洞。巉巖千仞。蔽虧日月。窈窕百里。畜洩風雨。迴岡層巒。崇其基垌。激湍澄溪。宣其氣象。眞靈之所游集。邑居之所走望。皇統中否。下國尋戈。齋臺盡傾。魯宅多壞。鹿巾霞帔。藐矣流離。藻扃黼帳。翦焉陻廢。而周德未厭。漢守仍存。舊物既甄。墜典咸復。惟茲靈境。將俟其人。道士孫去華。殖本康樂之川。從師新吳之邑。清心鍊氣。絕粒忘形。三十餘年。其道彌固。保大中自所居華林山館南游此鄉。望佳氣之鬱葱。躡垝垣之靡迤。慨然歎息。誓志終完。於是面壑依巖。披榛築室。勤身而感物。應迹以化人。鄉閭風隨。跪信日至。節以致用。時而命工。二十餘年。厥功克就。紺殿特立。重廊回合。闢朱户以瞰野。峙瑤

壇而在庭。至於像設之尊嚴。仗衛之精麗。廚廩之充牣。居室之清閒。洪纖必周。奢儉中度。美矣顯績。昭哉素誠。夫褒善稱伐。春秋之旨。雖在遐遠。人其捨諸。監察御史李君思義。奉使宜春。稅駕斯館。覩厥成績。嘉其秉心。碑而揭之。以文求我。言意難盡。強爲之銘。銘曰。

袁君之賢。此州乃名。鄧氏之仙。此觀乃形。春華麗絕。眞氣融明。允矣輿壤。居然福庭。運逢交喪。地有遺靈。美哉孫師。興廢扶傾。重闍金鑰。還飛火鈴。烟霞聚散。飈欻逢迎。精誠所感。大道方行。用刊樂石。永告雲扃。

舒州新建文宣王廟碑文

鉉嘗讀文中子所著書竊觀其建言設教憲章周孔有道無位故德澤不被於生民然而門人弟子如房魏李杜輩皆遭遇眞主佐佑大化元功盛烈亦云至矣猶以爲禮樂不興未能行文中子之道嗟乎使顏閔之徒遇貞觀之世舉聖人之業成天下之務豈不益大乎時運不並亨聖賢不世出可爲長嘆息已矣夫太羹元酒足以通神明而不能競適口之味大咸雲門足以和風俗而不能高娛耳之聲五常六藝足以興國家而不能勝捷給之數釋菜合樂

足以祈永貞而不能掩福田之說李斯荀卿弟子也而爲焚書之酷德彝文皇上宰也而沮王道之議況其餘哉故用兵已來郊庠鄉塾委而不修者有年矣皇唐中興之一紀天子乃崇學校養庶老舉六德教冑子旁達郡國靡然向風舒州古諸侯之封也其地廣其任重太傅周公舊勳碩望來頒詔條武以貞師仁以行政動必資於前訓舉必順於人心前吏部郎鍾君頊登銓管之司實參侍從之列論思典治必以名教爲先洎從左宦來爲佐職神交主諾人無間然始一年而旱暵作二年而百穀登三年而上下和既富而教爰修廢典乃嚴社稷則播殖之功報乃祀箕畢則風雨之候時乃卽舊堂謁先聖寢廟卑而將圮袞冕陋而不度政之大者烏得已焉於是庀工庸示儀制堂奥戶牖巍乎大壯山龍藻火煥乎有章重門以深之周垣以繚之俎豆升乎筵干戚由乎序侁侁衆賢是配是侑肅肅燕毛以衎以樂閭伍之屬耆幼之倫惠澤漸乎肌膚風教移乎情性惜其所治者百城耳推是而往何所不至哉鉉也不才放逐至此掌地主之惠接故人之懽博我以文宜無所讓屬役既具冠篇將畢會鍾君名還京師祖行之夕

視草以送且曰敬教勸學非大君子不能行討功稱伐非大手筆不能任吾友紫微郎韓君卽其人也託之銘頌以永清風

欽定全唐文卷八百八十四

徐鉉七

蔣莊武帝新廟碑銘

臣聞南正司天授宗祝史巫之職春官掌禮詔犧牲玉帛之儀皆所以別類人神統和上下三時不害力穡以之普存百物阜安薦信猶其多品用能舉明德而徼景福播和樂以致靈祇三五已還皆是物也若乃混元宣氣山岳成形雲雨於是乎生財用於是乎取故有毳冕之服璋邸之符或以肆瘞垂文或以庪縣著法虞舜聖帝也而有徧于

之祀周武明王也而有惟爾之祈至於枋田高邑之都藻莅桑封之秩稰稌有羨蘭菊無虧大典奇篇論之備矣後王徂帝闡斯行諸金陵山者作鎮揚都盤根福地峙天險之左次瞰臺城之北隅陽嶺前瞻包舉青林之苑陰崖右轉經營元武之池絕巘嶔岑蔽虧日月深巖窈窕吐納風雲層臺累榭臨其巔涌泉清池湛其下白鹿麏麚騰其藪鸞雛孔翠棲其林豫章杞梓之林橘柚樝梨之實赭堊丹青之美錫銀金碧之饒固以事異假珍富兼諸夏登於軌物掌以虞衡矧復奇怪中潛絪縕上屬眞人未應瘞雜寶以祈年智士攸同指盤龍而建國亦何必嵩邱發峻始號降神岷嶺騰精獨稱建福自時厥後代富靈游刺史還都卽有栽松之地諸生肄業非無講學之場岫幌雲關訪徵君於幽谷鹿巾霞帔集道侶於中林斯亦羣帝之密都先王之册府者也在昔霜鐘細品猶淹耕父之居反景微光尚駐長留之駕況乎皇州列岳宅怪儲靈不有吉神孰司陰隲蔣帝孕清明之氣稟正直之資實九德之所生與五龍而比翼自西江考績謝聯事於元夷北部申威輯庶功於黃綬於時祚終四百運偶三分人懷塗炭之愁家有剝

廬之痛帝則勤勞徇物慷慨憂時旣援張敞之桴卽振李崇之鼓赤心未盡執漢節以忘生青骨難誣降北山而受享飛蟲顯俗生民之舒慘焉依白馬耀奇平昔之威容如在故使中都之印式報陰功長水之營旁旌同氣廬宮改命非因介子之焚廟貌崇壇詎比愚公之徒自是光靈茂遠代祀綿長或昭德而降祥或害盈而致罰黃旗紫蓋奉五馬之禎符朱鬣碧蹄殄高山之巨盜賢如謝傅猶繫草木之形親若始安亦假弟兄之助故得王封錫美帝服歸尊追炎昊以齊稱躅虞黃以接武事光典册惠浹幽遐任

水木之遞遷顧高深而自改國家緣圖受祉黃鉞庇人分二牧於土中包九有於宇下雖十聯百里亟更守宰之權而四望五郊不易宗彝之數及咸名暫失龜鼎中遷瀛海飈迴坤輿幅裂而盤礴之際常奉周正封域之間獨爲漢守衣冠舊族宛洛遺甿咸趨懷德之鄉共免永嘉之亂終使皇天眷祐百姓與能克昌再造之基奄有六朝之地烈祖功踰嗣夏體濬哲而致中興皇上德邁繼文懋元良而恢下武格天光表慰率土之歌謠累洽重熙漸羣黎之肌骨所以珍符總至靈命畢陳極金箧以標年盡瑶編而紀

瑞襲於六藝貫彼三墳剏復聖作無方神謀不測殷周損益文武弛張制在先機申於後甲百吏奉行而不暇兆民日用而不知帝典恢宏天文貞觀摛華發藻抉瞶披聾丹浦非好戰之師兩階有誕敷之舞坐知千里廓清五嶺之氛役不踰時底定七閩之難國風王澤自北而南樹立之權由來尚矣康無專享止崇藩屏之封穆弔不咸但著急難之詠未有極至公之舉正太弟之尊大義鴻猷如今日之盛者也副君膺則哲之寄有聖人之資由上德而貞萬邦用英才而總百揆麗正繼明之業仰奉宸謀持謙敬客之心俯懷庶品則有齊藩上寄紆盤綬而握兵符燕邸眞王珥貂冠而掌宮籥周公則武王之弟夏啟則吾君之子故能緝熙帝載寅亮天工晏平仲之論和北宮子之謂禮自家刑國草偃風行上下之際既交華裔之情如一黑齒奇肱之俗款塞來王碧嶲素滻之濱除宮望幸后夔典樂已播薰絃司馬進稱行陳祕檢功既隆矣德亦厚矣尚復往而未止謙以益尊政靡不修思無不及以爲無文咸秩訓誥之格言明祀是崇春秋之大義農祥晨正豐潔四馳密雲不雨馨香並薦載紆睿鑒爰顧遺祠詔曰蔣帝受命

上元奠職茲土力宣往代澤被中區所謂有益於人以死勤事者也今號位已極名謚弗彰闕典未申朕甚不取其以勝敵克亂之業爲民除害之功因姓開國追謚莊武仍令有司修飾寢廟備制度焉於是即舊謀新審形面勢農工告隙營室方中或懸水以爲規或飭材而攻木搏埴之工麕至圬墁之伎星羅徑術常夷靡薙王孫之草荆榛舊闢寧誅宋玉之茅百堵齊興自歲而畢繚垣十里重屋四周樹文玉於庭中交枝霏靡挺開明於闥外詭狀髟髵納陛逶迤碧疊元州之石橫梁夭矯雪披後渚之梅谿朱戶

之曈曨陽光不夕閟深宮之霮䨴暮靄常霏堂上布筵楹間設奠管磬鐘鼓羅於下籩豆簠簋肆於前再變之音克諧永貞之祝無愧神光倏忽裷服連蜷孔蓋翠旌若有光而罔覿蕙肴蘭藉若有云而不亡用是高揖靈元永司純嘏罔兩魑魅豈煩夏鼎之圖風雨雪霜無待桑林之禱則知民和而後降福事理而後不祈人祇之間如斯而已者也粵若先王命祀神道教人前哲令德之流九魁六宗之類或以公侯視秩或以戶邑奉祠子晉之爲帝賓眞階匪極傅說之騎龍尾景耀未融斯皆地勢本高升聞易達詎

有權輕五校壤狹一同而能比鏡軒台分光堯日縱質文之迭改代奉典章及聖哲之丕承更加崇飾故金簡玉字興王之統可尋兩騎五車受職之期斯在雖將歷選安得同年昔者崑閬窮遊尚紀白雲之什燕然薄伐亦陳元甲之銘孰與冥貺昭彰壽宮宏麗水通懸圃萃氣色於閶門路接白楊煥丹青於坰野此而莫述後嗣何觀微臣潤色無功討論奚取思問神於先聖姑欲事君苟獲罪於元穹曷容媚竈惟於舊史想見英風適當罷役之初爰奉屬辭之詔西川作頌誠慙邑子見稱南國刊銘或望至尊所改庶使千八百國會執玉於茲峯七十二家配泥金於此地

其銘曰

茫茫元造萬物資始一經神怪一緯人理先聖則之以著綱紀仰觀俯察上天下地高卑旣定品物咸宜宣氣者山配地曰祇三公是擬九牧攸司天作金陵蔣帝荒之巖巖金陵作鎭上國陰林巨壑材生物植洞穴巖房逶迤詰屈隱士無言仙童不食洪惟廟貌奠此名區位重天孫權傾陸吾薜荔之服辛夷之車若自空桑來游下都翼翼京揚馮馮輦轂運屬多壘聿祈深福峻殄堅夷勛亡景覆肸蠁

元功威蕤帝籙皇唐膺命和悅人神崇名則舊受職維新祥圖雜集祀典紛綸終全王土以俟眞人再造延洪繼文光大陰陽不測天地交泰沒羽梯航雕題冠帶成民致力祭神如在猶防闕典乃韻遺靈永懷簡冊欽若昭明克亂除害膺茲大名亦有制度備於祠庭式瞻昏定昏定旣正爰揆農時農時弗虧虞衡肅給般爾交馳加之礱斲益以章施新廟旣成神居旣寧我有常祀蒸餚薦腥匪崇匪祈歆我惟馨三時不害大庖不盈昔在周家逮於漢室徒騁騏騄虛羅甲乙純嘏弗臻斯猷愈失載返眞風爰歸聖日

五衢植木四照栽花馳烟驛霧晦景韜霞方介十巫何憂一車行觀吉玉願折疎麻謝傅長逝王公不作獨我莊武先紆睿畧魯墳無棘遼城有鶴刻此茗華永傳嵩霍

茅山紫陽觀碑銘 并序

臣聞太初之氣其生也無始衆妙之門其本也無名積而成形散而爲器乾坤運之而兩儀立王侯受之而天下貞是故斷鼇鍊石之功絶地通天之業衣裳軒冕之后干戈揖讓之時雖復遭罹異塗步驟殊致莫不協契於神明之域飲和於道德之原廣無爲之爲執無象之象萬物恃生

而不有百姓日用而不知其迹也則格天光表化人而成俗其本也則收視返聽全眞而養身至其玉檢登封蘿圖啟後游神象外脫屣區中鑄金鼎而乘白雲登寒門而立元極閟宮清廟式嚴觀德之場玉洞金壇別啟下都之所由是靈符綜集眞籙歧分三元八會之文潛通髣髴七映九華之室密擬形容足以徼福應於含生致孝思於時事聖人繼作靈構相望故茅山紫陽觀者今上敬爲烈祖孝高皇帝元敬皇后之所重修也爾迺星紀儲精下爲峻極河圖著籙縣示禎期自道氣融明眞科流衍治化宏開於赤縣符圖廣被於名山而華陽洞天實羣仙之都會金陵地肺又三茅之福鄉左憑柳汧烟霞韜暎右帶陽谷川源隱轔伏龍靡迤鎮以雷平之嶺鬱岡回合浸以護軍之潭郭眞人叩舷之池不遷留岸許長史鍊丹之井自冽寒泉白霧紫烟照暎其上飈輪鶴馭往來其中高眞七人四處茲地其後貞白眞人以元德應世肇開朱陽之館以玉書演祕爰立昭眞之臺堂構疏基元洲之蹤可擬生徒廣業白龜之迹斯存金毌鳳羅代相傳授龍車虎駕世有飛昇及元靜先生以沖氣含和體庚桑之歲計元宗皇帝以尊

師重道屈軒后之順風由是天眷遐臨皇心密契維新舊館再易華題丹鼎洞經潔修無倦芝泥龍簡投奉相望戶邑之民豈止奉明之縣樵蘇之禁寧惟栁下之墳故得雲物告祥芝英表瑞小周王之瑶水徒咏空歌異漢帝之猗蘭唯陳甲帳自茲厥後代有修崇上士名人時時解蛻雲軿羽蓋往往降靈皆著之金石播於謠頌嗟乎四時代謝天道盈虛雖九氣長存歷劫以資其融結而三階有象隨時因表其晦明則斯觀也將世運以汙隆與皇圖而昇降赤明未啟猶多閶戶之悲白水方興始漸高門之慶孝高

皇帝猶龍孕德，指樹垂陰，應樞電之殊祥，肖中天之奇表。甘盤就學，和光於百六之初；庖正分官，利見於九三之際。賓門納揆，有大造於當時；彤矢旅弓，允至公於四海。由是法堯受命，祀夏中興，補西北之不周，應東南之王氣，御明堂而揖羣后，輯瑞玉而覲諸侯。既治定而功成，更憂深而思遠，乘奔御朽，不以黃屋爲尊；旰食宵衣，惟以蒼生是念。知無爲之無敗，體上德之不德，凝神姑射，端拱穆清，政舉其中，事至而應。愛民重法，敦本訓農，偃革銷兵，守好戰必危之戒；卑宮菲食，懼以人從欲之譏。故得百寶效靈，三辰

薦祉，遠無不屆，邇無不安，少康光武之功，獨高帝籙；貞觀開元之業，更啟孫謀。今上承積德之基，法自然之道，變化無方之謂聖，神武不殺之謂仁，學洞精微，守謙光而沖用，明照隱伏，體大度以包荒。動則庇民，不矜功而尚智；靜惟修政，恒務嗇而勸分。聞善若驚，每察秋毫之細；容光必照，寧遺行葦之微。化浹風隨，時和俗厚。嘗以爲天下者烈祖之天下，憲章者昇元之憲章，垂裕無窮，永懷罔極，衣冠原廟，未足盡思，聲樂娛神，良非致敬。緬慕在天之駕，因嚴訪道之宮，尋屬長樂上仙，濯龍興感，載詠生民之頌，思宏十

亂之功，迺眷靈巖，誕敷明詔，發虞衡之吏，集般爾之工，執藝駿奔，飭材麕至，果園之桼，供其䕶斲；北邙之土，給其圬墁。迺新秘殿，秘殿孔碩，黝其䨥雘，屹其穹窿。璇題互照，以晶熒珠網交疏，而窈窱震殿雷於滴瀝，拖宛虹於楯軒，忽陰闔以陽開，乍霞駮而雲蔚，儼若虛皇之御，穆然太上之容，疑馭氣以迴蹕，眇陵雲而遐觀。迺立高門，高門有閌，擬金闕之觚稜，洞朱扉而煥照，龍章鳳篆，以之題署，霓旌絳節，茲焉出入。迺建兩序，紛邐迤而重深；迺起層樓，邈岧亭而顯敞。北彌郭阡之路，南亘姜巴之衢，赫光景以燭坤，麗

丹青而藻野，速如神運，恍若化工。每至日薄星迴，歲之云暮，桐華萍合，春聿載陽，赤城旋軫之初，白鵠會朝之際，都人士女，舉袂成帷，襲靈風而共洽天和，仰雲構而方知帝力。豈止百年猶畏，獨識軒轅之臺；三壽作朋，永闕姜嫄之廟。大哉至矣，無得稱焉。夫妙本太無，名垂不朽，挺窮神知化之盛，然後顯通幽洞靈之微；立尊道貴德之教，然後致還淳返樸之理。漸於人爲富壽，被於樂爲聲詩，告於太史爲典冊，著於豐碑爲銘篆，耿光丕顯，其在茲乎。爰命下臣敬書令德。其辭曰：

邈矣至道悠哉妙門黽黽無物綿綿若存是生清濁爰闢乾坤迺生之民迺作之君德盛惟皇功高曰帝訪道崆峒求珠赤水下或有知時稱至理三正循環鴻圖資始於惟基命赫矣皇唐運啟再造天垂百祥元德升聞旣壽永昌時乘白雲至於帝鄉穆穆嗣君雄雄下武禮極配天教先尊祖明發盡思僾然若睹敬佇仙遊式嚴靈宇靈宇何在句金之陵丹霞夕暎白霧朝凝重屋四注崇臺九層雲生窈窱日麗觚稜三秀交蔭五便分逕丹砂流液元洲立靖柳谷絙烟雷池瀉鏡彷彿九華依稀七暎至誠則感有應

斯來含眞上客蕭閒逸才飈輪倏忽晨蓋徘徊浮黎認土方丈疑臺昔在聖人建言敷教救物以慈奉先以孝敬佩眞契恭聞大道顯妙用於言象鼓淳風於億兆薦純嘏於無窮仰皇猷之克紹歲已未十二月一日建朝議郎守尚書祠部郎中知制誥武騎尉賜紫金魚袋徐鉉撰并書

舒州周將軍廟碑銘

將軍諱瑜字公瑾廬江舒人也吳史列傳功炳乎丹青皖城遺祠頌闕乎金石嗚呼皇天有造物之柄有愛民之仁必待聖人而後行王者有承天之德有濟世之量必待聖人而後發故天人合應聖賢相須民之司命闕一不可雖復淩雲之構非一木之林千金之裘非一狐之腋然其建大號運長策總攬英傑宏濟艱難亦一二人而已故革夏者九有之師而伊尹爲阿衡翦商者三千同德而呂尚爲尚父秦爲無道高祖誅之則酇侯葢於羣后莽據閏位光武正之則仲華冠於四七漢宗失御孫氏奮發破虜討逆繼志勤王而將軍領葢於千載之期濡足於百六之會策名江左宣力中朝殊勳盛烈曠代齊契何其偉哉於時王業始基羣兇方熾國難薦及人心屢搖將軍情發於中義

形於色履艱危之際貞節彌堅率振蕩之衆伸威方厲推誠以明大義故逆折游說之鋒屈身以表至公故首定君臣之敬摧赤壁之陣勢動九州建漢中之謀量包四海於是強敵懾迹羣生延頸姦雄之智無所施焉漢室之隆未可量也嗚呼天未悔禍國之不幸修塗止於偏師大命殞於巴邱流慟於當時遺恨於終古豈四百之祚歷數難移三分之基疆宇有限不然何雄才大畧神授之如彼短命促齡天奪之若此曶乎茫昧不可得而詳也夫英聲由於茂實元功出於全德威棱所及非勉強之攸能績用斯存

豈毀譽之可奪有吳爲新造之國柴桑乃觀望之師大帝非爭衡之才子布有私室之顧將軍投袂而起橫戈以出魏蜀二主天下英雄或垂翅而宵奔或俛首而求救降茲以往烏足道哉至於分財推宅之仁觀樂審音之妙知人先覺之哲存交服物之懷實天縱其能亦行有餘力矣嗟夫民墜塗炭眞主所以膺曆天造草昧良佐所以驅馳非君臣同體不足以濟大業非帷幄共斷不足以制橫流將軍能沮幼生之譚而吳主亦能拒敵國之間將軍能畫不世之策而吳主亦能破羣疑之心故得丕顯霸功若斯之

盛當此時也如趙士之碌碌漢相之齪齪徒使有若林之會安能施一繩之維又況於市道之交署門之客哉此義夫節士所以感激於風雲惆悵於時運者也嗚呼微管之績旣耀於中區盛德之祀遂崇於東夏歷世逾遠善慶彌彰翼子謀孫徙封移社而支庶繁衍故在舒廬召樹猶存魯堂無壞光靈不泯實生太尉中書令西平恭烈王焉半千之運懸符祖德萬夫之望允濟時屯始爲定亂之雄終爲佐命之老而仁風所被多在故鄉王與嗣子鄴皆節制廬江今仲子祚復刺舉灊部過里門而載軾瞻廟貌而長懷命梓人以新其堂奧督里宰以除其徑術教祝史以絜其籩豆率宗屬以薦其孝思肇建豐碑以永前烈懿哉象賢之美共理之勤民用接和歲則大有庚夫不佞敢作頌云

皇天上帝敷祐下民旣命賢主亦生賢臣有若將軍救時之屯仗義秉信資忠輔仁堂堂定策謇謇忘身雄飛夏口橫厲江陵將軍猶生漢室不傾將軍旣沒天下三分盛德之享嚴祠未隳壯夫擊節義士沾巾猗歟舊國赫矣雲孫嗣勳纂服長戟高門壽宮有煥靈貌如存我紉蘭佩來挹

犧罇懷賢慷慨用獻斯文

池州重建紫極宮碑銘

域中之大曰道百行之先曰孝故孝心充乎內必道氣應乎外於是有聿修之德追遠之懷揚名顯親之善集靈徼福之舉用於邦國則臣節著施於家庭則子道光以之爲政則民從乂以之薦信則神降福然則壇館之設焉得已乎池州紫極宮者本東晉之普明觀也浸之以秋浦鎭之以齊山北望陵陽竇眞人飛升之所南瞻九子費徵君棲隱之鄉元風徘徊精氣交感代有奇士居爲殊庭旣奉元

元之御因崇紫極之號治亂迭運隆替不常戊午歲太守陳公始臨此郡歷垝垣而歎息步遺址而顧瞻役不徙興義將有屬公瀉水洪派太邱舊族重世避地徙居建安祖德門風冠暎圖牒王師拓境閩方卽敘撫納歸附旌訪賢能惟我嚴君首奮奇節芟夷逋穢宏濟艱難偏師所指無往弗克故十年之間由裨將歷郡守登上公建齋壇功名之盛近古無匹及王室多故邊城不寧復遣公督舟師率諸將萬里赴援三年轉戰算無遺策兵不頓鋒威行軍中勳在王府含爵再命聿來是邦於是解甲釋兵頒條布政

事從中典民用接和會文賦詩彬彬然有儒者之風矣俄而王妣國太夫人凶問至公孺慕出次烝烝永懷以爲柔儀慈訓實大吾族鞠育仁愛兼倍諸孫嘗藥弗親執紼且違欲報之恩王事靡盬思所以薦祉於冥莫求神於希夷非龜山之宮必易遷之館然則琳房金闕瑤壇檜井迎列眞之御賁閬風之游仙經不誣勝事可作於是瞻星揆日飭用庀徒散廩下之金出荆門之絹人百其力工薦其能易其傾頹化以壯麗成於心匠不愆素期自某年月鳩工至某年月訖事凡出錢若干萬築室若干間正殿當陽三尊負扆享列宿之位於東序設三官之堂於西廂嚴饋奠之室於艮維所以盡時思之禮敞閑宴之庭於乾位所以極坐忘之懷矢棘翬飛霞駮雲蔚璇題行月煥城邑之晶光飛甍白日壯江山之氣色如是則飈歘之駕不得不臨肸蠁之福不得不集想見武夷之會足申令伯之心至矣哉善慶孫謀無得稱已嘗試論之曰神仙者君子之所歸也故眞誥云至孝至貞之人皆先受靈職次爲列仙歲登降其幽明如人間之考績矣若乃盡忠於君純孝於親敷惠於民歸誠於仙而不得與夫餌芝朮醮星斗者同躋眞

階吾不信也勗哉夫子其惟有終鉉扈駕南巡致禮名岳假道過此仰瞻久之博我以文輒不遜讓其銘曰

我經池陽池陽旣康化以至道民知嚮方乃新閒館以奉虛皇君子薦祉則惟其臧我登新宮新宮旣崇深嚴耽耽丹彩彤彤九華散影十絕盤空若在宣岳如游閬風至道不煩元關甚邇孝享誠敬奉時祖妣善慶純嘏施于孫子三茅二許夫何遠已流芳金石永永千祀

洪州西山重建應聖宮碑銘 幷序

先儒有言曰山者宣也宣氣生萬物者也然則崇岳巨鎭

蓋氣之雄者也其間靈峰奇岫又氣之粹者也是故帝以會昌神以建福感而生聖賢宅而爲洞天奇怪恍惚非尋常所能測已西山者作鎮荆楚雄視衡巫勢靡迆而崇高氣清虛而和暢動植滋茂樵隱安閒昔邑人洪崖先生所居於此洪井之右澗水之濱喬木森羅長阜迴抱滄波縈帶奇峯横翠如虎踞之形有伏龍之號唐乾元初山人申太芝上言其地有異氣詔於此立應聖之宫抗元元正殿於其前塑肅宗聖容於其上繚垣觀闕仰法於紫宫路門納陛取規於丹禁光靈焕爛薦獻精嚴上士勤行守臣涖

職秩祀之盛莫之與京廣明已還三災在運望拜之地闕而莫修遼東之鶴徒還絳縣之人已老甲辰歲有道士王守元者緱山仙裔茅嶺名流受命藩侯來膺道任翦荆棘於高閟之址構茅茨於隆棟之基不出焦先之廬自化庚桑之俗善言邇遠馴致其功二十餘年克甄舊址入室弟子劉德淳氣沖貌肅節苦行高恪恭以居次謙和以接物既嗣其業遂成厥終又十餘年締構云畢凡内外殿宇百有餘區材用善良工藝堅密其藻飾也不踰奢儉之節其廣袤也足展朝修之儀祕殿深嚴靈壇博敞睟容穆若列侍參然鐘磬在懸苾芬具薦燦旭景於軒檻延夕月於甍題蕭寥空洞之音希夷飈欻之御邈哉眞境無得而名鉉爰在弱齡服膺至道先君頃參戎乘嘗涖此邦依然棠樹之人自是桐鄉之邑乃以庚申歲遷奉松檟卜兆於鸞岡之陽敢言折臂之祥願占維桑之地明年復以王事再至山中祠虛皇於游帷之宫投龍簡於天寶之洞所經靈跡實與幽尋又是山有寶光初至之夕即見於中峯之上下至山麓倏忽聚散狀如野燎而精明眩目不可正視澗中有盤石石有三藥臼歲端午日未曙前常有擣藥之迹餘

滓在焉水流至此甘香如蜜取以灌漱心府瑩然斯皆載於舊經新所覆視者也此山登展之士接武而洪崖爲之冠列仙之墟連屬而洪井爲之宗然則閬風元圃之在人間者也宜其篆刻金石永齊穹壤鄙儒不佞敢作銘曰

江之右楚之墟峙靈岳爲仙都洪井濱鸞岡隅建清宫應眞符廢而興神之扶宫既成道既行校三官朝百靈集景福薦皇明復淳化遂嘉生億萬年流頌聲

大唐故匡時啟運功臣清淮軍節度壽州觀察處置等使特進檢校太傅使持節都督壽州諸軍

事壽州刺史御史大夫上柱國彭城威侯贈太尉劉公神道碑

聞夫郊圻內理牧萬民者是曰諸侯夷狄外攘守四方者其惟猛士然則安危異任文武殊塗故天下方爭韓彭英吳橫雕戈而震耀羣生待理龔黃冦賈擁阜蓋以從容及夫昭格寰區紛綸簡冊其歸一也代有人焉若乃總是全謀覃於奕葉流光受社潛齊累將之家崇德計功下視勲卿之族古難具美我則兼之公諱崇俊字德修其先彭城人高祖升調補山陽淮陰尉遂家焉即爲縣人也岳峻洪基海疏遙派陽城相土千齡侯伯之封沛澤中興兩代帝王之允懷黃結紫論鼎甲以盱衡刻像圖形誓山河而捧袂國史家牒披卷可知項者聖運中微羣方暫擾驪山之北犬戎興戲水之師踐土之庭天子屈河陽之召公路擁南陽之衆僭號仲家隗囂據隴右之圖坐論西伯勤王問罪吳太祖始定揚州賜賑專征昭皇帝遂加殊禮於是揚旌北討遷冦迹於淮濱闢土西封謀守臣於諸將命我顯祖作牧鍾離乃固保障之嚴載施犬馬之備軍無秕政將期十萬之行師有見糧即聚九年之蓄方圖大舉已伏前

殳永年不登未幾而歿長山羣盜舊畏萊公西域故營顧從班勇復命烈考嗣膺使符不還渭水之兵誓卒龍門之托故蓼城之戰斬獲過當汝陰之圍策勲居最先零委質闞充國以無由獵犹驚魂射郢都而不中酬庸錫羡建清淮軍以壯中權加禮慎終贈太尉公以光幽穸既而鼓鼙悽愴部曲徘徊家有遺恩人思世德帝曰崇俊惟爾恭儉孝友誠明惠和任則中軍帥位則文昌長誕舉攸職予惟汝嘉濠梁之郊控扼遐裔惟乃祖金克懋厥始乃考仁規克慎厥中肆予命爾克成厥終往哉汝諧無廢朕命公銜卹奉詔墨經即戎鋪陳政經討閱軍實思有以光大前緒播揚國風初二先公之理也屬洛邑再遷浚郊作梗僞新竊據仍延十五之期黃武開元始創三分之業犬牙之地蠆尾常搖鋒鏑縱橫車徒奔走摧牙獸困尚遙匡復之謨赬尾魚勞未暇綏懷之術逮公之理也冦皆遠遁民佇息肩千里風從四方聳聽以爲格物必在於立制也故減貢賦以息貪暴之端暢刑章以拯姦宄之極賞不虛授罰其必行以爲富邦必在於務本也故使民以時相地之利持未熟之稻游惰自遷班再易之田兼幷絕倖以爲邊寧不

可以忘武備也故修斥候浚溝隍竹與木而靡遺膏與苫而畢給亭障屹峙軍聲隱然以爲強兵必在於實皇識也故招懷邊甿講習戎事游兵翼馬俱爲無犯之容晉勇齊雄並集選和之下歲揀精銳歸之京師其餘庶政常經門見戶睹斯可畧而言也高皇帝禮均元老寵冠列藩受禪之初則進上公之秩肆類之際則委廉使之權言必見從無再却之奏君常高枕忘北顧之憂皇上欽奉重熙聿遵無改毗倚尤重親敬有加初先太尉公之薨也西北小警戒嚴從便因詔執事移清淮軍於壽春及是復立定遠軍

即命公爲節度使仍以公少子匡符尚永嘉公主留候操印初躋上將之壇帝子吹簫即降王姬之館禮優伯舅望重懿親於時公蒞濠梁十有七年矣米鹽皆序丞史當才閉閣罕爭舉烽無警朝廷以公能光前烈雅得邊情清淮之師遺風仍在俾盛一家之美載嚴萬里之城改壽州刺史充清淮軍節度使鄧侯倏去鷄鳴傷父老之心長者聿來虎渡息鄉閭之患能事畢舉考功再期方將建大旆以風驅指函關而電掃雲中鷄犬八公之迹徒存夢裡膏肓二竪之妖遂作春秋四十保大四年夏六月十有六日薨於壽春公署皇上翦鬚靡及穿壁方遙投綠沉之瓜悲哀竟日賜黃銀之帶慷慨霑襟廢朝三日中使護葬詔兵部侍郎李貽業持節冊贈太尉賜謚曰威即以其年秋九月十五日備鹵簿鼓吹葬於濠州鍾離縣大化里之原禮也前夫人李氏後夫人隴西郡君李氏皆太師趙忠懿王女也賴鄉仙李即開柱史之源參野飛龍遂紀宗卿之籍勳庸六鎮時高謝氏之門師範兩朝室有班姬之訓荃蘼蘭蕙映戚里以芬芳藻荇蘋蘩播婦儀而昭晰門內之理夫人有焉子八人二子幼長子節早亡次範滁州刺史次簡

次策次霸時未仕次符祕書郎或得公之政事或得公之兵鈐學禮學詩惟忠惟孝皆推酥酪之味咸有芝蘭之芳所謂積善餘慶世濟其美者也惟公山河龍鳳凝粹彩於神姿緯候風雲集淵謀於靈府議公家之事不以身爲行將軍之令每由剛克卒祖禰之成業可謂聿修膺牧伯之寵章訖無虛授所以始終匪玷福祿攸歸同族之間朱輪結軌季父仁贍作鎮夏口弟崇佑崇僖更典晉陵其餘將軍列侯中郎校尉銀黃照爛光浮通德之門珩珮陸離響雜高陽之里苟非自天攸相與國無疆其孰能與於此乎

向使享大年敷遠畧鴻飛鵬舉功未可量也天命不然能無永悼昔者荆州從事猶牽墮淚之悲大宰舊寮亦有懷鉛之請況乎世功丕顯揭日月以高驤帝念惟隆會雲龍而下濟欲垂萬葉可不務乎微臣職典絲綸詞非清潤持赤管以承詔拂貞珉而投刄庶使嵬嵬萌隸觀迹而長懷眇眇來雲披文而盡信其銘曰

惟彼陶唐有此冀方自天佑之後嗣其昌侯遷曾縣帝隱芒碭猗那大族嵩華配長渢渢彭城輿我遐祚顯顯山陽著我高祖高祖伊何仁而不遇慶鍾令孫聿來繩武皇運

中否諸侯起爭浚郊怙亂淮壖不庭吳王奮發受鉞專征命我顯祖守濠之城濠城嚴峻濠兵驍勇顯祖帥之羣兇震恐將軍下世邊烽亦聳乃命象賢荷時之寵荷寵伊何載大其功蠢蠢深寇言言頹墉是馘是俘兵無頓鋒爰有奇畧集於威公威公嗣侯不墜其訓戎事之隙民功是振爲之中典著之令聞泗上風移高師河潤帝曰伯舅予嘉乃勳扞境則武安邦則文乃降王姬於爾慶門乃攺乘輴於彼西軍西軍何在鎭彼衡霍威公來思式遏寇虐胡馬已遠將星俄落百身寧贖九原誰作明明天子惻愴聞鼙歲云秋止返斾遲遲二藩士女泣涕漣洏賢侯逝矣吾誰與歸黕黕塗山湯湯淮涘駟馬悲鳴滕公所閉甘棠勿翦召伯攸憩是用刊碑永告來裔

徐鉉八

唐故德勝軍節度使檢校太保同中書門下平章事扶風馬匡公神道碑銘

夫道被萬物處其中者是曰賢人功濟橫流讓其先者方稱君子施之則開物成務興廣業而同歸卷之則保族宜家垂令名於必大是以長沙吳芮繁祉邁於三雄南陽賈復貴寵隆於四七歷代以降靡不由之迄於我朝則扶風公其人矣公諱仁裕字德寬其先扶風人子孫或從官於

徐方今為彭城人也粤若萬邦作乂益有佐禹之功因封受氏奢有却秦之績公侯必復關西靡孟起之威文武未墜南郡被季長之德存乎譜牒無俟闡揚曾祖某祖某皆以鹵莽之氣當屯蒙之運不履王侯之事歸全父母之邦考某少負雄名為武寧軍裨將才高位下厥用弗彰累贈尚書右僕射傳曰有明德而不顯當代後必有興者故其餘慶集於我公惟公克稟粹靈夙彰奇應方娠而神覡協夢既生而異氣充庭宗族相驚閭里交慶識者謂之曰不意英物復鍾此兒天將啟之馬氏為不朽矣長而爽邁輔以博聞善無常師器以虛受乃皇圖中否赤縣淪災戰國縱橫爭求策士孔門堂奧半作家臣公負先見之明審擇君之義舉旗沛澤即授中涓定難京城仍參主簿而上方從歷試允懋臣功經綸草昧諮訪遺闕公親侍左右日奉謨猷能知四國之為且掌賓客之禮勞無伐善夙夜不離於公美則歸君論議莫窺其際出入二紀懋肩一心車服以庸寵祿來假乃升朝序乃掌禁師以左領軍將軍兼總丞相之兵衛申令惟一任眾惟睦推以恩信先之勤勞周廬既嚴軍事以簡考績稱最帝用嘉之遷檢校司徒遙兼

宿州刺史夫千騎之長可以圖功百城之權可以觀政中外迭處仰惟舊章即授楚州刺史本州團練使甸服之際邦賦是繁長淮之衝戎寄為急公奉揚王畧遵舉詔條人不易方計日而治徵為右衛大將軍復領舊兵以衛相府董齊之畧有踰於初明年改右金吾大將軍以扶風縣三百戶為封邑執金之職歷代雄重綿祀虛位公首居之內訓卻非之士外察苛留之禁能罷宣力輦轂無塵及上允膺內禪光啟建業寺府軍衛半存舊京委公留臺右師俾率東夏即遷檢校太保改右天威副統軍進爵為伯陝服

從入公有力焉及參告類之儀益光求舊之舉寵開幕府過領徐方進封侯郡定食千户左輔之地王業所基藩屏京師惟公攸賴乃移使節往鎮京口公慈惠著於郡國威德洽於士心由是齊人向風期年報政加同中書門下平章事廬州節度觀察等使自南北分隔戎華交馳合淝之郊常制衝要故有台階之命以增外閫之威公於是謹斥堠審號令習組練之士則聲如飈馳嚴堡障之備則勢若山立虜不敢犯邊是以寧而察俗之方如南徐之理方當矢謨帷扆薄伐關河渡江之誓既陳泝渭之舟已具嗚呼

良圖未展早命不融春秋六十有三昇元六年閏三月五日薨於廬州公署上省奏震悼廢朝三日即用元甲之數式擬鐵山之功給於官司臨以中使奉常以視履考祥之義循貞心大度之美詳協公論易名曰匡即以其年四月七日備鹵簿儀衛葬於廬州合淝縣鄉里禮也公娶同郡萊氏封彭城郡君麗穠李之華親采蘩之職理內協鵲巢之詠從貴有魚軒之華某年月日先公而逝嗣子右弓箭庫使光庭東頭供奉官光祚閤門承旨光紹皆稟義方無忝遺烈家承膏粱之後而恭順克修職在紈綺之間而雅素自若君子謂扶風公其有後乎夫碑頌之設有自來矣琬炎之細既垂於茗華盤盂之微又參於警戒若乃道合天眷忠存王家累輔翼之功而鐘鼎之報罔間享將相之賞而帶礪之誓弗渝時無間言沒有餘位故其宗廟之紀金石之銘昭示來茲不可誣也小臣不學奉旨刊文庶使計功稱德代遠而愈信披文相質事久而彌芬峴首之懷靡盡昆吾之烈長存嗚乎哀哉其銘曰

益作朕虞實曰元凱崇基締業明德攸在維趙于藩封移族改祚實刊山源長巨海因枝別代覛渭來遷道德繹帳

勤王跕鳶流光襲祉暎後昭前懷黃結紫著簡成編誕發材英肇惟明懿鼎角膺奇龜文履異博容汎愛入孝出悌運有屯蒙器無凝滯爰初發迹雲從潛泉濯纓職幟拊翼中涓良驥處服忘歸在紘樞機言行無競維賢纘繼從君匪依履屐勤毖前殳周旋陛戟居國必聞在身無擇帝爰允諧胙乃丕績惟彼淮泗疆以獯夷維此京浙纘以邦畿封淮表浙惟惠惟威椒蘭在俗輶轍興思羣舒待理獫狁孔棘帝謂侯氏纘服新息式固爾猷惠此廬國乃陟台階俾藩于北龍旆四牡鉤膺鏤錫命服有煒光聲載揚獷狄

弭耳蚩眂。嚮方上儀象物。下謐飛蝗。梁木或顛。通川有逝。長城既嚴。哲人永瘁。像著雲臺。風存遐裔。輟舂盡思。瞻山隕淚。信結殊俗。悲深上昊。丹碑既刻。列鼎書勳。祁連不泯。庸器長存。丕顯百代。惟子有臣。

唐故道門威儀元博大師貞素先生王君碑

原夫至道之先。邈哉希矣。書契以降。可得而云。黃帝堯舜澄其源。故垂衣恭已。在宥天下。伯陽仲尼道其用。故建言立德。憲章無窮。赤松羨門。神而明之。故輕舉上賓。留侯商皓。變而通之。故解景滅迹。順是而下。莫不由之。故有縉紳

端委。利萬物於廟堂之上。葛巾蕙帶。全陰功於塵埃之外。隱顯殊志。趨舍同歸。其人有終。其魄不死。閬風元圃。羣帝之密都。赤城華陽。仙聖之治所。光靈肹蠁。若在左右。仁人君子。往往至焉。見之於貞素先生王君矣。君諱棲霞。字元隱。華宗繼世。積德所鍾。生於齊。得泱泱之風。長於魯。習恂恂之教。七歲神童及第。十五博綜經史。闕黨童子。靡敢並行。東方諸侯。爲之前席。而仙才靈氣。稟於自然。塵纓世網。不可拘繫。每名山獨往。神契感通。奇怪恍惚。衆莫能測。天祐丁卯歲。避亂南渡。至於壽春。感四海之分崩。想八公之遺跡。於是解巾名路。委質元門。閭政先生聶君師道。見而奇之。授以法籙。是日有綵雲皓鶴。翔舞久之。既而窮若士之遨遊。得東鄰之勝境。道無不在。善豈常師。又從威儀鄧君起。遐受大洞眞法。元科祕旨。動以諮詢。福地仙源。因而棲託。誅茅穿徑。枕石漱流。身既隱而名愈彰。道既寂而節彌苦。桑田自改。桂樹長留。烈祖孝高皇帝方在賓門。實來作鎭。叢忝表眞人之應。青雲符好道之占。君鶴書被徵。褐衣來見。談天人之際。講道德之原。靡勞牧馬之迷。自契順風之問。因從敦請。來止建康。有元貞觀者。陳宣帝爲臧矜

先生之所作也。殿堂岑寂。水木清華。游焉息焉。以遂其好。每竹宮望拜。玉牒祕詞。叩寂求眞。必君是賴。嘉祥靈應。世莫得聞。聖歷中興。恩禮殊重。加金印紫綬。號元博大師。烈祖嘗從容謂君曰。吾不貪四海之富。惟以蒼生爲念。君對曰。夫古之聖人。修其身而後及天下。天下待一人安而後乂安。今天子勤勞萬幾。忘寢與食。身且不能自治。豈能治蒼生哉。帝善其言。以百金爲之壽。其識度諒直。又如此焉。今上嗣清淨之基。尊元默之化。諮諏賓敬。有踰於前。而君茅嶺夙心。老而彌篤。比年抗表。請歸舊山。優詔惜之。又加

貞素先生之號既而玉棺有命紫書告期葛洪見留不成大藥少君捨去先夢繡衣保大壬子歲夏四月甲寅隱化於元貞觀春秋六十有二恩旨痛惜賻錢二十萬道俗嗟慕會葬數百人初君之處茅山也即良常洞之前相雷平山之下披榛翦穢面壑臨流除地爲壇表朝眞之位因邱設隧卜安神之室至是歸葬符夙願焉六月丙申發自京師泝淮而上時畿內久旱川塗可揭是日大雨洪注騰波郤流蕩長堤踰重堰飄然利涉人不知勞昔周王有欒水之朝宣尼有泗水之應校靈比德其殆庶乎君傳法度人

數逾累百有若元貞觀主朱懷德名先入室道極嚴師首座孫仲之章表大德劉德光參受經法豫聞元祕永懷在三之義願垂不朽之風威儀王可德首座陳希聲並仰高山共刊貞石鉉也不佞夙承教義雖復仙凡異迹靜躁殊途而誠心所感素交斯在徘徊祠宇邈若山河敬書峴首之悲以伺遼城之歎其詞曰

於鑠子晉上賓於天亦有令孫窮神體元昔我來思世稱其賢今我往矣人謂之仙至道希夷孰知其然華陽洞府句曲風煙林芳橘葉地即芝田披文相質億萬斯年

唐故左諫議大夫翰林學士江公墓誌銘

公諱文蔚字君章其先濟陽考城人也昔高陽恢若水之靈光有萬國伯益獲箕山之護克成夏功故其子孫延祚丕顯茅土錫允圭組流光在漢者爲孝子在宋者爲忠臣在梁者爲烈將在陳者爲詞臣長城既封淮水亦絕辭周粟而遠騖避嬴亂而深藏從籍建安世爲大姓至於我王考毗考秦皆以隱德清操垂爲門風惟公嗣奕葉之賢負生知之異幼挺奇表夙韜殊量殫儒墨之祕奧窮文史之菁英閭里歸仁宗黨稱孝於時天下未一遐方不寧公鄙

尺鷃之爲從黃鵠之舉類延州之觀樂同太史之探書升名俊造從事河洛衰俗難佐天壤不支我烈祖孝高皇帝王業始於江東仁風被於四裔公杖策高蹈款闕來儀府朝肅以生風臺閣藹其增氣署宣州觀察巡官試祕書郎遷水部員外郎賜緋魚袋王國初建改比部員外郎知制誥於時天人協應獄訟攸歸舜禹相與言游夏不能措潤色之任我則無慚既受禪遷主客郎中知制誥如故俄而眞拜仍賜金紫今上嗣位大禮聿修徙公爲給事中判太常卿事時同軌胥會有司失職公與司門郎中蕭公儼博

士韓君熙載協力建議周行翕然由是祖功宗德之位定大行昭名之義允功著高廟與天無窮明年拜御史中丞矯枉持平無所顧憚坐庭劾宰相其言深切貶江州司士參軍初國朝自王義之後曠數百年憲署之間舉無廢職然未有危言激論如此之彰灼者也故權右振竦朝野喧騰傳寫彈文爲之紙貴人心既爾天鑑亦迴前所劾者或免或黜公就加江州營田副使頃之徵爲衞尉卿俄拜右諫議大夫充翰林學士權知貢舉出納密命樞機靡失登進造士衡鑑無私發禁署之清風著春官之故事薦賢之

賞行及於台司曳杖之期奄先於朝露春秋五十有二保大十年八月二日卒於京師官舍皇上痛惜爲之廢朝送死恤孤一從公賜有司考行易名曰簡即以其年九月十三日葬於某縣某里之原禮也長子翿祕書省正字次子翥皆早卒今以從子翹爲嗣嗚乎哀哉公心平氣和貌古神正雅好元理有方外之期尤善詞賦得國風之體去華簡禮不以位望驕人憐才誘善不以威名傲物操履堅正靡得動搖襟懷坦夷初無蔕芥謫居江楚恬然自足孜孜色養烝烝孝心嘗爲詩云屈平若遇高堂在應不懷沙獨葬魚此其心也江州節度使賈公崇以武立功以剛肅物事公如師傅親公如兄弟時皆服公之重名而賢賈之樂善也既歸京寓居公廨無以家爲二子繼亡一慟而已齊生死於夢覺遺寵辱於錙銖古之達者何以過此嗚乎凡我僚舊均哀共戚入黔婁之門閲覽伯喈之經籍睇落日以流慟惣秋風而沾臆企景行於高山勒哀詞於樂石其詞曰

高陽之裔伯益之孫展矣君子載大其門爰翔爰集樂我樹檀影纓幕府振藻西垣禮儀卒獲風憲攸端道行在時

業隆自我英英若人見義必果直指烈烈宮鄰瑣瑣死生以之何適不可允矣天鑒明哉主恩乃還宣室乃入修門從容禁署密勿王言得才爲盛知人則難求尸宗伯載善其官人必有終古無不死嗟嗟若人風流永已徐庶有母鄧攸無子閭里諸生荆州故吏謂之何哉啜其泣矣秋風落木逝水成川昨朝飛蓋今日荒阡一邱殘照萬古愁烟素車自返寶劍高懸高才兮直道共盡兮何言

大唐故中散大夫檢校司徒使持節泰州諸軍事兼泰州刺史御史大夫洛陽縣開國子賈宣公

墓誌銘

公諱潭字孟澤洛陽人也周先同姓即列國之諸侯漢得名臣乃洛陽之才子攀鱗河北豈須方面之功借筯譙都自有良平之策源長派遠德厚流光史不絕書後將必大當先天之內禪也我七代祖黃門侍郎平陽公曾實演丕命及至德之中興也我六代祖黃門侍郎晉國公至實贊大猷曠古已還一家而已五代祖蒸衡州刺史高祖穜司門員外郎曾祖袒太子司議郎祖琛河南密令皆有韜世之量濟眾之仁大位不躋餘慶斯洽考翃以經術擢太常

第以才用爲諸侯卿捍寇輸粟有勞王室於是佩金紫升朝廷上疏論邠寧節度王行瑜恃功恣橫坐貶愛州掾及行瑜就戮優詔徵還復出常州刺史鹽鐵江淮留後屬宗社中絕官司解弛計吏未上哲人其萎公有世德之資負夙成之器風神爽邁智術通明景福二年以學究一經射策高第釋褐京兆府參軍事遷祕書郎侍從南遷進修不懈天祐丁卯歲居先君憂服喪過哀宗黨稱孝楚泗郡守宣城廉使虛左交辟三府馳名俄丁內艱感憂如禮義祖武帝創基分陝側席求才素與公周旋即加禮命奏記書檄一以委之內贊謨猷外爲詞令出應盟會入陪樽俎霸功光赫公有力焉十有餘年任用無間既而楚雲告變移醴不陳已酬國士之知亦得退人之禮改宣池觀察判官烈祖高皇帝受命中興不忘舊德徵拜祕書少監充儀禮副使遷中書舍人崇英翰林學士周慎密命潤色王言公望無渝朝奬彌厚保大嗣統拜兵部侍郎知制誥學士如故充永陵儀禮副使同軌胥會大禮無違遷兵部尚書修國史考定郊廟之樂褒貶歸正擊拊允諧會六夷南侵天眷北顧命公持節使於契丹宣大國之威神得諸戎之要

領及軺軒還軫而控弦出塞矣報命稱旨時論具瞻於是避寵台衡就安關輔除泰州刺史視事數月丕變土風遘疾還京保大六年九月二十有一日卒於江寧永安里官舍享年六十有八皇上軫悼再不視朝飾終之禮務從加等太常考行賜謚曰宣以某年月日葬於某所與夫人楊氏合祔焉禮也長子朝散大夫行大理司直彬次子泰州司倉參軍穆少子修等咸負當世之才皆爲保家之主種德垂範未易可量長女用文適水部員外郎楊元鼎不幸早世次曰用柔適膳部員外郎知制誥張緯次曰用光適

進士姜某少曰季芳尚幼惟公事業富壽昭映一時族望婚姻熏灼當代自非天監與善孰能若斯雖大用未光而能事畢矣鉉以世親之舊執隨行之敬服義承教惟公在焉刊勒論譔蓋感遇之萬一也其銘曰

於維茂族實有世德七葉繼軌嘉猷允塞亶矣君子其儀不忒修辭立誠以匡王國言以文行兵由威克東畿之政爲邦之則天地長在春秋代遷今朝喪善何日生賢蒿里誰地佳城許年永安舊里門館依然寢邱傳邑京兆開阡勒名泉石以配青編

唐故泰州刺史陶公墓誌銘

公諱敬宣字文褒其先潯陽人因官徙籍今爲合淝人也西京作相開國侯於是貽孫南國主盟長沙公茲焉不朽籬邊黃菊解縣印以言歸嶺上白雲挂朝衣而不返光靈攸屬固無得稱之丹青所存可畧而言也高祖復右監門衛將軍曾祖琳建州錄事參軍祖晟青州博昌縣令皆天縱其能世濟其美韡韋君子屈迹於驍遊縉紳先生折腰於州縣積善餘慶明德後興考雅武昌軍節度使贈太師楚惠公雲雷搆屯龍虎冥會橫琱戈而蕩寇功冠一時裂鶉尾以疏封禮優萬户公即太師第四子也幼而岐嶷長而俊茂非禮勿動時然後言天祐中門廕起家太子校書遷至府長史賜緋魚袋丁先公憂時年十四孝心昭感喪禮無違釋服除都官郎中賜紫金魚袋改大理少卿青繅寓直時推伏閤之勤丹筆持平人絕署門之歎俄遷江都少尹趙張治劇由來表則之司淮海分疆自昔輕揚之地公處之貞固行以廉平愛民則忠事長以順一圻欣賴三載有成遷大理卿仍兼尹事烈祖孝高皇帝允釐百揆實總六師爰求鄭國之良以貳楚人之廣奏請君判左右軍

事丁酉歲堯咨文禪禹迹中興徵舊德於角犀考官成於喉舌拜工部尚書今上嗣位加金紫光祿大夫檢校太保會閩人作梗王旅欲南聲實所資豫章爲急故輟公副總判軍府及羽檄四出芻輓相尋民以悅而忘勞事有備而無患嶺表既定洪人亦康復移宛陵仍兼棣州刺史海陵郡守海陵爲膏腴之地邦賦最優歲比不登民用胥怨公以清淨爲理仁恕積中視吏民其如傷守法令而畫一餘糧棲畝無庚癸之呼白駒過隙感辰巳之歲春秋五十有二保大八年夏四月十有八日卒於位上省奏傷悼輟朝

兩日有司考行。賜謚曰順。即於其年月日。權窆於東都。明年某月日。葬於江都府縣里。與前夫人合祔焉。禮也。惟公沖和體質。仁孝爲基。立身有常。與物無忤。尤善聲律。聞音而知樂。頗好篇詠。下筆而成章。身後不留餘財。所任必有遺愛。求之作者。斯亦難能。嗣子泰州司倉參軍崇鼎、崇諒、崇倫等。皆勤修令名。夙奉成訓。君恩靡替。家法如初。鉉昔在朝行。實惟舊好。今從左宦。仰繄東道。痛死生之已矣。感意氣以何報。延陵掛劍。願保於不欺。峴首刊碑。終慙於絕妙。銘曰。

淮淝之靈。衡霍之精。必有賢傑。爲時而生。乃伯乃仲。乃侯乃卿。望冠六事。風馳百城。人生有涯。大命夙傾。不見君子。猶存政聲。遠日既吉。靈輀既行。寂寞公館。蕭條古坰。哀哀郡人。泣涕沾襟。嗚乎彼蒼。不知福善之胡明。

唐故金紫光祿大夫檢校司徒行少府監河南方公墓誌銘

公諱訥。字希仁。其先河南人也。後世從官。徙籍新安。支派繁衍。遂爲郡之著姓。迨公數世。皆以儒雅退讓。播爲門風。曾祖畀。登州文登縣令。祖亮。左武衛兵曹參軍。考轂。榮王府司馬。母聶氏。追封河南縣太君。問政先生師道之長女也。公承積善之慶。負夙成之智。砥節礪行。好學能文。時然後言。非禮勿動。鄉曲之黨。翕然稱之。太師陶公來守新安。撫納人士。署爲郡吏。委以典籤。恪恭詳敏。甚稱所職。歷事累政。其志如初。烈祖肇基王業。元宗實綜軍政。管記之任。勤擇其人。聞公之名。召致幕府。王國初建。署寧國軍節度館驛巡官。掌都統表奏。皇室再造。慶賞遂行。擢拜虞部員外郎。掌元帥表奏。數歲以皇孫就傅。命公侍讀。講道贊德。勵裨益之誠。端己直躬。盡表微之節。俄遷水部郎中。明年皇孫封南昌王。東都留守。以公爲留守判官。遷主客郎中。參贊政務。事無違者。改司農少卿。依前充職。明年王移任宣潤二州大都督。復以公爲浙西營田副使。通判軍府。六載匪懈。庶職交修。懋官之賞。詔命疊委。累遷至金紫光祿大夫檢校司徒。封河南縣男。俄拜泰州刺史。充本州屯田監院使。正身而令。悉心爲理。公無遺利。民自從風。屬強敵深侵。東京失守。而州兵盡出。人心大搖。於是士庶老幼。盡室南渡。公自歸闕下。坐是除名。數年除歙州團練判官。上曰。戰爭之際。吾豈以武勇責書生哉。軍法不得不爾。即召拜太子右諭德今上嗣位遷少府監丙寅歲正月十六日卒於京師美仁坊官舍享年七十七上爲之廢朝一日賜謚曰定以某年某月日葬於某所禮也前夫人謝氏早亡繼室施氏封沛縣君長子前宣州寧國縣主簿次子志饒州文學公以名教爲樂以矩矱自任行必中立居無惰容縉紳之間推爲純行公之外祖得道之士故公頗以朝禮修養爲務雞鳴而起孜孜不倦年俯悼耄體常康強及屬纊之晨無伏枕之疾斯亦力行之報也鉉也不佞早辱交契昔先君從事黟歙公適仕本部及公策名郎署鉉亦忝

官聯既熟其素履願垂於不朽附於史氏以永令猷其銘曰

聖人四教文行忠信惟公似之光有令聞秉筆贊畫登朝典郡寵至若驚道喪無悶年俯中壽官參列卿歸全委順終吉永貞宰樹長在高臺自傾用刊圓石閟此佳城

唐故客省使壽昌殿承宣金紫光祿大夫檢校太保使持節筠州諸軍事筠州刺史本州團練使汝南縣開國男周公墓誌銘

君諱廷構字正材洛陽人也岐山至德綿瓜瓞者萬邦洛宅舊都守枌榆者百世簪組相繼譜牒存焉曾祖侃太常博士祖潛深州樂壽縣令避亂南徙因家廣陵考延禧明經擢第有吳之霸受辟爲淮南巡官累官至戶部郎中與殷文公游貞公同掌文翰無祿早世故大位不躋君即戶部第四子也幼而岐嶷長而篤厚躬行孝弟餘力學文以蔭釋褐補宏文館校書試吏爲池州司戶參軍改宣州寧國縣尉烈祖在藩乃睠舊族聞君修謹復有吏能因表爲黃州長史寵以朱紱置之府朝及受禪遷通事舍人鴻業肇興王澤遐布贊導之任實寄司聰護戎修聘觀風按獄

受命而出動罔不臧歷事兩朝任遇彌厚賞賜既數階勳累遷而通事之任如故蓋惜其能也保大七年轉將作少監判四方館事浩穰之地尹正爲難復以本官判江寧府事其間監諸侯之典者十通四方之命者三攝州府之政者六按枉撓之獄者四或敷惠於新附之俗或投身於危亂之地本於忠而後動忘其生而後存元宗嘉之以爲客省使今上嗣位深惟舊勞特加金紫光祿大夫台州刺史常御壽昌殿視事中外之人咸得引見又以君爲壽昌殿承宣出爲忠義軍監軍泉南等州宣諭使還遷筠州刺史

本州團練使仍充客省使君以備嘗艱危復逼遲暮懇辭繁劇恩旨不從丙寅歲十月二十二日終於京師某里之官舍春秋六十有六詔廢朝一日賜謚曰某明年正月日葬於某所禮也夫人天水縣君姜氏輔佐之勤率由婦禮訓誨諸子備有義方子大理評事崇儉太常寺奉禮郎崇素及崇順崇信等皆有儒謹能不墜其先鉉家世通舊嘗接姻婭淡成之分終始不渝何以寘懷是用刊德其銘曰猗嗟周君世濟其名展如之人克嗣厥聲受任幹蠱臨難忘身居中處約全和保眞與物皆化萬古同塵松楸勿伐蘭菊惟新刊石表墓吁嗟善人

欽定全唐文卷八百八十六

徐鉉　九

唐故朝議大夫行尚書禮部郎中柱國賜紫金魚袋太原王君墓誌銘

君諱某字某其先太原人也昔者諸侯共職起末運於髭王儲后上賓示靈期於瞽史緱山維岳啟翦貢之崇基汾水遂荒導沈渾之遠派其後金行云季貴種言還行者制禮樂於土中處者保邱園於淮左世濟之德鄉人所宗故今爲廬江人也曾祖廬江令祖洪州長史皆有廉讓之風純粹之行得祿於仕不累於高考吳尚書左司郎中贈太府卿負適用之才獲愛人之譽應星辰而列位道邁朝倫視河海以命官禮優贈典君則府卿之第三子也門風漸教天質孕和翼翼服勤眞保家之主愔愔若訥多長者之言墨妙筆精固稟於性奕思琴德咸是所長幼有令聞獲鍾慈愛及加冠之歲以門子敘資漢室孝廉方從令史晉時英俊更屈下僚晨昏之養有歸州縣之勞靡憚乾貞二年自黃州司馬遷洪州都督府別駕治中懋績屏星煥其增華公府見知佩刀由其受賜俄拜尚書度支員外再遷

虞部郎中皆判吏部兵部事夫當官匪懈伏閤之勤也照奸得情坐曹之能也前史所韙君皆則焉頃之以親累解官君雅好元言風尚閑適由是角巾私第閉關却埽交游罕得見其面窮達不以介其懷用晦而明居貞以利高皇帝受禪之始聿復疏恩拜工部郎中轉禮部郎中寓直中書省豫聞機密彤庭宏敞禁垣清切絲綸之出堯言於是惟行樞機之微省樹由其勿洩方將振鱗溟渤驤首雲霓而生也有涯仁而不壽昇元六年夏六月二十有六日卒於建康翔鸞里之官舍享年五十有一嗚呼哀哉惟君孝

於事親悌於承長和以接上廉以在公胥吏臣僕靡不被仁恕之惠家人妻子未嘗見喜慍之容學古觀書如恐弗及郵舊敬老周知其疲三德聿修五福斯闕卽世之日遺愛存焉卜遠不從旅殯京邑後四歲春二月五日嗣子延紹延貞等始備大葬之禮窆於江都縣某鄉里從先卿府君大塋與夫人李氏合祔焉禮也鉉以世親之舊承子妻之知怨明德之不常痛祖行之斯在退食自公薄送於畿刋樂石以爰紀庶令名之不虧嗚呼哀哉其銘曰

汾川溶溶淮源渢渢興我宗兮世濟其美家餘其慶生我公兮靖恭正直言行名迹存南宮兮與義相扶知命不憂永考終兮邗城之右蜀岡之陽馬鬣封兮道不虛行有令之子遵遺風兮

唐故奉化軍節度判官通判吉州軍州事朝議大夫檢校尚書主客郎中驍騎尉賜紫金魚袋趙君墓誌銘

君諱宣輔字仲申其先天水人也累世從官不常厥居曾祖全眞工部員外郎滕州刺史祖倚太子校書考台歙州海寧令君卽海寧府君第三子也生於廣陵長於江左幼

而俊敏博綜羣書尤善名法之學烈祖輔政方申明紀律君以是中選釋褐補江都府文學直刑部明年改信州司法參軍察獄詳刑號爲祥練久之召赴闕以本官權參元帥府法曹事踰年改大理評事元宗嗣服之初精心庶獄權要舉不附已者因中傷之君坐黜爲饒州司士參軍明年王師伐閩護軍查君表君才可煩使以本官判軍司事時頓兵深入自冬涉秋經束馬懸車之塗督飛芻輓粟之役事集師克君有力焉師還加朝散大夫行常州義興令推誠率下民用協和丁憂去職復爲江州錄事參軍時連

帥議浚溢浦以屯舟師詔從之君以無益戎備而勞民力乃指陳利害抗疏極論上甚嘉之即命止役由是遷大理司直通判蘄州軍州事明年遷檢校水部員外郎充建州觀察推官通判軍府事會越人闚邊使間誘建民將以爲亂君廉得其實盡按誅之優詔褒美賜衣一襲遷檢校屯田員外郎三年徵拜守水部員外郎判度支時師旅薦興軍食不給命君爲松江催運使軺傳所至轉輸如流朝議以姑孰居畿甸之間實供億之始徙君爲當塗令踰月復徵爲主客員外郎判大理寺賜紫金魚袋始君以理官得

罪至是上知其無私故復任焉守官循理挺然中立轉工部員外郎仍判寺事今上嗣位上疏論時政以爲刺史縣令親民之先而考績掄才未盡其理上深然之遷朝議大夫戶部員外充宣歙常潤等道安撫使以剌舉無避爲權臣所排宸鑒昭明故得無咎使還以本官判兵部事廬陵羣盗充斥州兵不能制上憂之亟命君爲奉化軍節度判官判吉州事轉主客郎中擒姦摘伏克舉其職其年秋九月七日遇暴疾翌日終於郡之官舍享年六十有一明年春二月歸葬江寧府某所禮也夫人查氏吉王府長史昌之女工部尚書文徽之妹婉嫕之德閨房之秀內助著美士林所推子七人長曰鈞袁州新喻尉次曰錯樞密院承旨次曰鍾舉進士次曰銓前國子監三禮次曰鉅鉞鎮皆國子監生女一人適秘書省正字周希定君有孝弟之性聞於宗族敦然諾之信稱於友朋守已有常事君不諂位未達而知足祿雖優而彌貧其當官持事也必盡已所長不爲利回不爲威惕故屢失大臣意然好直之士亦以此多之鉉多塵近職熟君操行直筆聳善以告後人故銘其墓曰

英英趙君松茂蘭薰應用以法飾身以文道直詞正心平氣純如何不淑今也爲塵金陵仙鄉古多名人歸骨於是與善爲鄰泉臺不曉壟樹空春勒銘掛劍慷慨霑巾

唐故中書侍郎光政殿學士承旨昌黎韓公墓誌銘

公諱熙載字叔言其先南陽人傳稱武王之穆詩美韓侯受命晉以六卿升降漢以三傑重輕至東晉末征西從事延之以忠義之節踐艱屯之運避亂遠徙遂家昌黎餘慶流光最爲繁衍曾祖均太僕卿祖殷侍御史考光嗣秘書

少監淄青觀察支使故又爲齊人公秉夙成之智負不羈之才文高學深角立傑出年始弱冠游於洛陽聲名藹然一舉擢第同光之亂藩郡崩離公以國難方興家艱仍搆瞻烏擇木杖策渡江烈祖孝高皇帝納麓在辰側席時彥得公甚喜賓禮有加於時有吳肇基庶事草創公以俊邁之氣高視名流旣絳灌之徒弗容亦季孟之間不處以校書郎釋褐出爲滁和常三州從事公亦怡然不以屑意詠風月游山水而已中興受命上嗣撫軍以公有七子之才膺四友之拜徵爲祕書郎掌東宮文翰元宗深器之及踐

位以爲虞部員外郎史館修撰賜緋又以大禮繁疊加太常博士時有司議孝高廟宜稱宗司門郎中蕭君儼上疏論之公與給事中江公文蔚協同其議凡書疏論難皆成於公手由是廟號尊謚定於一言君子以爲眞博士也頃之以本官權知制誥初公但以文章際會未嘗與政及其當維新之運感知己之恩未及聽政章疏相屬或駮正失禮或指摘時病由是大爲權要所嫉竟罷其職丞相宋公朝之元老勢逼地高公又廷奏黨與詞旨深切天子優容之而用事者滋怒旋貶和州司士參軍數年移宣州節度

推官徵還復爲虞部員外郎遷郎中史館修撰賜紫俄而拜中書舍人從時望也公雖才識優贍而質性疎散凡在位者道復不同於是深居移疾罕與朝謁時兵興之後國用不充公援古酌今請以錢爲幣時獻計者甚衆元宗獨以公議爲長卽拜戶部侍郎充鑄錢使今上踐位改吏部侍郎兼修國史初鑄錢之作也自宰執而下相與沮之故百司不供久未能就上爲之曉譬事理親加督責而公猶不勝其忿嘗因對見聲色俱厲因徙爲祕書監不踰年復拜吏部侍郎新錢旣行大濟經費詔賜錢二百萬拜兵部

尚書充勤政殿學士承旨公少而放曠不拘小節及年位俱高彌自縱逸擁妓女奏清商士無賢愚皆得接待職務旣簡稱疾不朝家人之節頗成寬易雖名重於世人亦訝其太過上不得已左遷太子右庶子分司南都於是謝遣伎樂單車首路留之未幾復爲兵部尚書學士如故是時歲比旱歉主上憂勤公復論刑政之源明防救之術又上格言五篇手詔嘉納卽拜中書侍郎充光政殿學士承旨初上選近侍數臣直宿禁中常御光政殿召對夜分乃罷故命公此職以寵異之霖雨之望方深鐘漏之期遽逼春

秋六十有九庚午歲秋七月二十七日沒於京鳳臺里之官舍上省奏震悼爲之涕流有司奏當輟朝三日手批天不憖遺碎我瑚璉辭章乍覽痛切孤心嗟乎抗直之言而今而後迨不得其過半聞聽者乎可別輟朝一日贈右僕射平章事仍官給葬事士庶聞之知與不知莫不爲之悲嘆有司考行易名曰文靖卽以其年九月某日葬於某所禮也夫人隴西郡君李氏生簪纓之族有桃李之芳內則有光夜川先逝繼室北海縣君蔣氏長子疇爲奉禮郎早卒次子伉爲校書郎聰慧夙成無忝世德次曰佩曰份曰

儼曰侹曰儔曰俛女四人或作儷公族或爲尼出家嗚呼哀哉公之爲人也美秀而文中立不倚率性而動不虞悔吝聞善若驚不屑毀譽提獎後進爲之聲名片言可稱躬自諷誦再典歲舉取實去華故其門人多至清列屢從譴逐殆乎委頓俯視權幸終不降心見理尤速言事無避凡章疏焚藁之外尚盈編軸爲審音妙舞能書善畫風流儒雅遠近式瞻向使檢以法度加以愼重則古之賢相無以過也俸祿既厚賞賜常優忘懷取適不事生計身歿之日四壁蕭然衣衾棺櫝皆從恩賜詔集賢院編其遺文藏之

祕閣凡所開卷可知也鉉與公鄉里遼敻年輩相懸一言道合傾蓋如舊綢繆臺閣契濶江湖區區之心困而獲雪一生一死何痛如之援毫反袂識彼陵谷其銘曰

猗嗟韓公有蔚其文俊才絕俗逸氣淩雲高名直道玉振蘭薰猗嗟韓公天賦忠規君臣之際言行俱危其身可辱其節寧虧猗嗟韓公屈亦能伸松寒益茂玉焚始眞乃感明主乃爲大臣送往事居不緇不磷嗚乎韓公胡爲而然閟此相印歸於夜泉茂陵遺簡京兆新阡斯文不朽此別終天哀哉郢匠已矣牙絃勒銘圓石永識桑田

唐故朝議大夫守尚書刑部侍郎柱國賜紫金魚袋喬公墓誌

士有放懷夷曠介然中立外物無累於心沒齒不違於道吾友喬公嘗從事於斯矣公諱匡舜字亞元廣陵高郵人也曾祖譚祖泰皆不仕考鴻漸本縣尉家世清操州閭稱之故其子孫必有興者公少好學善屬文弱冠游京都詞藻典麗容止都雅烈祖輔政見而器之補祕書省正字丞相宋楚公初獲進用位望日崇聞君之名辟置門下每爲文賦詩詠輒加稱賞由是名譽日洽而卿士大夫皆前席

待之累遷大理評事司直監察御史屯田員外郎從宋公出藩爲江西浙西掌書記府公告老歸九華山公乃升朝爲駕部員外郎未幾守本官知制誥就遷祠部郎中中書舍人典掌樞機周愼靜默凡十餘年值邊境俶擾師出無功詔旨親征中外憂懼公上疏極諫坐沮撓軍勢黜居臨川頃之宋公獲譴又以故吏爲累由是累年沈廢今上卽位徵爲水部員外郎改司農少卿判太常寺轉殿中監修國史拜給事中權知貢舉又兼獻納使遷刑部侍郎公自徵還數年閒連歷清望蓋舊齒直道上簡聖心至是以老

病不堪朝謁聞上知其家貧詔以貳卿之秩養疾壬戌歲九月二十有三日卒於京師濱江里官舍享年七十有五遺命以周易孝經置棺中太常考行易名曰貞卽以其年冬十月二十有三日葬於江寧縣某所禮也夫人太原縣君郭氏代公元孫晉陵令喻之女也餘慶所備門風甚高婦德母儀聞於宗族一子僧孺祕書省正字早卒孫謂亦爲正字公之爲人寬簡眞率常以詩酒自適不以勢利縈心毀譽讒慝之詞聞之晏如也從事楚公府殆二十年凡爲府公見知者皆詭譎傾側公獨淡然無營守正不諂故但以文藝知賞未嘗任用烈祖下詔公卿舉可以親民者楚公所薦非其人烈祖甚不悅謂給事中常公夢錫曰吾望其薦匡舜也常公及中書侍郎韓公熙載嫉楚公如讎而與公善嘗相謂曰宋公悞識亞元正可怪也公以歷任奉法循理似不能言者及其臨危擊節抗詞忤旨侃侃有古人之風黜官奪祿甘貧守約凡五年不形於言色怡怡然道家之流也故能享老壽保康寧歸全委順斯可貴矣公臨終數日舍弟往候之怡然言曰吾往矣君兄弟可各爲一詩哭我翌日復告門生曰吾已得徐公兄弟許我詩

餘無事矣其忘懷死生也如此嗚乎絮酒之禮已隔平生挂劍之信永畀天壤故以二章爲誌閟於九原所撰集七十餘卷編紀之任屬於門人此不備書也

唐故左右靜江軍都軍使忠義軍節度建州觀察處置等使留後光祿大夫檢校太尉右威衞大將軍臨穎縣開國子食邑五百戶陳公墓誌銘

公諱德成字仲德其先穎川人也帝嬀餘烈侯滿崇封盛德之祀綿邈於百世光遠之慶蕃衍於萬國故我洪胄代雄建安王室中微閩方角立網羅英異宏濟艱難我曾祖

茂新祖滔皆以雄才勇略奮揚忠力將領之任生表其策勳督護之名沒垂於飾壤父誨檢校太尉兼侍中建州刺史忠義軍節度使謚忠烈殊勳大節有信史豐碑存焉公即忠烈公之長子也鍾粹和之氣秉沖淡之心通習韜鈐固其家法酷好墳典乃自天資就傅之年已著名譽先公剖符劍浦威信洽聞諍子之助實有其力弱冠爲本郡裨將先公以身守邊郡心存本朝累表遣公入宿衞即擢拜右千牛衞將軍充殿直指揮使恭命畏法修身擇交先公每言邊事常密疏於紙遣公上啟黙識強記數奏閑習元

宗甚嘉之累遷右靜江指揮使值淮上兵起王師不振公屢上書自奮詔隸西北面行營以舟師濟難破其屯戍遂入海陵與諸軍會勵兵固守強敵日益公連戰破之虜獲千計圍兵既逼乃涉長淮指下蔡別率戰艦分擊浮橋三中流矢神色自若自秋徂冬且戰且前凡五進軍壘皆以衆寡不敵之勢當輕悍卒至之師臨難忘身每戰必捷而元戎逗撓逆臣攜叛羣帥失道公全軍而還遷右宣威軍廂虞候制曰獨此一軍之衆堪爲百戰之師其見稱如此數月爲和州刺史又爲左天威軍廂虞候明年改池州刺

史是時疆埸甫定閭井未完公奉法循理正身率下庭無滯訟吏不生奸鐵軸牙檣無忘水犀之備輕裘緩帶常爲峴首之游賦詩紀頌粲然可述元宗南狩從至石牌上每登臨置酒必命公陪侍訪山川之形勢問風俗之美惡應對詳敏咸有條貫捧觴上壽進退由儀求解印扈蹕優旨不許今上嗣服屢表乞還徵爲右天德軍都虞候舊制常以舟師爲下軍至是詔旨以南國之用尚於舟楫今而後知非是乃簡練精銳置龍翔軍以隸親衞命公爲龍翔都虞候舟師之重自茲始也會先君來朝卧疾邸第公親侍

醫藥躬執煩辱容貌瘠損衣不解帶客至問疾者不知其已貴也及丁憂制哀毀過禮扶護靈柩歸於建安詔起爲歙州刺史本州團練使視事三載其理如初秩滿復爲右龍翔諸軍都虞候遷都指揮使每仲秋講武訓兵仲冬而畢進退號令由公指顧威容嚴整覩者肅然頃之又爲虔州巡檢使知州事五嶺之際地廣民悍内據谿洞外接蠻夷告訐斂斆習以爲俗於是申以刑政示以嚴明廣視聽審情僞吏以微文出入者皆面詰其狀莫不惕息而退弊爲之革人以之和於是浚溝隍嚴壁壘出私帑以助費因

農隙以偁功書勞考績此其昭昭者也尋拜池州觀察使以其秩居虔州上以建安之地人思舊德且欲以晝錦之盛顯公之能乃除忠義軍節度使建州觀察處置等使留後公以違奉歲久無以私爲抗表來朝固辭不拜改右威衛大將軍充左右靜江都軍使又轉光祿大夫檢校太尉奉以建州之祿歲計千萬甲第廄馬賜與優渥俄而被疾自識終期申告理命備有規度中使問疾但曰世受主恩未有以報唯此爲恨耳又親問門吏草遺奏旣成自益兩句曰苟游岱之有知必結草以爲報上省表震悼手詔答

之公猶捧詔向闕稽首流涕壬申歲秋七月十有二日卒於建業濱江里之官舍春秋四十上痛惜之至再不視朝贈安南大都護遣中使監護葬事皆從官給有司考行易名曰烈卽以其年九月日葬於某所從理命也夫人信都郡君刁氏故昭武軍節度使能之女容德之美閨房之秀宜家睦族光此門風子倩孝弟聰慧修詞好學以蔭起家授著作佐郎必大之慶其在於是嗚乎哀哉公生於戎馬之際長承鐘鼎之業修文習武全孝資忠風格端莊襟懷夷直嫉惡奬善如恐不及睦親念舊無有所遺先人之貲

公私畢給出入數載家爲之貧在公之餘手不釋卷篇詠詞筆皆傳於時近代儒學將唯公而已凡四理藩郡皆有借留去思之美民到於今稱之由是恩顧特隆委遇無間修塗方騁天年不登知與不知皆爲悲歎鉉與公非故特以道義相期雖復出處不齊班序致隔金蘭之分終始不渝寢門流慟痛生死之永已圓石表墓悲陵谷之靡常亦公之遺言以此見託豈非慷慨之氣思振發於知己哉故爲銘曰

龍泉之靈武夷之英生我儒將垂茲令名臨戎有勇察俗

有聲爲臣之節與世作型位逼建牙秩參掌武才實膺時忠惟得主鬱此雄圖溘然中露謂天蓋高不可以愬悲哉俊氣永已荒邱鳳臺遺館梅嶺窮秋樹惟挂劍地卽眠牛餘芳不泯淮水長流

唐故檢校司徒行右千牛衛將軍苗公墓誌銘

公諱延祿字世功其先上黨人昔者楚多淫刑賁始逃難晉賴謀主苗受其封高門之慶雄視欒郤綿綿瓜瓞翼翼孫謀存諸簡編可以揚搉延洪於我七代祖中書舍人延嗣光大於我六代祖太師晉卿源流繁衍蔚爲甲族中朝

喪亂後裔播遷匿迹淮楚之間今爲盱眙人也先公諱鄴生於兵戈之間長習旗鼓之用遭遇英主建功立事出爲泗州防禦使入爲靜江軍統軍世卿之祀衰而復振公即靜江之長子也弱不好弄壯而有立負雄勇之量不以驕人秉剛直之資未嘗忤物持重善戰默識寡言時輩推之以爲君子初先公奉王畧領偏師南破山越西定江楚東絕滄海北捍徐戎弓不解弮兵不匣刃公年甫弱冠實參其間搴旗斬將所向披靡宣力用於君父舒壯氣於風雲然而職以序遷蓋歸美於先公也烈祖孝高皇帝中興大

業疇咨舊人命公領泗上精兵入爲宣威軍裨將六卿之選以翼京師八屯之權實資宿衞歷紀受任一心靡渝今上祗嗣鴻圖益宣朝寄揔千牛之士以爲心膂假五教之秩以崇班列會侍中燕王以帝子之重兼鎮兩藩詳求命卿以事大國俾公提步卒屯宣城凡甲兵壁壘之事皆聽於公夙夜惟勤燥溼生疾春秋六十一保大九年十月七日卒於宣州公署上省奏傷悼爲之罷朝送終之禮有以加等即以其年十二月二十七日葬於江寧府縣里禮也夫人王氏淮南裨將唐之長女也先公負游俠之氣有征討之功勇冠三軍力制奔虎夫人麗桃李之質襲蘭蕙之芳婦禮聿修遺訓無墜君子以孝慈率教夫人以嚴正克家閨門之理實有內助以保大八年五月一日先公而逝今始祔焉子全厚全贍全節全義全海皆有父風苗氏爲不朽也鉉本自世親早爲姻族歎侯封於李廣發哀詞於杜篤刻翠琰於荒阡擬高陵於深谷其銘曰

才之俊兮將之雄位之侯兮壽未中天難諶兮人云亡川既逝兮歲將窮素車兮丹旐白草兮青松悲雄心與壯氣漸荊棘兮蒙朧

前知虔州雩都縣令包府君墓誌

昔者鄭都涕產知懷仁之有誠孔門慟淵見福善之無驗遺恨千古可勝言乎君諱詠字義修其先延陵人漢大鴻臚咸之後也曾祖章祖岌皆眷戀本土卒於縣寮考洎遇故侍中寶之亂乃去仕唐吉州長史入吳終和州歷陽令政有遺愛故家焉今爲歷陽人也君幼而岐嶷長而學問孝敬自律名利弗嬰安貧怡然綽有餘裕順義末丁先府君憂泣血絕漿杖而後起朝廷獎勸善政砥礪淳風即起君爲歷陽主簿秩未滿移知含山縣令先是兵興之後循

吏用稀君簡法紓刑約廉敦信縣無逋事吏不能欺莅官七考清嘯而已選授知虔州雩都令西楚之地南際殊鄰本之以蠻蜑之風因之以斂數之衆長鯨之戮雖久碩鼠之刺猶繁君下車考政經察人病矯異俗均地征常爲諸邑之最吏民上書借替期求眞命者無虛歲矣而懋賞弗臻成功輒去解印之日單車即塗君素多疾至是增劇以已亥歲秋九月十九日終於歷陽馴翟里之私第享年四十有一以其年冬十一月六日葬於本縣本鄉許思里祔先君長史之塋禮也君前娶潁川陳氏後娶樂安花氏皆

良家之子淑德不爽二子曰德容德鈞二女皆佩觿丱角之歲君天資貞吉立性和雅尊敬師友敦睦親姻移之於官故所至皆理而位不參於朝籍年不登於下壽能無遺恨乎鉉兄弟少孤長於舅氏親承撫卹勉以進修門構不傾君之力也嗚乎渭陽之贈已矣寧追西州之歎哀哉何極故拂貞珉紀述遺德庶深谷以徙還見清芬之未泯

唐故常州團練判官檢校尚書左僕射劉君墓誌銘

夫資忠全孝舍貞履潔君子所以沒身而守之聖人所以屈已而申之其道可傳其風可仰嗚乎劉君其殆庶乎君諱鄗字巨源其先彭城人徙居廣陵重世矣曾祖永澧州司户參軍祖審不仕考瓌檢校户部尚書贈右僕射君生而岐嶷有異常童五歲而孤即禀至性年在幼學卓然老成初先君仕吳實幹近職而太夫人王氏與貞穆皇后復有姻舊故宣帝命君使事丹陽公府公龍飛以君爲殿前承旨便蕃左右靖恭夙夜動必稱職人無間言二十年間累遷檢校禮部尚書充崇賢殿使及軍府代謝衆或將迎君侃然正色有死無二游說之詞不能入權利之勢不能

動於是閹豎希旨以飛語中之坐除名流池陽郡明年有唐受禪烈祖嘉君盡忠亟召之還除常州長史悉還其官階田宅未幾又改和州長史聽歸廣陵舊居初元宗方在膠庠吳帝使君召拜郎中賜以章綬自爾至於爲相每朝謁必先見君而後入及元宗即位召至京師復命太夫人入禁中如貞穆之時謂曰吾受吳朝恩禮不敢忘也今猶數夢讓皇帝執臣子之禮吾觀當時近臣唯夫人兒爲長者帝意親之今復得在吾左右良足慰也君聞之遂稱足疾不任趨拜上仍賜第以居之歲時賜賚甚厚時使親近

諭旨竟不能移上乃加太夫人封邑名君受命於朝固辭以疾上歎息曰此子至孝今以其母故名之不來是必然也此亦古人所難吾何爲奪其節耶久之以君爲常州團練判官不使之任優其祿而已今上嗣位加檢校右僕射君家承鐘鼎之富少居綺紈之職時逢革故年甫壯室而遂閉門却掃高謝人間孜孜色養怡怡自得姻族以之肅穆士友以之景仰名節終始清風邈然丙寅歲夏六月某日終於建安某坊之私第春秋五十有九初君葬太夫人於茅山良常洞之西因自卜塋地卽以其年月日葬焉禮

也前夫人張氏早亡今夫人吳氏實有萊妻之賢能從伯鸞之操天資玉映令問蘭薰子昭嗣女某等善慶所鍾家聲不隕愛敬哀感在禮無違嗚乎令人其必有後鉉家世通舊復連懿親常以君抗節遺世旣近代之孤標而元宗推誠聳善又列辟之難事足以激揚薄俗垂示將來乃爲銘曰

忠於事君孝於養親逢時有道以義衞身隱不絕俗居能保眞我永終吉誰爲古人地肺之原小茅之麓左盼崇岡右矚柳谷欒棘新吹松楸再卜令問昭顯流光似續刻此茗華永芳蘭菊

唐故印府君墓誌銘

君諱某字某其先京兆人也因官徙牒遂居建康曾祖知章無祿早世祖某官考某官君幼而勤學長而力行孝悌著於家庭信義行於州里弱冠明經擢第釋褐太子校書千里之行時輩推許會上國喪亂遂南奔豫章連帥鍾公見而悅之辟爲從事豫章府變始歸建康井邑更移親舊泯沒君慨然悲世難之未已感宦路之多艱於是抗志衡門息機世表樂山水寡言語極談不過經籍之事足迹不

游卿相之門篤好六經歲誦再遍雖憂慘疾病未嘗廢也孜孜焉修善如不及恂恂焉與人無間言保大丙寅夏四月日考終命臨終訓勵諸子備有嚴誡如魏顆之命無莊舄之吟春秋六十有九夫人徐氏通儒書有婦德先君而逝卽以其年月日合葬於某所禮也子崇禮崇察舉進士崇簡明法及第爲舒州司法參軍秀茂之業聞於場中咸以爲印氏之門其後必大諸子以我宗之自出故銘撰是求銘曰

於惟穆氏代有君子恂恂若人亦旣克似退不邱壑進不

朝市體道居貞全高沒齒俊造之學施於後嗣昭昭令名與石無已

唐故銀青光祿大夫檢校國子祭酒御史中丞包君墓誌銘

君諱謌字直臣丹陽延陵人也粵我長源發於夏后分封受代著於會稽司農而後代有賢哲轉徙旁郡遂家延陵種德流光世爲大姓曾祖章丹陽令祖岌潤州錄事參軍考洎和州歷陽令業官之美播於岷頌公以廣明庚子歲生於丹陽長於戎馬之間遂好金鼓之政氣質慷慨而孝

於事親材用敏幹而慎於畏法命不我與事多無成高皇帝兼總六師以輔王室署君牙門右職將進用之君以歷陽府君喜懼之年辭歸就養因隸歷陽軍中自是服勤衹役多在外郡家貧援寡仕不求聞三十餘年有勞無過養心知命以保遐齡交泰元年春二月日卒於鄱陽舟中春秋七十有九夫人危氏故賀州刺史諱德卿之女也婦道以順家政以嚴內慎有光六姻是則子三人曰會宗曰穎曰銳皆敬述先志勤修令名號奉靈輀俯就成制卽以其年月日葬於江寧縣某里禮也鉉感深自出名謝貴甥載悲渭陽之詩永痛西州之墅敬書遺懿以鏤貞珉其銘曰

猗歟府君世載其聞有道無命與俗同羣代耕得祿全和保眞享壽八十下從先人乃整歸艎秦淮之濱乃卜元宅句金之陵不可不識封邱勒銘悠悠餘慶永永芳塵

徐鉉十

岐王墓誌銘

天地之靈氣發爲賢人邦家之積慶鍾於公族其或富老成之智促殤子之年感羣情者自出於天資垂英聲者非由於事業是以蒼舒軫悼於魏祖表行曰哀夏王鍾愛於明皇錫名爲一中興在運代有人傑見於岐王矣王諱仲宣今上之第二子也文武儲慶日月輪祥實太姒之子如魯桓之貴天資秀發神機内融亦既免懷未遑就傅問安

長樂視膳寢門承歡愛於瑤齋極友悌於朱邸成人之量宛由生知三歲受封爲宣城郡公假大司馬之秩維城之望日以光矣不幸遘疾甲子歲冬十月二日薨於閤内年四歲主上痛幼敏之異極天慈之懷詔輟朝七日冊贈司徒追封岐王既而感上聖之忘情遵先王之從儉節哀簡禮以厚古風卽以其月十有八日備鹵簿鼓吹葬於江寧府某縣某里之原有司謚曰懷獻禮也惟王以襁褓之年蘊金玉之度異迹昭灼可得而言至於禁中娛侍常在左右或異宮一日則思戀通宵翌旦未明必親至御幄須奉顏色然後卽安其孝也如此上每罷朝稍晏莊色未回王則儼然侍立不妄言笑須天顏悅懌則趨就膝下怡怡稱戲不失其儀中宮以上之鍾愛恐漸於驕故撫字之方咸克於愛每加教訓過於嚴厲而王凜然祇畏初不壞容退或見上乃啼而自悔其敬也如此始二歲上親授以孝經雜言雖未盡識其字而每至發端止句之處皆默記不忘至於寢疾近數千言矣時聽奏樂必振袂擊節咸中律度工人試中變其曲王輟止之曰非前曲也雖周郎之顧何以加焉其慧也如此受封之日見於内殿音詞宣朗容止

閑習觀之者咸歎重焉其敏也如此凡玩好之物意有欲者瞬目賞響未嘗求索或識其意持以與之必再三推卻不肯卽受其毅也如此上曰昔人謂王勃爲神仙童子今此兒近是乎及其薨也悼念之甚曰吾見他人賢子弟猶惜之豈惟父子之性乎中宮哀慟至於加疾自非英姿感動孰能臻此哉議者以爲列宿淪精高眞降迹表瑞王室今復還矣嗚呼凡我臣庶暨乎藩戚瞻飛蓋之何期慨神理之難測寧盡美於稱讚庶騰芳於簡冊詞臣奉詔謹勒貞石其銘曰

粤我仙源。流光慶延。公族之異。惟王生焉。禮詩仁孝。斯之謂賢。夙昔非學。生知自天。旣與之智。胡奪其年。瞻庭蘭刈。顧掌珠捐。孟冬寒氣。京兆新阡。鼓吹蕭蕭。旌旐翩翩。踠逸躅於稚齒。閟藩房於夜泉。已焉哉。庶彭殤之一夢。豈沒世之無傳。嗚呼。庭蘭伊何。方春而零。掌珠伊何。在玩而傾。珠沈媚澤。蘭隕芳馨。人猶沮恨。我若爲情。蕭蕭極野。寂寂重扃。與子長訣。揮涕吞聲。噫嘻哀哉。

書岐王墓銘後

又銘一首。至尊所作。上省庭蘭掌珠之句。謂得比興之實。遂廣其意。發爲斯文。覩迂宸翰。批於紙尾。足以厚君親之義。行慈孝之風。是用勒石。永光泉戶。謹記。

故平昌郡君孟氏墓誌銘

太歲癸卯五月十有九日。大行皇帝諸妃平昌郡君沒於大內之別院。享年四十有三。嗚呼哀哉。昔天保未定。大東啟其疆。魯道有蕩。三桓紀其政。實始孟氏。代爲強宗。德厚流光之符。祥發慶膺之效。宜乎來裔。生此淑人。曾祖某。祖造。父及。皆以舍道居貞。遯世無悶。克家垂訓。式永門風。郡君麗窈窕之容。秉肅雍之德。游依漢水。氣兆河間。乃膺八月之求。入預良家之選。璧門受職。彤管服勤。恭順之心。奉坤儀而得禮。明惠之智。導宮教而無遺。爰屬造邦。遂崇封邑。路寢之後。柔芳載揚。旣而千載上仙。宮車晏駕。號遺弓於萬國。感餘香於九御。沈哀共極。美疹獨縈。不延幽穸之期。重惻上宮之念。嗚呼哀哉。卽以其年六月日。葬於江寧縣安德鄉德信里之原。禮也。青烏旣吉。覆斧斯營。永光烈女之風。盡紀他山之石。詞臣奉詔。謹勒銘云。

杳杳平野。蕭蕭一邱。原松積靄。隴吹臨秋。吁嗟淑女。於此藏舟。委貞質兮厚夜。奉靈駕兮仙遊。惟惇史兮未泯。豈餘芳兮不休。嗚呼哀哉。

故昭容吉氏墓誌銘

天子建內官。必先令德。九嬪掌婦學。以教六宮。是故壹則成風。漢濆流化者矣。昭容吉氏。麗瑤姬之質。富班女之文。治絲枲以服勤。宮功有序。徹籩盛以舉職。祀禮無愆。用能妙簡皇心。光膺盛典。頃錫粉田之賦。因開左輔之封。嗣服之初。日不暇給。視月卿而命秩。近正朝恩。閱逝水以成川。俄悲異物。春秋三十有三。保大三年秋七月二日。薨於別宮。皇帝悼之。廢朝一日。遣奠之禮。有加等焉。卽以其年月曰。葬於上元縣龍城鄉之原。禮也。昭容諱某字某。東海朐山人也。曾祖徵。朗州龍陽縣令。祖黨。壽陽縣令。父彥輝。海州懷仁縣令。咸膺鄉里之選。屈從州縣之勞。有利物之能。不享其位。垂積善之慶。克茂其宗。著籍金門。移家戚里。昭映惇史。不其美歟。詞臣奉旨。式揚懿德。庶使高深自改。長延丹砌之恩。金石無虧。仰慰璧臺之念。其詞曰。

吉甫作頌。穆如清風。儲慶炳靈。實生昭容。史曰明智。詩云肅雍。內職以理。柔芳有融。閱川宵奔。然膏曉滅。西陸移景。涼風殺節。虞殯流聲。遣車成列。苕華不磨。蘭菊無絕。

唐故鍾氏太夫人太原縣太君王氏墓銘

夫人太原祁人也。因官徙籍。遂居豫章。自緱嶺肇基。晉陽錫壤。光靈繁祉。蔚爲大宗。圭組簪纓。與世升降。聖歷中否。我亦不彰。故祖考某。皆蘊道居貞。流謙毓德。夫人有金玉之質。桃李之姿。柔順睦姻。以奉慈訓。組紃織紝。聿勵家風。宗族里閭。莫不稱美。先公司徒。纘戎嗣服。實臨我邦。夫人誕昭四德之華。用光九女之選。門內之理。實皆聽之。家人尚嚴。婦道貴順。主饋以敬。均養以慈。契闊夷險。始終若一。邦君內則。皆取正焉。嗚呼。昊天不庸。路寢即順。夫人棘心蓬首。實由舊章。素尚空元。益所明習。常齋居晏處。諷誦眞文。雖祁寒盛暑。未嘗廢也。又以恭儉孝悌文學道義。訓勵子弟。皆成其名。保大年詔封太原縣太君。從子貴也。二子。長曰懷建。由校書郎歷東府掾。以羣從百口家於豫章。於是辭祿。公朝歸綜司政。因除洪州都督府司馬。次曰儁。以屬詞敦行。從事戚藩。累登臺郎。爲集賢殿學士。會中令齊王避親讓寵。受鉞臨川。朝廷慎選英僚。以光幕府。除撫州觀察判官檢校屯田郎中。既拜而夫人疾亟。交泰元年春二月十八日。卒於京師嘉瑞坊之官舍。享年七十有五。即以某年月日。歸葬於洪州某縣某里之原。禮也。嗚呼。富壽

戩穀。天所以祐善也。金石銘撰。世所以垂範也。二者無愧。可謂賢哉。鉉早奉世親。晚連姻好。景行懿德。敢用直書。其銘曰。

緱山不傾。清淮不湮。故我王氏。實生令人。衛姬之智。孟母之仁。光裕祖禰。垂慶來雲。西山之陽。章江之濱。靈仙攸宅。松檟相因。遐壽歸全。以反吾眞。

唐故太原府君夫人彭城劉氏墓銘

夫人麗窈窕之容。蘊幽閒之德。孝敬肇於天性。明惠本於

生知光乎六姻是謂賢女初我大父殷考遇皆立功興運蔚爲將臣婚姻之盛冠彼當代故夫人既笄歸於我府君君諱承進壽州節度使相國公之第三子也二族斯睦百兩是將婦禮之嚴家道爰正府君性疎直喜賓客理劇如簡不以世務嬰心行已取適不以家財爲重鐘鼎之族化爲簞瓢夫人雅性冥符怡然自足慈和待物恭儉飭躬子孫以之而克家僕御以之而服教及罹蓬首之痛誓全柏舟之節柔芬方遠景命不融春秋四十有九戊午夏六月某日終於京師濱江坊里第子某等俯就成制號奉靈輀

卽以某年月日葬於某鄉祔府君之塋禮也鉉幸叅諸壻獲從外姻載陳執紼之儀仍奉懷鉛之託敢書懿範以鑴貞珉其詞曰

嗟淑女兮仁慈肅雍伊君子兮亮簡疎通合二姓兮五侯之宗垂內則兮素士之風悲秋霜與冬霰摧女蘿與青松念光塵之倏忽獨天長兮無窮

唐故隴西李氏夫人墓銘

夫人諱某字某其先太原人故左司郎中贈太府卿諱潛之孫今太弟洗馬裔之第三女也伯仲世父皆踐歷臺閣抑揚聲實相糾以孝相高以讓芝蘭桃李閨庭粲然夫人襲圭組之英發爲秀色鍾姻睦之氣凝爲淑性柔而有則愛而不驕紃組之工翰墨之妙稟自天性能必過人及長歸於李君君名俛故楚州刺史諱承嗣之孫今禮部尚書度之少子也舅甥之親齊魯之匹好合之美潘楊之風夫人移天睦族率由典禮不恃舊以廢職不矜能以怠敬門内之理淸芬穆然嗚呼嚴霜春零舜華朝墜享年二十有五某年月日卒於京師某里之寓居二族悲慟六姻悽愴仁而不壽古則有之以其年某月日葬於江寧縣某鄉里

之原禮也東海徐鉉以世親之舊實維私之敬執紼永悼列石爲銘銘曰

天之命兮不可知生此賢女兮鍾淑姿嬪於盛族兮昭令儀與之才兮不與之壽永凋落兮芳時儼黼翣道靈輀小江村兮長江湄千秋萬代兮草離離空餘初月如蛾眉

唐故文水縣君王氏夫人墓銘

夫人諱畹字國香其先太原人今爲廬江人也祖潛左司郎中贈太府卿考坦禮部郎中皆以貞幹純懿見稱於時夫人麗窈窕之容秉明慧之性幼失所恃事繼親以孝聞

在家不違於姆師，移天不失於婦順。初先姑之治家也，嚴而有惠，通而得禮。夫人覩刑稟教，莫不率循，故三十餘年門風家法凜然如舊。性尚靜退，不樂世喧。始愚之在要職也，夫人憂形於色，及其居貶所，反欣然忘貧，此其所以爲異也。雖門族素盛，而世途多故，祿賜所入，賙給無遺，豐約同之，親疎如一。至於澣濯之儉，組紃之勤，蘩藻盡敬，儒元勵操，環佩中節，始終不渝。少善秦聲，長亦捨棄，每晨與誦五千言而已。享年五十，戊辰歲八月一日，終於京師舜澤里之官舍。其年十月二十三日，歸窆於西山洪崖鄉鸞岡

里，從先姑大塋，禮也。有子曰夷直，女曰神華、林華。嗚呼！愚常以體道委命爲懷，而情之所鍾，不知其慟。銜涕秉筆，庶不泯其聲塵焉。銘曰：

緱嶺之靈，生此淑人。洪崖之濱，寄此新墳。生與道俱，沒與仙鄰。悠悠精爽，豈或爲塵。嗚呼！吾信積善之必爾，故攄恨於斯文。

故朝散大夫守禮部尚書柱國河內縣開國男食邑三百戶賜紫金魚袋常公行狀

曾祖某，不仕。祖泚，邠州宣祿縣令。考修，成都府戶曹參軍。京兆府萬年縣洪固鄉曹貴里常夢錫，字孟圖，年六十一歲。公宇量恢宏，識度寬廣，質重有氣，博學多聞。初舉秀才，值世亂，不克瞻計。西州羣后，羔鴈交辟，累爲秦隴諸郡判官。岐王茂貞據有扶風，傳國二世，承制除公寶雞縣令，兼監察御史。是時京洛屢變，幕府驟更，公審擇木之所宜，乃瞻烏而來止。烈祖肇基王業，物色異人，得公甚喜，授大理司直。今上初秉機務，愼求賓從，公實預焉，允塞時望。旣受禪，選殿中侍御史，改禮部員外郎，寓直中書，預聞機密，周愼詳敏，冠於當時。烈祖深器之，擢拜給事中，封駁奏議，無

所顧憚，由是始爲當塗者所疾。今上嗣位，恩禮甚優。公以發號之初，四海瞻望，幾微所愼，宜在斯時，盡規極言，如恐不及，於是大忤權貴，貶佐池州。明年，徵爲戶部郎中，復拜給事中，仍充翰林學士，知貢舉。天子以典司詔命，最宜親密，乃別置宣正院於內庭，以先朝選授，公爲稱職，俾以內任專掌是司。秋霜之操，歲寒不易，凡敢言之士，皆依賴焉。甲辰歲，諫臣皆貶，公亦罷院事。公深惟君臣之義，思全進退之禮，稍儲伏臘，將卜優游。又除吏部侍郎，領御史臺事。上復置文理院，爲司聰之寄，以公爲文理院學士承旨。公

以椒蘭不雜絳灌方隆。從容中道。守正而已。明年以疾固辭乃遷戶部尚書領商州刺史上以公問望夙重足以坐鎮雅俗強起令知省事而病久不覆公私廢失爲宰相所劾坐貶饒州上以羸瘵憂之詔留東都以便醫藥踰年小愈徵爲吏部侍郎翰林學士改禮部尚書戊午歲冬十一月方與客談奄然而逝主上念藩邸之舊追亮直之誠罷朝悲悼贈送優渥以嗣子方幼詔中使監護其喪惟公誠純性剛文高學富詞賦典麗而執筆甚稀名理精覈而吐論甚簡多識故事洞明政體自昇元中至保大之初便蕃

密勿有犯無隱門絕私謁出則詭辭獨見先覺邈然靡及政先古義而時方尚權論舉大體而人工捷給彼衆我寡故不能克主恩方重莫果歸田之心世路未夷竟鬱濟時之用恥爲狷介之行以邀皦察之名畜伎樂飲醇酒怡然自得聊以卒歲啟手足之際無呻呫之聲古之達者正當此耳丕以名法之學獲選邱門固非良史之才曷記賢人之德庶爲實錄以俟易名謹狀（此文與門生樹丕作）

文獻太子哀冊文

維顯德六年太歲己未九月癸卯朔四日丙午文獻太子薨於東宮延春殿以其年十有二月壬申朔十三日甲申遷座於文園禮也象輅差階龍樓向曙肅仗衛以將引儼鐏罍而不御主上感深守器念極賓天痛玉符之靡名悲銀牓之空懸詔下臣於信史載盛德於瑤篇其詞曰

於昭我唐誕受帝祉舊邦維新令問不已亦有積慶載生賢嗣平王之孫吾君之子越在綺紈芳若蘭蓀綠車表慶寶玉疏恩東平錫壤南昌啟藩耆老諮訪邱墳討論文以行禮時然後言敬愛表於天性信厚由於自然運屬重熙地惟明兩古尚達節吾先德讓剖符分陝居東作相封燕

禮縟副戎業廣績著保釐道高寅亮敬亭南屏浙水東馳是惟關輔以衛京師乃移節鉞建此藩維擇其令典導以由儀仁薰俗厚化洽風隨國步中艱文身怙亂鎮以高卧制之長算取彼鯨鯢戮爲京觀吳門載同輿詞協從天之眷命我豈矜功乃正皇統斯惟至公爰撫軍而監國亦納揆而登庸業彌盛而學彌廣望益高而禮益恭不言而信有感則通多壘以之而罷警四門以之而除兇反淳和於國儉致符瑞於年豐天亦難諶胡寧不惠枉矢流蒼震之野火耀奄前星之次捨內豎之問安進浮邱而把袂九重

增慟萬邦銜涕冥茫少海之波寂歷洊雷之肆嗚呼哀哉感神飇之遠至嘆芳歲之云徂違太學之齒冑啟佳城而下居建采章於綱纁儼備物於塗芻經武帳之崱崺據青龍之鬱紆嗚呼哀哉苦霧閉塗窮陰殺節重雲之旭日如晦大壑之層冰似雪指京口而不臨背都門而永訣萬目愁而旆旌慘羣心感而笳簫咽嗚呼哀哉瞻檻山之落木聽元圃之迴風臺思子以何極宮長男而遂空集荆門之故吏會商嶺之悲翁淚淋浪而灑袂氣怨結而盈胷嗚呼哀哉歷邃古以遐觀考令猷於三善執仁孝之昭著復功

名之丕顯惟筆史與毗頌配長天而日遠寧騁麗於東田豈較能於文選嗚呼哀哉

齊王贈太弟哀冊文 代喬侍郎

維年月日天策上將軍太師尚書令臨川牧齊王薨於臨川府之正寢主上追先皇付託之意表叔父遜讓之風乃下明詔冊贈太弟卽以其年十一月日葬於江州某縣某鄉廬山之原從理命也綃幕夕陳虞歌曉引改兆園之賓館設龍樓之梐楯閒靈儀以愈遠窮哀端而靡盡愴永恨於宸襟俾誕揚於令問其詞曰

皇天眷佑錫唐良輔時惟宗英裔自文祖孝悌敦愨機神穎悟昔在中興爰當就傅申畫宛水錫茲茅土德望日躋邦家是毗鈞陳宿衞宮籥攸司於惟淮甸實始皇基導之以禮董之以威俗賦甘棠之頌人歌樂職之詩運屬繼明業隆二聖首輯瑞玉來參大政乃爲左相其班上台乃封夏口其賦千乘赫矣元后忝哉古風不私其子天下爲公並命叔仲奮茲顯庸或踐我舊藩或陟爾青宮辭不獲命處之益恭晉鄭之勛推而更融臧札之操久而彌崇若泰伯之讓異周公之東京江汝水旄節從容皇統既正靈符

允答國步清謐羣生欣洽復大道於三台永文昭於萬葉越我嗣君尊尊親親極以呂望之高位崇以貞觀之舊稱賜書不詔贊拜不名曰予小子實繫叔父維藩維翰宗社之故永錫難老日新王度謂天蓋高命亦靡常台階隕宿河月沈光慟東堂之哀臨輟南國之春相與聖賢而共歎獨天地之何長嗚呼哀哉知生若寄臨凶闕奢於蜃炭舉士庶而均哀頌聲歎於無聞嗚呼哀哉歸虎節於王府靡鑾旌於雉門閒西園之風月慘緱嶺之煙雲象輅迴兮遵塗遠歸帷整兮逝水奔賓友散兮霰雪積巾箱故兮經籍

殘。嗚呼哀哉。身歿壞存。道悠運促。贈今日之典冊。閟當年之寶玉。全大義以經國。激清風而被俗。昭遺烈於千齡。寄元堂於陵谷。嗚呼哀哉。

光穆皇后謚冊文

維年月日。嗣國主臣某再拜稽首言。臣聞體厚德而毋萬物。存乎尊位。騰耿光而蕃百世。繫乎鴻名。繼統廣業。莫斯爲重。顧惟小子。慚忝貽謀。對越祖宗。敢揚公議。伏惟大行聖尊后姜任顯族。皇英茂德。作合元聖。長發祥符。秉婦禮於儲闈。正嬪則於四海。孝心天賦。惠問川流。祚啟重熙。尊

歸理內。率循陰教。欽若皇猷。順承利坤元之貞。輔佐流周南之化。慈撫公族。仁懷六宮。清淨廣於眞風。戒愼刑於外戚。用能永錫繁祉。宏濟多難。保佑沖人。克荷丕緒。某仰繄慈訓。方恢景福。靈臺告祲。永樂長違。罔極之懷。觸緒荒殞。恭惟尊名節惠之典。載考儒臣禮官之稱。咸以爲光大孝悌之懿。肅雍賢德之盛。昭映前烈。垂示無窮。列辟承式。弗敢失墜。謹奉玉冊琮寶。上尊謚曰光穆皇后。伏惟威靈如在。鑒茲縟禮。延九廟之積慶。與二儀而長存。嗚呼哀哉。謹言。

告天地文

臣以寡昧。叨嗣慶基。對越上元。申養長樂。側身恭己。靡敢荒寧。而聖尊后自夏秋已來。寢膳違豫。醫藥備竭。禱祠必至。數月於是。有加無瘳。憂勞之誠。不知所措。敢陳蠲潔。仰告威靈。伏惟精懇上通。元恩錫佑。哀臣烏鳥之志。憫臣欒棘之心。使六氣惟和。百祥薦降。冀於旦夕。速就康寧。臣內顧眇躬。弗明於道。方深慈訓之益。欲報劬勞之恩。烝烝之懷。區區於是。黷瀝肝膽。以俟鑒臨。

祭世宗皇帝文

稽古靈命。造圖伊始。聖人既生。萬物咸理。元功格而高謝。令問垂而不已。通玉帛於無外。執豆籩而萃止。蓋百代之不易。言皇猷之至美。恭惟盛德。乃聖乃神。爰初纘服。舊邦維新。瞻顧函夏。實始經綸。三驅示禮。四載彌勤。濟之以武。守之以文。降鑒回慮。全國庇民。既戢兵而禁暴。或服義以歸仁。功成理定。返樸還淳。羣賢在位。百度惟貞。方將致宣王之薄伐。焚老上之龍庭。還師衽席。檢玉云亭。何祝壽之無感。忽綴衣之在辰。嗚呼哀哉。神祔軒邱。化流南國。率感義以孺慕。共銜哀而腷臆。日月以之匿曜。烟雲爲之改色。

痛輯瑞之長違恨攀髯而不得嗚呼哀哉永惟下國獲嗣餘基奉天光而不早順文告以何遲仰霆電之震以警其失賴陽春之澤以赦其迷既賓禮之加厚亦恩情之過私大信有千齡之固承歡無再稔之期覽訃書而慟絕捧遺賜以漣洏嗚呼哀哉集同軌於七月遏八音於四海喬山之冠劍長掩灞涘之川源不改敢薦忠信敬陳脯醢庶有感而必通願降神而如在

祭文獻太子文

粵惟上天降鑒我李文昭武穆神孫孝子赫矣謨訓昭哉

圖史以濟時屯以永千祀恭惟盛烈仰屬尊靈惟精惟一克長克君有信厚之風以睦公族有孝敬之德以奉天經避寵崇讓以正流俗主留分陝以樹風聲惠下之政爲民慈父平戎之際爲國長城聳多士之耳目煥萬古之丹青儲闈既正鴻猷允塞雖主器而納揆更承顏而養德四海無波百官成式光昭興運允答靈心宗祊之所託者重蒼生之所望者深何國步之已泰忽神儀之永沈陽光爲之而晝晦萬籟爲之而哀吟惟恩信之所洽孰憂傷之可任某等迹備三千義深凡百或選自朝廷或仰由推擇或方列於宮府或常陪於賓席分曹著位有先後之差辱顧推誠無高卑之隔徒歲月以滋深愧涓塵之靡益今也徒御分散軒墀閴寂摧傷於望苑之前慟絕於華池之側實邦家之不幸豈臣吏之空悲嗚呼哀哉寢園斯啟遠日將從儼象輅以帷白建鸞旗而旆紅聽寂歷以無覩視杳冥而遂空撫躬弔影涕雨號風敢寓誠於籩豆庶寫恨於心胸願賓天之下降鑒永慕之無窮嗚呼哀哉尚饗

與中書官員祭江學士文

維年月日廣平游簡言隴西李貽業清海張緯東海徐鉉

謹以清酌庶羞之奠敬祭於故翰林學士江公君章之靈眇眇元造茫茫萬有若明若晦爲夭爲壽顏子不幸仲宜無後豈同槩之能量實令名之不朽惟公之生俊德高名一日千里三頃五城乃邦之彥乃時之英藹然臺閣存此風聲惟公之沒音容倏忽二子繼夭高堂結髮有女垂髫摧心裂骨門館秋風階庭夜月哀從中來云誰能遏簡言固陋夙奉光塵廟朝之舊豈無他人西垣竝入禁署相因二十年中心同道親曾無間隙靡或緇磷貽業不才依仁仰德晚獲同舍因成近戚形忘累遣情深分密杯酒痛飲

光陰一擲。豈料歡遊。遽分。今昔。緯在三川。論交早年。才力工拙。詞場後先。與之聲價。借以騰騫。徒欣踐迹。敢曰差肩。他鄉胥會。舊分依然。倍成感嘆。轉奉周旋。鉉實後生。幸爲同族。聯事之好。友于之睦。以道相許。以義相勗。官路迍邅。天涯遺逐。千里關山。他鄉心曲。自帝里連歸。周行並復。稅駕未安。捨我何速。嗚呼君章。魂遊何方。非巫陽之可招。非祖洲之可望。平時笑語。舊日顛狂。何夢覺之不識。何悲歡之不常。惟四友之分義。成終天之感傷。雖山公之無託。豈延陵之可忘。有肴在御。有酒盈觴。死生之會。終於此堂。願

公如在。來爲我嘗。長號有慟。迸淚無行。薄奠云畢。哀情未央。嗚呼哀哉。尚饗。

祭韓侍郎文

維開寶三年太歲庚午九月己亥朔七日乙巳。東海徐鉉。謹以清酌庶羞之奠。昭祭於故中書侍郎贈相國昌黎韓公之靈。天佑下民。必生賢人。數有治亂。道或亨屯。君子處之。全名保眞。窮不易節。達不私身。嗚呼明公。與道爲鄰。其本也忠。其動也仁。折而不撓。屈而能伸。懋此成績。揚於王庭。名聞天下。道合明君。宜若張公。上應台星。宜如衛武。享茲百齡。如何不淑。與世同塵。城郢遺忠。感深紫宸。黜妻之衾。賜從御府。季子之印。佩入泉扃。知與不知。孰無悲辛。嗚呼哀哉。某惟不佞。早奉光容。傾蓋之交。繾綣相從。公之知我。如我知公。何義不協。何言不同。寧懼觸鱗之忤。豈防嬴角之凶。先號後笑。無初有終。霰雪既消。陽光乃融。海郡山城。幾憐煦沫。南宮西掖。近見摶風。豈主恩之可報。幸吾道之非窮。今也歲月遒邁。悲歡一空。平生氣宇。夙昔心胷。極視聽而無所。與造化而冥蒙。露泫門柳。霜凋井桐。物感於外。悲來自中。生芻表德。絮酒申恭。願貞魂之降鑒。庶丹懇

以斯通。

祭王郎中文

維年月日。朝議郎行祕書省祕書郎直門下徐鉉。謹以庶羞之奠。昭告於故郎中丈人之靈。惟公立身行己之規。理職奉公之節。聞於士友。著在官司。今以銜悲。豈容繁述。伏思頃歲。獨奉深知。獲承子妻之道。追序通家之舊。邑和二族。出入十年。情不間於初終。義實敦於骨肉。去歲天恩舉善。右掖登賢。幸以王事。僅同省垣。不隔陪侍。靡違於旦夕。興居常在於見聞。雖無光益之期。且慰因依之望。豈謂悲

歎迭代光景須臾才周旬歲之間奄搆終天之痛追攀靡及哀慕何窮嗚呼哀哉昨聞訃之初方當卧病不得親臨易簀躬奉遺言徒掩淚於漳濱但痛心於夜壑嗚呼哀哉家存餘慶念屬帝心有後之期自符公議不孤之任豈在他人嗚呼哀哉故國方遙良時未卜王畿寓殯遠日將臨霧昏而丹旐悠揚日落而繐帷蕭索涼風助慘行路同悲瞻望靈筵酸辛無地敬陳薄奠少道深懷髣髴明靈一賜臨降尚饗

祭劉司空文

惟靈氣稟沖和志推廉潔白璧蘊乎尹之美朱絃含清越之音操行純深性克全於天爵襟懷宏遠譽早播於人聽頃自奮迹清朝策名近侍既保後凋之節終諧貞退之心道因損而益光名以謙而更著優游自得忠孝歸全求之古人我復何愧某等幸承事舊況預姻連眷分過私襟期莫逆歷歲時而彌固經夷險而不回挹淡水以無厭仰高山而何極今則佳城將啟遠日有期光容有隔於重泉醆斝聊申於薄奠仰惟貞魄俯鑒丹誠尚饗

欽定全唐文卷八百八十八

徐鍇

鍇字楚金與兄鉉齊名事南唐嗣主爲祕書郎授右拾遺集賢殿直學士忤權要以祕書郎分司東都復召爲虞部員外郎後主立遷屯田郎知制誥集賢殿學士及貶制度改拜右內史舍人兼兵吏部選事開寶七年卒年五十五贈禮部侍郎謚曰文

奉和送鄧王二十六弟牧宣城詩序

敦牂御歲蓐收宰時鄧王受詔鎭於宣城之地離宴既畢

推轂將行時也宵露未晞涼月幾望苑柳殘暑宮槐半晴滄波起乎掖池零雨被於秋草皇上以敦睦之至聽政之餘逍遙大庭顧望川陸理化風物詠謝安高興之詩登山臨水嗟騷人送歸之景暫軔征軸宴於西清蓋所以申棣萼之至恩徵文章之盛會也綠簧輟奏惟擲地之鏘然組繡不陳見麗天之煥若將使宗英臨務知理俗之以文朝宰承恩識太平之多暇然則明明作則敦敘之德無疆濟濟維藩夾輔之功何已有詔在席進叙及詩下臣不敏職當奉詔謹賦詩如左

曲臺奏議集序

三代之文既遠，兩漢之風不振，懷芬敷者聯袂，韻音響者比肩，子虛文麗用寡，而末世學者以爲稱首，兩京文過其心，後之才士企而望之。嗟夫！爲文而造情，汚準而粉額，若夫有斐君子，含章可正，和順積中而英華發外，周旋俯仰金石之度，彰摛簡下筆鸞鳳之文，奮必有其質，乃爲之文，其積習歟？何其寡也。有能一日用其本者，文遠乎哉？我欲仁，斯仁至矣。穎川陳表用，今爲晉安人也，徧讀七經，尤明三禮，蟠極造化之說，升降損益之文，從之不煩於輜車，蓄

之殫盈於腹，罰發爲詞令，文之本歟。昔之自遠而至者，陸機以詞章言讌秀，以隱論顯，況以禮律者，動足之蹊徑，幹局者爲政之權衡。自入朝爲太常博士八年，動而不阿，靜以有守，議之所及，書辭無煩，禮者所疑，援經以對，酌於古而無悖，施於今而易行。君雖急賢，位未充量，道有悠久，豈終否哉？觀其條奏簡墨之文，探索比詳之說，證古者不訐，救時者不諛，簡而周，約而舉，信守官之善作，伸道之名言，知余直筆，訪余爲序。保大丙辰歲六月一日，於集賢序之。屯田郎中知制誥徐鍇述。

陳氏書堂記

古之學者，家有塾，黨有庠，術有序，國有學，此繫乎人者也。聖王之處士也就閒燕，孟母之訓子也擇鄰居，元豹隱南山而成文章，成連適東海而移情性，此繫乎地者也。然則稽合同異，別是與非者，地不如人；陶鈞氣質，漸潤心靈者，人不若地。學者察此，可以有意於居矣。潯陽廬山之陽有陳氏書樓，其先蓋陳宜都王叔明之後，曰兼，爲祕書少監，生京，給事中，以從子褒爲嗣，至鹽官令，生瓘，至高安縣丞，其孫避難於泉州之仙遊，生伯宣，著史記，今行於世。昔馬

總嘗左遷泉州，與之友善，總移南康，伯宣因來居廬山，遂占籍於德安之太平鄉常樂里，合族同處，迨今千人，室無私財，廚無異爨，長幼男女，以屬會食，日出從事，不畜僕夫隸馬。大順中，崇爲江州長史，乾寧中，崇弟勛爲蒲圻令，次弟玫本縣令，能嗣其業。如是百年，勛從子袞本州曹掾。我唐烈祖中興之際，詔復除而表揭之，旌其義也。袞以爲族既庶矣，居既睦矣，當禮樂以固之，詩書以文之，遂於居之左二十里曰東佳，因勝據奇，是卜是築，爲書樓堂廡數十間，聚書數千卷，田二十頃，以爲游學之資，子弟之秀者弱

冠以上皆就學焉自龍紀以降崇之子蛻從子渤族子乘登進士第近有蔚文允出焉曰遜曰範皆隨計矣四方遊學者自是宦成而名立蓋有之於戲文如麻菽求焉斯至道如江海酌焉滿腹學如不及仁遠乎哉昔北海有邴鄭之風離騷有江山之助者皆古也門生前進士章谷嘗所肄業筆而見告思爲之碣會陳氏之令子曰恭自南昌掾入仕至都下因來告別援翰以授之時太歲己巳十一月九日記

先聖廟記

昔夫子稟天地之靈膺期運之數體山岳之成形合堯禹之宏度跨三五以傑出邈千載而高步豈惟民哉泰山之於丘垤鳳凰之於飛鳥也然而日月有薄蝕之運生民有淪胥之期老聃已逝蹈流沙而不返文王既沒顧天下而誰宗是以則天以化民屈已以濟物使夫子志在於爲君也則當假道百里因基一成受祿以有民逆取而順守然後革命創物錫土苴茅布子姓於九州班正朔於四裔因王法以行禮假號令以濟人然而不屑意者以爲堯湯既遠武有慚德樂則有司失其傳禮則孟孫病其儀風俗崩弛皇綱解散是以周流天下遑遑列國一車二豎疑訪萇宏而觀周廟四科十哲昭日月而播微言假陪臣以尊周公修春秋而正王室匡輔元精陶冶情性因國風而正樂順人情而定禮萬物既治我無位焉此則夫子所受老子之元言老子所以釋負而去之之義也至夫載贄諸境濡足當時止璠璵而救季孫斬侏儒而存魯國故令君臣懸解井樹不刋而地靡立錐權輕飛羽諭醯雞於道室譬喪狗於東門野餉弗糝門徒菜色坐席不煖炊突不黔其利物也甚豐其爲己也至約是以子貢有言夫子賢於堯舜

遠矣豈不謂然乎夫近道者道亦近之遠道者道亦遠之是以七國冰解嬴秦灰滅所以夫子欲見於衞妃諸生發憤於陳涉有由然矣漢高甚武心涵帝度爲舊君而祖哭望魯國而輟攻受天明命將半周室其遺言祠祀也則自闕里而徧寰區出壁中而寶東序蓋帝王之崛起大數之中興焉夫子非求祀於人而人皆祀之非衒書於人而人爭售之自非大庇生民其孰能至於此聖曆中否羣雄大馳衣冠禮樂不絕如綫聖皇紹祚文思累洽掃大學之煨燼編羽陵之蠹簡濟濟焉煌煌焉民德歸厚矣猶慮隈隅

末潤。蓬艾未光。慎彼觀風。敬茲有土。保大壬子歲。以樞密院副使兼尚書吏部郎中李君徵古有幃幄之效。克定之謀。俾守於袁。下車視事。解甲息兵。巡省農功。周行廬室。以爲導化有本。振葉由枝。而孔廟頹替。誦堂風雨。顧禮器而絕悳。振儒衣而凄泣。於是攷圖牒。徵碑版。蓋天寶中太守房公琯始立廟於州城北門之外五十步。乾元中太守鄭公審始移之。會昌中又遷於州東。大中中復於房公之卜。不常厥所。於今四遷。乃永莫陵次。大興力役。糞牆俱墁。非宰我之難朽。壞屋可炊。知顏生之不惑。迴廊月照。接武雲

征。洞戶靜深。重簷奄靄。徽兩楹而正坐。儼四科而列侍。如嘗不寢。似欲無言。植以美林。綷以藻泳。靈衣兮披披。華藻兮蘘蘘。黍稷兮芳。籩豆普淖。解危冠於季路。見繪事於卜商。足以目擊而道存。不言而心喻矣。昔魯恭壞宅於舊國。廬陵伐木於孔門。金石爲鳴。父老歎息。然則夫子之道。得其人而後行。文翁之風。感於心而自化。是以袁江之上。袁山之阿。朝爲崆峒。夕成洙泗。用此道也。若夫數孔業而無祠宇。是猶棄筌蹄而待貌。叩寂寞而求音。盛趨翔而無至心。是猶依猨狙爲周公。假詩禮而發冢也。是以李君炳筠川之靈。錫鍾陵之秀。行出鄉里。名聞京師。題橋以起。途懷綬而返國。昔之去國而衣錦者。蘇秦無守土之實。終軍無表里之名。君之兼總。其稽古之謂。故分符之際。勅改君筠州萬載縣所居高侯鄉高城里曰懷舊鄉孕秀里。君又以私財百萬代其鄉輸稅。增閭里之氣。爲儒者之華。功成不居。無待刊紀。而庠序之作。所以獎善懲惡。託予敘述吾師也。故爲之記。至其過寇虐。浚溝湟。則有底績之司。書勳之府焉。唐保大癸丑歲正月二十日廟成之日也。

義興周將軍廟記

君字子隱。義興陽羨人。晉鄱陽太守魴之子。少而跅弛。任俠自處。不護細行。鄉人以爲暴焉。嘗感父老之言。以南山之虎。長橋之蛟。并己爲三害。於是入山殺獸。既而搏蛟。浮沈三日。竟斷之而出。初里人以爲君之沒也。室家相慶。既出。始知人患己之深也。乃入吳尋二陸而師之。學成義立。以忠烈自處。朞年而州府交辟。嗟夫。觀過知仁。則向之所爲。非巨惡矣。吳末爲無難督。及王渾平吳。置酒高會。謂吳人曰。諸君亡國之餘。得無戚乎。君曰。漢室分崩。三方鼎足。魏滅於前。吳亡於後。亡國之戚。豈獨一人。渾有慚色。荊楚

之烈氣淩太原兵滅之餘折而不撓及爲廣平太守積紀滯訟決之一朝君之果也於從政乎何有以毋疾罷歸爲楚內史徵拜散騎常侍君曰古人辭大不辭小乃先之楚化行俗易然後從徵及居近侍多所規諷遷御史中丞糾劾不避寵戚梁王肜違法君深文按之齊萬年反權臣惡君之強直以君討之移孝於忠有死無二賊箠之曰周君才兼文武若專斷而來不可當也如受制於人此成擒耳嗚乎盍有道焉其知之矣及六陌之役梁王爲帥軍人未食肜促令進而絕其後繼君自知必敗賦詩曰去去世事

已策馬觀西戎藜藿甘粱黍期之克令終言畢而戰自旦至暮斬首萬計弦絕矢盡而援不至左右勸之退君以爲鑿門而出義不旋踵遂歿焉夫梁王以宗戚之貴義兼家邦非不知良材爲國之所憑蓋利欲之誘深而愛國之情淺也而況慼慼羣品安足言哉由是而害君之所按非深文也夫奸臣之與直士其不合有三佞直不同嗜好亦異一也邪正相形才望相絕雖欲企尚不能效之撫心內愧遂成讎惡二也以小人之性度君子之心以爲善人之進必來排已三也有此三者至於反兵賈人既殞遂及於國夫剖巢破卵鳳凰不翔殺犨損犢聖人亦逝將軍既歿此西晉之所以淪胥也二子繼德此東晉之所以光啟也君既除害鄉里稱之又嘗著陽羨風土記則精靈所留遊盼有在矣鍇以癸亥奉詔爲祠官東禱山嶽歷將軍之廟貌想先賢之高風周旋徜徉欲去不忍惟君之見危授命當官必理雖百代之王者願以爲臣焉郡縣既以時致祀敢即其圖像而爲頌曰

深山大澤實生龍蛇左湖右瀆君子之家烈烈周君國之爪牙梁摧國圮命也如何越在童齔所游非類見善則遷

過而無遂眈眈白額攫肉朱殷矯矯長蛟噴沫飛涎摧斑碎掌潤草丹川無文曷行不學將落褰足時彥見機而作學成德備數我王庭所居成政所歷傳名敏而應敵正以持傾亦既霜臺糾斯強禦自親及疎何吐何茹翩彼權倖假國之威妒賢醜正言遂其私取彼賢人委之豺虎君實致身曾無二慮恭聞仙誥惟忠是與仰料將軍解形而去遼東千歲歸鶴來翔威加四海魂魄還鄉矧茲蘋藻在渚之陽斯文曷補實德無疆

茅山道門威儀鄧先生碑

原夫性與天道。夫子祕而不言。神之格思。詩人謂之難度。況乎窮幽極奧。鍊氣陶形。而庸庸之徒。交臂於遺金。爽口於緣鵠。涂窮於缺鬵。智極於轉丸。奔馳莫逢。視聽莫見。眞人隱而下士笑者。又焉足怪乎。宏之在人。可得而言矣。故茅山道門威儀鄧君啟霞。字雲叟。其先南陽人。今爲丹陽金壇人也。開元時有鄧天師者。道簡上聖。屈乎下風。光國垂勛。隱景遁化。君卽其後也。祖諱文。考諱章。皆不仕。君性理和敬。神識宏深。咸通元年。始詣茅山太平觀柏尊師道泉爲弟子。方羇丱。六年。乃披度爲道士。十二年。詣龍虎山

十九代天師參授都功正一法籙。乾符三年。詣本觀三洞法師何先生元通進授中盟上清法籙。何卽桃源黃先生洞元之弟子也。與瞿仙童爲同學之友焉。其源流隱顯。著自前聞。固非末學所能談悉。天祐四年。吳太祖旌別元異。始加簡署。尋爲本山道副。九年。爲山門威儀。再賜紫服。華陽洞天。仙聖游集。太平觀卽太宗文皇帝爲昇眞先生之所立也。雖神眞所處。杳以靜深。而外迹繫時。與之崇替。中和之際。寇盜星馳。人力所爲。蕩焉將燼。世之後學。無所式瞻。君誓高日月。誠貫金石。周流勸諭。力與志并。人物感其精誠。神明助其尋度。荆棘隕摧。並爲芝丹。鴟梟革音。復見鸞鶴。像設嚴毖。垣極輪奐。其所經始。三百餘間。山樓所須。田疇帑庾什器等。率皆稱是。夫紫蓋兆於建業。茅山連於金陵。君之纘修靈境光復。而有唐中興之業。亦自此而基。神理幽通。不期而會者矣。義祖武皇帝作鎭江表。特加禮異。至誠所啟。罔有不從。是以力役復蠲。樵蘇有禁。梁懷王藩屛浙右。親圖寫其像焉。君旣拱此元珠。輕其尺璧。內以宏道。外以成人。貞素先生王君。理解清深。牆宇高嶷。未嘗不攝齊捧袂。虛往實歸。舒其憤悱。致於夷曠。偏得其道。以

居京師。君於世學。多所精詣。體此敏博。沖而用之。旣居其實而去其華。養其內而遺其外。故不復爲稱矣。夫流光迅馳。道俗同在。若竝轡半嶺。而升降則殊。及夫百齡有窮。萬物將蛻。衆自此淪厭。君自此躋升。眞俗之間。由是而判。幽冥恍惚。昧者不知。春秋八十有五。太和四年。歲在壬辰。解化於山門。君所傳經籙。昭顯於時。則故元博大師眞素先生王君棲霞。惠和大師康君可久。茅山威儀王君敬眞。麻姑山威儀王君體仁。表歎大德賜紫安君光美。左街焚修大德張混成。廬山道副重安寂。竝被國寵。翊於道風。入室

弟子故太平觀都監陳修一陳守一今茅山都監主教門事表歎大德鄧棲一監觀倪宏一等竝隨其性習閒參道要山門教宇棲一有其勞君遺世雖遙貞石猶缺眞迹未勒門人懼焉鍇之蒙淺雖晚聞道昔嘗逮奉貞素伏申之敬貞素之上清門人今右街章表大德劉君德光爲啟霞之友鄧君棲一因而見托故鍇不爲讓焉其銘曰

大道汎兮物無不在人代有徹眞風無改於鑠鄧君情遺所宰惟道是求惟道是采脫落畎畝超登雲海天作茅峯人作堺墉君始從師逸而功倍教法遙邈君能復之一匡

輪迹允洽昌期君既往矣誰能嗣之弟子棲一承茲道基敬仰高風刻石爲碑俾爾後學高山仰之

樂史

史字子正撫州宜黃人仕南唐官祕書郎入宋太平興國五年復登進士歷水部員外郎使兩浙巡撫判西京留司御史臺卒

僊鵝池祈眞觀記

崇仁縣古巴陵之府隋開皇中降爲縣縣之西北有祈眞觀者山水迴合實列仙之攸館歲月奄謝碑石摧於兵火置觀之由不吾知也其所聞者耳目相接傳云太和年中住持道士杜仙興嚼玉蕤嗽金髓燒五色藥望三素雲本郡杜使君師仁聞其名就觀修黃籙齋忽有仙鵝七隻下門外池中因是名曰仙鵝池逮仙興羽化僊磬響沈玉宇琳房鞠爲茂草至保大初有道士劉道肱者亦精嚴法籙之流耳言慕幽迹賁然來思繇是斤斧雲峯放出杉松曾不崇朝化爲靈宮紫篁清節一皆新之噫能拂淒凉之地重爲朝禮之庭若非修道之輩孰至是哉悲夫自太和中至乾德初約四百十載而仙鵝一去池樹毿毿晴山似畫

著水如藍非靈羽有不願之心蓋人世無至誠之感乾德元年歲終癸亥四月彭城劉司直元載字簡能好奇之名士也製錦是邑詢故事得仙鵝之實翌日焚香覲靈禽之來願言之抱如影隨形是月十八日有仙鵝二百餘隻萃於觀之松篁一鵝殊偉若蜂蟻之有王皆玉衿絳趾丹嘴霜翎不飲不啄宿而後飛二之年四月二十三日三之年四月二十八日有百餘隻而至於時五月初二忽羣飛於縣邑盤旋久之如留戀焉是歲劉君自南宮承制經於舊邑稅駕祈眞東之佛舍明日有仙鵝五十隻於池南自茲

一去又隔三年迨開寶三載歲在庚午四月十九日有仙鶴三十隻現於池北於當月二十五日又百餘隻過於郊郭時扶風馬司空憲絃歌此邑馬君湘潭玉葉好事之君子也亦嘗命駕祈眞祈禱眞迹果一月中仙禽兩現余家於邑中熟諳本末已曾爲簡能撰仙鶴記甚得詳悉今請告南歸道肱又以觀記見請不可不重道仙鶴之來去矣昔杜師住之日仙鶴少今劉師住之日仙鶴多由此而論劉之道緣優於杜也又念巴水之地名迹實繁自觀之東抵縣縣有景雲觀則蕭子雲侍郎書牌額之所觀東北接

五峯山山前有百鳥湯觀之北近高富山山前有過至孝墓子惜其少於傳記恐隙駟不留將來之人不得知矣今染翰之次得以畫而附焉甚愧不文直書其事云耳

唐景雲觀碑

景雲觀者皇唐景雲年中所建也在崇仁縣西北隅巴山翠其檻巴水潄其門山水周遮松蘿堆擁士君子賞爲神仙之勝跡斯言不誣矣予家於觀之北童稚時聞耆老傳云往時觀碑額故將新之因中元節衆道士推能書者明日染翰是日晚有一道士形容羸衣褐荒栖栖焉人皆不物色自言攻篆隸請書之衆口譁然而阻截迨夜參半其道士於堂中張燈火動筆硯大書門扉上景雲觀三字有未睡者潛觀焉遲明觀其筆力遒健光彩射人目於時令佐至嘆訝者數四雖覺異人發問未暇請於新碑更書之而辭不能也齋罷告行行至三門令佐暨諸道士隨而且留自言曰吾是蕭子雲衆拜之舉首不見於是拆其門扉緣飾爲碑至危太傅全諷爲川將時人移於黃田寨上失之得非神仙之物容易而難留子雲者梁黃門侍郎於玉笥山得仙矣先有大鐘一牌額雖後一夕風雨亡異時捕

魚人見在觀南溪潭中取之不獲今有小鐘一存上題開元二十七年鑄又有香爐一上題許眞君名號傳云眞君化身來捨歲月將永事不可尋今雖已亡又不可不存其梗槩觀之屋宇自黃巢擾劈之際已赴灰燼今堂殿樓臺尚殘基址因知昔時締構壯麗不無泊後雖曾完葺具體而微一片衡茅四時風雨王孫之草幾犯於階庭金母之桃半歸於樵採顯德年中彭城劉司直元載慕道之高士也宰是邑惜其名迹無人尸之乃名請道士蔣道元者住持道元門傳金籙力學玉書不以艱難破其心不以荒凉

役其意一味焚修俟其振發予昨自班行南歸故園每行樂於觀之溪岸道元以觀中元無碑記便以斯文見請且曰恐神仙之踪跡不聞於後人矣予聞斯言意甚嘉賞況居近仙館素欲揮翰今既會宿心得以直書其事乃爲銘曰

巴山四瞰巴水東流景雲觀者在巴水頭景雲年立仙境最尤有蕭子雲本梁公侯把琉璃盌上鳳麟洲鳳麟爲駕駕言出遊觀額將故道士云修遇我蕭侯書蹤夜留組繡光動龍蛇勢浮鳥啼花落歲月悠悠僊人銀鈎罹亂誰收

空餘古觀松蘿一邱松風瀏瀏松雨颼颼古鐘尚存仙爐亦休道士好事恐墮其由請我揮翰金石千秋

欽定全唐文卷八百八十九

王宗佶

宗佶本姓甘氏洪州人蜀先主王建養子以軍功累遷武信軍節度使天復初充扈駕指揮使進太師封晉國公後爲樞密使唐道襲所搆先主命撲殺之

上蜀高祖表

臣官預大臣親則長子國家之事休戚是同今儲貳未定必生厲階陛下若以宗懿才堪繼承宜早行冊禮以臣爲元帥兼總六軍倘以時方艱難宗懿沖幼臣安敢持謙不

當重事陛下既正位南面軍旅之事宜委之臣下臣請開元帥府鑄六軍印征戍徵發臣悉專行太子視膳於晨昏微臣握兵於環衛萬世基業惟陛下裁之

王宗儔

宗儔蜀先主王建養子累授天雄軍節度使兼侍中乾德三年擢山南節度使充西北面都招討行營安撫使以後主王衍荒淫憂憤卒

李延名投狀乞免役事佛判

雖居兵籍心在佛門修心於行伍之間達理於幻泡之外

歸心而依佛化。截足以事空王。壯哉貔貅。何太猛利。大願難阻。眞誠可嘉。准狀付本軍除落名氏。仍差虞候監截一足訖。送眞元寺收管。灑掃焚修。

馮涓

涓字信之。婺州東陽人。登大中四年宏辭科進士。起家京兆府參軍。昭宗時官祠部郎中。擢眉州刺史。蜀主分藩西川。表爲節度判官。歷官至御史大夫。卒。

爲蜀王建草斬陳敬瑄田令孜表

開匣出虎。孔宣父不責他人。當路斬蛇。孫叔敖非因利己。專殺不行於閫外。先機恐失於轂中。臣輒行閫制。處斬訖。

諫伐李茂貞疏

臣聞興師者。殘兵力。虛府庫。弊羣畜。損弓甲。衰農桑。動德義。興詐僞。故損國害人。莫先於用兵也。方今梁王朱全忠霸盛強據兩京。料其先取河東。河東梁之敵國也。勢不兩立。儻一處爲雄。率天下之衆。一舉西來。縱諸葛重生。五丁復出。無以泥封大散。石鏁劍門。今秦庭實蜀之巨屛也。去其屛窺見庭館焉。莫若與秦王和親。稍稍以麻布茗草給之。不傷於大義。濟之以小利。蜀但訓兵秣馬。因敵料強。足可以保天祿於三川。固子孫於萬葉。潛令公主探其機密。窺彼室家。俟便攻之。一舉而獲可也。

諫用兵疏

古之用兵。非以逞威暴而肆殺戮。蓋以安民爲先。豐財爲本。湯武無忿怒之師。高光有魚水之士。故能應天順人。弔民伐罪。今自土德云衰。朱梁逞虐。雍都洛邑。盡是荆榛。江南山東。各有割據。鬬力則人各有力。用兵則人各有兵。陛下欲以一方之強。舉萬全之策。臣恐陛下之憂。不在於秦雍。而在於肘腋之下也。

韋莊

莊字端己。見素之後。乾寧中登進士第。爲判官。擢左補闕。蜀主爲西川節度副使。昭宗命莊宣諭兩川。遂留蜀。掌書記。尋擢起居舍人。爲安撫副使。蜀主開國。進左散騎常侍。判中書門下事。累官至門下侍郎吏部尚書同平章事。武成三年卒。謚文靖。

乞追賜李賀皇甫松等進士及第奏

詞人才子。時有遺賢。不霑一命於聖明。沒作千年之恨骨。據臣所知。則有李賀皇甫松李羣玉陸龜蒙趙光遠溫庭鈎劉德仁陸逵傅錫平曾賈島劉稚珪羅鄴方干俱無顯遇皆有奇才麗句清詞徧在詞人之口銜冤抱恨竟爲冥路之塵伏望追賜進士及第各贈補闕拾遺見存惟羅隱一人亦乞特賜科名錄升三級便以特勑顯示優恩俾使已升冤人皆霑聖澤後來學者更勵文風

爲蜀高祖答王宗綰書

吾蒙主上恩有年矣衣襟之上宸翰如新墨詔之中淚痕猶在犬馬尚能報主而況人之臣子乎自去年三月東還連貢二十表而絕無一使之報天地阻隔叫呼何及聞上

至穀水臣僚及宮僚千餘人皆爲汴州所害至洛果遭弑逆自聞此詔五內縻潰方枕戈待旦思爲主上報讐今使來不知以何宣告

又元集序

謝元暉文集盈編止誦澄江之句曹子建詩名冠古惟吟清夜之篇是知美稼千箱兩歧裁少繁絃九變大濩殊稀入華林而珠樹非多閱眾籟而紫簫惟一所以擷芳林下拾翠巖邊沙之汰之始辨辟寒之寶載雕載琢方成瑚璉之珍故知頷下採珠難求十斛管中窺豹但取一斑自國朝大手名人以至今之作者或百篇之內時紀一章或全集之中微徵數首但掇其清詞麗句錄在西齋莫窮其巨派洪瀾任歸東海總其記得者才子一百五十人誦得者名詩三百首長樂假日陋巷窮時聊撼膝以書紳匪攢心而就簡蓋詩中鼓吹名下笙簧擊鼉氏之鐘霜清日觀淬雷公之劍影動星津雲間分合璧之光海上運摩天之翅奪造化而雷雲噴涌役鬼神而風雨奔馳但思其食馬留肝徒云染指豈慮其烹魚去乙或至傷鱗自慙乎鼷腹易盈非嗜其熊蹯獨美然則律者既採繁者是除何知黑白

之鶩強識淄澠之水左太沖十年三賦未必無瑕劉穆之一日百函焉能盡麗是知班張屈宋亦有蕪辭沈謝應劉猶多累句雖遺姸可惜而備載斯難亦由執斧伐山止求嘉木挈瓶赴海但汲甘泉等同於風月烟花各是其樝梨橘柚昔姚合所撰極元集一卷傳於當代已盡精微今更採其元者勒成又元集三卷記方流而目眩閱麗水而神疲魚兔雖存筌蹄是棄所以金盤飲露惟採沆瀣之精花界食珍但享醍醐之味非獨資於短見亦可貽於後昆採實去華俟諸來者光化三年七月二日前左補闕韋莊述

韋藹

藹前蜀韋莊弟

浣花集敘

余家之兄莊自庚子亂離前凡著歌詩文章數十通屬兵火迭興簡編俱墜惟餘口誦者所存無幾爾後流離漂泛寓目緣情子期懷舊之辭王粲傷時之製或離羣軫慮或反袂興悲四愁九愁之文一詠一觴之作迄於癸亥歲又綴僅千餘首庚申夏自中諫（闕四字）辛酉春應聘爲西蜀奏記明年浣花溪尋得杜工部舊址雖蕪沒已久而柱砥猶存因命芟荑結茅爲一室蓋欲思其人而完其廬非敢廣其基構耳藹便因閒日錄兄之藁草中或默記於吟詠者次爲五卷目之曰浣花集亦杜陵所居之義也餘今之所製則俟爲別錄用繼於右時癸亥年六月九日藹集

吳崇

崇前蜀乾德時人

重修開元天寶觀記

原夫混茫無象生元氣以發揚太極成形建兩儀而交感是故一升一降既慘既舒深知要妙之門嘿起自然之理萬化皆歸於橐籥八風尋運於璿璣雖開閶紫宸實分官於九府而主張玉籍俱命職於羣真洎周朝則教演五千流唐室則宗分前後所以法天取則帝王崇至靜之源秉一成功冠褐慕至和之境得之者壽失之者亡義軒冀表於前芳茅許將傳於故事上則雲宮月殿熒煌高鎖於三清下則瓊室珠房重疊旁分於五嶽權福罪則皆同影響叩希夷則莫睹樞機然後九有延祈故崇宮廟三元禮醮遍列壇場苟邦國以長興諒焚修而不泯其謂乎開元觀者城東異境物外靈蹤實乾坤秀麗之鄉乃雲鶴盤旋之地當吳大帝龍驤碧漢鵲起金陵奉元元而旦夕朱皇執躁靜而禱祈不倦訪鼎湖之舊迹尋河上之元風儻尚虛無必開虔奉至寶鼎四載乃方立爲崇眞之觀初標堂宇繼設住持綿星紀以逾深存香燈而不闕値隋皇革命神器移天方當在宥之初遽布維新之政開皇十一年又換元額爲崇僊之觀遇大唐高祖皇帝應天御物捲衆臨戎定山河爲一統之宗使區宇絕三分之勢明明表德蕩蕩垂風及元宗皇帝躬乘大寶克顯丕圖復會僊師同訪桂花宫裏潛逢聖祖還遊羊角烟中萬年以表於殊風四海

仍新於大號開元二十六年又奉更改則今之名額也崇基宛若眞像豁如以次薰修遞相嚴敬有道士彭法宣等各懷道德繼備精虔表方隅歸向之場顯塵世祈求之旨及乎咸通已後玉關據虎金革犯秦經兵火以延焚因毀殘而廢墜曁皇唐復霸帝業中興刺史張公承傑心懸妙理志慕眞筌洞鑒精虔深委功績至保大九年相次捨置三清尊殿功德寶壇等志堅有感德邁皆通是表良因用成其事由是散求郢匠廣布楚林梁棟雲鋪棼橑鱗次殿堂纔畢巍巍籠紺霧細霞廊廡方闢赫赫布祥光瑞色眞

容聖像儼若化來玉女仙童忽如降下黼黻而皆成異境清虛而盡似仙鄉芬芳之琪樹祥花繚繞之松陰桂影凝十洲之風月移在人間眺萬洞之烟霞宛如象外矧以前臨大道紅塵不惹於元關後跨長江漾浪同含於妙性八海之羽人頻至五山之詞客如歸豈讓丹邱何殊閬苑將期立績冀傳厥功上可以裨贊皇圖下可以休禎庶類而崇智乏精通才非敏速忝承來命請紀殊猷立言慙褒貶之文握筆絕色絲之字冀遷陵谷用表貞珉長爲不朽之名永作無窮之譽時乾德二年太歲甲子十月十五日記

周德權

德權許州人事蜀主爲眉州刺史累遷太保中書令永平元年卒贈太師

上蜀高祖勸進表

案讖文李祐西王逢吉昌土德兌與丹莫當李祐者唐七也西王者王氏興於西方也逢吉昌者逢宇如殿下之名也土德坤維也兌與亦西方也丹莫當者丹朱也言朱梁不敢與殿下抗也願稽合天命仰膺寶籙使天地有主人神有依

李道安

道安蜀乾德時人

上災異疏

倉廩者國之本糧食者人之命固其本則邦寧重其命則人富今粒食中皆生蜂蟗切疑在位貪鄙奪民農時戕害人命故天生災異以爲警告又蟲皆曳米而行恐邊鄙不寧干戈忽起饋挽相繼人不堪命伏願少精聖慮與大臣恐懼修省以消災異

林罕

罕字仲緘西江人事蜀後主除溫江主簿遷太子洗馬

林氏字源編小說序

罕長興二年歲在戊子時年三十有五疾病踰時閒坐思書之點畫莫知所以乃搜閱今古篆隸始見源由旋覩近代以來篆隸多失始則茫乎不知終則惜其錯誤欲求端正將示同人病間有事其志不遂至明德二年乙未復病迄於丁酉冬不瘳病中無事得遂前志與大理少卿趙崇祚討論成一家之書昔孔安國尚書序云古者伏羲氏之王天下也始畫八卦造書契以代結繩之政由是文籍生

焉賈耽鎮滑州時作偏傍字源序云降及夏殷周通謂之古文至宣王太史史籀著大篆十五篇與古文小異七國分裂篆與古文隨其所尚始皇兼并海內丞相李斯遂收拾遺逸作蒼頡七章中車府令趙高作爰歷七章太史胡毋敬作博學七章並約籀文篆體轉工世卽謂之小篆屬秦政滋煩人趨簡易故軍正程邈變古文大小篆作隸書然書之所興莫定何代隸之所起始自秦時篆者取蟲篆之形隸者便徒隸之用漢初有書師以隸合小篆爲五十五章教於鄉里平帝元始中徵通書會京師者百有餘人方立小學之科揚雄採掇其可用者作訓纂八十九章至東漢班固加十三章共一百二章二千一百二十字雖羣書並載而目錄不分惟太尉祭酒許慎取其形類作偏傍條例十五卷名之曰說文頗有遺漏呂忱又作字林五卷以補其闕洎三國之後歷晉魏陳隋書甚行篆書殆將泯滅至唐將作少監李陽冰就許氏說文復加刊正作三十卷今之所行者是也其時復於說文篆字下便以隸書照之名曰字統開元中以隸體不定復於隸書字統下錄篆文作四十卷名曰開元文字自此隸體始定矣兼改古文

尚書及無平不陂字卽其類也先已有九經音義及切韻玉篇行焉大歷中司業張參作五經文字三卷凡一百六十部其序畧云以類相從務以易了不必舊訣自非經典文義之所在雖切於時畧不集錄以明爲經不爲字也開成中唐元度以五經文字有所不載復作新加九經字樣一卷凡七十六部其序畧云有偏傍上下本所無者纂爲雜辨部以統之然九經所有之字卽加訓切況是隸書莫知篆意其字注解或云說文者卽前來兩說文也或云石經者卽蔡邕於國學所立石經也或云隸省者卽隸減也

唐立石經。乃蔡邕之故事也。周禮。保氏掌養國子以道。教之六書。謂象形指事會意諧聲轉注假借。六者造字之本也。篆雖一體。而隸變數般。篆隸即興。訛舛相錯。非究於篆。無由曉隸。六書者。非止著一意而屬一字。一字之內。有占六書二三四者。大都造字皆包含六意。字有正者倒者。橫而在上中下者。豎而在左右中者。向者背者竝者重者。順者逆者。左者右者。俯者仰者。橫坼而裏別字者。豎開而夾別字者。有一字成者。有全二字三字四字五字合成者。有省二字三字四字合成者。隸書有不拋篆者。有全違篆者。

有減篆者。有添篆者。有篆隸同文者。在篆體則可辨。變隸體則多有義異而文同。篆亦有之。今悉解之於後文。此不同例。俗有隸書賦者。假託許慎爲名。頗乖經史。據顏氏家訓云。斯實陶先生弟子杜道士所爲。大誤時俗。吾家子孫。不得收寫。又有古今隸書端字決疑賦。更不經於隸書賦。當今之世。不可學之。又有文下作子爲學。更旁作生爲蘇。凡數十百字。謂之野書。唐有勅文。明加禁斷。今往往見之。亦不可輒學。顏眞卿撰干祿字書一卷。每一字作三般。即注云上正中通下俗。既合標題。合有褒貶。全無與奪。亦無

取焉。其道書鬼書天篆章草八分飛白破體行書。無益於字。此亦不錄。篆隸有筆力道健。字勢姸麗。斯乃意巧之人。臨文改易。或參差之長短之。屈曲之。拘掖之。務於奇怪。以媚一時。後習之人。性有利鈍。致與元篆隸不同。蓋病由此起。今之學者。但能明知八法。洞曉六書。道理既全。體格自貴。亦何必踵歐虞褚柳之惑亂哉。罕今所篆者則取李陽冰重定說文。所隸者則取開元文字。雖知魯鈍。不失源流。所貴講說皆有依憑。點畫自無差誤。杜征南注左氏春秋。以經雜傳。謂之集解。何都尉論語序云。今集諸家之善。亦

謂之集解。罕以隸書解於篆字之下。故效之亦曰集解。今以說文浩大。備載羣言。卷軸煩多。卒難尋究。翻致情亂。莫知指歸。是以翦截浮辭。撮其機要。於偏傍五百四十一字。各隨字訓釋。或有字關起字者。省而難辨者。須見篆方曉隸者。雖在注中。亦先篆後隸。各隨所部。載而明之。其餘形聲易會。不關造字者。則畧而不論。其篆文下及注中易字便以隸書爲音。如稍難者。則紐以四聲。四聲不足。乃加切韻。使學者簡而易從。渙然冰釋。於說文中已十得其八九矣。名之曰林氏字源編小說。古人窮困湮厄。而述作興。罕

也卧疾數年。飽食終日。思有開悟。貽厥將來。非欲獨藏私家。實冀徧之天下。乃手書刻石。期以不朽。一免傳寫之誤。二免翰墨之勞。或有索之。易爲脫本。審篆隸無纖毫之失。質人神無愧恥之心。古今所疑。坦然明白。如其漏畧。以俟君子。

十在文（代顧在詢作）

興土木於禁中。選驍雄於手下。爰持斧鉞。出鎮藩籬。飾宮殿於遐方。命鑾輿而遠幸。爲釁之端。爲禍之原。有王承休在權挫英雄。吹揚佞媚。全無才智。繆處腹心。斷性命於戲

玩之間。戮仇讐於樞機之下。有功勞而皆棄。非賄賂而不行。有宋光嗣在。受先皇之付託。爲大國之棟梁。既不輸忠又不知退。恣一門之奢侈。任數力之驕矜。徒爲貪饕之人。實非社稷之器。有王宗弼在。妄陟雲霄。殊非謇諤。與亂本則逞章程之妙。恣奸謀則事頰舌之能。心口傾危。尚居左右。有韓昭在。性懷慘毒。心恣貪殘。焚爇軍營。恢拓私第。不顧喧騰於衆口。惟思自任於忿懷。有歐陽晃在。酷毒害民。市井聚貨。叨爲郡守。實負天恩。瘡痍已徧於陽安。蒙蔽半由於內密。有田魯儔在。爲君王之元舅。受保傅之尊官。但務奢華。不思輔弼。第宅迴同於上苑。金珠求滿於貪心。有徐延瓊在。出爲留守。入掌樞機。無謇諤以佐君。但唯唯而徇旨。有景潤澄在。搜求女色。取悅宸襟。常叨不次之恩。每冒無厭之寵。敷對惟誇於便捷。佐時不識於經綸。素非忠勤。實爲忝竊。有嚴凝月在。唱亡國之音。銜趨時之佞。每爲巫覡。以骫聖明。致君爲桀紂之昏。使上乏唐虞之化。有臣在。陛下任臣如此。何憂社稷不安。

許寂

寂字閑閑。棲四明山。昭宗徵赴闕。召對內殿。尋請還山。寓

居江陵。唐末除諫官不起。趙匡凝奔蜀。寂偕行。蜀主王建待以師禮。位至蜀相。同光末平蜀。從王衍降。授工部尚書致仕。清泰三年卒。年八十餘。

上蜀主求賢書

歷代之君。乘時啟運。莫不博訪髦士。詳求碩畫。以武定禍亂。以文致康義。故軒皇命六相。虞舜舉八元。伯禹拜昌言。成湯師一德。周有多士。文王以寧。此歷代之大經。求賢之極摯也。今百辟之中。有謀可以策國。勇可以盪寇。或博究治體。或精知化源。未擢頴於明廷。尚含光於庶位。者伏望

恢明聖之略開戶牖之圖親賜顧問以觀其能置之列位盡其獻納俾官無敗政人無滯才

謝信物書

右件鞍轡馬腰帶甲冑槍劍䴥臍琥珀玳瑁金稜椀越瓷器並諸色藥物等皆大梁皇帝降使賜貺雕鞍撼玉堅甲爍金十圍希世之珍六轡絕塵之用槍森蛇榦劍耀龍鋒金稜含寶椀之光祕色抱青瓷之響上藥非蜀都所紀名香從外國稱奇遠有珍華並由惠好顧酬謝而增愧仰渥澤以難勝捧閱品名實慙祇受

蜀答聘書

大蜀皇帝謹致書於大梁皇帝闕下竊念早歲與皇帝共逢昌運同事前朝俱荣倚注之恩並受安危之寄豈期王室如燬大事莫追橫流泛濫於八方哀釁淩夷於九廟此際與皇帝同分茅土共統邦家扶危者力既不宣握兵者計無所出某忝列同盟之分幸居平蜀之功所宜治兵甲以固封疆聚征賦以修進貢望星使而經年不至指雲鄉而就日無期遠聞皇帝應天順人開基立極拯生靈於塗炭示恩信於豚魚東南之王氣咸歸河洛之殊祥畢至四門盡闢百度惟貞竟無意於興邦止施仁而濟物以此內量分限不在經綸七十州自可指揮八千里半因開拓遂至萬民叶議八國來朝爰徵史冊之文亦有變通之說且東漢亂離之後三國齊興西周微弱之時六雄競起俱非恃彊逼禪皆以行道濟時雍容於揖讓之前輕重於英雄之內況西蜀開山立國燒棧為謀稱雄雖處於一隅避狄會安於二帝鼎峙之規模尚在山呼之氣象猶存永言梁蜀之懽合認弟兄之國今蒙皇帝遠尋舊好專降嘉音坦無間諜之嫌再敘始終之約款處則春冰共泮開通則東

海可歸光榮遽被於子孫暢遂咸萬於草野今則盡焦勞而勵己用勤儉以師賢常瞻偃草之風以繼用天之道又蒙厚加賜貺別降珍奇十驥聯鑣六龍並駕稱德曾參於萬乘呈才皆過於千金載觀戀主之心益勵懷恩之志實帶輟異方之貢名香加遠國之珍奇鋒利過於雪霜雅器價齊於金玉入用多慙於未識捧持方喜於初觀望思而一日三秋仰德而跬步千里自此榮通天路繼遣星槎緘章不候於飛鳶裂帛豈勞於繫雁忻榮慰嘉併集此時敬以專使盧卿等迴備陳所志幸望開覽謹白

鄭藝

藝仕蜀後主。爲翰林學士。

武德軍節度使徐延瓊德政碑

臣嘗讀唐書。竊覩太宗每以爲將致治平。必先仁義。得賢則理。失人則危。可鑒格言。足徵邃古。豈不以化馴易服。威柬難齊哉。然農戰交修。德刑共舉。將亂也其政必隳。將弊也其風必佻。將圖九合之威。亦賴五臣之佐。苟虞害衆。莫若任賢。視今可以知昔矣。高祖皇帝以汴賊弒君。唐朝絕

嗣。左祖罕聞。其歸漢同聲。皆傚於吠堯。上下相蒙。酣爲醉國。寰區之內。億兆無依。競陳推戴之誠。願正君臣之位。難違衆欲。遂啟丕圖。戡禍亂而侯中興。協會盟而歸大國。爲蜀之帝。報唐之恩。明孝皇帝受命之六年。天清地寧。珠連璧合。肇修人紀。於變時雍。至若皇墳帝典之精。河圖洛書之奧。步驟於羲軒之際。損益於文獻之間。不然何其盡美盡善之如是也。遂使蠻夷向化。吳越輸珍。麟鳳效祥。草木呈瑞。剏復英賢間出。俊乂羅生。上猶以爲未也。方且思聖父勤求。登用才哲。循名責實。較德論功。沮勸有謀。黜陟不濫。鑒乾綜構。允歸睿作之功。壽國陶鎔。必有挺生之佐。式扶昌運。對越上元。由是中外文武將相公卿。洎庶尹庶史。各率厥職。奉若天旨。越正月。武德軍將校吏民緇黃耆艾等列狀詣護軍使。請以節度使徐延瓊德政上聞。願勒碑紀。且以借留爲請。上憂勤庶政。以百姓爲心。凝旒稱嘆者久之。謂翰林學士藝曰。朕司牧元元。將開壽域。使國內郡縣治行。皆如梓潼。朕何憂哉。夫吏久於官。古之道也。況衆欲之乎。朕既俞其請矣。卿爲我摭其懿實。播無窮之聞。以塞民望。微臣奉詔恐懼。敘曰。臣聞龍飛九五。山川效雲將

之靈。鵬擊三千。風水運波臣之化。雖復同心同德。雅資十亂之功。乃聖乃神。永賴八元之佐。內則臯夔協贊。外則方名專征。神謀且貞。師律具有。兼膺注意。宜屬宏林。此我皇帝之御宇也。丕顯帝圖。顧茲天力。四神踐雪。五老飛星。投綸負鼎之賢。爭伸宏業。委輅請纓之士。競奮深機。蕙帳空而明月常孤。蒲輪至而清風自激。猗歟。雖居宣武之間。未若我朝得人爲盛也。其或家連戚里。身陟齋壇。益揚謙損之風。靡見驕矜之色。功超賈鄧。政邁黃韓。有若武德軍節度使徐公。斯可謂一時之英也。公名延瓊。字敬明。東海剡

人卽國之元舅也世緒標奇門風襲煥鎮爲峯鼎用作雄銑父子則貴比金張兄弟則政同魯衛騰八龍之聲價齊一鳳之羽儀阮竹皆芳田荆竝茂金相玉印各炫晨葩虎節獅壇共觀晝錦徒思徧舉抑亦倦譚公王父唐京兆武功縣令追贈尚書左僕射太師高平王政績頻彰勳華早振自激封侯之志夙垂濟世之名竝西晉殊功勞連邸第南朝雅望地顯官婚貽謀各著於承家致用皆光其佐命朱輪華冕豈獨推恩甲令門風實先種德是賢奕葉孰與提衡歷佐吕朝宜鍾異氣公中卯會秀大爽炳靈幼挺英

姿夙彰雅操稟說禮敦詩之教蘊經文緯武之才欲紹家聲遂參戎右敵國相吞之候決在毫釐陰符必勝之機制於掌握瑪戈寶鼎門崇八命之榮玉帳金壇神授六韜之妙故能名高大國業嗣良弓輕鎮北之無文恨征南之不武圯橋靈叟謂謀畧之可傳汶水神翁知功名而必立自繼膺睿睠兩踐渙符四封無刁斗之音千里有袴襦之詠政成剖竹擁重執金掌領孤兒每警巡於晝夜扈隨大駕遠鎮定於邊陲纔復六飛將分雙節上以鄭城奧壤潼水名區粤自艱難久罹瘡痏獄市無寄杼軸皆空羣盜猖狂幸寇恂之去日遺黎憔悴望郭汲之來時不有改張何其俾乂爰求賢帥式愸雄藩乃授公武德軍節度使公攬轡遄征下車畢理彈壓豪猾封殖疲癃究本尋源提綱振領害於人者雖大必去利於人者雖小必行嘗謂人曰法者政之要也不可不峻其隄防禮者教之本也不可不謹其律度食者民之命也不可不勤其稼穡兵者戰之器也不可不肅其號令率是四者盡其一心上可以翼衛朝廷下可以儀刑藩翰吾得之矣爾其覩焉公以管內數多亡命姑務偷生久聚萑苻常爲虺蜴狡穴皆依於窮谷妖巢各

恃於幽林化之不悛來而復叛郡邑虞其蹂躪路歧苦於斂數公密運良籌周旋峭格盡投私器皆挾禍胎益其戎兵誡其强吏商旅無滯貢奉罔艱王尊申京兆之威龔遂去潢池之患勞徠罕倦蕩析咸歸動有常規賞無横費上勤時貢下贍軍須月未及其授衣士已忻於挾纊賑其匱乏釋彼愁顏幸夜犬不驚宵魚自放哀矜庶獄慎恤惟刑赭衣盡伏其神明丹筆立分其情僞絶加等之聚斂革無名之征徭平衡不謬於錙銖嘉量罔欺於圭撮公又仰稽前古俯瞰遺蹤思稟祇闢地之謀味韓浩屯田之計實腴

靡棄黍麥頻豐夢果應於牧人利可資於寡婦貢賦加倍獻奉相望又歲別進軍食因沃潤之鄉置牢盆之務商徒繁會官帑委輸檢吏通民機能制用矯時阜俗儉以率先貫天錢而已應星文認寶氣而已有雄劍闕來奏課連最閩藉本可畱足表富人之術芊區難竝咸知濟物之方公以鳴社嘉辰繞樞令節祈聖壽有莊嚴之懇祝宗祧於降誕之期自捨俸金於惠義寺構華嚴大閣向者公府未完軍衙莫稱於是載修輪奐別創規模庭架虹梁門羅虎戟層樓燕賀偏增鼓吹之雄廣厦翬飛益動旌旗之色路當

衝要地控都畿使車晝夜以交馳候館往來而宿餉每傾公帑用飲賓筵休聲洽聞靈貺昭感紫芝三秀黃犢竝生天唯發祥地不愛寶迴掩得禾之異果符登麥之文歌德詠仁言將不足含和吐氣樂固難名大矣哉公之閭俗觀風阜財述職焉可得而稱也爵賞既行中外同喜遂冊拜中書令趙國公加食一千戶通前五千戶公嶽降標奇星精稟異溫如圭璧郁若椒蘭智合韜鈐言無鉤距運籌決勝荀攸可比於良平伏鉞祓威謝艾足同於方名研幾昭禮植操資忠允武允文多材多藝軍中講學馬上註書揮刀則立覩飛梟盤矟則惟聞折樹而又貴不自滿謙而益光饗士投醪延賓比飯帳下之犀渠貝冑咸感吮癰樓中之螓首蛾眉寧矜笑躄閨門密行簪組美譚里巷相觀風雲動色宸衷夙注寵詔已行致闔境之允諧固本朝之是衞況家豐懿戚治陟殊尤心膂連營蓄雷霆於非落股肱重鎮寄柱石於東川克副分憂合膺異渥宜其珉麗德瑩檢圖功懋績著擁旄化行偃草比屋而乞畱侯霸叫閽而願借耿純詎可使螭首翠碑未披文而相質麟臺彩筆不寫照以傳神臣志慕陽秋工非潤色仰遵睿旨敢述殊勳

曾無少女之詞豫怯中郎之鑒所冀陵遷谷變尚窺沈水之文地久天長永覩生金之字謹爲銘曰

金行啟運鼎業鑿乾麟御瑞紀鳳舞昌年層潤浩注國祚遐延光凝寶匣福靄祥編上喆繼文皇圖增煥得一踐義登三轢漢懿綱牢籠大鑪眞觀宗社還資微明接旦太虛寥寥中有元精麗物爲瑞麗人爲英英英徐公爲旪而生脂膏不染獄市無驚智勝兵強化行民附屢立奇功繼膺寵數帝念徐公聿齊其務迺睠梓潼弁有饒賦公至若何時雨霶霈枯苗濯穎涸轍騰波摧奸禁暴刓弊止訛襁負

而至動植興歌八政何先以食爲天臥鼓勸農免胄服田耒耜接肘臺笠摩肩閭閻風靡稼穡雲連眾害既去纖惡皆除頌宣化育慎恤刑書徽纆自朽囹圄常虛輕傜薄斂政協蒲盧老安少懷遠至邇肅風雨時若家給人足戶溢版籍賦登公牘儲峙孔多貢輸相屬神明之正誰爲之師公之倶美福祿攸宜位隆鳳詔恩注龍墀梓人頌德天子嘉之爰命荒墟奉揚馨烈揚子神疲江生思絕涪水東注銅山西揭帶礪無期永旌賢哲

王鍇

鍇字鱣祥天復時奉使西川因留蜀官翰林學士遷御史中丞武成二年除中書侍郎同平章事後唐莊宗滅蜀入洛陽官刺史

王衍降表

臣先人受鉞坤維作藩唐室一闢土宇垂四十年屬梁孽挺災皇綱解紐不能助逆遂至從權勉徇輿情止王三蜀固非獲已未有所歸遠臣纂紹罔敢怠遑自保土疆以安生聚陛下嗣唐虞之業興湯武之師廓定中區奄征不庭梯航畢集文軌大同臣方議改圖便期納款遽聞致討實

抱驚危今則委千里封疆盡爲王土冀萬家臣妾皆沐皇恩輿櫬有歸負荊俟罪望迴日月之照特寬斧鉞之誅容佇德音以安反側儻墳塋而獲祀實存沒以知歸臣無任望恩虔禱之至

上蜀主奏記

伏以羲皇演卦神農造書陶唐克讓是昌禮樂有虞濬哲乃正璇璣禹湯文武功濟天下故能卜世延遠垂裕無窮逮乎六國諸侯力征秦滅墳典以愚黔首遂使聖人糟粕掃地都盡漢承秦弊下武尊文蕭何入關唯收圖籍文帝

修學校舉賢良海內晏然興崇禮義景帝躬履節儉選博士諸儒以備顧問讎書鳳紀塡溢於未央玉版金繩充牣於祕府班固曰周稱成康漢稱文景宜哉武宣之世乃崇禮官闢金馬石渠之署以議典禮樂置協律之官以分雅鄭公卿大夫間作於世或紓下情以通諷諭或宣上德以盡忠孝孝成之世奏御者千有餘篇獻納論思之盛夐古罕比世祖承喪亂之餘龍驤宛葉去暴誅亂拯溺救焚寬以用人明以率下兵革既息寰海乂寧乃起立太學招致鴻碩羣臣每有奏議必命史官撰集以傳後世數引公卿

講論經義夜分乃寐不以爲勞孝明師事桓榮躬親文墨朝誦夜講明達過人孝章崇尚文儒有太宗之遺風嘗於白虎殿會集羣儒推演乾坤考合陰陽上申聖人下述品物參於傳記內別六經若披浮雲而覩白日設華燈而入闇室詔元武司馬班固纂集其事名曰白虎通魏武博覽羣書特好兵法鈔畧書史名曰節要又注孫子十三篇尤好篇詠動爲典則文帝八歲能屬文博覽古今貫穿經史及居帝位益尚謙和坐不廢書手不釋卷晉宣博學洽聞服膺儒教當曹氏中微總攝百揆萬幾之暇未嘗廢卷景

文之間咸重儒術宋高祖豁達大度涉獵典墳討伐之中亦重文墨文帝博涉經史九善隸書每誠諸子率以廉儉南齊高帝深沈大量清儉寬厚嗜學好文曾無喜慍常曰學然後知不足余恨無老成人得與周孔比德兼善草隸有飛動之勢梁武該博多聞有文武之畧在位冬月秉火執筆手爲皴裂諸子悉有文藝聚書討閱晝夜忘疲元帝好易韋編三絕東閣聚書十四萬卷象牌玉軸輝映廊廡陳武倜儻雄傑過人窮究兵書耽玩史籍文帝留意經典舉動端雅後魏道武立臺省興儒學五經各置博士講問

如市塾序成林北齊有文林學館周武帝保定中書盈萬卷平齊所得纔至五千卷置麟趾殿學士以掌著述隋平陳之後牛宏分遣搜訪異書經史漸備凡三萬餘卷煬帝於東都觀文殿東西廂貯書寫正副各五十分爲三品除祕書所掌而禁中之書在焉唐高祖統一區宇剗革暴隋六合宅心四海歸德躬行仁義以息亂階太宗神睿聖文天資英武嘗在藩邸命博學之士房元齡杜如晦等一十八人爲秦府僚佐大較儒術廣聚經史及居帝位隨才擢用於是宏文館皆置學士元宗開元五年於乾元殿置修

書使名學士張說等讌於集仙殿東廊下寫四部書以充內庫麗正殿置修書使又名學士張說等讌於集仙殿改名集賢其修書使爲集賢殿學士自是圖籍不獨祕書省宏文崇文館皆有之集賢所寫則御書也分爲四部一曰甲爲經二曰乙爲史三曰丙爲子四曰丁爲集兩京各一本共二萬五千九百六十卷經庫書白牙軸黃帶紅牙籤史庫書青牙軸縹帶青牙籤子庫書紫檀軸紫帶碧牙籤集庫書綠牙軸朱帶白牙籤以爲分別以大學士專掌之歷代以來咸有祖述廢置沿革或有差異今但畧舉帝王

故事及祕書之職幸冀垂覽焉

劉纂

纂桐廬人一云長沙人唐左拾遺蛻子仕蜀歷任禮部尚書國亡復事孟氏

請禁醉粧

下之從上如風偃草以仁義理法化之則爲謹愿之行以驕奢淫佚化之則爲狂薄之俗今一國之人皆效醉粧臣恐邦基頹然如人之醉而不可支持也

蒲禹卿

禹卿成都人蜀乾德四年對策擢右補闕出爲秦州節度判官國亡從後主入洛陽後主被誅題詩驛門逃去不知所終

諫蜀後主東巡表

臣禹卿頓首死罪臣聞堯有敢諫之鼓舜有誹謗之木湯有司過之士周有戒慎之鞀蓋古者明君克全帝道欲知己罪要納讜言將引咎而責躬庶理人而修德陛下自承祧秉籙正位當天愛聞逆耳之忠言每許犯顔而直諫且先皇帝許昌振跡閬苑興師歷艱辛於草昧之時受危險於虎爭之際胼胝戈甲寢寐風霜申武力而助中原立戰功而平多壘亡軀致命事主勤王方得成家至於開國今日鴻基霸盛大業推崇地及雍岐界連荆楚信通吳越威定蠻陬郡府頗多關河甚廣人物秀麗土產繁華當四海輻裂之秋成萬代龍興之業陛下生當富貴坐得乾坤但好歡娛不思機變臣欲望陛下以名教而自節以禮樂而自防修道德之規受師傅之訓知社稷之不易想稼穡之最難惜高祖之基模似太宗之臨御賢賢易色孜孜爲心無稽之言勿聽弗詢之謀勿用聽五音而受諫以三鏡而

照懷少止宿於諸處林亭多歷覽於前王書史別修上德用卜遠圖莫遣色荒無令酒惑常親政事勿恣閒遊臣竊聞陛下欲出成都看於邊壘且天雄地遠路惡難行險棧欹雲危峯插漢稍雨則吹摧閣道微泥則阻滑山程豈可鳴鑾唯堪叱馭又復秦州敵境咫尺塞邑荒涼人雜羌戎地多疫癘別無風華異境不可選勝尋幽隴水聲淸邊笳韻咽營中只帶甲之士城上宿枕戈之人看烽火於孤峯朝朝疑慮覩望旗於絕嶺日日隄防是多山足雲之鄉即易動難安之境麥積崖無可瞻戀米谷峽何足聞知縱過

嵯山須通怨水泰移圍馬之地隗囂僭位之邦其次一人出行百司參從千羣霧擁萬衆星馳當路州縣凋殘所在館驛隘小止宿尚猶不易供需固是極難縱若宮中指揮自破屬省錢物未免因依擾踐觸處凌持以此細論不合輕動其類蒼龍出海雲行雨施豈合浪靜風恬必見傷苗損物所以鑾輿須止天步難移況頃年大駕只到山南猶不下關進發兵士此時直至天水未審制置如何當初打破梁原城池鹵掠義寧戶口截腕者非一斬首者倍多匪惟生彼人心而亦損茲聖德今去洛京不遠復聞大駕重

來彼則預有計謀此則便須征討況鳳州久爲讐敵必貯姦謀切慮妄指妖詞致生釁隙又陛下與唐國方申歡好信幣交馳但慮聞道聖駕親行別懷疑忌其事專差使命請陛下境土會盟未審聖躬去與不去若去則須似秦趙爭強彼此難屈若不去則便同魯衞不睦戰伐滋興酌彼未萌料其先見願陛下思忖臣伏聞自古皇帝省方巡狩弔民伐罪展義觀風然後便歸九重別安萬姓陛下累曾遊歷未聞一件教條止於踐履山川驅馳人馬閬苑則舟船幾溺青城則嬪媃將沈自取驚憂爲何切事及還京輦

竝不說於軍民迫鬱衆情莫彰帝德憶昔先皇帝在日未有無故巡遊陛下纂承已來樂意頻離宮闕此時依前整蹕又擬遠別宸居昔秦王之鑾駕不迴煬帝之龍舟不返陛下聖逾秦帝明勝隋皇且無北築之虞焉有東遊之弊陛下寬仁大度廣孝深慈知稼穡之艱難識古人之成敗自防得失不縱襟懷豈忍致却宗祧闕二字道斷使烝民以何託令慈母以何辜若不慮於危亡實恐乖於仁孝況玉京金闕寶殿珠樓內苑上林瑤池瓊圃香風滿檻瑞露盈盤鈞天之樂奏九韶迴雪之舞呈八佾簇神仙於紫禁耀

珠翠於皇宮如論萬乘之君便是三清之境人間勝致天下所無時或追遊足觀奇趣何必顧於遠塞看彼荒山不惜聖躬有何裨益方今中原有人大事未了但當國生靈受敝盜賊橫行縱邊庭無烽火之虞而內地有腹心之患陛下千年膺運一國稱尊文德武功經天緯地孝逾於舜仁甚於湯百行皆全萬幾不撓聰明博達識度變通深負規模獨懷英鑒方居大寶正是少年既承社稷之基復抱山河之險何不視遠聽察居安慮危闢四門以求賢總萬幾而行事咸修一德端坐九重使恩威竝行賞罰必當平

分兩路徧瘵瘡痍庶表裏寬奢保子孫昌盛布臨人之惠化蓋救物之元功選揀雄師思量大計振彼鴟張之勢壯兹虎視之威秣馬訓兵豐糧利器彼若稍有微釁此則直下平吞正取時機大行王道自然百靈垂祐四海歸仁衆心成城天下治理今則蜀都強盛諸國不如賢士滿朝聖人當極臣願百姓樂於貞觀萬乘明於太宗採藥石之言聽芻蕘之說愛增社稷醫瘵君民同武王諤諤而昌鄙商紂唯唯而滅無飾非拒諫之事有面折廷諍之人固我春朝保我皇化陛下莫見居人稠疊謂言京輦繁華蓋是外

郡淩殘住止不得所以競來湊集暫且偷安今諸州虐理既多百姓失業欲盡荒田不少盜賊成羣伏乞陛下稍布腹心卽當聞見蜀國從來創業多乏永謀或德不及於兩朝或祚不延於七代劉禪俄降於鄧艾李勢遽歸於桓溫皆謂不取直言不恤政事不行王道不念生民以至國亡人心何保山河之隘不足爲憑陛下至聖至明如堯似舜豈後主而相匹豈子仁而比倫有寬慈至孝之名有遠見長明之策不信倡媚不耽荒淫出入而所在防微動靜而無非經久必致萬年之業終爲四海之君願陛下且駐鑾輿莫離京國候中原無事八表來王天下人心咸歸我主若羣流赴海衆蟻慕羶有道自彰無思不服匪惟要看天水直可便坐長安是微臣之至懇舉國之深願也臣聞昔者天子有爭臣七人雖無道不失其天下是以輒傾丹懇仰諫聖明不藉官榮不謀名譽情非訕上理切愛君雖無折檻之能但有觸鱗之罪不避誅殛爰叩天庭臣死如萬類之中去一螻蟻陛下或全無忖度須向邊陲遺聖毋以憂心令庶寮以懷慮全迷得失自取疲勞倘有不虞悔將何及臣願陛下稍開諫路微納臣言勿違聖后之情且允

國人之望俯存大計莫去邊陲干犯冕旒無任憂惕冒死待罪激切屛營之至謹奉表直諫以聞臣某誠惶誠恐頓首頓首死罪死罪謹言

應制科策

今朝廷所行者皆一朝一夕之事公卿所陳者非乃子乃孫之謀暫偷目前之安不爲身後之慮衣朱紫者皆盜跖之輩在郡縣者皆狼虎之人姦佞滿朝貪淫如市以斯求治是謂倒行

欽定全唐文卷八百九十一

徐光溥

光溥蜀人仕後蜀爲觀察判官進翰林學士後主時兼兵部侍郎廣政十一年改中書侍郎兼禮部尚書同平章事尋罷相卒

上後蜀高祖請行墨制疏

我蜀被山帶江足食足兵實天下之強國也我公本仁祖義允武允文乃天下之賢主也以我公之賢拓土開封取威定霸固得其宜矣而況内則有紅蓮上客參帷幄之謀

外則仗細柳將軍專斧鉞之任率土之内足可保磐石之固泰山之安顧惟冗賤何補高明但念智者百慮必有一失愚者百慮必有一得狂夫之言聖人擇之樵童之歌哲王聽焉竊以惟賞與刑國之利器懲惡勸善君之要權不可偏行尤須具舉歷觀往典備考前規或王命而不通或公室以多難列國率聞於專制諸侯或可以從權苟有利於生靈又何辭於通變昔來歆鄧禹擅命於征伐之間蜀主岐王承制於隔絕之問事俱非已實欲安人昨鄰近諸藩間諜上國有虎視狼貪之意阻君臣魚水之歡添益兵師動搖生聚況我公恒修貢職不虧楚子之茅遽搆讒邪竟擲曾參之杼以至兩川歃血合從連横列校齊心奉辭伐罪今則旋平狄穴漸拓鴻基立功者悉望昇榮向化者皆思敘進方屬路途有阻恩信未通二星不見於雲霄三蜀久懲於雨雪將期勸善切在報功酬庸合議於策勳列爵宜遵於故事自今以後若且行墨制以布鴻恩式副羣情無虧大體先宜曉諭後可施行所冀設爵待功免授逾時之賞允協稱霸之宜

賈鶚

鶚青社人仕後蜀爲御史明德元年爲彭州倅權刺史事

判彭州人請歸醋頭僧狀

出家長頭未除煩惱爲衣挂像豈敬慈尊向禪室以邪淫發妖言而惑衆妄裁歷數上侮朝廷謾述災殃下迷聾俗況今有漏未證無生將修功德以爲名積聚私財而作賈但以正人息事君子含宏未議剪除致茲猖獗所嗟鄙俚競言妖稱列狀詣衙欲希迎請須行嚴命以絕風情所由入界把捉候到決脊

歐陽彬

彬字齊美。衡州衡山人。仕蜀爲翰林學士。王氏亡。復仕後蜀廣政初累官尚書左丞。出爲寧江軍節度使。十三年卒。

哀帝降表

臣聞滄海澄波。納百谷朝宗之水。皇風扇物。來萬邦向化之人。蓋由負罪不誅。銜冤獲免。鄭伯沐焚櫬之惠。許男荷解縛之仁。得不頂戴穹旻。仰祈渥澤。恭惟皇帝陛下承乾啟運。握鏡開圖。發機而上應天心。恤物而下從民欲。斷十八祚崇隆之德。高步泰階。應一千年挺特之風。廣施王道。混車書於天下。走聲教於域中。而臣僻在遐方。遠居蜀部。

承先父經營之業。爲巴人主者之司。但荒聾瞽之迷。罔顧危亡之患。玉帛既乖於正朔。包茅是闕於薦羞。殊不知唐德惟新。元功再造。致王師之遠辱。勞雄武以遐臨。太陽出而冰雪自消。睿澤敷而黔黎盡泰。而臣自知罪釁。不敢逭逃。命戎士以倒戈。挈壺漿而塞路。遂即舁櫬麾下。束手馬前。向丹闕以馳魂。掩黃沙而聽命。豈謂魏王布惠。眞宰垂仁。入臣境無犯纖毫。問臣罪不加一二。推陛下好生之旨。闡堯天宥惡之文。釋殘生於撲蛾之燈。全必死於戲魚之鼎。使肌骨重生於聖日。憔枯再沐於天波。然則盡節輸誠安足以贖臣之罪。塗肝碎膽。不足以報君之恩。幸得捧日傾心。歸明向化。積慴而鋒鋩聚背。推忠而丹赤貫心。今則已遠龜城。將趨鳳闕。雖亡家國。喜歸有道之朝。縱別鄉園。幸在太平之化。臣以正月二日與母親并姨舅兄弟骨肉等發離當道。奔赴京師。攀望聖慈。無任瞻天仰德惶懼戰越死罪之至。

田淳

淳成都人。後蜀廣政中官龍游令。

諫用兵疏

伏見三年以來。民頗怨嗟。謂陛下求賢失道。爲政不平。重纂組。奪女工。貴雕鏤。損農事。法令不信。賞罰無誠。納諫之心微。自滿假馭朽之念漸乖始卒。載舟覆舟。不可不懼。而況北有大敵。方藉支禦。若失人心。其何以濟。臣又見頻發士卒。遠戍邊庭。人心動搖。莫測其故。家構異議。如臨湯火。人且憂駭。將何撫寧。若夫舉衆興師。須明利害。況關大事。豈可容易。必若金鼓一鳴。前鋒稍接。一敗一成。疾如反掌。願陛下先事而計。無貽後患。今之動靜頗涉因循。臣不知所發之兵。爲防邊乎。爲赴敵乎。若云防邊。不當驟有徵發。

若云赴敵則須先決便宜師出無名三軍必怨三軍既怨何以成功以我朝之甲兵擬柴氏之士馬以我朝之將領比柴氏之師帥以我朝之帑藏比柴氏之囷廩至於法律刑名聲明文物彼長此大差等不同須用權奇以謀拒捍若二國交鬭恐未十全況我天府之邦用武之地一夫守隘萬旅無前假使柴師能於野戰攻城奪壘利在平川儻入隘途如無手足願陛下以短兵自固扼塞要衝分布腹心把斷細徑精加號令老彼敵師縱柴氏親來未敢便謀深入以日繼月以月繼年敵勢自羸我師彌銳不折一戟

不失一卒而柴氏自疲信所謂彼竭我盈以逸待困此爲上計符合天機

諫蜀後主疏

今甲子欲交陰陽變動天運人事合有改更如釆厚斂之末議必亂經國之大倫此犯天意者一也太乙所行將離分野初來爲福末去爲譴轉災作福是宜早圖若更倍賦加租則將有不測之禍此犯天意者二也四海財貨盡屬至尊散在民間積爲資產或有科索誰敢抵拒陛下何不舍其小畜以成大有乎此損君道者一也夫百姓六軍之主也百姓足則軍莫不足百姓不足軍孰與足務奪百姓專贍六軍此其損君道者二也

韋縠

縠仕後蜀累遷監察御史户部尚書

才調集序

余少博羣言常取得志雖秋螢之照不遠而雕蟲之見自佳古人云自聽之謂聰內視之謂明也又安可受誚於愚鹵取譏於書廚者哉暇日因閱李杜集元白詩其間天海混茫風流挺特遂採摭奧妙并諸賢達章句不可備錄各

有編次或閑窗展卷或月榭行吟韻高而桂魄爭光詞麗而春色鬭美但貴自樂所好豈敢垂諸後昆今纂諸家詩歌共一千首每一百首成卷分之爲十目曰才調集庶幾來者不謂多言他代有人無嗤薄鑒云爾

歐陽炯

炯蜀人仕後蜀歷官武德軍判官翰林學士中書舍人

花間集序

鏤玉雕瓊擬化工而迥巧裁花剪葉奪春豔以爭鮮是以唱雲謠則金母詞清挹霞醴則穆王心醉名高白雪聲聲

而自合鸞歌。響遏青雲。字字而偏諧鳳律。楊柳大堤之句。樂府相傳。芙蓉曲渚之篇。豪家自製。莫不爭高門下。三千玳瑁之簪。競富樽前。數十珊瑚之樹。則有綺筵公子。繡幌佳人。遞葉葉之花牋。文抽麗錦。舉纖纖之玉指。拍按香檀。不無清絕之辭。用助嬌嬈之態。自南朝之宮體。扇北里之倡風。何止言之不文。所謂秀而不實。有唐已降。率土之濱。家家之香徑春風。寧尋越豔。處處之紅樓夜月。自鎖常娥。在明皇朝。則有李太白應制清平樂詞四首。近代溫飛卿復有金筌集。邇來作者。無愧前人。今衛尉少卿趙崇祚。以

拾翠洲邊。自得羽毛之異。織綃泉底。獨殊機杼之功。廣會眾賓。時延佳論。因集近來詩客曲子詞五百首。分為十卷。以炯麤預知音。辱請命題。仍為序引。乃命曰花間集。將使西園英哲。用資羽蓋之歡。南國嬋娟。休唱蓮舟之引。

張武

武。石照人。仕蜀。累遷峽路應援招討使。入後蜀。加秩侍中。統飛棹諸營。為峽路行營招收討伐使。卒年八十餘歲。

靈石碑

夫禎祥應見。事著前聞。期至聖之效徵。為有年之先兆。備傳故實。預保時康。武唐大順己酉歲。以伐叛勤王之忠。忝專城剖竹之寄。時茲石出焉。去夏復領魚符。再莅巴蜀。值岷涪澄徹。瑞應重覩。內循薄德。寧契殊祥。但荷天休。遂刻貞石。

彭曉

曉字秀川。永康人。後蜀廣政初。授朝散郎守尚書祠部員外郎。善修煉養生之道。別號真一子。

周易參同契分章通真義敘

按神仙傳。真人魏伯陽者。會稽上虞人也。世襲簪裾。惟公

不仕。修真潛默。養志虛无。博贍文詞。通諸緯候。恬淡守素。唯道是從。每視軒裳。如糠粃焉。不知師授誰氏。得古文龍虎經。盡獲妙旨。乃約周易。撰參同契三篇。又云未盡纖微。復作補塞遺脫一篇。繼演丹經之元奧。所述多以寓言借事。隱顯異文。密示青州徐從事。徐乃隱名而註之。至後漢孝桓帝時。公復傳授與同郡淳于叔通。遂行于世。公撰參同契者。謂修丹與天地造化同途。故託易象而論之。莫不假借君臣。以彰內外。敘其離坎。直指汞鉛。列以乾坤。奠量鼎器。明之父母。係以始終。合以夫婦。拘其交媾。譬諸男女。

顯以滋生析其陰陽導之反復示之晦朔通以降騰配以卦爻形於變化隨之斗柄取以周星分爲晨昏昭諸刻漏故以乾坤爲鼎器以陰陽爲隄防以水火爲化機以五行爲輔助以眞鉛爲藥祖以元精爲丹基以離坎爲夫妻以天地爲父母互施八卦驅役四時分三百八十四爻循行火候運五星二十八宿環列鼎中乃得水虎潛形寄庚辛而西轉火龍伏體逐甲乙以東旋易曰聖人有以見天下之賾而擬諸其形容象其物宜公因取象焉非天下之至通其孰能與於此哉乃見鑿開混沌擘裂鴻濛徑指天地

之靈根將爲藥祖明視陰陽之聖母用作丹基泄一氣變化之元漏大冶生成之本非天下之至達其孰能與於此哉其或定刻漏分晷時簇陰陽走神鬼蹙三千六百之正氣回七十二候之要津運六十四卦之陰符天關在掌鼓二十四氣之陽火地軸由心天地不能匿造化之機陰陽不能藏亭育之本致使神變無方化生純粹非天下之至明其孰能與於此哉契云混沌金鼎白黑相符龍馬降精牝牡襲氣如霜馬齒如玉犬牙水銀與姹女同名朱汞共嬰兒合體明分藥質細露丹形盡周已化之潛功大顯未萌之朕兆非天下之至神其孰能與於此哉其有假借文象寓此事端不敢漏泄天機未忍秘藏元理是以鋪舒不已覼縷再三欲罷不能遂成篇軸蓋欲指陳要道汲引將來痛彼有生之身竟作全陰之鬼非天下之至仁其孰能與於此哉復有通德三光游精八極服金砂而化形質餌火汞以鍊精魂故得體變純陽神生眞宅落三尸而超三界朝上清而登上仙非天下之至眞其孰能與於此哉曉所分眞契爲章義者蓋以假借爲宗上下無準文泛而道正事顯而言微後世議之各取所見或則分字而義或則

合句而殘不無畎澮殊流因有姸媸互起末學尋究難便洞明既首尾之議論不同在取舍而是非無的今乃分章定句所貴道理相黏合義正文及冀藥門附就故以四篇統分三卷爲九十章以應陽九之數名曰分章通眞義復以朱書正文黑書旁義而顯然可覽也上卷分四十章中卷分三十八章下卷分十二章內有歌鼎器一篇謂其詞理勾連字句零碎分章不得故獨存焉以應水一之數喻丹道陰陽之數備矣復自依約眞契撰明鏡圖訣一篇附於下卷之末將以重啟眞契之戶牖也曉因師傳授歲久

留心不敢隱蔽元文是用課成眞義庶希萬一貽及後人也昌利化飛鶴山眞一子彭曉敘

參同契通眞義後序

參同契者參雜也同通也契合也謂與諸丹經理通而契合也凡修金液還丹先尋天地混元之根次究陰陽分擘之象明水火相克復爲夫妻認金水相生反爲父子故有男兼女體則鉛内產砂女混男形則砂中生汞日者陽也日中有烏陽含陰也月者陰也月中有兔陰含陽也此天地顯垂眞象令達者則之可謂眞陰陽也復有陰陽反復

之道水火相須之理造化生成之徑既知其徑須原其根根者則天地混元之根也既得其根須取其象象者則陰陽分擘之象也既得其象須循動靜既循動靜須知其數既知其數須依刻漏既依刻漏須明進退既明進退須分龍虎既分龍虎則南北之界定矣金木之形全矣大道之丹成矣復有内外法象内外水火有壇竈焉有鼎室胞胎焉有爻象焉有水火之候焉有抽添之則焉有擒僞之模範有離合之形體此皆頭頭俱備闕一不可志士又須徹聲色去嗜慾棄名利投靈山絕常交結仙友隱密曹溪晝夜無怠方可期望或不如是則虛勞勤爾故陰眞君曰莫辭得失一志而修還丹可冀也時孟蜀廣政十年歲次丁未九月初八日昌利化飛鶴山眞一子彭曉敘

李昊

昊字穹佐自言唐相紳之後少隨父籍關中昭宗時以亂流寓新平蜀武信軍節度使劉知俊署爲從事後主時歷翰林學士蜀亡入後唐授檢校兵部郎中奉詔偕趙季良至蜀後蜀主辟爲觀察推官遷掌書記及開國擢禮部侍郎翰林學士後主立領漢州刺史累拜門下侍郎兼户部

尚書同平章事封趙國公加司空領武信軍節度使國亡入宋拜工部尚書卒年七十五贈右僕射

代後蜀主孟昶降表

臣生自幷門長於蜀土幸以先臣之基構得從幼歲以纂承只知四序之推移不識三靈之改卜伏自皇帝陛下大明出震聖德居尊聲教被於遐荒慶澤流於中夏當凝旒正殿虧以小事大之儀及告類圜丘廣執贄奉琛之禮蓋蜀地居遐僻路阻關庭已懃先見之明因有後時之責今則皇威電赫聖畧風馳干戈所指而無前鼙鼓纔臨而自

潰山河郡縣半入於提封將卒倉儲盡歸於圖籍但念臣中外骨肉二百餘人高堂有親七十非遠弱齡侍奉只在庭闈日承訓撫之恩粗勤孝養之道實願克終甘旨保此衰年其次得子孫之團圓守血食之祭祀伏乞皇帝陛下容之如地蓋之如天特軫仁慈以寬危辱臣復輒徵故事上黷嚴聽竊念劉禪有安樂之封叔寶有長城之號皆因歸款盡獲全生顧眇昧之餘魂得保家而爲幸庶使先臣寢廟不爲樵採之場老母庭除尚有問安之所見今保全府庫巡遏軍城不使毁傷將期臨照臣昶謹率文武見任

官望闕上表歸命

上皇太子稱呼疏

按漢書諸侯王上疏稱陛下應劭釋云陛者升堂之陛王者必有執兵陳於陛階之側羣臣與至尊言不敢指斥故呼在陛下者而告之因卑以達尊之意若今呼殿下閣下侍者足下執事之類是也臣等以爲凡上牋皇太子合連殿下呼之若等候起居秖合稱皇太子萬福其前導者亦秖呼皇太子來不宜呼殿下來詳殿下陛下之稱顯是指陛殿之下他人也今若言殿下來即是他人來請百官起居秖稱皇太子萬福前導者呼皇太子來

爲孟知祥答唐明宗奏狀

伏以故東川節度使董璋與臣爲鄰從初不睦常厚誣於表疏每深間於朝廷欲竊兵權來幷土宇及審聖聽不惑物論難從臣合此時奮激驍雄誅殛奸宄尋屬陛下翠華外駐黄屋未安捨亦何傷剋之不武用是益勞宵旰因議寢停雖隱忍以累年且參商而終日其後故臣安重晦特承君寵恣弄國權窺劍外之有萌示寰中之無畏闕一字料聖君之意必推亡以固存其如倖臣之言恐怒衆而難犯臣與董璋愛以暫合和而不同雖玉帛之交馳豈心貌之

相類誠知蘊蓄且務包容儻敢飛颺必當掃殄其董璋至今年四月二十八日暴興兵甲五月一日驟入漢州臣其日先差昭武軍節度兵馬留後兼左廂步軍都指揮使趙廷隱總領三萬人騎發次新都臣自統領衙内親軍二萬人騎繼之俱列營於彌牟鎮北至三日詰旦結其大陣俟勦元兇其董璋至午時敢領妖徒來當鋒鋭臣則親驅戈甲趙廷隱手奮鼓旗一擊而魚潰鳥離四合而豕分蛇斷斬首一萬餘級執俘八千餘人生擒賊中都指揮使元瓖

衙內副都指揮使董光演及以下指揮使都頭八十餘員奪下甲馬五百餘匹收獲衣甲器械十萬餘事其餘迸漏之徒尋令搜捉并盡其董璋只與親男衙內都指揮使董光嗣并從騎二人罄馬而奔棄甲而遁撫隻輪而掩泣視亂轍以咸哀烏江之死所不遙赤壁之慙顏更厚臣幸以疾雷之勢破其急電之機臣便統領大軍躡背追襲其董璋至四日巳時走入東川至午時有前陵州刺史王暉知窠巢之已傾驗城池之不守梟斬董璋父子首級相次迎獻軍門徑進師徒收下城壘平定一方之衆止於四日之

間莫不退伏皇威戡除隣孽臣方以自違君命未達臣誠捷音雖審其風馳奏疏未遑於羽插豈謂皇帝陛下才聆動靜遽軫憂勞遙降使臣特頒明詔諭董璋之奸罪勉微臣以削平仍動軍前俾施掎角並得暗合方略顯應神機更無唇齒之虞永荷股肱之寄

創築羊馬城記

粵若蠶叢啟國魚鳧羽化於湔山望帝開基鼈靈復生於岷水然則疏鑿巫峽管鑰成都而猶樹木柵於西州跨土田於南越其後兼并梁漢睥睨巴賨獵騎奔馳會秦王於褒谷石牛來去闢蜀路於劍門空驚化玉之微寧獲糞金之利爰自朔分秦歷聲接華風代有雄豪迭爲侯伯運當奇特子陽乘虎踞之機時遇非常元德負龍蟠之勢若迺張儀之經營版築役滿九年楊秀之壯觀崇墉功加一簣洎我唐臨御聖德昭融武威雷駭於百王文德日輝於四海惟茲益部扼彼卭關蒙王肆猾夏之心坦綽苞亂華之志時或窺吾卧鼓覘我韜戎彎弧學射之山飲馬沈犀之水玉帛子女漂流鑿齒之鄉珠翠綺羅散失雕題之域累朝是忘逸樂深軫殷憂夢卜良臣控彈巨屏南康王以儒

術柔服教習詩書燕國公以將略威懷淬磨斧鉞息波瀾於錦水剏制度於羅城踰百雉之恒規補一隅之闕事有備無患庇蜀人以金墉避狄蒙塵安僖皇之玉輦雲蠻稽顙遣使來朝航滇河以獻珍越沈黎而納款當廟社阽危之際鑾輿出狩之秋坐制南荒終無北寇乃燕公之力也往以元穹告變天祿中微夷門方轉其斗魁王氏遂分其鼎足既而莊宗繼絕皇祚中興靈旗西指於巴庸蜀主東朝於伊洛先帝以初復地土方懷遠人須仗權謀迺瞻勳戚於是詔飛丹鳳召何晏於并門節竝蒼龍封杜悰於井

絡卽我太尉侍中平原公分茅金闕受瑞彤廷帳移竹馬之邦輪輾木牛之路星馳十乘霧廓三川宣皇風於上事之初慰人望於下車之日且以城邑自經剋復勢尚搔搖公來如太華之安帝寄得磐石之固益民多福而遇賢侯公曠度涵空英風曠古襲門胄則重侯累將保勳榮則帶河礪山會族而象簡盈牀奕葉而貂冠滿座其爲盛也無得名焉頃者以龍戰元黃虎爭區夏殺氣晝昏於日月陣雲宵蔽於星辰天柱傾欹海波動蕩鼓鼙未息干戈日尋公是時斡運璇樞端持瑤鏡贊神謀於不測斷人事以無

疑獻替經綸折衝樽俎決勝廟堂之上制敵掌握之間借筯爲籌舉無遺算內則翊戴天子外則承寧諸侯言正色莊有犯無隱成少康祀夏之德弼光武興炎之功再造巨唐削平新室歷數允集神器知歸皆由公協和元勳光輔洪業是知取威定霸崇文教以興隆安上治民修理容而鎭靜足以神交旦奭士撫平參力致大同宜亨廣運以之首揚紅旆式遏錦川古有遺機待乎作者公臨鎭之始年中興之四載也歲在丙戌春正月十有一日杖鉞而至無何期月逆帥康延孝自普安竊兵叛亂矯詔窺覦犯我鹿頭營於雒縣勢將率衆必寇近郊公曰清野待敵於民何罪堅壁而守謂我無謀況城雖大而弗嚴隍已平而可涉衆情憂恡公意晏如飛羽檄以會兵伐林木而立柵森然棨戟啓爾橫簫環以深溝屹如斷岸五日之內四面尋周民一其心士百其勇於是精選將領分部熊羆電激妖巢火熏狡窟一鼓而元兇氣喪載攻而同惡疲頽擒鄧艾於轞中斬龎涓於樹下長蛇碎首封豕析骸獻捷功於王廷掃逋穢於侯甸一除芽蘖大定疆陲公於是提振紀綱恢宏典法六條已正七德兼修言出令行家至日見未幾先

皇厭世今上纂圖聖政惟新睿思求舊不改山河之寄永繫社稷之臣一年而加珥貂再歲而昇掌武將軍幕下列虎豹之爪牙丞相府中排鵷鷺之腹背猶且爵盈而不飮肴乾而不食診療生靈討論獄訟固以忠爲令德孝出因心力奉國家勤修職貢賝賮縈紆於劍棧包茅旁午於玉京史不絕書府無虛月閱其庭實標出羣芳推晉文尊獎之誠詔齊桓糾合之業天子得以居南面之貴銷西顧之憂萬里長城岌然存矣公一旦謂諸將吏曰夫華陽舊國宇內奧區地稱陸海之珍民有沃野之利郛郭則樓臺疊

映珠碧鮮輝江山則襟帶牽連物華秀麗閭閻碁布鄽陌駢羅不戒嚴陴是輕武備耳亂臣賊子何嘗不窺南詔西羌會聞入寇將沮豺狼之意須營羊馬之城吾已揣之衆宜協力封章上奏揆日量工分界繩基辨方畫址百城酋壯呼之響答以雲來十萬貔貅令之風行以霧集杵聲雷震版級雲排王猛鬻畚於城隅傅說飛鍪於巖下公間日巡撫役者忘疲周給米鹽均頒牢酒如效五丁之力纔踰三旬而成克就厥功不愆於素遠而望也象衆山之迤邐俯而瞰也若峭壁之斗懸掘大壕以連延增長隄而固護

鷙鳥搏兮可越武夫勇兮莫干摩壘者諒之摧心守陴者由之示暇舊城崢嶸而後竦新城嶪業以前蹲勢而言之若泰嶽之與梁甫亞而稱矣若夫子之與顏回重門闢而洞深危樓亘而翼展至若八月之江澄寒碧七星之橋架晴虹偉乎津梁成茲壯麗公以羅城雖設智有所虧重築大敵鎮於四角嶔岑挂兎突屼栖烏儼樓櫓於泬寥懸刁斗於天表其東南也直分象耳迴眺蛾眉雲霞斂吳楚之天煙水送黔夔之棹其西南也旁連玉壘平視金隄宵瞻火井之光曉望雪峰之彩其東北也樹遙雲頂氣鬱金堂雨收而疊嶂屏新霧薄而重巒畫暗其西北也襟袖廣漢肘腋天彭魚龍躍萬歲之池鸞鶴舞陽平之化其或碧雞啼曉金馬嘶風擁旌戟以登臨覩山川之形勝有以見公心同軒鏡竊鬱鬼神手秉漢鈞鎔鑄造化能於昭代樹此豐功鄙金甌爲漏卮小鐵甕爲凡器其興也已當農隙其罷也不害農時帝旨咨嗟王綸獎錄詔書勑知祥省所奏重修葺當府城池已取十二月一日興功事具悉卿寵分玉節榮鎮錦城守富貴以無驕纂功名於不朽特峻金湯之固以威蠻貊之邦況屬年豐復當農隙既暫勞而永逸

允豫備於不虞益見廟謀允符朝寄省閱陳奏嘉歎殊深公猶歸善於君讓功於下諸軍馬步軍都指揮使光祿大夫檢校太保守彭州刺史上柱國李仁罕左廂馬步軍都指揮使金紫光祿大夫檢校司空守漢州刺史上柱國趙廷隱右廂馬步軍都指揮使金紫光祿大夫檢校司空守簡州刺史上柱國張知業等家傳義烈世襲丕勳拓弓而霹靂聲乾揮劍而魚麗陣破曹景宗鼻頭火出薛延陀鬍尾煙生英毅無儔智謀咸博左都押衙金紫光祿大夫檢校司空守蜀州刺史上柱國潘在迎等或鼎鐘盛族或書

劍名門佩鞬執弭以從戎憑軾搴帷而佐理至於華皓不墜忠勞是能領袖雄藩表儀會府而皆躬臨卒列統攝庶工無揚干之亂行絕趙羅之辭役明興晦息日就月將巨績告終羣才叶贊自天成二年丁亥歲十二月一日起工版築至三年正月八日畢手公再飛章上奏詔曰敕知祥省所奏修治城壕畢功事具悉百堵皆興四旬而畢亘羅城而雲矗引錦水以環流外禦蠻夷中權帷幄公家之事相業可觀備覽奏陳殊深嘉奬於以表綸綍褒揚之寵知朝廷倚注之恩其新城周圍凡四十二里竦一丈七尺基

濶二丈二尺其上濶一丈七尺別築陴四尺鑿壕一重其深淺濶狹隨其地勢自卸版日構覆城白露舍四千九百五十七間內門樓九所計五十四間至三月二十五日停運斧斤其版築採造軍民共役三百九十八萬工其執事餱糧及役罷賞賚斗支秤給緡貫囊裝其數凡費一百二十萬其諸將大校出良駒於皁棧解重帶於腰圍選其纖柔釋其好玩曾無顧愛一以須酬其縣大夫及寮佐已下或賞之器帛或給以緡錢咸有等差無不均普公却奢從儉節事省財馬如羊而不入私門金如粟而不藏私橐悉肆公家之利盡充王事之資圖有謂之功非無度之費也公誠欲爲而不載樸而無文衆意未然牆進固請四民喧闐於衙闥萬口號沸於階墀父老曰公侯政洽神明慈如父母前年定延孝之亂今歲防蠻蜑之虞盡力城隍務安井邑遂使我等保家庇族養老寧沖如是者功德在民憂勤報國安可不敘述休烈雕篆貞珉豈不美歟何容辭也公謂諸賓佐曰抑聞衆人之約義士猶或不爲貪天之功智者宜然不取所修邊備式耀國威將欲罄臣節於一時彰帝猷於萬古殊非已力難過人情誰當游夏之才請紀

見聞之事昊相門牢落堂構蕭條翁歸文武之林明時待問荀息忠貞之志暗室不欺寐酣而白鳳昂藏染翰而墨龍夭矯嗟乎鄧禹秉鈞之歲雖慶承家陸機赴洛之年不堪覩國空餘壯節退卜良知驅車幸返於故園提筆謬登於華館金臺玉帳敢差俊彥之肩綠水紅蓮獲繼鵷鸞之踵酷慙薄技莫贊雄猷杜征南以矜大平吳沈碑漢水竇車騎以章明出塞勒碣燕山猶能炳著簡書發攄功業寧偕巨制永固坤維尚乏黃絹之辭孰拂白珪之玷受恩稟命紀事表年巍巍乎不騫不崩何患於爲陵爲谷

韋寅遜

寅遜夔州雲安監人仕後蜀後主起家茂州錄事累遷翰林學士加工部侍郎判吏部三銓事領簡州刺史國亡入宋授右庶子開寶五年爲鎭國軍行軍司馬罷職年九十餘卒

諫孟昶擊球馳騁疏

臣聞諸召公曰玩人喪德玩物喪志不作無益害有益功乃成不貴異物賤用物民乃足又曰不寶遠物則遠人格所寶惟賢則邇人安夫心猶火也縱則自焚故文王命周

公召公太公畢公輔相太子發太子嗜鮑魚太公不進曰鮑魚不登於俎豆豈可以非禮養太子哉由此觀之飲食必遵禮况起居玩好乎高祖皇帝節衣儉食惠養黎元化家爲國傳之陛下陛下宜親賢俊去壬佞視前代書傳究歷世興廢選端良之士置於左右訪時政得失天下利病奈何博戲擊鞠妨怠政事奔車躍馬輕宗廟社稷昔陶侃藩臣猶投摴蒱於江况萬乘之主乎前蜀王氏覆車不遠矣臣又聞食君之祿懷君之憂臣雖爲外官每聞陛下賞一功誅一罪未嘗不振衣踴躍以爲再覩有唐貞觀之風也今復聞陛下或採戲打球雖宮禁無事止於釋悶亦可一兩月時爲之臣慮積習生常不唯勞倦聖體復且妨於庶務諸司申覆因之淹滯其次奔蹄失馭奄有驚蹶陛下雖自輕奈宗廟社稷何

梁嵩

嵩溽州平南人南漢白龍元年舉進士第一官翰林學士

代母作倚門望子賦

蒼蒼茫茫道遠倚倚望望情傷念蕩子之久別投慈心於遠方渺渺何之動幽懷於眷戀滔滔不返向上國以觀光當其截髮投師操心託迹遙望皇都俯登紫陌翻臂於衞國門前題柱於昇仙橋側擔簦日久希寸祿以資榮負米程遙仗何人而請益征輪遽斷別騎塵飛睇眄睠睠凝思

依依欲歷而既升雲路遙憐而獨倚柴扉汨沒難明我則每晨昏而悵望宗支有託汝盍計蚤晚以言歸常曠望於烟霄每淒涼於蓮葦杳杳兮故路寂寂兮舊室幾行雁陣空來萬里尺書難述水聲山色遽驚懷古之人別恨離情愁對秋風之夕眷戀徘徊憂心靡開抑鬱之情恒自切湮淪之事有誰哀念一葦於津涯誠難去矣聽孤鴻於碧落得不悲哉想彼淹留傷乎離索躊躇兮不止優游兮何託盈庭之萱草徒榮滿目之蘆花自落楊朱陌上蕭條而恨淚潸潸漢武臺邊宛轉而殘霞漠漠恨山海之高深念行役以難尋憶昔伯俞之忠寧無泣杖之心對月而常憐獨坐聞蛩而每憶寒吟勤茲懷土之思惟憑蜀魄觸爾還鄉之計暗託秋砧嗟夫峩峩中立殷殷士子獻書之疏復何如干祿之心幾時止遣我日日望紅塵未見此心終未已

鍾允章

允章其先邕州人徙家番禺一曰宣化人南漢先主時舉進士累遷中書舍人三主時拜工部郎中知制誥後主立擢尚書左丞參知政事宦官許彥眞誣以謀反族誅

碧落洞天雲華御室記

大漢享國之三十有三祀龍集已酉季冬蓂開十四葉上以萬幾有暇四海無波時屬祁寒節當冬狩九卿扈駕百司隨鑾 闕 巡英州舍於閬石翌日排仙仗整翠華羽衞星羅旗幢雲布嶽靈警蹕風伯清塵上衣龍章絳袍曳鳳文翠綬佩流黃鏤金之劍御飛靈淩崖之輿幸茲盤龍石室者也伏惟陛下聖惟天縱功格帝堯味道探元奉眞元之化端拱垂衮返淳樸之風百度惟貞九圍承式因訪清虛之景爰追汗漫之遊斯山之勝槩也得非元化興機巨靈運智丹臺瑤室眞爲上帝之居乳竇芝房宛是長生之境

白犬吠而壺天晝永幽禽語而洞壑雲深神草含華元泉瀉瑞於是拂石牀而設御停玉輦以凝旒遂感龜鶴呈祥河宗效器俄頃有一道流衣短褐斂容而至自稱野人本無姓名云昔時葛先生於此石室煉丹砂藥成息焰躡雲而舉令野人且伏火延神祕丹於靈府并云後五百載當有眞人降此子宜以還丹呈獻昨畧算之起重光單閼之歲迄屠維作噩之年將四百九十祀果令金德主來幸驗其君之言明矣野人因匍匐而來上喜聞所陳問仙者靈丹何在野人曰咫尺耳遂捫蘿於峭壁中取出一小石函函上有金書古篆題九蛻之丹四字內有神丹七粒大如黍粟光彩射人仙者開函取丹躬自持獻野人遽旋踵隱入石縫間罔知厥止時有近臣奏曰聖上德契元微感茲靈異尚以兆民係念四海爲心雖獲還丹未宜輕服上然所奏遂屛左右乃召從臣吳懷恩捧丹隨御於石室深邃處鑿石祕之衆莫知矣擇日亟命道衆設壇場陳齋醮以申告謝靈貺繇是龍顏開豁圓蓋舒晴緩撫瑤琴弄流泉之激越親灑宸翰奮睿思之縱橫奏九成之簫韶烟霞縹緲感百獸之率舞洞府喧闐羣后子來皆朝於禹會衆仙萃至競祝於堯齡微臣榮列紫垣獲隨鑾輅紀仙靈祕奧之事愧乏好辭頌聖朝煥赫之功慚無麗藻拜承綸旨伏積兢惶時乾和七載記

陳守中

守中南漢大寶七年官西御院使集賢殿學士承旨大中大夫行左諫議大夫知太僕寺事

大漢韶州雲門山大覺禪寺大慈雲匡聖宏明大師碑銘并序

原夫眞空無相劫火銷而性相何來妙法有緣元氣剖而因緣何起造化莫能爲關鍵元黃不可爲種根乩乎十號之尊出彼三祇之劫增莫知而減寧覩詎究始終望不見而名無言孰明去住不有中有不空中空匪動匪搖常寂常樂拘留孫之過去釋種圓明毗婆尸之下生元符合契繇是修行道著相好業成爰授記於定光迺度人於摩竭自是一音演說二諦宏宣闢八萬法門化三千世界大乘六而小乘九慧業難基欲界四而色界三昏波易染所以興行六度接引四生求眞者競洗六塵修果者咸超十地盡使昏衢之內俱萌捨筏之心大饜人天俾居淨土其後

衣纏白氎屣脫金沙示無住之身現有終之理於是迦葉結集阿難證眞遞付心珠住持法藏象教遠流於千載覺花遍滿於十方馬鳴興護法之功龍樹顯降魔之力師師相受法法相承大化無窮不可思議而自我祖承運明帝御乾符聖夢以西來圖粹容而東化金言玉偈摩騰行首譯之文鹿苑雞林佛朔遂身游之化迨於魏晉迄至隋唐達理者甚多得道者非少其如歷帝歷代有廢有興未若當今聖明欽崇教相者也伏惟睿聖文武隆德高明宏道大光孝皇帝陛下德參覆載道合照臨叶九五之龍飛應

一千之鳳歷承帝嚳有堯之慶鴻業勃興體下武繼文之基聖功崛起每念八紘紛擾九土艱虞耀干戈弧矢以宣威救生靈塗炭用聲明文物而闡教致寰宇雍熙櫛沐忘勞鑿大禹之所未鑿造化不測開巨靈之所未闢慶雲呈而甘露垂嘉穀生而芝草出其於儒也則石渠金馬刊定古今八索九邱洞窮淵奧其於道也則探元抱樸得太上之妙門寶籙靈符授虛皇之祕訣於幾暇既崇於儒道注宸衷復重於佛僧是妙奉三寶於虛（闕一字）福萬民於寰宇紺宮金剎在處增修白足黃頭聯辰受供而乃頻彰瑞感顯應昌期矧以韶石奧區曹溪勝地昔西來智藥三藏駐錫於曹溪曰一百七十年後當有無上法寶肉身菩薩於此興化學道者如林故號曹溪曰寶林也二十八祖之心印達摩東傳三十三代之法衣祖師南授洎六祖大師登正果之後所謂學者如林天下高僧無不臻湊者矣大慈雲匡聖宏明大師者則別類一枝也大師澄眞不渾定性自然馳記莂之高名躡迦維之密行慧燈呈耀智劍發硎六根淨而五服清不染不著四果證而三明朗自悟自修啟禪門而定水泓澄搜律藏而戒珠瑩澈水上之蓮花千葉清淨芬芳空中之桂魄一輪孤高皎潔機無細而不應

道有請而必行故得百福莊嚴萬行圓滿盡諸有漏達彼無爲大師諱文偃姓張氏吳越蘇州嘉興人也生而聰敏幼足神風不雜時流自高釋性纔逾丱歲便慕出家乃受業於嘉興空王寺律師志澄下爲上足披經譯偈一覽無遺勤苦而成依年具尸羅於常州戒壇初習小乘次通中道因聞睦州道蹤禪師關鑰高險往而謁之來去數月忽一日禪師發問曰頻頻來作什麼對曰學人己事不明禪師以手推出云秦時轆轢鑽師因是發明微而有理經數

載策杖入閩造於雪峯會下三禮之後雪峯和尚頗形器重之邑是時千人學業四衆咸歸肅穆之中凡聖莫測師朝昏參問寒燠屢遷昂鶴態於羣流閉禪扉於方寸因有僧問雪峯曰如何是觸目不見道運足焉知路雪峯曰吽其僧不明舉問師此意如何師曰兩斤麻一疋布僧又不明復問何義師曰更奉三尺竹僧後問於雪峯峯曰噫我常疑箇布衲其後頗有言句繁而不書乃於衆中密有傳授因是出會游訪諸山後雪峯遷化學徒問曰和尚佛法付誰峯曰遇松偃處住學徒莫測偃者則師之法號也遺

誡至今雪峯不立導末屆於曹溪旋謁靈樹故知聖大師如敏長老以識心相見靜本冥同儔侶接延僅逾八載丁丑知聖忽一日召師及學徒語曰吾若滅後必遇無上人爲吾茶毗及戊寅歲知聖大師順寂恰遇高祖天皇大帝駕幸韶陽至於靈樹敕爲焚爇果契前言也師是時奉詔對敭便令說法授以章服次年又賜於本州爲軍民開堂師據知聖筵說雪峯法牧守何希範禮足曰弟子請益師曰目前無異草是日問禪者接踵其對答備傳於世師爾後倦於延接志在幽清奏乞移庵帝命俞允癸未領衆開雲門山搆創梵宮數載而畢莫不因高就遠審地爲基層軒邃宇而湧成花界金繩而化出曉霞低覆絳帷徵襯於雕楹夕露散垂珠網輕籠於碧月匼匝盡奇峯秀嶺逶迆皆潑黛堆藍泉幽而聲激珠璣松闕一字而勢拏空碧由是裝嚴寶相合雜香廚摳衣者歲溢千人擁錫者雲來四表菴羅衛之林畔景象無殊耆闍崛之山中規模匪異院主師傳表奏造院畢功敕賜額曰光泰禪院至戊戌歲高祖天皇大帝詔師入闕朝對有容因宣問曰作麼生是本來心師曰舉起分明帝知師洞韞元機益加欽敬其日欲授師左

右街大僧錄遜讓再三而免翌日賜師號曰匡眞大師延駐浹旬賜內帑銀絹香藥遣迴本院厥後常注宸衷頻加賜賚尋伏遇中宗文武光聖明孝皇帝纘承鴻業廣布皇風廓靜九圍常敬三寶復降詔旨命師入於內殿供養月餘仍賜六銖衣錢絹香藥等却旋武水并顯賜塔院額曰瑞雲之院寶光之塔師禪河浩淼闡必驚人有問禪者則云正好辨有問道者則云透出一字有問祖師意者則云日裏看山凡所接對言機大約如此了義元遠法藏幽微化席一興歲華三紀師於生滅處在色空中來若鳳儀作

僧中之異瑞。去同蟬蛻。為天外之浮雲。於屠維作噩之歲四月十日。寢膳微爽。動止無妨。忽謂諸學徒曰。來去是常。吾當行（闕二字）命侍者奉湯。師付湯椀於侍者曰。第一是吾著便。第二是汝著便。亟令修表告別君王。乃自札遺誡曰。吾滅後不得數俗着孝衣哭泣。備喪車之禮。則違我（闕三字）也。付法於白雲山實性大師志庠。其日子時。瞑目怡顏。疊足而化。嗚乎。化緣有盡。示相無生。端然不壞之身。寂爾歸眞之性。惠海雖乾於此界。法山復化於何方。風雲慘澹以低垂。眾鳥悲鳴而不散。學徒感極。瞻鴈塔以銜哀。門客戀

深。拜禪龕而雪涕。以當月二十有五日。諸山尊宿。四界道俗。送師入塔。壽齡八十六。僧臘六十六。香飄數里。（闕二字）一隅。護法龍神。出虛空而閃爍。受戒陰騭。現髣髴之形容。其後諸國侯王。普天僧眾。聞師圓寂。競致齋羞。而後一十七年。我皇帝陛下應天順人。垂衣御極。順三靈而啟聖。紹四葉之耿光。大振堯風。中興佛法。至大寶六年歲次癸亥八月。有雄武軍節度推官阮紹莊。忽於夢中見大師在佛殿之上。天色明朗。以拂子招紹莊。報云。吾在塔多時。汝可言於李特達（秀華宮使特進李託也）託他奏聞。為吾開塔。紹莊應對之次。驚覺歷然。是時李託奉敕在韶州。於諸山門寺院修建道場。因是得述斯夢。修齋事畢。迴京奏聞。聖上謂近臣曰。此師道果圓滿。坐化多年。今若託夢奏來。必有顯現。宜降敕命。指揮韶州都監軍府事梁延鄂。同本府官吏往雲門山開塔。如無所壞。則奏聞迎取入京。梁延鄂於是准敕致齋。然後用功開鑿。菩薩相依稀。旋覩蓮花。香馥郁先聞。須臾寶塔豁開。法身如故。眼半合而珠光欲轉。口微啟而珂雪密排。髭髮復生。手足猶軟。放神光於方丈。晃耀移時。興瑞霧於周迴。氤氳永日。即道即俗。觀者數千。靈異既彰。尋

乃具表聞奏。敕旨宜令李託部署人船。往雲門修齋迎請。天吳息浪。風伯清塵。直濟中流。俄達上國。敕旨於峴崍步駐泊。翌日。左右兩街諸寺僧眾。東西教坊四部伶倫。迎引靈龕入於大內。螺鈸鏗鏘於玉闕。幡花羅列於天衢。聖上別注敬誠。賜昇祕殿。大陳供養。疊啟齋筵。排內帑之瓌珍。饌天廚之蘊藻。列砌之驪珠斛滿。盈盤之虹玉花明。浮紫氣於皇城。（闕一字）靈光於清禁。聖上親臨寶輦。重換法衣。謂侍臣曰。朕聞金剛不壞之身。此之謂也。於是許羣僚士庶。四海蕃商。俱入內庭。各得瞻禮。瑤林畔千燈接晝。寶山前

百戲聯宵施闕三字不可殫紀以十月十六日乃下制曰定
水澄源火蓮發豔夙悟無生之理永留不朽之名萬象都
捐但祕西乾之印一眞不動惟餘南祖之燈韶州雲門山
證眞禪寺匡眞大師早契宗乘洞超眞覺雖雙林示滅十
七年靡易金軀隻履遺蹤數萬年應迴葱嶺朕顯膺歷數
纘嗣丕圖洎三朝而並切皈依乃一心而不忘迴向仰我
師而獨登果闕一字在沖人而良闕一字歎嘉宜行封賞之文
用示襃崇之典可贈大慈雲匡聖宏明大師證眞禪寺宜
昇爲大覺禪寺重臣將命乳奠坤儀太常行禮於天墀綸

誥宣恩於雲陛固可冥垂慈貺密運神通資聖壽於延長
保皇基於廣大師在內一月餘日聖澤優渥七寶裝龕六
銖裁服頒賜所厚古今難倫當月二十九日宣下李託部
署郄迴山門有參學小師雙峯山長老廣悟大師賜紫竟
欽溫門山感悟大師契本雲門山上足小師應悟大師常
實等同部署眞身到闕亦在內庭受供恩渥異常其諸上
足門人常厚等四十餘人各是章衣師號散在諸方或性
達禪機或名高長者在京小師悟明大師都監內諸寺賜
紫常一等六十餘人或典謀法教或領袖沙門臣才異披
沙學同鑄水虔膺鳳旨紀實性以難周愧匪雄詞勒貞珉
於不朽乃爲銘曰

於穆大雄教敷百億亭育二儀提攜八極不滅不生無聲
無色卓爾神功昭然慧力其一化無不周道無不備法既流
兮教既布矣爰未滅樂歸乎妙理寶性眞宗枝分風靡其二
祖祖傳心燈燈散燭詮諦騰鑣聖賢交躅種種津梁門門
杼軸正覺廣焉尋之不足其三厥有寶林重芳一葉布無上
乘登無上機法炬曈曨尼珠煒煜拯溺迷津救焚塵劫其四
南北學徒摳衣朝夕無醉不醒無昏不釋示其生焉來彰

慧績示有滅焉歸圓眞寂其五湛然不動塔韞寶光玉闕一字
彌赫金相彌莊時乎未來我則晦藏時乎至矣我則昭彰
其六爰於明朝現茲法質如撥障雲重舒朗日瑞應皇闕福
隆帝室聖覽禎祥恩頒洋溢其七三翼沿泝千里請迎迎來
丹闕設在三清金銀羅列瓊璧堆盈俄生紫氣潛覆皇城
其八日陳供席夜奏笙歌施億寶貝捨萬綺羅神傾薝蔔天
降曼陁前佛後佛顯應斯多其九明明聖君仁仁慈主聖比
和風慈同甘雨祚與天長教將地固勒之貞珉永芳千古
其十

欽定全唐文卷八百九十三

李鐸

鐸事楚武穆王馬殷爲從事起家都統判官及建國改爲司徒衡陽王馬希聲用藩鎮之儀仍爲判官文昭王希範立天策府學士鐸與其選

密雨如散絲賦 以微密相續集布如絲爲韻

散萬物者莫潤乎雨鈞百貨者莫細乎絲雨將應時既盈空而沃若絲將比密爰委質以棼之原夫清畢啟陰夕陽向暮散輕霞以成綺矗元雲而似布於是霢霂郊野霏微

草樹蔽重霄之靄靄猶委緒風映遠岫之濛濛乍迷轂霧髣髴將久輕盈匪疎濛蔑浣紗之際浸淫濯錦之餘織婦停梭似曳乃軋之緒舟人罷釣疑牽或躍之魚由是揚素彩降碧虛忘機別天庭之睆彼拂鬢驚韶髮之皤如徒觀其散影有經分行無匹始斜足以色麗俄交反而勢密輕沾素服懷墨子之悲時遇隔布泉誤詩人之怨日皎皎容潔緜緜體微絕而復尋等蛛網而共挂垂之如墜連雪絮以輕飛仰之盈目紛如可矚彼時澤之長懸若天經之恒續泰臺蟻術豈惟珠曲乃穿湘浦燕飛不獨烏方鶩觸有以灑炎炎之苦有以慰蚩蚩之俗且晴晦之異圖牒之祥則有雲如繒以遙列星曳練而可望布霑霈而莫能與比齊絲密而曷足其相彼龍見而方零與決雲而齊給或流電而未止或破塊而併集曾未若汗漫於率土之濱表王言之澤及

秋露賦

天何言哉萬化斯該歲云秋矣傷心不已起涼風於四面飛斷雲於千里爾乃高天氣爽寒日光清下翠樓以迴矚見白露之晨生向珠網以漆淨依玉階而助明如霜未結

似雨還輕點庭蕪而葉重滋園菊而花榮歌湛則周詩入興凝甘則漢載留名故色貴含秋光宜泥曉既騰文於地上復垂容於筆杪煙澹彩而的的月籠華而晶晶豈若華山之際童子受於囊中金莖之端仙掌承於雲表况乎胥臺發色軒邱降祥紅蘭受而彌潔綠葵含而轉芳初益巨海終晞太陽既隨時以隱見還任物以行藏爾其無林不沾無草不羃薤上流彩林中湛液思蟬飲而曉潤旅鶴警其宵滴詞人賦矣已凝冷以淒清君子履之又傷心而怵惕感斯露而揣稱媿才殫而莫析者也

拓跋恒

恒本姓元避楚景莊王偏諱改姓拓跋武穆王時以學士兼僕射衡陽王罷建國之制降稱節度判官文昭王開天策府置十八學士恒首與其列

諫楚文昭王書

殿下長深宮之中藉已成之業身不知稼穡之勞耳不聞鼓鼙之音馳騁遨遊雕牆玉食府庫盡矣而浮費益甚百姓困矣而厚斂不息今淮南為仇讎之國番禺懷吞噬之志荆渚日圖窺伺溪洞待我姑息諺曰足寒傷心民怨傷

國願罷輸米之令誅周陟以謝郡縣去不急之務減興作之役無令一旦禍敗為四方所笑

丁思覲

思覲為楚文昭王牙將累官天策副都軍使諫文昭王不聽扼喉而死

諫楚文昭王書

先王起卒伍以攻戰而得此州倚朝廷以制鄰敵傳國三世有地數千里養兵十萬今天子蒙塵朝廷無主眞霸者立功之時誠能悉國之兵出荆襄以趣京師倡義於天下桓文之業也奈何耗國用而窮土木為兒女之樂乎

上馬希範書

今四海分裂中原之地纔十數州而大王克紹先業為諸侯之長未聞折一馬箠為天子討愚臣所以為恥也惟大王思之

李宏臯

宏臯事楚武穆王由營道令累遷都統掌書記文昭王開天策府與十八學士之列王薨宏臯定議立廢王為嗣恭孝王爭立執宏臯臠殺之

復溪州銅柱記

粤以天福五年歲在庚子夏五月楚王召天策府學士李宏臯謂曰我列祖昭靈王漢建武十八年平徵側於龍編樹銅柱於象浦其銘曰金人汗出鐵馬蹄堅子孫相連九九百年是知吾祖宗之慶緒緜遠則九九百年之運昌於南夏者乎今五溪初寧羣帥内附古者天子銘德諸侯計功大夫稱伐必有刊勒垂諸簡編將立標題式昭恩信敢繼前烈為吾紀焉宏臯承教濡毫載敘厥事蓋聞牂牁接境盤瓠遺風因六子以分居入五溪而聚族上古以之要

服中古漸爾羈縻洎師號精夭相名姎氏漢則宋均置吏稱靜溪山唐則楊思興師遂開辰錦邇來豪右時恣陸梁去就在心否臧由已溪州彭士愁（一作士然）世傳郡印家總州兵布惠立威識恩知勸故能歷三四代長千萬夫非德教之所加豈簡書而可畏亦無辜於大國亦不虐於小民多自生知因而善處無何忽承閻隳俄至動搖我王每示含宏常加姑息漸爲邊患深入郊圻剽掠耕桑侵暴辰澧疆吏告逼郡人失寧非萌作孽之心偶昧戢兵之法焉知縱火果至自焚時晉天子肇創丕基倚注雄德以文皇帝之

崴號繼武穆王之令謨冊命我王開天策府天人降止備物在庭方振聲明又當昭泰眷言僻陋可俟綏懷而邊鄙上言各請効命王乃以靜江軍都指揮使劉勍率諸部將付以偏師鉦鼓之聲震動谿谷彼乃棄州保嶮結砦憑高唯有鳥飛謂無人到而劉勍虔遵廟算密運神機跨壑披崖臨危下瞰梯衝既合水泉無汲引之門樵採莫通糧糗乏轉輸之路因甘衿甲豈暇投戈彭師杲爲父輸誠束身納款我王愍其通變爰降招攜崇侯感德而歸周孟獲畏威而事蜀王曰古者叛而伐之服而柔之不奪其財不貪其土前王典故後代著龜吾伐叛懷柔敢無師古奪財貪地實所不爲乃依前奏授彭士愁溪州刺史就加檢校太保諸子將吏咸復職員錫賚有差俾安其土仍頒廩粟大賑貧民乃遷州城下於平岸溪之將佐銜恩向化請立柱以誓焉於戲王者之師貴謀賤戰兵不染鍔士無告勞肅清五溪震讋百越底平壃理保乂邦家爾宜無擾耕桑無焚廬舍無害樵牧無阻川塗勿矜激瀨飛湍勿恃懸崖絕壁荷君親之厚施我不徵求感天地之至仁爾懷寧撫苟違誠誓是昧神祇衞於子孫庇爾族類鐵碑可立敢忘賢

哲之蹤銅柱堪銘願奉祖宗之德宏臯仰遵王命謹作頌焉其詞曰

昭靈鑄柱垂英烈手執干戈征百越我王鑄柱庇黔黎指畫風雷開五溪五溪之險不足恃我旅爭登若平地五溪之眾不足憑我師輕躡如春冰溪人畏威仍感惠納質歸朝求立誓誓山川兮告鬼神保子孫兮千萬春

彭士愁

士愁天福中溪州刺史

溪州誓文

右據狀溪州靜邊都自古已來無違背天福四年九月蒙王庭發軍收討不順之人當都頭將本營諸團百姓軍人及祖父本分田場土產歸明王化當州大鄉三亭兩縣苦無稅課歸順之後請祇舊額供輸不許管界團保軍人百姓亂入諸軍四界劫掠竝盜逃去戶人凡是王庭差綱收買溪貨并都幕採伐土產不許輒有庇占其五姓主首州縣職掌有罪本州申上科懲如別無罪名請不降官軍攻討若有違誓約甘請准前差發大軍誅伐一心歸順王化永事明庭上對三十三天下將宣祇爲證者

朱遵度

遵度青州人初依楚文昭王馬希範後徙居金陵高尚不仕

棲賢寺碑

夫太華維嵩作鎮周秦之地峨嵋劒閣僻臨邛蜀之區曷若峻極於天廬山列五嶽之次欲光於世棲賢居四絕之右其或秀生賢哲氣噫風雷控五嶺而壓三秀匯岷江而瀦蠡澤泉飛黃石千尋之長劒倚天雲吐鑪峯一炷之檀烟上漢石梁與塵寰不接紫霄信日月可親懷山襄陵文命導百川而居此千乘萬騎漢皇馭六飛以躬臨旣如此廬山不得不稱其嶽也若乃五乳峯左疊石澗西屛展層巒狀五老飛星之所門臨三峽聽大禹鑿龍之聲香積具而谷震文鮑毳侶賓而風傳金錫龍潭當戶甘澤與法雨齊飛禪客臨軒師子共象王接武又如此則棲賢不得不名其絕也按張僧鑒潯陽記云姬周初匡俗先生屢逃徵聘結廬此山眞人羽化於紫烟弟子指山爲廬岫又按張密九江新舊錄云棲賢寺本在州南二十三里齊永明七年諮議張希之造隋末始廢洎唐寶歷初給事中李渤以廬宮是棲隱之所遂捨舊宅以建精藍奏置舊廢寺額仍

請先歸宗智常禪師以居焉檀越處仁信之域覩空王而發心菩薩啟圓頓之門馭五乘而接物紹遠公之能事皆唐代之偉人當其海衆雲臻法幢峯立如聲召響目擊道存應物隨緣薪盡火滅法須有主代不乏賢謝山和尚聞法鼓銷聲慮慧日長沒出彼林下來此山中而後照覺禪師再光祖席佛巖大士繼闡宗風今筠長老去來不住彼我兩亡解龍濟之髻珠得清涼之心印源本清而任撓鏡鑑物而忘疲蓮社嘆三草將枯密雲不雨黃屋念釋門無

主百堵誰興眷彼名山在乎宸斷應明詔者其惟師歟繇是虔奉綸言遂成素志遽辭丹闕深入白雲師乃乘般若舟遊一眞性海愍狂子病灌一味醍醐接引大心衆生俱入華藏世界處羣華而不自異卽煩惱以爲菩提賓至如初棟橈畢葺龍集辛酉天子省方千官扈從萬乘啟行大明昇沖六合皆照東風扇律四海維新龍舟纔艤於星灣天步俄登於雲岫心存億兆豈思石槨之堅牢志在寰瀛不問瑤池之遠近瞰雙崖而壁立聽驚湍而雷吼橋横虹斷危若飛動乃顧謂筠公曰吾愛天下生靈視如巳也豈

可使出塵之士來往而履險乎勿憚暫勞須求永逸目顧頤使規模立成仍宣御庫錢二十萬以充其費焉既而雲罕未移勾陳尚駐覽布金之勝槩揖激玉之清湍茶烟裊而乳竇飄香禪悅味而虛室生白實釋門之盛事爲信史之美譚玉輅言旋緇徒蔵事衆人役役因善價而沽諸伐木丁丁俄梓材而如積屹若神化皆從聖謀朱欄修且直大厦壯而麗馬師皇過此免更乘龍鄧隱峯經行不勞飛錫其新橋依舊以三峽爲名又於橋之北建駐鑾亭寺之後改觀音巖爲宴聖巖皆先皇駐蹕之所也召伯聽訟國風歌其勿翦叔子去荆峴山存乎墮淚況明明哲后垂二十載覆燾於烝民者哉遵度大袖褒衣以登晉用聞先歸宗之出世恨不同時慕李給事之爲人各逢明主而又於筠長老有林泉之舊因御命如瀟湘之遊云欲立貞珉將直書其實以文見託不敢多辭其詞曰

廬山天柱五老峯前地如靈隱寺號棲賢山中何有百物生焉寺中何有俊哲居焉江湖會同天文星紀控越連巴東南之美鼓震雷動觸石雲起何必崇朝滂沲萬里芙蓉積翠帝子三宮九峯峨峨秀出雲中龍潭水黑錦谷霞紅

吉甫生周不獨惟嵩十八名賢首稱慧遠江州使君書讀萬卷禪師知常竹林一作木之院一言道合法無關鍵指玆舊院建彼祇園上棟下宇寶幢勝旛師子一吼孰敢興言以心印心如篪如壎那含如來圓寂覺路世界無邊非佛不度迦葉慈悲愍衆生誤了眞妄源絕生死怖謝山欽因依紹能仁心如太虛本絕埃塵龍濟實相傳之於筠清凉法海秋月一輪聖主知賢詔居玆寺入七葉巖當法王位爲述正言與悟息意四執無着是不思議龍集作噩時維小康翠華順動眷被山光造舟爲梁八鸞鏘鏘雲涇實輧

谷散天香。三峽嵌空。雙崖如束。直下百尺。飛流噴玉。橋危飛動。路險巴蜀。念彼遊人。履茲深谷。將易舊制。俄成久圖。既壯且麗。皆遵睿謨。莫測天心。蒼生是虞。欲使萬物。安如覆盂。亭思駐蹕。巖紀聖遊。南方徯后。碧嶂難留。唐祚千葉。唐年萬秋。惟山與寺。配天齊休。

錢昱

昱字就之。吳越忠獻王長子。累遷彰武軍節度使。宋師討江南。爲東面水陸行營應援使。從忠懿王朝宋。歷授郢州團練使。咸平二年卒。年五十七。贈太師。封富水侯。

忠懿王廟碑文

若夫非常之人。必有非常之事者。衆所聞矣。其或功及於國。道濟於民。生居土茅。沒饗廟食者。求諸前史。罕有其倫。是以黃石立祠。皆因遺跡。汾陽致祭。實表舊功。故聖人之制也。法施於民則祀之。以勞定國則祀之。苟無所稱。實曰誣祭。惟忠懿王豈誣祭歟。公名審知。字詳卿。姓王氏。本瑯琊人。秦將翦三十四代孫。高祖煜。唐貞元中爲光州定城宰。有善政。以及民。因遷家於是郡。遂世爲固始人矣。曾祖友。贈光祿卿。王父蘊玉。贈祕書少監。父恁。累贈至太尉。光州刺史。十圍巨木。始從厚地以盤根。九曲洪河。本自仙源而析派。若匪降神之氣。豈生命世之才。公即太尉季子也。形質魁秀。機辨明敏。負英雄之氣者。必相交友。學韜鈐之畧者。咸詢智謀。懸知五典之書。暗合萬人之敵。遠近服其義勇。鄉里推其孝弟。常有善相者詣公之門。視其昆弟三人曰。富壽皆一體也。而季當位極人臣。自是公竊負之。尋遇陟岵興悲。在原軫念。恭事孟仲。嚴若父焉。乾符末。鯨網全疎。梟毛屢落。磨牙吮血。中原正苦於傷殘。脫耒裂裳。四海盡疲於征戰。公蓄慷慨之氣。負縱橫之才。每或撫髀暗

驚。彎弧自誓曰。大丈夫不能安民濟物。豈勞虛生乎。於是以俟時待價之字闕一抱拯溺救焚之志。豪俠相許。寢食不忘。雖大鵬未飛。已具垂天之勢。而神馬一躍。終同追電之蹤。屬王緒者。憑巢寇之戈矛。盜霍邱之土宇。遽言得志。遂啟無厭。但思於弱吐強吞。豈顧其幸災樂禍。因乃大掠部屬。旁字闕三復收士民。以廣隊伍。於是公之昆季。咸與焉。及秦宗權竊弄五兵。遍侵四境。緒內乏嬰城之計。外無善鄰之助。遂率衆以作竄。欲避地而偷安。玉石俱焚。孰能分別。豺狼當路。無匪縱橫。幸豫章懦怯之中。偶番禺殘害之後。

凡經藩翰靡或支吾自潮陽抵漳浦百姓畏其塗炭五馬避其鋒刃豈知兵忌不戢人慎無恒狃蒲騷者終至敗亡妨草竊者焉能長久動蓄自疑之志轉乖同義之心適當軍衆不賓遂爲部下所害公素敦誠信累涉艱危既負出羣之林仍諳武事之術且兵不可以無主將不可以失人衆遂推公而立之公居下惟謙事長必順雖輿情之有屬在公論以不忘乃曰予早事二兄常若嚴訓豈有弟爲大將兄居其下者乎遂奏長兄潮以帥其衆仍獲清源爲所理之地公由是惡道途之多梗憤貢賦之不通實欲致理

一方剋平羣盜外惟征繕中則經營運籌之勝負豫知攬轡之澄清可待大順冬（闕四字）廉察遽亡兵馬使范暉奪符印以自尊奉題緘而不遜恣行誅戮罔事綏懷人既類於倒懸時合當於逆取公比緣觀釁以因得徵詞遂舉勤王之師以伸弔民之義躬事戈甲身臨矢石一年而圍（闕四字）年而堅壁遂隳范暉扁舟欲遯踈網難逃遂爲海人梟首以獻公既殲元惡乃布優恩凡曰脅從悉命宥過用仁信以御下行慈惠以恤民會未浹旬已聞致理百姓愛之如父母三軍畏之如神明又能成功不居讓德無愧遂迎長兄潮遷理是郡復請仲兄邽迭居舊邦武肅王表率諸侯蕩平大憝吳越盡歸於賜履江淮咸奉於專征以其能務忠勤遠求薦擢遂奏授本道廉察及泉州符印借命焉尋朝廷以寰海挺災久勞我武東南靖亂獲庇吾民俾提旄鉞之權（闕二字）襦袴之惠遂升本州爲威武軍授潮節度觀察處置等使仍以公爲節度副使獎勲績也洎元昆殂謝衆庶歸依公乃躬受遺言式俟朝命明年春帝恩遠降人欲是從初授公檢校刑部尚書威武軍節度兵馬副大使將委什連之任攸居貳職之勞一之日訓習驍雄二之日

蘇息疲瘵用心數月善政聞天於是進端揆之資正元戎之位齋壇高築軍幕大開分州司屏翰之權握從（闕一字）鼓鼙之任未幾顯居使相（闕一字）錫户封方隆推轂之寄尤藉秉鈞之力當多難未弭聊同指臂之相須及具瞻有歸實賴股肱之别用式資補衮俾重褰帷天復元年載正乾綱重光帝座言念七閩之地（闕一字）符八柱之功特須渥恩用越倫等賜武庫戟十二枝列於私門非恒例也自是日鍾百禄歲逢九遷公致君愈勤述職無怠萬里輸貢川陸不繫其賝一心尊戴風雨不改其志昭皇累嘉忠節别錫異

歎欲酧懋德豈限彝章天祐元年夏四月封琅琊郡王食實封一百户尋屬龍蛇起陸戎馬生郊人心不厭於有唐天命已歸於新室公知徵不爽居闇罔欺梁祖之即位也纔傾作解之恩繼舉疇數之典三公互拜萬户連封呂尚帝師之尊官榮既極子儀中令之貴考限惟同尋復進封閩王加福州大都督長史迨莊宗之建王業也神京克復寓縣咸寧欲敦柔遠之心先下念功之詔遂增井賦仍改功臣式覃北闕之恩用俟南門之寄公方推拱極既效安邊惟治民素屬於憂勤而得疾遽從於綿篤百齡無效五

福先全以同光三年十二月十二日薨於正寢享年六十有四朝廷素欽盡節俄覽遺文既增慭老之悲豈慳錫終之典冊贈尚書令謚曰忠懿禮也公生當離亂之運出值艱難之秋割據一方蓄養百姓得深溝高壘之固有披堅執銳之衆贍水陸之產通南北之商鑄銅於蜀山積粟於洛口者不足言其富也連臨淄之袂投淝河之筆者不足言其庶也至若外涵大度内用小心愼刑既及於精詳舉事悉從於簡畧犯則不赦令比秋霜之嚴恩本無私惠如冬日之煖民惟道化吏以法繩此可以稱善爲政矣言必

皆中行罔自欺非正詞不入於聽非公事不宣於口居常無聲色之樂平生以禮義自守念十家之產者躬行節儉懷五子之歌者心誡荒唐每當爍石之威未常操扇纔屬雞鳴之後早見嚴裝以德報恩遠逾萬里至誠感物動契百神此可以稱善立身矣興崇儒道好尚文藝建學校以訓誨設廚饌以供給於是兵革之後庠序皆亡獨振古風鬱更舊俗豈須齊魯之變自成洙泗之鄉此得以稱善教化矣懷尊賢之志宏愛客之道四方名士萬里咸來至有蓬瀛謫仙鴛鴦舊侶或因官而忘返者或假途而借去者

盡赴築金之禮皆歸簪珥之行其餘草澤蒐羅魚車待遇者固不可勝紀此得以稱善招納矣尊天事地奉道饗神無非克誠足以監德然而素欽釋典大廓法門衆善皆臻何德不報無漏上智苾蒭散布於諸方有作良因伽藍遍滿於樂國煉卽山之堅固鑄丈六金身鎔麗水之光輝寫五千祕藏事非爲己願乃庇民此得以稱善求福矣功惟理亂志在盡忠安不忘危常爲持險之誡小當事大罔違興國之道以至覆盂數郡高枕三邊雖昆彭致霸之儔未能繼踵在佗變自尊之患固不同風此得以稱善守位矣

且天惟祐德民本懷仁公饗富貴者三十年傳冊封者四五世遺愛銘於人口忠節出於國史臣子之盛不亦大乎迨茲陵谷變遷箕裘廢墜寂寞闕以時之薦淒涼同乏祀之悲士農工商慕舊政以如在潢汙蘋藻望遺廟以不存丙午歲我師恤鄰闉境嚮化遇今大元帥吳越國王位鍾壓紐運偶負圖當保大定功之初行興滅繼絕之義既克寧於民庶思咸悅於鬼神每念閩川所歸本由王氏而盛雖子孫異代已同薰燼之香而春秋二時宜陳籩豆之禮遂命以公舊第爲忠懿王廟仍參常祀之數霸主爰修於

廢祭藩侯遂立於叢祠行馬戟枝尚存故物豚肩尊酒蚤薦惟馨塑山庭月角之容立偕老于飛之像庭廡未同於工績槐檀旋改於光陰舊徑難尋已絕羅含之蘭菊重門長閉但多仲蔚之蓬蒿既乖興廢之儀殊闕致誠之所大宋開寶七年秋九月大元帥吳越國王以時和歲豐家給人足俾答福謙之佑遂申咸秩之典凡曰祠廟毀廢競出錢帛修完乃命衙直將躬授人工旁搜材植補遺基而皆備易舊物以咸新曾未踰時已云告畢奢儉得以中度規制得以合禮朱軒粉壁隨晚靄以生光修竹喬松向寒霜而叶色挺曹筆則陰兵欲動聞郢工則神馬欠嘶步從悉周精靈如在矧以故鄉將吏開幕賓僚當其草昧干戈屢經勞苦洎自拊立臺構盡饗崇高乃塑都押衙建州刺史孟威等二十六人以配享馬斯廟也前瞰清流右連淨刹一路自無於塵雜四鄰皆屬於幽奇曉霧纔開先露列窗之岫疎鐘雖近不驚繞樹之禽公昔也常游宴於斯今也復祠祭於此始易宅而爲廟矧將廢而能興苟非陰德不衰令名未朽又豈能身歿之後有如此之盛乎昱叨居是藩獲畢斯事仰嘉猷之未遠聽遺愛以長新爰屬短裁庶

存實錄燕然敘事雖有謝於孟堅峴首感人亦未多於叔子乃爲銘曰

極天曰嶽惟嶽有神蓄是靈氣生爲異人干霄利劍瑞世祥麟爰當季運實庇烝民唐德將衰羣雄欲出陰霧垂地秋氣蔽日豺豕猖獗萑蒲縱逸苟非偉才焉濟王室權爲巨盜緒亦朋姦欲亂中夏首屠光山誰爲英傑同罹險艱終則竄跡能無厚顏爰率部民同徂萬里緒爲眾惡公得眾美因戮兇人遂奉君予立功著名自此而始漳浦既寧清源復平遂以政事授於難兄孝實至性謙惟直誠靜可

揖讓亂則經營憤彼闔川拊茲裨將苛虐漸篤政刑俱喪鋭旅大驅凱歌連唱克定一方式諧衆望始參貳職已播殊勳屏翰之美朝廷備聞迨居重鎮繼事明君盡忠竭節松茂蘭薰偃仰大藩膺麻五郡雖曰功庸亦由時運二柄齊舉七德兼訓令子令孫當年振奮貞王重望上相清規陵谷雖變馨香不衰俯緣甲第遠立嚴祠年禩屢易籩豆或虧霸主推恩良時有待舊廟克新遺蹤不改奐爾金碧儼然神彩靈貺芳名千秋如在

欽定全唐文卷八百九十四

羅隱

隱字昭諫餘杭人屢舉不第光啟三年吳越王錢鏐表奏爲錢塘令遷著作郎辟掌書記天祐三年充判官梁開平二年授給事中遷發運使是年卒年八十餘

秋蟲賦

秋蟲蜘蛛也致身網羅間實腹亦網羅間愚感其理有得喪因以言賦之曰

物之小兮迎網而斃物之大兮兼網而逝網也者繩其小而不繩其大吾不知爾身之危兮腹之餒兮吁

後雪賦

鄒生閱相如之詞呀然解頤曰善則善矣猶有所遺梁王屬酒盈巵惟生少思苟有獨見吾當考之生曰若夫瑩淨之姿輕明之質風雅交證方圓間出臣萬分之中無相如之言所見者藩溷槍吹腐敗掀空雪不斂片飄飄在中汙穢所宗馬牛所避下下高高雪爲之積至若漲鹽池之水屹銅山之巔觸類而生不可殫言臣所以惡其不擇地而下然後浼潔白之性焉梁王詠歎斯久撤去樽酒相如竦

然再拜稽首若臣所爲適彰孤陋敬服斯文請事良友

屏賦

惟屏者何俾蕃侯家作道陻阸爲庭齒牙爾質既然爾功奚取迫若蒙蔽屹非禆補主也勿覿賓也如讐賓主牆面職爾之由吳任太宰國始無人楚委靳尚斥逐忠臣何反道而背德與枉理而全身爾之所憑亦孔之醜列我門闥生我妍不既內外俱喪須是非相糺屏尚如此人兮何知在其門兮惡直道處其位兮無所施阮何情而泣路墨何事而悲絲麟兮何歎鳳兮何爲吾所以悽惋者在斯

市賦

齊侯幸晏子所止引目長視曰彼也何哉如蜂如蟻萬貨叢集百工塡委紛紛汨汨胡可勝紀嬰曰臣以敝廬在此聞於此見於此其名爲市若乃義軒以前臣不得言義軒以後臣知其故先已後人惟賄與賂非信義之所約束非法令之所禁錮市之邊無近無遠市之聚無早無晚貨盈則盈貨散則散賢愚並貨善惡相混物或戾時雖是亦非工如善事雖賤必貴參雜胡越奔走孩稚扶策而來挈提而至剞劂形狀圬墁口鼻童頂而跣韗肩而帔兼之以耆艾繼之以諧戲誰有帳籍詎假文字蜀桑萬畝吳蠶萬機及此而耗緊何所之東海魚鹽南海寶貝及此而耗其誰主宰君勿謂乎市無技歌咽舞腰賤則委地貴則凌霄君勿謂乎市無門可南可北陰陽迭用人之消息市之衆不可以言或有神仙市之雜不可以測或容盜賊捨之則君子不得已之玩好撓之則小人不得已之衣食公曰始先生以踊屨之譏革寡人之非今先生以交易進退袪寡人之蒙昧彼主之者魁帥張之者駔儈吾知之矣謹以從政庶無尤悔

迷樓賦

歲在甲申余不幸於春官兮憑羸車以東驅闕 魏闕之三千兮得隨家之故都喬木拱立以不語兮繫今昔之自離慨餘基之未平兮曰迷樓而在斯迷樓者何煬帝所制煬襲文後天下無事謂春物繁好不足以開吾視謂春風嬾慢不足以欣吾志斯志既熾斯樓乃峙檼桷沈檀棟梁杞梓將使乎旁不通乎日月外不見乎天地然後朝奏於此寢食於此君王欲左右有粉黛君王欲左右有鄭衛君王欲問乎百姓曰百姓有相君王欲問乎四方曰四方有將

於是相秉君恩，將侮君權，百姓庶位，萬户千門。且不知隋煬帝迷於樓乎？迷於人乎？若迷於樓，則樓本土木，亦無親屬，縱有所迷，何爽君德？吾意隋煬帝非迷於樓，而人迷煬帝於此，故曰迷樓，然後見生靈意。

代武肅王錢鏐謝賜鐵券表

臣鏐言：伏承恩旨，賜臣金書鐵券一道，恕臣九死，子孫三死者。出於睿眷，形此綸言，錄臣以絲髮之勞，賜臣以山河之誓。鐫金作字，指日成文，震動神祇，飛揚肝膽。伏念臣爰從筮仕，逮及秉麾，每自揣量，是何叨忝，行如履薄，動若持

盈。惟憂福過禍生，敢冀慎初獲末，豈期此志，上感宸聰。憂臣以處極多虞，慮臣以防閑不至，遂開聖慮，永保私門。勗以功名，申諸帶礪，雖君親屬念，皆云必恕必容，而臣子爲心，豈敢傷慈傷愛。謹當日謹一日，戒子戒孫，不敢因此而累恩，不敢乘此而賈禍。聖主萬歲，愚臣一心。臣鏐誠惶誠恐，稽首頓首。

請追癸巳日詔疏

歲貢賤臣隱，既以文不得意，且抱犬馬之疾於長安。夏五月，京畿旱。癸巳日，聞詔大京兆用器水鑪香蒲蕭絳幡輦，致於坊市外門，將以用舊法而召甘雨也。臣蹶起病榻間，以爲明天子憂人，雖舜禹不如是之勤，幸甚幸甚。臣又聞水旱與天地同出，苟時或然，不可以倉卒除去。今秦地旱已踰月矣，而陛下禱祠亦已頻矣。天之高，地之厚，五嶽之綿亙，四瀆之宏遠，陛下命百執事啟祈外，何常不以心祝之。雖莖槁苗乾，而百姓不怨嗟者，其感陛下之誠深也。今以蒲蕭輦爲請者，豈陛下謂其能靈於嶽瀆者乎？夫嶽瀆視陛下之公輔，列陛下之土田，苟陛下憂，則嶽瀆亦宜憂矣。受祭據封者，尚未能爲陛下出力，彼蒲蕭輦復何足以

動天？臣爲陛下不取也。臣又聞天之有雨澤，猶陛下之有渥恩，雨澤可以委曲干之，則陛下渥恩亦可以委曲干之矣。臣聞天子有左右史，將所以記事記言，然後付太史氏。臣必恐其得以容易編牘，今冒死請追癸巳日詔。苟若陛下法十六聖之教訓，雖五種栖野，而百姓不暇擬，豈蒲蕭輦之所及乎哉？昔殷湯之代，民不以旱爲災，仁聖之君在上也。今旱未及殷代，而陛下憂已過矣。臣謹因旱以質萬姓，俾其知陛下心。

與某博士狀

二月中。陳州一正字訪及。具審博士攝理和適。近日賢主司空政事才用。洋溢譚口。斷割明快。與敫有分。守道者自然安矣。況博士乎。先太傅所作所立。果有餘慶。殊不知天道去人如此其近。忭賀。老叟十年來。欲棹一船子。從雲溪館前往東市。竟無因緣。此又何如哉。近見陳正字否。葉大德丁三傳知聞否。老叟腰脚不支。坐想勝遊。目及千里。朱十五李三史作何面孔。高積薪何如。因相見。皆與話瞻泳也。謹狀。

投知書

某去年秋。嘗以所爲文兩通上獻。其貴賤之相遠。崖谷之相懸。且不啻千里。故罪戮之與憫嗟。不可得而知也。由是卑折慙蹙。若不自容者。以至於今。然竊念理世之具在乎文質。質去則文必隨之。苟未去。則明天子未有不愛才賢。左右未有不汲善者。故漢武因一鷹犬吏而子虛用。孝元以洞簫賦使六宮婢子諷之。當時卿大夫雖死不敢輕吾輩。是以霍光貴也。蕭望之責其不下士。公孫述叛也。馬援怒其陛戟相見。一爲權臣。一爲狂虜。猶且不能下一書生。而千百年後。風侈做斂。居位者以先後禮絕。競進者以毀譽相高。故吐一氣。出一詞。必與人爲行止。況更責霍光怒公孫述者乎。何昔人心與今人不相符也如是。若某者。正在此機穽中。不惟性靈不通轉。抑亦進退間多不合時態。故開卷則悒悒自負。出門則不知所之。斯亦天地間不可人也。而執事者提健筆。爲國家朱絲。朝夕論思。外得相如者幾人。得王褒者幾人。得之而用之者又幾人。夫昔之招賢養士。不惟弔窮悴而傷凍餒。亦將詢稼穡而問安危。嗚呼。良時不易得。大道不易行。某所以遲遲者。爲執事惜。苟燕臺始隗。漢殿薦雄。則斯人也不在諸生下。

答賀蘭友書

前者吾子不以僕之暗鈍。猥垂教示。大相開發。若非許與深至。誰肯如是。甚善甚善。然其所道者。正中僕嘗所自病者也。僕少而羇窘。自出山二十年。所向摧沮。未嘗有一得幸於人。故同進者忌僕之名。同志者忌僕之道。無有不如吾子之所誨也。然僕之所學者。不徒以競科級於今之人。蓋將以窺昔賢之行止。望作者之堂奧。期以方寸廣聖人之道。可則垂於後代。不可則庶幾致身於無愧之地。寧復虞時人之罪僕者。與夫禮貌之於人。去就流俗。不可以不時其進於秉筆立言扶植教化當使前無所避後無所遜豈以吾道沈浮於流俗者乎仲尼之於春秋懼之者亂臣賊子耳未聞有不亂不賊者疑仲尼於筆削之間況僕求試京師隨波而上逐隊而下亦有年矣家在江表歲一寧覲旨甘所資桂玉之困何嘗不以事力干人苟利其出處則僶俛從事亦人之常情也在不枉其道而已矣道苟不枉以之流離可乎冠衣不能移人之迹顧所履何如耳言不忠行不信謂之君子可乎言忠而行信謂之小人可乎吾子視僕復苟合於不信不忠者乎非僕之不可苟合道

義之人皆不合也而受性介僻不能方圓既不與人合而又視之如仇讐以是僕遂有狹而不容之說吾子果復發言及此是不以衆人見待也而今而後敢不安其所自然一科一級多難也有如是哉彼山也水也性之所適也而眷眷不去者以聖明之代文物之盛又安可以前所忌者移僕初心苟不得已僕亦自有所處大凡內無所疚外無所愧則在乎命也天也焉在僕與時人乎惟吾子勿憚相規之數也

上招討宋將軍書

朝廷以簡陵九年彭虺肆螫而東南一臂爲之枯耗其後吳卒以狼山叛則東西浙之筋力殆矣自爾天子不忍重困百姓由是官朱實爵諸葛爽秩安文祐皆自盜而昇朝序也所以不幸者江南水鍾陵火沿淮饑汴滑以東螟故無賴輩一食之不飽一衣之不覆則磨寸鐵梃白棒以望朝廷姑息而王仙芝尚君長等淩突我盧壽燔剗我梁宋天子以蟣虱痛痒不足搔爬因處分十二州取將軍爲節度非方鎮之無帥非朝廷之乏人蓋以將軍跳出隴右不二十餘年三擁節旄謂將軍必能知恩用命耳今聞羣盜

已拔睢陽二城大梁亦版築自固彼之望將軍其猶沸之待沃壓之待起也而將軍朱輪大旆優游東道不知朝廷以八十三州奉將軍侍衛者乎抑將俾將軍旦夕翦此草寇也昔韓之醫良而性嗇故爲人治未嘗剔去根源所以延其疾而養其財也後有商於韓者以疽見醫醫且欲大其疽而沽其直因以藥稔之而疽潰商斃商之家訴於韓韓侯屍其族而籍其有無且二賊蠹壽春陷潁上刷亳社掠合肥經營於梁宋其爲老者殺少者傷驅人之婦女輦人之財貨將軍固知之矣自將軍受命迄今三月關東之

慘毒不解殺傷驅輦之不已乃將軍爲之非君長仙芝之所爲也文皇帝時衛公靖大帝時鄭仁泰薛仁貴或戢斂不謹或伺候輜重當時憲司悉繩以法今將軍勲業不若衛公靖之多也出師非鄭薛之敵也而橫擁仕伍鞭撻魄運以愚度之將軍之行酷於君長仙芝之行也甚爲將軍憂前者天子慮將軍以愛子爲念復授禁秩俾在軍前則朝廷寵待將軍倚望將軍也俱不淺矣苟將軍戮力以除暴推誠以報國今其時也無使蹻韓之醫

投前夏口韋尚書啟

某啟某今月二日輒以近文一通上憑閽侍辭違既久僭越是虞勤褰步以戴恩捨醫門而奚適伏念隨計渚宮之日求聞漢浦之年王儉望高芙蓉比藻陳琳筆健瑇瑁爲簪因矜窺豹之能遂竊登龍之譽習池侍讌峴嶺從遊許之以向者爲文頗勝張詡戒之以偶然成事恐似李滂其後歲月煎熬輪蹄頓禿僅逾十上幸免一鳴角羸而只有困時矢盡而未知降處間者尚書理兵夏汭裁柳武昌文聘江山粗資吟玩費褘欄檻聊奉登臨某比時嘗駐征橈仰趨畫戟方知叩洪鐘而待教指墜履以明恩而疾恙所牽依投不暇伏枕而初慙數褰揚帆而竟歎途窮今則穎水政成旋爲故事中台位闕已副急徵風雲將騁於康衢神鬼肯論於宣室輒預提勃幕先立邱牆雖哲匠掄材固須良木而洪鐘許叩豈獨兼金謹啟

投禮部鄭員外啟

某啟某前月十八日輒以所爲惡文上干嚴重尋嬰疾劣遂曠門牆伏以皎鏡無私雖容屢照醫門多病應倦施功忍隨翔鳥之姿更望不龜之術某滄州捨釣紫陌迷塵徒欲信書不能知命道薄而魚腮易曝計疎而鳧脛難加所以寓感叩歌不惟長夜魏舒對策近至中年丹霄無獨上

之期雙鬢有相輕之色而員外芝田養秀桂苑摘華口裏雌黃旋成典故座中薤白早避風流敢因誘善之初仰冀噓枯之便儻一掬華陰之土聊拭辭文則數升涇水之泥永依清濟謹啟

投永寧李相公啟

某啟某於今月三十日獲遂起居伏以黃閣尊崇雖容展敬白衣卑賤不敢興言今則輒於隕穫之間聊舉證明之事晉代則司空試劍漢朝則丞相問牛彼或以頑滯幽姿

或以疲駑下乘。猶能動搖至化。感達深仁。而況生稟五常。早知恩義。跡居十等。不至輿臺。伏思癸卯年中。維揚城畔謝傅裂土疆之日。羊公分節制之時。珠履瑇簪。朝盈望府。雞香豸角。暮出行臺。轉輸則萬井魚鹽。統御則九州侯伯。當時務重難之際。是籌謀閑暇之初。南國佳辰。長聞賦詠。東山勝賞。屢見篇題。爲教化之筌鏞。作經綸之彩繪。所以漢陽計吏。得詣軍門。厭次狂生。叨蒙客禮。憫之以轉蓬之質。安之以負米之心。進趨獲奉於麾幢。俸入仍資於甘旨。其後何武捧詔。平陽趣裝。參佐廨中。方虞浪跡。新城埭下。

忽受温言。嗟其未了之身。勉以難遷之性。且憐色目。猶可發揚某是以不揣狂愚。重萌躁妄。出則祝趙衰之日。永冀流暄。入則禱傅說之星。惟希借耀。今者風雨得生成之候。鑪錘升鼓鑄之司。郭令軍前。潛抽妓樂。崔寧城外。暗毀池臺。登庸之時序未遙。反旆之鎡基已兆。若某者。族惟單緒。藝卽中流。旋以佩服殊私。緘藏厚旨。假昆蟲而稟信。指簪履以輸懷。竊以浪逼龍津。風催律管。魚皆五色。禽必九苞。揚錦鬐彩羽之姿。俟啟蟄吹葭之便。獨某行迷要路。坐守窮株。九品班資。畧非親舊。六街車馬。莫接聲塵。捫心而一寸寒灰。泣淚而萬行清血。良時易失。司馬遷猶是再三。知已難逢。越石父於焉感激。相公儻或俯迴衡柄。曲賜褒稱。雖朽蠹不彫。則推常理。而孤寒無命。祇繫洪鈞。謹啟。

投湖南王大夫啟

某啟。某聞元亮苦貧。姑求彭澤。戴禺多病。遂乞海虞。苟物役之是牽。亦人情而斯見。某族惟單賤。品在下中。三篋亡書。幸無遺漏。一枝仙桂。嘗欲覬覦。十年慟哭於秦庭。八舉摧風於宋野。近者以調甘軫慮。負米攖心。毛義前賢。尚猶捧檄。鯫生何者。焉可守株。勒氣馬以徐迴。解藩羊而適願。

前使常侍遽憐此志。遂以奏官。藉俸入於衡陽。專表章於使府。雖元瑜書記。不足愈風。而處士衣裘。未嘗換雪。斯亦冤鳥尚思於銜石。愚公猶銳於移山。尋遇大夫輟夢軒宮。吹暄楚嶠。手中扇在。河必袁宏。天上才高。寧惟公輔。間者龍門掌貢。馬帳搜遺。泉客號咷。只憂寶盡。地靈惆悵。不覺山空。而某適限徐兵。遠留吳會。不得少將鱗鬣。側望風雷。指函谷以馳誠。遙知氣紫。上蘇臺而送目。空羨河清。今者輒奉危心。來干畫戟。大夫或俯迴趙印。下煦韓灰。更於茶藥之中。重假勾留之便。所冀猶縻祿食。遠救朝昏。跡稍免

於屢空心尚期於妄動百生可卜式占郭泰之龜一字爲襃全繫宣尼之筆謹啟

謝崔舍人啟

某啟某鏤冰伎短緣木計疎去年舍人俯念窮迷猥垂慰薦竟以梁危易折氣俗難醫負麈尾之高譚困龍津之駭浪雖懷感激長抱憂慙今月八日見某官伏知德水迴波重霑涸鮒靈丹減粒已救傷蛇當谷鷽刷羽之秋是海鸞窺梁之日豈謂舍人未容祈禱遽賜保明樹立孤株栽培弱蔓跪聽而淚霑胸臆仰承而背負邱山而況俗漸輕訛

時交勢利或朝遊夕處或貴族華宗至於取事之時與能之際猶須必成桃李方許扶持若某者跡未及蕭階一作齋陳榻之嚴目未覩巢閣栖梧之瑞門寒於光逸命薄於黔婁縱饒委曲所私其柰纖毫無取必舍人知其殺青廢業二紀於茲垂白倚門一生禺望乃施陰德以慰歸心言念徘徊不知所處謹啟

投湖南于常侍啟

某啟某聞淮王鍊跡於眞仙舍靈盡去鄒衍移暄於寒谷衆卉皆芳豈羽毛可從於霓旌豈凋枿盡關於葭律蓋以至道無遺於一物殊私必及於羣生某嘗佩斯言請陳丹懇聞者豹藏不穩魚躍無成浼山公啟事之書累王衍雌黃之口捫天莫及跼地興慙向浮世以傷懷拊勞生而自喟光陰不駐齒髮漸高當家貧親老之時是失路亡羊之日淚將欲盡口不敢開直以非漢代之簪裾困晉朝之流品物彙雖逃於芻狗孤寒竟陷於蟲沙所以仰蟾桂之高高恐無仙骨覩魚鬐之斂斂忽有癡心竊希常侍從來許與之言作此改張之計俾其七郡與奏一官致之於髯參短簿之間責之以駑馬鉛刀之用所冀內資骨肉外馨筋

骸但繫受恩何須及第必若終憐薄技尚憫前途則科號三篇判稱六部早嘗留意頗亦逼人將今晨禱祝之詞爲異日覬覦之路情雖可恕僭亦堪誅對膠柱以軫懷顧漆身而在此謹啟

謝大理薛卿啟

某啟某聞宋濟之困名場空餘坦率唐衢之昇軍宴但益號咷斯人以當年不偶於良知晚歲遂成其永恨況某早將此事以戒前車至願蹉跎年光老大向秦庭而屢泣抱楚足以頻傷中間輒以所著讒書上干閽吏近見某官伏

知閣下爰哀弱植。俯降深仁。迴日月於壺中。展方書於肘後。欲使徐甲之屍必起。蔡經之骨重生。仰嘉音而背若負山。承厚旨而身如有翼。既容託迹。竊敢興言。某動不知機。進惟招毀。忌王隱之名者虞豫。暴蘇秦之過者張儀。羣居不出一言。彼則謂某矜才傲物。痛飲不逾三爵。彼則謂某恃酒凌人。何爭名競利之場。有蠹節食苗之類。苟非令君側耳於車上。中郎注目於亭間。則隨趙軛以長鳴。與吳椽而共朽者也。謹啟。

投祕監韋尚書啟

某啟。某月日。以所著讒書一通。寓於閽吏。退量僭越。伏積憂惶。某聞樊子昭之處屠沽。發光輝於許邵。郭林宗之遊鞏洛。振聲價於符融。其後物態乖訛。風流委敗。下有自媒之誚。上無相汲之由。某由是反袂興懷。捫心注恨。又安得不屬耳於輿人之論。傾懷於長者之譚。而尚書以盛名鎮乎當時。以盛德傳乎奕世。不趦趄於闒茸。不浮泛於姦回。動則致聖主而活蒼生。以爲己任。靜則導沖襟而養和氣。以守家聲。恭惟大朝。屬在吾道。若某者。燎薪就學。擲楯攻文。一則以神氣低凡。不足動王侯之瞻視。一則以家門寒賤。不足辱卿相之搜揚。十年索米於京都。六舉隨波而上下。永言浮世。堪比多岐。所以覽嵇叔夜之書。則伏膺户外。讀張季鷹之傳。則大嚼窗間。長恐一旦月桂情衰。江蘋思起。不得揖兗國山庭之相。不得窺漢朝王佐之才。是以重拂塵衣。聊希藻鑒。儻尚書以孺子可教。則隨洛下之書生。儻尚書以斯人若狂。則訪江東之釣叟。靈蓍神蔡。惟禱所從。謹啟。

上太常房博士啟

某啟。某前月二十五日。以所著讒書一通上獻。近見某官

某乙伏承博士曲垂題品。俯及孤危。某聞孫陽以一顧之恩。騏驥不爲駑馬。宣父以一言之重。夷齊不作餓夫。苟吾道之未亡。諒斯人而何遠。某也爇薪就學。閱市成功。偶不自量。因思妄動。捨五湖之高蹈。事九陌之窮遊（一作途）。爲良工不度之才。爲要路不容之物。所以嵇康奏樂。忿魑魅以爭光。劉子營生。奈鬼神之相笑。那言不幸。一至於斯。恭惟咸通之初。大中之末。故荊南余正字以博士爲軒鏡庖刀。今渭北徐端公以博士爲靈蓍神蔡。但言薄技。合在殊私。其後某則困躓於龍津。博士則徊翔於鵷侶。雖心祈目禱

不忘斯須而天上人間憑誰訊問寧知此日屬在明恩（一作思）豈一旅人之遭遇有時而二作者之語言斯中永爲負荷適足憂慙況復風訛俗敗之初轍亂旗奔之際講學則衛刀削樹論文則羸火燒人家家無相保之心處處有自媒之口而博士獨持大旆高坐危城招既散之師徒復已亡之土地顧茲隆替尤屬尊嚴某也雖賦命以多奇或因人而成事願將所贄以賀明時謹啟

投鹽鐵裴郎中啟

某啟某聞大道五千所制者莫先於躁浮生七十所傷者

莫甚於情某所以反袂興嗟（一作懷）支頤浩嘆顧兩端而若是持萬緒以奚歸爰念髫年即偕時輩胸中馬駿握內蛇靈入公孫龍之關不惟逞辨叱東方朔之御且欲獻書其後濩落單門蹉跎薄命路窮鬼謁天奪人謀營生則飽少於饑求試則落多於上東經海嶠受下館於諸侯西出劍門泣危途於丞相光景但銷於杯酌貨財不入於橐裝傳書而黃耳增勞久客而黑貂兼敝間者郎中丹青演潤咳唾成音薦光逸之林以地寒爲累舉仲宣之賦以體弱見遺既興奔北之懷因指在東之念江夏則鋪名池口毗陵則堰號銅墩皆有主張以生鹽米郎中倘或言泉晚浹未忘淘灑之功譚柄時迴別借齒牙之助（一作便）俾得內資柔滑外救困窮然後驅淮陰入趙之師更謀背水整秦將渡河之卒重議焚舟目禱心祈言狂意迫其餘罪戾不敢追逃謹啟

投蘄州裴員外啟

某啟某月六日輒以所著讒書一通貢於客次遂歸逆旅載軫危途必恐員外以其姓氏單寒精神鈍滯汨在衆人之下遺於繁務之中某懷璧經穿壯年見志仲舒養勇何

啻三年安世補亡寧惟一篋其後因從計吏遂混時人憤龍尾以不焦念魚腮之屢曝嵇康骨俗徒矜養性之能李廣數奇豈是用兵之罪事往難問天高不言去年牽迫旨甘留連江徼雖傷弓之鳥誠則惡弦食堇之蟲未能忘苦所以遠辭蝸舍來謁龍門黍谷棠陰方偕志願荷衣蕙帶不奈風霜負所業以長嗟向良工而有喟昔也松苗各性已知難進之由今則火木相生未測自焚之理謹啟

投同州楊尚書啟

某啟某聞足歷屠門尚能大嚼力疲吳坂亦解長鳴而況

覩棠陰教化之原入黍谷暄和之景苟不能自提由瑟直犯孔牆則其人生爲無益之徒死作無知之鬼某譙鄉賤族釣瀨遺氓鉅下二鄉素非朋執於陵一叟或與交遊偶然蒙郭泰之言欻爾厲蘓秦之志遂得麥漂風雨門長蒿萊旋慕題橋因吟入洛三秋旅寓身居計吏之先萬里徒行家匪大夫之後孰謂九街浪闊雙闕雲浮萋維之膽有破時李陽之拳無下處由是潛傷鮒轍暗泣牛衣賈誼長纓雖猶自運張儀健舌亦擬何爲前窺而四海清平内顧而一身流落輒復徘徊鄭驛睥睨秦醫敢言畫虎之勤但有傷虵之望謹啓

河中辭令狐相公啓

某啓某聞歌者不繫聲音惟思中節言者不期枝葉所貴達情苟抑揚之理或差則流（一作荒）誕之辭亦棄而况委病鵲門之下（一作外）窺光龍燭之前上方於趙壹遭逢下比於陸機榮顯雖偶儻不侔於二子而輝華敢讓於伊人今則佳踰負嶽之蚊去切戀軒之馬輒復重將越調更唱燕臺以爲京兆王章三冬有淚淮陰韓信一飯無門惟憂委骨窮塵敢望橫戈要路加以輕蹄逸軌猶祈公子王孫同窺萬頃波瀾各有一時顏色而某短袖難舞危條易風禱祠則天或未從號泣則人皆不弔由是飾裝增歎覽策興嗟指榮戟以凝神望鑪錘之借便雖琳琅杞梓盡歸梁棟之間而藻荇蘋蘩亦戀池亭之内般函軫念劉紙懸緘無言誓天有死銘德謹啓

欽定全唐文卷八百九十五

羅隱二

投鄭尚書啟

某啟某前月某日輒以所爲讒書一通貢於客次尚書俯憐羇旅遽賜霑濡既受厚恩則宜前去然而疆境有羣於感慨風烟或軫於追思所以公子亭邊重嘘懦氣侯嬴關畔再轉危腸何昔時有殉義之人而今日無死恩之士輒復更彈馮鋏上指膺門某也江左孤根關中滯氣强學早亡其皮骨趨時久困於風塵福星不照於命宮旅火但焚

其生計徘徊末路惆悵危途覽八行之詔書空仰聖人在上詠五言之章句未知遊子何之輿言而幾至銷魂反袂而自然流涕尚書蘊稷契臯夔之事業負卿軻遷固之文章入則藻鏡冰壺品量人物出則油幢瑞節控御山河固已藏雷於伺蟄之時待夢於驅羊之際苟有一物未登其所一夫不遂其懷亦宜上下聰明旁徨憫惻儻或王衍之雌黃借潤仲尼之日月迴光則其人也三千里之別離免爲虛滯十五年之勤苦永有所歸發自門闌百生知感謹啟

謝刑部蕭郎中啟

某啟某伏以内揣荒蕪早乖投獻近者某官曲傳尊旨伏蒙郎中賜及卷紙令寫近詩捧對優榮莫知所處某利非楚鐵鈍甚燕錐獲落危根低摧壯節藏豹之功夫不至屠龍之事業愈疎爰自南國辭耕東堂奉貢劍迷船畔膠在柱間靡旗而何啻再奔繞樹而豈惟三匝所以騷人避熱不忘吹虀元客求聞長憂蓋醬姑息於輿臺之類殷勤於闇侍之徒而猶往往拒關時時毀櫝豈謂郎中俯敦吾道欲堰頽波不憚客嘲先從隗始寓剡藤而下榜指巴句以

旁徵榮異當年事殊近俗而况風流漸泯翰墨難言別路萬般中堂千里雖欲壞虞卿之屩詎肯動心哭羊陟之門何嘗詈意復安有對紛華而輟玩叩寂寞以搜遺因使斯文亦歸清鑒揣厚旨而時猶可待荷殊私而力欲不任窜惟元晏吟時空增紙價兼冀武卿窺後免逐灰寒謹啟

謝屯田金郎中啟

某啟某揣摩不至蹇剝無圖爰自畫虎貽譏掇蜩逞傴轗軻於風塵之際流離於灰琯之間雖瀝膽隳肝竟將誰訴而煎皮熬髮終不自醫已甘與物浮沈隨波上下今月某

日見某官伏知郎中玉壺委鑑金口開譚謳雲於道士梁間校籍於眞官筆下欲使餘杭美酒必醉蔡經崑嶠仙桃先霑曼倩承吉兆而心神駭越對嘉音而涕泗縱橫某散拙非才牽纏失計通衢十二惟敝黑貂故里三千但勞黃耳欲索身而莫可將問路而愈迷若非郎中暖律旁吹和風外扇擢之於枯荄之側致之於芳英之中則蝶舞鶯啼空緘永恨春來秋去便過此生謹啟

辭宣武鄭尚書啟

某啟某聞鄭司農之東去絳紗感深吾道謝記室之西辭

朱邸戀切所知雖定名之分則殊而懷德之心不異其有棲羸樂廄養病醫門海鷰辭巢卽摧萍影林烏繞樹忽軫蓬心又安得下棄席於詩人感崩波於行客某也風塵下物天地中材光逸門寒無因自進揚雄口吃徒欲解嘲屬者尚書置驛恩寬敦風志大孔文舉之于元禮既忝登門徐孺子之謁陳蕃俄蒙下榻淹延館宇荏苒春秋稻粱有異於他人觴豆時陪於上客那言此際遽愴離聲背重德於邱山揖紅塵於道路緬懷今日杳不勝情加以貢部傷心名場落羽獸因羈困羊以多亡前瞻既倦於吹虀內顧徒悲於求劍昔也來慚賦雪謬稱梁苑之遊今則去類乞師已抱秦庭之哭倚征輪而悵望指斷鞭以夷猶尚書儻或仙客壺中旁均日月山公啟裏別借篇題無令一葉先秋遂對滿堂垂泣捨此丹須九轉桃指千年天也何如時乎不再謹啟

謝湖南于常侍啟

某啟某今月十九日已至界首迴望旌棨涕泣不任某莊櫟巖疎庾膏昏鈍不能量力嘗欲干名隨貢部以悽惶將鄰十上看時人之顏色豈止一朝進則刺滅許都退則歌

終漢壘地雖至廣人莫相容憑軌囊以無由假鄰光而不得常侍獨於此際降以深仁奏仇覽之官資近陳遵之尺牘福由無妄榮亦何酬近者以江表歲饑吳中力困旨甘既闕晨夕縈懷常侍不顧人言將逾事例給使府留州之物代衡陽計歲之資俾以東歸救其栖旅蔡澤北遊之日缾甑不存陸生南返之年橐裝皆滿聊將自衒粗可諱窮但以感切違梁情深去魯辭畫戟而心猶似醉上孤舟而淚始如流蓋以非故舊之由緣無強近之慰薦只因獎善便與致身如某之孤賤者則多似某之遭逢者則少以茲

自誓安可暫忘今則尚有迴期猶寛旅思石尤風定橋口浪衰展片席以高飛指重湖而直過地名非渚長韋楚客之心水到東吳敢忘湘江一作波之色謹啟

謝江都鄭長官啟

長官鏤筆才清探驪價重因循世態放蕩宦游劇譚以難助況時偶對以馬曹當職而自黃塵北望翠輦南巡張據投一作抽簪雖離齊邸陶公染翰本慟晉朝於半郊半郭之中有一咏一觴之趣爲謀甚逸所得何多芳草遠山纔供掇拾晴陽媚景別受指撝登臨則光祿寒山悲歎則雍邱

明月憑何徑隧達此津涯某海曲迷聲壽陵忘步蛇虛畫足鵠不中心將風霜委地之姿値兵革滔天之日正平剌滅屢窘輿臺叔夜燈殘頻逢鬼魅梁苑之舊游永已鄴都之作者寂然豈謂長官獨好斯文仍流散地牙絃久絕秦缶增慙那言吾道陵遲猶見騷人風骨牽牛不暇希驥莫從輒敢効彼蠅頭騰於魚網保持所切已高黃絹之名傳寫可知旋長烏絲之價謹啟

陸生東遊序

余窮棄長安中二三年時時於游騁間而人未嘗決胷臆事眞自謂是非顚倒不復得見其人一年遇生於靖安里中相其吐氣出詞落落有正人風骨余既急於近已而生亦以節槩見多自是出處游息不復狎他人矣雖患難戹窮毀譽進退得喪未嘗不同之有時因事慷慨發涕泣相感以爲讀書不逢韓吏部作人不識陽先生信吾徒之弊也宜矣後一年俱以所爲道請於有司旣不能以偷妄相椽又不能挾附相進果於數百人中不得吏部侍郎意由是知余者弔余以色不知者唖余以聲媿負彷徨撲浣無所旣三月生以故東出鄒魯閒雖下第之緒與將別之緒

相煎然鄒魯聖人之鄉亦足以暖生之憔悴夫聖人羈旅七十國也以君臣父子道未昭塞天地閒獨栖栖耳是聖人患乎敎不立而不患乎名不彰設使其早率一城嘯一旅則周之一諸侯材具復安有今日功業乎生聖人徒也不當以聖人道爲利家染後狹其所歸且爲余整衣冠拜朝堂下酌其車服禮樂之數升降揖遜之儀思量侯伯卿士中復有夫子罪人否還日以言極之去矣青門曉開無一器酒以澆恨明天子在上不敢哭以致懷勉之哉行與不行也在生道耳第與不第也其如生何

讒書序

讒書者何江東羅生所著之書也生少時自道有言語及來京師七年寒餓相接殆不似尋常人丁亥年春正月取其所爲書詆之曰他人用是以爲榮而予用是以爲辱他人用是以富貴而予用是以困窮苟如是予之書乃自讒耳目曰讒書卷軸無多少編次無前後有可以讒者則讒之亦多言之一派也而今而後有誚予以譁自矜者則對曰不能學揚子雲寂寞以誑人

讒書重序

隱次讒書之明年以所試不如人有司用公道落去其夏調膳於江東不隨歲貢又一年朝廷以彭門就辟刀机猶溼詔吾輩不宜求試然文章之興不爲舉場也明矣蓋君子有其位則執大柄以定是非無其位則著私書而疏善惡斯所以警當世而誡將來也自揚孟以下何嘗以名爲而又念文皇帝致理之初法制悠久必不以蠛蠓癢痛遂偃斯文今年諫官有言果動天聽所以不廢讒書也不亦宜乎

陳先生集後序

潁川陳先生諱黯字希孺曩者與予聲跡相接於京師各獲譽於進取咸通庚寅歲膠其道於蒲津秋試之場自後俱爲小宗伯所困不一至甲申春告予以婚嫁之牽制東歸青門摻執之後余亦東遊逮大梁時故杭州盧員外潯在幕齋其文軸謂余曰陳君罷而東豈其斯文之終窒乎予東及之爲我歸其文而激其來余至維揚及歸其文道其言相懽月而後別爲我謝范陽公龍門之役不復顧矣由是音塵杜絕天復元年四門博士江夏君通家相好於吳越而余論及場中曩之名士及希孺之表也余不覺愴

然懷舊明年黄君以其文章德業爲之序以寄俾予繫述遂得申斯言嗚呼大唐設進士科三百年矣得之者或非常之人失之者或非常之人若陳希孺之才美則非常之人失之者矣德行莫若敦於親戚文章莫若大於流傳今已備於江夏之筆矣余不克再敘止書交道於是噫

湘南應用集序

隱大中末卽在貢籍中命薄地卑自己卯至於庚寅一十二年看人變化去年冬河南公按察長沙郡隱因請事筆硯以資甘旨明年隱得衡陽縣主簿時硤州盧侍御自龍

城至右司張員外遊曲江回皆謂隱不宜佐屬邑於戲隱自卜也審江表一白丁耳安有空將卷軸與公相子弟爭名幸而知非得以減過冬十月乞假歸覲阻風於洞庭青草間因思湘南文書十不一二蓋以失落於馬上軍前故也今分爲三卷而舉牒祠祭者亦與焉某月二十四日序

鎮海軍使院記

惟天子建國必維九牧九牧既序區分局署兩漢三公府有掾屬魏晉而降則置行臺若魏以秦王儀鎮中都一作山高齊以辛術監治東徐州事皆行臺之任也其官屬則令

僕以至於尚書丞郎唐制由行臺而置採訪使殆今節制之始也鎮海軍舊治京口大丞相以錢塘之衆東戡漢宏西殲逆朗天子不欲易其土故自符竹四命然後移軍於錢塘生物以宜租賦以便斥去舊址廣以新規廓開閉閎拔起階級俾幢節之氣色貔武之出入得以周旋焉庚申年加闢大廳之西南隅以爲賓從晏息之所左界飛樓右劇嚴城地聳勢峻面約背敞肥楹巨棟間架相稱雕奐之下朱紫苒苒非若越之今而潤之舊也疆場之事則議之於斯聘好之禮則接之於斯生民之疾痛則啟之於斯軍旅之賞罰則參之於斯非徒以酒食騈羅而語言嘲謔者也其府屬以下或八都舊將或從公於征或東之於朝廷或拔之於鄉里故天子用清宮傳道之選以佐之輟教民論道之任以副之其餘省秩卿曹職領相次自我朝藩服官屬之盛無加也噫大丞相之勳德既藏之天府而攀鱗附翼者非鐫刻樂石其可久乎是年冬十月始命觀察判官羅隱爲記

東安鎮新築羅城記

天下自懿考僖皇之後綱領不振龐勛王郢觝觸於前仙

芝君長踐踏於後尋乃黃巢大掠於京城所以齊寇攘臂一噪四海瓦解自爾枝牽蔓引耳聞口吠其或一壘之不謹一版之不嚴則刲剔之不暇雖十室之邑三戶之鄉必壁壍以備之籬落以抗之況大藩之襟帶吾土之翳倚者乎杭之別部舊有八都之目其始以破山偸旌八將之功所致也而東安主領太師杜公尋以擒逆賊薛朗於京口破丁從實於毘陵天子寵之拜常州刺史遂屬其兵於子弟焉撫於內者曰建思禦於外而弭寇摧凶者曰建徽經度於李孟之間者曰建威洎太師解印而歸淮叛泚偸連

歷封部元帥大丞相彭城王始授君以板築之要濠塹之廣袤地里之橫亙皆取則於丞相一之日鳩其人民相其險易惟帥有令眾克從之二之日度其資費卜其力用經之營之厥畫惟稟三之日命其將李可球胡璀等曰汝常從役於杭必能識大丞相意善匠事勿令不如丞相指揮曰倅汝工曰溫汝率鐸令等二十一將翼倅以進曰鄭洎儼汝督防遏備禦二都之士卒以介於倅之左右曰勛汝司吾儲廩謹吾出入城者若有墜惟汝之咎起大順辛亥年秋七月壬戌訖於明年夏四月庚寅蟠東矗西離連坎接隆者就之窪者盈之民不弛擔時不妨農夏五月太師犒羣帥於城下若杵若畚者皆與焉不三四年淮南節度楊氏行密以稱盜豕突猘衝擾我疆境而東安尤爲其所忌行密滅安仁義之精銳分田頵陶雅金威之敢勇以攻東安城樓櫓翔空矢石交迸翊日我軍憑其城斃賊將於城下者其數盈千濠塞塹堙自是羣寇不復有圖南之意是知人非城則無以爲捍城非人則無以自固不有城也人何以安不有將也城何以堅於時紫溪竄堡火口建寧下守靜江無將奔我而活者四鎮之生聚焉噫天下之無

事也吾鄉則有河間凌準宗一濮陽吳降下巳汝南袁不納還樸以文學進天下之有事也吾鄉則有太師建徽伯仲及諸將佐以武藝稱豈文武之柄倚伏而然也抑江山稟受與時消息者乎隱亦常以先師之道干名貢府進取未半九鼎羹沸文既不用武非所習今則老矣高謝三軍太師以鐫金勒石見徵不敢堅遜乾寧五年六月二十一日記

杭州羅城記

大凡藩籬之設者所以規其內溝洫之限者所以虞其外華夏之制其揆一焉故魯之祝邱齊之小穀猶以多事不時而城況在州郡之內乎自大寇犯闕天下兵革而江左尤所繁併余始以郡之子城歲月滋久基址老爛狹而且卑每至點閱士馬不足迴轉遂與諸郡聚議崇建雉堞夾以南北矗然而峙輜藏得以牢固軍士得以帳幕是所謂固吾圉以是年上奏天子嘉以出政優詔獎飾以爲牧人之道其盡此乎俄而孫儒叛蔡渡江侵我西鄙以翦以逐蹶於苑陵勁弩之次泛舟之助我有力焉後始念子城之謀未足以爲百姓計東眄巨浸輳閩粵之舟櫓北倚郭邑

通商旅之寶貨茍或侮劫之不意攘偷之無狀則向者吾皇優詔適足以自禁由是復與十三都經緯羅郭上上下下如響而應爰自秋七月丁巳訖於冬十有一月某日由北郭以分其勢左右而翌合於冷水源綿亙若干里其高若干丈其厚得之半民庶之負販童髦之緩急燕越之車蓋及吾境者俾無他慮千百年後知我者以此城罪我者亦以此城苟得之於人而損之已者吾無愧與某年月日記

酇文終侯論

沛后既得秦蕭何收秦之法故闕三章之約焉而何竟自汙者豈非欲刑其德於萬代乎不然奚繫之在人先也且漢之功臣何居第一何不首行其法則後之立功爲相者雖貪黷規弄而法必不加則亂臣賊子於是幸矣何之法不救當時而豈救後代乎

婆留井銘

於維此井渟育坎靈有華有郃實此儲英時有長虹上貫青冥是惟王氣宅相先徵爰啟霸主奠綏蒼氓沛膏漸澤配德東溟

風雨對

風雨雪霜天地之所權也山川藪澤鬼神之所伏也故風雨不時則歲有饑饉雪霜不時則人有疾病然後禱山川藪澤以致之則風雨雪霜果爲鬼神所有也明矣得非天之高不可以自理而寄之山川地之厚不可以自運而憑之鬼神苟祭祀不時則饑饉作報應不至則疾病生是鬼神用天地之權也而風雨雪霜爲牛羊之本矣復何歲時爲復何人民爲是以大道不旁出懼其弄也大政不問下懼其偷也夫欲何言

蒙叟遺志

上帝既剖混沌氏以支節爲山嶽以腸胃爲江河一旦慮其掀然而興則下無生類矣於是孕銅鐵於山岳滓魚鹽於江河俾後人攻取之且將以苦混沌之靈而致其必不起也嗚呼混沌氏則不起而人力殫焉

三帝所長

堯之時民樸不可語故堯捨其子而教之澤未周而堯落舜嗣堯理跡堯以化之澤既周而南狩丹與均果位於民間是化存於外者也夏后氏得帝位而百姓已偷遂教其

子是由內而及外者也然化於外者以土階之卑茅茨之淺而聲響相接焉化於內者有宮室焉溝洫焉而威則日嚴矣是以土階之際萬民親宮室之後萬民畏

解武丁夢

商之道削也武丁嗣之且懼祖宗所傳圮壞於我祈於人則無以為質禱於家則不知天之歷數厥有左右民心不歸然後念胥靡之可升且欲致於非常而出於不測也乃用假夢徵象以活商命嗚呼歷數將去也人心將解也說復安能維之者哉武丁以下民之畏天命也故設權以復

之唯聖能神何夢之有

救夏商二帝

夏之癸商之辛雖童子婦人皆知其為理矣然不知皆當其時則受其弊居其後則賴其名夫能極善惡之名皆教化之一端也善者俾人慕之惡者俾人懼之慕之者必俟其力有餘懼之者雖寢食不忘之也癸與辛所謂死其身以穴過者也極其名以橫惡者也故千載之後百王有聞其名者必縮項掩耳聞堯舜者必氣躍心跳慕之名與懼之名顯然矣而慕之者未必能及懼之者庶幾至焉是故堯舜以仁聖法天而桀紂以殘暴為助

題神羊圖

堯之庭有神羊以觸不正者後人圖形像必使頭角怪異以表神聖物噫堯之羊亦由今之羊也但以上世淳樸未去故雖人與獸皆得相指令及淳樸銷壞則羊有貪很性人有刲割心有貪很性則崇軒大厦不能駐其足矣有刲割心則雖邪與佞不能舉其角矣是以堯之羊亦猶今之羊也貪很搖其正性刀匕刲其初心故不能觸阿諛矣

伊尹有言

唐虞氏以傳授得天下而猶用和仲稷离以醞釀風俗堙洪水服四罪然後垂衣裳而已百姓飲食而已亦時之未漓非天獨生唐虞之能理也及商湯氏以鳴條誓放桀於南巢揖遜既異渾樸亦壞伊尹放太甲立太甲則臣下有權始於是矣而曰恥君之不及堯舜嗚呼商湯氏之取非唐虞氏之取也商湯氏之時非唐虞氏之時也商湯氏之百姓非唐虞氏之百姓也商湯氏之臣非唐虞氏之和仲稷离也伊尹不恥其身不及和仲稷离而恥君之不及堯舜在致君之誠則極矣而勵己之事何如耳惜哉

有覆於上者如天載於下者如地而百姓不之知有恩信及一物教化及一夫民則歸之其猶旱歲與豐年也豐年之民不知甘雨柔風之力不知生育長養之仁而曰我耕作以時倉廩以實旱歲之民則野枯苗縮然後決川以灌之是一川之仁深於四時也明矣所以鄭國哭子產三月而魯人不敬仲尼

丹商非不肖

理天下者必曰陶唐氏必曰有虞氏嗣天下者必曰無若丹朱無若商均是唐虞爲聖君丹商爲不肖矣天下知丹

商之不肖而不知丹商之爲不肖不在於丹商也不知陶虞用丹商於不肖也夫陶虞之理大無不周幽無不照遠無不被苟不能肖其子而天下可以肖乎自家而國者又如是乎蓋陶虞欲推大器於公共故先以不肖之名廢之然後俾家不自我而家而子不自我而子不在丹商之肖與不肖矣不欲丹商之蒙不肖之名於後也其肖也我既廢之矣其不肖也不淩逼於人是陶虞之心示後代以公共仲尼不泄其旨者將以正陶虞之教耳而猶湯放桀武王伐紂焉

敍二狂生

禰正平阮嗣宗生於漢晉間其爲當時禮法家惋者多矣然二子豈天使爲之哉夫漢之衰也君若客旅臣若豹虎晉之弊也風流蘊藉雍容閒暇苟二子氣下於物則謂之非才氣高於人則謂之陵我是人難事也張口掉舌則謂之訕謗俛首避事則謂之詭隨是時難事也夫如是則漢之祚殲於外晉之祚縮於中故天必降變以應之二子應天變者也或號呶焉或慟哭焉斯甚於風雨雪霜已故泣軍門者謂皇皇而無主歎廣武者思沛上之英雄

吳宮遺事

越心未平而夫差有憂色一旦復築臺於姑蘇之左俾參政事者以聽百姓之疾苦焉以察四方之兵革焉一之日視之以伍員未三四級且奏曰王之民饑矣王之兵疲矣王之國危矣夫差不悅俾嚭以代焉畢九層而不奏且倡曰四國畏王百姓歌王彼員者欺王員曰彼徒欲其身之亟高固不暇爲王之視也亦不爲百姓謀也豈臣之欺乎王賜員死而嚭用事明年越入吳

本農

欽定全唐文卷八百九十六

羅隱三

英雄之言

物之所以有韜晦者防乎盜也故人亦然夫盜亦人也冠屨焉衣服焉其所以異者退讓之心貞廉之節不恆其性耳視玉帛而取者則曰牽於寒餓視國家而取者則曰救彼塗炭牽於寒餓者無得而言矣救彼塗炭者則宜以百姓心爲心而西劉則曰居宜如是楚籍則曰可取而代噫彼必無退讓之心貞廉之節蓋以視其靡曼驕崇然後生

其謀耳爲英雄者猶若是況常人乎是以峻宇逸游不爲人之所窺者鮮矣

聖人理亂

周公之生也天下理仲尼之生也天下亂周公聖人也仲尼亦聖人也豈聖人出天下有濟不濟者乎夫周公席文武之教居叔父之尊而天又以聖人之道屬之是位勝其道天下不得不理也仲尼之生也源流梗絕周室衰替而天以聖人之道屬於旅人是位不勝其道天下不得不亂也位勝其道者以之尊以之顯以之躋康莊以之致富壽位不勝其道者泣焉歎焉圍焉厄焉天所以達周公於理也故相之於前窮仲尼於亂也故廟之於後

莊周氏弟子

莊周氏以其術大於楚魯之間聞者皆樂以從之而未有以嘗之一日無將特舉其族以學焉及其門而周戒之曰視物如傷者謂之仁極時而行者謂之義尊上愛下者謂之禮識機知變者謂之智風雨不渝者謂之信苟去是五者則吾之堂可躋室可窺矣無將跪而受其教一年二年而仁義喪三年四年而禮智薄五年六年而五常盡七年

其骨月雖土木之不如也周曰吾術盡於是無將以化其族其族聚而謀曰吾族儒也魯人以儒爲宗今周之教捨五常以成其名棄骨月而崇其術苟吾復從之殆絕人倫之法矣於是去無將而歸魯魯人聞者亦得以寢其志故周之著書擯斥儒學而儒者亦不願爲其弟子焉

雜說

珪璧之與瓦礫其爲等差不俟言而知之矣然珪璧者雖絲粟玷纇人必見之以其爲有用之累也爲瓦礫者雖阜積甃盈人不疵其質者知其不能傷無用之性也是以有

用者絲粟之過得以爲跡無用者具體之惡不以爲非亦猶鏡之於水水之於物也泫然而可以照鏡之於物亦照也二者以無情於外故委照者不疑其醜好焉不知水之性也柔而婉鏡之性也剛而健柔而婉者有時而動故委照者或搖蕩可移剛而健者非闕裂不能易其明故委照者亦得保其質

龍之靈

龍之所以能靈者水也涓然而取霈然而神天之於萬物必職於下以成功而龍之職水也不取於下則無以健其

用不神於上則無以靈其職苟或涸一川然後潤下涸一澤然後濟物不惟濡及首尾利未及施而魚鼈已畋矣故龍之取也寡

子高之讓

有挈其大而舉其高以授人者彼則曰隘矣哉挈而舉者曰以吾所得之廣大曾不若彼人之心又安可以施於彼乎於是退而悸慄不敢以所得爲有伯成子高讓禹者非所以小黃屋之尊也夫安九州之大據兆人之上身得意遂動適在我鮮有不以荒怠自放者子高且欲狹禹之心而謹其取也故讓之厥後有卑宮菲食之政

惟岳降神解

幽乎理者神也顯乎用者人也苟易其所則爲怪妖非仲尼之所言也三百篇亦删於仲尼而嶽降申甫不删者豈仲尼之前則其事信仲尼之後則其事妖苟如是則夔龍稷禼而下有相其君輔其主以致理者皆神降也人何有哉是必以國之興也聽於人亡也聽於神當申甫時天下雖理詩人知周道已亡故婉其旨以垂文仲尼不删者欲以顯詩人之旨苟不爾則子不語怪出於聖人也不出於

聖人也未可知

疑鳳臺

秦穆公女以吹簫降簫史於臺上後乘鳳凰而去名其地曰鳳臺吁神僊不可以伎致鳳鳥不可以意求伎可致也則黃帝不當有崆峒之學意可求也則仲尼不當有不至之歎吾知其得志於逋逸閒而秦諱之不書遂強鳳以神強臺以名然後絕其顧念之心今江漢間復有史之跡是愚夫愚婦淫其所以得矣嗚乎上行下效信而有證故秦之道竟施於妄矣

說天雞

狙氏子不得父術而得雞之性焉其畜養者冠距不舉毛羽不彰兀然若無飲啄意洎見敵則他雞之雄也伺晨則他雞之先也故謂之天雞狙氏死傳其術於子焉且反先人之道非毛羽彩錯觜距銛利者不與其棲無復向時伺晨之儔見敵之勇峩冠高步飲啄而已吁道之壞也有是夫

秦始皇意

秦法之於典墳其酷也甚矣由天文術數者則不與焉而

易復從而免噫術數者未易知而秦是以全易者其有旨哉夫易肇於羲皇演於姬昌申於素王其爲書則百家九流之先其造作者則百王之祖其理則上下天地出沒鬼神有春秋焉有詩書禮樂焉開闢以來舉一物而言皆貫之秦始皇通三聖之妙鍵闕故假術以言亦將欲闕聖人之旨乎以是亹亹無道而至滅亡者豈天下欲秦見造化之心乎嗚乎言之於三代已前秦則可以理遣言之於戰國之後秦則爲我罪人

婦人之仁

漢祖得天下而良平之功不少焉吾觀留侯破家以讐韓曲逆束身以歸漢則有爲之用先見之明又何以加焉史遷則曰張良若女子而陳平美好是皆婦人之仁也外柔而內狡氣陰而志忍非狡與忍則無以成大名無他柔弱之理然也嗚乎用其似婦人女子者猶若是况眞用婦人之言哉不得不畏

道不在人

道所以達天下亦所以窮天下雖昆蟲草木皆被之矣故天知道不能自作然後授之以時時也者機也在天爲四

氣在地爲五行在人爲寵辱憂懼通阨之數故窮不可以去道文王拘也王於周道不可以無時仲尼毀也垂其教彼聖人者豈違道而戾物乎在乎時與不時耳是以道爲人困而時奪天功衛鶴得而乘軒魯麟失而傷足

市儺

儺之爲名著於時令矣自宮禁至於下俚皆得以逐災邪而驅疫癘故都會惡少年則以是時鳥獸其形容皮革其面目丐乞於市肆間乃有以金帛應之者吁是雖假鳥獸以爲名其固爲人矣復安有爲人者則不得人之金帛爲

鳥獸者則可以得人之金帛乎豈以鳥獸無知而假之則不愧也以人則識廉恥而取之則愧焉嗚乎

君子之位

祿於道任於位權也食於智爵於用職也祿不在道任不在位雖聖人不能闡至明智不得食用不及爵雖忠烈不能蹈湯火先王所以張軒冕之位者行其道耳不以爲貴大舜不得位則歷山一耕夫耳不聞一耕夫能翦四凶而進八元呂望不得位則棘津一窮叟耳不聞一窮叟能取獨夫而王周業故勇可持虎虎不至則不如怯力能扛鼎鼎不見則不如羸噫棲棲而死者何人養浩然之氣者誰氏

荆巫

荆楚人淫祀者舊矣有巫頗聞於鄉閭其初爲人祀也筵席尋常歌迎舞將祈疾者健起祈歲者豐穰其後爲人祀也羊豬鮮肥清酤滿卮祈疾得死祈歲得饑里人忿焉而思之未得適有言者曰吾昔游其家也其家無甚累故爲人祀誠必罄乎中而福亦應乎外其胙必散之其後男女蕃息焉衣食廣大焉故爲人祀誠不得罄於中而神亦不歆乎外其胙且入其家是人非前聖而後愚蓋牽於心而不暇及人耳以一巫用心尚爾況異於是者乎

三閭大夫意

原出自楚而又仕懷王朝雖放逐江湖間未必有腹江魚意及發憔悴述離騷非所以顧望逗遛抑由禮樂去楚不得不悲吟嘆息夫禮樂不在朝廷則在山野苟有合乎道者則楚之政未亡楚之靈未去原在朝有秉忠履直之過是上無禮矣在野有揚波歠醨之難是下無禮矣朝無禮樂則證諸野野無禮樂則楚之政不歸楚之靈不食原忠臣也楚存與存楚亡與亡於是乎死非所怨時也嗚乎

畏名

瞭者與瞍者語於暗其闢是非正興替雖君臣父子之閒未嘗以牆壁爲慮一童子進燭則瞍者猶舊而瞭者噤不得呻豈其人心有異同蓋牽乎視瞻故也是以退幽谷則思行道入朝市則未有不畏人吁

三叔碑

肉以視物者猛獸也竊人之財者盗也一夫奮則獸佚一犬吠則盗奔非其力之不任惡夫機在後也當周公攝政

時三叔流謗故辟之囚之黜之然後以相孺子洎召公不悅則引商之卿佐以告之（在周書君奭篇）彼三叔者固不知公之志矣而召公豈亦不知乎苟不知則三叔可殺而召公不可殺乎是周公之心可疑矣向非三叔則成王不得爲天子周公不得爲聖人愚美夫三叔之機在前也故碑

天機

善而福不善而災天之道也用則行不用則否人之道也天道之反有水旱殘賊之事人道之反有詭譎權詐之事是八者謂之機也機者蓋天道人道一變耳非所以悠久

也苟天無機也則當善而福不善而災又安得饑夷齊而飽盜跖苟人無機也則當用則行不用則否又何必拜陽貨而刼衛使是聖人之變合於其天者不得已而有也故曰機

辯害

虎豹之爲害也則焚山不顧野人之菽粟蛟蜃之爲害也則絕流不顧漁人之釣網其所全者大所去者小也順大道而行者救天下者也盡規矩而進者全禮義者也權濟天下而君臣立上下正然後禮義生焉力不能濟於用而君臣上下之不正雖抱空器奚所施設是以佐盟津之師焚山絕流者也扣馬而諫計菽粟而顧釣網者也於戲

齊叟事

齊叟籍其業於沃衍之野更子弟以主之歲無水旱之害無螟蟊之患而所入或有眾寡焉叟曰豈吾之不信也如是彼隣嫗者始衣食於吾家今雖外居猶吾之家隸也俾督孟以伺候叟子之長者及將穫農戶輒揮田具擊孟逐之嫗告孟以不直叟扶孟以仲代焉農戶不之罪及仲之爲也復然嫗亦以仲之不直告叟復扶仲而用季將行有

言曰叟之農戶未嘗如是之悖自嫗督制後孟與仲皆爲擊逐今苟存嫗不唯基址之不留而叟之子弟逐未艾也叟醒然而怒逐嫗而復孟仲之職其秋如舊則前之謀悖者果嫗也而農戶何能

槎客喻

乘槎者既出君平之門有問者曰彼河之流彼天之高宛宛轉轉昏昏浩浩有怪有靈時顛時倒而子浮泛其間能不手足之駭神魂之掉者乎對曰是槎也吾三年熟其往來矣所慮者吾壽命之不知也不虞槎之不安而不返人

間也及乘之波浪激射雲日氣候黯然而昏爗然而晝乍揭而傍乍蕩而驟或落如坑或觸如鬭茫洋乎不知槎之所從者不一也吾心未嘗爲之動心一動則手足之不能制矣不在洪流則槁木之爲患也苟人能安其所處而不自亂吾未見其有顚越之心也

漢武山呼

人之性未有生而侈縱者苟非其正則人能壞之事能壞之物能壞之雖貴賤則殊及其壞一也前後左右之諛佞者人壞之也窮游極觀者事壞之也發於感悟者物壞之也是三者有一於是則爲國之大蠹孝武承富庶之後聽

左右之說窮游觀之靡乃東封焉蓋所以祈其身而不祈其歲時也由是萬歲之聲發於感悟然後踰遼越海勞師弊俗以至於百姓困窮者東山萬歲之聲也以一山之聲猶若是況千口萬舌乎是以東封之呼不得以爲祥而爲英主之不幸

木偶人

漢祖之圍平城也陳平以木女解之其後徐之境以雕木爲戲丹雘之衣服之雖獰闕勇態皆不易其身也是以後人其言木偶者必以徐爲宗嘗過留留卽張良所封也平與良皆位至丞相是宜俱以所習漬於風俗良以絶粒不反今留無復絶粒者而平之木偶往往有之其剞劂移人也如是

越婦言

買臣之貴也不忍其去妻築室以居之分衣食以活之亦仁者之心也一旦去妻言於買臣之近侍曰吾秉箕箒於翁子左右者有年矣每念饑寒勤苦時節見翁子之志何嘗不言通達後以匡國致君爲己任以安民濟物爲心期

而吾不幸離翁子左右者亦有年矣翁子果通達矣天子疏爵以命之衣錦以晝之斯亦極矣而向所言者蔑然無聞豈四方無事使之然耶豈急於富貴未暇度者耶以吾觀之矜於一婦人則可矣其他未之見也又安可食其食乃閉氣而死

悲二羽

舞鏡之禽墮洲之翠南方之所珍也而工簪珥者以爲容雖犀象之遠金玉之貴必以間之及舉宮而飾傾都而市金玉犀象之不暇給而二羽之用曾不銖兩焉蓋以羽之

軀而金玉犀象之重。苟發其顏色則可。而較其進則不可也。所悲者舞鏡之時。墮洲之日爾。

善惡須人

善不能自善。人善之然後爲善。惡不能自惡。人惡之然後爲惡。善惡之成。蓋視其所適而已。用其正也則君子。用其不正也則小人。君子小人。寧有面貌哉。比干之生也。與人無異。費無極之生也。亦與人無異。比干之言爲諫諍。無極之言爲毀佞。彼所出者皆言也。比干之言。非不善也。以不用故善不能自善。無極之言。非不惡也。以可入故惡得而爲惡。譬剛勁之於朽蠹也。剛勁者以不得地而屈折。朽蠹者幸蟠瓔而入焉。其不可任也如是。

秦之鹿

世言秦鹿去而天下逐。是鹿爲聖人器也。信焉。夫周德東秏。秦以力取諸侯。雖百姓欲從。而秦未嘗有意。故爲秦者反天下之歸。則五十年曠其數。以逐人。而秦不得與其下復焉。謂逐其鹿。鹿不在聖人器。而逐之者逐秦耳。秦實鹿焉。六都傾潰。睥睨無已。奔勁足。踐我黔庶。觡利穎。觝我詩書。彼非鹿而何。嗚乎。去道與德也。獸焉不獨秦。

梅先生碑

漢成帝時。綱紐頹圮。先生以書諫天子者再三。夫火政雖去。而劍履間健者猶數百位。尚不能爲國家出力以斷佞臣頭。復何南昌故吏憤憤於其下。得非南昌遠地也。尉下僚也。苟觸天子綱。突倖臣牙。止於殛一狂人。嗤一單族而已。彼公卿大夫。有生殺喜怒之任。有朋黨蕃衍之大。至於出一言。作一事。必與妻子謀。苟不便其家。雖妾人婢子。亦擾挽相制。而況親戚乎。況骨月乎。故雖有憂社稷心。亦噤而不吐也。嗚乎。寵祿所以勸功。而位大者不語朝廷事。是知天下有道。則正人在上。天下無道。則正人在下。余讀先生書。未嘗不爲漢朝公卿恨。今南游。復過先生里。吁。何爲道之多也。遂碑以弔之。

二工人語

吳之建報恩寺也。塑一神於門。土工與木工互不相可。木人欲虛其內。窗其外。開通七竅。以應胷藏。俾他日靈聖用神。吾工土人以爲不可。神尚潔也。通七竅。應胷藏。必有塵滓之物點入其中。不若吾立塊而瞪。不通關竅。設無靈。何減於吾。木人不可。遂偶建焉。立塊者竟無所聞。通竅者至

令爲人禍福

書馬嵬驛

天寶中逆胡用事鑾輿西幸貴妃死於馬嵬驛臣在草野間得本朝書讀未嘗不恨生不得批虜額以快天子意今復百餘年後右軾邊隴裘莽平遠發人宿憤然明皇帝時天下太平矣卒有寵僭之咎不足之恨者何耶夫水旱兵革天之數也必出聖人之代以其上瀆社稷下困黎民非聖人不足以當其數故堯之水湯之旱而元宗兵革焉

說石烈士

石孝忠者生長韓魏間其爲人猛悍多力少年時偷雞殺狗殆不可勝計州里甚苦之後折節事李愬爲愬前驅其信任與愬家人伍元和中蔡人不歸天子用裴丞相計以丞相征蔡若愬者光顏者重允者皆受丞相指揮明年蔡平天子快之詔刑部韓侍郎撰平蔡碑將所以大丞相功業於蔡州孝忠一旦熟視其文大恚怒因作力推去其碑僅傾陊者再三吏不能止乃執詣節度使愬以聞時章武皇帝方以東北事倚諸將聞是卒心甚訝之命具獄將斃於碑下孝忠度必死也苟虛死則無以明愬功乃僞低畏若不勝按驗吏閔之未知其爲人也孝忠伺吏隙用枷尾拉一吏殺之天子聞之怒且使送闕下及至也亦未異其人因召見曰汝推吾碑殺吾吏爲何孝忠頓首曰臣一死未足以塞責但得面天子顏則赤族無恨矣臣事李愬歲久以賤故給事無不聞見乎蔡之日臣從在軍前且吳秀琳蔡之奸賊也而愬降之李祐蔡之驍將也而愬擒之蔡之爪牙脫落於是矣及元濟縛雖丞相與二三輩不能先知也蔡平之後刻石紀功盡歸乎丞相而愬第具名與光顏重允齒愬固無所言矣設不幸更有一淮西其將畧如

愬者復肯爲陛下用乎賞不當功罰不當罪非陛下所以勸人也臣所以推去碑者不惟明愬之績亦將爲陛下正賞罰之源臣不推碑無以爲吏擒臣不殺吏無以見陛下臣死不容時矣請就刑憲宗既得淮西本末且多其義遂赦之因命曰烈士復召翰林段學士撰淮西碑一如孝忠語後孝忠隸江陵軍驅使大中末白丞相鎮江陵余求謁丞相府有從事爲余道孝忠事遂次焉將所以教爲人下

拾甲子年事

太和中張谷納邯鄲人李嚴女備歌舞具及長大妍麗豐

足殆不似下賤物又能傳故都聲有時涼曉哀轉歷歷見趙家之遺臺老樹雖驚離弔往之懷似不能多也雅爲谷所愛因目曰新聲及劉從諫得父封谷以窮游佐其事新聲亦從去然性本便惠雖谷之起居謀慮皆豫有承迎故頗聞中外消息時從諫得志後勾聚亡命以窺脇朝廷大爲四方人怪訝有實其事於谷者谷不以介意新聲曰妾於公直巾櫛間狎玩者耳除歌酒外不當以應顧命然食人之食憂人之憂理之常也況妾乎前日天子授從諫節度使時非從諫有戰野之功拔城之績蓋以其先父挈齊

還我去就間未能奪其嗣耳而公不幸爲其屬則牽制之道在此不在彼也自劉氏奄有全趙更改歲時未嘗聞以一縷一蹄爲天子壽而指使輩率無賴人也且章武朝數鎮顛覆皆以雄才傑器尚不能固天子恩況從諫擢自兒女子手中一旦襲荷家業苟不以法而得亦宜以不法而終此倚伏之常數也而又卒伍佻險言語不祥是不爲齊鬼所酬而死於帳下者幸矣孰謂公從其事反不知其事者哉如不能早折其肘臂以作天子詐則宜脫族西去大丈夫勿顧一飯恩以骨肉腥健兒衣食言訖悲涕流落谷不決者三月新聲復進以其業不用也縊殺之會昌中從諫死以其子露父意族之谷竟從逆嗚乎謀及婦人者必亡而新聲之言惜其不用余前過太行時有傳吏能道當時事因拾以編簡

刻嚴陵釣臺

巖巖而高者嚴子之釣臺也寥寥而不歸者光武之故人也故人之道何如睨蒼苔以言之尊莫尊於天子賤莫賤於布衣龍飛蛇蟄兮風雨相遺干戈載靡兮悠悠夢思何富貴不易節而窮達無所欺故得脫邯鄲之難破犀象之

師造二百年之業繼三尺劍之基者其唯有始有卒者乎今之世風俗偷薄祿位相尚朝爲一旅人暮爲九品官而親戚骨月已有差等矣況故人乎嗚乎往者不可見來者未可期已而已而

羅隱四

廣陵妖亂志

高駢末年惑於神仙之說呂用之張守一諸葛殷等皆言能役使鬼神變化黃白駢酷信之遂委以政事用之等援引朋黨恣爲不法其後亦慮多言者有所洩漏因謂駢曰高眞上聖要降非難所患者學道之人眞氣稍虧靈貺遂絕駢聞之以爲信然乃謝絕人事屛棄妾媵賓客將吏無復見者有不得已之故則遣人洗浴齋戒詣紫極宮道士

祓除不祥謂之解穢然後見之拜起纔終已復引出自此內外壅隔紀綱日紊用之等因大行威福傍若無人歲月既深根蒂遂固用之自謂磻溪眞君張守一是赤松子諸葛殷稱將軍有一蕭勝者謂之秦穆公駙馬皆云上仙遣來爲令公道侶其鄙誕不經率皆如此江陽縣前一地祇小廟用之貧賤時常與妻寓止巫舍凡所動靜禱而後行及得志謂爲冥助遂修崇之迴廊曲室妝樓寢殿百有餘間土木工飾盡江南之選每軍旅大事則以少牢祀之用之守一皆云神遇駢凡有密請卽遣二人致意焉中和元年用之以神仙好樓居請於公廨邸北跨河爲迎仙樓其斤斧之聲晝夜不絕費數萬緡半歲方就自成至敗竟不一遊扃鐍儼然以至灰燼是冬又起延和閣於大廳之西凡七間高八丈皆飾以珠玉綺窗繡户殆非人工每旦焚名香列異寶以祈王母之降及師鐸亂人有登之者於藻井垂蓮之上見二十八字云延和高閣上干雲小語猶疑太乙聞燒盡降眞無一事開門迎得畢將軍此近詩妖也用之公然云與上仙來往每對駢或叱咄風雲顧揖空中謂見羣仙來往過於外駢隨而拜之用之指畫紛紜略無

媿色左右稍有異論則死不旋踵矣見者莫測其由但摶膺不敢出口用之忽云后土夫人靈仇遣使就某借兵馬幷李筌所撰太白陰經駢遽下兩縣萃百姓葦席數千領畫作甲馬之狀遣用之於廟庭燒之又以五綵牋寫太白陰經十道置於神座之側又於夫人帳中塑一綠衣年少謂之韋郎廟成有人於西廡棟上題一長句詩曰四海干戈尚未寧謾勞淮海寫儀形九天元女猶無信后土夫人豈有靈一帶好雲侵鬢綠兩行巖岫拂眉青韋郎年少耽閑事案上修看太白經好事者競相傳誦是歲詔於廣陵

立駢生祠并刻石頌差州人採碑材於宣城及至楊子縣用之一夜遣人密以健牯五十牽至州南鑿垣架濠移入城內及明柵緝如故因令楊子縣申府昨夜碑石不知所在遂懸購之至晚云被神人移至街市駢大驚乃於其傍立一大木柱上以金書云不因人力自然而至即令兩都出兵仗鼓樂迎入碧筠亭至三橋擁鬧之處故埋石以礙之僞云人牛拽不動駢乃祼篆數字貼於碑上須臾去石乃行觀者互相謂曰碑動也識者惡之明日楊子有一村嫗詣知府判官陳牒云夜來里胥借耕牛牽碑誤損其足

遠近聞之莫不絕倒此至失守師鐸之衆竟自壞墉而進常與丞相鄭公不恊用之知之忽曰適得上仙書宰執之間有陰圖令公者使一俠士來夜當至駢驚悸不已問計於用之用之曰張先生少年時嘗學斯術於井深里聶夫人近日不知更肯爲之否若有但請此人當之無不虀粉者駢立召守一語之對曰老夫久不爲此戲手足生踈然爲令公有何不可及期衣婦人衣匿於別室守一寢於駢卧內至夜分擲一銅鐵於階砌之上鏗然有聲遂出皮囊中彘血灑於庭户簷宇間如格鬬之狀明日駢泣謝守一曰蒙仙公再生之恩眞枯骨重肉矣乃躬輦金玉及通天犀帶以酬其勞又有蕭勝者亦用之黨也納五百金賂於用之用之曰爾何欲曰欲得知鹽城監耳乃見駢爲求知鹽城監駢以當任者有績與奪之間頗有難色用之曰用勝爲鹽城者不爲勝也昨得上仙書云有一寶劍在鹽城井中須一靈官取之以勝上仙左右人欲遣去耳駢俛仰許之勝至監數月遂匣一銅匕首獻於駢用之稽首曰此北帝所佩者也得之則百里之內五兵不敢犯駢甚異之遂飾以寶玉常置座隅時廣陵久雨用之謂駢曰此地當

有火災郭邑之間悉合灰燼近日遣金山下毒龍以少雨濡之自此雖無大段燒爇亦不免小小驚動也於是用之每夜密遣人縱火荒祠壞宇無復存者駢嘗受道家祕法用之守一無增焉因刻一青石如手版狀隱起龍蛇近成文字玉皇授白雲先生高駢潛使左右置安道院香几上駢見之不勝驚喜用之曰玉皇以令公焚修功著特有是命計其鸞鶴不久當降某等此際謫限已滿便應得陪幢節同歸眞境也他日瑤池席上亦是人間一故事言畢歡笑不已遂相與登延和閣命酒肴極歡而罷後於道院庭

中刻木爲鶴大如小駟羈轡中設機棙人或逼之奮然飛動駢嘗羽服跨之仰視空濶有飄然之思矣自是嚴齋醮煉金丹費耗資財動逾萬計日居月諸竟無其驗

呂用之鄱陽安仁里細民也性桀黠畧知文字父璜以貨茗爲業來往於淮浙間時四方無事廣陵爲歌鐘之地富商大賈通逾百數璜明敏善酒律多與羣商遊用之年十二三其父挈行既惠悟事諸賈皆得歡心時或整履揺箠匿家與奴婢等居數歲璜卒於家乾符初羣盜攻剽州里遂他適用之既孤且貧其舅徐魯仁賙急之歲餘通於魯

仁室爲魯仁所逐因事九華山道士牛宏徽宏徽自謂得道者也用之降志師之傳其驅役考召之術宏徽既死用之復客於廣陵遂轂巾布褐用符藥以易衣食歲餘丞相劉公節制淮左有蠱道置法者逮捕甚急用之懼遂南渡時高駢鎮京口召致方伎之士求輕舉不死之道用之以其術通於客次逾月不召詣渤海親人俞公楚公楚奇之過爲儒服目之曰江西呂巡官因間薦於渤海及召試公楚與左右附會其術得驗尋署觀察推官仍爲制其名因字之曰無可言無可無不可也自是出入無禁初專方藥

香火之事明年渤海移鎮用之固請戎服遂署右職用之素負販久客廣陵公私利病無不詳熟鼎竈之暇妄陳時政得失渤海益奇之漸加委仗先是渤海舊將有梁纘陳拱馮綬董僅公楚歸禮日以疎退渤海至是孤立矣用之乃樹置私黨窺伺動息有不可去者則厚以金寶悅之左右羣小皆市井人見利忘義上下相蒙大逞妖妄仙書神符無日無之更迭唱和罔知愧恥自是賄賂公行條章日紊煩刑重賦率意而爲道路嗟怨各懷亂計用之懼有竊發之變因請置巡察使採聽府城密事渤海遂承制授御

史大夫充諸軍都巡察使於是召募府縣先負罪停廢胥吏陰狡兇狠者得百許人厚其官傭以備指使各有十餘丁縱横閭巷間謂之察子至於士庶之家呵妻怒子密言隱語莫不知之自是道路以目有異已者縱謹靜端默亦不免其禍破滅者數百家將校之中累足屛氣焉

高駢嬖吏諸葛殷妖人呂用之之黨也初自鄱陽將詣廣陵用之先謂駢曰玉皇以令公久爲人臣機務稍曠獲譴於時君輒遣左右一尊神爲令公道中羽翼不久當降令公善遇欲其不去亦可以人間優職縻之明日殷果來遂

巾褐見駢於碧筠亭。妖形鬼態。辯詐蜂起。謂可以坐召神仙。立變寒暑。駢莫測也。俾神靈遇之。謂之諸葛將軍也。每從容酒席間。聽其鬼怪之說。則盡日忘倦。自是累遷鹽鐵劇職。聚財數十萬緡。其兇邪陰狡。用之蔑如也。有大賈周師儒者。其居處花木樓榭之奇。爲廣陵甲第。殷欲之。而師儒拒焉。一日。殷謂駢曰。府城之內。當有妖起。使其得志。非水旱兵戈之匹也。駢曰。爲之奈何。殷曰。當就其下建齋壇。請靈官鎮之。殷卽指師儒之第爲處。駢命軍候驅出其家。是日雨雪驟降。泥淖方盛。執事者鞭撻迫蹙。師儒攜挈老

幼。匍匐道路。觀者莫不愕然。殷遷其族而家焉。殷足先患風疽。至是而甚。每一躁癢。命一青衣交手爬搔。血流方止。駢性嚴潔。甥姪輩皆不能侍坐。唯與殷款曲。未嘗不廢寢忘餐。或促膝密坐。同杯共器。遇其風疽忽發。卽恣意搔捫。指爪之間。膿血沾染。駢與之飲啗。曾無難色。左右或以爲言。駢曰。神仙多以此試人。汝輩莫介意也。駢前有一犬子。每聞殷腥穢之氣。則來近之。駢怪其馴狎。殷笑曰。某常在大羅宮玉皇前見之。別來數百年。猶復相識。其虛誕率多如此。高虞常謂人曰。爭知不是吾滅族冤家也。殷性躁虐。

知揚州院。來兩月。官吏數百人。鞭背殆半。光啟二年。僞朝授殷兼御史中丞。加金紫。及城陷。竄至灣頭。爲邏者所擒。腰下獲黃金數斤。通天犀帶兩條。既縛入城。百姓聚觀。交唾其面。尋撮其髻髮。頃刻都盡。獄具。刑於下馬橋南。杖至百餘。絞而未絕。會師鐸母自子城歸家。經過法所。遂扶起避之。復蘓於橋下。執扑者尋以巨木踣之。騶殿過。決罰如初。始殷之遇也。驕暴之名。尋布於遠近。其族人競以謙損戒殷。殷曰。男子患於不得遂志。既得之。當須富貴自處。人生寧有兩遍死者。至是果再行法。及棄屍道左。爲讐人剜

其目。斷其舌。兒童輩以瓦礫投之。須臾成峯。

吳堯卿者。家於廣陵。初傭保於逆旅。善書記。因出入府庭。遂聞於縉紳。始爲鹽鐵小吏。性敏辯。事之利病。皆心記口調。悅人耳目。故丞相李蔚以其能首任之。高駢因署堯卿知泗州院。兼判國監。尋奏爲刺史。制命未行。會軍變。復歸廣陵。頃之。知浙西院。數月而罷。又知揚州院。兼榷糴使。僞朝授堯卿御史大夫。堯卿託附權勢。不問貴賤。苟有歧路。縱厮養輩。必斂衽以金玉餌之。徵似失勢。雖素約爲死交。則相對終日。不復與言。趨利背義如此。權貴無不以賄賂

交結之故不離淮泗僭竊朱紫塵污官省三數年間盜用鹽鐵錢六十萬緡時王棨知兩使務局下堯卿獄將窮其事爲諸葛殷所保持獲全及城陷軍人識是堯卿者咸請啗之畢師鐸不許夜令堯卿以他服而遁至楚州遇變爲仇人所殺棄屍衢中其妻以紙絮葦棺斂之未及就壙好事者題其上云信物一角附至阿鼻地獄請去斜封送上閻羅大王時人以爲笑端

吳公約神道碑

黃巢之將叛也天下騷動杭之豪傑舉挺以衞鄉里者八

人故立八都之號其間王公節將派有分者一十三都君居其一焉君諱公約字處仁杭之餘杭人以膽畧爲郡邑推應募西討投西佳鎮遏使其後從董太尉禦巢加御史中丞奏置都額改硤石爲郡邑之所於是推鋒破銳勲業愈盛由冬卿改秋曹民部二尚書爲將三十年家無長物出則督勵士卒入則訓闕二字弟斯亦名將之高節也乾寧四年夏六月二十有一日啟手足於硤石之第享年五十八以明年正月十五日卜宅於錢塘之新亭鄉桐扣山之原禮也君嗣子以隱鄉里之舊請銘其墓而復以詩一章文其美於道之隅曰

吳山蒼蒼吳水泱泱降生英靈爲公爲王以嚴師旅以奠封疆派有別者我亦鷹揚取直之功捍巢之績雖從本軍實展良晝踐歷禁旅光揚事迹乃自西佳遷於硤石上君東代諸將西征賈以餘勇賁其銳兵稽山霧廓京口波清再從貂冕始拜冬卿吳會紛紜淮石奔競驅其凍餒犯我疆境躬勵精卒恭承上命雪霽松貞風中草勁元戎承制聖主酬勞大起名重司元望高優游渥澤出入官曹所謂雖省全資豹韜恭仰府城載崇吾圉惟力是助厥功以舉

雲矗千堵土攢萬杵率以資產役以軍旅乃頒異寵乃正華資大國綱紀雄藩羽儀牀閒牛鬭杯裏蛇疑天胡可測神亦難知有仁於時有功於物一代殊勳二品清秩不謂不遠何獲何失瑞馬神羊金箱玉室

錢氏大宗譜列傳

富春侯錢公列傳

公諱讓字德高沖公子郎下邳烏程長林公七世孫是爲一代祖公雅貌殊衆重瞳美髯語含鐘聲手垂逾膝博學豪邁豁達善謀初從東郡都督及漢察孝廉除歷陽章安

二縣長時吳郡薛府君固爲執法所枉徵詣廷尉公因歲朝賀大呼稱固之寃順帝命虎賁羽林劍戟夾其兩腋左右彎弓向身問所言枉狀而公直言其由神色不變天子即原固罪公卿大夫莫不歎息太尉趙峻辟公爲西掾遷黃門選部侍郎時九江猾寇周生范容作亂蕩覆淮泗徐揚有詔以公忠誠亮直必能盡節拜廣陵太守征東大將軍持節都督江左六州諸軍事公沈謀內張羽翼外舒行陣纔接兇徒瓦解斬賊帥徐鳳謝安等於陣范容周生相縛款首於是桓帝旌其成功封富春侯食邑五千戶佩以

金紫嘉平元年三月十六日薨春秋六十有三謚曰哀公夫人東海徐氏生三子曰承曰京曰晟後娶夫人安定皇甫氏生一子曰耽葬長興縣平望鄉西北梓山奉朝命繪公遺像於郡祠

高密侯錢公列傳

公諱京字仲恭富春侯第二子也世居長興以富春侯蔭仕漢本宮舍人太子洗馬出守高密郡善政有聲轉越騎都尉右將軍謚門 夫人顧氏合葬長興雉山子五曰佪曰寶曰毓曰化曰覺析居於烏程無錫崑山陸安於潛吳興等處號洗馬支下子孫

司馬錢公列傳

公諱寶字叔珍高密侯第二子也仕吳爲前軍司馬以勳陞都尉轉樞密尉將軍娶夫人信安鄭氏生二子曰禩曰睦公與夫人合葬附高密侯側

侍郎錢公列傳

公諱睦字士信司馬公第二子也勤敏好學思紹世風初領本部五官掾累遷黃門侍郎改尋陽令能抑強撫困識爲時稱加東郡太守娶夫人會稽魏氏生二子曰秀曰裔

公與夫人合葬附高密侯側

太常錢公列傳

公諱秀字子宏侍郎公之長子也篤志學問優於禮經仕吳以尚書郎議官歷太常卿娶夫人徐氏生二子曰廣曰恩公與夫人合葬附高密侯側

永安錢侯列傳

侯諱廣字敬仲太常公之長子也性孝友博通羣書志氣高邁西晉太安中察孝廉累遷安遠將軍平逆寇石冰等太尉東海王越表其勳授以軍諮祭酒江州刺史持節征

虜將軍都督江東諸軍事時陳敏僭亂割據江表公與顧榮周玘等謀曰我等受恩朝廷爵位至此安得不以忠義自効卽乃歃血而盟結爲昆弟協心奮擊不逾月而賊平賞典未至薨於永嘉二年年五十有四後二年賜以丹書追贈永安侯食邑二千户謚曰莊公娶夫人汝南周氏生四子曰維曰彌曰智紹曰繼公與夫人合葬長城北二十五里湖陵山

預寧錢侯列傳

侯諱彌字德盛永安侯第二子也穎悟過人善屬文襲父

蔭仕晉甫十八補主簿累遷散騎常侍而聲譽四馳調陳州刺史下車之初以法誅蠹民豪猾而汲汲於撫字民甚德之轉輔國大將軍勅授預寧侯夫人魏氏生四子曰瑋曰基曰纂曰道濟侯與夫人合葬長城戍山之南

安遠將軍錢公列傳

公諱瑋字瑞英預寧侯之長子好學治書旁貫莊老仕晉累官至左常侍太子黃門侍郎出爲徐州別駕治理清恕撫民如子致以慈父稱之加安遠將軍夫人吳郡陸氏生五子曰元孫曰諮詢曰修道曰興德曰興道公與夫人合葬附預寧侯墓側

關内錢侯列傳

侯諱興德字文璨安遠公第四子少而明敏曉達時務善書札古作博通天文仕晉爲本郡功曹遷揚州主簿員外散騎轉冠軍府記室參軍贈關内侯娶夫人烏程吳氏生三子曰安仁曰伯仁曰法全侯與夫人合葬附預寧侯墓北午酉山

臨川錢王列傳

王諱伯仁字德靜關内侯之次子也温厚端方酷孝嗜義

賢士大夫咸器重之劉宋泰始中舉孝廉除王府兵曹參軍員外散騎常侍蕭梁革命公遂掛冠歸隱天監三年詔舉世家勳德之士郡守劉潭表稱錢氏爲望族自漢以來公侯令使之貴名聯勳冊文獻足徵剏其先世富春侯讓圖像郡祠民猶懷之今伯仁年齒雖暮而不怠進修克副勳德之舉由是累徵辭不獲已授揚州刺史娶夫人吳郡張氏生五子曰肅之曰樂之曰邕之曰敬之曰和之一女曰寶媛適同郡陳文讚卽景帝也生子霸先是謂陳高祖武皇帝追贈爲臨川王寶媛以永定元年十月薨謚孝烈

追尊景皇后王與夫人墓附高密侯墓西二里

全威將軍給事錢公列傳

公諱肅之字子恭臨川王長子以父蔭仕梁歷職常侍天監十三年授員外散騎常侍全威將軍轉給事中十五年除邵陵王府文學娶夫人故鄣王氏繼娶施氏生一子曰道始繼娶萬氏生一子曰道震公與夫人合葬大義村南十五里東侯山

開國伯錢公列傳

公諱道始字元德給事公長子也自幼嗜學經史百家靡

不究極其義而氣岸超出倫輩天監中辟除王府法曹參軍歷仕輕車將軍江州刺史在任明練治體剖決如流姦雄畏其威窘乏被其澤雖值荒忙之際而屬邑雍恬當侯景逼臺城時公與西都太守陳霸先應援從上江下敗之於金陵王僧辯欲害霸先斬其黨杜龕齊將徐嗣徽入寇公據要出奇絕其糧道以破嗣徽其累立奇勳如此與霸先舅姑昆季也霸先受禪是爲陳武帝永定元年上常諭公曰卿有佐命勳勞藩戚之良器然以國戚恩賚殊薄於衆今天下將定安忍以繁劇之任浼卿遂授揚威將軍充本郡瑞嘉二陵令兼本部刺史俾旋長興保護陵寢薨年六十二武帝悲悼罷朝三日追贈建寧伯又贈開國伯食邑五百户謚定公娶夫人同郡王氏合葬東侯山生子六曰纂曰善明曰望達曰吉兒曰智遠曰智昌分爲六枝號曰湖頭六宅

綏安侯錢公列傳

侯諱智昌字子盛開國伯第六子也幼而聰慧文武兼通陳武帝躍龍之始侯隨父拒杜龕於大義栅一百餘日城壘之地卽侯之宅也奇謀果決遂破杜龕天嘉二年奉朝

命遷吏部尚書授桂陽王府參討侍郎轉仁威將軍勳封如故年四十有二卒於京師詔贈通直散騎常侍宣毅將軍封綏安侯食邑五百户詔歸櫬葬大義村大業二年卜遷戍山舊塋娶夫人吳郡張氏生子二曰瓛曰璡侯與夫人合葬焉

開國子錢公列傳

公諱瓛字貴章綏安侯之長子公在髫齔間暗誦六經甫學爲文有驚人語少失怙哀毁過禮事母以孝聞陳至德中詔徵甲門子弟補本部主簿移長沙王法曹參軍以功

加右衛殿中將軍。歷晉安縣開國子。既而歎曰。道之不行。時耶命耶。鷦鷯鼴鼠。不過一枝。與盈腹足耳。遂隱林泉。隋大業中。海寇侵掠郡邑。公仗義率衆守禦。境賴以安。唐貞觀十九年疾終於私第。年七十有三。娶夫人武康姚氏。生三子。曰元脩。曰元裕。曰元師。公與夫人合葬。附先人綏安侯墓側。

揚威將軍錢公列傳

公諱元脩。字文通。開國子之長子。性淳謹篤厚。甘澹泊。以清白自守。唐貞觀五年。策試通經。補長興縣博士。七年。詔

天下貢民氏族源流。公錄家譜詣郡。與沈懷遠等數家連保京師。唐永徽二年。陳碩眞謀逆。朝廷詔鄰道討之。吳興郡守李杭辟公議事。公遂請兵擊寇。勦其餘黨。郡守奏其功。拜高平太守揚威將軍。以儀鳳二年疾終。葬附祖綏安侯戍山墓側。娶夫人高平徐氏。生二子。曰孝慄。曰孝本。

富春公錢公列傳

公諱孝慄。字希貞。一字定方。揚威將軍長子。幼聰慧。書通八體。射穿七札。躭玩典籍。工於詩歌。一觴一詠。爲縉紳所重。年十六。以門蔭授富春尉。公以奕世勳閥。族門鼎盛。當大唐創業之後。是天下進賢之時。公獨忘情簪笏。雅志高尚。十辟三公府。再以五品徵。雖羔雁繼來。簡書交至。而公終懷止足。高尚不屈。放情巖谷。思全眞璞。以爲臨安土厚水淸。包含正氣。石鏡居前。光分數里。苕溪處後。波漾十尋。九州之廟貌儼然。二月之芳踪宛在。加以金鏞之梵宇。禪宮。秦王之車轍馬跡。義之之遊處。主領猶存。郭生銓定之眞風。喬松尚翠。李八百隱居之地。唐君房仙去之壇。公識達仙機。心通物表。仰察盡天文之變。俯觀知地理之宜。乃相縣之東南茅山之下。躬遷祖宅。自此移家。俾子孫

大震家聲。百代之後。以我爲宗。故號茅山祖。時浙師錢塘郡守表公世德。堪佐聖朝。詔赴闕庭。將加大用。委州縣長吏備禮以迎。羣心叶慶。共佚寵光。如何天違福善之祥。奄有壞梁之嘆。忽縈疾恙。俄以壽終。年七十有二。附葬綏安侯祖塋戍山之原。娶夫人瑯琊王氏。生七子。曰師寶。立義。立璀。立琬。師慶。師整。師道。

師寶錢公列傳

公諱師寶。字道珪。孝慄公長子。童時通孝經論語。嘗語親曰。用天之道。分地之利。謹身節用。以養父母。此聖人之至

行也吾日三省吾身爲人謀而不忠乎與朋友交而不信乎傳不習乎此孔門之高節也惟此二者吾庶幾焉遂高謝徵辟覃精載籍極事親之道得鄉黨之譽優哉游哉聊以卒歲年八十有五無疾而終娶吳郡張氏葬臨安縣署村大錢墓生二子曰仁哲仁昉

司儀錢公列傳

公諱仁昉字德純師寶公次子性格端秀識量宏深少稟清規早懷幹濟舉孝廉高第拜太子司儀郎遷長城令躬勸耕織賓興學校疲瘵蘇息逋逃歸附家興禮樂之風民知謙讓之節任滿階臨耆老顧盼者千戶登車出境童稚攀轅者數程公之仁政感人者如斯歸老家庭躬耕奉養載丁艱疾居喪合禮清風雅望令古垂芳竟以壽終年八十有一娶本郡王氏生三子曰碩崇碩琛碩亶葬臨安縣石鏡鄉錢宅墓次

檢校司空錢公列傳

公諱碩亶字文甫司儀公第三子生而俊秀身長七尺眉舒目明好學躭書識洞經史精於天文歷數兼通地理元奧常登石鏡高峯視前後山水形勢嘆曰峯巒擁抱龍虎盤旋氣象深沈必出豪傑鍾其運者其我家子孫乎時海內晏如江左豐阜公以祖德高尚忘其軒冕韜光晦迹堅隱邱園翫水尋山逍遙自適於是江表知公之名山林超俗之士多求訪而交遊焉然而稼穡以躬京坻歲積賙贍三族給奉燕遊遍及鄉黨人莫不感其德者迨極齒暮厥德彌芳壽七十有九終於正寢娶夫人本郡陳氏生三子曰湛曰滉曰沛公與夫人合葬臨安縣石鏡鄉錢宅墓側梁朝以元孫進封吳越爵追贈尚書檢校司空夫人贈太安太夫人（謹按錢氏大宗譜尚有錢沛錢宙錢寬列傳三首考隱卒於梁開平二年不應爲乾化已後之文必非隱作今皆刪去）

弔崔縣令

丁亥年夏（咸通八年）前晉陽崔縣令死於通政里客舍殍也余雖不識其人且念其官不卑也死亦命也而竟以餓者是必不爲貪吏爲貪吏則不然因作詞以弔曰

南風熱兮雲蒸乾緬饑魂兮愁鬱盤莅晉陽兮倖濟魂之廉兮無剩削余辭以弔空魂來親兮無西東魂無山兮山之鬼夷叔彼之生兮未嘗足魂無野兮野之鬼陳仲彼非其得兮一介不之共魂邀留兮京師上愉愉兮下怡怡殘

敢肉兮乞狗彘捨此兮何之量天地之廣大兮吾不得而
知雞則走而鳶則飛鳴蟬瘦而蛸螬肥何濁也則是清也
則非茫昧既不可以問兮盤礴不可得而推悅吾懷以四
顧兮孰知夫天地之云爲

欽定全唐文卷八百九十八

謝鶚

鶚南康人唐末舉進士事吳越武肅王

佐正匡國功臣故節度左押衙親衛第三都指揮使靜海鎮遏使銀青光祿大夫檢校尚書右僕射御史上柱國朱府君墓誌銘

府君諱行先字蘊之吳郡人也曾祖憑皇不仕祖眞皇不仕父敬端皇不仕妣陳留阮氏太夫人揚名立身光於祖宗者惟府君耳府君少親戎律長習武經有摧鋒破敵之

堅蘊戡難濟時之策猿臂燕頷完備將才始隸職於建寧都從高公彥所在征討累有功績尋高太傅分符霅渚府君亦隨於治所太傅用爲心膂或隣境有寇總握兵柄仗劍前驅無不望風瓦解滅竈之謀投醪之義備盡其妙以是聞於聖聽疊被寵嘉荐歷珥貂累陞八座益爲霅守所重自渤海公厭世高澧亂行府君奮臂一呼率衆歸國時天下都元帥吳越國王親統全師撫寧郡縣以有功者宜加爵賞遂封協力勤王功臣尋封佐正匡國功臣加封右僕射仍委之靜海鎮府君之屯細柳也鉏耰荆棘版築

城壘不日而就不恃其寵不勞於民卒乘輯睦鎮縣和同商農工賈不改其業親載耒耜遍植桑麻以備祇奉使臣供承南北十五年内外無間言蓋恩威並行寬猛得所矣以寶大元年夏四月得疾弗興至秋七月二十三日終於静海鎮之官舍享年七十有二府君娶汝南周氏隴西彭氏清河張氏三夫人皆肅雍和鳴内外婉順主喪祭者惟彭氏張氏居其右焉有子八人長曰從訓耽味雲泉不樂仕宦侍膳於周氏之側次曰智銘在方袍之下次曰元晟節度使正散將爲人温恭尤尚儒雅娶諸暨鎮遏使楚牧

韓章司徒愛女次曰元杲節度正散將銀青光祿大夫檢校太子賓客兼監察御史狀貌瑰偉智畧出衆識量宏博不拘小節親族間咸曰有父風娶聞人氏次曰元昇節度闕將獷猂好勇直將軍之器娶鄭氏次曰元實娶章氏次曰元勝元贇未娶皆堂堂之軀或親弓馬或閱詩書分掌家事無不幹濟女三人長適頴川氏西都軍將都知兵馬使明川羅闕使陳師靖僕射之子某先府君逝次適清河氏建寧都虞候張全尚書之子某次適上亭鎮遏使翁錫尚書之孫節度討擊使上亭鎮遏將元昉之子繼貞第三人行存行勤行忠初府君之寢疾也殿下遣中使三賜湯藥及啟手足命侍臣持祭奠厚加賻贈内外親戚莫不感泣有以見君親之道始終兩全矣明州都侯太傅奠贈尤異焉府君世墓在湖州烏程縣不克歸葬續致桑梓在開元府海鹽縣以其年歲次甲申十一月乙未朔六日庚子厝於本縣德政鄉通福里澉墅村之原禮也鶚與府君幸同王事備熟德美洎有葬日令子元晟元杲泣血而拜請予撰銘誌堅免不從遂命筆聊紀年代安敢飾詞乃摭實而爲誌銘曰

挺生英特邈爾奇形素蘊豹畧能精武經戈鋋再舉氛祲廓清從兹勇冠大播家聲盛績既彰威名遂振静守謙敬動知逆順惟此侯王賞其忠信不有殊功疇遷劇鎮匡吴志大佐越功全一人注意百辟推賢方務剖竹宜分重權孰謂梁木俄題逝川生作忠臣沒留遺策眷彼令嗣恭承帝澤丹旐斯引元宮已闢萬歲千秋芳塵永隔

張瑗

瑗事吳越武肅王錢鏐累官至司空出鎮華亭

對觀生東脩判

庚補觀生所學未就其師同算生例徵束脩訴
云蓋伎術不可爲例必其抑納遺出幾何師曰
算之伎術生終不伏
執伎以事嚴師爲難束脩既行誨訓無倦惟庚業茲曲藝就彼師資偶際摳衣已稱弟子席間函丈須稟先生妄有燕朋之詞而違成例之訴以算非伎斯爲妄矣在三如一其若是乎既虧北面之禮須受西鄰之責

皮光業

光業字文通世爲襄陽竟陵人父日休唐末爲蘇州軍事判官遂家焉吳越武肅王辟置幕府累署浙西節度推官天寶九年使梁梁特賜光業進士及第仍賜祕書郎授右補闕內供奉使還兼兩浙觀察使文穆王襲位命知東府事天福二年國建拜丞相八年卒年六十七謚貞敬

吳越國武肅王廟碑銘

粵以唐長興三載壬辰春季蓂凋十三莢天下兵馬都元帥尚父守尚書令吳越國王棄捐宮館以是歲明宗皇帝降太常博士段容定謚議曰武肅詔尚書工部侍郎楊凝式撰神道碑文宣翰林待詔張季恭至吳越書於刊石後二年歲在敦牂天下兵馬都元帥嗣吳越王建廟貌於始封之越國禮與境內樂之罔極孝思也蓋聞神道設教莫大於郊社嚴禋明德惟馨無逾於祖考孝享是以百代相襲六籍盛稱報勛勞則天保是徵展欽若則王假是訓又況建除難靖亂之業揚武烈之威名振剛德義氣之風成肅恭之懿號陳力四紀光奉八朝生爲有土之君薨立象朝之廟是可睢盱召畢齷齪桓文聲華永而日月齊簡冊編而古今在矧夫堂成王構家繼國祧壓壁實以知來出玉林而嗣位高陽號里無媿前賢夏屋登山常遵治命爰自鄭緇始襲晉墨未除不忍一日之離遂立千年之祀金鎔陽邁已成像於吳城香刻旃檀復附神於越國恭惟先天下兵馬都元帥吳越國武肅王殷朝籛祖仙蕚分枝唐代鄭公靈源眞派簪裾軒冕禮樂詩書疊慶連華交光翊業應劭七世累爵重宮羅企一門惟忠及孝其降神也虹飛蜀國始見殊祥魚躍汾河是生奇表赤光耀室黃氣浮空石龜隕下於官山胡人來歸於寶器（此二事安國縣父老言也）其英姿也鳳文龍藻負出精神白琥蒼珪琢爲標格加之薛璘整峻謝安風流俯仰可觀進退有度慕容德偃月日角光

彩爍人李子堅匿犀龜文威儀鎮俗其辭韻也音容灑落智辯鏗鞫元善抑揚張暢詳雅至若討論國計談畫兵籌接對使伻撫御將下所謂五河奔注百谷崩騰王虹起而雲霧銷金虎嘯而風颷動揣摩勝負赫連勃口授懷慚捭闔興亡蘇季子舌端有愧其氣度也志高建木量等大瀛含垢匿瑕罔知邊際求賢接士無怠寅昏重仁義若邱山視玉帛如咳唾翹翹車乘唯在得人憧憧往來皆鍾和氣所以羔皮豹舄鶴列犀渠咸願殺身用酬大惠變家爲國誠由萬化生身以德聚民所謂八風從律其英雄也能知

否泰善俟雲雷動必有成舉無遺策蛟龍得雨莫測變通鵰鶚出林可知意度其間文武迭用仁義宏敷平阿一作常平之亡戰得矛一作列戟持矛並能取捨元勰之撊蛇騎虎不覺艱難奄有具區廓開霸業設使庾翼復出必不妄譽於桓溫阮籍重生安敢輕言於廣武其文學也家承儒範世尚素風侍絳紗帳於先生授白綸巾於神女才通夢寐鳳吐方來志在典經龍鬬不顧所以博覽七緯精究三元盡得津涯皆升堂奧其於篇韻尤著功夫思風起而繡段飄言泉淘而金沙見其札翰也花隨腕下星逐毫飛鸞若游雲細凝垂露鉤刀向背未饒索肉芝筋點畫方圓高掩崔肥趙瘦就中濡染碑額益見呈露鋒鋩四方仰之神蹤一代稱之墨寶王逸少若見甘避雁行蕭子雲如逢大慚蟬翼其建大功也唐季乾符之末中和之初海鳧作揚天龜初伏塵飛野馬四郊之壘漸多霧暗騰蛇五賊之機共構其始者王仙芝結釁中土首構禍階雖已誅夷猶殘支黨自此蒙祠烏合草澤蜂飛輕薄者固自披攘謹厚者亦爲慓悍江南則朱直叛亂於唐山孫端寇孽於安吉西侵宛水東患苕谿郡縣則終日登陴生民則長時伏莽王時郊居葛

圃嘉遁茅山即葛仙公種瓜之地故曰葛圃與茅山相接在臨安縣城東二里方當枕石漱泉尚是褰衣博帶覩茲多事慨然究懷顧謂朋友曰丈夫須當撥亂平姦豈可懷安端坐是日乃奮茲戎服挂彼儒冠大散家財廣招勇士申令纔舉行伍肅然手仗義旗身當勍敵一月之內二寇殄平靖千里之山川救兩郡之塗炭是王之初功也其次黃巢來從五嶺直下三衢展梟翅則雹布星羅張鯨牙則山連岳峙所遺蹂踐並作塵灰王迺獨領偏師橫行險地既逢大憝遂設奇兵敵望草木叢林皆是戈矛旌幟獲敵人之言也我則左右翼陣煞化如神當

下追奔尚賈餘勇長蛇封豕便出他疆新市下江保安數
邑是王之功也其次彭城劉漢宏據南鎮之重地守東越
之名區黄巢既犯兩京僖皇乃巡二蜀漢宏不思奔問便
廢貢輸恃險阻於淛河（一作江潮）欲覬覦於江岸（一作浙岸）先於漁
浦黿石翼張下營蕭山西陵鱗次列砦烽燧交應鼙鼓相
聞時我諸軍實有難色王乃潛趨間道夜濟長江仰告昊
天乞昏朗月當下寒雲布野殺氣凝空楚廟陰兵旁隨霧
合晉臣黑幔闇與山連我師忽震於雷霆彼砦俄摧於魂
夢風號貔虎爭傳破竹之聲陣卷龍蛇競集建瓴之勢賊

將殷輪不暇漂杵有餘僅身免以奔歸乃塞門而自守爾
後大小百戰首尾四年方清鏡水之波始有蘭亭之地弔
其生聚大布仁慈誅彼渠魁不須天討是王之功也次則
有薛朗逐出周寶自據朱方南襲毗陵西侵建鄴恣其剽
掠務在殺傷將承中國之危擬扼長江之險王乃命二麾
上將期一月報功指其山川授以韜畧蹄轂並舉水陸兼
行曾不旬時討平窟穴裹南宮萬於犀革視以囚人梟崔
慧景於鰌籃彰其叛主是王之功也次則有徐約比是六
合鎮使遽忝三吳郡符玉帛是求徵斂無度長時習戰齊

民因被雕黥比屋爲軍魯儒亦遭薙削惟王聞其暴虐奮
激神威發上谷之精兵命下江之賢將授以九天九地之
訣傳以訓辭訓典之規扼斷咽喉清其郊野任約之龍果
睡王彌之豹徒飛食窘朝饑無由撫士計窮宵遁遂至潰
圍松陵之烟水重清香徑之黎元再活是王之功也次則
有孫儒恃有數萬兵甲不守淮南直欲別遷土疆遂奔江
左刲人民爲糧食隳舍宇爲薪蘇餓鶻饑鷹飛揚京口貪
狼乳虎踐踏吳門漸逼由拳將窺霅水王乃張天網於阻
險闢地穽於要衝發水犀之驍雄設燧象之奇計青雀摩

壘赤兔致師將持久以待之俟勢窮而必取守陴皆哭無
食何爲鳴鼓而攻脱身遂去向使不施神畧不振王威則
翼翼生靈皆成膏血茫茫勝槩盡作烟煤所謂劬勞爲時
廣大及物是王之功也次則有董庶人始鎮石鏡便牧杭
州因破漢宏遂居越土自形成象從纖至洪並是王之擐
甲執兵左提右挈以至手持旄節身爵王侯既滅頂於彝
倫乃垂涎於神器銅符金匱祥瑞亂興玉璽珠袍妖訛競
起王以早同楚歃夙共晉盟書尚緘縢血猶濡鍉餞函旁
午誘勸交馳諫既閉於屬垣禍遂成於覆族是時兩河倔

強三輔紛紜萬象雖拱於北辰一人不遑於南顧王請奉行天罰所統便是國兵不費上供資財不役諸道將帥果見桓元計窮抽玉導以求生王莽勢窮轉銅威而厭勝喉既搘於富父骨復棄於會稽瀦其故宮焚其法物復我正朔清我寰瀛五石補而天鏡明六合完而地維正是王之功也王以平妖立霸時之業戡難建蓋世之功律呂宮商鏘洋史籍丹青金玉煥爛國華所以儁宗天子仰我文昭睠我武烈龍光壓疊急使星馳綸綍便蕃大王風起尋以耿純試理盧植兼才披錦衣以耀家鄉握珪符而光松梓

洎於昭皇飛昇大寶禮遇元勳龍悅召雲龜忻得藻嘉功賞德金鳳之詔連飛表異旌優玉麟之符遂刻移南徐之藩輸就錢塘之江山節竦靈犀帳開神虎三千珠甲光爛星辰十二牙旗文生組繡碧幢纔建黃閣又開乃兼鎮於越藩遂對持於漢節中天辰象雖分牛斗之疆夾岸烟嵐映出東西之宅四縣既食萬户累加棨戟立門赤油羅列山河誓券丹字熒煌生祠之籩豆鏘鏘衣錦之城隍黷黷而又特逾漢制封我吳王茅分夏社之心桐翦周王之手昔也龍蛇起陸蹈湯火以戰爭此際山川出雲見君臣之際會遠夫濟陰王既傳天寶梁太祖遂應元苞於王不易范張之故情請結秦晉之嘉好恨無殊禮得展異恩於是追呂望之高風擬山甫之美躅師尚父統攝三老作帝股肱尚書令總務萬幾爲天喉舌仍頒瑞節復踐高壇建牙兼鎮於揚州分閫遥臨於楚甸尋命兵部姚尚書洎躬持鳳冊遠泛鯨波備周官之典儀封越國之土宇八鸞四馬耀鏤錫以振鈎膺三節一玉秉桓珪而垂元玉及龍德嗣君即位禮稱伯舅尊曰父師寅茲烈光虔奉顧命是時遣吏部李尚書燕捧持綸誥諭曉湖湘授天下兵馬都元帥

洞庭彭蠡漸無不順之臣北狄西戎將有後予之嘆昔韓信對漢高祖曰陛下能將將臣能將兵是知元帥非人臣之職曹蓋帝王之兵柄推於前代隋煬帝自晉王淮南行臺尚書令祇爲行軍元帥無天下之號國朝肅宗皇帝駐蹕靈武因命代宗皇帝自廣平王而爲之德宗皇帝自魯王而爲之梁太祖授九錫後而爲之斯天下元帥之故實也其後龍德帝復命兵部崔侍郎協齎持簡冊浮泛風帆揚往典於明庭促及時而建國奉召康公之命得以專征授唐叔虞之封良由吉夢未久金行運息土德中興莊宗

皇帝鵲起并汾龍飛宋汲當宁不逾於旬朔臨軒宣諭於公卿曰吳越國王五十年來常作撐天之柱三千里外每爲捧日之雲今若將致小康實在敬尊元老於是鸞臺進擬麟趾摛詞典瑞獻功琢白珪而冊文粲爛職金供命鎔紫磨而印篆盤珊重封吳越國王再授天下元帥馬遷十代史內固是絕倫柳詧萬卷書中必無往例其建國也大君有命明試以功自癸未而至壬辰備戰器而修王道先是中朝名士在野遺人或負笈擔簦來投霸府或折襦爲袴面詣軍門奮袖於嘉納一作務堂中曳履於靈鈞臺上至

此水鏡裁鑒金秤等量並列庭臣皆居省署簪裾列侍文物齊光張伯仁陳宗廟之儀鄭子產獻公侯之禮豈謂難窮者大數莫究者彼蒼俄脫屣於具區遽徵縣於正寢金山霧掩誰知帝召王喬玉海波空實痛神辭李廣況十三州疆場百萬户黔黎咸長養於恩膏悉生成於化澤淚灑而晴空散雨愁凝而杲日沈雲鳥獸悲哀草木慘怛明宗皇帝宣太常而定諡法召武卿而撰誄文鸞輅龍旗贈禮優於鄧禹梓宮黃屋異數等於霍光得謂盡始盡終極榮極貴享九九之仙壽近帝位於一爻感萬萬之人心歆神道於千祀有後如此又何欺焉我天下兵馬元帥吳越王當燕族之多奇承趙宗之後世嵩衡泰華秀氣俱騰淮濟江河榮光共結是時允主誕我國祥紹經文緯武之基襲積德累仁之業開襟奮膽伏雄傑於周瑜誓衆臨戎統人豪於張衮風儀則懸星溢背紫電揚矑霜雪凝肌魚龍入鬢仙應有分貴不可知宋弁聲姿允閑進對竇融詞氣惟是卑恭加以青雲常在於言談畏日不離於顧盼徐行緩步褚彥回却是趨蹌散幘斜簪王文憲殊非蘊藉智略則鮑叔雖矢應手而成德業則顧和珪璋遇機方露遠者大

者一剛一柔靜則心照鏡而貌懷冰舍和六氣動則火炎山而湯湧海慴懼萬人機變則管葛才高孫吳術妙身文虎豹隱見不常義府戈矛短長迭用五儁才既爲己任六奇策固是無遺郤縠詩書經綸國計項羽雷電振動兵籌徐聯而莫測金泉旁窺而罔知珠岸詞藻則清霜皓月絡繹繽縱芳草落花飄揚鏤管織成夢錦散出神霞英變屢奇張融之言信矣淩顏轢謝元稹之論宜然札翰則早受義方曾傳掣筆鸞迴鵲反氣勢驚人金錯銀鈎縱橫入目案牘無非筆陣宮寺爭耀寶牌崔宏之本草無光張育之

折蒲失色立功則我王初離太學始統親兵鄭世子方欲平齊汝陰王正思安漢屬隣國侵軼命將曰李濤僅二萬兵下百里砦圍逼安國涎喙餘杭我王虔奉訓辭遂昇上將清風授武黃石傳書親承韓奕之黃羆躬伏封文之白虎攻東南而備西北事在機先掩五壘而出三門別馳神算於是崩摧大陣擒獲萬人道路隘於俘囚山川積於戈甲餘敵作氣既竭方遁於潛我則乘勝追奔又平廣德未出一百里之境復降五千（一作十）乘之戎唱凱歌而喜氣連郊整班師而雄風掠地尋卽大統龍艦遠泛鼇溟巡江陰

而收東州（一作川）入海門而觀北固彼境遂陳舟楫遠出枝梧我則陳二廣於浪港沙前設三覆於石牌灣內零陵石灰風便爭投於蛟蜃窟中沁水火械油燃盡葬於鯨鯢腹裏一戰定霸二紀無虞震海具瞻將相迭耀聲光丕顯裴松爲廊廟之人功業昇聞段襄居骨鯁之任爰自嗣承國構纘奉王基況當跪箭之初又在寢苫之內芝蘭龍鳳三千餘口之家風鐵石虎貔二十萬人之軍府誠難撫御豈易輯綏我王以孝爲模用仁作範無所不可唯言是從嘉惠寵靈供承花萼油雲膏雨潤澤閨門此外習武益兵輕

刑愼罰德無脛而遠屆名無翼而遐飛果動天朝繼錘異寵三年之內兩册連封雙龍之金節齊行四馬之寶車並駿玉具冠劍見王者之尊崇織文旗常覩國容之貴盛我王因茲顯赫益動孝思無以答先后之恩無以報昊天之德且曰武肅王有大功及天下大名振寰中庇生民而百萬有餘築城壘近五十來處豈可不建廟貌不像眞容爲星紀之福宮作地户之神主爰命興武中直都虞候姚敬思於馬臻湖畔勾踐城中選閶闔形勢之中區得顯敞高平之勝址於是鍬杵俱下畚锸齊興隱隱雷聲轟轟岳振

不十旬而展役匝千丈之陰基大梓文楠匪自泰山伐得宏梁巨棟非因漳水漂來雕鐫者王母元圖甃砌者赫連繡石斤揮斧運削出銀鉋水鏨砂磨方成玉碣符元武（一作玉）之嘉兆應神蓍之吉辰始乃架險梯虛雲構山屹陰虬迴抱陽馬奔趨虎牙銜而枅栱連龍脊裹而欒櫨轉瓊瑶耀壁丹漆明鶱鷩之瓦縫界成芙蓉之塼文印出卽以丙申歲秋八月十有七日我王備鹵簿鼓吹車輅旂常北司侍臣南班舊列奉迎眞像而入祠宮白檀雕出聖容黃金縷成寶座儀形酷類神彩如生鳳目龍章顏猶不改垂

旒被衮人見興悲禮器則俎豆犧樽軒懸則柷敔鐘磬後殿則翬衣雉服文母賢妃露幔珠屏蝦簾象榻不異昔時祕寢皆同曩日深宮前則廣厦交陰芳亭對構紫石伏狻猊之影朱欄交菡萏之光正啟重門並列神將侍衛兵仗戈戟森然文武官班簪裾肅列直出甬道千步有餘河枕投醪波通射的蓮芰遶於水閣桐桂夾於星橋左則迴抱粉廊連延綺棟並圖曹署各列司存乃至早世勳臣無祿公子皆塑儀像並配薦羞右則修廡飛甍綠窗丹牖陰兵神馬見雷電而沒風雲明竈淨廚備粢盛而烹肥腯景物

則高杉矮檜粉竹金松夾砌名花連階瑞草烟嵐蓊蔚便是陰宮雲霧朦朧居然神府我王昔以致君之業累殄寇戎今立顯考之祠用彰孝敬所以天朝繼封王爵以耀國章黃金印印宇內徵呼都元帥帥天下侯伯卓絕殊勳洪業所謂炙地薰天設使書剡谿九萬之牋不能盡紀勒華山五千之仞亦恐難窮光業也詞不夢於王椽才匪量於曹斗擬奚斯之頌或恐麤心對豫章之碑豈合措手但以二紀幕客十載庭臣不求孫綽擅名豈望楊修絕妙所希編述用答恩知追感先王恭爲銘曰

崧高嶙峋是生哲人上天師予出澤麒麟籛尊殷祖鄭允唐臣衣冠表裏文武經綸廣運將新大盜斯起雁象欻驚鳧毛亂委紫蓋蒙塵黃巾多壘既戮憲章又裂文軌武肅英王提劍東方龍行雲雨虎變文章宇氣沃酒妖雪歸湯洗滌星紀整頓天常告功狼居圖形麟閣桐珪聯綿茅土續索三道犀幢八朝鳳諾丹券家門錦衣城郭元帥天下國王具區六瑞琢冊三品鑄符尚父四履尚書萬樞峗峩高壽曦赫霸圖我王奉天爲時而出傳寶應金繼明照日國士無雙風華第一削樹平戎夢禾受秩功既挺世德又

動天襲封二冊嗣位三年金印國寶元帥兵權忠無瑕纇孝絕雕鐫未虢墨縗乃建清廟臥龍之城會稽之嶠嵐界迴廊粉明周墉廣殿霞開重門岳峭瑞玉禮器香檀聖容民之祀主我之神宗秉翟執籥特磬編鐘燃蕭燔膟置幣輸琮於穆祠宮煥焉陰府五齊恒馨六佾常舞餚薦房烝歌隨路鼓令子懿孫光今顯古

吳越故忠義軍匡國功臣越州都指揮使前授常州刺史特贈武康節度使銀青光祿大夫檢校尚書右僕射開府儀同三司上柱國海鹽屠將

軍墓誌銘

將軍姓屠氏諱瓌智字寶光其先河東人晉將軍屠擊之後也大父某避地於吳家於溆川之青山遂世爲蘇州海鹽人太夫人吳郡顧氏夢抱璧有光生將軍遂以瓌智名焉將軍生而姿貌偉杰鷹揚虎視少負勇畧更善屬文累舉不第歷游名山見疆宇幅裂復還故鄉吳越國王初起鄉兵拒黃巢將軍從之時時以籌畫進遂與幕府謀議董庶人昌僭號將軍首勸討賊昌誅以功授指揮使乾寧四年丁巳同顧全武王弟鎮自海道救嘉禾生擒賊驍將楊

勝頓金等二十餘人計功將軍得中上遷領常州刺史職明年春再遷越州指揮使光化元年十一月衢州刺史陳岌叛將軍又同全武等討平之三年調守湖州授制於同郡高公彥天復二年壬戌武勇都指揮使徐綰許再思叛於府城將及內城刺史高公聞之遣子渭與將軍同赴難渭曰今日不利彥曰赴急難何以吉辰爲將軍按劍曰違主之命不忠畏縮不前無勇死忠死勇丈夫分也偕渭直抵靈隱山賊壘賊勢甚盛合圍數重二人自朝戰至於日晡身創百處奮力一呼手縛賊魁數人卽馬上刃之矢盡援絕爲賊伏兵所害王念將軍徒步從戎卒死國難以衣冠歸葬於開元府海鹽縣南三十六里溆川之青山德政鄉歸仁里開化村今天寶五年特贈忠義軍匡國功臣武康節度使銀青光祿大夫檢校尚書右僕射開府儀同三司上柱國將軍生於唐宣宗大中五年辛未死在於昭宗天復二年壬戌八月庚寅享年五十有二娶錢氏子三長龍驤授溆川鎮遏使娶聞人氏次子昱節度使銀青光祿大夫娶都虞候鎮遏使鄭公良女三曰晟吳興刺史高公掌書記判官娶同里許氏諸孫皆幼公嘗有詠志詩曰軸

身都是義徇主始爲忠至是竟符其讖云初未有誌至是龍驤屬予爲之而復系以銘曰

山河毓瑞帶礪鍾英徒步奮跡赫聲濯靈公膺梗闕九首憑陵磨牙王國吮血蒼生公怒飈發撻伐擊膺矢屠猰貐以身殉君功高盟府猷壯干城光啟前烈垂裕後昆忠孝纘襲勳土袞旌連崗崇窆妥綏義魂桓赳世選焜耀貞珉

程仁紹

仁紹吳越衣錦興國軍安國縣西市看守宏聖王大邱陵客

請蠲免夫役狀

衣錦興國軍安國縣西市看守宏聖王大邱陵客程仁紹

右仁紹戶稅係衣錦北鄉每年先次送納並足且仁紹翁祖去乾寧二年蒙太祖武肅王給帖巡看大邱陵并及四面山林年前後並無闕失戶內所雜色差配夫役從前蒙押太祖武肅王批命放免并本軍台命其祖王批命見在今縣司不委從前看守官中宏聖王大邱陵衮同一例差點不敢辭論且仁紹戶內鹽稅米等先次送納不敢逋欠正限其戶內雜色差配夫役甲頭等伏乞元帥大王鴻恩

特降批命念以看守大邱陵年深不同別事故戶日夜巡看尚憂闕違許容下縣准前蠲免冒犯明庭伏候王旨下縣指揮十月日安國縣西市看守宏聖王大邱陵客程仁紹上狀

欽定全唐文卷八百九十九

邱光庭

光庭吳興人吳越時官國子博士

海潮論 并序

夫元功美宰神物混成不可以智知不可以情詰者聖人皆置之度外畧而不論而後之學者獨以不論海潮爲闕事多著文以窮之今其遺文得見者三數家山海經以海鰌出入穴而爲潮王充論衡以水者地之血脈隨氣進退而爲潮竇叔蒙海濤志以月水之宗月有虧盈水隨消長

而爲潮盧肇海潮賦以日出入於海衝擊而爲潮斯乃俱無據驗各以其意而爲言也然而潮之所生元矣尋其源而不可究其極覩其末而不可窺其端苟或是非無所勘會唯其近理則謂得之今觀諸家之說咸盡乎善不可備陳其短輒以管見自立一家之言名曰海潮論其意以爲水之性秖能流溼潤下不能乍盈乍虛靜而思之直以地有動息上下致其海有潮汐耳乃立漁翁隱者更相答凡四十問分爲十篇成一卷冀其窮理盡性多言或中者也又以析理之書不宜染尚文字但以理明義白爲善也故

今之所論。直言其歸趣而已。所貴精微朗暢覽讀無煩者焉。

論潮汐由來大畧

東海漁翁訪於西山隱者曰。余生於海上。若風雨雲霞雷電霜雪之自。（自者所從來之謂也）余皆畧知宗旨矣。至於海潮之來。朝聞夕見。終莫曉其所由然也。遐觀竹帛。（古者未有紙或書於竹簡或書繒帛故呼經史爲竹帛）博考古今。海經。（夏禹治水之時記山川百物其書名山海經也）論衡之文。（後漢王充著書考論物理其書名曰論衡）竇氏（浙東處士竇叔蒙著海濤志）盧侯之說。（袁州刺史盧肇著海潮賦）雖多端指諭。咸於義未安。聞吾子志學能文。

精智辯物。願爲余明白而陳之。西山隱者曰。僕巖居林處。遥海遠江。安能知濤潮之所起乎。且天地廣大。誰能覩其根源。請爲子遠取諸經。近取諸物以考之。雖其至廣至大。亦不能逃於理矣。今按易稱水流溼。（周易乾卦之文）書稱水潤下。（尚書洪範之文）俱不言水能盈縮。斯則聖人之情可見矣。水既不能盈縮。則海之潮汐。（音夕潮之落也今人呼爲澤）不由於水。蓋由於地也。地之所處。於大海之中。隨氣出入而上下。（音暇後意同者皆倣此）氣出則地下。氣入則地上。地下則滄海之水入於江河。地上則江河之水歸於滄海。入於江河之謂潮。歸於滄海之謂汐。此潮汐之大畧備矣。問曰。古今言潮汐者多矣。皆以海水盈縮而爲之。未有言由地之上下者也。子之獨見。深得其源。然其必非海水之盈縮。從何理以知之。答曰。視百川則知之矣。百川亦水也。不能盈縮。（此破竇氏言月爲水之宗水隨月盈縮者）海豈獨能盈縮乎。假令海異百川。獨能盈縮。則海水既盈。地亦隨盈而昇。百川隨地而上。彼此俱上。則無潮矣。海水既縮則地亦隨縮而降。百川亦隨地而下。彼此俱下。則無汐矣。固以百川居地之上。地居海之上。地動而海靜。動靜相違。則潮汐生矣。以斯知非海水之盈縮也。

論地浮於大海中

漁翁問曰。中庸云。（禮記篇名也）地之廣厚。振河海而不洩。（鄭元注云振收也）則是海居地上。子云地浮於海中。何也。答曰。作記之人。（作禮記之人也）欲明積小致大。極言地之廣厚。非實也。（中庸云今夫地一撮土之多也及其廣厚載華嶽而不重振河海而不洩萬物生焉爲其意言積小致大地從撮土之多遂能收河海而不洩此立教之文非窮理也）按洪範五行。一曰水。水曰潤下。潤下作鹹。指言海水。水之本位。位在北方。自北直南。以土及火。（水在北土居中火在南也）推而立之。（從南推起而立之）則火上土中水下也。亦如人之五臟。心上脾中腎下也。（心屬火脾屬土腎屬水也）故志曰。（志者古書之通稱天以乘氣而立地以居水而浮由是而論地居海之上亦已明矣問曰地必居海之上則是地浮而不沈今將土塊置之於水則沈何也答曰地含氣塊不含氣故也且子不見陶器乎（陶器瓦器盆瓮之屬）夫陶之於水也全之則雖重必浮（含氣故也）片之則雖輕必沈（片之者打一小片置之於水則必沈者不含故也）質性同而浮沈異者氣之所存則浮氣之所去則沈子曰土塊之不浮亦猶器片之沈矣問曰如子之言地則浮矣然則海中洲島其獨立乎其居於地乎答曰地形中聳而邊下海中洲島猶居地之垂處也問曰若如所論則是天下一海而地浮於中然經史有四海之文何也答曰經史之文據其所由而爲言也居之中而指四方故言四海其實一耳

論地有動息上下

漁翁問曰吾聞地道安靜子曰隨氣出入而上下何也答曰周易云坤元亨利牝馬之貞象曰牝馬地類行地無疆然則乾象以龍坤象以馬觀其所象地非不動之物河圖括地象云地常動而不止（地周遊於八紘之中未嘗暫息也）春東（東方木氣時曰少陽所以暄和）夏南（南方火氣時曰太陽所以暑熱）秋西（西方金氣時曰少陰所以淒凉）冬北（北方水氣時曰太陰所以嚴凝）冬至極上夏至極下其故何哉由於氣也夫夏至之後陰氣漸長陰氣主閉藏則衰於上而盛於下氣盛於下則海溢而上（陽氣歸於海下氣多故溢而上也）故及冬至而地隨海俱極上也（從夏至後陽氣漸退陰氣漸長地亦漸上陰進故也及至秋分地面與天不齊故晝夜等也秋分之後及至冬至地面上過天心上之極也所以晝短而夜長也）冬至之後陽氣漸長陽氣主舒散則衰於下而盛於上氣盛於上則海斂而下（陽氣散出於海上氣少故斂於下）故及夏至而地隨海俱極下也（冬至之後陽氣漸長陰氣漸退地亦漸下陰退故也及於春分地面與天不齊故晝夜等也春分後及於夏至地面下過天心下之極也所以晝長而夜短也）此一年之內動息上下也問曰其一日之內動息上下可得聞乎答曰繫辭云夫坤其靜也翕（韓康伯注云翕斂也止則翕斂其氣也）其動也闢（注云動則開闢以生物也）翕者物之收斂闢者氣之散出氣收斂則地上氣散出則地下何異人之呼吸歟又莊子云大塊噫氣（大塊地也）其名曰風彼言噫氣亦呼吸之類也問曰一晝一夜兩潮汐則是一晝一夜兩闢兩翕將何驗之哉答曰驗魚獸之皮則知之矣（魚獸出海中形如牛）按毛詩蟲魚疏云魚獸之皮乾之經年每天陰及潮來則毛皆起若天晴及潮還則毛伏如故雖在數千里外可以知海水潮然則潮之來去與天之陰晴相類氣散出則天陰氣收斂則天晴即知是氣散出則潮來氣收斂則潮落故知

魚獸之毛起伏者非識天之陰晴及潮之來去自應氣之出入耳毛起者氣出也氣出則地下地下則潮來毛伏者氣入也氣入則地上地上則潮落故魚獸之毛一晝一夜兩起兩伏足以驗其氣之兩闢兩翕矣問曰此翕闢之氣是何氣也答曰地中之氣也故此氣一出一入則地獨上獨下不由於水也若一年之氣則是天之元氣其氣周於水故水隨於氣而地隨於水也問曰地之廣厚不知幾千萬里也（今算術之家言地之里數皆虛妄也何者地之四面垂入海中不可知其涯際也）言能隨氣動息不亦誣乎答曰神無方豈論巨細且天大於地逾

數倍焉尚能空中旋運也況地比於天殊爲小者豈不能隨氣動息哉但人自不思之耳吾子視日月之迴則信天之能旋而視濤潮之至不信地之能動（日月東行天體西轉今日月西迴者天運之也水性本靜爲潮汐者地使之然此理昭然但人不思之耳）豈不冥哉豈不昧哉（冥者無知之貌昧者暗晦之辭）問曰若如所論則地有動息上下矣然則人不覺之何也答曰不覩日月則不覺天之旋不覩濤潮則不覺地之動故河圖括地象云夫人居大舟之中閉牖而坐則不知舟之動也且人居大舟中尚不知舟動而況地之廣大曾不覩其邊何以知其上下哉且子不聞南中之潮雞乎（出山海經）雞鳴則潮至雞不覩潮之至而先鳴者蓋覺地之動也是知物有所長人或不及問曰地震人則覺之何也答曰動安和而震戰悚也震甚則人覺微亦不覺也昔張衡作地震儀以龍銜銅丸地震則丸落（張衡後漢人也儀者狀貌之稱也其形如酒罇外鑄銅爲八龍龍銜銅丸各置一方其機關在罇內東方地震則東龍丸落他皆倣此也）嘗一丸落而不覺震人皆以爲無驗經數日而隴西奏地震與丸落時同人始服其工妙然則震微人尚不覺況闢翕上下微而和者乎問曰地震何爲者也答曰亦氣也周語云陽伏而不能出陰迫而不能昇則有地震（此伯陽甫之辭也伯陽甫

老子也）言陽氣伏於下而陰氣迫於上故陽氣不能昇出而地爲之震其言陽伏陰迫皆迫伏於地中焉（推此而言是知地中之氣能使地之上下也）

論潮汐名義

漁翁問曰若如所論則是地自上下水乃去來而爲之潮何也答曰潮者朝也（潮音朝廷之朝）潮本無名強名之曰潮至江漢之流自歸於海而夏書謂之朝宗於海（尚書禹貢文也）其意言百川之赴海如諸侯之朝天子也古人見海來朝百川亦名之曰潮如天子出而見諸侯亦謂之朝故明堂位云（明堂

（位禮記篇名）昔者周公朝諸侯於明堂之位。意同於此矣。（周公周成王之叔父也成王年幼周公攝行天子之事而受諸侯之朝也）問曰。謂之汐。何也。答曰。汐者水歸於海。如臣夕見於君然。（早見於君曰朝晚見於君曰夕）故左傳曰。國家無事。則朝（音朝廷之朝也）而不夕。（務閒也）詩云。邦君諸侯。莫肯朝夕。（小雅雨無正篇）此其義也。問曰。謂之濤。何也。答曰。濤大波也。凡風之駕水皆謂之濤。不得專於潮也。（考其義理則竇氏盧侯謂潮爲濤失之矣）

論潮有大小

漁翁問曰。潮來有大小。何也。答曰。二月八月。陰陽之氣交。月朔月望。天地之氣變。交變之時。其氣必盛。氣盛則出甚。（如人行步則喘急）氣出甚則地下甚。（下音暇意同者倣此）地下甚則潮來大。其非交變之時。其氣安靜。則出微。氣微則地下微。地下微則潮來小。故二月八月。其潮遂大於諸月。月朔月望。其潮遂大於諸潮。問曰。大不正當朔望之日。常於朔望之後。何也。（朔大於初二初三初四望大於十六十七十八）答曰。凡物之動。先感而後應。先微而後盛。朔望之氣雖至。而地動之勢猶微。故潮來大常於朔望之後也。問曰。何知二月八月陰陽之氣交者。答曰。陽氣生於子。（謂十一月也）出於卯。（謂二月也）浮於午。（浮者盛於地上謂五月也）入

於酉。（謂八月也）陰氣生於午。出於酉。浮於子。入於卯。（子午卯酉皆謂月建也）故曰。卯酉者。陰陽出入之門戶也。（二月陽氣出而陰氣入八月陰氣出而陽氣入）是知二月八月。陰陽之氣交也。問曰。何知月朔月望。天地之氣變者。答曰。日天倫也。（俱陽物也）月地類也。（俱陰物也）朔形交焉。（日月周旋故曰形交）望光偶焉。（月望光滿故曰光偶者團圓盛大與日相對）光偶形交。其變如一。（所以朔望之時天地之氣皆有變動朔望無異故曰如一也）故陰陽書占正月之朔。知一歲之祥。（祥者善惡之通變今人占歲旦雲物風氣知一年之內水旱豐荒也）又稱五月十一月望。爲天地牝之辰。（牝者陰陽交接之名也）彼其諸月。猶此一隅。（言諸月之朔望皆於正月十一月之朔舉此二月則諸月可知故曰猶此一隅猶如也隅角也）是知月朔月望。天地之氣變也。故洪範云。星有好風。（箕星好風）星有好雨。（畢星好雨詩云月離于畢俾滂沱矣離麗也麗著也）月之從星。則以風雨。然則月從箕畢之星。天地尚爲之風雨。豈其交接而氣不變者乎。

論潮候漸差

漁翁問曰。潮來或午或未。漸差何也。答曰。晝夜繫日。翁闕隨月。月臨子午則地闕。故潮之來。月皆臨子臨午。（夜潮月臨子晝潮月臨午）天體西轉。日月東行。日遲而月速。每二十九日過半而月及日。日月同會。謂之月朔。故月朔之夜潮。日月俱臨

於子。晝潮日月俱臨於午。自此之後。月速漸東。至午漸遲。故潮亦漸遲也。天體西轉日月東行月速而日遲從月朔之後月去日漸遠初二初三日至未而月方至午故潮來在午後未時也所謂晝夜繫日翁闢隨月者也又夜於海下而論。則天體東轉。日月西行。月速漸西。至子漸遲。故潮來亦漸遲。月朔夜半潮來者日月俱在子至初二初三月去日漸遠日已至丑而月方至子故潮來在子後丑時也是以晝潮入夜。一日午時二日午後三日未時四日未後五日申時六日申後七日酉時八日酉後此謂晝潮入夜也問曰。何謂月臨子午。夜潮入晝。一日子時二日子後三日丑時四日丑後五日寅時六日寅後七日卯時八日卯後所謂夜潮入晝也則地闢乎。答曰。禮運云。禮記篇名地秉陰竅於山川。播五行於四時。鄭元云竅孔也言地持陰氣出內於山川以舒五行

於四時也和而後月生也。言此氣和乃月生也是以三五而盈。三五而闕。則是月爲地類也。易說陽氣生於子。陰氣生於午。易說者周易之義也故月臨子午則地氣生。地氣生則闢而出也。問曰。說卦云。周易下繫也離爲日。坎爲月。則是月爲水類。而禮運月爲地類。與說卦不同。何也。答曰。地水皆屬於陰。俱主於月。故禮運說卦互而言之。以相顯也。且日爲羣陽之精。非獨專於火也。月爲羣陰之精。非獨專於水也。何以言之。按五行。天一生水於北。地二生火於南。是故火爲雌。水爲雄也。若以日專主火。月專主水。則亦日雌而月雄也。今按禮說云。禮記之義日爲君象。月爲臣象。觀其所象。正與水火相違。故知日非專火。月非專水也。易曰。乾天也。有君父之道焉。周易說卦云乾爲天爲君爲父坤地也。有妻臣之道焉。坤文云地道也妻道也臣道也然則日象與乾同。日爲君象月象與坤同。月爲臣象故曰三五而盈。三五而闕。三五者。水一火二木三金四土五。此五行生數也合其數爲十五。滿十五而盈。月望也盡十五而闕。月晦也既與坤道同象。總五行之氣。非地類而何。地亦總五行也與說卦參而求之。足表羣陰之義。問曰。陽燧開而火出。陽燧者五月丙午日午時鑄銅錫爲之其形如鏡舉之照日以艾爇得其火也陰鑒舉而水流。陰鑒者用十一月壬子日子時鑄銅錫爲之其形如蚌殼舉之照月

以物取之得水者也則似月專於水矣。何以釋之。答曰。所言不專於水。豈謂全無水也。但其兼主諸陰。水亦在其中矣。舉陰鑒而得水。與掘地而得泉。何以異也。問曰。五行云。陽數奇。陰數偶。水一土五奇數。子云皆屬於陰。何也。答曰。水成數六。土成數十。然則水之與土。屬陽而終屬於陰。陰極則陽。陽極則陰之義。

論浙潮

漁翁問曰。浙江之潮特大。何也。答曰。諸江淮河。發源皆遠。其水多。按楚江出岷山淮出桐柏山河出崑崙山江水既多。則海水入少。水入

既少其潮皆小也而浙江發源獨近其水少（浙江之源近者三四百里遠者不過千里）江水既少則海水入多水入既多故其潮特大也問曰潮來有頭何也答曰地勢廣遠垂入海中（今人見海岸謂之海際非也殊不知地勢漸低爲海水所漫其際不可見也）地下則潮生（下音暇）潮生於地際自際湧湧則蹙蹙則奔奔則有頭水之常勢也漁翁問曰浙江之潮或東或西何也答曰夫水之性攻其盈而流其虛沙隨其流而積其虛積而不已變虛爲盈盈則受攻終而復始所以或東或西也問曰何故浙江之水獨能攻其盈乎答曰大川皆然非獨浙江也凡水之迴折之處涯

岸皆迭盈迭虛或三十五十年而一變水勢使之然也（今黃河及諸大川之岸皆有移易是也）易曰地道變盈而流謙此之謂也

論氣水相周日月行運

漁翁問曰子言氣盛於下則海溢而上氣盛於上則海斂而下則是海之下有氣從何理以知之答曰抱朴子云（葛洪所著書名）從地向上四千里之外其氣剛勁居物不落以此推之則周天之氣皆剛非獨地之上也是知日月星辰無物維持而不落者乘剛氣故也內物既不能出而外物亦不能入則日月星辰雖從海下而迴莫得與水相涉（此言乃見盧氏所言出入於海衝擊而爲潮之謬也）若其海下無氣則日月星辰並入於水按星月無光假日光而明若日夜入於水則星月無由明矣故知日居元氣之內光常周遍於天雖當夜半之時天中亦不昏黑（日在上則光照下在下則光照上故雖通夜光常遍於天所以星月明也）以斯知海之下有氣必矣故人之氣海亦在水藏之下其取象於天地焉（氣海在臍下）問曰海之下既有氣海之邊際則如何答曰亦氣也（海之外際無涯岸皆剛氣捍其水所謂周天之氣皆剛者也）其氣之外有天天周於氣氣周於水水周於地內地而外天天地相將形如雞卵（黃卽地也白卽水也膜卽剛氣殼卽天也）問曰虞書謂東方之地曰暘谷

西方之地曰昧谷（尚書堯典文也）則似日之出入皆從地穴中也今子言日居元氣之內而與虞書不同何也答曰易離卦彖云日月麗乎天麗著也言日月之行附著於天也則所言日居元氣之內無乃是乎而虞書所稱暘谷者皆在九州之域此乃指其所見而爲言也凡平地以望日出日入皆如近在山谷間故以谷言之耳問曰周易虞書俱爲正典安知易是而書非乎答曰視日月之行則知之矣按日月右旋而天左轉日月行遲而天轉速故日月隨天皆西邁非著天而何故知易是也問曰前篇云日遲而月速此

云日月遲而天轉速何也答曰日行三百六十六日而一周天月行不及三十日而一周天天則一日一夜而轉一周是月行速於日遲於天也比日言之則月速比天言之則月遲與前篇非相矛盾也（矛盾者相違背之辭矛鎗也盾干杅也今人謂之傍牌事見列子）

論渾蓋軒宣諸天得失

漁翁問曰如子所謂是用渾天爲說也蓋天軒天宣夜之是否可得聞乎答曰此三者之說皆非（自古說天地之形者都有七家一曰渾天二曰宣夜三曰蓋天四曰軒天五曰穹天六曰安天七曰方天諸說既繁難以備舉今畧舉四者也）蓋天

者言天形如車蓋也軒天者言天勢南低北軒也宣夜者言天唯空碧無形質也唯渾天言天地之形如雞卵北聳而南下（南小北大故終日旋運而不離其所）故北極常不沒南極常不見其轉如車軸（以車軸喻雞卵之轉非眞如車軸也）日月星辰皆不迴故先儒皆以渾天爲得也問曰何知渾天爲得乎答曰按周易乾下坤上爲泰☷☰其象曰天地交而萬物通也又震下坤上爲復☷☳其象曰復其見天地之心陽氣在下推此則見渾天之形也昔張衡作渾天儀（儀者狀貌之稱鑄銅爲之雕鏤日月星辰於上）於密室之中以儀浮於水上滴水而轉之以視日出月沒昏中曉中（正月之節昏昴中曉心中）於室內唱之與室外觀之天不差晷刻由是論故知渾天爲得也問曰何知蓋軒之屬非乎答曰彼蓋軒者皆言天轉如磨盤日月星俱北迴如人把火夜行遠則不見故先儒咸以其說爲非也凡把火夜行漸遠漸小然後不見今日落之時尤大故知非遠不見也又以破鏡之狀辯其日落之時益見北迴之謬何以言之若日落之時如豎破鏡即是日迴於北今日落之時如橫破鏡故知日入於下也且月之生明向日爲始若月從北明即日迴於北今月從下起得非日居其下乎（看月之初明即日之所在）

是知蓋軒之論無所取裁在易卦坤下乾上爲否☰☷問宣夜之說其理如何答曰亦非也易曰天行健（周易乾卦象辭）既稱行健則有形矣道經云天無以清將恐裂（老子五千言之文也）又史書每稱天開天裂（史書者史記以下之通稱漢孝惠二年天開東北二十餘丈）天若無形將何開裂宣夜言天無形質謬矣問曰天必有形其形之外可得聞乎答曰列子云天地者空中之一細物有中之最巨者也然則天形之外但空而無物漁翁問窮作而喜曰問少得多問潮聞汐又聞天地之元理也昭昭乎若夜之且曉夢之醒矣非奧學精識其孰能臻此哉

新添毛詩序

大中年中毛詩博士沈朗進新添毛詩四篇云關雎后妃之德不可爲三百篇之首蓋先儒編次不當爾今別撰二篇爲堯舜詩取虞人之箴爲禹詩取大雅文王之篇爲文王詩請以此四詩置關雎之前所以先帝王而後后妃尊卑之義也朝廷嘉之夫沈朗論詩一何狂謬新添四詩爲風乎爲雅乎爲風也則不宜歌帝王之道爲雅也則不可置關雎之前非唯首尾乖張實亦自相矛盾其爲妄作毋乃甚乎

詩序不作於毛公辨

先儒言詩序并小序子夏所作或曰毛萇所作明曰非毛萇所作也何以知之按鄭風出其東門序云民人思保其室家經曰縞衣綦巾聊樂我員毛傳曰願其室家得相樂也據此傳意與序不同自是又一取義也何者以有女如雲者皆男女相棄不能保其室家卽縞衣綦巾是作詩者之妻也既不能保其妻乃思念之言願更得聊且與我爲樂也如此則與序合今毛以縞衣綦巾爲他人之女願爲室家得與相樂此與序意相違故知序非毛作也此類實繁不可具舉或曰既非毛作毛爲傳之時何不解其序也答曰以序文明白無煩解也

毛勝

勝字公啟晉陵人仕吳越忠懿王爲功德判官

水族加恩簿

令咨爾獨步王江珧(江瑤之文名)鼎鼐仙姿瓊瑶紺體天賦巨美時稱絕佳宜以流碧郡爲靈淵國追號玉柱仙君稱海珍元年令章邱大都督忠美侯滄浪頭(章舉)隱浪邑奇入饌稱最杜口中郎將白中隱(車螯)負乃厚德韜其雄姿殊形中

尉兼靈甘尹淡然子(蚶菜)體雖詭異用實芳鮮玉德公季遐(鰕魁)純潔內含爽妙外濟滄浪頭可靈淵國上相無比白中隱可舍珍大元帥豐甘上柱國兼脆尹淡然子可天味大將軍遠勝王季遐可清綃內相頡羹郡王令多黃尉權行尺一令南寵(蠘)截然居海天付巨材宜授黃城監遠珍侯復以爾專盤處士甲藏用(蝤蛑)素稱蠘副衆許蟹師宜授爽國公圓珍巨美功臣復以爾甘黃州甲杖大使咸宜作解蘊中(蟹)足材腴妙螯德充盈宜授糟邱常侍兼美君復以爾解微子(彭越)形質肖祖風味專門咀嚼謾陳當置下列宜

授爾郎黃少相令合州刺史仲扃蛤蜊重負雙宅閉藏不發
旣命之爲舍津令陛之爲慗誠君矣粉身功大償之實難
宜授紫暉將軍甘鬆左右丞監試甘圓內史令靈蛻先生
文外無排脇之皺內無鯁喉之亂宜授紅鐳祭酒清腴館
學士令惟爾清臣鱸銷醒引興鱗鬣之鄉宜授橙虀錄事
守招賢使者令珍曹必用郎中時充鰣鐳材本美妙位無
高宜授諸衙効死軍使持節雅州諸軍事令惟爾白圭夫
子鱭貌則清臞材極美俊宜授骨鯁卿令甘鼎黿究詳爾
調鼎之材嗾舌潮津宜封醉舌公令甲拆翁鼈挾彈於巾
巧也負擔於外禮也介胄自防不問寒暑智也步武懦緩
不逾規繩仁也故前以擐甲尚書榮其跡顯其能宜授金
丸丞相九肋君令長尾先生鼍惟吳越人以謂用先生治
醬華夏無敵宜授典醬大夫仙衣使者令元鎭石首區區枕
石子孫德甚富焉宜授新美舍人令和羹長朱子房石決明
酒方沈酣臭薰一座挑筋少進神明頓還至於七孔賦形
治目爲最宜授懷奇令史令甘盤校尉烏賊吐墨自衛白事
有聲宜授噀墨將軍令元介卿龜爾卜灼之效吉凶了然
所主大矣宜授通幽博士令惟爾借眼公水母受體不全兩

相藉賴宜授同體合用功臣左右衛駕海將軍令李藏珍
眞珠照乘走盤厥價不貲斑希玳瑁裁簪製器不在金銀珠玉
之下藏珍宜授圓輝隱士斑希宜授黠花使者令房叔化
牡蠣粉厠湯丸褁護丹器屈突通梵響振聲遠聞可知佛樂阮
用光研光螺運體施功物皆滑瑩羅幼文珂類乎貝孫黠綴
鞍勒粲然可觀小有文采叔化可豪山太守樂藏監固濟
突通可曲沃郎梵響參軍攝玉塔金舍用光可檢校大輝
光宜充掌書記幼文可馬衣丞令惟爾田青螺螄微藏淺味
無所取材世或烹調以爲怪品申潔蛙蒼皮瘾疹矮股跳
梁江伯夷鱁鮧宋帝酷好鰾則別名屯江小尉江豘漁工得雋
亦號甘肥田青授具體郎申潔宜授濟饞都護行水樂令
伯夷宜授宋珍都尉南海詹事屯江小尉宜授追風使試
湯波太守令以爾錦袍氏鱖骨踈肉緊體具文章宜授蘇
腸御史仙盤遊奕使以爾李本鯉三十六鱗大烹允尚宜
授跨仙君子世美公以爾鮮於羹鯽斫鱠精妙見稱杜陵
宜授輕薄使銀絲省饗德郎以爾楚鮮白魚隱釜沈糟價傾
淮甸宜授傾淮別駕以爾縮項仙人鯿鬼腹星鱗道亭襄
漢宜授槎頭刺史以爾食寵侯鱘鰉支節斑駮標致高爽宜

授添廚太監以爾單長福鱓曲直靡常鮮載具美宜授泥蟠掾以爾管統蔥管省象菜伯可備煎和宜授長白俟同盤司箸局平章事以爾備員居士東崇腥讟無狀見取俗人宜授鍊身公子以爾唐少連崇連池塘下格代置充庖宜授保福軍節度使令黃薦可河魨爾澤嫩可貴然失於經治敗傷厥毒故世以醇疵隱士爲爾之目特授三德尉兼春榮小供奉令新餐氏鰒爾療饑無術清醉有林莽新妖亂臨盤肆餐物以人汚百代寧洗爾之得氏果有由矣宜特補輔庖生令蓋頑生乎泥沙薄有可采宜授表堅郎

欽定全唐文卷九百

詹敦仁

敦仁字君澤固始人隱仙遊植德山下閩王昶強以袍笏不受清源節度使留從効再辟之乃求監小溪場既至請升場爲縣舉王直道自代隱居佛耳山自號清隱數年卒

清隱堂記

去邑西逾百餘里有山曰佛耳峭絕高天遠跨三郡有田可耕有水可居予卜而築之榜堂曰清隱若夫烟收雨霽雲捲天高山聳髻以軒騰風梳木而微動寒泉聒耳晏王

鳴琴非宮非商不調自協非絲非桐不撫自鳴春而耕一犁雨足秋而斂萬頃雲黃饑餐飽適遇酒狂歌或咏月以嘲風或眠雲而漱石

林同穎

同穎閩永隆時中散大夫

堅牢塔記

夫古之塔者兒童聚沙授記聞諸金僊予鬼神碎寶成功歸彼鐵輪王今之塔也非寶非沙彌堅彌大鑿鞭來之巨石狀湧出之浮圖是故人但有心物亦無體心以不貪爲

戒寶卽同沙體以不磷爲名石還勝寶我當今睿文闕三字聖元德隆道大孝皇帝君臨城內佛在王中雖日揔萬幾且躬行十善嘗曰植福靡因乎地賦命弗自乎天猶吾基構之肯承亦我梯梁之夙設而今而後念茲在茲永隆三年歲次辛丑冬十一月上視朔之暇顧謂南面城中西來山左林繁薝蔔種滿國以馨香草偃苾蒭占度年之蒼翠可安之窣堵鎭此高崗是月八日峻址環開貞姿片合層一至九樣獨無雙曁某年某月良工告成凡一十六門七十二角幷隨層隱出諸佛形像共六十二軀繇是影籠千

室猶趨潤礎之隅勢入重霄已戴補天之色壯矣哉壽嶽因之永固他山爲之一空設使王曰毗沙擎應不動臺稱壘土比則非牢作之者莫與爭功目之者自然生善臣叨承出綍俾屬受辛贍八面之貞明相高闕二字舉一隅之磨琢晷類微才將何確論宏規虛忝堅令善誌却於文罷特地魂驚蓋不容揖讓洪儒雕鐫翠炎唯深幸矣敢直言之永隆三年歲次辛丑十一月記

王贍

贍閩鄉貢進士

高蓋名山院記

神仙變化非靈洞而不棲祖佛修行非聖岳而不憩以王子晉騰身於緱嶺能大師景跡於曹山雖出凡之路斯然而達命之元不爾是謂控鶴驂鸞之客以九仙六洞爲家出生離死之人以大道三界爲宅或金骨化而烟霞停影空閑古壇或色身謝而水月回光却歸他世豈可以凡心識予去住豈可以元心測彼變通哉大閩國西岳名山者初有神仙以變化次有祖佛以修行聖迹聿興在於唐朝之首爲其山中分六合高冠二儀巖根而吼出雷聲峯首

而戛橫斗柄寒生六月風記五天上有列仙聚會之壇中有志士修眞之室云云

孫光憲

光憲字孟文貴平人唐時爲陵州判官後唐天成初避地江陵爲荆南武信王高季興掌書記累官荆南節度副使試御史中丞入宋授黃州刺史乾德末卒

白蓮集序

風雅之道孔聖之刪備矣美刺之說卜商之序明矣降自屈宋逮乎齊梁窮詩源流權衡辭義曲盡商榷則成格言

其惟劉氏之文心乎後之品評不復過此有唐御宇詩律尢精列姓字掇英秀不啻十數家惟丹陽殷璠優劣升黜咸當其分世之深於詩者謂其不誣顧我何人敢議臧否苟成美有闕得非交游之罪邪禪師齊已本胡氏子實長沙人家邇潙慕大禪伯入頓門落髮擁毳遊方宴坐宿念未忘存（闕三字）師趣尚孤潔詞韻清潤平淡而意遠冷峭而（闕十三字）鄭谷郎中與師（闕六字）敲門誰訪（闕二字）客郎（闕一字）師應是逢新雪高吟得好詩格清無俗字思苦有蒼髭諷味都忘倦拋琴復捨棊其爲詩家者流之稱許也如此晚歲將

之岷峨假途渚宮太師南平王築淨室以居之捨淨財以供之雖出入朱門而不移素履議者以唐來詩僧惟貫休禪師骨氣混成境意卓異殆難儔敵至於皎然靈一將與禪者並驅於風騷之途不近不遠也江之南漢之北緇侶業緣情者靡不希其聲彩自非雅道昭著安能享茲大名鄙以旅宦荊臺最承款狎較風人之情致賾大士之旨歸周旋十年亙見閫域師平生詩藁未遑刪汰俄驚遷化門人西文併以所集見授因得編就八百一十篇勒成一十卷題曰白蓮集蓋以久棲東林不忘勝事余旣繕寫歸於廬岳附遠大師文集之末（闕五字）遞爲輝光其佳句全篇或偶對開卷輒得無煩指摘濡毫梗概良深悲慕天福三年戊戌三月一日序

張崇訓

崇訓爲北漢宿將累從征伐有大功後以譖言被殺

禁私鹽用新舊法上請奏

兩鹽池周圍極遠以棘爲籬別無城壁其巡警牙官數百步一人向未立法猶有犯禁近奉九月十日條流雖不該制置鹽場務司亦已曉諭今來未審依舊法用新條

鞏伯壎

伯壎北漢天會十五年官尚書虞部郎中權知藁城縣事

奇石山磨崖記

獲鹿自漢以來號稱名邑邑西北奧有含滋吐潤濃翠如勻不險不夷獨秀而野按之圖經實所謂奇石山也環邑皆山而山之大者青嶂碧巘雲岫煙嵐戢戢萬疊一帶屛列而危巔峻嶺又且連亙重複有弗絕者宜睥睨此山迤邐而不足道然境勝地靈特爲逸人高士所愛固異乎他山也里人好事者曹人劉清於山之阿穴石爲二洞命其

名曰純陽曰修眞學道者居焉洞之頂有地爽塏坦然如砥平廣袤百步冠褐之侶因議其所以起建三清殿以崇奉高眞其徒五六人與夫掌化緣者分遣四方未幾邑境鄰封人皆輻輳信心喜施財無所惜而富者車載貧者肩擔沓沓而來惟恐其後由是鳩材僝工閱數月告成巍然突兀屹立於上衆所欽戴也顧不偉與初於殿廡下其無草木如屺道衆手植數樹力於栽培柔枝弱幹今漸扶疎掩映綠陰頗增氣象然則殿之建也豈徒示甍桷之壯麗赭堊之藻飾以爲衆人觀美哉蓋使之登其庭瞻仰繪像

而咸起好善之心焉先是殿之始基也其種種靈跡所以信於人者固難以縷陳而悉數之試槩舉其畧以表希異遊民有張氏者乃富農也楡數株方茂許施其一以爲之林後靳吝竟不副所願化緣渠長欲以錢易之亦不肯售越三日急電迅雷駭人耳目大風飄屋雨霔如傾轟然霹靂不知其所從來拔張氏所許樹髠去枝條其家驚惶遽載而施焉洎涓日之良役夫以構則適當務農之時從事東作者項刻弗得息欲借人以助役至是辭以無暇道衆彷徨四顧茫然失措者久之方慮勝緣艱阻不旋踵濃雲布野雨亦隨降而執耕布種者不能趨田畝於是竭蹷以赴期會人遂雲集隆棟巨梁成於肇造既構則天乃開霽變化之道孰能測究哉工作之興也先於南坡下取土以供其用人之登躋疲勞方苦其難忽有一褒衣老叟謂其人曰此山之鞍其上有土甚廣何必遠去以空困爾力遂以杖指示叟導而前乃至其所劚去蕪根果得厚壤十數步內亦無拳石蓋惟土功之大自起址以至於塗墍杇墁因是取足力不乏而倍以省蔂梩之役美哉斯事也道衆欣然共延於座方烹茗以謝其意俄失所在衆皆奇之法

師龎居仁子安以道行住持率其徒成此善緣躬自董功勞且不憚至誠所動有感必通是故始於繕營則有賴人爲及其畢事則致獲神助其於眞荃正教又能宣揚之而通元究微深造本原細繹沖科廣敷大範而以之開悟衆人而使趨向也一爐香火安寘清壇幡蓋具陳花燈間列吟詠清祝執幡行道而持誦之力垂惠一方期於無天災無物癘雨暘時敘五穀豐穰俾人人多種福田而咸集壽域顧豈小補哉蓋余曩時與龎爲學校友而縣令王公都官亦有同年契因殿之落成也欲刊諸崖石而紀之以垂

永遠來請余記義不得辭余昔為布衣時長邑庠者殆數歲矣每因暇日歷覽此山之勝故余喜道其事而為之文也

荆浩

浩字浩然沁水人北漢時隱太行洪谷自號洪谷子

畫山水賦

凡畫山水意在筆先丈山尺樹寸馬豆人遠人無目遠樹無枝遠山無皴隱隱似眉遠水無波高與雲齊此其訣也山腰雲塞石壁泉塞樓臺樹塞道路人塞石分三面路有

兩蹊樹觀頂顆水看岸基此其法也凡畫山水尖峭者峯平夷者嶺峭壁者崖有穴者岫懸石者巖形圓者巒路通者川兩山夾路者壑兩山夾水者澗注水者溪通泉者谷路下小土山者坡極目而平者坂若能辨別此類則粗知山水之髣髴也觀者先看氣象後辨清濁分賓主之朝揖列羣峯之威儀多則亂少則慢不多不少要分遠近遠山不得連近山遠水不得連近水山腰迴抱寺觀可安斷岸頹堤小橋可置有路處人行無路處林木岸斷處古渡山斷處荒村水闊處征帆林密處店舍懸崖古木露根而藤纏臨流怪石嵌空而水痕凡作林木遠者踈平近者森密有葉者枝柔無葉者枝硬松皮如鱗柏皮纏身生於土者修長而挺直長於石者拳曲而伶仃古木節多而半死寒林扶踈而蕭森春景則霧鎖烟籠樹林隱隱遠水拖藍山色堆青夏景則林木蔽天綠蕪平坂倚雲瀑布行人羽扇近水幽亭秋景則水天一色簌簌踈林雁橫烟塞蘆裊沙汀冬景則樹枝雪壓老樵負薪漁舟倚岸水淺沙平凍雲黯淡酒帘孤村風雨則不分天地難辨東西行人傘笠漁父簑衣有風無雨枝葉斜披有雨無風枝葉下垂雨霽則

雲收天碧薄霧依稀山光淺翠網曬斜暉曉景則千山欲曙霧靄霏霏朦朧殘月曉色熹微暮景則山銜殘日犬吠踈籬僧投遠寺帆卸江湄路人歸急半掩柴扉或烟斜霧橫或遠岫雲歸或秋江遠渡或荒冢斷碑如此之類須要筆法布置更看臨期山形不得犯重樹頭不得整齊山借樹為衣樹借山為骨樹不可繁要見山之秀麗山不可亂要顯樹之精神若留意於此者須會心於元微

李惲

惲字孟深汴州陽武人乾祐初舉進士仕北漢累官至推

誠佐命保祚功臣特進守尚書左僕射兼中書侍郎平章事上柱國隴西郡開國公入宋累官忠武軍行軍司馬端拱元年卒年七十三

大漢英武皇帝新建天龍寺千佛樓碑銘 幷序

帝宅之西五里而遠羣山邃谷延袤縈擁北自乾坎南距申酉蒼崖峭壁怪石靈泉薜蘿蔭乳竇以夏寒藂桂嚮晴暘而冬綠澗溜清泚自激輕音蔓草芃茸本無毒螫洞穴窈窕烟嵐閉虧隔雲聞雞犬之聲度嶺接樵蘇之徑大哉氣通斗極崆峒帶多武之鄉地劃參墟晉野樂深思之俗

況乎刑政之經不紊霸王之器具存紀都邑即天下之浩穰養士馬即域中之精勇往者北齊啟國後魏興邦雖未臻偃伯之稱且咸正事天之位時或倦重城之宴處選面勝之良遊各營避暑之宮用憩鳴鑾之駕亦猶秦之阿房晉之虒祁楚之章華漢之未央古基摧構往往存焉年歷寖遠率多改作蓋以翼翼都會豪右富民因舊圖新增制惟錯於是乎金人塔廟老氏宮觀星布於巖石矣懿哉坤維之上一舍之遙羣木陰翳奇峯峭崒上有平址東西僅五十步北倚石壁有彌勒閣內設石像侍立對峙容旨溫闕一字其鐫磨之巧代不能及昔睿宗皇帝再加添設功用宛然次東有池水甚潔澄湛凝碧覩之恐聳國人儼其堂宇偶以神位每角亢方中雷雨未施即雩禱咸萃矣馴嶺西下闕二字約三百步有高寺榜曰天龍故易義云夫龍者潛即勿用飛即在上天龍之名固其宜矣今英武皇帝應千齡之運居九重之尊比自舞象執經齒胄學優於庠序問安侍膳闕四字於庭闈動叶咨諏行符典則負對日之辯似不能言闕一字秤象之智果而勿伐肅肅煌煌然偉量知幾深不可測立德在閒平之右承家繼文武之基自非道

濟艱危孝安宗社孰能與於此乎天會中睿宗皇帝以道闕十一字出閤授檢校司徒歸義府都督時年尚幼沖躬親官暇與叔季諸王方駕接軫禮謁精藍一歲之中闕三字數上次寡辭敏德務簡刑清吏不敢欺府無留事嘗以公退休獨於東序憩觀音像一堂其內幡花鬘蓋供飾之用靡不嚴潔於茲日新每具齋禱罔不乾乾惕惕潛發明誠所志者延鴻祚於邦家弭兵氛於區宇因心愛敬不忘斯須闕二字甚嘉羣論歸美攸是罷解公府特恩加檢校太保授右金吾衞大將軍充大內都點檢貞幹服勤中外嚴勅宣威

敬事動叶聖謨及皇帝踐阼加闕二字太師行太原尹階勲爵邑悉稱公台尋領侍衛親軍事未幾值倉卒之變震駭非常上獨執雄斷入平內難時戊辰秋九月嗣昇宸極立定傾危赫然大闕一字垂裕終古自是闕二字潔念恒切歸依每屆良辰必親行幸至壬申年十二月二十二日詔有司於大殿後正面造重樓五間尋遣良冶鑄賢劫自拘留孫如來已降鐵佛千尊闕一字範金審像闕二字容光相圓明等無差別如是匀分龕室各安上級時詔宣徽北院使永清軍節度使檢校太保范超自始監修應期成就基砌柱礎

廣檻飛甍丹彩相望闕四字巍乎窗扉下瞰於雲端棟宇勃興於地表金爐曉炷惟聞薝蔔之香玉磬晨鳴不假蓮花之漏議者曰樹超世之果圖不朽之功必依惟睿之謀宜享終天之祿豈比夫望祭闕五字禱之宮駕騁瑤池徒縱盤遊之樂者哉上御宇之八年乙亥歲天贊皇帝義敦天性禮叶彝章洎春末夏初累飛詔示必以備物典冊將加徽號洪名闕二字君親之恩敬修迎受之禮至夏六月十六日果降貴近昭宣闕一字容尋於正殿闕二字英武皇帝兼頒龍衣玉帶駟馬雕鞍別賜神旗鼓吹殊私異將闕五字衆心悅隨羣后稱慶寶函金簡揚命舜命禹之書馭朽持盈盡爲子爲臣之敬禮之大者帝載無窮先是英武皇帝以今歲攝提建月青風闕五字昇寒氣將退嚴整儀衛親率公卿駕蒼虬之騤騤衣赭袍之熠熠雲韶寅導和樂闕五字曲之居悞屆初禪之境臣幸陪天仗親奉德音既成闕一字福闕六字之佑遽茲承詔俾誌勝緣將紀洪猷潛思祕祝所冀龍華會上側聆善囑之言星宿劫中徧觀青蓮之相歡心有待謹作銘云

覺皇遞興大教垂世成位有期壞空相繼大哉賢劫千佛

重光六度萬行軌躅相望浩劫迢遙一念可攝勿謂難逢聲塵相接惟彼陶唐上列參墟莓莓沃野煌煌帝居天啟亨會神輸瑞圖英武定難后來其蘇聖人有作撫寧邦域治民事天允釐庶績金像玉樓伊帝之力普濟蒼生永尊皇極